Christin Emrich

Nachhaltigkeits-Marketing-Management

Christin Emrich

Nachhaltigkeits-Marketing-Management

Konzept, Strategien, Beispiele

DE GRUYTER
OLDENBOURG

ISBN 978-3-11-037687-6
e-ISBN (PDF) 978-3-11-037630-2
e-ISBN (EPUB) 978-3-11-039870-0

Library of Congress Cataloging-in-Publication Data
A CIP catalog record for this book has been applied for at the Library of Congress.

Bibliografische Information der Deutschen Nationalbibliothek
Die Deutsche Nationalbibliothek verzeichnet diese Publikation in der Deutschen Nationalbibliografie;
detaillierte bibliografische Daten sind im Internet über
http://dnb.dnb.de abrufbar.

© 2015 Walter de Gruyter GmbH, Berlin/Boston
Coverabbildung: gianliguori/iStock/thinkstock
Druck und Bindung: CPI books GmbH, Leck
♾ Gedruckt auf säurefreiem Papier
Printed in Germany

www.degruyter.com

Vorwort

Über die Inhalte eines Nachhaltigkeits-Marketing-Managements herrschen in der wissenschaftlichen Diskussion verschiedene Meinungen. Nach dem Verständnis der Autorin ist Nachhaltigkeits-Marketing-Management ein ganzheitlich ausgerichtetes Konzept, das neben der Fachrichtung der Wirtschaftswissenschaften interdisziplinär in mehreren wissenschaftlichen Arbeitsbereichen verortet ist. Die Wirkung von Kultur im Rahmen des Marketing-Ansatzes wurde in der klassischen Betriebswirtschaftslehre, vor allem von deutschsprachigen Wissenschaftlern, lange bestritten und erst in der modernen Auffassung wird die Wirkung der Kultur als gestaltende Variable auch beim Marketing anerkannt. Diese rigide Haltung deutschsprachiger Wissenschaftler steht der der Bundesregierung sowie der in anderen, verwandten Wissenschaften (Management, Psychologie, Soziologie etc.), diametral entgegen.

In der Literatur sind derzeit relativ wenige Veröffentlichungen zu finden, die sich sowohl mit Aspekten der „nachhaltigen Entwicklung" als auch einem entsprechend weiterentwickelten Marketing-Konzept beschäftigen. Bei Arbeiten zur „nachhaltigen Entwicklung" wird zumeist auf Erläuterungen zum äußerst komplexen, durch unzählige Zielkonflikte sowie naturwissenschaftliches Grundlagenwissen gekennzeichneten Umweltkonzept eingegangen. Andere Arbeiten legen den Fokus auf Einzelaspekte (z.B. Management etc.) und arbeiten diese explizit im Hinblick auf das Tripel (Ökonomie, Ökologie und Soziales) heraus. Wieder andere Arbeiten beziehen sich beim Tripel auf Nachhaltigkeitsaspekte für eine bestimmte Branche und fokussieren auf unternehmensbezogene Umweltaspekte. Bei den Arbeiten zum Marketing wird an ältere Öko-Konzepte aus den 1980er Jahren angeknüpft und versucht, diese integrativ weiter zu entwickeln. Andere Arbeiten sehen „Nachhaltigkeit" lediglich als eine Art Produktmerkmal vor, das es als zusätzlichen Kaufanreiz herauszustellen gilt.

Arbeiten, die sich mit „nachhaltiger Entwicklung" und Marketing beschäftigen, sehen mehrheitlich einen Ansatz vor, der Kriterien der Nachhaltigkeit als Differenzierungsvorteil gegenüber nicht nachhaltigen Produktversionen herausstellt. Nahezu alle Arbeiten basieren auf dem traditionellen linearen Denkansatz. Dieser Ansatz kann jedoch den Anforderungen komplexer soziotechnischer Systeme im Rahmen der „nachhaltigen Entwicklung" und eines weiterentwickelten Marketing-Ansatzes nicht gerecht werden. Es existieren bisher kaum Arbeiten, die sich mit sozialen und soziokulturellen Voraussetzungen für Anpassungen des traditionellen Marketings an Kulturwerte der „nachhaltigen Entwicklung" beschäftigen. In das vorliegende Modell zum „Nachhaltigkeits-Marketing" wird daher ein Teilmodell integriert, das die explorative Entwicklung von Merkmalen für eine „Kultur der Nachhaltigkeit" umfasst. Dazu wird eine überkategoriale Dimension „Kultur" mit mehreren Ebenen vorgesehen, die eingebettet in das Gesamt einer Kultur, alle Bereiche im Tripel (Ökologie, Ökonomie und Soziales) durchdringt. Die Generierung von Transformationswissen wird im Kapitel 3, im Rahmen des strategischen Managements auf Unternehmensebene, durch die Konzipierung eines überkategorialen Kulturmanagements und im Kapitel 4 durch die Operationalisierung in das operative Nachhaltigkeits-Marketing-Management ergänzt. Das Vorgehen ist durch den Wertewandel in der Gesellschaft begründet, der es für Unternehmen heute nahezu unmöglich macht unethisch zu handeln, ohne dafür öffentlich bloßgestellt zu werden (Internet-Shitstorm, Kaufboykotte). Die Folgen sind irreparable Wettbewerbs- und Imageschäden sowie Umsatzverluste.

Warum das Buch geschrieben wurde

Bei der Arbeit mit Studenten in der Universität und mit Unternehmen in der Beratungspraxis wird die Autorin immer wieder gefragt, was es mit dem Thema „Nachhaltigkeit" auf sich hat. Warum es so viele unvereinbare Meinungen über Ausmaß und zukünftige Relevanz der Nachhaltigkeit gibt und kein einheitliches Konzept existiert. Zusätzlich zur Neugier mischt sich dabei auch eine große Portion Unsicherheit im Hinblick auf die der Nachhaltigkeit inhärente enorme Komplexität und den daraus erwachsenden Anforderungen. Dazu trägt bei, dass sich die Gesellschaft derzeit noch in einer Umbruchphase befindet. Zwar ist den meisten Menschen klar, dass wir weder kulturell noch wirtschaftlich so wie bisher weiter machen können. Es ist aber noch nicht sicher, was unter Nachhaltigkeit genau zu verstehen ist und wie sich diese auswirken wird. Wir befinden uns noch im Such- und Forschungsprozess auf einer Spur im Vorhandenen, bei der noch nicht alles klar umrissen werden kann. Der Interessierte findet zwar einige Publikationen, aber noch mehr gegensätzliche Behauptungen/Meinungen und wenige wissenschaftliche Ansätze vor.

Die Schwierigkeit für viele liegt darin, dass beim Nachhaltigkeits-Marketing nichttriviale Systeme eine Hauptrolle spielen, die analytisch nur schwer bestimmbar sind. Klassische mathematische Berechnungen sind dabei nicht immer durch exakte Zahlen möglich. Nichttriviale Systeme sind durch eine enorme Komplexität gekennzeichnet. Zum Verständnis der Wirkungsstrukturen sind andere Denk- und Handlungsweisen beim Management nötig. Die Problematik liegt aber darin, dass das vorherrschende Denkmodell in Wirtschaft und Gesellschaft traditionell verhaftet ist und sich immer noch an einer perfekten trivialen Maschine orientiert. Das lässt den Schluss zu, dass man auf nachhaltige Aufgaben in der Praxis nur schlecht vorbereitet ist. Da man sich in der Wissenschaft über die Zukunftsbedeutung von Nachhaltigkeit noch uneinig ist, fehlt auch ein wissenschaftliches Modell, das Hilfestellung bieten könnte. Diese Situation hat die Autorin zum Anlass genommen, um neue wissenschaftlich fundierte Lösungsmöglichkeiten zu entwickeln. Das vorliegende Buch versteht sich als Teil zum Aufbau eines wissenschaftlichen Modells. Das Modell findet sich im Kapitel 2 dieses Buches.

Das Buch ist geschrieben für

alle, die sich für Nachhaltigkeits-Marketing-Management und seine Anwendungen interessieren. Führungskräfte von Großunternehmen sowie kleinen und mittleren Unternehmen, Fachverbände, Consulting- und Beratungsunternehmen, Agenturen und Forschungsinstitute, die Wissen und Erkenntnisse für ein Nachhaltigkeits-Marketing-Management im Unternehmen benötigen. Studenten in der Bachelor- und Masterausbildung in Universitäten, Fachhochschulen, Business Schools sowie Promotionsstudenten, die sich vertiefte Kenntnisse im Nachhaltigkeits-Marketing-Management aneignen möchten.

Didaktik des Buches

Das Buch dient nicht der erschöpfenden Erklärung von Phänomenen der Kultur aus der Sicht von Kulturforschern. Es soll vielmehr ein Wissen für kulturbedingte Wirkungen vermitteln und den Leser an Methoden heranführen, die es ihm ermöglichen, schwierige Situationen beim Nachhaltigkeits-Marketing zu meistern. Dahinter steht die Erkenntnis, dass Methoden im globalen Marketing eine solide Fundierung benötigen, um die Komplexität der Einflussfaktoren im Rahmen von Nachhaltigkeit strukturiert aufzeigen zu können. Interessenskonflikte und nachhaltigkeitsbezogene Missverständnisse (Greenwashing etc.) sowie deren eminent hohe Kosten bzw. daraus resultierende Beschädigungen des Images oder der Marken von Konzernen und Unternehmen, lassen sich so vermeiden.

Durch die Komplexität des Lehrstoffs und die starke Vernetzung der interdisziplinären Bereiche untereinander ist eine gänzlich überschneidungsfreie Darstellung der Forschungsbereiche nicht möglich. Da den Lesern mit Vorkenntnissen auch die Möglichkeit eröffnet werden soll, einzelne Kapitel separat zu bearbeiten, wurde, mit Rückgriff auf neuere lerntheoretische Erkenntnisse, der ganzheitliche Lernstoff durch Zwischenfazits strukturiert. Dieses Vorgehen kann auch Vorteile für den Leser haben, wenn er im Lesen einen positiven Lernzuwachs feststellt. Für den Anfänger hat es den Vorteil, dass er weniger auf Querverweise eingehen muss und dadurch der Lese- und Lernfluss weniger unterbrochen wird.

Aufbau des Buches

Dem wissenschaftlichen Erfordernis eines Modells zum Nachhaltigkeits-Marketing-Management wird von der Autorin im Kapitel 2 durch die erstmalige Entwicklung eines nicht hierarchischen netzwerkartigen Modells entsprochen. In dieses wird ein Teilmodell für eine „Kultur der Nachhaltigkeit" eingebunden. Dazu wird eine überkategoriale Dimension „Kultur" vorgesehen, die eingebettet in das Gesamt einer Kultur alle Bereiche im Tripel (Ökologie, Ökonomie und Soziales) durchdringt. Die Generierung von Transformationswissen wird im Kapitel 3, beim strategischen Management auf Unternehmensebene, durch die Konzipierung eines Kulturmanagements ergänzt. Es werden makro-soziale und -sozio-kulturelle, meso-soziale und -soziokulturelle und mikro-soziale und -soziokulturelle Rahmenbedingungen für ein modernes Nachhaltigkeits-Marketing-Management abgeleitet, die empirisch zu verifizieren sind. Im Kapitel 3 erfolgt ebenfalls erstmals die Adaption der im Kapitel 2 entwickelten Modellteile auf die strategischen Ebenen des Nachhaltigkeits-Marketing-Managements. Im Kapitel 4 wird ebenfalls erstmals, auf der Basis der im Kapitel 2 entwickelten Modellteile, die Adaption auf die operative Ebene für die einzelnen Instrumente des Marketing Mix vorgenommen. Diese wird durch Operationalisierungen für ein Kulturmanagement einer „Kultur der Nachhaltigkeit" auf der operativen Ebene ergänzt. Praktischen Aspekten des Marketing-Managements wird dabei eine besondere Aufmerksamkeit gewidmet. Zusätzlich werden aus der Erfahrung der Autorin praktische Beispiele möglichst unmittelbar nach der theoretischen Diskussion im Text abgesetzt platziert. Den Lernenden wird so die Möglichkeit für Analogien zur Praxis eröffnet. Der Dynamik im Rahmen der wissenschaftlichen Betrachtung von Kultur sowie den Erfordernissen, theoretische Erkenntnisse aus der Wissenschaft in praxisbezogene Umsetzungen des Marketing-Managements zu überführen, wird damit Rechnung getragen. Zusätzlich werden im Kapitel 5 CSR-Beispiele aus der Praxis des Wettbewerbs der Bundesrepublik Deutschland von 2013 vorgestellt.

Interdisziplinäre Ausrichtung und Dank
Im Forschungsbereich des Nachhaltigkeits-Marketing-Managements werden, durch die interdisziplinäre Ausrichtung, Kenntnisse aus verschiedenen wissenschaftlichen Arbeitsbereichen genutzt. Dazu gehören neben dem Wissenschaftsbereich Marketing, Unternehmensführung, Management, Ökologie, Kulturwissenschaften, Soziologie, (Umwelt-)Psychologie, Personalwirtschaft, Ingenieurwissenschaften und Rechtswissenschaften.

Komplexität lässt sich neben der Theorie vor allem durch Praxisbeispiele bewältigen. Daher werden die theoretischen Ausführungen im vorliegenden Buch immer wieder durch Praxisbeispiele aus den verschiedenen Wissenschaftsbereichen ergänzt. Dieser Wissenstransfer beruht auf der Relevanz der Ganzheitlichkeit unterschiedlicher kulturbedingter Verhaltensweisen im Rahmen von Nachhaltigkeit. Dem Lernenden wird so die Möglichkeit eröffnet, diese in Relation zu den ausgewählten Kernbereichen als ganzheitliches Konzept aus verschiedenen Perspektiven zu verstehen. Diesem Zweck dienen auch die nachhaltigkeitsbezogenen Übungsmaterialien, -Cases und -Szenen, die dem Lernenden nach jedem Kapitel die Chance eröffnen, das zuvor Gelernte anhand von unternehmenspraktischen Übungen unmittelbar zu überprüfen.

Für die Unterstützung in Form von fachlichen Diskussionen gilt mein Dank Herrn Prof. emer. Michael Zerres

Hamburg, im Juni 2015   Christin Emrich

Inhaltsverzeichnis

1 Grundidee und Merkmale des Nachhaltigkeits-Marketings

1.1 Einleitung

Die Idee der Nachhaltigkeit als globales Leitbild wurde von den Vereinten Nationen in Rio de Janeiro als Zeichen des Umdenkens bei den langfristigen Folgen des eigenen Handelns verankert (Vereinte Nationen, 1992). Nachhaltigkeit als Leitprinzip und Maßstab für die Zukunftsfähigkeit eines Landes betrifft nicht nur die nationalen bzw. supranationalen Politikfelder der Klima-, Energie- und Wasserpolitik (Vereinte Nationen, 1992a, EU-Kommission, 2011). Sie bezieht sich vorwiegend auf das nachhaltige Wirtschaften von Unternehmen und Konsumenten. Dieses Konzept wird vom Zusammenwirken staatlicher und unternehmerischer Aktivitäten unter Einbeziehung der Konsumentenwünsche geprägt. Von besonderer Bedeutung ist dabei ein Wandel kulturbedingter Einstellungen bei den Konsumenten, der im Rahmen der Nachhaltigkeitsthematik einem „Paradigmenwechsel" gleichkommt (EU-Kommission, 2009).

Hintergrund der Diskussion ist, dass sich in den industrialisierten Ländern im Laufe des 20. Jahrhunderts, ausgehend von einer relativ einfachen Lebensweise, erhebliche gesellschaftliche Veränderungen ergeben haben. Seit Beginn des 21. Jahrhunderts stellte sich ein bisher noch nie dagewesener Wohlstand für die Mehrheit der Bevölkerung in diesen Ländern ein. Die damit verbundenen umweltpolitischen Auswirkungen, durch andere Lebens- und Konsumstile, haben jedoch so dramatische Ausmaße erreicht, dass eine Fortführung in gleicher Weise nicht länger tragbar ist (Rat für nachhaltige Entwicklung, 2003). Das gilt auch für eine Übertragung auf Schwellen- und Entwicklungsländer. Daher stellt sich die Frage, was zu tun ist, um diese drängenden Probleme in den Griff zu bekommen und einer Lösung näher zu bringen? Welche wirtschaftlichen Akteure (Erzeuger, Produzenten, Konsumenten etc.) beeinflussen die Umwelt positiv bzw. negativ und welches Verhalten ist mit Möglichkeiten verbunden, Veränderungen im positiven Sinne zu bewirken? In diesem Szenario erscheint das Konzept „nachhaltige Entwicklung" ein vielversprechender Weg zu sein, um den Problemen auf einer ganzheitlichen Basis entgegenzuwirken. Es handelt sich um ein äußerst komplexes und sehr wissensintensives Konzept, das bereits seit den 1970er Jahren international bekannt ist und seitdem ständig weiterentwickelt wird. Die Problematik liegt darin, dass für das Gelingen einer „nachhaltigen Entwicklung" entsprechende Anreize vorhanden sein müssen. Sie müssen geeignet sein das Bewusstsein dafür zu fördern, welche Wirkungen das persönliche Handeln auf umwelt- und gesellschaftspolitische Probleme hat und zu Veränderungen motivieren.

Im Zeitalter von Umweltverschmutzung, Ressourcenknappheit, Konsumerismus und der Vernachlässigung sozialer Fürsorge wurde immer öfter bezweifelt, ob Marketing hierfür die geeignete Vorgehensweise ist. Beim traditionellen Marketing waren bisher potentielle Konflikte zwischen Verbraucherwünschen/-interessen und einer langfristigen gesellschaftlichen Lebensqualität kein Thema. Es stellt sich daher die Frage, ob Unternehmen mit den traditionellen

Marketing-Instrumenten, durch die die individuellen Wünsche der Verbraucher langfristig aufgespürt werden, auch im besten Interesse der Konsumenten handeln? Die Entwicklung alternativer Marketing-Ansätze ist ein zentrales Anliegen beim Nachhaltigkeits-Marketing-Management. Derartiges findet sich beispielsweise in folgenden Konzepten und Modellen:

–   Im Konzept „wohlfahrtsbedachtes Marketing" (Cause-related Marketing), bei dem soziale und ethische Aspekte berücksichtigt werden sollen, um im Rahmen der Marketingpolitik einen Ausgleich zwischen den Faktoren Betriebsgewinn, Befriedigung der Kundenwünsche und des gesellschaftlichen Interesses herbeizuführen (Kotler/Bliemel, 2001).

–   Im Konzept (integratives) „Öko-Marketing" als Weiterentwicklung des Ansatzes aus den 1980er Jahren. Statt Ökologie singulär einzubeziehen, sollen bei diesem Konzept sowohl ökologische Aspekte als auch Kundenwünsche, vorwiegend auf naturwissenschaftlicher Basis, einbezogen werden. Das Ziel ist, in Form von Kundenmehrwerten Wettbewerbsvorteile gegenüber den Konkurrenten zu erlangen (Belz, 2003).

–   Im Konzept „nachhaltiges Marketing" bei dem versucht wird, ökologische und soziale Aspekte weiter zu entwickeln und dabei auch Faktoren des nachhaltigen Konsums einzubeziehen (Balderjahn, 2004).

–   Beim erstmals abgeleiteten Modell zum Nachhaltigkeits-Marketing-Management im Kapitel 2 dieses Buches. Hier wird, auf Basis eines nicht hierarchischen netzwerkartigen Modells ein Teilmodell eingebunden, das die explorative Entwicklung von Merkmalen für eine „Kultur der Nachhaltigkeit" umfasst. Die Generierung von Transformationswissen wird im Kapitel 3, für das strategische Management auf Unternehmensebene, durch die Konzipierung von Grundlagen eines Kulturmanagements ergänzt. Es werden makrosoziale und -soziokulturelle, meso-soziale und -soziokulturelle und mikro-soziale und -sozio-kulturelle Rahmenbedingungen für ein Nachhaltigkeits-Marketing entwickelt und abgeleitet.

–   In den strategischen sowie operativen Ebenen eines Nachhaltigkeits-Marketing-Mix. Hier werden erstmals im Kapitel 3 dieses Buches auf der Basis der im Kapitel 2 entwickelten Modellteile die strategische Ebene und im Kapitel 4 die operative Ebene der Nachhaltigkeits-Marketing-Mix-Instrumente entsprechend abgeleitet und adaptiert.

Nachhaltigkeit als komplexes Ziel betrifft fast vollständig individuelle Handlungs- und gesellschaftliche Aktionsfelder. Es betrifft die Alltagskultur (Wertvorstellungen, Lebensführungsmuster, Verhaltensstrukturen, Vorstellungen von Vergangenheit, Zukunft und Gegenwart etc.). Die Erreichung umweltpolitischer Maßnahmen ist daher auch immer mit kulturpolitischen Maßnahmen zu flankieren (Umweltbundesamt, 2009). Im vorliegenden Modell für ein Nachhaltigkeits-Marketing-Management werden diese Anforderungen berücksichtigt.

1.2   Problematik und Argumentationsführung

Heute ist bekannt, dass die Verschmutzung der Umweltmedien (Luft, Boden, Wasser) nicht allein durch Abgase, Abfälle und Abwässer der Industrie, sondern auch zu 30–40% durch Konsumenten verursacht wird (Hansen/Schrader, 2002). Da Konsumenten durch ihr Nachfrageverhalten die Produktion beeinflussen können, wird von einer geteilten Verantwortung für die ökologischen und sozialen Auswirkungen des Konsumverhaltens ausgegangen. Durch staatliche Rahmenbedingungen kann zwar eine direkte Verschmutzung der Umwelt verringert werden (Gesetze, Steuern, Auflagen etc.). Die verstärkte Nachfrage durch Konsumenten bewirkt jedoch „Rebound-Effekte", die diese Verbesserungen durch Überkompensierung konterkarieren. Neben staatlichen und industriebezogenen Maßnahmen sind daher Wege zu finden, wie Konsumenten zu einem ökologischen und nachhaltigen Handeln zu bewegen sind. Bei den Konsumenten zeigt sich jedoch oft eine hartnäckige Diskrepanz zwischen dem ökologischen Bewusstsein und dem Handeln (Meffert/Kirchgeorg, 1997). Es stellt sich daher die Frage, welche Wege genutzt werden können, um das Verhalten der Konsumenten, ohne moralische Bevormundung, zu beeinflussen? Marketing mit seinen kaufbeeinflussenden Wirkungen und -Instrumenten könnte dazu erfolgversprechend eingesetzt werden.

Marketing in seiner bisherigen Ausrichtung ist an der umweltpolitischen Misere nicht schuldlos. Es ist auf Massenkonsum mit Nutzenmaximierung ausgerichtet ohne Berücksichtigung exogener Wirkungen auf die Lebensqualität. Die Forderungen nach immer Neuem und deren beständige und jahrzehntelange Propagierung haben zur Ausprägung einer „Kultur" geführt, die durch ein soziales Anreizdilemma zum extensiven Konsumerismus, gepaart mit einer „Wegwerf-," und „Schnäppchenmentalität", zu unhaltbaren Umweltauswirkungen aktiv beigetragen hat. Marketing im Rahmen der „nachhaltigen Entwicklung" muss daher von einem rein auf soziale Kaufanreize ausgelegten Konzept, zu einem „Nachhaltigkeits-Marketing" grundlegend verändert werden. Dazu ist eine Neuausrichtung im Hinblick auf eine „Kultur" der Nachhaltigkeit mit Werten notwendig, die es ermöglichen, das Verhalten der Bevölkerung (Konsumenten, Produzenten, Dienstleister etc.) an den Leitlinien der „nachhaltigen Entwicklung" auszurichten und durch die Vermarktung nachhaltiger Produkte dieses Verhalten zu unterstützen (Kaas, 1994). Das bedeutet ein äußerst schwieriges Unterfangen. „Kulturwerte" sind in unser soziales Kapital eingebunden. Sie bestimmen uns durch eine „silent language", werden in der primären und sekundären Sozialisation gelernt und sind durch traditionelle Erfahrungen und Wissen geformt und gefestigt. „Kulturwerte" konstruieren unsere Welt. Sie bestimmen wie wir die Welt sehen und leiten unser Verhalten. Durch sie wird wesentlich bestimmt, ob wir uns verändern und bis zu welchem Grad dieses geschieht. Das Problem ist, dass sie sich nicht wie ein Lichtschalter einfach ein- und ausknipsen lassen. Die nachfolgende Tabelle 1.1 zeigt die Inhalte im Rahmen der Argumentationsführung in den einzelnen Kapiteln stichwortartig im Überblick.

Tab. 1.1:   Übersichtsdarstellung der Argumentationsführung und der Inhalte der einzelnen Kapitel

Bereiche	Inhalte	Kap.
Einleitung	Einführung in die Thematik, Ziele des Buches, Problematik, Ziele sowie Beweggründe der Autorin, Inhaltsübersicht	1
Theoretische und definitorische Grundlagen zum Nachhaltigkeits-, Marketing- und Kulturbegriff, Abgrenzung zum Greenwashing, Modell zum Nachhaltigkeits-Marketing-Management sowie Integration des Modells für eine „Kultur der Nachhaltigkeit„	Definitorische Grundlagen zum Nachhaltigkeitskonzept, Begriffsbestimmung Marketing und Kultur, Abgrenzung zum Konzept Greenwashing. Entwicklung eines nicht hierarchischen netzwerkartigen Modells zum Nachhaltigkeits-Marketing-Management. Beschreibung der Elemente anhand von Leitbildern. Integration des Teilmodells für eine „Kultur der Nachhaltigkeit" (Leitbild: kulturelle Koevolution in der Gesellschaft), Leitbilder in der makro-sozialen und -soziokulturellen Ebene (politisch-rechtliche Faktoren), meso-sozialen und -soziokulturellen Ebene (Ökologie, Ökonomie, Soziales) und mikro-sozialen und -soziokulturellen Ebene (Konsumentennachhaltigkeit, nachhaltige Verbraucherpolitik).	2
Adaption der Teile des Gesamtmodells aus dem Kapitel 2 auf die strategischen Ebenen des Nachhaltigkeits- Marketing-Managements, Konzipierung eines Kulturmanagements auf Unternehmensebene	Ableitung strategischer Managementmerkmale auf der Unternehmensebene in den Bereichen: „Kulturbezogenes strategisches Management" (externe Nachhaltigkeitsstrategie, interne Nachhaltigkeitsstrategie), makro-soziale und -sozio-kulturelle Ebene (politisch-rechtliche Faktoren), meso-soziale und -soziokulturelle Ebene (Managementkonzepte, -modelle, innerbetriebliche Bereiche) und mikro-soziale und -soziokulturelle Ebene (Risikomanagement, Akteure des Konsums).	3
Adaption der Teile des Gesamtmodells aus dem Kapitel 2 auf die operative Ebene der einzelnen Instrumente des Marketing-Mix.	Produkt-, Kommunikations-, Preis- und Distributionspolitik; jeweils Adaption der Dimensionen des Nachhaltigkeits-Marketing-Managements, der makro-sozialen und -soziokulturellen Ebene, der meso-sozialen und -soziokulturellen Ebene und mikro-sozialen und -soziokulturellen Ebene aus dem Gesamtmodell im Kapitel 2.	4
Kurzvorstellung praktischer Projekte aus dem CSR-Wettbewerb der Bundesrepublik Deutschland, 2013	Kurzvorstellung des CSR-Nachhaltigkeitspreises, Vorstellung von CSR-Beispielanwendungen beim Unternehmen Hipp GmbH & Co, Neumarkter Lammsbräu KG, VAUDE Sport GmbH & Co KG und der Bahn AG.	5
Fallstudien und Übungsbereiche	Nach jedem Kapitel finden sich Fallstudien zur Übung des zuvor Gelernten	2–4

2 Definitorische und theoretische Grundlagen

2.1 Standortbestimmung Nachhaltigkeits-Marketing-Management

2.1.1 Vom Umwelt- zum Nachhaltigkeitskonzept

Nicht nur der Begriff Nachhaltigkeit, sondern auch das dahinter stehende „Nachhaltigkeits-konzept" ist nicht vollkommen neu. Die Idee der Nachhaltigkeit kann auf Wurzeln in nahezu allen Kulturen zurückgreifen. Dahinter steht allgemein eine Überlebensstrategie mit Verant-wortungsgefühl und Respekt vor der Natur. Neben den historischen Wurzeln gilt als ein we-sentlicher Förderer der modernen Umweltbewegung die Publikation des Ökoklassikers „Silent Spring" (Carson, 1962). Durch sie wurde weltweit die Erstarkung des Umweltschutz-gedankens im gesellschaftlichen Bewusstsein der Bevölkerung gefördert. Die damit verbun-dene Umweltdebatte führte in den USA 1969 zur Verabschiedung des ersten nationalen Um-weltschutzgesetzes, des National Environmental Policy Act (NEPA), der am 01.01.1970 in Kraft trat. Darin ist u.a. als Neuerung die Forderung nach einer umfassenden Umweltverträg-lichkeitsprüfung enthalten und zwar mit Bürgerbeteiligung bei größeren Vorhaben. Im selben Jahr erfolgte in den USA auch die Verabschiedung des „Environmental Impact Assessment".

In Europa bildet „Nachhaltigkeit" auf der supranationalen Ebene der Europäischen Union (EU) eine Daueraufgabe europäischer Politik. Bereits 1985 erfolgte die Verabschiedung der EG-Richtlinie zur Umweltverträglichkeitsprüfung, die von den Mitgliedsländern in nationales Recht umgesetzt wurde. Sie dient als umweltplanerisches Instrumentarium. Mit der Lissabon-Strategie avancierte das Konzept „nachhaltige Entwicklung" zu einem strategischen Ziel im Rahmen der EU-Politik. Alle 27 EU-Staaten sind daran gebunden. Sie sind gehalten, die Poli-tik der Nachhaltigkeit mitzutragen und die Vorgaben der Umwelt-Aktionspläne der EU in na-tionales Recht umzusetzen (Vitols, 2011). Seit Beginn der 1970er Jahre entstanden in Deutschland Initiativen zur Verabschiedung eines Gesetzes zur Umweltverträglichkeitsprü-fung. Es erfolgte zunächst die Verabschiedung verschiedener Umweltgesetze (z.B. Bundesna-turschutzgesetz (BNatSchG) mit sogenannter Eingriffsregelung). Der seit 1971 in Deutsch-land existierende „Sachverständigenrat für Umweltfragen (RSU)" setzt sich mit Begriff und Inhalten des Konzepts „Nachhaltigkeit" auseinander. Auch die „Enquete-Kommission" des deutschen Bundestages sowie der „Rat für nachhaltige Entwicklung (RNE)" beschäftigen sich neben Fragen und Themen zum Konzept Nachhaltigkeit mit den Auswirkungen auf Politik, Wirtschaft und Gesellschaft. Als eine nationale gesetzliche Norm wurde in Deutschland 1990 die EG-Richtlinie zur Umweltverträglichkeitsprüfung verabschiedet (Gesetz über die Um-weltverträglichkeitsprüfung, UVPG). Novellierungen folgten in den Jahren 2001 und 2005. Die Norm wird zur Entscheidungsvorbereitung bei größeren Vorhaben mit Bürgerbeteiligung eingesetzt. Sie hat den Zweck, Folgen der einseitigen Maximierung eines (ökonomischen) Nutzens zu minimieren. Durch das UVPG sollen, im Sinne der Stärkung des Vorsorge-

Gedankens, voraussichtliche Auswirkungen auf die Umwelt systematisch erfasst, dargestellt und angemessen sowie nachvollziehbar berücksichtigt werden (ökologisch nachhaltige Entwicklung etc.). Gemäß §2 UVPG, Abs.1 sind Prüfgegenstand Auswirkungen auf:

– Menschen, einschließlich der menschlichen Gesundheit, Tiere, Pflanzen und die biologische Vielfalt,
– Boden, Wasser Luft, Klima, Landschaft,
– Kulturgüter, sonstige Sachgüter und
– Wechselwirkungen zwischen den vorgenannten Schutzgütern.

Es handelt es sich um einen querschnittsorientierten und medienübergreifenden Ansatz, der über die rein sektorale umweltpolitische Betrachtung hinausgeht. Umweltschutz wird zu einer ökosystemischen Herausforderung mit Auswirkungen auf viele Bereiche (Politik, Unternehmen, Konsumenten etc.). Die umweltpolitische Perspektive im Rahmen von Nachhaltigkeit verdeutlicht die Notwendigkeit, den Schutz der Umwelt bei gegenwärtigen und zukünftigen wirtschaftlichen Bedürfnissen der Menschen zu gewährleisten (Chasek et al, 2006). Global wurde das Konzept Nachhaltigkeit wesentlich durch die UN-Umweltkonferenzen beeinflusst. Es erfolgte eine Neuprägung des Begriffs (z.B. durch die Wald-Deklaration, Klimakonvention, Biodiversitätskonvention, Konvention zur Bekämpfung der Desertifikation, Agenda 21 etc.). Dieser Prozess ist bis heute nicht abgeschlossen. Das historisch bekannte ökologisch-ökonomische Prinzip der Naturbewirtschaftung wurde nach und nach zu einem umfassenden Leitbild ausgebaut. Umwelt und Entwicklung werden miteinander verknüpft (Vogt, 2009).

Eine funktionsfähige Definition für ökologische Nachhaltigkeit

„Der Schlüssel zu einer funktionsfähigen Definition von ökologischer Nachhaltigkeit ist die Einsicht, dass wir nachhaltige menschliche Gemeinschaften nicht von Grund auf erfinden müssen, sondern sie nach dem Vorbild der Ökosysteme der Natur nachbilden können, die ja nachhaltige Gemeinschaften von Pflanzen, Tieren und Mikroorganismen sind. Wie wir gesehen haben ist die herausragendste Eigenschaft des Erdhaushalts seine immanente Fähigkeit, Leben zu erhalten. Daher ist eine nachhaltige menschliche Gemeinschaft so beschaffen, dass ihre unternehmerischen, wirtschaftlichen und physikalischen Strukturen und Technologien die immanente Fähigkeit der Natur, Leben zu erhalten, nicht stören. Nachhaltige Gemeinschaften entwickeln ihre Lebensmuster im Laufe der Zeit in ständiger Interaktion mit anderen menschlichen und nichtmenschlichen lebenden Systemen. Nachhaltigkeit bedeutet somit nicht, dass die Dinge sich nicht verändern. Sie ist kein statischer Zustand, sondern ein dynamischer Prozess der Koevolution" (Capra, 2002, 298).

Die Ausführungen zeigen, dass Grundideen zum Konzept Nachhaltigkeit „[..] weder eine Kopfgeburt moderner Technokraten noch ein Geistesblitz von Ökofreaks der Generation Woodstock [sind]. Die Idee ist unser ursprünglichstes Weltkulturerbe" (Grober, 2010, 13). In den Wissenschaften sind in das Konzept verschiedene Arbeitsbereiche eingebunden. Im Bereich der ökologisch orientierten Ökonomie ist es sogar zu einem „Modewort" und damit zu einer Art „Containerbegriff" geworden. Es hat die moderne Forschung belebt und zu neuen Betrachtungsweisen geführt. Einige Wissenschaftler sprechen sogar von einem „Jahrhundert der nachhaltigen Entwicklung" (Vogt, 2010; Kreibich, 2011). Heute ist Nachhaltigkeit im täglichen Leben kein Nischenthema mehr, sondern fest etabliert und nicht mehr wegzudenken. Da Nachhaltigkeitsideen aber auch freudig in das mentale Feuerwerk der Werbung aufgenommen werden (zur Gefahr von Greenwashing vgl. Kap. 2.2 in diesem Buch), wächst mit der Beliebtheit auch die Befürchtung, ob die damit einhergehende Harmonie zwischen ökologischen, ökonomischen und sozialen Zielen überhaupt erreichbar ist. Nachhaltigkeit erfordert beim Marketing-Management auch kulturbezogene Operationalisierungen, die zu fundamentalen Änderungen in nahezu allen gesellschaftlichen, politischen und wirtschaftlichen Bereichen führen. Einer „Beliebigkeit" des Konzepts kann so entgegengewirkt werden. Ausgewählte Operationalisierungsansätze werden nachfolgend dargestellt.

2.1.1.1   Operationalisierungsversuche für Nachhaltigkeit

Operationalisierungsversuche des Begriffs „Nachhaltigkeit" sind untrennbar mit der Vielschichtigkeit des transdisziplinären Umfelds beim Konzept der „nachhaltigen Entwicklung" verbunden. Zusätzliche Schwierigkeiten entstehen durch die Neuartigkeit des Forschungsbereichs. Daher wird eine allgemeingültige Definition wohl kaum gelingen. Im deutschsprachigen Raum ist die synonyme Verwendung der Begriffe „Nachhaltigkeit" und „nachhaltige Entwicklung" auch in Fachkreisen weit verbreitet. Über die Möglichkeit der klaren Trennung und die Tatsache, dass es sich um zwei verschiedene Konzepte handelt, wird hinweggesehen (Brand, 2000). Das Vorgehen lässt sich auf die Tatsache zurückführen, dass ausreichende Begriffsklärungen im deutschsprachigen Raum traditionell eher auf einer disziplinären Verwurzelung der Wissenschaftler beruhen. Sie ermöglicht dann i.a.R. auch eine entsprechende Operationalisierung. Im transdisziplinären Kontext der „nachhaltigen Entwicklung" ist das aber ungleich schwieriger. Das Konzept „Nachhaltigkeit" beinhaltet viele Wissenschaftsdisziplinen (u.a. Philosophie, Wirtschaftswissenschaften, Logikwissenschaften, Semiotik, Medienwissenschaften, Soziolinguistik, Semantik, (Umwelt-)Psychologie, Ingenieurwissenschaften, Ökologie etc.). Die entsprechenden Symbol- und Effektivitätskriterien sind selbst innerhalb der Disziplinen noch weiter untergliedert und fallen insgesamt oft sogar konträr aus. Begründet wird diese Tatsache durch das Verständnis von „Nachhaltigkeit". Dieses ist sowohl vom jeweils eigenen funktionalen System (Politik, Wissenschaft, Wirtschaft, Technik, Gesellschaft etc.) als auch den dort vorherrschenden noch spezifischeren Welt-, Naturbildern, Gesellschaftskonzepten, Interessen und Wertpräferenzen geprägt (Brand, 2000). Viele Wissenschaftler sind vor allem mit konkreten, problembezogenen Forschungsfragen beschäftigt, die nicht alle Aspekte des Konzepts einer „nachhaltigen Entwicklung" einbeziehen. Aufgrund dieser Tatsachen verbietet sich eigentlich eine synonyme Begriffsdefinition. Schwierigkeiten bei der Definition der Begriffe „Nachhaltigkeit" und „nachhaltige Entwicklung" sind auch durch Definitionen aus verschiedenen Wissenschaftsbereichen bedingt. Ursprünglich stammt

der Begriff „Nachhaltigkeit" aus der Forstwirtschaft. Schriftlich ist er erstmals 1713 von Car-
lowitz (sächsischer Oberhauptmann) zu finden. Er beschreibt den Grundsatz, dass nicht mehr
Holz eingeschlagen werden dürfe, als durch Neuanpflanzung wieder nachwachse (zitiert bei
Grober, 1999). Allerdings lässt bereits diese Definition unterschiedliche Interpretationen zur
Bezugsgröße zu. So bleibt problematisch, dass „Nachhaltigkeit" hinsichtlich einer Bezugsgröße hier nicht auch „Nachhaltigkeit" hinsichtlich anderer Bezugsgrößen impliziert. Die
Waldfläche kann zwar gleich bleiben, aber der Holzertrag durch sauren Regen, Trockenheit
etc. trotzdem sinken. Die Unbestimmtheit dieser Definition verführte schnell zu Interpretatio-
nen mit verschiedenen Inhalten. Heute führt die Erkenntnis, dass ein sozio-ökonomisches
Wachstum auf ökologische Grenzen trifft, zu einem weitaus umfassenderen Begriff. Dieser
bezieht kritisch den Ressourcen- und Naturverbrauch ebenso ein wie die Beschneidung von
Lebenschancen in der dritten Welt.

Nachhaltige Entwicklung – ein selbstreferentieller Begriff?

„Nachhaltigkeit ja – nachhaltige Entwicklung nein, so lautet die Kritik an der mittlerweile allgegenwärtigen Kombination der beiden Konzepte Nachhaltigkeit und Entwicklung. Grund für die Ablehnung der Kombination sind Vorbehalte gegenüber dem Konzept „Entwicklung". Es mit Nachhaltigkeit
kombinieren zu wollen, bedeute einen Widerspruch in sich. Während Nachhaltigkeit zur neuen ökologischen Weltsicht gehöre, entstamme der Entwicklungsbegriff der überholten mechanistischen Weltsicht. Drüber hinaus […] wurde mit der Verknüpfung von „nachhaltig" und „Entwicklung" ein Terrain
sprachlicher Ambivalenz geschaffen. Das neue Konzept verschob auf subtile Weise den geometri-
schen Ort der Nachhaltigkeit von der Natur auf Entwicklung; Die Bedeutung von Nachhaltigkeit verlagerte sich von Naturschutz auf Entwicklungsschutz. Angesichts der Tatsache, dass Entwicklung
konzeptionell zu einer leeren Hülse geworden war, war das, was nachhaltig bleiben sollte, unklar und
strittig. Daher sind in den folgenden Jahren alle Arten von politischen Akteuren, selbst glühende Ver-
fechter des Wirtschaftswachstums in der Lage gewesen, ihre Absichten in den Begriff nachhaltige
Entwicklung zu kleiden. Der Begriff wurde somit selbstreferentiell, wie eine von der Weltbank ange-
botene Definition bestätigt: »Nachhaltige Entwicklung ist Entwicklung, die anhält" (Sachs, 2002, 65)

2.1.1.2   Das Konzept nachhaltige Entwicklung

Für das Konzept „nachhaltige Entwicklung" existieren zahlreiche Definitionen. Pearce et al
zeigten bereits 1997 mehr als zwanzig verschiedene Definitionen auf (Pearce et al, 1997). Eine der bekanntesten Definitionen stammt aus dem Brundtland-Bericht. Danach ergeben sich
beim „Sustainable development" folgende Haupterkenntnisse (Kanning, 2008, 22):

– Der Prozess der nachhaltigen Entwicklung sollte sich auf die Bedürfnisse als Hauptursache der Ressourcenverwendung konzentrieren.
– Sowohl die Interessen der gegenwärtigen Generation als auch die der zukünftigen Generationen sollten berücksichtigt werden und
– ein Ausgleich zwischen Industrie- und Entwicklungsländern sollte angestrebt werden.

Das Ziel der Brundtland-Kommission bestand darin, umwelt- und entwicklungspolitische Problemstellungen auf der Basis eines Konzepts zu formulieren (z.B. Bevölkerungsentwicklung, Welternährung, Artenvielfalt, Ökosystem, Energieangebot, Industrie- und Siedlungsökologie etc.). Durch die Definition wird der intra- und intergenerativen Verteilungsgerechtigkeit für die Naturnutzung entsprochen. Mit dieser Interpretation ist auch die Erkenntnis verbunden, dass der ressourcenintensive, umweltbelastende westliche Lebensstil nur einer Minderheit der Weltbevölkerung offen steht. Die Verringerung dieser nationalen Ungleichverteilung ist somit impliziert. Kritisch ist an dieser Interpretation, dass sie auf einer „anthropozentrischen" Perspektive basiert. Diese Perspektive besagt, dass sich der Wert der Natur lediglich nach dem Nutzen für den Menschen beziffert. Ein Eigenwert als solcher, kommt der Natur nicht zu (Brandt, 1997, 13). Kritisch ist ebenfalls, dass im Brundtland-Bericht vor allem technische Entwicklungen und Innovationen (umweltfreundliche Technologien, Entwicklung von Ersatzstoffen, Recycling, begrenzte Vermeidung unter Beibehaltung des Wachstumsmodells etc.) durch die Industrieländer auf Basis einer Exportstrategie favorisiert werden. Diese Innovationen sollen dann den Entwicklungsländern vergünstigt zur Verfügung gestellt werden. Der Wachstumsmythos sowie das industrielle Zivilisationsmodell werden generell aber nicht in Frage gestellt. Eine etwas differenziertere Definition stammt von Renn et al (Renn et al, 1999, 20). Hier werden sieben Kriterien aufgelistet. Demnach ist eine „nachhaltige Entwicklung":

- eine Entwicklung, die dazu geeignet ist, eine dauerhafte Befriedigung menschlicher Bedürfnisse und eine Verbesserung menschlicher Lebensqualität zu verwirklichen.
- Unbegrenztes Überleben der menschlichen Spezies, Lebensqualität über ein rein biologisches Überleben hinaus und die Fortdauer aller Komponenten der Biosphäre, auch der Bestandteile, die anscheinend keinen Vorteil für die Menschheit bieten.
- Ein Modell für soziale und struktur-ökonomische Umgestaltung, welche die ökonomischen und gesellschaftlichen Vorteile der jetzt lebenden Menschen optimiert, ohne das wahrscheinliche Potential für ähnliche Vorteile in der Zukunft zu gefährden.
- Die Konstanz des natürlichen Kapitalstocks und die Möglichkeit, auch zukünftig von dessen Zinsen zu leben.
- Ein Prinzip, das auf die Anordnung hinauslaufen muss die Produktionskapazität für eine unbestimmte Zukunft zu schützen.
- Ein positiver sozio-ökonomischer Wandel, der die ökologischen und sozialen Systeme nicht schwächt, von denen die Gesellschaft und ihre Teilgruppen abhängig sind und
- ein Konzept, das darauf ausgerichtet ist, dass die Umwelt und der damit verbundene Kapitalstock an natürlichen Ressourcen so weit erhalten werden muss, dass die Lebensqualität zukünftiger Generationen gewährleistet bleibt.

Kritisch ist bei dieser Definition, dass sie auf einer „ökozentrischen" Perspektive basiert. Nach dieser Perspektive stellt die Umwelt einen Wert für sich dar, der um seiner selbst willen zu schützen ist. Ein derartiger Schutz erfolgt aus sittlich ethischer Verantwortung des Menschen gegenüber seiner Umwelt. Problematisch an diesem Ansatz sind vor allem die Wertzumessungen sowie die Eigenrechte der Natur (z.B. Klagerechte etc.). Die vorgestellten Definitionen stellen lediglich eine Auswahl von Interpretationen zum Konzept „nachhaltige Entwicklung" dar. Sie weisen auf die Problematik hin, dass „nachhaltige Entwicklung" nicht nur ein wissenschaftlich beobachtbarer Sachverhalt ist. Das Konzept beinhaltet auch eine normative Ausrichtung. Diese ist auf ethische Überlegungen zum Verhältnis von Mensch und Natur sowie die damit angestrebten sozialen, kulturellen und ökonomischen Werte und Ziele ausgerichtet (Renn et al, 1999, 20).

Agenda 21 – ein Papiertiger?

„Der alles begründende Begriff »Sustainable Development" … umfasst eine Kompromissformel zwischen den (legitimen) Ansprüchen von Ländern der Dritten Welt nach mehr technisch-infrastruktureller Entwicklung und nach mehr Wohlstand gegenüber den Ansprüchen der meist mehr nördlich dominierten Naturschutzgruppen nach Artenschutz und langfristiger Ressourcenschonung. Diese auf Ressourcenverbrauch und sozialen Ausgleich bezogene Konfliktlinie hat eine naheliegende theoretische Lösung: die hochindustrialisierte Welt muss ihren Ressourcenverbrauch rapide senken, und der gering bzw. später industrialisierte Teil darf noch zulegen, so dass insgesamt doch … ein Ressorcenverbrauchsrückgang eingeleitet werden kann. Auf der Weltkonferenz in Rio ist nun aber nicht ein Vertrag geschlossen worden, der zukünftige Ressourcenrechte in Umrissen anvisiert und erleichternde Handelsbestimmungen für die ökonomisch schwachen Nationen festlegt, sondern es ist mit der Agenda 21 eine neue Schaubühne eröffnet worden: man setzt auf Planung mittels Aushandlungsprozessen, d.h. auf freiwilligen Konsens für eine nachhaltigere (Umwelt-)Entwicklung, wobei diffus inhaltliche und viele administrative und verfahrenstechnische Vorschläge des Prozessmanagements gemacht werden, es aber keinerlei konkrete Begrenzungsangaben gibt [...]. Die Regierungsdelegationen der vielen anwesenden Länder haben das bereitwillig unterzeichnet, weil nichts festgeschrieben wurde, was man irgendwie einklagen könnte. Die beteiligten Nichtregierungsorganisationen waren zufrieden, weil sie erstmals anerkannt waren und an einer solchen Konferenz Mitbestimmungsrechte hatten [...]. Jeder Kenner der internationalen Szene musste voraussehen, dass solcherlei internationale Proklamationen der ohnehin schwachen Vereinten Nationen verpuffen werden" (Apel, 1999, 137).

2.1.1.3   Enges versus weites Verständnis nachhaltiger Entwicklung

Die verschiedenen Definitionen lassen sich grob in drei grundlegende Ansätze unterteilen. Eine Gruppe interpretiert „nachhaltige Entwicklung" relativ „eng". Sie subsummiert darunter eine dauerhafte Entwicklung, wobei die Bedingungen für eine optimale Umweltnutzung analysiert werden. Das bedeutet eine Gleichsetzung von „Nachhaltigkeit" und „ökologischer Nachhaltigkeit" (Vornholz, 1993). Umweltnutzung umfasst dabei sowohl die Input-Seite (Umwelt stellt Stoffe für die Produktion bereit) als auch die Output-Seite (Umwelt stellt ein

Aufnahmemedium für Abfälle des Produktions- und Konsumtionsprozesses dar). Diese Gleichsetzung hat den Vorteil, dass verbindliche Standards mit Hilfe wissenschaftlicher Gesetzmäßigkeiten festgelegt werden können (neoklassisches Modell). Eine zweite Gruppe (u.a. die Brundtland-Kommission) vertritt ein eher „weites" Verständnis der „nachhaltigen Entwicklung" mit einer umfassenderen Interpretation des Begriffs. Hierbei wird ein Konzept vertreten, dass ökologische, ökonomische und soziale Ziele umfasst (Vornholz, 1993). Die nachfolgende Abbildung 2.1 zeigt die letztgenannte Interpretation im Überblick.

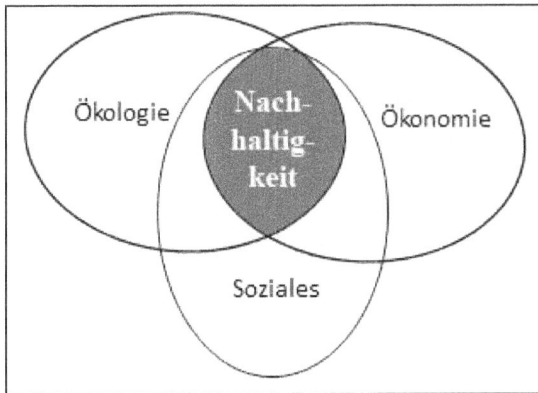

Abb. 2.1:   Modell „Nachhaltigkeitsdreieck", i.A.a. Fues, 1998, modifiziert und vereinfacht

Schwierigkeiten sind darin zu sehen, dass Bedingungen für eine optimale Umweltnutzung zwar festgelegt werden können, soziale und ökonomische Dimensionen des Zielbündels jedoch stark von kulturell bedingten Wertvorstellungen geprägt sind. Es ist auch eine weitere Dimension zu bedenken. Bei dieser „institutionellen" Dimension ergeben sich zusätzlich bestimmte Anforderungen an die Umsetzung des Nachhaltigkeitskonzepts im gesellschaftspolitischen Prozess, die ebenfalls stark kulturimmanent geprägt sind. Diese Tatsachen erschweren vor allem international die Definition verbindlicher Standards. Es stellt sich zudem die Frage, welche Beziehung zwischen den drei Teilsystemen (ökologisch, ökonomisch und sozial) der Nachhaltigkeit bestehen. Bei dem als „Nachhaltigkeitsdreieck" bzw. „Drei Säulen der Nachhaltigkeit" bezeichneten Modell, wird von gleichberechtigten Zieldimensionen ausgegangen.

Eine Hauptkritik am Modell des Nachhaltigkeitsdreiecks bezieht sich auf die scheinbar willkürliche Aufspaltung der Humansphäre in ein wirtschaftliches und soziales System, das auch noch außerhalb der Ökosphäre angesiedelt ist. Dadurch wird suggeriert, dass es sich um drei voneinander unabhängige Teilsysteme handelt. So wird der verbreiteten Annahme Vorschub geleistet, dass Einbußen in einer Dimension durch Gewinne in einer anderen zu kompensieren wären (z.B. Wirtschaftswachstum im Sinne einer quantitativen Ausmaßsteigerung wäre dauerhaft auf Kosten der Umwelt zu realisieren etc.). Problematisch ist, dass in den Wirtschaftswissenschaften gebräuchliche Modelle mit diesem Verständnis kompatibel sind. In der traditionellen Makroökonomie wird von einem geschlossenen Wirtschaftskreislauf zwischen Firmen und privaten Haushalten ausgegangen und die Wirtschaft als ein isoliertes System betrachtet. Der Energie- und Stoffaustausch mit der natürlichen Umwelt bleibt ausgespart (vgl. dazu z.B. Daly, 1999, 72 ff.). Werden beide Ansätze verglichen, scheint es auf den ersten Blick naheliegender, das Konzept „nachhaltige Entwicklung eher „eng" im Sinne der „ökologischen Nachhaltigkeit" zu verstehen. Das würde jedoch die sehr engen Wechselbeziehungen zwischen der Ökosphäre und der Humansphäre verkennen und soziale Fehlentwicklungen, mit Auswirkungen auf die Ökosphäre zur Folge haben. Umweltzerstörungen können sowohl durch Überkonsum (umweltgefährdende Produktion, begrenzte Belastung der Biosphäre etc.) als auch durch Armut (Überbeanspruchung von Böden in Folge Überweidung, Brennholzeinschlag in trockenen, hochgelegenen Gebieten etc.) entstehen. Angesichts der engen Verknüpfungen und Wechselbeziehungen zwischen ökologischen, ökonomischen und sozialen Zieldimensionen erscheint es sinnvoller, auftretende Probleme mehrdimensional zu interpretieren. Insbesondere, da naturwissenschaftlich objektiv bestimmbare Nachhaltigkeitsstandards, die keiner weiteren normativen Begründung bedürfen, in der Realität *nicht* existieren.

Von der dritten Gruppe wird ein analytisches Modell favorisiert. Es wird als „Nachhaltigkeitsei" bezeichnet und bildet die Interaktionen zwischen den verschiedenen Ebenen ab (z.B. Fues, 1998). Es basiert auf einer hierarchischen Beziehung zwischen den Zielsystemen, wobei das ökologische System als Lebensgrundlage absolute Priorität hat. Das Modell geht von einer begrenzten Ökosphäre aus. Sie umfasst als Subsystem die Humansphäre. Die Humansphäre lässt sich u.a. in die Subsysteme Gesellschaft und Wirtschaft unterteilen. Dadurch wird verdeutlicht, dass dem Humansystem sowie den sozialen und wirtschaftlichen Subsystemen eindeutige Grenzen gesetzt sind. Eine Expansion der beiden Subsysteme ist immer nur soweit möglich wie es das sie umgebende Ökosystem zulässt. Die nachfolgende Abbildung 2.2. zeigt das Modell im Überblick.

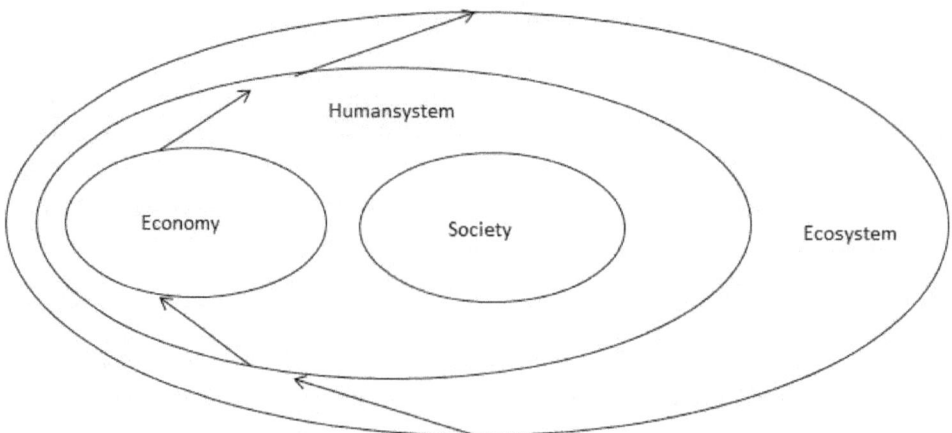

Abb. 2.2:   „Nachhaltigkeitsei", auf der Basis von Fues, 1998, Birkmann, 2000 und Fritz/ Busch-Lüty, 1995 modifiziert und vereinfacht

Bei genauer Betrachtung der Abbildung 2.2 zeigt sich, dass es sich um ein intaktes System in einem (idealen) Gleichgewicht handelt. Jedes System und Subsystem nimmt den ihm angemessenen Raum ein, ohne die Ebenen der anderen Räume einzuschränken. Die Tragfähigkeitsgrenzen ergeben sich aus dem Input-Prozess (Materialien, die die Wirtschaft für den Produktionsprozess erhält) und dem Output-Prozess (in den sie die Emissionen entlässt). Die Bedingungen in den Ebenen befinden sich in einem guten (bzw. sich verbessernden) Zustand. Herrscht dieser Zustand vor, kann von Nachhaltigkeit in den Ebenen ausgegangen werden. Eine Variation dieser Konstellation wird in der nachfolgenden Abbildung 2.3. dargestellt.

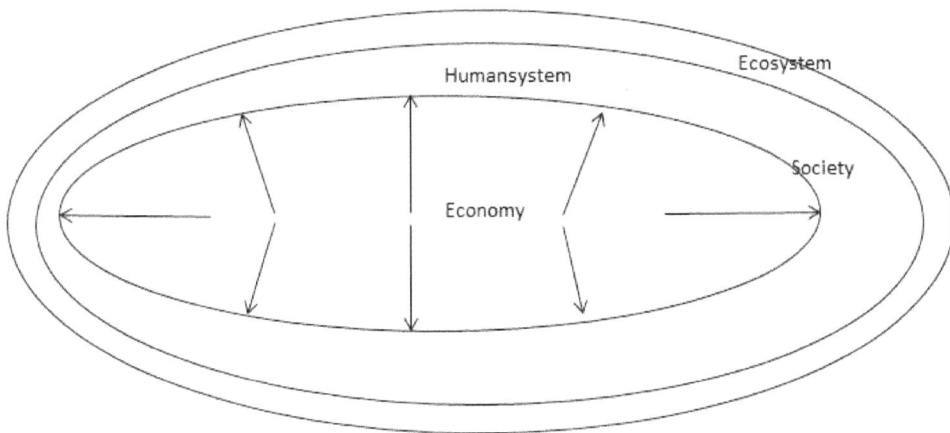

Abb. 2.3: Variation „Nachhaltigkeitsei", auf der Basis von Fues, 1998, Birkmann, 2000 und Fritz/Busch-Lüty, 1995, modifiziert und vereinfacht

Abbildung 2.3 zeigt eine Verschiebung des Gleichgewichts (z.B. durch externe Einflüsse etc.). In diesem Fall wird der Spielraum für bestimmte Ebenen eines Subsystems auf Kosten der anderen Ebenen ausgeweitet. In Abbildung 2.3. nimmt in diesem verschobenen Nachhaltigkeitsei die Ökonomie auf Kosten der anderen Ebenen zu viel Raum ein. Diese Situation kann sich beispielsweise ergeben, wenn durch starken ökonomischen Druck am europäischen Binnenmarkt der Spielraum für ökologische und soziale Leistungen bei den Betrieben immer enger wird. Im Modell sind in einer solchen Konstellation die Bedingungen in den Ebenen eher schlecht (bzw. verbesserungswürdig) und es kann *nicht* von Nachhaltigkeit im eigentlichen Sinne ausgegangen werden.

Aus ökonomischer Sicht wird an diesem Modell kritisiert, dass Nachhaltigkeit eine „Wirtschaft im stationären Zustand" bedeuten würde. Ähnliches wurde vom britischen Philosophen und Nationalökonomen John Stuart Mill bereits im 19. Jahrhundert gefordert. Gemeint ist eine Wirtschaft, in der die gesamte Durchlaufmenge an Material und Energie konstant ist, qualitative Verbesserungen möglich sind und die Zuteilung frei entsprechend der Marktnachfrage erfolgt (Daly, 1999). Fraglich bleibt, nach welchen Gesichtspunkten die Obergrenze der Regenerationsfähigkeit bzw. Aufnahmefähigkeit des Ökosystems bestimmt wird (Bezugsgrößen etc.). Ungeklärt ist auch die Frage, wie groß das Teilsystem Wirtschaft zu dem umgebenden Ökosystem sein soll. Die Grenzen können sowohl nach anthropozentrischen (allen nicht-menschlichen Wesen wird nur ein instrumenteller Wert zuerkannt) oder nach biozentrischen Gesichtspunkten (nicht-menschliche Lebewesen und Lebensräume werden auf einem Niveau erhalten, das über dem ökologischen Zusammenbruch liegt) bestimmt werden. Sie sind somit nicht allein naturwissenschaftlich definierbar, sondern zu großen Teilen ebenfalls von gesellschaftlichen und kulturellen Normen geprägt. Die Ausführungen geben nur einen kleinen Eindruck von der Komplexität und Vielschichtigkeit der Problematik wieder, die mit Definitionsfragen durch die Transdisziplinarität im Rahmen der Begrifflichkeiten „Nachhaltigkeit" und „nachhaltige Entwicklung" verbunden ist. Für ein effektives Marketing-Management ist, zur Abgrenzung von anderen Konzepten, ein Grundverständnis der Begrifflichkeiten von Bedeutung. Transdisziplinäre Arbeiten haben hierzu in den beteiligten Wissenschaftsbereichen gerade erst begonnen. Daher sind weitere Ergebnisse mit Spannung zu beobachten.

2.1.1.4   Zwischenfazit

–   Eine allgemein anerkannte Definition für „Nachhaltigkeit" existiert durch die Transdisziplinarität des Konzepts „nachhaltigen Entwicklung" nicht. Sie wird durch die enorme Komplexität sowie durch die beteiligten Wissenschaftsbereiche erschwert.

–   Eine Definition für das Konzept „nachhaltigen Entwicklung" basiert auf der anthropozentrischen Perspektive. Sie ist im Hinblick auf die Natur lediglich am Nutzen für den Menschen ohne Eigenwert für die Natur orientiert. Eine andere Definition basiert auf der „ökozentrischen" Perspektive. Hiernach hat die Umwelt einen Eigenwert, der von den Menschen aus sittlich-ethischer Verantwortung, um ihrer selbst willen geschützt wird. Beide Definitionen werden kritisiert.

–   Es lassen sich drei Gruppen von Definitionen zum Konzept „nachhaltige Entwicklung" unterscheiden. Die erste versteht das Konzept relativ „eng". Nachhaltigkeit und ökologische Nachhaltigkeit sind dabei gleichgesetzt. Dadurch können verbindlicher Standards festgelegt werden. Kritisiert wird, dass die nötige Objektivität in der Realität eine Illusion ist.

–   Die zweite Gruppe umfasst beim Konzept „nachhaltige Entwicklung" sowohl ökologische als auch ökonomische und soziale Ziele (Dreisäulenkonzept). Die sozialen und ökonomischen Dimensionen des Zielbündels sind stark von kulturbedingten Wertvorstellungen geprägt. Das Zusammenwirken funktioniert aufgrund zahlloser Zielkonflikte kaum.

–   Die dritte Gruppe versteht das Konzept „nachhaltige Entwicklung" als hierarchisches Modell mit der Priorität des ökologischen Systems als Lebensgrundlage (Nachhaltigkeitsei). Es wird von einer begrenzten Ökosphäre mit Subsystemen ausgegangen, wobei die Expansion der Subsysteme nur soweit möglich ist wie es das sie umgebende Ökosystem zulässt.

2.1.2 Begriffsbestimmungen für eine Kultur der Nachhaltigkeit

2.1.2.1 Erläuterung des Begriffs Kultur

Zur Erforschung einer „Kultur der Nachhaltigkeit" gehört es zu spezifizieren, was mit Kultur gemeint ist. Der allgemeine Begriff „Kultur" ist äußerst vielfältig, facettenreich und oft nur auf Teilbereiche reduziert. In der Forschung stößt man auf die Schwierigkeit, dass jede Wissenschaft eigene Vorstellungen darüber hat, was Kultur ausmacht und wie ihre Werte zu erfassen und zu operationalisieren sind. Je nach Schule, gelten zusätzlich auch innerhalb der einzelnen Disziplinen unterschiedliche Auffassungen. Eine allgemeingültige Definition für Kultur existiert daher in den Wissenschaften nicht und sie wird wohl auch nicht gelingen. Eine weitere Schwierigkeit ist, dass der Gebrauch des Begriffs Kultur über die Zeit starken Veränderungen unterliegt (z.B. generationsbedingt etc.) (Göschel, 1999). Von den vielen Dimensionen der Kultur im wissenschaftlichen Alltagsgebrauch werden nachfolgend nur die umrissen, die für eine „Kultur der Nachhaltigkeit" von Bedeutung sein können. Eine funktionalisierte Kultur kann die existenzielle Bedeutung der kulturellen Vielfalt im Rahmen von Nachhaltigkeit nicht ausdrücken. Dem Konzept liegt daher eine ganzheitliche Ausrichtung zugrunde. Es ist somit ein Kulturverständnis mit einer ganzheitlichen Abgrenzung zu evaluieren. Dazu werden die nachfolgenden Kulturbegriffe in kombinierter Weise zugrunde gelegt:

a) Anthropologischer Kulturbegriff
Der „anthropologische Kulturbegriff" ist deskriptiv. Er umfasst Kultur als alles „Künstliche" und wurde ursprünglich als Gegensatz zur Natur verstanden. Der Begriff umfasst alles, was durch menschliches Handeln entsteht. Anders als die Tierwelt, handelt der Mensch hauptsächlich *nicht* instinktiv, daher kann er (im Rahmen von Institutionen) frei gestaltend handeln (Fuchs, 1999). Diese Fähigkeit bedingt, dass der Mensch seinem Handeln über Sinneseindrücke hinaus eine Bedeutung (Sinn etc.) geben muss. Das anthropologische Kulturverständnis umfasst auch den ordnenden Charakter in der Gesamtheit von Bedeutungen, die der Mensch an die Welt und seine Umwelt heranträgt. Das macht den Menschen „von Natur aus" zu einem „Kulturwesen" (Lipp, 1994; Tenbruck, 1989). Die Identität und das Selbstverständnis jedes Menschen, eben seine Kultur, wird nach diesem Kulturverständnis durch die spezifischen Sinnbedeutungen definiert. Jedoch die eine Identität, die als „Universaldeutung" für alle gilt, kann es nicht geben. Daher bilden sich in Gesellschaften Gruppen mit ähnlichen Deutungen bzw. Gruppenidentitäten heraus. Die ganzheitliche Abgrenzung spielt auch im Rahmen einer „Kultur der Nachhaltigkeit", beispielsweise im Zusammenhang mit den Funktionen von Leitkulturen, eine zentrale Rolle.

b) Affirmativer Kulturbegriff
Im Gegensatz zum relativ weiten ethnologischen Kulturverständnis, ist der affirmative Kulturbegriff normativ ausgerichtet. Er beschränkt sich auf die als Hochkultur bezeichneten

Künste (den Bereich der „Schönen, Wahren, Guten"). Dabei wird der Werkcharakter verabsolutiert und objektiviert. Die Ästhetik kultureller Erzeugnisse sowie die erzieherische Funktion
hat hingegen eine starke Bedeutung. Göschel versteht das im Begriff aufscheinende „Wahre"
nicht „im Sinne des wissenschaftlich Korrekten", sondern „des normativ, des moralisch Wahren, als des Guten, des Ethischen" (Göschel, 1999, 15). Hochkulturen bilden sich nach diesem
Verständnis, anders als bei der Zivilisation, als wissenschaftlich-technischer oder gesellschaftlicher Fortschritt heraus. Kultur ist demnach nicht per se für jeden Menschen vorhanden, sondern muss sich „als individueller Besitz" (geistig) angeeignet werden. Kultur lässt
sich damit „kultivieren". Der affirmative Kulturbegriff hat enge Verbindungen zum bürgerlichen Bildungsbegriff im 19. Jahrhundert. Nach diesem Kulturverständnis kann Kunstkultur
lediglich zur Affirmation bzw. Bestätigung des herrschenden Weltbildes und Wertekanons
dienen. In dieser gesellschaftlichen Rolle verliert Kunst sein utopisches Potential (Aufzeigung
von anderen Dimensionen der Wirklichkeit etc.) und wird zur Repräsentationskultur einer bestimmten sozialen Ordnung verengt. Kultur kann aus Sicht der Rezipienten insofern keine
Kritik an gesellschaftlichen Verhältnissen (z.B. durch Abbildung, Spiegelung, Einforderung
moralischer Ansprüche etc.) üben, da sie auf das „Schöne, Wahre, Gute" verengt ist. Beacker
kritisiert an diesem Kulturverständnis, die Eigenentwicklung und Überhöhung generalisierter
Symbole. Er weist kritisch darauf hin, dass auf theoretischer Ebene der Prozess des Zusam-
menbruchs einer bestimmten kulturellen Ordnung ausführlich untersucht wurde. Hinweise dafür zeigen sich, wenn „generalisierte Symbole festgehalten werden, denen wegen veränderter
sozialer Bedingungen längst der Boden für Generalisierungen abhandengekommen ist"
(Baecker, 2002, 102). Das Konzept des affirmativen Kulturbegriffs spielt im Rahmen einer
Kultur der Nachhaltigkeit eine wichtige Rolle. Sie besteht vor allem im Hinblick auf ein ko-
härenzbasiertes Homogenitätsbedürfnis an Normen/Werten, das für die kulturelle Identifikation in einer Gesellschaft notwendig erscheint.

1968er-Generation verändert Repräsentationskultur

„Der traditionell affirmative Kulturbegriff in der westlichen Welt wurde durch die 1968er Generation
(z.B. Anti-Atombewegung, Umweltorientierung, Klimaschutz etc.) aufgebrochen. Er wurde auf die
Alltagskultur ausgedehnt und durch auf Globalisierung beruhenden Veränderungen (z.B. Umweltkatastrophen in der Dritten Welt etc.), vom ethnologischen Kulturbegriff überlagert" (o.V., o.J., 2014c).

---

c) Soziologischer Kulturbegriff

Weltweit setzt sich seit ca. 1970 die „Soziokultur" als ein erweiterter Kulturbegriff soziologischer Orientierung durch. Der Begriff erschüttert das allgemeine Verständnis einer Repräsentationskultur affirmativer Ausprägung. Durch Soziokultur erhält Kunst einen anderen Stellenwert, in dem Kultur als Kommunikationsmedium verstanden wird (Göschel, 1999). Dabei
wird Kunst allen Bevölkerungsschichten zugänglich und verständlich. Zur Kunst zählt seitdem auch die aktive und kreative Auseinandersetzung der Menschen mit vielfältigen Formen
(z.B. in der Bildung, ästhetischen Erziehung, kulturelle Erscheinungen der unmittelbaren Le-

benswelt etc.). Kulturarbeit hat demnach die Aufgabe, den Erfahrungszusammenhang mit der gesellschaftlichen Wirklichkeit (Alltagsleben etc.) herzustellen. Es geht bei diesem Kulturbegriff nicht mehr um einen geistig individuell angeeigneten Besitz, sondern um Bewusstsein/ Tätigkeit von Gruppen. Der soziokulturelle Kulturbegriff bildet die Grundlage für viele Forschungsrichtungen (z.B. Lebensstilforschung, Gender- und Rassismusforschung etc.). Hinter dem Begriff steht eine andere Auffassung von Kultur. Die ideologische Konkurrenz wird, z.B. durch neue soziale Vorstellungen bzw. Ordnungen, über das System Kultur durchgesetzt und manifestiert. Der erweiterte Kulturbegriff bietet aber auch die Möglichkeit „die plurale, in vielfältige Einzelinteressen, Interessenkonflikte, Verständigungsbarrieren zerklüftete Gesellschaft auf der kommunikativen Ebene zusammen zu bringen" (Göschel, 1992, 13). Das gilt insbesondere für die Integration über Klassen-, alters- und ethnische Schranken hinweg. Für das Kulturverständnis, das einer Kultur der Nachhaltigkeit zugrunde liegt, stellt der soziologische Kulturbegriff eine Grundlage dar. Er bezieht übergreifende Denk- und Handlungsweisen sowie Produkte menschlicher Gemeinschaften ein. Er berücsichtigt somit die „kulturelle Bedingtheit aller sozialen Erscheinungen" (Tenbruck, 1989, 28). Kulturen und Gesellschaften sind in ihrer Totalität aber nicht zu erfassen. Daher konzentriert sich die Operationalisierung auf Merkmale der repräsentativen Kultur, die menschliche Gemeinschaften kennzeichnen (Schichtspezifika, Unternehmens-, Berufskultur, Lifestyle etc.) und die gepflegt werden. Eine ganzheitliche Begrenzung, wie sie bei einer Kultur der Nachhaltigkeit erforderlich ist, ist mit diesem Kulturverständnis nicht möglich. Daher reicht der soziologische Kulturbegriff allein zur Erklärung nicht aus.

Kultur für alle?

„Die neue Kulturpolitik forderte schon vor dreißig Jahren eine Demokratisierung der Kultur und seit einem Jahrzehnt wird diese Forderung immer aktueller. Führende Kulturpolitiker wie Hermann Glaser und Hilmar Hoffmann traten in den 1970er Jahren an „kulturelle Partizipation zu stärken, den Begriff von Kultur zu erweitern, Kunst und Alltag stärker zusammen zu bringen, „Kultur von allen für alle" [Hoffmann], als ein wesentliches Element zu begreifen" (Mandel, 2005, 354). Obwohl Deutschland mit ca. 8 Millionen Euro den absolut größten Kuturetat weltweit zur Verfügung stellt und sich auch die Situation der kulturellen Bildung und Kulturvermittlung in den öffentlichen Kulturinstitutionen in den letzten Jahren kontinuierlich verbessert hat, wird öffentlich geförderte Kultur zunehmend und vor allem unter jungen Menschen fast ausschließlich von höher Gebildeten genutzt" (Jacob, 2009).

---

d) Ethnologischer Kulturbegriff

Der ethnologische Kulturbegriff ist im Unterschied zum affirmativen Kulturbegriff deskriptiv und nicht normativ ausgerichtet. Zwischen dem ethnologischen und dem soziologischen Verständnis liegt der Unterschied beim Kulturbegriff in der Binnenorientierung der Soziologie (Göschel, 1999). Das Forschungsfeld der Soziologie ist die Gesellschaft. Sie wird hier als identisch mit dem Gebiet eines Staates verstanden. Die Untersuchungseinheit in der Ethnologie bezieht sich hingegen auf die Ausdehnung einer Ethnie. Diese ist selten deckungsgleich mit den Grenzen von Staaten. Unter Kultur ist ethnologisch nicht mehr ein Wort im Singular gemeint, das sich auf die Sphären des geistigen Fortschritts der Menschen bezieht (allgemeine menschliche Werte, Normen, Wissen etc.). Kultur im ethnologischen Sinn bedeutet die lokal unterschiedliche Vielfalt menschlichen Zusammenlebens und deren Bedeutungszuweisung (Gellner, 1991). Der Begriff umfasst dabei sowohl die Gesamtheit aller gesellschaftlichen Ideen, Werte und Bedeutungen als auch deren künstlerischen Ausdruck. Eine Manifestierung drückt sich als sog. „repräsentative Kultur" (charakteristisches Hauptmuster) aus, das der Erscheinung einer Kultur zugrunde liegt (Tenbruck, 1989). Dazu zählen die historisch geformten charakteristischen Kommunikations- und Verhaltensmuster und deren Vergegenständlichung in Institutionen (z.B. Sprache, Schrift, Religion, Kleidung etc.). Derartige kulturelle Charakteristika beeinflussen das kulturelle Handeln durch tragende Ideen und Vorstellungen sowie deren aktive Nachahmung bzw. passive Respektierung. Nach diesem Verständnis sind alle sozialen Erscheinungen kulturell bedingt und Kultur selbst eine Vielfalt von Institutionen, die auf die Akteure einwirken. Ein derart weit gefasster Kulturbegriff stellt den Maßstab selbstbestimmter Unterscheidung von Ethnien dar. Er umfasst auch Produkte des menschlichen Gestaltens, mit denen sie sich voneinander unterscheiden. Für die Unterscheidung von Ethnien sind nach diesem Verständnis biologische Kriterien irrelevant, da Kultur auch ohne diese Merkmale wirksam wird. Kultur im ethnologischen Sinn ist somit die Lebensweise einer Gruppe von Menschen, die sich in spezifischen Elementen (z.B. Denk- und Handlungsweisen etc.) und materiellen Produkten äußert. Aufgrund dieser unterscheidet sich die Gruppe von anderen in einer Gemeinschaft. Kultur im ethnologischen Sinne kann im Rahmen einer Kultur der Nachhaltigkeit Auswirkungen im Hinblick auf die Produkte menschlichen Gestaltens beeinflussen. Das kann beispielsweise bei der Vergegenständlichung in Institutionen des Staates (Umweltgesetze, -verordnungen etc.) eine wichtige Rolle spielen.

Das Kulturverständnis einer Kultur der Nachhaltigkeit wird in Kombination vom ethnologischen und vom anthropologischen Kulturkonzept geprägt. Beiden Konzepten ist die ganzheitliche Abgrenzung gemeinsam. Beim anthropologischen Verständnis wird die Kultur als Gesamtheit ordnender Sinngebung des Menschen von der Natur abgegrenzt. Beim ethnologischen Verständnis erfolgt eine Abgrenzung als Gesamtheit ordnender Sinngebung von einer territorial separaten Gruppe gegenüber anderen Gruppen. Der ethnologische Kulturbegriff mit seinen Elementen ist als weitere Grundlage einer Kultur der Nachhaltigkeit sinnvoll, da dieser deskriptiv vorgeht und sich nicht auf Teilaspekte der Kultur beschränkt. (Zu weiteren Definitionen von Kultur vgl. z.B. Emrich, 2013; Emrich, 2011; Emrich, 2009; Emrich, 2007).

2.1.2.2   Fähigkeit zum Kulturwandel

Da es eine allgemein akzeptierte Definition, darüber was eine Kultur der Nachhaltigkeit ist, noch nicht gibt, muss sich die Autorin darauf beschränken herauszufinden, was die Entstehung einer derartigen Kultur fördern kann. Dabei kann sich die Fähigkeit zu einem Kulturwandel als hilfreich erweisen. Eine allgemein gültige Definition zum Begriff „Kulturwandel" ist in den Wissenschaften nicht existent. Für das vorliegende Konzept wird das ethnologische Begriffsverständnis herangezogen. Kultur wird nach diesem Verständnis nicht nur als ein System, sondern als Prozess verstanden. Der Begriff Kulturwandel stellt ein kulturimmanentes Phänomen dar, das durch Ersetzen, Hinzufügen oder Verlust von Kulturgütern gekennzeichnet ist. Der Begriff „Wandel" integriert dabei nicht nur materielle Kulturbereiche, sondern auch geistige Haltungen (Platz, 1995). In den Kulturwissenschaften wird beim Begriff „Kulturwandel" von einem positiv-dynamischen Kulturverständnis ausgegangen, nach dem der Wandel jeder Kultur inhärent ist. Dieser ständige Wandel kann sowohl durch endogene (z.B. Erfindungen, Neuerungen/Verbesserungen bestehender Elemente etc.) als auch durch exogene Effekte (veränderte Umweltbedingungen, Konflikte innerhalb der Gesellschaft etc.) ausgelöst werden. Nicht alle Wandlungsvorgänge haben dabei auch sichtbare Auswirkungen auf die gesamte Kultur. Beispielsweise werden Innovationen nicht von allen Gesellschaftsmitgliedern übernommen (Hirschberg, 1988). Als Innovation gilt eine Rekombination bestehender Konzepte, durch die zwei oder mehrere mentale Konfigurationen in ein neues Muster gebracht werden (Platz, 1995, 47). Werden Innovationen zur Grundlage eines Kulturwandels, müssen die zu übernehmenden Innovationen mit bisherigen Erfahrungen (z.B. Kulturnormen etc.) in einer Gesellschaft kompatibel sein. Kann die empfangende Gesellschaft bzw. der Innovator sich nicht mit Teilen bzw. der ganzen Innovation identifizieren, bleibt sie erfolglos und wird abgelehnt (Platz, 1995). Eine Übernahme von Kulturelementen fällt nahezu nie total aus. Kulturelemente werden in die Elemente Form, Bedeutung und Funktion unterschieden. Übernahmen/Übertragungen von Kulturelementen beschränken sich fast ausschließlich auf die Form (z.B. wenn dadurch die Erhöhung von Prestige bzw. praktischer Nutzen erreichbar sind etc.). Bedeutung, Nutzen und Funktion werden als Elemente in bereits bestehende und überlieferte Hintergründe, Bedeutungszusammenhänge etc. eingebettet und können ganz verschieden ausfallen. Neuerungen sind somit auch immer Modifikationen unterworfen (Platz, 1995).

Bei einer Kultur der Nachhaltigkeit stellt der Prozess der Akkulturation eine weitere wichtige Form eines exogenen Kulturwandels im Rahmen der Unternehmens- und Konsumentenorientierung dar. Nach Hirschberg ist Akkulturation „[...] eine Form des Kulturwandels, bei der eine Kultur sich der Dominanz einer als überlegen angesehenen unterwirft und sich ihr anzugleichen versucht" (Hirschberg, 1988, 17). Der Prozess kann sowohl auf einer individuellen als auch auf einer gesamtkulturellen Ebene stattfinden. Als entscheidende Kriterien für eine Akkulturation gelten äußere Umstände. Neben Kontaktmöglichkeiten, Kontakthäufigkeit und Kontaktintensität mit anderen Kulturen (z.B. durch neue Medien etc.), spielen die ökologische Umwelt, demographische Bedingungen, wirtschaftliche Faktoren sowie Größe und Zusammensetzung der Kontaktbevölkerung eine Rolle. Auch die Art der Kontakte (Handel, Konflikte etc.) ist entscheidend (Platz, 1995). Erfolgt ein Austausch, werden beim Akkulturationsprozess die Kommunikationsinhalte selektiert. Die Diffusion und Integration von Kulturelementen erfolgt entsprechend der jeweiligen tradierten Kulturmuster.

Ariels PR-Patzer

„Als Marketingaktion zum Fußballsommer hatte das Unternehmen Waschmittelkartons mit einer „88"
auf einem weißen Deutschlandtrikot bedrucken lassen – gemeint waren die 88 Waschladungen, die
man damit bewältigen könne. Als findige Twitterer Bilder der Kartons im Netz verbreiten, entstand
ein Sturm im Wasserglas. Die Zahl 88, so der Vorwurf, sei ein Code von Rechtsextremisten und könne
doch wohl nicht für eine Marketingkampagne verwendet werden. Denn ersetzt man die Ziffern durch
den achten Buchstaben des Alphabets (das H), verschlüsseln sie mit „HH" – den Hitlergruß. […] Doch
Zahl und Slogan regen die User im Netz nicht nur auf, einige drehen die Anspielungen noch weiter.
„Ich wasche gern mit Arier 88", „ Zum Ausgleich dusche ich mit Antifa" schreibt einer. „Wollt ihr das
totale Vollwaschmittel" fragt ein anderer. […] Eine Sprecherin präzisiert: Die Aktion wurde von einem multikulturellen Team entwickelt, das hatte das nicht auf dem Schirm" (o.V., 2014b).

Da zumeist eine gruppenspezifisch begrenzte Kommunikationsübermittlung vorliegt, wählen
und beurteilen Sender und Empfänger über zwei Stufen die Inhalte. Kulturelemente werden
dabei oft formal übernommen, bedeutungsmäßig jedoch anders eingeordnet und nach dem
jeweiligen Kulturmuster uminterpretiert. Auswirkungen eines Akkulturationsprozesses werden vor allem durch Flexibilität bzw. Rigidität der beteiligten Kulturen bestimmt. Künstlich
abgeschottete bzw. in den eigenen Traditionen verhaftete Kulturen (durch Ideologie, Religion,
absolutistische Regime etc.) haben dabei ein höheres Risiko der Zersetzung, als offenere Kulturen. Letztere haben bereits Erfahrungen in der globalen Auseinandersetzung mit anderen
Kulturen. Die Wirkung von Akkulturation kann unterschiedlich ausfallen. Sie wird durch die
netzwerkartige Verstärkung oft falsch eingeschätzt. Durch die Tatsache, dass nicht nur Normen und bestimmte Wertvorstellungen, Techniken und Verhaltensweisen übertragen werden
können, entstehen gerade durch netzwerkartige Wirkungen auch Modifikationen im Rahmen
der Strukturen im Gesellschaftssystem (politisch, gesetzgeberisch, in der Gesellschaftsordnung etc.). Diese Veränderungen verursachen wiederum netzwerkartige Wirkungen, die tiefgreifende Veränderungen beim Wahrnehmungs- und Empfindungsvermögen der betroffenen
Individuen in der Gesellschaft hervorrufen können (Untergrabung des Selbstwertgefühls, Ste-
reotypenbildung, Misstrauen durch destruktive Werte/Normenwandel etc.) (Platz, 1995).

2.1.2.3   Zwischenfazit

– Für eine zu erforschende Kultur der Nachhaltigkeit ist darzulegen, was unter Kultur zu
  verstehen ist. Schwierigkeiten ergeben sich dadurch, dass eine allgemeingültige Definition
  zum Begriff „Kultur" in den Wissenschaften nicht existiert und es auch nicht geben wird.
  Für das Begriffsverständnis werden verschiedener Kulturbegriffe ganzheitlich kombiniert.
– Der anthropologische Kulturbegriff umfasst alles, was durch menschliches Handeln entsteht. Er hat die ganzheitliche Abgrenzung, durch die die Kultur als Gesamtheit ordnender
  Sinngebung gegenüber der Natur abgegrenzt wird. Für eine Kultur der Nachhaltigkeit ist
  das beispielsweise im Rahmen von Werten bzgl. einer Leitkultur sinnvoll.

– Der affirmative Kulturbegriff ist normativ. Er beschränkt sich auf das Schöne, Wahre, Gu-te und verlangt eine individuelle Aneignung. Nachhaltigkeit kann nach diesem Verständ-nis auch als eine Art Repräsentationskultur für eine bestimmte soziale Ordnung stehen. Im Rahmen einer Kultur der Nachhaltigkeit ist dieses Kulturverständnis für eine kohärenzbe-zogene Verfolgung gemeinsamer Werte in einer Gesellschaft unverzichtbar.

– Das soziologische Kulturverständnis bezieht sich auf eine Gesellschaft in einem Staat. Dem Kulturbegriff liegt eine andere Lebensvorstellung als dem affirmativen Begriff zu-grunde. Das Kulturverständnis ist im Rahmen einer Kultur der Nachhaltigkeit für die Stärkung einer kohärenzbezogenen Verfolgung, Achtung und Bestätigung gemeinsamer Werte in einer Gesellschaft notwendig.

– Das ethnologische Kulturverständnis ist deskriptiv. Es bezieht sich auf die Ausdehnung einer Ethnie mit lokal unterschiedlicher Vielfalt menschlichen Zusammenlebens und de-ren Bedeutungszuweisungen. Der Kulturbegriff hat eine ganzheitliche Abgrenzung, die als Gesamtheit ordnender Sinngebung eine separate Gruppe Menschen gegenüber anderen abgrenzt. Im Rahmen einer Kultur der Nachhaltigkeit ist dieses Kulturverständnis in einer Gesellschaft mit mehreren Kulturen notwendig.

– Da eine Kultur der Nachhaltigkeit noch nicht definiert ist, sind Möglichkeiten aufzuzei-gen, die ihre Entstehung fördern können. Ein Kulturwandel wird als positiv-dynamischer Prozess verstanden, der jeder Kultur inhärent ist und als ständiger Wandel durch endoge-ne/exogene Effekte ausgelöst wird. Die Übernahme von Kulturelementen erfolgt durch Akkulturationsprozesse. Sie bestimmen die Flexibilität bzw. Rigidität von Kulturen.

Vom mechanistischen Weltbild zu einer ganzheitlichen Weltsicht

„Das Weltbild, das jetzt langsam zurücktritt, hat unsere Kultur mehrere hundert Jahre lang beherrscht und hat während dieser Zeit die ganze Welt wesentlich beeinflusst. Es enthält eine Anzahl von Ideen und Wertvorstellungen: darunter die Auffassung das Universum sei ein mechanistisches System, das aus materiellen Grundbausteinen besteht; das Bild des menschlichen Körpers als einer Maschine; die Vorstellung des Lebens in der Gesellschaft als eines ständigen Konkurrenzkampfes um die Existenz; den Glauben an unbegrenzten materiellen Fortschritt durch wirtschaftlichen und technischen Fort-schritt; und – nicht zuletzt! – den Glauben, dass eine Gesellschaft in der das Weibliche überall dem Männlichen untergeordnet ist, einem grundlegenden Naturgesetz folgt. Alle diese Annahmen haben sich während der letzten Jahrzehnte als sehr begrenzt erwiesen und bedürfen einer radikalen Neufor-mulierung" (Capra, 1991, IX).

2.1.3   Definitorische Grundlagen zum Nachhaltigkeits-Marketing-Management

2.1.3.1   Ausgewählte Operationalisierungsansätze

Der Begriff Marketing-Management wurde an anderer Stelle bereits erschöpfend definiert (z.B. Meffert et al, 2011, Emrich, 2007; dieselbe, 2008, dieselbe, 2009, dieselbe, 2011; die-selbe 2012; dieselbe, 2013). Das entsprechende Verständnis wird daher als bekannt vorausgesetzt. In der Marketing-Literatur wird als Voraussetzung für einen Einsatz als Instrument im Rahmen einer „Kultur der Nachhaltigkeit", die Notwendigkeit zu einer Transformation der Inhalte thematisiert. Als Schnittstelle zwischen Konsumentenwünschen und Unternehmen werden dem Marketing-Management unterschiedliche Schwerpunkte zugeschrieben. Uneinigkeit besteht vor allem hinsichtlich der Integration gesellschaftlicher und ökologischer Aspekte. Nachfolgend werden Ergebnisse ausgewählter Arbeiten zu Marketing-Operationalisierungen bzgl. des Nachhaltigkeitskonzepts im Zeitablauf umrissen.

Bereits 1986 entwickelte der amerikanische Marketing-Guru Kotler auf der Basis des transformativen Potentials beim Marketing den „Mega-Marketing-Ansatz" (Kotler, 1986). Damit sollte der Tatsache der gesellschaftlichen Auswirkungen des Marketings Rechnung getragen werden. Strategien sehen vor, wie durch das (bisherige) Marketing vor allem politische Auswirkungen gesteuert werden können. Die Konkretisierung eines umfassenden Konzepts blieb jedoch offen. Im Jahr 1989 wurde von Fässler argumentiert, dass, in der von Marktunvollkommenheiten geprägten gegenwärtigen Situation, eine Vernachlässigung gesellschaftlicher Komponenten zur Gefährdung des Unternehmensbestandes führen kann (Fässler, 1989). Von ihm wurden Grundzüge eines „Öko-Marketings" entwickelt, durch das die gesellschaftlichen Anforderungen für ein Unternehmen adäquater erfasst und gestaltet werden sollten. 1993 versuchte Wiedmann, auf der Basis einer ähnlichen Argumentation, eine Integration gesellschaftlicher Aspekte, die er aus strategischen Gründen für wichtig hielt (Wiedmann, 1993). Der Versuch stellte eine Rekonstruktion des „traditionellen Öko-Marketings" mit einem Ausblick auf gesellschaftliche Aspekte dar. Ein umfassendes Konzept war jedoch nicht zu erkennen. Im Jahr 2001 entwickelte Belz ein „integratives Öko-Marketing" (Belz, 2001), bei dem Marketing nicht nur auf der rein strategisch-instrumentellen Ebene, sondern auch auf der gesellschaftlich-transformativen Ebene ansetzen sollte. Der Ansatz ist eher der Ökologie zuzurechnen, denn soziale Aspekte bleiben nahezu ausgeklammert. Ein wirklich umfassendes Marketing-Konzept ist nicht zu erkennen. Im Jahr 2002 wurde der Ansatz „Öko-Marketing" formuliert (Schaltegger/Petersen, 2002). Bei dieser strategischen Marketing-Ausrichtung steht die Stärkung der ökonomischen Funktionen im Unternehmen im Vordergrund. Als Ergänzung zu diesem Hauptzweck werden die Stärkung der Kundenorientierung, Anregung zur Bedürfnisreflexion, Ermittlung ökologiebezogener Ansprüche und Anregung zu Konsum- inkl. Entsorgungsverhalten empfohlen. Als Instrumente sind Informationen vom Unternehmen für Konsumenten vorgesehen. Dieses Öko-Marketing fokussiert vorrangig auf ökonomische Schwerpunkte und besteht aus einer Ansammlung einzelner Anregungen aus der Literatur. Ein umfassendes Konzept ist jedoch nicht auszumachen. Die bisher betrachteten Arbeiten basieren ausnahmslos auf dem Verständnis des „Öko-Marketings". Die Ausrichtung wird „als eine Vertiefung des kommerziellen Marketings verstanden, bei der ökologische Aspekte neben der Abnehmer- und Wettbewerbsorientierung verstärkt berücksichtigt werden" (Peattie, 2001, 129). Es ist jedoch unstrittig, dass der Ansatz den hohen Anforderungen, die sich durch Weiterentwicklungen beim Konzept nachhaltige Entwicklung in der Gesellschaft ergeben, nicht gerecht werden kann. Das liegt vor allem an der Vernachlässigung sozialer Aspekte, denn die Bedürfnisbefriedigung und der damit verbundene Nachhaltigkeitskonsum stellen einen weiteren Schwerpunkt dar. Das Marketing nimmt damit eine Art „Gatekeeper"-Funktion ein. Diese begründet sich vor allem durch die dem Konzept inhärenten Einwirkungsmöglichkeiten auf Konsumgewohnheiten von Nachfragern (z.B. Belz, 2003).

Zur Integration sowohl ökologischer als auch sozialer Aspekte liegen bisher nur einzelne Ansätze vor. Einen ersten Versuch zur Weiterentwicklung des Ansatzes „integratives Öko-Marketing" in Richtung Nachhaltigkeits-Marketing, erfolgte 2001 (Belz, 2001). Dieser blieb aber in einem Versuchsstadium stecken. Im Jahr 2002 beschäftigte sich Kirchgeorg mit der Formulierung eines solchen Ansatzes (Kirchgeorg, 2002). Es wurde zwar ein ausführlicher Katalog von Kriterien für ein Nachhaltigkeits-Marketing formuliert, ein umfassendes Konzept aber nicht konkretisiert. In den Jahren 2004 und 2013 beschäftigte sich Balderjahn, auf einer ähnlichen Basis wie Belz, mit dem Thema „nachhaltiges Marketing" (Balderjahn, 2004). Beide Arbeiten resultieren in einer Sammlung von Assoziationen zwischen Nachhaltigkeit und Marketing, empirisch vorfindbaren Themen und Managementansätzen für den Umgang mit Nachhaltigkeit. Ein umfassendes Konzept ist nicht vorhanden. Diese Ausgangssituation zusammen mit der Tatsache, dass Unternehmen in der Praxis aus Wettbewerbsgründen gezwungen sind nachhaltig zu agieren, hat die Autorin zur Entwicklung eines Konzepts zum Nachhaltigkeits-Marketing-Management motiviert.

2.1.3.2 Nachhaltigkeits-Marketing-Management

Der von der Autorin entwickelte Ansatz baut auf dem weiterentwickelten Konzept zur „nachhaltigen Entwicklung" (Dreisäulenkonzept) auf. Es integriert in dieses, als überkategoriale Dimension (mit Querschnittsfunktion) theoretische Ansätze aus der Wirtschaftsethik und Kulturforschung. Der Grund ist, dass, obwohl alle drei Bereiche starke Abhängigkeiten voneinander aufweisen, bisher eine „Kultur der Nachhaltigkeit" gar nicht beachtet wurde. Regional, national und international treten in der Realität bei der Verfolgung der „nachhaltigen Entwicklung" unzählige Zielkonflikte auf. Sie beziehen sich einerseits auf Bereiche zwischen den Nachhaltigkeitsdimensionen (gleichwertige Behandlung aller Dimensionen etc.), da jede Unternehmung in den Dimensionen unterschiedlich betroffen ist. Andererseits aber auch auf die marketingbezogenen Bereiche der bewussten oder unbewussten Bedürfnislenkung bei den Konsumenten („nachhaltige" Kulturwerte fördern nachhaltigkeitsbezogenes Verhalten etc.). Die Zielkonflikte werden von Faktoren der Ökologie (umwelt- und ressourcenschonende Produktion etc.), Ökonomie (Stellung im Wettbewerb, Erhaltung des Unternehmensbestandes etc.) und sozialbedingten Faktoren (national/international inter- und intragenerationale Gerechtigkeit etc.) bestimmt. Sie werden zusätzlich von einer überkategorialen Dimension „Kultur" querschnittartig beeinflusst, die eingebettet in das Gesamt einer Kultur, alle Bereiche im Tripel (Ökologie, Ökonomie und Soziales) durchdringt. Auf der soziokulturellen Ebene betrifft das besonders Faktoren, die regional, national und international kulturbestimmt anzupassen sind. Kulturbestimmte Werte fallen auch national sehr unterschiedlich aus. Die Autorin hat sich dabei von der Frage leiten lassen, welche Möglichkeiten durch die Beeinflussung/Positionierung kultureller Faktoren aus dem Kulturkapital einer Gesellschaft auf das Verhalten bestehen, wenn eine direkte bzw. indirekte Bedürfnislenkung bei den (Massen-) Konsumenten in Richtung Nachhaltigkeit gefördert werden soll. Obwohl dazu noch nicht viele Publikationen existieren, wird den Faktoren sowie den damit verbundenen Phänomenen in Wissenschaft und Praxis zukünftig große Bedeutung zugemessen (z.B. Lichtl, 1999, Weber, 2001, Hansen/Schrader, 2001). Die Integration soziokultureller Faktoren wird durch Faktoren aus dem Bereich Wirtschaftsethik/-philosophie (z.B. Verantwortung, Vertrauen, Antikorruption etc.) ergänzt. Sie können eine langfristige kulturadäquate Verankerung im Kulturkapital einer Gesellschaft ermöglichen und eine „Nachhaltigkeitsorientierung" bei den Konsumenten fördern. Die nachfolgende Abbildung 2.4 zeigt einen Kriterienvergleich der älteren Marketing-Ausrichtung Öko-Marketing mit dem Nachhaltigkeits-Marketing-Management.

Nachhaltiges Palmöl – ein Etikettenschwindel?

„Rund 43 Millionen Tonnen Palmöl werden weltweit jährlich für den Einsatz in der Lebensmittelindustrie und zunehmend auch für die Strom- und Biodieselproduktion hergestellt. Oft geht das auf Kosten der Umwelt, da für den Ölpalmenanbau immer noch riesige Regenwaldflächen gerodet werden. Ändern sollte das eigentlich nachhaltig produziertes Palmöl, das sich aber offenbar nur schwer verkaufen lässt. Bis heute wurde erst etwas mehr als ein Prozent der verfügbaren Menge abgesetzt. […] Unumstritten ist diese Alternative allerdings nicht. Palmölproduzenten kritisieren unter anderem die zusätzlichen Zertifizierungskosten, die viele Unternehmen vor der Umstellung auf eine nachhaltige Produktion zurückschrecken ließen. Die Regierungen in den großen Anbauländern beobachten den Zertifizierungsprozess ebenfalls wachsam, da sie neue Handelsbarrieren befürchten. Ein weiterer Grund für die zögerliche Nachfrage könnte in der Kritik anderer Umweltverbände liegen. Greenpeace etwa bezeichnete die vergangenes Jahr in der Europäischen Union angelandete erste RSPO-Lieferung als „Etikettenschwindel", weil der Palmöllieferant unter anderem in Eigentumskonflikte um Land verwickelt gewesen sei. Auch der Hamburger Verein „Rettet den Regenwald" kritisiert das RSPO-Label als Industriesiegel, dem der WWF einen Hauch von grünem Anstrich verleihe. Nachhaltigkeit in der Palmölproduktion „gibt es in der Praxis nicht" schreibt der Verein, Dem ständen schon die massiven wirtschaftlichen Interessen der beiden weltweit größten Palmölproduzenten Malaysia und Indonesien entgegen" (o.V., 2009a).

Basis:
traditionelles (Massen-)Marketing

Öko-Marketing

Ökologische
Mindestanforderungen

Ökonomische
Mindestanforderungen

Eine explizit normative Ebene fehlt

- Schwerpunkte: kein zugrundeliegendes Konzept, Analyse ökologischer Kernprobleme, Analyse des Konsumentenverhaltens aus ökonomischer Perspektive, keine Beachtung des Spannungsfeldes zwischen Kundenwünschen und sozial-ökologischer Problemlage, politische Einwirkungsmöglichkeiten auf die Gesetzgebung zu ökologischen Normen etc.

Nachhaltigkeits Marketing-Management

Ökologische, ökonomische und soziale Mindestanforderungen

Nachhaltige Entwicklung (intra- und intergenerative Gerechtigkeit)

„Kultur der Nachhaltigkeit" mit gemeinsamem Orientierungsrahmen für nachhaltige Entwicklung

Basis: Nachhaltigkeits-Marketing gestützt durch Kulturwerte und nachhaltiges Konsumentenverhalten

- Schwerpunkte: „Kultur der Nachhaltigkeit" als geltendes normatives Konzept einer nachhaltigen Entwicklung mit unternehmensbezogenem Kulturmanagement, klaren Zielvorgaben und Definitionen, Analyse der ökologischen Kernprobleme, Analyse der Kundenbedürfnisse, das dynamische Spannungsfeld zwischen Kundenwünschen und sozial-ökologischer Problemlage wird immer aufs Neue ausgelotet etc.

Weitere beteiligte Wissenschaftsdisziplinen

| Ethnologie | Anthropologie | Wirtschaftsethik | Sozialpsychologie | Rechtswissenschaften |
| Soziologie | Umweltpsychologie | Umweltphilosophie | Kulturwissenschaft | |

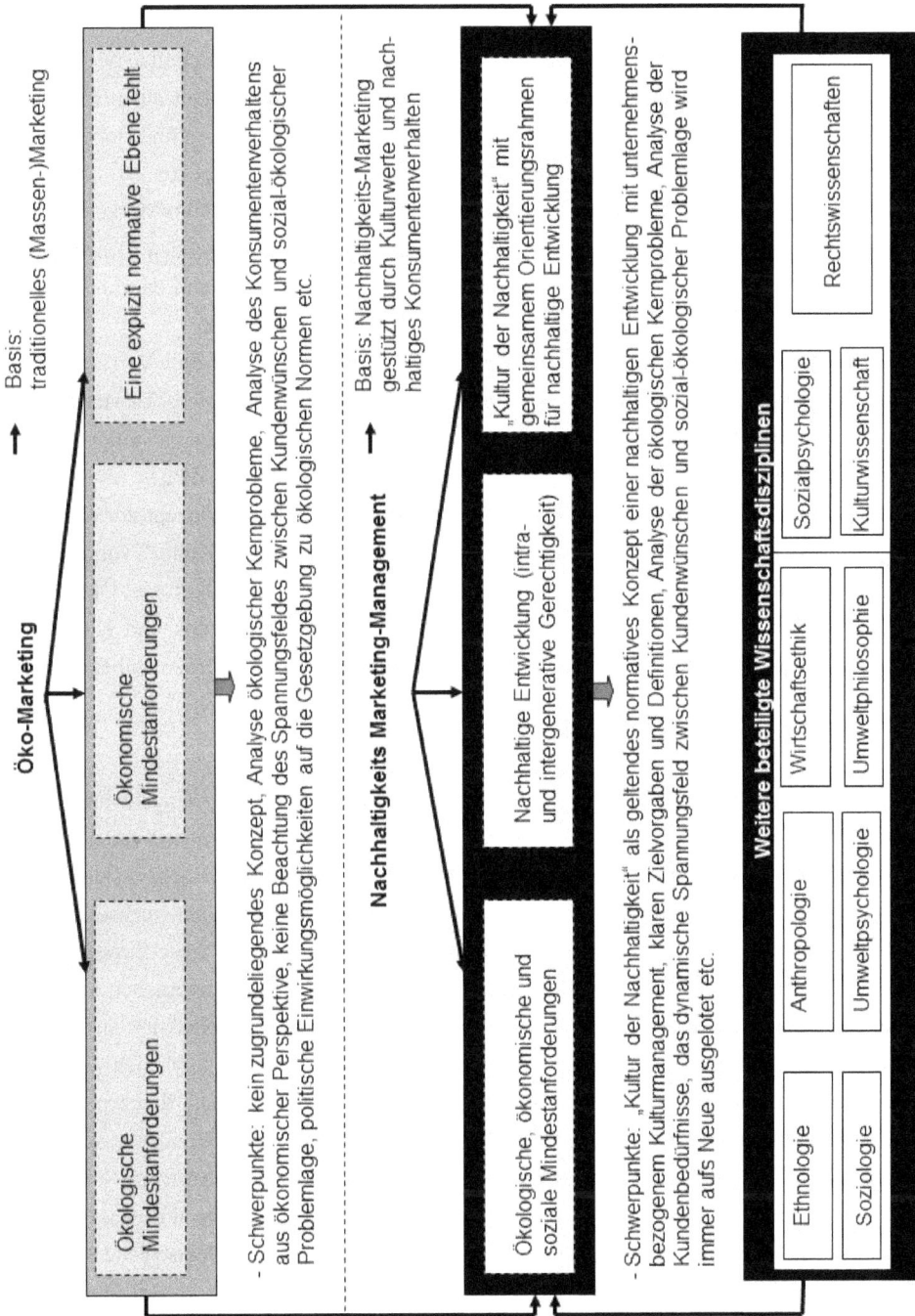

Abb.: 2.4:   Merkmale des Öko-Marketings und des Nachhaltigkeits-Marketing-Managements im Überblick

2.1.3.3   Zwischenfazit

– Über Inhalt und Ausrichtung von Marketing existieren in den Wissenschaften Meinungs-
   verschiedenheiten. Für den Einsatz als Instrument ist die Notwendigkeit einer Transformation der Inhalte ein großes Thema. Die unterschiedlichen Meinungen über Inhalte und
   Ausrichtungen beziehen sich auf gesellschaftliche und ökologische Aspekte.
– Zwischen 1986 und 2003 wurden Operationalisierungsversuche zum Öko-Marketing von
   verschiedenen Autoren unternommen. Die Entwicklung eines umfassenden Konzepts ist
   nicht gelungen. Öko-Marketing gilt heute als überholt. Der Ansatz kann den hohen Anforderungen, durch die „nachhaltige Entwicklung" nicht gerecht werden.
– Zur Integration ökologischer und sozialer Aspekte liegen bisher nur drei Versuche vor.
   Die Entwicklung eines umfassenden Konzepts ist nicht gelungen. Diese Tatsache, verbunden mit den Schwierigkeiten von Unternehmen mit der Nachhaltigkeit in der Praxis,
   stellt den Ausgangspunkt für die Entwicklung des Modells der Autorin dar.
– Nachhaltigkeits-Marketing-Management basiert auf dem Dreisäulenkonzept zur nachhaltigen Entwicklung. Zusätzlich wird eine überkategoriale Dimension „Kultur" vorgesehen,
   die eingebettet in das Gesamt einer Kultur, alle Bereiche im Tripel (Ökologie, Ökonomie
   und Soziales) querschnittartig durchdringt. Ansätze aus Wirtschaftsethik und Kulturforschung sowie Phänomene einer Kultur des Nachhaltigkeitskonsums werden einbezogen.

2.2   Abgrenzung Nachhaltigkeit zum Greenwashing

Wachsendes Bewusstsein für die Endlichkeit der Ressourcen sowie soziale Ungerechtigkeiten
in der Welt, führen bei vielen Verbrauchern zu dem Wunsch das eigene Konsumverhalten anzupassen. Viele sind auch bereit, etwas mehr für nachhaltige Produkte auszugeben. Dabei handelt es sich *nicht* um eine kurzfristige Bewegung, sondern dieser Paradigmenwechsel im Bewusstsein westlicher Gesellschaften ist seit längerem zu beobachten. Für diese Bewegung ist
selbst der Begriff „Mega-Trend" zu kurz gegriffen. Nachhaltiges Konsumverhalten ist keine
Modeerscheinung, sondern ein politisch motivierter Trend. Er wurde als Reaktion auf andere
Trends, z.B. den unbegrenzten Ressourcenverbrauch, oder Problematiken durch sich verschär-
fende soziale Unterschiede in der Welt, gefördert. Nachhaltigkeit wird auch durch politische
Förderung zu einem Schlüsselthema des 21. Jahrhunderts (Elektromobilität, energetische Ge-
bäudesanierung, Energiewende, Unternehmen mit gesellschaftlichem Engagement etc.). Die
Situation verspricht auch ein Milliardengeschäft für Unternehmen. Das „Green Business" hatte
schon im Jahre 2009 ein Umsatzvolumen von 213 Milliarden Euro. In Deutschland arbeiten
mehr als eine Million Menschen in grünen Branchen bzw. bei nachhaltig ausgerichteten Unternehmen. Dieser Anteil wird sich nach Schätzungen der Unternehmensberatung Roland Berger bis ca. 2020 noch verdoppeln (o.V., 2009). Vom Bundesministerium für Umwelt und Reaktorsicherheit wird geschätzt, dass der weltweite Umsatz von Umweltindustrien auf „grünen
Leitmärkten" für deutsche Unternehmen bis 2020 auf 3,1 Milliarden Euro steigen wird (BMU,

2009). Dieser kometenhafte Aufstieg nachhaltig produzierter Güter/Dienstleistungen ruft auch Scharlatane, Betrüger und Trittbrettfahrer auf den Plan, die an diesem boomenden Markt partizipieren wollen. Die Entwicklung wird durch Marketingkonzepte wesentlich beeinflusst. Nachfolgend wird eine Abgrenzung zum Begriff „Greenwashing" als ein Paradebeispiel für derartige Konzeptionen vorgenommen.

Nachhaltiges Verhalten?

„Obwohl Kontrolleure Biolebensmittel viel strenger überwachen und selten etwas beanstanden, ist auch hier nicht immer alles so nachhaltig, wie es beworben wird. So verspricht die EU-Bioverordnung ethisch korrekte Tierhaltung. Dennoch schreddern selbst Auftragszüchter von Biohöfen pro Jahr eine Million männliche Küken [Eintagesküken], weil sie zu wenig Fleisch und keine Eier liefern [...]" (Matthes, 2012).

2.2.1   Begriff Greenwashing

Das Konzept „Greenwashing" ist nicht neu. In der Literatur zur Wirtschafts- und Unternehmensethik ist der Begriff aber nicht besonders bekannt. In der Zeit des Umweltaktivismus wurde „Greenwash" 1992 im „Greenpeace Book on Greenwash" als Begriff erstmals veröffentlicht, anlässlich des Earth Summit in Rio de Janeiro wieder veröffentlicht und 1996 überarbeitet. Zur Verdeutlichung der Vielschichtigkeit des Begriffs, werden nachfolgend einige ausgewählte Definitionen vorgestellt:

Heidbrink/Seele definieren „Greenwash" als das, „... um was es hier geht – eben jener Anstrich, der einer Oberfläche einen grünen Schein verpasst, der jedoch – so die Unterstellung der Allegorie – nicht die tatsächliche Farbe im Sinne einer integren Gesinnung darstellt (Heidbrink et al, 2008, 54).

Eine etwas sarkastische Definition stammt von Rowell. Übersetzt ist Greenwash danach, wenn man die Liegestühle auf der Titanic grün anstreicht (Rowell, 2002).

Eine solide, aber etwas schwierige Definition des Begriffs ist im Oxford Dictionary von 1999 zu finden: "Greenwash: disinformation disseminated by an organization so as to present an environmentally responsible public image; a public image of environmental responsibility promulgated by or for an organization etc., but perceived as being unfounded or intentionally misleading" (Concise Oxford Dictionary, 2008).

Generell handelt es sich beim Begriff „Greenwashing" um einen rhetorischen und kommunikativen Missbrauch ethischer Botschaften (z.B. über Marketing-Maßnahmen etc.), bei dem kampagnenmäßig „Nachhaltigkeit" von Unternehmen/Institutionen den Konsumenten lediglich vorgetäuscht wird. Die Motivation ist vor allem als Reaktion von Unternehmen auf den wachsenden öffentlichen Druck Umweltbelastungen zu reduzieren zu sehen. Hauptzielsetzungen beim bewussten „Greenwashing" sind (Müller, 2007):

– umweltschädliche, umstrittene Geschäftspraktiken zu verschleiern und Akzeptanz dafür schaffen (z.B. als Reaktion der Chefetagen auf die gestiegene Medienmacht von Umweltschutz- bzw. Verbraucherschutzverbänden etc.).

– Politische Entscheidungen zu beeinflussen (z.B. unliebsame Gesetzesvorhaben zu verhindern/unterlaufen etc.). Ziel ist es, den Eindruck zu vermitteln, dass Umweltprobleme selbst gelöst werden können und verpflichtende Regeln (Normen) des Staates unnötig sind.

– Die Abschöpfung lohnender Zuschüsse (z.B. sind für umweltbewusste Unternehmen oft staatliche Zuschüsse vorgesehen etc.). Ein damit verbundenes Ziel liegt darin, nachträgliche Veränderungen der Prozesse zu ermöglichen, ohne selbst dafür zu zahlen.

Von Unternehmen wurde bisher oft behauptet, dass Greenwashing in der Praxis nicht immer eine „bewusste" Verbrauchertäuschung darstellt. In einigen Fällen würde lediglich „nachlässig" gegenüber bestehenden Normen gehandelt, oder es läge „Ignoranz" als Intension vor. Merkwürdig ist jedoch, dass sich alle bisherigen Maßnahmen eng an der angesprochenen Öffentlichkeit bzw. der Zielgruppe orientieren. Unstrittig ist zudem, dass bewusste Greenwashing-Maßnahmen generell zum Ziel haben, Menschen in die Irre zu führen, ein positiv verzerrtes Bild des Unternehmens zu vermitteln, ohne dabei explizit die Unwahrheit zu sagen.

Durch etliche Skandale in Deutschland und anderen Ländern im Zusammenhang mit Greenwashing (z.T. mit krimineller Energie) in verschiedenen Branchen (Gammelfleischskandale, Dioxin-Eier, Pferdefleisch etc.), hat sich in Bezug auf Unternehmensethik Misstrauen verbreitet. In der Folge vertrauen Konsumenten nicht mehr bedenkenlos der Qualität und Integrität nachhaltiger Produkte/Dienstleistungen. Auch der Gesetzgeber versucht lieber mit Verordnungen und Erlassen Unternehmen in die Verantwortung zu nehmen. Viele Unternehmen wiederum hegen Misstrauen gegenüber dem Gesetzgeber, da sie vermuten, dass sich unter dem Schlagwort „Nachhaltigkeit" eher zusätzliche Steuern, Kontrollen durch den Staat verbergen könnten. Dieser grundlegende Vertrauensschwund stellt den Hauptgrund und auch den ständigen Antrieb für eine professionelle Industrie dar, die es sich zur Aufgabe gemacht hat, Reputation, Verantwortung und Ethik im Zusammenhang mit „Nachhaltigkeit" zu überwachen und zu kontrollieren. Daran sind Rechtsanwälte und Wirtschaftsprüfer beteiligt (Überwachung von Gesetzen, Compliance-Regeln, Corporate Governance, Code of Conduct etc.), aber auch Journalisten, Vertreter von Nichtregierungs-, Umweltschutz- bzw. Verbraucherschutzorganisationen. Sie überprüfen Aussagen über die vermeintlich „grüne" Ausrichtung von Unternehmen/Dienstleistern, und machen Vorspiegelungen falscher Tatsachen öffentlich. Dazwischen stehen noch Skeptiker, die ethischem Handeln von Unternehmen generell mit Vorbehalten gegenüber stehen.

2.2.2 Historische Entwicklung

Das Konzept „Greenwashing" entstand als Reaktion auf die Umweltbewegung in den 1960er Jahren, als durch das Bekanntwerden von Umweltskandalen (Atomindustrie, Umweltverschmutzung, Klimaerwärmung etc.) das Vertrauen der Öffentlichkeit in das Verhalten vieler großer Konzerne massiv erschüttert wurde. Als Reaktion auf den Vertrauensverlust überschwemmten in dieser Zeit erstmals „Greenwashing-Maßnahmen" den Äther, Zeitungen und Zeitschriften. Die Schamlosigkeit mit der, besonders durch Marketing, in dieser ersten Welle vorgegangen wurde, bezeichnete u.a. Jerry Mander der ehemalige Manager der Werbeagentur Madison Avenue, auch als „Ecopornographie" (Mander, 1972; Turner, 1970). In den USA versuchte in dieser Zeit nahezu jedes Unternehmen gegen die Umweltbewegung auf den Zug von „Greenwashing" aufspringen. Als Antwort auf die wütenden Proteste in der Öffentlichkeit gegen die Atomindustrie, pries Mander u.a. mit einer Vierfarb-Anzeigen-Kampagne die vermeintlichen „Tugenden" des amerikanischen Atomkraftwerks Westinghouse an. Das Atomkraftwerk wurde mit den Slogans „Anti-Verschmutzung der Umwelt durch Atomstrom", „einer zuverlässigen, kostengünstigen, ordentlichen und sauberen Technologie" propagiert. Allein im Jahr 1969 wurden in den USA von Energieversorgern mehr als 300 Millionen Dollar in „Greenwashing-Werbung" investiert. Das ist achtmal so viel wie seinerzeit für die Forschung gegen Umweltverschmutzung zur Verfügung stand. Von Mander wurde geschätzt, dass Öl-, Chemie- und Automobilunternehmen, zusammen mit Industrieverbänden und Energieversorgern, pro Jahr etwa eine Milliarde Dollar für Prozesse zum „Greenwashing" aufwenden. Vor allem, um den Begriff „Ökologie" sowie das damit zusammenhängende Verständnis des Konzeptes in der Öffentlichkeit unglaubwürdig zu machen (Mander, 1972, 72). Ab ca. 1970 (Reagan-Ära), entwickelte sich „Greenwashing" in den USA eher in Richtung eines etwas moderateren Niveaus.

In den 1980er Jahren wurden „Greenwashing-Kampagnen" als Reaktion auf die weitere Erstarkung der Umweltbewegung wieder zahlreicher und immer ausgefeilter (u.a. durch Umweltkatastrophen wie Bophal, Tschernobyl, Exxon-Valdez etc. gefördert). Auf dem Höhepunkt der Umweltbewegung im Jahr 1990, erkannten in den USA einige transnationale Konzerne den „Unternehmensumweltschutz" erstmals als eigenständigen Wert an. Durch Marktforschung hatten sie erkannt, dass immer mehr Verbraucher „grüne" Produkte kaufen wollen. Zu dieser Zeit ergab eine Studie, dass 77% der Amerikaner als Grund für den Kauf von Produkten das Umweltimage des Unternehmens angaben (Doyle, 1991). In einer anderen Umfrage sagten 84% der Amerikaner, dass sie Umweltverbrechen durch Unternehmen als gravierender einschätzen, als Preisabsprachen oder Insiderhandel (Durning, 1993). Als Reaktion auf dieses Phänomen, wollten nun möglichst viele Unternehmen diesen lukrativen Markt nutzen und versuchten ihre Produkte mittels „Greenwashing" als das „grünste" auf dem grünen Markt erscheinen zu lassen. Als Folge davon wurden rund ein Viertel der neuen Produkte, die in den USA auf den Markt kamen, als „wiederverwertbar", „biologisch abbaubar", „ozonfreundlich" oder „kompostierbar" beworben (Durning, 1993). Die Frage wie die zukünftige Entwicklung beim „Greenwashing" verlaufen wird, spaltet die globalisierte Welt. Es scheint möglich, dass wir zukünftig sogar in „Greenwashing-Maßnahmen" ertrinken werden. Diese Meinung wurde 1992 bei der UN-Konferenz in Rio von vielen Wissenschaftlern vertreten.

Millionen für ein „grünes Mäntelchen"

„(…] Gleichzeitig geben einige der größten Umweltverschmutzer weltweit Millionen für „Greenwashing-Werbekampagnen" aus, um in einem möglichst schillernden „grünen Mäntelchen" zu erscheinen. So verdeckt z.B. der U.S.-Ölkonzern *ARCO* seine nicht gerade umweltfreundlichen Anlagen in Los Angeles hinter einer Fassade von Palmen und künstlichen Wasserfällen. Der Kommentartor im Werbespot vergleicht diese industrielle Maßnahme mit „der kosmetischen Zahnmedizin". Auch der Konzern *DuPont* [einer der weltweit größten U.S.-Chemiekonzerne] lässt sich für viel Geld von der Agentur Madison Avenue sein neu entdecktes „Grünes Mäntelchen" verpassen. Produziert vom Werbegiganten BBDO klatschen Seelöwen mit den Flossen, Wale und Delphine springen und Flamingos fliegen. Als Hintergrundmusik die „Ode an die Freude" von Beethoven. *Dow Chemical*, der weltweit größte Chlor-Produzent, lässt es sich nicht nehmen und verwendet das Bild des Planeten Erde, um auf sein anhaltendes Engagement für die Umwelt hinzuweisen, das [angeblich] bis in die Gründungszeit des Unternehmens zurückverfolgt werden kann" (o.V., 1993).

2.2.3   Greenwashing-Strategien

„Greenwashing" wird bei Enttarnung (Öffentlichmachung) von den meisten Konsumenten mit Verrat gleichgesetzt und kann zu einer tiefen Vertrauenskrise führen. Getäuschte Kunden verbreiten dann nicht selten über soziale Netzwerke ihr Wissen bzgl. zweifelhafter Geschäftspraktiken, oder bringen Skandale ans Licht. Die Tatsache, dass gängige Greenwashing-Strategien/-Praktiken auch bei einigen Wissenschaftlern noch weitgehend unbekannt sind, lässt sich daran ausmachen, dass selbst seriöse wissenschaftlich begleitete Nachhaltigkeitsprojekte zuweilen als eine „Anleitung zum Greenwashing" verwendet werden könnten. Eine Unterscheidung von gängigen Greenwashing-Strategien fällt offenbar schwer. Auch diese Tatsache weist auf die Ausgefeiltheit von Greenwashing-Strategien hin. Die Folge können Boykotte, Auslistungen und Abmahnungen mit katastrophalen Folgen für das Image und den Umsatz eines Unternehmens sein. Auch juristische Schritte wegen unlauteren Wettbewerbs, bzw. Verstöße gegen Verbraucherschutz-Richtlinien, sind mögliche Folgen. Obwohl Unternehmen mit diesen fatalen Folgen bei einer Entdeckung und Öffentlichmachung von Greenwashing rechnen müssen, hat sie das in den letzten Jahren kaum abgeschreckt. Nach einer Studie haben sich mittlerweile regelrechte Greenwashing-Strategien mit wiederkehrenden Merkmalen etabliert. Zur Abgrenzung von „Nachhaltigkeit" werden nachfolgend ausgewählte Greenwashing-Strategien vorgestellt (Beile et al, 2006; Müller, 2007; o.V., 2008).

a) Anzeigen und Werbekampagnen

Anzeigen bzw. Werbekampagnen zielen direkt auf das grüne Bewusstsein von Zielgruppen. Durch ein vielfältiges Werbe- und PR-Instrumentarium gefördert, werden Produkte grün „angestrichen", obwohl sie z.B. äußerst (Klima-)schädlich sind. So werden z.B. Autos im Sonnenschein in vollkommen intakter Umgebung, vornehmlich sogar in einem Naturreservat, gezeigt. Gekonnt inszeniert, fahren sie dann durch pittoreske Berglandschaften und suggerieren, dass sie dem Verbraucher in der freien Natur ein „behagliches Dach über dem Kopf" bieten. Konsumenten sollen das Gefühl bekommen, dass sie, trotz der bekannter Klimaproblematik beim Auto, ökologisch wertvoll konsumieren. Zusätzlich geht damit auch eine subversive Beeinflussung politischer Entscheidungsträger einher. Es sollen z.B. unliebsame Gesetzesvorhaben (Klimaschutzgesetze etc.) durch Öffentlichkeitsarbeit beeinflusst und unterlaufen werden.

b) Gezielte PR (Public-Relations)-Arbeit

Nicht nur grün „angestrichene" Anzeigen- bzw. Werbekampagnen werden durch PR-Maßnahmen unterstützt. Es handelt sich um Öffentlichkeitsarbeit, durch die die öffentliche Meinung im Hinblick auf ökologisch kritische Probleme positiv beeinflusst (beruhigt) werden soll. Als Instrument dienen dazu u.a. firmeneigene Nachhaltigkeitsberichte (Corporate Social Responsibility Reports). Sie sollen zwar generell Umweltauswirkungen durch das Unternehmen transparent machen, werden aber auch zur unternehmerischen Imagepflege genutzt. Da (außer beim Konzept CSR) keine bindenden Normen für derartige Berichte existieren, liegt die Darstellung der Daten sowie deren Interpretation im Ermessen des Unternehmens. In einer Studie von 25 Nachhaltigkeitsberichten wurde festgestellt, dass bei vielen Unternehmen wesentliche Lücken in der Öko- und Sozialbilanz vorhanden sind (Beile et al, 2006). Beim Greenwashing werden Nachhaltigkeitsberichte vor allem zur Überbetonung ökologischer Wohltaten des Unternehmens genutzt. Zur Steigerung der Glaubwürdigkeit, werden zusätzlich gern als moderat bekannte Umweltorganisationen zu einer Beurteilung eingeladen. Fallen die Einschätzungen „positiv genug" aus, werden die Kommentare veröffentlicht.

Meinungsmache für Braunkohle in der Lausitz

„Gleich zwei wichtige politische Termine stehen in Brandenburg an: Am 28. April 2014 tagt der Braunkohleausschuss des Landes Brandenburg, um über den Braunkohleplan der Landesregierung zu beraten. Und am 25. Mai sind in Brandenburg Kommunalwahlen – parallel zur Europawahl. Im Vorfeld dieser beiden Termine geht es vor allem in der Lausitz wieder hoch her bei der Diskussion um die Erweiterung des Braunkohletagebaus. In dieser politisch heißen Phase lässt es sich Vattenfall viel Geld kosten, die Region vom Segen der Braunkohle zu überzeugen. Mit teuren PR-Maßnahmen betreibt hier ein mächtiger und finanzstarker Akteur Meinungsmache, um politische Entscheidungen zu seinen Gunsten zu beeinflussen. [...] Vor Ort gibt es daher eine rege Protestbewegung gegen den Braunkohletagebau. Umstritten sind zudem die schädlichen Umweltauswirkungen des Tagebaus. Bundesweite Bedeutung hat der Braunkohleplan auch für die Energiewende: Braunkohle schadet dem Klima und soll daher mittelfristig durch andere Energieträger ersetzt werden" (Deckwirth, 2014).

c) Hope Storys

Ist zu erwarten, dass bestimmte unternehmerische Vorhaben in der Öffentlichkeit auf Widerstand stoßen (z.B. Gentechnik, Energieerzeugung mit starken CO_2-Emissionen etc.), werden
als „Greenwashing-Strategie" zusätzliche PR-Maßnahmen in Form von sog. *Hope Storys* lanciert. Dabei handelt es sich um positiv besetzte, Hoffnung verheißende Geschichten (oft lediglich Ideen etc.). Sie dienen zur Beruhigung und Akzeptanzunterstützung in der Öffentlichkeit.
Darauf sind bestimmte PR-Agenturen spezialisiert. Eine Agentur wirbt in Deutschland mit
dem Slogan: „Ein Image hat jeder, lassen Sie es nicht von anderen bestimmen" (BM). Sie bieten professionell und im großen Rahmen „Greenwashing" nach Kundenwunsch an (z.B. die
U.S.-amerikanische Agentur Burson-Marsteller (BM), die britische WPP-Group etc.). Das
Aktionsfeld ist vielfältig. Es reicht von Lobbyarbeit (Beeinflussung von Gesetzesvorhaben
etc.) über Direct-Mailing-Aktionen, bis zur Organisation von „Initiativen" im Sinne des Unternehmens. Derartig umfangreiche „Greenwashing-Kampagnen" sind ein lohnendes Ge-
schäftsfeld, das bereits in der Vergangenheit sogar von Staaten (argentinische Militärjunta
etc.) und Herrschern (Rumäniens Ex-Diktator Ceausescu, saudisches Königshaus etc.) genutzt
wurde, um ein ramponiertes Image aufzupolieren.

d) Verwendung von Öko-Speech

Eine weitere „Greenwashing-Strategie" liegt in der gezielten und PR-spezifischen Verwendung von Schlüsselbegriffen aus der Öko- und Umweltszene (z.B. Nachhaltigkeit, soziale
Verantwortung, Schutz der Umwelt etc.), obwohl das Unternehmen nicht hinter diesen Zielen
steht. Das Ziel ist auch hier, im Hinblick auf Auswirkungen problematischer Technologien,
Verfahren etc. die Öffentlichkeit zu beruhigen und Akzeptanz zu schaffen. Dazu gehört auch,
dass diese Verfahren/ Technologien zur Ablenkung mit neuen und unvorbelasteten Begriffen,
mit Öko-, Nachhaltigkeits- bzw. Biobezug, „aufgehübscht" werden. Diese werden dann anstatt negativ besetzter Begriffe gezielt etabliert (statt Atomenergie Kernenergie, statt Gentechnologie Biotechnologie etc.). Konsumenten wird so eine nachhaltige bzw. ökologische
Ausrichtung vorgegaukelt, obwohl das Unternehmen die dazugehörige Ausrichtung nicht hat.

e) Präsentation noch offener Modellprojekte

Eine andere „Greenwashing-Strategie" liegt in der Überbetonung noch offener Modellprojekte mit Umweltbezug, die sich oft noch im Ideenstadium befinden. Es werden Projekte herausgestellt und breit kommuniziert, bei denen ein tatsächlicher ökologischer Bezug des geplanten
Verfahrens/Technologie eher begrenzt ist. Oft sind auch die Umsetzungsmöglichkeiten noch
völlig offen (z.B. saubere Kohlekraftwerke, nachhaltige Atomstrom-Erzeugung etc.). Das Ziel
ist, sie als „Beweis" für ein besonderes Umweltbewusstsein des jeweiligen Unterneh-
mens/Branche herauszustellen. Das geschieht unabhängig davon, ob die angekündigten Einsparungen (z.B. CO_2-Emissionen, Energieeinsparungen etc.) mit der angesprochenen Technologie überhaupt realisierbar sind oder ob die dazu nötigen Technologien bereits entwickelt
wurden. Das Ziel ist, von negativen Auswirkungen tatsächlicher umweltschädlicher Verfah-

ren/Technologien abzulenken und dem Unternehmen stattdessen ein besonders „grünes Mäntelchen" umzuhängen. Es wird darauf vertraut, dass es den Verbrauchern oft nicht möglich ist
Datendarstellung nachzuvollziehen, bzw. die technischen Behauptungen zu überprüfen.

Zukunftsvision von E.ON

„Noch immer ist von Preisabsprachen zwischen den Energieerzeugern in Deutschland die Rede. Es
geht um zu teuren Strom und zuviel Marktmacht, die sich die Strommacher in Deutschland geschaffen
haben. Laut LobbyControl sind die Spots, die gerade in der TV-Werbung laufen, der Versuch, auch
mal wieder ein positives Bild abzugeben. Ein netter Mann ohne Strümpfe sagt am Strand, dass e.on
nach neuen Energiequellen suche und erklärt dann, wie ein Gezeitenkraftwerk funktioniert. Um dann
zu schließen, dass e.on dieses Kraftwerk gerade erst plane: 2008 soll eine Test-Turbine angeworfen
werden. Erst 2010 soll die Anlage in Betrieb gehen. Der Strom soll für gerade einmal 5.000 Haushalte
reichen; allein das Ansinnen reicht für eine intensive Werbekampagne" (Wagner, 2007).

---

f) Dritte-Partei-Technik

Bei dieser „Greenwashing-Strategie" werden in eigene Greenwashing-Maßnahmen glaubwürdige Fürsprecher (Forscher, Umweltexperten etc.) einbezogen. Oft wurde die „Fürsprache"
dieser scheinbar unabhängigen Dritten durch Forschungsgelder, Zuschüsse zu geplanten politischen Vorhaben, Belohnungsversprechen (lukrative Anstellungsverträge zur Versorgung
nach der politischen Karriere etc.) gefördert. Das Ziel ist, der eigenen „Greenwashing-
Strategie" durch neutrale Dritte Experten mehr Glaubwürdigkeit zu verschaffen.

g) Astroturf

Einen Schritt weiter geht die „Greenwashing-Strategie" Astroturf. Übersetzt heißt dieses Wort
„Kunstrasen" und wird im Englischen mit Pseudo-Umweltinitiativen gleichgesetzt. Hierbei
werden im Auftrag von Unternehmen von spezialisierten Agenturen, zur Durchsetzung von
Standards in ihrem Sinne, Tarnorganisationen gegründet (Schein-Bürger-initiativen etc.). Diese Tarnorganisationen haben den Zweck Umweltprobleme des Auftraggebers zu verharmlo-
sen und seinen Wünschen, unter dem Deckmäntelchen einer Umweltschutzorganisation, in
der Öffentlichkeit Gehör zu verschaffen. Gelingt eine Etablierung (z.B. die Organisation „Au
fil du Rhin" als Schein-Umweltorganisation des französischen Atom-Konzerns EDF mit
EnBW), erfolgt unter dem Umweltschutz-Deckmäntelchen gezielter Lobbyismus (Beeinflussung von Gesetzesvorhaben etc.). Es kann die Aufstellung von Forderungen unter dem
Deckmäntelchen der „Umweltschutz"-Organisation erfolgen, mit einer Verharmlosung der
tatsächlichen Umwelt-Probleme. Möglich ist auch die Organisation von Aktionen für unternehmensbezogene Ziele (z.B. den Arbeitsplatzerhalt in der Region etc.).

h) Partnerschaften mit Umweltorganisationen

Bei der „Greenwashing-Strategie" Partnerschaften mit Umweltorganisationen wird öffent-
lichkeitswirksam und gezielt von Unternehmen mit bekanntermaßen umweltschädlichen

Technologien versucht, vor allem durch monetäre Unterstützung, als gleichwertiger Kooperationspartner anerkannter Umweltschutzorganisationen (z.B. Umweltorganisation der Vereinten Nationen etc.) aufzutreten. Der Zweck liegt in der Profitierung/Abglanz vom Ruf seriöser Umweltschutzorganisationen. Der soll in den Köpfen der Menschen verankert werden, obwohl das Unternehmen nicht hinter diesem Gedankengut steht, sondern unverändert umweltschädliche Verfahren/Technologien verfolgt.

i) Nutzung von Ökozertifizierung

Bei „Greenwashing-Strategien" mit der Nutzung von Ökozertifizierungen (Prüfzeichen, Prüfsiegel etc.) wird die Tatsache ausgenutzt, dass prinzipiell jeder ein Prüf- bzw. Gütesiegel kreieren kann. Es handelt sich dabei um graphisch und stilistisch gestaltete Symbole, die an einem Produkt/Dienstleistung angebracht werden. Das Siegel soll einen hohen Wiedererkennungswert garantieren und stellt somit einen Wettbewerbsvorteil dar. „Greenwashing-Strategien" nutzen dabei die fehlenden gesetzlichen Regelungen zusätzlich zur Tatsache aus, dass bereits eine unübersichtliche Vielzahl von Gütesiegeln auf dem Markt ist. Unternehmen können selbst ihre Umweltleitlinien und -ziele festlegen. Es gibt keine festgelegten Normen, aber den Verbrauchern wird durch die „Greenwashing-Strategie" eine Verbesserung der Umweltleistungen des Unternehmens suggeriert. Viele Ökosiegel und -zertifikate sind, anders als von den meisten Konsumenten erwartet, kein Garant für weitreichende und umweltunschädliche Produktionsfolgen eines Unternehmens.

Proteste gegen RWE an der HNEE

„Am 29.11.2010 geschieht skandalöses an der sogenannten Hochschule für nachhaltige Entwicklung (HNE), Eberswalde, denn im Rahmen der Master Class Course Conference „Renewable Energies" wird einem der größten Atomstrom- und Kohlelobbyisten Deutschlands eine Plattform für eine Greenwashing-Aktion geboten, ohne Raum für Diskussion zur Verfügung zu stellen, das heißt im Klartext die Lobbyisten können in Ruhe unter dem Dach der Hochschule eine Werbeveranstaltung halten, ohne dass kritische Stimmen offiziell einen Platz im Programm haben. [...] Um sich aber wirklich eine ausgewogene, fundierte Meinung zu einem Thema bilden zu können, muss solch eine Problematik, gerade wenn sie so entscheidend und wichtig für die zukünftige Energiegewinnung ist, von verschiedenen Blickwinkeln beleuchtet und bedacht werden können. Dies ist aber in dem engen Programm der HNEE nicht vorgesehen. [...] So wird eine einseitige Sichtweise, die der gewinnorientierten Energiekonzerne, welche schon eine monopolistische Stellung auf dem Energiemarkt haben, dargestellt mittels des vorlesungsüblichen Duktus des Frontalunterrichts, ohne Einbeziehung der Hörer [...]" (o.V., o.J., 2014a).

---

j) Vordringen in den Bereich Umwelterziehung

Diese „Greenwashing-Strategie" gilt als besonders perfides Vorgehen von Unternehmen. Sie werden in Kindergärten, Schulen und Universitäten etc. aktiv und nutzen dabei den fast immer zu geringen Finanzhaushalt öffentlicher Einrichtungen als Eintrittskarte aus. Unter dem Vorwand Ratschläge für ein umweltgerechtes Verhalten Kindern, Schülern bzw. Studierenden nahezubringen, werden Broschüren gedruckt, Informationsveranstaltungen finanziert und im Internet umfangreiche Ratschläge für umweltgerechtes Verhalten publiziert. Das dahinterstehende Ziel liegt darin, bei der kommenden Generation das eigene Unternehmen als umweltgerecht erscheinen zu lassen, ohne das tatsächliche Verhalten zu ändern. Der Bedarf öffentlicher Einrichtungen an finanzieller Unterstützung wird dabei zum eigenen Vorteil ausgenutzt. Durch Umlenkungseffekte auf individuelles umweltgerechtes Verhalten, wird bei Kindern/Schülern vom eigenen unternehmerischen (umweltschädlichen) Verhalten abgelenkt.

2.2.4   Normen zum marketinggestützten Greenwashing

Als eine der ersten für Greenwashing relevanten Normen, gelten die ca. 1992 von der Bundes-Handels-Kommission des Umweltministeriums in den USA veröffentlichten Richtlinien für Marketing bzgl. Angaben zu Umweltauswirkungen. Sie fielen relativ vage aus und waren daher leicht durchzusetzen. Es wurde aber signalisiert, dass Umweltauswirkungen kein Freibrief für jede Form von Marketing sind. Diese frühen Normen hatten jedoch einen Generalfehler. Es wurde versäumt, die klassischen Aussagen für Greenwashing zu erfassen. Die Normen bezogen sich z.B. nicht auf Bilder bzw. Videos/Filme im Zusammenhang mit der Umwelt (z.B. grüne Szenerie als Bühne für Produkte jeder Art etc.). Sie erstreckten sich auch nicht auf den Wahrheitsanspruch der Werbebotschaft. Da sie sehr vage waren, hatten Verbraucher auch kaum Möglichkeiten gegen unwahre Angaben vorzugehen (o.V., o.J., 2014b). Im Jahr 2003 gab die Regierung Großbritanniens einen Code für Marketing im Zusammenhang mit Umweltauswirkungen heraus. Dieser nahm einige der Fehler der amerikanischen Norm auf und leitete den Übergang zum internationalen Standard DIN EN ISO 14001 ein. Unter der Schirmherrschaft des „Commitee of Advertising Practice" kann die britische Organisation Advertising Standard Authority (ASA) seitdem auch proaktiv unberechtigte Angaben zu Umweltaussagen untersuchen. Eine Beschwerde löst eine Voruntersuchung aus. Die Mehrheit der Anzeigen kommt bisher von Wettbewerbern (Rivalen). Dieses Verfahren verdeutlicht die Bedeutung zweifelhafter Marketing-Angaben bzgl. Umweltauswirkungen und verleiht dem Anspruch der Öffentlichkeit mehr Gewicht (Defra and DTI, 2003). Als gesetzliche Normen bzgl. Greenwashing gilt in Deutschland und der EU die DIN EN ISO 14000-Systematik (o.V., 2014a). Die europäische Norm DIN EN ISO 14029 enthält z.B. einen allgemeinen Standard für Umweltkennzeichnungen und -Deklarationen sowie Anbieterkennzeichnungen (Ökolabel etc.). In dieser Norm werden Rahmenbedingungen für Umweltaussagen vorgegeben, die Hersteller auf Verpackungen oder in Broschüren zu beachten haben. Danach sind (o.V., 2014a):

– ungenaue und allgemeine Aussagen, wie „grün", „umweltfreundlich" usw. zu vermeiden,

– die Aussage „frei von ....." nur unter bestimmten, definierten Bedingungen zu verwenden,

– komplexe Fragen der umfassenden Nachhaltigkeit von Produkten zu vermeiden und

– wo immer nötig eine erläuternde Zusatzinformation zum Kennzeichen hinzuzufügen.

Aussagen sollen danach den gesamten Produktlebensweg einbeziehen. An vergleichende Aussagen sind insbesondere die Anforderungen zur kritischen Überprüfung ökobilanzieller Aussagen gem. DIN EN ISO 14040 zu beachten. Die Aussagen sollen Konsistenz, Vergleichbarkeit und Vollständigkeit der angesprochenen Parameter im Hinblick auf das Produkt enthalten und eine hohe Datenqualität gewährleisten (z.B. im Hinblick auf Methoden der Datenbereitstellung, geographischer Bezug der Daten, Repräsentativität und Verlässlichkeit). Diese Normen sind auch für Nachhaltigkeits-Marketing bindend (o.V., 2014).

Dreistes Greenwashing

„Greenwashing schwappt auch in die Dritte Welt, z.B. nach Malaysia. Hier produziert [die britische Gesellschaft] ICI das Pflanzenschutzmittel Paraquat. Im Rahmen einer Vierfarbanzeige wurde mit der Schlagzeile „Paraquat und Natur in perfekter Harmonie" das Herbizid als umweltfreundlich deklariert. Die Anzeige enthielt einige weitere dreiste Behauptungen über dieses hochtoxische Herbizid, das in Malaysia zehntausend Arbeiter vergiftet hat. Das Mittel ist in fünf Ländern verboten und wird vom Pestizid-Netzwerk als einer vom „Dreckigen Dutzend" geführt.

Ein Joint Venture, als Kooperation mit Mitsubishi, bewirbt in großen Anzeigen in Japan Einweg-Ess-Stäbchen mit dem Slogan „Stäbchen, die die Natur schützen". Die Herstellung dieser Einweg-Ess-Stäbchen erfolgt aus 100 Jahre alten Espen-Bäumen [Zitterpappeln] in Kanada, die mittels Kahlschlag im großen Stil abgesägt werden. Das Unternehmen exportiert auf diese Weise zwischen sechs und acht Millionen Einweg-Ess-Stäbchen am Tag nach Japan.

In Europa ist Greenwash nicht weniger verbreitet. So wirbt der schweizerische Chemiekonzern Sandoz mit großflächigen Anzeigen, um immer wieder sein Image nach dem Chemieunfall von 1986 zu rehabilitieren. Gezeigt wird ein Wald mit einem ruhigen Teich und einem sauberen Fluss, der durch die Szene läuft. In gewisser Weise trifft die Werbung sogar zu, denn seit 1990 hat Sandoz seine gefährliche chemische Produktion von der Schweiz nach Brasilien und Indien verlagert" (Karliner, 2001).

Andere Länder nutzen entweder die DIN EN ISO-Normen oder entwickeln eigene Normen. In Australien existiert bereits seit 1974 der „Trade Practices Act". Die kürzlich veröffentlichte Version bezieht sich nicht nur auf „grüne" Behauptungen bzgl. Umweltauswirkungen. Es sind auch ernste Strafen für den Fall der Irreführung bzw. Täuschung von Verbrauchern vorgesehen (o.V., 2008a). In Frankreich wird ein etwas anderes Vorgehen verfolgt. Man baut auf einem Ansatz des „Bureau de Vérification de la Publicité" von 1998 auf, das moralische aber nicht gesetzliche Ansprüche enthält. Kürzlich wurde die „Charte d'engagement et d'objectifs pour une publicité eco-responsible" veröffentlicht. Untersuchungen von Beschwerden werden danach von Werbexperten durchgeführt. Die Norm ermöglicht auch die Verhängung von Geldstrafen sowie die Durchsetzung der Rücknahme irreführender Marketing-Kampagnen. Das Vorgehen zeigt, dass auch hier der Bedarf nach Normen bzgl. Greenwashing gestiegen ist (o.V., 2008b). Aus Norwegen stammt ein neuerer Ansatz die Einhaltung von Normen im Zusammenhang mit Greenwashing durchzusetzen. Hier warnt der norwegische Verbraucher-Ombudsman die Unternehmen. Die Warnung bezieht sich auf Marketing im Zusammenhang mit Umweltaussagen zu Automobilen. Unternehmen sollen danach Angaben bzgl. Umwelt-auswirkungen von Automobilen im Rahmen der gesetzlichen Vorschriften halten. Hierfür wird ein fest vorgegebener Zeitraum spezifiziert. Beispielsweise sollen Angaben, wie ein „umweltfreundliches Fahrzeug", „sauberer Motor" etc., in Einklang mit den gesetzlichen Vorschriften gebracht werden. Auf diese Weise soll den Ansprüchen der Öffentlichkeit an klare Angaben zu Umweltkriterien Rechnung getragen werden. Es handelt sich aber lediglich um eine „Mahnung" geltende Gesetze einzuhalten (o.V., 2007).

Insgesamt stellen die DIN EN ISO-Normen international ein eigenes Anspruchsniveau dar, das gesetzlich zu verankern ist. Einige Staaten haben aber auch eigene Normen bzgl. Green-washing aufgestellt. Dabei bestimmen unterschiedliche Faktoren wie in einer Gesellschaft auf Greenwashing reagiert wird. Neben der geltenden Gesetzgebung, steuern vorrangig kulturelle Unterschiede die Aufmerksamkeitsspanne bzgl. „Grünfärberei" beim Marketing.

2.2.5   Zwischenfazit

– Die grüne Ausrichtung von Produkten/Dienstleistungen beim Konsum ist ein Megatrend geworden. „Green Business" verspricht ein Milliardengeschäft für Unternehmen. Daran wollen auch Scharlatane, Betrüger und Trittbrettfahrer profitieren. Die Entwicklung wird durch Marketingkonzepte wesentlich beeinflusst. Eine Abgrenzung von Nachhaltigkeit zum Greenwashing ist notwendig.

– Der Begriff „Greenwashing" ist schillernd. Es geht um einen marketinggestützten Miss-brauch ethischer Botschaften zur Vortäuschung einer nachhaltigen Ausrichtung von Un-ternehmen. Etliche Skandale in Deutschland haben einen Vertrauensschwund auf allen Seiten bewirkt und professionelle Ethik-Überwacher auf den Plan gerufen.

– Greenwashing trat erstmals als Reaktion von Unternehmen auf Umweltbewegungen in den 1960er Jahren gegen das Verständnis von Ökologie in der Öffentlichkeit auf. In den 1980er Jahren erkannten in den USA einige transnationale Konzerne den Unternehmen-sumweltschutz als eigenständigen Wert an. Das löste einen Wettbewerb von Green-washing-Kampagnen bzgl. des „grünsten" unter den angeblich „grünen" aus.

– Greenwashing-Strategien werden heute professionell konzipiert. Erfolgreiche Green-washing-Strategien sind: Anzeigen und Werbekampagnen, gezielte PR-Arbeit, Hope Sto-rys, Verwendung von Öko-Speech, Präsentation noch offener Modellprojekte, Dritte-Partei-Technik, Astroturf, Partnerschaften mit Umweltorganisationen, Nutzung von Öko-zertifizierung und Vordringen in den Bereich der Umwelterziehung.

– Normen zum Greenwashing wurden ca. 1992 in den USA zunächst als relativ vage erlas-sen. Die Norm DIN ISO EN 4000 ff. stellt in Deutschland und den Ländern der EU ein eigenes Anspruchsniveau dar, das gesetzlich zu verankern ist. International herrschen in den verschiedenen Ländern (Australien, Frankreich, Norwegen) auch eigene Normen vor, die von kulturellen Mustern geprägt sind.

BP als Musterbeispiel für Greenwashing

„Ende 1999 hat BP angefangen sich selber ein neues Image zu geben und versucht sich so als klima-
freundliches und nachhaltig handelndes Unternehmen zu präsentieren. Das Kürzel BP soll nun nicht
mehr für „British Petroleum", sondern für „Beyond Petroleum" („Jenseits von Erdöl") stehen. Insgesamt ließ sich BP eine diesbezogene weltweite Imagekampagne mit Anzeigen und Werbespots über
die neue angeblich klimafreundliche Konzernausrichtung ca. 200 Millionen Dollar kosten. Zwar investierte BP in seine Geschäftssparte „Alternative Energien" rund 2,9 Milliarden Dollar in den Jahren
2005 bis 2009. Dies sind jedoch gerade 4,2% der Gesamtinvestition in diesem Zeitraum. Die bisher
erzeugte Energiemenge aus erneuerbaren Energien pro Tag ist weniger als 0,1% der gesamten Energiemenge" (o.V., o.J. (2014c).

2.3   Entwicklung des Basismodells für ein Nachhaltigkeits-Marketing-Management

2.3.1   Wissenschaftstheoretische Grundlagen

2.3.1.1   Systemtheoretischer Ansatz als Grundlage für Nachhaltigkeit

Aus Komplexitätsgründen ist es nicht möglich, die Systemtheorie in ihrer Komplexität explizit darzustellen. Das wurde bereits an anderer Stelle hinreichend vorgenommen und wird daher als bekannt vorausgesetzt (z.B. Luhmann, 1997, Bertalanffy, 1950). Die Hauptausrichtung
der Systemtheorie liegt darin eine Gesellschaftstheorie zu entwickeln, deren theoriekonstruk-
tiven Begriffe alle in der Gesellschaft angesiedelten Funktionssysteme beschreiben können.
Dahinter steht die Annahme, dass in den heterogenen Funktionsbereichen (z.B. Politik, Recht,
Wissenschaft, Wirtschaft, Religion etc.) vergleichbare Strukturen nachweisbar sind (Luhmann, 1997). Bei Anwendung der Systemtheorie auf einzelne Funktionsbereiche, ist ein entsprechender Anspruch zu überprüfen. In diese Richtung gehend, wurde die Systemtheorie im
Kontext des Konzepts zur „nachhaltigen Entwicklung" bereits vielfach rezipiert (z.B. Har-
vey/Robinson, 2006, Hickman, 2006). Hervorgegangen sind u.a. praktische Vorschläge zu einem nachhaltigen Leben (Beispiele, Anleitungen etc.), die sich auf eine ökologischere Gestaltung von Firmen bzw. Gemeinden etc. beziehen (Schwerpunkt: Energieeinsparungen, ökologischer Lebensstil etc.). Derartige Arbeiten sind zwar von praktischer Relevanz, haben aber
kaum einen Bezug zum zugrunde liegenden Konzept der „nachhaltigen Entwicklung". Daneben existieren Vorschläge auf einer allgemeinen Ebene (z.B. Einführung von Indikatoren
beim Öko-Marketing, gegen Umweltbelastungen etc.). Es sind auch Ansätze für eine „nachhaltige Entwicklung" in der dritten Welt vorhanden (z.B. Partizipation in Bildung und Politik
etc.). Einige dieser Theorievorschläge sind zwar gut auf die jeweilige Fragestellung abgestimmt, haben aber kaum einen Bezug untereinander. Daneben ist auch eine Reihe disziplin-
spezifischer Literatur entstanden (z.B. Natur- Sozialwissenschaften etc.). Der Fokus liegt hier
vor allem auf methodischen bzw. theoretischen Fragen. Diese Arbeiten sind jedoch für Au-

ßenstehende nur schwer verständlich. Es existieren bisher kaum Arbeiten, die eine umfassende Beschreibung des Forschungsbereichs „Nachhaltigkeits-Marketing" zum Ziel haben.

2.3.1.2   Allgemeine Systemtheorie

Die allgemeine Systemtheorie eröffnet die Möglichkeit, eine Vielzahl von Systemen (technische, ökologische, wirtschaftliche, politische etc.) zu beschreiben (Bertalanffy, 1950). Bei der Betrachtung des Konzepts „nachhaltiges Marketing" und der damit zusammenhängenden vielfältigen Verknüpfungen, erweist sich diese Fähigkeit als sehr hilfreich. Mit Fokus auf adaptive Systeme bei der nachhaltiger Entwicklung wird immer wieder auf die Problematik der operativen Geschlossenheit von Systemen hingewiesen (z.B. bei spezialisierten Disziplinen) (Clayton/Radcliffe, 1996). Das gilt für Schwierigkeiten bei der funktionalen Verbindung mit anderen Systemen. Vor allem die Findung eines Kompromisses zwischen (Detail-) Genauigkeit und Umfang sowie die Beachtung der jeweils eigenen Symbolik der Teilsysteme, behindert oft eine Verbindung. Es konnte gezeigt werden, dass vor allem der Kommunikation bei der Kopplung mit anderen Systemen eine positive Rolle zukommt. Bewusstseinssysteme steuern die gesamte Kommunikation. Sie bestimmen bei der Reproduktion der denotativen Bedeutung, ob Informationen weitergegeben werden oder wie ihre Verbreitung forciert wird. Es ist auch die Möglichkeit einer bewussten Beeinflussung der Denotation (z.B. über Kulturwerte) gegeben. Gleichzeitig wird aber auch eine, fast zwangsläufig stattfindende, unbewusste Veränderung der denotativen Bedeutung von Informationen möglich. Diese Möglichkeiten spielen bei der Konzipierung des Modells zum Nachhaltigkeits-Marketing im Rahmen der überkategorialen Dimension der Makro- und Mesoebene, hinsichtlich der Kulturwerte im Verantwortungsbereich, eine große Rolle. Durch Bewusstseinssysteme werden bei der Kommunikation Informationen auch mit konnotativen Bedeutungen versehen (Verknüpfung der aufgenommenen Information mit Erinnerungen etc.). Sie bestimmen, welche emotionale Färbung eine Nachricht bzw. Begriffe erhalten. Dadurch entsteht eine starke Zielgruppenabhängigkeit bei der Interpretation von Medieninhalten. Daraus ergibt sich einer der wichtigsten Gründe für eine Unterscheidung nach Lifestyle-Milieus, Zielgruppen etc. Diesen Möglichkeiten kommt beim Modell zum Nachhaltigkeits-Marketing-Management auf der Mikroebene eine zentrale Bedeutung zu. Obwohl die allgemeine Systemtheorie noch keine endgültige Stufe in der Entwicklung erreicht hat, herrscht aber bereits ein entsprechender Konsens über Definitionen und Elemente. Aufgrund der Vielfalt von Disziplinen, die beim Nachhaltigkeits-Marketing-Management beteiligt sind und der mit dem Konzept „nachhaltige Entwicklung" verbundenen Komplexität, hat sich die Autorin entschlossen, diesen Ansatz als wissenschaftstheoretische Grundlage für die Modellentwicklung heranzuziehen. Der wesentliche Vorteil liegt in einer Reflexionssteigerung sowie der Aufmerksamkeitserhöhung, die die einzelnen Systeme ihrer Umwelt und damit auch den anderen funktionalen Systemen entgegenbringen. Dem wesentlichen Nachteil der Geschlossenheit spezialisierter Disziplinen, kann mit den (kulturwertbezogenen, ethischen etc.) Möglichkeiten der bewussten Beeinflussung bei Bewusstseinssystemen, im Rahmen der Kommunikation entgegengewirkt werden.

2.3.2   Modelltheoretische Rahmenbedingungen

Der Forschungsbereich des Nachhaltigkeits-Marketings steht noch am Anfang und zeichnet sich methodisch durch eine gewisse Theorieunreife aus. Erfahrungen zeigen, dass damit auch die Gefahr von Mängeln bei der Bestimmung eines geeigneten Forschungsansatzes verbunden ist. Bei der Konzipierung des Basismodells zum Nachhaltigkeits-Marketing-Management, wird auf ein herkömmliches hierarchisches Modell sowie eine damit verbundene relativ starre Ausrichtung mit theoretischem Alleinvertretungsrecht verzichtet. Stattdessen wird ein prozessbezogener Ansatz konzipiert, bei dem auf der Basis der Kreislaufidee Dimensionen und Elemente ausgewählt werden, die besonderen kulturbezogenen und ethischen Einflüssen unterliegen und bei denen sich bereits ein Problembezug gezeigt hat. Das Modell ist *nicht hierarchisch* konzipiert und bleibt durch seinen Prozesscharakter erweiterbar. Der so entstehende Vorteil der Flexibilität ist für die einzelnen Forschungsdisziplinen und die verwendeten Methoden nutzbar. Durch dieses Vorgehen sollen nicht nur in der Vergangenheit gemachte Fehler vermieden werden, es soll auch die Berücksichtigung neuerer empirischer Ergebnisse aus den Wissenschaften ermöglichen. Das Modell erhält damit einen dynamischen Charakter und gestaltet sich als erweiterbar. Wissenschaftstheoretische Forschungsprozesse sind im Rahmen der Konstruktionstheorie zu strukturieren. Dazu sind vom Forscher bestimmte Schritte zu entwickeln (Lofland, 1974, Lofland/Lofland, 1984, Winter, 2004). Diese Schritte wurden bereits bei anderen Modellspezifikationen von der Autorin hinreichend beschrieben (vgl. dazu z.B. Emrich, 2013, Emrich, 2011). Die Kenntnisse werden daher als bekannt vorausgesetzt.

2.3.2.1   Heuristischer Bezugsrahmen

Heuristische Bezugsrahmen stellen ein hilfreiches Instrument bei der Strukturierung komplexer realer Problemzusammenhänge dar (Thom et al, 2002). Neben einem Überblick, werden die Begriffe und Elemente geordnet sowie die Interdependenzen zwischen den Elementen aufgezeigt. Es ist auch möglich, komplexe Probleme in einfachere Teilprobleme zu zerlegen. Im vorliegenden Modell existieren verschiedene Bezugsrahmen. Sie bauen inhaltlich aufeinander auf und bilden ein Mehrebenmodell der Situation. Die Grundlage für den Bezugsrahmen bilden die in diesem Kapitel dargelegten Definitionen und theoretischen Ausführungen. Zunächst werden die Hauptelemente dargelegt, im Anschluss erfolgt eine Adaption der Elemente auf die Marketingsituation von Unternehmen. Es wird auf eine ausführliche Abhandlung solcher Modellteile verzichtet, die bereits an anderer Stelle hinreichend beschrieben wurden. Diese werden als bekannt vorausgesetzt. Stattdessen konzentrieren sich die Ausführungen auf Elemente, deren Zusammenhänge vor allem durch den Kulturbezug bzw. umweltethische/-philosophische Elemente bestimmt werden. Die Elemente im Gesamtbezugsrahmen werden zur besseren Übersicht grob in die überkategoriale Dimension Kultur, makro-soziale und soziokulturelle, meso-soziale und soziokulturelle sowie mikro-soziale und soziokulturelle Rahmenbedingungen eines Nachhaltigkeits-Marketing-Managements unterteilt.

2.3.2.2. Rahmenbedingungen Nachhaltigkeits-Marketing-Management

Das im Brundtland-Bericht von 1987 entwickelte globale Leitbild einer inter- und intragenerationellen Gerechtigkeit im Rahmen von nachhaltiger Entwicklung, umfasst ein Spannungsfeld. Dieses ist durch unzählige Zielkonflikte gekennzeichnet. Die bis dato primär ökologisch betrachtete Nachhaltigkeit erhielt eine Ergänzung durch die soziale und ökonomische Dimension. Da das propagierte Leitbild nicht zu einem bestimmten Ziel weist, sondern lediglich auf die Herausforderungen zur Findung einer Synthese zwischen Gegensätzlichkeiten verweist, erfüllt es seine Funktion als Leitbild nur in begrenztem Maße. Leitbilder haben u.a. die Funktion von Denkschablonen (vereinfachte Weltbilder etc.). Das kommt insbesondere in unübersichtlichen Situationen zum Tragen. Eine ihrer wesentlichen Aufgaben liegt darin, Orientierung für die Ordnung von Gesellschaften zu schaffen (Reuber/Wolkersdorfer, 2004). Leitbilder umfassen verschiedene Ebenen. Im vorliegenden Basismodell beziehen sich die Ausführungen auf die Makro-, Meso- und Mikroebene eines Nachhaltigkeits-Marketing-Managements.

2.3.2.2.1   Makro-soziale und -soziokulturelle Rahmenbedingungen

Die Faktoren der makro-sozialen und soziokulturellen Rahmenbedingungen werden in die allgemeine Umwelt und die Aufgabenumwelt unterschieden (Kubicek/Thom, 1976). Die Rahmenbedingungen der allgemeinen Umwelt werden durch die Wirkkette der Globalisierung bestimmt. Faktoren der Aufgabenumwelt umfassen das Verhalten bzw. die Handlungsergebnisse externer Institutionen, Interessensgruppen etc. Da die globale Umwelt jedoch äußerst vielschichtig ist, wird deren vollständige Erfassung, trotz aller Bemühungen, wohl nur ein Wunschtraum bleiben. Problematisch im Rahmen einer ganzheitlichen nachhaltigkeitsorientierten Unternehmensführung ist, dass durch die mit der Globalisierung verbundene Zunahme an Umweltanforderungen anzunehmen ist, dass die Umweltperspektiven zukünftig noch weiter ausgeweitet und systematischer analysiert werden müssen. Makro-soziale und -soziokulturelle Rahmenbedingungen sind durch das Unternehmen kaum beeinflussbar, sie gliedern sich im vorliegenden Basismodell in folgende ausgewählte Dimensionen:

1. Leitbild politisch-rechtliche Rahmenbedingungen
   – Resonanz- und Reflexivitätsfähigkeit
   – Selbstorganisation und Steuerungsfähigkeit
   – Machtausgleich und Erwartungskonformität

2.3.2.2.2   Meso-soziale und -soziokulturelle Rahmenbedingungen

Im Rahmen der meso-sozialen und soziokulturellen Rahmenbedingungen werden unternehmensbezogene interne Merkmale integriert abgeleitet. Sie werden durch nachhaltigkeitsbezogene unternehmens- und Marketingziele bestimmt und von betrieblichen Faktoren beeinflusst.
Durch den „Emic-Ansatz" ergibt sich nicht nur ein anderer Forschungsansatz, sondern auch
eine andere Forschungsperspektive. Diese konzentriert sich auf nachhaltigkeitsbezogene Ei-
genheiten zwischen Gruppen. Eine gleichzeitige Betrachtung beider Ebenen (makro- und meso-sozialer und -soziokultureller) ist nicht möglich, da eine Unterscheidung durch spezielle
Messinstrumente und Dateninterpretationen bedingt ist. Das Management meso-sozialer und
meso-soziokultureller Rahmenbedingungen erfolgt durch mittelbare Aktionsparameter. Im
vorliegenden Modell gliedern sich diese in folgende ausgewählte Dimensionen:

2. Leitbild Ökologie und Umwelt
   – Ressourcenmanagement
   – Regenerationsfähigkeit
   – Normativ-kulturbezogenes Postulat der Natur

3. Leitbild ökonomische Nachhaltigkeit
   – Internalisierung externer Kosten
   – Disparitäten bei Einkommen und Vermögen
   – Internationale Standards

4. Leitbild soziale Nachhaltigkeit
   – Bedürfnisbefriedigung und Partizipation
   – Chancengleichheit und Existenzsicherung
   – Sozialressourcen

2.3.2.2.3   Mikro-soziale und -soziokulturelle Rahmenbedingungen

Mikro-soziale und -soziokulturelle Rahmenbedingungen sind durch eine Vielzahl von Zielkonflikten gekennzeichnet. Der zentrale Nutzen der einen Forschungslinie stellt dabei den
zentralen Schwachpunkt einer anderen dar. Dieses führt unweigerlich zu Dilemmata. Für ein
Nachhaltigkeits-Marketing-Management wird vorliegend ein Fokus vorgesehen. Die Operationalisierungen beziehen sich auf ausgewählte Faktoren zum „nachhaltigen Konsum". Fragen
der Verankerung des nachhaltigen Konsums sind primär normative Fragen. Sie sind für die
Etablierung des Konzepts „nachhaltige Entwicklung" in einem (Massen-)Markt von großer
Bedeutung. Für soziokulturelle Veränderungsmöglichkeiten in Richtung nachhaltiger Konsum
wird die Integration von gegenwarts- und traditionsbezogenen normativen Fragen sowie des
gewachsenen Konsumverhaltens notwendig. Bei der Operationalisierung wird auch die Frage
der Vermittelbarkeit von Faktoren analysiert. Die Analysen beziehen sich dabei auf die Not-

wendigkeit einer Kompatibilität mit den Lebensstilen der Konsumenten. Dazu werden die Forschungslinien der Lebensstile genutzt. Die Analysen fokussieren auf Fragen zur kollektiven Verankerung von Nachhaltigkeitsfaktoren beim Nachhaltigkeits-Marketing-Management. Das Management erfolgt durch unmittelbare Aktionsparameter, die die Eckpunkte Lebens- und Konsumstilwerte, Anreizwerte und Signaling- sowie Vertrauenswerte umfassen. Im vorliegenden Modell werden folgende ausgewählte Dimensionen integriert:

5. Leitbild Konsumentennachhaltigkeit
  – Individuelle Konsumentenstrategien
  – Institutionelle Konsumentenstrategien
  Ebene nachhaltige Verbraucherpolitik
  – Gewährleistung von Markttransparenz
  – Stärkung der Konsumentensouveränität

2.3.2.3   Forschungsziele und Forschungsperspektive

Das Modell soll neben der Operationalisierung marketingbezogener Faktoren, auch zur Weiterentwicklung von allgemeinen Nachhaltigkeitsleitbildern beitragen. Der dazu gewählte Nachhaltigkeitsdiskurs richtet sich vor allem an Wissenschaftler als wesentliche Akteure bei der Weiterentwicklung dieses Diskurses. Nachhaltigkeits-Marketing wird im Modell in einer überkategorialen Dimension Kultur, der makro-sozialen und -soziokulturellen, der meso-sozialen und -soziokulturellen sowie der mikro-sozialen und -soziokulturellen Dimension operationalisiert. Die dazu gewählte Perspektive geht von einer integrierenden Sichtweise der Dimensionen aus. In Anlehnung an das HGF-Projekt zum Konzept „nachhaltige Entwicklung" wird dabei von einem **Wertekanon** ausgegangen, der sich vorwiegend auf drei generelle dimensionsübergreifende Nachhaltigkeitsziele bezieht (Jörissen et al, 1999):

– Sicherung der menschlichen Existenz,
– Erhaltung des gesellschaftlichen Produktivpotentials und
– Bewahrung der Entwicklungs- und Handlungsmöglichkeiten.

Diese Ziele werden auf die einzelnen Nachhaltigkeits-Marketing-Dimensionen projiziert und über die Eigenrationalität der Dimensionen spezifisch vermittelt. Durch diese Vorgehensweise können nicht nur normative, fundamentale Gerechtigkeitsprinzipien der Nachhaltigkeit, bezogen auf die Bewahrungs- und Entwicklungsdimension, einbezogen werden. Auch der Einbezug allgemeiner analytisch-funktionaler Prämissen ist möglich. Inner- und intragenerative Gerechtigkeitsaspekte werden dabei als gleichrangig aus einer anthropozentrischen Perspektive gesehen. Die so entwickelten Operationalisierungen der generellen Ziele ergeben sich im Zusammenhang mit den nachhaltigkeitsrelevanten konstitutiven Elementen in den einzelnen Dimensionen. Sie repräsentieren Mindestanforderungen für ein Nachhaltigkeits-Marketing.

2.3.2.3.1   Konstitutive Merkmale

Diskussionen um das Konzept „Nachhaltigkeit" haben mittlerweile eine derartige Breite in der wissenschaftlichen und gesellschaftlichen Debatte erreicht, dass es unmöglich ist, in einem Modell alle denkbaren marketingspezifischen Strukturen zwischen den einzelnen Dimensionen und Elementen explizit zu berücksichtigen. Das Ziel der vorliegenden Studie ist es *nicht* sich, in Form einer allgemeinen Analogiensuche aus der Literatur, in Beziehungen zwischen „Nachhaltigkeit" und „Marketing bzw. Management" zu erschöpfen. Das ist an anderer Stelle bereits hinlänglich geschehen. Die entsprechenden Kenntnisse werden als bekannt vorausgesetzt. Bislang existieren relativ wenige wissenschaftliche Arbeiten zu Faktoren eines Nachhaltigkeits-Marketing-Managements. Das Hauptziel des vorliegenden Modells liegt daher darin, zentrale konstitutive Elemente zu identifizieren, mit denen sich die vorliegende Untersuchung von anderen vorhandenen Ansätzen unterscheidet. Diese zentralen konstitutiven Merkmale der wissenschaftlich-konzeptionellen Ausrichtung sind:

1. **Ausgangsprämisse:** Ökologische, ökonomische, soziale und politische Dimensionen des Konzepts „nachhaltige Entwicklung" werden *nicht* aus der beschränkten Perspektive einzelner marketingbezogener Dimensionen, sondern prinzipiell gleichrangig und integriert betrachtet. Damit wird das Ziel eines Nachhaltigkeitskonzeptes unterstützt, bei dem die Erhaltung und Verbesserung ökonomischer Lebensbedingungen und dessen Abstimmung mit einer langfristigen Sicherung der natürlichen Lebensgrundlagen, vordergründig sind.

2. **Soziokulturelle Wirkstrukturen mit mittelbarer Querschnittsfunktion über die Dimensionen:** In Anlehnung an die zweite UNESCO-Weltkonferenz über Kulturpolitik von 1982 wird Kultur in einer umfassenden Sicht als: „die Gesamtheit der einzigartigen geistigen, materiellen und emotionalen Aspekte angesehen […], die eine Gesellschaft oder eine soziale Gruppe kennzeichnen. Dies schließt nicht nur Kunst und Literatur ein, sondern auch Lebensformen, die Grundrechte der Menschen, Wertesysteme, Traditionen und Glaubensrichtungen" (van Hasselt, 1998, 62). Damit erfolgt eine Erweiterung des herkömmlichen Konzepts „Kultur" und „kulturelles Erbe" auf kulturelle Fähigkeiten und Fertigkeiten des gegenwärtigen Alltags, das immaterielle in Traditionen erhaltene kulturelle Gedächtnis (kulturelles Kapital) und die Vielfalt von Kommunikationsformen.

3. **Nachhaltiger Konsum:** In Ergänzung zur Studie des Umweltbundesamtes von 2002 zu „Möglichkeiten und Grenzen des nachhaltigen Konsums" (Empacher et al, 2002), fokussieren die vorliegenden Operationalisierungen auf Evaluierungen zu motivationalen Ansatzpunkten, Interessen, mediale Erreichbarkeit und typenbezogene Nachhaltigkeitsstrategien (Konsumstile) von Konsumenten. Für die langfristige Adressierung von Nachhaltigkeits-Marketing an kollektive (Massen-) Konsumenten, ist zunächst ein zielgruppenspezifischer Zugang zu finden. Somit erfolgt eine Erweiterung der herkömmlichen Sichtweise

um Aspekte der Kompatibilität sozial-ökologischer Handlungsweisen von Konsumenten mit soziokulturellen Faktoren verschiedener Lebensstile.

4. **Handlungsstrategien zur Erreichung von Zielen:** Im integrierten Modell für eine „Kultur der Nachhaltigkeit" wird eine überkategoriale Dimension „Kultur" vorgesehen, die alle Bereiche der Nachhaltigkeit durchdringt. Bei der Kombination der drei bisher bekannten Ansätze spielen (a) Effizienzstrategie (Reduzierung des Stoff- und Energieverbrauchs/Einheit), (b) Konsistenzstrategie (Erhöhung der Vereinbarkeit anthropogener mit natürlichen Stoffströmen) und (c) Suffizienzstrategie (Reduzierung der hergestellten Menge und Nutzung) eine Rolle. In dieser Untersuchung stehen Verbesserungspotentiale im Vordergrund, die durch Veränderungen bei soziokulturellen Dimensionen gefördert werden.

2.3.2.3.2 Aktionsparameter

Aktionsparameter lassen sich in mittelbare und unmittelbare Parameter unterscheiden. Mittelbare Parameter bzw. Handlungsgrößen wirken langfristig. Ihre Wirkung ist indirekt, sie tragen demgemäß zu einer indirekten Zielerreichung bei. Zaugg empfiehlt dazu W-Fragen (Wozu, Wer, Womit, Was, Wie, Wie lange, Wann und Wo?) (Zaugg, 2002). Mittelbare Parameter finden sich im Modell bei der überkategorialen Dimension „Kultur", bei den makro-sozialen und -soziokulturellen sowie den meso-sozialen und -soziokulturellen Faktoren. Unmittelbare Aktionsparameter bzw. Handlungsgrößen sind auf eine direkte Zielerreichung ausgerichtet. Im Modell finden sich diese im Rahmen der mikro-sozialen Faktoren. Eine weitere wichtige Größe stellen die Beziehungen zwischen Funktionen und Teilfunktionen dar. Im Sinne einer ganzheitlichen Ausrichtung ist eine Handlungsgröße immer unter Berücksichtigung der anderen abzuleiten. Tätigkeiten sind integrativ zu betrachten, um unerwünschte Wirkungen einer Funktion auf andere zu verhindern. Die im Bezugsrahmen spezifizierten Dimensionen der makro-sozialen und -soziokulturellen, der meso-sozialen und -soziokulturellen sowie mikro-sozialen und -soziokulturellen Rahmenbedingungen des Marketing-Managements dienen im weiteren Verlauf als Strukturelemente, auf die sich die weiteren Ausführungen beziehen und anhand derer Anpassungsmöglichkeiten beim strategischen Marketing-Management und bei den Marketing-Instrumenten, im Rahmen des Nachhaltigkeits-Marketing-Managements, verdeutlicht werden. Das Modell impliziert insgesamt einen erheblichen Grad analytischer Komplexität, mit dem sich die Verfasserin auf z.T. inhaltlich wie methodisch nur wenig bearbeitetes Terrain begibt. Hauptziel ist es, ein methodisches Gerüst mit einem hinreichend detaillierten Strukturierungsschema zu entwickeln, das die Mindestanforderungen für ein Nachhaltigkeits-Marketing-Management abbildet. Diese Basis eröffnet Möglichkeiten, mit Hilfe wissenschaftlicher Weiterentwicklungen, weitergehende Problemfelder (Wechselbeziehungen, Indikatorenkataloge) zu spezifizieren und empirisch zu prüfen.

2.3.3   Darstellung des Basismodells

Das zuvor konzipierte Basismodell für ein Nachhaltigkeits-Marketing-Management als heu-
ristischer Bezugsrahmen zeigt Abbildung 2.5. im Überblick.

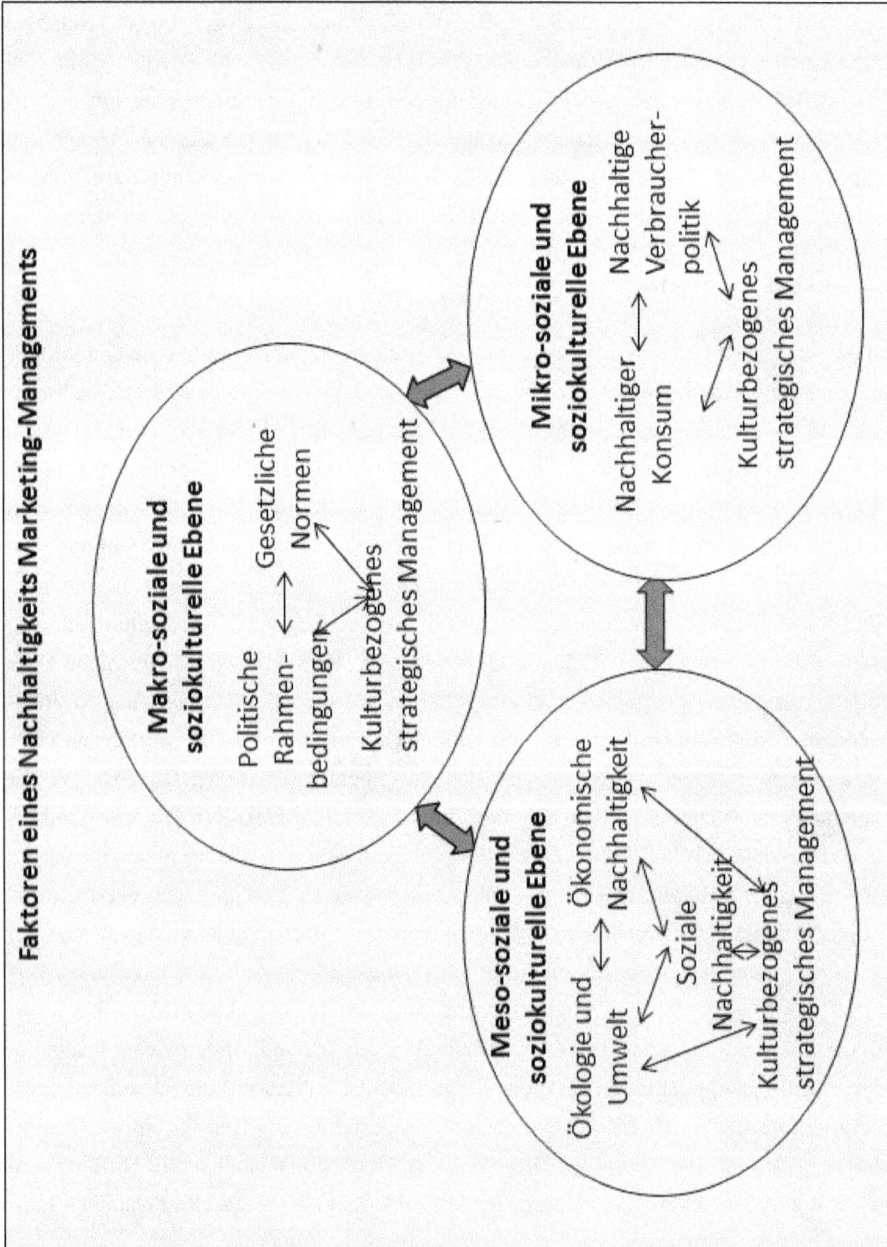

Abb. 2.5:   Basismodell zum Nachhaltigkeits-Marketing-Management, a.d.B. von Thom et al, 2002, Noll,
2002, ergänzt und modifiziert

2.4   Integration des Teilmodells für eine Kultur der Nachhaltigkeit

Aufgrund intensiver Recherchen hat sich für die Autorin die Erkenntnis ergeben, dass derzeit weder ein ausreichendes Konzept noch eine elaborierte Theorie vorhanden ist, die sich auf den Vollzug bzw. die Inhalte der „Transformation" (Wandels) zur Nachhaltigkeit beziehen. In der Literatur finden sich zwar eine Reihe abstrakter Abhandlungen, jedoch Zielvorstellungen mit konkreten Bildern und Visionen (z.B. Phänotypen etc.), die sich auf den wirklichen Vollzug einer wünschenswerten Gesellschaft beziehen, sind kaum entwickelt und noch weniger verbreitet. Gleichzeitig wird aber auch deutlich, dass das Bewusstsein darüber wächst, dass der bisher favorisierte Weg über technische Lösungen, u.a. wegen Rebound-Effekten, nicht als „Allheilmittel" für eine große Transformation ausreicht. Die Nachhaltigkeitsforschung wird derzeit durch technisch orientierte Konzepte dominiert (z.B. das Dreisäulenkonzept der nachhaltigen Entwicklung). Hierbei werden ökologische, ökonomische und soziale Ziele integriert verfolgt. Aufgrund zahlloser Zielkonflikte, die durch die Gleichstellung dem Konzept inhärent sind, bleiben viele Fragen offen und Lösungen sind nur schwer zu finden. Es fehlen spezifisch menschliche Faktoren, die den Bürger als wichtigen Akteur bei der Transformation ansehen. Die Autorin ist daher zur Überzeugung gelangt, dass die Integration einer kulturellen Ebene bei der Nachhaltigkeit notwendig ist. Auf Basis bestehenden kulturellen Grundlagenwissens besteht die Möglichkeit, notwendiges Transformationswissen zu gewinnen. Im Rahmen einer Annäherung wird ein Modell konzipiert, das zum Thema gesellschaftliche Transformation Erkenntnisse darüber schafft, was im Rahmen des Wandels zu einer „Kultur der Nachhaltigkeit" notwendig ist. Mit diesem Ziel ist ein sehr weitreichendes und komplexes Vorhaben verbunden, das die Möglichkeiten der Autorin in diesem Lehrbuch bei weitem übersteigt. Daher wird eine Eingrenzung vorgenommen. Im Rahmen der vorliegenden Entwicklung des Modells zum Nachhaltigkeits-Marketing-Management wird ein Teilmodell integriert, das das Untersuchungsfeld der explorativen Entwicklung von Merkmalen einer „Kultur der Nachhaltigkeit" umfasst. Als Basis dient das Dreisäulenkonzept mit dem Ziel, dass sich die durch Zielkonflikte inhärenten Schwierigkeiten durch eine „Kultur der Nachhaltigkeit" verbessern lassen. Die Generierung von Transformationswissen wird im Kapitel 3 und Kapitel 4 dieses Buches im Rahmen des strategischen und operativen Managements durch ein überkategoriales Kulturmanagement ergänzt. Von der Autorin ist durch das Teilmodell strukturell eine überkategoriale Dimension vorgesehen, bei der auf mehreren Ebenen Merkmale ermittelt werden. Mutmaßlich existieren viele Kulturen der Nachhaltigkeit. Die vorliegende Integration eines Teilmodells soll dazu beitragen, Elemente einer „Kultur der Nachhaltigkeit" herauszuarbeiten und Orientierungsschemata für Wissenschaft und Praxis zu entwickeln.

2.4.1   Annäherung an ein Modell für eine Kultur der Nachhaltigkeit

Mit der Auffassung, dass im Rahmen der Diskussionen eine Kultur der „nachhaltigen Entwicklung" zu wenig Beachtung findet, steht die Verfasserin nicht allein. Der Strategiebericht der Bundesregierung von 2002 enthält die Anregung zu einem intensiven kulturell-politischen Reflexions-, Diskussions- und Wandlungsprozess. Er soll, anstelle von Zukunftsängsten und Resignation, kreative Kräfte freisetzen (Haderlapp/Trattnigg, 2010). Dazu wird angeregt, grundlegende Fragen einer nachhaltigkeitsbezogenen kollektiven Weiterentwicklung zu diskutieren. Es geht um Orientierungsmöglichkeiten durch gesellschaftliche Aushandlungsprozesse im Hinblick auf eine bewusste Entscheidungskultur (Krainer, 2010). Dazu gilt eine Kombination von „Good Governance-Formen", die Top-Down wirken, und dem Engagement sowie der Partizipation der Zivilgesellschaft als nötig. Der Wissenschaft kommt dabei die Rolle des Vermittlers und Multiplikators durch das Betreiben von Transformations- und transformativer Forschung zu. Angesichts des Umfangs der Transformation ist jedoch klar, dass es den einen Punkt, von dem alles ausgeht, nicht geben kann. Stattdessen sind viele Veränderungen an vielen verschiedenen Orten notwendig. Sie sind nicht immer gleichgerichtet und können unterschiedlich ausfallen. Es sind diverse Ansätze bei der Transformation zur „nachhaltigen Entwicklung" vonnöten. Vorliegend ist das Ziel, durch die Betrachtung von Gemeinsamkeiten und Unterschieden Leitbilder und Deskriptoren herauszustellen, die eine Operationalisierbarkeit der Gestaltung einer Kulturdimension der Nachhaltigkeit methodisch ermöglichen.

2.4.2   Rahmenbedingungen überkategoriale Dimension Kultur

Als Ausgangspunkt wird davon ausgegangen, dass eine Kultur der Nachhaltigkeit untrennbar mit einer normativen Ausrichtung verbunden ist, wobei das Konzept der Nachhaltigkeit die Leitkultur darstellt (Kopfmüller, 2010, Heidemann, 2011, Holz/Stoltenberg, 2011). Kultur stellt aus dieser Sicht auch Ziel und Grundlage des gesellschaftlichen Seins dar. Sie wird als eine gesellschaftliche Lebensweise angesehen, der das Tripel der Nachhaltigkeit (Ökologie, Ökonomie, Soziales) inhärent ist und im alltäglichen Leben umgesetzt wird. Praktisch sind die Leitbilder einer Kultur der Nachhaltigkeit dann nicht mehr von außen kommende (staatlich verordnete) Handlungs- und Interpretationsschemata. Sie werden als allgemeiner Teil der kollektiven Repräsentation angesehen. Nachhaltigkeit würde dann von einem voluntaristischen Konzept zu etwas Normalem werden und wäre damit inhärenter Bestandteil der Kultur geworden. Aus dieser Perspektive wird die Kultur vorliegend *nicht* als eine weitere Säule der „nachhaltigen Entwicklung" betrachtet, sondern im Sinne einer kulturellen Dimension der Nachhaltigkeit. Kultur ist in diesem Sinne überkategorial, eingebettet in das Gesamt einer Kultur und alle Bereiche der Nachhaltigkeit durchdringend, zu verstehen (Runnalls, 2007). Die Faktoren sind vielschichtig, unsichtbar und immateriell. Das zu integrierende Teilmodell für eine Kultur der Nachhaltigkeit gliedert sich in ein Leitbild mit folgenden Ebenen:

6. Leitbild kulturelle Koevolution der Gesellschaft
Ebene: Kulturelle Programme für Nachhaltigkeit
– Gesellschaftlicher Wertewandel
– Integrationsfähigkeit

Ebene: Ethik der Nachhaltigkeit
- Nachhaltige Werte und Normen
- Ethik der nachhaltigen Entwicklung

Ebene: Kulturelle Strategien für Nachhaltigkeit
- Umweltbewusstsein und Umweltverhalten
- Nachhaltiger Lifestyle

2.4.2.1   Leitbild kulturelle Koevolution in der Gesellschaft

„Unter kultureller Evolution wird die Herausbildung und Weiterentwicklung der menschlichen Kultur auf der Grundlage der Evolutionstheorie verstanden" (Schurz, 2011, 191). Kultur bezeichnet dabei die nicht genetisch bedingten Fähigkeiten und Fertigkeiten, Erzeugnisse, Wissensbestände und Institutionen. Mit Evolution ist die Kombination von individuellem Lernen und kultureller Tradition gemeint, die Fertigkeiten schaffen, die weit über das genetisch bedingte hinausgehen. Für eine Koevolution von Gesellschaft, Kultur und Natur im Sinne einer „Kultur für Nachhaltigkeit" wird ein holistischer Ansatz gewählt. Mit diesem Ansatz vermeidet die Autorin theoretische „Wespennester" (z.B. in den Kultur-, Wirtschaftswissenschaften etc.), bei denen Wissenschaftler verbissen einmal akzeptierte Wissenschaftstheorien gegen andere Auffassungen verteidigen. Beim vorliegend verfolgten interdisziplinären Ansatz können auch, analog zur Betrachtung tatsächlicher lebensweltlicher Phänomene, mehrdimensionale „holarchische" Rückkopplungsschleifen entstehen, die äquivalent zur praktischen Problemstellung eventuell mehrfach zu durchlaufen sind. Bei einem holistischen Ansatz ist kein Prozess ohne den anderen möglich und keine Theorie kann auf die Rekursivität mit anderen relevanten Theorien verzichten. Wissen wird in diesem Sinne immer bruchstückhaft bleiben und Überraschungen die Regel sein.

2.4.2.1.1   Ebene: Kulturelle Programme der Nachhaltigkeit

Kulturelle Programme/Initiativen können als eine Art „Scharnierstelle" unter Beteiligung von Institutionen, Individuen und Öffentlichkeit beschrieben werden. Es handelt sich um makrodidaktisch konzipierte Angebote, die als Mixtur zur kreativen und kulturellen Weiterentwicklung beitragen sollen. Nachfolgend werden als Grundlage für ein Leitbild zur kulturellen Koevolution, auf der Basis des Reports, der von der UNESCO 1991 eingesetzten unabhängigen „World Commission on Culture and Development", ausgewählte Instrumente zur soziokulturellen Entwicklung sozialer Gesellschaften für eine Kultur der Nachhaltigkeit abgeleitet.

2.4.2.1.1.1 Gesellschaftlicher Wertewandel

Die Konsequenzen eines gesellschaftlichen Wertewandels wirken nicht nur mittelbar über die inhärenten Werte der überkategorialen Dimension Kultur und die Faktoren der makro-sozialen und meso-sozialen, sondern auch unmittelbar über Faktoren der mikro-sozialen und -soziokulturellen Dimension. Die Auswirkungen zeigen sich im Verhalten der Verbraucher, da das Konsumentenverhalten die individuelle Werteorientierung unmittelbar widerspiegelt. Menschen orientieren sich heute durch Wertesynthesen sowohl an materiellen (Besitz, Konsum etc.) als auch an postmateriellen Werten (Erlebnisse, Selbstverwirklichung etc.). Produkte/Dienstleistungen müssen den Wertevorgaben von Institutionen entsprechen (Qualität, Schadstoffarmut etc.), gleichzeitig auch mit möglichst vielen Wertesystemen der Konsumenten kongruent sein. Die Identifizierung erfolgt zunehmend über das repräsentierte Wertesystem, wobei es auch zu Zielkonkurrenzen kommen kann. In der Gesellschaft stehen dabei vor allem Wertesysteme, Problemlösungsfähigkeit und der Integrationsgrad im Vordergrund. Beim Konzept „nachhaltige Entwicklung" sind Dilemmata nahezu unausweichlich. Beispielsweise kann eine verbesserte Bedürfnisbefriedigung (Konsum) zu Lasten der Naturerhaltung gehen. Eine verbesserte Naturerhaltung, kann wiederum eine Begrenzung von Freiheit hervorrufen etc. Kulturelle, normative Werte sind auch bei einer Gleichgewichtsfindung beteiligt, um im Rahmen von Dilemmata Wege zu finden, berechtigten normativen Grundsätzen menschlicher Existenz angemessen Rechnung zu tragen. Durch kulturelle Unterschiede (Bildung, Brauchtum, Religion etc.) kann es universal gültige Lösungen aber nicht geben. Auf der gesellschaftlichen Werteebene sind besonders drei ausgewählte kulturelle Faktoren hervorzuheben, die im Rahmen von Veränderungen durch „Nachhaltigkeit" zu beachten sind:

a) Kultureller Wertepluralismus

Der Begriff weist auf die Annahme hin, „dass menschliche Werte in einer irreduziblen Weise unterschiedlich sind, deshalb miteinander in Konflikt geraten und oft nicht miteinander verträglich sind" (Joas, o.J., 31). In Deutschland herrscht ein durch Binnenmigration und globale Einwanderungsbewegungen gefördertes Nebeneinander unterschiedlicher kultureller Wertegemeinschaften. Die Vielfalt neuer Familien- und Lebensverhältnisse und das damit verbundene veränderte Rollenverhalten, tragen zur Pluralisierung kultureller Werte bei. Dazu gehört auch die Auflösung klassischer Lebenszyklen, verbunden mit einer geringer werdenden Vorhersehbarkeit der Lebensläufe. Unterschiedliche kultureller Wertesysteme bergen aber auch das Risiko von Kulturbrüchen bzw. Kulturkämpfen in einer Gesellschaft. Konflikte entstehen vor allem aus Konkurrenzen traditioneller (Religiosität, materielle Sicherheit, Familiensinn, Ordnung etc.) und moderner kultureller Wertesysteme (freie Entfaltung, Selbstverwirklichung, Solidarität etc.). Kultureller Wertepluralismus trägt zur Offenheit einer Gesellschaft bei und kann damit bei einer evolutorischen Weiterentwicklung förderlich sein.

b) Kulturelle Kohärenz

Der Begriff wird auch als „collective programming oft the mind" definiert (Hofstede, 1984, 13). Es ist ein traditioneller Begriff, der auf kulturelle Einheitlichkeitsvorstellungen und die Gedanken einer dominanten Nationalkultur hinweist (erwünschte Homogenität geteilter kultureller Wertevorstellungen und -Handlungen etc.). In jeder Gesellschaft existiert ein kohärentes

Grundgebilde an Wertvorstellungen, das nahezu unveränderlich erhalten wird. Es betrifft Werte auf den Ebenen kulturelle Inhaltskohärenz, Kollektivitätszugehörigkeit und kulturelle Identitätsvorstellungen (Rathje, o.J.). Durch ethnische Multikollektivität wird die Stabilität und Kohäsion kultureller Werte in einer Gesellschaft gefördert. Die Wahrscheinlichkeit, dass ein Individuum als Teil der Gruppen akzeptiert wird, erhöht seine Kompromissbereitschaft und Friedfertigkeit bei der Lösung von Problemen. Kulturelle Kohärenz trägt zum Zusammenhalt einer Gesellschaft bei und fördert auf dieser Basis evolutorische Entwicklungen.

c) Gesellschaftliche Solidarität (Kohäsion).
Der Begriff bezeichnet das „Zusammengehörigkeitsgefühl von Individuen oder Gruppen in einem sozialen Ganzen, das sich in gegenseitiger Hilfe und Unterstützung äußert" (Rauch/ Tröger, 2004, 6). Solidarität in Verbindung mit kultureller Kohäsion wird in Wertesystemen und kulturellen Handlungsmustern ausgedrückt. Kohäsion unterscheidet sich grundsätzlich von individueller, partikularer Gefühlsbeziehung, da sie zwar häufig auf Eigeninteressen beruht, aber nichts mit wechselseitiger persönlicher Sympathie oder Zuneigung zu tun hat. Fehlende Solidarität gefährdet tendenziell die soziale Kohäsion (Zusammenhalt, Geborgenheit, Vertrauen etc.), den sozialen Frieden sowie die Energie für zukünftiges Handeln bei den Mitgliedern der Gruppe. Funktionierende Solidarität ist mit der Verknüpfung der Werte zur Eigenverantwortlichkeit verbunden und fördert in diesem Sinn evolutorische Entwicklungen.

Die Bewältigung komplexer Veränderungen durch „Nachhaltigkeit" bei Institutions-, Lebens- und Produktionsbedingungen, stellt für die soziale Gesellschaft eine Herausforderung dar. Die Relevanz gesellschaftlicher Faktoren ist bereits mittelbar (Vorgaben staatlicher/nicht staatlicher Institutionen) von großer Bedeutung. Faktoren bedingen sich dabei gegenseitig. So führt Solidarität ohne Eigenverantwortlichkeit gesellschaftlich zu einer nicht nachhaltigkeitskonformen „Empfängermentalität", verbunden mit unzureichendem Wirtschaftswachstum. Eigenverantwortlichkeit ohne Solidarität führt wiederum zur Ausgrenzung und Desintegration (Parallelkulturen etc.). Gesellschaftliche Faktoren beinhalten auch praktische Voraussetzungen für Lösungswege zur ökologischen Nachhaltigkeit. So werden komplexe Maßnahmen zur Erhaltung der Natur in einer Gesellschaft ohne eine Kultur der Solidarität und ohne Eigenverantwortlichkeit kaum umgesetzt werden können.

Gesellschaftlicher Wertewandel erfordert bei Konsumenten und Stakeholdern Anpassungen der Wertesysteme in materieller und postmaterieller Hinsicht. Wertewandel stellt daher auch eine Mindestanforderung für eine Kultur der Nachhaltigkeit dar. Die wichtigsten kulturellen Unterschiede heutiger und nachhaltiger Werte zeigt die nachfolgende Tabelle 2.1 in einer Übersicht.

Tab. 2.1:   Westliche dominante versus umweltethische Kulturwerte für eine Kultur der Nachhaltigkeit,
i.A.a. Brocchi, 2007, erweitert und modifiziert

Westliche (heute) dominante Kulturwerte	Umweltethische Kulturwerte für nachhaltige Entwicklung
Basis: Selbstreferentielle Modelle dominieren die Wirklichkeit	Basis: Erfahrung, Umweltwahrnehmung, Umweltkommunikation dominieren über Modelle und Weltbilder
Ausrichtung: monodimensional	Ausrichtung: multidimensional, systemisch
Wirksamkeit: Effizienz dominiert (Gewinnorientierung)	Wirksamkeit: Effektiv im Sinne von Nachhaltigkeit dominiert
Zeit: industrielle Zeit, Beschleunigung	Zeit: biologische Zeit (Reproduktionsrythmus der erneuerbaren Ressourcen), Entschleunigung
Orientierung: Funktionsorientierung, Ordnung, Kontrolle	Orientierung: Kreativität, Lernen, Dynamik, Kommunikation
Kulturwerte: Globalisierte Monokultur, Standardisierung	Kulturwerte: Kulturvielfalt, Toleranz, Kommunikation unter Autonomien
Gesellschaft: Assimilation	Gesellschaft: Integration
Weitere Werte: Geld, Macht, Gewalt, Leistung, Wettbewerb, Besitz, Wachstum	Weitere Werte: Gerechtigkeit, Emotionen, Kooperation, Nutzen, Gleichgewicht

2.4.2.1.1.2 Integrationsfähigkeit

Wirkungen gesellschaftlicher Integrationsfähigkeit zeigen sich beim „Nachhaltigkeitskonzept" nicht nur mittelbar (überkategoriale Dimension Kultur, makro-soziale, meso-soziale), sondern auch unmittelbar über mikro-soziale und soziokulturelle Dimensionen, vor allem bei der Gruppenorientierung. Ohne Integration und Zugehörigkeit von Individuen zur Gesellschaft fehlt, im Sinne von Nachhaltigkeit, Anreiz und Wille zur Vermeidung gemeinschaftsschädlichen Verhaltens (Naturschädigung, Zerstörung von Gemeinschaftseigentum etc.). Es fehlt auch die Bereitschaft zu gemeinsamem solidarischem Handeln, was ein eigenverantwortliches Handeln voraussetzt. Der Grad der Integrationsfähigkeit einer Gesellschaft ist das Ergebnis kultureller Wertorientierungen und gesellschaftlicher Fähigkeiten. Dazu gehörende Komponenten setzen sich aus der Fähigkeit der Teilhabe am gesellschaftlichen Produkt und dem Grad des Mitwirkens an gemeinschaftlichen Aktionen zusammen (Rauch/Tröger, 2004). Aus umfassender Sicht steht Kultur dabei im friedlichen bzw. konfliktären Austausch mit anderen Kulturen. Die Kultur einer sozialen Gesellschaft ist widerstreitenden Kräften ausgesetzt. Sie wird nach innen und außen durch ihre Geschichte, Institutionen, soziale Bewegungen, Konflikte und Kämpfe repräsentiert. Gleichzeitig unterliegt sie aber auch dem Spannungsfeld zwischen Moderne und Tradition. Traditionen werden dabei oft als repressiv wahrgenommen. Modernität kann aber ebenfalls zu Entfremdungen, Identitätsverlust, Anomie und Exklusion führen. Beide Einflüsse sind ambivalent. Kultur ist auch die wichtigste Quelle für Kreativität. Um die entsprechende kulturelle Vielfalt zu erhalten, ist der gegenseitige Respekt eine Grundvoraussetzung (Jörissen et al, 1999). Kulturelle Freiheit ist ein kollektives Recht und kann am besten auf der Basis der Menschenrechte, des Völkerrechts sowie im Abgleich mit individuellen Rechten, gelebt werden (Münch, 1998). Sie birgt aber auch eine Reihe ungelöster Probleme. So ist, unter bestimmten sozialstrukturellen Bedingungen, die Verstärkung ethnischer Spannungen und die Frage nach den Grenzen kultureller Toleranz zu berücksichtigen (Kramer, 1998). Fragwürdig ist auch, ob, unter der Prämisse eines unterstellten Subjektcharakters von Völkern bzw. kulturellen Gruppen, Kultur überhaupt modellierbar ist. Kulturen sind weder kompakt noch homogen. Die darin enthaltenen Identitäten sind auch immer Instrumente von Interessens- und Machtpolitik (Kramer, 1998). Fehlt eine Gleichberechtigung, wird die Argumentation stets vom Stärkeren dominiert.

Gesellschaftliche Auswirkungen fehlender kultureller Vielfalt zeigen sich bereits physisch an der Standardisierung städtischer Kulturen, oder der Uniformierung in der Ernährungsproduktion. Nicht nur international, sondern auch national haben es Subkulturen und alternative Lebensweisen schwer sich zu entwickeln, oder überhaupt zu bestehen. Vor allem in einer primär an wirtschaftlichen Dimensionen ausgerichteten deutschen Kultur. Für die Bewältigung integrativer Veränderungen im Sinne einer „Kultur der Nachhaltigkeit" ist, statt kultureller Standardisierung, Vielfalt und Integration notwendig. Im Aktionsplan der Stockholmer Weltkulturkonferenz der UNESCO von 1998 werden Strategien und Politiken zur Verbindung kultureller Entfaltung und nachhaltiger Entwicklung propagiert. Der Kulturpolitik kommt dabei ein besonderer Stellenwert zu. Insbesondere als Querschnittsaufgabe für kultur- und wirtschaftspolitisch sensible Fragen (ethnische Toleranz etc.). Eine Abnahme kultureller Vielfalt verursacht auch die Verkleinerung des Lösungsraums bei nachhaltigen Veränderungen. Das führt zu einer Reduktion der allgemeinen Evolutions- und Krisenfähigkeit eines gesellschaftlichen Systems. Kulturelle Vielfalt ist auch mit Blick auf die integrative Umstellung der Lebens-, Produktions- und Konsumgewohnheiten von großer Bedeutung. Nach dem vorliegenden Verständnis ist „Nachhaltigkeit" selbst Teil der Kultur. Veränderungen sind daher als eine kulturelle Transformation einzustufen. Trotz dieser Bedeutung ist die kulturelle Vielfalt, insbesondere durch Prozesse der Globalisierung, des Handels, der Finanzen und der digitalen Kommunikation, in nahezu allen Gesellschaften bedroht (Pronk, 1998). Eine weltweite wirtschaftsbezogene Prozessorientierung geht oft auch mit kultureller Verarmung einher. Im Hinblick auf eine „Kultur der Nachhaltigkeit" eröffnet die gesellschaftliche Integrationsfähigkeit die Chance für vielfältige kreative Lösungen und gehört daher zum Mindeststandard.

2.4.2.1.2 Ebene: Ethik der Nachhaltigkeit

Ethik ist die Theorie des Handels. Sie wird auch als ein kritisches Nachdenken über Handlungsnormen und Wertungen bezeichnet, mit der Aufgabe, Gründe für das „richtige" oder „bessere" Tun darzulegen. Die Begründung der Handlung führt in ein Geflecht aus Normen, Argument, Rhetorik, Pragmatik und Hermeneutik. Um einen ethischen Anspruch darzulegen, bedient man sich oft spezifischer Plausibilisierungsstrategien. Im Rahmen einer Kultur der Nachhaltigkeit ist eine ökologisch ausgerichtete Ethik wichtig, denn „die ökologische Ethik fragt nach dem ethisch richtigen Umgang des Menschen mit der Natur" (Nida-Rümelin, 1996, 347). Die damit befasste Wissenschaft der Umweltethik ist aus dem Geist der Zivilisationskritik, unter den Bedingungen kapitalistischer Produktionsweisen, entstanden. Bei einer Kultur der Nachhaltigkeit geht es, neben einer integrativen Berücksichtigung ökologischer Faktoren, zusätzlich auch um natur- und gesellschaftstheoretisch fundierte Analysen kritischer Gefährdungsfaktoren zur zivilisatorischen Entwicklung. Die industrielle Produktion und Expansion der kapitalistischen Produktionsweise sowie Naturzerstörung stehen dabei integrativ in einem komplexen und netzwerkartigen Zusammenhang mit anderen Faktoren gesellschaftlicher und wirtschaftlicher Entwicklung. Nachfolgend werden auf dieser Basis umweltethische Faktoren für eine „Kultur der Nachhaltigkeit" abgeleitet.

2.4.2.1.2.1 Nachhaltigkeitsbezogene Werte und Normen

Die Wissenschaft der Umweltethik beinhaltet philosophische und theologische Fragestellungen. Menschen bilden in jeder Gesellschaft kulturbedingte Regeln, Standards des Verhaltens und Handels aus (z.B. Sittlichkeit, Moral etc.). Ethik ist als Reflektion dieses „Ethos" zu verstehen. In der Gesellschaft bilden sich im Rahmen dieses geteilten Ethos der Regeln, relativ stabile Erwartungshaltungen hinsichtlich des Handels und Verhaltens von Moral heraus. „Ethik ist danach Darstellung und Kritik des Ethos (der Sittlichkeit) und der Moral einer Gemeinschaft von Menschen in Wechselwirkung mit ihrer Umwelt" (Pieper, 1985, 9). Deskriptiv beinhaltet der Untersuchungsbereich das typische Tun bzw. nicht Tun von Menschen, die Rechtsordnungen, Institutionen etc., die dabei eine Rolle spielen und die individuellen bzw. kollektiven Erwartungen, die damit verbunden sind. Zusätzlich auch deren komplexe Wechselwirkungen. Normativ beziehen sich die Analysen auf Gründe und Ursachen (Motive, Überzeugungen, Zielsetzungen, Handlungen, Wirkungen etc.) und Handlungsalternativen über Sachverhalte und gesellschaftliche Zusammenhänge. Dabei spielt insbesondere das Verhältnis von Moral und Recht eine Rolle. Das Umweltrecht umfasst alle Bestimmungen und Standards, die das Handeln von Menschen und Institutionen verbindlich regeln. Mit Moral werden alle Motive, Überzeugungen, Hintergrundannahmen umfasst, die das Handeln, Verhalten und Unterlassen von Menschen prägen, ohne dass sie mit den Mitteln des Rechts (z.B. gegen Widerstreben etc.) durchgesetzt werden können. Verhaltensoptionen und normative Werte stellen eine Basis für die kulturelle Unterstützung von Transformationen durch eine „Kultur der Nachhaltigkeit" dar. Da sie mittelbar und unmittelbar über alle Dimensionen wirken, sind sie zu den Anforderungen bei einer Kultur der Nachhaltigkeit zu zählen.

Nachhaltigkeitsbezogene Werte und Normen prägen auch das institutionelle Handeln der Menschen, das sich an Rechtsordnungen ausrichtet. Seit den 1970er Jahren haben sich zahlreiche Ökobewegungen etabliert (Ökoinstitute, Grüne Partei, NGO's, spezielle Stiftungen

etc.). Sie tragen politische Forderungen zu ökologiebezogenen Themen (entstandene Zerstö-
rungen, Sensibilität für Gefahren und Risiken großtechnischer Anlagen, Kritik am Fort-
schrittsparadigma etc.), in die öffentliche Diskussion. Institute oder Unternehmen, die die
ethischen Grundsätze des entsprechenden Wertekanons missachten, geraten in Gefahr boykot-
tiert und öffentlich über das Internet angeprangert zu werden. Die Folgen sind nicht nur Um-
satzrückgänge, sie können zu nahezu irreparablen Imageschäden führen. Auch individuell hat
sich durch den Wertepluralismus ein erweiterter umweltethischer Wertekanon ergeben (Tier-
und Umweltschutz, vegane Lebensweise, regional erzeugte Lebensmittel etc.). Die Folge ist,
dass immer mehr Konsumenten nachhaltig konsumieren möchten. Sie erwarten schadstoffarm
und sozialgerecht hergestellte Produkte, die recyclingfähig sind und die Umwelt kaum belasten. Für eine „Kultur der Nachhaltigkeit" stellen sie eine Mindestanforderung dar.

2.4.2.1.2.2 Ethik in der nachhaltigen Entwicklung

Tiefgreifende Veränderungen der Lebens-, Produktions- und Denkweisen durch Nachhaltigkeit können in einer Gesellschaft aufrichtig und kritisch nur diskutiert werden, wenn die Tatsachen als Informationen öffentlich vorliegen. Dazu gehören auch normative und ethische
Prinzipien, die den umweltpolitischen Entscheidungen und Vorschlägen zugrunde liegen.
Problematisch ist, dass Ethik in den offiziellen, internationalen Dokumenten nicht explizit
vorkommt. Bei Umweltproblemen wird einzig in der Agenda 21 die Existenz einer normativen Dimension nicht negiert und die Notwendigkeit einer neuen Ethik anerkannt (ein „ausgeprägtes ethisches Bewusstsein" wird empfohlen; Vereinte Nationen, 1992a, 31.8). Prinzipien
zur „nachhaltigen Entwicklung" werden in vielen internationalen Dokumenten beschrieben.
In allen Dokumenten findet sich, dass die Entwicklung „nachhaltig" erfolgen soll. In der Definition der World Commission on Environment and Development (WCED) soll nachhaltige
Entwicklung eine „Entwicklung sein, die die Bedürfnisse der Gegenwart befriedigt, ohne zu
riskieren, dass künftige Generationen ihre eigenen Bedürfnisse nicht befriedigen können"
(Hauff, 1987, 47). Auch in der Deklaration von Rio wird diese Grundhaltung bestätigt (Vereinte Nationen, 1992). Aus umweltethischer Sicht bedeutet das, dass die Menschen im Mittelpunkt aller Bemühungen um „nachhaltige Entwicklung" stehen. Laut Kommission und auch
der Deklaration von Rio, soll die Verteilung künftig „gerechter" erfolgen. Damit wird ethisch
für „nachhaltige Entwicklung" ein zeitlich erweitertes Prinzip von Gerechtigkeit und Gleichheit zugrunde gelegt. Leider findet sich bisher kaum etwas zu Grundwerten und ethischen
Prinzipien, die dabei vorausgesetzt werden. Keines der internationalen Deklarationen und
Übereinkommen sieht überhaupt einen Raum für Diskussionen der ethischen Prinzipien als
normative Grundlagen vor. Es entsteht der Eindruck, dass Fragen im Zusammenhang mit einer „Kultur der nachhaltiger Entwicklung" ohne Ethik und Moral auskommen sollen. Dieser
Eindruck ist fatal, denn jede Verhaltensänderung lässt sich letztlich auf Fragen der Ethik und
Moral zurückführen. Ohne Verankerung mit den entsprechenden kulturellen Werten, wäre
kein dauerhafter Erfolg möglich. Verhaltensänderungen berühren den Rahmen der Grundwer-

te (Ehrlichkeit, Unbestechlichkeit etc.) und der Kulturwerte (Vielfalt, Resonanzfähigkeit etc.) einer Gesellschaft. Sie sind integrativ auch gleichzeitig mit Rahmenbedingungen rechtlicher, ökologischer und ökonomischer Umweltaspekte verbunden. Im Rahmen der institutionellen Umweltpolitik und des nachhaltigen Konsums sind sie für Endverbraucher bindend. In der Umweltethik werden Ansätze verfolgt, die unterschiedliche praxisrelevante Fragen des Umweltmanagements zur Folge haben. In Umweltdokumenten zur „nachhaltigen Entwicklung" wird nicht explizit formuliert, dass nur der Mensch einen Eigenwert besitzt. Dennoch wird in den Dokumenten die Natur ausschließlich als Ressource (Produktivpotential von Ökosystemen, natürliche-, wild lebende-, biologische Ressourcen etc.) gesehen. Ressourcen werden in erneuerbar oder nicht erneuerbar unterschieden. Als ein zentraler Wert folgt daraus, dass die Natur vor allem als Ressource betrachtet wird, worauf Menschen ein Nutzungsrecht haben, solange dadurch das produktive Potential der Ökosysteme nicht gefährdet wird. Das Prinzip der Vorrangstellung des Menschen, in Verbindung mit dem Prinzip der Natur als Ressource, ist im Ansatz der „anthropozentrischen Ethik" begründet. Nur dem Menschen wird dabei ein Eigenwert zugeschrieben, der Natur kommt lediglich ein Nutzwert zu (Stenmark, 2003; Linz, 2000). Durch die moralische Verpflichtung gegenüber zukünftigen Generationen existiert ein Unterschied gegenüber diesem Ansatz in Richtung einer Form des intergenerationellen Anthropozentrismus. Da mit der Anerkennung eines Wertesystems meist auch andere Wertesysteme indirekt verworfen werden, liegt eine Aufgabe der umweltethischen Forschung darin zu klären, welche alternativen Standpunkte für die Ethik zur „nachhaltigen Entwicklung" indirekt für untauglich erklärt werden. Als alternative Ethiken wurden dazu z.B. verschiedene Formen des Nicht-Anthropozentrismus identifiziert (Stenmark, 2003). Die Untergliederung erfolgt in biozentrische und ökozentrische Ethik. Vertreter des Biozentrismus sprechen auch nicht-menschlichen Organismen einen Eigenwert zu. Spezies und Ökosystemen aber nicht, da sie selbst keine Lebewesen sind. Vertreter des Ökozentrismus vertreten hingegen den Standpunkt, dass nicht nur individuelle Lebewesen einen Eigenwert besitzen, auch Landschaften, Wasser, Luft und Ökosysteme sind Träger von Eigenwert. Diese umweltethischen Unterschiede wirken sich auch praktisch auf Fragen des Umweltmanagements und der Umweltpolitik aus. Es wirkt sich auf die verschiedenen Ziele in der Umweltpolitik aus, je nachdem ob sie von Anthropozentrikern, Biozentrikern oder Ökozentrikern definiert werden. Differenzen bei den Grundwerten wirken auch auf die entsprechenden Politikbereiche und Umweltstrategien (Bevölkerungswachstum, Artenschutz und Landwirtschaft, Wildtierschutz, Schutz von Wildnisgebieten etc.). Faktoren der Ethik der nachhaltigen Entwicklung wirken im Rahmen einer „Kultur der Nachhaltigkeit" als Grundprinzipien/-werte mittelbar und unmittelbar über alle Dimensionen. Sie stellen daher eine Mindestanforderung dar.

2.4.2.1.3   Ebene: Kulturelle Strategien für Nachhaltigkeit

Kulturelle Strategien basieren als Konkretisierungen auf Visionen/Missionen. Sie haben grundlegenden Charakter und geben die kulturellen Rahmenbedingungen für das Handeln

vor. Für Nachhaltigkeit werden Umweltstrategien in offiziellen Kommissionsberichten vorgegeben. Die Enquete-Kommission des Deutschen Bundestages kommt, auf der Basis der
Klimakonvention von Rio de Janeiro sowie der CO_2-Reduktionsziele, zur Forderung, dass der
Energieeinsatz um 80% innerhalb der nächsten Jahrzehnte gesenkt werden muss (Enquete-
Kommission, 1993). Vom niederländischen Rat für langfristige Umweltpolitik wird das Ziel
eines durchschnittlich um 90% verringerten Rohstoff- und Energieeinsatzes gefordert (Rat
von Sachverständigen, 1994). Die Fläche ist als weitere grundlegende Ressource zu beachten,
was für ein Reduktionsmanagement bei den industrialisierten Staaten wichtig wäre. Der Konsument sieht den Produkten nicht an, wieviel Land durch den derzeitigen Konsumstil für ihre
Erzeugung beansprucht wird. So wird z.B. pro Bundesbürger 125 m^2 Plantagenland in den
Tropen für Kaffeekonsum, 24 m^2 in Brasilien für Orangen verbraucht (v. Weizsäcker, 1993).
Selbst bei Abzug der zur Erwirtschaftung der Exporte notwendigen Fläche, nutzen die Industriestaaten wesentlich mehr Land, als ihnen im eigenen Land zur Verfügung steht. Überschrei-
tet der „ecological footprint" den zur Verfügung stehenden Raum, führt das zwangsläufig zu
einer Nutzung auf Kosten anderer Staaten bzw. kommender Generationen und spricht gegen
das Nachhaltigkeitspostulat (Bleischwitz, 1995). Die nachfolgenden Ausführungen beschäftigen sich mit der Ableitung ausgewählter Faktoren des Umweltverhaltens, die für die Ausrichtung an einem Leitbild kultureller Koevolution der Gesellschaft unverzichtbar sind.

2.4.2.1.3.1 Umweltbewusstsein und Umwelthandeln

Wechselwirkungen zwischen den Menschen und ihrer Umwelt gehören als Forschungsgebiet
zur Umweltpsychologie. Eine allgemeingültige Definition des Begriffs „Umweltbewusstsein"
existiert nicht. Eine der bekanntesten Definitionen wurde im Umweltgutachten von 1978 vom
Sachverständigenrat für Umweltfragen vorgeschlagen. Der Begriff wurde definiert als: „Einsicht in die Gefährdung der natürlichen Lebensgrundlagen des Menschen durch diesen selbst,
verbunden mit der Bereitschaft zur Abhilfe" (Rat von Sachverständigen für Umweltfragen,
1978, 455). In der Wissenschaft wird der Begriff vielfältig verwendet. Uneinigkeit herrscht
darüber, ob Umweltbewusstsein als eindimensionale Einheit, oder als mehrdimensionale Facette konzeptualisiert ist (z.B. Spada, 1990, Kruse, 2002 etc.). Unstrittig ist, dass es das Umweltbewusstsein nicht gibt, sondern dass es sich um ein äußerst vielschichtiges und heterogenes Konstrukt handelt. Auch für den Begriff „Umweltverhalten" existiert keine allgemeingültige Definition. Einigkeit besteht lediglich darüber, dass Umweltverhalten ein derart heterogenes Konstrukt ist, das man nicht weiß wie es entsteht und was es bewirkt. Nach inhaltlichen
Kriterien differenziert wird von einigen Studien gezeigt, dass Einstellungen, Wissen, Gefühle,
Verhaltensabsichten und tatsächliches Verhalten, im Hinblick auf die Umwelt, empirisch nur
einen nur losen Zusammenhang aufweisen (Rambow, 1998). Als weiteres Problem ergibt sich
die unterschiedliche Innen- und Außenperspektive. Das bedeutet, was als umweltbewusstes
Handeln von Forschern erfasst wird, kann aus dem Blickwinkel der handelnden Personen als
nicht besonders umweltrelevant eingestuft werden (Homburg/Matthies, 1998). Umwelthan-

deln verweigert sich der schlichten Gleichung, dass ein hohes Umweltbewusstsein gleichgesetzt werden kann mit umweltbewusstem Verhalten. Das Handeln wird von mehreren anderen Faktoren beeinflusst. Nach empirischen Studien liegt ein umweltbewusstes Handeln bei folgenden Merkmalen vor: (Lantermann, 1999; Schahn et al, 1988; Katzenstein, 2003; Langeheine/Lehmann, 1986; Kruse, 2002):

– zum Umweltbewusstsein kommen keine weiteren divergierenden Ziele hinzu,
– eine hohe internale und externale Verantwortungsattribution ist vorhanden,
– Einsicht in die Eigenverantwortung für die Umwelt herrscht vor,
– ein Handlungsangebot ist vorhanden,
– umweltgerechtes Handeln hat einen positiven Stellenwert in der Bezugsgruppe und
– das Handeln vermittelt ein Wohlgefühl.

Auch wenn die Individuen zu umweltgerechtem Verhalten motiviert sind, existieren viele Gründe für eine Diskrepanz zwischen Wollen und tatsächlichem Handeln. Als problematisch für die Realisierung von umweltbewusstem Handeln haben sich folgende Merkmale erwiesen: (Kuckartz, 1998; Kaiser, 1996; Fuhrer/Wölfing, 1997; Littig, 1995):

– wenn Umweltbewusstsein nur ein Ziel unter vielen ist,
– wenn Umwelthandeln als habitualisiertes Verhalten vorliegt, das nur sehr schwer umzulernen ist,
– wenn sich bei fehlender sozialer Anerkennung von umweltbewusstem Handeln das Individuum deshalb in eine Außenseiterrolle begeben muss,
– wenn gegenüber den Alltagsanforderungen umweltbewusstes Handel kosten- und zeitintensiver ist,
– wenn der eigene Vorteil bei umweltfreundlichem Verhalten vermeintlich zu kurz kommt und
– wenn die soziale, zeitliche und räumliche Distanz zwischen Verursachern umweltschädigenden Verhaltens und den Betroffenen groß ist.

Als ein weiteres Problem beim umweltgerechten Verhalten hat sich die sog. „Allmende-Klemme" erwiesen (Mosler/Gutscher, 1999). Das bedeutet, dass der „Nutzen" von umweltschädigendem Verhaltens individualisiert wird, der „Schaden" aber sozialisiert wird. Für viele rational denkende Menschen ergeben sich daraus Argumente, sich, trotz Umweltbewusstsein, nicht umweltfreundlich zu verhalten. Weitere Gründe für die Diskrepanz zwischen Umweltbewusstsein und Umwelthandeln liegen auch in statistisch-methodischen Ungeklärtheiten, der unklaren Definitionslage, dem Problem der sozialen Erwünschtheit bei Befragungen und messmethodischen Schwierigkeiten (z.B. Kaiser, 1996; Katzenstein, 2003 etc.).

2.4.2.1.3.2 Nachhaltiger Lifestyle

Der Lebensstilbegriff ist ein sozialwissenschaftlicher Grundbegriff, eine allgemeingültige Definition bzw. Operationalisierung existiert jedoch nicht. Der Begriff wird u.a. als die „interne Ausdifferenzierung der Lebensweise" definiert (Reusswig, 1994). Das bedeutet eine individuelle Ausprägung der Lebensführung, mit einem mehr oder weniger großen Spielraum. Wissenschaftlich sind Lebensstilkonzepte aus der Kritik an herkömmlichen Klassen- und Schichtmodellen entstanden. Diese Kritik bezieht sich auf Annahmen der alltagsweltlichen Wahrnehmung (z.B. Sozialintegration, Identität, konkrete Handlungen etc.), die in diesen Modellen auf die monokausale Ursache der sozialen Ungleichheit zurückgeführt werden. Diese Grundidee wird seit den 1980er Jahren aber zunehmend in Frage gestellt (z.B. Hradil, 1987). Durch Lebensstilkonzepte soll die Möglichkeit geschaffen werden, neue Differenzierungen in der Sozialstruktur zu erfassen. Der Hintergrund ist, dass sich aufgrund sozialer Wandlungsprozesse in der Gesellschaft eine zunehmende Ausdifferenzierung ergeben hat (Müller, 1992). Im Kontext der „Nachhaltigkeit" existieren anwendungsorientierte Lifestyle bezogene empirische Untersuchungen zum Umweltbewusstsein. Konzepte der Lebensstilforschung verfolgen dabei einen anderen Kontext. Es wird neben den gesellschaftlichen Rahmenbedingungen auch die individuelle Alltagspraxis ins Blickfeld genommen. Dadurch wird das in der bisherigen Umweltforschung vorherrschende Konzept der „Bewusstseins-Handlungsforschung" erweitert (Schuster, 2003). Beim Lifestyle-Konzept können objektive Lebenszusammenhänge und die Weltsicht der Personen in die Untersuchung einbezogen werden. Kritik bezieht sich auf die Vernachlässigung einheitlicher Definitionen (z.B. Untersuchungsgegenstand, Items, eindeutige Bewertungskriterien etc.) sowie ungeklärte Fragen der Interdependenz (z.B. Zusammenhänge zwischen Ökologie, Nachhaltigkeit und Lebensstil etc.) (Wortmann, 1997). Bisherige Studien fallen sehr heterogen aus. Oft sind sie bereits bei der Auswahl der Dimensionen und Items sowie im Hinblick auf den Umweltbezug nur schwer vergleichbar (Rheingans, 1999). Schwierigkeiten bestehen auch in methodischer (z.B. Lebenstilkriterien als umweltverträglich) und statistischer Hinsicht (Gewichtungsfragen der einzelnen Bereichen bzw. der Bereiche untereinander). Als übergreifendes Ergebnis ergab sich, dass sich die Stile der Lebensführung in der modernen Gesellschaft pluralisiert haben (Lüdtke, 1994). Das gilt auch für umweltbewusste Handlungsmuster innerhalb verschiedener Lebensstile. Zudem wurde festgestellt, dass in keiner Gruppe von Lebensstilen der „mustergültige Ökopionier" mehrheitsfähig ist. Es sind zwar in verschiedenen Lebensstilen positive Einstellungen zum Umweltschutz vorhanden, „der" umweltgerechte Lebensstil hat sich nicht herausgestellt. Umwelthandeln ist bereichsspezifisch in den verschiedenen Lebensstilgruppen und differiert aus unterschiedlichen Gründen. Bei anderen Studien ergab sich auf der Basis der soziodemographischen Daten, ein deutlicher Zusammenhang zwischen umweltfreundlichem Handeln, Lebensstil und Bildungsabschlüssen. So lag der Anteil der Probanden mit Hochschulabschluss bei umweltfreundlichen Haushalten deutlich über dem Bundesdurchschnitt (Spellerberg, 1996). Für die „nachhaltige Entwicklung" ist daher Bildung als Kulturkomponente von großem Wert. Als weiteres Ergebnis der Lebensstilforschung hat sich gezeigt, dass Individuen nur äußerst selten einem einzigen Lebensstil zuzuordnen sind. Durch die Kombination unterschiedlicher Lebensstile ist auf der individuellen Ebene eine Bandbreite verschiedener Arten der Lebensführung vorhanden. Das führt dazu, dass sich Individuen in einem Bereich eher umweltfreundlich, in anderen Bereichen aber eher weniger umweltfreundlich verhalten (Kleinhückelkotten, 2005). In einigen Studien konnte gezeigt werden, dass umweltbezogene Handlungsweisen auch durch gesundheitsbezogene Einstellungen sowie Selbstverwirklichungstendenzen motiviert sind (Poferl, 2004). Da Lebensstil- und Wertetypen nicht auseinandergehalten werden, lassen sich, aufgrund der Zugehörigkeit zu einer bestimmten Gruppe, nur Aussagen zu einer „Handlungsbereitschaft" im Rahmen der Lebensstilforschung machen (Hagemann, 1998).

2.4.2.2   Zwischenfazit

- Da derzeit weder ein ausreichendes Konzept noch eine elaborierte Theorie vorhanden ist, die sich auf den Vollzug bzw. die Inhalte der Transformation zur Nachhaltigkeit beziehen, wird vorliegend in ein Basismodell zum Nachhaltigkeits-Marketing-Management ein Teilmodell integriert.
- Das Teilmodell beinhaltet eine überdimensionale Dimension Kultur mit drei Ebenen. Es durchdringt, eingebettet in das Gesamt einer Kultur, querschnittartig alle Bereiche im Tripel. Ziel ist es, dass sich die durch zahllose Zielkonflikte inhärenten Schwierigkeiten durch eine Kultur der Nachhaltigkeit verbessern lassen. Leitbild und Ebenen beinhalten Faktoren, die bei einer Kultur der Nachhaltigkeit einen Mindeststandard darstellen.
- Das Leitbild kulturelle Koevolution in der Gesellschaft beinhaltet auf der ersten Ebene Faktoren zum gesellschaftlichen Wandel und zur Integrationsfähigkeit. Die damit verbundenen (Grund)Werte, Normen, Traditionen, Bräuche, sind für die Offenheit einer Kultur wichtig. Durch Integrationsförderung verschiedener kultureller Werte ergibt sich ein kreatives Lösungspotential und der soziale Frieden in der Gesellschaft wird gefördert.
- Auf der zweiten Ebene werden Faktoren einer Ethik der Nachhaltigkeit abgeleitet. Es handelt sich um Umweltethik, die über das Verhältnis von Moral und Recht hinausgeht. Zusätzlich fließen ethische Motive, Überzeugungen und Hintergrundannahmen in das Handeln ein. Bei der Ethik einer nachhaltigen Entwicklung ist in internationalen Deklarationen derzeit kein Raum für ethische Prinzipien vorgesehen. Eine fatale Situation, denn normative Werte bestimmen die Handlungen der Menschen.
- Auf der dritten Ebene werden kulturelle Strategien abgeleitet. Dazu werden Faktoren des Umweltverhaltens und -bewusstseins sowie des nachhaltigen Lifestyles herangezogen. Die Ebene markiert einen Spannungsbereich mit Diskrepanzen zwischen umweltfreundlichem Bewusstsein und umweltunfreundlichem Verhalten desselben Individuums. Durch Lifestyle-Konzepte können objektive Lebenszusammenhänge und die Weltsicht der Personen einbezogen werden. Das beeinflusst auch das Konsumentenverhalten.

2.4.3 Darstellung des integrierten Gesamtmodells

Das konzipierte integrierte Gesamtmodell für ein Nachhaltigkeits-Marketing-Management
und eine Kultur der Nachhaltigkeit als heuristischen Bezugsrahmen zeigt Abbildung 2.6.

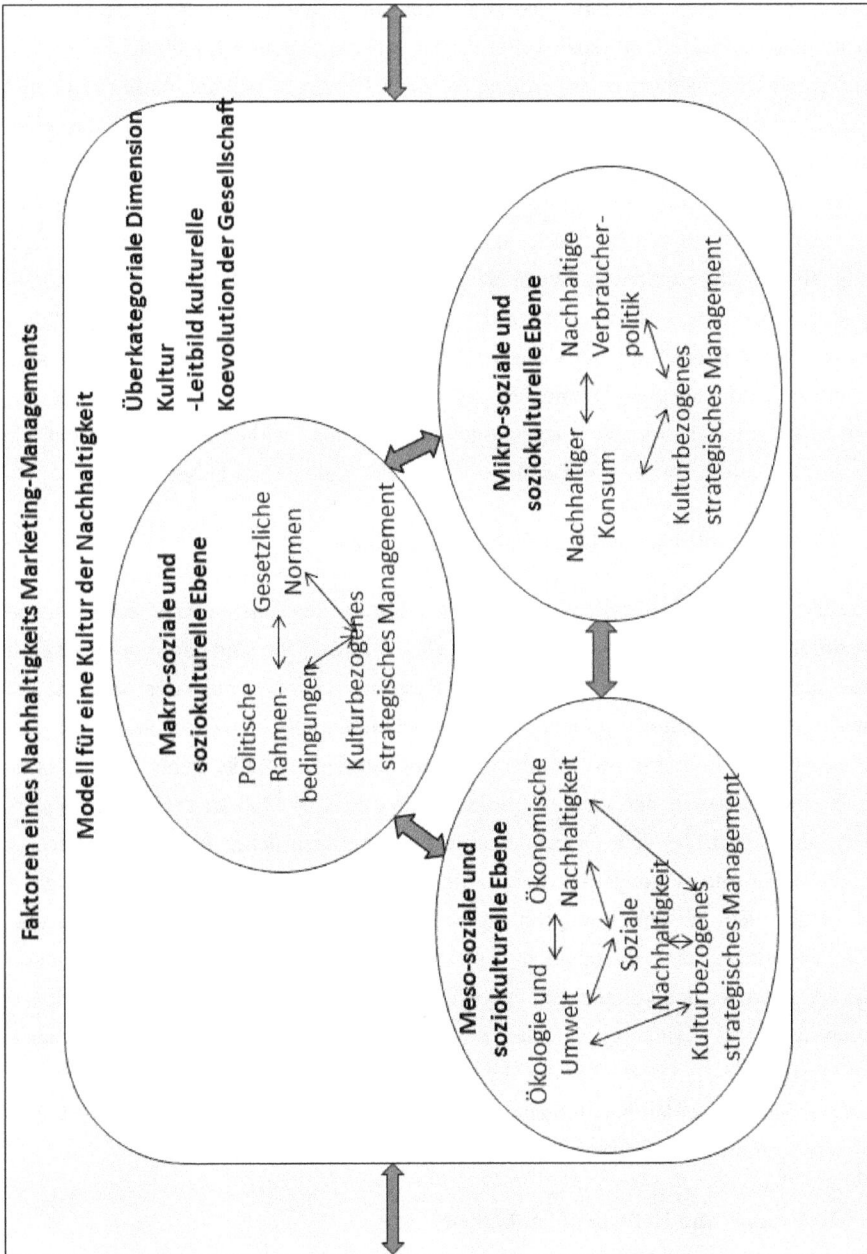

Abb. 2.6: Integriertes Gesamtmodell zum Nachhaltigkeits-Marketing-Management und einer Kultur der
Nachhaltigkeit, a.d.B. von Thom et al, 2002, Noll, 2002, Runnalls, 2007, ergänzt und modifiziert

2.5   Rahmenbedingungen für ein integriertes Nachhaltigkeits-Marketing-Management

2.5.1   Makro-soziale und soziokulturelle Rahmenbedingungen

Wie aus dem heuristischen Bezugsrahmen zum Nachhaltigkeits-Marketing-Management ersehbar, sehen makro-soziale und -soziokulturelle Dimensionen politisch-rechtliche Faktoren vor. Dazu werden Dimensionen herangezogen, die beim Konzept „nachhaltige Entwicklung" zur Formierung eines Leitbildes dienen und sich auf die Kernfaktoren des Konzepts beziehen (z.B. Fues, 1998, BMU, 2009). Aufgrund der Komplexität des Konzepts „nachhaltige Entwicklung" ist das Modell zum Nachhaltigkeits-Marketing-Management als partikulativer Ansatz mit Schwerpunkt auf marketingrelevante Zielsetzungen konzipiert. Bei diesem wird „Nachhaltigkeit" als ein Suchprozess verstanden als ein gesellschaftliches Projekt und kein eindeutig abgrenzbarer Gegenstand. Die mit den Inhalten des Konzepts „Nachhaltigkeit" implizierte weitgehende Umstellung der Lebens-, Produktions- und Konsumgewohnheiten, sind im Sinne des zuvor dargelegten Teilmodells als kulturbedingte Transformation von Gesellschaften zu verstehen. Faktoren der „nachhaltigen Entwicklung" wirken demgemäß nicht nur von außen auf die Kultur, sondern sind auch selbst Teil der Kultur einer Gesellschaft.

2.5.1.1   Leitbild politisch-rechtliche Rahmensetzungen

In den Politikwissenschaften stellen, gemäß der traditionellen institutionenökonomischen Theorie, Institutionen das Ergebnis menschlichen Handelns dar. Sie sind damit grundsätzlich durch diese auch veränderbar. Bei Änderung der Restriktionen oder Interessen der Akteure, sind demnach auch die Institutionen entsprechend veränderbar (Richter/Furubotn, 2003). Gegen diese theoretische Prämisse spricht allerdings eine lange Geschichte erfolgloser Reformversuche. Sie weisen darauf hin, dass Institutionen ein gewisses Maß an Persistenz (Widerständigkeit) inhärent ist, das sich menschlichen Gestaltungsansprüchen entzieht (Jörissen et al, 1999). In Bezug auf Veränderungsnotwendigkeiten durch das Konzept Nachhaltigkeit ergibt sich daraus nicht nur ein Grundproblem, sondern auch ein Dilemma. Die Leistungsfähigkeit von Institutionen hängt davon ab, dass sie nicht beliebig (vor allem nicht einseitig von Einzelnen) verändert werden können. Daraus ergibt sich aber das Problem, dass Institutionen die Realisierung von als vernünftig erkannter Ziele, durch die ihnen inhärente Persistenz auch verhindern (Jörissen et al, 1999). Auf der Basis einer von der Enquete-Kommission in Auftrag gegebenen Studie, werden nachfolgend Bereiche für institutionelle Nachhaltigkeit untersucht (Enquete-Kommission, 1998) und relevante Dimensionen begründet.

2.5.1.1.1   Resonanz- und Reflexivitätsfähigkeit

Unter Resonanzfähigkeit wird die Eigenschaft sozialer Systeme verstanden, Veränderungen (ihrer natürlichen/gesellschaftlichen Umwelt etc.) wahrzunehmen und darauf zu reagieren

(Luhmann, 1998). Die Reaktionsfähigkeit hängt von systeminternen Bedingungen ab. Reso-nanzfähigkeit wirkt als gesellschaftliches Informations- und Kommunikationsproblem. Aus-wirkungen bestehen auch auf politische Institutionen, in denen entschieden wird, ob Störun-gen (Informationen, Veränderungen) aus der Umwelt als relevante Fragen behandelt werden. Bei der Nachhaltigkeitskommunikation sind die Themen im Zusammenhang zu berücksichti-gen. Zudem ist zu unterscheiden zwischen „vernünftigen" (Gefahr von Konsumenten-Reak-tanz etc.) und den von den Konsumenten weitgehend „akzeptierten" Zielen. Das setzt auch auf Seiten der Konsumenten eine erhöhte Resonanz- und Reflexivitätsfähigkeit voraus. Nur die zuletzt genannten Ziele haben die Chance zu „Selbstläufern" im Bereich der Nachhaltig-keitskommunikation (Bilharz, 2007). Institutionen müssen daher dazu beitragen, dass die Re-sonanzfähigkeit einer Gesellschaft gegenüber ökologischen, ökonomischen und sozialen Problemen verstärkt wird (Jörissen et al, 1999). Für gesamtgesellschaftliche Resonanzerhö-hungen fehlen aber bisher Lösungen. Daher bleiben Fragen wie Gesellschaften insgesamt auf ökologische, ökonomische oder soziale Problemlagen und Gefährdungen reagieren, bzw. sich rechtzeitig korrigierend verhalten können, offen (Jörissen et al, 1999). Desinformation spielt dabei eine große Rolle. Dazu kommt es, wenn Gesellschaften über zu wenig oder zu viel Re-sonanz verfügen. Zu wenig Resonanz führt zu fehlendem Wissen über bestimmte lokale Er-eignisse (Menschenrechtsverletzungen, Umweltverschmutzung etc.). Bei zu viel Resonanz sind Ereignisse prinzipiell bekannt, aber die Informationen sind für relevante Akteure (Institu-tionen) nicht verfügbar. Trotzdem heute Informationen prinzipiell für jeden verfügbar sind, bleibt das institutionelle Selektionsproblem (Jörissen et al, 1999). Das bedeutet, dass soziale Systeme im Normalfall sehr selektiv auf Ereignisse in ihrer Umwelt regieren. Der Informati-onswert bestimmt die Relevanz bei der Einstufung von Ereignissen. Ein Informationsüberan-gebot, in Verbindung mit dem Selektionsproblem, führt ebenfalls zur Desinformation. Im Rahmen der umfassenden Veränderungen durch „Nachhaltigkeit" sind nicht nur partikulative, sondern integrative Erhöhungen der institutionellen Resonanzfähigkeit notwendig.

„Unter dem Begriff Reflexivität versteht man die Wahrnehmung, Erfassung und Artikulation von Problemlagen sowie die Fähigkeiten des wissenden bzw. adäquaten Handels im Rahmen sich verändernder Bedingungen" (Enquete-Kommission, 1998, 385). Der Begriff wird in den Wissenschaften uneinheitlich interpretiert. In der Soziologie gilt Reflexivität als Fähigkeit, gesellschaftsintern Informations- und Kommunikations-Selektionen zu überwinden (Beck et al, 1996). Bei integrativen Veränderungen durch „Nachhaltigkeit" sind Institutionen nötig, die eine über die Grenzen gesellschaftlicher Bereiche (Wirtschaft, Umwelt, Soziales etc.) hinaus-gehende Reflexion gesellschaftlichen Handelns ermöglichen. Eine erhöhte institutionelle Re-flexivität kann z.B. bewirken, dass, durch Antizipation der Grenzen zu anderen Akteuren, vor der Durchführung von Handlungen Diskurse geführt werden (Jörissen et al, 1999). Diese Fä-higkeiten sind bei der integrativen Gestaltung von Veränderungen im Rahmen der verschie-denen Nachhaltigkeitsdimensionen sowie deren Folgenabwägung wichtig. So ist z.B. der Aufbau von Informationskapazitäten, bzw. eine Vernetzung der Institutionen bei Abstimmungsprozessen über Innovationen notwendig. Die Schaffung eines zusätzlichen „Bürokratie-Monsters" ist dabei nicht zielführend. Stattdessen sind netzwerkartige Integrationen in gesellschaftliche Teilsysteme zur Erhöhung der Institutions-Reflexivität vorzuziehen. Dadurch werden auch Teilsysteme in die Lage versetzt, die eigene (subgesellschaftliche) Reflexivität zu erhöhen (Jörissen et al, 1999). Durch institutionelle Reflexivität kann z.B. mit Hilfe von Förderung (Gewährung von Subventionen etc.) werte- und normenbezogenes Handeln belohnt und mit dem Ziel einer Anerkennung von Inhalten zur „Nachhaltigkeit" verbunden werden. Diese Möglichkeiten tragen auch soziokulturell zur Überwindung eines bisherigen Dauerkonfliktes bei, der in der Wirtschaft zwischen kostenverursachenden Umweltauflagen und dem generellen Umweltkalkül besteht. Nachhaltigkeit ist in Deutschland bereits seit ca. 1970 in der politischen Diskussion. Spätestens seit den 1990er Jahren gibt es ernsthafte politische Bestrebungen Grundsätze/Inhalte des Konzepts in der Gesellschaft zu etablieren. Etwa 44 Jahre später muss festgestellt werden, dass der Erfolg zu wünschen übrig lässt. Nachhaltigkeit ist im Jahr 2014 noch immer ein Begriff, den zwar ca. 67% der deutschen Bevölkerung „schon einmal gehört hat", mit dem aber rund 33% „nichts anfangen können", weil sie „noch nie" davon gehört haben (Institut für Demoskopie Allensbach, 2012). Auch in der Gruppe, der der Begriff bekannt ist, herrscht ein durchaus heterogenes Verständnis vor. Die Antworten in der nachfolgenden Abbildung 2.7 zeigen dieses im Überblick, dabei weist die Addition der Antworten auf eine dichotome Stichprobe hin.

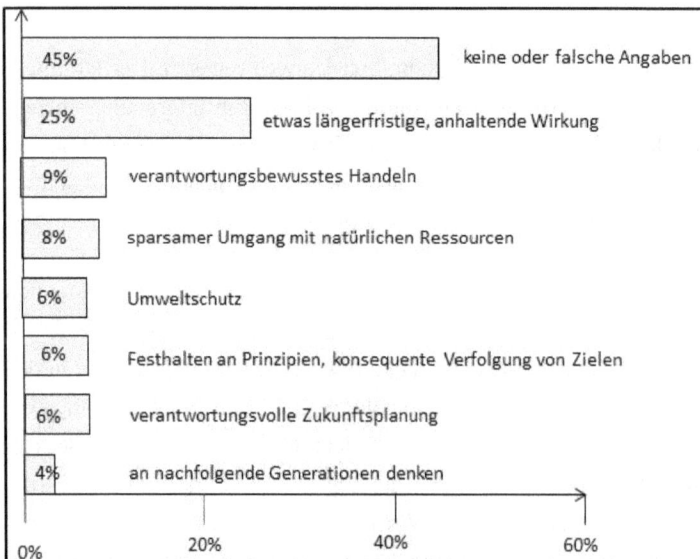

Abb. 2.7:   Nachhaltigkeitsverständnis in der deutschen Bevölkerung, i.A.a. Institut für Demoskopie Allensbach, 2012, modifiziert

Abbildung 2.7. zeigt, dass von den 64% der Antwortenden lediglich 39% überhaupt Angaben zu Zielen/Inhalten von Nachhaltigkeit machen können. Der größte Anteil (25%) antwortete zwar nicht falsch, Kenntnisse kommen aber über einen Allgemeinplatz nicht hinaus. Ob bei dieser Gruppe überhaupt Kenntnisse zu Zielen bzgl. Nachhaltigkeit vorhanden sind, ist anzuzweifeln. Lediglich 39% der Deutschen hätten danach nähere Informationen zu Nachhaltigkeitskriterien. Andere Untersuchungen bestätigen das vorherrschende Defizit. Konsumenten haben offenbar große Schwierigkeiten, die Einhaltung von Umwelt- und Sozialstandards bei Produkten einzuschätzen. Das gilt auch für den Weg des Produktes zum Konsumenten (o.V., 2012; o.V., 2013). Für diese magere Ausgangsbasis sind u.a. (politische) Institutionen in Deutschland zuständig. Sie spielen eine zentrale Rolle. Als formale Institutionen stellen sie die generelle Voraussetzung für politisches Handeln (Institution des Staates, Grundrechte, Wahlsystem etc.). Sie sind aber auch gleichzeitig zentrale Instrumente zur Beeinflussung gesellschaftlicher Entwicklungen (gesetzliche Ge- und Verbote, Gewährung von Subventionen etc.). Sie schaffen durch Rahmensetzung stabile Verhaltenserwartungen und reduzieren damit Unsicherheit (Luhmann, 1974). Zusätzlich beeinflussen sie als informelle Institutionen die Inhalte der Politik (z.B. Tabus, Konventionen, Gewohnheiten etc.) und bestimmen somit auch den Gestaltungsspielraum politischer Akteure (Kingston/Caballero, 2009). Sie wirken demnach zugleich handlungsermöglichend und handlungsbeschränkend. Politische Institutionen sind nicht nur die größten Konstrukteure, sondern auch die größten Bewahrer soziokultureller Werte und Handlungsnormen in der Gesellschaft. Durch institutionelle Resonanz- und Reflexivitätsfähigkeit wird Vertrauen bei den Konsumenten in Transformationen durch „Nachhaltigkeit" erzeugt. Sie stellen daher Mindestanforderungen beim Nachhaltigkeits-Marketing dar.

2.5.1.1.2 Selbstorganisation und Steuerungsfähigkeit

Ohne Selbstorganisation auf der makro- und meso-sozialen und soziokulturellen Ebene, sind die bei der Nachhaltigkeit vorgesehenen Veränderungen in Institutionen kaum möglich. Nachhaltigkeitsveränderungen sollten nicht „von oben" verordnet werden. Das trifft besonders für eine ganzheitliche Organisations- und Managementlehre zu. Selbstorganisation ist gegeben, wenn Ordnung im Unternehmen selbstbestimmt als Resultat geplanter Gestaltungshandlungen entsteht. Organisationsmitglieder/Gruppen erhalten ausreichend Handlungsspielraum, um an der Ordnung aktiv mitzuwirken. Das steht im Gegensatz zu traditionellen tayloristisch-bürokratischen Organisations- und Führungsprinzipien. Im Sinne komplexer dynamischer Systeme entsteht Ordnung aufgrund der Eigendynamik der Systeme von selbst (Zusammenwirken aller Beteiligten etc.). Mitarbeiter und Führungskräfte erwarten heute einen erweiterten Handlungsspielraum, der die nötigen Potentiale für eigenverantwortliches Handeln, Flexibilität, Kreativität, Spontanität sowie Lern- und Innovationsbereitschaft schafft. Systemmitglieder können so lernen ein Unternehmen als Teil eines Gesamtsystems zu verstehen. Nachhaltiges agieren bedingt das Erkennen von wechselseitigen Beziehungen zwischen Unternehmen und Umwelt (Thommen, 1995). Systemtheoretisch ist dabei jede Identität eine Abgrenzung zur Umwelt, was sich im System selbst wiederholt (Jörissen et al, 1999). Die Folge ist eine innere Systemdifferenzierung. Dabei stellt das Gesamtsystem (z.B. Umweltministerium etc.) für verschiedene Teilsysteme (z.B. Umweltschutzgruppen etc.) die interne Systemumwelt dar. Interne Systemdifferenzierungen wirken aber auf die integrative Perspektive bei der Nachhaltigkeit kontraproduktiv bei notwendigen Veränderungen (Weinert, 1995, 86). Das liegt daran, dass die meisten Institutionen nur innerhalb eines Teilbereichs Garanten einer bestimmten Werteorientierung sind und wegen ihrer fragmentierten Rationalitätskriterien keinen Anspruch auf Allgemeingültigkeit haben.

Aus der Perspektive der Gesellschaftswissenschaften finden sich paradigmatische Prinzipien des Selbstorganisationsansatzes in der „Zivilgesellschaft". Hier sind, neben den etablierten Institutionen des politisch-administrativen Bereichs, auch Formen von vernetzten Strukturen vorhanden. Für deren Funktionieren ist das Prinzip der Selbstorganisation eine Voraussetzung (Jörissen et al, 1999). Es bezeichnet das spontane Entstehen von Ordnungsstrukturen in Systemen, die gegenüber ihrer Umwelt autonom sind (Fuchs, 1992, 228). In den Wissenschaften wurden in vielen Arbeitsbereichen Ansätze zu diesem Paradigma entwickelt. In der Praxis der Nachhaltigkeit sind Selbstorganisationen vor allem in den Aktivitäten zur lokalen Agenda 21 zu beobachten (Poppenborg, 1999). Hier wird versucht mit Hilfe von Akteuren, Organisationen, Institutionen, Diskussionszirkeln etc. Erfahrungen auszutauschen, Wissen bereitzustellen, Handlungsstrategien aufeinander abzustimmen und diese am Leitbild zu reflektieren. Zur Steuerung von Veränderungen wird dabei Bürgerpartizipation benötigt, die sich aber nicht nur auf ein allgemeines „Informiertsein" beschränken kann. Ein „aktives Engagement" ist unverzichtbar (Jörissen et al, 1999). Diese Tatsache ist besonders im Hinblick auf die unzähligen Dilemmata wichtig, die bei der „Nachhaltigkeit" auftreten. Institutionen müssen daher einkalkulieren, dass durch die Veränderungen in diversen Planungsprozessen unterschiedliche Interessen der Bürger berührt werden. Zukunftsfähige institutionelle Konfigurationen müssen fähig sein, diesen widerstreitenden Interessen Rechnung zu tragen. Durch die gestiegene Komplexität und Dynamik sozialer Systeme, wird ihre Steuerungsfähigkeit zu einem Problem (Jörissen et al, 1999). Das verstärkt sich dadurch, dass es unmöglich erscheint ein zu steuerndes System mit derartiger Eigenkomplexität in eigene Methoden und Instrumente einzubeziehen, damit diese der Komplexität der Systemumwelt gerecht werden können. In der Wissenschaft herrschen unterschiedliche Meinungen über die Notwendigkeit der Steuerung für die Aufrechterhaltung gesellschaftlicher Systeme (z.B. Wilke, 1998). Durch die „Second-Order-Cybernetics" hat sich ein Paradigmenwechsel in der soziologischen Forschung ergeben (Einbezug der Phänomene nicht-linearer Prozesse). Nach diesem Verständnis wird Steuerung nicht mehr als Ganzes zu seinen Teilen (Übergeordneter zu Untergeordneten) verstanden, sondern als ein Verhältnis von System und Umwelt (Wilke, 1998, 22). Die sich daraus ergebende Forderung nach einer Steuerung komplexer Systeme, führt zu einem Dilemma. Es besteht im Verhältnis zwischen den Kräften der Eigendynamik (für eine maximale Nutzung interner Möglichkeiten ohne Rücksicht auf Folgen für die Umwelt) und externen Kontrollen (Einschnürung des Möglichkeitsraums eines Systems und Beraubung kreativer, innovativer Züge) (Wilke, 1998). Für umfangreiche gesellschaftliche Transformationen im Zusammenhang mit „Nachhaltigkeit" sind Steuerungsmöglichkeiten nötig, die die Selbststeuerungskräfte eines Systems stärken, gleichzeitig externe Kontextsteuerung ermöglichen, aber nicht als „Einmischung in eigene Angelegenheiten" wirken. Bei der Selbstorganisation und Steuerungsfähigkeit im Sinne der Nachhaltigkeit ist in Deutschland seit ca. 1999 die Bedeutung von nichtregierungsnahen Organisationen (NGO) (Greenpeace, WWF, Amnesty International etc.), erheblich gestiegen. Die nachfolgende Abbildung 2.8. zeigt die zahlenmäßige Entwicklung weltweit im Überblick.

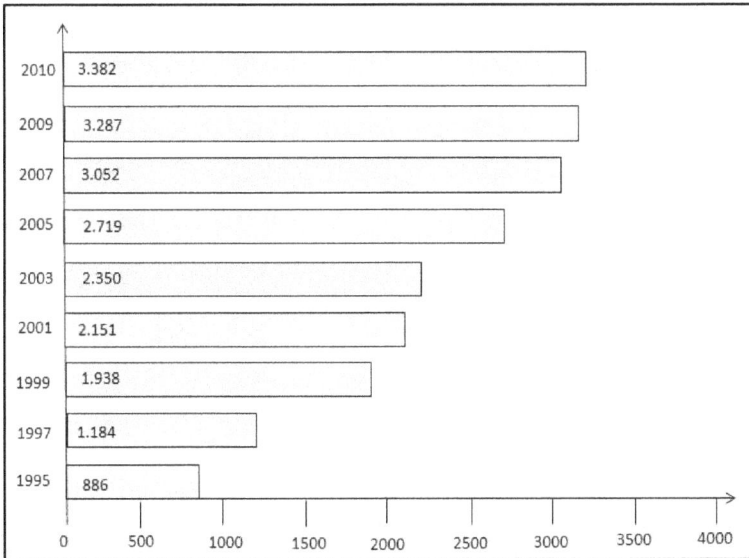

Abb. 2.8: NGOs mit Konsultativstatus, i.A.a. UN 2010–2012, vereinfacht und modifiziert

In vielen Bereichen für Nachhaltigkeitstransformationen vertreten NGOs die Interessen verschiedener Subsysteme (Umweltschutz, Verbraucherschutz, Menschenrechte etc.). Bei unübersichtlichen Situationen (z.B. Produktionsverfahren, -Strukturen etc.) kann durch die kritische Berichterstattung die Selbststeuerungsfähigkeit (Meinungsbildung etc.) im System erhöht und Glaubwürdigkeit verbessert werden. Auch Kooperationen/Partnerschaften mit Unternehmen sind zur Mobilisierung von systemischen Selbststeuerungskräften geeignet, wenn sie den spezifischen Code der Bereiche ansprechen. Selbstorganisations- und Steuerungsfähigkeiten eröffnen bei Nachhaltigkeitstransformationen für Konsumenten institutionelle Kontrollmöglichkeiten (Erlangung unabhängiger Informationen etc.) und gehören daher zu den Mindestanforderungen für ein Nachhaltigkeits-Marketing.

2.5.1.1.3   Machtausgleich und Erwartungskonformität

Auswirkungen beim Machtausgleich spielen mittelbar über die makro- und die meso-soziale und -soziokulturelle Dimension eine große Rolle (z.B. aktive Einmischung von Bürgern/ Unternehmen in politische Entscheidungen etc.). Sie wirken auch unmittelbar durch Faktoren der mikro-sozialen und -soziokulturellen Ebene. So kann von Organisationen/Einzelpersonen z.B. über Verbraucherschutzorganisationen Einfluss auf die Produktion genommen werden. Im Bereich der Ökologie sind über bürgerschaftliches Engagement Belange des Arten- und Naturschutzes bei den Vorgaben staatlicher/nichtstaatlicher Institutionen beeinflussbar. Beim Machtausgleich werden im Zusammenhang mit Veränderungen durch die „nachhaltige Entwicklung" generell Ausgleichs- und Konfliktregelungsstrategien bei Institutionen angemahnt (Minsch et al, 1998). Sie sollen die Artikulationsmöglichkeiten und Teilhabe an Entscheidungen für alle Akteure (Stakeholder etc.) sicherstellen. Unterschiedliche Machtverteilung führt zu erheblichen Barrieren. Vor allem, da nicht gewährleistet ist, dass die vielfältigen Nachhaltigkeitsimpulse im politischen Diskurs ansonsten wirkungsvoll berücksichtigt werden. Aus instrumenteller Sicht sind möglichst viele Bürger in nachhaltige Maßnahmen einzubeziehen. Dabei soll ihr Handlungspotential nutzbar gemacht werden. Institutionen müssen ihre Steuerungs- und Integrationsaktivitäten am aggregierten Nutzen des gesamten Gemeinwesens ausrichten. Die Tatsache, dass Institutionen sowohl durch ihre instrumentelle (steuernde) als auch symbolische (integrierende) Funktion transitive und nicht transitive Macht inhärent ist, führt zu unterschiedlichen Beurteilungen über Steuerungsnotwendigkeiten durch Institutionen in der Wissenschaft (z.B. Public-Choice-Ansatz, Konzept des minimalen Staates etc.). Auch innerhalb der Systemtheorie ist die Frage institutioneller Steuerungsnotwendigkeit umstritten, obwohl zu den Grundannahmen die Emergenz sozialer Phänomene gehört (Luhmann, 1997). Bei Planung und Gestaltung integrativer Veränderungen durch „Nachhaltigkeit" muss gewährleistet sein, dass Institutionen so gestaltet sind, dass für alle Akteure ein transparenter Zugang zu Informationen, Konsultationen und Entscheidungsfindungen möglich ist. Im Zusammenhang mit Nachhaltigkeit sind beim Machtausgleich bereits Veränderungen zu bemerken. Durch das Internet und digitale Medien ist es für Anspruchsgruppen, Stakeholder etc. leichter geworden das Verhalten von Instituten (staatlichen Institutionen, Unternehmen etc.) transparenter zu machen. Mit Hilfe von Netzwerken ist es möglich, Forderungen von Kunden in großer Zahl an Unternehmen heranzutragen und auf diese Weise Medienmacht auszuüben.

Staatliche Institutionen sind in der Regel per se erwartungskonform, weil sie verfestigte soziokulturelle Normen und Werte und somit Verhaltenserwartungen implizieren (Jörissen et al, 1999). Sie gehören damit zu den Konstrukteuren kultureller Werte und Verhaltensweisen. Widersprüche liegen jedoch in ihrer organisatorischen Form und den Erwartungen der Bürger. Einerseits sind Entscheidungen so zu kommunizieren, dass das von der eigenen organisatorischen Hierarchie gewünschte Ergebnis bestätigt wird. Andererseits muss den Erwartungen der Klientel (Bürger) entsprochen werden. Bei Entscheidungen, die die Nachhaltigkeit betreffen, können Institutionen einerseits den Bürgern durch bürokratisch-hierarchische Strukturen erleichtern Erwartungen im Rahmen von Transformationen aufzubauen. Andererseits müssen die Regeln, nach denen sie funktionieren für die Bürger transparent sein. Ansonsten entstehen „Begünstigten-Netzwerke", die im Endeffekt die Existenz der Institution unterminieren (Jörissen et al, 1999). Im Zusammenhang mit Nachhaltigkeit haben bei Erwartungskonformität u.a. die Skandale in einigen Branchen (Lebensmittel, Umwelt, Managerbereicherung etc.) dazu beigetragen, dass bestimmte traditionelle Strukturen und damit einhergehende Werte verstärkt hinterfragt werden. Die nachfolgende Abbildung 2.9. zeigt Vertrauenswerte der deutschen Bevölkerung im Hinblick auf ausgewählte Institutionen für die Jahre 2012 und 2013.

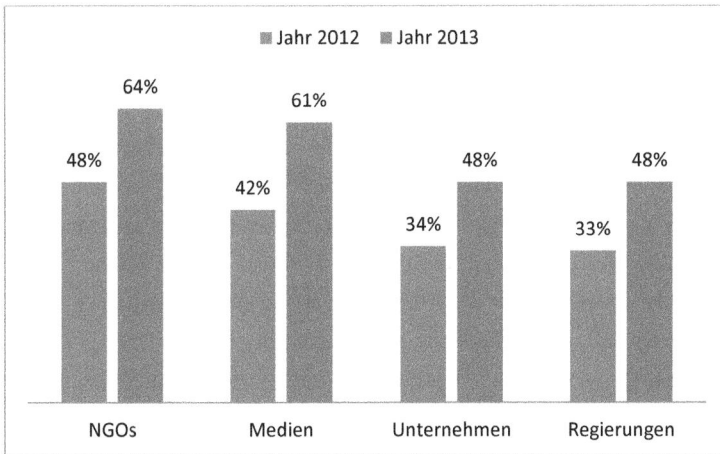

Abb. 2.9: Vertrauen in Institutionen in der deutschen Bevölkerung , i.A.a. Edelmann Trust Barometer 2013, modifiziert

Abbildung 2.9. zeigt, dass den Institutionen NGOs und Medien von den Bürgern wesentlich mehr Vertrauen geschenkt wird, als Unternehmen und Regierungen. Auch wenn im Jahr 2013 Unternehmen und Regierungen gleichauf liegen, fallen sie deutlich hinter den Medien und noch weiter hinter den NGOs zurück. Dieser Trend ist nicht neu. Seit Jahren schneiden NGOs weltweit bei Vertrauenswerten besser ab, als Regierungen und Unternehmen. Im Zusammenhang mit integrierten Transformationsnotwendigkeiten durch „Nachhaltigkeit" in der Gesellschaft, besteht in Deutschland ein deutlicher und schneller Handlungsbedarf für einen transparenteren Machtausgleich sowie eine Erhöhung der Erwartungskonformität im Hinblick auf Regierung und Unternehmen. Dies erscheint auch für die Vertrauenserhaltung von Konsumenten und Stakeholdern in wirtschaftliche Rahmenbedingungen unerlässlich. Daher gehören die Faktoren zu den Mindestanforderungen für ein Nachhaltigkeits-Marketing-Management.

2.5.1.2 Zwischenfazit

– Makro-soziale und -soziokulturelle Rahmenbedingungen werden im Modell zum Nachhaltigkeits-Marketing-Management durch das Leitbild der politisch-rechtlichen Rahmensetzungen repräsentiert. Da sie durch Unternehmen nicht beeinflussbar sind, haben sie für das Nachhaltigkeits-Marketing die Funktion verbindlicher (staatlicher) Vorgaben.

– Leitbilder haben die Funktion von Denkschablonen, Sie können Orientierungen in einer Gesellschaft schaffen und verkörpern die kulturelle, staatliche und gesellschaftliche Ausrichtung. Beim Nachhaltigkeitskonzept gleicht ihre Funktion einer Leitplanke im Verkehr. Sie müssen gesellschaftlich akzeptiert sein, denn ohne rechtlich verbindliche Standards ist eine nachhaltige Entwicklung unmöglich.

– Resonanz- und Reflexivitätsfähigkeit von Institutionen schaffen durch Rahmensetzung stabile Verhaltenserwartungen und reduzieren damit Unsicherheit. Sie beeinflussen als informelle Institutionen die Inhalte der Politik und bestimmen den Gestaltungsspielraum politischer Akteure. Sie wirken zugleich handlungsermöglichend und handlungsbeschränkend. Resonanz- und Reflexivitätsfähigkeit bei politischen Institutionen erhöhen die Möglichkeiten für „Nachhaltigkeit" in der Gesellschaft.

– Ohne Selbstorganisation und Steuerungsfähigkeit der makro- und meso-sozialen und soziokulturellen Ebene, sind die bei der „Nachhaltigkeit" vorgesehenen Veränderungen in Institutionen kaum möglich. das Prinzip der Selbstorganisation bezeichnet das spontane Entstehen von Ordnungsstrukturen in Systemen, die gegenüber ihrer Umwelt autonom sind. Über die Notwendigkeit der Steuerung für die Aufrechterhaltung gesellschaftlicher Systeme herrschen in der Wissenschaft unterschiedliche Meinungen vor.

– Die institutionelle Nachhaltigkeit staatlicher Institutionen hat bei der Nachhaltigkeit eine besondere Rolle, da durch die inhärente Persistenz notwendige Veränderungen oft verhindert werden. Institutionelle Rahmensetzungen können bei mangelndem institutionellem Machtausgleich und Erwartungskonformität Schwierigkeiten bei den Veränderungen durch Nachhaltigkeit hervorrufen, oder durch Widerstand von Bürgern ganz unmöglich werden.

Fiktives Beispiel zur Öko-Bilanz von Haushalten

„Betrachten wir das Umweltverhalten von zwei Haushalten. Die kinderlosen Eheleute A, beide erwerbstätig, bewohnen ein Eigenheim „im Grünen". Den Weg zur 17 km entfernten Arbeitsstätte legen sie mit der S-Bahn zurück. Im Jahr leisten sie sich mehrere Fernreisen (mit dem Flugzeug) und Städtekurztrips (mit der Bahn). Trotz Kompostieren, Abfalltrennung, Einkaufen mit dem Fahrrad, einer Präferenz für ökologische Produkte und der weitgehenden Benutzung öffentlicher Verkehrsmittel tragen allein die hohe Mobilität sowie der Heizaufwand eines modernen, energiesparend konstruierten 170 m^2-Hauses zu einem weit überdurchschnittlichen Energie- und Ressourcenverzehr bei.

Familie B wohnt in einem Mehr-Parteien-Mietshaus „in der Stadt". Nur ein Haushaltsmitglied ist berufstätig. Für den Weg zur vier Kilometer entfernten Arbeitsstätte wird das Auto benutzt. Auch für den Jahresurlaub wählt Familie B das Auto. Auf Abfalltrennung und den Kauf ökologischer Produkte wird wenig Wert gelegt. Bei einer Befragung mit den in der sozialwissenschaftlichen Umfrageforschung gebräuchlichen Items aus den Themenbereichen Konsum, Energiesparen, Abfalltrennung, Verkehr usw. dürften die Mitglieder des Haushalts A bezüglich des Umweltverhaltens besser abschneiden als Haushalt B. Beim „objektiven", physikalisch messbaren Energie- und Ressourcenverzehr – z.B. beim Output von CO_2 – verhält es sich jedoch genau umgekehrt. Die Öko-Bilanz von Haushalt B fällt günstiger aus als die Bilanz von Haushalt A" (Diekmann/Jann, 2000, 65).

2.5.2 Meso-soziale und soziokulturelle Rahmenbedingungen

Wie aus dem abgeleiteten heuristischen Bezugsrahmen und der integrierten Annäherung an ein Modell für eine Kultur der Nachhaltigkeit ersehbar, sehen meso-soziale und -soziokulturelle Dimensionen, in Anlehnung an das Dreisäulenkonzept, eine Unterteilung in die Ebenen Ökologie und Umwelt, Ökonomie sowie Soziales vor, die gleichberechtigt zu integrieren sind. Damit sind zahllose Zielkonflikte verbunden. Vorliegend handelt es sich um ausgewählte Dimensionen, die bei der „nachhaltigen Entwicklung" zur Formierung der drei Leitbilder auf Unternehmensebene dienen. Im Gegensatz zur makro-sozialen und -soziokulturellen Dimension sind die Parameter durch Unternehmen beeinflussbar und ähneln strategischen Gestaltungsoptionen. Die inhaltliche Nachhaltigkeit in den Dimensionen wurde bereits an anderer Stelle hinreichend beschrieben und wird als bekannt vorausgesetzt (z.B. Pufé, 2014, Grunwald/Kopfmüller, 2012 etc.). Die Modelldimensionen basieren auf nationalen und internationalen Ausführungen des Bundesministeriums für Umwelt und Reaktorsicherheit (BMU, 1992, BMU, 1997, BMU, 1997a), den Rat der Sachverständigen für Umweltfragen und das HGF-Projekt. An diese Vorschläge zur Umsetzung wird angeknüpft. Zusätzlich werden Anforderungen für ein Nachhaltigkeits-Marketing-Management theoretisch begründet.

2.5.2.1 Leitbild Ökologie und Umwelt

Ökologische Nachhaltigkeit bedeutet „die natürliche Umwelt so zu nutzen, dass sie in ihren wesentlichen Charakteristika oder Funktionen langfristig erhalten bleibt" (Jörissen et al, 1999, 57). Ökosysteme werden verstanden als: „funktionale Wirkungsgefüge aus Lebewesen und unbelebten natürlichen, als auch vom Menschen geschaffenen Bestandteilen, die untereinander und mit ihrer Umwelt in energetischen, stofflichen und informatorischen Wechselwirkungen stehen" (RSU, 1994, 14). Derzeit sind in Wissenschaft und Praxis Zielvorstellungen über den anzustrebenden Umweltzustand bei der „Nachhaltigkeit" höchst umstritten. Dabei geht es vornehmlich um die im Kapitel 2.4.2.1.2 dieses Buches diskutierten umweltethischen Fragen bzgl. anthropozentristischer oder biozentrischer Standpunkte. Daneben sind auch Fragen der engen und weiten Nachhaltigkeit strittig. Trotz größter Uneinigkeit, herrscht in der Debatte weitgehend Einigkeit darüber, dass auf Kernfragen (z.B. welche Struktur die ökologische Hinterlassenschaft haben muss) aus Sicht der Anthropozentrik keine eindeutigen Antworten möglich sind. Weitgehende Einigkeit herrscht darüber, dass die beiden Extrempositionen (enge und weite Nachhaltigkeit) nicht haltbar sind. Von der Mehrheit der Ökonomen wird daher eine mittlere Position, verbunden mit mehreren „Schattierungen", favorisiert. Die nachfolgenden Ausführungen beziehen sich auf ausgewählte Faktoren aus diesem Lösungsraum.

2.5.2.1.1 Ressourcenmanagement

Ein ökologisch orientiertes Ressourcenmanagement wirkt von der meso- bis in die mikrosoziale und soziokulturelle Dimension. Dabei herrscht für Hersteller und Konsumenten eine

Informationsproblematik vor. Beim traditionellen Marketing- und BWL-Verständnis spielt dieser Problembereich keine Rolle. Es wird implizit davon ausgegangen, dass Resourcen in unbegrenzter Menge zur alleinigen Nutzung des Menschen vorhanden sind. Herstellern und Konsumenten sind i.d.R. auch heute die ressourcenbezogenen Schäden, die mit Produktion, Transport und Vertrieb von Produkten/Dienstleistungen verbunden sind, nicht bekannt. Hier könnte ein umfassendes Produktinformationssystem (ökologische, ressourcenbezogene Umweltinformationen etc.) helfen, das Konsumverhalten zu lenken. Derartige Informationssysteme sind vom Staat vorzugeben und durch die Politik zu verabschieden. Das erscheint umso wichtiger, da, nach etlichen Skandalen in der Lebensmittelbranche mit gesundheitsgefährdenden Folgen, immer mehr Konsumenten umwelt- und ressourcenbewusst konsumieren möchten. Ressourcenmanagement bezieht sich auf die produktive Funktion der Natur. Als „Produktionsfunktionen" kommen das Anzapfen (Sonne, Wind, Wasser etc.), Ernten (Forst, Landwirtschaft, Fischfang etc.) und Abbauen (Erze, Kohle Erdöl etc.) in Frage. Alle drei sind mit unterschiedlichen Eingriffen und Ressourcennutzungsformen in Natur und Landschaft verbunden. Diese können sich auf die natürlichen Ressourcen problematisch auswirken. Das Anzapfen richtet sich auf erneuerbare Ressourcen. Es verringert zwar nicht den Bestand, beinhaltet aber u.U. auch umweltschädliche Auswirkungen (z.B. Windparks etc.). Auch eine rücksichtslose Ernte erneuerbarer Ressourcen, führt zu einer Reduzierung des natürlichen Produktivpotentials. Die Nutzung nicht erneuerbarer Ressourcen ist mit größten Problemen bei der Nachhaltigkeit verbunden (Abbau von Kohle, Erdöl, Erzen etc.) (Arts, 1994). Ressourcenökonomische Handlungsleitlinien sehen für die Probleme unterschiedliche Lösungen vor (vgl. dazu z.B. Pearce/Turner, 1990; Daly, 1991).

Die Nutzung „nicht erneuerbarer Ressourcen" ist im Grunde ein unlösbares Problem. Es führt in jedem Fall zu einem Nachhaltigkeitsdilemma. Bei einer Entscheidung für den Abbau, gehen die Ressourcen kommenden Generationen verloren. Bei einer Entscheidung gegen den Abbau, sind die Ressourcen weder gegenwärtigen noch zukünftigen Generationen von Nutzen, da zukünftige Generationen ebenfalls an ein Abbauverbot gebunden wären. Bei einer Entscheidung für einen minimalen Abbau, wird auf lange Sicht künftigen Generationen jede Nutzungsmöglichkeit genommen (Harborth, 1991). Entsprechende Lösungen richten sich nach der Position, die von den Protagonisten bei der Nachhaltigkeit vertreten wird (enges versus weites Verständnis). Bei den Anhängern einer mittleren Position (zwischen den beiden Extremen), wird die Unhaltbarkeit eines gänzlichen Verzichts auf nicht erneuerbarer Ressourcen akzeptiert und ein Nutzungsausgleich gefordert. Dieser soll dem Potential des ursprünglichen Nutzungsbestandes entsprechen. Dazu sollen Effizienzsteigerungen bei der Nutzung erneuerbarer Ressourcen dienen. Für den Übergang zu regenerativen Ressourcen ist auch der Ersatz knapper erschöpfbarer, durch nicht erneuerbare aber reichlich vorhandene Ressourcen vorgesehen (Lerch/Nutzinger, 1996). Als Ergänzung dazu wird eine Finanzierungsregel vorgeschlagen (Hartwick, 1978). Erträge aus dem Einsatz nicht erneuerbarer Ressourcen müssen danach zum Ausbau alternativer Technologien für erneuerbaren Ressourcen verwendet werden. Ein weiterer Vorschlag betrifft die Konstanthaltung der Reichweite der Ressourcen. Ausgehend von einem Stichtag, wird hierbei für alle relevanten nicht erneuerbaren Ressourcen ihre Reichweite bestimmt (Jörissen et al, 1999). Die Reichweitenregel verlangt die sparsame Inanspruchnahme nicht erneuerbarer Ressourcen. Sie eröffnet damit einen sanften Weg für die Anpassung an knapper werdende Ressourcen.

---

35 Tausend bis 70 Tausend Liter Wasser kostet 1 kg Rindfleisch

„1994 tauchte der Begriff des „ökologischen Rucksacks" zum ersten Mal auf. Schmidt-Bleek (deutscher Chemiker und Umweltforscher), entwickelte den Begriff, um ihn für sein Konzept MIPS (Material-Input pro Serviceeinheit) zu nutzen. Dieses Konzept besagt, dass fast jedes Gut dafür vorgesehenen ist einen gewissen Dienst zu leisten, weshalb auch der „ökologischen Rucksack" nur für diesen Dienst berechnet werden sollte. Nach Schmidt-Bleek trägt jedes Kilo Industriegut ca. 30 kg Natur in seinem Rucksack. In der Informations- und Kommunikationstechnik seien es sogar 300–600 kg Natur pro Produkt. Oftmals ist eine Sekundärverwendung an Ressourcen nötig, d.h. dass man mit bestimmten Rohstoffen andere Rohstoffe erzeugt, die man benötigt, um einen dritten Rohstoff herzustellen. Beispiel: Um ein Stück Rindfleisch kaufen zu können wird das Rind gefüttert und mit Trinkwasser versorgt; die Futtermittel mussten vorher ebenfalls durch Zufuhr von Wasser und sonstigen Ressourcen angebaut werden. Insgesamt wird für die Produktion von 1 kg Rindfleisch 35.000 bis 70.000 Liter Wasser benötigt" (IHK-Würzburg, 2012,57).

Schon die erste deutsche Enquete-Kommission erkannte Probleme, die bei einer ausschließlichen Beachtung der Nutzungsintensität im Umgang mit „erneuerbaren Ressourcen" entstehen, wenn nicht auch Fragen der Nutzungsart einbezogen werden (Enquete-Kommission, 1994). Das Gebot der nachhaltigen Bewirtschaftung erneuerbarer Ressourcen bezieht sich nicht nur auf nachwachsende Rohstoffe, sondern auch auf den Bestandsschutz der biologischen Arten und ihre Vielfalt (vgl. Enquete-Kommission, 1998). Das Forschungsfeld der Biodiversität weist aber große Wissensdefizite auf (z.B. im Hinblick auf umfangreiche Ökosysteme wie Ozeane, tropische Regenwälder etc.). Daher gibt es auch große Probleme mit Bewertungsverfahren, um den Nutzen von Schutzmaßnahmen im Einzelnen zu bewerten. Der Verlust biologischer Vielfalt wird von den Wissenschaftlern übereinstimmend als gravierendstes globales Umweltproblem definiert (vgl. dazu z.B. Heywood/Watson, 1995, Vitousek, 1994 etc.). Als einzelne Gefährdungsfaktoren werden vor allem Artenschwund, Abnahme der genetischen Vielfalt, Vernichtung natürlicher Habitate und Artensterben genannt. Angesichts der integrativen Anforderungen durch die Nachhaltigkeit sowie des akuten Gefährdungspotentials, sind traditionelle Strategien des Natur- und Artenschutzes nicht mehr ausreichend. Durch den Einbezug der Erhaltung der Biodiversität in Konzeptionen der Landnutzung, kann die Natur auf der gesamten Fläche geschützt werden. Dazu ist eine Agrarentwicklung notwendig, die die Vielfalt fördert und nicht schwächt (Schmid, 1996; Tuxill, 1999). Nachhaltiges Ressourcenmanagement bildet im Hinblick auf das Vertrauen der Konsumenten eine Mindestanforderung für Nachhaltigkeits-Marketing-Management.

2.5.2.1.2   Regenerationsfähigkeit

Die Faktoren zur Regenerationsfähigkeit der Natur wirken von der meso- bis in die mikro-, und im Kreislaufsinn weiter in die makro-soziale und soziokulturelle Ebene. Regenerationsfähigkeit bezieht sich auf die Erhaltung der reproduktiven Funktion der Umwelt. Das Ziel ist eine dauerhafte Gewährleistung der Aufnahmefähigkeit von Umweltmedien und Ökosystemen, die durch anthropogene Stoffeinträge nicht überschritten wird. Problematisch ist die Unmöglichkeit auf Basis des derzeitigen Kenntnisstandes, tolerierbare Emissionsraten für alle erdenklichen Stoffe exakt quantitativ zu ermitteln. Quantitative Ziele sind nach dem Rat der Sachverständigen nur in den Bereichen Klima, Versauerung sowie der Abfallwirtschaft vorhanden. Die Ziele in den anderen Bereichen sind lediglich qualitativ formuliert (RSU, 1998). Fraglich ist auch, ob exakte Formulierungen der angestrebten Wirkung dienlich sind. Wären sie vorhanden, würden sie vermutlich dazu anregen, die zulässigen Emissionsraten vollständig auszuschöpfen. Durch nicht vorhersehbare synergetische bzw. Kumulationseffekte, könnten als Folge irreversible Umweltschäden auftreten. Diese sollen aber durch Höchstbelastungsraten vermieden werden (Jörissen et al, 1999). Die Überlegungen haben in Deutschland zu sehr unterschiedlichen Vorschlägen geführt. Das Wuppertal-Institut schlägt eine pauschale Reduktion des Stoff- und Energieflussvolumens vor (WI, 1996). Der Hintergrund ist, dass der Auslöser für den akuten Druck auf die Umwelt zwar durch (bestimmte) Stoffemissionen (CO_2, NO_2, NH_3, VOC, NO_X etc.) erfolgt, der eigentliche Grund für die Umweltbelastung liegt aber in der Ressourcenentnahme. Die deutliche Verringerung der Stoff- und Energieumsätze ist daher ein Aspekt der Vorsorge. Ein „risikoarmes Niveau" und konkrete Reduktionsziele für Energieträger und nicht erneuerbare Ressourcen sind dazu festzulegen. Die TA-Akademie Baden Württemberg kritisiert, dass dieses zu einer Lähmung aller wirtschaftlichen Aktivitäten führen würde, was der Ökonomie abträglich ist (Pfister/Renn, 1997). Einer rein auf Mengenreduzierung ausgerichteten Betrachtung fehlt zudem eine Differenzierungsmöglichkeit (eingesparte Menge eines Stoffes ist u.U. anders zu beurteilen, als die eines anderen Stoffes etc.). Die Frage, wie eine Gesellschaft ihre begrenzten Mittel zur Reduktion von Umweltbelastungen einsetzen soll, bleibt ebenfalls offen (Pfister/ Renn, 1997). Die Akademie für Technikfolgenabschätzung Baden-Württemberg sieht eine wirkungsbezogene Prioritätenliste vor. Danach hängt die Notwendigkeit von einer Reduktion sicherer und unsicherer Wirkungen ab (Knaus/Renn, 1998). Belastungen, die die menschliche Gesundheit oder den Erhalt natürlicher Regelsysteme schädigen, sind danach kategorisch zu vermeiden. Die Aufstellung und Durchführung qualitativer Reduktionsziele ist höchst umstritten. Stoffströme mit vermutlich bzw. nachweisbar negativen Umweltwirkungen sollen im Zeitablauf stetig verringert werden. Eine Grenze der Belastbarkeit ist jedoch nicht angegeben (vgl. dazu Pfister/Renn, 1997). Andere Wissenschaftler weisen darauf hin, dass es beim derzeitigen Kenntnisstand nicht möglich ist, exakte Reduktionsziele für alle in Frage kommenden Schadstoffemissionen und Ressourcenverbräuche zu beziffern. Sie fordern, zunächst die generelle Einsicht in derartige Reduktionen zu fördern (z.B. Busch-Lüty, 1995; Lerch/Nutzinger, 1996).

Vom Umweltbundesamt kommt jedoch mit Nachdruck die Forderung nach möglichst konkreten Umweltqualitäts- und -handlungszielen (Umweltbundesamt, 1997). Es wird befürchtet, dass sonst der Versuch, das Leitbild der „nachhaltigen Entwicklung" in Deutschland zu etablieren, zum Scheitern verurteilt ist. Umweltqualitätsziele sollen charakterisiert werden (z.B. langfristige Reinhaltung der Gewässer etc.). Zusätzlich soll eine Verbindung des naturwissenschaftlichen Kenntnisstands mit dem kulturellen Wertekatalog in der Gesellschaft ermöglicht werden (z.B. Schutzgüter, Schutzniveaus etc.). Umwelthandlungsziele sollen sich auf die erforderlichen Schritte beziehen, um die Ermittlung quantifizierter mess- und überprüfbarer Vorgaben für die verschiedenen Belastungsfaktoren zu ermöglichen (vgl. dazu Umweltbundesamt, 1997). Ähnlich äußert sich auch der Rat der Sachverständigen für Umweltfragen. In Anbetracht der Komplexität eines solchen Systems, der Flut von zu verarbeitenden Informationen und der fehlenden Kenntnisse über Wirkungszusammenhänge, soll in pragmatischer Weise zunächst eine überschaubare Anzahl Umweltqualitäts- und -handlungsziele erarbeitet werden. Sie sollen sich auf zentrale Belastungssituationen konzentrieren, die sich beim Nachhaltigkeitskonzept ergeben (vgl. dazu RSU, 1998). Die Anforderungen sind im Hinblick auf den Wertewandel auch eine Mindestbedingung für Nachhaltigkeits-Marketing-Management.

Dübel aus nachwachsenden Rohstoffen

„Ein anderes Beispiel ist ein kleiner Alltagshelfer, der Dübel. Kein Regal hält ohne ihn in der Wand, kein Haushalt kommt ohne ihn aus. Und die neue Dübelgeneration ist nun zur Hälfte aus nachwachsenden Rohstoffen gefertigt, die andere Hälfte ist erdölbasiert. Aber löst sich der Dübel dann irgendwann in der Wand auf und wird zur Hälfte biologisch abgebaut? Beileibe nicht, die Stabilität ist in vollem Umfang gegeben, denn biobasiert heißt nicht bioabbaubar. Beide Eigenschaften lassen sich bei den biobasierten Werkstoffen, je nach Wunsch des Anwenders, inzwischen gezielt einstellen und hängen eher von der Art der Polymerisation als von der Herkunft des Rohstoffes ab" (o.V., 2013).

2.5.2.1.3   Normativ-kulturbezogenes Postulat der Natur

Das normativ-kulturbezogene Postulat der Natur wirkt sich auch praktisch nicht nur mittelbar, sondern auch unmittelbar durch die Konsumenten aus. Verbraucher suchen Erholung im Urlaub in einer Landschaft, möchten gesund leben und sich sportlich betätigen. Für immer mehr Konsumenten hat das Ziel Naturerlebnis (schöne, Landschaft, sauberes Wasser, reine Luft, intakte Tierwelt etc.) nicht nur im Urlaub absolute Priorität. Niemand möchte in einer Umwelt leben, in der toxische Wirkungen zu befürchten sind. Menschen, die sich kulturell mit ihrer heimatlichen Landschaft eng verbunden fühlen und diese bewahren möchten, sind seit jeher bereit dafür zu kämpfen (z.B. Stuttgart21 etc.). Unternehmen, die nach der Umweltphilosophie „nach mir die Sintflut" handeln, werden es in Deutschland zukünftig sehr schwer haben. Das normative Postulat der Natur basiert auf der lebensbereichernden, kulturbezogenen Bedeutung der Natur für die Menschen. Die Regeln richten sich dabei auf den „inhärenten" (Eigen-)Wert der Natur. Das bedeutet ihren Wert als Gegenstand kontemplativer, religiöser und kulturell-ästhetischer Erfahrung. Dieser Wert soll auch für zukünftige Generationen erhalten werden. Damit unterscheidet sich der Ansatz von anderen, auf der rationalen Lebenserhaltung basierenden sowie der wirtschaftlichen Notwendigkeit verpflichteten, Ansätzen. Der instrumentelle Wert der Natur (Rohstofflieferant, Aufnahmekapazität als Senke etc.) ist nicht Gegenstand des normativ-kulturbezogenen Postulats (Knaus/Renn, 1998). Der Eigenwert der Natur leitet sich aus dem **Wert** ab, den die Naturerfahrung für den Betrachter hat. Die Wertzuschreibung bezieht sich daher auf bestimmte Bereiche, Objekte oder Zustände und nicht auf die Natur per se (z.B. Birnbacher, 1998, Krebs, 1997). Die Auswahl der zu schützenden Objekte hängt von der Subjektivität der Betrachter ab und kann nur diskursiv vorgenommen werden. Dazu liegen verschiede Vorschläge vor. Eine Vorgehensweise wird als „von oben" gesteuert bezeichnet. Sie geht von der Ramsar-Konvention von 1975 und von der UNESCO zum Schutz des Kultur- und naturhistorischen Erbes der Menschheit von 1972 aus. Naturschutz wird hiernach als internationale Vereinbarung (unter Schutz Stellung etc.) für Natur- und Kulturlandschaften von globalem Rang verstanden. Unterzeichnerstaaten der Konvention sind verpflichtet, die entsprechenden Ziele und Anforderungen zu gewährleisten. Als schutzwürdige Kriterien sind zu beachten (Birnbacher, 1998):

– die Zerstörung von Landschaften bzw. Landschaftsteilen stellt einen irreversiblen Verlust für kommende Generationen dar.
– Die Landschaft stellte in ihrer ursprünglichen und historisch gewachsenen Form bereits für viele vorhergehende Generationen einen Wert dar.
– Es sind besonders seltene Naturphänomene betroffen.
– Eine Zerstörung ließe sich nur mit erheblichem Aufwand wieder revidieren.

In Deutschland hat die Akademie für Technikfolgenabschätzung Baden Württemberg als bisher einzige im Sinne der Nachhaltigkeit Regeln zum Umgang mit der Natur vorgeschlagen, die sich auf das normativ-kulturbezogene Postulat beziehen (vgl. z.B. Knaus/Renn, 1998). Dazu sind Prozesse in der Gesellschaft vorzusehen, bei denen die Beteiligten quasi „von unten" die Möglichkeit haben, im Konsens Gegenstände aus der Natur mit einem immanenten Wert zu versehen. Der Ansatz steht im Gegensatz zu internationalen Vorschlägen. Er ist Ausdruck der Erkenntnis, dass Naturwahrnehmung und -bewertung in hohem Maße kulturbestimmt und lokal verwurzelt ist. Die Wertzumessung basiert auf Wertekatalogen (Traditionen, Symbolen, Sitten, Assoziationen etc.), die sich auf bestimmte Lokalitäten, Lebewesen oder Landschaftsmerkmale beziehen. Jörissen et al vertreten einen Kompromissvorschlag, bei dem sich beide Vorgehensweisen ergänzen (Jörissen et al, 1999). Gegenstände des Kultur- und naturhistorischen Erbes der Menschheit sind „von oben" zu schützen. Jede lokale Gesellschaft sollte die rechtlichen Möglichkeiten haben, die aus ihrer Sicht schutzwürdigen Objekte ebenfalls zu erhalten. Das normativ-kulturelle Postulat ist als Mindestanforderung (z.B. im Hinblick auf regionale Produkte etc.) für ein Nachhaltigkeits-Marketing-Management vorzusehen.

2.5.2.2   Leitbild ökonomische Nachhaltigkeit

Für ökonomische Nachhaltigkeit existiert keine allgemeingültige Definition. „Die Quintessenz ökonomischer Nachhaltigkeit ist, möglichst dauerhafte, langfristige wirtschaftliche Erträge zu erzielen, ohne die natürlichen Ressourcen in ihrem Wachstum zu hemmen" (Stallone, 2014). Bei den meso-sozialen und -soziokulturellen Rahmenbedingungen handelt es sich bei der „Nachhaltigkeit" um ein integratives sowohl volkswirtschaftlich (gesamtwirtschaftlich etc.) als auch betriebswirtschaftlich orientiertes (unternehmensbezogenes) Konzept. „Nachhaltige Entwicklung" verlangt ein prozessbezogenes, durchgehendes Paradigma. Dadurch müssen, vor allem zwischen betriebs- und volkswirtschaftlichem Erkenntnisgegenstand, die bisherigen Abgrenzungen der Wissenschaftsdisziplinen wesentlich erweitert werden. Wechselwirkungen zwischen Öko- und Wirtschaftssystem sowie der Gesellschaft und ihrer Struktur, geraten dabei auch in den Fokus volkswirtschaftlicher Betrachtungen. Auch das vorliegende Modell folgt dieser Ausrichtung. Im nachfolgenden Modellabschnitt werden prozessbezogen internationale und nationale Vorschläge/Handlungsleitlinien diskutiert, deren Schwerpunkt auf der integrativen Perspektive liegt. Dabei erfolgt eine Beschränkung auf wesentliche Faktoren des Wirtschaftens (Einsatz und Allokation von Produktionsfaktoren, Verteilungsfragen und institutionelle Rahmenbedingungen etc.). Auf Fragen des Niveauumfangs sowie der damit verbundenen Wachstumsfrage wird nicht eingegangen. Zu einem späteren Zeitpunkt erfolgt dann die Adaption der Auswirkungen auf vorwiegend betriebswirtschaftliche Schwerpunkte (vgl. dazu die Ausführungen im Kap.4 in diesem Buch).

2.5.2.2.1   Internalisierung externer Kosten

Externe Kosten sind zu evaluieren. Bei externen Folgekosten des Produzierens geht es um Fragen wie externe Kosten für Umweltschädigung, knapper werdende Ressourcen, bzw. Arbeitslosigkeit etc., in Preisbildungen einzubeziehen sind. Die Enquete-Kommission geht in Deutschland von der Lenkungsfunktion der Preise auf Märke als oberste Zielsetzung aus und sieht die Knappheit von Produktionsfaktoren, ökologischen Senken, Gütern und Dienstleistungen als alleinige Kriterien für die Preisbildung an (Enquete-Kommission, 1998). Im Sinne der Nachhaltigkeit ist diese Perspektive aber um soziale Kosten zu erweitern (z.B. im Hinblick auf den Faktor Arbeit, bedürfnisgerechte Verteilung, Ermöglichung selbständiger Existenzsicherung etc.) (Jörissen et al, 1999). Die Evaluation externer Kosten ist extrem umstritten. Die Gründe liegen vor allem in den Methoden der Monetarisierung in Verbindung mit Bewertungsproblemen (vgl. dazu z.B. Umweltbundesamt, 2007). Die Methoden „willingness-to-pay", bzw. „willingness-to-sell" sehen als Kriterium die Kompensationsbereitschaft für Effektfolgen vor. Beim „Vermeidungskostenansatz" sollen nicht die Folgekosten, sondern die Kosten für die Vermeidung von Effekten ermittelt werden. Bisherige praktische Erfahrungen weisen allerdings auf erhebliche Probleme bei Erfassung und Bewertung hin (vgl. z.B. Hanley, 1992; Radermacher, 1998 etc.). Dazu kommen ethisch-kulturelle Probleme, z.B. bei der

Bewertung menschlicher Gesundheit bzw. tödlicher Wirkungen im Zusammenhang mit dem produktiven Arbeitsleben (z.B. Wertermittlung für einen 60-jährigen im Verhältnis zum 40-jährigen etc.). Trotz dieser Schwierigkeiten ergibt sich die Notwendigkeit für die Suche nach der „wahren" Preisgestaltung. Durch die integrative Perspektive der Nachhaltigkeit sind Verbindungen zur makro-sozialen und soziokulturellen Ebene der Institutionen vorhanden. Daher werden von Jörissen et al Anreizsignale durch staatliche Institutionen angeregt, um die gewünschte Veränderung zu fördern (Jörissen et al, 1999). Dafür sind jedoch resonanzfähige gesellschaftliche Institutionen nötig. Die Vergangenheit zeigt aber, dass eine idealtypische Preisbildung (unter Berücksichtigung aller Folgekosten etc.) freiwillig nicht entstehen wird.

Puma gibt der Natur einen Preis

„Zarte 30 Jahre war Jochen Zeitz, als er 1993 den Vorstandsvorsitz bei der Puma AG übernahm.[…] Was ihn außerdem bekannt machte: Unter seiner Ägide gab der Sportartikelhersteller die erste ökologische Gewinn- und Verlustrechnung heraus. Puma berechnete also, was neben Gummi, Leder und Farbe noch in seinen Turnschuhen steckt. Heraus kam: jede Menge Treibhausgasemissionen, Wasser und das Land, auf dem die Tiere für die Lederproduktion des Konzerns grasen. Diese Umweltkosten, auch Externalitäten genannt, bezifferte der Konzern auf 145 Millionen Euro. Damit hat Zeitz, der den Vorsitz mittlerweile abgegeben hat, Revolutionäres geleistet. Denn bis dahin galt die Natur zwar als wertvolles Gut. Weil ihre Ökosystemleistung, wie frisches Wasser, saubere Luft, Bestäubung, oder Klimaregulierung nichts kosteten, kümmerte ihr Verbrauch jedoch wenig. […] Auch die Natur und ihre Ressourcen sind kein all you can eat Buffet. Nur sind die Kosten für Umweltschäden häufig nicht sichtbar und bleiben am Steuerzahler kleben. Was der Raubbau an der Natur die Gesellschaft tatsächlich kostet zeigt eine aktuelle Studie der Britischen Unternehmensberatung Trucost. Sie schätzt die Top-100 Umwelteffekte von Unternehmen auf 4,7 Billionen US-Dollar pro Jahr. Dazu zählen die Autoren Wasser- und Bodennutzung, Treibhausgasemissionen, Abfall sowie Luft-, Wasser und Bodenverschmutzung. Kohlekraftwerke in Ost-Asien und die Rinderzucht in Südamerika verursachen die größten Schäden. Würde man auf die durchschnittliche Gewinnmarge die Kosten für Naturkapital vor Steuern aufrechnen, wäre keiner der 20 wichtigsten Wirtschafts-Sektoren profitabel, konstatiert die Studie. Dennoch folgen immer mehr Firmen dem Beispiel von Puma und beginnen damit, Naturgütern einen ökonomischen Wert zuzuschreiben. Aus ökologischen Ressourcen wird „Naturkapital". Warum wollen Unternehmen jenseits von Imagegründen aufzeigen, welche Kosten ihre Produkte wirklich verursachen? „Unternehmen geht es um ihre Existenzgrundlage", sagt Marion Hammerl, die Präsidentin des Global Nature Fund" (Gauto, 2013).

Problematisch ist die Internalisierung externer Kosten auch bei den Produktionsfaktoren. Von der Enquete-Kommission werden dazu lediglich die Regeln zur Vermeidung von Ressourcenverschwendung, Faktorallokation sowie die effiziente Befriedigung gesellschaftlicher Bedürfnisse formuliert (Enquete-Kommission, 1998). Durch die Aussparungen des Produktionsniveaus sowie der Ziel-Mittel-Relation zwischen Produktinput und -output, werden viele wichtige Nachhaltigkeitsaspekte nicht berücksichtigt (z.B. die Verknüpfung zwischen dem Effizienz- und Produktivitätsbegriff, Wissensressourcen, institutionelle und soziokulturelle Rahmenbedingungen etc.). Das gilt auch für die Erhaltung für künftige Generationen. Jörissen et al schlagen daher im Sinne der „Nachhaltigkeit" eine andere Form zur Internalisierung externer Kosten vor. Sie besteht in einer Abdiskontierung zukünftig mit Sicherheit anfallender monetärer Kostengrößen auf ihren Gegenwartswert (vgl. dazu z.B. Jörissen et al, 1999). Auch andere Wissenschaftler haben zu diesem Themenbereich Ansätze entwickelt (z.B. Rennings, 1995). Bereits über die Frage der Rechtfertigung des Diskontierens existieren verschiedene Meinungen. Vertreter der ökologischen Ökonomie fordern stattdessen alternative Forschungsanstrengungen, bei denen weder heutige noch künftige Generationen benachteiligt werden.

Eine weitere finanzwissenschaftliche Möglichkeit ergibt sich durch die grundlegende Nachhaltigkeitslinie eines tragfähigen Lastenausgleichs zwischen den Generationen. Das wesentliche Kriterium für die Zukunftsfähigkeit einer Gesellschaft ist demnach, dass keine Gesellschaft dauerhaft über ihre Verhältnisse lebt. Ökonomische Nachhaltigkeit ist im Sinne intergenerativer Gerechtigkeit darin zu sehen, dass wirtschaftliche Verschuldung gegenwärtiger Generationen (z.B. Staatsschulden) keine Beschränkung zukünftiger Handlungsspielräume in der Gesellschaft bewirken soll. Von der Enquete-Kommission wird für Deutschland ein generelles Schuldenverbot gefordert (Enquete-Kommission, 1998). Das Enquete-Kommissions-Mitglied Rochlitz regt in einem Sondervotum zum Kommissionsbericht an, die Verschuldung auf „nachhaltige" Investitionen eingeschränkt zuzulassen, da diese zukünftigen Generationen zu Gute kommen. Problematisch bleibt auch der verwendete Ansatz, dass Schulden von der „politisch verantwortlichen" Generation abzutragen sind. Neben diesen von der Enquete-Kommission vorgeschlagenen Regeln existieren bereits weitere internationale Regeln zur Schuldenbegrenzung von Staaten. So gilt für die Bundesrepublik Deutschland seit 2009 die „Schuldenbremse", die im Grundgesetz verankert ist. Danach liegt die Obergrenze für die Verschuldung des Staates bei 0, 35% des Bruttoinlandsproduktes (BIP). In einer Übergangszeit von 2011 bis 2016 soll der Bund dieses Ziel erreichen (dpa, 2009). Politisch konkretisierte Leitlinien finden sich auch im EU-Vertrag von Maastricht. Für die Staaten der Währungsunion wurden als Verschuldungs-Obergrenzen 60% Schuldenquote, bezogen auf das BIP und 3% Defizit, bezogen auf den laufenden Haushalt, festgelegt (o.V., 2009b). Hierfür wird eine kameralistische, am einzelnen Haushalt orientierte Perspektive vorgeschlagen, mit Orientierung an der Grundgesetz-Regelung (Jörissen et al, 1999). Im Sinne der „nachhaltigen Entwicklung" sowie des Erhalts unserer Existenzgrundlagen, gehört die Internalisierung externer Kosten zu den Mindestanforderungen für ein Nachhaltigkeits-Marketing-Management.

2.5.2.2.2 Disparitäten bei Einkommen und Vermögen

Der Terminus „räumliche Disparität" [R.D.] wird definiert als „Unausgeglichenheit der Raumstrukturen in einer bzw. verschiedenen Regionen. R.D. äußern sich in unterschiedlichen Lebensbedingungen sowie in ungleichen wirtschaftlichen Entwicklungsmöglichkeiten" (Keil, 2011, 65). Disparitäten können sich auf unterschiedliche räumliche Maßstabsebenen bezie-

hen. Sie können auf der mondialen (Nord-Süd-Gefälle zwischen Industrie- und Entwicklungsländern), kontinentalen (West-Ost-Gefälle innerhalb der EU), nationalen (Ost-West-Gefälle in
der BRD) oder lokalen Ebene (Stadt-Land-Gegensatz) auftreten. Es existiert noch kein umfassendes Theoriegebäude, das die dazugehörenden Determinanten integriert. Auch eine allgemeine Erklärung des räumlich differenzierten wirtschaftlichen Wachstumsprozesses der gesellschaftlichen Entwicklung gibt es nicht (Schätzl, 1996). Es gibt aber eine Vielzahl theoretischer Konstrukte (z.B. Neoklassische Theorie, Polarisationstheorien, Polarization-Reversal-
Hypothese etc.), die, durch unterschiedliche Modellformulierungen, Erklärungen zur Entstehung zur Existenz räumlicher Disparitäten bieten. Zu den Bedingungen dieses Problembe-
reichs existieren an anderer Stelle hinreichend Ausführungen, die als bekannt vorausgesetzt
werden (vgl. dazu z.B. Schätzl, 1996, Bathelt/ Glückler, 2002, Lammers, 2002 etc.).

Bei der „nachhaltigen Entwicklung" bilden Fragen der Verteilungsgerechtigkeit einen
Schwerpunkt. Im Brundtland-Bericht finden sich erstmals Gerechtigkeitsfragen im Hinblick
auf die „Nachhaltigkeit". Sie beziehen sich auf die inter- und intragenerative Perspektive. Auf
Basis eines globalen Maßstabs wurden als ungerecht diagnostizierte Verteilungsgegebenhei-
ten als wichtige Ausgangspunkte für Nachhaltigkeitsanalysen und -strategien bestimmt. Dabei
wurde nicht verhehlt, dass Verteilungsfragen bzw. verteilungsbeeinflussende Maßnahmen,
seit jeher zu den umstrittensten Politikfragen weltweit gehören. Einkommens- und Vermö-
gensdisparitäten beziehen sich bei der „Nachhaltigkeit" auf die intragenerative Perspektive.
Dazu vorgeschlagene Regeln sehen die Chancengleichheit heute lebender Menschen sowie
die Verteilung materieller Güter (Geld, Produktivkapital etc.) vor. Grundlage bildet die Tatsache, dass auf der mondialen Ebene (Basis der Daten der Weltbank, UNDP etc.), zwei generelle Feststellungen vorliegen (Jörissen et al, 1999).

–   Die Tendenz zu einer Verteilungsungleichheit zwischen Entwicklungsländern und Indust-
    rieländern hat in den letzten Jahrzehnten zugenommen.
–   Auf nationaler Ebene verlief die Entwicklung sehr unterschiedlich (in einigen Ländern als
    zunehmende, in anderen als abnehmende Ungleichverteilung).

Wissenschaft und Praxis sind durch heftige Kontroversen über Beurteilung und Gewichtung
von Ungleichheitsursachen geprägt. Ähnliches gilt auch für die Beurteilung von Verteilungs-
diskrepanzen bei den Nachhaltigkeitsdimensionen (vgl. dazu z.B. Samuelson/Nordhaus,
1998). Es besteht aber weitgehend Einigkeit darüber, dass sich sowohl zu große Disparitäten
als auch eine elitäre Verteilung problematisch auf den gesellschaftlichen Zusammenhalt auswirken. Wie so oft bei der „Nachhaltigkeit", liegt auch hier ein Dilemma zugrunde. Es müssen Gerechtigkeitsprinzipien entwickelt werden, die die negativen Wirkungen von Ungerech-
tigkeit vermeiden. Gleichzeitig müssen diese aber für Unternehmen wie Privatleute auch ausreichend Leistungsanreize für innovative Entwicklungsmöglichkeiten schaffen (Jörissen et al,
1999). Diese Mammutaufgabe ist nicht ohne kulturbezogene, soziokulturelle Werte im kultu-

rellen Kapital einer Gesellschaft zu bewältigen. Das Gerechtigkeitspostulat stellt bei der „nachhaltigen Entwicklung" enorme Herausforderungen. Die dazu gehörenden Fragen sind nur im Rahmen eines kontinuierlichen und beständigen Lern- und Suchprozesses (mit Sowohl-als-auch-Lösungen etc.) gesellschaftspolitisch zu erörtern.

In Deutschland zeigen Studien, dass die Zunahme von Ungleichheit in Zyklen verläuft (University Gottingen, 2012). Während in der zweiten Hälfte der 1990er Jahre der Gini-Koeffizient (Indikator für die Ungleichheit in der Einkommensverteilung) zunächst leicht zurückging, war er vorher (nach dem Jahr 1980) erheblich angestiegen. Die Daten zeigen auch, dass die Einkommensanteile seit 1998 nur noch im obersten Dezil erheblich gewachsen sind (von 21% auf 24,4%). Die niedrigeren Einkommensbezieher haben relativ verloren (im untersten Dezil von 4% auf 3,4%) (vgl. dazu näher z.B. Becker, 2012). Ergebnisse aus dem 3. Armuts- und Reichtumsbericht bestätigen als Ursache für die Zunahme von Ungleichheit, vor allem die Verschlechterung auf der Einnahmeseite bei der unteren Hälfte sowie die Verbesserung bei den obersten 10% der Haushalte (vgl. dazu näher z.B. BMAS, 2008). In der nationalen Nachhaltigkeitsstrategie der Bundesregierung werden Erörterungen des Nachhaltigkeitsleitbildes aus Sicht der Regierungsvertreter vorgestellt und Ziele sowie Vorschläge zu Indikatoren genannt (BMBF, 2002). Der Prozesscharakter der Nachhaltigkeitspolitik soll durch eine regelmäßige Berichterstattung verdeutlicht werden. Es wird angeregt, die Nachhaltigkeitspolitik anhand quantifizierter Indikatoren messbar und transparent zu machen. Räumliche Disparitäten bei Einkommen und Vermögen wirken sich bei der „nachhaltigen Entwicklung" auf inter- und intragenerationelle Gerechtigkeitsfragen und den sozialen Frieden aus. Sie gehören daher auch zu den Mindestanforderungen beim Nachhaltigkeits-Marketing-Management.

2.5.2.2.3 Internationale Standards

„Ein Standard ist eine vergleichsweise einheitliche oder vereinheitlichte, von bestimmten Kreisen anerkannte und meist auch angewandte (oder zumindest angestrebte) Art und Weise etwas herzustellen oder durchzuführen, das sich gegenüber anderen Arten und Weisen durchgesetzt hat" (IHK-Koblenz, 2014). Standards sind nicht auf die Bereiche Technik und Methodik beschränkt. Sie finden sich auch in anderen Bereichen (Umweltschutz, Menschenrechte etc.). Standards entstehen nicht immer unter Einbeziehung aller interessierten Kreise (Öffentlichkeit etc.). Wirtschaftlich gesehen, sind sie fest mit Normen verbunden. Sie sind schneller erstellbar und stellen daher oft die Basis für spätere Standards dar. Bei der „Nachhaltigkeit" ist die faire Teilnahme am Wirtschaftsgeschehen von Bedeutung. Das impliziert auch die Sicherstellung eines möglichst gleichberechtigten und dauerhaft garantierten Zugangs zu internationalen Märkten. Seit den 1970er Jahren ist diese Forderung in den Wirtschaftswissenschaften, der Politik und der Gesellschaft heftig umstritten (Jörissen et al, 1999). Kontroversen beziehen sich dabei auf die Frage, inwieweit sich Globalisierungsprozesse auf die Ziele der „nachhaltigen Entwicklung" auswirken. Sie beziehen sich auch auf Anforderungen aus dem Leitbild für die Prozesse. Hauptdiskussionspunkte sind der wachsende internationale Handel mit Gütern und Dienstleistungen, die sich ergebenden Folgen sowie die Ausgestaltung darauf bezogener Standards (national, supranational etc.) (Steger, 1999).

Green Washing mit Hilfe zweifelhafter internationaler Umweltzertifikate

„Nach Informationen des SPIEGEL tricksen europäische Stromanbieter ihre Kunden gezielt aus. Sie etikettieren Atom- oder Kohlestrom einfach in Ökostrom um. Eine legale Praxis, die durch Ökozertifikate möglich ist. Als „reinen Verschiebebahnhof" bezeichnet es Thorsten Kasper von der Verbraucherzentrale, Uwe Leprich von der Hochschule für Technik und Wirtschaft des Saarlandes spricht sogar von einer „Täuschung des Verbrauchers". Europäische Stromversorger verkaufen ihren Kunden Ökostrom, der in Wahrheit aber in Atom- oder Kohlekraftwerken erzeugt wurde. Nach Informationen des SPIEGEL etikettieren sie den Atom- oder Kohlestrom einfach in Ökostrom um. Wie das geht? Ein Stromversorger kauft Strom an der Börse, etwa aus dem AKW Krümmel, für 7 Cent je Kilowattstunde. Den veredelt er dann mit einem Ökozertifikat eines norwegischen Wasserkraftwerks, was ihn lediglich noch mal 0,05 Cent pro Kilowattstunde kostet. Seinen Graustrom darf er dann als Ökostrom verkaufen. Der norwegische Betreiber muss im Gegenzug die entsprechende Menge seines Ökostroms dann in konventionell erzeugten Strom umetikettieren. Diesen für Stromkunden in etlichen europäischen Ländern wenig transparenten Tausch ermöglicht das „Renewable Energy Certificate System" (RECS). Ein Trick, der nach Meinung von Thorsten Kasper überhaupt erst ermöglicht, dass ganze Städte auf einen Schlag angeblich komplett mit Ökostrom versorgt werden. Umweltzertifikate wie ISO 14001, RECS und EMAS werden durch einen solch gezielten Missbrauch diskreditiert und stellen damit sich selbst in Frage. [..] Irgendwann werden die umweltbelastenden Firmen mit „Ökozertifikat" ihre Aktien als Ökoaktien, als sog. grüne Geldanlage verkaufen" (Mayer, 2014).

In der Wirtschaftstheorie der Neoklassik wird der internationale Handel vorwiegend unter dem Postulat der Ausnutzung komparativer Kostenvorteile betrachtet. Prognostizierte ökologische und soziale Folgeprobleme werden als überbewertet (kaum existent) sowie durch positive Effekte mehr als kompensiert betrachtet. Die Positionen der Vertreter der Neoklassik zur Nachhaltigkeit wurden an anderer Stelle bereits hinreichend dargestellt und werden als bekannt vorausgesetzt (vgl. dazu z.B. WTO, 1999, OECD, 1998, Pflüger, 1999 etc.). Vertreter kritischerer Positionen weisen auf negative Folgen der Globalisierungsprozesse auf nationale Arbeitsmärkte, Sozialstrukturen sowie bei Entwicklungsländern auf eine nicht nachhaltige Entwicklung weltwirtschaftlicher Prozesse hin (Kreissl-Dörfler, 1998). Zur Minimierung negativer Folgen der Globalisierung im Sinne von Nachhaltigkeit, sind internationale soziologische Mindeststandards in der Diskussion. Sie sollen die globale Angleichung von Lebens- und Produktionsbedingungen fördern und fairere Handelsbeziehungen ermöglichen (Kreissl-Dörfler, 1995). Zur Diskussion steht auch eine Verknüpfung zwischen dem Abbau von Handelshemmnissen und gezielten protektionistischen, staatsinterventionistischen Maßnahmen zur Korrektur von Marktungleichheiten (z.B. durch international handlungsfähige Kartellbehörden etc.) (Jörissen et al, 1999). Eine weitere Forderung im Rahmen der „nachhaltigen Entwicklung" besteht in den Prinzipien der internationalen Zusammenarbeit zwischen Staaten, Unternehmen und NGOs. Diese Forderung geht auf die Deklaration von Rio de Janeiro und die Agenda 21 zurück (Vereinte Nationen, 1992, Vereinte Nationen, 1992a). Als Prinzipien werden gefordert: (1) Bekämpfung der Armut, (2) Schutz und Wiederherstellung der Ökosysteme der Erde, (3) nachhaltige Entwicklung durch wissenschaftliche Zusammenarbeit und Technologietransfer, (4) Förderung eines internationalen Wirtschaftssystems, das zu wirtschaftlichem Wachstum und „nachhaltiger Entwicklung" führt, (5) Vermeidung des Transfers von gesundheitsschädlichen Stoffen in andere Staaten und (6) die Entwicklung internationalen Rechts zur Förderung einer nachhaltigen Entwicklung. Dabei ist die gemeinsame und unterschiedliche Verantwortung der Staaten zu beachten. Industrienationen sind für einen Großteil globaler Umweltprobleme verantwortlich. Daher ist auch ihre Führerschaft bei deren Bekämpfung vorgesehen. Da sie mehr Finanzkraft und technische Leistungsfähigkeit haben, ist auch die Unterstützung der Entwicklungsländer bei der Bekämpfung von Armut und Umweltzerstörung vorgesehen (Jörissen et al, 1999). Internationale Standards sind beim Konzept „nachhaltige Entwicklung" zur Gewährleistung produktbezogener und sozialer Standards hilfreich und können für die gewünschte Transparenz bei den Konsumenten sorgen. Sie gehören daher zu den Mindestanforderungen für ein Nachhaltigkeits-Marketing-Management.

2.5.2.3   Leitbild soziale Nachhaltigkeit

Der Begriff soziale Nachhaltigkeit ist allgemeingültig nicht definiert. In Wissenschaft, Politik und Praxis herrscht daher nicht nur inhaltliche Unsicherheit, sondern auch große Uneinigkeit. Das fördert auch die Beliebigkeit im Umgang mit dem Begriff. Die inhaltliche Unsicherheit wird durch folgende Definition eines Mitglieds des Nachhaltigkeitsrates verdeutlicht: „Die soziale Dimension wird bisher weitgehend defensiv verstanden. Im Vordergrund steht die Maxime „don't damage", also das Bemühen, bei Industrieansiedlungen oder ländlicher Entwicklung bloß nichts kaputt zu machen oder jedenfalls nicht dabei aufzufallen" (Müller, 2002). Soziale Nachhaltigkeit wird oft als Stiefkind im Rahmen des Dreisäulenmodells verstanden. In der Literatur wird festgestellt, dass „soziale Nachhaltigkeit nahezu karitativ verschämt daherkommt, da Akteure sie sowieso nicht haben" (Müller, 2002). Als Handlungsfelder werden die Bekämpfung der Arbeitslosigkeit, Sozialpolitik und Entwicklungspolitik (Frauen, Landwirtschaft etc.) genannt. Der Definition fehlt eine theoretische Fundierung. Ihre Ausrichtung ist politisch gesehen reaktiv. Implizit wird von Gerechtigkeit ausgegangen, der Ganzheitlichkeitsaspekt jedoch versäumt. Eine andere Definition stammt aus der Agenda 21. Hierbei besteht angesichts der weltweiten Armut das Ziel der in Rio de Janeiro beschlossenen Agenda 21 darin, „…allen Menschen mit besonderer Vordinglichkeit die Möglichkeit zur Sicherung ihrer Existenz zu geben. Hierzu gehören auch bessere Bildung und Ausbildung, Familienplanung und die Gleichberechtigung von Mann und Frau" (Vereinte Nationen, 2002). Als soziale Ziele zu dieser Definition werden im Kapitel 6 „Schutz und Förderung der menschlichen Gesundheit" und im Kapitel 24 ein „Aktionsplan für Frauen" genannt. Dieser bezieht sich auf die Erzielung einer gerechten und nachhaltigen Entwicklung und der Verbesserung des Zugangs zu Bildungsmöglichkeiten aller Art. Die Definition basiert auf der theoretischen Fundierung eines ethisch-moralischen Ansatzes. Die Ausrichtung ist auf globale Nachhaltigkeit ausgerichtet. Gerechtigkeit und Ganzheitlichkeit sind explizit.

Die allgemeine Uneinigkeit schlägt sich auch in der Praxis nieder, da in der Nachhaltigkeitsdiskussion sehr oft der Ökologie ein zentrales Element eingeräumt wird. Dadurch entsteht der Eindruck, als ob durch die Verfolgung ökologischer Rahmenbedingungen gleichzeitig auch die Grundlage für eine sozial gerechte, lebenswerte und arbeitsmarktpolitisch „heile Welt" hergestellt wird. Es entsteht zudem der Eindruck einer Nachrangigkeit im Sinne sozialökologischer Maßnahmen. Mit der „nachhaltigen Entwicklung" sind enorme Veränderungen und verschiedene Paradigmenwechsel verbunden. Dadurch erzeugte Spannungen und Konfliktpotentiale verhindern oft die notwendigen Veränderungen, wenn dabei die soziale Dimension vernachlässigt wird. In diesem Zusammenhang steht auch die Forderung, dass die sozialen Ressourcen (soziale Beziehungsnetzwerke, gesellschaftliches Wissen, kulturelle Traditionen, Erfahrungen, Kompetenzen etc.) als eine Art „sozialer Kitt" von Gesellschaften erhalten und weiterentwickelt werden müssen. Diese Ansicht deckt sich weitgehend mit dem vorliegenden Modell des Nachhaltigkeits-Marketing-Managements, vor allem durch die elementare Bedeutung kulturbezogener und sozialer Werte für den Zusammenhalt in der Gesellschaft. Als Basis für die nachfolgenden Elemente dienen ausgewählte soziale Werte aus der Allgemeinen Erklärung der Menschenrechte, Europäischen Menschenrechtskonvention und Europäischen Sozialcharta. Die Ebenen beziehen sich auf Mindestanforderungen.

2.5.2.3.1   Bedürfnisbefriedigung und Partizipation

Bei der Bedürfnisbefriedigung kann der Begriff Bedürfnisse (individuell und kollektiv) weit oder eng definiert werden. Je nach Definition verändert sich dabei das Verständnis über die Bedingungen eines menschenwürdigen Lebens. Werden unter dem Begriff in erster Linie Grundbedürfnisse verstanden, handelt es sich um die Absicherung materieller Grundlagen menschlicher Existenz (Nagel, 1985). Wird der Begriff um immaterielle Bedürfnisse erweitert (z.B. Bildung, Kultur, Erholung, soziale Beziehung, Selbstverwirklichung etc.), sind für die Befriedigung erheblich größere Handlungsspielräume notwendig (Maslow, 1960). Erst diese schaffen die Voraussetzungen für den Einzelnen, selbst für ein menschenwürdiges Leben zu sorgen. Konzepte, bei denen Grundbedürfnisse auch Verteilungsgerechtigkeit berücksichtigen, setzen für das Individuum die Stellung eines vollwertigen Bürgers voraus. Das bedeutet die Gestaltung von sozialen Rechten auf Teilhabe am gesellschaftlichen und kulturellen Leben, die Gewährung subjektiver Freiheitsrechte sowie demokratischer Partizipationsrechte (Forst, 1996). Der Begriff Partizipation hat in sozialwissenschaftlichen Studien derzeit Hochkonjunktur. Dahinter verbergen sich unterschiedliche Auffassungen von Beteiligung und Mitwirkung. Beim Konzept der „sozialen Nachhaltigkeit" findet er breite Anwendung. In der Partizipationsdebatte rückt er als gesellschaftliche Gestaltungsmethode ins Blickfeld (sowohl beim Ziel als auch als beim Weg zur „nachhaltigen Entwicklung"). In der Forschung wandelt er sich zum Gegenstand (Bedingungen des Gelingens und deren Bezug zur nachhaltigen Entwicklung etc.). Aus historischer Sicht bestehen Verbindungen zu (stadt-)räumlichen Planungen und politischen Entwicklungen. In Kontext der Ökonomie bestehen Verbindungen zur Entwicklungspolitik, Bürgerbeteiligung, Frauen- und Geschlechterforschung. Bei der „Nachhaltigkeit" kommt dem Begriff sowohl in Bezug auf gesellschaftliches Lernen als auch auf Partizipationsprozesse Bedeutung zu. Partizipation ist insbesondere auf dem Weg zu einer Neuorientierung in Richtung „Nachhaltigkeit" von Bedeutung (Brand/Fürst, 2002).

Beim Konzept der „nachhaltigen sozialen Entwicklung" stehen Verteilungs- und Mitbestimmungsfaktoren der Gesellschaftsmitglieder im Vordergrund. Zusätzlich kommen noch Aspekte des „Gerechtigkeitspostulats" hinzu, das intra- und intergenerativ zu berücksichtigen ist. Diese Forderung basiert auf dem Brundtlandbericht, der Deklaration von Rio de Janeiro und ist auch in der Agenda 21 zu finden (Hauff, 1987; Vereinte Nationen, 1992; Vereinte Nationen, 1992a). Die dazu gehörenden Konzeptionen werden wissenschaftlich im Rahmen der politischen Philosophie erst seit kurzen diskutiert und sind heftig umstritten (Kersting, 1997). Beim „Gerechtigkeitspostulat" geht es um soziale Verbindlichkeit, um Rechte und Pflichten, die von einem Individuum und von anderen in der Gesellschaft zu erfüllen sind (Sachs/ Santarius, 2005). Das Postulat wird aber nicht nur auf soziale Handlungen von Individuen bezogen, sondern auch auf soziale Strukturen (z.B. politische Gerechtigkeit, auf Gesetze, Institutionen etc.). Weder von Nachhaltigkeit noch von Gerechtigkeit existiert ein objektives Bild. Daher sind politische Entscheidungsträger gehalten, die mit den nötigen Veränderungen verbundenen Anpassungen (Werte, Normen, kulturelles Wissen etc.), mit den gesellschaftlichen Stakeholdern über Lernprozesse beständig neu auszuhandeln. Institutionelle Bezugsrahmen müssen nicht nur national, sondern auch international Wirksamkeit haben. Einigkeit besteht darüber, dass aufgrund der global unterschiedlichen Ausgangssituation in den verschiedenen Ländern, entsprechende „Nachhaltigkeitskonzeptionen" nur im Rahmen einer „internationalen Gerechtigkeit" gefunden werden können. Über derartige Konzepte wird erst seit kurzem im Bereich der „politischen Philosophie" geforscht. Dabei ist ein erbitterter Theoriestreit über die globale Verteilung von Vorteilen und Lasten entbrannt, für den sich derzeit keine Lösung abzeichnet. Einerseits wird die Schaffung eines „Weltstaates" (mit entsprechenden konstitutionellen Institutionen etc.) diskutiert, der die Güter weltweit gerecht verteilt. Andererseits wird die Meinung vertreten, dass die erste Welt direkte und aktive Verantwortung für die Missstände in der Dritten Welt übernehmen soll, um kompensierend sozialrelevante Umverteilungsmaßnahmen in Gang zu setzen. Als weitere Position wird generell bestritten, dass derartige Gerechtigkeitskonzeptionen überhaupt anwendbar sind und die gerechte Gestaltung von Institutionen gefordert. Schließlich findet sich auch der Ansatz, dass, solange keine internationalen Institutionen vorhanden sind, in der Dritten Welt Unrecht nur auf herkömmliche Weise (UN, Entwicklungshilfe etc.) zu bekämpfen ist (Kersting, 1997). In Deutschland ist auf der unternehmerischen Ebene in der Unternehmenspolitik „soziale Nachhaltigkeit" ein Trend (Schönborn/Steinert, 2001). Die Unternehmensführung kann z.B. mit „Sustainability Ratings" (ökologische und soziale Prüfkriterien etc.) bewertet werden, ebenso der Umgang mit Stakeholdern. Bei global agierenden Unternehmen wächst das Verständnis dafür, dass künftig noch stärkere Verantwortung für ökologische und soziale Aufgabenfelder zu übernehmen ist. Vom Generalsekretär der Vereinten Nationen wurde dazu eine neue Initiative zur „verantwortungsbewussten Unternehmensführung" gestartet (Vereinte Nationen, 2014). Deutsche Unternehmen haben darauf bisher aber kaum reagiert. Ein Grund könnte darin zu sehen sein, dass hierzulande von einem Großteil der Unternehmen „Nachhaltigkeit" eher defensiv verstanden wird. Das hat zur Folge, dass in der Geschäftspolitik, bei Neuansiedlungen bzw. Entwicklungsprojekten, eher Zurückhaltung geübt wird. Oft besteht Angst etwas falsch zu machen, bzw. bei einem Fehler aufzufallen. Insofern werden Möglichkeiten zur unternehmenspolitischen Gestaltung der „nachhaltigen Entwicklung", im Hinblick auf wirtschaftliche Kompetenz und Diskursfähigkeit mit zivilgesellschaftlichen Organisationen, bisher kaum genutzt. Aus den zuvor genannten Gründen stellen Bedürfnisbefriedigung und Partizipation Mindestbedingungen mit großer Bedeutung, für ein Nachhaltigkeits-Marketing-Management dar.

2.5.2.3.2   Chancengleichheit und Existenzsicherung

Die Definition des Begriffs „Chancengleichheit" ist auch ohne Analogie zur „Nachhaltigkeit" relativ schwierig. Der Begriff ist sehr vage, vollkommen offen für die politische Praxis sowie gänzlich kulturbestimmt. Wird Chancengleichheit als eigenständige, universalistische Ethik verstanden, kann der Begriff vorläufig definiert werden als: „gleiche Startbedingungen für Individuen, soziale Gruppen, Völker unterschiedlicher Hautfarbe, Religionszugehörigkeit, Kultur, Sprache, für Menschen unterschiedlichen Geschlechts und für verschiedene Generationen, die ihre Bedürfnisse, Lebensstile und Optionen selbst bestimmen und zu natürlichen Ressourcen, Gütern und Positionen den gleichen Zugang haben". (Massarrat, 200, 23). Ethisch gesehen beschreibt Chancengleichheit danach einen Zustand in der Gesellschaft, über den gegen historisch gewachsene (z.B. Traditionen, Sitten etc.) und neu herausgebildete Ungleichheitstendenzen (z.B. fehlende Bildung, fehlender Zugang zu natürlichen Ressourcen etc.), in einem ständigen Dialog zwischen den gesellschaftlichen Akteuren Aushandlungen zu führen sind. Nach herrschender liberaler Auffassung ist die Verwirklichung von Chancengleichheit aber „gerade wegen der prinzipiellen Universalität des individuellen Bezugs" nicht inhaltlich festlegbar (Rothe, 1981). Im Sinne der Nachhaltigkeit wird eine inter- und intragenerative Chancengleichheit gefordert. Das führt ethisch zu einem bisher nicht gelösten Legitimitätsdilemma. Danach hätten die gegenwärtigen Generationen nicht das Recht, die Bedürfnisse künftiger Generationen zu definieren und ihnen dafür auch noch die technologischen und gesellschaftlichen Bedingungen vorzuschreiben (Redclift, 1993). International wird im offiziellen Nachhaltigkeitsdiskurs Chancengleichheit „nicht" als elementares Überlebensgut (Grundbedürfnis), sondern als eines der Grundgüter im weiteren Sinne (wie z.B. gleicher Zugang zu Bildung, Informationen, im Gemeinbesitz befindlichen Ressourcen, Arbeitsmöglichkeiten,

Entlohnung etc.) angesehen (Vereinte Nationen, 1992a, WHO, 1992). Chancengleichheit wird dabei gerechtigkeitstheoretisch begründet. Sie bezieht sich auf die Gewährleistung im Hinblick von Differenzen der Geschlechter, rassischer, kultureller Unterschiede, bzw. der Fürsorge für besonders benachteiligte Gruppen (Forst, 1996). In Deutschland bezieht sich der offizielle Nachhaltigkeitsdiskurs bisher auf Fragen der sozialen Eingliederung, Demographie, Migration sowie Bekämpfung der Armut (BMAS, 2008a). Zwar ist bei den Unternehmen, u.a. durch gesetzliche Vorgaben der EU, nachhaltiges Wirtschaften zu einem Leitprinzip der Unternehmenspolitik geworden, Chancengleichheit und Flexibilität erweisen sich dabei jedoch als die größten Herausforderungen (Pressemitteilung, 2011).

Eingenähte Hilferufe bei Primark

„Die britische Billigmodekette Primark ist erneut wegen der Arbeitsbedingungen bei der Herstellung ihrer Produkte in die Kritik geraten. Eine Primark-Kundin aus Belfast in Nordirland hatte erklärt, in einer Hose, die sie in einem der Geschäfte der Kette gekauft habe, sei ein Zettel eingenäht gewesen, versehen mit der in asiatischen Schriftzeichen verfassten Klage einer Arbeitskraft, wie die BBC am Mittwoch berichtete. In der Notiz macht der Schreiber geltend, er und seine Kollegen müssten „wie Ochsen" arbeiten. Das Essen, das ihnen zur Verfügung gestellt werde, wäre für Tiere ungenießbar. Darüber stehen in lateinischer Schrift die Zeichen „SOS! SOS! SOS!". Die Nachricht war in den Gefangenenausweis eines chinesischen Gefängnisses eingelegt. Der Vorwurf ist der dritte gegen Primark innerhalb weniger Tage, wie mehrere britische Medien am Mittwoch gleichlautend berichteten. Vor kurzem war im walisischen Swansea ein eingenähter Zettel in einem Kleid aufgetaucht, der die Aufschrift trug: „...forced to work exhausing hours" (etwa: ... zur Arbeit bis zur Erschöpfung gezwungen). Eine weitere Primark-Kundin hatte einen Zettel mit der Aufschrift „degrading sweatshop conditions" (erniedrigende Bedingungen in einer Knochenmühle) in ihrem Kleid vorgefunden. Primark kündigte der BBC gegenüber eine Untersuchung der Vorfälle an. Eine Anfrage der Deutschen Presse-Agentur beantwortete das Unternehmen nicht. Primark war bereits in die Schlagzeilen geraten, als bekannt wurde, dass das Unternehmen Kleidung in der Fabrik in Bangladesch hatte fertigen lassen, deren Gebäude im April 2013 eingestürzt war und mehr als 1100 Billigarbeiter begraben hatte» (Dpa, 2014).

Der Begriff „Existenzsicherung" ist mit dem Begriff Arbeit verbunden, die dazu benötigt wird. Arbeit wird „als frei übernommene Tätigkeit zur Existenzsicherung verstanden" (Jörissen et al, 1999, 109). Der Begriff schließt nicht nur die Erwerbsarbeit ein, sondern umfasst jede Tätigkeit zur Existenzsicherung (z.B. Selbständigkeit, Kombinationen aus Erwerbstätigkeit und anderen Tätigkeiten, Bürgerarbeit etc.). Arbeit erfüllt, neben der Existenzsicherung, auch andere wichtige gesellschaftliche Funktionen (z.B. Bindeglied zwischen gesellschaftlicher und individueller Handlungsebene, Integrationsfaktor in der Gesellschaft etc.). Arbeit hat auch im offiziellen Nachhaltigkeitsdiskurs große Bedeutung. Sie soll durch Arbeitsbeschaffungsmaßnahmen auf unterschiedlichen Ebenen ermöglicht und durch Kooperationen des Staates mit den anderen Partnern in der Zivilgesellschaft verfügbar gemacht werden (z.B. für Frauen, Jugend, Behinderte, Alte, indigene Gruppen etc.) (WHO, 1995). Erweiterungen produktiver Arbeitsmöglichkeiten stehen im Zentrum von Strategien im Rahmen der „nachhalti-

gen Entwicklung". Die gesellschaftliche Bedeutung von Arbeit ist auch im Rahmen sozial-
wissenschaftlich-philosophischer Theorien ein Thema (z.B. Orsi et al, 1996). Von den Vertretern wird zwischen milder und strenger Deutung eines „Rechts auf Arbeit" unterschieden.
Nach der milden Auffassung gilt dieses Recht durch finanzielle Zuwendung (z.B. bei Arbeitslosigkeit etc.) als abgegolten. Nach der strengen Auffassung (gerechtigkeitstheoretische Begründung etc.) hat der Staat die Pflicht, jedem Arbeitswilligen Arbeitsgelegenheiten (als ab-
hängige Arbeit) zu ermöglichen (Steinvorth, 1996). Das Recht auf Arbeit findet sich als elementares Menschenrecht in diversen Staatsverfassungen und ist auch Bestandteil des UNO-
Menschenrechtsabkommens. In Deutschland existieren zur Umsetzung der strengen Auslegung des Rechts auf Arbeit im Rahmen der „nachhaltigen Entwicklung" bisher kaum Vorschläge. Von Wehner wird vorgeschlagen in drei Schritten vorzugehen (Wehner, 1997). (1)
Eine Prüfung, wie die am Markt nachgefragte Arbeitsmenge gerechter zu verteilen ist. (2) Erörterung, wie diese Arbeitsmenge zu vergrößern ist. (3) Erörterung, wie eine Kombination aus
Erwerbsarbeit und gesellschaftlich honorierter informeller Tätigkeit gestaltet werden kann.
Das sog. „Grundbedürfnis-Konzept" zur Existenzsicherung wurde primär zur Armutsbekämp-
fung in der Dritten Welt formuliert. Es ist aber auch für eine global formulierte soziale Nach-
haltigkeit von Bedeutung. Ansätze zur Konkretisierung der Nachhaltigkeit konzentrieren sich
gegenwärtig vor allem auf Mindestbedingungen und -ziele in verschiedenen Dimensionen.
Vor allem mit Blick auf die Konsumenten sind Chancengleichheit und Existenzsicherung als
Mindestanforderungen für ein Nachhaltigkeits-Marketing-Management unverzichtbar.

2.5.2.3.3 Sozialressourcen

Der Begriff „Sozialressourcen" wurde „ … als Inbegriff integrationsfördernder Tugenden und
Institutionen im weitesten Sinne" definiert (Empacher/Wehling, 1998). Die Erhaltung der Sozialressourcen gilt als eine Mindestvoraussetzung für den Zusammenhalt in einer Gesellschaft. Der Begriff integriert mehrere (nicht ökonomische) Konzepte unterschiedlicher Ausrichtung. Auch werden zahlreiche z.T. auch unterschiedliche Begriffe subsummiert. Von
Bourdieu werden, im Gegensatz zu einer verengten Sichtweise, die jegliche Kapitalformen
jenseits des ökonomischen Kapitals verkennt, zusätzlich zwei weitere Arten von Kapital identifiziert (Bourdieu, 1983, Bourdieu, 1992):

– **Sozialkapital**
  Das Sozialkapital umfasst die Gesamtheit der aktuellen und potentiellen Ressourcen, „der
  in sozialen Beziehungen und sozialen Normen enthaltenen Handlungspotentiale". Der Begriff „Kapital" wird von Bourdieu definiert als »akkumulierte Arbeit, entweder in Form
  von Material, oder in verinnerlichter, „inkorporierter" Form (Bourdieu, 1992).
– **Kulturkapital**
  Das Kulturkapital kann als Bildung und Handlungswissen einer Person in jedweder Form
  beschrieben werden. Es lässt sich in drei Unterformen differenzieren.

–   Als „inkorporiertes" Kulturkapital wird die verinnerlichte Form des Kulturkapitals ver-
    standen. Es „wird in persönlicher Bildungsarbeit erworben und kann am ehesten als
    kognitive Kompetenz und ästhetischer Geschmack beschrieben werden" (Jungbauer-
    Gans, 2004, 377).

–   Das „objektivierte" Kulturkapital (Buch, Bild, Computer etc.) ist eine autonome, über-
    tragbare Form des Kulturkapitals. Es kann mittels ökonomischer Investition beliebig
    (gekauft, verschenkt vererbt etc.) weitergegeben werden (z.B. Lesefähigkeit zur Er-
    schließung eines Buches etc.).

–   Das „institutionalisierte" Kulturkapital, das Bildung voraussetzt (auch **Wissenskapital**
    genannt), existiert in Gestalt von zu vergebenden Bildungstiteln (schulischen bzw. aka-
    demischen Titeln etc.). Das inkorporierte Kulturkapital erfährt durch das institutionali-
    sierte Kapital eine gewisse Objektivierung.

Insgesamt ist bei Sozialressourcen die Ungleichverteilung der Kapitalsorten in einer Gesellschaft zu problematisieren (Bourdieu, 1998). Eine Gesellschaft definiert sich in unterschiedliche Klassen, die sich wiederum durch den Besitz von Kapital definieren. Wie beim physi-
schen Kapital, ist die Reproduktion von Kapital abhängig vom eigenen Besitz. Insofern haben
Personen mit hohem physischem Einkommen auch bessere Voraussetzungen zur Schaffung
von Sozial- und Kulturkapital. Daher ist jegliches Kapital der Grund für eine Manifestierung
gesellschaftlicher Schichten, in denen sich soziale Ungleichheiten verstärken. Der Nutzen sozialer Ressourcen für alle gesellschaftlichen Klassen wird dadurch aber nicht widerlegt
(Bourdieu, 1998). In der Literatur werden vielfältige soziale Integrationsmodi und -ressourcen
diskutiert. Sie reichen von konservativen Positionen (vgl. z.B. Heitmeyer, 1987), über Konzepte des kommunikativen Handels (vgl. z.B. Habermas, 1981), des gesellschaftlichen Inte-
ressensausgleichs und der Gerechtigkeit (vgl. z.B. Nunner-Winkler, 1995), bis zur Erneue-
rung intermediärer Assoziationen und sozialen Milieus bzw. anspruchsvolle Formen der Kon-
fliktregulierung (vgl. z.B. Dubiel, 1994). Die Wirksamkeit der Vorschläge im Hinblick auf
soziale Kontexte ist in hohem Maße umstritten. Das Konstrukt „Sozialressourcen" ist eine heterogene, weitgehend immaterielle Ressource, die nur sehr schwer zu operationalisieren ist.

Im Hinblick auf den „Nachhaltigkeitsdiskurs" wurde bereits im Rahmen der zweiten UNES-
CO-Weltkonferenz über Kulturpolitik im Jahre 1982 von den Konferenzteilnehmern festgestellt, „dass die Kultur in ihrem weitesten Sinne als die Gesamtheit der einzigartigen geistigen, materiellen und emotionalen Aspekte angesehen werden kann, die eine Gesellschaft oder
eine soziale Gruppe kennzeichnen. Dies schließt nicht nur Kunst und Literatur ein, sondern
auch Lebensformen, die Grundrechte der Menschen, Wertesysteme, Traditionen und Glaubensrichtungen" (Deutsche UNESCO-Kommission). Zur Umsetzung beim „Nachhaltigkeitskonzept" schlagen Jörissen et al vor, die Operationalisierungsproblematik zunächst auf drei
Hauptprobleme zu konzentrieren (Jörissen et al, 1999). (1) Die durch die Globalisierung bedingten rasanten und desintegrierenden Veränderungen sozialer Strukturen. (2) Zunehmende

ethisch-kulturelle Konflikte (auch national bereits vielfach vorhanden) und (3) weltweit geführte (Bürger-) Kriege. Die Förderung von Sozialressourcen leistet einen Beitrag zum Wohlstand eines Landes und zur Förderung seiner Kaufkraft. Daher stellen Sozialressourcen auch
ein Schwergewicht im Rahmen eines Nachhaltigkeits-Marketing-Managements dar.

Soziale Nachhaltigkeit bei KiK?

„Das geächtete Schmuddelkind der Branche schafft es nicht, den bösen Ruf abzuschütteln. Nach den
Fabrikbränden in Pakistan, bei denen mehrere hundert Arbeiter starben, muss sich KiK nach einer
RTL-Reportage jetzt dem Vorwurf der Kinderarbeit stellen. Ein Hauptlieferant des Textildiscounters
aus Bönen soll zwischen 10- und 14-jährige Minderjährige beschäftigt haben. Gegenüber der Nach-
richtenagentur dpa erklärte KiK, dass es sich dabei angeblich um „illegales Subcontracting" gehandelt
haben soll. Man würde die Geschäftsbeziehungen zu dem Produzenten sofort beenden. Ansonsten gibt
man sich wie die Konkurrenz auch machtlos und ahnungslos: Wie andere Modeanbieter auch verlasse
man sich auf das „branchenübliche Kontrollsystem" und immer häufiger auch eigene Audits" (Wilken,
2013).

2.5.2.4   Zwischenfazit

– Meso-soziale und -soziokulturelle Rahmenbedingungen werden im Modell zum Nachhaltigkeits-Marketing-Management, in Anlehnung an das Dreisäulenmodell, durch die Leitbilder Ökologie und Umwelt, ökonomische und soziale Nachhaltigkeit repräsentiert.
– Sie unterliegen dem mittelbaren Einfluss durch die Dimensionen der makro-sozialen und -
  soziokulturellen Ebenen und üben selbst einen mittelbaren Einfluss auf die mikro-soziale
  und -soziokulturelle Ebene aus. Meso-soziale und -soziokulturelle Rahmenbedingungen
  beziehen sich auf die Unternehmensebene. Im Gegensatz zu den makro-sozialen und -
  soziokulturellen Ebenen sind sie durch Unternehmen, Organisationen selbst beeinflussbar.
– Das Leitbild Ökologie und Umwelt wird durch die Ebenen Ressorcenmanagement, Regenerationsfähigkeit und normativ-kulturbezogenes Postulat repräsentiert.
– Die für das Modell spezifizierten Ebenen stellen eine Auswahl produktiver Funktionen
  der Natur den Möglichkeiten der derzeitigen Ausbeutung durch das wirtschaftliche Tun
  des Menschen gegenüber. Im Sinne der „nachhaltigen Entwicklung" wird versucht, durch
  Aufzeigung von Möglichkeiten, das bisherige Ungleichgewicht (zugunsten menschlichen
  Wirtschaftens) in Richtung eines Gleichgewichts zwischen Ökologie und Nutzung durch
  menschliches Wirtschaften zu beeinflussen. Diese Möglichkeiten stellen zugleich eine
  Mindestanforderung für ein Nachhaltigkeits-Marketing-Management dar.
– Das Leitbild ökonomische Nachhaltigkeit beinhaltet die Ebenen Internalisierung externer
  Kosten, räumliche Disparitäten bei Einkommen/Vermögen und internationale Standards.
– Die Faktoren stehen im Rahmen von „Nachhaltigkeit" im Spannungsverhältnis von Öko-
  nomie (Wirtschaftstheorie der Neoklassik) Ökologie und Sozialem. Sie können dazu bei-
  tragen, die berechtigten Forderungen der Konsumenten nach Transparenz, bzgl. der Ein-

haltung ökologischer und sozialer Standards, bei der internationalen Produkt-/Dienstleistungserstellung transparenter zu machen. Die Ebenen können gemeinsam zu einer Förderung der strategisch ausgerichteten „nachhaltigen Entwicklung" von Unternehmen führen. Daher sind sie eine Mindestanforderung für ein Nachhaltigkeits-Marketing-Management.

– Das Leitbild soziale Nachhaltigkeit wird durch die Ebenen Bedürfnisbefriedigung und Partizipation, Chancengleichheit und Existenzsicherung sowie Sozialressourcen beschrieben.

– Die Faktoren ergänzen die in vielen Unternehmen noch weitgehend ungeklärte Dimension. Obwohl die Dimension bei der „Nachhaltigkeit" in integrierter Weise als gleichberechtigte Säule zu behandeln ist, führt sie bei Unternehmen zu vielen Unsicherheiten oder wird gänzlich negiert. Soziale Nachhaltigkeit führt in gleichberechtigter Weise zur Erhöhung des Wohlstands in einer Gesellschaft und stärkt somit auch die Kaufkraft. Daher ist sie auch eine Mindestanforderung für ein Nachhaltigkeits-Marketing.

Kinderarbeit für Nespresso?

„Nestlé wurde wegen erzwungener Kinderarbeit angeklagt. Das Unternehmen wurde wegen Kinderhandel, Folterung und erzwungener Kinderarbeit betreffend Kultivierung und Ernte von Kakaobohnen, welche die Firmen (Nestlé S.A., Nestlé U.S.A., Archer Daniels Midland Co., Cargill Incorporated Company, Cargill Cocoa und West Africa S.A) aus Afrika importieren, beschuldigt. Der Sachverhalt betrifft Kinder aus Mali, die im Alter von 12–14 Jahren in die Elfenbeinküste verschleppt wurden und dort bis zu 14 Stunden täglich, ohne Lohn, ohne ausreichende Ernährung und Schlaf und häufig unter physischer Gewalt arbeiten mussten" (o.V., 2007a).

2.5.3   Mikro-soziale und -soziokulturelle Rahmenbedingungen

Wie aus dem zuvor abgeleiteten heuristischen Bezugsrahmen ersehbar, sehen mikro-soziale und -soziokulturelle Dimensionen eine Unterteilung in die Ebenen Umweltverhalten, Konsumentennachhaltigkeit und nachhaltige Verbraucherpolitik vor. Sie dienen beim Konzept „nachhaltige Entwicklung" zur Formierung eines Leitbildes. Inhaltliche Faktoren zum nachhaltigen Konsum wurden bereits an anderer Stelle hinreichend beschrieben (vgl. z.B. Belz/Bilharz, 2003; Bilharz, 2006; Balderjahn, 2013 etc.) und werden als bekannt vorausgesetzt. Die nachfolgenden Ausführungen nehmen Bezug auf folgende nationale und internationale Ausführungen zu Vorschlägen und Anforderungen durch die „nachhaltige Entwicklung" auf Konsumentenseite: Brundtlandbericht von 1987, Konferenz von Rio de Janeiro von 1992 (Leitbild Sustainable Development), Aktionsprogramm Agenda 21 (Kapitel IV), Weltgipfel für nachhaltige Entwicklung in Johannesburg 2002, Umweltbundesamt, Bundesministerium für Umwelt, Naturschutz und Reaktorsicherheit sowie das Wuppertal-Institut, 1995, (Hauff, 1987, Vereinte Nationen, 1992, Vereinte Nationen, 1992a, Vereinte Nationen, 2002, Enquete-Kommission des Deutschen Bundestages, 1993, Rat von Sachverständigen, 1994, Umweltbundesamt, o.J., BMU, 2014; Bleichwitz, 1995). Es wird an Vorschläge angeknüpft und Mindestanforderungen für relevante Dimensionen theoretisch begründet.

2.5.3.1   Leitbild Konsumentennachhaltigkeit

Grundlagen für ein Leitbild „Konsumentennachhaltigkeit" beziehen sich vornehmlich auf die beim Weltgipfel für nachhaltige Entwicklung in Johannesburg, im Kapitel III (Johannesburg „Plan of Implementation"), genannten Anforderungen. Der Beschluss erfolgte 2002 während des World Summit on Sustainable Development (WSSD) (Vereinte Nationen, 1992; Vereinte Nationen, 1992a; Vereinte Nationen, 2002). Er beinhaltet die Aufforderung an die UN-Mitgliedsstaaten, sich verstärkt den Fragen nachhaltiger Konsum- und Produktionsmuster zuzuwenden. Präzisiert wurde dieser Beschluss durch die Initiierung des „Marrakesch-Prozesses". Ein globaler Prozess, mit Kooperationen vieler Experten zur Problematik des nachhaltigen Konsums sowie einer nachhaltigen Produktion. Zielsetzung ist es, einen politisch-institutionellen Rahmen zu erarbeiten. An diesem globalen Programm sind Regierungen, Vertreter der einflussreichsten Geschäfts- und Industriegremien, NGOs, Gewerkschaften und andere Betroffene beteiligt.

Eine allgemein anerkannte Definition für „Konsumentennachhaltigkeit" bzw. „nachhaltigen Konsum" existiert nicht. Eine der bekanntesten Definitionen für nachhaltigen Konsum wurde während des Osloer Symposiums 1994 geschaffen. Dort trafen sich NGOs und Regierungsvertreter zur Erarbeitung eines Programms für nachhaltige Produktion und nachhaltigen Konsum als Vorlage für die UN-Kommission. Nachhaltiger Konsum wird danach definiert als: "Sustainable consumption ist he use of goods and services that respond to basic needs and bring a better quality of life, while minimizing environmental and social impacts over the life cycle, so as not to jeopardize the needs of future generations" (Norwegian Ministry of Environment, 1995). In der Literatur zum Konsumentenverhalten liegt der mikro-soziale und -soziokulturelle Fokus stark auf einzelnen Akteuren. Die Zusammenhänge zwischen Bewusstsein und Handeln werden zumeist aufgrund allgemeiner Wert- und Grundhaltungen operationalisiert. Bei Bezügen zur „nachhaltigen Entwicklung" finden sich zumeist psychologische bzw. ethische Dimensionen. Andere Einflüsse sind nur unterrepräsentiert vorhanden (z.B. praktische, institutionelle, politische, volkswirtschaftliche etc.). Sie stehen aber mit der Konsumhandlung in einem ganzheitlichen Zusammenhang. Für das Verständnis der mit nachhaltigem Konsum einhergehenden ökologischen Herausforderungen, sind sie ebenso notwendig. Werden diese Zusammenhänge nicht hinreichend bewusst gemacht, besteht die Gefahr, dass die Diskussion auf eine Ebene der permanenten Selbsttäuschung abgleitet und dort verharrt. Unstrittig ist, dass die Hauptziele der nachhaltigen Entwicklung (Natur-, Sozial- und ökonomische Verträglichkeit etc.) nicht ohne Konsequenzen für den persönlichen Lebensstil bleiben. 30% bis 40% der Umweltprobleme sind direkt oder indirekt auf die Konsummuster westlicher Industrienationen zurückzuführen (Umweltbundesamt, 1997). Ohne tiefgreifende Änderung dieser Konsummuster sind die politischen Ziele bis 2050 (z.B. 80–90% Materialeinsparungen, 70–80% Emissionsreduktion bei CO_2, NOx und VOC, 50% Energieeinsparung etc.) nicht zu erreichen (Reisch/Scherhorn, 1998).

2.5.3.1.1   Individuelle Konsumentenstrategien

Die Strategie der „Konsumfreiheit" (als Konsument den Präferenzen nach eigenem Gusto nachgehen zu können) wird als eindrucksvoller Beleg für eine freie Gesellschaft angeführt. Einschränkungen durch den Staat erfolgen nur im Sinne des Verbraucherschutzes (z.B. vor Gesundheitsschäden durch preiswertes Gammelfleisch, Werbung für Zigaretten, Weichmacher im Kinderspielzeug etc.). Bei genügend Kaufkraft der Konsumenten ist die von der Standardökonomie (neoklassischen Wirtschaftstheorie etc.) unterstellte Erwartung nach viel Leistung für rel. wenig Geld erfüllbar. Bereits vor vierzig Jahren wurde durch den Bericht des Club of Rome diesem Konsum- und Produktionsstil in den Industriestaaten die Zukunftsfähigkeit abgesprochen, vor allem durch übermäßigen Ressourcenverbrauch sowie die Verursachung von Umweltschäden (Meadows et al, 1972). Durch diese elitäre Konsumstrategie wird von ca. 20% der Menschheit ca. 75% der globalen Ressourcen verbraucht (Stengel, 2011). Die Strategie der Konsumfreiheit ist *nicht* nachhaltig. Sie verstößt nicht nur gegen den Grundsatz der inter- und intragenerationalen Gerechtigkeit, sondern ist auch ursächlich für viele Umweltschäden. Sie führt zu einer Zukunftsbedrohung für große Teile der Weltbevölkerung. Im Hinblick auf „Nachhaltigkeit" werden in der Wissenschaft als Konsumstrategien (1) die Effizienzstrategie, (2) die Konsistenzstrategie und (3) die Suffizienzstrategie sowie die Notwendigkeit eines integrierten Zusammenspiels aller drei Strategien diskutiert.

a) Effizienzstrategie

Der Ansatz der Effizienzstrategie (Ökoeffizienz), bezieht sich auf verbesserte Technik bzw. Organisation, die durch Unternehmen gewährleistet wird. Dabei wird von einer effizienteren und schonenderen Ressourcennutzung ausgegangen, die den Naturverbrauch durch Steigerung der Ressourcenproduktivität verringert. Verbesserte Technologien können dazu ebenso beitragen, wie die Wiederverwendung von Rohstoffen (Recycling-Produkte etc.). Die Effizienzstrategie ist mit der Hoffnung verbunden, Wirtschaftsleistung und Umweltverbrauch zu entkoppeln. Diese Dematerialisierung könnte eine Möglichkeit darstellen, die Grenzen des Wachstums auszuweiten und beim Wirtschaftswachstum langfristig mit weniger belastenden Folgeproblemen zu rechnen (Grober, 2001). Kritisch bleibt bei dieser Konsumstrategie, dass die Hoffnungen nur mit ökologisch effizienteren Produkten den Wohlstand zu mehren, ohne den Ressourcenverbrauch zu erhöhen, bisher enttäuscht wurden (Stengel, 2011). An drei Punkten lässt sich der Misserfolg der Effizienzstrategie ausmachen: (1) Effizienzziele sind zu wenig ambitioniert, bzw. werden in den vorgegebenen Zeiträumen nicht erreicht. (2) Der Reboundeffekt besagt, dass sich die Lebensgewohnheiten/Kaufverhalten durch Effizienzstrategien so verändert, dass Effizienzgewinne durch den Mehrkonsum überkompensiert werden. (3) Für die Effizienzstrategie sind verbesserte Informationen über Produktinnovationen sowie den Gebrauchsnutzen vonnöten (z.B. ökologische Verträglichkeit, Energieverbrauch) (Stengel, 2011). Insgesamt bleibt festzustellen, dass durch die alleinige Betonung der Effizienzstrategie ein nachhaltiger Konsum nicht erreichbar ist.

b) Konsistenzstrategie

Eine andere Strategie des nachhaltigen Konsums, ist die Konsistenzstrategie. Sie wird am Vorbild der Funktionsweisen der Natur ausgerichtet. Das Ziel ist, die Produktion von Waren und Dienstleistungen sowie den Konsum so auszurichten, dass Natur und Umwelt weniger belastet werden. Dazu wird eine vollständige Vereinbarkeit von Natur und Technik angestrebt. Stoff- und Energieströme werden qualitativ und quantitativ an die Regenerationsfähigkeit der Natur angepasst (z.B. Wind-, Solarenergie etc.) (Grundwald/Kopfmüller, 2006). Bei der Konsistenzstrategie liegt das Hauptaugenmerk auf einer naturverträglichen Bewirtschaftung. Die Verringerung des Energieverbrauchs und der Materialflüsse ist dabei nachrangig. Produkte sind demnach Teil eines biologischen Stoffwechselkreislaufs. Dematerialisierungen sind nicht notwendig. Gehofft wird auf Wachstumsspielräume für Stoffströme in der Wirtschaft. Kritisch bleibt der Zeitfaktor für in der Zukunft liegende Innovationen. Dadurch sind viele Lösungen in der Gegenwart noch nicht vorhanden. Trotz Einzelerfolgen in der Vergangenheit, liegen viele technische Basisinnovationen noch in der Zukunft und deren Nutzung ist heute noch nicht möglich (Linz, 2004). Ein weiterer Kritikpunkt liegt darin, dass bei den eingesetzten Stoffen zwar die Beschaffenheit, aber oft nicht das Mengenvolumen erfasst wird. Daher können durch entstehende Nutzungskonkurrenzen (z.B. bestimmte Rohstoffe werden für die konsistente Produktion von Gütern vermehrt benötigt etc.) Versorgungslücken an anderer Stelle auftreten. Trotz hoffnungsvoller Erwartungen ist derzeit allein mit einer Betonung der Konsistenzstrategie kein nachhaltiger Konsum erreichbar (Stengel, 2011).

c) Suffizienzstrategie

Bei der Suffizienzstrategie wird, anders als bei der Effizienz- und Konsistenzstrategie, mit der Voraussetzung entsprechender Produkte direkt auf der Ebene der Konsumenten angesetzt. Eine Reduktion des Ressourcen- und Energieverbrauchs soll durch ein verändertes Konsumverhalten (freiwillige Selbstbeschränkung etc.) erreicht werden (Grunwald/Kopfmüller, 2006). Veränderungen betreffen vor allem das Konsumverhalten in den reichen Industrienationen. Es soll nicht aus Armut, Mangel oder Not heraus, sondern aufgrund von Bildung, Einsicht und dem eigenem Entschluss der Vernunft eine Konsumstrategie vorangetrieben werden (Linz, 2002). Die Suffizienzstrategie setzt im kulturellen, ethischen und normativen Wertekanon einschneidende Veränderungen bei den Konsumenten voraus. Das beinhaltet auch einen veränderten Lebensstil. Das Suffizienzverständnis teilt sich in einen engeren und einen weiteren Sinn. I.e.S. kommt die Strategie der Effizienzstrategie gleich. I.w.S. ist damit auch ein erheblicher kulturbedingter, wertebezogener Wandel bei den Menschen verbunden (Linz, 2002). Der Konsument muss sich zunächst von der gesellschaftlichen „Pflicht" zum Konsum befreien. Diese wird aber bereits in Jugendjahren durch die neoklassische Wirtschaftstheorie vermittelt (z.B. Wachstumszwang und materielle Bedürfnisse sowie deren Erfüllung wird als „Glück" suggeriert etc.). Stattdessen soll durch ein Hinterfragen vorhandener Bedarfe und Nachfragemuster eine neue Definition von Wohlstand auf freiwilliger Basis erreicht werden. Kritisch sind hierbei vor allem drei Faktoren anzumerken (Stengel, 2011):

– die alleinige Verantwortung für die Verringerung des Energie- und Ressourcenverbrauchs wird der obersten Milliarde der Weltbevölkerung (Industrienationen) zugewiesen. Das erscheint weltfremd. Insbesondere wenn bedacht wird, dass die restlichen Milliarden (1/7 der Weltbevölkerung) bis dato unter Mangel an Grundgütern (Lebensmittel, Wohnung, Gesundheitsversorgung etc.) leiden. Da das Verbrauchsniveau an Ressourcen und Energie in diesen Regionen extrem niedrig ausfällt, müsste es für eine menschenwürdige Existenz eher steigen. Fraglich ist daher, ob Einsparungen in den Industrieländern durch Steigerungen in der restlichen Welt nicht überkompensiert werden (Rebound-Effekt)?

– Die Wirtschaft in den Industrienationen ist vorwiegend an der neoklassischen Wirtschaftstheorie ausgerichtet. Ein glücklicher Mensch ohne bzw. mit wenigen materiellen Bedürfnissen ist danach eine wirtschaftliche Katastrophe. Der Grund ist, ein Ausfall an Konsum- und Produktionsfaktoren. Wachstumszwang verursacht in der Wirtschaft einen Zwang zu Konsumenten mit immer neuen Bedürfnissen (z.B. durch Werbung vermittelt etc.). Konsumenten müssten sich bei dieser Strategie gegen herrschende Werte entscheiden.

– Kulturbedingte Werteveränderungen für die Suffizienzstrategie, sind nicht von heute auf morgen erreichbar. Mentale Werte sind im kulturellen Kapital einer Gesellschaft tief verankert und damit kaum veränderbar (vgl. dazu z.B. Emrich, 2013, Kapitel 3.2.1). Veränderungen benötigen viel Zeit, sind mit großen Anstrengungen bei den Konsumenten verbunden und ohne entsprechende Anreize kaum zu bewältigen. Veränderungen könnten durch einen Lifestyle leichter manifestiert werden.

In der Praxis dominiert beim Individualkonsum (noch) die Vorstellung, dass Umweltprobleme allein durch den Einsatz von Technik lösbar sind. Bisher ist aber weder durch die Effizienz- noch durch die Konsistenzstrategie, eine Verminderung des Ressourcenverbrauchs erreicht worden (Paech, 2006). Die Suffizienzstrategie wird hingegen abschlägig beurteilt, da sie dem Postulat des Wirtschaftswachstums entgegensteht. Den Menschen fällt es leichter, Verzicht von technischen Dingen für umweltverträglichere Lösungen zu erwarten, als von sich selbst (Minderung des Konsumniveaus etc.). Der Verbrauch an natürlichen Ressourcen steigt weltweit weiter, trotz zahlreicher technischer Innovationsschübe. Es ist auch bisher nicht gelungen wirtschaftliches Wachstum vom Naturverbrauch zu entkoppeln. Trotzdem ist Suffizienz zwar eine notwendige, aber nicht hinreichende Bedingung für „nachhaltige Entwicklung". Zwischen den Konsumstrategien besteht keine Konkurrenz. Sie sind vielmehr insgesamt als komplementäre sich ergänzende Strategien für eine „nachhaltigen Entwicklung" notwendig (Stengel, 2011). Aus Marketingsicht hängt von Konsumentenstrategien auch der Geschäftserfolg ab. Für die „Nachhaltigkeit" gilt das auch im Hinblick auf die Umwelt. Nachhaltige Konsumentenstrategien stellen daher eine Mindestanforderung für ein Nachhaltigkeits-Marketing-Management dar.

2.5.3.1.2   Institutionelle Konsumentenstrategien

Institutionelle Konsumenten (staatliche Institutionen etc.) verfügen über große Konsumentenmacht im B2B-Bereich. Zugleich kommt ihnen aber auch eine große Marktmacht als öffentliche Auftraggeber zu. Öffentliche Aufträge über Lieferungen und Leistungen werden aus Steuern finanziert. In Deutschland hat der jährliche öffentliche Konsum einen Wert von ca. 360 Milliarden Euro, in der EU einen Wert von mehr als 2 Billionen Euro (Hantschel/ Schlange-Schöningen, 2013). Der institutionelle, öffentliche Konsum ist reguliert. Öffentliche Auftraggeber sind ab einer gewissen Auftragshöhe zur Einhaltung der Vergabe- und Vertragsordnungen (z.B. VGV, GWB etc.) verpflichtet. Effizienz-, Konsistenz- und die Suffizienzstrategie sowie ein integriertes Zusammenspiel werden nachfolgend mit Blick auf „Nachhaltigkeit" in diesem Umfeld abgeleitet.

a) Effizienzstrategie

Bis zur Novellierung der europäischen Vergaberichtlinien im Jahr 2004 wurde die Effizienzstrategie quasi per Gesetz priorisiert, da nach der Vergabeverordnung das „wirtschaftlichste" Angebot den Zuschlag erhalten musste (§97 GWB). Seitdem können öffentliche Stellen auch umwelt- und sozialpolitische Aspekte in die Ausschreibungen einbeziehen. Mittlerweile sind ökologische und nachhaltige Kriterien nahezu überall in Deutschland Pflicht. Alle Bundesländer, mit Ausnahme von Bayern, haben mittlerweile ihr Landesrecht entsprechend angepasst (Nachhaltigkeitsrat, 2013). Im B2B-Bereich besteht der Konsum in Vorprodukten, die bei den Unternehmen in deren Endprodukte eingehen. Der Einkauf erfolgt zumeist über persönliche Kontakte. Allein in Deutschland beträgt das Konsumvolumen des E-Commerce im B2B-Markt im Jahr 2013 870 Milliarden Euro (Fingerhut, 2013). Hierbei ist die Effizienzstrategie oft vorgegeben, denn durch die absolute Gewinnorientierung (neoklassische Wirtschaftstheorie etc.), steht neben dem Qualitäts- nach wie vor der Preiswettbewerb im Vordergrund. Nachhaltigkeitskriterien spielen bisher nur bei Verfolgung eine CSR-Strategie eine Rolle.

b) Konsistenzstrategie

Bei der Konsistenzstrategie hat der institutionelle Konsum, (kommunale Versorgungsunternehmen) in den letzten Jahren einen Trend zur Regionalität bei der Energieversorgung bewirkt. Der Marktanteil der Stadtwerke soll sich bis 2020 von 9,6% auf 20% erhöhen (o.V., 2014c). Die Prioritäten liegen auf Windkraftanlagen an Land, Wasserkraft, Fotovoltaik, Biogas und Offshore-Windkraft. Diese Vorhaben werden durch ein beeindruckendes Votum der Bundesbürger unterstützt (84% wollen eine stärkere Rolle kommunaler Stadtwerke auf dem Energiemarkt). Derzeit beherrschen vier große Konzerne ca. 80% des Energiemarktes in Deutschland. In Form eines Oligopols erfolgt für Preisbildungsmechanismen Marktkonzentration. Der Konsum kommunal erzeugten Stroms ist aber im Hinblick auf eine inter- und intragenerationale Gerechtigkeit als nachhaltig einzustufen. Diese Perspektive könnte durch die zusätzliche Einnahmequelle in den Kommunen unterstützt werden.

c) Suffizienzstrategie

Die Suffizienzstrategie ist beim institutionellen, staatlichen Konsum nicht anwendbar. Staatlichen Stellen wird, z.B. aus Haushalts- bzw. politischen Gründen, nie gelingen allen Wünschen der Ressorts zu entsprechen. Im B2B-Bereich ist die Suffizienzstrategie nur für staatliche Institutionen mit einer CSR-Strategie im Rahmen der Zertifizierung von Bedeutung.

Insgesamt betrachtet steht beim institutionellen Konsum staatlicher Institutionen die Effizienzstrategie im Vordergrund, obwohl nachhaltige und ökologische Kriterien nahezu bei allen Ausschreibungen heute Pflicht sind. Bei der Konsistenzstrategie hat sich im Bereich der Energieversorgung durch kommunale Versorgungsunternehmen ein erfreulicher Trend ergeben, der sich weiter fortsetzen wird. Dennoch wird vorwiegend auf technische Lösungen vertraut und eher dem nachsorgenden Umweltschutz der Vorzug gegeben. Ähnliches gilt auch im B2B-Bereich beim Geschäftskunden-Konsum. Bei der „nachhaltige Entwicklung" sind in diesen Konsumbereichen alle Strategien gleichberechtigt anzuwenden, damit sie in ergänzende Weise als Handlungsstrategien zum Leitbild der „nachhaltigen Entwicklung" beitragen.

Nachhaltige öffentliche Beschaffung als Vorbildfunktion in GB

„Die Bedeutung des öffentlichen Beschaffungswesens im Rahmen des Nachhaltigkeitsprozesses wurde in Großbritannien frühzeitig thematisiert. 2001 wurde eine Sustainable Procurement Group eingerichtet, die prüfte, inwieweit die Beschaffungsmaßnahmen von Regierungsinstitutionen zur Erreichung von Nachhaltigkeitszielen beitragen können. Als Richtschnur für die nachhaltige Beschaffung dient seit 2002 das „Framework for Sustainable Procurement on the Government Estate". Die 2003 auf den Weg gebrachte „Public Sector Food Procurement Initiative" enthält Vorgaben für eine an Nachhaltigkeit und gesunder Ernährung ausgerichteten Versorgung in Krankenhäusern, Schulen, Gefängnissen und Kantinen. Behörden müssen demnach zertifiziertes Holz aus nachhaltiger Bewirtschaftung beziehen. Mit dem vom Office of Government Commerce herausgegebenen Nachhaltigkeitsrichtlinien, den „Guidelines on Sustainable Procurement", wurden erste konkrete Schritte auf den Weg zu einem nachhaltigeren öffentlichen Beschaffungswesen unternommen. Dieser Prozess erhält derzeit weitere Impulse. In der aktuellen Nachhaltigkeitsstrategie bekennt sich die Regierung – in Anerkennung der Tatsache, dass es neben Informations- und Aufklärungsmaßnahmen auch einer aktiven (Vorbild)rolle der Regierung bedarf, um gesellschaftliche Verhaltensänderungen herbeizuführen – zum Prinzip des „lead by example". So müssen bis Ende 2005 sämtliche Ministerien Sustainable Strategies vorlegen und Trainingsprogramme für Beamte mit entsprechendem Aufgabenbereich in der Beschaffung durchführen. Zudem wurde im Frühjahr 2005 eine Sustainable Procurement Task Force eingerichtet, die bis 2006 einen nationalen Aktionsplan vorlegen soll" (Tänzler et al, 2005, 242).

2.5.3.2 Leitbild nachhaltige Verbraucherpolitik

Eine Definition des Begriffs „Verbraucherpolitik" ist schwierig, da bisherige Definitionen oft nicht mehr zeitgemäß sind, bzw. die Neuorientierung noch nicht ganz vollzogen haben (z.B. Seel, 1998). Verbraucherpolitik war in Deutschland bis zur Umstrukturierung zum jetzigen

„Verbraucherministerium" Teil der Wettbewerbspolitik (Biervert et al, 1977). Sie wurde
überwiegend defensiv aufgefasst und war auf die Funktionsfähigkeit der Märkte ausgerichtet.
Es wurde eine „Verbraucherschutzpolitik" verfolgt, die den Verbraucher vor Übervorteilung
durch den Anbieter schützt. Das Bild, das dieser Politik zugrunde liegt, ist ein unaufgeklärter,
hilfsbedürftiger Verbraucher, der durch staatliche Eingriffe zu schützen ist (Reisch, 2003).
Auch wenn dieses Ziel weiterhin eine tragende Säule in der Verbraucherpolitik bleibt, ist
beim Bild des Verbrauchers eine Neuorientierung notwendig. Auch durch die europäische
Rechtsprechung (EuGH) wird seit längerem von einem klugen, gut informierten Verbraucher
ausgegangen, dem mehr Verantwortung übertragen werden kann (Reisch, 2003). Diese Veränderung verlangt auch eine Entsprechung in der Verbraucherpolitik. Deutschland hat sich
zudem zu einer Nachhaltigkeitsstrategie verpflichtet, bei der der Konsum eine wichtige Rolle
spielt. Nach dem Prinzip der „Verantwortung" trägt nach dieser Auffassung jeder Akteur in
seinem Bereich die Verantwortung für sein Handeln selbst. Um die „nachhaltige Entwicklung" in Deutschland weiter voranzutreiben ist das Zusammenwirken aller Akteure vonnöten.
Ein Hauptziel moderner Verbraucherpolitik ist es daher, auch die Verbraucher für eine gemeinsame Umsetzung der „nachhaltigen Entwicklung" zu gewinnen (Belz/Pobisch, 2005).
Die Ausführungen beziehen sich auf politische Rahmenbedingungen, die für die Weiterentwicklung des Leitbildes zur „nachhaltigen Entwicklung" in Deutschland notwendig sind.

2.5.3.2.1 Gewährleistung von Markttransparenz

Markttransparenz gehört zu den Grundbedingungen der neoklassischen Wirtschaftstheorie,
denn sie ist eine Voraussetzung für den vollkommenen Markt. Die Regulierungstradition im
Rahmen der deutschen Verbraucherpolitik ist stark am marktliberalen Konzept ausgerichtet.
Das Verhalten ist weitgehend interventionsskeptisch geprägt. Tiefere Eingriffe zum Schutz
der Verbraucher sind bislang nur punktuell feststellbar. Sie beziehen sich auf die Sektoren
Gesundheitsschutz und Ernährungssicherheit. Es wird hauptsächlich das Prinzip der Selbstre-
gulierung durch die Wirtschaft verfolgt. Maßnahmen zur Regulierung des Marktgeschehens
werden soweit es geht vermieden. Bei den Regulierungsmodi dominiert eine Mischung aus
Markt- und Unternehmenssteuerung. Eine Ergänzung erfolgt durch Vorgaben auf EU-Ebene.
Diese Tradition der zurückhaltenden (Markt-)Eingriffe muss jedoch, angesichts der neuen,
komplexen Herausforderungen durch die Ausrichtung auf die „nachhaltige Entwicklung", auf
Wirksamkeit überprüft werden (Tänzler et al, 2005). Die Phase der Verbraucherpolitikformu-
lierung (Rahmensetzung etc.) wird noch von weiteren Faktoren beeinflusst. Dabei handelt es
sich um die Kompetenz- und Zuständigkeitsverteilung in föderalen Systemen. In Deutschland
sind für verbraucherpolitische Maßnahmen verschiedene Ministerien verantwortlich. Bis zur
Umstellung und konzeptionellen Neuausrichtung im Jahr 2001 war der Bereich institutionell
im Wirtschaftsministerium bzw. in anderen Ressorts (Landwirtschaftsministerium etc.) angesiedelt, und wettbewerbspolitischen Prioritäten untergeordnet. Durch Lebensmittelskandale
(Pferdefleisch, BSE, Dioxineier etc.) kam diese Unterordnung zunehmend in die Kritik. Eine

fragmentierte Zuständigkeit in Verbraucherfragen bleibt aber auch nach der Neuausrichtung bestehen. Wesentliche verbraucherpolitische Entscheidungen gehen vom Justizministerium (wirtschaftlicher Schutz der Verbraucher), dem Ministerium für Wirtschaft und Arbeit (Wettbewerbs-, Arbeitsmarkt-, Energiepolitik fossile Energien etc.), dem Verkehrsministerium (Verkehrspolitik, ÖPNV, Biokraftstoff etc.) sowie dem Umweltministerium aus (Ausbau erneuerbarer Energien etc.). Die Länder spielen dabei eine weniger bedeutende Rolle. Sie sind aber bei der Gesetzesdurchsetzung und beim Monitoring eingebunden. Im Sinne einer integrativen „Nachhaltigkeit" wird Verbraucherpolitik jedoch als eine Querschnittsaufgabe für alle Ministerien und Sektoren notwendig (Reisch, 2004). Die zentrale politische Steuerung, wie in Deutschland, steht diesem Verständnis diametral entgegen und scheint weder möglich noch sinnvoll. Auch nach der Neukonzipierung ist das BMVEL lediglich in den Bereichen Verbraucherschutz (Ernährung, Forschung, Bio- und Gentechnik, Lebensmittelsicherheit und Veterinärwesen) sowie agrarpolitischen Fragen (Markt, ländlicher Raum, Sozial- und Forstpolitik) federführend. Darüber hinaus kommt der Verbraucherinformation sowie der Verbraucherbeteiligung bei der „Nachhaltigkeit" eine wichtige Rolle zu. Bei lediglich punktueller staatliche Steuerung und fragmentierten Ressortzuständigkeiten, kann sich die Verpflichtung zur Umsetzung „nachhaltiger Entwicklung" als schwierig zu erweisen. Klare sektorale Zielsetzungen (z.B. für Energie/Material, Verkehr/Mobilität, Ernährung/Gesundheit sowie Haushalte/Sozialstruktur etc.), verbunden mit qualitativ hochwertigen Fortschrittskontrollen (Nachhaltigkeitsindikatoren etc.), könnten wesentlich nützlicher sein (Tänzler et al, 2005).

In Deutschland steht die Verbraucherpolitik immer im Spannungsfeld zwischen Regulierung durch starken Verbraucherschutz und Gewährleistung marktwirtschaftlichen Handels (Tänzler et al, 2005). Vom BMVEL werden generell Lösungswege bevorzugt, die mit möglichst niedrigen Eingriffsintensitäten auskommen (BMVEL, 2005). Mit dieser Strategie ist jedoch nur eine reaktive Ausrichtung des Verbraucherschutzes erreichbar. Für eine vorsorgende am Verursacherprinzip ausgerichtete Verbraucherpolitik, ist der Anspruch an staatliche Schutzfunktionen wesentlich umfangreicher. Aufgrund von Veränderungen in der Gesellschaft, ist die Gewährleistung von Markttransparenz ein wichtiger Meilenstein bei der „nachhaltigen Entwicklung" und für ein Nachhaltigkeits-Marketing-Management unverzichtbar.

2.5.3.2.2 Stärkung der Konsumentensouveränität

Konsumentensouveränität stammt als Grundgedanke aus der Theorie der Marktwirtschaft (Fulop, 1967). Es handelt sich um ein normatives Postulat, das besagt, dass die Konsumenten (in ihrer Gesamtheit als „Souverän" der Wirtschaft bezeichnet) die Produktion durch ihre Nachfrage nach Gütern steuern. Schon von Lough wird dazu anschaulich definiert: "Consumer plays the tune to which all trade and industry must dance" (Lough, 1965, 18). Ungeachtet der Realitätsferne des Konzepts der Theorie der Marktwirtschaft, dient es in der Verbraucherpolitik Deutschlands als Schlagwort. Im Sinne der „Nachhaltigkeit" muss sich die Verbraucherpolitik am „Leitbild des selbstbestimmten und informierten Verbrauchers" ausrichten. Als konstitutive Merkmale sind Eigenkompetenz, Selbstbestimmung und ein mündiges Verbraucherverhalten notwendig. Dazu gehört auch eine Stärkung von Partizipationsrechten der Bürger bei Maßnahmen der staatlichen Verbraucherpolitik. Eine stärkere Einbeziehung von Verbrauchern in sie betreffende Entscheidungsprozesse ist jedoch in der Agenda des BMVEL nicht vorgesehen. Eine Ausnahme bildet das Gesundheitswesen mit ersten Maßnahmen zur Stärkung von Patientenrechten (z.B. Kosteninformationen bzgl. ärztlicher Leistungen, Patientenorganisationen etc.). Schwierigkeiten entstehen hier vor allem durch die starken Lobbyinteressen der Pharmawirtschaft. Vom BMVEL ist auch eine Verbesserung beim Angebot von Informationen für Verbraucher vorgesehen (Kennzeichnung, Zertifizierung, Informationsangebote etc.). Die Neuauflage des Verbraucherinformationsgesetzes scheiterte allerdings im Jahr 2005 zum zweiten Mal im Bundesrat. Erst durch die Umsetzung der EU-Umweltinformationsrichtlinie in nationales Recht wurde die Neuauflage des Umweltinformationsgesetzes vorgenommen (BMVEL, 2003). Die öffentliche Verwaltung (bzw. bestimmte private Stellen) ist darin zur Herausgabe von Umweltinformationen, bzw. zum Informationszugang, für Verbraucher verpflichtet. Leider ist dieser Bereich relativ isoliert und es fehlt den Politikbereichen eine Anbindung. Die Behörden sind nun bei Gefahr befugt Auskunft zu geben. Die Verbraucher haben jedoch nach wie vor keinen Rechtsanspruch auf Informationen (z.B. bei Verstößen bei Lebens- und Futtermitteln etc.) (Tänzler et al, 2005).

Die Gestaltung der Verbraucherpolitik wird wesentlich durch die herrschenden Rahmenbedingungen bestimmt. Der Themenbereich der Verbraucherrepräsentation und -partizipation in der Politikformulierung zur Verbraucherpolitik, bleibt in Deutschland aber weitgehend ausgespart. Durch die Neufassung des BMVEL sind bei der Geltendmachung von Verbraucherbelangen gegenüber den legislativen und exekutiven Gremien Partizipationsmöglichkeiten im Grundsatz zwar vorhanden. Im Verhältnis zu anderen Ländern, sind sie aber weniger transparent als möglich. Interessengruppen, andere Organisationen, NGOs und Verbraucherorganisationen werden bei der Interessensvertretung deutlich benachteiligt (Müller/Mackert, 2003). Diese Haltung wird durch die sehr geringe Transparenz des Verwaltungshandels bestätigt. Das beim nachhaltigen Konsum sehr wichtige Konzept der „Informationsfreiheit" ist bisher in Deutschland nur wenig verbreitet. Es ist generell nur durch relativ wenige klassifizierte Verbraucherorganisationen (Verbraucherzentralen etc.) sowie wenige branchen- bzw. gruppenspezifische Verbände (Verbraucherzentrale Bundesverband e.V.) auf nationaler Ebene möglich. Lediglich diese Institutionen haben (als reaktives Instrument) das Recht der Verbandsklage. Es erfordert inhaltlich umfassende Anforderungen und ein breites Spektrum an fachlichen Kompetenzen. Die im Rahmen der sozialen und ökonomischen Nachhaltigkeit vorgesehenen Möglichkeiten zur Schlichtung auf individueller Ebene werden in Deutschland durch Schlichtungseinrichtungen ausgefüllt. Sie sind jedoch allgemein sehr heterogen ausgerichtet. Durch geringe Öffentlichkeitswirksamkeit und gravierende Mängel (z.B. durch fehlende bzw. schlechte finanzielle Ausstattung etc.) sind sie oft nicht einmal in der Lage, die von der EU vorgegebenen Qualitätskriterien zu erfüllen (Hansen, 2002). Bei den rechtlichen Möglichkeiten fehlt Verbrauchern in Deutschland ein kostenloser und unbürokratischer Rechtszugang als „alternativer Weg zum Recht". Derzeit halten viele Bürger vor allem der unverhältnismäßige Zeit- und Kostenaufwand davon ab, ihnen zustehende Rechte einzuklagen. Das schwächt die Rechts- und Marktposition im Machtgefüge zwischen Anbieter und Nachfrager. Ein weiteres grundlegendes Problem in Deutschland liegt in der nicht ausreichenden Verknüpfung mit der „Verbrauchererziehung". Der Bereich der Nutzung von Informationen hat bei der Kompetenzvermittlung im Rahmen des nachhaltigen Konsums eine große Bedeutung. Die zur Kompetenzvermittlung vorgesehenen Verbraucherzentralen können, aufgrund der äußerst knappen finanziellen Ausstattung, oft aktive Beratungen (z.B. in Schulen, Universitäten, Altersheimen etc.) nicht anbieten. In Deutschland sind zudem im Aktionsplan des BMVEL vor allem Maßnahmen zur Verbraucherinformation vorgesehen. Verbraucherberatung/Verbrauchererziehung ist jedoch nicht vorgesehen. Auf Länderebene existieren hierzu einige Ausnahmen, bei denen Verbraucherschutz in den Lehrplänen zu finden ist. „Nachhaltige Entwicklung" ist als eine (politische) Daueraufgabe zu sehen. Allen Beteiligten fällt dabei die Aufgabe zu Lösungen zu suchen und Problembereiche aufzuzeigen. Insgesamt gesehen ist die Stärkung der Konsumentensouveränität ein wichtiger Meilenstein bei der „nachhaltigen Entwicklung". Das Konzept gehört daher auch zu den Mindestanforderungen für ein nachhaltiges Marketing-Management.

Vertretung der Verbraucherinteressen in Großbritannien

„Die Vertretung von Verbraucherinteressen in dem Versorgungssektor wurde in Großbritannien in den letzten Jahren durch die Einrichtung schlagkräftiger unabhängiger Consumer Watchdogs erheblich verbessert. Dies geschah vor dem Hintergrund, dass die Deregulierung verschiedener Sektoren zu erheblichen negativen Auswirkungen für die Verbraucher geführt hat (z.B. Energieversorgung, Verkehr). Für den liberalisierten Energiemarkt wurde im Jahr 2000 „Energywatch" als Watchdog ins Leben gerufen. Energywatch wird vom Department of Trade and Industry (DTI) finanziert, ist allein diesem direkt verantwortlich und verfügt über 300 Mitarbeiter und ein Jahresbudget von £14 Mio. Es vertritt gegenüber dem Gesetzgeber, der Regulierungsbehörde und den Unternehmen die Interessen der Verbraucher und setzt sich für eine verbrauchergerechte Marktordnung ein. Darüber hinaus dient Energywatch als direkte Anlaufstelle für Verbraucher, bündelt ihre Beschwerden und geht ihnen nach. Kommt es zu einer erheblichen Beeinträchtigung der Verbraucherinteressen, steht Energywatch – wie anderen anerkannten Verbraucherorganisationen – als übergeordnetes Instrument der so genannte „Supercomplaint" als Druckmittel zur Verfügung. Wird dem Office of Fair Trading eine solche Beschwerde vorgelegt, muss es innerhalb von 90 Tagen dazu Stellung beziehen und erläutern, ob und welche Form Maßnahmen ergriffen werden sollen. Zu den sieben grundlegenden Rechten, für deren Durchsetzung Energywatch im Interesse der Verbraucher zuständig ist, gehören – neben Zugang zu Information, Repräsentation, Entschädigung und Sicherheit – auch Wahlfreiheit und Nachhaltigkeit. Zu diesem Zweck stellt Watchdog Hilfen beim Anbieterwechsel und Preisinformationen zur Verfügung, um Verbrauchern informierte Entscheidungen zu ermöglichen" (Tänzler et al, 2005, 235).

2.5.3.3   Zwischenfazit

– Das Leitbild mikro-soziale und -soziokulturelle Rahmenbedingungen wird von den Dimensionen der makro-sozialen und -soziokulturellen sowie der meso-sozialen und -sozio-
kulturellen Rahmenbedingungen mittelbar beeinflusst. Die mikro-sozialen und soziokulturellen Rahmenbedingungen beeinflussen ihrerseits im Sinne der Kreislaufidee die anderen
Rahmenbedingungen unmittelbar.

– Durch die Ebenen der mikro-sozialen und -soziokulturellen Rahmenbedingungen werden
über das strategische Marketing-Management auch die Konsumenten unmittelbar beeinflusst. Die Ebenen dieses Modells behandeln ausgewählte Spannungsbereiche, die sich
durch den „Nachhaltigkeitsdiskurs" auf Konsumentenseite ergeben.

– Das Leitbild Konsumentennachhaltigkeit wird durch die Ebenen individuelle und institutionelle Konsumentenstrategien beschrieben. Sie behandeln Spannungsfelder zwischen Konsumentenstrategien im B2C- und B2B-Bereich und den Anforderungen aus dem Konzept
der „nachhaltigen Entwicklung".

– Es werden Problembereiche aufgezeigt, die durch die Überbetonung einer der drei Konsumstrategien (Effizienz-, Kontingenz- und Suffizienzstrategie) entstehen. Neben Fragen
der Dringlichkeit (z.B. gegen Konsumerismus etc.) im Sinne des Nachhaltigkeitskonzepts,
werden auch Bedingungen für die praktische Anwendung für Konsumenten diskutiert.
Konsumentenstrategien bestimmen nicht nur den Erfolg einer Institution wesentlich, sie
sind auch ausschlaggebend für eine „nachhaltigen Entwicklung".

– Das Leitbild nachhaltige Verbraucherpolitik wird durch die Ebenen Gewährleistung von
Markttransparenz und Stärkung der Konsumentensouveränität repräsentiert. Sie beinhalten,
das bisher im Sinne des Nachhaltigkeitskonzepts noch nicht optimal ausgestalteten Regel-
werk beim Verbraucherschutz.

– Die Problematik bezieht sich auf die starke Dominanz des marktliberalen Prinzips in der
Politik. Dieses führt in Deutschland zu Vermeidungsstrategien bei staatlichen Maßnahmen
zur Marktregulierung, was die ökologische Nachhaltigkeit behindert. Der fehlende ganz-
heitlich-politische Steuerungsansatz zur Politikformulierung für die Zukunft, führt auch zu
Behinderungen beim Informationszugang für Konsumenten in der Verbraucherpolitik. Das
Leitbild kann den Lösungsraum für „nachhaltigen Entwicklung" wesentlich erweitern.

2.6   Übungsmaterialien, -Cases und Szenen

Lesen und bearbeiten Sie die folgenden Beispiele, Cases und Szenen. In den Fällen finden Sie
Beispiele für Konflikte, die bei der Umsetzung des Konzepts „nachhaltige Entwicklung" entstehen können. Finden Sie die Ursachen für die Probleme heraus und suchen Sie nach Möglichkeiten, diese zu minimieren.

2.6.1   Gesucht: – Ein grüner Aktivist für den Vorstand bei Pharmatex

Jan Höfer ist Chief Executive Officer des Pharmaunternehmens Pharmatex aus Frankfurt. Das Unternehmen hat einen Umsatz von 3 Milliarden Euro und ist in Europa, USA und Asien vertreten. Es hat eine positive Entwicklung genommen und steht bisher im Wettbewerb gut da. Jan Höfer gilt in der Branche als innovativer und vor allem durchsetzungsstarker Manager. Das Unternehmen hat es zum „Liebling der Börse" gebracht, weil es, trotz der Expansion in neue Geschäftsbereiche und Märkte, stets verstanden hat die Kosten niedrig zu halten. Dazu hat auch beigetragen, dass der größte Teil der F & E-Aktivitäten outgesouct wurde. Jan Höfer konnte die anderen Vorstände davon überzeugen, dass das Unternehmen so Kosten spart und mit neuen Angeboten schneller auf den Markt kommen kann. Um die Lieferkette möglichst schlank zu halten, wurden von ihm leistungsbasierte Verträge mit den Zulieferern vereinbart. Das vom vorherigen Vorstand noch vorhandene Firmenflugzeug wurde verkauft und als Dienstwagen wurden Mittelklassewagen (SUV) angeschafft. Jan Höfer hat diesen Beitrag zur Kostenoptimierung an die Presse kommuniziert. Um zusätzliche Kosten, die durch Umweltgesetze sowie Umweltverträglichkeitsprüfungen etc. in der EU bzw. den USA anfallen würden, zu vermeiden, hat Jan Höfer Produktionsstätten, bei denen die Möglichkeit von Umweltschädigungen besteht, nach Asien verlegt. Pharmatex gründete dazu unter einem anderen Namen in Ranarabad (Pakistan) ein Werk. Die Produktion ist durch niedrige Löhne und kaum vorhandene Umweltrichtlinien sehr effektiv. In diesem Werk gab es vor drei Monaten einen Umweltunfall, bei dem hochtoxische Stoffe aus der Produktion über einen Bach in ein Trinkwasserreservoir für die Umgebung flossen. Da der Wasserstand zu dieser Zeit rel. niedrig war und sich die Menschen und Tiere der umliegenden Dörfer mit diesem Wasser versorgten, kam es zu Vergiftungen. 12 Menschen und viele Tiere starben, 8 Menschen trugen Gesundheitsschäden davon. Es kam zu Protesten in der Umgebung des Werks. Diese wurden zwar durch die pakistanische Polizei niedergeschlagen, Textbeiträge pakistanischer Journalisten und Bilder gelangten jedoch in englischer Sprache ins Internet. Jan Höfer war trotzdem froh, dass die Proteste geographisch rel. begrenzt blieben und sich nicht wesentlich über Ranarabad hinaus verbreiteten. Pharmatex hat den Produktionsleiter und einige Arbeiter aus der Produktion entlassen und offiziell jede Verantwortung zurückgewiesen.

Das Unternehmen hatte sich vor zwei Monaten um einen größeren Auftrag beworben, diesen aber unerwartet nicht bekommen, sondern an ein anderes Unternehmen, das sich intensiv um Nachhaltigkeit kümmert, verloren. Dieser Tatsache hat Jan Höfer aber kaum Bedeutung beigemessen, sondern er vermutete stattdessen einen „Deal" auf oberster Ebene. Danach hat sich Pharmatex um einen anderen Großauftrag, der über mehrere Jahre einen Wert von 200 Millionen Euro für Impfstoffe einbringen würde, beworben und ist dabei unter die besten Anbieter gekommen. Gegen das einzig verbliebene Konkurrenzunternehmen, den britischen Pharmahersteller Ilopharm, hat Pharmatex bisher immer gewinnen können. Daher kann Jan Höfer es auch kaum fassen als sein Unternehmen auch diesen Großauftrag an das britische Unternehmen verliert. Mit dem üblichen Auf und Ab bei neuen Abschlüssen waren diese Niederlagen nicht mehr zu erklären. Jan Höfer ist entschlossen, die Spitzenstellung von Pharmatex zu verteidigen und ruft seinen Finanzchef Robert Beckert und seine Marketingchefin Carla Oswald zu einer Besprechung. Carla Oswald sagt: „Ich habe schon meine besten Mitarbeiter beauftragt eine Wettbewerbsanalyse durchzuführen". Robert Beckert fügt hinzu: „Ich glaube, dass Ilopharm derzeit auf dem Gebiet der nachhaltigen Ausrichtung des Unternehmens für ziemlich viel Aufsehen in der Öffentlichkeit gesorgt hat". „Aufsehen sagt mit nichts" sagt Jan Höfer, „wie lange brauchen Sie, um eine Handlungsgrundlage für uns zu erarbeiten? Wie sie auch immer aussehen mag, sie muss uns ermöglichen, schnell und kostengünstig etwas in Richtung Nachhaltigkeit zu unternehmen". Carla Oswald sagt: „geben Sie uns einen Tag". Jan Höfer nickt: „ok, lösen Sie das Rätsel um Nachhaltigkeit". Einen Tag später sitzt die Runde wieder beisammen. Carla Oswald hat Patrick Manson, den Chef einer speziellen PR-Agentur mitgebracht, die unter dem Motto: „Ein Image hat jeder, lassen Sie es nicht von anderen bestimmen" darauf spezialisiert ist, Unternehmen kurzfristig zu einem „grünen" Image zu verhelfen. Patrick Manson hat einige Vorschläge erarbeitet, die Pharmatex beim strategischen Marketing-Management vornehmen könnte, um den Wettbewerbsnachteil gegenüber Unternehmen, die sich um Nachhaltigkeit bemühen, in kürzerer Zeit und dabei noch relativ kostengünstig wettzumachen.

- Als erstes schlägt er vor, die Glaubwürdigkeit von Pharmatex zu stärken. „Dazu brauchen wir entweder einen bekannten Aktivisten aus einer Umweltschutzorganisation, oder einen (Ex-)Politiker der Partei „Grüne", auf einer gut dotierten Stelle im Vorstand" sagt er.
- Als zweite Maßnahme könnte das auch dazu führen, dass Pharmatex, z.B. durch eine größere Spende gefördert, sich von dieser Umweltschutzorganisation die in der Zukunft geplanten „Wasserfilter" öffentlich positiv beurteilen lässt. Das Projekt ist derzeit nur eine „Idee", ob die Technologie dazu je gefunden werden kann, steht noch in den Sternen.
- Als dritte Maßnahme schlägt er eine Werbekampagne vor. Unter dem Motto: „Pharmatex – wir tun was für die Umwelt" soll eine Werbekampagne gestartet werden. Er schlägt vor, mit ästhetischen Umweltbildern (ursprüngliche Natur, sauberes Wasser etc.) eine Assoziation zur Nachhaltigkeit zu schaffen.
- Als vierte Maßnahme schlägt er PR-Arbeit unter diesem Motto vor und fragt nach „Besonderheiten", die in der Öffentlichkeit den Eindruck eines „grünen" Unternehmens zusätzlich verstärken können. Carla Oswald fällt ein, dass der Gärtner, der Sie darum gebeten hatte den hinteren Teil des Grundstücks „wild" zu lassen, erzählte, dass er dort mehrere wilde heimische Orchideen-Pflanzen gefunden hat. Sie stehen unter Naturschutz und müssen erhalten werden. Diese Tatsache nimmt Patrick Manson zum Anlass die PR-Maßnahme emotional aufzuladen. „Langfristig müssen wir zu einer ISO-14001-Zertifizierung kommen, Naturschutz ist dafür ein guter Anfang" sagt er. Auf dem Weg dorthin schlägt er als kostengünstige Maßnahmen vor, die Beleuchtung im Gebäude auf Energiesparlampen umzustellen, einen Container für Altpapier aufzustellen, und die Mitarbeiter zu verpflichten,

Altpapier zu sammeln und den Müll zu trennen. Das könne PR-mäßig gut kommuniziert werden. Es kann zudem als Einstieg in die ISO-14001-Zertifizierung dienen.

– Bis zu dieser teuren und anstrengenden Zertifizierung schlägt Patrick Manson als fünfte Maßnahme vor, die Produkte mit einem schön gestalteten eigenen Siegel als „100% umweltfreundlich" zu kennzeichnen.

– Robert Beckert wendet ein: „Wie passt in diese Maßnahmen der Chemieunfall in Pakistan?" „Auch hierfür gibt es eine Lösung" sagt Patrick Manson, und schlägt als sechste Maßnahme die Gründung der Umweltorganisation „Young Pharmatex Environment People" in Pakistan vor. Sie soll vom Unternehmen finanziert werden, Vorschläge für Umweltschutz-Verbesserungen erarbeiten, aber vor allem die Interessen des Unternehmens dabei vertreten (Arbeitsplatzerhalt, Verbleib des Unternehmens in Pakistan, keine Veränderung der dortigen Umweltschutzbestimmungen etc.).

Jan Höfer wird langsam klar, dass „Nachhaltigkeit" einen Wettbewerbsvorteil für Pharmatex in Zukunft darstellt. Er ahnt allerdings, dass er seine Stellung als „Liebling der Börse" dabei wohl verlieren könnte. (Die Autorin hat diesen Fall für die universitäre Seminararbeit vorbereitet. Es ist nicht beabsichtigt, unwirksame Handlungen einer Geschäftssituation zu veranschaulichen. Persönliche Namen oder andere identifizierende oder zu schützende Informationen wurden unkenntlich gemacht). © sciestat

Aufgaben:

Analysieren Sie die von Patrick Manson vorgeschlagenen Maßnahmen des strategischen Marketings auf Nachhaltigkeitsinhalte (anhand der Leitbilder des Modells), und zeigen Sie die sich daraus ergebenden Konsequenzen auf. Gehen Sie dazu folgendermaßen vor:

1. Verschaffen Sie sich einen ersten Eindruck und prüfen Sie, welche der vorgeschlagenen Maßnahmen zu einer nachhaltigen Entwicklung i. S. d. Leitbilder des Modells führen.
2. Prüfen Sie danach, ob bei den Maßnahmen ein möglicherweise verstecktes Greenwashing vorgeschlagen wird und analysieren Sie die einzelnen geplanten Maßnahmen daraufhin.
3. Finden Sie heraus, welche der bekannten Greenwashing-Strategien (Kapitel 2.2. in diesem Buch) hinter den einzelnen geplanten Maßnahmen stehen könnten.
4. Ermitteln Sie (z.B. mit Hilfe von Smartphone, Internet etc.), ob durch die geplanten Maßnahmen in Deutschland Gesetze (UWG-, Umweltgesetze) verletzt werden.
5. Machen Sie anhand der Leitbilder deutlich, welche ethischen und kulturbezogenen Anforderungen sich aus einer realen nachhaltigen Entwicklung für die Führungsebene ergeben.

2.6.2   Nachhaltigkeit international bei Procter & Gamble

Procter & Gamble (P&G) wurde 1837 als Familienunternehmen für Seifen und Kerzen in Cincinnati, Ohio gegründet. Dort befindet sich auch heute die Hauptzentrale des Unternehmens. Das Unternehmen beschäftigt im Jahr 2011/12 121.000 Menschen weltweit (13.000 in

Deutschland) und erwirtschaftete einen Umsatz von 84,2 Billionen U.S.-Dollar. Die 300 Marken weltweit teilen sich in die Sparten Schönheitspflege (z.B. Head & Shoulders, Pantene, Gilette, Wella, Braun), Gesundheits- und Wellness-Produkte (z.B. Always, Crest, Oral-B) und Haushaltsprodukte (z.B. Ariel, Tide, Duracell, Pampers) (Procter&Gamble, 2014). P&G hat seit den 1970er Jahren die weltweite Aufmerksamkeit für Umweltprobleme erkannt. Umweltfragen und Klimawechsel wurden von der UNO in die Diskussion gebracht und dabei auch von den Unternehmen Lösungen gefordert. P&G hat klar definierte und ehrgeizige Unternehmensziele, die sich auf die Verantwortung für die Umwelt und den Planeten beziehen. Generelles Unternehmensziel ist, Markenprodukte in hoher Qualität auf den Markt zu bringen, die einen hohen Nutzen für jetzige und die zukünftige Generationen bieten. P&G hat in 2014 den 14. Umweltbericht vorgelegt und kam in den letzten Jahren 14 Mal in Folge auf dem ersten Platz des „Dow Jones Sustainability Index". Der Fokus des Unternehmens liegt auf Innovationen. Dafür arbeiten weltweit insgesamt 9.000 P&G-Forscher, davon 1.000 in Deutschland. Deutschland ist damit der größte P&G-Forschungsstandort außerhalb der USA.

Nachhaltigkeitsmanagement

Die Nachhaltigkeitsziele des Unternehmens beziehen sich auf Produkte (nachhaltig gewonnene Rohstoffe, Energieeinsparung, Abfallvermeidung in der Produktion und bei Verbrauchern). Aufgrund der gestiegenen Komplexität durch die Globalisierung, wurde die Innovations- und Nachhaltigkeitsforschung seit 2010 auch auf verantwortungsvolles Handeln in weltweiten Lieferketten ausgeweitet. Dafür hat P&C eine Supplier Scorecard eingeführt. Ein Analysetool, durch das Zulieferer weltweit im Hinblick auf Nachhaltigkeit bewertet und Fortschritte belohnt werden. P&G nutzt dies zur Förderung und Einflussnahme im Hinblick auf umweltschonende Produktionsprozesse und verantwortliches Handeln. P&C versucht, durch seine Vielfalt von Produkten und Lieferantenbeziehungen (Chemie, Papiertechnik, Elektrotechnik etc.) Einfluss in Richtung Nachhaltigkeit zu nehmen. Für Lieferanten wurden bestimmte Umweltrichtlinien aufgestellt, die ebenso öffentlich für jedermann verfügbar sind (Ethik Gouvernance für Zulieferer und Subunternehmen, Umweltqualitätsrichtlinien für Rohstoffe etc.). Zusätzlich soll unter dem Begriff Corporate Social Opportunity (CSO) im Unternehmen dafür gesorgt werden, dass sich alle Beteiligten umweltverträglich verhalten. Im Jahr 2007 begann P&G dazu seine five-plank Sustainability Strategie. Sie bezieht Produkte, Verfahren, gesellschaftliche Verantwortung, Angestellte und Stakeholder ein.

Nachhaltige Produktion

Im Jahr 2008 investierte das Unternehmen in neue Produktionsverfahren. Das Ziel war, Design- und Herstellungsverfahren zu entwickeln, bei denen weniger Abfall entsteht und die stattdessen mehr Potential für Recycling bieten. Heute verlassen mehr als 95% der Rohstoffe P&G als Fertigprodukte. Mehr als die Hälfte der restlichen 5% werden wiederverwendet. (Loew et al, 2009). P&G will auch die Umweltverträglichkeit des Herstellungsprozesses weiter verbessern (Reduzierungen der CO_2-Emissionen, Reduzierung des Abfalls in der

Produktion, Produktlebenszyklus bei den Rohstoffen, Palmölproblematik aus Indonesien etc.). Bei P&G ist das Thema „Wasser" ganz hoch in der Nachhaltigkeitsagenda angesiedelt. 85% der verkauften Produkte haben einen Bezug zum Wasserverbrauch im Haushalt (z.B. Spülmittel, Waschmittel, Shampoos, Hygieneartikel etc.). Nachhaltigkeitsinitiativen beziehen sich nicht nur auf das eigene Wassermanagement, sondern auch auf den schonenden Umgang mit Trinkwasser in den Entwicklungsländern (Produktinnovationen für Wassereinsparungen etc.).

Nachhaltiges Engagement

Umweltschutzverhalten in der Unternehmensführung hat auch die Angestellten von P&G inspiriert. Für Konferenzen werden wesentlich öfter Video-Konferenzen genutzt anstatt zu reisen. Ein namhafter Teil der Belegschaft engagiert sich bei lokalen Einrichtungen in der Kommune. Umweltschutzthemen werden von den Angestellten auch in das tägliche Arbeitsleben eingebracht (Diskussionen in Audits, bei Sicherheit, Gesundheit oder in Umwelt-Benchmarking-Treffen etc.). Es wird diskutiert wie die Umweltschutz-Führerschaft ausgebaut werden kann. Für die Angestellten hat P&G weltweit zugreifbar ein Handbuch für das umweltschutzbezogene Business- und Lebenswandel-Verhalten angelegt. Ein weiteres Thema betrifft „Diversity" im Unternehmen, da P&G Menschen aus vielen Ländern und Kulturen beschäftigt. Beim gesellschaftlichen Engagement engagiert sich P&G als Hersteller von Pampers Baby-Windeln international im Rahmen einer Impfkampagne von UNICEF gegen Tetanus bei Neugeborenen und unterstützt ein Mädchenprojekt im Hinblick auf die Ermöglichung von Schulbesuchen (Procter&Gamble Schweiz, 2014).

Nachhaltiges Marketing

Der Innovationsprozess von P&G startet mit der Eruierung für neue Kundenprodukte. Danach wird das notwendige Firmen-Know-How hinzugezogen. Mit Hilfe von Marketing soll dann die Innovation bekannt gemacht und den Verbrauchern die notwendigen Informationen für den richtigen Gebrauch zur Verfügung gestellt werden. Um die entsprechenden Informationen für Umweltunverträglichkeiten zu ermitteln und potentielle Wiederverwendungsmöglichkeiten zu identifizieren, nutzt P&G das Life Cycle Assessment (LCA). Dieses ermöglicht, Material, Wasser- und Energieverbrauch sowie Treibhausgasemissionen für die Produkte abzuschätzen. Marketing wird u.a. auch dazu eingesetzt, Nachhaltigkeit bei den Verbrauchern international stärker ins Bewusstsein zu rücken. Derzeit gilt das insbesondere für den Wasser- und Energieverbrauch. P&G hat ein beachtliches Portfolio an innovativen Waschmitteln für niedrigere Temperaturen zur Verfügung. Sie können nicht nur in der Dritten Welt dazu beitragen den Wasser- und Energieverbrauch zu senken. © sciestat

Aufgaben:

Analysieren Sie den Nachhaltigkeitsansatz von P&G und gehen Sie dazu folgendermaßen vor:

1. Verschaffen Sie sich einen Überblick über die Nachhaltigkeitsmaßnahmen von P&G in der Fallstudie. Fassen Sie dazu die Unternehmenspraktiken als stichwortartige Kurzbeschreibung zusammen. Stellen Sie diesen die Auswirkungen auf das Konzept „nachhaltige Entwicklung" gegenüber und sortieren Sie sie entsprechend. Benutzen Sie dazu die in der folgenden Abbildung 2.10 verkleinert dargestellte Übersichts-Maske für Kurzanalysen bei nachhaltigkeitsbezogenen Fallstudien als Vorlage.

2. Überprüfen Sie, welche Leitbilder der makro-sozialen und -soziokulturellen Rahmenbedingungen bei P&G eine Rolle spielen und tragen Sie die Merkmale entsprechend ein.

3. Analysieren Sie, wie weit die Leitbilder der meso-sozialen und -soziokulturellen Rahmenbedingungen bei P&G einbezogen werden und verfahren Sie wie zuvor.

4. Überprüfen Sie, inwiefern die Leitbilder der mikro-sozialen und -soziokulturellen Rahmenbedingungen sich bei P&G wiederfinden und tragen Sie die Merkmale ein.

5. Gehen Sie im Internet auf der Website von P&G in den Nachhaltigkeitsbereich. Rufen dort den Nachhaltigkeitsbericht für 2013 auf. Analysieren Sie zwei weitere Nachhaltigkeitsaspekte sowie deren Auswirkungen auf das Konzept „nachhaltige Entwicklung" und tragen Sie die Merkmale in gleicher Weise wie zuvor in die Maske ein.

6. Untersuchen Sie, welche (unternehmens-)kulturellen Auswirkungen sich bei P&G ergeben.

7. Analysieren Sie anhand der Übersicht in der Maske die wesentlichen Problembereiche beim Nachhaltigkeitsansatz von P&G.

8. Prüfen Sie, ob Sie Indizien für Greenwashing finden und stellen Sie diese heraus.

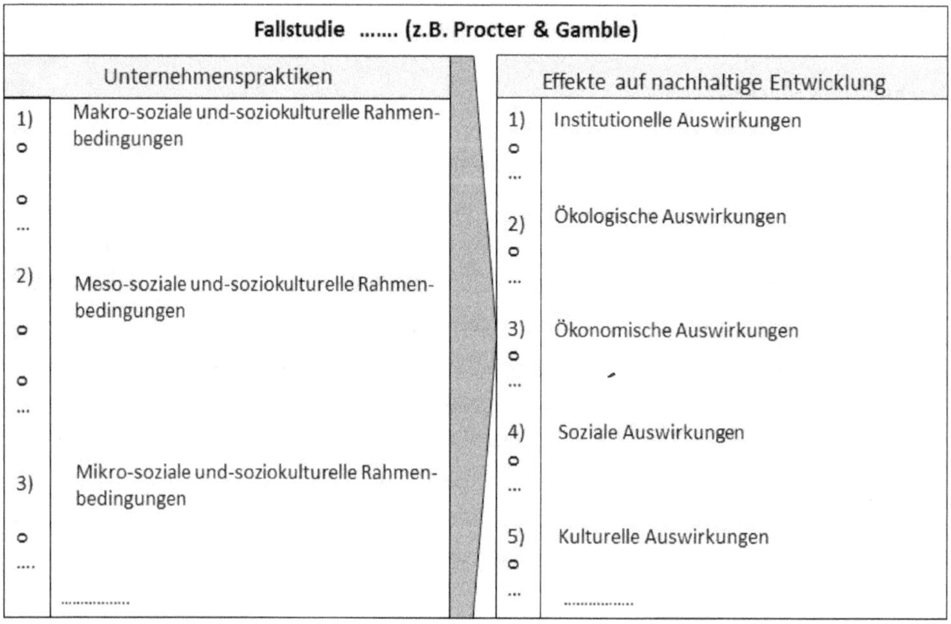

Abb. 2.10:   Übersichtsdarstellung Kurzfallstudie Unternehmenspraktiken und Effekte, i.A.a. Schrader, 2013, verändert und modifiziert

3 Strategisches Nachhaltigkeits-Marketing-Management

3.1 Einführung in das strategische Nachhaltigkeits-Marketing-Management

„Das strategische Nachhaltigkeits-Marketing beschäftigt sich mit den Bindegliedern zwischen normativen Zielvorgaben (u.a. auch der Vision) und operativen Maßnahmen – den Strategien. Daraus folgend haben Strategien einen längerfristigen Horizont. Sie fungieren quasi als Leitplanken und geben den Spielraum für operative Aktivitäten vor" (Hummel, 2000, 30). Von einigen Wissenschaftlern wird die Meinung vertreten, dass für ein strategisches Nachhaltigkeits-Marketing-Management vor allem die schon länger bekannte Anspruchsgruppen-Strategie von Bedeutung ist (Meffert/Burmann/Kirchgeorg, 2011). Sie gehört zu den traditionellen Marktteilnehmerstrategien (z.B. Abnehmer gerichtete, Absatzmittler gerichtete Strategie etc.) und ist dadurch gekennzeichnet, dass sich der Inhalt für die strategische Festlegung an der Verhaltensweise, vor allem an indirekt marktbeeinflussenden Anspruchsgruppen, ausrichtet. Als strategische Optionen schlagen sie hierfür Innovation, Anpassung, Ausweichen bzw. Widerstand vor (Meffert/Burmann/Kirchgeorg, 2011). Diese Sichtweise orientiert sich jedoch vornehmlich am traditionellen (Massen-)Marketing. Strategische Werte des Nachhaltigkeits-Marketing-Managements sind zu dieser Ausrichtung in der Hauptsache konträr und führen zu Zielkonflikten. In der Praxis hat sich gezeigt, dass der Erfolg ökologischer Produkte/Dienstleistungen nicht durch pauschalisierte, einfache Antworten begründet werden kann, sondern von vielen verschiedenen Faktoren abhängig ist. Es hat sich erwiesen, dass Möglichkeiten und Grenzen aus ökologischen Produkten Wettbewerbsvorteile zu schöpfen, je nach Unternehmenstyp unterschiedlich ausfallen. Es ist aber zu vermuten, dass es für Unternehmen jeglichen Typs möglich ist, eine ökologisch-ökonomische Schnittmenge zum Wettbewerbsvorteil zu identifizieren und zu erweitern (z.B. Positionierungs-, Ressourcenstrategien etc.). Im Unterschied zu vielen traditionellen Strategieansätzen, spielt beim strategischen Nachhaltigkeits-Marketing-Management die aktive Stakeholdereinbindung eine Rolle. Für eine Integration von Stakeholderanforderungen sind lediglich operative Maßnahmen, wie bei traditionellen Strategiekonzeptionen vorgesehen, nicht ausreichend. Die integrative Stakeholderorientierung ist strategisch im Unternehmensleitbild zu verankern. Gleichzeitig sind Unternehmen gehalten, sich nicht zu intensiv mit Produkten/Dienstleistungen zu beschäftigen, ohne die Leistungen rechtzeitig dem Urteil der Kunden auszusetzen. Der Grad der „Nachhaltigkeit" in einem Unternehmen wird durch die Strategie eines Unternehmens wesentlich bestimmt. Er ist in der strategischen Ebene mit Vision, Mission, Ethik, Einstellungen, Normen und entsprechend ausgerichtetem Verhalten von Herstellern und Konsumenten verbunden. Die auf „Nachhaltigkeit" basierenden Zusammenhänge (Ökologie, Ökonomie, Soziales) sind sehr wissensintensiv und von unzähligen Zielkonflikten gekennzeichnet. Beim strategischen Nachhaltigkeits-Marketing-Management erscheint, neben den (alltäglichen) Markt-, wettbewerbs- bzw. geschäftsbereichsbezogenen Aufgaben, ein systematisches Management nachhaltigkeitsbezogener Werte in der Unternehmensführung (Top-Management) unerlässlich. Die

Steuerung und Messung immaterieller Ressourcen (Visionen und dazugehörige Werte, Normen, Leitbilder etc.) hat allerdings ihre Tücken. Um als glaubwürdig verinnerlicht zu werden, müssen sie in praxi nicht nur beständig Mitarbeitern und Führungskräften „vorgelebt" werden, sie sind auch ganz selbstverständlich als fester (ideeller) Bestandteil und strategisches Potential aktiv im Alltag zu kommunizieren. In der Literatur existieren nur wenige Hinweise auf Erfahrungen mit einem nachhaltigkeitsbezogenen Methodendesign. Vorliegend wird ein überkategorial konzipiertes Wertemanagement im Sinne eines „Managements der Kultur zur Nachhaltigkeit" dazu vorgeschlagen, das zu konzipieren und zu managen ist.

3.2   Überkategoriales kulturbezogenes Nachhaltigkeits-Marketing-Management

Im Rahmen von „Nachhaltigkeit" erhalten, neben den traditionellen tangiblen, die intangiblen Ressourcen eine herausragende Bedeutung. Sie sind dem immateriellen Kapital der Unternehmensführung zugehörig und werden in die Bereiche Human- (Intellekt, Fähigkeiten, Kreativität etc.), Organisations- (System, Prozesse, Werte, Kultur etc.) und Beziehungskapital (mit Kunden, Lieferanten, Staat etc.) zusammengefasst (Roos et al, 1997). Das Top Management bestimmt wesentlich die Gestaltung eines nachhaltigkeitsbezogenen normativen und kulturellen Rahmens im Unternehmen, der sich u.a. in unternehmensbezogenen Nachhaltigkeits-Werten ausdrückt. Die entsprechenden Werte gelten im Unternehmen als Faktoren des intellectual capital. Sie sind wesentlicher Faktor der immateriellen Ressourcen, deren Struktur von den Autoren der intellectual-capital-community unterschiedlich dargestellt wird (z.B. Andriessen, 2004). Die nachfolgende Tabelle 3.1 zeigt zur Verdeutlichung traditionelle materielle und immaterielle Ressourcen in tangibler und intangibler Form.

Tab. 3.1:   Materielle und immaterielle Vermögenswerte als tangible bzw. intangible Ausdrucksformen, Quelle: i.A.a. Roos et al, 2004, 130, modifiziert und verändert

	Materielle Vermögenswerte		Immaterielle Vermögenswerte		
	Monetär	**Physisch**	**Personal**	**Organisation**	**Netzwerk**
Tangibel	Geld, Investitionen, Debitoren, Kreditoren etc.	Immobilien, Werke, Inventar: -Fertigwaren, -Rohmaterial etc.	Managementverträge etc.	System, formalisierte Prozesse, Patente, Marken, explizites Wissen etc.	Kundenverträge, formale Bündnisse, Lieferverträge etc.
Intangibel	Bonitätsraten, Kreditfähigkeit, Veritätsrisiko etc.	Anlagenflexibilität, Infrastruktur, Zugangsmöglichkeiten und -rechte (Bildung), Bestandsqualität	Implizites Wissen, Erfahrungen, Führungsfähigkeiten, Firmenloyalität, Engagement etc.	Informelle Prozesse, Wissen, Reputation, Qualität der Corporate Governance, Unternehmenskultur	Kundenloyalität, Qualität der Lieferverträge, Solidität von Stakeholder-Netzwerken etc.

In den Management-Wissenschaften existieren zum Wertemanagement verschiedene Ansätze und Methoden. Der weit überwiegende Teil davon eignet sich für ein Wertemanagement im Rahmen der „Nachhaltigkeit" nicht, da die Ansätze ausschließlich auf eine finanzwirtschaftliche Konzeptionierung und Messung (Kennzahlensysteme etc.) im Sinne von Shareholder Value ausgerichtet sind (z.B. Scorecard-Methoden, Methoden mit strategischem Bewertungsmaßstab, Grounded Theory etc.). Intangible Ressourcen haben im Rahmen der Neoklassischen Wirtschaftstheorie enorme Auswirkungen auf den Unternehmenserfolg (z.B. im Sinne der Publikationspflicht gem. HGB etc.). Empirische Ergebnisse haben aber gezeigt, dass nachhaltigkeitsbezogene kulturelle Werte sich einer derartigen Messung entziehen, da hierfür andere Ansätze und Methoden vonnöten sind. In dieser Hinsicht erscheint der Autorin das Wertebalance-Modell für ein Wertemanagement zur „Nachhaltigkeit" geeignet. Wertebalance ist definiert, als: „der Zustand in einer Leistungsbeziehung, in dem die an die Zielgruppe gerichteten Merkmale ranggleich für Anbieter und Empfänger sind und die vom Empfänger wahrgenommene Qualität dem Rang der Merkmale entspricht" (Kinne, 2009,131). Das Modell bietet auch mit Bezug auf den Wettbewerb hinreichende Bedingungen. So eröffnet es z.B. die Möglichkeit, sich durch das unternehmensindividuelle Bündel immaterieller Ressourcen (z.B. nachhaltiger Wertekanon, -Kultur, Organisation, Produkte etc.) einer Vergleichbarkeit im Rahmen eines relativen Preis-Leistungs-Verhältnisses zu entziehen, da das Leistungsspektrum für einen Preisvergleich zu speziell wird. Wertebalance wird im Sinne des Modells als ein erstrebenswerter Zustand einer Leistungsbeziehung (im Hinblick auf interne, externe Stakeholder etc.) gesehen. Die Perspektive weist Parallelen zur Perspektive der „nachhaltigen Entwicklung" auf. Als weiterer Entwicklungsschritt ist es z.B. möglich, die Werte zu einer unternehmensspezifischen (nachhaltigkeitsbasierten) Unternehmenskultur zusammenzuführen und zu verdichten. Leider existieren derzeit hierzu in der Literatur keinerlei Erfahrungen. Ein Forschungsbedarf ist daher dringend gegeben. Nachfolgend werden im Rahmen eines überkategorialen kulturbezogenen Nachhaltigkeits-Managements, für die zuvor genannten Ebenen des immateriellen Kapitals, ausgewählte nachhaltigkeitsbezogene Werte eines entsprechenden Wertemanagements in verschiedenen Ebenen abgeleitet.

3.2.1   Interne kulturbezogene Nachhaltigkeits-Strategie

Die Bedeutung einer nachhaltigen Ausrichtung der normativen Unternehmenswerte hat in den letzten 20 Jahren, im Hinblick auf den politischen, gesellschaftlichen und wirtschaftlichen Kontext, kontinuierlich zugenommen. Unternehmen sehen sich mit konkreten Erwartungshaltungen interner und externer Stakeholder, für eine ökologische und soziale Ausrichtung des unternehmerischen Handelns konfrontiert. Auch rechtliche und regulatorische Anforderungen haben sich in Deutschland und der EU deutlich verschärft. Der daraus resultierende Handlungsdruck in Richtung einer nachhaltigen Unternehmensführung wird zukünftig, da international durch die Politik gefördert, noch weiter zunehmen. Unternehmen sollten daher nicht nur ihre Marketing-Strategien, sondern auch ihr operatives Marketing-Management auf die

Anforderungen einer nachhaltigen Unternehmensführung ausrichten. Dies ist umso wichtiger, da den bislang eingesetzten Methoden traditionell ein Bezug zur „Nachhaltigkeit" fehlt.

3.2.1.1   Transformationspotential in einer Unternehmenskultur

Unternehmenskultur wird definiert als: „Summe aller gemeinsamen, selbstverständlichen Annahmen, die eine Gruppe in ihrer Geschichte erlernt hat" (Schein, 2006, 44). Sie gilt als Synonym für die „weichen Werte" eines Unternehmens. Die „nachhaltige Entwicklung" beinhaltet sehr anspruchsvolle Zielsetzungen. Damit sind unterschiedliche Auswirkungen sowie unzählige Zielkonflikte im Unternehmen verbunden. Die Ausrichtung an den entsprechenden Werten ist nicht durch das Management allein zu realisieren (z.B. Verordnung bestimmter Denkweisen, Anweisung von Werten etc.). Ein Bewusstseinswandel in Richtung „Nachhaltigkeit" ist nur in Zusammenarbeit aller Beteiligten erreichbar. Nachhaltigkeit als ganzheitliches Konzept hat, neben internen, auch systemische Wechselwirkungen zu externen Stakeholdern des Unternehmens. Für Unternehmen, die sich strategisch in Richtung „Nachhaltigkeit" ausrichten wollen erscheint die Frage interessant, ob (unsichtbare, unausgesprochene) kulturelle Werte in einem Unternehmen überhaupt veränderbar sind. In den Kulturwissenschaften wird das Transformationspotential kultureller Unternehmenswerte von einigen Wissenschaftlern als kaum bis nur äußerst gering angesehen. In anderen Wissenschaften herrschen über die Möglichkeiten der Gestaltung unterschiedliche Meinungen vor. Für Kulturwissenschaftler als „Kulturalisten" ist klar, dass die Kultur eines Unternehmens *nicht* als beliebig gestaltbare Variable angesehen werden kann. Kultur manifestiert sich nach dieser Auffassung als ein Lernprozess in einer gewachsenen Lebenswelt, als Ergebnis autopoitischer Prozesse, die sich dem profanen Zugriff des Managements entziehen. Unternehmenskultur wird danach *nicht* als eine isolierte Erfolgsvariable verstanden, die mittels einfacher Instrumente und Maßnahmen „gemanagt" werden kann (Rathje, 2006).

Eine entgegengesetzte (funktionalistische) Meinung wird von sog. „Kulturingenieuren", „-pragmatikern" bzw. „-interventionisten" (vorrangig in den Wirtschaftswissenschaften) vertreten. Sie sehen Kultur als eine Variable wie jede andere an, die verändert werden kann und als Gestaltungselement zur Realisierung der Unternehmensziele dient. Abseits dieser Extrempositionen, wird auch eine (konstruktivistische) „Kompromissposition" vertreten. Nach dieser sind soziale Systeme nicht unbegrenzt plan- und steuerbar. Eine Veränderung wird zwar für möglich gehalten, die Wirkung jedoch als ergebnisoffen angesehen. Kurzfristige und planbare Resultate (z.B. im Sinne einer Kulturrevolution) sind aber nicht zu erwarten. Anstöße zu Veränderungen werden jedoch für denkbar gehalten (Jung et al, 2007; Schreyögg, 1999). Die nachfolgenden Ausführungen zu einer nachhaltigkeitsorientierten Unternehmenskultur legen eine Kompromissposition zugrunde. Nachhaltigkeit muss dabei in allen drei Ebenen der Unternehmenskultur vertreten sein. Als sichtbare Artefakte ebenso, wie in den Werten der grundlegenden, unausgesprochenen Annahmen des betrieblichen Alltags. Vor allem aber, in den tieferen Schichten der für selbstverständlich gehaltenen unreflektierten Werte. Unternehmenskultur kann nach dieser Auffassung als Transmissions-Werkzeug dazu beitragen, dass Nachhaltigkeits-Gedanken dauerhaft im betrieblichen Geschehen verankert werden.

3.2.1.1.1 Normenbasierter Ordnungsrahmen

Ordnungsmomente sind neben Prozessen und Entwicklungsmodi die zentralen Elemente in der Innensicht eines Unternehmens. Sie werden durch Kultur, Strategie und Struktur gebildet (Rüegg-Stürm, 2003). Durch die Unternehmenskultur werden einerseits weiche Werte (Kultur-, Vertrauens-, Image-, Reputationswerte etc.), andererseits harte Werte (quantitatives, mechanistisches Organisationsverständnis) eines Unternehmens repräsentiert (Hofstede, 2006). Es handelt sich um einen im Laufe der Zeit gemeinsamen und grundlegenden Bestand an Orientierungen, durch die das Verhalten der Unternehmensmitglieder unsichtbar, zumeist unbewusst und unreflektiert, gesteuert wird. Orientierungen erfolgen auch sichtbar in Form von Symbolen, Zeichen und Ritualen. Unternehmenskultur ist durch eine sichtbare Oberflächenstruktur und eine unsichtbare Tiefenstruktur gekennzeichnet (Schein, 2006). Kulturelle Annahmen bestimmen zugleich auch das externe Selbstbild des Unternehmens in verschiedenen Umfeldern. Um überleben und wachsen zu können, muss jedes Unternehmen eigene tragfähige Annahmen darüber entwickeln, was auf welche Weise getan werden soll. Im Laufe der Zeit „lernen" Unternehmen, welche Strategien funktionieren. Erfolge führen dann, über anfängliche Überzeugungen, zu Selbstverständlichkeiten. Diese gemeinsamen unausgesprochenen „Annahmen" (Normen) machen es neuen Mitarbeitern oft schwer, sich schnell zu integrieren. Jedes Unternehmen hat eigene individuelle Normen, Denk- und Arbeitsweisen entwickelt, die unsichtbar bleiben und für Fremde nur mittels Trial and Error erlernbar sind. In Praxis und Wissenschaften ist unstreitig, dass der Anteil der Unternehmenskultur an Aufgabenbewältigung, Mittelnutzung, Strategie, Evaluations- und Korrektursystemen im Unternehmen extrem hoch ist. Diese Tatsache wird jedoch nicht in allen Unternehmen anerkannt. Unternehmenskulturen sind in nationale, regionale und branchenspezifische Kulturen eingebettet. Die Wirkung dieser Implikationen darf insbesondere international nicht vernachlässigt werden, ist aber äußerst schwierig zu ermitteln (Hofstede, 2006). Problematisch wirkt sich aus, dass es für Mitarbeiter ohne Hilfe nicht möglich ist, Annahmen, auf die sich das tägliche Verhalten stützt, selbst zu rekonstruieren. Soll eine Kultur verstanden und die unausgesprochenen Werte zumindest annähernd aufgedeckt werden, ist das nur durch einen Prozess der systematischen Beobachtung sowie Gespräche mit Insidern möglich. Da es sich um ein äußerst komplexes Phänomen handelt muss jede einzelne Ebene einer Unternehmenskultur analysiert werden. Dabei sind drei grundlegende Facetten zu beachten (Schein, 2006):

— Kultur wirkt *tief* und darf nicht nur oberflächlich betrachtet werden. Kultur übt dementsprechend auch eine starke Kontrolle aus, weil sie dem Alltag Bedeutung und Berechenbarkeit verleiht. Durch Lernprozesse werden Überzeugungen und Annahmen entwickelt, die als unbewusste, unausgesprochene Regeln das Denken und Handeln im Unternehmen bestimmen.

- Kultur wirkt *breit* und muss alle Aspekte innerer und äußerer Beziehungen von Gruppen umfassen. Entschlüsselungsversuche können nur unter einem spezifischen Aspekt bzw. besonderen Grund erfolgreich sein.
- Kultur wirkt *stabil*, weil die Gruppenmitglieder an ihren kulturellen Annahmen festhalten, da sie ihnen Berechenbarkeit und Sinn geben. Veränderungsvorhaben lösen nicht selten große Ängste und Widerstände aus, denn die Kultur ist eines der stabilsten Teile eines Unternehmens.

Die bisherigen Ausführungen basieren im Wesentlichen auf Grundlagen des Modells der Kulturebenen von Schein. Die Autorin möchte aber vermeiden, dass Modelle, die nicht unmittelbar für das Nachhaltigkeitsverständnis, sondern nur für das Begriffsverständnis wichtig sind, in wiederholender Weise in diesem Buch nochmals dargelegt werden. Das Modell der drei Ebenen der Unternehmenskultur von Schein wurde an anderer Stelle bereits hinreichend diskutiert und wird daher als bekannt vorausgesetzt (vgl. hierzu Schein, 1985, Schein, 2006). Desgleichen gilt auch für das Modell der kulturellen Dimensionen beim globalen Management von Hofstede (vgl. dazu Hofstede, 1984, Hofstede, 2006). Die nachfolgenden Ausführungen konzentrieren sich auf Möglichkeiten mit Hilfe des Nachhaltigkeits-Marketing-Managements eine Kulturtransformation im Rahmen der Unternehmenskultur zu unterstützen.

3.2.1.1.1.1 Unternehmensbezogene Auswirkungen

Mit der Ausrichtung eines Unternehmens auf nachhaltige Kulturwerte sind Vor- und Nachteile verbunden. Ein kurzfristiger Vorteil liegt z.B. in der Realisierung von Kosteneinsparungen in nicht unerheblichem Maße beim Energie- und Ressourcenbedarf. Mittelfristig ist ein Vorteil in der verbesserten Reputation des Unternehmens bei den Stakeholdern (intern und extern) zu sehen. Durch diesen Vorteil verbessern sich z.B. die Recruiting-Chancen des Unternehmens am Arbeitsmarkt. Das kann angesichts des demographischen Wandels in Deutschland erhebliche Auswirkungen haben. In Deutschland werden gut ausgebildete junge Fachkräfte schnell zur Mangelware. Durch eine hohe Reputation mit einer gelebten Nachhaltigkeits-Ausrichtung in sozialen Bereichen (z.B. durch Realisierung der Work-Life-Balance in Form von eigener Kinderbetreuung etc.), haben Unternehmen ungleich höhere Chancen die Besten einer Generation als Mitarbeiter zu gewinnen (Taubken, 2007). Ein langfristiger Vorteil besteht in der Chance das Unternehmen „neu zu erfinden". Mit diesem Vorteil können bisher undenkbare Marktpositionen, z.B. durch die Ausrichtung auf neue Zielgruppen, erreichbar werden. Der Anteil von Konsumenten, die ihre Lebenswelt an nachhaltigen Werten ausgerichtet haben (z.B. LOHAS, LOVOS etc.), hat sich nicht nur in Deutschland in den letzten Jahren rasant erhöht. Ihr Anteil wird in Deutschland auf über 30% geschätzt. Diese Konsumenten-Community hat es sich zur Aufgabe gemacht, vorrangig Waren von nachhaltig produzierenden Unternehmen zu kaufen. Nicht nachhaltig produzierende Unternehmen werden von der Community im Internet geblamt. Dazu werden Produktionsverfahren, Umweltverschmutzung bzw. Ausnutzung von Billigarbeitskräften in Entwicklungsländern, im Internet öffentlich bekannt gemacht. In der Vergangenheit hat das bereits zu etlichen Kaufboykotten mit erheblichen Umsatzeinbußen für nicht nachhaltig produzierende Unternehmen geführt.

Mit weniger Arbeitszeit mehr Leistung

„In den vergangenen vier Jahren führten Prof. Lesli Perlow und ihre Mitarbeiterin Jessica Porter von der Harvard Business School eine Reihe von Experimenten in verschiedenen Büros der Boston Consulting Group (BCG) durch. Im Rahmen dieser Experimente waren die teilnehmenden Berater angehalten, sich jede Woche eine feste Auszeit – mal einen ganzen Tag, mal einen freien Abend- zu nehmen. Aus Angst um das eigene Ansehen und die Karriere im Unternehmen sowie aus Angst vor einer Verurteilung durch die Kunden waren die Wissenschaftler mit anfänglichen Widerständen konfrontiert. Durch eine klare Unterstützung der Experimente durch das Topmanagement konnten diese Widerstände abgebaut werden. Im weiteren Verlauf der Experimente entstanden wichtige Lernprozesse. Die Berater freuten sich zunehmend auf ihre Auszeiten und hielten diese fast ausnahmslos ein – auch in sehr intensiven Projektphasen. Ihre Zufriedenheit mit der eigenen Arbeit stieg an und auch ihre Work-Life-Balance verbesserte sich. Auch ihre Bindung an das Unternehmen profitiert von den Experimenten: Die Berater hofften deutlich häufiger auf langfristige Karriereaussichten bei der BCG als vorher. Darüber hinaus verbesserte sich auch die Kommunikation innerhalb des Arbeitsteams. Da Mitarbeiter zu festen Zeiten nicht erreichbar waren, mussten klare Absprachen stattfinden und Vertreter benannt werden. In der Folge wurde mehr miteinander und weniger nebeneinander gearbeitet. Schließlich waren die Kunden größtenteils zufriedener als vorher. Mit einer relativ kleinen Änderung konnte somit ein sehr weitreichender Lernprozess eingeleitet werden, an dessen Ende die Erkenntnis stand, dass mit weniger Arbeitszeit häufig mehr geleistet werden kann" (Perlow/Porter, 2010).

Ein wesentlicher Nachteil ist, dass mit den Anforderungen der „nachhaltigen Entwicklung" ein tief greifender kultureller „Change-Prozess" verbunden ist, der mit Hilfe von „Machtausübung" (Anweisungen, Vereinbarungen etc.) kurzfristig nicht durchsetzbar ist. Überzeugungsarbeit bringt viele Schwierigkeiten mit sich. Damit verbindet sich auch die Grundsatzfrage ob Aktienunternehmen bzw. Manager mit kurzer Amtszeit, überhaupt daran interessiert sind, langfristige Zielsetzungen kurzfristigen Zielen vorzuziehen. Gelebte „Nachhaltigkeit" ist zunächst mit erheblichem Aufwand und Anstrengungen des Managements (vor allem beim Top Management durch Zeitaufwand, etc.) verbunden. Auch Mehrkosten fallen an (Kosten des Change-Managements, Investitionskosten in F&E etc.). Zudem gibt es für einen Transformationserfolg zu einer Unternehmenskultur der „Nachhaltigkeit", keine Garantie. Es ist zudem über einen längeren Zeitraum für wesentliche Konfliktfelder im Rahmen der „nachhaltigen Entwicklung", Lösungen zu entwickeln. Werden diese ignoriert, ist durch verinnerlichte (alte) Kulturwerte ein Rückfall in alte Gewohnheiten im Unternehmen vorprogrammiert, was die Zukunft des Unternehmens gefährden kann (Kuhn, 2008).

3.2.1.1.1.2 Mitarbeiterbezogene Auswirkungen

Hat ein Unternehmen mit der primären Aufgabenbewältigung Erfolg kann aus kulturbezogener Sicht angenommen werden, dass die Unternehmenskultur richtig ausgerichtet ist. Lässt
der Erfolg nach bzw. gelingt es einem Unternehmen nicht mehr in der gewünschten Weise
Alltagsprobleme zu bewältigen, kann das auch bedeuten, dass Kulturelemente dysfunktional
geworden sind und verändert bzw. angeglichen werden müssen (Schein, 2006). Diese Aussage wird durch die regelmäßig durchgeführten empirischen Untersuchungen des Engagement-
Index (Gallup-Studie, 2014) für Deutschland bestätigt. Demnach gaben im Jahr 2009 nur 11%
der Befragten Mitarbeiter an, eine hohe emotionale Bindung zu ihrem Unternehmen zu haben.
Die übergroße Mehrheit (66%), fühlt sich nur gering an den Arbeitgeber gebunden und macht
„Dienst nach Vorschrift". 23% der Befragten haben keinerlei Bindung mehr zum Unternehmen (innere Kündigung). Als Gründe für diese geringe Mitarbeiterbindung wird von den Befragten angegeben, dass sie sich hinsichtlich ihrer Erwartungen und Bedürfnisse von der Unternehmensleitung ignoriert fühlen. Die nachfolgende Abbildung 3.1 zeigt den Verlauf des
Engagement-Index der Gallup-Studie im Zeitverlauf.

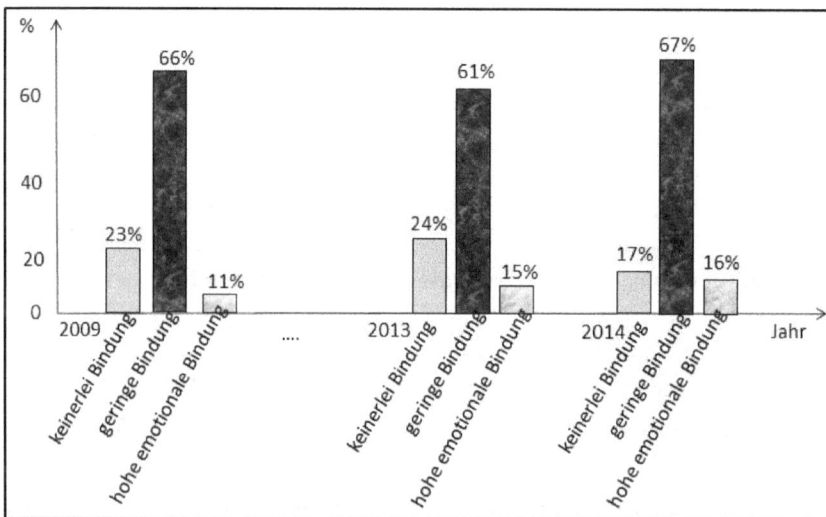

Abb. 3.1: Entwicklung des Engagement-Index der Gallup-Studie von 2009 bis 2014, Quelle: i.A.a. Gallup,
2010, Gallup, 2013, Gallup 2014, verändert und modifiziert

In Abbildung 3.1. fällt auf, dass sich der Anteil der Mitarbeiter, die nur noch Dienst nach Vorschrift machen, nur einmalig im Jahr 2013 verändert hat. Im Jahr 2014 liegt er sogar höher, als
beim Stand 2009. Etwas erfreulicher hat sich der Anteil der Mitarbeiter entwickelt, die bereits
innerlich gekündigt haben. Nach anfänglichem Gleichstand, ist im Jahr 2014 erstmals eine
Verringerung um 7% festzustellen. Ein kontinuierlicher Anstieg um ca. 5% ist bei Mitarbeitern
mit hoher emotionaler Bindung zu bemerken. Vor allem die Kulturwerte der Mehrheit sowie

derjenigen, die keinerlei Bindung zum Unternehmen mehr haben, können ein Unternehmen stark belasten und die Wettbewerbsfähigkeit beeinträchtigen. Es gilt als erwiesen, dass Kulturwerte als Gruppenphänomen, in Verbindung mit hohen Leistungsnormen, eine hohe Produktivität bewirken. Sie repräsentieren damit eine Kerngröße im Unternehmen (Scholz/ Hofbauer, 1990). Bei Kulturtransformationen ist Altes zu verlernen und Neues dazuzulernen. Im Rahmen von „Nachhaltigkeit" erfolgt die Transformation durch einen Such- und Aushandlungsprozess mit gesellschaftlichen Werten. Unsicherheiten werden dabei vor allem durch die Realisierung des Umfangs, bzw. der Tiefe und Breite dessen, was verändert werden muss, gefördert. Das führt nicht selten zu Veränderungsangst bei den Mitarbeitern. Diese bezieht sich oft auf eine vorübergehende Inkompetenz in neuen Tätigkeitsfeldern und deren eventueller Sanktionierung. Ängste beziehen sich auch auf einen Verlust der persönlichen Identität sowie der Gruppenzugehörigkeit (Schein, 2006). Zudem ist der Erfolg in Form einer „nachhaltigkeitsorientierten" Unternehmenskultur nicht garantiert. Durch Lernängste werden Fehler verstärkt. Ein Scheitern bzw. Rückfälle in alte Denk- und Handlungsmuster sind möglich. Negative Auswirkungen im Change-Prozess können durch Führungskräfte abgemildert werden, die bereits auf nachhaltige Werte „vorbereitetet" sind. Die gelebte Kultur eines nachhaltigen Leitbildes, mit den entsprechenden Wirkungen nach innen und außen, erhöht auch die Glaubwürdigkeit und Motivation bei den Mitarbeitern (BMU, 2009). Dazu sind erhebliche Gruppenanstrengungen in der Mitarbeiterschaft vonnöten, um den Anforderungen eines glaubwürdigen Veränderungsprozesses sowie den Erwartungen der internen und externen Stakeholder zu entsprechen.

3.2.1.1.1.3 Auswirkungen auf Investoren und Ratingagenturen

Investoren zählen zur wichtigsten Gruppe im Lagebericht hinsichtlich der Nachhaltigkeitsaspekte. Für sie ist es wichtig, die voraussichtliche Entwicklung eines Unternehmens und dessen Branche aus einem Geschäfts- bzw. Lagebericht zu erkennen. Dazu dienen u.a. die Berichterstattung zu den Nachhaltigkeitsindikatoren sowie die Auswirkungen auf die Geschäftslage und -entwicklung eines Unternehmens. Eine Ausrichtung an der „nachhaltigen Entwicklung" ist mit Vor- und Nachteilen verbunden. Sie kann Anlagensicherheit bieten, aber auch hohe Investitionen verlangen. Investoren ist durchaus bewusst, welche Auswirkungen soziales und ökologisches Fehlverhalten für Unternehmen und Konzerne haben kann. Neben einem hohen Imageschaden, sind z.B. juristische Auseinandersetzungen möglich (Klagen, Schadenersatzzahlungen etc.), wenn Unternehmen gegen Umweltgesetze bzw. Menschenrechtsverletzungen verstoßen. Seit längerem wächst die Bedeutung nachhaltiger Anlagekonzepte und Ratings stetig. Gute Ratingergebnisse führen bei Unternehmen dazu, dass sie in imageverbessernde Nachhaltigkeitsindizes (z.B. Dow Jones Sustainability Index, DJSI etc.) aufgenommen werden. Das BMU geht davon aus, dass Investoren, die an nachhaltigen Anlagen interessiert sind, ihren Aktien zumeist länger treu bleiben (BMU, 2009). Die nachfolgende Abbildung 3.2 zeigt die Steigerung nachhaltiger Investmentfonds im Überblick.

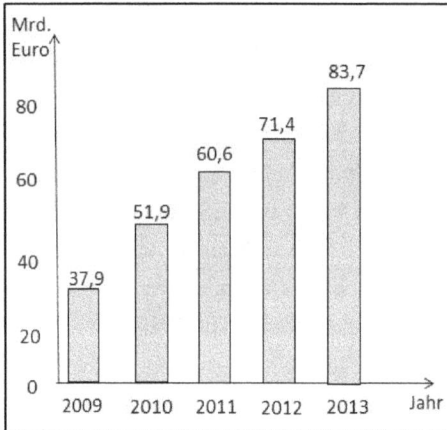

Bar chart: Mrd. Euro vs Jahr. 2009: 37,9; 2010: 51,9; 2011: 60,6; 2012: 71,4; 2013: 83,7.

Abb. 3.2:   Entwicklung nachhaltiger Investmentfonds im deutschsprachigen Raum von 2009 bis 2013, Quelle: i.A.a. Oekom research, 2015, verändert und modifiziert

3.2.1.1.2   Elemente und Hürden beim Transformationsprozess

Die bisherigen Ausführungen zeigen, dass eine Kulturtransformation in Richtung „nachhaltige Entwicklung" kein einfaches Unterfangen ist. Für den Erfolg können lediglich die Voraussetzungen (z.B. gute Planung, Erfassung der bisherigen Kulturwerte etc.), Überzeugungsarbeit und psychologische Sicherheit geboten werden. Der Veränderungsprozess selbst kann angestoßen, begleitet und durch Überwachung des Prozesses sichergestellt werden. Er ist äußerst empfindlich, muss sehr sensibel geführt und mit systemischen und komplexen Aufgaben versehen werden. In der Praxis können dabei sehr leicht Fehler auftreten, die zu Hürden führen. Im Folgenden werden in einer Auswahl Fehler und Hürden aufgezeigt, die in der Vergangenheit immer wieder aufgetreten sind und oft zu nahezu unüberwindlichen Schwierigkeiten führten. Nicht selten ist daran das gesamte Projekt gescheitert (Wever, 1989, Luks, 2002, Berner, 2003, Wilken, 2003, Schein, 2006, Jung et al, 2007, Jakisch, 2009, Vetterolf, 2011).

1. Rebound-Dilemma

Dabei handelt es sich um ein grundlegendes Problem, das mit der quantitativen Wachstumsproblematik verbunden ist. Die Problematik tritt auf, wenn Einsparungen in einem Prozess (z.B. Reduzierung des Ressourcenverbrauchs etc.) dazu führen, dass ein höheres Wachstum in einem anderen Bereich eintritt, das die Einsparungen auffrisst. Dadurch steigt im Saldo der Ressourcenverbrauch. Bei der kulturellen Transformation muss von den Führungskräften diese Problematik beachtet werden. Sie könnte bei Mitarbeitern und Kunden zu Irritationen im Verhältnis zu den eigentlichen Zielen, bzw. zum Leitbild der Nachhaltigkeit, führen. In der Vergangenheit wurde diese Problematik in der Praxis oft nicht ernst genommen. Der Erfolg der Maßnahme wurde dadurch erheblich geschmälert. Eine Möglichkeit läge in einem staatlichen Eingriff, durch den z.B. Ökoeffizienzgewinne durch Besteuerung abgeschöpft werden.

2. Veränderungsblockierung

Aus der Vergangenheit ist bekannt, dass nicht nur einzelne Mitarbeiter, sondern auch Gruppen Veränderungen nicht nur blockieren, sondern sogar gänzlich verhindern können. Gründe sich gegen Veränderungen zu stellen, sind vielschichtig. Oft überwiegen Ängste vor dem Unbekannten. Bei Älteren entstehen auch Lernängste, oder es liegen Missverständnisse vor. Das Verhalten wird auch dadurch gefördert, dass Mitarbeiter den Sinn hinter den Veränderungen nicht erkennen, oder glauben, dass diese nur Nachteile für sie bringen und ihre Bedürfnisse nicht berücksichtigt werden. Veränderungsblockierung äußert sich auf unterschiedliche Weise. Sie reicht von stillschweigender Inakzeptanz bis zu offener Auflehnung. Für die Führungskräfte gehört daher Aufklärung, Glaubwürdigkeit und Motivation zu den zwingenden Bestandteilen einer Kulturtransformation. Nachhaltige Werte müssen sich auch im Kanon der Interessen der Mitarbeiter wiederfinden. Darauf muss das Hauptaugenmerk gerichtet werden.

3. Kognitive Umstrukturierung

Das Phänomen wird in der Praxis oft unterschätzt. Es handelt sich um die individuelle innere Kraft, die die Menschen antreibt und ein gewisses Maß an Stabilität und Vorhersehbarkeit im Alltag vermittelt. Sie sorgt dafür, dass Menschen sich kognitiv bevorzugt in eine bestimmte Denkrichtung bewegen. Dadurch wird ein beachtlicher Einfluss auf Stabilität und Inhalt bisheriger kultureller Werte ausgeübt. Daher darf auch nicht alles aus bisherigen Erfolgsrezepten in Frage gestellt werden. Für die Vermittlung und Akzeptanz der Nachhaltigkeits-Gedanken wird bei einem Kulturtransfer Zeit und Geduld, für die individuelle kognitive Umstrukturierung gelernten Wissens, benötigt. Die Intensität der dazu nötigen Überzeugungsarbeit wurde in der Vergangenheit oft unterschätzt. Veränderungen müssen, um stabil zu bleiben, beim Einzelnen kognitiv umstrukturiert werden. Wird diese Umstrukturierung individuell nicht akzeptiert, führt das fehlende Kommitment zur Blockadehaltung Einzelner, bzw. von Gruppen. Damit geht eine Gefährdung des gesamten Nachhaltigkeits-Projekts einher. In einigen Fällen musste der Leidensdruck in einer Belegschaft erhöht werden, um überhaupt eine Bereitschaft zu Veränderungen hervorzurufen (in Fragestellung des Überlebens des Unternehmens etc.).

4. Gruppendynamische Effekte

Von Schein wird definiert, dass Unternehmenskultur die Summe aller gemeinsamen, selbstverständlichen Annahmen repräsentiert, die eine Gruppe in ihrer Geschichte gelernt hat. Es geht dabei um das Gruppenphänomen als Grundlage für die Unternehmenskultur. Bei Gruppen können negative Effekte auftreten (z.B. Gruppendruck, Spannungen, Mobbing, Rückgang individueller Anstrengungen etc.) (Schein, 2006). Kulturelle Veränderungen müssen eine kritische Masse erreichen, damit mehr Individuen mitmachen bzw. von den Veränderungen angesteckt werden. Im Zusammenhang mit Kulturtransformationen zur „Nachhaltigkeit" konnten gruppendynamische Effekte in der Vergangenheit bereits bewirken, dass z.B. negative Einstellungen von einem in der Gruppe angesehenen Individuum auf andere Gruppenmitglieder übertragen werden. Dadurch werden Kulturtransformationen erheblich erschwert.

5. Mangelhafte Rahmenbedingungen

Werden die vorherrschenden Kulturwerte aus Zeit- bzw. Kostenersparnisgründen lediglich oberflächlich analysiert (z.B. nur mit Fragebögen etc.), sind pathologische Kulturwerte nicht erkennbar. Auch durch ein falsches Begriffsverständnis im Themenbereich der „Nachhaltig-keit", vorsätzliche Vereinfachung des Transformationsprozesses (z.B. um Kosten- bzw. Zeit zu sparen etc.) oder falsch gesetzte Anreizsysteme resultieren lediglich oberflächliche Verän-derungen. Tiefere Schichten der Kultur sind weder erreichbar noch kognitiv veränderbar, wenn die Rahmenbedingungen im Unternehmen falsche Schwerpunkte aufweisen. Oberfläch-liche Veränderungen der Unternehmenskultur (mehr Schein als Sein), weisen eine gefährliche Nähe zum „Greenwashing" auf. Bereits in der Vergangenheit führte ein in der Öffentlichkeit enttarntes Greenwashing von Unternehmen (z.B. mittels Internet-Bashing etc.) zu erheblichen Image- und Umsatzeinbußen.

6. Priorisierung langfristiger Zielsetzungen

„Nachhaltige Entwicklung" ist als ein gesellschaftlicher Such- und Aushandlungsprozess zu verstehen, der durch das Konzept der kontinuierlichen Verbesserung ergänzt und verstetigt wird. Die Ziele sind langfristig ausgelegt. Auch der unternehmenskulturelle Transformations-prozess hat einen langfristigen Horizont. Langfristige Zielsetzungen sind in der Praxis mit vielfältigen Hindernissen verbunden. So stellt z.B. die kurze Amtszeit von Managern ein er-hebliches Hindernis für die Erreichung langfristiger Zielsetzungen dar. Auch die in der Praxis von Aktiengesellschaften übliche vierteljährliche Berichtssaison, mit ausschließlich (harten, quantitativen) Geschäftszahlen, ist für die Erreichung langfristiger Ziele nicht förderlich.

7. Unterschätzung des Zeit- und Kostenbedarfs

Die Veränderung unternehmenskultureller Werte bis in die Ebene der Grundannahmen, ist nur in Form von individuellen kognitiven Umstrukturierungen möglich. Für eine derartige Verän-derung wird in der Praxis mit einem Zeitbedarf von 5 bis 15 Jahren gerechnet (Schein, 2006). Über diesen Zeitraum müssen Motivation und Durchhaltevermögen bei Führungskräften und Mitarbeitern aufrechterhalten werden. Das stellt eine Herausforderung dar. Je nach Größe und Ausgangssituation, fallen auch die Kosten für eine Kulturtransformation unterschiedlich aus. Bei einem großen Unternehmen mit vielen Mitarbeitern, unterschiedlichen Subkulturen und mehrere Außenstellen (Niederlassungen, Tochtergesellschaften etc.), die dysfunktionale Kul-turelemente aufweisen, ist mit einem sehr hohen Kosten- und Zeitbedarf zu rechnen. In der Vergangenheit wurde dieser Aufwand sehr oft unterschätzt. Die Folge sind lediglich ober-flächliche Veränderungen mit gefährlicher Nähe zum Greenwashing.

8. Mangelhafte Vorbilder

Das Top Management und die Führungskräfte haben als Vorbilder für gelebte Werte der Nachhaltigkeit eine herausragende Rolle. Wankelmütiges Verhalten, nicht ernst genommene bzw. schlecht oder widerwillig erfüllte Anforderungen nachhaltigen Verhaltens, übertragen sich unweigerlich auf die Mitarbeiter. Aus der Vergangenheit ist bekannt, dass ein Transformationsprozess, der durch Führungskräfte nicht in entsprechender Weise unterstützt (vorgelebt) wird, kaum eine Chance hat erfolgreich etabliert zu werden.

Psychoterror am Arbeitsplatz

„Treffen sich zwei Kollegen vor dem Werksgebäude: „Mann, wie siehst du denn aus? Mal wieder die Nacht durchgezecht?" fragt der eine. „Ne, äh, das ... Also, das war gar nicht so schlimm ..." stammelt der andere, neigt das sich rötende Haupt und drückt sich beschämt an dem Fragenden vorbei. Später geht er allein in die Kantine. Der Spötter sitzt am Nachbartisch. Feixend steckt er den Kopf mit Kollegen zusammen. Für den übernächtigten Kollegen steht fest: Die anderen lästern über mich. Er schiebt sein Essen bei Seite, quält sich zurück an seine Planstelle. Doch auch hier scheint sich jeder über ihn zu amüsieren. Der Mann zählt die Minuten bis zum Feierabend, flüchtet regelrecht aus seinem Büro – und meldet sich am nächsten Morgen erst einmal krank. Er fühlt sich gemobbt" (Könemann, 2010).

---

9. Kommunikationsdefizite
Nachhaltige Werte müssen intern und extern beständig ausreichend qualitativ und quantitativ kommuniziert werden. Ansonsten besteht keine Chance, dass sie langfristig akzeptiert werden. Werden nachhaltige Werte intern nicht ausreichend qualitativ kommuniziert, entsteht bei den Mitarbeitern das Gefühl, dass ihre Belange nicht ausreichend berücksichtigt werden. Die Praxis zeigt, dass Missverständnisse bzw. nicht ausreichend gelungene Überzeugungen, bei den Mitarbeitern Blockadehaltungen fördern. In der Folge droht der Transformationsprozess zu scheitern. Die Signifikanz der ausreichenden Kommunikation bezieht sich auch auf externe Partner (Zulieferer, Kooperationspartner, Konsumenten etc.). Aus Akzeptanzgründen müssen nachhaltige Werte auch hier beständig kommuniziert werden.

10. Fehlende bzw. mangelhafte Messindikatoren
Der kulturelle Transformationsprozess bezieht sich vorwiegend auf weiche Faktoren, die unsichtbar und unausgesprochen sind. Daher gestalten sich Messungen als sehr schwierig. Bisherige Messinstrumente beziehen sich ausschließlich auf quantitative Faktoren, die jedoch für weiche Faktoren (Einstellungen, Meinungen, Ansichten etc.) ungeeignet sind. In der Praxis hat sich gezeigt, dass für kulturbezogene Messungen effektive Instrumente oft nicht vorhanden sind oder entsprechende Forscher vor Ort fehlen. Dieses Manko führte schon oft zu falschen Einschätzungen über vermeintliche Fortschritte im Transformationsprozess. Auch Ergebnisse, die als gelungen gefeiert wurden, erwiesen sich nicht selten als lediglich oberflächliche Kosmetik mit allen damit verbundenen Gefahren. Qualitative Messergebnisse, die vor bzw. während der Transformation durchgeführt werden, können der Ursachenforschung dienen und Hinweise auf wichtige Annahmen zum Fortschritt im Prozess ermöglichen.

3.2.2   Organisationsbezogene Nachhaltigkeit

Eine allgemein akzeptierte Definition einer fest umrissenen Organisationstheorie für die Unternehmensorganisation, existiert bisher nicht (Grochla, 1980). Das Problem der Organisati-
onsforschung liegt darin, einen grundsätzlichen und umfassenden (ganzheitlichen) Ansatz zu
entwickeln. Dieser soll für den Begriff (Unternehmens-)Organisation als Erklärungsobjekt der
Wissenschaftsbereiche, nicht nur die unterschiedlichen Organisationsauffassungen auf eine
Ebene bringen, sondern als Kern der Betrachtung den Menschen als Mitglied der Organisation in den Mittelpunkt der Betrachtungen stellen (Grochla, 1980). Bei der „nachhaltigen Entwicklung" spielt die Ganzheitlichkeit, unter Einbezug des Menschen als wichtigstes Betrach-
tungsobjekt, eine zentrale Rolle. Die funktionale Sichtweise der Organisation (die Unterneh-
mung *wird* organisiert), resultiert aus der Übertragung systemtheoretischer und kybernetischer
Erkenntnisse organisationaler Zusammenhänge. Daher bedingt eine ganzheitliche Betrachtungsweise in der Organisationstheorie „Systeme". Im Sinne der Systemtheorie bildet die
Ordnung bzw. die Struktur der Elemente (Verbindungen zwischen den Relationen etc.), die
Organisation eines Systems (Luhmann, 1991). Im diesem Sinne ermöglicht erst ein offenes
System, im Gegensatz zum klassischen Organisationsmodell als in sich geschlossenes System, wechselseitige Beziehungen und Beeinflussungen zwischen Organisationsmitgliedern
und der Umwelt. Durch die systemtheoretische Auffassung von Organisation, wird somit die
im Nachhaltigkeitskonzept geforderte ganzheitliche Betrachtungsweise erst möglich. In der
Nachhaltigkeitsthematik sind die Phänomene der „Lernenden Organisation" bzw. der „Selbstorganisation" von großer Bedeutung. Die Unternehmensorganisation als soziales Gebilde ist,
im Rahmen der Handlungsweisen, durch große Komplexität und Umweltdynamik gekennzeichnet (Hill et al, 1994). Durch das bisherige lineare Ursache-Wirkungs-Denken können die
zahlreichen Relationen zwischen System, Subsystem und Elementen nicht hinreichend beschrieben werden. Systemzusammenhänge sind jedoch als nicht-trivial, diskontinuierlich,
nicht-linear und irreversibel zu sehen. Sie weisen somit, entgegen den Methoden der Naturwissenschaften, keine klaren, isolierbaren Ursache-Wirkungs-Zusammenhänge auf. Mit Hilfe
der systemischen Auffassung von Organisation sind auch Phänomene der Lernenden Organisation erfassbar. Insgesamt eignet sich die systemische Auffassung für die Organisationsentwicklung in Richtung Nachhaltigkeit wesentlich besser. Sie bildet daher die Basis für die weiteren Ausführungen und wird ergänzend auch instrumentell betrachtet.

3.2.2.1   Generelle organisationsbezogene Problematik

Die generelle Problematik in der (Unternehmens-)Organisation liegt darin, dass „Nachhaltigkeit" ein inhaltlich sehr vielseitiges und komplexes Konzept nicht-trivialer Natur ist. Dieses
systemisch zu organisieren, bedeutet eine große Herausforderung. Besondere Schwierigkeiten
sind dabei in der Etablierung von Lenkungsprozessen (funktional) sowie der Organisation einer geeigneten Arbeitsteilung (instrumental) zu sehen. Die Faktoren werden aus der grund-

sätzlichen Ausrichtung des Nachhaltigkeits-Managements abgeleitet und auf die relevanten Prozesse, Funktionen etc. der einzelnen Unternehmensbereiche abgestimmt. Auch durch die Ausschöpfung von Synergien zwischen den Dimensionen der Nachhaltigkeit, kann es bei der Zusammenarbeit unterschiedlicher Bereiche zu Schwierigkeiten kommen. Insofern kann auch eine Konzeptionalisierung neuer Strukturen nötig werden. Die Aufgabe der Unternehmens-führung ist es, unter diesen Bedingungen eine effektive Organisation zu gestalten. Empirische Untersuchungen zeigen, dass Symptome einer mangelhaften Durchdringung unternehmeri-scher Nachhaltigkeit, vorwiegend auf nicht gelöste Organisationsaufgaben zurückzuführen sind. Von Steger wurde ein Beharren auf einer historisch gewachsenen Verantwortungsvertei-lung festgestellt (Steger, 2004). Dieses Verhalten fördert „Silodenken". Synergien zwischen „Nachhaltigkeitsdimensionen" sind damit kaum zu realisieren. In einer anderen Untersuchung wurden Barrieren in der Unternehmenskultur, ungeeignete Prozesse sowie Beschränkungen des individuellen kognitiven Rahmens von Mitarbeitern und Führungskräften als Ursachen für eine mangelhafte Umsetzung von Nachhaltigkeits-Strategien festgestellt. Diese Problembere-che wurden vorwiegend durch unpassende Organisationsstrukturen hervorgerufen (Gminder, 2005). In einer anderen Ursachenstudie wurden unklare Abgrenzungen der Verantwortlichkei-ten, eine unvollständige gemeinschaftliche Ausrichtung, ineffiziente Abstimmungsprozesse sowie ein fragmentiertes Aktivitäten-Portfolio ermittelt. Als Ursache für diese Mängel wur-den vorwiegend organisatorische Defizite, in Verbindung mit thematisch inkompatiblen Di-mensionen aus Ökologie, Ökonomie und Sozialem, ermittelt (Hort, 2008).

3.2.2.2   Problematik der strategischen Ausrichtung

„Nachhaltigkeit" wird ganz entscheidend durch die strategische Ausgangssituation bestimmt. Die Herausforderung einer strategischen Organisationsanpassung im Sinne der Nachhaltigkeit besteht, neben grundlegenden Einstellungen, auch in Erfahrungen mit der Thematik der „Nachhaltigkeit" und deren strategischer Ausrichtung im Unternehmen (Zadek, 2004). Ein Unternehmen, das aus einer Krisensituation (negative Schlagzeilen, Internet-Bashing etc.) sich der Nachhaltigkeits-Thematik zuwendet, hat wesentlich weniger Zeit für die Einfüh-rungsphase. Hingegen können sich Unternehmen, die antizipativ oder reaktiv den komplexen Themenbereich in Angriff nehmen, für Einführungen wesentlich mehr Zeit nehmen. Eine we-sentliche Gefahr besteht strategisch gesehen darin, dass in der Einführungsphase des ökologi-schen Entwicklungsprozesses die Erlangung sog. „quick wins" oft zu oberflächlichen Anpas-sungen verleitet. Dazu trägt auch bei, dass offensichtliche, kurzfristig durchführbare und oft auch kostensenkend wirkende umweltentlastende Potentiale für viele Unternehmen bereits nach kurzer Zeit erreichbar sind. Eine vollständige Anpassung der Unternehmensorganisation ist damit jedoch noch nicht erreicht. Eine strategische Nachhaltigkeitsleistung realisiert sich erst im Laufe der weiteren Phasen (z.B. der Betriebsphase). Erst in dieser (letzten) Phase der Realisierung erfolgt die Anpassung der organisatorischen Elemente. Das geht oft nicht ohne ein (teures, mühevolles, zeitintensives) Change-Management. Diese Faktoren, verbunden mit der Unübersichtlichkeit und der ungeheuren Komplexität des „Nachhaltigkeitskonzepts", verleiten viele Unternehmen dazu, in einer oberflächlichen Anpassung stecken zu bleiben. Das führte in der Vergangenheit nicht selten zu einer gefährlichen Nähe zum Greenwashing incl. allen damit verbundenen Nachteilen.

3.2.2.3   Strukturelle Organisationsanpassungen

Ein weiteres Problemfeld ergibt sich aus der Tatsache, dass die Forschung zu systembasierten strukturellen Organisationanpassungen im Rahmen von „Nachhaltigkeit" erst in den Kinderschuhen steckt. Wissenschaftlich fundierte Lösungsansätze, mit empirisch verifizierter Tauglichkeit, sind kaum vorhanden. Zum Themenbereich Organisationsstruktur zeigen die wenigen vorhandenen Untersuchungen, die sich in den 1990er Jahren mit der Organisationsgestaltung im Zusammenhang mit dem Umweltmanagement beschäftigen, unterschiedliche Ergebnisse. Das zentrale Ergebnis ist, dass die strukturelle Anordnung der Organisation für den Erfolg des Umweltmanagements eine generelle Bedeutung hat (z.B. fördernd bzw. hemmend für den organisatorischen Lernerfolg etc.) (Steger, 1993, Leeman, 2002). Unterschiedliche Ergebnisse haben sich auch zur Frage des geeigneten Grades zentraler bzw. dezentraler Organisationsstrukturen ergeben. Eine grundsätzliche Vorteilseinschätzung dezentraler Strukturen, hat sich im Hinblick auf die Erlangung bereichsspezifischer Erfahrungen ergeben. Auf der anderen Seite werden die Stabilitätspostulate der gesamten Organisation ebenfalls als Vorteil erkannt (z.B. Steger, 1993, Leeman, 2002). Als ein weiteres Ergebnis hat sich eine Orientierung zwischen den beiden Extrempositionen, unter Berücksichtigung der existierenden Organisationsstruktur, Branchenzugehörigkeit, gesetzlichen Erfordernisse (bindende Organisationsregeln durch Umweltgesetzgebung etc.) sowie des Entwicklungsstandes des Umweltschutzes im Unternehmen als erfolgreich herausgestellt (Steger, 1993). Daneben ergibt sich auch die Notwendigkeit für funktional-additive Elemente (z.B. Umweltausschuss etc.) zur Bewältigung übergreifender Koordinationen. Im Hinblick auf den Umweltschutz zeigen einige Ergebnisse aber auch Vorteile für im Unternehmen vorherrschende Organisationsregeln. Bei Durchsicht der Forschungsansätze fällt auf, dass nicht nur die Aufbauorganisation als theoretisches Grundkonzept überrepräsentiert ist, sondern dass dadurch auch überwiegend auf eine instrumentelle Sichtweise abgestellt wird. Organigramme bauen daher vorwiegend auf dem traditionellen Organisationskonzept der Bürokratie auf (z.B. Kieser, 2002). Mit dieser Denkweise sind aber lediglich veraltete Paradigmen einer hierarchieorientierten Organisation (Aufbau-, Ablauforganisation) erreichbar. Der damit verbundene lineare Charakter wirkt beim „Nachhaltigkeitskonzept" zu limitierend. Insgesamt ist festzustellen, dass die Inhalte bisheriger Untersuchungen auf einer deskriptiven Ebene stehen bleiben. Sie sind zudem mehrheitlich auf einem sehr allgemeinen Niveau gehalten. Tiefergehende Analysen bzw. Analysen von Wirkungszusammenhängen oder grundlagentheoretische Zusammenhänge, finden sich kaum. Ein Grund für dieses Manko könnte auch darin zu sehen sein, dass systemorientierte Organisationsstrukturen (z.B. Prozessorganisationen bzw. Organisationen nach dem Vorbild eines

Zellverbandes, Netzwerkdiagramme etc.) mit diesen veralteten Paradigmen weder erfass-noch darstellbar sind (Miles et al, 1995). Da sich in diesem Problemfeld die typische Eigen-schaft der äußerst schwierigen Beschreibung nicht-trivialer soziotechnischer Systeme be-merkbar macht, besteht hier für die Zukunft ein eindeutiger und dringender Forschungsbedarf.

3.2.3   Externe stakeholderbezogene Nachhaltigkeits-Strategie

Das Stakeholder-Konzept, als Analysekonzept des normativen Managements, basiert auf der Erkenntnis, dass Unternehmen seit längerem nicht mehr nur als private Erwerbseinheiten von Eigentümern sondern als „quasiöffentliche" Institutionen angesehen werden (Ulrich, 1977). Als Stakeholder sind alle Individuen oder (Anspruchs-)Gruppen zu bezeichnen, die an das Unternehmen einen materiellen oder immateriellen Anspruch haben (Freeman, 1984, 25). Der Anspruch bezieht sich oft auf die Zurverfügungstellung von Ressourcen (z.B. Informationen, Know-How, Vertrauensressourcen etc.). Wesentliches Merkmal ist die gegenseitige Abhän-gigkeit. Markttransaktionen sind dabei nur ein kleiner Teil. Transaktionen markieren sowohl zwischen externen als auch internen Stakeholdern und dem Unternehmen vielfältige interes-senspolitische Prozesse. Stakeholder agieren auch als Interessensvertreter gegenüber der Un-ternehmensleitung (z.B. Gewerkschaften, Verbände etc.). Daraus resultieren konfliktäre Ziel-setzungen, die von der Unternehmensleitung gegeneinander abzuwiegen sind. Eine vollstän-dige Berücksichtigung aller Stakeholderinteressen ist nicht möglich. Daher kommt es in der Realität oft zu Verteilungskämpfen, im Hinblick auf die erwirtschaftete Wertschöpfung. Eine Aufgabe der Unternehmensleitung ist es dabei, die Werte auf ausgewogene und wirtschaftli-che Weise nachhaltig sicher zu stellen. Die nachfolgende Abbildung 3.3 zeigt das Unterneh-men als multioptionale Institution mit verschiedenen Umfeldern.

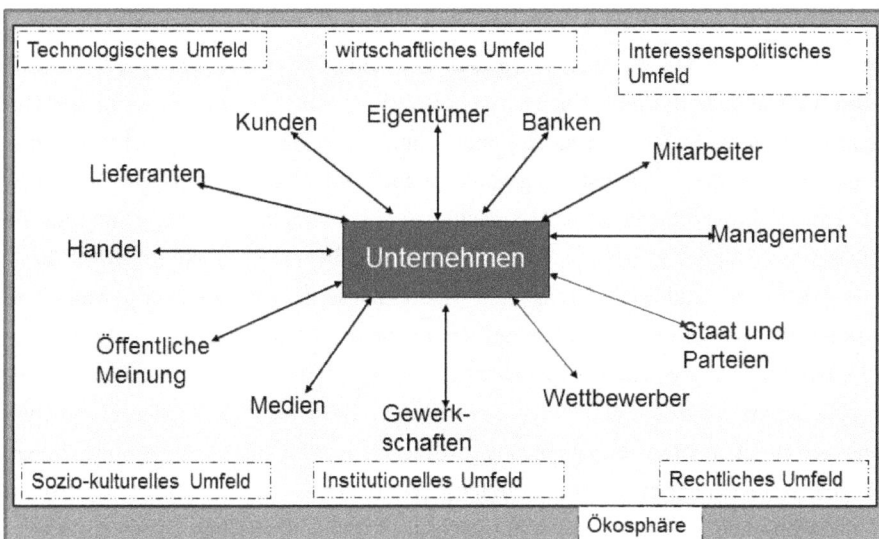

Abb. 3.3:   Das Unternehmen als multioptionale Institution mit ausgewählten Stakeholdern

3.2.3.1   Kultur- und wertebezogene Stakeholder-Analysen

Durch Umweltveränderungen (Globalisierung etc.) sowie damit einhergehende komplexe Nachhaltigkeits-Anforderungen, ergeben sich fundamentale Veränderungen und Umbrüche in Wirtschaft und Gesellschaft. Diese Umweltdynamik ist durch Unternehmen jedoch kaum beeinflussbar. Der Terminus „Veränderung" hat daher in fast allen wissenschaftlichen Veröffentlichungen zur „nachhaltigen Entwicklung" einen prominenten Platz. Analysen von Wirtschaftsberatungen zeigen, dass im komplexen Marktumfeld eine klare Ursache-Wirkungs-Beziehung zwischen Aktion und Auswirkung immer mehr abnimmt (z.B. Roland Berger, 2013). Nichtlineare Wirkungen (Retinität) werden zur Regel. Volatilität (d.h. Schnelligkeit, Instabilität, zunehmende Dynamik, hohe Arbeitsteilung und Vernetzung der Wirtschaftswelt etc.) wird zur Normalität. Auf „Nachhaltigkeit" bezogen, zeigen Studien (z.B. Baumast/ Dyllick, 2001, Dyllick/Hamschmidt, 2000), dass entsprechende Maßnahmen in Deutschland bisher nur wenig systemisch umgesetzt werden. Auch fallen Lösungen für Nachhaltigkeits-Problematiken nur wenig effizient und kaum effektiv aus. Dabei fehlt es nicht an öffentlichem Bekunden, sich stärker auf Maßnahmen zur Verbesserung von Nachhaltigkeitsaspekten konzentrieren zu wollen. Diese Statements haben oft den Anschein von „Lippenbekenntnissen", die zwar gegenüber der Öffentlichkeit vertreten werden, aber eigentlich keine Veränderung im Handeln bei Unternehmen bewirken sollen (lediglich Charity, Sponsoring etc.). Für das strategische Management in einem von Instabilität geprägtem Umfeld, stellt die Analyse kultureller Kraftfelder und der dahinter stehenden Wertemuster (z.B. bei Konsumenten, Zielgruppen, Stakeholdern etc.) eine Möglichkeit dar herauszufinden, ob die kulturellen Werte im Unternehmen im Einklang mit „Nachhaltigkeits-Anforderungen" stehen.

3.2.3.1.1   Prinzipien nachhaltigen Wirtschaftens

Voraussetzung für normative Orientierungsprozesse im Hinblick auf nachhaltiges Wirtschaften, ist das Vorhandensein einer „Nachhaltigkeits-Vision". Die „Vision" muss in der Geschäftsleitung nicht nur dafür sorgen, das unternehmerische Handeln am Nachhaltigkeits-Leitbild auszurichten, die Geschäftsleitung muss sie auch öffentlich rechtfertigen. Oberflächliches Faktenwissen, opportunistisches Argumentieren in der Geschäftsleitung, genügt für die Durchsetzung nachhaltiger Prinzipien nicht. Erst ein glaubwürdiges „sich einlassen" bzw. „hinter der Idee stehen" und „sich durchgängig darauf einlassen", kann zu einer gewünschten Signalwirkung für das künftige Verhalten auf der Ebene der Mitarbeiter führen (Waxenberger, 2001). Handlungsmotive fallen oft zu abstrakt aus, um bei Mitarbeitern, Kunden und Zulieferern eine direkte Verhaltensänderung zu bewirken (z.B. Gerechtigkeit, Menschenrechte, Verteilungsgerechtigkeit etc.). Bei Fragen der Umsetzung von Nachhaltigkeitsprinzipien, Werten und Normen geht es auch darum, die Kulturwerte des aus dem 19. Jahrhundert stammenden „Newtonschen" Weltbild (mit technokratischen, ökonomistischen Denkweisen etc.) zu überwinden. Diese sind mit Nachhaltigkeits-Prinzipien nicht mehr kompatibel.

Pseudo-Unternehmensvisionen

„Sicherlich kennen Sie auch solche Pseudo-Unternehmensvisionen:
„Wir wollen 20% Marktanteil! „
„Wir wollen überdurchschnittlich wachsen bei 15% EBIT Marge".
Für den Aktionär oder den Unternehmer mag das ja wichtig sein. Für Kunden, Mitarbeiter und den Rest der Welt haben diese Aussagen keine emotionale Bedeutung. Sie sind nur langweilig. Wer findet es schon inspirierend, jemanden dabei zu helfen, einfach nur Geld zu scheffeln. Warum sollte ein Mitarbeiter sich dafür mit Herzblut engagieren?" (Geropp, 2012).

Bei der Definition eines grundlegenden normativen Rahmens sind die Werte für die Stakeholder verständlich zu formulieren. Beispielsweise ist im Rahmen des operativen Know-Hows zu klären, wofür sich das Unternehmen einsetzt. Für Stakeholder ist es wichtig zu wissen, warum sich das Unternehmen für diese Ziele einsetzt? Im Rahmen der Wertschöpfungsidee ist den Stakeholdern darzulegen, was das Unternehmen leisten will. Im Hinblick auf die Geschäftsprinzipien ist zu definieren, wie diese Ziele erreicht werden sollen. Der moralisch-ethische Gehalt unternehmerischer Entscheidungen steigert sich dabei mit der Anzahl der Menschen und der Berücksichtigung unterschiedlicher Bedürfnisse und Interessen (Dyllick, 1989). Das Unternehmen gibt durch die externe Kommunikation ein verbindliches Versprechen gegenüber der Öffentlichkeit ab, bestimmte Ziele und gesellschaftlich gewünschte Handlungsweisen in den Mittelpunkt der Aktivitäten zu stellen. Die Öffentlichkeit überwacht deren Einhaltung. Erst das schafft Vertrauen in die unternehmerische Tätigkeit (Waxenberger, 2001). Im Rahmen der Unternehmenspolitik werden Prinzipien und Werte für das Nachhaltigkeits-Management festgelegt. Sie bilden die Grundlage für die Ableitung von Strategien, Strukturen und Maßnahmen. Für die sinnvolle Orientierung an gesellschaftlichen Werten und Zielen ist ein kontinuierlicher, gleichberechtigter Dialog mit den Stakeholdern des Unternehmens unverzichtbar. Auch die Belange künftiger Generationen sowie der natürlichen Umwelt, gehören dazu. Unternehmensspezifische Nachhaltigkeits-Anforderungen sind kontextabhängig und können von der Branche, dem Standort sowie der Unternehmensgröße abhängen. Den Kern einer verantwortungsbewussten Unternehmenspolitik bilden die Ziele Ressourcenschonung bzw. -schutz, Emissionsvermeidung bzw. -begrenzung und Begrenzung produktspezifischer umweltbezogener Risiken (Funk, 2001, Ulrich/Fluri, 1995). Die Schaffung wirtschaftlicher Werte ist dabei den Zielen zur Sicherung der menschlichen Lebensgrundlagen untergeordnet (Ulrich, 2001a). Die interne Kommunikation der Geschäftsprinzipien hat die Aufgabe, den Mitarbeitern ein zielorientiertes Handeln im Sinne der nachhaltigen Unternehmenspolitik zu ermöglichen. Die gesellschaftlich wertvolle Ausrichtung des Unternehmens erfüllt dabei die Aufgabe einer Art „Leitstern" für die Mitarbeiter. Einen Rahmen, innerhalb dessen sie entscheiden und handeln sollen. Fällt die Unternehmenspolitik lediglich oberflächlich aus, verändert sich an den internen Kernaktivitäten und Überzeugungen kaum etwas. Eine derartige Unternehmenspolitik wird von den Mitarbeitern als oberflächlich empfunden und stößt auf

Unverständnis und Ablehnung. Für die Etablierung und Verankerung nachhaltiger Denk- und Handlungsweisen, ist das besondere Engagement des Top Managements und der Führungskräfte notwendig. Eine partizipative Nachhaltigkeitspolitik, unter Einbezug von Mitarbeitern, Zulieferern etc., macht es, angesichts der Komplexität der Veränderungen durch Nachhaltigkeit, für den Einzelnen leichter Verantwortungsbewusstsein zu entwickeln. Zudem kann eine kritische Reflexion der normativen Grundlagen die Suche nach unternehmensspezifischen Prozessen im Rahmen von Nachhaltigkeit auch kreativ bereichern.

3.2.3.1.2   Ökonomismus versus Nachhaltigkeit

Weltanschauungen, Paradigmen oder Weltbilder steuern als Konstruktionen unsere Wahrnehmung. Sie prägen als gelernte Denkmuster bzw. Supertheorie das Weltbild einer Zeit (z.B. grundlegende Probleme, Lösungsverfahren, Fragestellungen, Begriffe etc.). Zwar hat sich das Umweltbewusstsein der Menschen in den letzten Jahrzehnten verbessert, Handlungen werden aber weiter wesentlich durch „Gewohnheiten" bestimmt. Dahinter stehen gelernte kulturelle Werte. Sie beruhen auf traditionellen (Denk-)Mustern, die im kulturellen Kapital (Mentalität) einer Gesellschaft verankert sind. Diese wurden wiederum durch bisherige wirtschaftliche und technologische Entwicklungen geprägt und beruhen auf der Lebensqualität, die erreicht wurde. Traditionelle Denkmuster werden in Deutschland hauptsächlich durch den Ökonomismus geprägt. Dabei dominieren materielle Werte. Die ökonomistische Denkweise bestimmt wesentlich die Gestaltungsansätze unseres (westlichen) Wirtschaftslebens (Weisser, 1978). Sie bezeichnen den Glauben an die ökonomische Rationalität als „an nichts als an sich selbst" (Ulrich, 2001a, 127). Beim ökonomistischen „Zirkelschluss" werden wirtschaftliche Werte verabsolutiert und mit normativen Werten überhöht. Das Denken basiert dabei auf der Annahme, dass effizienzverbessernde Strategien und daraus abgeleitete Ziele, zu Wettbewerbsvorteilen führen bzw. kostenneutral sind. Ein stetiges Wachstum ist Bedingung, Auswirkungen sind ausgeblendet. Ökonomismus führt zum Sachzwangdenken, das zur Lösung sämtlicher gesellschaftlicher Probleme dient. Das Sachzwangdenken liefert Argumente, warum unter dem Primat der Marktinstanz und dem alles dominierenden Gewinnprinzip, andere Problemlösungen/Strategien nicht verfolgt werden können („Gesetz" des Marktes etc.). Denkstrukturen werden auf diese Weise in immer wiederkehrende „Denkzwänge" verengt. Den Akteuren werden dadurch Wahlmöglichkeiten in der Lösungsfindung begrenzt, wodurch sie gezwungen sind, immer wieder ökonomische Ziele in den Mittelpunkt ihres Handels zu stellen (Ulrich, 2001a). Der ökonomistische Zirkelschluss ist auch mit einer normativen Überhöhung des Marktes als Koordinierungsinstanz verbunden (Ulrich, 2001a). Dahinter steht die Ansicht, dass moralische Vorstellungen bereits integraler Bestandteil des marktwirtschaftlichen Systems sind. Diese Annahme fußt auf dem ökonomistischen Paradigma der „invisible hand" (A. Smith). Nach dieser zugrunde liegenden Vorstellung bewirkt der Marktmechanismus „quasi von selbst" die Lösung sämtlicher gesellschaftlicher Probleme und führt wie von „Zauberhand" zum gesellschaftlichen Allgemeinwohl. Der globale Markt wird daher auch nicht als Ursache gesellschaftlicher Nachhaltigkeitsprobleme, sondern als Instanz zu deren Lösung angesehen. Konsumentenwünsche sorgen für die „Optimalität" des freien Marktes und somit auch für die Verwirklichung des Allgemeinwohls. Das ökonomistische Paradigma beinhaltet daher eine organisierte „Unverantwortlichkeit" für Unternehmen, denn Konsumentenwünsche sorgen für den optimalen freien Markt und somit auch für das Allgemeinwohl jedweder Art. Die Verantwortung für das Allgemeinwohl trägt demnach der Konsument. Das Bild des Konsumenten wird vom Paradigma des „Homo oeconomicus" bestimmt. Diesem liegt zugrunde, dass das menschliche Verhalten allein durch Kosten und (ökonomische) Nutzenerwägungen bestimm- bzw. erklärbar ist (Ulrich, 2001a). Das Paradigma des Homo oeconomicus sieht vor, dass der Konsument seine Entscheidungen allein auf der Grundlage individueller Kosten-Nutzen-Überlegungen trifft und dazu alle notwendigen Informationen kostenfrei jederzeit zur Verfügung hat. Andere Aspekte werden ausgeblendet. Die nachfolgende Tabelle 3.2. fasst ausgewählte Merkmale ökonomistischer Denk- und Argumentationsmuster zusammen und stellt diese den Werten einer „nachhaltigen Entwicklung" gegenüber.

Tab. 3.2:   Ausgewählte ökonomistische versus nachhaltige Werte und Grundannahmen

Ökonomistische Werte	Grundannahmen	Nachhaltige Werte	Grundannahmen
Bezugsgröße: Markt	Freier Markt regelt Nachhaltigkeit und Allgemeinwohl	In Teilen gesetzlich regulierter Markt	Ökologische und soziale Werte sind gleichwertig mit ökonomischen Werten
Ressourcen: Stetes Wachstum	Unendlich vorhandene Ressourcen	Faires Wachstum	Ressourcenverteilungsgerechtigkeit
Orientierung: Status, Macht und Eigentum	Herrschaftsmodell mit Konzentration auf Macht, Wettbewerb und Kontrolle	Selbstentwicklung, Glück, immaterielle Werte	Partnerschaftsmodell, Teilen, Verantwortung, Zusammenarbeit
Philosophie: Gier und Angst	Kurzfristiges Gewinnprinzip	Nachhaltigkeit und Innovation	Mittel- und langfristiges Regenerationsprinzip
Rohstoffe: Boden, Arbeitskraft, Kapital	Überbetonung materieller Werte/ Normen	Innovationen, Ideen, Kreativität, Netzwerke, Beziehungen, Wissen	Nachhaltigkeitsorientierte Strategien zur Verbesserung der finanziellen Situation
Ziele: Gewinnprinzip	Marktgesetze zwingen Unternehmen dazu *nicht* nachhaltige Produkte anzubieten	Nachhaltigkeits-Prinzip	Verantwortungsprinzip zwingt Unternehmen dazu nachhaltige Produkte anzubieten

Tabelle 3.2. zeigt, dass ökonomistische Denkhaltungen nachhaltigkeitsbasierte, ökologische Probleme nicht lösen können. Im Gegenteil, sie führen zu einer Übernutzung natürlicher Ressourcen und fördern im Hinblick auf gesellschaftliche Verantwortung eine Handlungsweise, die sich unter dem Motto: „Nach mir die Sintflut" zusammenfassen lässt. Das Denken in ökonomistischen Paradigmen und damit auch die diesem Denken zugrundeliegenden Kulturwerte, sind mit denjenigen einer heute notwendigen nachhaltigkeitsorientierten Verantwortungskultur nicht mehr kompatibel. Es handelt sich auch um eine gesellschaftliche Aufgabe zur kulturellen Transformation, bei der auch die Politik gefordert ist. Im Unternehmen muss auf der strategischen Ebene durch das Management eine „kulturelle Transformation" einsetzen. Das Ziel sollte sein, mit Hilfe eines kulturbezogenen Marketings dazu beizutragen, die in Richtung Nachhaltigkeit veränderten Kulturwerte im Kulturkapital einer Belegschaft zu verankern, damit diese nicht nur eine vorübergehende „Modeerscheinung" bleiben. Traditionell haben sich besonders in Deutschland auch technokratische bzw. mechanistische Paradigmen herausgebildet. Auch diese bestimmen ebenso das Denken und Handeln der Menschen.

Nachhaltigkeitsverständnis in der operativen Ebene bei VW?

„Unser Handeln und unsere Prozesse sind auf einen umweltschonenden Umgang ausgelegt. Umweltrelevante Aspekte werden frühzeitig erkannt und in allen Geschäftsbereichen sowie im gesamten Produkt-Lebenszyklus berücksichtigt [...] Damit wollen wir unserer Verantwortung gegenüber Kunden, Mitarbeitern, Gesellschaft und Umwelt gerecht werden und die ökologische Produktführerschaft erreichen" (Umweltbericht technische Entwicklung, Volkswagen, 2013).»Auch auf der Produktebene bekennt sich das Unternehmen zu seiner Verantwortung für die kontinuierliche Verbesserung der Umweltverträglichkeit. Nachhaltigkeit ist damit zwar Bestandteil der Unternehmensvision, wurde jedoch im Gegensatz zu den ökonomischen Zielen nicht näher auf der Ebene der F&E konkretisiert, Es herrscht Unsicherheit bezüglich der Unternehmensvision [...] Zitat eines Mitarbeiters: „Das Unternehmen ist nicht gegründet worden, um nachhaltig zu sein. Es geht darum, dass die ökonomischen Ziele erreicht werden, bei Optimierung aller wichtigen Faktoren. Und da ist Nachhaltigkeit nur ein Faktor von vielen. Ansonsten wäre der Fortbestand des Unternehmens nicht gesichert, und das wäre dann auch nicht nachhaltig. Nachhaltigkeit selbst stellt nicht das oberste Ziel von Menschen oder Unternehmen dar, sondern eher eine gesellschaftliche Vision. [...]". Zitat eines anderen Mitarbeiters: » Wir in Deutschland müssen uns eher aus der sozialen Ecke wegbewegen. Das bedeutet, unser Unternehmen muss von der Führung stärker in Richtung Kosten- und Marktorientierung bewegt werden. Wir sagen ja auch immer, wir brauchen drei Säulen, und die müssen ausgewogen sein. Aber das ist letztlich gelogen. Das ist ja auch praktisch so. Wenn Sie ein halbes Jahr gegen die Norm der Ökologie verstoßen, stört das niemanden. Auch das Soziale kann man mal eine Zeit ausblenden. Wenn Sie aber nur ein Jahr das Ökonomische aus den Augen verlieren, haben Sie ein paar Milliarden Verluste. Sie müssen permanent und mit großer Stringenz immer das Ökonomische sehen. Grundsätzlich ist es wichtig, dass wir auch die Dreidimensionalität des Nachhaltigkeitskonzeptes betrachten und nicht nur den Umweltschutz. Denn früher wurde Umweltschutz einbezogen und gesagt: Umweltschutz um jeden Preis. Jetzt ist es mit dem Einbezug der ökonomischen Dimension alles schon etwas realistischer" (Bieker, 2005, 184 f.).

3.2.3.1.3 Technokratismus/Mechanismus versus Nachhaltigkeit

Dem Technokratismus liegt die Vorstellung zugrunde, die Gesellschaft nach „sozialtechnischer Funktionsrationalität" zu organisieren (Ulrich, 1998, 69). Das führt zu einem mechanistischen Weltbild, bei dem die Ehrfurcht vor der Natur sowie ökologische Probleme verleugnet werden (Beck, 1991). Technokratismus führt analog zum Ökonomismus, durch Sachzwangdenken zu einem technokratischen „Zirkelschluss". Dabei werden Werte verabsolutiert und mit normativ technischen Werten überhöht. Das Weltbild ist durch das naturwissenschaftlich-technische Paradigma geprägt (Ulrich, 1998). Die naturwissenschaftliche Entwicklung und deren Wertfreiheit gelten dabei als „ultima ratio" (Morgan, 2002). Durch die normative Überhöhung verselbständigen sich technische Gesichtspunkte bei der Erforschung und Entwicklung von Problemlösungen. Die „technische Machbarkeit" rückt in den Fokus aller (Denk- und Handlungs-)Bemühungen. Ökologische oder soziale Vertretbarkeit bleibt auf der Strecke. Eine verselbständigte Technologie begründet damit zirkulär ihre eigene Fortentwicklung. Die Vorstellung, dass sämtliche Folgeprobleme technischen Handelns nur durch noch mehr Technik gelöst werden können, ist jedoch im Hinblick auf Probleme im Rahmen der „nachhaltigen Entwicklung" eine Illusion (Ulrich, 1998, 70). Nachhaltigkeitsfragen werden zu rein technischen Herausforderungen hochstilisiert. Sicherheit und Umweltschutz wird auf technische „Machbarkeit" reduziert und nicht unter dem Primat ökologischer Notwendigkeiten konzipiert (Hastedt, 1991). Das naturwissenschaftlich-technische Paradigma basiert außerdem auf reduktionistischen Grundannahmen (z.B. Wahrheitsautorität quantitativer Größen etc.) (Dörner, 1989). Die ausschließliche Anwendung quantitativer Methoden ist aber zur Lösung ökologischer Problembereiche nicht immer geeignet (z.B. Bestimmung des Wertes eines Waldes, Wert einer aussterbenden Tierart etc.). Ein damit verbundener Operationalisierungszwang lenkt den Fokus bei Problemlösungen auf die bloße Bestimmung von Grenzwerten (z.B. zur maximalen Nutzung von Ressourcen etc.). Die dahinterstehenden kulturellen Werte machen blind für „weiche" Aspekte und ganzheitlich-ökologische Ziele, die bei der „nachhaltigen Entwicklung" zur Minimierung von Eingriffen in die Natur notwendig sind. Durch das reduktionistische Paradigma der Naturwissenschaften werden Probleme auf beherrschbare Partialprobleme reduziert, für deren Lösung Spezialisten vorgesehen sind. Komplexe Systemwirkungen können jedoch nicht durch die Analyse von Kleistbestandteilen verstanden werden, sondern sind nur durch ganzheitliches Denken annähernd begreifbar. Kulturwerte von Experten, die es gewöhnt sind sich auf Partialprobleme zu konzentrieren, verstellen den Blick für natürliche ganzheitliche Vorgänge. In der Folge werden tatsächliche Ansprüche und Bedürfnisse von Mensch und Natur ausgeblendet (Hübner, 2002). Auch das naturwissenschaftliche Denkmuster wird vom Reduktionismus bestimmt. Dabei wird stets von linearen und damit kalkulierbaren Entwicklungen ausgegangen. Nichtlineare, diskontinuierliche Veränderungen (z.B. Klimaerwärmung etc.) sind in dieser eindimensionalen Logik nicht nur nicht vorgesehen, sondern werden schlicht für irrational gehalten. Technokratische Verengungen der Denkweisen führen dazu, dass drohende ökologische Gefahren, solange sie noch nicht eingetreten sind, als sinnlos angesehen werden. Diese Beurteilung basiert auf der Grundannahme, die besagt, dass immer noch genügend Zeit ist (durch entsprechende Technik etc.), „das Ruder herumzureißen" (Dörner, 1989). Bei der Lösungsfindung für Nachhaltigkeitsprobleme ist jedoch, angesichts des Schadenpotentials der ökologischen Misere, statt einer Bagatellisierung die Konzentration auf den Erhalt der „Menschheit" zu richten (Jonas, 1979). Als Folge kommt im kulturellen Selbstverständnis des technokratischen Weltbildes die Wahrnehmung von „gesellschaftlicher Verantwortung", jenseits der Funktionssicherheit von Produkten, nicht vor. Das gilt auch für eine Reflexion über Sinn und Wirkung des eigenen Tuns (Ziele, Vernunft etc.). Ökologische Wirkungen von Innovationen etc. bleiben daher auch oft unberücksichtigt (Lenk/Maring, 1998). Die nachfolgende Tabelle 3.3. fasst ausgewählte Merkmale technokratischer Denk- und Argumentationsmuster zusammen und stellt diesen Werte einer „nachhaltigen Entwicklung" gegenüber.

Tab. 3.3:   Ausgewählte technokratische versus nachhaltige Werte und Grundannahmen

Technokratische Werte	Grundannahmen	Nachhaltige Werte	Grundannahmen
Bezugsgröße: Technologische Machbarkeit	Technische Lösungen beherrschen Nachhaltigkeitsprobleme	Umweltschutz, Sicherheit, Gesundheit als gesellschaftliche Herausforderungen	Ökologische und soziale Werte sind vorrangig, technische Werte nur Instrumente
Ressourcen: Stetes Wachstum	Durch Technikeinsatz unendlich vorhandene Ressourcen	Beschränkte Ressourcen, natürliche Kreislaufidee	Ressourcenverteilungsgerechtigkeit
Orientierung: Wahrheitsautorität quantitativer Größen	Quantitative Methoden, Aufteilung in Partialprobleme, Linearität der Entwicklungen	Ganzheitlicher Einsatz aller Methoden, die diskontinuierliche Wirkungen messbar machen	Komplexer Systemzusammenhang mit dem Fokus auf diskontinuierliche Veränderungen
Philosophie: Technik löst jedes Problem	Verleugnung der Bedeutung ökologischer Problemlagen	Fokus auf natürliche Systemprobleme	Naturbezogenes Regenerationsprinzip
Rohstoffe: Naturwissenschaft und Technik	Überbetonung technischer Werte/ Normen	Werte natürlicher Kreisläufe	Nachhaltigkeitsorientierte Strategien
Ziele: Technik-Paradigma	Technik ermöglicht es *nicht* nachhaltige Produkte anzubieten	Nachhaltigkeitsprinzipien	Verantwortungsprinzip zwingt Unternehmen nachhaltige Produkte anzubieten

Werden die Merkmale in der Tabelle 3.3 genauer betrachtet zeigt sich, dass die kulturellen Werte einer technokratischen Denkrichtung für die Lösung von Problemen im Rahmen der „nachhaltigen Entwicklung" nicht geeignet sind. Das Gegenteil ist der Fall. Vor allem die

Tatsache, dass das naturwissenschaftliche Paradigma insgesamt betrachtet eher eine Ursache, denn Lösungsmöglichkeit für Zivilisationsprobleme bietet, weist auf die Notwendigkeit einer grundlegenden Veränderung der dazugehörenden kulturellen Werte hin. Unverändert führt dieses Paradigma zu einer Übernutzung natürlicher Ressourcen und fördert im Hinblick auf die gesellschaftliche Verantwortung eine Handlungsweise, die sich unter dem Motto: „Unternehmen haben keine ethische Verantwortung, sie lösen alles durch Technik" zusammenfassen lässt. Das Ziel muss auch hier sein, dieses in Deutschland, besonders in bestimmten Branchen (Maschinenbau, Automobilindustrie etc.), weit verbreitete Denkschema durch einen nachhaltigkeitskonformen Wertekanon zu ergänzen. Neben dem Aspekt, dass es sich hierbei auch um eine gesellschaftspolitische Aufgabe handelt, sind Manager bereits auf der normativen und strategischen Ebene gefordert, diese „kulturbezogene Transformation" bei der Belegschaft aus wettbewerbspolitischen und wirtschaftsethischen Gründen voranzutreiben.

3.2.3.2 Kulturstrategie einer nachhaltigen Entwicklung

Im Unternehmen bilden Wertvorstellungen die ethischen Grundlagen für Entscheidungsprozesse, bestimmen das Leistungsniveau, wirken als Triebfeder und bestimmen die Gestaltung von Rahmenbedingungen für die gewünschte Zukunft. Sie sind daher von strategischem Wert, denn von ihnen hängt der „Wert" eines Unternehmens ab. In der Folge der Globalisierung haben sich bei vielen Menschen (Kunden, Mitarbeiter, Zielgruppen etc.) Werteverschiebungen in Richtung Nachhaltigkeit (Verteilungsgerechtigkeit, Umweltschutz, Klimaschutz etc.) vollzogen. Das hat die Öffentlichkeit moralisch sensibler und kritischer gegenüber wirtschaftlichem Handeln allgemein gemacht und den Legitimationsdruck auf Unternehmen erhöht. Für den Erfolg eines Unternehmens dürfen kulturelle Unternehmenswerte nicht im Widerspruch zu den allgemeinen (gewandelten) Kulturwerten der Menschen in einer Gesellschaft stehen. Sie müssen für wichtig, gut und erstrebenswert gehalten werden, damit sie von der Allgemeinheit geschätzt und respektiert werden. Ein Verharren in den aus dem 19. Jahrhundert überkommenen veralteten Denkstrukturen und Kulturwerten (Ökonomismus, Technokratismus, Bürokratie etc.), rücken ein Unternehmen in den Augen der Verbraucher ins Abseits und lassen es „altbacken" erscheinen. Sie führen extern und intern zu Unverständnis, Gleichgültigkeit und Ablehnung. Damit wird die Überlebensfähigkeit (auf Kapitalmärkten, im Wettbewerb um Kunden, Mitarbeiter etc.) wesentlich beeinträchtigt. Aber welche Kulturwerte sind es, die Nachhaltigkeit fördern und ein Unternehmen in den Augen der Öffentlichkeit als wertvoll im Sinne der „nachhaltigen Entwicklung", erscheinen lassen? Auf diese Fragen wird nachfolgend in ausgewählter Weise eingegangen. Die Frage, welche kulturellen Werte im Einzelnen für Unternehmen bei der Umstellung auf Nachhaltigkeit wichtig sind, kann nicht generell beantwortet werden. Die Frage ist nur individuell branchen- sowie wettbewerbsabhängig und unter Einbezug der bisherigen Aktivitäten sowie der Unternehmensgröße zu beantworten. Zentrale Werte können zumindest anhand von drei Eckpunkten im Hinblick auf die Verantwortung von Unternehmen für die Gesellschaft „in abstracto" festgehalten werden.

1. Unternehmen stufen das eigene Handeln gegenüber dem Staat gern als politisch und wirt-schaftlich „neutral" ein. Aus der kulturellen Tradition des Ökonomismus fordern sie für sich immer größere Handlungsspielräume (wirtschaftliches Handeln im Gegenzug für Arbeitsplät-ze etc.), erwarten aber gleichzeitig von der Gesellschaft (dem Staat), die Folgen ihres Han-delns allein zu übernehmen. Im Sinne der Nachhaltigkeit implizieren umfangreichere Freihei-ten jedoch stets auch die Übernahme entsprechender Pflichten (Rechte-Pflichten-Symmetrie). Unternehmen handeln nicht neutral, sondern als „öffentliche Institutionen", da sie das öffent-liche Leben mitgestalten (Kyora, 2002, Ulrich, 1977, Dyllick, 1989). Ihr Handeln ist auch po-litisch nicht neutral, da sie sich in der Werte-Tradition des Ökonomismus und Technokratis-mus ausschließlich an ökonomischen und technischen Zielgrößen orientieren. Gesellschaftli-che Aspekte (intakte Umwelt, saubere Gewässer etc.) werden dabei kategorisch ausgeblendet (ausgenommen gesetzliche Regelungen). Im Sinne der Nachhaltigkeit ist es nicht möglich umfassende wirtschaftliche Freiheiten in Anspruch zu nehmen, aber die ökologischen Folgen dieses unternehmerischen Handelns allein in die Verantwortungssphäre des politischen und gesellschaftlichen Systems zu übertragen (Dyllick, 1989).

2. Unternehmen verfügen über großes Spezialwissen, dass u.U. nicht einmal Forschungsinsti-tuten bzw. Universitäten zugänglich ist (Ropol, 1996). Es bezieht sich auch auf mögliche ne-gative ökologische Folgen im Zusammenhang mit einer massenhaften Nutzung ihrer Produk-te. Diese ökologische Problematik kann am besten vom Unternehmen selbst antizipiert wer-den. Das Wissen um mögliche Neben- und Fernfolgen des eigenen Handelns, stellt bereits ei-ne besondere unternehmerische Verantwortung für die Gesellschaft dar. Diese Verantwortung manifestiert sich auch in der Tatsache, dass Unternehmen oft sogar über entsprechendes Know-How für nachhaltige Problemlösungen zur Vermeidung schädlicher ökologischer Auswirkungen verfügen (Birnbacher, 1998). „Fernfolgen" in Form schädlicher ökologischer Auswirkungen müssen nach dem Nachhaltigkeitsprinzip auch nachfolgende Generationen mit einbeziehen. Beispielsweise ergeben sich negative Wirkungen von Hochtechnologien im Ext-remfall erst in sehr ferner Zukunft. Radioaktives Material mit Halbwertzeiten von mehreren tausend Jahren, ist aber auch nach sehr vielen Halbwertzeiten noch lebensgefährlich. Das gilt auch für die Folgen von Emissionen klimarelevanter Gase durch verschiedene Produkte, die nach Ausmaß und Dauer heute nicht vollständig kalkulierbar sind. Verantwortungsvolles Handeln im Sinne von Nachhaltigkeit heißt für Unternehmen daher Handlungen mit ungeahn-ter Fernwirkung konsequent zu vermeiden (Birnbacher, 1998). Bereits durch das Wissen bzw. die Vermutung über die Wirkungsmächtigkeit technischen Handelns, wird die besondere Ver-antwortung von Unternehmen begründet. Sie verlangt im Sinne der Nachhaltigkeit die Be-rücksichtigung langfristiger systemischer Handlungsfolgen.

3. Unternehmen sehen sich im Hinblick auf ihre (moralische) Verantwortung gegenüber Ge-sellschaftsmitgliedern nahezu nie in der Pflicht. Gesetzgeber und Rechtsprechung haben zwar über den Verbraucherschutz versucht, den Nachweis der Kausalität zwischen der Handlung eines Unternehmens und dem Schaden eines individuellen Verbrauchers zu erleichtern (z.B. Gefährdungshaftung, Umwelthaftungsgesetz etc.) (Führ/Maring, 2000, Detzer, 1995). Abseits dieser speziellen Rechtsgebiete (z.B. bei Katastrophenfällen etc.) bleibt der Verbraucher jedoch weitgehend alleingelassen. Obwohl z.B. bei Katastrophenfällen (z.B. Zugunglück von Eschede, Fährunglück der Estonia etc.) vieles auf eine (moralische) Verantwortung bzw. ein Verschulden von Unternehmen als juristische Person hindeutet, werden diese nahezu nie in die Verantwortung genommen. Oft fehlt in diesen Fällen auch der juristische Nachweis der individuellen Schuld bei einem leitenden Mitarbeiter, so dass eine juristische Verantwortungszuschreibung oft unmöglich ist (Kyora, 2002). Im Sinne der Nachhaltigkeit sollte, neben der gängigen juristischen Suche nach individuell Schuldigen, auch die Verantwortung für irreversible Makro-Schäden im Sinne einer prospektiven Verantwortung erweitert werden. Dies insbesondere im Hinblick auf nachfolgende Generationen (Lenk, 1992, Ketelhodt, 1990).

Echte Unternehmensvisionen

„Hat ein Unternehmer eine wirkliche Vision, verfolgt er ein langfristiges Ziel, das über ihn und seine Ego-Befriedigung hinaus geht. Er will mit seiner Tätigkeit und seinem Unternehmen etwas Positives für die Welt bewegen. Erfolgreiche Unternehmer wie Richard Branson (Virgin Group), Steve Jobs (Apple) oder Götz Werner (dm-Markt) leben für richtige Visionen. Dabei geht es nicht vorrangig ums Geldverdienen. Diese Unternehmer verfolgen andere, über sie selbst als Person hinausgehende Ziele und Visionen. Häufig sind es Visionen, die einen Mehrwert in sozialer oder ökologischer Form für den Rest der Menschheit bieten. Beispiele richtiger Visionen: Die revolutionäre Gründungsvision von Microsoft im Jahre 1975: „Ein Computer auf jedem Schreibtisch und in jedem Zuhause" sprach wahrscheinlich nur einen kleinen Teil der damaligen Menschen an. Aber die waren davon begeistert. Sie waren intrinsisch motiviert, an dieser für sie als sozial wahrgenommenen Vision mitzuwirken. Einige weitere wirkliche Unternehmensvisionen, die begeistern: […] Wal Mart: „Einfachen Menschen zu ermöglichen, die gleichen Dinge kaufen zu können, wie Wohlhabende". Wikipedia: „Stell Dir eine Welt vor, in der jeder einzelne Mensch freien Anteil an der Gesamtheit des Wissens hat". […] Verschreibt sich ein Unternehmer einer bedeutenden, weltverbessernden Sache, dann begeistert er andere Menschen. Empfinden die, dass die Vision wichtig und nützlich ist, werden sie ihn unterstützen wollen – ob als Mitarbeiter, als Kunde oder Lieferant" (Geropp, 2012).

3.2.3   Zwischenfazit

– Strategisches Nachhaltigkeits-Marketing-Management beschäftigt sich mit den Bindegliedern zwischen normativen Zielvorgaben (Vision/Mission etc.) und operativen Maßnahmen. Das Top Management hat u.a. die Aufgabe, eine ökologisch-ökonomisch-soziale Schnittmenge zum Wettbewerbsvorteil zu identifizieren. Diese ist zu erweitern sowie als integrative nachhaltigkeitsbezogene Stakeholderorientierung strategisch im Unternehmensleitbild zu verankern. Dazu ist ein systemisches Management nachhaltigkeitsorientierter Werte durch das Top-Management unerlässlich.

– Als Teilmodell wird in das vorliegende Modell zum Nachhaltigkeits-Marketing-Manage-
ment ein überkategorial konzipiertes Wertemanagement im Sinne eines Managements der
Kultur zur Nachhaltigkeit integriert. Es beinhaltet mehrere Ebenen und ist als intangible
Ressource im Rahmen des immateriellen Kapitals der Unternehmensführung zu managen.

– Auf der Ebene einer nachhaltigkeitsbezogenen Unternehmenskultur ist die Transformier-
barkeit unternehmenskultureller Werte, Normen, Denk- und Arbeitsweisen vorab zu prüfen. Erfahrungen mit Nachhaltigkeit beim Management sind dabei von großem Wert. Die
Auswirkungen von Kulturtransformationen zu Nachhaltigkeitswerten ist für die Bezugs-
gruppen (Mitarbeiter, Investoren, Ratingagenturen etc.) vorab zu ermitteln. Der Prozess
einer Kulturtransformation ist mit vielen Hürden verbunden.

– Die Ebene einer nachhaltigkeitsbezogenen Organisation ist vorwiegend ganzheitlich auf
Basis einer systemtheoretischen Auffassung zu realisieren. Durch Komplexität ergeben
sich dabei verschiedene Problematiken. Die generelle Problematik liegt in den Schwierigkeiten bei der Etablierung von Lenkungsprozessen (funktional) sowie der Organisation einer geeigneten Arbeitsteilung (instrumental).

– Die strategische Problematik liegt nicht nur in grundlegenden Einstellungen zur Nachhaltigkeit, sondern auch im Grad der Erfahrung mit den Themen der nachhaltigen Ausrichtung von Unternehmen. Die Problematik struktureller Organisationsanpassungen konzentriert sich u.a. auf Fragen zum geeigneten Grad zentraler/dezentraler Organisationsstrukturen, Branchenzugehörigkeit, gesetzlicher Erfordernisse (Umweltgesetzgebung etc.)
sowie des Entwicklungsstandes beim Umweltschutz im Unternehmen.

– Traditionelle Kulturwerte und Denkweisen des Ökonomismus sowie des Technokratismus
und Mechanismus verhindern oft eine Neuausrichtung von Denk- und Handlungsweisen,
die für ein erfolgreiches normatives Nachhaltigkeitsmanagement vonnöten sind.

– Auf der Ebene des externen Kultur-Managements müssen sich Unternehmen entsprechend
den nachhaltigkeitsbezogenen Erwartungen externer Stakeholder im Wettbewerbsumfeld
positionieren. Das gilt im Hinblick auf die ökologische und soziale Ausrichtung unternehmerischen Handelns. Verhaltensveränderungen, strukturelle Veränderungen in Pro-
duktions- und Globalisierungsprozessen sowie rechtliche und regulatorische Anforderungen sind von den Unternehmen an die wirtschaftlichen Bedingungen anzupassen.

3.3   Makro-soziale und -soziokulturelle Rahmenbedingungen

Wie in Abbildung 2.6 ersehbar, konstituieren sich makro-soziale und -soziokulturelle Rahmenbedingungen durch Leitbilder auf verschiedenen Ebenen. Ihre Wirkungen erstrecken sich
netzwerkartig auf alle anderen Dimensionen. Makro-soziale und -soziokulturelle Rahmenbedingungen basieren auf gesetzlich festgelegten Werten und Normen, die durch Unternehmen
kaum beeinflussbar sind. Um erfolgreich „Nachhaltigkeit" in die Unternehmensphilosophie
zu integrieren, müssen diese im Unternehmen bekannt sein.

3.3.1   Politisch-rechtliche Stakeholder-Analysen

Anhand der Leitbilder in Abbildung 2.6. zeigt sich, dass sich politisch-rechtliche Stakeholder-Analysen beim Konzept der „nachhaltigen Entwicklung" auf staatliche Institutionen beziehen. Sie sind von einzelnen Wirtschaftssubjekten nicht beeinflussbar, wirken jedoch gleichermaßen auf Märkte, Unternehmen und Konsumenten. Die entsprechenden Normen sind in den „Hard Facts" (Gesetze, Verordnungen, Kontrollen etc.) einer Gesellschaft verortet. Sie vermitteln den Individuen das Gefühl der Orientierung und Sicherheit und schaffen einen Basiskonsens für die nachhaltige Verantwortung der gesellschaftlichen Akteure (Staat, Unternehmen, Konsumenten etc.). Zu den Hauptaufgaben der Politik gehört es, weltweit ordnungspolitische Rahmenbedingungen zu schaffen (Etablierung demokratischer Grund-, Menschenrechte, Sozial- und Umweltstandards etc.). Sie bilden die Grundlage für unternehmerisches Handeln und öffnen Räume für ein freiwilliges Engagement von Firmen. Durch international unterschiedliche politische Ausrichtungen unterliegen Unternehmen in Wirtschaftsordnung, -struktur und -prozessen einer Vielzahl unterschiedlicher Eingriffe durch staatliche Institutionen. Die Regulierungsdichte durch Gesetze und Verordnungen ist dementsprechend hoch. Supranationale Harmonisierungsmaßnahmen (z.B. durch die EU, UNO, OECD etc.) führen zusätzlichen zu Eingriffen bzw. Liberalisierungen. Diese sind oft mit erheblichen Konsequenzen auf nationaler Ebene für Produkte, Märkte, Wettbewerb, Branchen und Unternehmen verbunden. Generell beziehen sich die durch die Politik zu beachtenden Kriterien auf Maßnahmen und Planvorhaben sowie deren wirtschaftliche, ökologische, soziale und soziokulturelle Auswirkungen in folgenden Bereichen:

– Umweltpolitik,
– soziale Sicherungssysteme,
– Finanz-, Steuer- und Abgabenpolitik,
– Haushaltskonsolidierungs- und Subventionspolitik,
– Arbeitsmarktpolitik und
– supranationale Politik (EU-Politik, EZB-Zinspolitik, UNO-Klimapolitik etc.).

Rechtliche Stakeholderinteressen finden sich hauptsächlich im Umweltrecht. Für die „nachhaltige Entwicklung" ist das Umweltrecht von größter Bedeutung. Es gestaltet sich in Deutschland sehr umfangreich und vielfältig. Der Zweck ist die Erhaltung der natürlichen Lebensgrundlagen aller Lebewesen und Pflanzen sowie die Beseitigung etwaiger durch Menschen verursachter Schäden. Der Schutz bezieht sich nicht nur auf die einzelnen Teilbereiche (Gewässerschutz, Klimaschutz und Waldschutz), sondern auch auf Wechselwirkungen zwischen ihnen. In Deutschland handelt es sich beim Umweltrecht *nicht* um ein abgrenzbares Rechtsgebiet, sondern um eines, dass stark segmentiert in zahlreichen Gesetzen zu finden ist (derzeit mehr als 9.000 Gesetze und untergesetzliche Regelungen). Es fungiert als Schutz vor Beeinträchtigungen. Ein einheitliches Umweltschutzgesetz existiert, trotz zahlreicher Bemühungen der Politik, nicht (Kloepfer, 2004). Drei Prinzipien bilden die Grundlage des Umweltrechts: (1) Vorsorgeprinzip, (2) Verursacherprinzip und (3) Kooperationsprinzip (Kloepfer, 2004). Das Vorsorgeprinzip dient dazu, frühzeitig Maßnahmen zu ergreifen, die das Entstehen potentieller Beeinträchtigungen der Umwelt verhindern bzw. minimieren sollen. Beim Verursacherprinzip geht es darum, dass grundsätzlich derjenige, der die Beeinträchtigungen verursacht hat, deren Beseitigung bzw. Verringerung auch zu bezahlen hat. Das Kooperationsprinzip ist so zu verstehen, dass die Pflege der Umwelt als eine gemeinsame Aufgabe von Bürgern, Unternehmen und Staat anzusehen ist. Durch die Globalisierung reicht jedoch die Kenntnis nationaler Umweltgesetze, aufgrund vielfältiger Verschränkungen im Produktions- und Lieferbereich, für Unternehmen nicht aus. Das ist umso wichtiger, da Gesetzeskonformität zu den Grundpfeilern der „Nachhaltigkeit" gehört.

Nachhaltigkeit in Großunternehmen

„Auf den Internetseiten eines international tätigen deutschen Maschinenbaukonzerns lese ich dazu beispielsweise: Unser Selbstverständnis über nachhaltiges Wirtschaften:

…Eine weltweit einheitliche Umweltpolitik bildet die Grundlage unseres erfolgreichen Umweltmanagements….

…Unsere Mitarbeiter verpflichten sich zur Einhaltung der Umweltgesetze und intern festgelegten Standards…

Was heißt das im Klartext? Das Unternehmen verpflichtet sich zur Einhaltung der Umweltgesetze. Punkt! Nicht mehr, nicht weniger. Na, wenn das mal nicht nachhaltig ist. Ich sehe schon die Schlagzeilen: Auch deutsche Waffenschmieden und Chemiegasfabriken verpflichten sich ab sofort zum nachhaltigen Wirtschaften. Hurra! Nein, so geht das nicht. Nachhaltiges Wirtschaften und nachhaltiges Führen ist viel mehr als sich nur an bestehende Gesetze zu halten" (Geropp, 2012).

3.3.2   Gesellschaftsbezogene Stakeholder-Analysen

Unternehmen beeinflussen durch ihr Handeln die Lebens- und Existenzbedingungen eine Vielzahl von Stakeholdern. Als Stakeholder gelten alle diejenigen, denen Menschenwürde und moralische Rechte zustehen und die potentiell oder tatsächlich von positiven bzw. negativen Folgen unternehmerischen Handelns betroffen sind (Ulrich, 2001). In Zeiten der „nachhaltige Entwicklung" ist es für Unternehmen nicht mehr möglich, sich darauf zurückzuziehen, ihre Aufgabe lediglich in der Schaffung wirtschaftlicher Werte (Gewinn etc.) als Partikularinteressen zu sehen. Die Lösung gesellschaftlicher Probleme jedoch allein dem Staat zu überantworten. Durch die Globalisierung, mit vielfältigen nationalstaatlichen Überschneidungen bis in die Unternehmen (internationale Zulieferer, Kooperationspartner etc.), gilt heute als unstreitig, dass Unternehmen eine „gesellschaftliche Verantwortung" (englisch: Corporate Social Responsibility) tragen (Baumast/ Dyllick, 2001). Ein Großteil der Unternehmen ist sich dessen auch bewusst, aber nicht alle bekennen sich explizit auch dazu (z.B. durch visionäre Statements, Umwelt-, Nachhaltigkeitsberichte etc.).

3.3.2.1   Begriffsbestimmung gesellschaftliche Verantwortung

Der Begriff „gesellschaftliche Verantwortung" ist nicht allgemeingültig definiert. Es existieren vielfältige und sehr unterschiedliche Auffassungen. Durch die zentrale Bedeutung im Rahmen von „Nachhaltigkeit", ist in diesem Fall eine Standortbestimmung durchzuführen, um ein allgemeines Verständnis zu erlangen. Durch die Nationalkultur und die historische Entwicklung des Begriffs bedingt, haben sich unterschiedlichen Auffassungen in Europa und den angloamerikanischen Ländern gebildet. Diese drücken sich z.B. im Begriff „Corporate Citizenship" aus. Darunter werden in der angloamerikanischen Welt seit mehreren Jahrzehnten Aktivitäten verstanden, die nach europäischem Verständnis eher mit „bürgerlichem Engagement" umschrieben werden. In Europa wurde der Begriff „gesellschaftliche Verantwortung" im Jahr 2001 von der EU-Kommission erstmals offiziell definiert. Danach werden darunter ökologische und soziale Maßnahmen in den Geschäftsprozessen, Produkten bzw. Dienstleistungen „auf freiwilliger Basis" verstanden (EU-Kommission, 2001). Seit dieser Zeit wird von der EU-Kommission der englische Begriff „Corporate Social Responsibility (CSR)" mit dem Begriff „gesellschaftliche Verantwortung" übersetzt. Das gilt auch für die offiziellen Publikationen der Bundesregierung bzw. die deutschsprachige Fachliteratur. Daher werden auch in diesem Buch beide Begriffe synonym verwendet. Die EU-Kommission hat im Jahr 2011 eine aktualisierte „offizielle" Definition für den Begriff CSR vorgelegt. Danach ist gesellschaftliche Verantwortung die „Verantwortung von Unternehmen für ihre Auswirkungen auf die Gesellschaft" (EU-Kommission, 2011, 7). Nach der neugefassten Definition haben Unternehmen nicht nur die Verantwortung für die Auswirkungen ihrer Tätigkeit auf die Gesellschaft, sondern diese Auswirkungen sind auch spezifiziert (soziale, ökologische und ethische). Somit sind Auswirkungen auf Menschenrechte und Verbraucheraspekte integriert. Von Unternehmen wird zudem verlangt Verfahren anzuwenden, um negative Auswirkungen aufzuzeigen, zu verhindern bzw. abzufedern. Das hat Ähnlichkeiten mit dem von der Autorin beschriebenen „nachhaltigen kulturbezogenen Management". Daneben sind auch Rechtsvorschriften und Tarifverträge einzuhalten (Loew/Rohde, 2013).

Neben dieser Definition, wurden zum Begriff „gesellschaftliche Verantwortung" auch internationale ISO-Normen entwickelt. Dieser „offiziellen" Norm liegt der Begriff „Social Responsibility" zugrunde. Nach dieser Definition sind Unternehmen verantwortlich für ihre Auswirkungen auf die Gesellschaft. Diese Verantwortung ist, neben der Gesellschaft, auf die Umwelt und den Beitrag einer Organisation zur „nachhaltigen Entwicklung" spezifiziert. Entsprechende Vorkehrungen sind in die Gesamtorganisation zu integrieren (Anwendung von nachhaltigem Management) sowie geltendes Recht und internationale Verhaltensstandards einzuhalten (Loew/Rohde, 2013). Die beiden „offiziellen" Definitionen sind zwar etwas schwer verständlich, aber in wesentlichen Punkten identisch. Daneben existieren noch etliche weitere Begriffsdefinitionen, die entweder aus der Wissenschaft, oder der Praxis, hauptsächlich unter dem Primat der Profilierung eines spezifischen Verständnisses, entstanden sind (vgl. z.B. Loew/Rohde, 2013). Zusätzlich ist das Konzept „gesellschaftliche Verantwortung" auch mit vielen anderen Konzepten und Dimensionen verwoben. Das gilt z.B. für Corporate Citizenship, Stakeholder Value, Sustainable Development, Corporate Social Responsiveness und Corporate Governance. Dadurch ergibt sich eine nahezu unüberschaubare Anzahl von Stakeholder-Dimensionen, die einbezogen werden müssten. Diese Tatsache resultiert nicht nur aus den unterschiedlichen historisch gewachsenen Betrachtungsweisen (europäisch versus anglo-amerikanisch etc.), sondern auch aus der Vielzahl von Umsetzungsideen für „gesellschaftliche Verantwortung" in der Praxis. Für Unternehmen ist es daher wichtig, Prioritäten auf die Interessen der relevanten Stakeholder zu legen. Dabei handelt es sich zumeist um diejenigen, durch deren Wegfall das Unternehmen in eine ernsthafte Krise gestürzt werden kann.

3.3.2.2   Stakeholder-Dimensionen

Ursprünge der Debatten um das Konzept „gesellschaftliche Verantwortung", reichen bis in die 1950er Jahre in den USA zurück. Die Wahrnehmung war zunächst aber eher überschaubar (Weber, 2008). Vor allem im Zusammenhang mit einer Expansion der zu lösenden gesellschaftlichen Probleme, hat sich das geändert (z.B. Kostenexplosion im sozialen Sektor, steigende Komplexität durch Globalisierung etc.). In Deutschland wird für die Zivilbevölkerung immer deutlicher, dass die Steuerungsfähigkeit des Staates in gesellschaftlichen Belangen abnimmt. Aus der Tatsache, dass staatliche Aufgaben an private Dienstleister überragen werden, folgt, dass gesellschaftliches Steuerungspotential und Gestaltungsmacht von staatlichen an marktinterne Institutionen (z.B. Unternehmen, NGOs etc.) übergeht. Diese Verschiebung von sozialem und ökonomischem Potential vom Staat an Unternehmen, wird von der Zivilbevölkerung kritisch beurteilt. Mit zunehmender Heftigkeit sehen sich die unternehmerischen Akteure Forderungen gegenüber (z.B. Ressourcenmanagement, Infrastrukturen, Einhaltung von Sicherheits- und Sozialstandards etc.) (Schunk, 2009). Anliegen von Stakeholdern zu identifizieren, zusammenzuführen und in unternehmerische Strategien einzugliedern, wird daher zu einem wichtigen Bestandteil des Managementhandelns, z.B. in Form des Issues-Managements. Unter Issues sind alle relevanten Ereignisse aus der Umwelt zu verstehen, die an das Unternehmen herangetragen werden. Sie können im Idealfall frühzeitig identifiziert und verarbeitet werden. Die Lücke, zwischen der aktuellen Performance und den Erwartungen der relevanten Stakeholder, kann so möglichst klein gehalten werden. Unternehmen realisieren zugleich auch eine Art „Frühwarn-Risiko-Management" (Garriga/Melé, 2004). Die Notwendigkeit für die Übernahme „gesellschaftlicher Verantwortung" durch marktinterne Institutionen, hat auch zu einem Bewusstseinswandel in der betriebswirtschaftlichen Theorie und Praxis geführt. Dadurch wurde die bisherige Perspektive der traditionellen „Nabelschau" auf reine Marktinteressen verändert. Das hat zu mehr Öffnung von Unternehmen gegenüber der Gesellschaft und Nachhaltigkeitsanforderungen geführt (Beschorner/Vobele, 2008). Von der Europäischen Kommission wurde schon von 2002 bis 2004 ein „Multi-Stakeholder-Forum" intiiert, das u.a. zur Stärkung der Stakeholder-Perspektive führen soll. Es ist als Fortschreibung der Grünbuch-Initiative geplant und soll ein Forum für Erfahrungsaustausch, Praktiken, Instrumente sowie fördernde und hemmende Faktoren im Zusammenhang mit „Nachhaltigkeit" sein. Dazu wurden Leitsätze und Faktoren entwickelt, die der Europäischen Kommission als Grundlage für politische Entscheidungen dienen (Loew, 2005).

Image- und Absatzverlust durch fehlende gesellschaftliche Verantwortung

„Das gesellschaftliche Stakeholdergruppen in der Lage sind, den Rahmen, innerhalb dessen ein Unternehmen agieren kann, zu definieren, zeigten die prominenten Beispiele von Shell im Fall von Bent Spar oder von Nike, die mit ihrem sozialen (Kinderarbeit in Fabriken) und ökologischen (Versenkung einer Ölplattform) Fehlverhalten konfrontiert wurden. Der Image- und Absatzverlust, hervorgerufen durch professionelle, medial inszenierte Proteste, wirkte sich so gravierend aus, dass die Firmen einlenkten und intensiv an der Wiederherstellung ihrer **Reputation** arbeiten mussten. Daneben macht sich ein wachsendes Bewusstsein der Konsumenten bemerkbar, die zunehmend kritisch die Herkunft und Erzeugung von Produkten und Dienstleistungen hinterfragen und ihr Verbraucherverhalten darauf abstimmen" (Schlund, 2007, 6)

Multinationale Unternehmen haben sich zu mächtigen Institutionen entwickelt. Weltweit wirtschaften mehr als 78.000 transnationale Konzerne. Einige erwirtschaften einen Umsatz in Höhe des BIPs von Entwicklungs- und Schwellenländern oder sogar von mittelgroßen Industriestaaten (Hahn, 2009). Aufgrund ihrer Ressourcen, Netzwerke und ihres Einflusses in der Gesellschaft, prägen sie die Lebensbedingungen einer Vielzahl von Mitarbeitern, Zulieferern und Kooperationspartnern. Die Handlungsspielräume von Unternehmen haben sich durch die Globalisierung soweit vergrößert, dass einige zumindest partiell in der Lage sind, sich nationalen Souveränitätsmaßnahmen zu entziehen (Backhaus-Maul et al, 2009). Die Übernahme „gesellschaftlicher Verantwortung", als neue Form von Verantwortung jenseits des traditionellen Verständnisses von Subsidiarität, stellt für Unternehmen daher eine strategische Aufgabe dar. Demgegenüber hat sich die Leistungsfähigkeit des Staates in Deutschland, u.a. durch komplexe Nachhaltigkeitsanforderungen, zunehmend verringert. Dazu haben Kostenexplosionen in den sozialen Sektoren und die zunehmende Komplexität gesellschaftlicher Aufgaben in einer globalisierten Welt (auf föderaler, supranationaler und nationaler Ebene) beigetragen. Überschreiten staatliche Regulierungen nationale Grenzen (z.B. Einhaltung von Arbeitsschutzbestimmungen in Asien etc.), sind Ineffektivitäten externer Effekte kaum noch kontrollierbar. Der Machtzuwachs marktinterner Institutionen wird in Deutschland durch eine „tendenziell freiwillige Depotenzierung des Staates" (Deregulierungs- und Privatisierungsentscheidungen etc.) begleitet. Eine derartige Politik bringt zwangsweise den Verlust von Entscheidungskompetenzen auf vielen Feldern für den Staat mit sich (Embacher/Roth, 2010). Ohne staatliche (Ausgleichs-)Maßnahmen (Rahmenbedingungen, gesetzliche Regulierungen, Förderungen etc.), werden jedoch die komplexen Veränderungen durch das Konzept „nachhaltige Entwicklung" nicht bewältigt werden können.

3.3.2.3   Handlungsfelder und Instrumente

In Deutschland existiert eine Vielfalt von Initiativen, Kampagnen, Maßnahmen und Vereinigungen, die sich mit Handlungsfeldern und Instrumenten im Rahmen von „gesellschaftlicher
Verantwortung" und Nachhaltigkeit befassen. (vgl. z.B. BMAS, 2009). Auch die Themenvielfalt ist groß (z.B. Umweltschutz, bürgerschaftliches Engagement, Korruptionsbekämpfung,
internationale Menschenrechte, Integration und Toleranz etc.). Die Themenfelder fallen in die
Zuständigkeit verschiedener Bundesministerien (vgl. z.B. näher bei Loew et al, 2004). Die nationale CSR-Strategie „Aktionsplan CSR in Deutschland" beinhaltet sechs übergeordnete
Handlungsfelder. Dabei handelt es sich um (www.csr-in-deutschland.de):

– Glaubwürdigkeit und Sichtbarkeit von CSR,
– Schaffung eines CSR-förderlichen Umfeldes,
– Einbeziehung des Themas in die Bildung,
– Stärkung von CSR in internationalen Zusammenhängen,
– Ausbildung und Forschung und
– Förderung der Verbreitung von CSR bei kleinen und mittleren Unternehmen(KMUs).

Für die betriebliche Umsetzung von „gesellschaftlicher Verantwortung" ist es notwendig,
praktische Handlungsfelder und Instrumente für Unternehmen zu konkretisieren. Auf der Basis eines von Loew/Braun und anderen Akteuren für das BMU entwickelten Katalogs ergeben
sich die in der Tabelle 3.4. aufgeführten ausgewählten Handlungsfelder und Ebenen:

Tab. 3.4:   Handlungsfelder gesellschaftliche Verantwortung für ein Nachhaltigkeits-Marketing-Management,
Quelle: a.d.B. v. Loew/Braun, (2009, 12), Hülsewiesche, (2010, 32) modifiziert und ergänzt

Strategische Handlungsfelder	Betriebliche Managementbereiche	Individuelle Interessen
Governance und Management	Vision, Strategie, Stakeholdermana-gement, Umweltmanagement, Nach-haltigkeitsmanagement	Management sozialer Handlungsfelder
Geschäfts- und Kernprozess-management	**Betrieblicher Umweltschutz:** -Klimaschutz/Energieeffizienz -Luftreinhaltung/ Ressourceneffizienz -Vermeidung toxischen Stoffeintrags -Boden- und Gewässerschutz -Abfallwirtschaft und Verkehr -Anlagen-/Transportsicherheit -Biodiversität	**Mitarbeiterinteressen:** -Beschäftigungssicherheit -Entlohnung/Anreizsysteme -Altersvorsorge -Flexible Arbeitszeitmodelle -Aus-/Weiterbildung -Vielfalt/Chancengleichheit -Gleichstellung/Gesundheitsschutz -Arbeitssicherheit

	Ökologische Produktverantwortung: -gleiche ökologische Aspekte, andere Managementaufgaben	**Verbraucherschutz/-interessen:** -Produktentwicklung -Transparenz/Produktinformationen -anspruchsvolle Produktkennzeichen -Beschwerdemanagement -Kundenwunschmanagement -Kundenbedürfnismangement
	Umweltschutz im Supply Chain: -gleiche ökologische Aspekte, andere Managementaufgaben	**Arbeitsbedingungen Supply Chain:** -gleiche Interessen wie betrieblicher Umweltschutz, andere Management- aufgaben (Blickpunkt: gravierende Verletzung der Arbeitsbedingungen)
(Internationales) Engagement im Umfeld	**Internationale Ordnungsrahmen:** -Umgang mit Lieferanten -Umgang mit Wettbewerbern	**Handels-/Geschäftspraktiken:** -Einhaltung von Kodizes -Antikorruptionsmaßnahmen -Achtung des Wettbewerbsrechts
	Bürgerschaftliches Engagement: -Spenden/Sponsoring etc. -Stiftungen etc. -Lieferantenförderung etc. -Private-Partnership Projekte etc.	**Nachhaltige Entwicklung:** -gemeinnützige Förderung etc. -regionale (internationale) Förderung -lokale Förderung etc.

Zur Implementierung „gesellschaftlicher Verantwortung" in der Unternehmenspraxis existieren viele Leitlinien und Vorgaben. Die Vorschläge decken im globalen Kontext ein sehr breites Gebiet ab (vom globalen Konsens bis zu Normen nationaler Gültigkeit etc.). Sie werden in verschiedenen Projekt-Entwicklungsstadien eingesetzt:

– grundlegende Maßnahmen zur Etablierung „gesellschaftlicher Verantwortung" (einführende Instrumente),
– Instrumente nach der Einführung zur Konzentration auf spezifische Nachhaltigkeits-Themen (Instrumente der 2.Generation),
– stabilisierende, effizienzsteigernde und integrationsfördernde Maßnahmen (Instrumente der 3. Generation).

Die Anzahl der Instrumente, die im Rahmen von „gesellschaftlicher Verantwortung" eingesetzt werden, hat mittlerweile eine nahezu unübersichtliche Vielfalt angenommen. In einem Kurzgutachten für das BMAS wurden im Rahmen einer Auswahl 96 verschiedene Instrumente identifiziert (BMAS, 2012). Die Top-Instrumente, die im Governance- und Management-Bereich im globalen Konsens stehen, sind in der nachfolgenden Tabelle 3.5. dargestellt:

Tab. 3.5:   Ausgewählte Governance und Management-Instrumente im globalen Konsens für ein Nachhaltig-keits-Marketing-Managment, Quelle: a.d.B. v. BMAS, (2012, 20–38) modifiziert und vereinfacht

Instrument	Rechtlich verbindlich	CSR-Kategorie	Anlehnung an Normen/ Standards	Multistakeholder-Approach
International Labour Organization (ILO)	freiwillig	Internationale Vereinbarung	OECD-Guidelines UNO-Global Compact, ILO-Konventionen	Politik, Regierungen, Arbeitgeber, Wirtschaft, Arbeitnehmer, Gewerkschaften
Organization for Oeconomic Co-Operation and Development (OECD)	Rechtliche Anlehnung	Internationale Vereinbarung	nein	Politik, Regierungen, Arbeitgeber, Wirtschaft, Arbeitnehmer, Gewerkschaften, Wissenschaft, NGOs, Verbraucher
United Nations Global Compact	freiwillig	Internationale Vereinbarung	nein	Gleicher Themen-Fokus wie OECD
AccountAbility 1000	freiwillig	Leitfaden Managementsystem	nein	Arbeitgeber, Wirtschaft, Arbeitnehmer, Gewerkschaften, NGOs, Verbraucher
International Organization for Standardization (ISO)	freiwillig	Leitfaden Managementsystem	ISO-Normen, ILO-Kodizes, IAO-Übereinkommen, UN-Konventionen, UN-Menschenrechte, UNESCO-Erklärungen, UNEP-Umweltprogramm	Politik, Regierungen, Arbeitgeber, Wirtschaft, Arbeitnehmer, Gewerkschaften, Wissenschaft, NGOs, Verbraucher
DVFA/EFFAS: Guidelines for ESG-Reporting an Integration into Financial Analysis	freiwillig	Reporting-System	nein	nein
Global Reporting Initiative (GRI): Sustainability Reporting Guidelines	freiwillig	Reporting-System	UN Universal Declaration of Human Rights, UN Convention: International, Covenant on Civil and Political Rights, UN Convention:	nein

			Covenant on Economic Social and Cultural Rights, CEDAW, ILO-Declaration, OECD	
Rat für Nachhaltige Entwicklung: Deutscher Nachhaltigkeitskodex (DNK)	freiwillig	Reporting-System	GRI, DVFA/EFFAS-Indikatoren., UN-Global Compact, OECD-Guidelines, ISO-26000	nein

Die in der Tabelle 3.5. aufgeführten Top-Instrumente, basieren auf der hauptsächlichen Verbreitung bei in Deutschland ansässigen Firmen. Ein weiteres Auswahlkriterium ist die Tatsache der Repräsentation weitgehender, zentraler Themenkomplexe, des Einbezugs externer Anforderungen an die Übernahme „gesellschaftlicher Verantwortung" sowie das Vorhandensein wichtiger Hilfestellungen für die Implementierung und operative Umsetzung. Zu den Angaben in der Tabelle ist zu ergänzen, dass bis auf den DNK alle Instrumente eine internationale Ausrichtung haben. Eine Zertifizierbarkeit existiert nur für die Instrumente AA1000 und GRI. Eine amtlich (staatlich) angenommene oder anerkannte Orientierung besitzen nur die ersten drei Instrumente plus des DNK. Bei allen anderen handelt es sich um Grundsätze, die vom Privatsektor entwickelt wurden. Nur für das Instrument der OECD ist z.T. eine rechtliche Verbindlichkeit vorhanden. Alle anderen Instrumente basieren auf freiwilligen Erklärungen mit Selbstregulationsmechanismen.

Kritisch bleibt anzumerken, dass durch die Vielzahl vorhandener individueller Verhaltenskodizes Leitlinien mit branchenweiter Gültigkeit kaum vorhanden sind (gem. Studie der OECD: 246 Verhaltenskodizes, davon 48% unternehmensbezogen). Als kritisch ist ebenfalls einzustufen, dass es sich bei den „freiwilligen Vereinbarungen" lediglich um Willenserklärungen handelt, die keine Rechtsverbindlichkeit haben. Die Gültigkeit der Leitlinien hängt von unabhängigen Kontrollen ab, die jedoch oft durchlässig und manchmal unzureichend sind (z.B. hinsichtlich des Supply Chain etc.). Auch der enorme Preisdruck beeinträchtigt die Bedeutung freiwilliger Vereinbarungen. Von Zulieferern wird kritisiert, dass soziale und ökologische Standards oft nicht anerkannt werden. Produzenten führen an, dass eine Einflussnahme auf Zulieferer, oft aufgrund veränderter Größenverhältnisse, kaum möglich ist. Da die Richtlinien sehr allgemein gehalten sind, um eine möglichst hohe Anzahl von Unternehmen anzusprechen, werden, z.B. durch Branchenspezifika sowie nationale gesetzliche Regelungen, Standardisierungen bei der Selbstregulierung erschwert (Loew, 2006). Regelungen auf Basis freiwilliger Erklärungen haben zudem für Anspruchsgruppen den immensen Nachteil, dass sie im Falle der Beschneidung ihrer Rechte keine Garantie haben sich zu wehren oder dass ihre Rechte verteidigt werden. Angesichts dieser Gesamtproblematik stufen sowohl viele Unternehmen als auch NGOs Instrumente auf Selbstregulierungsbasis allenfalls als Ergänzung, nicht aber als Ersatz für gesetzliche Regelungen ein.

Hungerlöhne bei Lidl – trotz ILO-Standards

„Verbraucherschützer verklagen Lidl wegen Hungerlöhnen und überlangen Arbeitszeiten. Eine Menschenrechtsgruppe fand heraus: Arbeiter in Bangladesch, die Lidl mit Textilien beliefern, bekamen oft nur elf Cent pro Stunde – und mussten extrem lange arbeiten. Elf Cent pro Stunde sind nicht viel. Nicht einmal in einem armen Land wie Bangladesch. „Der Lohn reicht nicht aus, um eine durchschnittliche Familie zu ernähren. So berichtet etwa ein Arbeiter, dass seine Kinder abends ohne Essen schlafen gehen müssen", heißt es in der Klage, die die Verbraucherzentrale Hamburg jetzt gegen die Discountkette Lidl eingereicht hat. Erstmals verklagen Juristen damit ein Handelsunternehmen vor einem deutschen Gericht wegen der Arbeitsbedingungen bei Zulieferern in der 3. Welt. Initiiert haben das Verfahren am Landgericht Heilbronn die Kampagne für Saubere Kleidung und die Menschenrechtsorganisation European Center für Constitutional and Human Rights. In deren Auftrag besuchten Kontrolleure zwischen September 2009 und Januar 2010 vier Textilfabriken in Bangladesch, die Kleidung für Lidl produziert haben sollen. Indem sie Arbeiter und Arbeiterinnen befragten, dokumentierten die Rechercheure diverse Missstände, die gegen internationales Recht und den Verhaltenskodex verstoßen sollen, den Lidl selbst anerkennt. [...] Die Verbraucherschützer und Menschenrechtler erklären, dass dieses Verhalten der Zulieferer den Konventionen der internationalen Arbeitsorganisation (ILO) und dem Europäischen Programm für Sozialstandards (BSCI) widerspreche, dem Lidl beigetreten ist. [...] Das Ziel der Klage ist es, der Discountkette bestimmte Werbe-Botschaften zu untersagen. „Lidl setzt sich für sozialverträgliche Arbeitsbedingungen ein", ist etwa auf der Internetseite des Unternehmens zu lesen. „Vor allem in Entwicklungs- und Schwellenländern" will Lidl nach eigenem Bekunden „einen Beitrag zur Verbesserung der Bedingungen in der weltweiten Lieferkette" leisten. Mit dem Hinweis auf die dokumentierten Missstände argumentieren die Verbraucherschützer nun, diese Werbung sei „im höchsten Maße unlauter". Sie suggeriert den Verbrauchern, dass Mindeststandards in den Zulieferbetrieben tatsächlich eingehalten werden. Dies ist nicht der Fall" (Koch, 2010).

3.3.2.4   Gesellschaftliche Verantwortung nationaler Prägung

In Deutschland setzt sich die spezifische Struktur der Industrie aus wenigen Großunternehmen und deutlich mehr kleineren und mittleren Unternehmen (KMUs) zusammen. Wissenschaftliche Analysen zum zivilen Engagement von Unternehmen werden nicht nur durch eine defizitäre Theorieentwicklung, sondern auch durch die starke Verwobenheit mit der Politik (Verordnungen, Tarifverträge etc.) erschwert. Da auch die empirische Forschung noch in den Kinderschuhen steckt, kann weder auf amtliche Statistiken noch Vollerhebungen mit entsprechender Datengrundlage zurückgegriffen werden. In den letzten Jahren wurden aber erste empirische Befragungen, wenn auch mit großen Unterschieden bei Definition, Operationalisierung und Datenqualität, durchgeführt. Sie ermöglichen eine „Zeitdiagnose", in Form von Überblicksdaten über Formen und Verbreitung von „gesellschaftlicher Verantwortung", bei in Deutschland ansässigen Unternehmen. Generell ist festzustellen, dass diese Unternehmensbe-

fragungen ein sehr spezielles Bild, eines (weitgehend vom Management unabhängigen) freiwilligen Unternehmensengagements zeigen. Zentrale Ergebnisse lassen sich in drei Thesen
inhaltlich komprimieren. Tabelle 3.6. zeigt diese im Überblick (Braun, 2009).

Tab. 3.6: Zusammenfassende Ergebnisse zum zivilen Engagement in Deutschland, Quelle: a.d.B. v.
(Braun, 2009, 62–64) modifiziert und vereinfacht

Ausrichtung	Persistenz-These	Ambivalenz-These	Dualismus-These
Form des En-gagements	Materielle Unterstüt-zung -Geld-, -Sachspenden	Einzelne, mäzenische Akzente -Sponsoring	Mittel- bis langfristig bei Großunternehmen -mittelfristig bei KMUs
Themengebiete	Reaktionen auf Anfra-gen aus dem gesell-schaftlichen Umfeld	Spontane, eigensinnige Maßnahmen mit unkoor-diniertem Charakter	Durch Globalisierungs-problematik bestimmte koordinierte Maßnahmen
Ziele	Passive Rolle -Bestandteil der Ge-schäftsstrategie	Reaktive Rolle - Spontan mit loser Kopp-lung zum Unternehmen -kaum organisatorische Verankerung des Enga-gements im Unternehmen	**Proaktiv** bei Großunter-nehmen, - Bilanzverbesserung, -Nutzenerwägungen **philanthropisch** bei KMUs -Charity
Ort	-lokal/regional -national -international	-Gesellschaftliches Umfeld - lokal/regional	-lokal/regional -national -partiell international
Kooperationen	-Vereinswesen -Bildungseinrichtungen -Wohlfahrtsverbände -Kommunalverwaltung	Offenheit gegenüber ge-sellschaftlichen Akteuren sowie NGOs und deren Vorhaben	Bezogen auf bestimmte Segmente des privatge-werblichen Sektors

In einer Studie der Bertelsmann-Stiftung wurden 500 Entscheider aus der deutschen Wirtschaft von Mai bis Juni 2005 befragt. Die Mehrheit der Unternehmen gab ihr gesellschaftliches Engagement als „aktiv" an. Von 20% wurden die eigenen Aktivitäten als „proaktiv" und
von 18% als „reaktiv" auf die gestellten Anforderungen eingeschätzt (Bertelsmann-Stiftung,
2005). Insbesondere im Hinblick auf KMUs zeigen sich nur geringe Ansprüche der Unter-
nehmensvertreter an den Zielerreichungsgrad der übernommenen Aufgaben. Statt wirklicher
Innovation und Dynamik wurden, insbesondere bei inhabergeführten Unternehmen, eher unklare Ziele des Engagements und oft Laienhaftigkeit bzw. Experimentierfreude festgestellt.
Ein Übriges tut die vorwiegend philanthropische Akzentuierung (Spenden, Charity, Sponsoring etc.). Diese Ausrichtung fördert wiederum eine geringe Anwendung von CSR-spezi-
fischen Management- und Evaluationsmethoden als strategische Maßnahmen im Unternehmen. Der damit verbundene geringe Implementierungsgrad zeigt sich auch in einer fehlenden

organisatorischen und personellen Umsetzung. Statt eines kohärenten Gesamtkonzepts sind Aktivitäten oft intern personalisiert. Sie werden von Führungs- und Leitungskräften als „Chefsache" mit hoher, aber oft lediglich formaler Bedeutung gefördert. CSR-bezogene Personalstellen bzw. -Abteilungen fanden sich nur bei 1,5% der Unternehmen. Zuständigkeiten für CSR als Querschnittsaufgabe waren lediglich bei 1,5% der Unternehmen vorhanden. Diese Tatsachen können als ein Indiz für Vorsicht und Unsicherheit im Umgang mit „gesellschaftlicher Verantwortung" eingestuft werden. Sie können aber auch ein Ausdruck der Scheu vor hohen Kosten und Arbeitsaufwand sein.

Es bleibt festzuhalten, dass das gesellschaftliche Engagement deutscher Unternehmen stark in die Grundwerte der sozialen Marktwirtschaft eingebunden ist und von den kulturellen und charakteristischen Merkmalen der deutschen Wirtschaft geprägt werden. Gesellschaftliche Mitwirkung wird in Deutschland auf der Basis des Neo-Korporatismus (zentraler politischer und ökonomischer Steuerungsmodus) auf der einen Seite, und der Deutschland AG auf der anderen Seite sukzessive ausgehandelt und als gesetzliche Vereinbarungen (z.B. in Verordnungen, Tarifverträgen etc.) festgeschrieben. In diesem Kontext ist bereits ein hoher Verpflichtungsgrad erreicht. Daher sind vielfach Standards (Sozial-, Arbeits- und Umweltstandards etc.) Bestandteil deutscher Verordnungen bzw. Vereinbarungen, die in internationalen CSR-Debatten, vorwiegend anglo-amerikanischer Provenienz, noch in der Diskussion stehen (Braun, 2009). Über die strategische Ausrichtung des Konzepts „gesellschaftliche Verantwortung" herrscht jedoch Unklarheit. Deutsche Unternehmen sind durch eine deutliche und eng fokussierte Stakeholder-Orientierung geprägt. Mitarbeiter, Kunden und (bei Großunternehmen) Kapitaleigner spielen als Stakeholder wichtige Rollen. Eine Orientierung an den gesellschaftlichen Bedürfnissen findet (in sehr geringem Maße) lediglich bei Großunternehmen statt. Knapp ein Drittel der Befragten wünscht sich für weitere Aktivitäten mehr Unterstützung durch die Politik (z.B. Informationsangebote, Wettbewerbe, Steuervorteile etc.). Das deutet auf die Erwartung einer stärkeren Handlungssicherheit hin, die durch verbesserte staatliche Rahmenbedingungen abgesichert werden könnte (Bertelsmann-Stiftung, 2005).

3.3.3   Zwischenfazit

- Makro-soziale und -soziokulturelle Rahmenbedingungen beinhalten das externe Nachhaltigkeits-Marketing-Management. Es ist durch eine diskontinuierliche Umweltdynamik geprägt, die durch Unternehmen kaum beeinflussbar ist. Das Stakeholder-Konzept prägt als Analysekonzept das normative Management. Es basiert darauf, dass Unternehmen heute als quasiöffentliche Institutionen in der Gesellschaft fungieren und integriert Stakeholder-Analysen mit unterschiedlichem Fokus in das normative Nachhaltigkeitsmanagement.
- Politisch-rechtliche Stakeholder-Anforderungen bilden einen Fokus, der von einzelnen Wirtschaftssubjekten nicht beeinflussbar ist, jedoch gleichermaßen auf Märkte, Unternehmen und Konsumenten wirkt. Auf nationaler Ebene ergeben sich daraus erhebliche

Konsequenzen für Produkte, Märkte, Wettbewerb, Branchen und Unternehmen. Die Anforderungen müssen bekannt sein, da Gesetzeskonformität zu den Grundpfeilern eines normativen Nachhaltigkeitsmanagements gehört.

- Gesellschaftsbezogene Stakeholder-Anforderungen integrieren das Handeln und die Lebens- und Existenzbedingungen einer Vielzahl von Anspruchsberechtigten. Die Dimensionen beziehen sich auf die Übernahme gesellschaftlicher Verantwortung durch Unternehmen. Praktische Handlungsfelder finden sich in einem für das BMU entwickelten Katalog. Es handelt sich vorwiegend um freiwillige Vereinbarungen als Willenserklärungen, die keine Rechtsverbindlichkeit haben. Formen und Verbreitung bei in Deutschland ansässigen Unternehmen zeigen noch viele Mängel im Hinblick auf eine Nachhaltigkeitsausrichtung.

- Kultur- und wertebezogene Anforderungen für ein normatives Nachhaltigkeitsmanagement haben sich als Reaktion auf die fundamentalen Veränderungen und Umbrüche in Wirtschaft und Gesellschaft ergeben. Studien zeigen, dass Nachhaltigkeitsmaßnahmen in Deutschland bisher nur wenig systemisch umgesetzt werden. Auch Lösungen für Nachhaltigkeitsproblematiken fallen wenig effizient und kaum effektiv aus. Lippenbekenntnisse zur Nachhaltigkeit sind nicht ungewöhnlich, da vielen Unternehmen echte Visionen fehlen.

Gesellschaftliche Verantwortung für die Medien?

„Das Geschäft von McDonalds und Coca-Cola ist es, den Menschen etwas in den Bauch zu bringen. Daher erwartet jeder, speziell die Medien, dass sie die Verantwortung für die Ernährungswirkung ihrer Produkte übernehmen. Das Geschäft von Shell und BP ist es, Erdöl/ Erdgas aus dem Erdboden zu entnehmen. Daher erwartet jeder, speziell die Medien, dass sie die Verantwortung für die dadurch entstehenden Umweltauswirkungen übernehmen. Das Geschäft der Medien ist es, den Menschen Informationen in die Köpfe zu bringen. Aber glaubt irgendjemand, dass sie die Verantwortung für ihre kulturelle Wirkung übernehmen?" (Hilton, 2002, 1).

3.4 Meso-soziale und -soziokulturelle Rahmenbedingungen

Wie in Abbildung 2.6 ersehbar, konstituieren sich meso-soziale und -soziokulturelle Rahmenbedingungen durch Leitbilder auf verschiedenen Ebenen. Die Wirkungen erstrecken sich netzwerkartig auf nachfolgende und rückwirkend auch auf vorgelagerte Dimensionen. Sie basieren auf Werten und Normen, die durch Unternehmen selbst beeinflussbar sind. Um erfolgreich Nachhaltigkeit in das normative und strategische Nachhaltigkeitsmanagement zu integrieren, müssen diese handlungsleitend konzipiert werden.

3.4.1 Systemische nachhaltigkeitsorientierte Managementkonzepte

Eine allgemein anerkannte Theorie für systemisches Management existiert weder in der Wissenschaft (Kybernetik) noch in der Praxis (Nachhaltigkeitsdiskussion). Auch der Paradigmenwechsel, im Hinblick auf systemische Denkmodelle und Instrumente, hat in der Praxis

noch nicht stattgefunden (Bandte, 2007). Es können jedoch, auf Basis vorhandener theoretischer und praktischer Ansätze zum systemischen Management, wichtige Grundlagen und
Hilfsmittel für die Lenkung und Gestaltung von Organisationen als soziokulturelle Systeme
generiert werden (Malik, 2011, Vester, 2002). Das ist insbesondere im Hinblick auf das Management nachhaltig orientierter Organisationen wichtig.

Gesellschaftliche Institutionen (soziokulturelle bzw. soziotechnische Systeme) sind als von
Menschen geschaffene Institutionen durch Ganzheitlichkeit, Vernetztheit und Selbstorganisation charakterisiert (Schwanninger, 2004). Institutionen und Organisationen ist gemeinsam,
dass sie als komplexe, nicht-lineare, probabilistische Systeme einzustufen sind. Sie sind mit
komplexen Ökosystemen vergleichbar, da sie wie diese in komplexe, dynamische Umwelten
eingebettet und über zahlreiche Wechselwirkungen mit ihnen verbunden sind. Triviale Ursa-
che-Wirkungsbeziehungen, auf denen das traditionelle Denkmodell basiert, existieren in
komplexen Systemen nicht. Ähnlich wie in natürlichen Systemen, regieren indirekte Wirkungen, Beziehungsnetze und Zeitverzögerungen (Malik, 2004). Das Management von Systemen
verlangt neue Management-Methoden, um eine hohe Lebensfähigkeit der Systeme (nachhaltige Sicherung der Überlebensfähigkeit von Unternehmen etc.) gewährleisten zu können. Zur
Steuerung und damit zum Management von Systemen sind Kenntnisse des Systemdenkens,
der Kybernetik und des Umgangs mit systemtheoretischen Konzepten notwendig. Bestehende
Komplexität und Dynamik darf bei diesem Vorhaben nicht nur wie bisher zur Kenntnis genommen werden. Manager müssen lernen sie zu nutzen, um systemisch sinnvoll im nachhaltigen Sinn unternehmerisch zu handeln. Bei der Steuerung und Regulierung von Organisationen ist auch der Umgang mit Selbststeuerungs-, Selbstorganisations- und Selbstregulations-
konzepten unumgänglich. In der Vergangenheit hat sich in der Praxis jedoch gezeigt, dass
herkömmliche Modelle, die auf der Basis geradliniger Ursache-Wirkungs-Beziehungen beruhen (z.B. Kostenmanagement, Business Process Reengineering etc.), Komplexität, Dynamik
und Vielfalt in soziokulturellen Systemen nicht angemessen berücksichtigen können (z.B.
Simon, 2008, Senge, 2006). Aber worauf basieren diese neuen Management-Methoden und
was ist dabei im Sinne von Management der „Nachhaltigkeit" zu beachten? Für ein sinnvolles
Management-Handeln ist zunächst ein grundlegendes Verständnis der wichtigsten Merkmale
komplexer Systeme notwendig.

3.4.1.1   Merkmale soziokultureller bzw. soziotechnischer Systeme

Soziokulturelle bzw. soziale Systeme sind nicht als triviale Maschinen, sondern als komplexe
dynamische Systeme zu verstehen (Dreesmann, 1994). Ein System wird in der Praxis als ein
Gebilde definiert, das aus verschiedenen Teilen aufgebaut ist, zwischen denen Beziehungen
bestehen (Matthies, 2003). Nach einer älteren Definition gliedert sich ein System in vier klassische Ebenen: Maschinen, Organismen (biologische Systeme), soziale Systeme und psychische Systeme (Luhmann, 1987). Eine andere Definition hebt speziell die Bedeutung der Um-

welt für ein System hervor. „Ein System ist eine Einheit von mechanisch, energetisch oder informativ verbundenen Teilen, die andere Funktionen hervorbringt als einzelne Teile für sich allein. Systeme sind nie nur Objekte, Organisationen oder Organismen, sondern immer diese mit der für sie relevanten Umwelt gemeinsam" (Malik, 2008, 57). Die Umwelt ist daher, nicht nur für die Erhaltung eines Systems wichtig, sondern auch bedeutsam für den Nachschub von Materie, Energie und Information (Luhmann, 1987). Soziokulturelle bzw. soziotechnische Systeme werden von Wissenschaftlern auch als „unmanageable systems" bezeichnet und damit auch als ein Hauptproblem des 21. Jahrhunderts markiert (Malik, 2011, Malik, 2008, Stiglitz, 2010). Der Grund für diese Ansicht ist darin zu sehen, dass komplexe Systeme prinzipiell unvorhersehbar und unberechenbar sind. Soziokulturelle Systeme, mit denen wir heute konfrontiert sind, werden daher auch kaum noch verstanden und kaum jemand weiß, welche Folgen Eingriffe in ein solches System (Netzwerk) auslösen. Diese Tatsache wiegt besonders schwer, da das vorherrschende Denkmodell in der Wirtschaft mehrheitlich traditionell verhaftet ist und sich immer noch an einer perfekten trivialen Maschine orientiert. Auch im heutigen Management stellt man sich am liebsten vor, dass bei Institutionen bzw. Organisationen analog zu einer Maschine Stellräder bzw. Hebel vorhanden sind. An diesen kann partiell manipuliert werden, um die gewünschten Ergebnisse zu erhalten (z.B. Wüthrich et al, 2006). Für die von Organisationen vorgenommenen Schritte, existieren in der Realität jedoch keine vorhersagbaren trivialen Auswirkungen. Für Entscheidungen sind neben traditionellen Instrumenten, wie Messen und Beobachten, auch Erfahrungen mit und Einschätzungen von Ungewissheiten wesentlich. Da nichttriviale Systeme auch analytisch nur schwer bestimmbar sind, sind auch klassische mathematische Berechnungen realer Informationen nicht immer durch exakte Zahlen möglich. Nichttriviale Systeme sind vergangenheitsabhängig. Sie sind nicht im Sinne linearer Ursache-Wirkungsketten steuerbar (Burkhard, 2006). Auf ausgewählte Eigenschaften soziokultureller bzw. soziotechnischer Systeme wird nachfolgend eingegangen.

3.4.1.1.1 Komplexität

Eine Organisation ist ein offenes System (Mayer, 2008). Offene Systeme werden nach zwei Dimensionen und mehreren Merkmalen klassifiziert. (1) Komplexität: einfach, komplex, äußerst komplex. (2) Bestimmbarkeit: determiniert, probabilistisch (Beer, 1963). Dabei spielen die Begriffe Vielfalt und Veränderlichkeit eine Rolle. Die Dimension Komplexität wird in den beteiligten Wissenschaften (z.B. Kybernetik, Spieltheorie, genetische Algorithmen, neuronale Netze etc.) je nach Schule definiert. Eine allgemein anerkannte Definition existiert jedoch nicht. Als ein Beispiel kann folgende praktische Definition dienen, die sich auf Komplexität in Organisationen als Ganzes bezieht: „Komplexität kann definiert werden als die Eigenschaft, viele Zustände oder Verhaltensweisen annehmen zu können. Im Prinzip ist die Komplexität eines Systems proportional der Menge Information, die erforderlich ist, das System zu beschreiben und die Ungewissheit, welche mit dem System assoziiert ist, aufzulösen. Komplexität kann durch die Maßgröße „Varietät" ausgedrückt werden, welche die Anzahl möglicher Zustände eines Systems bezeichnet" (Schwanninger, 2004, 6).

Untersuchungen komplexer biologischer Systeme zeigen, dass diese strukturell instabil werden, sobald das Kriterium „Effizienz" überbetont wird. Diese Wirkung tritt ein, da diese Überbetonung auf Kosten von Vielfalt und Vernetzung geht, die jedoch zur entscheidenden Widerstandsfähigkeit (Vitalität, Flexibilität, Belastbarkeit etc.) eines Systems beitragen (Burkhard, 2006). Daraus lässt sich schließen, dass in der Natur *nicht* ein Maximum an Effektivität den größten Erfolg verspricht, sondern stets die optimale Balance zwischen den beiden Polen Effizienz und Belastbarkeit angestrebt wird. Es zeigt sich eine asymmetrische Beziehung zwischen Effizienz und Belastbarkeit. Damit ein System dauerhaft lebensfähig ist, muss es im Optimum doppelt so belastbar sein wie effizient. Empirisch wurde festgestellt, dass Ökosysteme nachhaltig nur im Optimum der Balance lebensfähig sind. Dieser Bereich wird durch einen schmalen Sektor markiert (Vitalitätsfenster, Funktionstüchtigkeitsfenster). Systemtheoretisch kann der Bereich auch als „hoher kybernetischer Reifegrad" verstanden werden. In der folgenden Abbildung 3.4 wird diese Zone der Lebensfähigkeit von Ökosystemen als „Vitalitätsfenster" verdeutlicht.

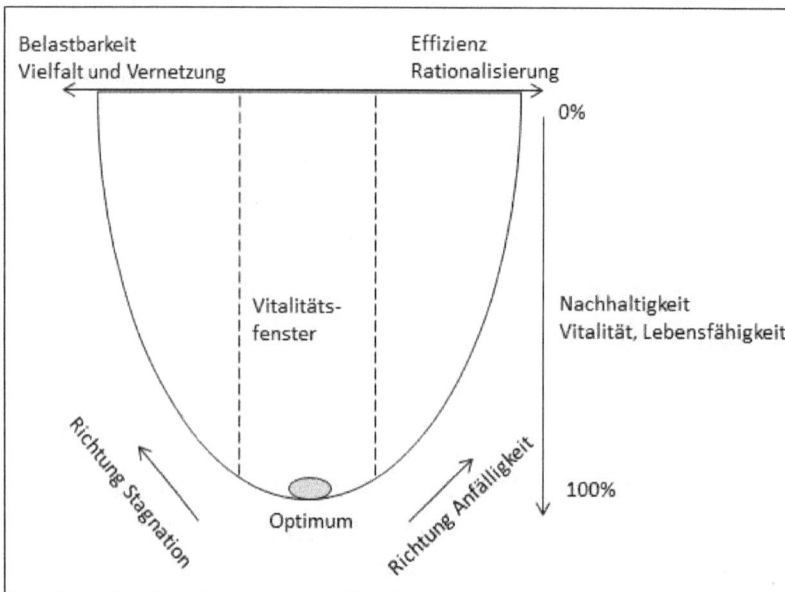

Abb. 3.4:   Vitalitätsfenster eines Ökosystems, i.A.a. Lietaer, 2009 modifiziert und geändert

Bei genauerer Betrachtung der Abbildung 3.4 zeigt sich, dass die Nachhaltigkeitskurve zwischen den beiden Polaritäten Effizienz und Belastbarkeit entsteht. Es ist erkennbar, dass die Natur eine optimale Balance zwischen den beiden Polen bevorzugt. Metaphorisch gesehen, kann das mit einem Ball verglichen werden, der unter dem Einfluss der Schwerkraft dem tiefsten Punkt einer gewölbten Oberfläche zustrebt. Dabei ist zu beachten, dass die Belastbarkeit im Optimum etwa doppelt so wichtig ist wie die Effizienz. Vorliegend ist weiter zu beachten, dass der Nachhaltigkeit anzeigende Pfeil nach unten zeigt, weil die Autorin damit die Metapher der Schwerkraft zum Ausdruck bringen will. Rechts vom Vitalitätsfenster (Optimum) führt die Überbetonung von Effizienz zu Anfälligkeit und Brüchigkeit durch zu wenig Vielfalt. In der Praxis führt das zu Wirtschaftsblasen, wie sie wiederholt in der Geschichte aufgetreten sind (zuletzt 2008 in der Finanzindustrie). Links vom Vitalitätsfenster führt die Überbetonung von Belastbarkeit zu Stagnation durch zu große Vielfalt und Vernetzung. Die Ergebnisse stehen im Widerspruch zur Meinung vieler deutscher Wirtschaftsexperten. Diese drängen traditionell auf ein endloses Größenwachstum und eine Steigerung der Effizienz. Nach dem traditionellen Denkmodell gehen sie dabei davon aus, dass diese Parameter ausreichend für Vitalität und Lebensfähigkeit sind. Bei komplexen Systemen führt die Überbetonung von Effizienz aber zu einem Suboptimum, da systemische Eigenschaften sowie die Netzwerkstruktur ausgeblendet werden. Das gilt für alle komplexen Systeme (z.B. Handel, Wirtschaft, Technik etc.), die ausschließlich auf Effizienz fokussiert sind.

Stromausfälle trotz technischer und ökonomischer Effizienz

„Die Bereiche Maschinenbau, Handel und Wirtschaft haben sich alle fast ausschließlich auf Effizienz konzentriert und dadurch ein weites Feld geschaffen, in dem die Stichhaltigkeit der vorgeschlagenen Maßeinheiten zur Verbesserung der Nachhaltigkeit untersucht werden kann. So wurden Stromnetze über Jahrzehnte systematisch in Richtung einer größeren technischen und ökonomischen Effizienz optimiert. Viele Ingenieure waren überrascht, als mit Erreichen der höheren Effizienz plötzlich Stromausfälle in großem Umfang auftraten und zwar „aus dem Nichts". So haben vor ein paar Jahrzehnten mehrere Stromausfälle weite Teile des Ostens der Vereinigten Staaten getroffen. Die Daten sollten zu bekommen sein, mit denen sich diese Systeme als Netzwerke darstellen lassen, und das sind sie ja wortwörtlich. Man könnte dann ihre Effizienz und Belastbarkeit quantifizieren und ebenso ihr Funktionstüchtigkeits-Fenster. Die Lösung, mit der man ein solches System wieder ausbalancieren und seine optimale Nachhaltigkeit bestimmen kann, um es weniger anfällig zu machen, wäre eine Test-Anwendung der hier beschriebenen Maßeinheiten unter der Bedingung „harter Wissenschaft" (Lietaer et al, o.J., 18).

Die Argumente fallen im Hinblick auf das Management von Komplexität tiefgründig aus. Sie haben weitreichende Folgen für natürliche oder menschengemachte komplexe Systeme. Es stellt sich die Frage nach der Übertragbarkeit dieser Erkenntnisse auf andere Systeme (z.B. Wirtschaftssysteme, Institutionen, nachhaltige Organisationen etc.). Nach wissenschaftlichen Erkenntnissen ergeben sich die bei Ökosystemen ermittelten Ergebnisse aus der Struktur komplexer Systeme. Sie sind daher auf jedes komplexe System (Netzwerk etc.) mit ähnlicher Struktur übertragbar (Lietaer, 2009). In dieser Übertragbarkeit liegt eine der Stärken der Betrachtungsweise als ein vernetztes System gegenüber der, als einer trivialen Maschine. Diese Tatsache bedeutet aber für das Management von Institutionen und Organisationen eine enorme Herausforderung. Mit herkömmlichen Denkstrukturen und Methoden sind die Problematiken in komplexen Systemen nicht mehr lösbar. Zwar versuchen in der Praxis technokratisch geschulte Führungskräfte (z.B. mit den Reaktionsmustern mehr Spezialisierung, mehr Regeln, mehr Bürokratie etc.) trotzdem mit einer linearen, kausalen Logik, Wege zur Beherrschung komplexer Systeme zu finden. Nachhaltig ausgerichtete soziokulturelle bzw. soziotechnische Systeme erfordern zur Steuerung jedoch neue Management-Vorgehensweisen. Dafür ist die Kenntnis weiterer (Haupt-)Eigenschaften komplexer Systeme notwendig.

3.4.1.1.2 Varietät und Nichtdeterminismus

Komplexe Systeme sind durch eine Vielzahl von Eigenschaften gekennzeichnet. Da es an einer allgemein gültigen Definition für den Begriff „komplexe Systeme" mangelt, werden diese, neben den zuvor dargelegten Faktoren, anhand ihrer (Haupt-)Eigenschaften explizit erklärt. Dieses Vorgehen ergibt sich aufgrund der enormen Wichtigkeit für das Verständnis von Wirkungsstrukturen in komplexen Systemen (Organisationen, Unternehmen etc.). Sie bilden die Basis für Handlungsfähigkeiten im Rahmen eines neu ausgerichteten Managements.

Varietät

Komplexität kann durch die Maßzahl Varietät ausgedrückt werden. Varietät bezeichnet die Anzahl möglicher Zustände eines Systems. Die mathematische Maßzahl (V) vernachlässigt jedoch zwei wichtige Aspekte: (1) Die Abhängigkeit der Komplexität von der Betrachtungsebene und (2) den Bezug der Definitionen auf statische Systeme (Schwanninger, 2004). Da sich die Komplexität sozialer Systeme aus der dynamischen Interaktion der Komponenten ergibt, ist Varietät in Organisationen mit den Begriffen Verhaltensrepertoire, Verhaltensspielraum etc. verbunden. Für das Management komplexer Systeme gilt nach dem Varietätsgesetz, das Varietät nur durch Varietät absorbiert werden kann (Wüthrich et al, 2006).

Varietät am Beispiel des komplexen Systems Fußball

„Hierbei handelt es sich ebenfalls um eine nichttriviale Maschine: Auch wenn die Stellungen und Bewegungen aller Spieler und Position, Geschwindigkeit und Richtung des Balles zu einem bestimmten Zeitpunkt exakt bekannt sind, so kann niemals berechnet werden, dass z.B. 58 Sekunden später der Spieler X ein Kopfballtor ins rechte Kreuzeck der gegnerischen Mannschaft schießen wird. Im Sinne der Varietät kann ein Fußballteam gegenüber einem anderen nur erfolgreich sein, wenn es mindestens über ein genauso großes Verhaltensrepertoire (=Varietät) verfügt, wie die gegnerische Mannschaft. Ob für Sport oder Führungs- und Managementaufgaben gilt das sogenannte Varietätsgesetz" (Wüthrich et al, 2006, 84).

Nichtdeterminismus

Komplexe Systeme sind ebenfalls durch das Merkmal des Nichtdeterminismus gekennzeichnet. Das hat weitreichende Folgen, denn für den Determinismus steht im Grunde die gesamte traditionelle Mikroökonomie. Determinismus bedeutet eine Vorherbestimmung aus dem Anfangszustand. Ist dieser bestimmt, kann seine Entwicklung (z.B. durch Computersimulation etc.) beliebig genau in Zukunft und Vergangenheit berechnet werden. Im Gegensatz zum Determinismus geht es beim Nichtdeterminismus um den Zufall. Ein nichtdeterministischer Algorithmus ist dadurch gekennzeichnet, dass er, im Gegensatz zum deterministischen Algorithmus, nach jedem Schritt möglicherweise mehrere Wahlmöglichkeiten hat. In der Informatik sind daher Optimierungen nur zufallsgesteuert möglich (z.B. Monte-Carlo-Methoden, Simulated Annealing etc.). Die Frage, ob eine effiziente Lösungsfähigkeit von Problemen (in polynomineller Zeit) möglich ist, die durch Determinismus nicht effizient gelöst werden können, stellt ein in der Komplexitätstheorie noch nicht gelöstes Problem dar. Neben den zuvor explizit beschriebenen Merkmalen, wurden zum Thema „Komplexität in Organisationen" von mehreren Wissenschaftlern weitere Eigenschaften komplexer Systeme identifiziert. Sie bilden mit den zuvor diskutierten Eigenschaften für ein „Komplexitätsmanagement" von Organisationen die Basis (Bandte, 2007, Mayer, 2008, Sterman, 2000, Stepken, 2006):

– **Überlebenssicherung:**
Biologische und soziale Systeme haben als Meta-Ziel vor allem die Sicherung des Überlebens als System.

– **Dynamik:**
Als zentrale Eigenschaft eines Systems findet eine Veränderung in Abhängigkeit der Zeit statt. Im Sinne von Veränderungen fallen darunter auch stabile und labile Zustände eines komplexen Systems.

– **Pfadabhängigkeit:**
Die Beschreibung eines komplexen Systems erfolgt in Abhängigkeit von der Historie. Erfahrungen sind speicherbar (Erinnerungsvermögen). Pfadabhängigkeit stellt die Basis für die Lernfähigkeit einer Organisation dar.

– **Feedback-Prinzip (Rückkopplungen)**
Siehe dazu die Ausführungen im Kapitel 3.4.1.1.3 in diesem Buch.

– **Nichtlinearität:**
Es existieren keine klassischen Ursache-Wirkungs-Beziehungen. In komplexen Systemen ist es möglich, dass Aktivitäten mehr als ein Resultat hervorrufen und Ergebnisse nicht proportional zu den Ursachen ausfallen.

– **Offenheit:**
Komplexe Systeme können den Zustand offen oder geschlossen annehmen. Nur als offenes System können durch Wechselwirkungen (mit der Umwelt etc.) als Grundeinheit für einen natürlichen Evolutionsprozess Prozesse entstehen.

- **Begrenzte Rationalität:**

  Da nicht jedes Element über vollständige Informationen zur Entscheidungsfindung verfügt, zeigen komplexe Systeme unerwartete Verhaltensweisen. Daher muss die Fähigkeit (im Management) vorhanden sein, mit dieser Limitation umzugehen.

- **Emergenz:**

  Durch Emergenz wird das Entstehen neuer und kohärenter Strukturen Verhaltensmuster und Eigenschaften zu höheren und besser angepassten Ordnungen ausgedrückt. Interaktionen auf der Mikroebene zeigen sich auf der Makroebene.

- **Autopoiese:**

  Damit ist die Fähigkeit gemeint, die eigene Identität selbst zu bilden, zu erneuern und seine Grenzen festzulegen. Dazu gehören auch Fähigkeiten zur Selbstähnlichkeit bzw. eigene Elemente zu bilden.

Die unzähligen Zielkonflikte beim Tripel der „Nachhaltigkeit" (Ökologie, Ökonomie, Soziales), machen für das Management von Komplexität in Organisationen die Kenntnis weiterer grundlegender Eigenschaften komplexer soziokultureller bzw. sozialer Systeme nötig.

3.4.1.1.3   Feedback-Prinzip und Systemarchetypen

Feedback dient dazu, eigenes und fremdes Erleben und Verhalten (z.B. der Stakeholder etc.) sensibel aufeinander abzustimmen. Es ist immer ein intersubjektives Geschehen, bei dem wahrgenommenes Verhalten und Handeln anderer und eigene Empfindungen an das Gegenüber zurückgemeldet werden (Däumling et al, 1974).

1. Feedback-Prinzip

Komplexe Systeme sind, neben den zuvor definierten Eigenschaften, auch durch variierende Rückkopplungsprozesse (Feedback-Prinzip) und Interaktionen gekennzeichnet. Nahezu alle sozialen, biologischen, neurologischen etc. Phänomene sind mit Hilfe des (bisher üblichen) linearen kausalanalytischen Denkschemas nicht angemessen erklärbar. Das Verhalten von Systemen ist erst erklärbar, wenn die zirkuläre Form der Kausalität betrachtet wird. Statt isolierter Objekte werden dabei die Verknüpfungen und Relationen betrachtet (Simon, 2008). Das entstehende Rückkopplungsprinzip entspricht der Selbstorganisation eines Systems (Organisation etc.). Mit Hilfe dieses Mechanismus ist ein komplexes System in der Lage, Störungen von außen aufzufangen, sie selbständig auszugleichen oder sie zu integrieren. Sollwerte werden über „negative Rückkopplung" (z.B. Messfühler, Regler, Berichte etc.) in einem systemverträglichen Bereich gehalten. Dadurch wird ein System fehlerfreundlich, kann robust gegenüber Störungen reagieren und ist relativ immun gegenüber Schwankungen im Umfeld (z.B. nach dem Prinzip der Regulierung durch die Konzentration eines Hormons im Blut) (Vester, 2004). Parallel zu diesem stabilisierend wirkenden Regelkreisprinzip (negative Rückkopplung), existiert in komplexen Systemen auch das Prinzip der Vorkopplung „Feedforward" (Schwanninger, 2004). Es ist auf eine vorausschauende Berücksichtigung möglicher Störungen ausgerichtet, wirkt selbstverstärkend und kann dynamisches Wachstum fördern. Kombinierte Rückkopplungssysteme stellen in der Natur die Basis für das Lernen dar. Das Feedback-Prinzip stellt in soziokulturellen bzw. soziotechnischen Systemen nicht nur die Basis für das Lernen dar (Prinzip der Lernenden Organisation etc.), es entspricht auch der Selbstorganisation eines Systems. Auch in der realen Welt hängen z.B. Entscheidungen der Führungskräfte bei der Nachhaltigkeit von Feedback-Informationen ab. Für das Management von Organisationen liegt demnach die Aufgabe von Managern vor allem darin, ein System so zu organisieren, dass es sich selbst organisieren kann (Malik, 2008).

Kombinierte Rückkopplungssysteme bei komplexen Systemen

„Sterman stellt dieses Prinzip anhand eines einfachen Beispiels mit nur drei Komponenten dar: das Zusammenwirken einer Hühnerpopulation, deren Eiproduktion und des äußeren Einflusses einer Straße, welche die Hühner zwischen ihrem Freigehege und ihrem Stall zu überqueren haben. Ein Regelkreis mit positiver/verstärkender Rückkopplung wirkt zwischen der Hühnerpopulation und der Eiproduktion: Je mehr Hühner, umso mehr Eier werden produziert und umso mehr Hühner entstehen, die wiederum mehr Eier produzieren etc. Ein negativer Rückkopplungskreis wirkt zwischen der Hühnerpopulation und der Straße, die zu überqueren ist: Da beim Überqueren der Straße durch Unfälle die Population immer mehr abnimmt, nimmt auch die Eiproduktion ab und damit der Nachwuchs für die Hühnerpopulation etc. Sowohl der eine Kreislauf (positive Rückkopplung: Wachstum bis ins Unendliche) als auch der andere Kreislauf (negative Rückkopplung: Aussterben der Hühner) ist entweder unnatürlich oder nicht erwünscht. Erst beide Feedback-Schleifen zusammen ergeben durch deren Interaktion ein natürliches und überlebensfähiges System. So bestehen alle natürlichen komplexen Systeme aus einer Vielzahl negativer und positiver Rückkopplungsschleifen" (Sterman, 2000, 14).

---

2. Systemarchetypen

Der Begriff Systemarchetypus leitet sich aus der Archetypentheorie von G.C. Jung, einem der Begründer der Psychologie, ab. Systemarchetypen können als ein Hilfsmittel gesehen werden, das dazu dient, Verhaltensmuster in komplexen Systemen (in Organisationen, Unternehmen etc.) zu beschreiben. Durch sie werden innere Strukturen sichtbar und können verändert werden. Wissenschaftlich wurde festgestellt, wie sich Muster in Feedback-Strukturen von Systemen darstellen (Senge, 2006). Neben Mustern, die auf nichtlinearen Interaktionen zwischen Grundmustern basieren (z.B. S-Kurven-Wachstum (mit Oszillation), Gleichgewichtszustände, regellose Variation, chaotische Dynamik etc.), wurde festgestellt, dass wiederkehrende Grundthemen und Handlungsverläufe, sich auf eine relativ kleine Zahl von Mustern/Archetypen zurückführen lassen. Diese werden durch die drei grundlegenden Feedback-Strukturen positives Feedback, negatives Feedback und negatives Feedback mit Zeitverzögerung bestimmt. Dabei handelt es sich um die drei fundamentalen Verhaltensmuster: (1) Wachstum, (2) Annäherung an einen Zielwert und (3) Oszillation (Schwankungen in der Informationsübertragung bzw. Reizverarbeitung mit Prozessen der Umwelt etc.) (Sterman, 2000). Bezogen auf Managementsituationen zeigen ausgewählte Systemarchetypen, in welcher Weise die entsprechenden Kenntnisse dazu führen können, sinnvolle systemadäquate Reaktionen bzw. Interventionen in komplexen Systemen vornehmen zu können. Die nachfolgende Tabelle 3.7. zeigt dazu Ergebnisse im Überblick.

Tab. 3.7: Ausgewählte Systemarchetypen, Systemstrukturen, Praxisbeispiele und Managementhandeln, i.A.a. Senge, 2006, 120 ff., Malik, 2011, 223, verdichtet und modifiziert

Systemarche-typ	Systemstruktur	Organisationales Beispiel	Management-handeln
Wachstum und Unterinvestition	Wachstum stößt an eine Grenze. Sie kann ausgeräumt oder in die Zukunft verschoben werden, wenn in zusätzliche Kapazität investiert wird.	Unternehmen, die nichts gegen ein Absinken ihrer Service- bzw. Produktqualität tun, gleichzeitig den Wettbewerb verantwortlich machen.	Bei echtem Wachstumspotential Kapazität ausweiten, bevor die Nachfrage steigt.
Grenzen des Wachstums	Ein selbstverstärkender Prozess führt zu einer Phase der Wachstumsbeschleunigung. Dann verlangsamt sich das Wachstum und kommt zum Stillstand.	Eine neue Unternehmung wächst rapide bis zu einer Größe, bei der andere Kompetenzen nötig sind.	Den verstärkenden (Wachstums)Prozess nicht weiter antreiben, sondern die Ursache der Beschränkung beseitigen.
Erodierende Ziele	Struktur der Problemverschiebung bei der kurzfristige Lösungen dazu führen, dass ein langfristiges, grundsätzliches Ziel vernachlässigt wird.	Marktanteil eines innovativen Herstellers sinkt trotz hervorragenden Produktes, weil durch Konzentration auf Innovationen Produktion und Lieferung nie unter Kontrolle waren.	Die Vision weiterhin protegieren.
Problemverschiebung	Anwendung kurzfristiger Lösung zur Korrektur eines Problems, was nur scheinbar eine sofortige Verbesserung bewirkt, jedoch nur eine Symptombehandlung darstellt.	Unternehmen steigert zwar den Umsatz bei dem bestehenden Kundenstamm, versäumt es aber den Kundenbestand auszubauen.	Konzentration auf grundsätzliche Lösung. Nutzung der symptomatischen Lösung zum Zeitgewinn, für eine grundsätzliche Lösung.
Gleichgewichtsprozess mit Verzögerung	Begrenzende Bedingungen führen zur Verlangsamung bzw. Stopp eines Prozesses.	Durch die verzögerte Reaktion auf eine bestimmte Anstrengung einer Organisation, werden mehr Korrekturen als nötig unternommen.	Aggressives Verhalten erzeugt in einem trägen System Instabilität. Geduld ist gefragt und die Fähigkeit, das System empfänglicher (offener) zu machen.

Konkurrenz bei Erfolgreichen	Konkurrenz zweier Systeme um begrenzte Ressourcen bzw. Unterstützung führt dazu, dass ein Teil zunehmend erfolgreich wird, der andere Teil zu kämpfen hat.	Konkurrenz zweier Produkte um begrenzte Finanz- bzw. Managementressourcen. Nur eines erlangt weitere Unterstützung.	Das übergreifende Ziel beider Alternativen ist gefragt, um beiden zu einem ausgewogenen Erfolg zu verhelfen.
Eskalation	Zwei aufeinander aufbauende Bereiche verstärken sich selbst und drohen, sich hochzuschaukeln.	Zwei Organisationen meinen, dass das eigene Wohlbefinden vom Vorteil gegenüber der anderen Seite abhängt. Durch die sich verstärkende Dynamik kommt es zu Resultaten, die keiner möchte.	Möglichkeiten, durch die beide Seiten ihre Ziele erreichen können, sind gefragt.
Fehlkorrekturen	Korrekturen, die sich vorübergehend als erfolgreich gezeigt haben, zeigen unvorhergesehene langfristige Folgen mit weiteren Korrekturen derselben Art.	Unternehmen, die Kredite aufnehmen, um Zinsen für andere Kredite zu zahlen, was zu noch mehr Zinszahlungen führt.	Vermeidung von schnellen Patentrezepten. Stattdessen Verfolgung der langfristigen Perspektive.
Gemeingut-Ressourcen	Eine allen zugängliche, aber begrenzte Ressource wird von Einzelnen allein nach eigenen, individuellen Bedürfnissen genutzt.	Ausbeutung nicht regenerierbarer natürlicher Ressourcen durch konkurrierende Unternehmen.	Einführung einer Gemeingutverwaltung mit entsprechenden Regeln und Überwachung der Einhaltung.

Bei genauerer Betrachtung der Eigenschaften der Systemarchetypen in Tabelle 3.7. wird die Verknüpfung von Systemstrukturen und Managementsituationen in Organisationen deutlich. Der Blick auf das entsprechende Managementhandeln zeigt die Wichtigkeit bei der Erkennung von Systemarchetypen für ein sinnvolles Handeln in komplexen nachhaltigen Systemen.

3.4.1.1.4 Kybernetik, Managementkybernetik und Biokybernetik

„Kybernetik" ist eine Technik, die es ermöglicht, chaotische nicht kontrollierbare natürliche Dynamiken zu kontrollieren. Das heißt, sie so zu steuern, dass sie automatisch (von selbst) spontan einem vorher eingestellten Wert (z.B. Soll-Wert etc.) zustreben und diesen einhalten (Günther, 1963). Gleichzeitig ist Kybernetik auch eine Erklärungsweise für Beobachter von Phänomenen, die kausal nicht erklärbar sind (z.B. der Einhaltung des Blutdrucks etc.).

Die Wissenschaft der Kybernetik beschränkt sich in ihrer älteren Form (Kybernetik 1. Ordnung) auf die Beschreibung mechanischer Systeme. Dabei werden Regler und geregeltes System als getrennte Einheiten verstanden und ein Fokus auf technische Rückkopplungssysteme (z.B. Thermostat etc.) gelegt (Feiten, 2009, Simon, 2008). Die dahinter stehende Idee einer zielgerichteten Steuerung, steht in Analogie zur geradlinig-kausalen Ursache-Wirkungs-Beziehung und bestätigt damit das bisherige Denkmodell. Aus diesem Grund traf die Idee in Managementkreisen sowie planwirtschaftlich geführten Ländern auf großes Interesse. Die Weiterentwicklung durch die Erforschung und Regelung komplexer, offener, nicht-trivialer Systeme führte zur Kybernetik 2. Ordnung (v. Förster, 1979, Vester, 1974). Diese moderne Ausrichtung der Kybernetik versteht Organisationen als sich selbst organisierende und transformierende Systeme, in denen die Lenkungseinheit ein Teil des Systems ist. Auf der Grundlage der Kybernetik 2. Ordnung entwickelte Vester ein biokybernetisches Modell, das auf Basis des vernetzten Denkens und ökologischer Fragestellungen auch für andere komplexe Themengebiete, wie z.B. nachhaltigkeitsbezogenes Management, anwendbar ist (Vester, 2002). Für den Begriff „Managementkybernetik" existiert keine allgemein anerkannte Definition. Der Begriff wird vielfach verwendet und als Komplexitäts-Management verstanden (Feiten, 2009). Als Paradigmenerweiterung wird Management als Ganzes (ganzheitlich mit möglichst allen Relationen etc.) betrachtet und nicht nur als Summe von Einzelteilen. Organisationen (Unternehmen, Institute etc.) als nicht-lineare, nicht-triviale und nicht-deterministische vernetzte soziale Systeme, gilt es im Sinne der „Nachhaltigkeit" zu beeinflussen und einzubetten (z.B. durch verschachtelte Vernetzung selbstorganisierter Prozesse etc.). Ansätze dafür kommen überwiegend aus den Bio-, System- und Neurowissenschaften sowie der Evolutionstheorie (Malik, 2008). Allein die Analogien zwischen „Organismen" und „Organisationen" reichen dafür aber nicht aus. Impulse erreichen erst dort Gültigkeit, wo es gemeinsame Gesetzmäßigkeiten biologischer und von Menschen geschaffener Systeme gibt. Im Rahmen der Kybernetik sind das u.a. Faktoren eines selbstregulierenden, selbstlenkenden Systems (Homöostat).

Bei der „Biokybernetik" wird als Vorbild für selbstregulierende Prozesse die Natur wissenschaftlich beobachtet. Dabei wurde erkannt, dass in komplexen Systemen Gesetzmäßigkeiten und wiederkehrend Prozesse zur Problembekämpfung vorhanden sind. Das in der Biokybernetik erworbene Wissen ist auch auf andere komplexe Systeme (Organisationen, Institutionen etc.) übertragbar. Von Wissenschaftlern wurden acht biokybernetische Grundregeln für die Lebensfähigkeit von Systemen erkannt, die in der gesamten Biosphäre gelten. Da sie auch auf andere komplexe Systeme anwendbar sind, bilden sie als „Checkliste für ein erfolgreiches Management" die grundlegenden Managementprinzipien der Natur (Vester, 2002). Werden die biokybernetischen Grundregeln verdeutlicht und ins Verhältnis zu Praxisbeispielen gesetzt, wird erkennbar, dass sie im Rahmen von ökologischen Planungen bzw. Projekten eingesetzt werden können und ein komplexes System durchaus zu einer höheren Reife führen. In der nachfolgenden Tabelle 3.8. werden die Ergebnisse in einer Übersicht dargestellt.

Tab. 3.8: Acht Grundregeln der Biokybernetik mit Erläuterungen und Praxisbeispielen, a.d.B. v. Vester, 1980, Gomez/Probst, 1995 und Mayer, 2008, verdichtet und modifiziert

Biokybernetische Grundregel	Erläuterung	Praxis-Beispiel
Regel 1: Negative Rückkopplung muss über positive dominieren.	Positive Rückkopplung bringt die Dinge durch Selbstverstärkung in Bewegung. Negative Rückkopplung sorgt dann für Stabilität gegenüber Störungen und Grenzüberschreitungen.	Negative Rückkopplungen lassen sich in die Fabrikorganisation umsetzen, indem Umweltwirkungen und -kosten an der sie verantwortenden Einheit transparent gemacht werden und in die beurteilende Leistung eingehen. So können Innovationen in Richtung intelligentere und effizientere Prozesse stimuliert werden.
Regel 2: Die Systemfunktion muss unabhängig vom quantitativen Wachstum sein.	Der Durchfluss von Energie und Materie ist langfristig konstant. Dadurch werden der Einfluss von Irreversibilitäten und das unkontrollierte Überschreiten von Grenzwerten verringert.	Konzerne, die zu schnell und zuviel wachsen, bis der Überblick verloren geht und sie irgendwann kollabieren. Will ein System weiter wachsen und überleben, ist eine Metamorphose nötig.
Regel 3: Das System muss funktionsorientiert und nicht produktorientiert arbeiten.	Austauschbarkeit der Produkte und Methoden für ein bestimmtes Bedürfnis erhöht die Flexibilität und Anpassung. Das System überlebt auch bei veränderten Angeboten.	Fabriken, die für ein Produkt geplant werden, müssen zumindest umnutzbar bzw. demontierbar sein.
Regel 4: Nutzung vorhandener Kräfte nach dem Jiu-Jitsu-Prinzip statt Bekämpfung nach der Boxer-Methode	Fremdenergie wird genutzt (Energiekaskaden, Energieketten etc.), während eigene Energie vorwiegend als Steuerenergie dient. Profitiert von vorliegenden Konstellationen, fördert die Selbstregulation.	Statt umweltbezogene Probleme mit additiver Umweltschutztechnik zu lösen, sind Abfälle, Abwässer oder Emissionen nutzbar zu gestalten oder zu vermeiden.
Regel 5: Mehrfachnutzung von Produkten, Funktionen und Organisationsstrukturen	Reduziert den Durchsatz. Erhöht den Vernetzungsgrad, verringert den Energie-, Material- und Informationsaufwand.	Prozesswasser, Verpackungen, Gebäude, mobile temporär benötigte Technik.
Regel 6: Recycling. Nutzung von Kreisprozessen zur Abfall- und Abwasserverwertung.	Ausgangs- und Endprodukte verschmelzen. Materielle Flüsse laufen gleichförmig. Irreversibilitäten und Abhängigkeiten werden gemildert.	Flächenrecycling, Baustoffrecycling, Späne- und Schrottrecycling, Anlagenaufarbeitung und -modernisierung.

Regel 7: Symbiose. Gegenseitige Nutzung von Verschiedenartigkeit durch Kopplung und Austausch.	Begünstigt kleine Abläufe und kurze Transportwege. Verringert Durchsatz und externe Dependenz, erhöht interne Dependenz. Verringert den Energieverbrauch.	Ansiedlung eines Unternehmens, das die Abfälle eines anderen Unternehmens zu Produkten verarbeitet.
Regel 8: Biologisches Design von Produkten, Verfahren und Organisationsformen durch Feedback-Planung	Berücksichtigt endogene und exogene Rhythmen. Nutzt Resonanz- und funktionelle Passformen. Harmonisiert die Systemdynamik. Ermöglicht organische Integration neuer Elemente nach den acht Grundregeln.	Ausrichtung der Fabrik an humanverträglichen Arbeitsstrukturen. Anpassung der Fabrikgebäude an natürliche Gegebenheiten, wie Sonneneinstrahlung, Niederschlag, Wind etc.

Die acht biokybernetischen Regeln sind untereinander vernetzt. Sie bedingen ergänzen und verstärken sich gegenseitig. Sie sind allgemeingültig für alle lebenden Systeme zur Erhaltung der Lebensfähigkeit. Es existieren noch eine Reihe weiterer Hinweise, z.B. in Richtung einer überlebensfähigen Technologie bzw. nachhaltigen Wirtschaftsweise. Daneben existieren auch bewährte Instrumente (z.B. Sensitivitätsmodell) für den Umgang mit komplexen Systemen.

3.4.1.2   Ausgewählte systemische Management-Modelle

Wie zuvor ausgeführt, sind im Komplexitätszeitalter mit Komplexität als fundamentalster Eigenschaft der Realität, durch die Kybernetik wissenschaftlich zwingende Gesetzmäßigkeiten und Maßstäbe für ein funktionierendes Management von Organisationen vorgegeben. Modelle zur Gestaltung von Organisationen erfordern daher die Berücksichtigung von Eigenschaften komplexer Systeme. Zusätzlich sind bei der Beschreibung eines Organisationsmodells die relevanten Elemente im Sinne einer ganzheitlichen Sichtweise zu definieren. Im Folgenden werden ausgewählte systembasierte Management-Modelle dargestellt (ein klassisches Modell und zwei weiterentwickelte Ansätze). Diese Vorgehensweise dient der Verdeutlichung des Potentials systemischer Management-Modelle beim „Nachhaltigkeitsmanagement".

3.4.1.2.1   VSM – Viable System Model

Der britische Kybernetiker Stafford Beer entwickelte bei seinem VSM-Modell das Management zunächst auf der Basis neurologischer Strukturen des menschlichen Zentralnervensystems (Beer, 1981). Dieser Analogieschluss wurde häufig kritisiert. Zur argumentativen Untermauerung seiner Überlegungen zog Beer im Folgenden Publikationen kybernetischer Gestaltungs- und Ordnungsprinzipien hinzu und leitete in diesem Kontext das Management ab (Beer, 1979, Beer, 1985). Er schaffte damit eine hilfreiche Vorgehensweise, mit der jede Form von Organisationen zu analysieren und zu gestalten sind (Schwaninger, 2006). Das neurokybernetische VSM-Modell ist ein Strukturmodell lebensfähiger Systeme (als kybernetischer Isomorphismus). Es ist bis heute weltweit anerkannt und das am weitesten entwickelte systemisch-kybernetische Modell zur Abbildung soziokultureller bzw. soziotechnischer Systeme. Ein soziales System gilt nach diesem Ansatz als ein lebensfähiges System, wenn einige Grundanforderungen der organisationalen Gestaltung erfüllt sind. Dazu gehört das Vorhandensein von fünf Systemen, die miteinander interagieren. Für die Strukturlogik des Modells ist wesentlich, dass alle Subsysteme für sich ebenfalls lebensfähig sind und das Prinzip der Rekursivität eingehalten wird (Saynisch, 2000, Schwanninger, 2004, Feiten, 2009).

System 1: Die operativ tätigen Subsysteme mit dem damit verbundenen Management.
Es umfasst das Management von sich weitgehend autonom anpassenden Basiseinheiten, zur Optimierung des Tagesgeschäfts (z.B. Produkt-, Dienstleistungserstellung, Service etc.).

System 2: Koordinationsfunktion der Systeme 1.
Aktivitäten, die die prinzipielle Verhaltensfreiheit der Subsysteme im Sinne des Gesamtsystems koordinieren und einschränken. Hauptziel ist die Abstimmung und der Ausgleich möglicher Disfunktionalitäten und Oszillationen zwischen den Systemen (z.B. Kommunikation, Information, Verhaltenskodex, Koordination etc.).

System 3: Operatives Management.
Sicherung, dass das Zusammenspiel der Systeme 1 ein höheres Ergebnis liefert, als es die Summe der Einzelaktivitäten ergäbe. Übernahme der Funktion des operativen Managements und Verantwortung der Allokationsoptimierung der Unternehmensressourcen (z.B. Regelung, interne Steuerung, Mittelzuteilung etc.). Übernahme einer Teilfunktion: Auditing und Monitoring der Leistungseinheiten der Systeme 1 auf unmittelbarer Ebene der Leistungserbringung.

System 4: Strategisches Management und Interaktion mit der Umwelt.
Lenkungsmechanismus mit Kontakt zur externen Systemumwelt. Verantwortlichkeit für die Erreichung eines externen Gleichgewichts mit dem System 3. Hauptziel: Außen- und Zukunftsorientierung mit der Gestaltung der Gesamtorganisation (z.B. strategisches Management, Erfassung/ Diagnose der Umwelt, Unternehmensentwicklung, Wissensmanagement).

System 5: Normatives Management des Gesamtsystems
Übergeordneter Mechanismus zur Abstimmung der Lenkungsaktivitäten zur inneren Stabilisierung des Gesamtsystems. Lenkungsaktivitäten zur Bestimmung der Identität der Organisation, ihre Mission, Vision und (nachhaltigen) Werte zur Bestimmung eines Gleichgewichts mit der gesamten Umwelt.

Bei Fehlen einzelner Komponenten der Subsysteme, einer ungenügenden Kapazität bestehender Komponenten oder einem mangelhaften Zusammenwirken der Komponenten, ist die Lebensfähigkeit einer Organisation beeinträchtigt. Für die Lebensfähigkeit einer Organisation ist überlebenswichtig, dass rekursive Funktionen über die verschiedenen Ebenen vorhanden sind.

Mit diesen Merkmalen ist die Organisation in ihrer komplexen Umwelt lernfähig, anpassungs-
fähig und selbstorganisierend. Abbildung 3.5 zeigt das Modell und die Systeme im Überblick.

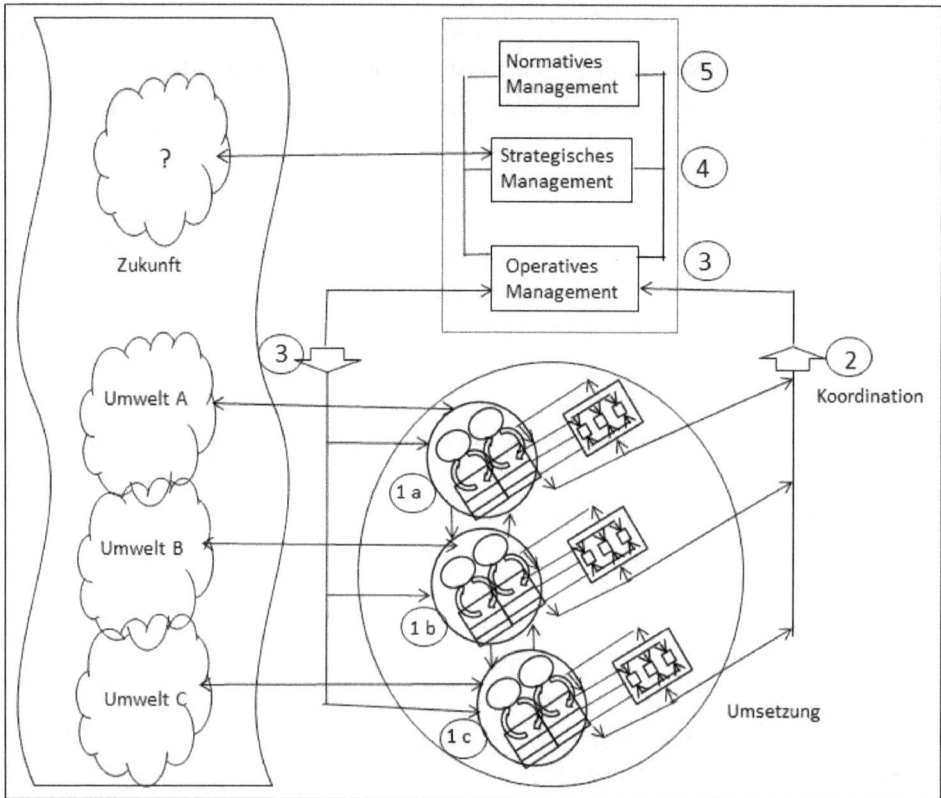

Abb. 3.5:   VSM – Viable System Model, auf der Basis von Beer, 1985, modifiziert und vereinfacht

Das VSM-Modell ist das bisher einzige organisationstheoretische Modell zur Spezifizierung
notwendiger und hinreichender struktureller Voraussetzungen für den Erhalt der Lebensfähigkeit soziokultureller Systeme. Kritisch ist anzumerken, dass das Modell keine Vorgabe für
die konkrete Lösung komplexer Fragestellungen gibt. Es kann auch keinen Anspruch auf eine
vollständige und adäquate Abbildung eines sozialen Systems erheben. Das basiert auf der
Tatsache, dass eine Organisation im Vergleich zu einem neurologischen System aus vielen
individuellen Menschen besteht und daher soziale Systeme zu einem System höherer Ordnung macht (Feiten, 2009). Weiter wird kritisiert, dass das VSM „einem sozialen System die
reine kybernetische Rationalität oktroyiere" (Ulrich, 1981, 33 ff.), und dadurch mehr der
Fremd- als der Selbstorganisation diene. Das Modell bietet aber eine hilfreiche Grundlage.

3.4.1.2.2   St. Galler Management-Modell

Das neue St. Galler-Management-Modell (NSGMM) baut auf dem älteren St. Galler-Management-Ansatz auf (vgl. zur Entwicklungsgeschichte Schwanninger, 2001). Dieses Vorgängermodell erfuhr in den 1980er und 1990er Jahren durch verschiedene Autoren eine Weiterentwicklung (Ulrich/Krieg, 1974). Eine Zusammenfassung der dazu erzielten Forschungsergebnisse sowie die Einbettung in eine umfassende und tiefergehende Struktur, erfolgten in den 1990er Jahren (Bleicher, 1999). Anlass für die Weiterentwicklungen war u.a. eine grundlegende Kritik am „alten" Modell. Sie richtet sich gegen einen systemischen Ansatz mit zu wenig Berücksichtigung von Ganzheitlichkeit (Ulrich, 1984). Kritisch wird auch der positivistische Ansatz gesehen, bei dem von einer grundsätzlichen Steuerbarkeit des Unternehmens ausgegangen wird. Gleichzeitig wird auch die zu geringe Berücksichtigung des „Nicht-Systemischen" sowie der Kultur bemängelt (Ulrich, 1984). Kritik gilt auch einer zu geringen normativen Ausrichtung der Unternehmenstätigkeit auf gesellschaftliche Akteure (Ulrich, 1983). Das neue NSGMM versteht sich als eine organische Weiterentwicklung des Vorgängermodells, bei dem diese Kritikpunkte berücksichtigt werden (Gomez, 2002b, Rüegg-Stürm, 2002). Die folgende Abbildung 3.6. zeigt das neue NSGMM-Modell im Überblick.

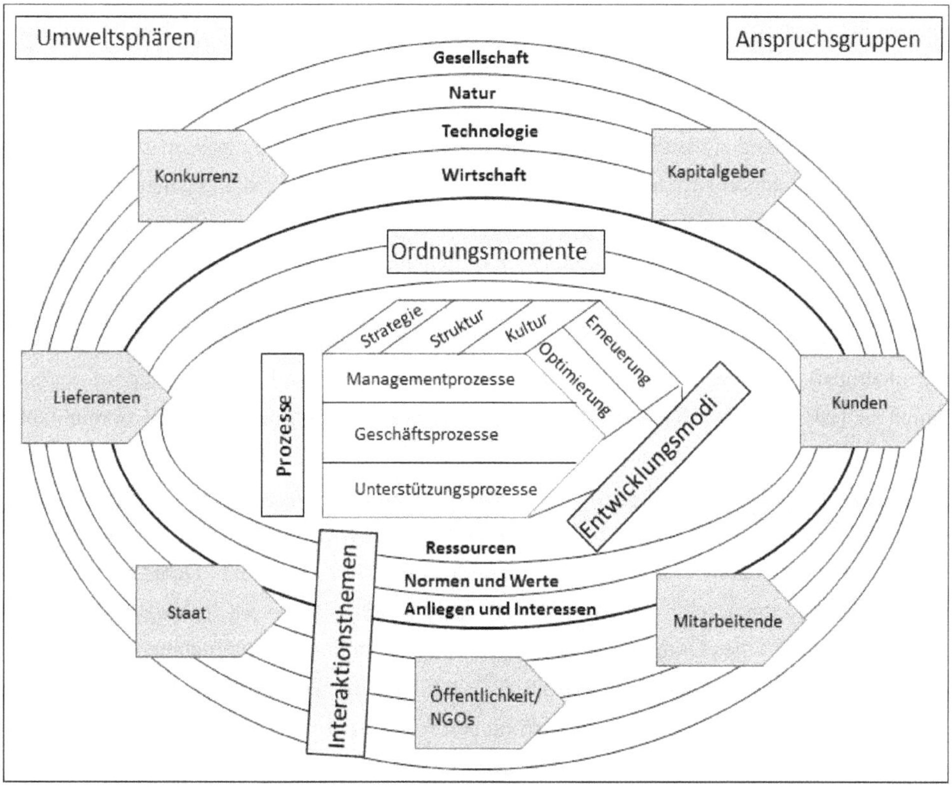

Abb. 3.6:   Das neue St. Galler Management-Modell (NSGMM), Quelle: Rüegg-Stürm, 2002, 22 modifiziert

Wird Abbildung 3.6. genauer betrachtet, lässt sich der Aufbau des NSGMM-Modells wie folgt erklären. Das Modell unterscheidet sechs zentrale Begriffskategorien (Rüegg-Stürm, 2002). Drei davon beziehen sich auf das externe Umfeld (gesellschaftliches und natürliches) des Unternehmens. Es handelt sich um die drei Kategorien Umweltsphären, Anspruchsgruppen und Interaktionsthemen. Gesellschaft, Technologie und Wirtschaft bilden die Umweltsphären, in denen das Unternehmen agiert. Interaktionsthemen (issues) werden durch die einzelnen Anspruchsgruppen an das Unternehmen herangetragen und bedürfen einer Lösung. Sie beziehen sich auch auf Normen, Werte und Interessen sowie Ressourcen und Anliegen gesellschaftlicher Akteure. Die Berücksichtigung der Anliegen relevanter Anspruchsgruppen ist vorrangig, da diese unterschiedlich durch die Wert- bzw. Schadstoffaktivitäten des Unternehmens betroffen sein können. Als relevant gelten jene Personengruppen, die einen ethisch begründbaren legitimen Anspruch an das Unternehmen herantragen können.

Die anderen drei Kategorien, Ordnungsmomente, Prozesse und Entwicklungsmodi behandeln die Innensicht eines Unternehmens (Rüegg-Stürm, 2002). Ordnungsmomente beinhalten Strategie, Struktur und Kultur des Unternehmens. Mit Hilfe von Strategien wird als längerfristiger Orientierungsrahmen festgelegt, welche Ziele vordergründig verfolgt werden sollen und wie diese zu erreichen sind. Durch Strukturen wird i.a.R. längerfristig festgelegt, wie die arbeitsteiligen Prozesse im Unternehmen geordnet und koordiniert werden (z.B. Aufbauorganisation, Managementsysteme etc.). Durch die Unternehmenskultur werden, Werte, Normen, Paradigmen und Einstellungen von Mitarbeitern etc. abgebildet. Sie bieten Orientierung und wirken handlungsleitend und sinnstiftend. Durch Ordnungsmomente werden die Wertschöpfungsprozesse im Unternehmen strukturiert (Rüegg-Stürm, 2002). Prozesse (Management-, Geschäfts- und Unterstützungsprozesse) legen Ablaufstrukturen in der Organisation fest. Geschäftsprozesse sind von zentraler Bedeutung, denn sie beziehen sich auf die Kernaktivitäten eines Unternehmens, die Werte für Anspruchsgruppen schaffen. Managementprozesse wirken koordinierend. Sie dienen als Prozesse der Mitarbeiterführung zur Erreichung bzw. Motivierung von (nachhaltigen) Unternehmenszielen. Unterstützungsprozesse sind ebenfalls koordinierend. Durch sie (z.B. Prozesse der Anreizsysteme, der Aus- und Weiterbildung, der Kommunikation etc.) werden die Voraussetzungen für den Ablauf effizienter Geschäftsprozesse geschaffen. Ordnungsmomente und Geschäftsprozesse sind flexibel zu gestalten. Sie unterliegen einem ständigen Anpassungsprozess (z.B. technologische Entwicklungen, Wertewandel, Wettbewerbsdruck etc.), damit das Unternehmen im Umfeld bestehen kann. Derartige Entwicklungsmodi bestimmen auch die Basis für das organisationale Lernen (Probst/Büchel, 1998). Die Lernfähigkeit eines Unternehmens wird wesentlich durch die (Unternehmens-)Kultur bestimmt (Schein, 1995, Emrich, 2007, Emrich, 2009, Emrich, 2011, Emrich, 2013). Durch den Prozess des Lernens erfolgt eine Veränderung der Werte- und Wissensbasis der Organisation, die auf eine Verbesserung des Problemverhaltens ausgerichtet ist (Probst/Büchel, 1998). Das NSGMM zählt heute zu den bekanntesten Konzepten sowohl im Feld der systemischen als auch der nachhaltigkeitsorientierten Managementlehre.

Das NSGMM hat aber auch Kritik hervorgerufen. Es wird vor allem der hohe Abstraktions-grad des Modells beklagt und die Ausführungen, aufgrund der integrativen allumfassenden Ausrichtung, als zu theoretisch und zu wenig konkret kritisiert (Neue Züricher Zeitung, 2003). Handlungsempfehlungen für Managementprobleme finden sich nicht. Jedes Unternehmen muss anhand der Denkansätze nicht nur analysieren, sondern auch eigene situationsgerechte Lösungen ableiten. Für die Anwendung des Modells ist demzufolge ein relativ großer Auf-wand erforderlich, um einen konkreten Nutzen zu erzielen. Die Ganzheitlichkeit und der hohe ethische Anspruch des Modells sind ein weiterer Kritikpunkt (Neue Züricher Zeitung, 2003). Auch wenn diese Feststellung desillusioniert, wird dem Autor unterstellt, dass der Anspruch des Modells eher einer Idealvorstellung gleiche. In der realistischen Unternehmenspraxis gel-ten Lohndumping, großflächige Umweltverschmutzung bzw. Ausnutzung von Steuerschlupf-löchern etc. immer noch als relativ „normale" Handlungsweisen. Der Ansatz ist erstrebens-wert. Er erfordert aber auch für Unternehmen, die hohe ethische Ansprüche haben, einen er-heblichen Kostenaufwand. Sollen alle Kategorien ernsthaft einbezogen werden, wird ein Kos-tenrahmen notwendig, den viele Unternehmen möglicherweise nicht stemmen können oder wollen. Der Kritikpunkt des hohen Kostenaufwands bezieht sich auch auf den relativ weit ge-haltenen Begriff der Anspruchsgruppen (Stakeholder) sowie des Einbezugs der Bedürfnisse derselben (Neue Züricher Zeitung, 2003). Der Einbezug der Bedürfnisse aller Anspruchsgrup-pen in die Unternehmensführung wird als wenig realistisch kritisiert. Dabei wird davon ausge-gangen, dass die Befriedigung dieses Anspruchs bereits an der Frage scheitert, was die tatsäch-lichen Interessen der entsprechenden Gruppen sind. Im Hinblick auf das Bildungsmanagement wird bemängelt, dass das Modell nicht wirklich für eine Übertragung in die Wirtschaft konzi-piert wurde (Decker, 2000). So wird die Finanzierung der Managementaktivitäten überhaupt nicht thematisiert. Es wird offenbar davon ausgegangen, dass diese Finanzmittel implizit vor-handen sind. Das widerspricht den Erfahrungen in der Praxis. Einige Aspekte im NSGMM sind für Bildungseinrichtungen eher geeignet, als für Unternehmen. Dabei handelt es sich z.B. um die Verbindung zu Kunden (Ermittlung von Kundenwünschen etc.), Kontakt zu staatlichen Institutionen (Kooperation mit kommunalen Institutionen etc.) und der bedeutenden Rolle der Umweltsphäre „Gesellschaft" für das Management von Unternehmen (Ethik und Moral in der Unternehmensphilosophie etc.). Diese Themenbereiche werden durch Bildungseinrichtungen eher vermittelbar angesehen, als durch unternehmensinterne Maßnahmen.

3.4.1.2.3 Integriertes Management-System

Das integrierte Management-System (IMS) wurde von Malik als eine Art systemorientiertes „Generalmanagement" entwickelt (Malik, 1981). Es integriert auch Aspekte aus „synergeti-scher" Sicht und trägt einer Unterscheidung in der Definition des Managements von Ulrich, zum Entwickeln und gestalten zweckorientierter (nachhaltigkeitsbezogener) soziokultureller Systeme, Rechnung. Dabei werden zwei Gestaltungsräume unterschieden. In einer ersten Di-mension erfolgt eine Unterscheidung in unternehmensbezogene und personenbezogene Fragestellungen. In einer zweiten Dimension wird eine, auf die Synergetik zurückgehende, Zeitska-lentrennung integriert. Es wird zwischen Randbedingungen und Strukturen als langsam ver-änderliche Größen und der Dynamik von Unternehmensprozessen sowie der Soziodynamik im Unternehmen als schnell veränderliche Größen unterschieden. Die Unterscheidung zwi-schen unternehmensbezogenen und personenbezogenen Fragestellungen, wurde von Malik entwickelt. Das IMS erfüllt die Funktion eines Orientierungsrasters zur Konzipierung eines unternehmensspezifischen Managementsystems und dient als „Landkarte" des Managements. In der folgenden Abbildung 3.7. wird das Modell als ein solches Orientierungsraster beispiel-haft aufgespannt und im Überblick dargestellt (Malik, 1981).

Wird die Abbildung 3.7. näher betrachtet zeigt sich, dass von Malik vier Quadranten spezifi-ziert werden. Neben der Unterscheidung zwischen unternehmensbezogenen und personenbe-zogenen Fragestellungen, wird auch zwischen der zeitlichen Reichweite, der diesen Fragestel-lungen dienenden Methoden, Instrumente und Prinzipien unterschieden, die zu Komponenten zusammengefasst werden. Es existieren Komponenten, deren Orientierungen an dauerhaften, grundlegenden Aspekten ausgerichtet sind (Zeithorizont: mehr als ein Jahr). Auf der anderen Seite sind Faktoren vorhanden, die mehr am kurzfristigen Geschehen im Unternehmen orien-tiert sind (Zeithorizont: weniger als ein Jahr). Von Malik wird ein Managementsystem per se als ein System von Input-/Output-Relationen verstanden, durch das andere Systeme kontrol-lierbar sind. Nach dieser Logik haben die Komponenten einen Output, der anderen Kompo-nenten zum Input wird. Auf Grund der orthogonalen Anordnung ergeben sich vier Quadran-ten mit insgesamt 26 Komponenten, die beispielhaft unterschieden werden (Malik, 1981).

Im Quadrant 1 (unternehmensbezogen und langfristig), sind alle Komponenten enthalten, die das Unternehmen als Ganzes betreffen und langfristig angelegt sind. Dabei handelt es sich um Unternehmenspolitik, Planungen (strategische und operative), Organisationsstruktur, Funkti-onendiagramm (Regelung von Aufgaben, Kompetenzen Verantwortlichkeit etc.) sowie Orga-nisationsentwicklung.

Im Quadrant 2 (personenbezogen und langfristig), finden sich mitarbeiter- und führungskräf-tebezogene Faktoren mit dem gleichen Zeithorizont. Dabei handelt es sich um Komponenten der Stellenbeschreibung, stellenbezogene Schlüsselprobleme und Aufgaben, Stellenbewer-tung, Managemententwicklung- und Nachwuchsplanung, Führungskräftebedarf, individuelle Mitarbeiterentwicklung, individuelle Potentialbeurteilung, Laufbahngestaltung und Leis-tungsbewertung.

Im Quadrant 3 (personenbezogen und kurzfristig), wird die Umsetzung der Jahresziele in konkretes Führungsverhalten umgesetzt (individuelle Leistungs- und Führungsergebnisse der Mitarbeiter). Bedeutsam sind Jahresziele, da sie sich nicht nur an der Schnittstelle von unter-nehmens- und personenbezogenen Komponenten befinden, sondern auch die Schnittstelle

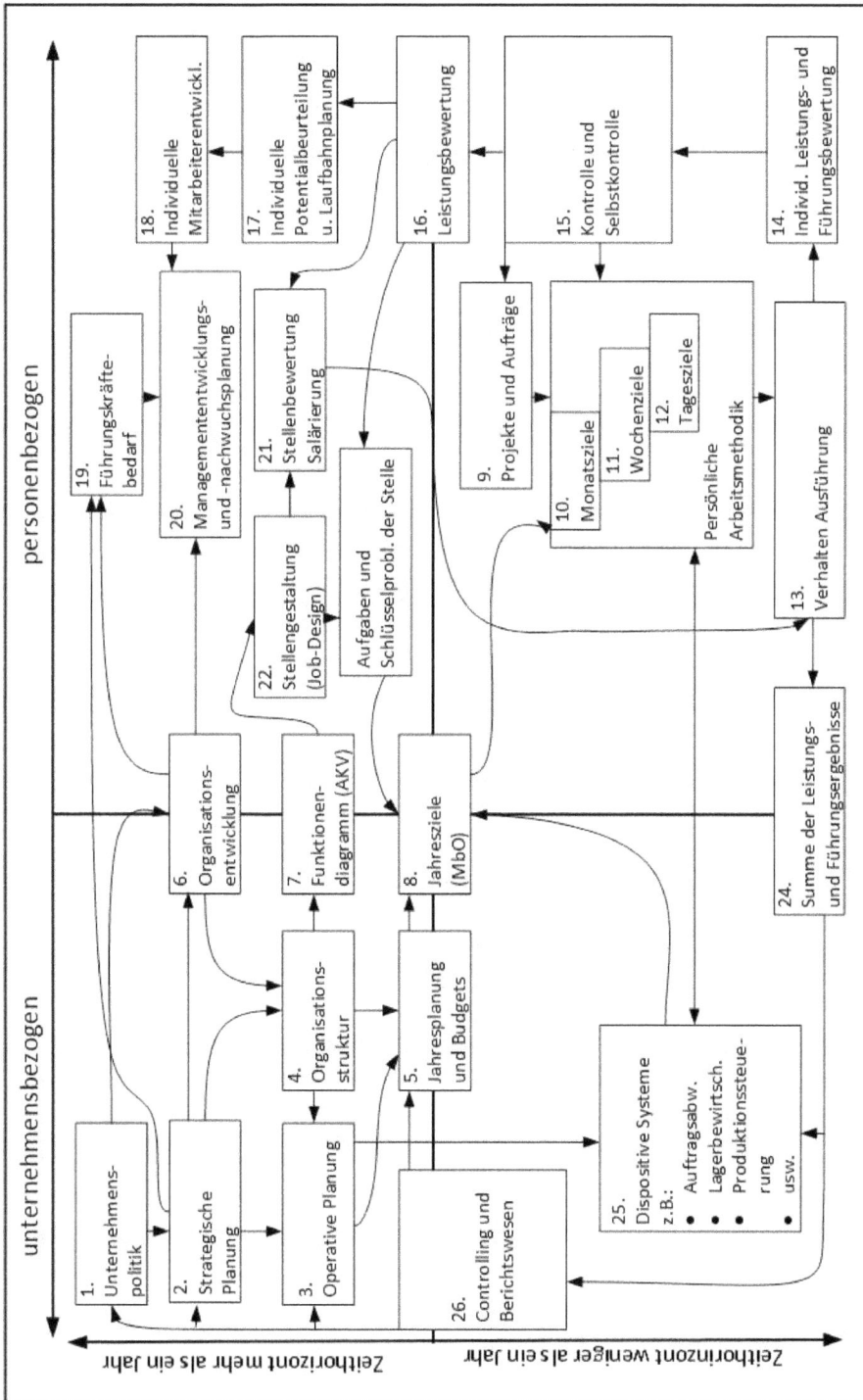

Abb. 3.7: Integriertes Management-System (IMS), auf der Basis von Malik, 1981, modifiziert

zwischen lang- und kurzfristigem Zeithorizont markieren. Besondere Wichtigkeit wird den Aufgaben und Werkzeugen der Führung sowie denjenigen der persönlichen Arbeitsmethodik zugemessen (Malik, 1981). Die Komponenten dieses Quadranten sind z.B. kurzfristige Aufträge und Projekte, Ergebnisse der individuellen Leistung und Führung, Kontrolle, Monats-, Wochen-, Tagesziele, nachhaltiges Verhalten und Ausführung sowie die Summe der Leistungs- und Führungsergebnisse.

Im Quadrant 4 (unternehmensbezogen und kurzfristig), sind dispositive Systeme zu finden, z.B. Auftragsabwicklung, Lagerbewirtschaftung, Produktionssteuerung etc. Als Komponenten sind auch das Controlling/Berichtswesen sowie die Jahresplanung/Budgets verortet.

Durch die Pfeile werden die Gesamtzusammenhänge dargestellt. Komponenten und ihre Relationen sind beliebig detaillier- und konkretisierbar. Das IMS als Orientierungsraster ist vor dem Hintergrund des Gestaltens und Herstellens von Bedingungen zu sehen, damit Selbstorganisation und selbstorganisierende Ordnungsübergänge im Unternehmen stattfinden und gemanagt werden können. Die Logik des IMS konzentriert sich auf die Stabilisierung und Kontrolle des Unternehmens und wurde zum Zweck des Erzielens von Resultaten konzipiert. Das IMS und sein Autor fordern aber auch zu Widerspruch und Kritik heraus. Es werden vor allem Behauptungen bemängelt, die nicht oder nur dürftig bewiesen werden. Das trifft auch auf eine totale Überbewertung von Management in der Gesellschaft zu (List, o.J.). Malik behauptet, dass er Management als: „jene gesellschaftliche Funktion versteht, die die Gesellschaft dazu befähigt, richtig zu funktionieren". Diese Überbewertung wird angezweifelt, da das bedeuten würde, dass Malik alleiniger Inhaber des „Stein des Weisen" ist und alle Politiker nur dafür sorgen, dass die Gesellschaft nicht richtig funktioniert. Weiter wird bemängelt, dass von Malik behauptet wird Komplexität meistern zu können, ein Nachweis dafür aber ausbleibt (List, o.J.). Viele Wissenschaftler haben hingegen festgestellt, dass sich komplexe Probleme, die sich nicht vollständig lösen lassen, auch nicht mit Hilfe einfacher Regeln und unter Zuhilfenahme nur weniger Informationen entwirren lassen. Bei den Faktoren verschiedener Profile wird kritisiert, dass wichtige Kriterien völlig vergessen wurden bzw. unbewiesene Behauptungen aufgestellt werden. So wird beim „Anforderungsprofil" kritisiert, dass z.B. die Berücksichtigung des Kriteriums „Sozialkompetenz" völlig fehlt und auch nichts darüber zu finden ist, wie Bewerber ausgewählt werden. Bei den Faktoren zum „Training" wird die Behauptung kritisiert, dass „der größte Teil der Inhalte von Managementtraining wissenschaftlich unhaltbar, ja sogar schädlich sei". Einen Beweis für diese Behauptung, sucht der Leser vergeblich. Desgleichen trifft auch für die Behauptung zu, dass „höchstens ein Drittel der Personalentscheidungen richtig gut sind". Insgesamt wird bemängelt, dass das Konzept IMS „messianisch" übersteigert präsentiert wird (List, o.J.). Es entsteht der Eindruck, dass Menschen aus Fleisch und Blut bei diesem Managementkonzept gar nicht mehr vorkommen, da als Hauptsache angeführt wird, dass sie „wirksam" sind. Dazu passt auch, dass die Bedeutung und Wirkung von Management mit dem „Betriebssystem" eines Computers verglichen wird. In diesem Zusammenhang wird zudem die Anmaßung kritisiert, allein darüber befinden zu wollen, was allgemeingültige und verbindliche Richtlinien des Handelns sein sollen.

Neben den vorgestellten systemischen Management-Modellen existieren noch andere Modelle (z.B. Umweltmanagement-System (UMS) nach ISO 14001, EFQM-Modell, Sustainability Balanced Scorecard etc.), die ebenfalls auf einer systemischen Grundlage basieren und für ein „Nachhaltigkeitsmanagement" geeignet sind. Für eine nähere Diskussion wird auf die entsprechenden Fachliteratur verwiesen (z.B. Freimann, 1999, Schaltegger/Burritt, 2000, Baumast/Pape, 2001, Linne/Schwarz, 2003).

3.4.2 Strategisches Nachhaltigkeitsmanagement

Zum Begriff „unternehmerische Nachhaltigkeit" existieren viele Definitionen. Das ist durch die Tatsache bedingt, dass sich die strategische Sichtweise (Denkschule) im Zeitverlauf geändert hat und sich in Zukunft auch weiter ändern wird. Eine bekannte Definition für den Begriff unternehmerische Nachhaltigkeit lautet: "Corporate sustainability can be defined as a meeting society's expectation that companies add social, environmental and economic value from their operations, products and services ... based on a development that meets the needs of the present compromising the ability of future generations to meet their own needs" (Hopkins, 2006, 20). Demnach bestimmt sich unternehmerische Nachhaltigkeit danach, ob auf ökologischer, ökonomischer und sozialer Ebene so zu gehandelt wird, dass ein langfristiger Erfolg auf allen Ebenen in Gegenwart und Zukunft gesichert ist (Hülsmann, 2004). Zur Definition des Begriffs Unternehmensstrategie existieren im strategischen Sinne der konstruktivistischen „Denkschule" ebenfalls verschiedene Ansätze. Für Porter ist z.B. die Fähigkeit relevant, auf der Basis einer längerfristigen Betrachtungsweise einen Wettbewerbsvorteil zu erlangen (Porter/Teisberg, 2008). Für Minzberg ist, neben der sachlichen Planung von Strategien, zusätzlich auch die Möglichkeit sich selbst bildender Strategien wichtig. Auch wenn diese nicht schriftlich festgehalten sind, haben sie sich doch evolutionär im Unternehmen gebildet (Minzberg et al, 2002). Daneben existieren noch zahlreiche weitere Auffassungen. Bei einer nachhaltigkeitsorientierten Unternehmensstrategie liegt eine Hauptschwierigkeit in der Verbindlichkeit der äußerst komplexen Nachhaltigkeitsideen für das gesamte Unternehmen, verbunden mit der unternehmensweiten Verankerung der Ideen auf einem relevanten Niveau.

3.4.2.1 Integration in die Unternehmensstrategie

Unternehmensstrategie ist ein Konzept, dass zentral integriert und kontextual verankert ist (Hambrick/Fredrickson, 2001). Es beschreibt wie die Ziele eines Unternehmens erreicht werden sollen. Dabei wird in zwei Komponente unterschieden. Eine inhaltliche, mit der Positionierung zu verschiedenen Fragestellungen und einen aktivitätsorientierten Bestandteil, mit der Vorgehensweise zur Erreichung der Ziele (Hambrick/Fredrickson, 2001). Die inhaltliche Komponente beinhaltet verschiedene Themenbereiche. Als einzelne Strategiesegmente kann dabei z.B. in Umweltstrategie, Finanzstrategie, Sozialstrategie, Marktstrategie, Personalstrategie oder Produktstrategie unterschieden werden. Die Abstimmung der zahlreichen Wechselwirkungen zwischen den Strategiesegmenten ist zu beachten. Mit Integration wird das bewusste Zusammenführen der Strategiesegmente bezeichnet. Die Integration einer Nachhaltigkeitsstrategie in die Unternehmensstrategie ist mit folgenden Vor- und Nachteilen verbunden (Beer, 1981):

- integrierte Nachhaltigkeitsstrategien haben eine positive Wirkung auf die Mitarbeiter, weil sie die Bedeutung der Nachhaltigkeitsinhalte unterstreichen.
- Da viele Manager mit dem Erfolgsverständnis immer noch vorwiegend ökonomische Kriterien verbinden, eröffnen sich durch die Integration neue Chancen. Es kann auf die positiven Zusammenhänge zwischen der Finanzstrategie (z.B. Kostenersparnis etc.) und der Nachhaltigkeitsstrategie eingegangen und das traditionelle Erfolgsverständnis verändert werden.
- Fehlt eine Integration in die Unternehmensstrategie, wird bei der Nachhaltigkeitsstrategie auch das Erkennen von Zusammenhängen zwischen den einzelnen Bereichen erschwert. Das Resultat können Konflikte sein, die erst während bzw. nach der Implementierung auftreten.
- Die ordnende Wirkung sowie die damit verbundene Komplexitätsreduktion, die von der Unternehmensstrategie ausgeht, können zu einer Unterprivilegierung nachhaltiger Ziele und Inhalte führen. Das trifft besonders für Umweltthemen und Sozialthemen zu, wenn sich das Unternehmen in einer kritischen Situation befindet.

Ein hoher Integrationsgrad der Nachhaltigkeitsstrategie ist auch mit einigen Anforderungen an intermediäre Faktoren verbunden. Orientierungsfragen sind im Strategieentwicklungsprozess auch aus einer ökologischen und sozialen Perspektive zu beantworten. Bei Abschluss des Prozesses ist eine Abstimmung mit den übrigen Strategieinhalten erforderlich. Im Hinblick auf die Umsetzung müssen nachhaltigkeitsstrategische Inhalte, mit einer der Komplexität angemessenen Systematik, in Projekte und Programme überführt (geplant) werden. Problematiken zeigen sich dabei oft erst im Rahmen der konkreten Umsetzungsplanung. Erfolgt dieses nur halbherzig bzw. ungenügend oder oberflächlich, bleibt die Nachhaltigkeitsstrategie lediglich eine Übung ohne Wirkung. Das Unternehmen gerät in die Nähe von Greenwashing und den damit verbundenen Gefahren für Glaubwürdigkeit und Reputation. Das bisherige Verständnis von Integration bezieht sich oft nur auf den Prozess der Strategieentwicklung. Bei einer Nachhaltigkeitsstrategie ist dieses Verständnis, um die Integration der Programm- und Projektplanung zu erweitern. In der wissenschaftlichen Literatur wird auch die Meinung vertreten, dass es je nach Größe des Unternehmens auch sinnvoll sein kann, eine Person mit der Entwicklung der Nachhaltigkeitsstrategie zu beauftragen. Diese Person kann als zentraler Ansprechpartner für die Mitarbeiter des Strategieentwicklungsprozesses dienen. Damit ist auch die Möglichkeit einer kompetenten Identifizierung von Zusammenhängen zwischen den einzelnen Strategiesegmenten verbunden. Außerdem kann der für die Veränderungen notwendige Prozess fachlich moderiert werden (Hort, 2008). Es bleibt noch darauf hinzuweisen, dass ein hoher strategischer Integrationsgrad von „Nachhaltigkeit", nicht zwangsläufig auch als Ergebnis einer bestimmten Ausprägung von Organisationselementen zu sehen ist.

3.4.2.2   Inhaltliche Strategieausprägung

Analog zur Vielfalt von Ansätzen beim strategischen Management, existiert auch eine Vielfalt von inhaltlich gestalteten Nachhaltigkeitsstrategien. Sie lassen sich in verschiede Strategietypen unterteilen, wobei die Inhalte der einzelnen Strategietypen einen unterschiedlichen Einfluss auf die Nachhaltigkeitsleistung haben. Ein Blick in die Forschungsliteratur zeigt, dass konzeptionell wissenschaftliche Typologien (z.B. Hummel, 1997, Meffert/ Kirchgeorg, 1998, Kolk/Mauser, 2002) ebenso vorhanden sind, wie praktische, branchenspezifische (z.B. Steger, 2004) oder unternehmensindividuelle Nachhaltigkeitsstrategien (z.B. King/ Lenox, 2000).

Als eine Antwort auf die zahllosen Herausforderungen durch die „Nachhaltigkeit", wurden „Basisstrategien" in zahlreichen Konzepten erarbeitet (z.B. Kolk/Mauser, 2002; Meffert/ Kirchgeorg, 1998). Es handelt sich um Strategien der Passivität, des Widerstands, der Verlagerung, des Rückzugs, der Anpassung sowie der Innovation bzw. Antizipation. Eine andere Unterscheidung wird in reaktive und proaktive Strategien vorgenommen (Aragon-Correa/ Sharma, 2003; Russo/Fouts, 1997). Reaktive Strategien führen zwar tendenziell zu einer Umweltentlastung, regen aber i.d.R. unternehmensinterne Lernprozesse nicht an. Diese bilden jedoch die Grundlage für die Erschließung neuer Nachhaltigkeitspotentiale. Proaktive Strategien führen durch positive interne Effekte (Wissenstransfer, Verbesserung von Prozessen etc.) tendenziell zu einer höheren Umweltentlastung. Insbesondere der Präventionsgedanke als komplexer Prozess, erfordert eine vorausschauende Perspektive in der Führung.

Auch im Hinblick auf Marktchancen durch Umweltschutz wurden „Normstrategien" entwickelt (z.B. Steger, 1992). Sie basieren auf der Portfolio-Analyse der Marktchancen und -risiken. Vier-Felder Ausprägungen zeigen dabei, wie Unternehmen Umweltschutzanforderungen strategisch einordnen können (Risiko, Indifferenz, Innovation, Chance). Die nachfolgende Abbildung 3.8 zeigt beispielhaft umweltorientierte Normstrategien im Überblick.

Als eine weitere Ausprägung, wurden „spezifische Nachhaltigkeitsstrategien" entwickelt (z.B. Schneidewind, 2002, Spencer-Cooke, 1998, Welford, 1997). Dabei werden beispielsweise aus Nachhaltigkeitsproblemen institutionelle Lösungsstrategien sowie Umsetzungsmöglichkeiten abgeleitet. Strategien mit anderem spezifischen Fokus verfolgen z.B. den Aufbau von Eigenkapital, um ökonomisch möglichst unabhängig zu sein (von Banken, Kapitalgebern etc.) (z.B. Crosbie/Knight, 1995).

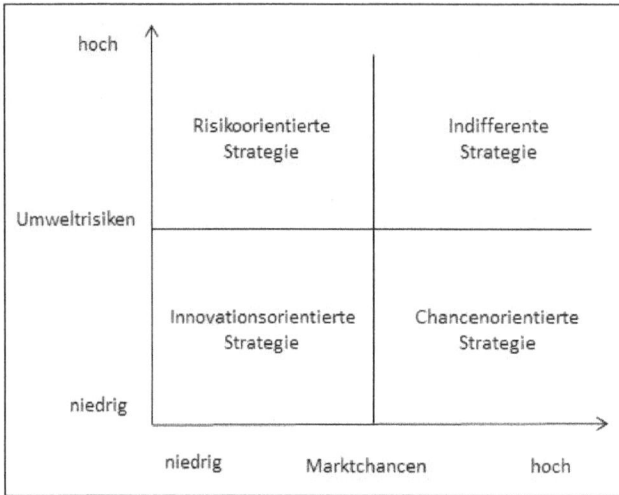

Abb. 3.8:   Umweltorientierte Normstrategien, Quelle: i.A.a. Steger, 1992, modifiziert und geändert

Des Weiteren sollen mit Hilfe des „Triple-Bottom-Line-Ansatzes" Unternehmen auf nachhaltige Marktstrategien ausgerichtet werden (z.B. Tätigkeitsbereich in kritischen Märkten etc.)
(SustainAbility/UNEP, 2001). Der Ansatz bezieht hauptsächlich ökologische Produkt- und
Prozessstrategien, und/oder Strategien interner bzw. externer sozialer Verantwortung ein. Im
Rahmen von „Innovationsstrategien" richtet sich die inhaltliche Ausrichtung auf Effizienzsteigerung (Ressourcenproduktivität), Konsistenz (Kreislaufwirtschaft, Vermeidung von Risi-
koreduktion, Verzicht auf kritische Produkte, Verfahren, Technologien etc.) und Suffizienz
(Veränderung von Lebens-, Konsumstilen, gerechtere Verteilung von Umweltnutzungsmög-
lichkeiten etc.) (z.B. Fichter/Arnold, 2003, Paech/Pfriem, 2002). Andere Autoren nehmen die
Basistypen von Porter als Ausgangsbasis für Inhalte zum Umwelt- und Nachhaltigkeitsmanagement (z.B. Stead et al, 2004, Porter, 1999, Meffert/Kirchgeorg, 1998). Weiterentwicklungen dieser inhaltlichen Ausrichtung führten zu fünf Typen nachhaltigkeitsorientierter Strategien (z.B. Gminder, 2002, Dyllick et al, 1997). Die folgenden Ausführungen basieren auf
dieser Typisierung. Die wettbewerbsbezogene Nachhaltigkeitsstrategie soll dabei als Grundlage dienen, da vorliegend davon ausgegangen wird, dass Unternehmen „Nachhaltigkeit" zumeist aus wettbewerbsstrategischen Gründen verfolgen.

3.4.2.3   Nachhaltigkeitsbasierte Wettbewerbsstrategien

Bei wettbewerbsorientierten Nachhaltigkeitsstrategien nutzen Unternehmen ökologische und
soziale Potentiale der „Nachhaltigkeit" für ihre wirtschaftliche Tätigkeit. Fragen, wie Nachhaltigkeitsstrategien beschrieben und umgesetzt werden können, beschäftigen die Wissenschaft schon längere Zeit. Es handelt sich dabei um ein noch nicht abschließend gelöstes
Problem. Daher besteht in diesem Bereich ein eindeutiger Forschungsbedarf. Auch in der
Praxis werden zur Aufzeigung von Zusammenhängen Strategietypen verwendet. Die Nach-

haltigkeitsleistung wird jedoch zusätzlich von zahlreichen weiteren internen und externen Faktoren beeinflusst. In diesem Zusammenhang herrscht Uneinigkeit über Ursache und Wirkung. Strategietypen und der damit verbundene Inhalt, kann vorliegend als ein Kontext spezifizierender Faktor gelten. Strategietypen werden daher im Folgenden als Teil einer Kontextbeschreibung strategischer Ausrichtung herangezogen. Durch die Weiterentwicklungen der Basisstrategien von Porter, wurden fünf Typen nachhaltigkeitsorientierter Strategien spezifiziert (Gminder, 2002, Dyllick et al, 1997). Es handelt sich um abstrakte, idealtypische Betrachtungsweisen, bei denen empirisch noch zu überprüfen ist, ob sie in der Praxis in dieser Form anzutreffen sind. Die Strategietypen zeigen gleichzeitig auch eine idealisierte Vorgehensweise in der unternehmerischen Nachhaltigkeitsentwicklung (Dyllick et al, 1997). Danach nähern sich Unternehmen dem Themenbereich Nachhaltigkeit zunächst aus einer reaktiven bzw. defensiven Position, zur Sicherung des Fortbestandes des Unternehmens. In einem weiteren Schritt werden mit Hilfe des Nachhaltigkeitsmanagements Möglichkeiten für Kosteneinsparungen erkannt. Danach ergeben sich im nächsten Schritt Möglichkeiten für nachhaltigkeitsorientierte Produktdifferenzierungen. Durch die Platzierung innovativer Produkte auf dem Markt ergibt sich dann oft die Erkenntnis, dass zusätzlich politische bzw. gesellschaftliche Rahmenbedingungen zu verändern sind, um mit nachhaltigen Produkten den Massenmarkt erfolgreich zu bearbeiten. Die Strategietypen werden in der nachfolgenden Abbildung 3.9 im Zusammenhang dargestellt.

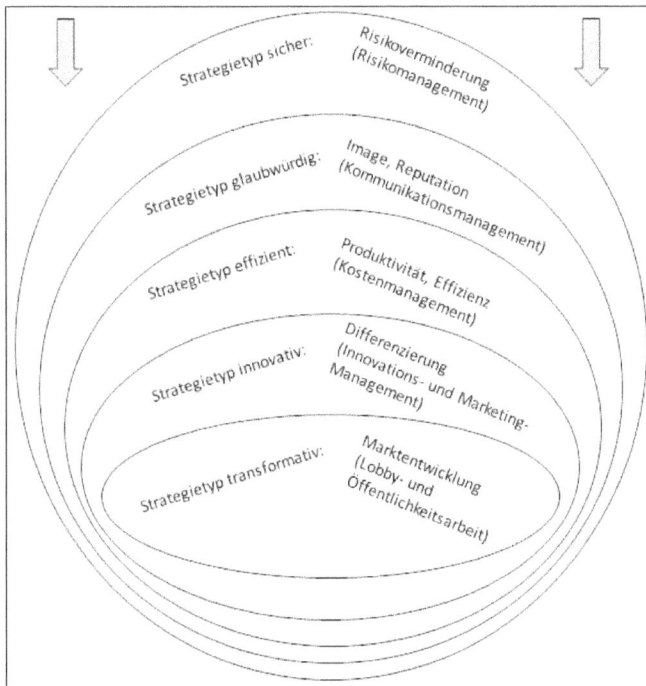

Abb. 3.9:   Nachhaltigkeitsorientierte Wettbewerbsstrategien, Quelle: i.A.a. Dyllick et al, 1997, Gminder, 2002, modifiziert und geändert

Nachfolgend werden Ausrichtung und Inhalte der in Abbildung 3.9. dargestellten fünf Strategietypen im Einzelnen beschrieben. Die Datenbasis für die Strategien bilden 400 Interviews in 80 Unternehmen unterschiedlicher Branchen mit einem erfolgreichen „Nachhaltigkeitsmanagement". Diese wurden als „Potentiale" für Nachhaltigkeit in Unternehmen im Rahmen eines Forschungsprojekts extrahiert (Steger, 2004, Leitschuh-Fecht/Steger, 2003).

3.4.2.3.1   Strategietyp: Sicher

Das Hauptziel dieser Nachhaltigkeitsstrategie liegt in der Verminderung von Risiken, die die bestehende Marktposition bedrohen. Sie wird zumeist als Reaktion (Einstieg) auf gestiegene gesellschaftliche Ansprüche verfolgt und ist strukturerhaltend ausgerichtet. Ein weiteres Ziel ist es, unternehmerische Erfolgspotentiale gegenüber neu entstehenden Risiken und den sich daraus ergebenden Konsequenzen abzusichern (Dyllick et al, 1997, Crosbie/Knight, 1995, Steger, 1992). Risiken ergeben sich im Rahmen der „nachhaltigen Entwicklung" im Hinblick auf die unzähligen Zielkonflikte zwischen der ökologischen und sozialen Umwelt. Problembereiche können dabei direkt vom Unternehmen ausgehen (Emissionen, Auswirkungen von Stör- und Unfällen etc.). Sie können sich aber auch indirekt auf ein Unternehmen beziehen (wirtschaftliche Abhängigkeit von Gemeinden, Regionen etc.). Handlungsrisiken beziehen sich auf Korrekturen bzw. Verhinderung von Maßnahmen, die auf Konsequenzen hinauslaufen. Finanz-, Haftungs- und Kreditrisiken beziehen sich auf finanzielle Verluste, die durch erzwungene Handlungskorrekturen entstehen bzw. zu unerwarteten Schäden führen (z.B. Altlasten, Schadenersatzforderungen etc.) (Bieker et al, 2001). Die Umsetzung dieser Nachhaltigkeitsstrategie erfolgt durch das Risikomanagement (Standorte, Technologien, Prozesse, Produkte etc.). In allen drei Nachhaltigkeitsdimensionen (Ökologie, Ökonomie, Soziales) werden entsprechende Risikomanagementsysteme etabliert. Zur Prozessabsicherung ist interne Rechtssicherheit, Legitimität und gesellschaftliche Konformität unverzichtbar. Finanzielle Sicherheit wird oft über Financial Audits und die Revision sichergestellt. Ökologische Sicherheit erfolgt durch Umweltmanagementsysteme (z.B. ISO 14001, EMAS etc.). Zur Absicherung von Produkten auf bestehenden Märkten, können Produktanpassungen nötig werden (z.B. verbotene Inhaltsstoffe etc.). Es kann aber auch ein politisches Lobbying vonnöten sein, z.B. um Produktauflagen (Rücknahmeverpflichtungen etc.) zu verhindern bzw. abzumildern. Wird das nachhaltigkeitsorientierte Risikomanagement passiv ausgerichtet, ist es nur solange von Vorteil, wie im Markt keine Substitute vorhanden sind. Die Gefahr liegt darin, durch zu langes Zögern bei der Einführung nachhaltiger Lösungen als „Late Mover" (Technologie und Image-)Verluste zu erleiden. Als Beispiel hierfür kann die deutsche Automobilindustrie dienen, die im Hinblick auf die Hybrid-Technologie hinter der japanischen und französischen Industrie herhinkt. Die Anwendung des Strategietyps wurde empirisch bestätigt. Ihr wird auch in Zukunft eine Bedeutung als (Einstiegs-)Strategie für „Nachhaltigkeit" zugemessen. Insbesondere da durch die vielfältige Globalisierungskritik der Druck zur „Nachhaltigkeitsausrichtung" von Unternehmen noch stärker wachsen wird.

3.4.2.3.2   Strategietyp: Glaubwürdig

Bei diesem Strategietyp liegen die Hauptziele sowohl in einer Absicherung gegen Reputationsrisiken (Greenwashing, Vertrauensverlust etc.) als auch im Aufbau positiver nachhaltigkeitsbezogener Reputationswerte (z.B. Börsen-, Markenwerte etc.). Die Nachhaltigkeitsstrategie erfolgt oft als Reaktion auf gestiegene Sensibilitäten in der Gesellschaft, hinsichtlich der Art und des Umgangs von Unternehmen mit Nachhaltigkeitsanforderungen (z.B. Merten, 2000). Image- und Reputationswerte können sich für Unternehmen als ein bedeutendes immaterielles Kapital erweisen. In einer Untersuchung wurde auf Basis einer Umfrage beim World Economic Forum 2004 geschätzt, dass ca. 40% der Marktkapitalisierung auf der positiven Reputation von Unternehmen basiert (Lunau, 2004). Positive Reputationswerte können auch in kritischen Situationen für Unternehmen beim Krisenmanagement hilfreich sein. Die Nachhaltigkeitsstrategie ist beim Imageaufbau offensiv ausgerichtet und weist dabei Ähnlichkeiten mit einer Marketingstrategie auf. „Nachhaltigkeitsstrategien" zur Imageabsicherung sind oft eher defensiv und haben Ähnlichkeiten mit Risikostrategien. Nachhaltigkeitsorientierte Imagestrategien sind komplementär zu Kosten- und Differenzierungsstrategien.

Beispiele für Image- und Reputationsrisiken

„Image- und Reputationsrisiken haben Imageverluste durch inadäquate Reaktion auf Nachhaltigkeitsprobleme zur Konsequenz. Bspw. Nike oder Adidas wegen menschenunwürdiger Arbeitsbedingungen bei den Zulieferern; Shell, Elf oder Total Fina wegen ökologisch und sozial unverträglicher Erdölförderung in Nigeria bzw. Russland; UBS oder Crédit Suisse wegen der Kaschierung von jüdischen Altkonten oder der Finanzierung von Diktatoren. Imagerisiken können auch durch verwendete Technologien, wie z.B. Gentechnologie oder Atomkraft oder durch Aktivitäten auf bestimmten Märkten, wie Rüstung oder Tabak entstehen" (Morgan, 1997, Klein, 2001).

Die Umsetzung der Nachhaltigkeitsstrategie erfolgt durch glaubwürdiges, seriöses unternehmerisches „Nachhaltigkeitshandeln". Neben dem Produkt- und Umweltmanagement, spielt das Kommunikationsmanagement dabei eine entscheidende Rolle. Es richtet sich sowohl nach innen, als auch nach außen. Nach innen soll erreicht werden, dass sich die Mitarbeiter mit den Nachhaltigkeitszielen und der Ausrichtung des Unternehmens identifizieren. Durch ihre Motivation sollen sie als „Multiplikatoren" das Image/Reputation ihres Unternehmens auch nach außen tragen. Nach außen richten sich die Kommunikationsmaßnahmen an die Stakeholder eines Unternehmens bzw. speziell an den Finanzmarkt sowie an die Gesellschaft, in der das Unternehmen agiert (z.B. Merten, 2000). In der Außenkommunikation besteht in Deutschland immer noch ein erheblicher Nachholbedarf. So wird in Umfragen bestätigt, dass zu wenig Dialogbereitschaft in der Wirtschaft vorhanden ist. Damit verbunden ist auch die Tatsache, dass Unternehmen zu selten Fehler eingestehen bzw. nicht ausreichend auf Informationsbedürfnisse von Stakeholdern einzugehen bereit sind (Lunau, 2004).

Durch Kooperationen mit Stakeholdern kann ein positives Image gefördert werden. Das Engagement des Unternehmens sollte sich aber nicht nur in Spenden bzw. Sponsoring erschöpfen, sondern sich auch für Dialoge öffnen (z.B. Anwohnerdialoge zur Standortsicherung etc.). Auch die Anwendung neuer Technologien kann bei den Stakeholdern leicht in die Kritik geraten. In diesen Fällen kann mit Hilfe dialogischer Kommunikation des Unternehmens, Wissen bei den Stakeholdern erweitert werden. Dadurch ist es möglich, das Vertrauen in die Produkte zu erhöhen. Die Anwendung von Imagestrategien wurde vielfach empirisch bestätigt (z.B. Leitschuh et al, 2003). Der Grad der Markenidentifikation bestimmt dabei die Kritikanfälligkeit. Ein gutes Image verbessert auch die Bewerberlage für Mitarbeiter. In einer Studie in den USA wurde von 80% der befragten Unternehmen als Hauptgrund für die nachhaltige Ausrichtung, eine Steigerung der Reputation angegeben (PriceWaterhouseCoopers, 2002).

Unternehmerisches Handeln zur Vermeidung eines negativen Images

„Handeln, das negative Auswirkungen vermeidet, wie bspw. der Verzicht auf prekäre Produktionstechnologien (Gentechnologie, Tierversuche). Handeln, das negative Auswirkungen akzeptabel bewältigt, wie bspw. gutes Krisenmanagement bei Betriebsumfällen […]. Handeln, das sich durch die Herstellung ökologisch und/oder sozial verträglicherer Produkte positiv auswirkt (bspw. die Beimischung von Bio-Baumwolle bei Nike) oder Öko- und Sozio-Sponsoring bzw. Spenden für wohltätige Zwecke […]. Bspw. Verzichtet der angeschlagene Papierkonzern Herlitz auf große Marketingkampagnen und schickt dafür Coaches in Schulklassen, die mit den Schülern Dinge realisieren, wozu die Lehrer im Alltag keine Zeit finden (Gärten, Zeitungen, Lernen lernen etc.). Wichtig ist die Kongruenz. Die besten guten Taten verlieren an Gewicht, wenn sich im Kerngeschäft Verantwortungslosigkeit breit macht. […] So lange das Kerngeschäft nicht nachhaltigkeitsorientiert ist, wirken die sozialen Projekte von McDonalds zweifelhaft" (Gminder 2005, 97–98).

3.4.2.3.3   Strategietyp: Effizient

Hauptziel dieser Strategie, ist die Steigerung einer nachhaltigkeitsbezogenen Produktivität durch verbesserte ökologische bzw. soziale Effizienz der internen Prozesse. Dabei geht es vorrangig um Kostensenkungen (z.B. bei Mitarbeitern, Energie, Material etc.). Diese sollen durch den effizienteren Einsatz von Technologien bei der Erfüllung ökologischer und sozialer Anforderungen erreicht werden (Stead et al, 2004, Meffert/Kirchgeorg, 1998, Dyllick et al, 1997). Bei der ökologischen Effizienz ist vorgesehen, gleichzeitig Umweltbelastungen und Kosten zu senken (z.B. Minimierung pro Produkt/Serviceeinheit etc.). Hinter der sozialen Effizienz steht die Idee einer Kostensenkung durch eine Steigerung der Leistungsfähigkeit von Mitarbeitern/Zulieferern, beispielsweise durch den Einbezug sozialer Anliegen. Während es sich bei der Strategie der ökologischen Effizienz um eines der populärsten Konzepte in der Praxis der „Nachhaltigkeitsstrategien" handelt, verharrt die Strategie der sozialen Effizienz eher noch im Wissenschaftsbereich. Es ist jedoch darauf hinzuweisen, dass im Hinblick auf Umweltentlastung durch diese Strategien kaum Vorteile zu erlangen sind. So erweisen sich

die erzielbaren ökologischen Effizienzvorteile in der Praxis oft kaum anders als Effizienzvorteile, die mit dem üblichen ökonomischen Wettbewerbsprozess erreichbar sind. Der wichtigste Grund hierfür ist der „Rebound-Effekt". Durch Rebound-Effekte werden Einsparungen, die
durch effizientere Technologien entstehen, durch vermehrte Nutzung und Konsum überkompensiert. Durch effizientere Ressourcennutzung ist bisher kaum Umweltentlastung entstanden.
Vielmehr wird die Konsumspirale weiter beschleunigt, da durch die effektivere Nutzung Pro-
dukte/Servicedienstleistungen erst zu günstigeren Preisen angeboten werden können.

Ökologischer Rucksack einer Jeans

„Betrachten wir einmal den Weg einer ganz normalen Jeans. Hauptanbaugebiete für Baumwolle sind
die USA, China, Pakistan, Indien und Usbekistan; dem Rohstoff wird weltweit eine Anbaufläche so
groß wie ganz Deutschland geopfert. Baumwollpflanzen brauchen extrem viel Wasser (der Aralsee, an
den Usbekistan grenzt, ist deshalb fast leer gepumpt). Außerdem müssen sie vor Schädlingen geschützt werden: Zehn Prozent des weltweiten Pestizid- und Düngemittelverbrauchs gehen auf das
Konto der Baumwolle. Die Rohbaumwolle kommt per Schiff nach Deutschland, hier werden die Fa-
sern gesponnen und veredelt: Dabei wird Energie verbraucht und noch einmal sehr viel Wasser eingesetzt. Mit Hilfe von umweltbelastenden Chemikalien färbt man den Jeansstoff, verleiht ihm Glanz und
Weichheit. Und weiter: Zum Nähen der Hose wird der Stoff in Niedriglohnländer transportiert, etwa
nach Tunesien; dorthin gelangen nach einem ebenfalls weiten Weg auch die Knöpfe, die Reißver-
schlüsse und das Nähgarn. Eingepackt in Kunststofffolie, werden die Jeans wieder nach Deutschland
verschifft und auf die Läden verteilt. Nach dem Verkauf geht es weiter: Die Hose wird unter Einsatz
von Energie, Wasser und Reinigungsmitteln x-mal gewaschen, schließlich weggeworfen oder in die
Altkleidersammlung gegeben. Rechnet man den gesamten Ressourcen- und Energieaufwand zusammen, ergibt sich für die 600 Gramm leichte Jeans ein ökologischer Rucksack von 32 Kilogramm – und
darin sind die durchschnittlich verbrauchten 8.000 Liter Wasser noch gar nicht enthalten" (Baedeker et
al, 2002, 29).

Die Umsetzung der Strategie erfolgt durch ein nachhaltigkeitsorientiertes Kostenmanagement
(Reinhardt, 2000). Die Strategie eröffnet, durch das Maßnahmenkonzept des produktionsori-
entierten Umweltschutzes, Kosteneinsparungen durch eine Integration in die Betriebsprozesse
(z.B. bei Roh-, Hilfs- und Betriebsstoffen, Abfallreduzierungen etc.). Im Gegensatz dazu stehen die zusätzlich notwendigen „End of Pipe" Lösungen, die eher zusätzliche Kosten verursachen. Die Ermittlung des tatsächlichen Kostensenkungspotentials verlangt eine andere Berechnung der Kosten. Dabei handelt es sich z.B. um Verfahren des Total Cost Accounting, der
Reststoffkostenrechnung, Flusskostenrechnung oder Waste Costing (Schaltegger/Burrit, 2000,
Strobl, 2000, Fischer et al, 2000). Externe Kosten sind mit Hilfe des Life-Cycle-Costing
entlang der Wertschöpfungskette berechenbar und entsprechend reduzierbar (Dyllick et al,
1997). Durch nachhaltige soziale Kosteneinsparungen sollen sich gleichzeitig auch soziale
Entlastungen im Unternehmen ergeben. Dazu gehören z.B. Organisations- und Personalent-
wicklungsmaßnahmen, die neben der Realisierung effizienterer Prozesse, auch zu zufriedene-
ren Mitarbeitern führen sollen. Auch andere soziale Maßnahmen sind möglich. Es können

z.B. freiwillige Sozialleistungen im Austausch mit günstigeren Lohnabschlüssen oder ein be-
stimmtes soziales Verhalten (z.B. die Beschäftigung von Behinderten etc.) im Gegenzug zu
Steuererleichterungen vorgesehen werden. Bei der Strategie der sozialen Effizienz sind jedoch
die Potentiale schwieriger und im Sinne einer gesellschaftlichen „Nachhaltigkeit" auch unge-
nauer zu erreichen. Die Anwendbarkeit effizienter „Nachhaltigkeitsstrategien" gilt als empirisch bestätigt (z.B. Leitschuh-Fecht/Steger, 2003).

3.4.2.3.4   Strategietyp: Innovativ

Zielsetzung dieser „Nachhaltigkeitsstrategie" ist eine Differenzierung mit Hilfe ökologischer
bzw. sozialer Innovationen für Produkte/Dienstleistungen. Die Strategie ist offensiv ausgerichtet. Unternehmen wollen damit, der immer größer werden Zahl ökologisch orientierter
Konsumenten, durch sozial-ökologische Produktdifferenzierungen einen Mehrwert bieten.
Der so entstehende Zusatznutzen, eröffnet die Realisierung von Wettbewerbsvorteilen. Damit
verbunden ist auch die Möglichkeit eine höhere Zahlungsbereitschaft zu nutzen. Inwieweit
sich höhere Preise für nachhaltige Produkte realisieren lassen, hängt von der Wettbewerbssituation und der jeweiligen Zielgruppe ab. Analog zur herkömmlichen Innovationsorientierung, reichen singulär auf Nachhaltigkeitskriterien ausgerichtete Innovationen bzw. Differenzierungen jedoch nicht aus. Innovationen können ganze Branchen neu sortieren (z.B. digitaler
Fotoapparat etc.). Sie müssen aber stets ganz nah an den Konsumentenbedürfnissen entwickelt werden. In der Vergangenheit sind viele nachhaltigkeitsbezogene Innovationen gescheitert, weil die Nachfrager den nachhaltigen Zusatznutzen nicht in der Weise wahrgenommen
haben, wie gedacht. Dazu hat auch beigetragen, dass einige Unternehmen versucht haben, die
höhere Zahlungsbereitschaft einer Zielgruppe auszunutzen. Sie haben eine geringere Qualität
zu höheren Preisen angeboten oder unter dem Motto „nachhaltige Innovation" Greenwashing
betrieben. Analog zum herkömmlichen Innovations-Management, ist durch Timing-Strategien
der rechtzeitige Markteintritt für eine nachhaltige Innovation zu beachten (Dyllick et al,
1997). Bei vielen „Nachhaltigkeits-Innovationen" sind ökologische bzw. soziale Eigenschaften für die Konsumenten nicht unmittelbar produktbezogen nachprüfbar. Glaubwürdigkeit
und Transparenz erhalten daher in den Augen der Verbraucher ein besonderes Gewicht. Der
Einsatz seriöser Öko-Labels bzw. Sozial-Standards in der Produktion bzw. in der Wertschöpfungskette können helfen, die Glaubwürdigkeit zu verbessern. Orientierung können Verbrau-
cherschutz-Organisationen bieten (z.B. Stiftung Warentest etc.). Durch sie werden z.B. die
Produkteigenschaften,   Herstellungsbedingungen   sowie   Nachhaltigkeitskriterien   getestet
(Gminder, 2002). Eine gute Positionierung nachhaltigkeitsbezogener Innovationen kann auch
zu reputationssteigernden Effekten führen. Diese können sich auch auf andere Produkte eines
Unternehmens auswirken (z.B. Coop Schweiz erreichte aufgrund seiner Marke „Naturaplan"
insgesamt ein hohes ökologisches Image). Ökologische und soziale Zusatznutzen sind durch
ein spezifisches Marketing herauszustellen und zu vermarkten. Dabei sollten alle flankieren-
den Profilierungsdimensionen durch „Nachhaltigkeit" dominiert werden. Für die Umsetzung

dieser Strategie in der Praxis, ist ein nachhaltigkeitsorientiertes Innovationsmanagement zuständig. Es managt die durch die F&E-Abteilung entwickelten Produkte, setzt Entwicklungsschwerpunkte und bringt nachhaltige Produkte zur Marktreife (Charter/ Tischner, 2001). Innovationen können sich auf alle Phasen des Lebenszyklus nachhaltiger Produkte/ Dienstleistungen, den Supply-Chain und das Procurement (Rohstoffversorgung etc.) beziehen. Daher waren in der Vergangenheit, neben Innovationen, die sich auf nachhaltige Produkteigenschaften beziehen (z.B. Bio-Milch, Bio-Wein etc.), auch Innovationen erfolgreich, die auf eine nachhaltige Wertschöpfungskette abstellen (z.B. fair gehandelte Produkte, Rohstoffe aus nachhaltig bewirtschafteten Feldern, Strom aus erneuerbaren Energien etc.). Daneben haben sich in der Vergangenheit auch Innovationen durchgesetzt, die auf nachhaltigen Konsum ausgerichtet sind (z.B. Energiesparlampe, Windräder etc.), oder auf nachhaltige After-Konsum-Phasen setzen (Recyclefähigkeit von Verbrauchsprodukten, recyclebare Plastiktüten etc.). In der Vergangenheit hat sich aber auch gezeigt, dass in vielen Fällen zusätzliches Wissen in Form von Informationen für die Verbraucher wichtig ist. Diesen Anforderungen sind einige Unternehmen, in der von den Verbrauchern erwarteten Form, nicht ausreichend nachgekommen. Das könnte auch ein Grund dafür sein, dass sich einige nachhaltigkeitsbezogene Innovationen erst langsam durchsetzen können (z.B. Informationen über nachhaltigkeitsorientierte Fischzucht etc.). Die Anwendbarkeit innovativer „Nachhaltigkeitsstrategien" gilt als empirisch bestätigt (Leitschuh-Fecht/Steger, 2003). Als Merkmale für Strategien zur Differenzierung im Massenmarkt wurden empirisch abgeleitet (Villinger et al, 2000): (1) moderate Preisgestaltung (zwischen Nischen- und konventionellem Preis), (2) positiv statt asketisch konzipierte Kommunikation und (3) aktiver Einbezug von Politik und Öffentlichkeit in das Marketing. Eine der größten Gefahren bei nachhaltigen Innovationen ist darin zu sehen, dass erfolgreiche Innovationen vom Gesetzgeber bzw. Branchenverbänden zu einem (gesetzlichen, verbandsbezogenen) Standard erhoben werden, der für alle Firmen (in der Branche) gilt. Für innovative Unternehmen kann das einen (Teil-)Verlust der Wettbewerbsfähigkeit bedeuten.

3.4.2.3.5   Strategietyp: Transformativ

Ziel der transformativen „Nachhaltigkeitsstrategie" ist, die nachhaltige Entwicklung von Märkten durch die aktive Mitgestaltung des Strukturwandels in Wirtschaft und Gesellschaft (Dyllick, 1997). Es handelt sich um eine progressiv ausgerichtete Strategie, bei der sich Unternehmen offensiv an einer nachhaltigen Transformation in der Wirtschaft beteiligen wollen (z.B. nachhaltige Technologien in den Bereichen Bauen, Ernährung, Wohnen, Gesundheit etc.). Für diese Strategie müssen Unternehmen bereits über umfangreiches Know-how im Rahmen der „nachhaltigen Entwicklung" verfügen (z.B. durch die anderen Strategien etc.). Diese Erfahrungen befähigen sie zur Mitarbeit (Lobbying) bei der Gestaltung politischer Rahmenbedingungen. Diese haben das Ziel nachhaltiges (Markt-)Verhalten zu fördern und umweltschädliches Verhalten zu sanktionieren. Auf diese Weise kann eine Marktentwicklung erfolgen. Marktentwicklung i.e.S. soll zur Vermeidung von Marktbarrieren dienen (z.B. hohe

Transaktionskosten etc.). Durch die Entwicklung von Standards soll für Konsumenten ein annähernd ähnliches Niveau geschaffen werden (Dyllick et al, 1997). Die Umsetzung erfolgt durch nachhaltigkeitsorientierte Lobby- und Öffentlichkeitsarbeit. Diese bezieht sich auf die Mitgestaltung nachhaltigkeitsorientierter Branchenstandards (z.B. Global Reporting Initiative GRI etc.) sowie politische Lobbyarbeit bei der Ausgestaltung von Rahmenbedingungen (z.B. CO_2-Steuer etc.). Extern kann durch Netzwerkbildung die Reputation gesteigert werden. Unternehmensintern sind proaktive Wege zur Nachhaltigkeitsentwicklung z.B. durch Organisationsentwicklung möglich (Brentel et al, 2003). Das Ziel der Marktentwicklung benötigt ein langfristiges Engagement. Es ist unsicher im Ergebnis und schwierig durch politische Unwägbarkeiten. Daher positionieren sich auch einige der ehemals proaktiv ausgerichteten Firmen in Richtung Marktabsicherung beim „Nachhaltigkeitsmanagement". Abbildung 3.10 zeigt die zuvor beschriebenen Strategietypen im Verhältnis zur damit verbundenen Risikobereitschaft sowie zur „Nachhaltigkeitswirkung" im Überblick.

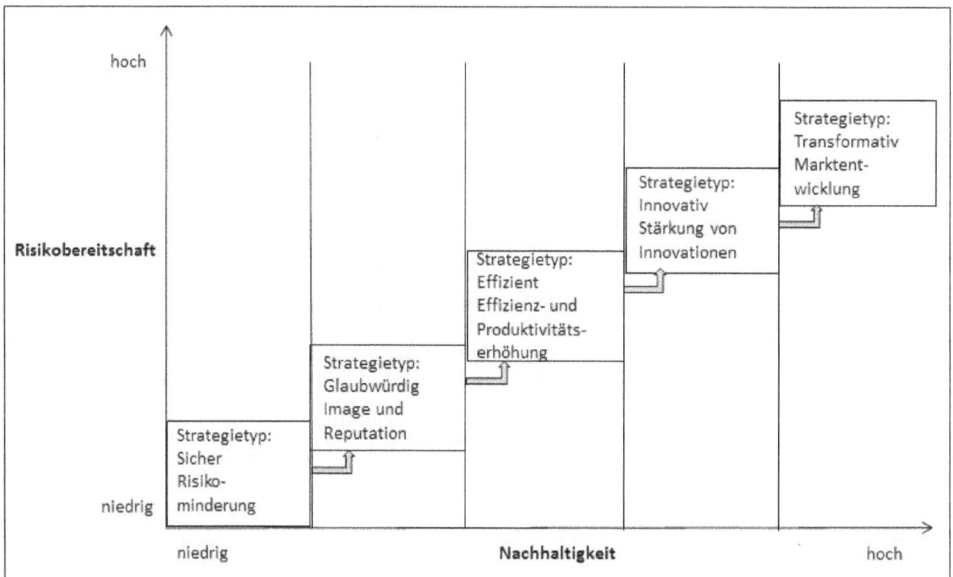

Abb. 3.10:   Risikobereitschaft und Nachhaltigkeitsausrichtung bei wettbewerbsorientierten Strategie-Typen
Mit idealisierter Abfolge, Quelle: i.A.a. Gminder, 2008, modifiziert und geändert

3.4.2.4   Unternehmensweite Strategieausrichtung

Die Vergangenheit zeigt, dass in Deutschland der bisherige Umgang von Unternehmen mit dem Themenbereich „Nachhaltigkeit" am ehesten mit defensiv, partikulär bzw. partiell beschrieben werden kann (Dyllick, 2006). Zu einer defensiven Strategieausrichtung trägt vor allem das Selbstverständnis vieler Führungskräfte bei. Die Denkweise der übergroßen Mehrheit von Führungskräften beschränkt sich nach wie vor hauptsächlich darauf, das wirtschaftliche Kerngeschäft möglichst gut zu erfüllen. Für die Lösung von Problemen gesellschaftlicher

„Nachhaltigkeit" fehlen oft sowohl die Qualifikationen als auch die dazu notwendigen besonderen Legitimationen. Der verengte Blick auf die Wertschöpfung für Eigentümer (Sharehol-
der-Value etc.) verursacht, dass soziale und ökologische Problembereiche lieber dem Staat
zugeschoben werden, im eigenen Denkmodell jedoch keinen Platz finden. Diese überkomme-
ne „Denkweise" führt nahezu zwangsläufig zu einer defensiven Strategieausrichtung in den
Unternehmen. Sie besteht darin, dass erst reaktiv aufgrund von Zwängen bzw. gesetzlichen
Bestimmungen gehandelt wird. Unternehmen beschränken nachhaltigkeitsbezogene Reaktionen dann häufig nur auf partikulär notwendige Maßnahmen.

Neben dieser Gruppe, verfolgen deutsche Unternehmen bei der „Nachhaltigkeit" auch eine
partielle Strategieausrichtung. Fragen unternehmerischer Nachhaltigkeit und gesellschaftlicher Verantwortung werden entweder als prinzipielle einzelfallbezogene Frage oder als Frage
der Reputation angesehen (Dyllick, 2006). Im ersten Fall kommen Konzepte, wie z.B. Corporate Responsibility (CSR) im Unternehmen zum Einsatz. Im zweiten Fall sehen Führungskräfte lediglich eine Möglichkeit zur Vermeidung von Risiken bzgl. gesellschaftlicher Ansprüche.
Aufgrund der Komplexität von Anforderungen, die sich aus dem Konzept CSR ergeben, erwachsen daraus oft nur partielle Maßnahmen, wie z.B. Stakeholder-Dialoge und Nachhaltigkeitsberichte. Die operative Verantwortung hierfür wird speziellen Verantwortlichen bzw.
Abteilungen übertragen (z.B. Social Issues etc.). Deren Bewegungsrahmen ist sehr begrenzt,
oft sogar gänzlich losgelöst vom Unternehmen. Insofern können diese Maßnahmen zwar einer
Absicherung gegenüber Risiken dienen, verhindern aber eine Öffnung gegenüber nachhaltigen Anforderungen aus der „nachhaltigen Entwicklung". Im Rahmen des partiellen Aufgrei-
fens und Reagierens auf spezielle Nachhaltigkeitsforderungen, unterbleibt ein Einbezug in die
reguläre Strategieplanung. Das Hauptaugenmerk liegt auf dem operativen Bereich. Die Bemühungen erschöpfen sich in Zertifizierungen (z.B. DIN ISO 14001, TQM, Gesundheitsschutz etc.). In den Bereich des allgemeinen Managementsystems, das zur Steuerung der Ge-
schäftsstrategien dient, schaffen es „Nachhaltigkeitsthemen" mit diesem Ansatz jedoch nicht.
„Nachhaltige Entwicklung" verharrt daher oft als ein peripheres Thema außerhalb der (Ge-
samt-) Unternehmensstrategie.

Andere Unternehmen interpretieren die Bedeutung der Thematik der „nachhaltige Entwicklung" proaktiv. Sie integrieren Nachhaltigkeit frühzeitig und machen die Auswirkungen zu
einem zentralen unternehmensstrategischen Bestandteil (Dyllick, 2006). Damit geraten nicht
nur Risiken, sondern auch Chancen von „Nachhaltigkeitswirkungen" in den Fokus der Möglichkeiten. Unternehmerisches Handeln erfolgt im Vorlauf zu grundsätzlichen Zwängen unter
der Ägide vorhandene Spielräume zu erhalten oder sogar auszuweiten. Das ist erreichbar, indem für die Gesellschaft bzw. für relevante gesellschaftliche Anspruchsgruppen, auch unver-
langt durch Antizipation, Lösungsbeiträge erbracht werden. Diese Strategieausrichtung ist allerdings mit einem komplexen und umfangreichen Engagement verbunden. Es umfasst sowohl Prozesse und Märkte als auch die Anspruchsgruppen des Unternehmens. Optimierungen

im Sinne der Nachhaltigkeitsthematik umfassen Auswirkungen über den gesamten Produkt-Lebenszyklus. Suboptimale Ansätze durch partikulare, partielle Lösungen werden vermieden. Es eröffnen sich dadurch interessante Perspektiven für Chancen und Innovationen. Durch die proaktive Strategie verändern sich auch Zuspruch und Unterstützung für das Unternehmen in der Gesellschaft. Damit ist auch eine erhöhte Reputation verbunden. Nachhaltigkeitsauswirkungen stellen insgesamt große Herausforderungen für Unternehmen dar, weil wie in Kapitel 3.4.1.1 ff. in diesem Buch dargelegt, der angemessene Umgang mit Komplexität und Ungewissheit ein anderes Denken und Management-Handeln verlangt.

Proaktive Strategie bei General Electric

„General Electric (GE) ist ein Unternehmen, welches traditionell vor allem für hohe Beiträge zum Shareholder Value steht. Unter der Führung ihres Chairman Jeff Immelt ist 2005 mit „Ecomagination" eine Geschäftsstrategie lanciert worden, die an den Bedürfnissen der Kunden nach energieeffizienten, emissionsarmen Produkten ausgerichtet ist und gleichzeitig eine bedeutende Wachstumsstrategie für GE darstellt. Durch gezielte Investitionen in „saubere Technologien" wie erneuerbare Energien, Wasserstoffenergie, saubere Kohle, Energieeffizienz, Brennstoffzellen, Turbinen, Wasserentsalzungs- und Membrantechnologien soll ein finanziell ertragreiches Wachstum erzielt werden, indem einige der größten Nachhaltigkeitsherausforderungen angegangen werden. Gemäß Ecomagination-Bericht lag Ende 2005 der Umsatz dieser Produkte bei 10 Mrd. Dollar bzw. 7% des GE-Gesamtumsatzes und die Zunahme des Bestellungseingangs war 2005 drei Mal so hoch wie beim Unternehmen als Ganzes" (Dyllick, 2006, 71).

3.4.3   Nachhaltigkeitsbezogene Produktionsstrategie

Der Begriff „Produktionsstrategie" wird in der Literatur uneinheitlich verwendet. Zwar existieren unterschiedliche Definitionen, sie basieren jedoch auf einer einheitlichen Kernaussage. Durch eine Produktionsstrategie wird demnach die Schaffung und Bewahrung der Fähigkeiten und Potentiale im Bereich der Leistungserstellung festgelegt, um dadurch die Leistungserstellung zu befähigen, ihren Beitrag zur Wettbewerbsfähigkeit des Unternehmens zu leisten (Zäpfel, 2000). Trotz unterschiedlicher Definitionen, herrscht über die Inhalte einer Produktionsstrategie weitgehende Einigkeit. Es handelt sich um Entscheidungen über den Einsatz von Technologien, das aufzubauende Leistungsvermögen der betrieblichen Potentiale, den Umfang der betrieblichen Wertschöpfung sowie den (die) Standort(e) der produzierenden Stellen (Zäpfel, 2000). Zur Erreichung dieser Zielsetzung werden Produktionskonzepte eingesetzt, die u.a. Aussagen bzgl. der erforderlichen Produktionsinstrumente ermöglichen. Mit Bezug auf die gewählte Unternehmensgesamt- und Geschäftsfeldstrategie, wird durch Produktionsstrategien formuliert, welche produktionsrelevanten Fähigkeiten und Potentiale zur Erlangung von Wettbewerbsvorteilen zu entwickeln sind (Becker/Kaluza, 2004). Für die Produktionsstrategie der unternehmerischen „Nachhaltigkeit" ist es wichtig, dass bei allen Entscheidungen u.a. der Umweltschutz, die Schonung der natürlichen Ressourcen, ein respektvoller Umgang mit der Gesellschaft und den Kulturen sowie eine langfristig angelegte Wirtschaftsweise zugrunde gelegt wird (Zirning, 2009). Der unternehmerischen Verantwortung kommt dabei die Rolle als ein Bereich bzw. als Treiber der „unternehmerischen Nachhaltigkeit" zu. Die Anforderungen beziehen sich, neben der Produktion, auf alle Funktionsbereiche des Unternehmens. Als ein wesentliches Problem bei der Integration des Nachhaltigkeitskonzepts hat sich in der Vergangenheit die Diskrepanz zwischen dem normativen Leitbild einer „nachhaltigen Entwicklung" und den Anforderungen an die Operationalisierung des Leitbildes erwiesen. Durch dieses Vorhaben entstehen in der Praxis nicht selten Problemfelder, bei denen sich, durch den Systemcharakter und die damit verbundene Komplexität, die Problematik für Unternehmen unerwartet verschärft. Im Folgenden werden ausgewählte Problemfelder vorgestellt, die im Rahmen von Produktionsstrategien in der Vergangenheit oft zu „Stolpersteinen" bei der Ausrichtung an Nachhaltigkeitskriterien wurden. Die Ausführungen beschränken sich dabei auf die verarbeitende/produzierende Industrie. Die Problemfelder werden in der Reihenfolge ähnlich dem Produktlebenszyklus (bzw. der Wertschöpfungskette) vorgestellt.

3.4.3.1   Innovationsmanagement und Produktdesign

Der Begriff „Innovation" ist schillernd und in der Wirtschaft in den letzten Jahren zu einem richtigen Modewort geworden. Nach einer der am häufigsten verwendeten Definitionen, handelt es sich bei Innovationen um:

„any idea practise or object perceived as new by an individual or another unit of adoption" (Rogers/Schoemaker, 1971, 19).

Durch diese Begriffsbestimmung wird unterstrichen, dass Innovation, neben einem technischen, auch ein soziales Urteil darstellt und von der Wahrnehmung der potentiellen Anwender und Nutzer abhängt. Ein grundlegend neues Produkt wird erst dann zu einer Innovation, wenn es von einer größeren Anzahl Marktteilnehmer als solches anerkannt wird. Auch für den Begriff „Innovationsmanagement" existieren in der Praxis verschiedene Interpretationen (z.B. F&E-Management, Technologiemanagement etc.). Innovationsmanagement kann, mit Bezug auf die Steuerung von Innovationsprozessen, als: „die bewusste Gestaltung und Steuerung von Innovationsprozessen und ihrer Rahmenbedingungen" verstanden werden (Hauschild, 2004). Der betriebliche Innovationsprozess hat auch einen systemischen Charakter. Er integriert sowohl Ökonomen als auch Ingenieure. Beim technischen Verständnis und beim Handeln von Unternehmen sind traditionelle technokratische und ökonomistische Denkhaltungen jedoch nach wie vor vertreten (vgl. dazu die Ausführungen im Kapitel 3.2.3.1.2 und 3.2.3.1.3. in diesem Buch). Bis eine umweltfreundliche Technologie von den Kunden gekauft werden kann, müssen die damit verbundenen Eigenschaften und Merkmale von einer möglichst innovativen F&E idealiter erforscht werden. Das sollte geschehen, bevor ein Verfahren bei einem Produkt eingesetzt und dieses damit weiterentwickelt wird.

Formaldehyd bei Ikeas Billy-Regal

„Im Jahr 1992 geriet die Möbelkette Ikea mit ihrem Regal „Billy" in die Schlagzeilen: Labortests ergaben, dass einige der Regalbretter den Formaldehyd-Grenzwert bis um das Vierfache überschritten. Das ist lange her, und doch kommt das Thema Schadstoffe in Möbeln immer wieder auf. Bei späteren Untersuchungen durch Öko-Test wurde erneut Formaldehyd in Ikea-Möbeln gefunden, wenn auch deutlich unterhalb der zulässigen Grenzwerte. Das Konsumentenmagazin weist jedoch darauf hin, dass empfindliche Menschen auch auf diese geringe Menge bereits mit Reizungen der Augen und Schleimhäute reagieren können. Bei mehreren schadstoffhaltigen Möbeln in einem Raum könne der Grenzwert zudem leicht überschritten werden" (o.V., 2014h).

Zu einem der größten Problembereiche in der nachhaltigkeitsorientierten Produktionspolitik mit Auswirkungen auf alle anderen Bereiche, gehört die strategische Ambivalenz, Unentschlossenheit sowie Unverbindlichkeit bei der Durchsetzung nachhaltiger Ziele im Unternehmen. Bei der strategischen Orientierung der unternehmerischen Wertschöpfungsaufgaben am „Nachhaltigkeitsleitbild", hat die F&E eine wichtige Funktion. Das Augenmerk von Ingenieuren sollte einerseits auf der Verbesserung der „Nachhaltigkeitsorientierung" bei zukünftigen Problemlösungen und Produktionsprozessen liegen, andererseits aber auch grundlegende Verbesserungen bei bestehenden Produkten und Produktionsprozessen nicht außer Acht lassen. „Nachhaltigkeitsorientierte" Zielsetzungen sind z.B. Emissionen, Umweltrisiken, Ressourcenverbräuche etc. ganz zu vermeiden bzw. zu vermindern. Dazu gehört auch die Verbesserung von Langlebigkeit, Entsorgungs- bzw. Reparaturfreundlichkeit bei (neuen) Produkten (Rubik/Teichert, 1997). Es handelt sich dabei aber nicht nur um die Einhaltung gesetzlicher Vorschriften, das ist bei nachhaltigkeitsorientierten Firmen obligatorisch. Heute kann ein erheblicher Teil produzierender Unternehmen theoretisch bereits auf nachhaltigkeitsorientierte Politiken verweisen. In der Praxis zeigt sich aber, dass die ausgegebenen „Nachhaltigkeitsziele" oft viel zu allgemein gefasst sind. Mitarbeiter in F&E-Abteilungen brauchen konkrete nachhaltigkeitsbezogene Zielvorgaben, die von der Unternehmensleitung verbindlich vorgegeben werden. Fallstudien aus der Automobil- und Maschinenbaubranche haben jedoch gezeigt, dass sich theoretisch bekundete „Nachhaltigkeitsvisionen" aus der Unternehmensleitung, nicht unbedingt auch in der Unternehmenskultur bzw. Organisation niederschlagen (Frei, 1999, Hettmer, 1998, Siebenhüner et al, 2006). Daraus ergibt sich, dass nachhaltigkeitsorientierte Zielsetzungen zur Förderung von Innovationen in der Produktentwicklung, insbesondere bei diesen Branchen, kaum vorgegeben werden. Im Hinblick auf eine an nachhaltigkeitsorientierten Prinzipien ausgerichtete F&E-Politik, werden in der Literatur folgende Prinzipien definiert (z.B. Hübner, 2002, Frei 1999, Ehrenfeld/Lennox, 1997, Hellenbrandt/ Rubik, 1994, Schneidewind, 1994):

1. Im Rahmen der F&E sind bereits auf der strategischen Ebene die ökologischen und sozialen Ansprüche der relevanten Stakeholder zu berücksichtigen (Einhaltung von gesetzlichen Vorschriften, Ersatz belastender Materialien etc.).

2. Umweltauswirkungen von Produkten (Material- und Energieverbrauch, Emissionen, Recyclingfähigkeit etc.) sind nach neuestem Stand zu ermitteln. Dabei ist, im Sinne einer
   nachhaltigkeitsorientierten Produktpolitik, die Zielsetzung einer fortlaufenden Reduzierung
   von lebenszyklusbezogenen Belastungen für die Umwelt zu verfolgen.

3. Bei einer nachhaltigkeitsorientierten Produktentwicklung liegen die Ziele darin, bereits in
   den frühen Phasen zu berücksichtigen wie eine Produktionsfunktion (z.B. soziale bzw. gesellschaftliche Bedürfnisse etc.) grundlegend effektiver, im Sinne von weniger Umweltbelastungen, erfüllbar ist. Die Ausgangslage sollte sich daher *nicht* generell auf die Akzeptanz vorhandener Leistungskonzepte beschränken, um dann lediglich auf inkrementelle
   (Effizienz-) Verbesserungen ausgerichtet zu werden.

4. Durch die Integration des „Nachhaltigkeitsleitbildes" sowie der dazugehörigen Prinzipien
   in betriebliche Innovationsprozesse, ist die absolute Priorisierung ökonomischer bzw.
   technischer Ziele zu vermeiden. Daher erscheint auch die Institutionalisierung einzelner
   isolierter nachhaltigkeitsbezogener Projekte bzw. Prozesse nicht sinnvoll.

Ein weiteres Problem im technischen Bereich der F&E sind zu vage gehaltene nachhaltige
Zielvorgaben. Zur Erhöhung der Handhabbarkeit nachhaltigkeitsorientierter Zielsetzungen,
müssen Unternehmenswerte, -Prinzipien und -Normen für F&E-Abteilungen konkretisiert
werden (z.B. produktbezogen etc.). Verhaltenskodizes von Unternehmen bzw. Priorisierungs-
regeln von Verbänden können dabei Hilfestellung zur Sensibilisierung von Mitarbeitern, in
Bezug auf nachhaltigkeitsbezogene Reflexionen, leisten (z.B. VDI-Richtlinie 3780, Ethik-
Kodes etc.). Kodizes beinhalten jedoch oft zu allgemeine Forderungen, die auch sehr vage
bleiben. Sie können keinesfalls die Bereitschaft eines Unternehmens und seiner Mitarbeiter
zur Auseinandersetzung mit Stakeholdern und deren Interessenslagen ersetzen (Zabel, 2001).

F&E-Abteilungen haben im ökonomischen Bereich das große Problem der Forderung nach
rascher ökonomischer Verwertbarkeit. Technik bildet zwar oft die Basis für Innovationen, ist
aber schon lange kein Selbstzweck mehr. Technik stellt heute vor allem ein Mittel zur Erreichung wirtschaftlicher Ziele dar. Ein F&E-Ingenieur muss sich daher nicht nur mit Fragen der
Erkenntnisgewinnung (z.B. Erfindung etc.) beschäftigen, sondern gleichzeitig auch zu Fragen
einer raschen ökonomischen Verwertung in Form von Innovationen Stellung beziehen (Hübner, 2002). Dieses Kriterium gehört seit der zweiten Hälfte des 19. Jahrhunderts zur entscheidenden Nebenbedingung im betrieblichen Innovationsprozess. Die damit verbundene Dominanz technologischer und ökonomistischer Zielsetzungen, hat für die nachhaltigkeitsorientierten Ziele weitreichende negative Konsequenzen (z.B. Verstärkung traditioneller Denkweisen,
Vernachlässigung nachhaltiger Ziele, Verkennung der Komplexität des Systemverhaltens
etc.).

Stellenwert von Nachhaltigkeit bei Innovationen in einem Automobilkonzern

„Es geht darum, dass ökonomische Ziele erreicht werden, bei Optimierung aller Faktoren. Und da ist die Nachhaltigkeit nur ein Faktor von vielen". Ökologische Ziele werden nur verfolgt, wenn mit ihnen Kosten gesenkt oder Reputation bzw. Erlösposition der Unternehmung verbessert werden können. Nicht der gesellschaftliche Nutzen nachhaltigkeitsorientierter Problemlösungen, sondern deren ökonomischer Erfolg steht für F&E-Mitarbeiter im Vordergrund. „Sinn und Zweck muss es schon sein, das Ganze marktlich zu machen", erklärte ein F&E-Mitarbeiter aus einem Automobilunternehmen den Zweck von Innovationen" (Bieker, 2005, 48).

Folgenschwere Probleme bereiten im sozialen Bereich die Beharrungskräfte überkommener, traditioneller Werte und Normen bei den Mitarbeitern der F&E-Abteilung (aber auch in den anderen Abteilungen). Sie schlagen sich z.B. in der Grundannahme nieder, dass Kunden generell keine umweltfreundlichen Technologien wollen. In der Belegschaft ist oft bereits bekannt, dass Massenkonsum, verbunden mit ressourcenintensivem Verbrauch für rel. kurzlebige Produkte, das Potential für eine globale Bedrohung beinhaltet. Aber durch die Beharrungskräfte konventioneller handlungsleitender Forschungs- und Konstruktionstraditionen, verstärken sich *nicht* nachhaltige Produktionsleitbilder immer wieder aufs Neue. Das lässt den Schluss zu, dass nachhaltige, systembasierte Werte in den Denk- und Wahrnehmungsrastern von F&E-Ingenieuren oft noch nicht entsprechend verankert sind. Bisher dominiert bei der Mehrheit der Ingenieure oft noch die technokratische Denkweise (Hübner, 2002). Für Unternehmen bedeutet diese abgekoppelte Funktionsrationalität technokratischen und ökonomistischen Handels, dass nachhaltigkeitsorientierte Zielkriterien (Problematik der Verfügbarkeit nicht erneuerbarer Ressourcen, Intaktheit des ökologischen Systems etc.) in der F&E-Abteilung weiter unterrepräsentiert bleiben. Das führte bereits in der Vergangenheit nicht selten zu Wettbewerbsnachteilen durch fehlende nachhaltig konzipierte Innovationen. Eine der herausragenden Aufgaben des strategischen Nachhaltigkeits-Marketing-Managements ist daher in der Integration und verbindlichen Ausrichtung des Unternehmens an nachhaltigen Werten zu sehen.

Traditionelle Denkweise in der F&E eines Automobilunternehmens

„Unsere Kunden sind nicht bereit, mehr für nachhaltigkeitsorientierte Produkte zu zahlen; das gegenwärtige Verhalten der Kunden verhindert das Entstehen nachhaltigkeitsorientierter Produkte". Ökonomistische Grundannahmen stehen häufig einer grundlegenden Veränderung von Produktleitbildern entgegen: „Verbrennungsmotoren werden noch bis 2050 das bestehende Fahrzeugkonzept dominieren", prophezeite bspw. Ein Mitarbeiter aus einem Automobilunternehmen. Radikale Veränderungen von Produktleitbildern sind damit häufig nicht in den unternehmenskulturellen Denk- und Wahrnehmungsrastern von F&E-Mitarbeitern enthalten. Infolgedessen finden sich eher inkrementelle Innovationen (z.B. Abgasreinigungssysteme, Rußpartikelfilter, Katalysatoren usw.), welche vordergründig die Forderungen des Gesetzgebers „end-of-pipe" umsetzen, ohne das Gesamtsystem zu verändern" (Bieker, 2005, 48).

3.4.3.2   Umweltschutz

Der Begriff „Umwelt" steht allgemein für die Lebensumwelt von Lebewesen, in der sich das
Dasein abspielt (Engelfried, 2004). Wird weiter zwischen der externen Lebenswelt und dem
unternehmerischen Umfeld unterschieden, sind unter der externen Umwelt die natürlich-
ökologischen Aspekte (Gesamtheit der biotischen und abiotischen Faktoren etc.) zu verstehen.
Unter das externe unternehmerische Umfeld fallen alle anderen Aspekte (z.B. ökologische
Auswirkungen von Produkten/Anlagen, schwer quantifizierbare Umwelteinflüsse, Input-Out-
put-Beziehungen etc.) (Rogall, 2002, Kistner/Steven, 1993). Das unternehmerische Umfeld
wird neben der natürlich-ökologischen Umwelt, auch durch Faktoren und Rahmenbedingungen der soziokulturellen, politisch/rechtlichen, technischen und wirtschaftlichen Umwelt beeinflusst (Rogall, 2003). Durch den systemischen Netzwerk-Charakter ist Umweltschutz ein
äußerst komplexes und schwieriges Vorhaben. Wissenschaftlich umfasst der Bereich als interdisziplinärer Untersuchungsgegenstand verschiedene Disziplinen (z.B. Umweltpsychologie, -ökologie, -recht, -ökonomie, -politik, -soziologie, -ethik, -technik etc.) (z.B. Schulz,
2005, Leser, 1997 etc.). Die gesetzlichen Grundlagen zum Umweltschutz differieren international erheblich. Sie werden in der Praxis nicht selten unter dem Aspekt ökonomischer Vorteile für Unternehmen, zum Nachteil der Umwelt in Ländern der Dritten Welt ausgenutzt.

Umweltschutz im betrieblichen Sinne wird durch das Umweltmanagement als ganzheitliche
Führungskonzeption berücksichtigt. Umweltmanagement bedeutet, das System Unternehmen
unter dem Aspekt des Überlebens in der natürlichen Umwelt so zu führen, dass es im Gleichgewicht mit der natürlichen Umwelt existieren kann (Müller-Christ, 2001). Ein Kern liegt dabei in der integrierten Berücksichtigung von Umweltschutzanforderungen in den Phasen Planung, Durchführung und Kontrolle von Unternehmensaktivitäten zur Vermeidung bzw. Verminderung von Umweltbelastungen. Ein weiterer Kern liegt in der langfristigen Sicherung der
Unternehmensziele unter diesem Aspekt (Funck, 2003). Im Rahmen von strategischen Analysen (Unternehmen, Umfeld etc.), wird die eigene Position im Verhältnis zu den Wettbewerbern bestimmt und Entwicklungsmöglichkeiten ermittelt. Zur Orientierung dient dabei das gestiegene Umweltbewusstsein der Konsumenten. Fragen ökologischer Problemlösungen weisen auf Möglichkeiten für das Unternehmen hin. Entwicklungen auf dem Rohstoffmarkt sollten aktuell daraufhin analysiert werden, welche Möglichkeiten im Beschaffungsbereich bestehen umweltverträgliche Produkte anzubieten bzw. zu entwickeln (Janzen/Matten, 2003). Die
Einhaltung gesetzlicher Vorgaben (Grenzwerte/Verwendungsverbote für bestimmte Stoffe,
Emissionen etc.) ist obligatorisch. Umweltmanagement kann strategisch gesehen auf zweier-
lei Weise ausgerichtet sein:

–   Defensives Umweltmanagement. Hierbei beschränken sich die Bemühungen der Unter-
     nehmen darauf, die gesetzlichen Mindestanforderungen zu erfüllen.

- Offensives Umweltmanagement. Hierbei sind die Unternehmen bestrebt, möglichst viele umweltrelevante Faktoren in die Geschäftsprozesse zu integrieren und konsequent ganzheitlich einzubinden.

Beim offensiven Umweltmanagement bestehen die Ziele darin, den Umweltschutz in das alltägliche Führungshandeln als Normalität einzubeziehen und bereits auf der strategischen Ebene, umweltrelevante Tatbestände in die Entscheidungen einzubinden. Damit soll eine Verminderung von Umweltbelastungen erreicht werden. Bei der Umsetzung der umweltrelevanten Ziele (z.B. Aufdeckung umweltrelevanter Gefährdungspotentiale, Einsparungen von Rohstoffen, Energie und Wasser, Verbesserung der Ökologieverträglichkeit von Produkten etc.), sind oft Maßnahmen zur Verbesserung vorhandener betrieblicher Prozesse und Funktionen vonnöten. Kontrollmechanismen sowie kontinuierliche Verbesserung gewährleisten langfristig die Optimierung des Umweltschutzes im Unternehmen. Durch die Erstellung einer Umwelterklärung wird Transparenz für die Öffentlichkeit hergestellt. Unternehmen können so über Umweltauswirkungen und -leistungen informieren (Ökobilanzen) (Müller et al, 2003). Beim Umweltschutz im verarbeitenden Gewerbe kann generell zwischen dem älteren Konzept des nachsorgenden und dem modernen Konzept des vorsorgenden Umweltschutzes unterschieden werden. Beim traditionellen nachsorgenden Umweltschutz werden additive oder „end-of-pipe"-Technologien eingesetzt. Dabei handelt es sich i.d.R. um separate (vom übrigen Produktionsprozess getrennte) Anlagen bzw. Umweltschutz-Einrichtungen (Liesegang, 2003, Büringer, 2005). Das können z.B. Kläranlagen (Gewässerschutz), Lärmschutzwände (Lärmschutz) oder Luftfilter (Luftreinhaltung) etc. sein. Das Prinzip ist darin zu sehen, diese bei vorhandenen Produktionsanlagen vor- oder nachzuschalten, um bestimmte, durch den (traditionellen) Produktionsprozess entstehende, Umweltauswirkungen zu verringern. Der Zweck liegt vorrangig darin, bei Beibehaltung bisheriger Produktionsweisen, die gesetzlich vorgegebenen Grenzwerte einzuhalten. Diese Lösungen können jedoch auf Dauer den sich Jahr für Jahr verschärfenden Verordnungen für maximale Emissionswerte nicht standhalten. Mit separaten Aggregaten sind die gesetzlichen Vorgaben zunehmend nicht mehr bzw. nur noch mit großem Aufwand zu realisieren. Das führt dazu, dass sich in Unternehmen in Deutschland zunehmend in Richtung vorsorgender Umweltschutz-Konzepte weiterentwickeln (Förstner, 2004). Beim vorsorgenden Umweltschutz bestehen die Bemühungen darin, Umweltbelastungen möglichst zu vermindern oder gar nicht erst entstehen zu lassen. Der Zweck liegt darin, dass bei Ge- oder Verbrauch von Erzeugnissen die Belastung der Umwelt geringer ausfällt als bei bisherigen Produkten. Die Maßnahmen orientieren sich zumeist an vorhandenen gesetzlichen Vorschriften bzw. Selbstverpflichtungserklärungen der Industrie. Eine weitere Möglichkeit des vorsorgenden Umweltschutzes liegt in „integrierten Umweltschutzmaßnahmen". Hierbei besteht das Ziel darin, die Umweltbelastung direkt bei der Leistungserstellung (in der Produktion) zu vermindern (VDI-Richtlinie 3800). Integrierte Umweltschutzmaßnahmen beinhalten sowohl Anlagen- als auch prozessintegrierte Maßnahmen (Liesegang, 2003, Büringer, 2005).

Trotz Umweltmanagement Mankos beim betrieblichen Umweltschutz

„In vielen Unternehmen hat sich das Nachhaltigkeitsengagement aus dem Umweltmanagement heraus entwickelt. Entsprechend weit fortgeschritten ist hier die Etablierung und Umsetzung des betrieblichen Umweltschutzes: Die Implementierung und Zertifizierung eines Umweltmanagementsystems nach der internationalen Norm ISO 14001 oder auch nach EMAS (Eco-Management and Audit Scheme) gehören heute in vielen Fällen fest zur Managementpraxis. [...] Doch besteht beispielsweise im Bereich Ressourceneffizienz bei dem Gebrauch von Recyclingmaterialien und nachwachsenden Rohstoffen oder bei der Schließung von Produktkreisläufen noch erhebliches Verbesserungspotential. Auch der Erhalt der Biodiversität wird für Unternehmen mehr und mehr zur Herausforderung. Dies gilt insbesondere für Unternehmen, die pflanzliche Rohstoffe nutzen oder durch ihre Produktion oder Rohstoffgewinnung in Ökosysteme eingreifen. Indem sie Managementansätze zum Schutz von Natur und Artenvielfalt entwickeln, können Unternehmen die Bedrohung für Natur und Artenvielfalt erfassen, bewerten und überwachen sowie daraus Schutzkonzepte und Maßnahmen ableiten und umsetzen. Wasser und globale Wasserverfügbarkeit – auch diese Themen stehen (wieder) auf der unternehmerischen Nachhaltigkeitsagenda. Hier geht es klassisch um eine effiziente Wassernutzung in Produktionsprozessen und um die Reduktion der Schadstofffracht. Neuere Ansätze wie der „water footprint" von Produkten oder das Thema „virtuelles Wasser" unterstützen Unternehmen darin, den Wasserverbrauch entlang der gesamten Wertschöpfungskette inclusive Vorketten, Nutzungs- und Nachnutzungsphase zu reduzieren. Andere Unternehmen engagieren sich in Public-Private-Partnerships, um die Trinkwasser oder Abwasserentsorgung an ihren internationalen Standorten zu verbessern" (Hoffmann/Rotter, 2011).

Bei anlagenintegrierten Umweltschutzmaßnahmen ist insbesondere die Entwicklung umweltverträglicher Herstellungsverfahren (Minimierung von Abwasser, Abfall, Emissionen etc.) bei gleicher bzw. sogar verbesserter Qualität das Ziel. Beispiele für anlagenintegrierte Umweltschutzmaßnahmen sind Kreislaufführung von Stoffen und Kühlwasser, Absorbtionsfilter und Wasserbehandlungselemente sowie Kreisläufe integrierter Filtersysteme. Bei prozessintegrierten Umweltschutzmaßnahmen kann zusätzlich der Einsatz von end-of-pipe-Technologien bzw. anlagenintegrierter Maßnahmen erforderlich werden. Beispiele für prozessintegrierte Umweltschutzmaßnahmen sind Verfahrensveränderungen zur Verwendung umweltfreundlicher Roh- und Hilfsstoffe, Änderungen von Reaktionsbedingungen (Brennraumgestaltung, Verfahren, Formgebung etc.). Umweltschutzmaßnahmen erfordern zusätzliche Investitionen in erheblicher Höhe und sind auch mit zusätzlichen Aufwendungen verbunden. Dieser Aufwand wird in Deutschland von der Gesellschaft subventioniert, da er sich für Unternehmen steuermindernd auswirkt. Umweltmanagementsysteme sind durch die Unternehmensleitung zu beurteilen. Die darauffolgende Prüfung durch unabhängige Zertifizierungsstellen erstreckt sich u.a. auf die Einhaltung gesetzlicher Vorschriften, Beurteilung von Umweltauswirkungen, Festlegung von Verantwortlichkeiten und Abläufen sowie Zuverlässigkeit der Daten. Das Unternehmen erhält bei einem positiven Ergebnis ein Zertifikat (z.B. EMAS, ISO 14001 etc.). Der Prozess der Zertifizierung läuft in bestimmten Abständen immer wieder ab. Dadurch wird das Umweltmanagementsystem kontinuierlich verbessert und die Eigenverantwortung des Unternehmens für die eigene Tätigkeit immer wieder aufs Neue verstärkt.

3.4.3.3   Abfallwirtschaft

Das deutsche Abfallrecht ist fester Teilbereich des Umweltrechts. Es findet seinen Ausdruck im Verfassungsrecht (Artikel 74, Abs. 1, Nr. 24 GG), den speziellen Regelungen der Bundesländer, des Bundes und der EU (EG-Abfallrahmenrichtlinie etc.). „Abfall" im Sinne des deutschen Kreislaufwirtschafts- und Abfallgesetzes wird rechtlich definiert als: »Abfälle im Sinne dieses Gesetzes sind alle Stoffe oder Gegenstände, derer sich ihr Besitzer entledigt, entledigen will, oder entledigen muss. Anfälle zur Verwertung sind Abfälle, die verwertet werden. Abfälle, die nicht verwertet werden, sind Abfälle zur Beseitigung (KrW-/AbfG, §3, Absatz 1 Satz 1). Wissenschaftlich bildet die nachhaltige Abfallwirtschaft einen eigenen Forschungsbereich und kann daher aus Kapazitätsgründen an dieser Stelle nicht explizit dargestellt werden. Die dazugehörenden Inhalte wurden aber bereits hinreichend an anderer Stelle vorgestellt (z.B. Schnurer, 2002, Rutkowsky, 1998, Schimmelpfeng/Gessenich, 1997, Schedler, 1991) Die folgenden Ausführungen beschränken sich auf Faktoren, die in Deutschland im Zusammenhang mit „Nachhaltigkeit" eine positive Entwicklung genommen haben.

Die Abfallwirtschaft, als Teilbereich der Wirtschaft, zeichnet sich durch einen komplexen systemischen (Netzwerk-)Charakter aus. Der Handlungsspielraum im Netzwerk wird durch viele Akteure (z.B. Hersteller, Konsumenten, Handel, Entsorger etc.) und Kooperationen mit unterschiedlichen Zielsetzungen und Kompetenzen geprägt (Staat, Wirtschaft, Verbraucher, Öffentlichkeit etc.). Die Wirtschaft ist einerseits als Verursacher von Abfallproblemen Adressat von Anweisungen (gesetzliche Verordnungen etc.), andererseits wird sie aber auch in die kooperative Findung von Lösungen einbezogen (z.B. Verhandlungen über den Vollzug gesetzlicher Handlungen, Pfandsysteme etc.). Auch freiwillige Vereinbarungen zwischen Branchenverbänden und der Regierung (z.B. über die Entwicklung umweltrelevanter technischer Normen etc.), spielen eine Rolle. Die Abfall- und Kreislaufwirtschaft wird in Deutschland maßgeblich durch die von den staatlichen Organen gesetzten rechtlichen Rahmenbedingungen bestimmt. Sie sind Ausdruck der staatlichen Abfallpolitik zur Lenkung von Abfallströmen durch ordnungsrechtliche (z.B. Verbote, Gebote etc.) und ökonomische Instrumente (z.B. Abfallabgaben, Zertifikate, Pfandsysteme etc.). In Deutschland hat sich durch das Inkraftsetzen des KrW-/AbfG von 1996, als Instrument der Strategie der Kreislaufwirtschaft, ein Paradigmenwechsel ergeben (Engelfried, 2004). Gefördert durch die traditionellen end-of-pipe-Technologien und deren Kostenträchtigkeit, hatte sich eine Einstellung in den Unternehmen zur Abfallwirtschaft im Sinne von „Umweltschutz ist teuer" ergeben. Diese Einstellung hat sich mittlerweile in Richtung einer „verwertungsorientierten" und „vermeidungsorientierten" Auffassung beispielhaft verändert. Auch verhaltenswissenschaftlich hat sich in den Wertehaltungen zur Abfallwirtschaft viel verändert. So gehört zur Abfallwirtschaft im Sinne des Umweltschutzes, ein grundlegender Wandel von der ehemals reinen Beseitigung (Wegwerfwirtschaft) zur Kreislaufwirtschaft (Wiederverwendung, Recycling etc.). Die Abfallwirtschaft kann nach diesem Konzept auch einen wichtigen Beitrag zur Schonung natürlicher Ressourcen leisten. Es wurden nicht nur Energie-, Stoffströme und Recyclingquoten verändert, es ergeben sich auch Chancen für innovative Technologien in der Produktion. Auch ökonomische Anreize für Unternehmen sind vorhanden. Sie ergeben sich vor allem aus den sich weiter verschärfenden kosten- und risikowirksamen gesetzlichen Vorgaben. Auch die zunehmende Verknappung von Verbrennungs- und Deponiekapazitäten, trägt dazu bei. Die bisherige Entwicklung staatlicher Ordnungsrahmen lässt vermuten, dass ordnungsrechtliche Ansätze auch weiter über Marktsignale das Verhalten von Unternehmen in der Weise lenken werden, dass es sich für potentielle industrielle Abfallerzeuger immer mehr lohnt Abfall zu vermeiden (bzw. zu recyceln). Vorrangiges Ziel ist dabei, dass es sich für industrielle Abfallerzeuger immer weniger lohnt den teuren Entsorgungsweg zu wählen.

3.4.3.4   Ressourcenschonung und Sustainable Supply Chain Management

„Ressourcen" werden im industriellen Kontext als Mittel zur Produktion von Gütern und Dienstleistungen bezeichnet. Sie sind unterteilbar in technisch-wirtschaftliche (Kapital, Betriebsmittel, Personal, Wissen) und natürliche Ressourcen. Natürliche Ressourcen bilden auf der ökologischen Ebene die Grundlage aller wirtschaftlichen Aktivitäten. In diesem Kontext sind sie in die Unterbegriffe erneuerbare und nicht-erneuerbare Ressourcen (Primärrohstoffe) unterscheidbar. Erneuerbare Ressourcen können ihre Nährstoffe aus organischem Abfall beziehen und sich über natürliche Prozesse in Kreislaufprozessen regenerieren. Unter der Voraussetzung, dass nur so viel rezykliert wie geerntet wird, bedeutet das, dass erneuerbare Ressourcen (z.B. Wald-, Fischbestände etc.) sich im für die menschliche Planung relevanten Zeitraum regenerieren können (Bringezu, 2004). Nicht erneuerbare Ressourcen, wie z.B. traditionelle Energieträger (z.B. Erdöl, Kohle, Gas etc.) oder mineralische Rohstoffe (z.B. Eisen, Nickel etc.) sind dadurch gekennzeichnet, dass sie sich *nicht* in dem Zeitraum und in der Geschwindigkeit regenerieren, wie sie entnommen werden. Dadurch entsteht auf der ökologischen Ebene eine Rivalität zwischen Gegenwart und Zukunft. In den Wirtschaftsmodellen der 1950er und 1960er Jahre, wurde diese Tatsache vollkommen ausgeblendet. Auch im wirtschaftstheoretischen Modell der der Neoklassik wird von einer unendlichen Verfügbarkeit und Aufnahmefähigkeit der Umwelt ausgegangen (freies Gut). Die Maßgabe ist, dass nach Belieben Ressourcen zu entnehmen und Abfallstoffe zu deponieren sind (Töpfer/Koch, 1994). Im Rahmen der Nachhaltigkeitsthematik spielen nicht erneuerbare Ressourcen vor allem im Zusammenhang mit der Generationengerechtigkeit eine Rolle. Ein Zielkonflikt auf dieser Ebene liegt darin, dass die konsequente Befolgung dieses Grundsatzes bedeuten würde, dass die derzeit lebenden Menschen Bodenschätze (z.B. Kupfer, Blei, Aluminium, Zink etc.), oder fossile Rohstoffe (z.B. Erdöl, Gas, Kohle etc.) nicht weiter nutzen dürften, sondern sie für kommenden Generationen bewahren müssten (Birnbacher, 1998). Diese Forderung scheint

nur schwer zu rechtfertigen. Besonders, da zumindest in einem kurzfristigen Horizont, regenerative Energien als Ersatz (noch) nicht in ausreichender Menge zur Verfügung stehen. Diskussionen über den Umgang mit nicht erneuerbaren Ressourcen führen zu grundsätzlichen
Fragen eines engen oder weiten Verständnisses von Nachhaltigkeit. Auf der ökonomischen
und sozialen Ebene besteht ein weiterer Zielkonflikt in der Wirtschaftlichkeit von Ressourcen.
Als ein Maß für den Umgang mit Ressourcen, gilt in der Wirtschaft die „Ressourcenproduktivität". Das Ziel besteht darin, mit gleicher Menge an Ressourcen eine wirtschaftliche Mehr-
leistung zu erbringen. Die Idee geht dahin, dass über sinkende Preise der Wohlstand in der
Gesellschaft erhöht werden kann. Im Sinne einer Ressourcenschonung liegt ein damit verbundenes Ziel auch darin, dass bei gleichbleibender Wirtschaftsleistung (sowie gleichbleibendem
Wohlstand) weniger Ressourcen aus der Natur entnommen werden, um so die Natur zu schonen. Eine Steigerung der Ressourcenproduktivität wird daher von vielen Unternehmen bei der
Umstrukturierung in Richtung „Nachhaltigkeit" als wichtiges Kriterium angesehen. Durch eine zusätzliche Steigerung der „Ressourceneffizienz" soll der Ressourcenverbrauch von Wertschöpfung und Wohlstand einer Gesellschaft entkoppelt werden. Ressourceneffizienz wird
gemäß VDI 4800, Blatt 1, definiert als: „das Verhältnis eines bestimmten Nutzens oder Er-
gebnisses zum dafür nötigen Ressourceneinsatz". Ressourceneffizienz beinhaltet neben der
Forderung nach dem effizienten Einsatz von Materialien (Energie, Wasser etc.), auch die
sparsame Nutzung von Flächen. Auf der technisch-sozialen Ebene sind weitere Zielkonflikte
in der Ressourcenproduktivität sowie der Steigerung der Ressourceneffizienz und dem „Rebound-Effekt" zu sehen. Danach werden Einsparungen durch effizientere Technologien durch
vermehrte Nutzung und Konsum überkompensiert. Aus diesem Grund ist durch effizientere
Ressourcennutzung bisher kaum Umweltentlastung entstanden. Das Gegenteil ist der Fall. Die
Konsumspirale wird weiter beschleunigt, weil durch die effektivere Nutzung, Produkte/ Ser-
vicedienstleistungen erst zu günstigeren Preisen angeboten werden können.

Das traditionelle Supply Chain Management (SCM) wird in der Literatur definiert als die
Aufgabe zur „Versorgung, Entsorgung und Recycling" (Werner, 2008, 25). Bereits diese
Form der unternehmensübergreifenden Kooperationen weist systemische Merkmale eines
Netzwerks auf. Sustainable Supply Chain Management (SSCM) baut auf dieser Ausrichtung
auf. Durch die Tatsache, dass ein größerer Bereich mit den jeweiligen ökologischen, ökonomischen und sozialen Ebenen umfasst wird, steigt die Netzwerk-Komplexität erheblich an. In
einer globalisierten Wirtschaft gelten als Ursache für steigende Komplexität die im SSCM
vorhandenen länderübergreifenden, netzwerkartigen Wertschöpfungsketten sowie die damit
verbundenen ökonomischen, politisch-administrativen, geographischen und kulturellen Ent-
fernungen (Wildemann, 2004, Meyer, 2007). Nachhaltigkeit in Verbindung mit einem SCM
stellt in Wissenschaft und Praxis einen eigenen Forschungsbereich dar und kann aus Kapazitätsgründen vorliegend nicht explizit dargestellt werden. Die einzelnen Bestandteile eines
SSCM wurden aber an anderer Stelle bereits hinreichend beschrieben (z.B. Schalteg-
ger/Harms, 2010; Joëlle, 2013 etc.). Die Darstellung beschränkt sich an dieser Stelle auf aus-

gewählte Herausforderungen beim strategischen Nachhaltigkeits-Marketing-Management. Auf der ökologischen und sozialen Ebene sorgt das gestiegene Umweltbewusstsein der Kunden, verbunden mit der Forderung nach sozialer Verantwortung wirtschaftlichen Handelns, für neue Herausforderungen. Für diese Anforderungen reicht es nicht aus, lediglich Nachhaltigkeitsstandards wertschöpfungskettenübergreifend zu implementieren. Parallel dazu ist auch die Weiterentwicklung der Kundenfokussierung in Richtung einer Stakeholder-Orientierung voranzutreiben (Sommer, 2009). Eine große Schwierigkeit stellen dabei bereits die Einflussfaktoren des Netzwerks dar. (Netzwerkkomplexität, Netzwerkbeziehungen, Netzwerkkoordination etc.) Grenzüberschreitende, überbetriebliche Kooperationen beziehen alle Wertschöpfungspartner mit ein (Mentzer et al, 2001). Die Lösung von Nachhaltigkeitsproblemen muss daher durch ein grenzüberschreitendes Zusammenwirken unterschiedlicher Akteure (geographische, gesetzliche, kulturelle Gegebenheiten etc.) im Sinne der Stakeholder-Orientierung gestaltet werden. Auf der ökonomischen Ebene liegt der nächste Zielkonflikt in der Betonung der Steigerung der ökonomischen Größen „Effizienz und Effektivität". Effizienz bezieht sich auf das Kosten/Nutzen-Verhältnis, Effektivität auf den Wirkungsgrad von Handlungen. Wie schon im Kapitel 3.4.1.1.4 ausgeführt, zeigen Untersuchungen komplexer biologischer Systeme, dass sie strukturell instabil werden, sobald das Kriterium „Effizienz" überbetont wird. Damit ein System dauerhaft lebensfähig bleibt, muss es im Optimum doppelt so belastbar sein wie effizient. Empirisch wurde festgestellt, dass (Öko-) Systeme nachhaltig nur im Optimum der Balance lebensfähig sind.

Das Management eines SSCM eröffnet die Möglichkeit, nachhaltigkeitsorientierte Faktoren im Rahmen von Gestaltungsparametern mit Regulationsfunktion einzubeziehen. Die Regulierung umfasst dabei die Entwicklung und Durchsetzung formeller und informeller Regeln, die die Zusammenarbeit über das Netzwerk auf allen Ebenen koordinieren (Sydow, 2006a). Dabei kann es sich z.B. um Verhaltenskodizes handeln (Normen, Regeln, Verpflichtungen, Verantwortung gegenüber den Anspruchsgruppen etc.). Der Zweck ist, geschäftliche Aktivitäten im Sinne von Standardkriterien nachhaltig zu beeinflussen (Koalick, 2010). Auch nachhaltigkeitsorientierte Indikatoren und Kennzahlen (z.B. Umwelt- und Sozialindikatorensysteme etc.), ermöglichen eine mehrdimensionale integrative Betrachtung nachhaltiger Kriterien. Ebenso Anreizsysteme bzw. Investitionsmaßnahmen in Wertschöpfungspartner zur positiven Beeinflussung der „Nachhaltigkeitsleistung". Mit Hilfe von Rückverfolgungssystemen wird eine Dokumentation der Warenein- und Warenausgänge der beteiligten Unternehmen der Wertschöpfungskette möglich. Dadurch kann im Rahmen der „Nachhaltigkeitsverordnungen" eine mengenmäßige, bilanzielle Rückverfolgbarkeit nachhaltig erzeugter Liefermengen (getrennt von konventionell erzeugt), auf allen Stufen der Wertschöpfung gewährleistet werden. Gestaltungsparameter mit Evaluationsfunktion beziehen sich auf Kontroll- und Steuerungsmechanismen von Netzwerkakteuren bzw. auf das gesamte Netzwerk. Evaluationskriterien können auf ökologische, soziale oder ökonomische Aspekte ausgerichtet sein. Sie stellen die Grundlage für Maßnahmen im Rahmen der nachhaltigkeitsorientierten Selektions- bzw. Allokationsfunktion dar (Sydow, 2006a). In diesem Rahmen werden Akteure aus den Bereichen Wirtschaft, Staat und Gesellschaft in das Management mit einbezogen. Weitere zentrale Bestandteile sind in der Dokumentation und Offenlegung im Rahmen von Pflichtberichterstattungen zu sehen (Burschel et al, 2010). Durch das erweiterte Informations- und Transformationsbedürfnis der Anspruchsgruppen, hat sich die Dokumentation und Offenlegung gegenüber Dritten auch als fester Bestandteil der Unternehmenskommunikation etabliert. Für nachhaltige Berichterstattung existieren international anerkannte Standards (z.B. AccountAbility 1000, GRI Sustainability Reporting Guidelines etc.) (Großman, 2010). Sie sind ein wichtiger Schritt in Richtung einer einheitlichen, verbindlichen Pflichtberichterstattung im Sinne der Rechnungslegung.

Ökologische und soziale Probleme entlang der Lieferkette – ein hohes Imagerisiko

„Die Kontrolle und Durchsetzung von Nachhaltigkeitsstandards in komplexen und flexiblen Wertschöpfungsketten, die sich über viele Stufen und Länder erstrecken, bleibt eine große Herausforderung. Mit jeder Stufe der Wertschöpfungskette nehmen verlässliche Informationen und Einflussmöglichkeiten ab. Weitere Hemmnisse sind Preis- und Zeitdruck, die auf Zulieferer ausgeübt werden. Zudem sehen sich Lieferanten häufig mit unterschiedlichen Anforderungen ihrer Abnehmer konfrontiert. Wenn sie die Kosten für verschiedene Auditierungen selbst tragen müssen, so kann dies gerade kleine Unternehmen in Schwierigkeiten bringen. Ein nachhaltiges Supply Chain Management braucht einen systematischen Ansatz, bei dem alle Interessensgruppen einbezogen werden. Mögliche Ansätze sind branchenbezogene Standardsetzungen oder kooperative Lösungen, bei denen Abnehmer und Lieferanten gemeinsam Nachhaltigkeitsstandards sowie eine transparente Kommunikation entlang der Wertschöpfungskette entwickeln.

– Volkswagen hat einen Katalog von Mindeststandards für Lieferanten erstellt und führt Schulungen für Einkäufer/Innen durch.

– Bosch schließt potentielle Unternehmen der gesamten Wertschöpfungskette in CSR-Aktivitäten ein: In China wird durch das „1+3" CSR-Projekt je einem Geschäftspartner aus der Gruppe Zulieferer, Kunden und Logistikanbieter spezifisch auf seine Herausforderungen abgestimmte Expertise für die Ansätze von Responsible Care vermittelt. Das Konzept sieht vor, dass die so vermittelten Kompetenzen von den teilnehmenden Unternehmen an drei weitere Unternehmen ihrer jeweiligen Lieferkette weitergegeben werden" (Hoffmann/Rotter, 2011).

In nachhaltigen Wertschöpfungsketten kann es durch Ereignisse bzw. Veränderungsprozesse systembedingt zu Störungen kommen, die nicht vorhersehbar und auch nicht kontrollierbar sind (Graham, 2011). Die Störungsanfälligkeit korreliert dabei mit der Wertschöpfungstiefe. Sie betrifft besonders vorgelagerte Wertschöpfungsstufen (Wildemann, 2008). Aufgabe des „Nachhaltigkeitsmanagements" ist sowohl die präventive Vermeidung unerwünschter Ereignisse als auch die schnelle Reaktion auf unvorhergesehene Vorkommnisse. Ziel ist es, die Widerstandsfähigkeit (Resilience) im Supply Chain zu erhöhen. Hierzu liegen derzeit jedoch nur wenige Managementansätze vor (z.B. Supply-Chain-Risiko-Management, Supply-Chain-Continuity-Management, Supply-Chain-Safety/Security-Management etc.) (Tandler/Essig,

2013). Beim Supply Chain Management liegt eine herausragende Aufgabe des strategischen Nachhaltigkeits-Marketing-Managements in der die Durchsetzung verbindlicher Regeln, um das Netzwerk nachhaltigkeitsorientiert zu koordinieren.

3.4.4.   Nachhaltigkeitsbasiertes Energiemanagement

Eine der wichtigsten Aufgaben des strategischen Nachhaltigkeits-Marketing-Managements ist es, neben unternehmensindividuellen, auch gesellschaftsbezogene „Nachhaltigkeitsstrategien" unternehmensbezogen zu fördern (z.B. Energiewende, Klimaschutz etc.). Die nachhaltige Energieversorgung und deren hohe Bedeutung für die Wirtschaft und den sozialen Wohlstand eines Landes, ist eine solche Strategie. Dabei stellt sich die Frage, wie Unternehmen eine „nachhaltige Entwicklung" unterstützen können? Diese Frage ist umso wichtiger, da die Energienutzung zur Klimaveränderung (z.B. Treibhauseffekt etc.) und Umweltbelastung (z.B. saurer Regen, Eutrophierung, Ressourcenausschöpfung etc.) in nicht unerheblichem Maße beiträgt. Prozesse der Energiebereitstellung und -nutzung machen ca. 60% der weltweiten Emissionen an Treibhausgasen aus (Byrne et al, 1998). Der sog. „Treibhauseffekt", durch den der Klimawandel auf unserem Planeten weiter angeheizt wird, nimmt seinen Anfang durch die ansteigende Konzentration von CO_2 in der Atmosphäre (z.B. durch Nutzung fossiler Energien etc.). Dadurch wird eine geringere Absonderung der auf der Erde entstehenden Wärme ins Weltall bewirkt. Die Wärme sammelt sich nach und nach auf der Erde und in der sie umgebenden Atmosphäre, wodurch sich das globale Klima erhöht (Edenhofer, 2010). Ein Energieversorgungssystem entspricht einem komplexen System mit interdependenten Subsystemen. Es herrschen vielfältige Beziehungen und unzählige Zielkonflikte. Die beziehen sich sowohl auf verschiedene Teilbereiche als auch auf einzelne Segmente und erschweren die Umsetzung. Beide Bereiche (Nachhaltigkeit beim Klimawandel und im Energiesektor), sind durch Interdependenzen miteinander verbunden und stellen in der Wissenschaft jeweils eigene Forschungsbereiche dar. Aus Kapazitätsgründen können vorliegend die Bereiche und ihre (Teil-) Aspekte nicht explizit dargestellt werden. Angesichts der großen Anzahl an Einflussfaktoren in den Systemen (z.B. Natur, Staat, Konsumenten, Handel, Energiewirtschaft etc.), wird die Argumentation auf die unternehmerische Ebene beschränkt. Die Diskussion der Problematik bezieht sich dabei auf eine interdisziplinäre Perspektive, die im Rahmen des strategischen Nachhaltigkeits-Marketing-Managements von Wichtigkeit ist.

Für ein nachhaltiges Energieversorgungsmanagement wird in der Literatur folgende Definition vorgeschlagen: „Energie soll ausreichend und – nach menschlichen Maßstäben – langandauernd so bereitgestellt werden, dass möglichst alle Menschen jetzt und in der Zukunft die Chance für ein menschenwürdiges Leben haben, und nicht rückführbare Stoffe aus Wandlungsprozessen sollen so deponiert werden, dass die Lebensgrundlagen der Menschheit jetzt und künftig nicht zerstört werden" (Eichelbrönner/Henssen, 1997). Der Hauptaspekt bei dieser Definition liegt, im Sinne der Brundtland-Kommission, auf der Verteilungsgerechtigkeit sowohl zwischen als auch innerhalb der Generationen. Daneben wird auch der begrenzten Belastbarkeit der Natur, begrenzter Ressourcen und der zentralen Bedeutung der Energieversorgung für wirtschaftliches Wachstum und Wohlstand Rechnung getragen (Enzensberger et al, 2001). Als zusätzlicher Aspekt ist die Definition, im Sinne der Wirtschaftlichkeit und sozialen Verträglichkeit, um den Aspekt der „Versorgungssicherheit" zu erweitern (Voß, 2000). Einige ausgewählte Zielkonflikte, die sich im Sinne der „Nachhaltigkeit" beim Energiemanagement ergeben, zeigt die nachfolgende Tabelle 3.9. im Überblick.

Tab. 3.9:   Ausgewählte Dimensionen und Zielkonflikte bezogen auf Nachhaltigkeit beim Energiemanagement, Quelle: a.d.B. von Grundkriterien (IAEA, 2001, Fleury, 2005, 36) verdichtet und modifiziert

Dimensionen	Problemfelder
Umwelt	Ressourcenschonung (nichtregenerativer sowie regenerativer Energieträger), Intensität der Biomassenerzeugung
	Eutrophierung, Versauerung, Photooxidantienbildung
	Klimaschutz: z.B. Schadstoffemissionen (NO_x, SO_x, CO, Ozon, Partikel), Schadstoffkonzentration in Stadtgebieten, Treibhausgasemissionen
	Abfallaufkommen: z.B. Festabfälle, akkumulierte zu behandelnde Festabfälle, radioaktive Abfälle, akkumulierte zu behandelnde radioaktive Abfälle
	Flächenverbrauch: z.B. verbrauchte Fläche für die Energieerzeugung, mögliche Erweiterung der hydroelektrischen Stromerzeugung
Ökonomie	Energiebereitstellungskosten
	Berücksichtigung von Gesamtkosten und externen Kosten
Soziales	Öffentliche und berufliche Gesundheitsrisiken
	Versorgungssicherheit
	Beschäftigungseffekte
	Todesfälle in Verbindung mit Energiegewinnung

Tabelle 3.9. zeigt ausgewählte Zielkonflikte der drei Dimensionen der Nachhaltigkeit (Ökologie, Ökonomie, Soziales), bezogen auf das Energiemanagement. Sie wurden aus den entsprechenden Studien abgeleitet und sind erweiterbar. Für die Erhaltung einer systembasierten Komplexität, erfolgte eine Beschränkung auf die wesentlichen Zielkonflikte. Generell besteht bei diesen Konflikten die Schwierigkeit darin, dass ein (Teil-)Feld nicht bereits durch eine andere Dimension berücksichtigt wird. Diese Trennung ist durch die vielfältigen Interdependenzen nicht immer einfach. Durch den gewählten Aggregationsgrad wird bestimmt, welche Zielkonflikte gesondert zu untersuchen sind (z.B. Artengleichgewicht etc.). Aufgrund der großen Bedeutung eines nachhaltigen Energiemanagements im Rahmen der „nachhaltigen

Entwicklung", werden die Hauptprobleme in den ausgewählten Konfliktfeldern des Tripels explizit verdeutlicht.

Klimaschutz - die zentrale Herausforderung für Unternehmen

„In den vergangenen Jahren ist mit dem Klimawandel eine neue zentrale Herausforderung auf den Plan getreten. Umweltschutz wird deshalb in Unternehmen zunehmend als Klimaschutz interpretiert; durch Effizienzmaßnahmen in der Produktion, im Gebäudebestand sowie bei Produkten und Dienstleistungen, aber auch durch den Einsatz erneuerbarer Energieträger leisten Betriebe einen Beitrag zur CO_2-Reduktion. Einige Unternehmen haben in Anlehnung an politische Formeln wie das 20-20-20-Ziel der EU selbst langfristige Klimaschutzziele formuliert:
*   Bosch strebt die Reduktion der CO_2-Emissionen an den Standorten um 20% bis 2020 an.
*   BASF zielt auf 25% weniger Treibhausgas-Emissionen pro Tonne Verkaufsprodukt bis 2020.
*   Die Deutsche Bahn will die CO_2-Emissionen aller Verkehrsträger (Bahn, LKW, Schiff und Flugzeug) bis 2020 um 20% senken.
*   Der kanadische Papierhersteller Catalyst Paper will seine CO_2-Emissionen bis 2020 um 70% reduzieren [...]" (Hoffmann/Rotter, 2011).

3.4.4.1 Zielkonflikte im Bereich Umwelt

In der Wissenschaft wird oft die Meinung vertreten, dass der Beitrag des Energiemanagements im Bereich Umwelt vorwiegend auf den Bereich der erneuerbaren Energien (z.B. Wind-, Solarenergie und Biomasse etc.) konzentriert ist. Daneben existieren jedoch auch weitere Zielkonflikte, die nachfolgend kurz diskutiert werden.

a) Ressourcenschonung
Im Zielbereich erneuerbare Ressourcen gilt die „Ernteregel". Gemäß dieser darf die Nutzungsrate die Erneuerungsrate nicht übersteigen. In diesem Zielbereich dient, im Sinne der Ökobilanzierung, der Anteil an alternativen Anlagen für die Stromproduktion als ein Indikator für den Anteil zum Wandel zu erneuerbaren Energien. Mit einem geeigneten Ansatz kann zudem auch gewährleistet werden, dass die Regenerationsrate von Biomasse nicht überschritten wird. Der Beitrag des Energiesektors bezieht sich aber auch auf das Zielfeld des Abbaus erschöpfbarer Ressourcen in Form von fossilen Energien (Kohle, Erdöl, Erdgas, Uranabbau für die Atomindustrie etc.). Bei erschöpfbaren Ressourcen gilt die „Extraktionsregel". Sie sieht vor, erschöpfbare Ressourcen nur in dem Umfang zu nutzen, in dem funktionsäquivalente Substitute (z.B. auf Basis des technologischen Fortschritts bzw. erneuerbarer Ressourcen etc.) bereitgestellt werden können. Daher ist z.B. im Rahmen der Ökobilanzierung eine Angabe, die sich lediglich auf die jährlichen Verbrauchsmengen bezieht, nicht ausreichend, da sie keine Rückschlüsse auf nutzbare Ressourcen zulässt. Das gilt auch für die Angabe der Reichweite, bezogen auf einzelne Ressourcen (Afgan et al, 2000).

b) Eutrophierung, Versauerung, Photooxidantienbildung

Der Beitrag des Energiesektors liegt bei diesen Zielkonflikten im Wesentlichen im Bereich der NO_X- (Stickoxyde) und SO_X (Schwefel)-Emissionen. Diese Gas-Emissionen entstehen vorwiegend durch konventionelle Kraftwerke. Stickstoffoxyde greifen die Schleimhäute der Atmungsorgane an und begünstigen so Erkrankungen der Atemwege. SO_X (Schwefelemissionen etc.) wirken ebenfalls toxisch auf Pflanzen, Tiere und Menschen. Diese Gas-Emissionen bewirken einerseits eine Eutrophierung. Das bedeutet eine Zunahme an Nährstoffen (vorwiegend durch Phosphor-, bzw. Stickstoffverbindungen etc.) in Gewässern oder in Böden. Stehende Gewässer geraten so leicht in Gefahr umzukippen. Die Folgen sind eine Verschiebung des Artengleichgewichts und eine Verminderung der Artenvielfalt (IUVT, 2003). Unter „Versauerung" wird allgemein die Erhöhung der Wasserstoffionenkonzentration in den Umweltmedien Luft, Wasser und Boden verstanden. Durch Schwefel- und Stickstoffverbindungen gelangen sie entweder als trockene oder als feuchte Ablagerung (saurer Regen etc.), zusammen mit Niederschlägen direkt auf die Erdoberfläche zurück. Sie können Gewässer, Boden und Organismen schädigen (UBA, 2001). Aufgrund der Umwelt- und Gesundheitsprobleme durch die Gas-Emissionen sind im Sinne einer Ökobilanz, die Angaben der jährlichen NO_X- (Stickoxyde) und SO_X (Schwefel)-Emissionen des betrachteten Energieversorgungssystems als ein Indikator des Energiesektors anzusehen.

a) Klimaschutz

Bei diesen Zielkonflikten liegt der Beitrag des Energiesektors im Wesentlichen im Bereich der CO_2-Emissionen (Kohlendioxid) bzw. Emissionen von CO_2-Äquivalenten. Sie werden vorwiegend durch konventionelle Kraftwerke verursacht. Klimaforscher stellten bei der Änderung des weltweiten Klimas eine Erwärmung der durchschnittlichen Bodentemperatur von ca. 0,6 Grad C seit dem Anfang des 20. Jahrhunderts fest. Damit verbunden, ist ein gleichzeitiger Anstieg der Konzentration an CO_2 in der Atmosphäre um 31% (IPCC, 2001). In der Diskussion steht noch die Ermittlung der Anteile natürlicher und anthropogener Einflüsse auf die Klimaänderung. Wissenschaftler nehmen jedoch an, dass die globale Erwärmung stark durch anthropogene Treibhausgase, wie CO_2 (geschätzte Lebensdauer ca. 120 Jahre) beeinflusst wird. Das Abklingverhalten einmal emittierter Treibhausgasmassen kann mit Hilfe von Exponentialfunktionen annähernd ermittelt werden (z.B. Konzept Global Warming Potential (GWB)). Es bestehen aber noch viele Schwierigkeiten bei der Bestimmung der Zielwerte.

b) Abfallaufkommen

Bei diesen Zielkonflikten liegt der Beitrag des Energiesektors im Wesentlichen im Bereich des Aufkommens von radioaktiven und nicht-radioaktiven toxischen Abfällen. Sie werden vorwiegend durch konventionelle Kraftwerke sowie die Atom-Industrie erzeugt. Sie sind je nach Entstehung, Lagerung und Entsorgung zu unterteilen. Es wird zwischen recyclebaren, nicht-recyclebaren, radioaktiven und nicht-radioaktiven Abfällen unterschieden. Im Sinne der „nachhaltigen Entwicklung" wird insbesondere den nicht-recyclebaren Abfällen Bedeutung beigemessen. Sie stellen unvermeidbare Risiken im Zusammenhang mit Erzeugungs-, Nutzungs- und Entsorgungsaktivitäten dar, die grundsätzlich zu minimieren sind (Kopfmüller et al, 2001). Für die Aufrechterhaltung der Lebensqualität auch nachfolgender Generationen, im Sinne der „nachhaltigen Entwicklung", stellen nukleare Abfälle ein besonderes Risiko dar. Nicht nur durch ihre langen Halbwertzeiten, auch im Hinblick auf die Sicherheit der Lagerung ist heute kaum eine Einschätzung möglich. Bei den nicht-radioaktiven Abfällen handelt es sich im Wesentlichen um Flugasche und Bettasche, die bei der Stromproduktion anfallen. Die Recycle-Raten dieser Abfälle fallen sehr standortspezifisch aus. Als weitere Abfälle sind Nebenprodukte zu nennen, die bei der Wasseraufbereitung und Gasreinigung anfallen (z.B. bei der Entschwefelung, Kalkstein und Kalziumhydroxyd). Viele dieser Stoffe sind jedoch recycelbar.

c) Flächenverbrauch
Im Rahmen dieses Zielkonfliktbereichs liegt der Beitrag des Energiesektors im Wesentlichen beim Flächenverbrauch durch den Abbau von Braunkohle für konventionelle Kraftwerke. Zusätzlich gehört auch der generelle Flächenverbrauch durch konventionelle Kraftwerke sowie die Atomindustrie dazu. Als Flächennutzung und -besetzung wird die Tatsache bezeichnet, dass die Landoberfläche für einen bestimmten Prozess bzw. einen Zeitabschnitt besetzt wird, ohne verbraucht zu werden. Bei der Änderung des Landes durch einen gegebenen Prozess (z.B. Abbaggern einer Landschaft etc.) wird häufig die Bezeichnung „Landumwandlung" verwendet (Müller-Wenk, 2003). Durch Flächennutzung wird die Natur als Ganzes beeinflusst. Die meisten Einflüsse werden von der Gesellschaft als Beschädigungen betrachtet. Sie können negative Auswirkungen auf die menschliche Gesundheit, die Umweltgesundheit (Flora, Fauna) und die Ressourcen haben.

3.4.4.2   Zielkonflikte im Bereich Ökonomie

Zielkonflikte beim Energiesektor liegen im Wesentlichen im Bereich der Nichtberücksichtigung externer Kosten. Diese beziehen sich auf nicht ökonomische Auswirkungen, die durch die Energieerzeugung bedingt sind, bisher aber in die Kostenermittlung nicht eingehen. Die Energiebereitstellungskosten decken heute allgemein nur die rein betriebswirtschaftlichen Kosten ab. Externe Kosten werden auf die Gesellschaft abgewälzt. Durch den Einbezug externer Kosten könnten die Auswirkungen der Energieerzeugung, z.B. auf Waldschäden, Gesundheit, Treibhauseffekt, Landschaft, nicht erneuerbare Ressourcen etc., substituiert werden. Bei den externen Kosten ist zu unterscheiden zwischen denjenigen für den Normalbetrieb und denjenigen für außergewöhnliche Vorkommnisse. Kosten für den Normalbetrieb fallen bereits heute an und treten mit einer gewissen Regelmäßigkeit auf (z.B. Schäden durch Luftverschmutzung etc.). Kosten, die nicht regelmäßig, sondern eher selten auftreten, beziehen sich auf Großunfälle (z.B. in Wasserkraftwerken, Kernkraftwerken etc.) bzw. die globalen Klimaveränderungen (Hauenstein, 1999). Auch die Effizienz des Produktionssystems beeinflusst die Kosten der Stromproduktion. Eine effiziente Energieumwandlung kann z.B. auch zur Senkung der Kosten und zu einer Reduktion von Schadstoffemissionen führen.

3.4.4.3   Zielkonflikte im Bereich Soziales

Zielkonflikte des Energiemanagements liegen in diesem Problemfeld im Wesentlichen in den Faktoren der Gewährleistung eines Mindestmaßes an Grundversorgung mit Energie in einer Gesellschaft. Im Rahmen der „nachhaltigen Entwicklung" stellt die Risikoarmut der Energiesysteme eine Grundanforderung dar. Risiko wird dabei z.B. als öffentliche Gesundheitsgefahr durch jährliche Staubemissionen, als Gesundheitsrisiko im Zusammenhang mit der Radioaktivität von Abfällen und als Risiko im Zusammenhang mit der jährlichen Abfallproduktion verstanden. Der Umbau des Elektrizitätsversorgungssystems kann auch mit einem Strukturwandel in der Beschäftigung verbunden sein (Birkmann, 1999). In einem marktwirtschaftlich organisierten System werden Arbeitsplätze in einzelnen Branchen durch Marktmechanismen bestimmt. Angesichts der fundamentalen Probleme, die mit einem konventionell ausgerichteten Energiesektor für die gesamte Menschheit verbunden sind, bietet die Frage nach einer Transformation in Richtung „Nachhaltigkeit" für Unternehmen große Chancen. In Deutschland wird in der politischen und gesellschaftlichen Diskussion, die nachhaltigkeitsorientierte Transformation der Energiesysteme oft reduziert diskutiert (z.B. „weg von fossiler hin zu erneuerbarer Energie"). Das reicht jedoch zur Erfüllung eines nachhaltigkeitsbasierten Leitbildes nicht aus. Auch erneuerbare Energien erfüllen nicht in jeder Region und bei jedem Unternehmen „Nachhaltigkeitskriterien" zufriedenstellend. Zudem steht oft auch lediglich die Forderung nach erneuerbaren Energien zur Energieversorgung von Unternehmen im Raum. Die konkrete Umsetzung droht jedoch an regionalen politischen bzw. gesellschaftlichen Widerständen zu scheitern. Es ist nicht immer klar, wo neue Energieformen gebaut werden können. Manchmal bleibt auch technisch offen, wie neue Technologien (Photovoltaik, Bioenergie, Geothermie, Windenergie, Wasserkraft etc.) sinnvoll in bestehende Versorgungsstrukturen bei den Unternehmen eingebunden werden können. Ein weiteres Problem kann auch in Fehlallokationen liegen, die durch eine einseitige Beachtung ökonomischer Rentabilität oder staatlicher Subventionspolitik bestimmt wird. In manchen (regionalen) Gesellschaften führte das in der Vergangenheit bereits zu erheblichen Friktionen. „Nachhaltige" Energieversorgung ist eine Aufgabe des strategischen Managements. Das Vorhaben ist bereits in die konzeptionelle Entwicklung der Energieversorgungsstrategie von Unternehmen zu integrieren und in Form von offenen Dialogen mit den entsprechenden Stakeholdergruppen zu kommunizieren. Das betrifft auch Operationalisierungsansätze für die praktische Anwendung.

3.4.5   Nachhaltigkeitsbasierte soziale Dimension

Für den Begriff der dritten Säule „Nachhaltigkeit" in der „sozialen Dimension", existiert in Wissenschaft und Praxis weder eine allgemeingültige Definition noch liegt ein einheitliches

Konzept dazu vor (Mutlak/Schwarze, 2007). In der Wissenschaft besteht eine gewisse Einigkeit darin, dass der Begriff „soziale Dimension der Nachhaltigkeit" die Wechselwirkung eines Individuums oder einer Gruppe mit der sozialen Umwelt beinhaltet (Ulrich, 2001). Diese bildet, zusammen mit der ökologischen, ökonomischen und technologischen Sphäre, die klassischen Umweltsphären (Thommen/Achleitner, 2003, Enquete-Kommission, 1994, Enquete-Kommission, 1998). Eine im Hinblick auf den Kontext des vorliegenden Buches geeignete Definition findet sich bei der Enquete-Kommission von 1994: „Soziale Nachhaltigkeit ist gegeben, wenn ein soziales System die Bedürfnisbefriedigung der ihm zugehörigen Menschen gewährleistet, zu der neben materieller Grundsicherung die freie Wahl individueller Lebensentwürfe und sinnstiftende Arbeit gezählt wird. Eine sozial nachhaltige Gesellschaft schafft so die Voraussetzung für körperliches, psychisches und soziales Wohlbefinden ihrer Mitglieder" (Blanck-Kolb, 2013, 36). Schwierigkeiten in diesem Forschungsbereich entstehen durch die Unschärfe und Ambiguität des Begriffs des „Sozialen" (Empacher/ Wehling, 2002, von Hauf/ Schiffer, 2010, Kneer, 2000). Eine andere Ursache liegt in den Eigenschaften und Charakteristika, die die Besonderheiten der sozialen Dimension gegenüber den anderen Dimensionen ausmachen (z.B. generell schwierige Messbarkeit). Als Grundlage für ein Konzept der sozialen Nachhaltigkeit wurden wissenschaftlich fünf charakteristische Besonderheiten abgeleitet. Diese werden im Folgenden, im Hinblick auf ein grundlegendes Verständnis für soziale Nachhaltigkeit, verdeutlicht (Kopfmüller et al, 2001, Empacher/Wehling, 2002):

a) Bipolarität
Eine sozial nachhaltige Entwicklung ist durch die Notwendigkeit der Berücksichtigung der Bipolarität zwischen den Extremen „Individuum" und „Gesellschaft" gekennzeichnet. Zwischen beiden Polen besteht, durch Erwartungen von Individuen sowie die Anforderungen der Gesellschaft, ein Abhängigkeits- und Spannungsverhältnis. Dadurch kann entweder ein gegenseitiger Ausschluss oder eine gegenseitige Ergänzung entstehen. Zusätzlich existiert zwischen beiden Polen eine Vielzahl von Gruppen, Organisationen etc. mit den entsprechenden (Netzwerk-)Beziehungen.

b) Normativität
Soziale Phänomene und Prozesse besitzen zusätzlich zur rein instrumentellen Bewertung (z.B. der gesellschaftlichen Funktion etc.), einen normativen Eigenwert (z.B. Leben, psychische Unversehrtheit etc.). Dieser ist zusätzlich zu bewerten. Das steht im Gegensatz zur ökologischen Dimension, bei der aus anthropozentrischer Sichtweise der Natur kein Eigenwert zugemessen wird.

c) Reflexivität
Soziale Phänomene, Strukturen und Prozesse enthalten neben objektiven Komponenten, immer auch subjektive, emotionale Prägungen (z.B. durch individuelle bzw. kollektive Wahrnehmungen etc.). So erklärt sich, dass z.B. Kinderarbeit in Industrieländer jegliche Legitima-

tion abgesprochen wird. In den Entwicklungsländern selbst, kann Kinderarbeit hingegen eine durchaus akzeptierte Erscheinung sein.

d) Immaterialität

Soziale Phänomene, Strukturen und Prozesse sind neben einer materiellen, auch durch eine immaterielle Komponente gekennzeichnet (z.B. Offenheit sozialer Beziehungen, Qualität etc.). Diese ist nur äußerst schwer zu erfassen und zu objektivieren.

e) Historizität

Soziale Systeme sind nicht statisch, sondern sie haben eine Geschichte. Diese ist mit einer sich daraus ergebenden Entwicklungsfähigkeit verbunden. Wandlungen sozialer Strukturen und Prozesse vollziehen sich jedoch schneller und umfassender. Der so hervorgerufene Wandel ist nicht per se als negativ zu beurteilen. Er beinhaltet auch die Nutzung individueller bzw. gesellschaftlicher Potentiale.

Basierend auf diesen Charakteristika, ergibt sich ein Referenzrahmen für die Dimension der sozialen Nachhaltigkeit mit fünf pragmatisch abgeleiteten Schlüsselelementen. Diese sind bipolar ausgerichtet und beziehen demzufolge sowohl die übergreifende Ebene des Gesellschaftssystems als auch die individuellen Ebenen der Gesellschaftsmitglieder (Lebensbedingungen, Zusammenleben etc.) mit ein (Empacher/Wehling, 2002, 46):

- „Existenzsicherung aller Gesellschaftsmitglieder,
- Entwicklungsfähigkeit aller (Teil-)Systeme und Strukturen,
- Erhaltung und Weiterentwicklung der Sozialressourcen,
- Chancengleichheit im Zugang zu Ressourcen und
- Partizipation an gesellschaftlichen Entscheidungsprozessen".

Auf Basis dieser Schlüsselelemente können auf der operativen Ebene (Leitbildkonzipierung, gesetzliche Vorgaben etc.) Handlungsziele abgeleitet werden. Als Schwierigkeit ist dabei zu beachten, dass diese, je nach Schwerpunktsetzung bzw. Blickrichtung des Akteurs, durchaus widersprüchlich ausfallen können. Beispielsweise kann eine Arbeitsplatzverlagerung ins Ausland unter hiesigen Gesichtspunkten als nicht nachhaltig eingestuft werden, sich aus einem globalen Blickwinkel aber durchaus als nachhaltig erweisen. Derartige Widersprüche sind dem konstituierenden Merkmal des Konzepts der sozialen „Nachhaltigkeit", der starken Normativität, geschuldet. Welche Implikationen sich daraus aus betriebswirtschaftlicher Sicht für Unternehmen ergeben, wird im Folgenden diskutiert.

3.4.5.1   Gesellschaftsbezogene Kriterien

Eine allgemein anerkannte Definition der „Nachhaltigkeit" auf einzelwirtschaftlicher Ebene, existiert derzeit nicht. Unter nachhaltiger Unternehmensführung wird eine „Unternehmensführung [verstanden], die darauf ausgerichtet ist, die Beiträge zu den sozialen, ökologischen und ökonomischen Nachhaltigkeitsherausforderungen zu optimieren" (Loew et al, 2004, 69). Auf dieser Basis kann unternehmerische „Nachhaltigkeit" an zwei Referenzpunkten ausgerichtet werden. Zum einen an den „Nachhaltigkeitszielen" der Gesellschaft, zum anderen an den, auf der Unternehmensebene entstehenden, „Nachhaltigkeitswirkungen" (Dyllick, 2003). Nach wie vor ist die angemessene Gewichtung der „Nachhaltigkeitsdimensionen" im Unternehmen umstritten. Die Gründe liegen in den unvermeidlichen Zielkonflikten zwischen den Dimensionen sowie den unternehmens-/branchenbezogen unterschiedlich ausfallenden Präferenzen bei den Unternehmen. Diese fördern die verschiedenen Dimensionsgewichtungen. In Bezug auf die gesamtgesellschaftliche „Nachhaltigkeit" gilt als unumstritten, dass alle gesellschaftlichen Akteure dazu einen Beitrag leisten müssen. Das gilt auch und besonders für (Groß-)Unternehmen (Wühle, 2007). Eine Ausrichtung am gesellschaftlichen Nachhaltigkeitsleitbild ist für Unternehmen nur bei Einbeziehung kritischer Stakeholder möglich. Kann ein Unternehmen nicht erfahren, was die dringlichsten Themen in einer Gesellschaft sind (keine Dialogbereitschaft etc.), können Belange bzw. Handlungsmöglichkeiten für die Unternehmensebene auch nicht abgeleitet werden (Dyllick, 2003). In der Literatur werden u.a. als zentrale Aspekte der gesellschaftsbezogenen Dimension die Begriffe „Verantwortung" und „Engagement" angeführt (Flieger/Sing, 2001, Empacher, 1999). Beide Begriffe stehen im Zusammenhang mit der neuen Rolle von Unternehmen in der Gesellschaft. Hierzu wurden verschiedene Ansätze entwickelt (z.B. Corporate Accountability, Corporate Citizenship, Corporate Social Responsibility (CSR), Corporate Governance etc.). Von diesen Konzepten hat CSR von der Wirtschaft und vom Staat die größte Unterstützung und Verbreitung erfahren. Die wohl bekannteste Systematisierung des Konzepts CSR, im Hinblick auf die soziale Dimension mit der gesellschaftlichen Verantwortung von Unternehmen, erfolgte durch *Caroll* bereits im Jahr 1979. Er stellte in diesem Rahmen die Ebenen der gesellschaftlichen Verantwortung von Unternehmen als „Verantwortungspyramide" dar (Hiß, 2005, Kuhlen, 2005). Die nachfolgende Abbildung 3.11 zeigt diesen Ansatz im Überblick.

Wird die Abbildung 3.11 näher betrachtet, ist zu erkennen, dass von Caroll vier Ebenen unternehmerischer Verantwortung im Hinblick auf die Gesellschaft unterschieden werden (historisch bedingt). Auf der untersten Ebene befindet sich die ökonomische Verantwortung. Hier wird profitables Wirtschaften zum Erhalt des Kapitalstocks gefordert („sei wirtschaftlich"). Unternehmen sind in diesem Rahmen dafür verantwortlich, dass sie die Produktion von Waren und Dienstleistungen an den Wünschen der Gesellschaft ausrichten (Kuhlen, 2005). Auf der darüber liegenden Ebene wird ein Minimum an ethischem Verhalten durch die Befolgung von Gesetzen gefordert („befolge Gesetze"). Legales Handeln bedeutet die Anerkennung sozialer und kultureller Normen der jeweiligen Gesellschaft. Dabei handelt es sich um einen Tatbestand der Legalisierung von Handlungen in Form einer Forderung (Jänicke et al, 2003). Auf der dritten Ebene von unten, wird die Übernahme ethischer Verantwortung von Unternehmen erwartet („handle ethisch"). Dabei handelt es sich nicht um Freiwilligkeit, denn Un-

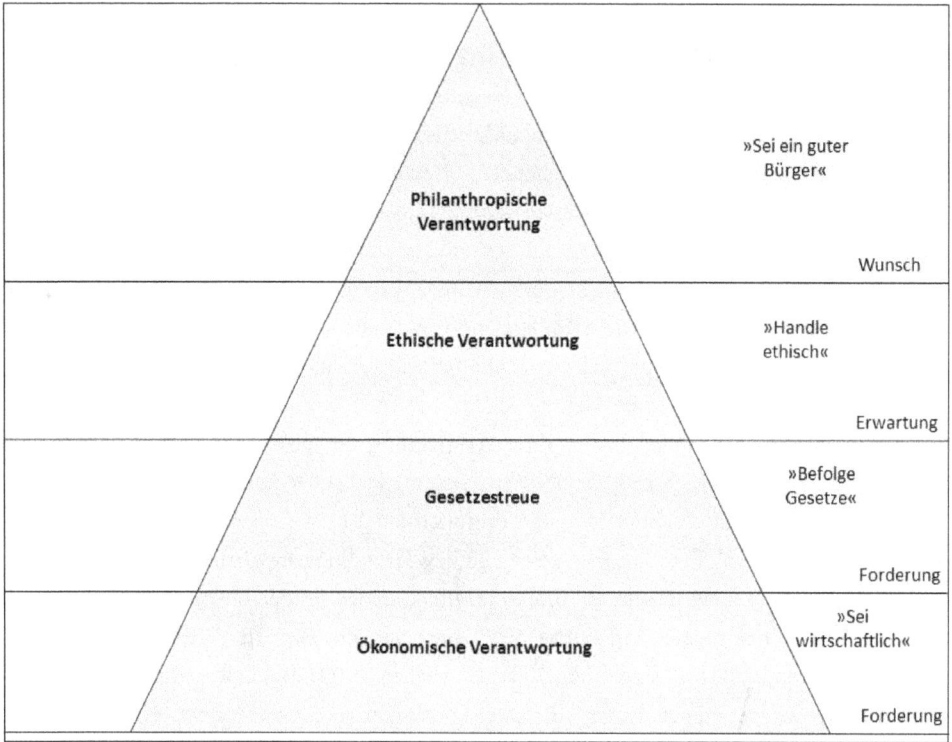

Abb. 3.11:   Verantwortungspyramide nach Carroll, Quelle: i.A.a. Carroll, 1991 und Loew et al, 2004, 21,
modifiziert und verändert

ternehmen sollen für ihr Tun verantwortlich sein. Fehlverhalten hat Sanktionierungen durch
die Gesellschaft zur Folge (Aßländer, 2006). Auf der obersten Ebene wird von Unternehmen
eine philanthropische Verantwortung gewünscht („sei ein guter Bürger"). Die Aktivitäten der
Unternehmen sollen die Wohlfahrt der Gesellschaft steigern. Dieses geht über die Verantwortung der vorherigen Ebenen hinaus und ist ausschließlich freiwillig (Hiß, 2005). Die Aktualität des Gedankens der Freiwilligkeit bei gesellschaftsbezogener unternehmerischer Verantwortung (oberste Ebene der Verantwortungspyramide), wird auch durch die Definition der
Europäischen Kommission bei der Abgrenzung von CSR gegenüber einer allgemeinen nachhaltigen Unternehmensführung aufgeführt (EU-Kommission, 2001). Bedingt durch den vorherrschenden Definitions-Wirrwarr, werden freiwillige Aktivitäten von Unternehmen, die
über das geschäftliche Interesse hinausgehen, häufig auch mit dem Konzept „Corporate Citizenship (CC)" in Verbindung gebracht. Eine einheitliche und allgemein anerkannte Definition
existiert für dieses Konzept ebenfalls nicht. Einigkeit besteht in der Wissenschaft allerdings
darüber, dass sich die Verantwortlichkeit des Unternehmens nach dem CC-Konzept vorwiegend auf klassische Bereiche des Gemeinschaftsengagements im regionalen Umfeld bezieht
(z.B. Spenden, Sponsoring, Corporate Volunteering etc.) (Schrader, 2003, Ulrich, 2008). Das
Konzept CSR ist im Gegensatz dazu wesentlich umfassender konzipiert. Auch wenn CC und

CSR in der Literatur relativ unterschiedlich verstanden werden, ist CC bei der gesellschaftlichen Verantwortung als ein Teilbereich von CSR einzustufen. Im Unterschied zu einer allgemeinen „nachhaltigen Unternehmensführung", liegen bei CSR oft ethische Prinzipien (z.B. moralische Gründe, normative Grundprinzipien etc.) zugrunde. Beispielsweise ist CSR freiwillig und geht ethisch über die gesetzlichen Normen hinaus. Im Unterschied dazu beschränkt sich eine allgemeine „nachhaltige Unternehmensführung" lediglich auf die Erfüllung grundsätzlicher (unfreiwilliger) gesetzlicher Bestimmungen. Einen Freiwilligenstatus und damit einen Handlungsspielraum zum Wohle der Gemeinschaft, ist bei dem zuletzt genannten Konzept nicht vorgesehen (Hansen, 2004). Allen Konzeptionen ist jedoch gleich, dass Unternehmen bei Extremsituationen in gesellschaftlicher Hinsicht einer Vielzahl kritischer Anspruchsgruppen/Stakeholder (z.B. NGOs, Globalisierungsgegner, Verbraucherschützer, Tierschützer, Bürgerinitiativen etc.) Rechenschaft ablegen müssen. Dabei ist zu unterscheiden in strategisch motiviertes (z.B. Freeman, 1984) und kritisch normativ motiviertes Stakeholdermanagement (z.B. Ulrich, 1998). Für beide Ansätze finden sich in der entsprechenden Fachliteratur bereits hinreichende Erklärungen.

ALDI: - Ausbeutung zum Schnäppchenpreis

„Kinderjeans, Computer und Turnschuhe zum Niedrigpreis – der Flyer wirkt auf den ersten Blick wie eine Aldi-Wurfsendung, ist aber eine Persiflage. Eine Initiative will so Produktbedingungen in der Dritten Welt anprangern. Und hat nun Ärger mit Deutschlands größtem Discounter. Der Angriff ist nett verpackt, aber knüppelhart: In einer Prospektpersiflage wirft die Christliche Initiative Romero dem Discount-Riesen Aldi vor, seine Schnäppchenpreise „mit systematischen Verletzungen von Arbeits- und Frauenrechten" bei Zulieferern in der Dritten Welt zu erkaufen. Die Broschüre ist ganz im blauen Aldi-Design gestaltet. Man muss schon zweimal hingucken, um zu erkennen, dass es kein klassischer Werbeprospekt des Discounters ist. Beim Firmennamen haben die Menschenrechtsaktivisten einfach den Buchstaben D umgedreht. Erst auf der dritten Seite bekennt die Initiative Romero im Kleingedruckten ihre Urheberschaft. Neben den Produkten – zum Beispiel Jeans für 9,99 Euro und T-Shirts für 2,59 Euro – prangen ironische Slogans wie: „Wurde auf Kosten der Arbeiterinnen billig produziert". Oder: „Hergestellt in Bangladesch für 33 Euro Monatslohn bei 80 Stunden Arbeit pro Woche". Die Mitarbeiter in den Aldi-Zulieferbetrieben arbeiteten unter menschenunwürdigen und gesundheitsgefährdenden Bedingungen und würden ausgebeutet. 30.000 Prospekte hat Romero in erster Auflage verteilt. Doch dann bekamen die Initiatoren Post von Aldis Anwälten. […] Die Anwälte drohen mit dem Gang vor Gericht, sollte die Initiative ihre Kampagne fortsetzen. Doch damit hat sich der Discounter wohl keinen Gefallen getan: Was zunächst nur eine Widerstandsaktion von acht Aktivisten war, kann Romero nun als klassische David-gegen-Goliath-Situation ausschlachten – nach dem Motto: Fährt der riesige Aldi-Konzern tatsächlich juristische Geschütze gegen Menschenrechtler auf?" […] (Teevs, 2010).

Parallel dazu, dass Unternehmen im Rahmen von „nachhaltiger Entwicklung" ihre Aktivitäten in Richtung Investitionen in das Gemeinwesen ausweiten, werden die Leistungen des Staates zunehmend als unzureichend empfunden. Der (National-)Staat als dominanter, zentraler Akteur, kann die gesellschaftliche Steuerung, hinsichtlich zunehmender weltweit entstehender Probleme sowie der ihnen inhärenten Komplexität, immer weniger gewährleisten (Seitz, 2002). Das liegt an der Bindung an das Territorialprinzip. Probleme, die einen transnationalen Charakter aufweisen (z.B. beim Supply Chain über nationale Grenzen hinausgehen etc.) entziehen sich der Steuerung eines (National-)Staates. Auch in supranationalen Vereinigungen (z.B. EU, ASEAN etc.) sind transnationale Entscheidungen mit immer rascheren, hochspezifischeren Regelungen verbunden, die Anpassungen an das eigene System (Gesetze etc.) notwendig machen. Der Staat als zentraler Akteur kann diesen Regelungsbedarf durch seine demokratischen Strukturen (z.B. politische Rücksichten, Erlassung verwaltungsrechtlicher Vorschriften etc.) zunehmend nicht mehr gewährleisten. Im Ergebnis führt diese Situation dazu, dass der (National-)Staat oft nicht schnell und flexibel genug handeln kann.

Bei der Suche nach eigenen Möglichkeiten zur praktischen Umsetzung der „nachhaltigen Entwicklung", orientieren sich viele Unternehmen bei gesellschaftsbezogenen Kriterien an den Leitlinien ihrer Wirtschaftsverbände (z.B. Bundesverband der Deutschen Industrie (BDI), Verband der Chemischen Industrie (VCI) etc.). Diese geben vor, Leitsätze bzw. Operationalisierungsansätze zu entwickeln. Derzeit existieren als Operationalisierungsansätze für die Unternehmensebene die Business Charta for Sustainable Development vom International Chamber of Commerce (ICC) und die Leitlinien des Verbandes der Chemischen Industrie (VCI). Hierbei handelt es sich vor allem um erste Orientierungsrahmen, ohne konkrete Handlungskonzepte bzw. Handlungsanweisungen. Schwerpunkte liegen eindeutig auf der ökologischen Dimension. Ökonomische und soziale Grundsätze der anderen Dimensionen werden nur am Rande erwähnt. Die Grundsätze sind sehr vage gehalten und weniger als tatsächliche Handlungsanleitungen konzipiert. Für den Aufbau konkreter unternehmensspezifischer Richtlinien, können sie nur eingeschränkt dienen (Mathieu, 2002). Daneben hat sich seit Anfang der 1990er Jahre als Zusammenschluss von ca. 150 Unternehmen aus 30 Ländern der World Business Council on Sustainable Development (WBCSD) etabliert. Das Ziel der Vereinigung liegt darin, globale unternehmerische Perspektiven für eine „nachhaltige Entwicklung" zu erarbeiten, um zu einer engeren Kooperation zwischen Unternehmen, Regierungen und weiteren Akteuren im Rahmen der „Nachhaltigkeit" beizutragen. Schwerpunkte liegen auf einer nachhaltigen Wirtschaftsweise, vorwiegend auf Basis der Ökoeffizienz. Oberziel ist es, Umwelteinwirkung und Ressourcenintensität auf ein umweltverträgliches Niveau zu reduzieren.

3.4.5.2   Unternehmensbezogene Kriterien

Für die Definition der „unternehmensbezogenen Nachhaltigkeit" gilt in Anlehnung an die grundlegende Definition des Brundtland-Berichts, dass den Bedürfnissen derzeitiger direkter und indirekter Stakeholder (z.B. Eigentümer, Mitarbeiter, NGOs etc.) Rechnung zu tragen ist, ohne die Möglichkeiten zukünftiger Stakeholder zu gefährden (intergenerative Bedürfnisbefriedigung) (Dyllick/Hockerts, 2002). Im Gegensatz zur ökologischen Dimension, wird die soziale Dimension der „Nachhaltigkeit" auch betriebswirtschaftlich und unternehmensbezogen bisher kaum diskutiert. Insofern ist disziplinübergreifend (z.B. in betriebswirtschaftlicher, soziologischer, kulturspezifischer, psychologischer, ethischer Sicht etc.) eine große Forschungslücke zu konstatieren. Unbestritten ist, dass Unternehmen als soziale (Sub-) Systeme einen Teil der Gesellschaft bilden (Ullrich, 2001). Da auch im Unternehmenskontext die soziale Dimension der Nachhaltigkeit durch das Merkmal der Bipolarität (individuelle plus gesellschaftliche Ebene) gekennzeichnet ist, führt das zu den betrieblichen Bereichen Personalführung und Personalwirtschaft. Diese sind sowohl auf die Ebene des Individuums ausgerichtet, umfassen aber auch die Gruppe aller Mitarbeiter im Unternehmen (Burschel et al, 2004). Die Integration der „Nachhaltigkeit" in die Unternehmensführung ist auch als ein Transformationsinstrument zu verstehen. Mit diesem, kann über die Handlungsweise individueller Akteure auf Unternehmensebene ein Multiplikatoreffekt in Richtung „Nachhaltigkeit" entstehen. Insofern werden „Nachhaltigkeitsziele" auch auf der gesamtwirtschaftlichen Ebene gefördert. Transformiert auf die Unternehmensebene, ist mit der Integration auch ein kulturbedingter Werte- und Bewusstseinswandel verbunden. Die Entwicklung des innerbetrieblichen und des externen Sozialkapitals wird zu einem zentralen Bestandteil der Unternehmensstrategie (Gminder et al, 2002). Ausdruck dieses Werte- und Bewusstseinswandels ist z.B. die Fokussierung auf die Leistungspotentiale der Humanressourcen (z.B. Fähigkeiten, Kenntnisse etc.) sowie auf die sozialen Ressourcen (Beziehungen zu anderen Mitarbeitern etc.). Die unternehmensbezogene soziale Nachhaltigkeit fokussiert damit auf Ressourcen, die auch im Rahmen der Wissensökonomie relevant sind (z.B. Können, Wissen, Kreativität, Reflexionsfähigkeit, Qualität sozialer Beziehungen etc.) (Brödner, 2002). „Soziale Nachhaltigkeit" betrifft insofern die Vereinbarkeit von Sozial- und Qualifikationsstandards mit der freien Entfaltung der Persönlichkeit von Mitarbeitern/Führungskräften sowie den wirtschaftlichen Interessen des Unternehmens. Einbezogen wird auch das externe Sozialkapital (z.B. Umfeldbeziehungen auf lokaler, nationaler und globaler Ebene etc.). Dieses dient nicht nur dem Verständnis externer Stakeholder und deren Aktivitäten, sondern auch deren Zustimmung zum Wertesystem des Unternehmens (Dyllick/Hockerts, 2002).

Bei der Operationalisierung und praktischen Umsetzung von Konzepten nachhaltigen Wirtschaftens in Unternehmen, beziehen sich bisher entwickelte Methoden vor allem auf Problematiken zur Reduzierung der Komplexität des Leitbildes. Hierbei wird mehrheitlich versucht, dieses in die unternehmenseigene Sprache und Begrifflichkeit zu übersetzen. Ausgewählte Operationalisierungsansätze wurden bei dem an der Universität St. Gallen seit ca. 1994 entwickelten Konzept Company oriented Sustainability (COSY) ermittelt. Hierbei wird in vier hierarchisch aufeinander aufbauende Bezugsebenen im Unternehmen unterschieden (Prozesse, Produkte, Funktionen und Bedürfnisse). Ziel ist es, dass Unternehmen das Leitbild „nachhaltige Entwicklung" über Teilschritte bis zu produktbezogenen Maßnahmen konkretisieren können (Grothe-Senf, 2000, Freimann, 2004). Das COSY-Konzept soll zu handhabbaren „Nachhaltigkeitszielen" führen, stellt aber noch kein detailliert ausgearbeitetes System dar. Es

ist vielmehr als ein Gerüst zu betrachten, das unternehmensintern und -extern zu einer Versachlichung des Konzepts „nachhaltige Entwicklung" beitragen kann. Da es jedoch einseitig
konzipiert ist und die soziale Dimension vollständig ignoriert, ist nur eine ergänzende Anwendung sinnvoll.

Standards und Richtlinien zum Arbeitsschutz

„**OHSAS** (Occupational Health- and Safety Assessment Series) bildet die Grundlage für die Zertifizierung von Managementsystemen zum Arbeitsschutz. Gegenwärtig wird diskutiert, ob es als internationale Norm in Kraft treten soll.

OHRIS (Occupational Health- and Risk-Managementsystem) ist ein Arbeitsschutz-Managementsy-
stem, das allein in Bayern und Sachsen zertifiziert werden kann. Das System findet dennoch auch auf
internationaler Ebene Anerkennung. Der Fokus liegt auf der Sicherheit von Anlagen und auf dem Gesundheitsschutz der Mitarbeiter/Innen.

Der Leitfaden **ISO 26000** zur gesellschaftlichen Verantwortung wurde im Jahr 2010 veröffentlicht. Er
gibt Anleitung zu den Themenkomplexen Organisationsführung, Menschenrechte, Arbeitspraktiken,
Umwelt, faire Betriebs- und Geschäftspraktiken, Konsumentenbelange sowie regionale Einbindung
und Entwicklung des Umfeldes. Die ISO 26000 wurde im Rahmen eines internationalen Normungs-
prozesses erarbeitet, an dem auch Entwicklungsländer beteiligt waren.

SA8000 ist ein weltweit anerkannter freiwilliger Standard, der von Social Accountability International, einer Multi-Stakeholder-getragenen Nichtregierungsorganisation, entwickelt wurde. Der SA8000
beruht auf den Prinzipien der ILO-Kernarbeitsnormen, der Kinderrechtskonvention der Vereinten Nationen und der Allgemeinen Erklärung der Menschenrechte. Unternehmen können sich nach SA8000
zertifizieren lassen" (Hoffmann/Rotter, 2011, 14).

Ein weiterer Operationalisierungsansatz wurde beim Pharmakonzern Hoechst entwickelt
(„Hoechst Nachhaltig: Vom Leitbild zum Werkzeug") (Grothe-Senf, 2000). Zur Umsetzung
des Leitbildes entstand bei Hoechst das Werkzeug Product Sustainability Assessment (PRO-
SA). Es besteht aus fünf Schritten. Nachhaltigkeit von Produkten soll so systematisch, transparent und überprüfbar bewertet werden. Im Ergebnis erhält der Anwender ein Indikatoren-
Set mit Informationen über regionale- und anwendungsspezifische Bezüge des untersuchten
Produktes zum Thema. Das macht eine vergleichende Positionierung des Produktes, hinsichtlich Anwendung und Systemzusammenhang gegenüber anderen Produkten oder Dienstleistungen möglich. Der Ansatz ist mit Vor- und Nachteilen versehen. So ist für eine Optimierung
von Produkten die Setzung entsprechender Prioritäten in der Nachhaltigkeitsstrategie vonnöten (enges versus weites Verständnis von „Nachhaltigkeit"). Entsprechend sind auch Schwerpunkte (z.B. politische Prioritäten, kulturspezifischer Werte- und Bewusstseinswandel etc.)
auf allen Ebenen einzubeziehen.

Einen anderen Operationalisierungsansatz entwickelte das Wuppertal-Institut (Grothe-Senf,
2000). Die Methode COMpanies and sectors path to Sustainability (COMPASS) soll Unternehmen bei einer einfachen, praktikablen, zielsicheren Umsetzung nachhaltigen Wirtschaftens

unterstützen. Das vorrangige Ziel liegt darin, Prozesse, Prozessketten und Dienstleistungen hinsichtlich ökonomischer, ökologischer und sozialer Aspekte nachhaltiger Bedürfnisbefriedigung zu analysieren, zu hinterfragen und zu optimieren. Dabei ist auch der Dialogprozess zu unterstützen und zu strukturieren. Die Methode beinhaltet fünf Elemente mit Fragen, durch die bereits vorhandene Informationen erfasst und relevante Probleme erkannt werden sollen. Für die Erarbeitung der Unternehmens-Vision ist die Beteiligung aller Akteure vorgesehen (z.B. durch Zukunftswerkstätten zum Zusammentragen der entsprechenden Visionen etc.). Das Management der „nachhaltigen Entwicklung" erhält das entsprechende Gewicht durch die Deklarierung zur „Chefsache". Der Veränderungsprozess wird mit Hilfe des Tools Sustainability Assessment for Enterprises (SAFE), als eine Art Selbstmanagement-Instrument für kontinuierliche Selbstanalyse, verfolgt. Ein Hauptziel besteht darin, die Beschäftigten zur Mitarbeit und Mitgestaltung an den Veränderungsprozessen zu motivieren.

Soziale Nachhaltigkeit: Mitarbeiter im Fokus

„Bei Bosch werden gezielt Teilzeitmodelle für alle Mitarbeitenden (auch Männer und Führungskräfte) unterstützt und beworben.

Bei BMW können im Rahmen des Arbeitszeitmodells „Vollzeit Select" langjährige Vollzeitmitarbeiter/Innen bis zu 20 zusätzliche freie, unbezahlte Tage im Jahr nehmen. Finanziert wird „Vollzeit Select" wahlweise durch Kürzung der Sonderzahlungen oder des Monatsgehalts.

BASF hat ein Lernzentrum eingerichtet, in dem Beschäftigte zu individuellen Lernmethoden und -inhalten beraten werden.

Bosch und BMW bieten Fachkräften auch nach dem rentenbedingten Ausscheiden über Honorarverträge die Möglichkeit zur Weiterbeschäftigung.

VW bietet mit dem Programm „Wanderjahre" Ausgebildeten aller Berufsgruppen und jungen Hochschulabsolventen/Innen die Möglichkeit, für ein Jahr im Ausland zu arbeiten" (Hoffmann/Rotter, 2011, 12).

Die Operationalisierungsansätze zeigen die Schwierigkeiten bei der Umsetzung des Konzepts „nachhaltige Entwicklung" deutlich. Diese liegen vor allem darin, den hochkomplexen Anspruch eines ganzheitlich ausgerichteten Leitbildes in einzelne Teilschritte zu zerlegen und diesen Anspruch ganzheitlich im Rahmen der Unternehmensentwicklung zu verdeutlichen. Große Gefahren ergeben sich bei dem Vorhaben vor allem aus der Tatsache, dass anspruchsvolle Projekte für Unternehmen finanzierbar sein müssen (starke Einbindung zahlreicher Akteure, lange Projektlaufzeiten, starke Veränderungen etc.) und nicht aus finanziellen Gründen auf Einzelaspekte (ökonomische bzw. ökologische Ressourceneffizienz, Energieeffizienz etc.) reduziert werden. Diese Schwierigkeiten könnten auch dazu beigetragen haben, dass neben umfangreichen Ansätzen in der Literatur mittlerweile auch Ansätze zu finden sind, die Nachhaltigkeit lediglich für einzelne Elemente (ökologische Produktgestaltung, ökologische Materialwirtschaft etc.) vorsehen. Während relativ viele dieser Teilkonzepte auf die ökologische Dimension fokussiert sind (z.B. hohe Wieder- bzw. Weiterverwendbarkeit von Produkten,

Zerlegbarkeit, Vermeidung schädlicher Inhaltsstoffe etc.), werden Elemente der ökonomischen Dimension nur am Rande betrachtet. Die soziale Dimension wird sogar konsequent ignoriert (Mathieu, 2002). Damit ist eine ganzheitlich ausgerichtete Nachhaltigkeit nicht mehr
gegeben und Unternehmen geraten in eine gefährliche Nähe zum Greenwashing. Ein weiteres
Problem liegt darin, dass für die Steuerung und Kontrolle einer nachhaltigen Unternehmensführung ein ökologisch differenziertes und erweitertes Rechnungswesen für die Nachhaltigkeitsberichterstattung unverzichtbar ist. Ein herkömmliches, vorwiegend finanziell orientiertes betriebliches Rechnungswesen ist in vielfacher Hinsicht ungeeignet und gänzlich überfordert, finanziell nicht darstellbare Umweltwirkungen eines Unternehmens umfassend aufzuzeigen (z.B. Ökobilanzen, Stoffflussanalysen etc.). Auch die geforderte ökologische Steue-
rungs- und Kontrollfunktion (z.B. Darstellung der Ökoeffizienz, Ökoeffektivität etc.) kann
von einem herkömmlich ausgerichteten Rechnungswesen kaum wahrgenommen werden
(Stahlmann, 2002). Bisherigen Operationalisierungsansätzen zur „nachhaltige Entwicklung"
fehlt es vor allem an Überführungsmöglichkeiten für die drei Dimensionen in ein unterneh-
mensspezifisches, in ausreichendem Maße geeignetes, „Nachhaltigkeitsmanagement-System"
(Lux et al, 2001). Auch im Bereich Kontrolle sind geeignete Messinstrumente und Indikatoren ebenfalls nicht in ausreichender Qualität vorhanden. Zur Operationalisierung des Konzepts „nachhaltige Entwicklung" im Hinblick auf branchen- bzw. unternehmensindividuelle
Spezifika sind Ansätze nötig, die einen produktiven Umgang mit Komplexität ermöglichen
(Systemorientierung, Kybernetik). Dadurch sollte es nicht nur möglich werden, „Nachhaltigkeitsanforderungen" in die individuelle Sprache von Unternehmen zu übersetzen, sondern dabei auch die jeweiligen (spezifischen) Rahmenbedingungen zu berücksichtigen.

3.2.2.5   Zwischenfazit

– Das interne normative Nachhaltigkeits-Marketing-Management der meso-sozialen und
   -soziokulturellen Ebene ist gänzlich kulturbestimmt. Die Wirkungen sind netzwerkartig.
   Sie beziehen sich sowohl auf die makro-soziale und -soziokulturelle als auch auf die mi-
   krosoziale- und soziokulturelle Ebene. Die Ausrichtung ist durch das Unternehmen selbst
   beeinflussbar und kann an die Werte und Grundhaltungen des Konzepts „nachhaltige
   Entwicklung" angepasst werden.
– Nachhaltigkeitsorientierte Strategien in Unternehmen/Organisationen basieren auf netzwerkartigen Systemwirkungen. Die Netzwerkwirkungen sind vor allem durch die systembasierten Merkmale Komplexität, Varietät und Nichtdeterminismus sowie Feedback-
   Prinzipien und Archetypen gekennzeichnet. Das Management von Systemstrukturen basiert auf den Prinzipien der Kybernetik (Management- bzw. Biokybernetik etc.) und ist erfolgreich nur durch systemische Managementmodelle (VSM, St.-Gallener Management-
   modell, integriertes Management etc.) unterstützbar.

- Strategisches Nachhaltigkeitsmanagement kann inhaltlich unterschiedlich ausgerichtet sein. Nachhaltigkeitsbasierte Wettbewerbsstrategien sind in fünf verschiedene Strategietypen unterscheidbar, die auch in einem hierarchischen Zusammenhang zu sehen sind.

- Die Produktionsstrategie der unternehmerischen Nachhaltigkeit ist durch die Tatsache gekennzeichnet, dass in allen Entscheidungen, betreffend den Umweltschutz und die Schonung der natürlichen Ressourcen, ein respektvoller Umgang mit der Gesellschaft, den Kulturen sowie eine langfristig angelegte Wirtschaftsweise zugrunde gelegt wird.

- Das nachhaltigkeitsbasierte Energiemanagement ist mit dem Produktionsbereich verbunden. Es zeichnet sich durch unzählige Zielkonflikte aus. Zielkonflikte im Bereich Umwelt werden vorwiegend durch den Bereich der erneuerbaren Energien (z.B. Windenergie, Solar- und Wasserenergien etc.) geprägt. Zielkonflikte im Bereich Ökonomie sind im Wesentlichen durch die Nichtberücksichtigung externer Kosten gekennzeichnet. Zielkonflikte im Bereich der sozialen Dimension werden wesentlich durch die Gewährleistung eines Mindestmaßes an Grundversorgung mit Energie bestimmt.

- Die nachhaltigkeitsbasierte soziale Dimension hat interdisziplinär noch große Forschungslücken. Zielkonflikte sind vor allem durch die Eigenschaften und Charakteristika als Besonderheiten der sozialen Dimension, gegenüber den anderen Dimensionen vorhanden. Bei den gesellschaftsbezogenen Kriterien beziehen sich diese auf die Art des unternehmerischen Beitrags zur gesamtgesellschaftlichen Nachhaltigkeit. Bei den unternehmensbezogenen Kriterien beziehen sie sich vorwiegend auf die Steigerung der Leistungspotentiale bei den Humanressourcen sowie auf die Verbesserung sozialer Ressourcen.

3.5   Mikro-soziale und -soziokulturelle Rahmenbedingungen

Wie in Abbildung 2.6 ersehbar, konstituieren sich mikro-soziale und -soziokulturelle Rahmenbedingungen durch Leitbilder auf verschiedenen Ebenen. Die Wirkungen erstrecken sich systembasiert und netzwerkartig einerseits rückwirkend auf vorgelagerte Dimensionen (meso-soziale und -soziokulturelle Dimension) andererseits wirken sie aber auch systemisch auf die makro-sozialen Rahmenbedingungen. Dadurch erhöht sich die Komplexität erheblich. Die Wirkungen basieren auf strategischen Werten und Normen, die durch Unternehmen selbst gestaltbar sind. Zusätzlich ist auch eine Orientierung an den Werten von Kooperationspartnern und Zielgruppen unerlässlich, um Nachhaltigkeit operativ erfolgreich umzusetzen. Für eine wirksame Integration von Nachhaltigkeit in das strategische Management, sind die entsprechenden Werte handlungsleitend zu konzipieren.

3.5.1   Verpflichtung zum strategischen Risikomanagement

Seit dem 1. Mai 1998 gilt in Deutschland das Gesetz zur Kontrolle und Transparenz im Unternehmensbereich (KonTraGe, 1998). Es verpflichtet den Vorstand börsennotierter Unternehmen „geeignete Maßnahmen zu treffen, insbesondere ein Überwachungssystem [einzurichten], damit den Fortbestand der Gesellschaft gefährdende Entwicklungen früh erkannt werden" (KonTraGe, 1998, §91 II AktG.). Auch das Handelsgesetzbuch (HGB, 2012) verpflichtet die Unternehmensführung, durch einen Lagebericht ein realistisches Bild über die „voraussichtliche Entwicklung mit ihren wesentlichen Chancen und Risiken zu beurteilen und zu erläutern" (HGB, 2012, §317 II und IV). Neben diesen rechtlich zwingenden Grundlagen, hat das Bundesjustizministerium am 19. Juli 2002 mit dem Transparenz und Publizitätsgesetz Vorstände börsennotierter Unternehmen verpflichtet zu erklären, ob sie den „Empfehlungen der Regierungskommission Deutscher Corporate Governance Kodex" (Gesetz zur zweiten Reform des Aktien- und Bilanzrechts, zu Aktien und Publizität, 2002, §161) gefolgt sind bzw. welche Empfehlungen nicht angewendet wurden. Der Corporate Governance Kodex orientiert sich an unternehmerischen Verhaltenspflichten aus den USA, Frankreich und Großbritannien. Die wichtigsten Ziele sind u.a. die Integration eines angemessenen Risikomanagements, die Festlegung von Eignungsanforderungen für Aufsichtsräte sowie die erweiterte Informationspflicht des Vorstandes (Deutscher Corporate Governance Kodex, 2011, 3). Die Implementierung eines strategischen Risikomanagements ist daher als generelle Pflicht einer ordentlichen Unternehmensführung zu sehen. Hauptziel des Risikomanagements ist es, möglichst langfristig den Erfolg des Unternehmens sicherzustellen. Dazu gehört es, die unternehmerischen Chancen bestmöglich zu nutzen und die sich daraus ergebenden Risiken optimal zu handhaben (Wiederkehr/ Züger, 2010). Unternehmen nutzen das strategische Risikomanagement zur Planung, Überprüfung, Bewertung (quantitativ bzw. qualitativ etc.) und Festlegung von Risiken durch die Risikopolitik (z.B. durch ein Benchmarking mit dem Marktführer etc.). Im Rahmen der Risikopolitik wird die strategische Ausrichtung (geschäftsbereichsbezogen bzw. gesamtunternehmensbezogen) der tolerierten Risikoexposition, bzw. Risikoakzeptanz, umgesetzt. Da die Risikoakzeptanz stark von der jeweiligen Führungsperson abhängt, fällt sie nicht nur unternehmensindividuell, sondern oft sogar innerhalb von Unternehmensbereichen unterschiedlich aus (z.B. Risikomanagement auf der Führungsebene, bei den Mitarbeitern auf der Arbeitsebene etc.). Zur Risikoidentifikation stehen Unternehmen diverse Mittel zur Datenerhebung zur Verfügung (analytische Methoden, Prognose- und Kreativitätstechniken etc.). Dabei wird zwischen einer automatisierten und manuellen Risikoidentifikation unterschieden. Die automatische Risikoidentifikation ist geeignet, wenn ein elektronisch erkennbares Risiko relativ systematisch auftritt (z.B. Preisvolatilität bei Rohstoffen etc.). Alle anderen Risiken werden manuell (z.B. durch Experteninterviews, Stakeholderbefragungen etc.) für eine möglichst umfassende Risikoexposition ermittelt. Auf dieser Basis erfolgt die Risikobewertung und Risikoaggregation mit dem Ziel, Gefahren, die von Einzelrisiken ausgehen, zu erkennen und den Einfluss auf das Gesamtrisiko zu ermitteln. Die nachfolgende Abbildung 3.12 zeigt beispielhaft eine Risikomatrix mit der Kategorisierung von Schadenausmaß und Eintrittswahrscheinlichkeit.

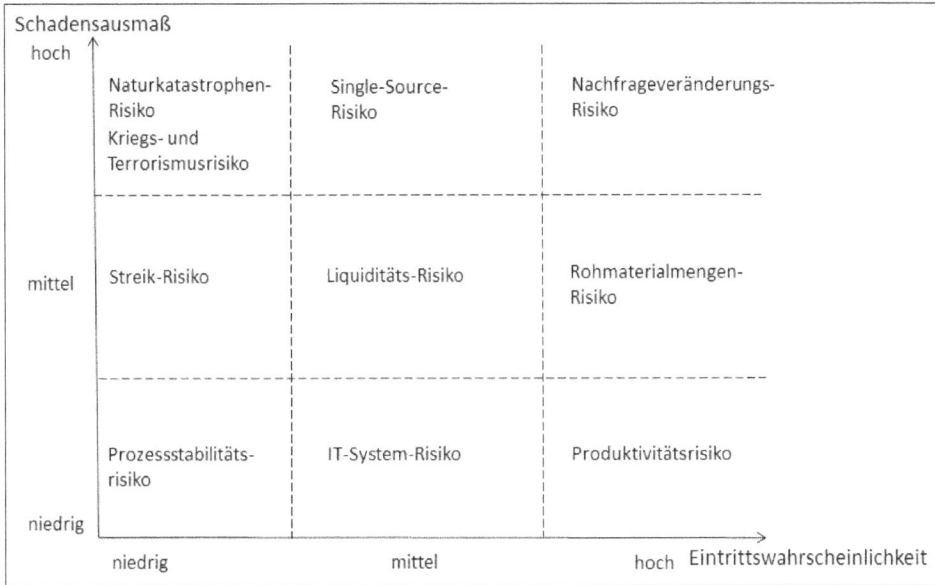

Abb. 3.12: Beispiel einer Risikomatrix mit der Kategorisierung von Risiken anhand der Merkmale
Schadensausmaß und Eintrittswahrscheinlichkeit, Quelle: i.A.a. Moder/ Meyer, 2007, 24
modifiziert und verändert

3.5.2   Nachhaltig ausgerichtetes strategisches Risikomanagement

Die relevante Thematik eines „nachhaltig ausgerichteten strategischen Risikomanagements"
variiert nicht nur branchenspezifisch, sondern auch unternehmensindividuell. Unternehmen,
die auf die Bedürfnisse der Gesellschaft zugeschnittene nachhaltige Lösungen entwickeln
möchten, benötigen hierfür relevante Informationen von ihren Stakeholdern. Nur damit sind
neue Geschäftsfelder bedarfsgerecht zu strukturieren und Risiken frühzeitig zu identifizieren.
Hierzu sind Interviews mit Stakeholdern vorgesehen, wobei die Bewertungen der jeweiligen
„Nachhaltigkeitsthematiken" national und regional unterschiedlich ausfallen können. Für Unternehmen sind die so ermittelten „Nachhaltigkeitsthemen" nicht voneinander unabhängig zu
sehen, sondern ganzheitlich zu erfassen. Lösungen verlangen einen koordinierten Ansatz unter Berücksichtigung der regional sehr individuellen Bedürfnisse (z.B. Nordamerika, Europa,
Südamerika, Indien, Asien etc.). Es wurde ein direkter Einfluss zwischen der Bedeutung von
risikobehafteten Themen für die Stakeholder und dem möglichen Einfluss von Unternehmen
festgestellt. Das bedeutet, wenn Unternehmen durch Innovationen Lösungen zu den jeweils
relevanten „Nachhaltigkeitsthemen" finden, wird das nicht nur von den Stakeholdern positiv
bewertet, sondern wirkt sich auch positiv auf das Geschäft der Unternehmen aus. Im Rahmen
des nachhaltigkeitsorientierten strategischen Risikomanagements ist auch zu klären, ob und in
welchem Ausmaß interne Risikorichtlinien hilfreich einsetzbar sind. Durch diese werden Mitarbeitern Arbeitsabläufe in bestimmten Situationen verbindlich vorgeschrieben. Im Rahmen

der internen Revision sollte die Einhaltung immer wieder überprüft werden. Die Balance zwischen einer individuellen Risikopolitik und festgeschriebenen Richtlinien, wird oft von der Unternehmensleitung entschieden. Diese Balance definiert die Basis für alle weiteren Schritte im unternehmerischen Risikomanagementprozess. Die Praxis zeigt, dass sich die Anzahl der Unternehmen, die sich ihrer Verantwortung sowie der Notwendigkeit zur „nachhaltigen Entwicklung" bewusst werden, weiter vergrößert. Auch immer mehr Konzerne richten ihre Strategie neu aus und implementieren nachhaltige Ziele (Koplin, 2006). Dazu hat auch die in weiten Teilen der Wirtschaft gewachsene Erkenntnis beigetragen, dass „nachhaltiges Wirtschaften" bereits heute ein zunehmend wichtiger werdendes Differenzierungsmerkmal im globalen Wettbewerb darstellt. Mit dieser Zielerneuerung geht aber auch eine Risikoerhöhung einher. Abbildung 3.13 zeigt ausgewählte empirisch ermittelte unternehmerische Motivationskriterien für die Ausrichtung an Nachhaltigkeitszielen.

Triebkräfte für Nachhaltigkeit	Heute (2010)	Zukünftig (in 5 Jahren)	Trend
Unternehmensphilosophie	70%	78%	+ 8%
Wirtschaftliches Kalkül	68%	83%	+ 15%
Kundenanforderungen	61%	77%	+ 16%
Öffentliche Wahrnehmung	56%	70%	+ 14%
Begrenzte Ressourcen	53%	68%	+ 14%
Mitarbeiter	45%	64%	+ 19%
Gesetzliche Vorgaben	45%	59%	+ 14%
Lieferantenanforderungen	27%	36%	+ 9%

Abb. 3.13: Motivation für die Ausrichtung an Nachhaltigkeitszielen, Quelle: i.A.a. Roland Berger, 2010 modifiziert und vereinfacht

Im Rahmen der o.g. Studie wurden branchenübergreifend weltweit 254 Entscheidungsträger aus den Bereichen Einkauf, Supply Chain, Management und Logistik zu Fragen der Motivation für die derzeitige strategische Ausrichtung an „Nachhaltigkeitszielen" sowie zur Einschätzung der zukünftigen Relevanz für ausgewählte Unternehmensbereiche gefragt.

Vor dem Hintergrund einer wachsenden Risikoexposition deutscher Unternehmen bei Wettbewerbs- und Nachfrageveränderungen in Richtung „nachhaltiger Produkte" zu wettbewerbsfähigen Preisen, wird nachfolgend der Einfluss unterschiedlicher Akteure auf die Förderung der „nachhaltigen Entwicklung" diskutiert. Als Fokus wird der nachhaltige Konsum gewählt. Die Ausführungen ermöglichen auch eine Einschätzung von Risiken, die mit einer Vernachlässigung einer Ausrichtung am nachhaltigen Konsum verbunden sind.

Internationale Bewertungen für Nachhaltigkeitsthemen bei BASF

„Im Rahmen einer Studie der BASF wurden im Jahr 2010 zukünftig an Bedeutung gewinnende Nachhaltigkeitsthemen identifiziert und bewertet. Das Ergebnis wird in einer sogenannten Materialitätsmatrix dargestellt. Als Grund für die Untersuchung gibt BASF an, dass man auf die Bedürfnisse der Gesellschaft zugeschnittene nachhaltige Lösungen entwickeln möchte, um neue Geschäftsfelder bedarfsgerecht strukturieren und Risiken frühzeitig identifizieren zu können.[...] Eine nach Regionen differenzierte Analyse zeigte Folgendes: Während in Indien die Wasserknappheit eine große Bedeutung hat, wird in den USA durch extreme Wetterereignisse der Klimawandel immer deutlicher. In Südamerika gaben die Befragten Energie, Luftverschmutzung und Korruption als größte Probleme in Bezug auf nachhaltige Entwicklung an. Interviewpartner aus Asien gaben Landflucht und die gleichzeitige rasche Überbevölkerung von Städten als größte Herausforderungen an. Für das daraus resultierende wachsende Abfallaufkommen sowie die das Angebot übersteigende Nachfrage nach Wasser und anderen Lebensmitteln, gäbe es momentan noch keine ausgereiften Lösungen. In Europa gaben die Befragten an, dass eine effizientere Nutzung von Ressourcen notwendig wäre und der Klimawandel eines der bedeutenden Probleme der Bevölkerung sei" (BASF, 2011).

3.5.2.1 Nachfrager als Akteure nachhaltigen Konsums

Als „nachhaltiger Konsum" wird ein lebensfreundlicher, generationengerechter und zukunftsfähiger Konsum bezeichnet, bei dem die Betrachtung des gesamten Produktlebenszyklus (Herstellung, Gebrauch, Entsorgung etc.) sowie eine verstärkte Nutzung von Dienstleistungen im Mittelpunkt stehen (Renner, 2004). Nachhaltiger Konsum soll umwelt- und sozialverträglich sowie finanziell tragbar sein (Spangenberg/Lorek, 2001, Hansen/Schrader, 2001). Eine Gesellschaft, in der der Konsum generell eine herausragende Bedeutung erlangt hat, wird auch als „Konsumgesellschaft" bezeichnet (Cortina, 2006). Durch diesen Begriff wird zum Ausdruck gebracht, dass Konsum nicht losgelöst als eine rein ökonomische Handlung auf dem Markt, sondern stets vor dem Hintergrund von Gesellschaft und Kultur, in der er stattfindet (z.B. Einkommensentwicklung, kulturelle Normen, Kaufmuster, individuelle Einstellungen, persönlicher Lebensstil etc.), zu betrachten ist (Grunwald, 2003). Konsum gehört zur menschlichen Lebensart und gilt gleichzeitig auch als Motor für die Wirtschaft. Abbildung 3.14 zeigt ein Schnittmengenmodell mit Einflussfaktoren nachhaltiger Konsumhandlungen im Überblick.

Wird die Abbildung 3.14 genauer betrachtet zeigt sich, dass in der Mitte des Schnittmengenmodells der nachhaltige Konsum durch mehrere Konsumhandlungen gekennzeichnet ist. Ein Teil der realen Konsumhandlungen ist jeweils durch Umwelt-, Sozialverträglichkeit und Wirtschaftlichkeit verdeutlicht. Nur Konsumhandlungen, die der gemeinsamen Schnittmenge (hier mit S bezeichnet) zuzurechnen sind, können nach diesem Modell als nachhaltig bezeichnet werden. Die anderen Konsumhandlungen entsprechen nicht diesen Kriterien. Die Schnittmengen der Konsumhandlungen sind ferner durch mehrere Rahmen abgegrenzt. Alle Konsumhandlungen werden durch das geschlossene Ökosystem begrenzt. Der Rahmen für die realen

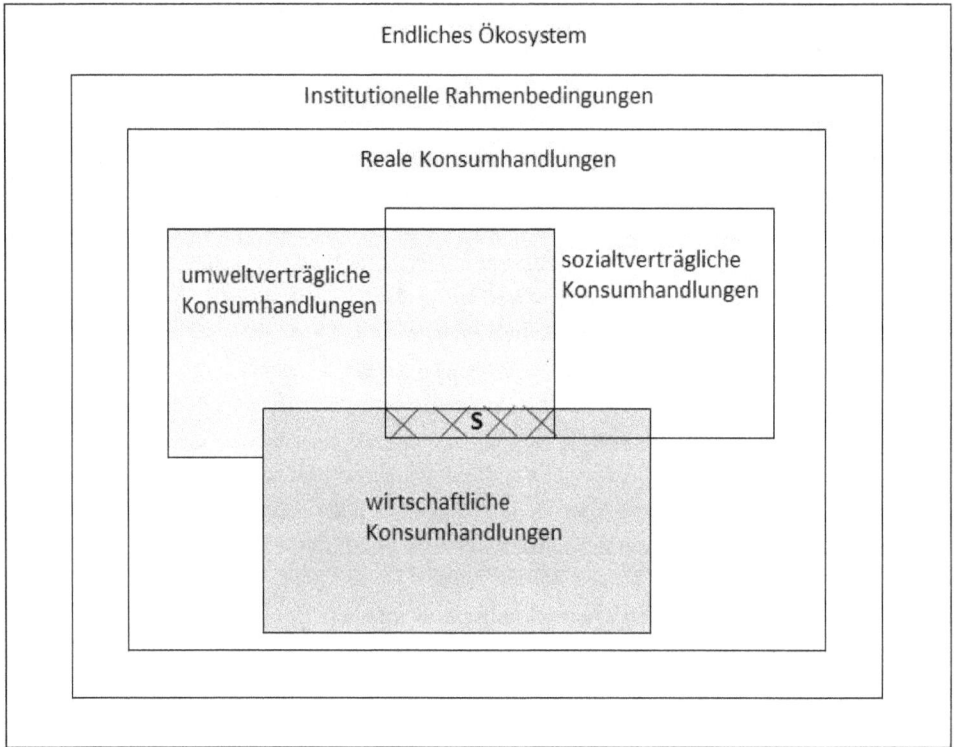

Abb. 3.14:   Schnittmengenmodell nachhaltiger Konsumhandlungen, Quelle: i.A.a. Hauf/ Kleine, 2005, 9,
Eckert et al, 2005, 117 modifiziert und verändert

Konsumhandlungen wird ferner durch die institutionellen Rahmenbedingungen gesetzt (gesetzliche Regelungen, Modetrends, Warenangebot, Kaufkraft etc.). Im Hinblick auf die „nachhaltige Entwicklung" ist das System entsprechend zu gestalten bzw. zu beeinflussen. In der Wissenschaft wird die Meinung vertreten, dass es möglich ist, dadurch mit der Zeit den Schnittmengenbereich S, durch immer mehr Übereinstimmungen ökologischer, sozialer und wirtschaftlicher Konsumhandlungen, kontinuierlich zu vergrößern (Scherhorn et al, 1997, Wendisch, 2002). Es bleibt jedoch kritisch anzumerken, dass aufgrund des endlichen Ökosystems nicht unbegrenzt viele Konsumhandlungen dieser Art realisierbar sind. Nachhaltiger Konsum ist daher auch immer mit einer kritischen Auseinandersetzung zur Notwendigkeit von Konsumhandlungen verbunden (Meinold, 2001). Er wird danach durch Konsumhandlungen gefördert, die kritisch reflektierte Bedürfnisse durch Produkte/Dienstleistungen befriedigt, die gleichzeitig wirtschaftlich, ökologisch und sozialverträglich sind (Renn, 2001). Der gegenwärtige Konsumstil entspricht jedoch nicht der Definition des nachhaltigen Konsums. Er ist mit vielen negativen Folgen verbunden. Die meisten ökologischen und sozialen Probleme sind auf Handlungen von Individuen zurückzuführen. Der individuelle Konsum hat auch einen großen Anteil am steigenden Ressourcen- und Energieverbrauch (Kuckartz/ Rheingans-Heintze, 2004, Reisch, 2003a). Er ist geprägt von der (vorwiegend durch klassisches Marketing geförderten) Mentalität des „immer mehr und immer billiger", was die Produktion von Massenware induziert. Besonders das herkömmliche (klassische) Marketing trägt dazu ganz wesentlich bei. Es fördert den ungezügelten Konsumerismus. Durch diesen angeregt, streben viele Menschen vor allem nach materiellem Besitz. Sie lassen sich bei ihren Konsumentscheidungen allein von ökonomischen Größen leiten, ohne Rücksicht auf die ökologischen und sozialen Folgekosten (Fücks, 2004). Durch Art und Ausmaß des Konsums werden nahezu alle Stoffströme direkt oder indirekt beeinflusst (Weskamp, 1995). Ca. 30–40% der Umweltbelastungen werden dem individuellen Konsum zugerechnet (Umweltbundesamt, 1997a, Wimmer, 2001). Durch den weltweit wachsenden Massenkonsum verstärken sich die damit einhergehenden negativen Wirkungen noch weiter. Aus diesen Gründen spielt die Gestaltung des individuellen Konsums nicht nur eine bedeutende Rolle beim weiteren Ausbau der „nachhaltigen Entwicklung". In der Wissenschaft wird auch die Meinung vertreten, dass dieser eine Voraussetzung dafür ist (Grunwald/ Kopfmüller, 2006, Gottschalk, 2001).

3.5.2.1.1 Konsumstil mit individueller Zukunftsverantwortung

Deutschland hat sich durch die Rio-Deklaration zu einer „nachhaltigen Entwicklung" verpflichtet und vereinbart, gegenwärtig und zukünftig für inter- und intragenerationale Generationengerechtigkeit zu sorgen. Damit ist eine Lebensweise verbunden, die es möglich macht, dass die verfügbaren Ressourcen innerhalb der Weltbevölkerung gerecht verteilt und für künftige Generationen erhalten werden (Renn, 2001). Aus diesem Bekenntnis Deutschlands resultiert auch eine Mitverantwortung für jeden Einzelnen, seine Lebensweise entsprechend zu gestalten. Unter Verantwortung ist dabei zu verstehen, dass Menschen gegenüber einer Instanz (z.B. dem eigenen Gewissen, kulturellen Moralwerten, ethischen Werten etc.) Rechenschaft ablegen (Piekenbrock, 2002). Damit ist verbunden, das eigene Handeln vor der Umsetzung zu überdenken und mögliche Folgen zu berücksichtigen. Bei einer autonomen Verantwortungszuschreibung, wird die Bereitschaft Konsequenzen für das eigene Tun zu tragen i.d.R. sich selbst zugeschrieben. Bei einer heteronomen Verantwortungszuweisung, erfolgt dieses durch Dritte (z.B. staatliche Organe etc.), beispielsweise in Form einer juristischen Bestrafung für eine Straftat gegen geltende Gesetze (Piekenbrock, 2002). In der Wissenschaft wird die Meinung vertreten, dass die Möglichkeiten für Konsumenten ökonomische, ökologische und soziale Veränderungen herbeizuführen (z.B. aufgrund technischen Fortschritts, zunehmenden Wissens über Konsequenzen etc.) noch nie so gegeben waren wie heute (z.B. Renn, 2001, Glück, 2001, Birnbacher/Schicha, 2001). Um den vorhandenen weltweiten Entwicklungstrend zu *nicht* „nachhaltigem Verhalten" zu stoppen bzw. zumindest zu verändern, müsste sich jeder Einzelne seiner moralischen Verantwortung bewusst werden und diese gezielt in seinem Bereich umsetzen. Die Verantwortung ist als gemeinsam zu bezeichnen, da sie alle Akteursgruppen einer Gesellschaft (Konsumenten, Staat, Unternehmen, Verbände etc.) umfasst. Oft wird dieser Ansatz auch als „geteilte Verantwortung" bezeichnet, bei der jeder nach seinen Möglichkeiten seinen Beitrag in seinem Bereich leisten soll. Die Gefahr liegt bei diesem Ansatz darin, dass es zu einer falschen Interpretation dieses kollektiven Auftrags kommt. Das hat in der Praxis nicht selten zur Folge, dass die Umsetzung jeweils anderen Akteuren zugeschrieben wird (Belz et al, 2007). Dadurch kommt es oft zur allgemeinen Untätigkeit. Den deutschen Konsumenten soll für die Realisierung des nachhaltigen Konsums eine besondere Verantwortung übertragen werden. Von einigen Wissenschaftlern werden sie sogar als Schlüsselakteure für den Wandel der derzeitigen Konsum- und Produktionsmuster zur „Nachhaltigkeit" betrachtet (Belz/ Bilharz, 2007). Diese gehen davon aus, dass Konsumenten durch ihre Kaufentscheidungen, ihr Nutzungs- (z.B. Energiespargeräte etc.) und Entsorgungsverhalten (z.B. Vermeidung unnötiger Verpackungen etc.) die Bedingungen ihres natürlichen Umfeldes maßgeblich beeinflussen können (Rat für Nachhaltige Entwicklung, 2003). Es wird auch die Ansicht vertreten, dass durch die Konsumentennachfrage eine Veränderung des Angebotes auch für die Zukunft erreichbar ist (z.B. Reisch, 2004, Linz, 2004, Hansen/Schrader, 2001). Mit der Übertragung der Verantwortung an die Konsumenten sind aber auch Verpflichtungen verbunden. So ist durch die Politik sicherzustellen, dass diese Verantwortung auch faktisch von den Konsumenten getragen werden kann (z.B. durch entsprechende Rahmenbedingungen etc.) (Grunwald, 2003). Es käme einer Überforderung gleich, wenn Konsumenten eigenständig Konsumgüter bewerten und Folgen hinsichtlich der „nachhaltigen Entwicklung" abwägen müssten, obwohl derartige Sachverhalte selbst in der Wissenschaft noch nicht letztendlich geklärt sind. Die Übertragung von Zukunftsverantwortung an Konsumenten ist daher mit Aufgabenbereichen verbunden, die derzeit noch durch Unklarheit gekennzeichnet sind. In der Wissenschaft werden insbesondere drei Aufgabenbereiche herausgestellt, für die, im Fall einer Übertragung auf die Konsumenten, Unsicherheiten/Unklarheiten zu beseitigen sind (Heinl, 2005, Grunwald, 2003, Birnbacher/ Schicha, 2001, Glück, 1982):

1. Informationszugang

Für Konsumenten muss, in Bezug auf die Identifikation nachhaltiger Produkte/ Dienstleistungen, sowohl ein Wissens- als auch Informationszugang zu sozial-ökologischem Wissen gewährleistet sein. Dieser ist einerseits für die Bewertung des komplexen Lebenszyklus von Produkten, mit mehrteiligen Herstellungsprozessen und Folgen der Produktnutzung, andererseits für Entsorgungsfragen notwendig. Ansonsten ist eine Bewertung ökologischer, ökonomischer und sozialer Gesichtspunkte kaum möglich. Derzeit stehen diese Informationen den Konsumenten oft nicht in ausreichendem Maße zur Verfügung (Informationsasymmetrie). Verbraucher sind daher immer noch zu aufwendigen und zeitraubenden Recherchen gezwungen, wobei sich viele Informationen oft als nicht öffentlich zugänglich erweisen.

2. Rahmenbedingungen

Die Bewertung/Beurteilung der eigenen Konsumhandlung im Hinblick auf mögliche Konsequenzen stellt immer noch ein großes Hindernis für Konsumenten dar. Es fehlt an verbindlichen Rahmenbedingungen für Produkte/Dienstleistungen. Beispielsweise ist es für Konsumenten kaum möglich, die Nachhaltigkeit ökologisch produzierten Fleisches, im Vergleich zu regionalem, aber mit konventioneller Tierhaltung erzeugtem Fleisch, zu bewerten. Es wären Ranglisten mit verbindlichen Nachhaltigkeitskriterien vonnöten. Diese müssten eindeutige und widerspruchsfreie Entscheidungen ermöglichen. Als weiteres Hindernis stellt sich für Konsumenten die Bewertung der Tragfähigkeit des ökologischen Systems dar. Es fehlen eindeutige Informationen bzw. Faktenwissen zur Frage, inwieweit die eigene Konsumhandlung im noch tolerierbaren Bereich liegt. Auch fehlt es an Informationen, wieweit die Grenze des endlichen Öko-Systems durch die Konsumhandlung evtl. bereits überschritten ist.

3. Wertewandel

Die Motivation von Konsumenten zur Übernahme von Zukunftsverantwortung ist bisher ein weitgehend ungelöstes Problem. Motive werden bei Menschen durch verinnerlichte kulturelle Werte und Normen sowie handlungsleitende Gewohnheiten beeinflusst. Sie werden seit frühester Kindheit verinnerlicht und lassen sich nicht wie ein Lichtschalter ein- und ausschalten. Es bedarf einer Erweiterung bzw. eines Umlernens ethisch-moralischer Begründungen. Damit ist auch ein grundlegender Wertewandel in der Gesellschaft verbunden. Diesen Wandel nicht nur einzuleiten, sondern auch eine Abkehr von der Verschwendungs- und Wegwerfgesellschaft einzufordern, stellt eine der herausragenden gesamtgesellschaftlichen Aufgaben unserer Zeit dar. Die beiden erstgenannten auf Konsumenten bezogenen Hürden (Informationszugang, Rahmenbedingungen), ließen sich vergleichsweise relativ einfach, z.B. mit Hilfe gesetzlicher bzw. politischer Maßnahmen überwinden.

Kaufen mit Köpfchen - mit „Utopia City" grüne Produkte in der Nähe finden -

„Im Supermarkt Zutaten studieren oder Ökobilanzen vergleichen? Nein danke! Einkaufen soll schnell gehen. Im Alltag entscheiden wir meist aus Gewohnheit, Umweltschutz steht oft hinten an. „Was bislang fehlte war eine seriöse Quelle, die Angebot und Nachfrage vereint und Verbraucher über nachhaltige Produkte und Dienstleister in ihrem Umfeld aufklärt", sagt Franz-Georg Elpers, Sprecher der Deutschen Bundesstiftung Umwelt (DBU). Die Stiftung unterstützt mit rund 400.000 Euro die Münchner Utopia AG beim Entwickeln des „grünen" Online-Branchenbuchs „Utopia City", das unter city.utopia.de abrufbar ist. Interessierte können gezielt nach Bio-Brötchen oder Öko-Mode in ihrer Nähe suchen. Elpers: „Die Firmen werden geprüft und kostenlos gelistet. Sie sollen Kunden von ihren Angeboten überzeugen und nachhaltigen Konsum fördern". Für Berlin, München, Hamburg und Köln gibt es den Öko-Stadtplan auch als „Taschenheft", das in den [Geschäften teilnehmender Partner] gratis ausliegt. [...] Die vier Taschenhefte können auch unter city.utopia.de heruntergeladen werden. Im DBU-Förderprojekt sei auch eine mobile Applikation entwickelt worden, mit der neue Funktionen auf der Website und neue Inhalte in der Adressdatenbank auch über das Handy abgerufen werden können. So ist man auch unterwegs immer auf dem neuesten Stand" (Gebhard, 2012).

Ungeachtet dieser faktischen Schwierigkeiten, wird derzeit von der Politik der Eindruck erweckt, dass aufgrund der Bedeutung des nachhaltigen Konsums, Verbraucher bereits jetzt die Führungsgröße einer sozial-ökologischen Wirtschaft darstellen (Kruppa, 1986). Ihre Ziele und Verhaltensweisen könnten nicht nur die Nachfrage-, sondern auch die Angebotsseite bestim-

men. In der Praxis ist das aber ein Trugschluss. Der Grund liegt in einer strukturellen Ungleichheit, die in den vergangenen Jahren noch zugenommen hat (Reisch, 2004a). Die Stellung der Konsumenten beim nachhaltigen Konsum wird durch Unternehmenskonzentrationen
und Globalisierung geschwächt. Vielfältigen (oft diffusen) Verbraucherinteressen stehen so
verdichtete Interessen auf Anbieterseite gegenüber. Diese Situation hat bereits zu einer großen
Distanz zwischen Herstellern und Konsumenten geführt. Die Folgen sind, dass Verbraucher
kaum mehr Einsicht in Produktionsabläufe haben und so gut wie keine Kontrollmöglichkeiten
vorhanden sind. Durch ständige Neuerungen von Werkstoffen werden die Kenntnisse überfordert. Die Zusammensetzung bzw. Herstellungsart eines Produktes sowie etwaige Gefahren
für Sicherheit und Gesundheit, kann von Konsumentenseite derzeit kaum mehr beurteilt werden (Hippel, 1986). Das Informationsgefälle für Konsumenten war noch nie so groß, wie heute. Entscheidungsautonomie bei „nachhaltigen Konsumhandlungen" ist für Konsumenten derzeit nur mit erheblichem persönlichem Aufwand erreichbar (Reisch, 2003b).

Trotz dieser Situation zeigt sich auch in der europäischen Rechtsprechung ein Trend, Konsumenten mehr Verantwortung für ihr Handeln zu übertragen (Meyer, 2004). Dort wird von einem „mündigen" Verbraucher ausgegangen, der nicht mehr unkritisch und unreflektiert seinen Bedürfnissen nachgeht. Es herrscht die Vorstellung von einem Konsumenten vor, der als
grundsätzlich kompetenter Wertschöpfungspartner für sich und seine Umwelt Verantwortung
übernimmt und sich aktiv an marktwirtschaftlichen Prozessen beteiligt (Pobisch et al, 2007).
Verbraucher können aber nur dann die Konsequenzen für ihre Konsumentscheidungen übernehmen, wenn das derzeit vorherrschende Informationsgefälle (z.B. durch politische, gesetzliche Maßnahmen etc.) überwunden wird. Unabhängig von diesen Schwierigkeiten bleibt der
Wertewandel hingegen das wohl größte Problem für die „nachhaltige Entwicklung".

3.5.2.1.2   Kulturbezogener Wertewandel als Voraussetzung

Nach dem Bericht der Enquete-Kommission des Deutschen Bundestages, haben die für eine
nachhaltige Entwicklung erforderlichen Veränderungen „mittel- bis langfristig einen tiefgreifenden Wandel von Wertvorstellungen sowohl zur Folge als auch zur Voraussetzung" (Enquete-Kommission, 1993, 60). Als typische kulturbezogene Werte im Rahmen von „Nachhaltigkeit" gelten z.B. die Erhaltung der natürlichen Lebensgrundlagen, Eigeninitiative, das Streben nach sozialer Gerechtigkeit, aber auch partnerschaftliches Zusammenleben aller Kulturen,
Toleranz sowie allgemein eine Orientierung am gemeinschaftlichen Nutzen. (Spangenberg/
Lorek, 2001). Um die Verhaltensweisen von Konsumenten in diese Richtung langfristig und
dauerhaft zu prägen, ist ein Wandel bei den bisherigen Wertvorstellungen unumgänglich
(Linz, 2004). Das begründet sich durch die derzeit mehrheitlich vorherrschenden, vor allem
auf die Realisierung individueller Vorteilsnahme ausgerichteten, Wertevorstellungen. Konsumenten zeigen sich in Deutschland zwar teilweise „nachhaltigkeitsbewusst", dieses Bewusstsein wird jedoch in zu geringem Maße auch tatsächlich umgesetzt.

Guerilla-Marketing zur „Geiz ist geil"-Mentalität in Deutschland

„[…] Unglaublich wie tief das »Geiz ist geil"-Mantra mittlerweile bei vielen Leuten verankert ist. Der Kurzfilm dokumentiert eine Guerilla-Aktion, die im September 2012 auf dem Wochenmarkt einer deutschen Großstadt durchgeführt wurde. Das fiktive Unternehmen „Agraprofit" ist neu auf dem Markt und hat ein innovatives Verkaufskonzept: Billige Produkte und gleichzeitig volle Transparenz der Produktionskette. Es konfrontiert die Kundschaft dezent lächelnd mit den Produktions- und Handelsbedingungen der angebotenen Billiglebensmittel. Schilder zeigen, was hinter den Produkten steckt: zum Beispiel „Kinderarbeit? – Dann sind sie wenigstens weg von der Straße!". Hintergrund der Aktion: Deutsche zählen zu den größten Schnäppchenjägern Europas. Noch immer ist der Preis, insbesondere bei Lebensmitteln, wichtigstes Kaufkriterium. Die Lebensmittelindustrie täuscht mit schönen Werbeslogans über die fragwürdige Entstehung der Billigprodukte hinweg. Aber wie aufgewühlt, beunruhigt oder auch unbeeindruckt reagieren die Menschen, wenn sie direkt hören, welche Zustände andernorts mit ihrem Einkauf verbunden sind? Der Film dokumentiert die verschiedenen Reaktionen und hinterlässt die Frage, wie man selbst reagiert hätte. Was die Käufer nicht wissen: Alle Erzeugnisse auf diesem Marktstand kamen aus Öko-Landbau und Fairem Handel" (o.V., 2013b).

Die derzeitige Situation ist in Deutschland geprägt von einem Umfeld mit „Schnäppchenjägern", die beim Betreten von Geschäften oft ethische Gesichtspunkte draußen vor der Tür lassen. Problematisch ist, dass, trotzdem 100% der Menschen vehement gegen Kinderarbeit sind, die gleichen Menschen aber mehrheitlich als individuelle, preisbewusste Konsumenten handeln (Overath, 2001). Es lässt sich oft eine Diskrepanz zwischen Einstellung und Konsumhandeln beobachten (Gaus/Zanger, 2001, Renn, 2003). Aus der Psychologie ist bekannt, dass Konsumenten andere (nachhaltige) Werte nur aktiv leben, wenn sie von diesen auch überzeugt sind. Konsumenten agieren jedoch in einem kulturell geprägten Umfeld und sind daher in ihrer Konsumwahl nicht vollständig frei. Die Entscheidungen werden stark von politischen und sozialen Rahmenbedingungen (Gesetze, Preise, Technologien, Einkommensniveau, Einkommensverfügbarkeit, Werbeeinflüsse etc.) beeinflusst (Grunwald/Kopfmüller, 2006). In einer gegebenen Situation werden Konsumenten sich daher mit hoher Wahrscheinlichkeit für die Option entscheiden, die mit den gegebenen Rahmenbedingungen vereinbar ist und dem eigenen „Nachhaltigkeitsbewusstsein" entspricht (Rosenstiel, 2007). Nachfolgend werden daher auf der Basis der Literatur, ausgewählte in diesem Rahmen auftretende Zielkonkurrenzen aufgeführt (z.B. Umweltbundesamt, 1998, Leitschuh-Fecht/Lorek, 1999, Gaus/Zanger, 2001, Grießhammer, 2001, Spangenberg/Lorek, 2003, Renn, 2003, Reisch, 2004, Fichter, 2005):

1. Abwälzung der Verantwortung

– In der Abwägung mit anderen Problemen (Arbeitslosigkeit etc.), haben sozial-ökologische Probleme bei den Konsumenten oft eine geringere Wichtigkeit. Es ist bekannt, dass sich *nicht* „achhaltiges" Verhalten in den Industriestaaten, auf die Lebensbedingungen in den Entwicklungsländern negativ auswirkt. Der ursächliche Zusammenhang zwischen dem individuellen Handeln und dem weltweiten (systemischen) Zusammenhang, wird aber oft verkannt bzw. geleugnet. Individuell für die eigene Person scheinen die Probleme sehr weit weg. Viele Menschen sehen daher keinen echten Bedarf, den schwierigen Prozess einer Veränderung des eigenen Verhaltens vorzunehmen und „nachhaltig" zu handeln.

– Andere Konsumenten schrecken vor dem Prozess einer Kulturwertveränderung zurück und weisen die Verantwortung für „nachhaltiges Konsumverhalten" lieber anderen Akteuren zu. Sie fordern zunächst die Realisierung entsprechender politischer Rahmenbedingungen (Staat, Gesetzte etc.), bevor sie selbst bereit sind, „nachhaltig" zu handeln.

– Wieder andere Verbraucher wälzen die Verantwortung lieber auf Produzenten bzw. Anbieter von Dienstleistungen ab. Sie gehen „blauäugig" davon aus, dass „Nachhaltigkeit" für am Markt angebotenen Produkte und Dienstleistungen bereits durch die Hersteller bzw. Anbieter per se berücksichtigt wird. In der Folge müssten Konsumenten daher auf dieses Kriterium beim Konsumhandeln nicht mehr gesondert achten.

2. Zu geringes Vertrauen

– Einige Konsumenten haben nur ein sehr geringes Vertrauen in die eigene Verantwortlichkeit (Ohnmachtsgefühl etc.). Sie sind von Zukunftsängsten geplagt, und glauben nicht daran, selbst einen wirksamen Beitrag zur Lösung von (übermächtig erscheinenden) sozial-ökologischen Problemen in der Welt leisten zu können. Dazu gehört auch das fehlende Vertrauen in die eigene Gesellschaft. Dieses ist mit der diffusen Angst verbunden „die Einzigen zu sein" (falls nicht genügend mitmachen) und so sich umsonst engagiert zu haben. Sozial-ökologische Probleme werden lieber verdrängt bzw. lediglich passiv zur Kenntnis genommen. Nach dieser Sichtweise würde eine ökologische bzw. soziale Eigenleistung nur zu Benachteiligungen führen.

– Viele Skandale (z.B. in der Lebensmittelindustrie) haben in der Vergangenheit dazu geführt, dass viele Verbraucher das Vertrauen in „nachhaltig" erzeugte Produkte/ Dienstleistungen verloren haben (z.B. Dioxin in Bio-Eiern, schlechte Haltungsbedingungen bei Bio-Geflügel etc.). Einige Konsumenten zweifeln daher an Gütesiegeln oder Deklarationen wie „umweltfreundlich", oder auch „biologisch abbaubar". Das verloren gegangene Vertrauen lässt viele Konsumenten auch zweifeln, ob durch nachhaltigen Konsum Verbesserungen unter den gegenwärtigen Bedingungen überhaupt erreichbar sind. Unter diesen Bedingungen fällt es leichter, den eigenen Beitrag zum „nachhaltigen Konsum" zu unterlassen.

3. Negatives Image

– „Nachhaltigen Verhaltensweisen" haftet in unserer „Schnäppchengesellschaft" immer noch ein sozial negatives Image an. Der Konsum „nachhaltig" erzeugter Waren, die Nutzung öffentlicher Verkehrsmittel, die morgendliche Fahrt mit dem Fahrrad zum Büro etc. wird in der deutschen Gesellschaft erst langsam akzeptiert. Besonders Konsumenten mit geringem Selbstvertrauen fürchten sich vor einer sozialen Ausgrenzung. Sie wollen auf keinen Fall auffallen und passen sich lieber der vermeintlichen Meinung der „Bevölkerungsmehrheit" an. Die Verfolgung nachhaltigen Konsums wird in dieser Gruppe oft als soziales Risiko gesehen und daher lieber vermieden.

– Konsum hat in unserer „Wohlstandsgesellschaft", neben der Versorgungsfunktion, auch imagebezogene Ersatzfunktionen. Eine soziale Funktion liegt z.B. im Konsumieren aus Gewohnheit, Langeweile, Kummer oder Einsamkeit. Eine andere Funktion liegt darin, durch den mit einem bestimmten Image versehenen materiellen Wohlstand, sich zu einer bestimmten gesellschaftlichen Gruppe zugehörig zu fühlen (z.B. durch Statussymbole wie teure Autos, Schmuck, Designerkleidung, Luxusappartements). Dieser Teil der deutschen Bevölkerung sieht seine zentralen Lebensziele z.B. im Streben nach individuellem Genuss, individueller Selbstverwirklichung, unbegrenzter Mobilität etc. Sozial-ökologisches Konsumverhalten wird in dieser Gruppe von vielen noch als sozial hinderlich angesehen, da er mit einer Reflexion des eigenen (i.d.R. rücksichtslosen) Verhaltens sowie der Verantwortungsübernahme dafür verbunden ist.

4. Befürchtung von Einschränkungen

– Die meisten Menschen haben in Deutschland ihren derzeitigen materiellen Lebensstandard erworben und sind an die entsprechende Lebensqualität gewöhnt. Sie denken nicht darüber nach, dass dieser Wohlstand auch auf Kosten der Entwicklungsländer zustande gekommen ist. Diese Einstellung zu verändern ist unbequem und oft nicht gewollt. Viele Verbraucher setzen „nachhaltigen" Konsum mit Verzicht, unnötigen Einschränkungen oder Befürchtungen von Einschränkungen der Lebensqualität gleich. Dieses Verhalten ist oft auf mangelhaftes Wissen, schlechte Kommunikation bzw. diffuse Ängste zurückzuführen. Beim „nachhaltigen Konsum" geht es um die Vision eines besseren, glücklicheren und genussvolleren Lebens. Anders ist dabei, dass materielle Faktoren nicht die Hauptrolle spielen.

– Eine andere Gruppe von Verbrauchern assoziiert nachhaltigen Konsum mit höheren Kosten (höhere Preise etc.) oder auch mit großem Informations- bzw. Zeitaufwand. Aus der Forschung zum Konsumverhalten ist bekannt, dass Konsumenten nur bedingt bereit sind, beim Konsumakt größere Anstrengungen in Kauf zu nehmen. Insbesondere dann nicht, wenn damit kein unmittelbar erkennbarer Zusatznutzen verbunden ist. Die mit „nachhaltigem Konsum" verbundene höhere Qualität, wird noch nicht von allen gesellschaftlichen Gruppen mit sozial-ökologischem Verhalten assoziiert.

– Besonders in der Vergangenheit gemachte negative persönliche Erfahrungen können Konsumenten dazu veranlassen, die eigene Bereitschaft zu „nachhaltigem Konsum" gering zu halten. Dazu tragen z.B. überfüllte öffentliche Verkehrsmittel genauso bei, wie lückenhafte Angaben zur Zusammensetzung von Lebensmitteln, Lebensmittelskandale oder die Nachricht darüber, dass die vom Verbraucher aufgewendete Arbeit für die Trennung von Abfall sinnlos ist, da vom Unternehmen doch alles wieder zusammengeschüttet wird.

5. Ungenügende politische Rahmenbedingungen

– Viele Konsumenten sind nicht ausreichend über die Möglichkeiten des „nachhaltigen Konsums" informiert. Sie erhalten widersprüchliche Informationen, beispielsweise von Vertretern unterschiedlicher Ansätze. Das verunsichert und führt zur Zurückhaltung.

– Die Mehrdimensionalität des „Nachhaltigkeitsbegriffs" sowie das Fehlen offizieller Listen macht es für Konsumenten schwer zu entscheiden, welches der nachhaltigen produzierten Güter unter dem Gesamtaspekt der „Nachhaltigkeit" bevorzugt werden soll (z.B. regionale Produkte oder Produkte aus dem fairen Handel etc.).

– In einigen Gegenden fehlt eine entsprechende Infrastruktur, um „nachhaltig" handeln zu können. Auch wenn sich die Verfügbarkeit nachhaltig erzeugter Produkte in den großen Lebensmittelketten verbessert hat, sind noch erhebliche Mängel in anderen Bereichen vorhanden. Das betrifft besonders das mangelnde Angebot öffentlicher Verkehrsmittel in ländlichen Gebieten.

– Andere Konsumentengruppen fühlen sich im Zeitalter der Informationsüberflutung überfordert, aus dem Überangebot an Informationen die für den „nachhaltigen Konsum" relevanten Informationen herauszufiltern. Für relevante Informationen müssen Konsumenten noch zu oft einen erheblichen Zeit- und Arbeitsaufwand in Kauf nehmen. Diese sind zudem oft nur mit zusätzlichen Kosten beschaffbar oder öffentlich nicht zugänglich.

– Auch vorhandene politische Rahmenbedingungen behindern ein „nachhaltiges Konsumverhalten". So werden bei konventionellen Produkten i.d.R. die entstehenden externen Effekte nicht internalisiert. Oft werden diese Produkte sogar noch zusätzlich subventioniert. Diese Situation kann dazu führen, dass „nachhaltig" erzeugte Alternativprodukte ihre Wettbewerbsfähigkeit einbüßen, da sie im Vergleich als zu teuer wahrgenommen werden. Konsumenten mit einem schmalen Budget haben oft nicht die Möglichkeit „nachhaltig" zu konsumieren, da ihnen die finanziellen Mittel fehlen. Bei konventionellen Produkten fehlt es zudem oft an einem ordnungspolitischen Gleichgewicht. So tragen z.B. fehlende bzw. zu gering überwachte Verbote für umweltschädliche oder gesundheitsgefährdende Stoffe bei konventionellen Produkten, oder auch fehlende Recyclingquoten, dazu bei, dass „nachhaltig" erzeugte Produkte benachteiligt werden.

Diese kulturbezogenen Problematiken stellen nur eine Auswahl dar. Die weit verbreitete Hoffnung, einen Wandel in Richtung „nachhaltige Entwicklung" allein mit Hilfe des nachhaltigen Konsumverhaltens von Individuen zu erreichen, ist in der kapitalistischen Moderne mit vielen Fragezeichen verbunden. Um „nachhaltigen Konsum" zu gewährleisten, müssen auch die Produktion, der Transport sowie das Marketing-Management nachhaltig ausgerichtet sein. Noch besser wäre es, wenn auch die dem Konsum vorgelagerte Erwerbsarbeit sozialverträglich wäre. Dennoch hat der „nachhaltige Konsum" in der deutschen Gesellschaft eine Chance. Er ist letztendlich mit verbesserten ökologischen und sozialen Lebensbedingungen als Zusatznutzen für die Gesellschaft, und damit auch für das Individuum verbunden. Da dieser Nutzen aber noch nicht von allen Mitgliedern der Gesellschaft als solcher wahrgenommen wird, besteht eine Hauptaufgabe darin, diesen Nutzen (z.B. mit Hilfe von Nachhaltigkeits-Marketing) für das persönliche Handeln nachvollziehbar zu machen. Das gilt insbesondere für „weltumspannende" Nachhaltigkeitsthemen (z.B. Klimawandel, Luft- und Gewässerver-schmutzung, Überfischung, Artensterben etc.). Durch die Tatsache, dass der Zusammenhang zwischen dem lokalen, persönlichen, individuellen Handeln und den weltweiten Auswirkun-gen des ökologischen Problems nicht auf den ersten Blick erkennbar ist, ist mental eine Dis-tanz zu überwinden, und die Abstraktheit des Problems individuell greifbarer zu machen. Jede Veränderung verlangt dabei auch Zeit für die emotionale Umstellung bei den Konsumenten. Um Veränderungen erfolgreich zu etablieren, wirken zusätzlich entsprechende Steuerungs-maßnahmen hilfreich (Medien, Staat, Wirtschaft etc.).

3.5.2.2   Unternehmen als Akteure nachhaltigen Konsums

In vielen internationalen Dokumenten wird die Einbeziehung der Privatwirtschaft in Ent-scheidungsprozesse im Rahmen der „nachhaltigen Entwicklung", auch beim nachhaltigen Konsum postuliert (z.B. Agenda 21, 4. und 5. UAP der Europäischen Union etc.). Das wird auch im Rahmen des Grünbuchs durch die Europäische Kommission im Jahr 2001 wieder aufgegriffen (EU-Kommission, 2001). Daneben wird jedoch stets betont, dass der Staat mit seinen Verwaltungsstrukturen die vorrangige Rolle als Verantwortlicher zur Gestaltung der Rahmenbedingungen innehat. Nach dieser Logik ist ethisches Handeln von Unternehmen nur durch Gesetzgebung, Verwaltungshandeln oder Gerichtsverfahren erreichbar. Es scheint, dass nur auf dieser Ebene eine Verbesserung der schlimmsten ungerechten gesellschaftlichen Zu-stände (Ausbeutung, Kinderarbeit, Zwangsarbeit etc.) anstoß- und realisierbar ist. Da der Markt faire Spielregeln verlangt, wird hier das Rechtssystem mit seinen Normen, Regeln und Grenzwerten, als eine Basis der Gerechtigkeit gesehen (Weiskopf, 2004). Das wirtschaftliche Handeln von Unternehmen ist allgemein sehr komplex geworden. Wirtschaften allein nach dem Prinzip der Gewinnmaximierung reicht nicht mehr aus, um auf dem Markt Profite zu er-zielen. Ohne Einbezug gesellschaftlicher und ökologischer Themen, scheint unternehmeri-sches Handeln heutzutage nicht mehr zukunftsfähig zu sein. Die meisten Unternehmen agie-ren global. Da geographische Grenzen dadurch nahezu aufgehoben sind, werden sie auch zu immer größeren Machtzentren. Ihr Einfluss auf andere (Markt-)Akteure (z.B. Konsumenten, Lieferanten etc.) auf Lebensstile (Konsummuster, Bedürfnisse etc.) und auf die Umwelt (Res-sourcen, Wasser-, Luft-, Bodenzustand etc.) ist erheblich. Unternehmerisches Handeln (z.B. Produktionstechnik, Produktgestaltung, Gestaltung des Konsums, Beschäftigungsgrad etc.) hat auch großen Einfluss auf die Gesellschaft (Koplin/Müller, 2008). Dadurch werden inter-national anerkannte soziale und umweltpolitische Standards nötig. Unternehmen werden zwar nach wie vor von Konsumenten mehrheitlich als Verursacher der überbordenden Konsumtion sowie von Umweltbeeinträchtigungen im Namen der Gewinnmaximierung gesehen, zuneh-mend aber auch als Problemlöser. Daher wird auch ein Engagement von Unternehmen in den entsprechenden Bereichen der „Nachhaltigkeit" (Umwelt, Soziales etc.) erwartet.

Millionenstrafe für Mattel

„Das Beispiel Mattel zeigt, dass ein fahrlässiger Umgang mit Nachhaltigkeit große finanzielle Risiken mit sich führen kann: Ein Ausweichlieferant aus China hatte im Jahre 2007 Kindermusikinstrumenten einen grenzwertüberschreitenden Anteil an Blei beigemischt. Dies führte zu einer weltweiten Rückrufaktion sowie einer Millionenstrafe durch die Behörden, d.h. einem gravierenden finanziellen Schaden sowie einer gesunkenen Reputation. Aufgrund einer Einschätzung des Bundesverbandes Materialwirtschaft und Einkauf (BME) ist die Wahrscheinlichkeit groß, dass ein vergleichbarer Schaden ebenfalls einem anderen Unternehmen entstehen kann, da die unternehmerischen Risiken, die dem Thema Nachhaltigkeit zuzuordnen sind, stetig wachsen und noch immer nicht optimal gesteuert werden" (o.V., 2011).

In der Wissenschaft findet sich auch die Meinung, dass die ethische Vernunftsidee (z.B. inter- und intragenerationales Gerechtigkeitsprinzip, effizientere Produktionsweisen etc.) moralische Forderungen sind, die zwar allgemeine Zustimmung finden, bei Unternehmen jedoch im Schatten der allgemeinen Ökonomisierung bleiben werden (z.B. Kluxen, 1997, Kaufmann, 1992). Demnach wird als Verantwortungsübernahme von Unternehmen vor allem die Haftung für ihr Handeln (z.B. Regulierung durch verschiedene Haftungsvorschriften etc.) gesehen. Unternehmen würden nur die Sprache des Rechts verstehen, was moralische Appelle obsolet macht (Kaufmann, 1997). Daraus lässt sich auch ableiten, dass die Wettbewerbsbedingungen sowie das Handeln von Unternehmen nicht unbedingt nur von ihnen abhängen. Das Umfeld wird wesentlich von staatlichen Rahmenbedingungen bestimmt. Zusätzlich ist die Wahrnehmung ökologischer und sozialer Verantwortung für Unternehmen relativ neu und daher auch mit einem Lernprozess verbunden. Dieser benötigt Zeit für Marktforschung etc. Ziel ist es, herauszufinden, was die relevanten Stakeholder von den Unternehmen erwarten.

3.5.2.2.1   Nachhaltiger Konsum im B2B-Bereich – Green Procurement

Eine allgemein anerkannte Definition für den Begriff „Green Procurement" (nachhaltige Beschaffung), existiert in Wissenschaft und Praxis nicht. Der Begriff „Green Procurement" umfasst sowohl die öffentliche als auch die privatwirtschaftliche Beschaffung. Im Hinblick auf öffentliche Beschaffung existiert z.B. folgende Definition: „Nachhaltige Beschaffung ist die Beschaffung umweltfreundlicher Produkte und Leistungen, die den Geboten der Sparsamkeit, Wirtschaftlichkeit und Zweckmäßigkeit folgt und bei der Herstellung bzw. Erbringung soziale Standards eingehalten werden" (Österreichischer Aktionsplan für nachhaltige öffentliche Beschaffung, 2010). Im Hinblick auf die privatwirtschaftliche nachhaltige Beschaffung wird Green Procurement folgendermaßen definiert: „Green Procurement bedeutet, Nachhaltigkeits- und Umweltaspekte in den Einkaufs- und Beschaffungsprozess einzubeziehen. Anders gesagt bedeutet es, Ressourcenverschwendung zu vermeiden oder zumindest zu vermindern. Das alles hat viel mit Qualitätsmanagement zu tun" (o.V., 2011a). Auch wenn keine der Definitionen eindeutig erscheint, gibt es doch bei den vorhandenen Definitionen Gemeinsamkeiten. Sie liegen in der Herausstellung von Umweltverträglichkeit bei den eingekauften Produkten und Leistungen. Dabei spielt auch die Beachtung sozialer Komponenten (z.B. Zwangs- und Kinderarbeit, Mindestlohn etc.) eine Rolle. Daher wird von einigen Wissenschaftlern auch eine Erweiterung des Begriffs auf „Green Supply Chain" gefordert (Emmet/Sood, 2010). In diesem Rahmen ist vorgesehen, zusätzlich auch Abfälle und Emissionen in der gesamten Lieferkette zu reduzieren. Alle Teilnehmer der Lieferkette arbeiten dazu kooperativ an einem möglichst effizienten Wertschöpfungsprozess mit. In der westlichen Hemisphäre werden insbesondere Zwangsarbeit und Kinderarbeit von den Kunden nicht mehr akzeptiert. Unternehmen, die derartiges (in ihrer Lieferkette) dulden, müssen mit großen Imageverlusten rechnen. Die finanziellen Auswirkungen sind bei Eintritt eines derartigen „Worst Cases" oft kaum mehr zu übersehen (Steiner, 2009, Harant, 2009).

Privatwirtschaftliche Unternehmen unterliegen im Gegensatz zur öffentlichen Beschaffung keiner generellen Verpflichtung umweltbezogene Kriterien bei Beschaffung und Einkauf zu berücksichtigen. Ausnahmen liegen nur bei zu mehr als 50% öffentlich geförderten Projekten vor. Bei Art und Umfang von „Green Procurement" in der Privatwirtschaft stehen branchen- und unternehmensindividuelle Möglichkeiten, die Unternehmensphilosophie sowie das Kosten-Nutzen-Verhältnis im Vordergrund. Trotz fehlender obligatorischer Verpflichtungen, zeichnet sich in der Praxis, gemäß Abbildung 3.13, ein deutlicher Trend zur Nachhaltigkeit in der Beschaffung als Wettbewerbsvorteil ab. Das könnte daran liegen, dass die Gunst vieler Kunden vor allem nur mit „nachhaltig" beschafften und verarbeiteten Ausgangsmaterialien zu gewinnen ist. „Nachhaltige Produkten/Dienstleistungen" werden stets über den gesamten Lebenszyklus beurteilt, um mit Recht als „Grün" eingestuft zu werden. Vorteile beim Green Procurement schlagen sich z.B. durch Kundenbindung und Imageverbesserung für Unternehmen nieder. Green Procurement ist auch als eine Reaktion von Unternehmen auf die gestiegene Nachfrage nach „nachhaltigen Produkten/Dienstleistungen" zu sehen. Auch ökonomisch ist das Konzept mit Vorteilen verbunden. Bei der Gegenüberstellung zusätzlicher Kosten und Kosteneinsparungen über den gesamten Lebenszyklus, wird schnell deutlich, dass die erzielten Einsparungen die Anfangsinvestitionen deutlich übersteigen. Daher wirken sich langfristig umsetzbare Kosten- und Rentabilitätsvorteile für alle Akteure als Win-Win-Situation aus. Durch Green Procurement wird mit Hilfe der unternehmerischen Beschaffung, über zukünftige Formen des „nachhaltigen Konsums" entschieden. Durch „Nachhaltigkeit" bei Rohstoffen, Vorprodukten, etc. sollen sich Endprodukte/Dienstleistungen nicht mehr (bzw. deutlich weniger) umwelt- bzw. sozialschädigend auswirken. Diese Anforderungen wiegen für Unternehmen schwer. Die derzeitig in Deutschland vertretene Mentalität nach einem immer tieferen Preisgefüge trägt auch dazu bei, dass Vorprodukte teilweise aus ökonomischen Gründen unter schlechten Arbeitsbedingungen produziert werden oder mit hoher Umweltbelastung gekoppelt sind. Im Gegensatz dazu ist aber auch ein umfassender Trend zum ethischen Konsum in Deutschland zu verzeichnen (z.B. LOHAS, LOVOS etc.). Die Ziele dieser Konsumentengruppen sind: ein gesunder Lebensstil, Lebensqualität, Umweltschutz und fairer Umgang mit

Zulieferern und Produzenten (Göbel, 2010). Green Procurement ist somit auch Teil einer nachhaltigen Unternehmenspolitik und -strategie. Sofern ein Umweltmanagement (z.B. DIN ISO 14001, EMAS, Eco-Management, Audit Scheme etc.), implementiert ist, sind i.d.R. die entsprechenden Vorgaben bereits im Rahmen der Beschaffungspolitik und -strategie verankert. Die Bedeutung von Green Procurement wächst nicht nur bei der Lieferantenauswahl, sondern auch bei konkreten Beschaffungsvorgängen stetig.

Green Procurement bei FRoSTA

„Die Marke FRoSTA verzichtet seit 2003 konsequent in allen Gerichten auf Zusatzstoffe. Die Produktion wurde dafür in vielen Bereichen umgestellt, da zusatzstofffreie Zutaten anders verarbeitet werden müssen. Für die Rohwarenbeschaffung war die Umstellung auf das „FRoSTA Reinheitsgebot" eine große Herausforderung, weil sämtliche Zutaten nun ebenfalls frei von Zusatzstoffen sein mussten. […] Da einige Zutaten trotz intensiver Bemühungen nicht zusatzstofffrei beschafft werden konnten, halbierte sich im Zuge der Umstellung die Produktpalette von FRoSTA.[…] Die Umsetzung der Anforderungen unseres Reinheitsgebots bei unseren Lieferanten war ein sehr aufwändiger Prozess da wir ihnen erst einmal erklären mussten weshalb wir in allen Vorprodukten und Zutaten auf nicht-deklarationspflichtige Zusätze verzichten möchten. Zum Teil mussten unsere Lieferanten ihre eigene Produktion umstellen, um unsere Anforderungen erfüllen zu können. So sind wir wahrscheinlich der einzige Abnehmer von Salz ohne Rieselhilfen. Dieses Salz verklumpt bei feuchter Witterung und vor dem Abwiegen müssen wir die Salzbrocken in einer eigens entwickelten Salzmühle mahlen.[…] Nach einem schwierigen Start ist FRoSTA seit 2007 Marktführer für tiefgekühlte Fertiggerichte in Deutschland.[…] Am 7. Dezember 2012 wurde die Unternehmensmarke FRoSTA von der Jury des Deutschen Nachhaltigkeitspreis zur nachhaltigsten Marke Deutschlands gewählt" (o.V., 2012a).

3.5.2.2.2   Nachhaltigkeits-Berichterstattung

„Nachhaltigkeits-Berichterstattung" wird folgendermaßen definiert: „die unternehmerische Nachhaltigkeits-Berichterstattung umfasst jede Bereitstellung von Informationen über die (vergangenheits- und zukunftsorientierte) nachhaltigkeitsbezogene (wirtschaftliche, ökologische und gesellschaftlich/soziale Aspekte sowie deren Wechselwirkungen betreffende) Lage eines Unternehmens an interne und externe Anspruchsgruppen" (Herzig/Pianowski, 2009, 218). „Nachhaltigkeits-Berichterstattung" ist dabei abzugrenzen vom Begriff „Nachhaltigkeitsbericht". Dieser stellt lediglich ein Modul im Rahmen der umfassenden Nachhaltigkeits-Berichterstattung dar (Pianowski, 2003). Zur Nachhaltigkeits-Berichterstattung gehören z.B. gedruckte Nachhaltigkeitsberichte inklusive Umweltberichte, Sozialberichte, Umwelterklärungen und Veröffentlichungen von Informationen über nachhaltige Maßnahmen (z.B. Internet, Pressemitteilung, Produktlabel etc.). Es handelt sich um regelmäßig veröffentlichte zusammenhängende Berichte als übergeordnetes Konzept, um Stakeholder mit Informationen zu versorgen. Nachhaltigkeits-Berichterstattung ist zudem obligatorischer Bestandteil bei den Konzepten Corporate Social Responsibility (CSR) und Corporate Citizenship (CC). Eine flächendeckende Pflicht zur Nachhaltigkeits-Berichterstattung existiert in der EU für Unternehmen derzeit noch nicht. Berichtspflicht gilt aber in den Ländern Dänemark, Niederlande, Frankreich, Norwegen, Island und Schweden. In Deutschland müssen Unternehmen, die eine „nachhaltige Entwicklung" als eine ihrer strategischen Leitlinien definiert haben, im Falle einer Börsennotierung verpflichtend darüber informieren. Die Bundesregierung hat zusätzlich im Jahr 2004 mit dem Bilanzreformgesetz ein Gesetz erlassen, dass die Berichterstattung bzgl. sozialer und ökologischer Aspekte regelt (Umweltbundesamt, 2011). Durch entsprechende Änderungen im Handelsgesetzbuch sind große Kapitalgesellschaften ab 2005 dazu verpflichtet, „sog. nicht finanzielle Leistungsindikatoren in die Lageberichterstattung einzubeziehen, sofern diese relevant für den Unternehmenserfolg sind" (Umweltbundesamt, 2011, 5). Auch Informationen über die Ermittlung der entsprechenden Indikatoren sollten enthalten sein (z.B. über Ziele, Aktivitäten, Ergebnisse etc.). Ein Ziel der gesetzlichen Regelungen zur Berichtspflicht ist es, die Informationskosten für Stakeholder zu verringern, und so zur Senkung der Informationsasymmetrie beizutragen (Herzig/Schaltegger, 2005). Für eine einheitliche Bewertung der unternehmerischen Leistungen, sind Leitfäden, Kernbereiche, Kennzahlen und Indikatoren festzulegen. Sie sollen den Anspruchsgruppen Möglichkeiten bieten, sich ein fundiertes Bild von der unternehmerischen „Nachhaltigkeitsperformance" zu machen. Dazu sind ökologische, ökonomische und soziale Informationen gegenüber zu stellen (Figge, 2002). In diesem Bereich haben international unterschiedliche Organisationen unabhängig voneinander eigene Richtlinien, Verfahrensanweisungen sowie Kriterien zur Berichterstattung, im Hinblick auf Faktoren der „nachhaltigen Entwicklung", hervorgebracht.

Kriterien zur Förderung der Nachhaltigkeitsberichterstattung

– „Association of Chartered Certified Accountants (AccA): Internationale Wirtschaftsprüfungsvereinigung, die seit 1990 Nachhaltigkeitsberichte bewertet und auszeichnet.
– International Chamber of Commerce Business Charter for Sustainable Development: Entwurf von 16 Managementgrundsätzen für nachhaltige Entwicklung im Unternehmen.
– Global Reporting Initiative (GRI): 1997 von der Coalition of Environmentally Responsible Economies (CERES) gegründet, um eine einheitliche Berichterstattung zu Nachhaltigkeit zu erreichen. Es wurden zehn Richtlinien zum nachhaltigen Wirtschaften veröffentlicht.
– Global Compact: 1999 von UN-Generalsekretär Kofi Annan gegründet. Enthält zehn Prinzipien zu den Themengebieten Menschenrechte, Arbeitsstandards, Umweltschutz und Antikorruption.
– Institut für ökologische Wirtschaftsforschung (IÖW)/ Institut für Energie- und Umweltforschung Heidelberg (IFEU): veröffentlichten jeweils einen Leitfaden zur Erstellung von Nachhaltigkeitsberichten von Unternehmen"(Pudlas, 2014, 38).

Es existieren derzeit zahlreiche Leitfäden, die den Unternehmen ein Instrumentarium an die Hand geben, das die Nachhaltigkeits-Berichterstattung erleichtern soll. Sie zielen auf eine Vereinheitlichung im Sinne einer Standardisierung ab. Die Ausrichtung einer „Nachhaltigkeits-Berichterstattung" ist gesetzlich nicht festgelegt. Es existieren aber Forderungen zur Nennung von Kennzahlen und Indikatoren (Raupach/ Clausen, 2001). Der GRI-Leitfaden gilt derzeit als am weitesten entwickelt. Er wurde ins Leben gerufen, um auf lange Sicht global anwendbare Richtlinien für die Nachhaltigkeits-Berichterstattung zu ermöglichen. Damit ist auch das Ziel verbunden, einer weit verbreiteten Beliebigkeit bei der Berichterstattung entgegen zu wirken. Ein generelles Ziel des GRI besteht darin, dass in die jährliche Rechenschaftspflicht von Unternehmen Angaben zu Umweltauswirkungen und sozialen Themen Eingang finden. Ein weiteres Ziel besteht in der Erhöhung der Glaubwürdigkeit der Berichte. Als ein wesentliches Element hierzu gilt die „Executive Summary". In diesem Rahmen werden ökologische, ökonomische und soziale Schlüsselindikatoren benannt, die einen Bezug zur Unternehmensvision und -strategie herstellen. Sie sollen aufzeigen, wie sich global agierende Unternehmen um die Integration der drei Nachhaltigkeitsdimensionen bemühen. Kennzahlen aus dem Unternehmen runden dabei das Bild ab (Burschel/ Losen, 2002). Der GRI-Leitfaden hat aber nur einen empfehlenden Charakter. Viele Unternehmen nutzen ihn zwar als Ideenlieferanten, weichen aber in ihrer Berichterstattung erheblich davon ab. Einige Unternehmen versuchen sich in Ausweich- oder Ablenkstrategien bzw. schönen nicht selten die Ergebnisse. Diese „Nachhaltigkeitsberichte" sind jedoch mit den Risiken des Greenwashing verbunden.

Greenwashing im Nachhaltigkeitsbericht von BP

„Wie Sie sich vielleicht erinnern können, hätte der Untergang der BP-Plattform „Deepwater Horizon" fast die Küsten von Louisiana und Florida zerstört. 87 Tage mussten die Regierung und das ganze Land darauf warten, dass die BP-Ingenieure die sprudelnde Ölquelle in 1.500 Metern Tiefe endlich verschließen. Etwa 700 Millionen Liter Öl verschmutzten die Südküste der USA. Die Regierung durfte sich anhören, zu schleppend auf die Umweltkatastrophe reagiert zu haben. Faktisch gibt es damit keine Möglichkeit, dieses Thema im ersten Nachhaltigkeits-Bericht der BP seit der Ölkatastrophe zu umgehen – und dennoch versucht BP es. Auf Seite zwei des Berichts werden die wichtigsten Zahlen zu den Themen Sicherheit, Umwelt und Mitarbeiter aus den vergangenen fünf Jahren dargestellt. Doch die Menge an Öl, CO_2 und Methan, die in der Folge der Ölkatastrophe ausgetreten sind, werden in der Übersicht verschwiegen. [...] Der abgebildeten Tabelle (zu den Umweltauswirkungen) zufolge ist im Jahr 2010 weniger Öl ausgetreten als 2008. Angesichts der Ausmaße der Ölkatastrophe wird sich jeder Leser fragen: wie kann das sein? Nur im Kleingedruckten einer Fußnote klärt BP den Leser darüber auf, dass die Ölkatastrophe der Deepwater Horizon in der Bilanz nicht berücksichtigt wurde. Warum, werden Sie sich – genau wie ich – fragen. BPs Erklärung lautet, dass trotz zahlreicher Einschätzungen unabhängiger Dritter – keine gesicherten Aussagen zum tatsächlich ausgetretenen Gesamtvolumen an Öl getroffen werden könnten, solange keine weiteren Daten – insbesondere zur Analyse der Bohrlochabdichtung – vorlägen. Weiter widerstrebe es den hohen Ansprüchen des Unternehmens, Daten, die mit solch hohen Unsicherheitsfaktor behaftet seien, zu veröffentlichen [...] Auch die Wirtschaftsprüfungsgesellschaft Ernst & Young, welche den Bericht geprüft hat, beanstandet, dass BP noch weit von einer transparenten Nachhaltigkeits-Berichterstattung entfernt ist"[...](Oppitz, 2011).

Mit zunehmender Zahl von Unternehmen mit „Nachhaltigkeits-Berichterstattung" geht ein ebenso rasant ansteigender Trend einher, die unternehmerische Berichterstattung durch externe Dritte bestätigen zu lassen. Dabei wird, neben der qualitativen und quantitativen Ausge-

staltung auch die Frage geprüft, inwieweit die Berichte als Qualitätssignal für Anspruchsgruppen relevant sind, um Unterschiede in der Berichtsqualität herauszufinden. Oft fällt es
Unternehmen nicht leicht das richtige Maß für eine überschaubare und handhabbare Informationsmenge, angesichts der divergierenden Interessen unterschiedlicher Anspruchsgruppen, zu
finden. Das Risiko ist auch hierbei hoch. Der Wunsch nach Offenheit und Ehrlichkeit muss
unternehmensseitig vorhanden sein. Bei mangelnder Informationsdichte oder Transparenz
können Vertrauenskrisen entstehen, da sich Anspruchsgruppen missbraucht fühlen (Seydel,
1998). Von Wissenschaftlern wird zudem bemängelt, dass von Unternehmensseite zwar die
Absicht bestehe, die Bedürfnisse von Anspruchsgruppen zu ergründen und in strategischen
Entscheidungen einzubeziehen, eine weitergehende Einbindung von Stakeholdern in Form
des Instruments Dialogkommunikation mit den Anspruchsgruppen (z.B. über Homepage,
Nachhaltigkeits-Audits etc.) aber fast immer ausbleibt. Daher wird von vielen Unternehmen
weiter „für" die betroffenen Anspruchsgruppen, aber nicht interaktiv „mit" ihnen entschieden
(Seydel, 1998). Unternehmenskritische Gruppen bleiben auf diese Weise weitgehend ausgeschlossen. Für die Glaubwürdigkeit von Unternehmen im Rahmen der „nachhaltigen Entwicklung" ist es aber wichtig, nicht nur die Bedürfnisse von Anspruchsgruppen zu ermitteln,
sondern auch Kritik zuzulassen. Auch wenn ein Anspruchsgruppen-Dialog langwierig und
schwierig sein kann, sollte, für die Erlangung von Glaubwürdigkeit, zumindest auf beiden
Seiten die Bereitschaft dafür vorhanden sein (Schönborn/ Steinert, 2000). Zur Förderung des
nachhaltigen Konsums trägt aber nicht nur das individuelle Verhalten bzw. das Verhalten von
Unternehmen bei. Auch Verbände können als mögliche Multiplikatoren für Faktoren der
„nachhaltigen Entwicklung" fungieren.

3.5.2.3   Verbände als Akteure nachhaltigen Konsums

Für den Begriff Verband existieren in der Literatur verschiedene Definitionen. Im weiteren
Sinne können Verbände als bedarfswirtschaftliche Organisationen, mit dem Hauptzweck der
Befriedigung von Bedürfnissen ihrer Mitglieder (sog. Dienstprinzip), definiert werden (Witt,
1993, Emberger, 1998). In diesem Sinne werden von ihnen, für die Erreichung eines gemeinsamen Zwecks, die Interessen der Mitglieder gebündelt. Da Verbände nicht primär gewinnorientiert ausgerichtet sind, bezieht sich der Inhalt ihrer Arbeit auf gemeinwirtschaftliche bzw.
gruppenbezogene Ziele. Verbände verfügen über ein Budget aus generellen Entgelten (Mitgliedsbeiträgen, Spenden, Zuschüssen etc.), aus dem sie ihre Leistungen finanzieren. Dieser
Etat bestimmt auch den Handlungsspielraum. Ein direkter Zusammenhang zwischen Leistung
und Gegenleistung besteht nicht. Die Existenz eines Verbandes ist auf Dauer angelegt und
daher unabhängig vom Wechsel einzelner Mitglieder. Die Mitglieder eines Verbandes können
sich, neben natürlichen Personen oder Organisationen (z.B. Unternehmen etc.), auch auf Kör-
perschaften des öffentlichen Rechts (z.B. Gemeinden, Städte etc.) erstrecken. Verbände können selbst auch als Mitglieder in einem Dachverband organisiert sein (z.B. Landesverbände in
einem Bundesverband bzw. Fachverbände in einem Spitzenverband etc.) (z.B. Witt/ Seufert/

Emberger, 1996, Witt et al, 1998, Velsen-Zerweck, 1998, Schulz-Walz, 2006). Die Merkmale von Verbänden i.e.S. sind zusätzlich: freiwillige Mitgliedschaft, ein Mindestmaß an formalen Strukturen (z.B. Satzung etc.) und eine demokratisch aufgebaute Grundstruktur (Badelt/ Meyer/Simsa, 2007). Die Begrenzung des Verwaltungsaufwandes bzw. die Beschleunigung von Entscheidungen geht jedoch, vor allem bei größeren Verbänden, oft mit einem Verlust an Demokratie einher. In Deutschland sind viele Verbände in der Rechtsform des eingetragenen Vereins (e.V.) organisiert (Witt/ Seufert/ Emberger, 1996).

3.5.2.3.1   Verbandsbedeutung in Deutschland

Der genaue Umfang des deutschen Verbändesystems ist schwierig zu ermitteln. Die Anzahl von Verbänden in Deutschland wächst jedoch seit Jahren stetig. Nach Schätzungen der Deutschen Gesellschaft für Verbandsmanagement e.V. (DGVM), erhöht sich die Anzahl jährlich um durchschnittlich ca. 5% (DGVM, 2011). Im Jahr 2012 waren in Deutschland 15.000 Verbände registriert. Den größten Anteil der 300 im DGVM organisierten Verbände verzeichnen Wirtschaftsverbände (45%). Es folgen Berufsverbände (30%), Sportverbände (9%), wissenschaftliche Organisationen (7%), Kammern/Innungen (5%) und Wohlfahrtsverbände (4%) (DGVM, 2014). Nach der letzten Schätzung aus dem Jahr 2005 kommen auf 1.000 Bundesbürger ca. sieben Vereine. Sportvereine sind dabei am häufigsten vertreten (38%), gefolgt von Freizeitvereinen (18%) (Happes, 2005). In der aktuellen Lobbyliste des Deutschen Bundestages finden sich 2.163 eingetragene Verbände (Bundesministerium der Justiz und für Verbraucherschutz, 2014). Auch wenn Wirtschaftsverbände die Mehrheit der offiziell angemeldeten Interessensorganisationen bilden, haben sich in einigen Verbandssektoren die bereits seit ca. 2008 zu erkennenden Entwicklungen, auf Grund des gesellschaftlichen Wertewandels, verfestigt. Während Wirtschaftsverbände prozentual stagnierten, haben andere Sektoren verloren (insb. landwirtschaftliche, ernährungswirtschaftliche sowie Bankenverbände etc.). Prozentual gewonnen haben hingegen Familien-, Umwelt- und Gesundheitsorganisationen. Diese Entwicklung ist nicht nur als eine Folge des wachsenden gesellschaftlichen Engagements zu werten. Sie wurde auch schon zuvor als Folge zunehmender gesellschaftsgefährdender Bedrohungspotentiale (Umweltverschmutzung, militärische Konflikte etc.) bzw. als Reaktion zur Neutralisierung innergesellschaftlicher Probleme (Armut, soziale Vereinsamung, Krankheit, Arbeitslosigkeit etc.) gedeutet (z.B. Straßner, 2004).

Verbände nehmen in der deutschen Gesellschaft eine wichtige Position ein. Im Jahr 2003 wurde zuletzt ermittelt, dass ca. 49% der deutschen Bevölkerung Mitglied in einem oder mehreren Vereinen ist (Institut Allensbach, 2003). Verbände stellen etwa 10% der Arbeitsplätze im Dienstleistungssektor. Mehr als zwei Millionen hauptamtliche Mitarbeiter sind bei Verbänden beschäftigt (ca. 6% aller Beschäftigten). Davon sind die meisten in den Bereichen Gesundheitswesen und soziale Dienste tätig (z.B. Witt/ Schwarz, 2003, Anheier et al, 2007). Auch das in Deutschland sehr verbreitete „Ehrenamt" spielt in Verbänden eine große Rolle.

Im Jahr 2004 gaben ca. 36% der deutschen Bevölkerung ab 14 Jahren an, freiwillig engagiert zu sein. Von den Engagierten führten ca. 42% an, mehr als eine ehrenamtliche Funktion aus-zuüben (Gensicke, 2005). Verbände sind der Gattung „Non-Profit-Organisationen" (NPO) zuzuordnen. Sie arbeiten nicht gewinnorientiert. Durch die Bezeichnung NPO kommt *nicht* zum Ausdruck, welchen Zweck sie verfolgen. Sie können, im Gegensatz zu „Non-Governmental Organizations" (NGO) sowohl staatliche als auch private Träger haben (Ba-delt/Meyer/Simsa, 2007). Da sie zum Dritten Sektor (Zivilgesellschaft, Dienstleistungen etc.) gehören, bilden sie ein marktliches Gegengewicht zum Ersten (staatliche Institutionen mit ho-heitlichen Aufgaben etc.) und Zweiten Sektor (Wirtschaft, Unternehmen etc.) der Gesamt-wirtschaft. Sie werden daher auch als intermediäre Organisationen (zwischen Staat und Markt etc.) bezeichnet (Lakes, 1999). Dem Dritten Sektor sind auch Verbände i.w.S. (z.B. Kirchen, Kammern etc.) und Großhaushalte zugehörig (z.B. Krankenhäuser, Altenheime etc.) (Anheier et al, 2007). Die wichtige Rolle, die den Verbänden in der deutschen Gesellschaft erwachsen ist, erklärt sich zu großen Teilen aus ihrer Entstehungsgeschichte. Diese ist mit der Entste-hung des Dritten Sektors der Gesamtwirtschaft und den erklärungsrelevanten wirtschaftswis-senschaftlichen Theorien (Negativtheorien: Marktversagen, Staatsversagen bzw. Positivtheo-rien: Ausgleichsposition zwischen demokratischen und marktwirtschaftlichen Strukturen etc.) verknüpft (vgl. hierzu z.B. Wex, 2004). Verbände spielen auch eine wichtige Rolle im Rah-men von gesellschaftlichen Bewegungen (z.B. Ökologiebewegung, Umweltschutz etc.). Sie können als Unterstützer, Alternative, oder als Gegenspieler fungieren (Roth, 2001). Die Auf-gaben, die von Verbänden in der Gesellschaft wahrgenommen werden, sind vielfältig. Ihr Tä-tigkeitsfeld reicht von Beratungs- und Informationsleistungen für die Mitglieder, über die Vertretung von Mitgliederinteressen in der Öffentlichkeit, den Einsatz für soziale und politi-sche Überzeugungen bis zum Versuch Einfluss auf gesellschaftliche Entwicklungen zu neh-men (Emberger, 1998). Zur Förderung des „nachhaltigen Konsums" können sie wesentlich beitragen. Die dafür nötige Kompetenz und Basisnähe wurde ihnen bereits im Rahmen der Agenda 21 von öffentlicher Seite zugewiesen (BMU, 1992). Auch die seit Jahren hohe Ver-trauensposition, die vor allem Sozialverbänden, Hilfs- und Umweltorganisationen von den Bürgern entgegengebracht wird, kann bei der Förderung des „nachhaltigen Konsums" einge-setzt werden (Mitschke/ Langen, 2005). Der Verbandssektor ist insgesamt sehr heterogen. Es existieren viele Möglichkeiten die Verbände nach verschiedenen Kriterien zu systematisieren (zu einer Kategorisierung von Verbänden vgl. z.B. Witt/ Seufert/Emberger, 1996).

3.5.2.3.2   Förderung von nachhaltigem Konsum

Für die Frage, ob Verbände zur Förderung des „nachhaltigen Konsums" beitragen können, spielt die Grundposition, die ein Verband allgemein zur „Nachhaltigkeit" einnimmt, eine zentrale Rolle. Aus der Bedeutung, die der jeweilige Verband den Gedanken der „nachhalti-gen Entwicklung" beimisst, ergeben sich nicht nur Möglichkeiten zur Förderung des nachhal-tigen Konsums, sondern auch die Verbandsleistungen für Stakeholder sind damit verbunden.

Die nachfolgende Abbildung 3.15 zeigt diesen Zusammenhang mit den entsprechenden Netzwerkverbindungen im Überblick.

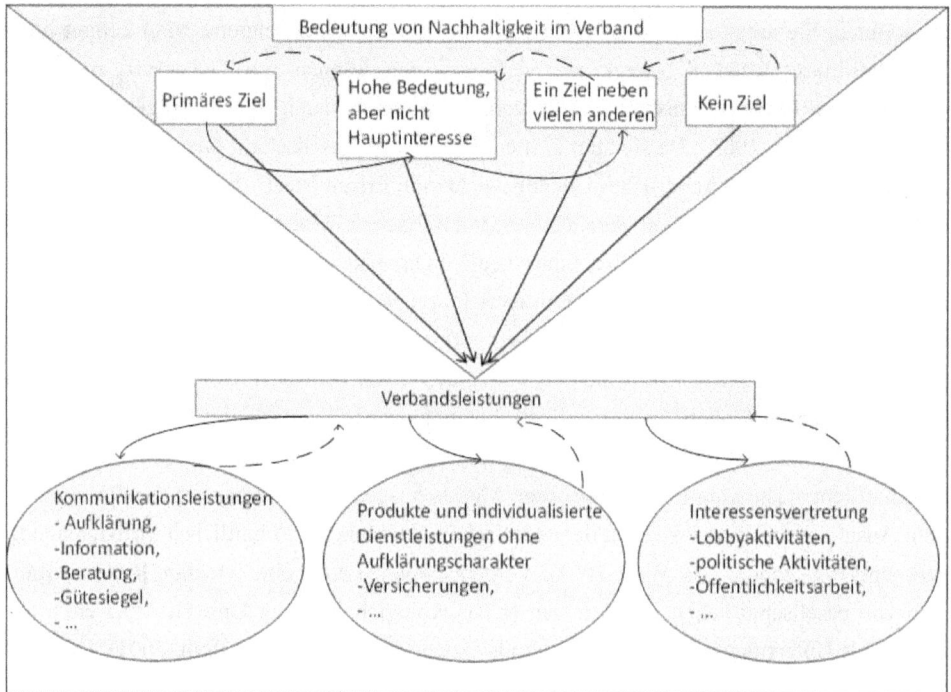

Abb. 3.15: Zusammenhang von Grundausrichtung und Verbandsleistungen zur Förderung des nachhaltigen Konsums, Quelle: a.d.B. v. Arndt, 2009, 67 ff., Schwarz, 1985, 445, Emberger, 1998, 126 f., Zitzmann, 2008, 33, modifiziert und verändert

Bei näherer Betrachtung von Abbildung 3.15 zeigt sich im oberen Teil, dass bei der Bedeutung von „Nachhaltigkeit" im Verband, eindeutige Netzwerkwirkungen (Feedback-Prinzip) zwischen den ersten drei Hauptzielsetzungen bestehen. Das bedeutet, dass Nachhaltigkeit im Verband nicht nur von Bedeutung ist, wenn ein primäres Ziel formuliert wurde (z.B. bei Umweltverbänden). Eine hohe Bedeutung kann auch vorhanden sein, wenn die Zielsetzung nicht primär formuliert wurde bzw. der Verband nicht auf dieser Basis gegründet wurde. Das gilt z.B. für viele Verbraucherverbände, die sich überwiegend an „Nachhaltigkeitsgesichtspunkten" orientieren und damit zum Schutz der Verbraucher beitragen. Selbst wenn „Nachhaltigkeit" nur als ein Ziel neben anderen geführt wird, kann die Ausrichtung eine Bedeutung haben. So tragen einige Wirtschaftsverbände (z.B. Hotel- und Gaststättenverband) zur Sicherung der wirtschaftlichen und rechtlichen Rahmenbedingungen bei ihren Mitgliedern bei. Nicht wenige unterstützen darüber hinaus ihre Mitglieder auch bei der „nachhaltigen Ausrichtung" ihres Betriebes. Abbildung 3.15 zeigt aber auch eine nicht eindeutige Netzwerkverbindung. Diese kommt zum Tragen, wenn „Nachhaltigkeit" in einem Verband keine Rolle spielt. Das trifft für Verbände zu, die Leistungen erbringen, ohne Bezug zur Nachhaltigkeit (z.B. Berufsverbände, Industrieverbände etc.). Da es sich jedoch in der heutigen Zeit kaum noch ein Verband leisten kann, nicht für „Nachhaltigkeit" einzutreten, verfolgen diese Verbände Nachhaltigkeits-Gedanken z.T. lediglich aus Imagegründen (Greenwashing etc.). Dabei scheuen sich einige (mächtige) Verbände auch nicht, eine sehr heterogene Rolle dabei zu vertreten. Während z.B. der Bundesverband der Deutschen Industrie (BDI) einerseits vor einem allzu ideologisierten Verbraucherschutz warnt, wird gleichzeitig betont, dass die Industrie „nachhaltigen Konsum" durchaus unterstützt und sich der ethischen Verantwortung in der Gesellschaft bewusst ist. Wie Abbildung 3.15 zeigt, wirken die Ziele auf die Verbandleistungen. Im unteren Teil der Abbildung sind diese systematisiert aufgeführt. Die Darstellung verdeutlicht, dass die Förderung des „nachhaltigen Konsums" vorwiegend durch Kommunikationsleistungen vorgenommen werden kann. Aber auch die zweite Säule der Verbandsleistungen, der Vertrieb von Produkten/Dienstleistungen an Mitglieder, beinhaltet ein Kommunikationspotential für „nachhaltiges Gedankengut". Da auch Lobby-Aktivitäten in hohem Maße Kommunikationsaffin sind, ergeben sich auch hier Potentiale zur Unterstützung des nachhaltigen Konsums. Auch die Interessenvertretung hat im Verbandswesen eine hohe Bedeutung. Die Förderung des nachhaltigen Konsums könnte hier als eine eigenständige Verbandsleistung eingeführt werden. Auf diese Weise könnten z.B. Gesetzesanpassungen zugunsten des nachhaltigen Konsums durch Lobbyaktivitäten von Verbänden wesentlich gefördert werden. Die Darstellung der Netzwerkpfeile in Abbildung 3.15 unterer Teil, verdeutlicht bei den Verbandsleistungen aber auch, dass sich die Förderung des „nachhaltigen Konsums" durch einen Verband nur auf einzelne Bereiche beschränken kann. So wird sich z.B. ein Luftverkehrsverband kaum primär mit Fragen des Schutzes natürlicher Gewässer beschäftigen. Kommunikative Verbandsleistungen zur Förderung von „nachhaltigem Konsum" können sich daher vorwiegend auf einzelne Bereiche und konkrete bereichsbezogene Handlungskonzepte beschränken.

Wollen Verbände zur Förderung des nachhaltigen Konsums die Kommunikation auf die Stakeholder für die Verbandsleistungen konzentrieren, müssen sie sich auf unterschiedliche Gruppen einrichten. Grundsätzlich sind Stakeholder von „Selbsthilfeverbänden", wie z.B. Wirtschaftsverbänden etc., und von „Fremdhilfeverbänden", wie z.B. soziale und karitative Verbände, zu unterscheiden (Emberger, 1998). Bei den Stakeholdern für Leistungen der Selbsthilfeverbände, handelt es sich um die Mitglieder. Bei den Stakeholdern für Leistungen der Fremdhilfeverbände, handelt es sich vorwiegend um externe Personen. Es sind auch nicht unbedingt natürliche Personen (es kann sich auch z.B. um die Umwelt, Gewässer, Artenvielfalt etc. handeln). Insofern profitieren auch andere Akteure von den Leistungen der Fremdhilfeverbände. Zusätzlich existieren auch Selbst- und Fremdhilfeverbände z.B. zur Durchsetzung kultureller, wertebezogener bzw. politischer Zielsetzungen. Die Stakeholder dieser Verbände beziehen neben Mitgliedern auch Nichtmitglieder andere Bereiche (Umwelt etc.) bzw. Lebewesen (z.B. Tiere etc.) mit ein. Die Stakeholder der Interessensvertretung sind i.d.R. auch anderen gesellschaftlichen Gruppen zugehörig. Die Verbandsleistungen haben jedoch das primäre Ziel, Verbesserungen zugunsten der Mitglieder zu erreichen (Witt/Seufert/Emberger,

1996). Problematisch können sich Zielkonflikte auswirken, die im Rahmen der „nachhaltigen Entwicklung" keine Seltenheit sind. Ein Verband sieht sich immer unterschiedlichen Anforderungen ausgesetzt und wird bei Zielkonflikten (z.B. Verbandsmitglieder, die überwiegend konventionelle Landwirtschaft betreiben, versus Kampagne für ökologische Lebensmittel etc.) abzuwägen haben, welchem Ziel Vorrang einzuräumen ist. Aus verbandpolitischer Sicht wäre ein möglicher Mitgliederverlust zu berücksichtigen. Aus gesellschaftlicher Sicht hätte die Förderung des „nachhaltigen Konsums" Vorrang. Falsch verstandene Kompromisse sind dann nicht selten dafür verantwortlich, dass Greenwashing zum Einsatz kommt.

Greenwashing beim Verband der Automobilindustrie in Deutschland (VDA)

„In der Kritik: die Online-Initiative www.unsere-autos.de. Weihmayer zeigt in ihrer Arbeit verschiedene Greenwashing-Vorwürfe der letzten Jahre auf: Der Verband der Automobilindustrie in Deutschland (VDA) startete gemeinsam mit den großen deutschen Automobilherstellern die Online-Initiative www.unsere-autos.de. Über die Homepage sollen deutsche Verbraucher über den Technologievorsprung in Sachen Umwelt- und Klimaschutz seitens der Autobauer informiert werden. Detailliert gibt der Verband Auskunft über Entwicklungen im Bereich der Fahrzeugsicherheit, -effizienz und -komfort. Auch Ökobilanzen, Strategien und Verantwortungserklärungen werden präsentiert. Wegen der Art und Weise der Präsentation stieß die Plattform jedoch schnell auf Kritik. Typischer Greenwashing-Vorwurf: Mit Öko-Jargon wird der Verbraucher Irre geführt. Sonja Weihmayer zitiert in ihrer Studie hierzu Holger Böthling (2010), damals Redakteur für Bündnis 90/Die Grünen: „Die Initiative verschiedener Hersteller unter dem Dach des VDA möchte zeigen, dass deutsche Autobauer Effizienzweltmeister sind und strenge gesetzliche Grenzwerte für CO_2-Emissionen deshalb unnötig sind. Die nackten Zahlen sprechen allerdings eine andere Sprache: Beim C02-Ausstoß lagen Neuwagen aus Deutschland 2008 in der EU abgeschlagen auf Platz 20, unter 14 Autoherstellern kam BMW auf Platz 9, Volkswagen auf 12 und Daimler auf den letzten Platz". Auch werfen Journalisten und Besucher des Online-Magazins Utopia der Initiative vor, mit Öko-Jargon den Verbraucher bewusst Irre zu führen" (o.V., o.J., 2014e).

Die Förderung des „nachhaltigen Konsums" bei Verbänden hängt auch von den kommunikativen Einflussmöglichkeiten auf die Stakeholder ab. Das ist nahezu ausschließlich über die Verbandsleistungen möglich. Kommunikative Einflussmöglichkeiten werden von der Stellung bestimmt, die Konsumenten (Stakeholder etc.) im Verband einnehmen. Es kann es sich um Mitglieder und Nichtmitglieder handeln. Verbände haben direkte (z.B. nur Mitglieder) oder indirekte kommunikative Einflussmöglichkeiten (z.B. Mitglieder und Externe). Es besteht aber auch die Konstellation, dass beides möglich ist (Kuhlmann, 1990). Diese Tatsachen sind insofern von Bedeutung, da durch „virale" Kommunikation Werte, Informationen und Gedankengut der „nachhaltigen Entwicklung", die durch Öffentlichkeitsarbeit von Verbänden an die Mitglieder verbreitet werden, indirekt eine größere Streuung erreichen können. Verbandsmitglieder können „nachhaltiges Gedankengut" an andere Verbraucher weitergeben, wodurch sich der Einflussbereich hierfür wesentlich vergrößert.

Direkte und indirekte Einflussmöglichkeiten von Verbänden

„Zur Verdeutlichung sei das Beispiel eines Unternehmensverbandes genannt. Seine Mitglieder sind Unternehmen und die Verbandsleistungen in erster Linie auf die Unternehmen ausgerichtet. Ein direkter Einfluss auf die Konsumenten ist auf den ersten Blick nicht gegeben, gleichwohl ein indirekter, wenn die Unternehmen Leistungen an die Konsumenten erbringen. Demgegenüber hat ein Verbraucherverband in der Regel Verbraucher als Mitglieder, die zugleich seine direkten Leistungsadressaten darstellen. Zu beachten ist, dass ein Verband (im Beispiel: Unternehmensverband) auch dann direkten Einfluss auf Konsumenten ausüben kann, wenn diese keine Mitglieder sind. So könnte zum Beispiel ein Unternehmensverband über Aufklärungs- und Informationsarbeit Leistungen an Verbraucher herantragen, obwohl diese nicht zu seinen Mitgliedern zählen. In diesem Fall unterscheiden sich die Leistungen des Verbandes an die Verbraucher allerdings nicht maßgeblich von jenen, die an die Öffentlichkeit erbracht werden. Betrachtet man die Konsumenten als Teil der Öffentlichkeit, sind die an die Öffentlichkeit und die Konsumenten erbrachten Verbandsleistungen identisch" (Arndt, 2009, 81 f.).

Insgesamt gesehen, wird sich ein Verband aber nur dann für die Förderung des „nachhaltigen Konsums" einsetzen, wenn er damit auch seine Mitglieder für dieses Gedankengut begeistern kann. Er wird i.a.R. keine Leistungen erbringen, die im Widerspruch zu den Interessen des Hauptanteils der Mitglieder stehen. Diese Tatsache unterstreicht die Schlussfolgerung, dass Leistungen von Verbänden zur Förderung des „nachhaltigen Konsums" nicht nur sehr unterschiedlich ausfallen, sondern auch auf die unterschiedlichen Gruppen und deren Bedürfnisfelder ausgerichtet sein müssen. Auch der Staat nimmt als Akteur bei der Förderung des nachhaltigen Konsums eine wichtige Rolle ein (z.B. Gestaltung der Rahmenrichtlinien, Gesetzgebung, öffentliche Beschaffung, Verbraucherpolitik etc.).

3.5.3   Zwischenfazit

– Normen und Werte der mikro-sozialen und -soziokulturellen Rahmenbedingungen sind gänzlich kulturbestimmt und unmittelbar an den Werten der Zielgruppen orientiert. Sie wirken auf die vorgelagerten Dimensionen der meso-sozialen und soziokulturellen Dimension, aber auch auf die makro-sozialen und soziokulturellen Dimensionen. Das erhöht die Komplexität erheblich. Sie basieren auf strategischen Werten und Normen und sind durch Unternehmen selbst beeinflussbar. Eine Orientierung an den Werten von Stakeholdern ist für die operative Umsetzung von Nachhaltigkeit auf dieser Ebene notwendig.

– Die rechtliche Lage für Unternehmen bzgl. eines Risikomanagements ist in der EU uneinheitlich. In Deutschland gelten für börsennotierte Unternehmen rechtlich zwingende Grundlagen für ein Risikomanagement. Durch Risikopolitik erfolgt die Messung und Festlegung von Risiken. Die Risikoakzeptanz ist abhängig von den Führungspersonen und fällt im Unternehmen unterschiedlich aus. Bei der Messung wird zwischen der automatisierten und manuellen Risikoidentifikation unterschieden.

– Nachhaltiger Konsum beinhaltet mehrere Konsumhandlungen (Schnittmenge Umwelt-, Sozialverträglichkeit und Wirtschaftlichkeit). Alle Konsumhandlungen werden durch das geschlossene Ökosystem begrenzt. Bei Nachfragern als Akteuren des nachhaltigen Konsums, ist dieser auch mit einer kritischen Auseinandersetzung zur Notwendigkeit von Konsumhandlungen verbunden. Der gegenwärtige Konsumstil entspricht nicht dem nachhaltigen Konsum, sondern ist für viele negative Folgen verantwortlich.

– Die Verpflichtung zu einem Konsumstil mit individueller Verantwortung liegt in Deutschland durch die Rio-Deklaration vor. Die wissenschaftliche Meinung ist, dass die Möglichkeiten für Konsumenten ökonomische, ökologische und soziale Veränderungen herbeizuführen, groß sind. Konsumenten gelten als Schlüsselakteure für den Wandel zur Nachhaltigkeit. Es existieren aber noch viele faktische Schwierigkeiten für eine Übertragung der alleinigen Verantwortung auf die Konsumenten.

– Voraussetzung für eine dauerhafte Prägung der Konsumenten zur nachhaltigen Entwicklung ist ein kulturbezogener Wertewandel in der Gesellschaft. Konsumenten zeigen sich in Deutschland bereits nachhaltigkeitsbewusst, setzen dieses jedoch in zu geringem Maße um. Dafür verantwortlich sind zahlreiche werte-, kulturbezogene sowie politische Zielkonflikte.

– In offiziellen Dokumenten wird die Einbeziehung der Privatwirtschaft in die nachhaltige Entwicklung gefordert. Für Unternehmen reicht wirtschaften nach dem Prinzip der Gewinnmaximierung für Profiterzielung nicht mehr aus. Ohne Einbezug gesellschaftlicher und ökologischer Themen, ist unternehmerisches Handeln nicht mehr zukunftsfähig. Privatwirtschaftliche Unternehmen haben derzeit keine generelle Verpflichtung, umweltbezogene Kriterien bei Beschaffung und Einkauf zu berücksichtigen.

– Green Procurement ermöglicht, Ressourcenverschwendung zu vermeiden und die Qualität zu steigern. Auch die Beachtung sozialer Komponenten spielt dabei eine Rolle. Es ist Teil der nachhaltigen Unternehmenspolitik und -strategie und gehört zum Umweltmanagement. Vorgaben sind in der Beschaffungspolitik und -strategie verankert.

– In der EU ist die Pflicht zur Nachhaltigkeits-Berichterstattung noch uneinheitlich. In Deutschland sind große börsennotierte Kapitalgesellschaften ab 2005 zur Nachhaltigkeitsberichterstattung verpflichtet. Nachhaltigkeits-Berichterstattung verlangt für eine einheitliche Bewertung die Definition von Leitfäden, Kernbereichen, Kennzahlen und Indikatoren. Sie sollen ein fundiertes Bild von der unternehmerischen Nachhaltigkeitsperformance ermöglichen. Derzeit existieren zahlreiche Leitfäden.

– Die Rolle von Verbänden bei der Förderung des nachhaltigen Konsums ist vielfältig. Sie gehören zur Gattung Non-Profit-Organisationen (NPO) und arbeiten nicht gewinnorientiert. Sie haben in der deutschen Gesellschaft eine wichtige Position, da sie viele Arbeitsplätze stellen und großen Teilen der Bevölkerung Beschäftigung bieten.

– Bei der Förderung des nachhaltigen Konsums können sie durch Kommunikation über Verbandsleistungen eine wichtige Rolle spielen. Kommunikative Verbandsleistungen zur Förderung von nachhaltigem Konsum können sich aber, aufgrund unterschiedlicher Mitgliederanforderungen, nur auf einzelne Bereiche und konkrete Handlungskonzepte in den Bereichen beschränken.

3.6   Übungsmaterialien, -Cases und -Szenen

Lesen und bearbeiten Sie die folgenden Beispiele, Cases und Szenen. Analysieren Sie dazu im Rahmen der jeweiligen Nachhaltigkeits-Berichterstattung im Internet (Laptop, Tablet, Smartphone etc.). In den Fällen finden Sie Beispiele für Konflikte bzw. positive Ansätze, die bei der Umsetzung des Konzepts „nachhaltige Entwicklung" entstehen können. Finden Sie die Ursachen heraus und suchen Sie nach Möglichkeiten, diese zu minimieren bzw. positiv zu verstärken und so die Grundlage für eine Nachhaltigkeits-Marketing-Strategie zu legen.

3.6.1   Nachhaltigkeit in der Konsumgüterwirtschaft: dm-Drogeriemarkt

Der erste dm-Drogeriemarkt wurde 1973 von der Unternehmerpersönlichkeit Prof. Götz W. Werner (gelernter Drogist und bekennender Anthroposoph) in Karlsruhe geründet. Seine Geschäftsidee, die auf dem heute allgegenwärtigen Discount-Prinzip beruht, war neu in der Drogeriehandels-Branche der damaligen Zeit. Das Unternehmen wuchs schnell und die Discount-Idee veränderte die gesamte Branche. 1978 expandierte das Unternehmen zuerst nach Österreich und hatte in beiden Ländern zusammen bereits 100 Filialen. Mit der Erweiterung der Internationalisierungsstrategie expandierte das Unternehmen bis heute auf insgesamt 12 nationale Märkte in Mittel- und Osteuropa und ist mit über 3.000 Märkten präsent (Deutschland, Österreich, Tschechien, Slowakei, Slowenien, Ungarn, Kroatien, Bosnien-Herzegowina, Serbien, Rumänien, Bulgarien, Mazedonien). Das Unternehmen beschäftigt in Europa über 52.000 Mitarbeiter, davon über 36.000 in Deutschland. Der Umsatz konnte nach zweistelligen Zuwächsen in Deutschland und im Konzern in den Jahren 2011 und 2012, im Jahr 2013 nochmals um 9,6% in Deutschland auf 6,4 Mrd. Euro und um 8,2% auf 8,32 Mrd. Euro im Konzern gesteigert werden (dm-drogeriemarkt, 2014). Das Unternehmen und auch der Unternehmer Werner wurden vielfach öffentlich ausgezeichnet (z.B. 2007 Deutscher Einzelhandelspreis vom Hauptverband des Deutschen Einzelhandels (HDE), 2010 als nachhaltigstes Unternehmen der letzten Jahre (Utopia-Stiftungskuratorium), Deutscher Gründerpreis für Götz W. Werner, September 2014 (deutscher-gruenderpreis.de).

Einzelelemente aus der CSR-Strategie von dm

a) Vision und Unternehmensphilosophie

Die von Götz W. Werner entwickelte Vision sieht seit Gründung der ersten Filiale, trotz vermeintlicher Gegensätze mit dem Discount-Prinzip, die Unternehmenswerte „Nachhaltigkeit" und „gesellschaftliche Verantwortung" als entscheidende Größen im Prozess des Wirtschaftens vor. Sein unternehmerisches Selbstverständnis hat bis zur Beendigung seiner Tätigkeit in der Geschäftsführung, im Jahr 2008, die Geschäftsphilosophie und den Transformationsprozess bei dm maßgeblich geprägt. Als Unternehmer hat er eine klare Gegenposition zum

Shareholder-Value-Ansatz, denn für ihn hat das Wohl aller Stakeholder des Unternehmens Vorrang. Seine Unternehmensphilosophie basiert auf dem anthroposophischen Grundgedanken des „Füreinander-Leistens". Nach Werner kann der Unternehmer daraus nicht nur die Initialkraft zur Weiterentwicklung der Wirtschaft ableiten, sondern auch die Kundenorientierung, als seine eigentliche unternehmerische Aufgabe besser wahrnehmen (Werner, 2004). Als Unternehmer sieht er seine Aufgabe darin, auf Basis der dialogischen Führung, den Mitarbeitern Einsicht in die Gesamtzusammenhänge des Unternehmens und eigenverantwortliches Handeln im Miteinander zu ermöglichen. Die Grundsätze gesellschaftlicher Verantwortung sind damit integraler Bestandteil in allen Unternehmensbereichen. Sie werden nach innen und außen durch die Mitarbeiter gelebt. Der Unternehmer Werner hat die Vorbildfunktion des Top-Managements bei der strategischen Implementierung von Nachhaltigkeit stets wahrgenommen. Er hat erkannt, dass es in Kapitalgesellschaften mit Vorstandsvorsitzenden, die oft nur kurz- bis mittelfristige Verträge haben, an materiellen und immateriellen Anreizen zur Berücksichtigung der sozialen und ökologischen Dimension als langfristige Zielsetzung fehlt. Er hat nach Beendigung seiner Tätigkeit als Geschäftsführer im Jahr 2010 seine Anteile an die gemeinnützige dm-Werner-Stiftung übertragen. In Form der Gemeinnützigkeit hat diese kein Interesse an kurzfristigen Profiten, sondern ist an einem langfristigen Erfolg interessiert. Mittelzuflüsse sind zur Finanzierung von Initiativen in den Bereichen Bildung, Erziehung und Forschung festgeschrieben. Werner hat so sichergestellt, dass das Agieren des Unternehmens weitgehend unabhängig von kurzfristigen Interessen des Kapitalmarktes bleibt, da die Kontrolle mehrheitlich durch die Stiftung erfolgt (dm-drogeriemarkt, 2014).

b) Kulturelle Nachhaltigkeit als vierte Dimension
Neben den drei anderen Dimensionen, spielt bei dm die Kultur als vierte Dimension eine wichtige Rolle (dm-drogeriemarkt, 2014).

c) Nachhaltige Markenführung
„Nachhaltiges Marketing" und „nachhaltiger Vertrieb" haben im Gegensatz zur Konkurrenz hohe Bedeutung und werden gezielt zur Erreichung von Wettbewerbsvorteilen eingesetzt. Trotz fehlender originärer Herstellerkompetenz als stationärer Einzelhändler, wird im Unternehmen viel Wert auf eigene Produktmarkenführung gelegt. Bei dm wird das Sortiment, neben konventionellen Markenartikeln, gezielt durch ein breites Portfolio an Eigenmarken (Handelsmarken) ergänzt. Die Nachhaltigkeitsaspekte dieser „dm-Qualitätsmarken" werden dominant im Rahmen der identitätsbildenden Markenassoziationen herangezogen. Auf diese Weise wird den Kunden ein Zusatznutzen (dominante Nachhaltigkeits-Positionierung) im Vergleich zu den anderen Handelsmarken der Konkurrenz vermittelt (z.B. Alverde Naturkosmetik →Prämierung → GfK-Positionierung). Der Hauptunterschied zum herkömmlichen Marketing liegt darin, dass durch „nachhaltige Markenführung" die einstige Handelsmarke über ihre Zusatznutzen mit den Markenartikeln traditioneller Hersteller konkurriert. Hohe Markenbekanntheit wird auch durch zusätzliche Kommunikationsmittel (seit 2001 kostenlose

Kundenzeitschrift etc.) erreicht. Alverde als Handelsmarke erreicht so eine hohe Markenbe-kanntheit. Der exklusive Vertrieb über die dm-Filialen fördert eine hohe Kundenloyalität und erhöht die Kundenzufriedenheit. Dieselbe hohe Bedeutung wird auch der Eigenmarke Alana zugemessen. Die dominante Markenpositionierung wird durch die Bindung der nachhaltig er-zeugten Produkte an die Voraussetzungen eines anerkannten ÖKO-Zertifikats unterstrichen. „Nachhaltige Qualitätsprodukte", unterstützt durch ein gut gestreutes Filialnetz, tragen zur Steigerung der Kundenpräferenz bei. Das bewirkt Vorteile bei der Einkaufsstättenwahl, die sich positiv gegenüber den Wettbewerbern niederschlägt. 2001 wird dm beim Kundenmonitor Deutschland erstmals zum beliebtesten Drogeriemarkt gewählt (dm-drogeriemarkt, 2014).

d) Effektiver Umgang mit Ressourcen
Für dm bedeutet Nachhaltigkeit in diesen Bereichen Umweltschonung und effiziente Koope-rationen mit Industriepartnern und Spediteuren. Das Handling aller großvolumigen Artikel er-folgt über die Volumenverteilzentren, die regional und näher an den Märkten liegen. Zur effi-zienten Logistik gehören auch ausgeklügelte Verpackungen (sog. Trays) (Ehrenfried, 2013).

Aufgaben:
Analysieren Sie den Nachhaltigkeitsansatz von dm-Drogeriemarkt und gehen Sie dazu fol-gendermaßen vor:

1. Verschaffen Sie sich einen Überblick über die Nachhaltigkeitsmaßnahmen von dm-Drogeriemarkt anhand der Einzelelemente der CSR-Strategie und der CSR-Aktivitäten durch die Wertekette vom dm in der Abbildung 3.16.
2. Analysieren Sie im Rahmen der Nachhaltigkeits-Berichterstattung von dm (Internet, Smartphone etc.) das Feld „Unternehmensinfrastruktur". Prüfen Sie dabei auch, in welcher Weise den in der Abbildung 3.16. aufgeführten 4 Nachhaltigkeits-Anforderungen bei dm entsprochen wird.
3. Analysieren Sie auf gleiche Weise (Internet, Smartphone etc.) die in Abbildung 3.16 auf-geführten weiteren Wertekettenbereiche der Personalwirtschaft, des Ressourcenmanage-ments, der internen/externen Logistik, der innerbetrieblichen Abläufe, des Marketings/Vertriebs.
4. Prüfen Sie, wie bei dm den dort jeweils aufgeführten (ausgewählten) Anforderungen ent-sprochen wird.
5. Führen Sie aus, was bei dm „kulturelle Nachhaltigkeit" als vierte Dimension bedeutet.
6. Zeigen Sie die Wettbewerbsvorteile von dm durch nachhaltige Markenführung auf.
7. Formulieren Sie Ihr Urteil (Schulnote) bzgl. der gesamten „Nachhaltigkeits-Ausrichtung" bei dm.

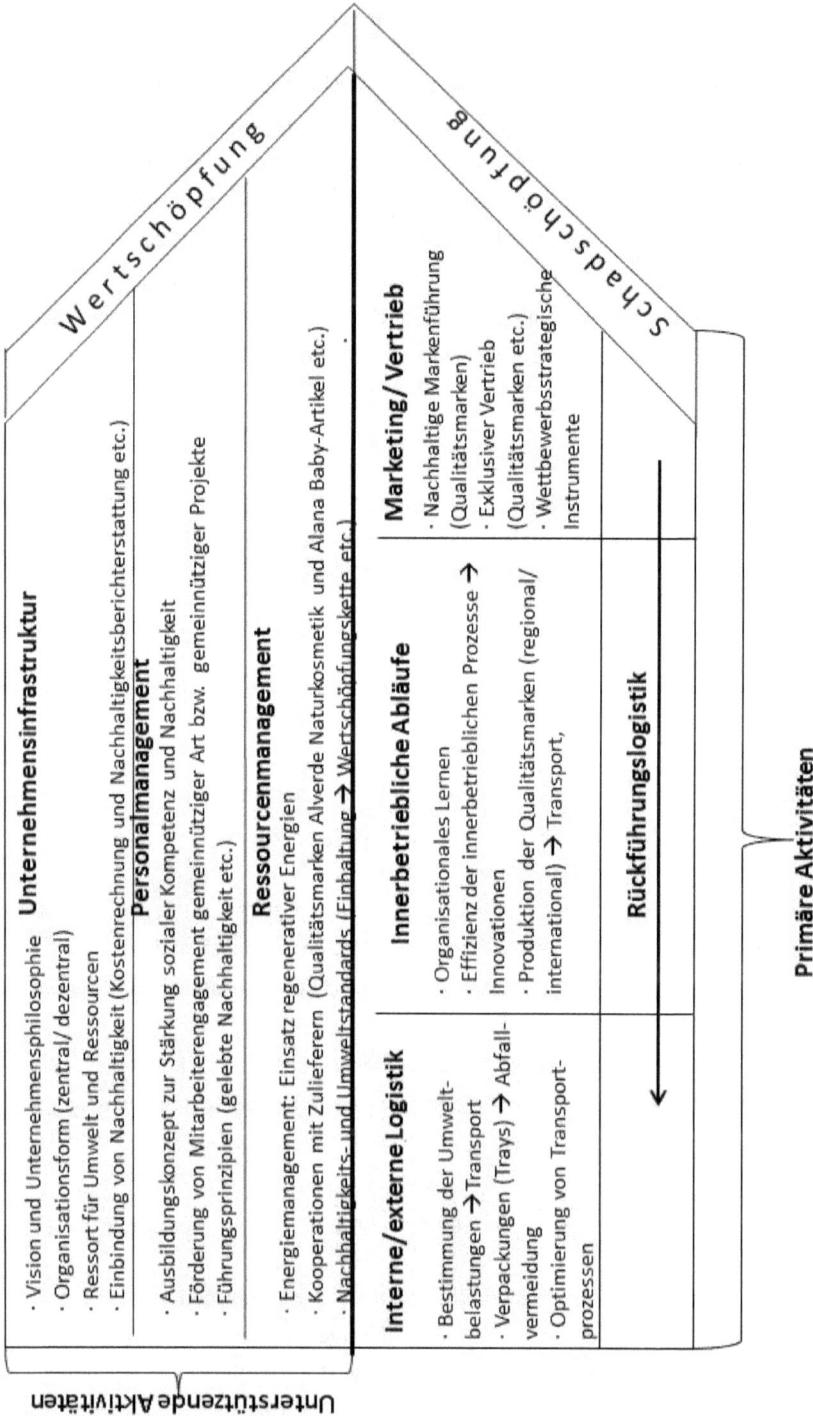

Wertschöpfung — **Schadschöpfung**

Unterstützende Aktivitäten

Unternehmensinfrastruktur
· Vision und Unternehmensphilosophie
· Organisationsform (zentral/ dezentral)
· Ressort für Umwelt und Ressourcen
· Einbindung von Nachhaltigkeit (Kostenrechnung und Nachhaltigkeitsberichterstattung etc.)

Personalmanagement
· Ausbildungskonzept zur Stärkung sozialer Kompetenz und Nachhaltigkeit
· Förderung von Mitarbeiterengagement gemeinnütziger Art bzw. gemeinnütziger Projekte
· Führungsprinzipien (gelebte Nachhaltigkeit etc.)

Ressourcenmanagement
· Energiemanagement: Einsatz regenerativer Energien
· Kooperationen mit Zulieferern (Qualitätsmarken Alverde Naturkosmetik und Alana Baby-Artikel etc.)
· Nachhaltigkeits- und Umweltstandards (Einhaltung → Wertschöpfungskette etc.)

Primäre Aktivitäten

Interne/externe Logistik
· Bestimmung der Umweltbelastungen → Transport
· Verpackungen (Trays) → Abfallvermeidung
· Optimierung von Transportprozessen

Innerbetriebliche Abläufe
· Organisationales Lernen
· Effizienz der innerbetrieblichen Prozesse → Innovationen
· Produktion der Qualitätsmarken (regional/ international) → Transport,

Marketing/ Vertrieb
· Nachhaltige Markenführung (Qualitätsmarken)
· Exklusiver Vertrieb (Qualitätsmarken etc.)
· Wettbewerbsstrategische Instrumente

Rückführungslogistik

Abb. 3.16: Analyseraster für CSR-Anforderungen innerhalb der Aktivitäten der Wertekette bei dm (Auswahl), Quelle: i.A.a. Porter/Kramer, 2008, 500, modifiziert und verändert

3.6.2   Nachhaltigkeitswerte in der Automobilwirtschaft: Kulturwerte in der F&E

In den Publikationen scheint es, als ob für die führenden deutschen Autobauer kein Thema wichtiger sei als „Nachhaltigkeit". Als Reaktion auf den gesellschaftlichen Trend überbieten sich Unternehmen damit, die Messlatte beim Umweltschutz, z.B. mit einem „ökologischen Umbau", „360 Grad Nachhaltigkeit", möglichst höher zu legen als die Konkurrenz (z.B. volkswagen, 2012, daimler, 2011, bmw, 2015). Jeder gibt vor noch nachhaltiger zu sein, als andere. Von Wissenschaftlern wird die Ansicht vertreten, dass dabei eine Art „semantischer Nebel" eine Rolle spielt, durch den das Verhältnis von großen Bekenntnissen und kleinen Taten sowie fehlenden Werteveränderungen verschleiert wird (Müller-Christ, 2005). Den deutschen Autobauern kann nicht abgesprochen werden, dass als „end-of-pipe-Ansatz" in den letzten Jahren Verbesserungen im Bereich Treibstoffeffizienz erzielt wurde (ddp, 2008). Das geschah aber nicht freiwillig, sondern lediglich als Reaktion auf Vorgaben für Abgasnormen durch die EU. Die EU-Verordnung sieht vor, dass der CO_2-Ausstoß von Autos innerhalb einer Übergangsperiode auf durchschnittlich 130 Gramm CO_2 je gefahrenen Kilometer verringert werden muss. Ab 2020 dürfen Emissionen neuer Pkws 95g CO_2 pro Kilometer nicht mehr übersteigen (VO (EG) Nr. 443/2009). Diese Grenzwerte bringen insbesondere die führenden deutschen Produzenten in Bedrängnis, da deren Fahrzeugflotten bisher wesentlich mehr CO_2 emittieren (Smid, 2014). Eine Vorreiterrolle bei der Umsetzung von Nachhaltigkeit haben sie in der Automobilbranche nicht. Die bleibt dem Hersteller Toyota mit seiner Innovation der Hybridmotoren vorbehalten. Die Gründe für diese „Schwerfälligkeit" deutscher Autobauer bei Innovationen im Bereich „Nachhaltigkeit" liegen gemäß IMD-Studie zum Stellenwert von „Nachhaltigkeit" in Automobilunternehmen, auch bei fehlenden bzw. falschen Kulturwerten in Unternehmenskultur, Führungsverständnis, Berufskultur, F&E-Ausrichtung (IMD, 2003). Erkenntnisse aus dieser Studie wurden wissenschaftlich durch Forschungsarbeiten zu Werteveränderungen sowie zu ähnlichen Themen tendenziell mehrfach bestätigt (z.B. Bieker, 2005, Dyllick, 2006, Lieback, 2013). Von hoher Relevanz ist hierbei die Frage, inwieweit bei Autobauern zentrale kulturbezogene Werte des eigenen „Nachhaltigkeits-Leitbildes" Eingang in die Unternehmenskultur gefunden haben. Für F&E-Abteilungen ist das besonders wichtig, da hier handlungsorientierte Leitbilder, Normen, Werte etc. das Entstehen von nachhaltigen produktbezogenen Innovationen für die nächsten 5 bis 7 Jahre wesentlich beeinflussen. Problematisch ist die Tatsache, dass Kulturwertveränderungen, wenn überhaupt, nur sehr langsam und äußerst mühevoll vonstattengehen. Zudem können Werteveränderungen von vielerlei Einflüssen (z.B. konträre unternehmenskulturelle Werte, Führungskultur, Berufskultur, Beharrungskräften etc.) konterkariert werden. Im Rahmen der vorliegenden Fallstudie bilden, ausgehend von den Nachhaltigkeitsproblemen in der Automobilbranche, ausgewählte Bereiche wertebezogener Studien die Grundlage (IMD, 2003, IMD 2003a, IMD 2003b). Zur Überprüfung eines nachhaltigkeitsorientierten Wandels werden typische Antworten von Mitarbeitern aus den F&E-Abteilungen von Automobil- und Maschinenbauunternehmen aus der Studie von Bieker in Analogie herangezogen (Bieker, 2005). Diese werden offiziellen Statements zur Nachhaltigkeit aus der Autobranche gegenübergestellt. Auf dieser Basis werden durch die dargestellten typischen Antworten von Mitarbeitern aus den F&E-Abteilungen im Vergleich mit den offiziellen Statements der Unternehmen, Rückschlüsse auf mögliche Kulturwerthaltungen/-veränderungen zu zentralen Bereichen der Nachhaltigkeit möglich. (Die Verfasserin hat diesen Fall für die universitäre Seminararbeit vorbereitet. Es ist nicht beabsichtigt unwirksame Handlungen einer Geschäftssituation zu veranschaulichen).

1. Rolle der Unternehmenskultur

Für die Umsetzung der nachhaltigen Entwicklung ist in diesem Bereich wichtig, welche Stellung unternehmenskulturelle Werte im Rahmen der Unternehmen einnehmen. Auf Fragen nach der Bedeutung von Umweltaspekten bei der Beurteilung und Auswahl von Material- und Technologievarianten sind nachfolgende Aussagen zu analysieren.

a) Offizielles Statement: „Das Leitbild der nachhaltigen Entwicklung (…) gehört zu unserer Unternehmenskultur (…) Für unsere Mitarbeiter und Mitarbeiterinnen ist Umweltschutz weit mehr als ein Wort. Er bestimmt ihr tägliches Handeln für das Unternehmen" (Piëch, 1999, 4).

b) Typische Antwort von Mitarbeitern der F&E: „90% der Mitarbeiter würden im Hinblick auf ihre Tätigkeit sagen, dass ihre Projekte keinen Umweltbezug haben. Tatsächlich könnten aber 75% Dinge mit Umweltbezug aus ihrem Arbeitsbereich nennen. Ich wusste ja, woher Sie kommen. Ansonsten hätte ich den Umweltgedanken in der F&E erst an Stelle 7 oder 8 genannt" (Bieker, 2005, 186).

Aufgabe: Vergleichen Sie beide Aussagen und finden Sie heraus, ob das Nachhaltigkeits-Leitbild zu einer festen unternehmenskulturellen Grundannahme im Sinne der „nachhaltigen Entwicklung" in der F&E geworden ist. Ziehen Sie dafür die Ausführungen im Kapitel 3.2. ff. hinzu und beschreiben Sie Möglichkeiten für die Automobilwirtschaft, zu reagieren. Eruieren Sie auch, welche nachhaltigkeitsbezogene Wettbewerbsstrategie in der Automobilbranche mehrheitlich verfolgt wird. Ziehen Sie dazu die Ausführungen im Kapitel 3.4.2.3.ff. hinzu.

2. Verantwortung für gesellschaftliche Akteure

In diesem Bereich geht um die Einschätzung von Mitarbeitern im Hinblick darauf, wofür Unternehmen, Mitarbeiter, Kunden und Politik im Rahmen der gesellschaftlichen Verantwortung zuständig sind (nachhaltige, verantwortungskulturelle Werte). Im Hinblick auf die Frage nach dem vorrangigen Zweck den das Unternehmen im Rahmen der „Nachhaltigkeit" in Kooperation mit seinen Stakeholdern verfolgt, sind nachfolgende Aussagen zu analysieren.

a) Offizielles Statement: „Engagement für die Gesellschaft als Teil sozialer Verantwortung gehört schon immer untrennbar zum unternehmerischen Selbstverständnis der BMW Group und ist Teil unserer Nachhaltigkeits-Strategie" (bmw, 2010).

b) Typische Antwort von Mitarbeitern der F&E: „Für das Unternehmen ist der Markt wichtig. Für ein Wirtschaftsunternehmen stellt letztlich das Überleben im Markt das Oberziel dar.

Wir bauen jährlich viele Millionen Fahrzeuge für einen breiten Markt. Das Selbstverständnis des Unternehmens ist es, für Menschen individuelle Mobilität möglich zu machen" (Bieker, 2005, 186).

Aufgabe: Vergleichen Sie beide Aussagen und finden Sie heraus, welcher Zweck des Unternehmens in den Augen der Mitarbeiter mutmaßlich Priorität hat. Prüfen Sie dabei auch, ob der zentrale Nachhaltigkeits-Wert „Vermeidung von Umweltbelastungen" nach Ihrer Meinung zu einer unternehmenskulturellen Grundannahme geworden ist. Ziehen Sie hierfür auch die Ausführungen im Kapitel 3.2.3 ff. hinzu. Prüfen Sie dann, ob die Automobilwirtschaft den Wertewandel durch ökologische Innovationen (Verminderung von Feinstaub, von CO_2 etc.) ausreichend unterstützt und in welcher Form soziale Verantwortung wahrgenommen wird.

3. Ökologische Verantwortung

In diesem Bereich sind verantwortungskulturelle Werte wichtig, die sich auf die Einschätzung von Umweltbelastungen im Unternehmen beziehen. Im Hinblick auf die Frage nach der ökologischen Verantwortung des Unternehmens, sind nachfolgende Aussagen zu analysieren.

a) Offizielles Statement: „Unter Nachhaltigkeit verstehen wir bei Daimler verantwortungsvolles unternehmerisches Handeln für langfristigen ökonomischen Erfolg im Einklang mit Umwelt und Gesellschaft" (daimler, 2015).

b) Typische Antwort von Mitarbeitern der F&E: „Fahrzeuge sind keine gefährliche Technologie. Gefährlich ist nur, was der Mensch damit machen kann. Über Marketing kann vieles gesteuert werden, aber niemand kann erwarten, dass ein Unternehmen sich selbst den Ast absägt, auf dem es sitzt" (Bieker, 2005, 187).

Aufgabe: Vergleichen Sie beide Aussagen und finden Sie heraus, inwieweit vom Auto ausgehende „nachhaltigkeitsbezogene" ökologische Gefahren in den Augen der Mitarbeiter mutmaßlich eingeordnet werden. Prüfen Sie dabei auch, ob der zentrale Nachhaltigkeits-Wert „ökologische Verantwortung" nach Ihrer Meinung als unternehmenskulturelle Größe eingegangen ist. Ziehen Sie hierfür auch die Ausführungen im Kapitel 2.5.2.1 ff. und 3.4.3.2 hinzu. Beschreiben Sie danach Möglichkeiten, wie die Branche diese Zielkonflikte z.B. mit Innovationen (Ganzheitlichkeit, Caresharing, Elektromobilität etc.) verbessern kann.

4. Verantwortung des Gesetzgebers

In diesem Bereich sind kulturelle Werte wichtig, die sich auf die Verantwortung des Gesetzgebers und des Unternehmens für Verhaltensveränderungen (z.B. nachhaltiger Konsum etc.) zur „Nachhaltigkeit" beziehen. Im Hinblick auf Fragen nach der Rolle der Verantwortung bei Unternehmen und Gesetzgeber, sind nachfolgende Aussagen zu analysieren.

a) Offizielles Statement: „Große Konzerne werden häufig dafür kritisiert, Gesetzgebungsverfahren über Lobbyaktivitäten zu beeinflussen. Wir halten es allerdings für legitim und notwendig, unser Expertenwissen gegenüber Politik und Verwaltung vorzutragen und unsere Erfahrungen in die Gestaltung gesellschaftlich verantwortlicher Rahmenbedingungen einzubringen" (volkswagen, 2006, 15).

b) Typische Antwort von Mitarbeitern der F&E: „Der Ingenieur hat keine Verantwortung. Seine Aufgabe ist es, technische Lösungsmöglichkeiten und Umsetzungsaspekte aufzuzeigen. Für finanzielle Fragen ist der Ökonom zuständig, der Politiker muss die Rahmenbedingungen schaffen. Die Industrie kann Umweltprobleme nicht allein lösen. Ihre Verantwortung wird durch das Kreislaufwirtschaftsgesetz definiert" (Bieker, 2005, 188).

Aufgabe: Vergleichen Sie beide Aussagen und finden Sie heraus, in welcher Weise in den Augen der Mitarbeiter die „nachhaltigkeitsbezogene" ökologische Verantwortlichkeit einerseits dem Gesetzgeber andererseits der F&E-Abteilung zugewiesen wird. Überprüfen Sie dabei auch, inwieweit „Technokratismus/Mechanismus" als Berufskultur das Prinzip der „organisierten Unverantwortlichkeit" in der unternehmerischen Praxis fördert. Prüfen Sie dann, ob „Nachhaltigkeit" nach Ihrer Meinung dadurch konterkariert werden kann. Ziehen Sie hierzu auch die Ausführungen im Kapitel 3.2.3.1.3 hinzu.

5. Kundenbild im Unternehmen

In diesem Bereich sind kulturelle Werte wichtig, die sich auf das Leitbild beziehen, das in der Unternehmenskultur vom (nachhaltigen) Endkunden verankert sind. Im Hinblick auf die Frage nach Kundenwünschen zur „Nachhaltigkeit", sind nachfolgende Aussagen zu analysieren.

a) Offizielles Statement: „Mit Fokus auf Kundenerwartungen und Möglichkeiten der Produktentwicklung beschäftigen wir uns mit den Risiken des Klimawandels, Sicherheits- und gesundheitlichen Aspekten des Individualverkehrs sowie den Auswirkungen der Globalisierung und Demografie" (volkswagen, 2008, 27).

b) Typische Antwort von Mitarbeitern der F&E: „Für den Kunden sind Qualität, Sicherheit und Betriebs- und Anschaffungskosten wichtig. Umweltschutz ist nur eine wichtige Facette unter vielen. Der Konsument will für Umweltschutz keine Mehrkosten zahlen. Nur durch logische Szenarien, kann das zukünftige Konsumentenverhalten identifiziert werden. Menschen wollen durch Fahrzeuge ihre Persönlichkeit unterstreichen und ihr Image erweitern. Die Einflussgröße Umwelt ist zwar als Parameter wichtig, aber nicht der treibende Faktor bei der Fahrzeugentwicklung" (Bieker, 2005, 314).

Aufgabe: Vergleichen Sie beide Aussagen und finden Sie heraus, welches „nachhaltigkeitsbezogene" Bild von den Kunden in der F&E vorherrscht. Prüfen Sie auch, ob und wie der zentrale Wert „Unterstützung des nachhaltigen Konsums" mutmaßlich unternehmenskulturell vorhanden ist. Prüfen Sie weiter, welche Rolle das veraltete Kundenbild des „Homo oeconomicus" im Verhältnis zum „nachhaltigen Konsumenten" dabei spielt. Ziehen Sie dazu auch die Ausführungen im Kapitel 3.2.3.1.1, 3.2.3.1.2 und 4.2.1. ff. hinzu.

4 Operatives Nachhaltigkeits-Marketing-Management

4.1 Nachhaltigkeitsorientierter Marketing-Mix

Im folgenden Kapitel wird erstmals auf der strategischen Ebene des Nachhaltigkeits-Marketings die Operationalisierung nachhaltigkeitsbezogener Anpassungen bei den Instrumenten des Marketing-Mix vorgenommen. Als Grundlage dient das im Kapitel 2 dieses Buches entwickelte integrierte „Modell zum Nachhaltigkeits-Marketing-Management". Die Operationalisierung bezieht sich auf ausgewählte Faktoren in den Ebenen der makro-sozialen und -soziokulturellen, meso-sozialen und -soziokulturellen sowie mikro-sozialen und -soziokulturellen Rahmenbedingungen für einen nachhaltigkeitsorientierten Marketing-Mix.

4.2 Überkategoriales kulturbezogenes Nachhaltigkeits-Marketing-Management

Gemäß Abbildung 2.6 ist ein überkategoriales Teilmodell „Kultur" in das Modell des Nachhaltigkeits-Marketing-Managements im Kapitel 2 integriert. Es umfasst die explorative Entwicklung von Merkmalen für eine „Kultur der Nachhaltigkeit". Dazu wird die überkategoriale Dimension „Kultur" mit mehreren Ebenen vorgesehen, die eingebettet in das Gesamt einer Kultur, alle Bereiche im Tripel (Ökologie, Ökonomie und Soziales) der „nachhaltigen Entwicklung" querschnittartig durchdringt. Die Generierung von nachhaltigkeitsbezogenem strategischem Transformationswissen erfolgt im Kapitel 3 dieses Buches, durch das strategische Nachhaltigkeits-Marketing auf Unternehmensebene. Die auf den strategischen Ebenen formulierten nachhaltigkeitsbezogenen Leitbilder müssen für die operative Ebene der Marketing-Mix-Instrumente operationalisiert werden. Dieser Aufgabenbereich ist vom Top-Management, in Zusammenarbeit mit dem Nachhaltigkeits-Marketing, durchzuführen und zu managen. Die zu operationalisierenden Werte sind nicht nur zu vermitteln, sondern auch durch aktives Vorleben und alltägliches beständiges Kommunizieren in den Unternehmenskulturwerten zu verankern. Das ist mit einem „verlernen" überholter, verinnerlichter Kulturwerte und einem aktiven „erlernen" nachhaltigkeitsbezogener Unternehmenskulturwerte bei Mitarbeitern und Führungskräften verbunden. Das Vorhaben weist Ähnlichkeiten mit einem „Identitätswechsel" auf. Die Struktur der Ausführungen für ein Management der Kultur der Nachhaltigkeit basiert auf dem St. Gallener Managementmodell (vgl. dazu die Ausführungen im Kapitel 3.4.1.2.2 in diesem Buch).

4.2.1 Nachhaltigkeitsbezogenes operatives Kulturmanagement

Auf der operativen Ebene kann Nachhaltigkeit mit Hilfe von Visionen, Leitbildern und Werten vermittelt werden. Die Operationalisierung nachhaltiger Werte gestaltet sich für die Mehrheit der deutschen Manager als außerordentlich schwierig. Sie erfordert zunächst ein bewusstes Erkennen Akzeptieren und Verinnerlichen der Bedeutung von Nachhaltigkeitswerten für das Unternehmen. Zudem erfordert das Identifizieren von Umwelt- und Sozialverträglichkeit bei Produkten, Prozessen bzw. Dienstleistungen, eine hohe Informiertheit bei Management und Nachhaltigkeits-Marketing. Auch die dazugehörende Kooperationsbereitschaft mit technisch-naturwissenschaftlichen sowie sozialwissenschaftlichen Experten, ist für viele Manager ungewohnt. Das gilt auch für die Aufgabe der Einstufung besonders nachhaltiger Produktionsprozesse, Zulieferer und Endprodukte. Als schwierig erweist sich auch, dass die große Mehrheit der Manager in der Auseinandersetzung mit Umwelt- und Sozialverträglichkeit bei Produkten und Prozessen nicht/kaum geübt ist. Zudem belasten auch Vorurteile die Auseinandersetzung mit den Themenbereichen der Nachhaltigkeit. Ein nachhaltigkeitsbezogener Wertewandel bei Mitarbeitern/Führungskräften ist nicht über Anordnungen, wie z.B. in anderen Unternehmensbereichen, zu bewerkstelligen. Um unternehmerische Nachhaltigkeit zu erschließen, reicht Methodenwissen nicht aus. Es beinhaltet Stellungnahmen/Urteile über Werte/Lebensstile etc. und macht damit Werturteile durch Management und Marketing notwendig. Aber wie ist das zu operationalisieren? Studien haben bestätigt, dass bisher in den Unternehmen kein Grundkonsens über ein sinnvolles Vorgehen bei der Implementierung im Nachhaltigkeitsbereich existiert (Steger, 2004). Nachhaltigkeitsmanagement ist mit unzähligen Zielkonflikten und Umsetzungsproblemen verknüpft. Von diesen sind aber nur wenige direkt wahrnehmbar (z.B. Widerstand durch Mitarbeiter, mangelnde finanzielle Ausstattung, Zeitmangel etc.). Die meisten sind unsichtbar, da sie auf unternehmenskulturellen Unpässlichkeiten basieren. Die nachfolgenden Ausführungen beziehen sich auf ausgewählte Bereiche Unternehmenskultur bezogener Zielkonflikte, die in verschiedenen Studien als nachteilig im Rahmen der Implementierung von Nachhaltigkeit im Unternehmen identifiziert wurden. Die Argumentation fokussiert in diesem Rahmen auf Faktoren sowie (neue) Aufgabenbereiche eines internen und externen Marketing-Managements für eine Kultur der Nachhaltigkeit.

4.2.1.1   Unternehmenspolitik

Durch die Unternehmenspolitik wird der normative Rahmen für das Nachhaltigkeitsmanagement definiert (z.B. Ziele, Prinzipien, Werte etc.) (Ulrich/Fluri, 1995). Dieser bildet die Grundlage für die Ableitung nachhaltiger Strategien, Maßnahmen und Strukturen. Nachhaltige Unternehmenspolitik gehört in der Praxis zu den schwierigsten Managementaufgaben überhaupt. Sie ist nicht innerhalb einer Woche erlernbar und für die praktische Anwendung reichen „Sozialtechniken" allein nicht aus. Der Hauptgrund hierfür ist in ihrer zentralen Aufgabe zu sehen. Sie besteht darin, Glaubwürdigkeit und Vertrauen in die unternehmerischen Tätigkeiten bei den Stakeholdern des Unternehmens zu gewinnen. Diese Aufgabe umfasst nicht nur die Ermittlung der Anliegen der Stakeholdergruppen durch die Unternehmensleitung, diese sind auch konsequent im Rahmen eines sinnvollen Wertschöpfungshandelns zu berücksichtigen. Der übergeordnete Zweck der Unternehmenspolitik ist daher in der Festlegung, Begründung, Kommunikation und Umsetzung einer sinngebenden unternehmerischen Wertschöpfungsaufgabe zu sehen, die der Orientierung und Handlungsleitung im Unternehmen dient. Bei einer nachhaltigkeitsorientierten Unternehmenspolitik liegt ein Fokus auf der

Spezifizierung der unternehmerischen Nachhaltigkeitsanforderungen. Da diese kontext- bzw. branchenabhängig sind, ist die Organisation zu konkreten verantwortungsbezogenen Lösungsbeiträgen zu verpflichten (z.B. Ressourcenschutz, Emissionsvermeidung, Vermeidung produktbezogener Risiken etc.) (Funck, 2001). Die bisherige Dominanz wirtschaftlicher Werte darf dabei jedoch kein reiner Selbstzweck bleiben, sondern ihre Ausrichtung ist stets in Relation zu höheren gesellschaftlichen Zielen, wie z.B. der Erhaltung menschlicher Lebensgrundlagen, festzulegen. Es müssen durchgängig die Ansprüche der Gesellschaft berücksichtigt und diese den ökonomischen Partikularinteressen des Unternehmens gleichberechtigt gegenübergestellt werden. Je nach Anspruchsniveau ist das Ziel darin zu sehen, die Problembereiche des Unternehmens und der Gesellschaft „lebensdienlich" zu konzipieren (z.B. Gesundheit, Klimaschutz, Mobilität etc.). Ulrich/Flury schlagen vor, durch eine dialogisch konzipierte Kommunikations- und Unternehmenspolitik, z.B. durch tragfähige Beziehungen zu den Anspruchsgruppen, auch konfligierende Ansprüche verantwortungsvoll zu regeln (Ulrich/Flury, 1995). Die Formulierung und Durchsetzung der Unternehmenspolitik ist generell Aufgabe des strategischen Managements (Kieser/Oechsler, 1999). Im Rahmen der „nachhaltigen Entwicklung" ist für die Vermittlung dieser Aufgaben zusätzlich auch das Nachhaltigkeits-Marketing zuständig. Im Rahmen der Unternehmenspolitik lassen sich, je nach Stakeholdereinbeziehung, im Wesentlichen zwei Ausrichtungen unterscheiden. Sie werden in der nachfolgenden Tabelle 4.1 in Relation zu den damit verbundenen Nachhaltigkeitswerten abgebildet. Die Ausprägungen wurden durch empirische Studien bestätigt (z.B. IMD, 2003, IMD, 2003a, IMD, 2003b, Bieker, 2005).

Tab. 4.1:   Integrierte Werte bei den Ausprägungen nachhaltigkeitsbezogener Unternehmenspolitik

Ausprägung der Unternehmenspolitik	Nachhaltigkeitswerte	Nachhaltigkeits- anspruch
Opportunistische Unternehmenspolitik	niedrig	hoch
Verpflichtete Unternehmenspolitik	hoch	hoch

Einer opportunistischen Unternehmenspolitik liegt ein Menschenbild zugrunde, das in den Wirtschaftswissenschaften häufig in der Neuen Institutionenökonomik herangezogen wird. Es wird definiert als: „Menschen sind eigennützig und opportunistisch. Sie sind nicht zuverlässig, sondern ändern das Verhalten und die Einstellungen bei sich ändernden Zielvorstellungen und Restriktionen. Der Opportunismus geht über den bloßen Eigennutz hinaus, da Eigeninteresse nach dieser Vorstellung auch, z.B. durch verschiedenste Formen der Arglist und des Betruges konkreter dem Nichteinhalten von Versprechen, dem Vorenthalten von Informationen usw. verfolgt werden kann" (wirtschaftslexikon.gabler.de). Im Zusammenhang mit nachhaltigem Wertemanagement orientiert sich eine opportunistische Unternehmenspolitik einseitig an den Interessen der Anteilseigner (Shareholder Value). Eine weitergehende gesellschaftliche Verantwortung wird ausgeblendet. Da aber in der heutigen Zeit kaum ein Unternehmen es sich leisten kann als „Umweltignorant" dazustehen, wird von der Unternehmensleitung zwar nach außen ein Nachhaltigkeitsleitbild erklärt, das dient aber vorrangig zu Marketingzwecken (z.B. Beruhigung der Öffentlichkeit im Hinblick auf die „license to operate", Imagepflege etc.). Auch wenn dabei anspruchsvolle Ziele demonstriert werden, haben Studien gezeigt, dass zwischen dem nach außen demonstrierten Anspruch und der gelebten opportunistischen Unternehmenspolitik stets eine große Lücke klafft. Die Werte des Nachhaltigkeitsleitbildes finden in diesen Fällen auch keinen Eingang in die Unternehmenskultur (Bieker, 2005). Im Wertebereich wird daher das unternehmerische Selbstverständnis vor allem durch das traditionelle Technologieleitbild geprägt. Auch das Kundenbild stellt vorwiegend auf diese Anforderungen ab. Als unternehmenskulturelle Grundprämissen, sind das lineare Denkmodell sowie das naturwissenschaftliche Paradigma der Erkenntnisgewinnung, als Elemente mit unangefochtener Wahrheitsautorität, weiterhin dominant. Diese Werte führen nahezu zwangsläufig zu Zielkonflikten mit Nachhaltigkeitswerten und damit zu einer nach außen gerichteten „Alibi-Nachhaltigkeit". Von Unternehmen wird oft unterschätzt, dass dieser Unternehmenspolitik die akute Gefahr einer Glaubwürdigkeitsfalle inhärent ist (Greenwashing) (Bieker, 2005).

Bei einer verpflichteten Unternehmenspolitik werden (möglichst) alle Belange der Stakeholdergruppen berücksichtigt. Der moralisch-ethische Gehalt unternehmerischer Entscheidungen wächst dabei mit der Anzahl der Gruppen, gegenüber denen die Entscheidungen zu rechtfertigen sind (Dyllick, 1989). Ein Beispiel für eine verpflichtete Unternehmenspolitik ist die Umweltpolitik. Hierbei wird das Unternehmen zu einer ökologischen Verhaltensweise verpflichtet (z.B. ISO 14001, EMAS etc.). Umweltpolitik definiert hierbei die Rahmenbedingungen, gestaltet die Leitlinien für das Handeln der Mitarbeiter und gewährleistet externen Stakeholdern über Transparenz (Umweltbilanzen etc.) die Wahrnehmung der ökologischen Verantwortung des Unternehmens.

In Nachhaltigkeitsbereichen führt das verstärkt zu ethischen Erwägungen sowie der Stärkung der Verantwortung für die Mitarbeiter. Die Werte ermöglichen durch die Relativierung der Dominanz der Ökonomie auch die Motivation zur Mitgestaltung der gesellschaftlichen Entwicklung im Zielkatalog des Leitbildes. Auch systemische, effektivitätsverbessernde Produktverbesserungen sowie die Suche nach alternativen Entwicklungspfaden und diskontinuierlichen Verbesserungen stehen dann im Fokus der Zielsetzungen. Nachhaltigkeit als ganzheitliche Ausrichtung, gekoppelt mit unternehmensspezifischen Ressourcen, kann eine ressourcenspezifische Besonderheit im Rahmen der nachhaltigen Strategie ergeben. Diese stellt eine absolute Alleinstellung dar und ist von Externen kaum zu kopieren. Einschränkend ist anzumerken, dass diese substanzielle verpflichtete Ausrichtung der Unternehmenspolitik, trotz einer wachsenden Zahl von Pionieren, noch nicht die Mehrheit der Unternehmen umfasst (Dyllick, 2002).

4.2.1.2 Verantwortungskultur

„Verantwortungskultur ist die bewusste Gestaltung von Verantwortungssystemen in einer Organisation und umfasst das Vorbildverhalten von Führungskräften bei Klärungen und Störungen" (Buhl-Böhnert, 2008, 36). Verantwortungskultur umfasst allgemein, neben dem Systemverständnis, insbesondere den Umgang mit Klärungen. Zentral für eine gelebte Verantwortungskultur ist daher die Erlaubnis und Bereitschaft zur konstruktiven Konfrontation. Dabei spielt die Frage eine Rolle, inwieweit Möglichkeiten bestehen unabhängig von hierarchischen Unterschieden, Klärung von Verantwortung einzufordern und auch unterschiedliche Vorstellungen zu kommunizieren. Diese „Gesprächskultur" wird auch als Verantwortungsdialog verstanden. Eine zentrale Herausforderung besteht für Unternehmen mit einer Verpflichtung zu einer nachhaltigen Wirtschaftsweise darin, eine Verantwortungskultur für Nachhaltigkeit extern und intern auszubilden. Die Mission im Rahmen der Außenkommunikation soll gewährleisten, dass der Öffentlichkeit eine Möglichkeit zur Mitsprache und Mitgestaltung durch die Veröffentlichung der Unternehmenspolitik gegeben wird (Waxenberger, 2001). Dadurch wird nicht nur ermöglicht, dass Konsumenten für ungewöhnliche Produktkonzepte mit hohem Entlastungspotential sensibilisiert werden. Es mobilisiert auch Investoren, hierfür Mittel zur Verfügung zu stellen und Mitarbeiter zu einem schonenden Umgang mit Ressourcen anzuhalten (Ulrich, 2008). Bei der internen Kommunikation nachhaltigkeitsorientierter Werte, wird die normative, gesellschaftlich sinnvolle Aufgabe zu einem „Leitstern" für Mitarbeiter und Führungskräfte erhoben. Dadurch werden Prinzipien Werte und Normen, die sich aus dem Nachhaltigkeitsleitbild ergeben, nicht nur von allen anerkannt, sondern für deren Verwirklichung auch individuell eine Motivation zur Verantwortungsübernahme vermittelt. Rlativ allgemeine Formulierungen müssen im Sinne einer allgemeinen Orientierung für die Mitarbeiter an möglichen nicht-linearen und systemischen Folgen unternehmerischen Handelns durch entsprechende Operationalisierungen (Ziele, Prinzipien, ethische Grundsätze etc.) verständlich werden. Diese Aufgabe ist im Rahmen der „nachhaltigen Entwicklung" vom Top-Management in Kooperation mit dem Nachhaltigkeits-Marketing durchzuführen. Erst dadurch können Mitarbeiter lernen, aus Nachhaltigkeitssicht „richtige" von falschen Entscheidungen zu unterscheiden. Sie werden bestärkt, auch individuelle Verantwortung für ihr nachhaltiges Handeln zu übernehmen. Eine nachhaltigkeitsorientierte Verantwortungskultur verlangt von Unternehmensleitung und Führungskräften auch eine erweiterte Kooperationsbereitschaft. Das betrifft insbesondere die Bereitschaft Verantwortung zu delegieren, Mitarbeiter in Entscheidungen einzubeziehen und Einstellungen sowie Wertehaltungen der Mitarbeiter in Nachhaltigkeitsfragen zu entschlüsseln. Das Know-How und die Kompetenzen der Mitarbeiter können so genutzt und ein nachhaltigkeitsbezogenes Engagement gefördert werden.

Für den Eingang nachhaltigkeitsbezogener Werte und Verhaltensweisen in die Unternehmenskultur, ist das Verhalten von Führungskräften extrem wichtig. Daher wurden unternehmenskulturelle Denk- und Handlungsmuster im Rahmen einer empirischen Untersuchung von

Managern geprüft (Ulrich/Thielemann, 1992). Die Autoren entwickelten eine Typologie auf der Basis von Werten und Normen unternehmensethischer Mitverantwortung und extrahierten für den normativen Bezug vier Extrempositionen Die folgende Abbildung 4.1 zeigt diese unternehmenskulturellen Werte in Relation zu Nachhaltigkeitsanforderungen im Überblick.

Abb. 4.1:   Unternehmensethische Kulturwerte im Verhältnis zum Nachhaltigkeitswerten und
                  Veränderungsintensität

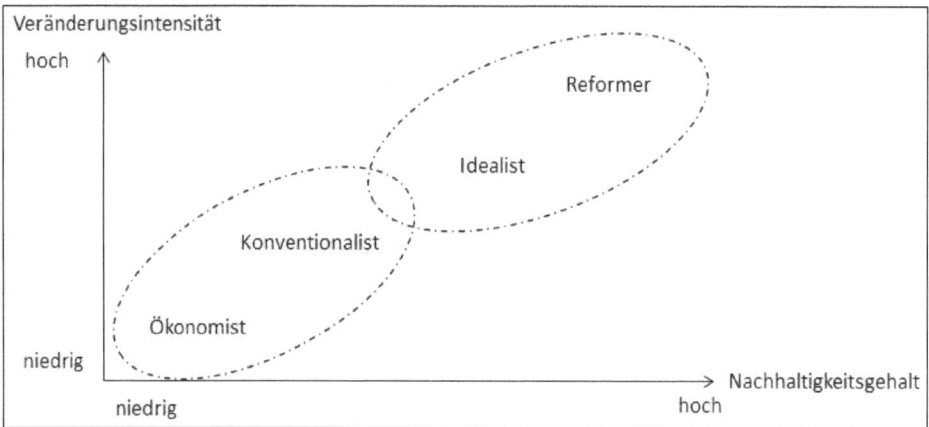

Die in Abbildung 4.1. dargestellten unternehmensethischen Kulturwerte sind als Punktwolke in einem Entscheidungsraum positioniert. Sie sind in ein Verhältnis zu Nachhaltigkeitswerten und einer sich ergebenden Veränderungsintensität gesetzt. Sie sind in Abhängigkeit zu den vorhandenen Prioritäten sowie den damit verbundenen Ausprägungen von Nachhaltigkeitswerten zu verstehen. Es zeigt sich, dass vor allem traditionelle Werte (Ökonomismus, Konventionalismus) relativ geringe Anteile an Nachhaltigkeitsprioritäten aufweisen. Bei Priorisierung dieser Werte, gehen für die Ausrichtung an Nachhaltigkeitsstrategien kaum Veränderungsnotwendigkeiten aus. Gewinnen (zusätzlich) nachhaltigkeitsbezogene Werte (Idealismus, Reformismus) eine stärkere Dominanz in der Unternehmenskultur, wird auch ein höhere Priorität von Nachhaltigkeitswerten wahrscheinlicher. Damit steigen aber auch die Veränderungsintensitäten. Die Werte basieren auf einer empirischen Untersuchung von Ulrich/Thielemann. Hier wurde zusätzlich noch eine Unterscheidung in normative, defensive Harmonisten (Ökonomisten und Konventionalisten) und konfliktbewusste offensive Grundtypen (Reformer, Idealisten) vorgenommen. **Ökonomismus** wurde als dominierendes Denkmuster von Managern identifiziert. Diese Grundüberzeugung wird dadurch bestimmt, dass ökonomisch „richtiges" Handeln per se als moralisch gut angesehen wird (Ulrich/Thielemann, 1992). Führungskräfte mit dieser Grundorientierung fühlen sich dem neoliberalen Wirtschaftsmodell verpflichtet. Sie glauben, dass vor allem der Marktmechanismus zur Lösung der Nachhaltigkeitsprobleme prädestiniert ist. Auch unternehmensethische Anforderungen sind damit hinreichend abgedeckt. Ethische Probleme im Wirtschaftsleben werden im Sinne des Neoliberalismus auf ein „zuviel an Staat" und seinen Regelungen zurückgeführt. Für Erklärungen sind metaphysische Positionen: „Wenn es Unternehmen gut geht, geht es allen gut" (Bieker, 2005, 100) beliebt. Auch instrumentalistische Denkmuster sind normal. So liegt z.B. die Überzeugung vor, dass mit „Ethik" vor allem Rentabilitätsziele erreichbar sind (z.B. über Marketing). **Konventionalisten** sehen zwischen Erfolg und Ethik harmonische Beziehungen. Da sie davon ausgehen, dass das System per se ethisch korrekt funktioniert, sehen sie auch keine Notwendigkeit zusätzliche Anstrengungen zu unternehmen. Unternehmensethische Ziele zählen für sie zu den guten Sitten. Daher wird davon ausgegangen, dass diese auch im Wirtschaftsleben vorhanden sein werden. Das Einhalten von Gesetzen gilt in diesem Normenmuster bereits als ausreichendes Kriterium für moralisches Handeln. Ethische Probleme werden an den Gesetzgeber delegiert. Umweltprobleme sind nicht vorhanden, sofern Gesetze eingehalten werden (Bieker, 2005). Beide Gruppen werden zu den Harmonisten gezählt, die davon überzeugt sind, dass Ethik und Erfolg per se harmonieren. Für **Idealisten** müssen die Sachzwänge des marktwirtschaftlichen Systems durch ethische Prinzipien korrigiert werden (Ulrich/Thielemann, 1992, 75). In idealistischer Tradition wird hierzu auf einen Werte- und Gesinnungswandel in der Gesellschaft vertraut. Der Zwang für Unternehmen zur Kundenorientierung, soll sie dazu bringen. Die Lösung ethisch-moralischer Probleme wird somit dem umweltbewussten Nachfrageverhalten überantwortet und hier insbesondere den zahlungskräftigen Konsumenten. Nach der idealistischen Vorstellung wird bei Vorliegen eines derartigen Nachfrageverhaltens sozusagen reflexartig von den Unternehmen den ökologischen Anforderungen entsprochen. Unternehmensethische Neuorientierungen sind insofern in diesem idealistisch-ökonomistischen Wertekanon nicht mehr notwendig (Bieker, 2005). **Reformer** wollen das Problem der Unternehmensethik radikaler angehen. Sie sind kulturorientiert und wollen aktiv ordnungspolitische Rahmen in Richtung normative Ethik verändern. Bei Führungskräften mit diesem Normenkatalog wird nicht davon ausgegangen, dass sich alles von selbst verändert. Es wird proaktiv nach rentablen Wegen ethisch-wirtschaftlichem Handelns gesucht. Reformer wollen aktiv zur Lösung gesellschaftlich-ethischer Probleme beitragen. Dazu sind sie bestrebt, auf der ersten Stufe der Verantwortung unternehmensethische Wertschöpfungsaufgaben betriebswirtschaftlich sinnvoll an der Lebensdienlichkeit auszurichten. Aber auch auf der zweiten Stufe der Verantwortung sind sie bereit, für eine nachhaltige Marktentwicklung auf übergeordneten Systemebenen einzutreten (Bieker, 2005).

Im Rahmen der Verantwortungskultur erfolgt auch die Festlegung von Geschäftsgrundsätzen und -prinzipien. Durch sie wird verdeutlicht, in welcher Weise das Unternehmen im Rahmen einer öffentlichen Selbstbindung bereit ist, sein Tun an bestimmten Prinzipien messen zu lassen (Waxenberger, 2001). Grundsätze im Nachhaltigkeitsbereich können heteronom durch den Gesetzgeber vorgegeben, oder autonom durch das Unternehmen selbst bestimmt sein. Durch die Tatsache, dass der Gesetzgeber reale Probleme oft nicht zeitgerecht lösen kann, reicht die Gesetzeskonformität allein nicht aus. Damit verbunden ist auch eine proaktive oder reaktive Ausrichtung des Nachhaltigkeitsmanagements. Aus Nachhaltigkeitssicht ist ein proaktives Handeln mit der Zugrundelegung entsprechender Verhaltenscodizes wünschenswert.

Bei Verhaltenscodizes handelt es sich z.B. um von vielen Unternehmen gleichermaßen anerkannte Grundsätze und Philosophien, die das Verhalten einer Organisation im Hinblick auf
den Umgang mit seinen Stakeholdern oder den Umgang mit natürlichen Ressourcen bzw. das
Verhalten der Mitarbeiter für eine nachhaltigkeitsorientierte Reflexion öffnen. Sie können intern in gewissem Maße Klarheit über den Stellenwert nachhaltigkeitsbezogener Ziele schaffen
(z.B. Global Compact der Vereinten Nationen, OECD-Prinzipien etc.). Sind in einer Unternehmenskultur die traditionellen Werte mit Priorität verankert, fällt es den Mitarbeitern leicht,
die Verantwortung für nachhaltigkeitsbezogenes Handeln auf den Gesetzgeber zu überwälzen
und sich beim individuellen Verhalten auf eine organisierte Unverantwortlichkeit zurückzuziehen. Eine Verantwortungskultur mit der Bereitschaft auch individuell Verantwortung für
ein nachhaltigkeitsbezogenes Verhalten zu übernehmen lässt sich jedoch. z.B. im Umweltschutz, nur durch ein entsprechendes Verhalten der Mitarbeiter erreichen.

Gesellschaftliche Verantwortung bei Edeka

„Ziel des Projekts „Aus Liebe zum Nachwuchs – Gemüsebeete für Kids" der EDEKA-Stiftung ist es,
Kinder durch eigenständiges Gärtnern am Hochbeet erlebnisorientiert an gesunde Ernährung heranzu-
führen. […] Im Mai 2008 wurde die Initiative gestartet. Zum Aktionsstart wurden alle teilnehmenden
Kitas mit modularen Hochbeeten, Muttererde und Saatgut ausgestattet. Jedes Kind erhielt eine Gärt-
nerschürze und das Lern- und Vorlesebuch „Dem Gemüse auf der Spur". Den Gruppen wurden Har-
ken, Schaufeln und Gießkannen zur Verfügung gestellt. In Fast 300 deutschen Städten wird das Projekt umgesetzt und Gemüse gezüchtet und geerntet. Die Kinder lernen so schon im Vorschulalter die
Grundlagen einer gesunden Ernährung und können damit manchmal der eigenen Familie ein Vorbild
sein. Bis Mitte 2010 wurden in fast 300 deutschen Städten und Gemeinden mehr als 400 Kindergärten
mit Gemüsebeeten ausgestattet. Es wurden Einrichtungen von mehr als 400 engagierten Paten vor Ort,
den Edeka-Kaufleuten unterstützt. Es haben rund 40.000 Kinder an der Initiative teilgenommen. Es
wurden 280.000 Liter Erde in Hochbeete gefüllt und 13.000 Setzlinge eingepflanzt" (o.V., 2010).

4.2.2   Nachhaltigkeitsorientierte Ordnungsmomente

Nachhaltige Ordnungsmomente liefern den langfristigen Orientierungsrahmen, definieren die
Ziele und geben Hinweise zur Zielerreichung. Sie koordinieren in Form von nachhaltigkeitsorientierten Strukturen arbeitsteilige Prozesse im Unternehmen (Organisations-, Management-
formen etc.). Nachhaltigkeitsorientierte Ordnungsmomente hinsichtlich Strukturen und Strategien sind aber nicht nur in der Lage zu garantieren, dass Unternehmen erfolgreich Nachhaltigkeit umsetzen. Hierfür müssen nachhaltigkeitsbezogene Werte und Normen erfolgreich in
die Unternehmenskultur Eingang finden. Erst dadurch wird Mitarbeitern und Führungskräften
eine Orientierung über Sinn und Zweck des Unternehmens vermittelt (Dyllick, 1989).

4.2.2.1   Strategien

„Unternehmensstrategie ist die strategische Leitlinie eines Unternehmens und fasst die strategischen Konzepte und Pläne der einzelnen Abteilungen zusammen. Der Entwurf einer Unternehmensstrategie obliegt dem strategischen Management […] Der strategischen Unternehmensführung steht die operative Führung entgegen, die ausführt was die Unternehmensstrategie vorgibt" (definition-onlne.de). Nicht nur im Rahmen der nachhaltigen Ausrichtung von Unternehmen existieren zwischen der Unternehmenskultur und Unternehmensstrategien enge Wechselwirkungen. Diese kommen insbesondere bei organisationalen Veränderungen zum Tragen. In der Unternehmenskultur manifestieren sich die gelebten und prioritären Werte sowie die Verhaltensnormen. Von diesen wird auch der Strategieentwicklungsprozess beeinflusst. Da vor allem das Top Management sowie die Führungskräfte Träger unternehmenskultureller Werte sind, manifestieren sich die dort vertretenen Werte und Normen notwendigerweise auch in der Unternehmenskultur (Sackmann, 2002). Durch eine empirische Untersuchung wurde festgestellt, dass bei Unternehmenskulturen defensive Ausprägungsformen führend sind. Der Wertekonsens, der diesen Unternehmenskulturen zugrunde liegt, lässt sich zu 55% den Konventionalisten und zu 33% den Ökonomisten zuzurechnen. Nur ca. 10% der Befragten waren den offensiveren Reformern und ca. 2% den Idealisten zuzurechnen (Ulrich/ Thielemann, 1992). Neuere Studien lassen den Schluss zu, dass diese Erkenntnis auch auf nachhaltigkeitsorientierte Unternehmen zutrifft. In unterschiedlichen Branchen wurde ermittelt, dass in der Unternehmenskultur beim Nachhaltigkeitsmanagement absichernde Denkmuster dominieren (IMD, 2003, IMD, 2003a, Bieker, 2005). Das Ergebnis weist auf die starken Wechselwirkungen sowie Beharrungskräfte traditioneller Werte in der Unternehmenskultur von Unternehmen hin. Im Hinblick auf Nachhaltigkeitsstrategien sind im Kapitel 3.4.2.3 ff. in diesem Buch die einzelnen Strategien explizit beschrieben.

Eine zu starke Verharrung von traditionellen, konventionellen Werten in der Unternehmenskultur, kann im Rahmen von Nachhaltigkeit zu Dysfunktionalitäten führen. Diese behindern die Ausbildung einer proaktiven Nachhaltigkeitsstrategie oder machen sie gänzlich unmöglich. Proaktive Nachhaltigkeitsstrategien müssen bereits in den frühen Phasen bei zukünftigen Problemlösungen (Innovationsmanagement, F&E etc.) berücksichtigt werden. Unternehmen setzen zwar zunehmend auf Nachhaltigkeitsstrategien, es fehlt jedoch oft an der dazu nötigen Offenheit beim Top Management. Zudem wird auch das bewusste Erkennen der Bedeutung der Nachhaltigkeit für das Unternehmen oft verharmlost. Viele Manager schreckt auch die ungeheure Komplexität der Nachhaltigkeit, die sich daraus ergebenden unzähligen Zielkonflikte sowie die außerordentlich schwierige Messbarkeit der ökologischen und sozialen Qualität von Gütern sowie Umwelt- und Sozialauswirkungen ab. Dazu kommt noch, dass es sehr häufig an Grundkenntnissen zum Nachhaltigkeitsmanagement im Unternehmen fehlt (Hasenmüller, 2012). Diese Unsicherheiten führen in der Unternehmenspraxis oft dazu, dass Nachhaltigkeit nicht als Querschnittsaufgabe gemanagt wird. Stattdessen werden, gesteuert durch konventionelle Denkmuster, Stäbe zum Umwelt-, Sozial- und Nachhaltigkeitsmanagement gebildet. Organisatorisch stehen diese zwar parallel zur Managementlinie, operieren jedoch außerhalb konventioneller Managementaufgaben (z.B. Umweltbeauftragter, Nachhaltigkeitsabteilung etc.). Durch diese „(Weg-)Delegierung" nachhaltigkeitsbezogener Querschnittsaufgabenbereiche werden lediglich „end-of-pipe-Lösungen" präferiert. Proaktive Innovationslösungen, die eine Integration von Umwelt- und Sozialaspekten in das Management erforderlich machen, sind damit nur schwer möglich.

4.2.2.1   Strukturen

„Die Organisationsstruktur bildet das vertikal und horizontal gegliederte System der Kompetenzen ab, das gemäß dem instrumentellen Organisationsbegriff als genereller Handlungsrahmen die arbeitsteilige Erfüllung der permanenten Aufgaben regelt" (wirtschaftslexikon.gabler.de). Durch Strukturen werden Systeme geordnet und arbeitsteilige Prozesse koordiniert. Damit Nachhaltigkeit im Unternehmen wirksam werden kann, müssen Nachhaltigkeitsstrategien auch organisatorisch umgesetzt werden. Nur dadurch sind Zuständigkeiten zu regeln und es wird die Berücksichtigung nachhaltigkeitsorientierter Werte bei Entscheidungs- und Vollzugsprozessen erreichbar. Durch Strukturbildung wird auch die Zuteilung von Aufgaben und Verantwortlichkeiten für Nachhaltigkeit geregelt. Dafür gibt es keinen Königsweg, da jedes Unternehmen individuell und kontextspezifisch entscheiden muss. Es ist zu bedenken, dass es bei der Zuteilung von Aufgabenbereichen und Verantwortlichkeiten um Führungs- und Fachverantwortung geht. Nachhaltigkeit als spezifisches (neues) Thema muss zudem durch das Top-Management besonders unterstützt werden. Organisatorisch kann das im Unternehmen i.d.R. auf dreierlei Weise vorgenommen werden. Nachhaltigkeitsorientierte Verantwortung kann (1) in bestehende Strukturen übertragen werden, (2) in additive (Satelliten-)Strukturen ausgegliedert werden und (3) in integrative Strukturen einbettet werden.

1. Übertragung in bestehende Strukturen

Überlegungen, die hinter einer Übertragung von nachhaltigkeitsorientierter Verantwortung in bereits bestehende Strukturen stehen, liegen in dem Wunsch einer möglicherweise größeren Akzeptanz sowie der Steigerung des Problembewusstseins für nachhaltigkeitsbezogene Themen bei Mitarbeitern und Führungskräften. Damit ist auch eine Steigerung nachhaltiger Innovationen verbunden. In der Praxis zeigt sich jedoch, dass bei dieser Strukturlösung nachhaltige Themenbereiche auf eine eingefahrene Unternehmenskultur und ihre für andere Problemlösungen ausgebildeten Werte, Normen und Verhaltensweisen trifft. Durch den hohen Wissensanteil bedingt, gerät die relativ sperrige Nachhaltigkeit so in eine „Außenseiterrolle" und damit in Gefahr, als unverstandene (ungeliebte) Zusatzaufgabe etikettiert zu werden. Unter diesen Vorzeichen hat Nachhaltigkeit kaum eine Chance in eine vorhandene Unternehmenskultur integriert zu werden. Dazu trägt auch bei, dass ein hoher Koordinationsaufwand nötig ist, um komplexe Entscheidungen (Nachhaltigkeit als Querschnittsaufgabe etc.) teilbar zu machen, die größtenteils nicht teilbar sind. (Bieker/Dyllick, 2006). Damit eine Integration in eine bestehende Unternehmenskultur gelingen kann, muss die Übertragung nachhaltigkeitsorientierter Verantwortung durch ein aktives nachhaltigkeitsorientiertes Management tagtäglich unterstützt werden. Praxiserfahrungen zeigen, dass bzgl. einer Integration nachhaltigkeitsbezogener Werte und Normen in die Unternehmenskultur der „große Wurf" kaum gelingt. Unternehmenskulturen sind in der Lage durch ihre Beharrungskräfte unbegrenzt neue Ansätze abzuwehren. Erfahrungen zeigen auch, dass größere Chancen für eine Integration durch ein schrittweises Vorgehen besteht, bei dem Kompetenzen und Verantwortlichkeiten allmählich in den Kernprozessen verankert werden (Ehrenfeld/Lennox, 1997).

2. Übertragung in additive (Satelliten-)Strukturen
Aufgrund der zuvor beschriebenen Problematik sowie der Unsicherheit im Umgang mit Komplexität und den unzähligen Zielkonflikten, die mit der Gleichbehandlung im Tripel (Ökologie, Ökonomie, Soziales) verbunden sind, wird in der Praxis als Lösung für die Übertragung der Nachhaltigkeitsverantwortung oft die Schaffung additiver (Satelliten-)Strukturen gewählt. Es werden Umweltbeauftragte, Verantwortliche auf der Ebene der Geschäftsleitung geschaffen oder Umwelt- bzw. Nachhaltigkeitsabteilungen mit Spezialisten besetzt. Der dahinter stehende Gedanke liegt zum einen in einer Entlastung der Mitarbeiter in der Linie von einer komplexen, wissensintensiven Thematik. Zum anderen besteht die Hoffnung, dass der Einsatz von Experten zur Professionalisierung des Nachhaltigkeitsmanagements beiträgt und so eine Integration in die bestehende Unternehmenskultur zuträglicher wird (z.B. Frei, 1999). Diese Lösung ist auch mit der Hoffnung verbunden, der verbreiteten „organisierten Unverantwortlichkeit" in der Linie entgegen zu wirken. In der Praxis mag es zwar gelingen, den Unternehmensmitgliedern Werte und Normen der Nachhaltigkeit nahe zu bringen. Es bleibt aber fraglich, ob es den als extern empfundenen Experten gelingt, die Unternehmensmitglieder auch zu nachhaltigem Verhalten zu bewegen. Damit nachhaltige Werte auch in der Linie in das Selbstverständnis der Mitarbeiter übergehen, müssen Mitarbeiter für Nachhaltigkeitsbelange sensibilisiert werden. Das kann die Unternehmenskultur leisten. Experten verstehen sich jedoch oft als Nachhaltigkeits-Dienstleister und reagieren nur auf interne Anfragen. Mitarbeitern wird so eine proaktive Auseinandersetzung mit der Nachhaltigkeitsthematik abgenommen. Sie empfinden dann die Probleme nicht selten als „wegdelegiert" und für ihre Verantwortlichkeit nicht mehr relevant. Schwierigkeiten bestehen aber auch bei den Experten. Sie haben oft keine Weisungsbefugnis in der Linie. Das fördert Ressortdenken im Verhältnis zu den anderen Unternehmensbereichen und behindert die Integration in die Unternehmenskultur (Hoffmann, 2000). Durch dieses Selbstverständnis bedingt, werden Nachhaltigkeits-Experten selten bis kaum in Produktentwicklungen einbezogen und bleiben oft ausgegliedert. Dadurch werden „end-of-pipe-" Lösungen gefördert, deren Kostenintensität und relativ geringer Innovationsgrad sich vorwiegend auf die Erfüllung von Gesetzesvorgaben richtet und daher negativ auf die Ausbildung von Nachhaltigkeits-Innovationen wirkt. Auch die Entstehung von Subkulturen mit eigenen unternehmenskulturellen Werten wird so gefördert. Reine nachhal-

tigkeitsbezogene Lippenbekenntnisse fallen so in der Linie deutlich leichter. Aus diesen Gründen ist die Eignung additiver (Satelliten-)Strukturen für die Etablierung von Nachhaltigkeitswerten in eine bestehende Unternehmenskultur in praxi nur sehr gering.

3. Verantwortung in integrative Strukturen eingebettet

Die besten Chancen für eine Integration nachhaltigkeitsorientierter Werte und Normen in die vorhandene Unternehmenskultur ist durch ein Top Management mit verinnerlichten nachhaltigen Werte/Verhaltensweisen zu gewährleisten. Daneben können die Chancen auch durch eine effektive Kommunikationsinfrastruktur im Unternehmen erhöht werden (Lennox/ Ehrenfeld, 1997). Die dazugehörenden Strukturen müssen offen, durchlässig und flexibel gestaltet sein, damit auch die Mitarbeiter in der Linie sich permanent über nachhaltigkeitsbezogene Veränderungen informieren und diese in ihren Gruppen diskutieren können (z.B. veränderte Umfeldbedingungen, nachhaltige Kundenwünsche, neue Gesetzeslagen etc.). Besondere Organisationsformen können dabei helfen, diese Kommunikationsmöglichkeiten aktiv zu unterstützen (z.B. funktionsübergreifende Teams, Projekt- bzw. Matrix-Organisation etc.). Möglichkeiten zu einem kontinuierlichen Austausch von Wissen fördern auch die organisationale Lernfähigkeit. Bei den Mitarbeitern in der Linie setzt das allerdings kommunikative Fähigkeiten sowie Fachwissen in Nachhaltigkeitsbereichen voraus, was jedoch nicht per se vorausgesetzt werden kann. In dieser Richtung sind entsprechende Ausbildungs- bzw. Weiterbildungsprogramme für Mitarbeiter vorzusehen. Die Erhöhung der Lernfähigkeit in der Organisation gelingt aber nur, wenn die Etablierung der Kommunikationsinfrastruktur alle Unternehmensbereiche umfasst und aktiv einbindet. Das gilt insbesondere für vorwiegend marktorientierte Unternehmensbereiche (z.B. Finanzen/Controlling, konventionelles Marketing, Rechnungswesen etc.). Die starke Dominanz traditioneller marktwirtschaftlicher Denkstrukturen steht ansonsten der Nachhaltigkeitausrichtung des gesamten Unternehmens entgegen. Die Integration von Nachhaltigkeit kann nur durch eine permanente Auseinandersetzung mit den Themenbereichen zu einem Selbstverständnis im Unternehmen werden und damit in die Unternehmenskultur eingehen (Steger, 2004).

Nachhaltige Werte/Verhaltensweisen in die bestehende Unternehmenskultur zu integrieren ist mit tiefgreifenden Veränderungen beim Management, in bestehenden Strukturen bzw. Strategin und Prozessen verbunden. Dabei muss mit Reaktanzen und Abwehrmaßnahmen gerechnet werden, die z.B. durch Ängste und Vorbehalte bei den Mitarbeitern ausgelöst werden.

4.2.3   Nachhaltigkeitsorientierte Prozesse

Für erfolgreiche Nachhaltigkeitsprogramme sind nicht nur nachhaltigkeitsorientierte Strukturen, sondern auch Managementinstrumente, Systeme und Prozesse anzupassen. Bei Managementsystemen existieren unterschiedliche Formen von Prozessen. Managementprozesse können als normative Orientierungsprozesse, Entwicklungsprozesse oder operative Führungsprozesse vorliegen. Geschäftsprozesse beziehen sich auf Kundenprozesse, Leistungserstellungs-bzw. Innovationsprozesse. Unterstützungsprozesse finden in unterschiedlichen Bereichen statt (z.B. Bildung, Infrastruktur, Kommunikation etc.) (Rüegg/Stürm, 2002). Die Prozesse haben bei der Nachhaltigkeit große Bedeutung, da sie die Voraussetzungen dafür schaffen, dass Geschäftsprozesse effizient ablaufen können (z.B. nachhaltigkeitsbezogene Innovationsprozesse etc.). Durch sie werden ökologische und soziale Ziele in die Geschäftsprozesse integriert (Grunwald, 2003). In ihrer Gesamtheit unterstützen sie den Wandel zu nachhaltigkeitsbezogenen Verhaltensweisen. Durch eine Analyse ermöglichen sie auch Aufschluss über vorhandene Zielsetzung und Prioritäten im Unternehmen. Sie haben somit für das Nachhaltigkeits-Marketing eine bedeutende Funktion, um Mitarbeiter zur Übernahme von Verantwortung zu motivieren. Durch die in der Praxis vorherrschende Unsicherheit mit den Nachhaltigkeitsbereichen, ist nicht immer klar, welche Aufgabe den verschiedenen Prozessen dabei zufällt. Strategische nachhaltigkeitsbezogene Marketing-Managementprozesse umfassen im Wesentlichen eine Konkretisierung der Nachhaltigkeitspolitik. Dabei spielen Fragen der Planung, Umsetzung, Überwachung und Weiterentwicklung eine Rolle. Diese werden im Kapitel 3 dieses Buches beschrieben. Operative Managementprozesse sind zumeist besser bekannt, da sie mit herkömmlichen Prozessen der Qualitätsmanagements Ähnlichkeiten haben. Durch die relativ weite Verbreitung von Umweltmanagement- bzw. Risikomanagementsystemen, findet auch in diesem Rahmen eine Überwachung statt (Bieker/Dillyck, 2006).

4.2.3.1 Führungskultur

Im Rahmen der Nachhaltigkeit spielen Führungsprozesse eine besondere Rolle. Führungskräfte sind Träger der Unternehmenskultur. Sie können das Nachhaltigkeitsleitbild in die Kernprozesse integrieren und durch ein konsequentes „Vorleben" von Werten und Normen die nachhaltige Verantwortungskultur entscheidend prägen. Da Führungsprozesse die Beziehungen zwischen Mitarbeitern und dem Unternehmen regeln, können sie entscheidend auf den Willen (Motivation) zur Eigenverantwortlichkeit bei Mitarbeitern einwirken. Die Ausrichtung an der Nachhaltigkeit verlangt engagierte eigenverantwortliche Mitarbeiter, die motiviert sind und sich auch aktiv in den Umweltschutz einbringen. Das Verhalten von Mitarbeitern wird dabei entscheidend durch die Führungskultur beeinflusst. Bei der Nachhaltigkeit wird sich die Entscheidung i.d.R. auf einem Kontinuum zwischen den zwei Extrembereichen (1) Bürokratische Führungskultur und (2) unternehmerische Führungskultur bewegen.

1. Bürokratische Führungskultur

Bürokratische Führungskulturen sind vor allem in Deutschland weit verbreitet. Sie haben eine lange Tradition und finden ihren Ausdruck in strengen Hierarchien. Es herrschen technokratische und bürokratische Denk- und Verhaltensweisen (Tätigkeiten werden auf Anweisung durchgeführt). Im Hinblick auf Fehler besteht eine Bestrafungskultur. Zudem besteht eine rigide Instrumenten- und Verfahrensorientierung (Vorschriften sind einzuhalten) und es dominiert Fremdverantwortung durch die Führungskraft („ich habe auf Anweisung gehandelt"). Die Führung erfolgt Top-Down, zumeist ohne Commitment der Mitarbeiter. Im Sinne der Nachhaltigkeit wirkt diese Führungsphilosophie kontraproduktiv, da lernhemmende Faktoren in der Organisation durch eine derartige Misstrauenskultur gefördert werden. Mitarbeiter werden zu untergeordneten Abhängigen gemacht, die lediglich Führungskräften nacheifern. Eigene Ideen bleiben dabei unerwünscht. In einer derartigen Führungskultur werden Mitarbeiter geradezu in die organisierte Unverantwortlichkeit getrieben, da nur auf Anweisung gehandelt wird und Verantwortlichkeiten allein bei den Führungskräften liegen. Aber auch bei der Etablierung von Nachhaltigkeit zeigen empirische Ergebnisse die immer noch große Dominanz der bürokratischen Führungskultur. Durch die Priorisierung über lange Zeiträume, hat sich eine tiefe Verankerung in der Unternehmenskultur ergeben. In einer Studie wurde ermittelt, dass Führungskräfte nicht bereit sind ein „offenes Ohr" für Mitarbeitervorschläge und Initiativen im Umweltschutz zu haben (Bentz, 2001). In einer anderen Studie zeigte sich, dass in einer derartigen Führungskultur selbst das Interesse des Top Managements an der Nachhaltigkeitsthematik oftmals eher halbherzig ausfällt (Dyllick, 2004). Auch bei der mittleren Führungsebene zeigen weitere Studien, dass vor allem hier Blockadefaktoren in Form von opportunistischem Verhalten (Bedenkenträger, Karrieristen etc.) im Hinblick auf das Nachhaltigkeitsmanagement vorhanden sind (IMD, 2003a, IMD, 2003b). Im Rahmen von Nachhaltigkeit führt ein derartiges Führungsverhalten dazu, dass nachhaltigkeitsorientierte Werte und Verhaltensnormen keine Chance haben, Eingang in die Unternehmenskultur zu finden. Da diese Führungsphilosophie bereits seit langer Zeit mit großer Dominanz verfolgt wird und es zudem für Mitarbeiter in einer Bürokratiekultur relativ bequem ist (Dienst nach Vorschrift, keine Eigenverantwortung etc.), wird sie auch gegen Neuerungen vehement verteidigt.

2. Unternehmerische Führungskultur

Eine nachhaltigkeitsorientierte Führungskultur benötigt sowohl das Commitment des Top Managements (Umweltschutz ist Chefsache) als auch der Mitarbeiter und Führungskräfte (aber nicht allein). Die Durchsetzung der Nachhaltigkeitspolitik in der Linie wird entscheidend von den Führungskräften bestimmt. Das oft noch in technokratischen bzw. ökonomistischen Paradigmen gefangene Denkparadigma der Mitarbeiter muss durch Führungskräfte in Richtung individuelle Verantwortungskultur verändert werden. Erst auf dieser Basis können Mitarbeiter für Nachhaltigkeitsproblematiken sensibilisiert, motiviert und bestärkt werden und gegenüber Vorgesetzten ihre Ideen vorbringen. Diese Form der Delegation von Verantwortung setzt jedoch ein gewisses Maß an Fehlertoleranz voraus (Sprenger, 1995). Aus dem Innovationsmanagement ist bekannt, dass ohne Fehlertoleranz keine Offenheit gegenüber neuen Ansätzen erreichbar ist, da nicht jede Neuerung sofort zu 100% gelingt. Mangelnde Fehlertoleranz ist ein Zeichen für eine bürokratische Führungsphilosophie mit einem monologischen Führungsverständnis. Zur Stärkung der Kreativität und der Bereitschaft eigenverantwortlich zu handeln, muss Mitarbeitern über Verhaltensnormen in dialogischer Kommunikationsform das Gefühl vermittelt werden, dass ihre Ideen, Beiträge, Bedenken etc. im Hinblick auf Nachhaltigkeit der Unternehmensführung wichtig und von dieser gewünscht sind. Voraussetzung hierfür ist jedoch eine Öffnung (z.B. mit Kommunikationsmaßnahmen etc.) zu internen Diskursen über Werte, Normen, Verhaltensweisen im Hinblick auf die Nachhaltigkeit des Unternehmens. Der Grad der nachhaltigkeitsorientierten Mitarbeiterbeteiligung wird auch durch Führungsstile beeinflusst. Mitarbeiter zu integrieren und zu einer aktiven Beteiligung zu motivieren, ist jedoch kaum mittels eines autoritären Führungsstils möglich. Für das Nachhaltigkeitsmanagement ist daher ein partizipativer Führungsstil wesentlich besser geeignet (Böttcher, 2000). Dadurch können auch die Freiheitsgrade der Mitarbeiter erhöht werden, z.B. im Hinblick auf Wege zur Zielerreichung. Auch in diesem Bereich können Anregungen aus dem Innovationsmanagement hilfreich sein. Weil in einigen Betriebsbereichen nachhaltigkeitsbezogene Ziele und Strategien lediglich eine implizite Bedeutung haben, z.B. da kaum Kontakt zum direkten Umfeld vorhanden ist, ist das Verständnis der Mitarbeiter für Nachhaltigkeit hier besonders gering (z.B. internes Rechnungswesen, F&E, Materialwirtschaft etc.). Durch diese geringe Bedeutung, bleibt in der Praxis bei diesen Betriebsbereichen die Umsetzung nachhaltigkeitsbezogener Ziele oft den Mitarbeitern selbst überlassen (Frei, 1999). Das führt durch die damit verbundene Komplexität nicht selten zu Frustrationen und Abkoppelungstendenzen aus der Nachhaltigkeitsverantwortung („hat für uns keine Bedeutung"). Durch die Phänomene der ausgeprägten Gruppendynamik, können sich diese Einstellungen aber mittels eines Dominoeffektes negativ auf die gesamte Unternehmenskultur auswirken. Ein verantwortungsvolles Nachhaltigkeitsmanagement umfasst daher auch diese Betriebsbereiche und beeinflusst nachhaltigkeitsorientierte Initiativen dadurch erfolgreich.

Nachhaltigkeitsorientierte Führungskultur bei Henkel

„Die Förderung der Führungskultur ist für Henkel wichtig und auf allen Ebenen relevant. Vor diesem Hintergrund haben wir 2014 in Kooperation mit der Harvard Business School in den USA einen digitalen Austausch zum Thema Führungskultur initiiert. Mitarbeiter aus dem unteren und mittleren Management beteiligten sich im Rahmen des einwöchigen Programms an einer weltweiten Diskussion zu unseren Führungsprinzipien. Zudem haben wir 2014 mit diesem Institut ein neues Programm entwickelt, da unsere Top Führungskräfte noch besser auf die strategischen Herausforderungen in einem globalisierten Umfeld vorbereitet [werden]. Um die Entwicklungen potentieller Führungskräfte noch stärker zu unterstützen, haben wir im Jahr 2014 das EXEED-Programm gestartet. Dieses über neun Monate laufende Programm bietet herausragenden Mitarbeitern die Gelegenheit, bei Geschäftsentwicklungsprojekten direkt mit dem regionalen Top-Management zusammenzuarbeiten. Es wurde in Asien, Afrika/Nahost, Lateinamerika und Osteuropa eingeführt" (nachhaltigkeitsbericht.henkel.de).

4.2.3.2   Kommunikationskultur

Kommunikation und Unternehmenskultur beeinflussen sich in einem Unternehmen stets gegenseitig. Durch die Ausrichtung und Gestaltung der Kommunikation bildet sich eine unternehmensspezifische Kommunikationskultur heraus (Fachsprache, Kommunikationsstil, Unterstützung des Denkschemas etc.), die die Unternehmenskultur in erheblichem Ausmaß prägt. Durch die Kommunikation (intern/extern) wird nicht nur das Image des Unternehmens bestimmt, es werden auch die vorhandenen Lösungsparadigmen beständig bestätigt und gefestigt. Das trifft auch für die Vermittlung von Geschlossenheit bzw. Offenheit der betrieblichen Kommunikation gegenüber den Stakeholdern und ihren Bedürfnissen zu. Auch die Gestaltung und Auswahl der Kommunikationskanäle kann Auskunft darüber geben, inwieweit ein Unternehmen zu einer dialogischen Kommunikation bereit ist. Diese Zusammenhänge ermöglichen es Nachhaltigkeitsmanagern in Kooperation mit dem Nachhaltigkeits-Marketing Rückschlüsse auf die Öffnungs- und Kooperationsbereitschaft eines Unternehmens zu ziehen. Nachhaltigkeit erfordert eine Kommunikationskultur im Unternehmen, die Offenheit gegenüber internen und externen Stakeholdern und ihren Bedürfnissen nicht nur signalisiert, sondern auch aktiv Vertrauen auf nachhaltiger Basis in die Unternehmenstätigkeit fördert. Zum Aufgabenbereich des Nachhaltigkeits-Marketings gehört bei der Nachhaltigkeitsausrichtung nicht nur die Gewährleistung der Öffnung der Kommunikationsinfrastruktur für externe Belange, sondern auch die Etablierung einer offenen internen Kommunikationskultur. Diese muss aktiv zum Wandel bei Denkparadigmen, Verhaltensweisen, Prioritätssetzungen bei Mitarbeitern, Führungskräften, Lieferanten etc. beitragen. Dieser Wandel kann i.d.R. durch drei Möglichkeiten der Eingliederung einer Nachhaltigkeitskommunikation gestaltet werden: (1) Eingliederung in bestehende Kommunikationsstrukturen, (2) Schaffung zusätzlicher Kommunikation und (3) Gestaltung einer integrativen Kommunikation (Bieker, 2005).

1. Eingliederung in bestehende Kommunikationsstrukturen

Die IT-Systeme der internen Kommunikation sind in ihrer Gestaltung i.d.R. auf ökonomische Parameter ausgerichtet (Kosten, Zeit). Die Daten beziehen sich prioritär auf die Planung und Unterstützung von Arbeitsabläufen und die Verbreitung geschäftsstrategischer Daten der innerbetrieblichen Informationsverarbeitung (Controlling-Daten). Zusätzlich wird die Kommunikation traditionell vorrangig durch Berichte zu geschäftsstrategischen, ökonomischen Kundenanforderung und technischen sowie ökonomischen Berichten zur Lage des Unternehmens ergänzt (Foster/Green, 2000). Daneben werden neue Anforderungen durch den Gesetzgeber und auf der sozialen Ebene Daten zu Betriebsabläufen kommuniziert. Nachhaltigkeitsthematiken finden i.a.R. in Form von Daten in vorhandenen internen Kommunikationsstrukturen **keinen** Niederschlag. Daher ist auch das Wissen bzgl. Nachhaltigkeitsproblematiken in der Mitarbeiterschaft i.d.R. sehr gering und die Lernfähigkeit der Organisation nur minimal ausgeprägt. Bei einer Eingliederung von Nachhaltigkeit geraten Nachhaltigkeitsthematiken in Gefahr von den Mitarbeitern lediglich als „Anhängsel" („Ach, das gibt es auch") angesehen zu werden. Bei einer anhaltenden Dominanz ökonomischer Zielparameter besteht die Gefahr, dass nach einer gewissen Zeit, „Alles beim Alten" bleibt. Da keine neue Kommunikationskultur entstehen kann, gewinnen die Beharrungskräfte durch die Priorität traditioneller Werte und Verhaltensnormen in der Unternehmenskultur wieder die Oberhand. Mitarbeiter fühlen sich dann sogar wohl, wenn sie weiter in Form einer eindimensionalen Ausrichtung mit Priorität auf das traditionelle Denkparadigma (ökonomistische, technokratisch, mechanistische Denk-weisen) eingeschworen werden ("Nach uns die Sintflut"). Durch die traditionelle Kommuni-kation wird die Wahrnehmung, das Denken und Handeln von Mitarbeitern *nicht* auf nachhal-tige Problematiken gelenkt und auch die externe Kommunikation bleibt i.d.R. eher unzugäng-lich für Stakeholderbedürfnisse („Die Kunden werden uns schon vertrauen"). Eine Eingliede-rung der Nachhaltigkeitskommunikation in vorhandene Kommunikationsstrukturen wäre nur erfolgversprechend, wenn die Dominanz der geschäftsstrategischen Daten durch eine „Ökolo-gisierung der strategischen Informationssysteme" abgelöst würde (Freimann/Walther, 2003).

2. Schaffung zusätzlicher Kommunikation

Eine nachhaltigkeitsbezogene Kommunikationskultur kann auch durch die Schaffung zusätz-licher Kommunikationsstrukturen und -formen eingegliedert werden. Dazu werden in der Praxis (Satelliten-)Abteilungen (z.B. Umwelt-, Nachhaltigkeitsabteilungen etc.) vorgesehen, die in ihren Strukturen außerhalb der Linie Informationen bzgl. Nachhaltigkeit sammeln, auf-bereiten und an die Belegschaft transferieren (z.B. in Datenbanken, Intranet etc.). Dazu gehört auch Wissen bzgl. Rechtssicherheit, Umweltwirkungen bestimmter Produkte/Materialien, oder Recyclingwissen. Zusätzlich werden z.B. in größeren Unternehmen auch organisatori-sche Ansprechpartner etabliert (z.B. Ombudsmann, Ethik-Kommission, Hotlines etc.) die für entsprechende Hinweise den Mitarbeitern vertraulich zu Verfügung stehen (Grundwald, 2000). Insofern besteht grundsätzlich die Möglichkeit, durch additive Kommunikationsstruk-turen einen kritischen Dialog intern und extern zu unterstützen und Mitarbeiter für nachhalti-ge Problembereiche zu sensibilisieren. Nachhaltigkeitsexperten können zudem durch die Ver-knüpfung der Kommunikation nachhaltiger Problemlösungen mit dem eigenen Fachwissen nachhaltigen Werten und Verhaltensweisen generell zu einer stärkeren Bedeutung im Rahmen des Wertekanons der Unternehmenskultur verhelfen.

Wie schon im Kapitel 4.2.2.2 in diesem Buch bezüglich organisatorischer Strukturen ausge-führt ist mit einer Separatisierung nachhaltiger Grundgedanken und -werte auch die Gefahr verbunden, dass Mitarbeiter dieses als „wegdelegieren" interpretieren und damit als für sie nicht relevant ansehen („trifft für mich nicht zu"). Gruppendynamische Effekte bewirken eine negative Wirkung auf die Etablierung nachhaltigen Gedankenguts in der Unternehmenskultur. In der Praxis hat sich auch gezeigt, dass die rein kommunikative Verknüpfung nachhaltig-keitsbezogener Informationen und Kompetenzen von Experten mit den verschiedenen Unter-nehmensbereichen bzw. Teams, per se nicht zu einer stärkeren Nachhaltigkeitsorientierung führt (Dyllick/Hamschmidt, 2000). Zudem werden Mitarbeiter durch die Separatisierung der Kommunikation an Experten nicht besonders motiviert, selbst Verantwortung für nachhaltig-keitsorientierte Problematiken zu übernehmen. Es entsteht eher eine „Dienstleistungsmentali-tät". Die Separatisierung nachhaltigkeitsbezogener Werte/Verhaltensweisen im Rahmen der Kommunikation an Experten kann für eine Übergangszeit zum Aufbau von Wissen, Ethik und Vertrauen eine Lösung darstellen. Bei einer dauerhaften Ausgliederung der Kommunikation steht zu befürchten, dass die Priorität traditioneller Werte in der Unternehmenskultur bei den Mitarbeitern wieder die Oberhand gewinnt. In diesem Fall gelten Nachhaltigkeitswerte und Verhaltensnormen eher als eine „Modeerscheinung" („geht vorüber"). Am traditionellen Wertekanon ändert sich in der Unternehmenskultur jedoch nichts (Bieker, 2005).

3. Gestaltung einer integrativen Kommunikation

Sollen Informations- und Kommunikationsstrukturen integriert werden, müssen die bereitgestellten Informationen auch aktiver Gegenstand der internen/externen Kommunikation werden. Das stellt eine Herausforderung nicht nur für die Informatik-Unterstützung in einem Unternehmen dar. Im Strukturbereich müssen nachhaltigkeitsorientierte Informationssysteme (Datenbanken, Intranet, Produktinformationssysteme, Wissensdatenbanken etc.) allgemeinzugänglich den Mitarbeitern möglichst umfassende Daten (für Wissen/Informationen etc.) zu ökologischen, gesellschaftlichen und problembelasteten technischen Wirkungen stets aktuell bieten (Ries, 2001). Dazu gehört auch der relevante Umgang mit Instrumenten bzw. Maßnahmen zur Technikbewertung (z.B. Möglichkeiten und Grenzen der Ökobilanz, Kostenproblematik, Aussagekraft von Flussdiagrammen etc.). Auch der Umgang mit Bewertungs- und Gewichtungsproblemen (Rebound-Effekt, CO_2-Emissionen, Ressourcenverzehr etc.). Des Weiteren werden spezielle Informationen z.B. in der Konstruktion und Produktentwicklung nötig (recyclinggerechtes konstruieren, Umweltschutz, Technikwirkungsanalyse, Sicherheitstechnik etc.). Auch wenn z.B. Fragen der Ökobilanz ebenso vom strategischen Management zu verantworten sind (z.B. durch Umweltmanagementsysteme etc.), liegt der Einsatz noch nicht überall vor. Für die Ermittlung nachhaltigkeitsbezogener Schwachstellen bei Produkten in ihrem Lebenslauf (Werkstoffeigenschaften, Entsorgungsmöglichkeiten, Reststoffverwertung etc.) ist in der Belegschaft sehr viel anspruchsvolles nachhaltigkeitsbezogenes Wissen notwendig. Das gilt auch für die Gewährleistung von Transparenz in der externen Kommunikation zur Verringerung der Informationsasymetrie und zum Aufbau von Vertrauen. Dieses umfangreiche nachhaltigkeitsbezogene Wissen kann bei Mitarbeitern und Führungskräften nicht per se vorausgesetzt werden. Das könnte auch ein Grund dafür sein, dass man sich in der Praxis schwer tut mit integrativen Lösungen, die technische Systeme und nachhaltigkeitsbezogene Daten einbeziehen (Bieker, 2005). Bei einer integrativen Kommunikationseinbindung steht jedoch nicht ausschließlich die Anzahl von Strukturen, Systemen und Daten im Mittelpunkt. Ausschlaggebend ist die Dialogbereitschaft von Mitarbeitern und Führungskräften. Sie kann dazu führen, dass im Sinne der Nachhaltigkeit eine Motivation zur Verantwortungskultur mit Eigeninitiative, Wissenserwerb sowie freiwilliger Verantwortungsübernahme und Offenheit für externe Stakeholderbedürfnisse entsteht und in die Unternehmenskultur eingeht.

4.2.3.3   Anreize und Trainings

Auch Anreize und Trainings haben Wechselwirkungen zur Unternehmenskultur. Durch Anreiz- und Leistungsbeurteilungssysteme können nachhaltigkeitsbezogene Werte und Verhaltensweisen gesteuert werden, indem sie den Mitarbeitern verdeutlichen, welches Verhalten gewünscht ist (sich finanziell lohnt, Karrieremöglichkeiten eröffnet etc.). Sie sind aber auch in der Lage die Priorisierung der traditionellen Werte in der Unternehmenskultur zurückzudrängen (Sackmann, 2002). Leistungsanreize sind fester Bestandteil der Unternehmenskultur, da sie nicht nur die Wahrnehmung der Mitarbeiter, sondern auch den Stellenwert der Nachhaltigkeit sowie die damit verbundene Weiterbildungsbereitschaft entscheidend beeinflussen. Durch die Tatsache, dass Leistungsanreize auch einen Einfluss darauf haben, welcher Ausschnitt aus der Realität für das Individuum von Relevanz ist, beeinflussen sie auch das Engagement und die Intensität mit der sich Mitarbeiter/Führungskräfte an nachhaltigkeitsorientierten Problemlösungen beteiligen bzw. sich für diese verantwortlich fühlen. Wird eine Ausrichtung als „erfolgreich" bzw. als „Karrierefaktor" wahrgenommen erhöht sich die Chance, dass auch die Bereitschaft steigt, sich die hierfür nötigen Kenntnisse anzueignen. Neben materiellen Anreizen (Gratifikationen, Boni etc.) spielen dabei auch immaterielle Anreize (freie Arbeitszeitgestaltung, Arbeitszeitkonten, beförderungsrelevante Anreize etc.) eine große Rolle (Specht et al, 2002). Durch empirische Ergebnisse ist bekannt, dass insbesondere immaterielle Anreize langfristig eine höhere Motivierung fördern (Specht et al, 2002). Da ein anspruchsvolles Wissen bzgl. nachhaltigkeitsorientierter Wirkungsweisen bei Mitarbeitern/ Führungskräften nicht per se vorausgesetzt werden kann, sind diese zu schulen.

Trainings sowie Aus- und Weiterbildungsprozesse sind bei der Nachhaltigkeitsorientierung nicht nur für Experten vorzusehen, sondern auch für die Mitarbeiter und Führungskräfte in der Linie. Es hat sich in der Praxis herausgestellt, dass auch beim Management oft zu viel Unkenntnis vorhanden ist, da auch in der universitären Ausbildung Nachhaltigkeitsaspekte bisher zu wenig vermittelt werden (Bentz, 2001). Die Schwierigkeit besteht dabei darin, dass Wissen bzgl. Nachhaltigkeit in der Unternehmenspraxis sich nicht in Verfügungs- bzw. Fachwissen erschöpfen kann. Zusätzlich wird auch Kontext- und Metawissen für die strategische Ebene (Begründungswissen) notwendig (Ries, 2001). Gerade für die Aneignung des letztgenannten Wissens, spielt die im unternehmenskulturellen Kontext ausgebildete Relevanz der Thematik eine herausragende Rolle. So beinhaltet die Ausbildung eines Problembewusstseins ökologisch-ganzheitliche Kenntnisse im Bereich des Problemverständnisses, der Methoden-, Interaktions- und Kommunikationskompetenz. Die Etablierung eines Bildungsmanagements im Rahmen der „nachhaltigen Entwicklung" sollte daher eine zentrale Herausforderung für Unternehmen sein (Benz, 2001).

Die Veränderung unternehmenskultureller Werte hat für Mitarbeiter/Führungskräfte Ähnlichkeiten mit einem Identitätswechsel. Es ist ein äußerst riskantes Vorhaben. Die Vorgehensweise ist kaum zu beeinflussen, hat einen langfristigen Horizont, ist schmerzhaft für alle und der Ausgang ist völlig offen. Die Überwindung von Leitbildern aus der Vergangenheit ist immer schwierig, weil in diese jahrzehntelang Wissen, Träume, Kapital und Leidenschaften ganzer Biographien geflossen sind. Die Unternehmensmitglieder erwartet oft eine Phase der kulturellen Orientierungslosigkeit bis die Nachhaltigkeitswerte verinnerlicht sind. Daher ist die Gefahr groß, dass angesichts dieser unübersichtlichen Problematik ein „leichter" Weg gewählt wird. Durch die Unternehmenspolitik wird zwar nach außen Nachhaltigkeit postuliert (window-dressing), jedoch intern werden ausschließlich ökonomische bzw. technologische Ziele weiter fokussiert. Empirische Untersuchungen zeigen, dass Nachhaltigkeitsproblematiken gern Dritten zugeschoben werden (Börsennotierung, Globalisierungsanforderungen, mangelnde Nachhaltigkeitsorientierung bei Lieferanten, Gesetzgeber etc.). Erfolge im Nachhaltigkeitsbereich werden hingegen ausschließlich dem Unternehmen zugerechnet (Bieker, 2005).

4.2.4   Zwischenfazit

– Beim nachhaltigen Kulturmanagement ist für die Mehrheit der deutschen Manager die Operationalisierung nachhaltiger Werte außerordentlich schwierig. Neben einem bewussten Erkennen Akzeptieren und Verinnerlichen der Bedeutung der Nachhaltigkeitswerte, ist auch ein umfangreiches ganzheitlich-ökologisch Wissen sowie die Kooperationsbereitschaft mit technisch-naturwissenschaftlichen sowie sozialwissenschaftlichen Experten nötig. Das ist für viele Manager ungewohnt. Bisher existiert in den Unternehmen kein Grundkonsens über ein sinnvolles Vorgehen bei der Implementierung von Nachhaltigkeit.
– Bei der Nachhaltigkeit wird durch die Unternehmenspolitik der normative Rahmen für das Nachhaltigkeitsmanagement definiert. Die Hauptaufgabe besteht in der Gewinnung von Glaubwürdigkeit und Vertrauen bei den Stakeholdern. Empirische Studien bestätigen, dass bei der Nachhaltigkeitsausrichtung hauptsächlich in eine opportunistische bzw. eine verantwortete Unternehmenspolitik unterschieden werden kann.
– Nachhaltigkeit benötigt eine Verantwortungskultur, die Mitarbeiter zur Eigenverantwortung und kritischer Auseinandersetzung mit ökologischen Problembereichen motiviert.
– Unternehmenskulturell können durch die interne Kommunikation nachhaltigkeitsorientierter Werte, wie die normative, gesellschaftlich sinnvolle Aufgabe, zu einem „Leitstern" für Mitarbeiter und Führungskräfte erhoben werden. Bei den unternehmenskulturellen Werten wird in vier Grundtypen unterschieden. Normativ, defensive Harmonisten (Ökonomisten und Konventionalisten) und konfliktbewusst Offensive (Reformer, Idealisten). Für die Etablierung von Nachhaltigkeit sind offensive Grundtypen von größerer Bedeutung.
– Nachhaltige Ordnungsmomente liefern den langfristigen Orientierungsrahmen, definieren Ziele und weisen auf die Zielerreichung hin. Sie können in Form von Strategien und Strukturen aber nicht allein garantieren, dass Unternehmen erfolgreich Nachhaltigkeit umsetzen.
– Im Rahmen der nachhaltigen Ausrichtung von Unternehmen existieren zwischen der Unternehmenskultur und Unternehmensstrategien enge Wechselwirkungen, die insbesondere bei organisationalen Veränderungen zum Tragen kommen. Es lassen sich fünf verschiedene Strategietypen unterscheiden. In der Unternehmenskultur dominieren beim Nachhaltigkeitsmanagement absichernde Denkmuster.

- Durch Strukturen werden Systeme geordnet und arbeitsteilige Prozesse koordiniert. Damit Nachhaltigkeit im Unternehmen wirksam wird, müssen Nachhaltigkeitsstrategien organisatorisch umgesetzt werden. Nachhaltigkeitsorientierte Verantwortung kann in bestehende Strukturen übertragen, in additive (Satelliten-) Strukturen ausgegliedert und in integrative Strukturen einbettet werden.
- Prozesse haben im Rahmen von Nachhaltigkeit große Bedeutung, da sie die Voraussetzungen dafür schaffen, dass Geschäftsprozesse effizient ablaufen können.
- Führungsprozesse spielen eine besondere Rolle für die Unternehmenskultur. Führungskräfte können das Nachhaltigkeitsleitbild in die Kernprozesse integrieren und durch ein konsequentes Vorleben die nachhaltige Verantwortungskultur prägen. Führungskultur wird im Rahmen von Nachhaltigkeit i.d.R. auf einem Kontinuum zwischen den zwei Extrembereichen bürokratische und unternehmerische Führungskultur etabliert.
- Kommunikation und Unternehmenskultur beeinflussen sich. Die Kommunikation bestimmt bei der Nachhaltigkeit neben dem Image des Unternehmens, auch die vorhandenen Lösungsparadigmen. Die Eingliederung der Nachhaltigkeitskommunikation kann durch bestehende Kommunikationsstrukturen, die Schaffung zusätzlicher Kommunikation und die Gestaltung einer integrativen Kommunikation vorgenommen werden.
- Auch Anreize und Trainings haben Wechselwirkungen zur Unternehmenskultur. Durch Anreiz- und Leistungsbeurteilungssysteme können nachhaltigkeitsbezogene Werte gesteuert werden. Sie beeinflussen nicht nur die Wahrnehmung der Mitarbeiter, sondern auch den Stellenwert der Nachhaltigkeit und die damit verbundene Weiterbildungsbereitschaft.
- Nachhaltigkeit verlangt umfangreiches ganzheitlich-ökologisches Wissen beim Management und in der Linie. Dieses Wissen kann bei Mitarbeitern und Führungskräften nicht per se vorausgesetzt werden. Für die Aneignung des nachhaltigen Wissens spielt die im unternehmenskulturellen Kontext vermittelte Relevanz eine herausragende Rolle.

4.3   Nachhaltigkeitsorientierte Produktpolitik

Mit der Produktpolitik wird der spezifische Nutzen der Leistung zusammengefasst, den der Anbieter an den Markt richtet (Homburg/Krohmer, 2003). Produktpolitik gilt auch als „Herzstück" des Marketings. Zusammen mit den anderen Marketing-Instrumenten (Kommunikations-, Preis-, Distributionspolitik) werden die absatzpolitischen Instrumente zur optimalen Gestaltung des Marketing-Mix gebildet. Produktpolitik umfasst alle Maßnahmen, die sich auf das Leistungsangebot des Unternehmens beziehen (materielle, immaterielle Güter, Dienstleistungen, Rechte, Informationen etc.). Dazu gehören alle unternehmerischen Entscheidungen zu Produktinnovationen, Produktvariationen und Produktlimitationen. Ferner gehören auch Entscheidungen zum Produktprogramm, Sortiment, Qualität der Produkte, Markierung, Service und Garantieleistungen sowie Verpackung dazu. Ein Produkt soll aber nicht nur die Grundnutzenerwartungen erfüllen, sondern ist darüber hinaus auch mit Erwartungen an verschiedene Zusatznutzen (Umweltverträglichkeit, Marke, Design, Preis etc.) verbunden. Bei einem ökologischen Produkt werden die übrigen Produktebenen zusätzlich von ökologischen Aspekten durchdrungen. Dabei werden in alle Ebenen Ansatzpunkte für umweltorientierte Verbesserungen einbezogen (Türk, 1991). Darüber hinaus sind auch systembasierte und ganzheitliche Kriterien durch die „nachhaltige Entwicklung" zu berücksichtigen (z.B. Wiederverwendbarkeit von im Produktionsprozess verbrauchter Ressourcen, Reproduzierbarkeit und Reproduktion von Ressourcen etc.). Es handelt sich z.B. um maximale biologische Abbaubarkeit, Einsatz erneuerbarer Energien/Materialien, Kreislaufwirtschaftsprozesse und -abläufe, Berücksichtigung von Umwelt- und Gesundheitsbelangen, Orientierung an der Natur, Fehler- und Reparaturfreundlichkeit statt Risiken für Umwelt und Gesundheit. (Rochlitz, 1999).

Geplante Obsoleszenz bei Druckern?

„Jeder ahnt es: In vielen Fällen ist der Verschleiß von der Industrie gewollt, das „Todesdatum" eines Produktes bereits geplant. In der eindrucksvollen Arte-Dokumentation „Kaufen für die Müllhalde" von Cosima Dannoritzer wird am Beispiel eines Druckers gezeigt, wie so etwas heutzutage funktionieren kann. Das Gerät gibt nach einer bestimmten Anzahl von Drucken den Geist auf. Doch die Hardware ist eigentlich noch in Ordnung und der Drucker noch nicht alt. Warum also ploppt plötzlich ein Fenster auf, um mitzuteilen, dass er nicht mehr funktioniert? Das Geheimnis ist ein kleiner, im Schaltkreis des Druckers eingebauter Chip, der die Lebensdauer vorschreibt, indem er die Zahl der Druckvorgänge mitzählt und bei einer bestimmten Menge einfach „Schluss" sagt. Im Internet gibt es Anleitungen, wie man den Chip deaktivieren kann. Und tatsächlich gelingt es, mit Hilfe aus dem Netz den Drucker wieder einwandfrei zum Laufen zu bringen. Der Fachbegriff für diesen absichtlichen Verschleiß ist geplante Obsoleszenz, was so viel heißt wie die bewusste Verkürzung der Lebensdauer von Produkten – um den Konsum anzukurbeln. Bereits 1928 schrieb eine Werbezeitschrift unumwunden: »Ein Artikel, der sich nicht abnutzt, ist eine Tragödie fürs Geschäft" (Strüber, 2015).

Dem Nachhaltigkeits-Marketing fällt im Rahmen der Produktpolitik eine besondere Rolle zu. So sind für die Produktpolitik besondere Instrumente bereitzustellen, die es ermöglichen, auf den ökologischen Kulturwandel bei den Konsumenten entsprechend zu reagieren. Die Entwicklung von Produkten mit ökologischen Wettbewerbsvorteilen ist mit der Koordination von Informationen und der engen Kooperation der Bereiche Marktforschung, F&E, Beschaffung und anderen Funktionsbereichen im Unternehmen verbunden. Widerstreitende Interessen, Bereichsfürstentümer, falsche Kulturwerte und mangelnde Kooperation haben in der Vergangenheit nicht selten zum Scheitern einer nachhaltigkeitsorientierten Produktpolitik geführt. Die Beurteilung der Umweltwirkungen erfolgt Lebenszyklus bezogen. Alle energetischen Auswirkungen (z.B. von Rohstoffen, Vorprodukten etc.) der Produktion, des Ge- und Verbrauchs sowie der Beseitigung (Abfall, Rückstände, Recyclingfähigkeit etc.) fließen in die Berechnungen ein. Damit gilt bei Industriebetrieben die „Produktion" selbst als ein erstes Kriterium für mögliche Umweltbelastungen (z.B. Lebensdauer der Produkte, Reparatur- und Wartungsfreundlichkeit, Reduktion von Energie und Ressourcenverbrauch etc.). Als zweites Kriterium geht die „Verwendung" der Produkte in die Berechnungen ein (Energieverbrauch,

CO_2-Belastung, Wasserverbrauch, Abfallbelastung etc.). Durch Auswahl und Zusammenstellung des Produktprogramms ist die Umweltverträglichkeit von Unternehmen steuerbar (z.B. Verzicht auf umweltschädliche Produkte im Programm etc.). Im Rahmen der nachhaltigen Produktpolitik sind auch umweltpolitische Restriktionen und Rechtsvorschriften zu beachten. Diese haben u.a. dazu geführt, dass Unternehmen zu permanenten Anpassungen und Innovationen gezwungen sind, um mit der Dynamik der Märkte Schritt zu halten. Im Rahmen der nachhaltigkeitsorientierten Produktpolitik spielt die ökologische Orientierung eines Unternehmens eine bedeutende Rolle. Ökologische Produktpolitik wird definiert als: „der Versuch des Staates, durch geeignete Instrumente auf die Produktentwicklung und -gestaltung der Hersteller und auf das Konsumentenverhalten Einfluss zu nehmen" (Rubik/Teichert, 1997, 353). Die Aufgabe des Staates wird dabei vorrangig in der Schaffung veränderter Rahmenbedingungen für ökologischere Produkte gesehen. Nachhaltige Produktpolitik ist zahlreichen Einflussnahmen durch verschiedene Akteure ausgesetzt (z.B. Umwelt- und Verbraucherorganisationen, Konsumenten, nationalstaatliche Gesetze, supranationale Regelungen etc.).

4.3.1   Makro-soziale und -soziokulturelle Rahmenbedingungen

Im Modell zum Nachhaltigkeits-Marketing-Management in der Abbildung 2.6 werden makro-soziale und -soziokulturelle Rahmenbedingungen abgeleitet. Sie wirken aus der Umwelt sowohl auf das strategische Nachhaltigkeits-Marketing-Management als auch auf den nachhaltigen Marketing-Mix. Sie sind vom Unternehmen kaum beeinflussbar. Bei der Produktpolitik sind für Unternehmen bindende gesetzliche Regelungen, selbstverpflichtende Vereinbarungen und Selbststeuerungsfreiräume in Einklang zu bringen.

4.3.1.1   Rechtsraum der nachhaltigen Produktpolitik (Hard Law)

Der Terminus „Hard Law" wird in der völkerrechtlichen Literatur zur Beschreibung herkömmlicher Rechtssetzungsprozesse verwendet. Der Begriff wird anhand von drei Variablen als legal bindende präzise Verpflichtungen, die eine Durchsetzungsinstanz für die Interpretation und Implementierung besitzen, definiert (Abbot/Snidal, 2000). Der für eine nachhaltige Produktpolitik relevante Rechtsraum ist in Deutschland und Europa durch eine nahezu unüberschaubare Vielfalt von Gesetzen geregelt. Allein in Deutschland existieren derzeit einige Tausend umweltrelevante Bundesgesetze. Dazu kommen noch Rechtsverordnungen, Richtlinien, Erlasse und umfangreiche Vorschriften der Bundesländer sowie Richtlinien der EU (Emrich, 2013). Steger bezifferte bereits 1997 die Anzahl auf über 9.200 (Steger, 1997). Eine umfassende Diskussion aller im Rechtsraum relevanten Rechtsnormen, ist durch die jeweilige Berücksichtigung individueller Gegebenheiten nicht zielführend und würde zudem auch die Ausführungen sprengen. Es erfolgt daher eine Auswahl. Die Ausführungen beschränken sich auf die Charakterisierung einzelner Rechtsbereiche, die bei der „nachhaltigen Entwicklung" für die Produktpolitik im Unternehmen von grundlegender Bedeutung sind.

4.3.1.1.1   Öffentliches Umweltrecht

Die Wurzeln des Umweltrechts sind im Ordnungs- bzw. Gefahrenabwehrrecht zu sehen. Die Aufgaben waren zunächst darin begründet, die Menschen vorrangig vor Lärm und Luftverschmutzung zu schützen. Erst in den 1970er Jahren entwickelte sich der Schutz der Umwelt als eigenes Rechtsgut. Das Umweltrecht wurde als eigenständiges Rechtsgebiet entwickelt, ist aber eine Querschnittsmaterie. Es umfasst i.e.S. insbesondere die verwaltungsrechtlichen Regelungen zum Schutz der Umwelt (z.B. Fluglärmgesetz, Bundesimmissionsschutzgesetz, Bundesnaturschutzgesetz Chemikalien-, Wasserhaushalts-, Kreislauf-Wirtschafts- und Abfallgesetz, Bundesbodenschutzgesetz etc.). Es umfasst i.w.S. auch umweltstrafrechtliche und umweltprivatrechtliche Regelungen. Durch internationale Harmonisierungsbestrebungen wird das Umweltrecht in zunehmendem Maße vom europäischen Recht (z.B. Umwelteuroparecht etc.) sowie internationalen Vereinbarungen (z.B. Umweltvölkerrecht etc.) beeinflusst und weiterentwickelt. Die nachfolgende Abbildung 4.2. zeigt ausschnittbezogen eine Systematisierung des deutschen Umweltrechts.

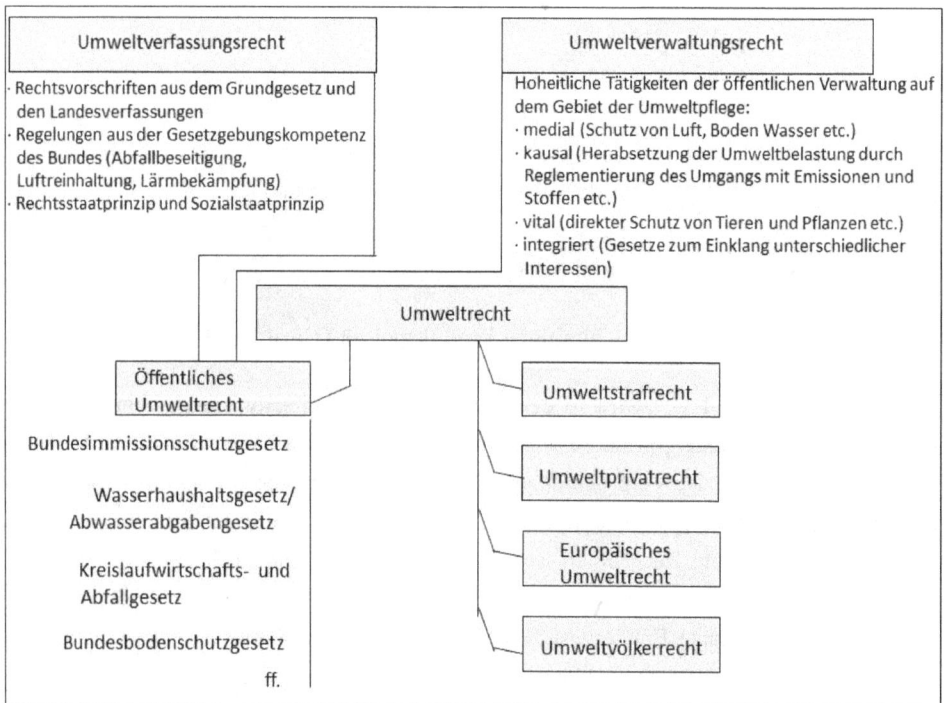

Abb. 4.2:   Systematisierung des Umweltrechts als Ausschnittdarstellung, Quelle: i.A.a. Burschel et al, 2004, 121, modifiziert und verändert

Wie in Abbildung 4.2 zu ersehen ist, wird das Umweltrecht grob in mehrere gleichrangige Teilgebiete unterteilt (öffentliches Umweltrecht, Umweltstrafrecht, Umweltprivatrecht, europäisches Umweltrecht, Umweltvölkerrecht). Auf Bundesebene sind noch andere Gesetzte vorhanden (Umwelthaftungsgesetz, Gentechnikgesetz etc.), diese werden in dieser Ausschnittdarstellung ausgespart. Daneben existieren auch noch weitere Rechtsgebiete (z.B. Umweltprozessrecht etc.), auf die wird in dieser Ausschnittdarstellung ebenfalls verzichtet. Im Mittelpunkt des Umweltrechts steht in der Abbildung 4.2 das öffentliche Umweltrecht mit den ausgewählten Gesetzen. Sie beinhalten im Wesentlichen die öffentlich-rechtlichen Umweltschutzbestimmungen und haben damit eine herausragende Bedeutung für Unternehmen. Das öffentliche Umweltrecht wird weiter in Umweltverfassungsrecht und Umweltverwaltungsrecht unterteilt. Die entsprechenden Rechtsbereiche werden in der Abbildung 4.2 nur abstrakt dargestellt. Das Umweltrecht ist nach bestimmten Prinzipien aufgebaut, die auch die Umsetzung bestimmen. Dabei handelt es sich um das Vorsorgeprinzip, das Verursacher-/Gemeinlastprinzip und das Kooperationsprinzip. Dem Vorsorgeprinzip liegt die Grundausrichtung „Schadensvermeidung hat Vorrang vor Schadensbehebung" zugrunde. Das Gebot bezieht sich auf eine weitestgehende Schonung der Umweltmedien Luft, Wasser und Biosphäre im Sinne eines langfristigen Vorsorgegedankens (Prinzip der „nachhaltigen Entwicklung" seit der Konferenz von Rio). Das Verursacher-/Gemeinlastprinzip besagt, dass grundsätzlich derjenige, der eine Umweltbeeinträchtigung verursacht hat, deren Beseitigung bzw. Verringerung auch zu bezahlen hat. So hat z.B ein Unternehmer, bei dem im Rahmen eines Großbrandes Löschmittel eingesetzt werden mussten, die dadurch entstandenen Verunreinigungen des Grundwassers zu verantworten und muss für deren Beseitigung eintreten (VerwG Neustadt, 19.11.2008, 4L1252/08. NW). Eine Übertragung der Abfallentsorgung entbindet den Verursacher nicht davon, für eventuelle Schäden durch diesen einzutreten (BVerwG, 20.06.2007, BVerwG 7 C 5.07). Von der Allgemeinheit sind die Kosten nur zu tragen, wenn der Verursacher nicht eindeutig zu identifizieren ist (z.B. beim Waldsterben etc.). Das Kooperationsprinzip besagt, dass die Pflege der Umwelt als eine gemeinsame Aufgabe von Bürgern, Unternehmen und Staat anzusehen ist. Anwendungsgebiete sind z.B. die Umweltbildung und -information, Selbstverpflichtungserklärungen der Wirtschaft, Einbindung gesellschaftlicher Gruppen in die Weiterentwicklung der Umweltpolitik etc. Nicht unmittelbar anwendbare Rechtssätze sind die Umweltschutzprinzipien. Sie stehen im Hintergrund der Normen und bestimmen deren Auslegung. Solange es sich nicht um verbindlich anwendbare Rechtsprinzipien handelt, sind sie nur umwelt- und rechtspolitische Handlungsmaximen. Das Umweltrecht basiert auf den Prinzipien der Verursachung, der Vorsorge und der Kooperation (vgl. dazu z.B. näher Erbguth/Schlacke, 2014). Instrumente dienen dabei der indirekten Verhaltenssteuerung, der Beeinflussung ökonomischer Rahmenbedingungen, der Informationslage sowie der Unterstützung von Wertvorstellungen bei den Leidtragenden. Es handelt sich dabei z.B. um Abgaben/Subventionen, Steuern, Gebühren/ Beiträge, Sonderabgaben, Umweltabgaben, Umweltschutzsubventionen, handelbare Nutzungsrechte, Rücknahme und Pfandpflichten sowie planungsrechtliche Instrumente etc. (vgl. dazu z.B. näher Förtsch/ Meinholz, 2014).

Die Einhaltung rechtlicher Anforderungen ist in Europa für produzierende Betriebe stark reguliert. Das bedeutet, dass Vorhaben, die eine Umweltgefährdung beinhalten können, Genehmigungen benötigen. Die Einhaltung von Umweltschutzvorschriften ist für eine Organisation sehr wichtig. Ein Verstoß führt zur Haftung sowie zu gerichtlichen Konsequenzen für das oberste Gremium (z.B. Umweltstrafrecht etc.). Ein systematischer Ansatz kann daher nicht nur intern hilfreich sein, sondern auch bei den Beziehungen zu den jeweiligen (Umwelt-) Behörden Hilfestellung bieten. Beim Einsatz eines betrieblichen Umweltmanagementsystems (z.B. EMAS, ISO 14001), sind viele der Instrumente des betrieblichen Umweltschutzes bereits implementiert. Anpassungen an das jeweilige Länderrecht sind jedoch vorzunehmen.

4.3.1.1.2   Bereiche des öffentlichen Umweltrechts

Die folgenden Ausführungen beziehen sich auf Eckpunkte ausgewählter, zentraler Umweltgesetze zu Umweltmedien. Da sie von einem Großteil der produzierenden Unternehmen zu beachten sind, nehmen sie eine zentrale Position bei nachhaltigkeitsorientierten Unternehmen im Rahmen der Produktpolitik ein (zur Darstellung spezifischer umweltrechtlicher Regelungen vgl. z.B. Pieper, 2012). Für Nachhaltigkeits-Marketeer ist ihre Kenntnis bindend.

a) Bundesimmissionsschutzgesetz (BISchG)

Für den gesetzlich (national und EU-rechtlich) geregelten Immissionsschutz sind Maßnahmen im BISchG zusammengefasst. Sie sollen den Schutz von Menschen, Pflanzen und Tieren, des Bodens, des Wassers, der Atmosphäre und Kultur und sowie von sonstigen Sachgütern vor schädlichen Immisionseinwirkungen in der Luft, Geräuschen, Erschütterungen, Licht, Wärme und Strahlen sowie das Vermeiden derartiger Umwelteinwirkungen gewährleisten. Der Hauptteil des BISchG bezieht sich auf den Schutz vor schädlichen Auswirkungen durch unternehmerische Anlagen. Andere Vorschriften (z.B. produktbezogener, verkehrsbezogener, gebietsbezogener Umweltschutz etc.) sind von untergeordneter Bedeutung (Michaelis, 1999). Im BISchG werden u.a. auch Fragen der Immissionen durch Luftverunreinigungen geregelt. Der Gesetzgeber hat in der Technischen Anleitung (TA)-Luft Grenzwerte eingeführt, die nicht überschritten werden dürfen. Bei der TA-Luft handelt es sich um eine Verwaltungsvorschrift zur Genehmigung von Anlagen und zur nachträglichen Anordnung bei bestehenden genehmigungsbedürftigen Anlagen nach dem BISchG. Sie enthält Grundsätze für die Beurteilung von Projekten, Messvorschriften, Grenzwerte für Emissionen und Immissionen für Luftschadstoffe. Die Grenzwerte sollen dem „Stand der Technik" entsprechen und müssen daher ständig fortgeschrieben werden. Es handelt sich bei der TA zwar um eine Verwaltungsvorschrift, die nur für Behörden bindend ist. Von der Rechtsprechung wurde aber die Verbindlichkeit der TA dadurch erhöht, dass ihr eine vorweggenommene Gutachteraussage für Genehmigungsverfahren zugewiesenen wird. Die TA enthält auch Fristen und Grenzwerte für die Nachrüstung von Altanlagen. Die Behörden sind zur Überwachung und Einhaltung der Grenzwerte verpflichtet. Kritisch ist anzumerken, dass bei der Grenzwertfestlegung in der TA-Luft nicht das Zusammenwirken der Schadstoffe beachtet wurde. Es bleibt daher zweifelhaft, ob durch die Schutzfunktion des BISchG in Form festgelegter Grenzwerte, die Gesundheit der Menschen gewährleistet werden kann. Die Zweifel werden verstärkt durch die Tatsache, dass Grenzwerte zumeist unter hohem ökonomischem Druck durch die Wirtschaft zustande kommen. Aspekte des Gesundheitsschutzes für Mensch, Tier, Pflanzen etc. werden dabei oft vernachlässigt. Das Auftreten von Schäden in der Vegetation in Gebieten, in denen die Grenzwerte eingehalten werden, tragen zur Verstärkung dieser Zweifel bei (o.V., 2001).

b) Wasserhaushaltsgesetz (WHG)/ Abwasserabgabengesetz (AbwAG)

Die Kodifizierung der Gesetze zur Sicherung der Bewirtschaftung der Gewässer, findet sich im Wasserhaushaltsgesetz (WHG) des Bundes sowie den Landeswassergesetzen. Das Gesetz umfasst sämtliche frei vorkommenden Gewässer mit Ausnahme des Meeres. Der Gesetzgeber versteht unter dem Begriff „Bewirtschaftung" jegliche Einflussnahme, die auf die Ordnung des Wasserhaushalts (z.B. Güte, Menge etc.) ausgerichtet ist. Da die Bewirtschaftung nur im Rahmen öffentlich-rechtlicher Benutzungsordnungen erfolgt, ist im Sinne der Versorgung bzw. Entsorgung eine behördliche Erlaubnis/Genehmigung vonnöten (z.B. Benutzungsverbote, Mindestanforderungen an das Einleiten von Abwässern, Rahmenpläne für Abwasserbeseitigung etc.). Dem Wasserhaushaltsgesetz liegen das Bewirtschaftungsgebot und das Sorgfaltsgebot zugrunde. Das Bewirtschaftungsgebot besagt, dass Wassergüte und Wassermenge als Bestandteil des Naturhaushaltes so zu bewirtschaften sind, dass das Wohl der Allgemeinheit sowie der Nutzen Einzelner damit im Einklang stehen. Jede vermeidbare Beeinträchtigung von Gewässern soll unterbleiben. Das Sorgfaltsgebot verpflichtet Jedermann, falls er Einwirkungen auf Gewässer vornimmt, zur Sorgfaltspflicht. Verunreinigungen bzw. andere nachteilige Verfahren sind zu vermeiden. Jedermann ist verpflichtet sparsam mit Wasserressourcen umzugehen und Rücksicht auf den Wasserhaushalt zu nehmen. Das Abwasserabgabengesetz (AbwAG) und die Abwasserabgabenregelungen der Länder ergänzen das WHG. Das Gesetz setzt ökonomische Anreize für gewässerschonendes Verhalten. Es werden z.B. für das Einleiten von Abwasser in oberirdische Gewässer Gebühren erhoben. Die Höhe richtet sich nach der Menge der Schadstoffe im einzuleitenden Abwasser (Sparwasser et al, 2003). Kritisch ist anzumerken, dass die Höhe der Abgaben nicht auf der Basis der tatsächlich gemessenen Schadstoffeinleitung erfolgt. Administrativ ergibt sie sich auf der Basis von berechneten Bescheidwerten. Diese werden durch annähernde Verfahren berechnet (jährliche Abwasserfracht gewichtet mit den im Erlaubnisbescheid zugelassenen Konzentrationen etc.). Konzentrationswerte sind an den jeweiligen „Stand der Technik" anzupassen. Sie sind daher ständig fortzuschreiben. Da die Wassergüte auch von den eingeleiteten Stoffeigenschaften abhängig ist, sind zahlreiche stoffbezogene Regelungen erlassen worden (Waschmittel- und Reinigungsgesetz, Düngemittelgesetz, Chemikaliengesetz etc.).

c) Neues Kreislaufwirtschaftsgesetz (KrWG)

Das neue „Gesetz zur Förderung der Kreislaufwirtschaft und Sicherung der umweltverträglichen Bewirtschaftung von Abfällen (Kreislaufwirtschaftsgesetz KrWG)" ist seit 1. Juni 2012 in Kraft. Es handelt sich um die Umsetzung der EU-Abfallrahmenrichtlinie von 2008 in nationales Recht. Oberziel des alten und neuen Gesetzes ist die Förderung der Kreislaufwirtschaft zum Zweck der Ressourcenschonung und der umweltverträglichen Beseitigung von Abfällen. Die Abfallvermeidung hat dabei grundsätzlich Vorrang vor der Verwertung. Insgesamt soll die Wirtschaft dazu angehalten werden, Herstellung und Entsorgung eines Produktes als ein geschlossenes Kreislaufsystem anzusehen (Sparwasser et al, 2003). Es gibt sieben Eckpunkte, die sich auf die wichtigsten Neuerungen aus dem neuen KrWG beziehen Dabei handelt es sich um die Unterscheidung zwischen Produkten, Nebenprodukten und Abfällen (§4, I KrWG), die Abfalleigenschaft (§5 KrWG), die Erweiterung der bisherigen 3-stufigen zu einer 5-stufigen Abfallhierarchie, gewerbliche Sammlung bei Privathaushalten (§17 KrWG), Neu-regelungen beim Abfalltransport (§ 54 KrWG), Instrumente zur Abfallvermeidung (Pflicht zur getrennten Bioabfallsammlung) und weitere Änderungen in Gesetzen und Verordnungen, die an das neue KrWG anzupassen sind (vgl. dazu näher bei IHK-Karlsruhe, o.J.).

d) Bundesbodenschutzgesetz (BBodSchG)

Seit 1998 existieren für den Schutz des Bodens eigenständige gesetzliche Regelungen. Die nachhaltige Sicherung bzw. Wiederherstellung durch Gefahrenabwehr, Sanierung und Vor-sorge steht dabei im Mittelpunkt des Gesetzes. Das betrifft insbesondere nachteilige Einwir-kungen auf den Boden als Archiv der Natur- und Kulturgeschichte (Lebensgrundlage für Menschen, Tiere, Pflanzen, Bodenorganismen, Bestandteil des Naturhaushalts etc.), die so weit wie möglich vermieden werden sollen (Sparwasser et al, 2003). Durch das BBodSchG werden die Vorgaben für die Altlastensanierung vereinheitlicht, und der Anwendungsbereich auf schädliche Bodenveränderungen erweitert. Es werden Regelungen zur Vorsorge nachteili-ger Einwirkungen auf den Boden eingeführt. Auch der Kreis der Sanierungspflichtigen wird gegenüber dem, nach allgemeinem Polizeirecht üblichen Handlungs- und Zustandszerstörern, erweitert. Die Bundesbodenschutzverordnung (BBodSchV) legt einheitliche Werte und An-forderungen zur Erfüllung für Pflichten für Gefahrenabwehr und Vorsorge fest. Bei der Ge-fahrenabwehr handelt es sich um Prüf- und Maßnahmenwerte und Vorgaben, die zur Bestim-mung von Sanierungs-, Schutz- und Beschränkungsmaßnahmen anzuwenden sind. Das Ge-setz enthält auch Vorschriften über Vorsorgewerte, zulässige Zusatzbelastungen bzw. Anfor-derungen zum Auf- und Einbringen von Materialien. Zusätzlich regelt das Gesetz durch um-fangreiche Vorschriften den Umgang mit Altlasten sowie Grundsätze zur Erfüllung der Vor-sorgepflicht insbesondere bei landwirtschaftlicher Bodennutzung. Das Gesetz ist durch lan-desrechtliche Regelungen individuell zu ergänzen (o.V., 2014i).

Die Ausführungen stellen nur eine Auswahl dar. Im Rahmen der „nachhaltigen Entwicklung" sind für Unternehmen in Deutschland und in der EU im Hinblick auf ökologische, ökonomi-sche soziale und kulturbezogene Anforderungen, noch eine Vielzahl weiterer Gesetze und Vorschriften des „Hard Law" zu berücksichtigen. Die gesetzeskonforme Beachtung dieser Rechtssetzungen ist sehr wichtig, da Verstöße nicht nur sanktioniert, sondern im heutigen „In-ternetzeitalter" in der Öffentlichkeit angeprangert werden. Bereits in der Vergangenheit hat sich gezeigt, dass Unternehmen durch Umweltverstöße oft einen nahezu irreparablen Image-schaden erleiden können. Bei der „nachhaltigen Entwicklung" sind für den Bereich der Pro-duktpolitik noch weitere rechtsähnliche Erscheinungsformen aus dem Bereich des „Soft Law" wichtig, auf die im folgenden Kapitel eingegangen wird.

Müllmafia in Italien

„Sie kommen nachts mit großen Lastwagen, laden am Straßenrand den Müll ab, überschütten ihn mit Benzin und zünden es an. So entsorgt die Camorra, die in und um Neapel agierende Mafia, giftigen Industriemüll. Ein einträgliches Geschäft, von dem indirekt auch Politiker und Unternehmer aus dem Norden profitieren. Caivano liegt im Hinterland Neapels. Auf diesem unscheinbaren Feld müssen Be-amte der Umweltpolizei nur ein paar Meter tief graben, um Ekliges, Entsetzliches und in jedem Fall Giftiges zu Tage zu fördern. General Sergio Costa leitet den Einsatz: „Wir haben gegraben und wir haben 200.000 Kubikmeter gefährlichen Sondermüll gefunden: Ölschlamm aus Fabriken, Abfälle aus der Verarbeitung von Bauxit und Glas, Farben, Lösungsmittel, Bauabfälle, Asbest in großen Mengen. Lassen Sie ihrer Vorstellungskraft freien Lauf. Alles erdenklich Schlimme lag da unten". Sergio Costa ist auf eine illegale Industriemülldeponie gestoßen. Natürlich nicht zufällig. Die Camorra, so nennt man die Mafia Clans in der süditalienischen Region Kampanien, hat über Jahrzehnte in den Böden rund um Neapel Müll verschwinden lassen. Der Corpo Forestale, eine Polizeieinheit, die Umweltver-brechen aufklärt, sucht nun nach den illegalen Deponien. Müll-Archäologie.[...] „Wir haben bei den Brunnen, die zur Bewässerung der Felder dienten, dem Grundwasser Proben entnommen und haben festgestellt, dass im Wasser hochgefährliche und krebserzeugende Stoffe waren: Tetrachlorethen, To-luol, auch Arsen, Fluoride oder Sulfate". [...] „Diese sieben Hektar sind mit 50 cm Qualitätserde be-deckt worden – hier sieht man es gut – damit der Müll, der hier vergraben lag, nicht auffiel. Auf diesen Feldern sind dann Brokkoli, Kohl und Fenchel angebaut worden". Nur ein paar Meter unter der illega-len Sondermülldeponie fließt das Grundwasser. Daneben ein Feld, auf dem ebenfalls Brokkoli ange-baut wird, die Häuser von Caivano in Sichtweite (Kleinjung, 2014).

4.3.1.2. Rechtsraum Corporate-Governance-Konzepte (Soft Law)

Das Konzept Corporate-Governance wird in der Literatur je nach Arbeitsgebiet unterschied-lich verstanden. Einen Begriffskern haben aber alle Governance-Konzepte gemeinsam. Es handelt sich um das „Steuern und Koordinieren (oder auch Regieren) mit dem Ziel des Mana-gements von Interdependenzen von i.d.R. kollektiven Akteuren" (Benz, 2004, 25). Die Basis sind institutionalisierte Regelsysteme (Hierarchie, Markt, Verbände, Netzwerke etc.), in der Kombination mit verschiedenen Akteuren. Für den Terminus „Soft Law" existiert bis dato keine allgemein gültige Definition. Gemeinhin wird im internationalen Wirtschaftsrecht der Begriff „Soft Law" für Rechtserscheinungen verwendet, „welche sich durch ihren zunächst für sich genommen rechtlich unverbindlichen und damit „weichen" Charakter auszeichnen" (Nowrot, 2006, 196). Die Gründe, die „Soft Law" weich machen, können vielfältig sein. Sie können sich auf das Nichtvorhandensein von Durchsetzungsmechanismen einer Rechtsregel ebenso beziehen, wie auf das Fehlen zugrunde gelegter Rechtsquellen. Die Tendenz zu einer

„weichen" Rechtsbildung ist Ausdruck einer nachhaltigen Ausweitung und Vertiefung völker-rechtlich erfasster Regelungsbereiche und ihrer Adressaten. Es ist ein flexibles Werkzeug für die Anpassung des internationalen Systems an sich ständig wandelnde sozio-politische Um-stände (z.B. im Rahmen der Globalisierung etc.). Dabei geht es *nicht* um verschiedene Grade von Recht, sondern um eine rechtsähnliche Erscheinungsform, die normative Wirkungskraft entfalten kann. „Soft Law" erfolgt z.B. in Form von privater Marktregulierung durch transna-tionale Unternehmen, interne Regelsetzungen internationaler Organisationen, Verhandlungs-systeme, weltweite Standardisierungsprozesse etc.

Mit Hilfe von Governance-Konzepten versucht ein kooperativ handelnder Staat *nicht* nur sei-ne aus dem Gemeinwohl abgeleiteten umweltpolitischen Ziele, mit hoheitlichen bzw. ord-nungsrechtlichen Maßnahmen durchzusetzen. Es wird der Konsens mit den Beteiligten ge-sucht. In Deutschland wird das Prinzip mit „politischer Teilhabe zur Stärkung der Zivilgesell-schaft" bezeichnet (BMWZE, 2010). Beim Zielfindungs- und Umsetzungsprozess ist es wich-tig, möglichst alle relevanten Interessen zu berücksichtigen. Nur auf diese Weise ist bei kom-plexen Entwicklungsprozessen eine breite Akzeptanz bei Beteiligten und Betroffenen erreich-bar (Linscheidt, 2000). Die politische Durchsetzbarkeit ist in diesem Fall auch mit einem er-leichterten Vollzug und weniger Kontrollmaßnahmen verbunden. Mit Blick auf „Nachhaltig-keit" wurde das Konzept „Good Governance" durch die Weltbank ins Leben gerufen (World Bank, 2004). Good Governance reicht über die staatliche Spähre hinaus und sieht auch den Einbezug von Privatgesellschaft und Zivilgesellschaft vor. Das entspricht der Erkenntnis, dass komplexe Entwicklungskonzepte nur unter Einbezug von privatem Kapital und gleichzeitiger kultureller und gesellschaftlicher Akzeptanz umsetzbar sind. Noch einen Schritt weiter geht das Good Governance-Konzept der UN. (UN-Development Program) (UNDP, 2002). Zusätz-lich zu Kapital und Arbeit, werden auch Umwelt- und soziale Bedingungen mit einbezogen. Ältere Governance-Konzepte haben eine polyzentrische Ausrichtung. Netzwerke spielen eine große Rolle und viele Konzepte sind normativ ausgerichtet (van Kersbergen/van Warden, 2004). Die Einsicht, dass bei komplexen Systemen der Staat nicht der einzige Akteur bei der Steuerung politischen Prozesse ist, führt dazu, dass Governance-Konzepte im Rahmen der „nachhaltige Entwicklung" stärker an Bedeutung gewinnen. Neuere Governance-Konzepte beinhalten flexible Normen und Ansätze, Informationsaustausch, diversifizierte Instrumente, kontinuierliche Überprüfungen und transparente Verfahren. Neben einer nichthierarchischen Steuerung, die neben materiellen Anreizen vornehmlich durch Überzeugung gesteuert wird, ist auch der Einbezug nichtstaatlicher (NGOs) sowie privater Akteure vorgesehen (Kohler-Koch/Rittberger, 2006). Damit hat das Governance-Konzept auch in diesem Rahmen große Realitätsnähe. Es wird anerkannt, dass auch nichtstaatliche Akteure an der Steuerung von komplexen Entwicklungsprozessen beteiligt sind.

Für eine nachhaltige Produktpolitik ergibt sich daher die Notwendigkeit, die aus Resolutio-nen, Empfehlungen, Programmen Richtlinien, Verhaltenskodizes, Guidelines, Entschließungen, gentlemen's agreements, Selbstverpflichtungen etc. von internationalen, bzw. Nichtregierungsorganisationen oder Verbänden resultierenden Vorgaben bzw. Standards im Rahmen des Produktionsprozesses zu kennen und zu beachten (Robé, 1996). Sie basieren oft auf individuellen umweltbezogenen Vereinbarungen zwischen Staat und Industrie und werden als Umweltinstrumente vereinbart.

4.3.1.2.1   Ausgewählte Umweltvereinbarungen

Umweltvereinbarungen zwischen Staat und Industrie stellen Kooperationslösungen als Alternativen zum herkömmlichen umweltpolitischen Instrumentarium dar. Sie haben je nach staatlicher Eingriffsintensität unterschiedliche Eigenschaften. Diese bestimmen auch ihre Eignung als umweltpolitisches Instrument. Die Ausgestaltungsmöglichkeiten sind vielfältig und es herrscht eine Vielzahl an Konstellationen mit verschiedenen Partnern. In der Wissenschaft werden diese in zwei Gruppen unterschieden. Einerseits sind informelle Beziehungen zwischen Vertretern von Staat und Wirtschaft vorhanden, andererseits gibt es institutionalisierte Formen von Kooperationen (z.B. Steger, 1992, Wicke, 1993, Linscheidt, 2000). Informelle Beziehungen sind in ihrer Funktion und Ausgestaltung nicht genau definiert. Institutionalisierte Formen von Kooperationen sind charakterisiert durch ein abgrenzbares Themenfeld und eindeutige Aufgabenverteilungen. Umweltvereinbarungen weisen, je nach staatlicher Eingriffsintensität, unterschiedliche Eigenschaften auf. Die staatliche Eingriffsintensität bestimmt sich durch das Maß der staatlichen Beteiligung an den Kooperationsverhandlungen und durch die Eintrittswahrscheinlichkeit von Sanktionen für den Fall der Zielverfehlung. Für das Instrument „Selbstverpflichtungen" ergeben sich auf Basis der staatlichen Eingriffsintensität sowie des Grades der Freiwilligkeit vier Typen (Cansier, 1997): (1) einseitige Erklärungen, (2) freiwillige Selbstverpflichtungen, (3) vertragliche Selbstverpflichtungen und (4) umweltrechtlich flankierte Selbstverpflichtungen. Die nachfolgende Abbildung 4.3 zeigt den Zusammenhang im Überblick. In der Abbildung sind auf der linken Seite die betrachteten generellen Kooperationsmöglichkeiten im Bereich Umweltpolitik gekennzeichnet. Im Bereich der institutionalisierten Kooperationen handelt es um Selbstverpflichtungen. In diesem Bereich sind vier verschiedene Kooperationsformen möglich. Zusätzlich sind auch die Netzwerkbeziehungen in Form von Verbindungen gekennzeichnet. Bei den durchgezogenen Pfeilen handelt es sich um direkte Beziehungen. Bei den durchbrochenen Pfeilen handelt es sich um „Feedback"-Beziehungen. Da im Rahmen der Produktpolitik einige Selbstverpflichtungen bindend sind, wird nachfolgend auf die einzelnen Ausprägungen kurz eingegangen.

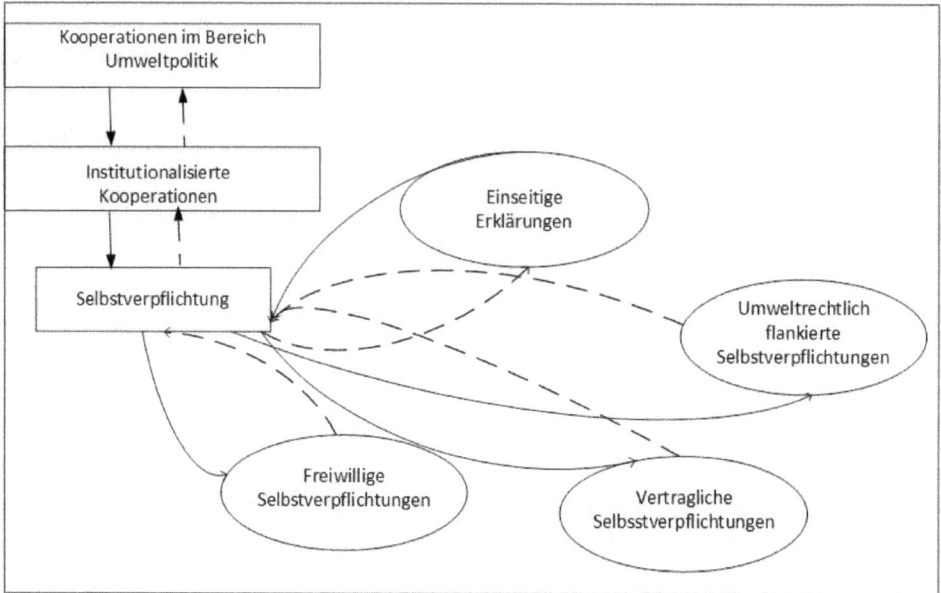

Abb. 4.3:   Verschiedene Arten von Kooperationen im Umweltbereich: i.A.a. Cansier , 1997, 2 ff.,
                  modifiziert und verändert

a) Einseitige Erklärungen

Einseitige Erklärungen werden von der Wirtschaft ohne Beteiligung des Staates abgegeben.
Sie beinhalten i.a.R. Zusagen zu Umweltschutzmaßnahmen. Die Initiative geht freiwillig von
der Industrie aus und ist mit erhofften Vorteilen in Form eines besseren Images gegenüber
staatlichen Stellen verbunden. Primäre Zielrichtung ist eine positive Wirkung bei den Konsumenten. Einseitige Erklärungen haben auch einen marketingspezifischen Charakter. Sie ver-
mehren sich in dem Maße, in dem das Umweltbewusstsein von Konsumenten und damit auch
die Anforderungen an ein umweltbewusstes Verhalten von Unternehmen steigen (Frenz,
2001). Sie werden vorrangig abgegeben, um umweltpolitische Eingriffe zu verhindern. Von
staatlicher Seite werden einseitige Erklärungen informell registriert. Vereinbarungen werden
nicht getroffen und auch keine politischen Zusagen gemacht. Für die Wirtschaft nimmt mit
zunehmender staatlicher Eingriffsintensität die Möglichkeit ab, sich „selbst" zu etwas zu verpflichten. Das hohe Maß an Unverbindlichkeit ist verbunden mit einem hohen Maß an Pla-
nungsunsicherheit für die Wirtschaft, da der Staat trotz der getätigten Zusagen mit umweltpolitischen Maßnahmen reagieren kann. Von staatlicher Seite ist bei Nichterfüllung nicht
zwangsläufig mit Sanktionen zu rechnen (Zerle, 2005). In der EU herrschen bei diesem Instrument unterschiedliche Begriffsauffassungen vor (EU-Kommission, 2003). So entsprechen
die „volontary approaches" weitgehend einseitige Erklärungen (z.B. de Clerq, 2002). Von anderen Wissenschaftlern wird für einseitige Erklärungen aber auch der Begriff „unilateral
commitments" eingeführt (Levêque, 1998). Hierbei erfolgt eine Orientierung am Grad der
staatlichen Initiierung von Selbstverpflichtungen. Auf dieser Basis wird noch weiter unter-

schieden in „negotiated agreements" und „public voluntary programs". Unterschiede bestehen darin, dass bei den negotiated agreements die Wirtschaft noch ein gewisses Mitsprache- und Verhandlungsrecht hat. Public voluntary programs werden zunächst vom Staat ausgearbeitet und die Industrie dann zur freiwilligen Beteiligung aufgefordert.

b) Freiwillige Selbstverpflichtungen

Freiwillige Selbstverpflichtungen haben Ähnlichkeiten mit Absprachen (Cansier, 1997). Rechtlich haben sie einen unverbindlichen Charakter. Anders als bei einseitigen Erklärungen, werden sie jedoch durch bilaterale Verhandlungen mit dem Staat getroffen. Staatliche Einwirkungen können unterschiedliche Grade erreichen. Der Wirtschaft wird bei Einhaltung der Selbstverpflichtungen vom Staat in Aussicht gestellt, dass auf hoheitliche Maßnahmen verzichtet wird. Die staatliche Einwirkung kann aber auch die Form eines massiven staatlichen Drucks annehmen eine zwingende Regelung zu erlassen, wenn es zu keiner freiwilligen Selbstverpflichtung kommt. Lässt sich die Industrie auf eine freiwillige Selbstverpflichtung ein, handelt es sich um „normenabwehrende Absprachen" (Michael, 2002). Die Durchsetzung wird von der Wirtschaft aber nicht mit letzter Konsequenz erwartet.

c) Vertragliche Selbstverpflichtungen

Vertragliche Selbstverpflichtungen werden als Vereinbarung rechtlich verbindlicher Verträge über Umweltschutzmaßnahmen zwischen Staat und Wirtschaft geschlossen (Knebel et al, 1999). Diese Vereinbarungen gehen mit einem Verlust staatlicher Freiheit und einem Verlust wirtschaftlichen Spielraums einher (Flexibilitätsverlust). Rechtliche Einschränkungen werden durch die Vertragspartner bestimmt. Das ist beim Staat die zuständige Stelle für die Normsetzung in der öffentlichen Verwaltung (Bundesregierung bzw. Ressortminister), bei der Wirtschaft sind es Vertreter von Spitzen- bzw. Fachverbänden. Aus Praktikabilitäts- und Publicitygründen, wird eine Absprache auf Verbandsebene oft bevorzugt, denn Verbände vertreten bei den Verhandlungen die Interessen ihrer Mitglieder. Rechtlich problematisch ist, dass der Verband als juristische Person und als Vertragspartner zwar für die Erfüllung der Vertragsschuld eintritt, die Erfüllungslast jedoch bei den einzelnen Mitgliedsunternehmen liegt. Im öffentlichen Bereich ist jedoch ein Vertrag zu Lasten Dritter rechtlich nicht möglich, da der Verband als Vertragspartner Mitgliedunternehmen nicht gegen ihren Willen zur Erfüllung der Vertragsschuld zwingen kann (Knebel et al, 1999). Verbände sind daher als Vertragspartner nicht zulässig (Hucklenbruch, 2000). Der Staat kann vertragliche Selbstverpflichtungen nur mit einzelnen Unternehmen abschließen. Da Flexibilität ein maßgeblicher Vorteil von Selbstverpflichtungen darstellt, findet diese Form relativ selten Anwendung (Zerle, 2005).

d) Umweltrechtlich flankierte Selbstverpflichtungen

Diese Gruppe von Selbstverpflichtungen steht in Korrelation zu hoheitlichen Regelungen. Die Aufgabe von umweltrechtlich flankierten Selbstverpflichtungen wird darin gesehen, einen Rechtsetzungsakt entweder zu vervollständigen, oder es wird eine ergänzende gesetzliche Regelung benötigt (Hucklenbruch, 2000). Der Staat kann bei diesen Selbstverpflichtungen zunächst hoheitliche Regelungen setzen. Dann kann den Unternehmen die Möglichkeit eingeräumt werden, bei Erreichung der ökologischen Zielsetzung in eigener Regie, sich von den Maßnahmen befreien zu lassen. Bei Nichterfüllung erfolgt ein Entzug der Freistellung und die hoheitlichen Maßnahmen sind bindend. Eine weitere Form für umweltrechtlich flankierte Selbstverpflichtungen besteht in der Möglichkeit des Staates die Vereinbarungen in Rechtssetzungen zu fixieren. In diesem Fall fehlt die Möglichkeit zur Befreiung und die Grenzen zu ordnungsrechtlichen Regelungen erweisen sich als fließend. In den gesetzlichen Regelungen sollten neben der Laufzeit und Zwischenzielen auch Sanktionsmechanismen festgelegt sein. Durch die große Nähe zu ordnungsrechtlichen Regelungen sinkt die Flexibilität der Handhabung. Das gilt sowohl für die schnelle Einsetzbarkeit als auch für Kurskorrekturen. Im Gegenzug sinkt aber auch der Anreiz zum Freifahren in der Wirtschaft erheblich und es steigen Möglichkeiten zur Verfolgung anspruchsvoller Ziele. In der EU wird diese Form der Selbstverpflichtung in Form der „Koregulation" favorisiert. In der Praxis sind umweltrechtliche Flankierungen nur schwer unterscheidbar von umweltrechtlichen Durchdringungen. Bei einer Dominanz der gesetzlichen Regelungen, können sie auch Selbstverpflichtungen überflüssig machen. Diese sind auch nach ihren umweltpolitischen Zielausrichtungen unterscheidbar. Folgende Formen liegen vor (Wicke, 1993, Wicke/ Knebel, 1997):

– Phasing-out-Verpflichtungen (Produktion bestimmter Güter, Verwendung bestimmter Stoffe etc.),
– Reduktionsverpflichtungen (Ressourcenverbrauch, Schadstoffemissionen, Verpackung, Inputs etc.),
– Rücknahme, Recycling, Entsorgungsverpflichtung,
– Altlastensanierungsverpflichtungen,
– Verpflichtung zur Produktsicherheit,
– Melde- und Informationsverpflichtungen,
– Kennzeichnungsverpflichtungen und
– Handelsbeschränkungsverpflichtungen.

Von den registrierten Umweltvereinbarungen sind ca. 50% Phasing-out- und Reduktionsverpflichtungen (Knebel et al, 1999). Diese Selbstverpflichtungen wirken sich direkt auf den Produktionsprozess aus, denn in der Folge liegt der größte Aufwand auf Seiten der Unternehmen. Rücknahme- Recycling- und Entsorgungsverpflichtungen wirken sich nur indirekt auf den Produktionsprozess aus. Damit sind eher Produktionsanpassungen bzw. -veränderungen verbunden. Umweltvereinbarungen mit Kennzeichnungs- Melde-, Informationsverpflichtungen werden oft als „weiche" Umweltverpflichtungen angesehen. Sie beeinflussen weder den Produktionsprozess noch die Produkteigenschaften wesentlich und werden vornehmlich aus Imagegründen verfolgt (marketingähnliche Interessen). Handelsverpflichtungen können auch soziale Verpflichtungen beinhalten (Verbot von Kinderarbeit, Zwangsarbeit, Mindestentlohnung, Achtung der Menschenwürde etc.). Auf den Produktionsprozess wirken sich diese nicht zwangsweise aus. Sie können aber mit ökonomischen Auswirkungen verbunden sein (Material-, bzw. Rohstoffbeschaffungskosten etc.).

Zertifizierungsvereinbarungen für das Verhalten von Konzernen

„Die Starbucks Corporation, das in Seattle, USA, ansässige weltgrößte Kaffeeunternehmen, gab im April 2001 eine Neuigkeit bekannt: Starbucks werde künftig Kaffeebohnen von Importeuren kaufen, die Kleinbauern mehr als den Marktpreis zahlen (fair gehandelter Kaffee), und solchen Kaffee in über 2000 ihrer Geschäfte in den Vereinigten Staaten anbieten. Im August des gleichen Jahres forderte McDonald's Corporation die Lieferanten der fast 2 Milliarden Eier, die sie jährlich kauft, in einem Schreiben auf, die strengen Richtlinien für eine artgerechte Haltung von Hühnern zu befolgen, andernfalls werde der Konzern von ihnen keine Eier mehr kaufen. 1998 begann De Beers Consolidated Mines, das Unternehmen, das zwei Drittel des Welthandels mit ungeschliffenen Diamanten kontrolliert, stark in Kanada zu investieren, um sich der Kontroverse über „Blutdiamanten" zu entziehen, die zur Finanzierung von Rebellengruppen in Afrika verkauft wurden. Sind das Beispiele für plötzliche Gewissensbisse bei den führenden Managern der Welt? Nicht ganz. Multilaterale Konzerne geraten unter wachsenden Druck von Umweltschützern und Vertretern von Arbeitnehmerinteressen, multilateralen Organisationen und Regulierungsbehörden in ihren Heimatländern und setzen daher Zertifizierungsmaßnahmen um für die Einhaltung von Verhaltenskodizes, Produktionsrichtlinien und Überwachungsnormen, die nicht nur das Verhalten der Konzerne lenken und bescheinigen, sondern auch das ihrer Zulieferer weltweit. Für diese neuen Mechanismen tritt unter anderem auch der Generalsekretär der Vereinten Nationen, Kofi Anan, ein, der im Januar 1999 die Führungskräfte von Unternehmen aufgerufen hat, die Initiative Global Compact von der UN und Vertretern der Wirtschaft »anzunehmen und umzusetzen" (Gereffi, 2005).

4.3.1.2.2 Vor- und Nachteile von Umweltvereinbarungen

Sowohl in Deutschland, als auch auf EU-Ebene ist in den letzten Jahren ein steter Anstieg abgeschlossener Selbstverpflichtungen zu konstatieren. Die Attraktivität dieses umweltpolitischen Instruments wird von einigen Wissenschaftlern auch auf marketingbezogene Vorteile für die Wirtschaft gegenüber ordnungsrechtlichen Instrumenten zurückgeführt (z.B. Knebel et al, 1999, Faber, 2001, De Clerq, 2002 etc.). Zusätzlich gehören auch zahlreiche Vorteile und Anreize dazu, die sich auch auf die nachhaltige Produktpolitik auswirken. Die sich dabei im Rahmen der Produktpolitik ergebenden. Vor- bzw. Nachteile, werden im Folgenden kurz dargelegt:

a) Vorteile aus Sicht der Industrie

Folgende ausgewählte Vorteile bzw. Anreize ergeben sich im Hinblick auf Selbstverpflichtungen für die Industrie (z.B. Knebel et al, 1999, Grohe, 1999, De Clerq, 2002):

– Im Instrument der Selbstverpflichtung wird eine Chance zur Beeinflussung der Politik gesehen. Eine damit verbundene Verzögerung anderer ordnungspolitischer Instrumente der
Umweltpolitik, kann zu einer Verbesserung der Unternehmenssituation führen.
– Durch die Flexibilität des Instruments kann eine effiziente Aufteilung der Belastungen auf
die jeweiligen Unternehmen vorgenommen werden.
– Wird bei den Zielen ein breiter Maßnahmenkatalog erreicht, entsteht für Unternehmen eine
hohe Flexibilität bei der Zielerreichung. Dadurch ergibt sich die Möglichkeit, kostenspa-
rende und maßgeschneiderte Lösungen einzusetzen und die Erforschung innovativer, technologischer Lösungen zu fördern.
– Bestimmte Selbstverpflichtungen eignen sich für den Aufbau eines verbesserten Images.
Damit ist die Möglichkeit verbunden Wettbewerbsvorteile zu erlangen, die den Unternehmenserfolg positiv beeinflussen.
– Selbstverpflichtungen mit flexibler Zielerreichung sind im Rahmen der Mitarbeitermotivation einsetzbar.

b) Nachteile aus Sicht der Industrie
Folgende ausgewählte Nachteile ergeben sich bei Selbstverpflichtungen für die Industrie (z.B.
Knebel et al, 1999, De Clerq, 2002, Flotow/ Schmidt, 2001):

– Das Instrument der Selbstverpflichtung ist in der Praxis zwar schneller einsetzbar, es entstehen aber Kosten für Verhandlungen, Monitoring und Implementation.
– Bei Klein- und Mittelbetrieben bestimmter Branchen fehlen bei Selbstverpflichtungen oft
die Umsetzungskapazitäten bzw. entstehen Nachteile durch fehlendes Know-How.
– Durch die Offenlegung unternehmensinterner Informationen während der Verhandlungen
mit dem Staat, entstehen Gefahren eines ungewollten Technologietransfers zu Konkurrenten. Dadurch kann Freifahrverhalten unterstützt werden. Öffentlich verfügbare Informationen können zudem zu einem Wettbewerbsnachteil führen. Auch die staatlichen Stellen
verbessern damit ihren Informationsstand und haben bessere Möglichkeiten für Sanktionen
im Falle des Scheiterns der Verhandlungen.

Bei den Vor- und Nachteilen für die Industrie handelt es sich um eine Auswahl. Ob eine
Selbstverpflichtung vorteilhafter ist als eine ordnungsrechtliche Maßnahme ist jeweils individuell zu prüfen. Kritisch bleibt anzumerken, dass die zentrale Aufgabe eines Staates in einer
Marktwirtschaft in der Vorgabe von Rahmenbedingungen liegt. Diese Funktion wird durch
Selbstverpflichtungen eingeschränkt, denn die Unternehmen bzw. ihre Verbände arbeiten an
den für sie selbst geltenden Rahmenbedingungen mit (Söllner, 2002). Es spricht generell gegen Selbstverpflichtungen, wenn Unternehmen ihren eigenen Ordnungsrahmen setzen. Sie
nehmen insoweit Kompetenzen in Anspruch, die eigentlich ausschließlich dem Staat zustehen. Weiter ist zu bedenken, dass sich ein derartiges durch die Wirtschaft eigenständig und
einseitig gesetztes Recht, auch einer parlamentarischen Kontrolle entzieht.

4.3.2   Meso-soziale und -soziokulturelle Rahmenbedingungen

Gemäß Abbildung 2.6. sind meso-soziale und -soziokulturelle Rahmenbedingungen durch mehrere aufeinander bezogene Einflussfaktoren gekennzeichnet. Sie sind durch das Unternehmen selbst gestaltbar. Die Rahmenbedingungen umfassen nicht nur Faktoren des Tripels (Ökologie, Ökonomie und Soziales). Im vorliegenden Modell werden sie in übergreifender Weise durch ein Teilmodell zu einer „Kultur" der Nachhaltigkeit beeinflusst. Das dazugehörige Kulturmanagement beeinflusst wesentlich die Verstetigung und Verankerung nachhaltiger Werte/Normen im Wertespektrum der Unternehmenskultur (vgl. dazu die Ausführungen im Kapitel 4.2. ff. in diesem Buch). Im Rahmen der nachhaltigen Produktpolitik sind durch die Umweltschutzpolitik die Wirkungsstrukturen äußerst wissensintensiv. Für das operative Nachhaltigkeits-Marketing ist daher in dieser Ebene wichtig, neben den nachhaltigkeitsbezogenen auch die soziokulturellen Zusammenhänge zu ermitteln, damit eine Gleichberechtigung der Säulen des Tripels auch innerhalb der Produktpolitik gewährleistet werden kann.

4.3.2.1   Integrierte Produktpolitik (IPP)

IPP ist der Ausdruck einer umweltpolitischen Neuorientierung in der Produktpolitik. Eine allgemein anerkannte Definition existiert nicht. Vorhandene Definitionen werden in der Wirtschaft und der Politik kontrovers diskutiert. Eine der bekanntesten Definitionen besagt: „Integrierte Produktpolitik (IPP) setzt an Produkten und Dienstleistungen und deren ökologischen Eigenschaften entlang des gesamten Lebensweges an; sie zielt auf die Verbesserung ihrer ökologischen Eigenschaften ab und fördert hierzu Innovationen von Produkten und Dienstleistungen" (Rubik et al, 2000). In dieser Definition wird die Verbesserung von Umwelteigenschaften bei Dienstleistungen auf dieselbe Stufe gestellt wie bei Produkten. Dabei erhalten Innovationen eine Schlüsselrolle. Alle vorhandenen Definitionen haben eine Entwicklungslinie durchlaufen. Zu Beginn wurde IPP als eine vornehmlich staatliche Aufgabe definiert mit einem ausschließlichen Fokus auf Umweltverantwortung von Produkten und deren Herstellung. Darauf folgend wurde die Umweltverantwortung bei Produkten auf den gesamten Lebenszyklus ausgeweitet und Dienstleistungen einbezogen. Zugleich erfolgte eine Erweiterung bei der Umweltverantwortung für Umsetzung und Erfolg. Diese verlagerte sich kontinuierlich von staatlichen Akteuren auf alle Beteiligten am Produktlebenszyklus. Besonders die Kommunikation und Kooperation aller Beteiligten wurde verstärkt. IPP ist mit einer eindeutigen Abkehr vom konventionellen anlagenbezogenen, nachsorgenden Umweltschutz (end-of-pipe) verbunden. Bei dem von der Wirtschaft favorisierten end-of-pipe-Umweltschutz ergaben sich immer höhere Aufwendungen für Unternehmen, bei gleichzeitig immer marginaleren Verbesserungen. Ein solches Vorgehen widerspricht dem Grundgedanken der Effizienz. Es zeigte sich, dass Maßnahmen der Umweltpolitik für punktuelle Emissionsquellen die Probleme nur in andere Bereiche verlagern. Die Komplexität von Umweltproblemen hat sich zudem stetig erhöht und ist daher mit einem nachsorgenden Umweltschutz nicht mehr zu gewährleisten.

4.3.2.1.1   Leitprinzipien einer IPP

Seit 2003 liegt ein Grünbuch der EU-Kommission zu Leitprinzipien einer IPP vor (EU-Kommission, 2003). Danach bedeutet IPP eine Hinwendung zum vorsorgenden integrativen Beginn-of-pipe-Umweltschutz. Hierbei wird der gesamte Lebenszyklus des Produktes in Betracht gezogen. Von der Rohstoffgewinnung und -aufbereitung über Herstellung, Transport, Vermarktung, Gebrauch und Verbrauch bis zur Entsorgung werden alle Phasen des Produktlebensweges in die Betrachtung integriert. Es ist vorgesehen, dass sich alle am Lebensweg eines Produktes beteiligten Akteure auf gemeinsame übergeordnete Nachhaltigkeitsziele für das Produkt einigen. Entsprechende Maßnahmen sollen gemeinsam entwickelt und koordiniert werden. Dadurch werden beachtliche Potentiale als Hebel für eine Verminderung der von Produkten ausgehenden Umweltbeeinträchtigungen erwartet. Die EU legt den Schwerpunkt dabei auf eine produktbezogene Umweltpolitik. Als wichtigstes Instrument werden Ökobilanzen gesehen. Durch sie ergibt sich die Möglichkeit, projektbezogen Umweltaspekte zu ermitteln und Verbesserungsmaßnahmen zu definieren. Das Oberziel ist, weltgerechtere Produkte zu entwickeln und die entsprechenden Marktchancen hierfür zu verbessern. In einem integrierten Konzept müssen verschiedene Aspekte miteinander verbunden werden. Dazu gehören:

(1) die Stärkung der Nachfrage nach umweltverträglichen Produkten,
(2) die Entwicklung der dazugehörigen Normen und Produktrichtlinien und
(3) ein entsprechender Preismechanismus.

Produktpreise sollen die tatsächlichen Umweltkosten widerspiegeln. Unternehmen sollen auf diese Weise dazu angeregt werden, stärker umweltverträgliche Produkte zu entwickeln und zu vertreiben. Da derartige Produkte am Markt nur erfolgreich sein können, wenn die entsprechende Nachfrage vorhanden ist, plant die EU Aktivitäten, um die Nachfrage nach ökologischen Produkten zu stärken sowie das Nutzungsverhalten von Konsumenten zu beeinflussen. Auf der rechtlichen Ebene setzt die EU für die IPP auf ordnungsrechtliche Instrumente (z.B. Beschaffungsrichtlinien etc.). Es sind aber auch freiwillige Maßnahmen (z.B. Umweltkennzeichnungen) und umfangreiche Informationsangebote für Konsumenten vorgesehen. Als Instrumente für eine IPP wurden von der EU im Einzelnen vorgeschlagen (vgl. dazu EU-Kommission, 2003)

– Schaffung eines geeigneten rechtlich/ wirtschaftlichen Rahmens,
– Förderung des Denkens in Lebenszyklen und
– Schaffung von Verbraucherinformationen.

In der Praxis bestehen derzeit bei Unternehmen sowohl bei Definitionen, Inhalten als auch bei den Möglichkeiten und Grenzen im Hinblick auf die IPP vielfach noch Unsicherheiten. Das gilt auch für Vorbehalte und Ängste bei der Mehrheit der Konsumenten. Eine ökologische

Optimierung von Produkten lässt sich ebenso wenig „von Oben" verordnen, wie ein damit verbundenes umweltverträgliches Konsumentenverhalten.

Freiwillige Selbstverpflichtung in der Getränkewirtschaft Österreichs

„Abfüller, Handel, Sammel- und Verwertungssysteme und auch die Politik machen seit mehr als sieben Jahren gemeinsame Sache, wenn es um die Optimierung von Stoffkreisläufen durch die Verbesserung der Materialeffizienz, den Einsatz innovativer Umwelttechnologien und um den Bereich Klimaschutz und Energiemanagement geht. Die Liste der im Rahmen der Nachhaltigkeitsagenda gesetzten Aktivitäten ist so lang und vielfältig. Sie reicht von der laufenden Gewichtsreduktion von Flaschen und Dosen, der Erhöhung des Recyclinganteils bei PET-Flaschen, der Materialreduktion durch Schrumpffolien, der Optimierung der Produktionsauslastung über die Erneuerung/Umstellung der Anlagentechnik, die Nutzung von Abwärme, die Sensibilisierung der Mitarbeiterinnen und Mitarbeiter, die Steigerung der Energieeffizienz in Gebäuden, den Einsatz von Fernwärme, Erdwärme, Photovoltaik bis zur Optimierung der Transportwege. Der Verlagerung vom LKW auf die Schiene oder der Modernisierung des Fuhrparks. Dies alles mit dem Ziel, die Treibhausgase im Lebenszyklus der in Österreich abgesetzten Getränkeverpackungen zu reduzieren" (o.V., 2011b, 9).

Der unterstützende Einsatz darauf abgestimmter, spezifischer Nachhaltigkeits-Marketingmaßnahmen erhält in diesem Rahmen eine ganz andere Bedeutung. Ein solcher Einsatz muss die Veränderung von Kulturwerten einbeziehen. Kulturwerte bestimmen dabei nicht nur den Grad der Unterstützung des Vorhabens (z.B. ob Umwelteigenschaften von Produkten zu einem festen Punkt im Koordinatensystem der Kaufentscheidung werden, bevor ein Produkt in die engere Auswahl kommt etc.), sondern auch deren Ausprägung (z.B. bei Unternehmen, Staat, Konsumenten etc.) bei einer möglichen Etablierung. Um zu verhindern, dass dieses Verhalten lediglich als eine „Modeerscheinung" eingeordnet wird, können Kulturwerte auch zur Verstetigung des Wertewandels durch die Erzeugung von Vertrauen beitragen.

4.3.2.1.2 Umweltverträgliche Produktgestaltung

Bei der IPP stellt die umweltverträgliche Produktgestaltung (Ökodesign) eine zentrale „Stellschraube" bei Konstruktion und Design im Unternehmen dar. Der Grund ist, dass während des Konstruktions-/Designprozesses faktisch bereits mindestens 80% bis 90% der späteren Umweltwirkungen festgelegt wird (Lindhqvist, 1992). Umweltverträgliche Produkte sollen sich möglichst in keiner Lebensphase negativ auf die Umwelt auswirken. Konstrukteure/Designer benötigen dazu, neben zusätzlichem Wissen, auch Kenntnisse und Richtlinien für die Entwicklung von Produkten mit geringer bis keiner Umweltbelastung. Die Produktverantwortung des Konstrukteurs/Designers nimmt beständig zu. Zusätzlich zu den bisher üblichen Bereichen Produktion und Gebrauch der entwickelten Produkte, gehört auch der Bereich Recycling dazu. Abbildung 4.4 zeigt Felder der Produktverantwortung im Überblick.

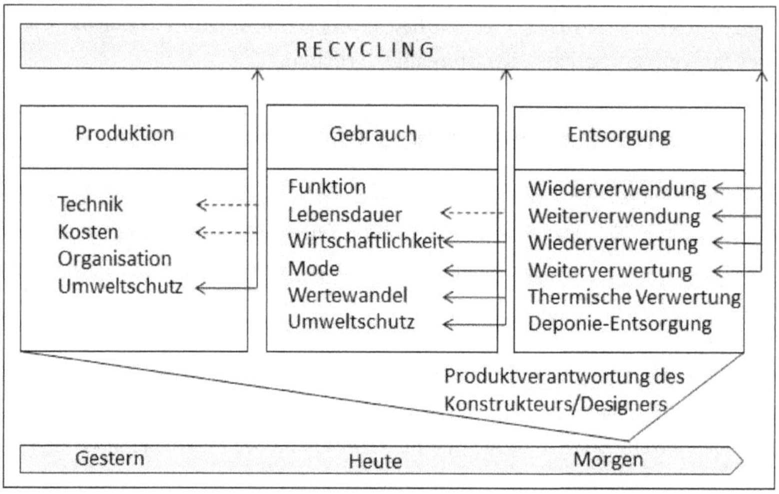

Abb. 4.4: Anforderungen an die Produktverantwortung, Quelle: i.A.a. Steinhilper 1999, modifiziert

In der Abbildung 4.4 sind über einem Zeitstrahl die Hauptfelder der Produktverantwortung für Konstrukteure/Designer mit Produktion, Gebrauch und Entsorgung gekennzeichnet. In den Feldern sind ausgewählte Anforderungsbereiche dargestellt. Zusätzlich findet sich der Bereich Recycling. Damit verbunden sind derzeit bestehende Verantwortungsbereiche mit durchgezogenen Linien. Durchbrochene Linien stellen eine Auswahl der in der Entwicklung befindlichen Bereiche zur Produktverantwortung dar. In der Abbildung wird verdeutlicht, dass bei der Produktverantwortung im Sinne des IPP Lebenszyklus bezogen, neben der Ressourcenschonung, auch die Recyclingfähigkeit eine herausragende Rolle einnimmt. Aus ressourcenpolitischer Perspektive besteht oft bereits beim Design von Produkten das grundlegende Problem in der mangelnden Kommunikation zwischen Hersteller (Konstrukteur/Designer), Zulieferern und Recyclingunternehmen. Eine hochwertige Rückgewinnung enthaltener Rohstoffe bzw. die ressourcenschonende Verlängerung der Nutzungszeit (Wieder- bzw. Weiterverwendung von Produkten, Komponenten), wird von vielen Unternehmen bisher kaum berücksichtigt. Das gilt auch für die Kosten der Nachnutzungsphase. Sie werden von Herstellern derzeit kurzerhand auf die Allgemeinheit abgewälzt. Zwar ist der Konsument der eigentliche Abfallverursacher (z.B. bei der Entledigung von Produkten), auf die Auswahl von Primärrohstoffen bzw. die Verfügbarkeit von Sekundärrohstoffen hat er aber keinerlei Einfluss. Diese Auswirkungen werden maßgeblich in der Konstruktions-/Designphase festgelegt (van Rossem et al., 2006). Insofern gerät das traditionelle Verursacherprinzip an seine Grenzen. Umweltschädigungen erfolgen i.d.R. nicht durch die Produkte selbst, sondern vorrangig durch die Energie- und Stoffströme der bedingten Prozesse im Lebenslauf eines Produktes. Umweltbeeinträchtigungen können sich zusätzlich auch im Unternehmen durch die Bereitstellung von benötigten Ressourcen (Maschinen, Produktionshalle, Transporte etc.) ergeben. Bei umweltverträglich gestalteten Produkten sollen alle Phasen des Lebenszyklus (Produktion, Gebrauch, Entsorgung) ohne umweltschädigende Auswirkungen durchlaufen werden. Dabei ist ganzheitlich in Kreisläufen nach dem Vorbild des Kreislaufwirtschaftsgesetzes zu denken und zu handeln. In der Realität verlaufen die Prozesse im Lebenslauf eines Produktes allerdings äußerst vielfältig und komplex. Für eine bessere Handhabung werden sie daher in einem Modell vereinfacht und verallgemeinert dargestellt. Hierzu existieren verschiedene Ansätze, in denen die Lebensphasen sehr unterschiedlich dargestellt werden. Auch die Differenzierung erfolgt ganz unterschiedlich (z.B. Differenzierung auf nur wenige bzw. auf wesentlich mehr Phasen etc.). Ein „idealer" Produktkreislauf besteht in Sinne der IPP aus einem Produkt- und Materialkreislauf, in dem durch Wiederverwendung von Komponenten bzw. Vermeidung von umweltproblematischen Stoffen/Komponenten Umweltbelastungen entweder gar nicht erst entstehen und/oder durch die längere Lebensdauer von Komponenten möglichst gering werden. Die nachfolgende Abbildung 4.5 stellt einen derart „idealen" Produktlebenszyklus für ein umweltverträglich gestaltetes Produkt dar.

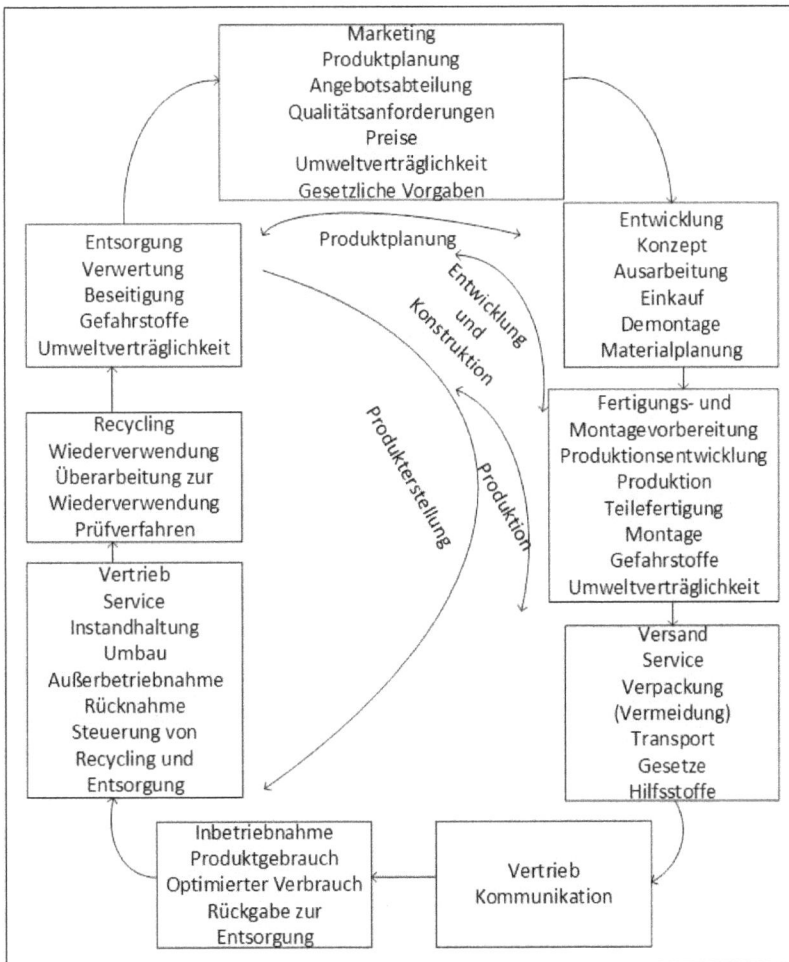

Abb. 4.5:   Produktlebensphasen als Kreislaufmodell, Quelle: i.A.a. Quella 1998, und Ehrlenspiel, 2003
modifiziert und verändert

Abbildung 4.5 zeigt auf der rechten Seite der Abbildung, dass ein idealer Produktkreislauf für ein umweltverträglich gestaltetes Produkt einerseits durch eine Integration umweltverträglicher Maßnahmen und Aktivitäten bei der Produkterstellung gekennzeichnet ist. Andererseits wird auf der linken Seite der Abbildung aber auch deutlich, dass eine Integrierung umweltverträgliche Aktivitäten der verschiedenen Formen des Produktrecyclings dazu gehört. Dabei wird deutlich, dass durch die Definition der Produkte in der Entwicklung bereits die Prozesse im Produktlebenslauf sowie die damit verbundenen Umweltbeeinträchtigungen zum größten Teil festgelegt werden (Lindemann/ Mörtel, 2001). Von Züst wird darauf hingewiesen, dass bei einer qualitativen Betrachtung von Umweltbeeinträchtigungen zwischen verschiedenen Produkten zwischen den festgelegten und angefallenen Umweltbeeinträchtigungen zu unterscheiden ist, da diese in verschiedenen Lebensphasen anfallen. Die nachfolgende Abbildung 4.6 zeigt diesen Zusammenhang im Überblick.

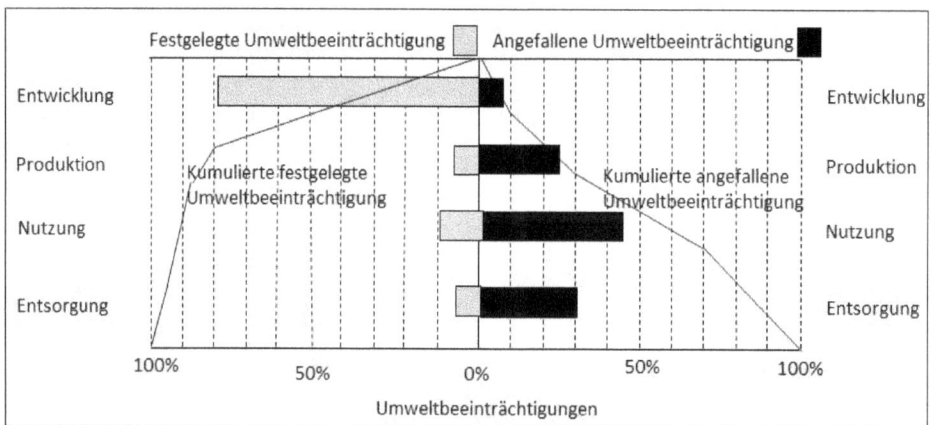

Abb. 4.6:   Festgelegte und angefallene Umweltbeeinträchtigungen Lebenslauf bezogen, Quelle: Züst, 1996, modifiziert und verändert

Abbildung 4.6 zeigt, dass in den verschiedenen Phasen des Produktlebenslaufs unterschiedliche Umweltbeeinträchtigungen anfallen. Von Konstruktion/Design festgelegte Umweltbeeinträchtigungen konzentrieren sich in ihrer Hauptwirkung auf die Phase Entwicklung. Die angefallenen Umweltbeeinträchtigungen entstehen später und konzentrieren sich zu größeren Teilen auf die Phasen Nutzung und Entsorgung. Diese unterschiedlichen Verläufe zeigen sich auch in den kumulierten Werten. Da die Werte zwischen den Produkten sehr stark schwanken, beziehen sie sich lediglich auf eine qualitative Betrachtung. Die Schwankungsbreite kann dabei erheblich sein. Das zeigt ein Beispiel aus dem Bereich der Kosten. Es existieren Schätzungen, dass diese zu ca. 70% durch die Entwicklung festgelegt werden (Ehrlenspiel, 1995). Bei Beispielen aus der Elektroindustrie können sich diese aber auf bis zu 95% erhöhen (Züst/Wagner, 1992). Insgesamt kann festgestellt werden, dass der Bereich Entwicklung eine hohe Verantwortung für Umweltauswirkungen von Produkten und die resultierenden Umweltbeeinträchtigungen trägt.

4.3.2.2   Nachhaltigkeits-Markenmanagement

Der Begriff „Nachhaltigkeitsmarke" ist bisher nicht allgemeingültig definiert. Unter einer Nachhaltigkeitsmarke wird auf Unternehmensmarken bezogen eine Marke verstanden, deren Differenzierungsfähigkeit auf der Nachhaltigkeitsthematik basiert (z.B. Du et al, 2010, Chen, 2010, Melo/Galan, 2011). Sie wird mit Hilfe des Markenmanagements aufgebaut und weiterentwickelt. Zum Begriff „Nachhaltigkeits-Markenmanagement" existiert ebenfalls derzeit keine allgemeingültige Definition. In der Literatur werden viele Begriffe synonym verwandt (z.B. Sustainable Branding, CSR-Markenmanagement, Citizen Brands, Ethical Branding etc.) (z.B. Willmot, 2001, Hermann, 2005, Fan, 2005, Baumgarth, 2008). Es handelt es sich um einen ganzheitlichen Ansatz, der auf der Ebene des gesamten Unternehmens angesiedelt ist und eine besondere Verbindung zum unternehmens-, gesellschafts- und kulturellen Wertemanagement hat. Nachhaltigkeits-Markenmanagement ist eine spezielle Art der Markenführung. Sie ist geprägt, durch nachhaltigkeitsbezogene Markenwerte einerseits und eine wesentlich breitere Abdeckung von freiwilligen Stakeholder-Interaktionen (z.B. -Mitbestimmungen, -Prozessbeteiligungen etc.) andererseits. Gelebte Visionen und darauf aufbauende Definitionen von Nachhaltigkeitswerten und -zielen, stehen am Beginn eines substantiellen und glaubwürdigen Nachhaltigkeits-Markenmanagements. In der wissenschaftlichen Forschung ist ein eindeutiger Forschungsbedarf für Forschungsanstrengungen zu konstatieren, die sich mit dem Themenbereich der Nachhaltigkeitsmarken beschäftigen. Bisher konzentrieren sich die wissenschaftlichen Beiträge zum Nachhaltigkeits-Markenmanagement vor allem auf allgemeine konzeptionelle Arbeiten zum Marketing. Der Bezug zur Entwicklung einer Nachhaltigkeitsmarke (Managementprozesse etc.), erfolgt oft auf Basis bestehender Ansätze. Diese werden lediglich thematisch erweitert. Erkenntnisse, die auf diese Weise ermittelt werden erschöpfen sich oft in relativ belanglosen Hinweisen. Das betrifft z.B. für das Ergebnis der „Einhaltung der Übereinstimmung von kommunizierten und tatsächlichen Nachhaltigkeitsleistungen" zu (z.B. Van de Ven, 2008, Meffert et al, 2010, Belz/Peattie, 2009). Ein anderes Beispiel ist „die Einbindung von Stakeholdern" (z.B. Lauring/Tompson, 2009, Sharma et al, 2010, Aggerholm et al, 2011 etc.). Es fehlt die Definition eines umfassenden Managementprozesses. Dazu gehören konkrete Schritten zur Etablierung (bzw. Weiterentwicklung) einer glaubwürdigen Nachhaltigkeitsmarke, unter expliziter Berücksichtigung von Glaubwürdigkeit und Informationsungleichheiten auf der Basis eines Netzwerkmodells (z.B. als Meta-Modell etc.). Interessant erscheint in diesem Zusammenhang auch die Frage, inwieweit sich die vermutete Informationsasymmetrie für Konsumenten aufgrund frei zugänglicher öffentlicher Informationen durch Massenmedien, Verbraucherverbände, Websites, Filmdokumentationen etc. verringert hat. Ähnliches gilt neben den konzeptionellen Ansätzen auch für umfangreiche Markenmodelle (z.B. Middlemiss, 2003, Polonsky/Jevons, 2009, Meffert et al, 2010 etc.). Zudem sind Arbeiten vorhanden, die sich lediglich ausschnittbezogen auf einzelne Instrumente oder spezifische Nachhaltigkeits-Marketing-Ausrichtungen (z.B. Sozial-Marketing) beziehen (z.B. Blumenthal, 2003 etc.). Vorhandene Forschungsarbeiten lassen sich grob in folgende Hauptgruppen zusammenfassen:

1. Außerökonomische Wirkungsanalysen von Konsumenten-Eigenschaften
Am häufigsten wurden bislang Wirkungsanalysen durchgeführt, die sich auf B2C-Konsumenten konzentrieren (z.b. Konsumenten-Einstelllungen, Konsumenten-Vertrauen außerökonomischer Art, im Verhältnis zu Nachhaltigkeits-(CSR-)Marken etc.) (z.B. Klein/Dawar, 2004, Mohr/Webb, 2005, Mayerhofer et al, 2008). B2B-Konsumenten wurden bisher kaum untersucht. Eine übergeordnete Betrachtung der Ergebnisse lässt darauf schließen, dass Konsumenten Nachhaltigkeitsaktivitäten in Relation zu ihren persönlichen Referenzwerten beurteilen. Absolute Standards stellen dabei kein Beurteilungskriterium dar. Nachhaltigkeitsaktivitäten werden im Verhältnis zu den persönlichen Erwartungen beurteilt. Differenzen zwischen den individuellen Erwartungen an das Unternehmen und dem tatsächlich beobachteten Verhalten, haben einen signifikanten Einfluss auf die Art der Reaktion der Konsumenten. Für das Nachhaltigkeits-Marketing ist damit die Schwierigkeit verbunden, dass die individuellen Erwartungen aller Konsumenten kaum identifizierbar sind. Es kann auch nicht von einer „Konsumentenhomogenität" ausgegangen werden. Diese Tatsache ist auf die unterschiedlichen gesellschaftlichen Werte und Einstellungen zurückzuführen. Das erscheint insofern wichtig als sich herausgestellt hat, dass die persönliche Einstellung gegenüber allgemeinen sozial-ökologischen Belangen der wichtigste Mediator für den Nachhaltigkeitserfolg darstellt. Es hat sich auch herausgestellt, dass für valide Aussagen zu Nachhaltigkeitsaktivitäten eines Unternehmens die unterschiedlichen Ansichten von Konsumenten wichtig sind.

2. Ökonomische unternehmensbezogene Wirkungsanalysen
Deutlich weniger Arbeiten beziehen ökonomische Wirkungsanalysen mit ein. Es existieren Studien zum Einfluss auf Preisbereitschaften (z.B. Creyer/Ross, 1996, de Pelsmacker et al, 2005), den Marken- bzw. Firmenwert (Luo/Bhattacharya, 2006, Wang, 2010) oder den Trade-Off zwischen dem Verhalten des Unternehmens (ethisch/unethisch) und der Kaufabsicht von Konsumenten (z.B. Ellen et al, 2006, Russel/Russel, 2009, Folse et al, 2010). Ein relativ großer Teil der Arbeiten bezieht sich auf das Markenimage (z.B. Klein/Dawar, 2004, Becker-Olsen et al, 2006, Lee et al, 2009). Im Hinblick auf die Erkenntnisse ist festzustellen, dass der theoretisch angenommene Zusammenhang zwischen dem Unternehmensverhalten und den kognitionspsychologischen Attributionsprozessen (Image etc.) empirisch bestätigt wurde. Weitere Ergebnisse zeigen, dass sich Konsumenten dessen durchaus bewusst sind, aktiv Rückschlüsse zu der tatsächlichen Motivation unternehmerischen Verhaltens ziehen. Wird als Attribut ein reiner Gewinnanreiz vermutet, erfolgt zumeist eine negative Reaktion auf die gesetzten Stimuli. Wird vom Konsumenten hingegen ein altruistischer Wert identifiziert, wirkt sich das positiv auf die Einstellung aus. Ähnliches wurde mehrheitlich auch für strategische Werte ermittelt. Die Wahrnehmung des Unternehmensverhaltens mit der dahinter stehenden Attribution (Motivation) bildet demnach einen zentralen Erfolgsfaktor.

3. Wirkungsanalysen mit Bezug auf den wahrgenommenen Fit

Sehr häufig sind Arbeiten vertreten, in denen der nachhaltige „Fit" zwischen den Kompetenzen sowie Wertaktivitäten eines Unternehmens und den Charakteristika der durchgeführten Nachhaltigkeitsaktivitäten untersucht wird (z.B. Sen/Bhattacharya, 2001, Lichtenstein et al, 2004, Becker-Olsen et al, 2006). Daneben sind auch Untersuchungen vorhanden, die sich auf die klassischen Fit-Dimensionen der Ähnlichkeit von Marke und Produkt beziehen (z.B. Samu/Wymer, 2009, Folkes/Kamins, 1999). Im Hinblick auf die Informationsbasis der Daten zeigt sich, dass der wahrgenommene Fit am Häufigsten untersucht wird. Daraus ergibt sich eine Vielfalt möglicher Operationalisierungen mit sehr unterschiedlichen Fit-Maßen. Übergreifend ergibt sich, dass die festgestellten Effekte auf einen positiven Zusammenhang deuten. Es hat sich ergeben, dass Konsumenten Nachhaltigkeitsaktivitäten umso besser beurteilen, je mehr auch technische Kompetenzen auf eine Übereinstimmung mit den Wertaktivitäten des Unternehmens deuten. Wird das Unternehmen als extrem unglaubwürdig oder extrem glaubwürdig wahrgenommen, verliert der Effekt an Bedeutung. Es deutet sich auch an, dass von der Fit-Variablen „Übereinstimmung der persönlichen Einstellung des Konsumenten mit dem Markenimage des Unternehmens", synergetische Wirkungen auf das Markenimage und die Nachhaltigkeitsaktivität von Unternehmen ausgeht. Durch den komplexen Erfolgsfaktor „Glaubwürdigkeit" kann die gemessene Fit-Beziehung durch zusätzliche Moderatoren in ihrer Effektstärke variieren. Bei den klassischen Fit-Dimensionen wurde ermittelt, dass negative Nachhaltigkeitswahrnehmungen, die zu negativen Einstellungen führen, auch durch exzellente Produktleistungen nicht wettgemacht werden können (z.B. Folkes/Kamins, 1999). Eine positive Nachhaltigkeitswahrnehmung führt nur dann zu einer positiven Einstellung, wenn auch eine hohe Produktqualität vorliegt.

Kritisch muss angemerkt werden, dass die notwendigen Bedingungen für eine Repräsentativität in den meisten Studien nicht gegeben sind (Solomon et al, 2001). Zudem wurden die Erkenntnisse überwiegend durch „Laborexperimente" erreicht. Derartige künstliche Bedingungen sind im Feld (Praxis) jedoch nicht gegeben. Daher ist insbesondere bei den Experimenten von einer geringen externen Validität auszugehen. Das schränkt eine Übertragbarkeit der Ergebnisse auf die Realität ein (Berekhoven et al, 2006). Diese wird auch durch die Tatsache limitiert, dass überwiegend Studenten als Probanden herangezogen wurden. Im Vergleich zur Realität, führt das zu einer überproportionalen Homogenität bei den Eigenschaften der Probanden. Die Wirkung der Heterogenität bei den Konsumenten wird so signifikant vernachlässigt (DelVecchio/Smith, 2005). Ferner ist kritisch zu sehen, dass die Informationsbasis zu 88% aus den USA stammt. Da die Wertebasis im Nachhaltigkeitsbereich jedoch ganz wesentlich durch kulturelle Normen beeinflusst wird, erscheint auch aus diesem Grund eine Übertragbarkeit auf andere Kulturkreise als fraglich (Solomon et al, 2001, Emrich, 2007, Emrich, 2009, Emrich 2011, Emrich, 2012). Bei den Experimenten wurden zudem häufig reale Stimuli (Marken, Produkte etc.) eingesetzt. Da die Probanden bereits vor dem Experiment über unterschiedliches Wissen bzw. Emotionen bzgl. der Stimuli verfügen, kann dadurch die Beantwortung der Fragen beeinflusst werden, was zu Verzerrungen der Ergebnisse führt. Positiv ist anzumerken, dass Untersuchungen mit unterschiedlichen Analysemethoden und Untersuchungsdesigns zu gleichen Aussagen kommen. Es kann daher generell auf Einflussfaktoren im Rahmen des Nachhaltigkeits-Markenmanagements geschlossen werden.

4.3.2.2.1 Nachhaltigkeits-Markenmanagement für Sachgüter-Marken

Nachhaltigkeits-Markenmanagement stellt ein Herzstück beim Nachhaltigkeits-Marketing dar. Es bedingt viele Neuerungen im Verhältnis zur herkömmlichen Marketing-Ausrichtung. Durch die gleichwertige Berücksichtigung von Ökologie, Ökonomie und Sozialem wird es sehr komplex. Die ökologischen Auswirkungen der Produktpolitik macht es äußerst wissensintensiv. Aufgrund des Paradigmenwechsels bei den Konsumenten von „immer mehr, immer billiger" zu „ökologisch sinnvoll, ethisch korrekt", wird auch die Kenntnis soziokultureller Wirkungsstrukturen für Nachhaltigkeits-Marketeers unverzichtbar. Zusätzlich sind auch psychosoziokulturelle Faktoren wichtig, da die notwendigen Verhaltensänderungen bei Konsumenten und Herstellern einem Identitätswechsel gleichkommen. Dieser muss durch das Nachhaltigkeits-Marketing professionell gefördert und unterstützt werden, um langfristig erfolgreich zu sein. In der Literatur finden sich verschiedene Ansätze für Nachhaltigkeits-Markenmodelle. Sie liegen der Nachhaltigkeits-Markenstrategie zugrunde und können spezifischer oder generischer Art sein. Generische Markenmodelle sind allgemein ausgerichtet und sollen für alle Marken gelten. Sie können aber nur ein Sprungbrett (Ausgangspunkt) für explizite Markenmodelle darstellen, da sie ansonsten ein zentraler Grund für die Austauschbarkeit von Markenstrategien wären. Die Markenmodelle werden in Sachgüter- und Dienstleistungs-Marken differenziert. Da auch Nachhaltigkeits-Markenmodelle nahezu immer auf eine explizite Marke ausgerichtet sind, beziehen sich die folgenden Ausführungen auf einzelne Kernbereiche des Nachhaltigkeits-Markenmanagement. Sie werden auf Basis ausgewählter Erkenntnisse verdichtet und erläutert, wobei das Vorgehen auch zur Verdeutlichung von Unterschieden zu herkömmlichen, nicht nachhaltigen Markenmodellen dient (z.B. Kitchin, 2003, Gregory, 2007, Van de Ven, 2008, Merrillees/Miller, 2008, Rolland et al, 2009, Lauring/Thompsen, 2009, de Chernatony, 2009 Meffert et al, 2010, Tourky et al, 2011, Vilppo/Lindberg-Repo, 2011, Stuart, 2011, zu andern Studienauflistungen vgl. auch Waßmann, 2011):

1. Strategische Ausrichtung einer Nachhaltigkeitsmarke
Bei der Entwicklung einer Nachhaltigkeitsmarke und darauf basierend eines Nachhaltigkeits-Markenmodells, bildet bei den meisten vorliegenden Markenmodellen eine etablierte Unternehmensmarke den Ausgangspunkt. Diese soll zu einer komplementären Nachhaltigkeitsmarke weiterentwickelt werden (Nachhaltigkeitsmarken-Managementprozess). Einige Ansätze wählen im Kontext der Nachhaltigkeitsmarke auch einen Repositionierungsansatz (Markenerweiterung, -konsolidierung, -neuaufbau etc.), bei dem das feststehende Image einer Marke an nachhaltige Entwicklungstendenzen „angepasst" werden soll. Einige Forscher wollen dabei

nicht unbedingt die bisherige (*nicht* nachhaltige) Positionierung der Marke aufgeben. Mit dem Hinweis auf Kosten und Unbequemlichkeiten eines radikalen Imagewandels votieren sie stattdessen für „ein klein wenig" Nachhaltigkeit (z.B. als ad-on) bei einer bestehenden Marke. Von einzelnen Wissenschaftlern wird sogar vor der strategischen Positionierung einer konsequenten Nachhaltigkeitsmarke als „zu schwierig in der Umsetzung" gewarnt. Als Motive dominiert die sozial- und/oder ökologisch wahrnehmbare Verantwortung der Marke (Image etc.) bei den Stakeholdern. Angesichts der in den letzten Jahren beständig gestiegenen Relevanz von Nachhaltigkeitsmarken erscheinen viele der Markenmodelle strategisch als zu kleinmütig. Insbesondere, da empirische Studien zeigen, dass das Nachhaltigkeitsbewusstsein bei jungen Menschen erheblich gestiegen ist und immer mehr Menschen sich eine größere Anzahl nachhaltiger Angebote von Unternehmen wünschen. Es wurde ermittelt, dass die Hautzielgruppen zumeist eher zahlungskräftig und in ihrer Mehrzahl auch bereit ist, für nachhaltig erzeugte Produkte mehr zu zahlen. Kritisch ist, dass vor allem strategische Ansätze, bei denen die Nachhaltigkeitsthematik aus Angst vor Veränderung bis zur Unkenntlichkeit verwässert wird, bei der Markenführung durch ihre Beschränktheit in eine gefährliche Nähe zum Greenwashing geraten. Diese gefährliche Nähe ist mit Schadenspotentialen für den Markenwert verbundenen.

2. Theoretische Modellbasis

Für die modellmäßige Unterstützung einer Nachhaltigkeitsmarke werden häufig die vorhandenen Ansätze in Form von identitätsorientierten Modellen der Markenführung herangezogen. Die Ansätze für eine Nachhaltigkeitsmarke sehen zunächst die innenorientierte Entwicklung vor (z.B. mit den internen Stakeholdern etc.), um sie dann nach außen zu kommunizieren. Die Einbindung von Mitarbeitern sowie die Übereinstimmung verschiedener Nachhaltigkeitswerte, bilden als theoretische Basis den Schwerpunkt der Modellentwicklung. Begründet wird dieses Vorgehen damit, dass eine reine Outside-In-Perspektive (z.B. ein kundengetriebenes Markenmanagement etc.) hauptsächlich kommerziell ökonomisch orientiert agiert. Bei der Nachhaltigkeitsorientierung jedoch auch ökologische und soziale Ziele (möglichst gleichberechtigt) zu verfolgen sind. Der innenorientierte Ansatz wird bei einigen Nachhaltigkeits-Markenmodellen sogar ganzheitlich interpretiert. Dabei wird eine generelle interne Nachhaltigkeits-Unterstützung (z.B. durch das Top-Management sowie der Mitarbeiter etc.) als Erfolgsfaktor ermittelt. In diesem Rahmen stellt auch die Organisation einen separaten Erfolgsfaktor dar (z.B. im Hinblick auf die Wertschöpfungskette, Niederlassungen etc.). Von anderen Wissenschaftlern wird zusätzlich der Ansatz der integrierten Marke bevorzugt. Bei diesem Ansatz ist vorgesehen, Nachhaltigkeit auf allen Strategieebenen in die Identität des Unternehmens zu integrieren. Angesichts der Erkenntnisse, ergibt sich eine eminente Wichtigkeit der Konstrukte „Vertrauen" und „Glaubwürdigkeit" als zentrale Komponenten einer Nachhaltigkeitsmarke. Bei einer Repositionierungsstrategie weisen die Ergebnisse auf eine erforderliche Verbindung zwischen alter und neuer Positionierung der Markenidentität hin.

3. Einbindung externer Stakeholder

Ähnlich der Markenidentität, legen viele Nachhaltigkeits-Markenmodelle einen Fokus auf externe Stakeholder und deren Ansprüche. Die Marke dient dabei als Orientierung für das Unternehmensverhalten. Grundlage bildet die Annahme, dass die Marke nicht nur nach ihren finanziellen, sondern auch nach den wahrgenommenen Leistungen beurteilt wird. Einige Ansätze sehen vor, dass Nachhaltigkeit durch Verantwortungsübernahme von Unternehmen generiert werden kann. Dazu ist, neben dem Dialog mit den externen Stakeholdern, auch ihre aktive Involvierung vorgesehen. Bereits der Dialog schafft Transparenz und kann das Vertrauen bei externen Stakeholdern fördern. Als aktive Involvierung wird von einigen Forschern dafür plädiert, neben internen auch die externen Stakeholder bereits in die Visionsfindung einzubinden, um dann gemeinsam die Identität der Marke zu formulieren. Dieses Vorgehen gilt für die Vertrauenswürdigkeit des wahrgenommenen Verhaltens einer Marke als entscheidend. Als Begründung wird angeführt, dass eine aktive Involvierung auch dazu beitragen kann, die künftige Stakeholderkritik zu minimieren und die Loyalität interner und externer Stakeholder zu fördern. Erkenntnisse deuten zudem darauf hin, dass Kommunikationsprozesse im Kern der Markenentwicklung stehen.

Ganzheitliche Markenführung bei Bionade

»Die gesamte Wertekette des Unternehmens basiert auf den Prinzipien der ökologischen Nachhaltigkeit (biologisches Brauprinzip, ressourcenschonende Produktion) und der sozialen Verantwortung (Rohstoffbezug von Landwirten und Zulieferern aus der Region). Dies wird den Konsumenten in den Werbeauftritten als zentrale Botschaft proaktiv vermittelt. Darüber hinaus konzentriert sich Bionade im Rahmen seines freiwilligen gesellschaftlichen Engagements auf Projekte, die sich inhaltlich besonders gut mit der Markenidentität verknüpfen lassen. Das Unternehmen hilft z.B. mit finanziellen Mitteln und seinem Know-How bei der Förderung von Trinkwasser in der Region. Mit diesen Aktivitäten ist es Bionade gelungen die CSR als einen essenziellen Bestandteil der Markenpersönlichkeit zu etablieren, um auf diese Weise einen Preispremium zu erzielen« (Waßmann, 2011, 2).

---

4. Potentielle CSR-Faktoren für eine nachhaltige Markenführung

Als potentielle (positiv bzw. negativ wirkende) Faktoren beim CSR-Konzept, haben sich im Hinblick auf eine nachhaltige Markenführung folgende Ergebnisse ergeben:

- Beim Verhalten von Unternehmen (ethisch versus unethisch) stellt die Steigerung des Markenimages durch die Verfolgung von CSR einen Erfolgsfaktor dar. Dabei spielen die Konstrukte „Glaubwürdigkeit" und „Vertrauen" eine herausragende Rolle (z.B. Yoon et al, 2006).
- Beim Verhalten des Managements beeinflusst eine langfristige und altruistische Motivation für den Einsatz von CSR das Kaufmotiv positiv (z.B. Ellen et al, 2006).
- Eine aktive Unterstützung sowie ein aktives Vorleben nachhaltiger Werte durch das Top-Management, fördern intern und extern nachhaltige Werte (z.B. Middlemiss, 2003).

- Bei der integrierten Nachhaltigkeitsmarken-Führung fördern nachhaltige Werte intern und extern die Identität in der unternehmens-, prozess-, funktions- und organisationsbezogenen Praxis und führen auch zu höherer Loyalität (z.B. Polonsky/Jevons, 2009).
- Die kommunikative Betonung der extrinsischen CSR-Motivation im Verhalten des Unternehmens beeinflusst die Kaufmotivation positiv (z.B. Höhe/ Gründe für einen Spendenbetrag etc.) (z.B. Klein/Dawar, 2004).
- Eine wahrgenommene Scheinheiligkeit (Dissonanz zwischen Versprechung und Handeln) von kommunikativ postulierten Nachhaltigkeitsmaßnahmen, beeinflusst das Kaufmotiv negativ (z.B. Wagner et al, 2009).
- Einer Einbindung externer Stakeholder geht die interne Entwicklung der Nachhaltigkeitsidentität eines Unternehmens voraus (z.B. Brady, 2003).
- Konsumenten beurteilen CSR-Aktivitäten mit ihren persönlichen Erwartungen. Differenzen zwischen den Erwartungen und dem tatsächlichen Verhalten haben einen signifikant negativen Einfluss auf das Kaufverhalten (z.B. Sen/Bhattacharya, 2001).
- Bei den Produkten existieren unterschiedliche Ergebnisse zum postulierten positiven Trade-Off zwischen CSR-Attributen und Produkteigenschaften. Diese Tatsache ist durch unterschiedliche Messinstrumente bedingt. Es ergibt sich ein Präferenzvorteil bei Hinweisen auf eine nachhaltige Herstellung für Produkte, wenn funktionale Parität (Preis, Leistung etc.) mit Konkurrenzangeboten vorliegt (z.B. Auger et al, 2008).
- Ein hoher Fit zwischen den Nachhaltigkeitszielen und den Kompetenzen des Unternehmens beeinflusst die Stimulation des Kaufverhaltens positiv (z.B. Ellen et al, 2006).

Kritisch bleibt, dass trotz eindeutiger Hinweise auf eine Priorisierung der kulturbezogenen Konstrukte „Vertrauen" und „Glaubwürdigkeit" als zentrale Erfolgsfaktoren, bisher noch kein umfassendes Nachhaltigkeits-Markenmodellen vorhanden ist, das diese wertebezogenen Konstrukte wissenschaftlich in den Mittelpunkt stellt. Es sind auch kaum Ansätze für die Nachhaltigkeitsmanagement-Prozesse vorhanden (z.B. Mangold, 2012). Stattdessen beziehen sich Studien zumeist auf die komplementäre Weiterentwicklung einer Unternehmensmarke in Hinblick auf Nachhaltigkeit. Oft stehen dabei auch andere Schwerpunkte im Vordergrund (z.B. Medienmanagement etc.). Generische Markenmodelle für Sachgüter-Marken mit annährend klar umrissenen Schritten für eine nachhaltigkeitsorientierte Weiterentwicklung fehlen nach wie vor (z.B. als Meta-Modell etc.). Es ist daher ein eindeutiger Forschungsbedarf auszumachen. Besonders kritisch fällt bei bisherigen Forschungsarbeiten auf, dass nahezu sämtliche Forschungsansätze auf der traditionellen linearen Denkweise basieren. Ganzheitliche, systembasierte Wirkungen im Zusammenhang mit der nachhaltigen Entwicklung können daher kaum berücksichtigt werden. Insbesondere das Nachhaltigkeits-Markenmanagement ist jedoch davon betroffen. Vorhandene Forschungsansätze sind auf dieser Basis jedoch weder in der Lage Komplexität, Varietät und Nichtdeterminismus noch Feedback-Prinzipien in ausreichendem Maße einzubeziehen (vgl. dazu die Ausführungen im Kapitel 3.4.1.1 ff. in diesem Buch). Der Forschungsbedarf in dieser Hinsicht ist als dringend zu bezeichnen, denn durch

die bisherigen Forschungsansätze können auch nachhaltigkeitsbezogene Komplexitätsauswir-
kungen nicht berücksichtigt werden. Die Bewältigung komplexer Wirkungsbeziehungen ist
jedoch im Rahmen systemischer Wirkstrukturen für ein effektives wertebezogenes Nachhaltigkeitsmarken-Management von entscheidender Bedeutung (z.B. durch Anwendung der
Prinzipien der Kybernetik, Management- bzw. Biokybernetik etc.).

4.3.2.2.2   Nachhaltigkeits-Markenmanagement für Dienstleistungs-Marken

Die Notwendigkeit zu einer Neuausrichtung des Markenmanagements im Verhältnis zum
herkömmlichen (nicht nachhaltigen) Marketing, gilt auch für nachhaltige Dienstleistungs-
Marken. Die Bedeutung der Komplexität ist identisch mit der für Sachgüter. Die Wissensin-
tensität entspricht ebenfalls in etwa der der Sachgüter. Die Bedeutung soziokultureller Wirkungsstrukturen und psychosoziokulturelle Faktoren fällt für Nachhaltigkeits-Marketeers sogar höher aus, da Verhaltensänderungen bei Konsumenten eine extrem hohe Bedeutung im
Rahmen des Nachhaltigkeits-Dienstleistungs-Markenmanagements haben. Für den Begriff
„Dienstleistung" hat sich in der Literatur eine allgemeingültige und auf breiter Ebene ver-
wendbare Definition noch nicht herausgebildet (z.B. Meffert/Bruhn, 2009). Eine Dienstleistung ist ein immaterielles Gut, in dessen Mittelpunkt eine Leistung steht. Sie kann von einer
natürlichen oder juristischen Person zur Bedarfsdeckung erbracht werden. Diese Charakteristik grenzt Dienstleistungen von einer Ware ab, bei der die Produktion bzw. der materielle
Wert eines Gutes im Mittelpunkt steht. Eine Dienstleistung ist zwar kein Gut bei dem etwas
physisch hergestellt wird, es sind aber Überschneidungen mit Sachgütern möglich. Obwohl
die Bedeutung des Dienstleistungssektors in modernen Volkswirtschaften seit Jahren wächst,
wurden nicht nur die wichtigsten Marketingkonzepte, sondern auch -Modelle vornehmlich für
Sachgüter entwickelt. Für die Anwendung von Modellen für Dienstleistungen ist zu beachten,
dass deren Eigenschaften teilweise zu Modifikationen zwingen. Diese Eigenschaften können
anhand der folgenden konstitutiven Merkmale beschrieben werden (Engelhardt et al, 1993):

- Leistungsfähigkeit des Dienstleistungsanbieters (z.B. Potentialfaktoren, wie Personal,
  Know-How etc., die beständig in hoher Qualität vorgehalten werden müssen etc.),
- Integration des externen Faktors (z.B. Einbeziehung des Dienstleistungskunden bzw. eines
  ihm gehörenden Objekts, wie z.B. seines Autos etc.) und
- Immaterialität (z.B. Nichtlager-, Nichttransportfähigkeit, Nichtgreifbarkeit eines Gutes
  etc.).

Dienstleistungen sind allgemein durch einen sehr hohen Personenbezug gekennzeichnet, da
sie zum größten Teil von Personen (Mitarbeitern etc.) erbracht werden (Service Encounters).
Rekrutierung, Ausbildung, Schulung und Motivation von Mitarbeitern sind als soziale Faktoren für die Gewährleistung von Kundenzufriedenheit äußerst wichtig. Sie bedürfen in einem
Nachhaltigkeits-Marketing-Mix für Dienstleistungsunternehmen besonderer Berücksichti-

gung. Im Nachhaltigkeitsbereich wird in der Literatur den Markenmodellen für Dienstleis-tungsanliegen deutlich weniger Beachtung geschenkt, als das bei Sachgütern der Fall ist. Die wenigen vorhandenen Studien sind zumeist auf ein explizites Markenmanagement ausgerich-tet. Bezüglich eines generischen Markenmanagements, das allgemein ausgerichtet ist und für alle Dienstleistungsmarken gelten soll, existieren kaum Arbeiten. Das ist auch nicht verwun-derlich, da viele Dienstleister in der individuellen Ausrichtung an Kundenwünschen ihren Wettbewerbsvorteil sehen. Im Folgenden werden Faktoren für Nachhaltigkeitsindikatoren vorhandener Ansätze zum Dienstleistungsmarken-Management zusammenfassend charakteri-siert (z.B. Davis, 2001, Eckert, 2004, Burmann et al, 2005, Meffert et al, 2015):

a) Nachhaltige Wettbewerbspositionierung
Im Bereich des Leistungserstellungsprozesses ist es für Dienstleister wichtig, möglichst zeit-genau die beeinflussenden Faktoren für eine Kaufentscheidung von Konsumenten zu antizi-pieren (z.B. Wertewandel bei Kundenwünschen etc.). In den vorhandenen Arbeiten wird die Nachhaltigkeitsthematik vorrangig als Wettbewerbsfaktor zumeist in Verbindung mit einem Qualitätsvorteil entwickelt. Individuelle Anforderungen aus Kundensicht stehen im Vorder-grund. Durch die steigende Bedeutung von Nachhaltigkeitsaspekten in der Gesellschaft, kön-nen sich Qualitätsausrichtungen auf die Bereiche der Potential- und Prozessdimension sowie die Leistungsqualität insgesamt ausrichten. Bei den vorhandenen Studien spielen im Bereich der Potentialdimensionen (z.B. mitarbeiterbezogenes internes Nachhaltigkeits-Management etc.) ökologische (z.B. Umweltschutz, Ressourcenschonung etc.) und soziale Kriterien eine Rolle (Mitarbeiterzufriedenheit, psychologische Verbundenheit mit den Werten der Marke etc.). Im Rahmen der Leistungserstellungsprozesse werden auch gesellschaftsbezogene Nach-haltigkeitskriterien (Vermeidung der Wegwerf-Mentalität, Stärkung eines nachhaltigen Kons-umbewusstseins etc.) als Qualitätskriterien verfolgt. Bei der Qualität des Leistungsergebnisses wird vor allem auf ökologisch und sozial verträgliche Kriterien gesetzt. So werden bei Han-delsunternehmen z.B. Produkte aus fairem Anbau bzw. von fairen Handelsorganisationen an-geboten, um einen ökologisch verträglichen Anbau zu fördern. Bei Tourismusorganisationen werden Anbieter herangezogen, die Mindestlöhne zahlen, Kinderarbeit ächten und ökologisch verträgliche Urlaubsgestaltung fördern. Ein Wettbewerbsvorteil durch die nachhaltige Aus-richtung ist aber erst wirksam, wenn dieser gegenüber den Konkurrenten zu einem dominan-ten Qualitätsvorteil ausgebaut und von den Konsumenten auch als solcher wahrgenommen wird. Um sich gegenüber den Wettbewerbern zu positionieren, sollte dieser nachhaltige Qua-litätsvorteil auf Basis eines möglichst einzigartigen Charakters aufgebaut sein, damit er auch von der Konkurrenz nicht ohne Probleme imitiert werden kann.

b) Nachhaltige Profilierungsvorteile durch Markenmanagement
In einigen Arbeiten wird neben dem Wettbewerbsfaktor Qualität, auch eine Profilierungsstra-tegie mit Nachhaltigkeitswerten bei Dienstleistungsangeboten durch Markenpolitik favori-siert. Dabei wird besonders auf ökologie- und gesundheitsbewusste Konsumenten abgestellt.

Ebenso wie bei Sachgütermarken, spielt das Markennutzenversprechen und das Markenver-halten für den Erfolg eine herausragende Rolle. Daher ist die Erzielung einer hohen Überein-stimmung dieser Faktoren auch im Dienstleistungsbereich essenziell. Die Ausgestaltung der Markenidentität kann hierfür einen klaren Bezugspunkt liefern (z.B. Joachimsthaler, 2002). Sie bildet somit die eigentliche Substanz einer Marke, auf der ihre Differenzierungskraft be-ruht. Durch die Marke soll zu den Konkurrenzmarken im eigenen Markt eine Abgrenzung zu den konventionellen Angeboten geschaffen werden. Eine klare Hervorhebung der Vorteile gegenüber konventionellen Dienstleistungen ist dabei essentiell. Nachhaltige Marken verfol-gen oft Merkmale der Differenzierungsstrategie und nutzen dazu als Basis die Profilierung der Einzigartigkeit (Villinger et al, 2000). Ebenso wie bei Sachgütermarken, wird auch bei Dienstleistungsmarken dazu als Modellbasis die identitätsbasierte Markenführung herangezo-gen. Aufgrund des Merkmals „Immaterialität" wird die Marke (neben dem Preis) oft zum ein-zig greifbaren „Anker" für Konsumenten bei der Auswahlentscheidung. Das von den Konsu-menten wahrgenommene „Fremdbild" der Marke stellt dann das Markenimage dar. Dieses muss sich, um glaubwürdig zu sein, auch im täglichen Verhalten der Mitarbeiter widerspie-geln. Aktuelle Entwicklungen am Markt zeigen im Hinblick auf Markenstrategien, dass Dienstleistungsunternehmen für die Etablierung einer Nachhaltigkeitsmarke oft eine Dach-markenstrategie wählen (z.B. Mövenpick, TUI, GLS-Bank etc.). Es geht dabei um eine „Goodwill-Strategie", bei der sich einzelne Maßnahmen positiv auf das Gesamtimage auswir-ken sollen. Neue Dienstleistungen können den Schutz etablierter Dachmarken nutzen, um größere Erfolgschancen zu haben. Von Handelsunternehmen wird für Nachhaltigkeitsmarken oft die Markenfamilienstrategie gewählt. Hierbei wird für die Nachhaltigkeitsmarke eine se-parate Markenfamilie gegründet (z.B. Rewe Bio, Edeka Bio, etc.), die speziell die Ziele und Anforderungen nachhaltigkeitsorientierter Konsumenten anspricht. Die Gefahr einer Verwäs-serung der Kernleistungen einer Marke ist hierbei deutlich geringer, als bei der Dachmarken-strategie. Eine Einzelmarkenstrategie, bei der jeder Dienstleistung eine eigene individuelle Markenstrategie zugrunde liegt, findet sich bei Dienstleistungen kaum. Charakteristisch für eine Mehrmarkenstrategie ist die Führung eines Produktportfolios mehrerer selbständig ge-führter Marken, die auf denselben Produktbereich ausgerichtet sind. Die Dienstleistungen un-terscheiden sich zwar aufgrund zentraler Leistungsmerkmale voneinander, verfolgen aber eine gemeinsame Wertekultur. Mehrmarkenstrategien sind besonders bei Handelsunternehmen vertreten. Der Hauptzweck liegt darin, nachhaltige Dienstleistungsangebote zu lancieren, da-bei mehrere Standbeine aufzubauen und nach und nach Altes abzulösen (z.B. BioBio von Netto, Conscious von H&M etc.).

c) Ausgewählte potentielle Faktoren beim CSR

Als potentielle (positiv bzw. negativ wirkende) Faktoren beim CSR-Konzept, haben sich fol-gende ausgewählte Ergebnisse für ein Dienstleistungs-Markenmanagement ergeben (z.B. Burman/Maloney, 2007):

- Für Dienstleistungsmarken ist noch stärker als für Sachgütermarken die Konsistenz zwischen Markennutzungsversprechen und Unternehmensverhalten ausschlaggebend.
- Zur Aufrechterhaltung dieser Konsistenz ist die Anwendung eines ganzheitlich ausgerichteten Markenführungsansatzes eminent.
- Für die Konsistenz ist auch im Rahmen der Markenidentität die Sicherstellung eines gemeinsamen Bezugspunktes für alle Entscheidungen und Verhaltensweisen relevant.
- Das nachhaltigkeitsbasierte Selbstbild sowie eine darauf ausgerichtete innenorientierte Führung einer Dienstleistungsmarke sind erfolgsentscheidend.

Genfood bei McDonalds

„Seit 2001 verpflichtet sich McDonalds, in Europa bei der Produktion auf Genfutter zu verzichten. Diese Selbstverpflichtung der Restaurantkette endet nun. Greenpeace wirft dem Unternehmen vor, dass es ihm nur um den Preis seiner Burger ginge. Seit Anfang April erlaubt der Fastfood-Konzern McDonalds seinen Hähnchenfleisch-Lieferanten den Einsatz von gentechnisch verändertem Futtermittel. Ein Sprecher von McDonalds Deutschland bestätigte am Sonntag in München einen entsprechenden Bericht des Nachrichtenmagazins „Der Spiegel". […] Hintergrund sei die Auskunft der nationalen und internationalen Lieferanten, dass sie mit Beginn des zweiten Quartals 2014 „keine ausreichenden Mengen an nicht gentechnisch veränderten Futtermitteln zu wirtschaftlich vertretbaren Konditionen garantieren können", erklärte der Sprecher. Bereits Mitte Februar hatten die deutschen Geflügelproduzenten angekündigt, nach 14 Jahren wieder genmanipuliertes Soja zu verfüttern. Für McDonalds endet damit die seit 2001 bestehende Selbstverpflichtung, europaweit kein Genfutter bei der Produktion von Chicken-Nuggets und Chicken-Burgern einzusetzen. Die Umweltorganisation Greenpeace kritisierte das Vorgehen laut „Spiegel". „Für McDonalds zählt nur der Preis", kritisiert Stephanie Töwe-Rimkeit von Greenpeace im Spiegel. Mit jedem Chicken-Burger bekomme der Kunde in Zukunft ein Menü, das den Einsatz von Gift und Gentechnik in der Landwirtschaft fördere" (dpa, 2014a).

Kritisch ist die zu geringe Anzahl von Studien zum Nachhaltigkeitsmarken-Management bei Dienstleistungsunternehmen. Hier besteht ein eindeutiger Forschungsbedarf. Da sämtliche vorhanden Forschungsansätze auf der traditionellen linearen Denkweise basieren, sind zukünftig Forschungsansätze nötig, die zur Komplexitätsbewältigung der nachhaltigen Thematik geeignet sind (z.B. systembasierte Ansätze für Netzwerkwirkungen etc.). Bei näherer Betrachtung der bisherigen Ergebnisse zeigt sich, dass insbesondere deutsche Unternehmen bei der Nachhaltigkeitsthematik einen erheblichen Nachholbedarf haben. Das trifft in besonderem Maße auf die strategische Einbindung und die praktische Umsetzung zu. Auch wenn verbal 73% der Unternehmen (Vorstand, Geschäftsführung) Aktivitäten die Übernahme gesellschaftlicher Verantwortung befürworten, hapert es an der tatsächlichen Umsetzung. Lediglich 39% der befragten Unternehmen integrieren CSR tatsächlich in ihre Geschäftsprozesse und Wertschöpfungsketten (Bertelsmann-Stiftung, 2013). Es wurde auch ein weiteres Phänomen ermittelt. Nachhaltigkeitsbasierte Wertekulturen schaffen es offenbar nicht in die Köpfe und Herzen von Mitarbeitern/Führungskräften und bleiben viel zu oft lediglich „Papierversprechen".

Auch wenn 10% aller Befragten Unternehmen gesellschaftliche Verantwortung als Teil der Gesamtstrategie ausweisen, wird deutlich, dass zur Wertevermittlung ein Kulturmanagement notwendig ist. Nur Unternehmen, bei denen die CSR-Strategie „Chefsache" ist, schneiden gut ab. Durch klare Zielvereinbarungen und Überprüfungen der Zielerreichung laufen Veränderungen der Wertekultur weniger ins Leere (Bertelsmann-Stiftung, 2013).

4.3.2.3   Nachhaltige Verpackungspolitik

Für Nachhaltigkeits-Marketeer bezieht sich die Verpackungspolitik nicht nur auf funktionale Gegenstände. Für ein ganzheitliches Marketing-Management ist im Hinblick auf die umweltbezogenen Konsumentenwünsche auch ein umfassendes ökologisches Wissen zu Auswirkungen der Verpackungspolitik notwendig. Im traditionellen Sinne wird der Begriff zunächst definiert als: „unter Verpackung versteht man die Gesamtheit von Mitteln, die zum Schutz des Gutes vor Gebrauchswertminderung und Verlust, zur Erleichterung der Handhabung des Gutes und zum Schutz der Umwelt im Zirkulationsprozess und gegebenenfalls zur Information über das Gut dienen" (Dietz/Lippmann, 1985, 12). Die Definition bezieht sich auf die grundlegenden Funktionen von Verpackungen (Stabernack, 1998):

— **Schutzfunktion:** durch sie wird der Inhalt vor unerwünschten äußeren Einflüssen geschützt. Aber auch die Umwelt wird vor möglichen Gefahren durch Verpackungen geschützt.
— **Rationalisierungsfunktion:** hierdurch wird der Durchlauf wirtschaftlicher Prozesse (z.B. Produktion, Lagerung, Transport, Distribution) erleichtert. Dabei geht es u.a. um die Abstimmung von Verpackungseinheiten mit gängigen Palettengrößen sowie um die Stapelbarkeit bei der Lagerung.
— **Informationsfunktion**: sie ermöglicht eine eindeutige Identifikation der Waren. Kennzeichnungen sind sowohl für Hersteller, Spediteure, Handel als auch die Verbraucher unverzichtbar. Dazu gehören auch entsprechende gesetzliche Vorgaben. Zusätzlich dienen Informationen auf Verpackungen aber auch Marketing- und Werbezwecken.

Bei den Anforderungen an Verpackungen sind unterschiedliche Prioritäten (Industrie, Transport, Handel, Verbraucher) vorhanden. Während z.B. Aspekte der Verkaufsförderung im Rahmen von Regalbestückungen traditionell für Industrie und Handel wichtige Anforderungen darstellen, sind für Verbraucher eher nutzerfreundliche bzw. umweltfreundliche Attribute von Wichtigkeit (z.B. Wiederverschließbarkeit, geringe Umweltbelastung etc.). Verpackungen sind zur Überbrückung temporärer und räumlicher Verfügbarkeit z.B. für die Lebensmittelversorgung unverzichtbar. Ohne Verpackung wäre ein Großteil der Nahrung nicht transportierbar. Für den Gesetzgeber haben in Deutschland Sicherheitsaspekte Priorität. So existieren z.B. ordnungsrechtliche Bestimmungen (z.B. Hygiene, Gewährleistung, Qualität etc.), die Verpackungen zu einem verbindlichen Bestandteil für Unternehmen machen. Das negative

Image eines „Umweltproblems" haftet Verpackungen erst seit dem Aufkommen der Selbstbe-
dienungssysteme sowie der extensiven marketingspezifischen Verfolgung markenpolitischer
Werbemaßnahmen an. Besonders diese Entwicklungstendenzen führten zu einer enormen
Verpackungsflut, die auch mit der vermehrten Kunststoffverwendung verbunden ist (Wester-
mann/Bertelsbeck, 1992). In der Folge ergeben sich große Mengen von Abfällen. Sie machen
bis heute einen Großteil des Abfallaufkommens der Haushalte aus. Die damit verbundenen
Umweltbelastungen riefen auch den Gesetzgeber auf den Plan. Mit der Verpackungsverordnung entwickelte sich des Duale System. Es agiert parallel zur öffentlichen Entsorgung als
privates Entsorgungssystem für die Rücknahme von Verpackungen. Die Finanzierung erfolgt
über Lizensierungen der Marke „Grüner Punkt", die von Industrie und Handel erworben werden muss. Für den Verbraucher bedeutet das Symbol, dass die Verpackung im Sinne der Verordnung verwertbar ist. Durch den grünen Punkt werden ausschließlich rezyclierbare Verpackungen erfasst. Umweltfreundlichere Pfand- und Mehrwegsysteme sind ausgeschlossen. Seit
1994 hat der Gesetzgeber als Erweiterung der Verpackungsverordnung, nach mehreren Über-
arbeitungen, das Neue Kreislaufwirtschaftsgesetz (KrWG) erlassen (vgl. dazu die Ausführungen im Kapitel 4.3.1.1 ff. in diesem Buch). Grundphilosophie des Gesetzes ist „Vermeidung
vor Verwertung vor Beseitigung" (BMU, 1994). Nach diesem Vorbild wurde von der EU die
Europäische Richtlinie über Verpackungen und Verpackungsabfälle verabschiedet, die für alle Mitgliedsstaaten verbindlich ist (BMU, 2009).

Kritisch ist anzumerken, dass aus ökologischer Sicht das zunächst als umweltfreundlich er-
scheinende Recycling auf dem Prinzip der stofflichen Wiederverwertung basiert. Das grundlegende Problem der Entsorgung wird dadurch aber nur hinausgezögert. Da es sich beim Recycling um einen endlichen Prozess handelt, eignen sich die Wertstoffe nach mehrmaligem
Durchlauf nicht mehr für eine weitere Aufbereitung und scheiden aus dem Zyklus aus. Durch
das energieintensive rezyclieren der Materialien werden zudem Emissionen freigesetzt, die
Luft, Wasser und Boden belasten (Bergmann, 1994). Recycling entspricht daher *keiner* „ökö-
logischen Auszeichnung". Mit Blick auf die IPP sollten auch für Verpackungen ganzheitliche
Anforderungen gelten. Auf diese Problematik wird nachfolgend eingegangen.

4.3.2.3.1   Ökologische Anforderungen

Angesichts der beständig anwachsenden Abfallproblematik, die nicht zuletzt auch durch die
kulturellen Werte der heutigen „Wegwerfgesellschaft" gefördert wird, muss sich auch die
Verpackungspolitik von Unternehmen an ökologischen Anforderungen ausrichten. Das bedeutet, dass Verpackungen in höchstem Maße umweltunschädlich zu gestalten sind. Ökologische Anforderungen der „nachhaltigen Entwicklung" sind aber nur erreichbar, wenn bei der
Konzeption von Verpackungen, ähnlich wie bei Produkten (z.B. bei der IPP) der gesamte Lebenszyklus zugrunde gelegt wird. Das vorrangige Ziel besteht dabei darin, Verpackungen so
zu gestalten, dass Ressourcen und Energie gespart werden. Gleichzeitig werden so auch öko-

nomische Aspekte optimiert. Verpackungen sollten auch einen möglichst geringen Emissionsausstoß verursachen. Auf den Lebenszyklus bezogen, gelten diese Anforderungen sowohl für Gestaltung (Design), Produktion, Distribution, weitere Verwertung und Entsorgung. Ziel ist es, in jeder Phase möglichst keine bzw. nur geringe Umweltbelastungen zu erzeugen. Durch den sehr kurzen Lebenszyklus von Verpackungen, entstehen die gravierendsten Umweltbelastungen traditionell im Rahmen der Herstellung sowie der Entsorgung (Tischner, 2000). Einen bestmöglichen Effekt können in diesem Sinne Verpackungen aus regenerativen bzw. biologisch abbaubaren Rohstoffen gewährleisten. Sie können ohne schädliche Rückstände wieder in den natürlichen Kreislauf rückgeführt werden (Reuter, 1992). Seit ca. 2008 wird in der Verpackungsbranche vermehrt die Verwendung biologischer Kunststoffe diskutiert. Von einigen Herstellern werden sie bereits als zukünftiger adäquater Ersatz für synthetische Massenkunststoffe angesehen. Biokunststoffe (Biopolymere) bilden keine einheitliche Polymerklasse. Sie werden in (1) biobasierte Kunststoffe und (2) biologisch abbaubare Kunststoffe unterschieden (BÖLW, 2010). Biobasierte Kunststoffe werden auf der Basis nachwachsender Rohstoffe hergestellt. Biologisch abbaubare Kunststoffe müssen diese Eigenschaft gemäß international anerkannter Normen ungeachtet der Rohstoffbasis haben.

100% kompostierbare Plastiktüten? – Greenwashing bei ALDI & Rewe

„ALDI Nord und ALDI Süd haben gegenüber der Deutschen Umwelthilfe e.V. (DUH) erklärt, ihre „biologisch abbaubaren" Bioplastiktüten nicht mehr als „100% kompostierbar" zu bewerben. Die beiden Handelsunternehmen unterzeichneten letzte Woche eine entsprechende Unterlassungserklärung, die ab heute (23.April 2012) wirksam ist. Sie untersagt ihnen auch die Behauptung, dass die Tragetaschen „nach neuesten Umweltrichtlinien soweit wie möglich aus nachwachsenden Rohstoffen hergestellt" werden. Bereits in der vergangenen Woche hatten ALDI Nord und ALDI Süd auf Druck der Umwelt- und Verbraucherschutzorganisation ihre umstrittenen Bioplastiktüten aus dem Sortiment genommen.[…] Entgegen dem auf den Tüten bewusst vermittelten Eindruck von Nachhaltigkeit, sind die Einwegplastiktüten weder umweltfreundlicher als herkömmliche Plastiktüten noch werden sie in deutschen Kompostieranlagen regelmäßig kompostiert.[…] Nach Recherchen der DUH unter über 80 deutschen Kompostwerken geben 98 Prozent der Kompostieranlagen an, keine Biokunststoffe zu kompostieren. In der Regel werden Bioplastiktüten dort gemeinsam mit anderen Plastikfolien als Störstoffe aussortiert und anschließend entsorgt. Für Eigenkompostierung sind die zu „100% kompostierbaren" Tüten nach Herstelleraussagen nicht vorgesehen. Im Gegensatz zu ALDI Nord und ALDI Süd hat Rewe sich bislang nicht bereit erklärt, die irreführenden Behauptungen auf den entsprechenden Bioplastiktüten zu unterlassen, Bislang hat das Unternehmen in einer Presseerklärung […] lediglich angekündigt den Verkauf der als „biologisch abbaubar" bezeichneten Plastiktüten vorübergehend auszusetzen […]" (Deutsche Umwelthilfe, 2012)

Biobasierte Kunststoffe können nach Angaben der Industrie z.B. aus Zuckerrüben (Polymilchsäuren), Kartoffeln, Mais (Stärke) bzw. Pflanzenfasern z.B. Holz (Cellulose) gewonnen und entwickelt werden (European Bioplastics, 2009). Biobasierte abbaubare Kunststoffe könnten nach Angaben der Industrie auch nach dem Prinzip der Natur als „Zero Waste"-

Lösungen konzipiert werden, wobei sie bei der Zersetzung nur ihre Bestandteile Kohlendioxyd und Wasser hinterlassen. Durch einen geschlossenen Kreislauf (Photosynthese und mikrobieller Abbau durch Kompostierung) können sie zudem auch emissionsneutral ausfallen. Dabei ist vorgesehen, dass sie in der Summe nur so viele Emissionen freisetzen, wie sie während ihrer Wachstumsphase aus der Atmosphäre entnommen haben. Die nachfolgende Tabelle 4.3 zeigt in einer Übersicht verschiedene Biokunststoffe aus der Verpackungsbranche nach ihrer Haupteigenschaft aufgeteilt.

Tab. 4.3:   Übersicht über ausgewählte Biokunststoffe mit ihrer Haupteigenschaft, Quelle: i.A.A. BÖLW, 2010, 54, modifiziert und verändert

Biobasierte und abbaubare Biokunststoffe	Biobasierte und nicht abbaubare Biokunststoffe
Stärkekunststoffe (Stärkeblends, Polymer-Rohstoff, Polyvinylalkohol [PVAL]), thermoplastische Stärke	Polyethylen (PE) aus Bio-Ethanol auf Basis von Zuckerrohr
Polymilchsäure (PLA)	Celluloseacetat (CA) aus Cellulose
Celluloseprodukte	Naturlatex
Polyhydroxyfettsäuren (PHF)	

Um zu prüfen, ob Biokunststoffe eine Alternative für traditionelle Kunststoffverpackungen darstellen, sind die ökologisch wirksamen Merkmale zu ermitteln:

a) Einsatzgebiete

Bisher werden Verpackungen aus Biokunststoffen nur in sehr geringen Mengen eingesetzt (weniger als 1% des Kunststoffmarktes) (BÖLW, 2010). Der Einsatzbereich beschränkt sich auf Schalen, Becher, Folien, bzw. den Einsatz bei Produktpräsentationen. Das Angebot an Verpackungen aus Biokunststoff hat sich jedoch neuerdings deutlich erhöht (z.B. Tiefkühlverpackungen, Schrumpffolien und Netze etc.). Von Experten wird insbesondere den biologisch abbaubaren Biokunststoffen ein großes Marktpotential (mehr als 10%) auf dem Kunststoffmarkt zugesprochen (BÖLW, 2010). Eine Ausdehnung auf andere traditionelle Verpackungen scheitert derzeit *nicht* an der Einsatzfähigkeit von Biokunststoffen. Hinderungsgründe liegen in den, im Verhältnis zu mineralölbasierten Polymeren, (noch) deutlich höheren Kosten (ca. 30% bis 300%). Dabei spielt auch die Unternehmensgröße der Hersteller (Pilotgröße) eine Rolle. Diese ist oft mengenmäßig für Massenkompostierungen noch nicht ausgelegt. Es zeichnet sich aber ab, dass die Kosten für Biokunststoffe sinken werden. Die Kosten für mineralölbasierte Kunststoffe werden hingegen weiter steigen. Daher ist absehbar, dass Biokunststoffe auch in Deutschland auf dem Weg zu einer Massenanwendung sind. In den Ländern Niederlande, Österreich, Großbritannien, Italien und in Skandinavien sind Biokunststoffe, durch die höhere Nachfrage des Handels, wesentlich verbreiteter, als in Deutschland.

b) Normierungen

Bei Biokunststoffen ist generell zu bedenken, dass Verpackungen aus nachwachsenden Rohstoffen nicht unbedingt biologisch abbaubar sein müssen. Andererseits können biologisch abbaubare Stoffe auch auf nicht nachwachsenden Rohstoffen basieren. In Europa definiert die Norm DIN 13432 die Anforderungen an Verpackung mit biobasierten Kunststoffen. Sie beziehen sich auf die Verwertung von Verpackungen durch Kompostierung und biologischen Abbau sowie auf Prüfschemata und Bewertungskriterien für die Einstufung von Verpackungen. Durch die Norm DIN 14995 sind Anforderungen, Bewertungen der Kompostierbarkeit sowie Prüfschemata und Spezifikationen für biologisch abbaubare Verpackungen geregelt.

c) Entsorgung

Die Norm DIN 13432 ist bei der Kompostierung biologisch abbaubare Kunststoffe auf spezielle Industrieanlagen ausgelegt. Der Abbau von Biokunststoffen ist kompliziert, da erst durch die Erzeugung besonderer Prozessparameter (z.B. die Temperatur etc.) den Zerfall in die Bestandteile gewährleistet wird (BÖLW, 2010). Von der Industrie sind bestimmte Kennzeichnungen für Biokunststoffe vorgesehen, um über spezielle Kompostieranlagen eine Sammlung und fachlich richtige Entsorgung zu gewährleisten. Derzeit stellt hier die Verbrennung bei Vermischung mit mineralölbasierten Polyestern eine oft genutzte Option dar. Unter Einhaltung der gesetzlichen Vorschriften ist damit eine zusätzliche Energiegewinnung möglich, die die ökonomische Komponente unterstützt.

d) Kritikpunkte

Aus ökologischer Sicht sind mehrere Kritikpunkte anzumerken:

- Hauptkritikpunkt ist, dass Verpackungen in Form von kurzlebigen Einwegverpackungen auch als Biokunststoffe die „Wegwerfmentalität" unterstützen. Die allseits angestrebte Verhaltensveränderung zur Vermeidung von Müll bei den Konsumenten wird dadurch nicht unterstützt (Westermann/Bertelsbeck, 1992).

- Ein weiterer Kritikpunkt besteht in der Problematik von Eintrittspfaden für gentechnisch veränderte Organismen (GVO). Diese Gefahr besteht vor allem über die verwendeten Rohstoffe (vor allem Mais). Sie besteht aber auch über den Einsatz von Enzymen bzw. technischen Rohstoffen, die zuvor mit GVO entweder hergestellt, oder in Kontakt gekommen sind. Auf EU-Basis dürfen gemäß EG-Öko-Basisverordnung EG-834/2007 für die Herstellung biologisch zertifizierter Produkte keine GVO eingesetzt werden. Auch wenn für Verpackungen derzeit keine rechtlichen Vorgaben zum Einsatz von GVO vorhanden sind, ist es nachvollziehbar, dass z.B. Bio-Lebensmittel-Hersteller bei Verpackungen auf GVO verzichten wollen. Diese Haltung wird vor allem durch die rigorose Ablehnung von GVO bei den Verbrauchern in Deutschland bestimmt (BÖLW, 2010).

– Ein anderer Kritikpunkt betrifft den Anteil nachwachender Rohstoffe, deren Auswirkungen auf landwirtschaftliche Flächen sowie eine mögliche Konkurrenz zur Lebensmittelerzeugung. Für die Herstellung von Biokunststoffen werden in Deutschland (durch den noch relativ geringen Marktanteil) maximal 0,1% der landwirtschaftlichen Flächen benötigt. Auch wenn vorhandene Stilllegungsflächen dazu nicht mehr ausreichen, entsteht aber (noch) keine Konkurrenzsituation zur Lebensmittelproduktion. Von Vorteil wäre es, wenn statt zuckerbasierten (Zuckerrübe etc.) und stärkebasierten Rohstoffen (Kartoffel, Mais etc.) bzw. Polymilchsäure oder auf lokal erzeugte nicht für die Lebensmittelproduktion geeignete Rohstoffe (z.B. Holz, Stroh etc.) zurückgegriffen würde. Sehr viele Rohwaren und auch Biokunststoffe werden derzeit importiert. Damit ist ein hoher Aufwand an Energie für den Transport verbunden (BÖLW, 2010).

4.3.2.3.2 Implikationen für Nachhaltigkeits-Marketing und -Praxis

Durch empirische Untersuchungen ist bekannt, dass für Konsumenten von Bio-Produkten als Gründe für den Erwerb, die umwelt- und klimafreundlichen Herstellung, die Qualität und die Werthaltigkeit für die Gesundheit ganz vorne stehen. Diese Kaufgründe beziehen sich auch auf die Verpackung. Sie können im Rahmen von Nachhaltigkeits-Marketing den Kauf wesentlich beeinflussen. Für ein ganzheitliches Marketing-Management ergeben sich daraus folgende Implikationen:

a) Umwelt- und klimafreundliche Herstellung

In der Literatur existieren kaum Studien zur Thematik der Umwelt- und Klimabelastungen von Verpackungen. Eine ältere Untersuchung bezieht sich auf die mengenmäßige Ermittlung von Verpackungen, bezogen auf eine Zusammensetzung von Nahrungs- und Genussmittelverpackungen (Utz et al, 1991). Die Ergebnisse können für eine erste Annäherung dienlich sein. Sie ergaben allein für Nahrungsmittelverpackungen, bezogen auf die alten Bundesländer, 5,4 Mio. Tonnen. Das sind 90 kg/Jahr pro Person (alte Bundesländer). Es ist jedoch davon auszugehen, dass sich dieser Wert bis zum Jahr 2015 erheblich erhöht hat. Ein Ziel einer neueren Studie bestand darin, aufgrund einer umfangreichen Datenbasis (BUWAL-Studie von 1998) ausgewählte Umweltauswirkungen sämtlicher marktüblicher Verpackungen zu bilanzieren. Dazu wurden u.a. Daten zur aufgewendeten Primärenergie sowie zu den CO_2- und SO_2-Äquivalenzwerten (Emissionen) für die Verpackungsherstellung anhand verschiedener Materialien ermittelt. Es wurde festgestellt, dass sich Primärenergie (Aufwand) und Äquivalente (Emissionen) ungefähr entsprechend verhalten. Im Ergebnis sind die hohen Werte auffällig, die pro kg Verpackung ermittelt wurden. Am höchsten fallen die Werte bei Aluminiumfolien aus (90 Megajoule, MJ, pro kg). Hohe Werte wurden auch für Verpackungen ermittelt, die Aluminium enthalten (z.B. Kraftpapier/Aluminium, 102 MJ/kg). Im gleichen Bereich befinden sich geschäumte Verpackungen aus PS-Schaumstoff (107MJ/kg). Etwas geringer, aber dennoch viel zu hoch, fallen die Werte für Folien, Becher aus PP-, PE- und PS-Kunststoff,

Weißblechdosen, Dosen aus Aluminium mit hohem Recyclinganteil und Kraftpapier aus (40–60MJ/kg). Verpackungen aus Glas und Recyclingpapier weisen mit 10–30MJ/kg einen wesentlich geringeren Primärenergieeinsatz sowie Äquivalente pro kg Verpackungsmaterial auf (BUWAL, 1998). Die Autoren weisen darauf hin, dass insbesondere bei Lebensmittel-Verpackungen unterschiedliche Mengen an Packstoffen kombiniert eingesetzt werden. Dadurch können sich auch bei zunächst günstig erscheinenden Packstoffen pro kg Verpackungsmaterial schlechtere Emissionswerte ergeben.

b) Einhaltung rechtlicher Vorgaben für Gesundheit und Qualität

Es gehört zur Sorgfaltspflicht von Herstellern, dass alle eingesetzten Verpackungen gesetzeskonform sind. Darunter fällt, dass keine gesundheitlichen Risiken für den Verbraucher entstehen, z.B. durch Wechselwirkungen zwischen Verpackung und Lebensmitteln (BÖLW, 2010). Die dazugehörige EU-Verordnung (EG) Nr.1935/2004 regelt die relevanten Anforderungen für Packstoff und Verpackungsmaterialien. Das gilt auch für alle Vorlieferanten (z.B. Compound-/Granulathersteller, Drucker, Klebstoff-, Farbenhersteller etc.). Da Hersteller die „Inverkehrbringer" eines verpackten Lebensmittels/Produktes sind, sind sie auch für die Eignung des Packmittels verantwortlich. Aus Haftungsgründen sind neben Tests (z.B. Migrationstests zur Ermittlung von Grenzwerten etc.) mit aussagefähigen Prüfungsergebnissen rechtlich anerkannte Dokumente erforderlich (z.B. Supporting-Documents, Unbedenklichkeitserklärungen etc.). Auf privatrechtlicher Ebene wird eine höhere Produktsicherheit erwartet. So regelt z.B. der Global Packaging Standard des British Retail Consortium als Standard die Kontrolle von Hygiene und Produktsicherheit bei Lebensmittelherstellern (BÖLW, 2010). Zur Vermeidung von Gesundheitsgefährdungen für den Verbraucher, sind Präventivmaßnahmen vorgesehen. Der Einsatz einer international anerkannten Zertifizierung (z.B. International Food Standard IFS) kann dem Verbraucher zusätzlich eine Orientierung zur Glaubwürdigkeit der Nachhaltigkeitausrichtung des Unternehmens bieten.

Da eine Verpackung auch immer im Verhältnis zum Mehrwert eines Produktes stehen muss, empfiehlt es sich bei der Umstellung auf nachhaltige Verpackungen für Bio-Produkte, im Sinne der IPP mit den Verantwortlichen von Marketing, Produktentwicklung, Produktion und Verpackungsherstellern von Beginn an zusammenarbeiten. Auf dieser Basis können zusätzliche Kosten, z.B. durch nachträglich notwendige Anpassungen, vermieden werden. Ebenso kann übermäßiger Materialverbrauch und Overpackaging ausgeschlossen werden. Dadurch wird auch die ökonomische Funktion unterstützt. Von Beginn an ist zudem eine Berücksichtigung von Verpackungsform (Platzierung im Handel etc.), Größe, Logistikanforderungen (Stapelbarkeit, Palettengröße etc.) sowie Materialwahl (möglichst keinen bzw. geringen umweltschädigenden Wirkungen) möglich. Ergänzend zum Nutzen ist auch die Funktionalität (leichtes Öffnen, Wiederverschließbarkeit etc.) im Hinblick auf Komfort und umweltverträgliches Verhalten bei der Nutzung sehr wichtig. Um im Verpackungsbereich Nachhaltigkeitsbemühungen marketingmäßig einsetzen zu können, müssen die bereits erreichten umweltbezogenen Vorteile der Öffentlichkeit glaubwürdig gewährleistet werden. Für die Gewährleistung umweltverträglicher Verpackungen ist der Einsatz bestimmter Analysemethoden im Unternehmen notwendig. Hierzu eignet sich das Instrument der „Ökobilanz". In dieser kann der gesamte Lebenslauf von Verpackungen erfasst und die ökologischen Belastungen ausgewertet werden (Rohstofferzeugung, Weiterverarbeitung, Produktion, Entsorgung etc.). Als wichtigste Kriterien fungiert der Rohstoffbedarf, der Energieverbrauch, zu erwartende bzw. ermittelte Emissionen von Schadstoffen in Wasser, Luft und Boden sowie Art und Menge des Abfalls. Die Bilanzierung der Gesamteffekte erfolgt in Form einer Stoff- und Energiebilanz, die auf der Messung vergleichbarer Umweltbelastungspunkte basiert. Auf diese Weise wird die Erstellung eines Umweltprofils möglich, das eine Übersicht zum Ausmaß einzelner Umweltbelastungen ermöglicht. Für die Konsumenten kann zusätzlich auch ein Vergleich mit anderen umweltfreundlicheren Materialien erfolgen (z.B. Mehrweg, Glas, Metall etc.) (Westermann/ Bertelsbeck, 1992).

Green Packaging bei Puma?

„Wer sich ab Mitte nächsten Jahres ein Paar Puma-Schuhe zulegt, bekommt sein Produkt in einem roten Beutel mit der Aufschrift „clever little bag" über den Ladentisch gereicht. Das Unternehmen will sich der Natur zuliebe bis zum nächsten Jahr vom traditionellen Schuhkarton verabschieden. Auch Kunststoff-Verpackungen und Plastiktüten sollen der Vergangenheit angehören. Das neue Verpackungs- und Vertriebskonzept, das von den Herzogenaurachern im Designmuseum in London vorgestellt wurde, sieht vor, gekaufte Artikel in Boxen und Tüten aus biologisch abbaubarer Maisstärke zu verpacken und den Anteil an recycelten Materialien zu erhöhen. Um die Schuhe weiterhin sachgemäß von der Produktionsstätte bis zum Kauf vor Beschädigung zu bewahren, entwarf der Industriedesigner Yves Béhar die wiederverwendbare Schuhtasche. Ganz ohne Karton kommt die Idee aber doch nicht aus: Statt eines handelsüblichen kompakten Kartons mit Deckel befindet sich darin nun ein Pappgerüst, das die Schuhe zum einem schützt und zum anderen stapelbar macht.[…] Alles Jute statt Plastik? Von wegen. Der rote „clevere" Schuhbeutel ist alles andere als organisch: Er besteht aus Polypropylen, also Kunststoff. Doch angeblich ist der Anteil an wiederverwendetem Material im Vergleich zu einer herkömmlichen Plastiktüte aus Polyethylen höher […]. Die Umstellung ist nicht zuletzt eine Reaktion auf die Tatsache, dass herkömmliche Plastiktüten aus umweltschädlichem Polyethylen in naher Zukunft verschwinden werden, weil sie in immer mehr Ländern verboten sind […]" (Simon, 2010)

4.3.3   Mikro-soziale und –soziokulturelle Rahmenbedingungen

Mikro-soziale und soziokulturelle Rahmenbedingungen konstituieren sich gem. Abbildung 2.6 durch Leitbilder auf verschiedenen Ebenen. Die Wirkungen erstrecken sich systembasiert und netzwerkartig unmittelbar rückwirkend auf vorgelagerte Dimensionen (meso-soziale und -soziokulturelle Dimension). Sie wirken aber auch mittelbar auf die makro-sozialen Rahmenbedingungen. Dadurch entsteht eine enorme Komplexität. Die Netzwerkwirkungen beziehen sich hauptsächlich auf strategische Werte und Normen, die durch Unternehmen selbst beeinflussbar sind. Zusätzlich ist auch eine Orientierung an den Werten von Stakeholdern und

Zielgruppen unerlässlich, um Nachhaltigkeit operativ glaubhaft umzusetzen. Für eine wirksame Integration von Nachhaltigkeit in das operative Management müssen die entsprechenden Werte für Mitarbeiter/Führungskräfte handlungsleitend konzipiert werden.

4.3.3.1   Gefahren des Marktversagens bei nachhaltigen Produkten

Die Aufgaben eines Nachhaltigkeits-Marketeers umfasst die erfolgreiche Positionierung nachhaltiger Produkte am Markt. Der Markt in Deutschland ist für Mehrzahl der Produkte mehrfach gesättigt. Neben klassischem wettbewerbsbezogenen Wissen ist für eine Nachhaltigkeitsplatzierung zusätzlich auch ausreichend ganzheitliches ökologisches Wissen notwendig, um durch entsprechende Strategien bzw. die Gestaltung von Maßnahmen entscheidende Vorteile in den Augen der Konsumenten zu erlangen. Dazu gehört auch die realistische Erfassung des nachhaltigkeitsorientierten Marktes. In der Praxis dominiert das neoklassische Wirtschaftsmodell hierbei nach wie vor das Denken der meisten Menschen. Dem Idealmodell optimal funktionierender Märkte liegt in der Neoklassik jedoch u.a. die Prämisse der vollkommenen, alles umfassenden Unterrichtung über die ökonomische Umwelt zugrunde. Diese modellbezogenen Grundannahmen haben sich jedoch als realitätsfern erwiesen, da de facto verschiedene Abweichungen vom vollkommenen Markt unausweichlich sind. Diese Abweichungen werden als „Marktversagen" bezeichnet (Fritsch et al, 2005). Es existieren verschiedene Arten des Marktversagens. Neben divergierenden Zielen bzw. eigennützigem Verhalten, kann Marktversagen auch infolge externer Effekte entstehen (vgl. dazu genauer z.B. Fritsch et al, 2005, Pindyck/Rubinfeld, 2005). Die Gefahr eines Marktversagens wird aber am häufigsten durch Informationsasymmetrien gefördert. Im Rahmen der „nachhaltigen Entwicklung" werden umweltrelevante Informationen auch als „immaterielle Realgüter" bezeichnet, die in Form von Zeichen, Daten, Nachrichten und Signalen vom Empfänger empirisch beobachtet, gemessen und gedeutet werden können (Haberer, 1996). Sie begründen umweltrelevantes Wissen bei den Marktakteuren, das für zukünftige Entscheidungen eingesetzt wird. Das Einholen von Informationen ist jedoch stets mit Kosten verbunden. Daher ist es sinnvoll, nur solche Informationen zu produzieren, zu speichern und zu übertragen, die Einfluss auf aktuelle bzw. zukünftige Entscheidungen der Marktakteure haben. In vielen Fällen ist das aber schwierig zu beurteilen. Die Besonderheit des Marktgutes „Information" besteht gerade darin, dass es mit Qualitätsrisiken behaftet ist, und nicht von jedem potentiellen Empfänger vor Gebrauch verifiziert werden kann. Informationsstand und Informationsverteilung beeinflussen das Verhalten der Marktakteure unmittelbar. Durch eine qualitativ gute Informationsbasis beim Informationsstand, werden z.B. auch qualitativ gute Entscheidungen möglich. Die Informationsverteilung beeinflusst die Handlungsweisen, die diskretionären Handlungsspielräume und die damit verbundenen Möglichkeiten des opportunistischen Verhaltens der Akteure auch mittelbar. Eine ideale symmetrische Informationsverteilung ist de facto nur mit sehr hohem Aufwand und unter Kooperation aller beteiligten Marktakteure erreichbar (Scholtis, 1998).

Nobelpreis 2001 – Marktversagen durch Informationsasymmetrien

„Akerlof machte das 1970 am Beispiel von „Lemons" deutlich. Zitronen – sind im US-Sprachge-brauch ein Synonym für „Rostlauben" - sprich für Gebrauchtwagen. Der Käufer eines Gebrauchtwa-gens weiß nicht, ob es sich bei dem Wagen, den er zu kaufen gedenkt, um ein fahrtüchtiges und ver-lässliches Fahrzeug oder tatsächlich um eine „Rostlaube" handelt. Der Händler hingegen weiß es bes-ser und kann versuchen, diesen Informationsvorsprung zu seinem Vorteil auszunutzen. Der Käufer, dem lediglich Preis und die Optik als Indikatoren für die Qualität eines Autos bleiben, wird das poten-tielle Ausnutzen des Informationsvorsprungs des Gebrauchtwagenhändlers antizipieren. Darüber hin-aus wird er seine Zahlungsbereitschaft voraussichtlich allenfalls an der Durchschnittsqualität ausrich-ten und dafür den Durchschnittspreis aller Gebrauchtwagen für seinen Gebrauchtwagen zu zahlen be-reit sein. Das hat für den Händler zur Folge, dass er Autos, deren Qualität über diesem Durchschnitt liegen, nicht mehr anbietet, da er keinen Abnehmer findet, der einen überdurchschnittlichen Preis zahlt. Dementsprechend sinkt aber die Durchschnittsqualität der noch auf dem Markt verbleibenden Gebrauchtwagen und damit der Durchschnittspreis, den die Käufer dafür zu zahlen bereit sind. Aker-lof zufolge würde sich dieser Prozess so lange fortsetzen, bis tatsächlich nur noch Zitronen auf dem Markt für Gebrauchtwagen übrig bleiben: Niedrigste Qualität zum niedrigen Preis. In darwinistischer Überlegung heißt die Formel: „Der Schwächste überlebt!" In der ökonomischen Theorie heißt die Formel: „Adverse selection". In der politischen Theorie heißt die Formel: „Marktversagen". Hier rechtfertigen selbst neoliberale Wirtschaftstheoretiker Eingriffe des Staates, indem sie beispielsweise gewisse Sicherheitsstandards fordern. Damit erhalten Käufer das Signal: Das Auto hat eine relativ ho-he Qualität und somit steigt die durchschnittliche Zahlungsbereitschaft" (Jansen, 2008, 49).

Die Überwindung einer asymmetrischen Informationsverteilung hängt nicht nur von der Art der Güter/Dienstleistungen, sondern auch von den unterschiedlich ausgeprägten Eigenschaf-ten sowie der damit verbundenen subjektiven Relevanz für den jeweiligen Konsumenten ab. Anerkannt ist, dass auf der Basis des informationsökonomischen Käuferverhaltensansatzes Produkt-/Dienstleistungseigenschaften in drei Arten unterschieden werden können (z.B. Nel-son, 1970, Darby/Karni, 1973, Weiber/Adler, 1995):

- **Sucheigenschaften:** der Käufer verfolgt eine Strategie der leistungsbezogenen Informati-onssuche und kann schon vor dem Kauf durch eigene „Inspektion" die größte Unsicherheit reduzieren.
- **Erfahrungseigenschaften:** beim Käufer erfolgt i.a.R. ein Rückgriff auf leistungsbezogene Substitute. Per Definitionem sind Erfahrungseigenschaften erst nach dem Kauf zu beurtei-len. Unsicherheit kann im Vorfeld z.B. durch Orientierung an leistungsbezogenen Substitu-ten (z.B. Garantien, Preisniveau etc.) reduziert werden.
- **Vertrauenseigenschaften:** der Käufer kann zu keinem Zeitpunkt die Eigenschaften mit Sicherheit beurteilen. Eine Approximation und Unsicherheitsreduktion kann z.B. durch die Orientierung an leistungsübergreifenden Substituten (z.B. Reputation etc.) erfolgen.

Die nachfolgende Tabelle 4.4 visualisiert die Strategien (z.B. Such-, Erfahrungs-, Vertrauens-strategie) analog zu den Eigenschaften und stellt sie in Verbindung zur Nachhaltigkeit:

Tab. 4.4:   Wirkungsspektrum einzelner Strategien zur Unsicherheitsreduktion in Analogie zu Eigenschaften und nachhaltigkeitsbezogenen Indikatoren, Quelle: i.A.a. Weiber/Adler, 1995, 100, Helm, 2000, 208, sowie Schoenheit, 2004, 47, modifiziert und verändert

Eigenschaften	Strategien		
Vertrauenseigenschaften			Leistungsübergreifende Informationssubstitute
Erfahrungseigenschaften		Leistungsbezogene Informationssubstitute	⇩
Sucheigenschaften	Leistungsbezogene Informationssuche	⇩	⇩
	⇩	⇩	⇩
Unsicherheits-reduktionsstrategien	1. Ordnung	2. Ordnung	3. Ordnung
Nachhaltigkeitsbe-zogene Indikatoren:	⇩	⇩	⇩
Lebensmittel	-Preis -Aussehen -Frische	-Geschmack -Verarbeitung -Lagerfähigkeit	-Inhaltsstoffe (allergieaus-lösend, Gentechnik etc.) -Art der Tierhaltung -Rückstände Pflanzen-schutzmittel -ökologischer Anbau etc. -…
Automobil	-Preis -Design -Farbe - Raumangebot	-Fahrleistung -Verbrauch -Reparaturanfälligkeit	- Schadstoffemissionen (CO_2, Klimaschädigung etc.) -umweltverträgliche Pro-duktion -Sozialstandards -Recyclingfähigkeit etc. -…
Textilien	-Preis -Design -Passform	-Verarbeitung -Haltbarkeit -Material -Pflegemöglichkeit	-umweltverträgliche Herstellung -Sozialstandards -Naturmaterial -Recyclingfähigkeit etc. -…

In der Tabelle 4.4 zeigt sich, dass die Einzelstrategien (Such-, Erfahrungs- und Vertrauens-strategie) in die Unsicherheitsvermeidungsstrategien 1., 2. und 3. Ordnung münden. Die Pfei-le zeigen an, dass dabei Abwärtskompatibilität angenommen wird. Das bedeutet, dass leis-tungsübergreifende Substitute auch Unsicherheit zu Erfahrungs- und Sucheigenschaften redu-zieren können. Zur Verdeutlichung der Relevanz für die Nachhaltigkeit werden in Analogie dazu im unteren Teil der Tabelle Verbindungen zu ausgewählten Indikatoren aus dem Bereich der Nachhaltigkeit hergestellt (Lebensmittel, Automobil und Textil). Im Rahmen der Strategien werden ausgewählte Faktoren aufgezeigt, die das nachhaltige Konsumentenverhalten in den jeweiligen Branchen determinieren. In der Tabelle wird deutlich, dass insbesondere im Rahmen der Vertrauensstrategie eine starke Informationsasymmetrie zwischen Nachfragern und Herstellern vorherrscht. Für Nachfrager kann diese auch durch noch so viel Lebenserfahrung nicht ausgeglichen werden. Es stellt sich daher die Frage, welche Instrumente Marktakteure im Rahmen der „nachhaltigen Entwicklung" nutzen können, um Informationsasymmetrien und damit der Gefahr eines Marktversagens für nachhaltige Produkte/Dienstleistungen zu begegnen? In der Praxis werden dazu i.d.R. zwei mögliche Strategien genutzt: (1) Unternehmen betreiben Marktforschung und holen sich aktiv Informationen über das entsprechende Marktsegment bzw. die relevanten Zielgruppen, (2) Unternehmen verfolgen die Strategie einer nachhaltigkeitsbezogenen Informationspolitik.

4.3.3.2   Problematik nachhaltigkeitsbezogener Informationspolitik

Eine allgemein anerkannte Definition für den Begriff „Informationspolitik" existiert in der Wissenschaft nicht. Es handelt sich um einen relationalen Begriff, der auf verschiedene Aufgabenbereiche angewandt wird (z.B. mitarbeiterbezogene, branchenbezogene, medienbezogene Informationspolitik etc.). Nachhaltigkeitsbezogenen Definitionen liegt als gemeinsames Ziel die Förderung der Konsumenteninteressen gegenüber den Produzenten zugrunde. Dabei besteht die Intension darin, diesen Interessen zu einer angemessenen Durchsetzung zu verhelfen. Informationspolitik wird auch oft als Bestandteil der Verbraucherpolitik aufgefasst (z.B. Scherhorn/Weber, 2002). Auf dieser Basis versteht eine traditionelle Definition unter Informationspolitik „diejenigen Maßnahmen der Beeinflussung der Informationssituation von Konsumenten, die primär darauf gerichtet sind, Konsumentscheidungen im Hinblick auf die jeweiligen Ziele der Konsumenten zu verbessern/zu erleichtern" (Kruse, 1979, 40). Eine wesentliche Problematik im Bereich nachhaltigkeitsbezogener Informationen besteht in der Komplexität. Die enorme Komplexität stellt ein zentrales Merkmal im Rahmen der nachhaltigkeitsbezogenen Kommunikation dar. Eine Ursache hierfür ist die Gleichstellung aller Dimensionen im Tripel (Ökologie, Ökonomie, Soziales), durch die die Komplexität innerhalb der Nachhaltigkeitsdimensionen erheblich ansteigt. Nicht nur für Konsumenten wird damit die pauschale Beurteilung, ob eine Handlungsweise vorwiegend positive oder negative Konsequenzen mit sich bringt oft unmöglich (Loew/Westermann, 2005). Das Leitbild der „nachhaltigen Entwicklung" erfordert zudem eine integrative, ganzheitliche Sichtweise. Auch dadurch wird die Komplexität erhöht. Als Konsequenz der Komplexität entstehen Widersprüchlichkeiten von Informationen zur Nachhaltigkeit (Mast/Fiedler, 2005). Dieser Problematik kann z.B. durch den interaktiven, netzwerkbezogenen Informationsaustausch aller Akteure begegnet werden. Für Unternehmen ist dabei wichtig, dass die Wettbewerbssituation nicht geschwächt wird (z.B. durch Preisgabe patentgeschützter Informationen zu Produkten, zur Technologie, wettbewerbsrelevante Marktinformationen etc.). Im Rahmen eines Nachhaltigkeits-Marketings ist es für eine effektive nachhaltigkeitsbezogene Informationspolitik von

Unternehmen mit den relevanten Stakeholdern zunächst hilfreich, die wichtigsten Herausforderungen zu verdeutlichen, die sich durch ein nachhaltiges Verbraucherverhalten bei den
Konsumenten ergeben.

4.3.3.2.1 Dilemma beim nachhaltigen Verbraucherverhalten

Bei der Abschätzung von Auswirkungen des eigenen nachhaltigen Verbraucherverhaltens, geraten Konsumenten oft in ein Dilemma. Denn das Verbraucherverhalten ist sowohl mit Unsicherheit als auch mit Unklarheit behaftet. Unsicherheit bezieht sich auf zukünftige Auswirkungen des eigenen Verhaltens. Für viele Verbraucher sind die Auswirkungen des eigenen
Verhaltens zum Zeitpunkt der Entscheidung nicht ersichtlich, da sie erst zeitversetzt in der
Zukunft auftreten. Zusätzlich wird das Verhalten durch weitere Faktoren beeinflusst, die vom
einzelnen Konsumenten nicht kontrollierbar sind (Jungermann, 2005).

Verbraucher können Konsequenzen eigener Handlungen nicht bewerten

„Zum Beispiel hängt eine erkennbare positive Wirkung auf die eigene Gesundheit nicht einzig vom
Kauf und Verzehr vollwertiger Produkte ab, sondern wird von weiteren Faktoren, wie beispielsweise
dem Bewegungsverhalten, beeinflusst. Ebenso treten Konsequenzen des Konsums für die natürliche
und gesellschaftliche Umwelt, z.B. Ozonloch, zeitlich verzögert und somit nicht mehr einzelnen Einflussfaktoren (z.B. FCKW aus Spraydosen, CO_2 durch zunehmenden Flugverkehr) zuordenbar auf.
Auch der zu erwartende Nutzen von Produkten und Dienstleistungen ist häufig unsicher. Dies betrifft
vor allem Güter, die erstmalig konsumiert werden bzw. Eigenschaften, die vom Verbraucher kaum
oder gar nicht überprüfbar sind. So ist z.B. der zu erwartende Nutzen eines biologisch angebauten Sa-
lates, im Sinne eines Beitrags für die eigene Gesundheit, schwer bestimmbar" (Eckert, 2008, 27).

Durch Unklarheit ist die konkrete Entscheidungssituation gekennzeichnet. Eine Ursache liegt
darin, dass dem Verbraucher zum Zeitpunkt der Entscheidung unerlässliches umweltrelevantes
Wissen bzw. Informationen zum Gut fehlen, um mögliche Folgen einschätzen zu können
(Reisch, 2003b). Ursachen dafür liegen darin, dass die üblichen dem Verbraucher zugänglichen
Informationen (z.B. auf der Verpackung, in der Werbung etc.) kaum Angaben enthalten, die
sich auf sozial-ökologische Auswirkungen, beispielsweise durch Produktion, Konsum, Entsorgung etc., beziehen. Daher fehlen wichtige Kriterien im Hinblick auf eine nachhaltige Verhal-
tensorientierung. Unklarheit kann auch in Bezug auf die verschiedenen Nutzen bestehen. Das
wirkt sich besonders schwerwiegend aus. Nutzenabwägungen spielen bei Nachfragern in der
Konsumentscheidung eine besondere Rolle (Jungermann, 2005). Ist der offensichtliche Zusatznutzen durch nachhaltige Produkteigenschaften vor dem Kauf, oder zum Zeitpunkt der Kaufentscheidung nicht bekannt, oder muss er erst mit viel Aufwand recherchiert werden, herrscht beim
Verbraucher Unklarheit. Bei vielen nachhaltigen Produkteigenschaften handelt es sich zudem
um Vertrauenseigenschaften. Diese sind nicht vor und auch nicht unmittelbar nach dem Kauf
für Verbraucher immer erkenn- bzw. nachprüfbar (Reisch, 2003b). Verbraucher müssen daher

den Produzenten vertrauen, dass z.B. der Salat auch wirklich biologisch angebaut wurde. Wird der Nutzen gegenüber Alternativen als zu unsicher angesehen, vermindert sich der Netto-Nutzen für nachhaltige Produkte und erleichtert die Abwanderung zu konventionellen Alternativen (Belz, 2001). Da Verbraucher den eigenen Nutzen maximieren wollen, muss der Netto-Nutzen nachhaltig produzierter Produkte zum Zeitpunkt der Kaufentscheidung als über dem konventioneller Produkte liegend empfunden werden. Da aber bei konventionellen Gütern die Folgekosten externalisiert sind und somit der Allgemeinheit aufgebürdet werden, sind sie oft preisgünstiger und weisen damit momentan einen höheren Netto-Nutzen auf. Um das Dilemma nachhaltigen Verbraucherverhaltens aufzulösen, wird vom Verbraucher verlangt, das allgemeine Interesse vor sein individuelles zu stellen (Reisch/ Scherhorn, 2005). Das ist in der Praxis mit einem Identitätswechsel vergleichbar.

Angesichts dieser Herausforderungen stellt sich die Frage, welche Instrumente Unternehmen einsetzen können, um die Auflösung dieses Dilemmas bei den Konsumenten zu fördern? Ein Instrument liegt in der gesellschaftlichen Anerkennung nachhaltigen Konsumverhaltens. In diesem Fall stiften nachhaltige Produkte einen hohen Fremdachtungsnutzen, was für die Konsumenten mit einer eindeutigen Image-Aufwertung verbunden ist. Diese Aufgabe ist gesamtgesellschaftlich, z.B. mit Hilfe eines Wertewandels erreichbar. Eine staatliche Verbraucherpolitik mit Maßnahmen, die diesen Wertewandel fördern, kann sich dabei als sehr hilfreich erweisen. Auch kulturbezogene Werbemaßnahmen können unterstützend wirken. Ein weiteres Instrument ist in einer entsprechend angepassten unternehmerischen Informationspolitik zu sehen, im Rahmen derer die Gewährung von Transparenz zur Auflösung des Dilemmas beitragen kann. Das dazu nötige „Goodwill" von Unternehmen kann den Ausgangspunkt einer spezifischen Nachhaltigkeits-Marketingstrategie bilden.

4.3.3.2.2   Strategie der nachhaltigen Transparenzpolitik

Für den Begriff „Markttransparenz" fehlt in der wissenschaftlichen Literatur eine allgemein anerkannte Definition. In der Volkswirtschaft wird Markttransparenz definiert als: „der Umstand, dass Angebot und Nachfrage seitens der Marktteilnehmer überschaubar ist: dass die Marktteilnehmer über alle zum Tausch nötigen Informationen verfügen" (Merk, o.J., 1). Für Markttransparenz existieren unterschiedliche Grade. Da u.a. die neoklassische Prämisse der vollkommenen alles umfassenden Unterrichtung über die ökonomische Umwelt bei realen Märkten kaum möglich ist, ist Markttransparenz realiter immer mit Einschränkungen verbunden. Märkte sind durch verfügbare Informationen über Angebot und Nachfrage von Gütern gekennzeichnet. Es ist daher nahezu unvermeidlich, dass es bei Anbietern und Nachfragern zu einem gewissen Grad an Informationsasymmetrien kommt (Linde, 2005). So erzeugt z.B. jede Innovation im Marktkontext zumindest temporär Informationsasymmetrien mit Auswirkungen auf das Verhalten von Marktakteuren. Auch wettbewerbsrelevante Informationen bleiben für Unternehmen im Hinblick auf die Konkurrenz schützenswert. In Deutschland und der EU existieren im Interesse der Marktparteien zahlreiche staatliche Verpflichtungen zur Bereitstellung marktrelevanter Informationen. Sie dienen dazu, den Markt als Tauschveranstaltung auf Dauer zu stabilisieren. Im Bereich der nachhaltigen Produkte/Dienstleistungen wurde empirisch nachgewiesen, dass sich in den letzten Jahren eine Verschiebung der Interessen der Konsumenten von Such- und Erfahrungseigenschaften in Richtung Vertrauenseigenschaften ergeben hat (z.B. Schoenheit, 2005). Die gewünschten Informationen beziehen sich auf die Herstellung, auf vorgelagerte Wertschöpfungsketten oder auf Entsorgungsqualitäten. Diese sind für Konsumenten nicht ohne weiteres erreichbar. Dadurch ergibt sich ein beträchtlicher Informationsbedarf bei den Stakeholdern, der derzeit weder durch Hersteller noch durch Markenhersteller abgedeckt wird. Da die Produktion und Bereitstellung von Verbraucherinformationen auch immer mit Kosten verbunden ist, wird als Gegenargument von den Unternehmen vorgebracht, dass aufgrund von Forschung (oft pseudowissenschaftlich etc.) nur ein kleiner Teil der vorhandenen Verbraucherinformationsangebote von den Konsumenten regelmäßig genutzt wird. In den wissenschaftlichen Studien zum nachhaltigen Verbraucherverhalten wurde hierzu empirisch ermittelt, dass Verbraucherinformationen, insbesondere im Nachhaltigkeitsmarkt, nicht nur eine instrumentelle Funktion (z.B. Kauferleichterung) erfüllen, sondern zusätzlich auch als vertrauensbildende Maßnahme fungieren (z.B. Schoenheit, 2005). Dass die Interpretation: „Verbraucherinformationen bereitzustellen sei sinnlos" zu kurz greift, haben auch bereits die Arbeiten des Nobelpreisträgers Akerlof gezeigt (Akerlof, 1970). Er zeigte, dass Unternehmen mit Qualitätsprodukten im Eigeninteresse gefordert sind, Informationsasymmetrien für Verbraucher zu verringern, um nicht auf Dauer durch sinkende Preisbereitschaft von Anbietern niedriger Qualität verdrängt zu werden.

Unternehmen mit Nachhaltigkeitsangeboten sehen sich bei der Kommunikation von Vertrauenseigenschaften ebenso mit einem Dilemma konfrontiert. In allgemeinen volkswirtschaftlichen Analysen wird nicht gefordert, zutreffende, den Konsumenten überzeugende Informationen über tatsächliche Qualitäten bereitzustellen. Das Augenmerk liegt bei diesen Modellkonstellationen auf einem Qualitätswettbewerb unter Anbietern, der einer volkswirtschaftlich produktiven Selektion der besten Anbieter dient. Nach diesen Maßgaben wird z.B. von Kaas ein Dilemma für Unternehmen mit nachhaltigen Angeboten darin gesehen, dass die Kommunikation von Vertrauenseigenschaften Vertrauen bereits voraussetzt, was ja eigentlich durch dieses erst erzeugt werden soll (Kaas, 1992). Nicht nur Unternehmen können sich opportunistisch verhalten (z.B. Angaben schönen, verschweigen etc.). Sie müssen auch mit kritischen Konsumenten rechnen, die misstrauisch sind und damit rechnen, dass von menschlichen Eigenschaften nicht nur Positives zu erwarten ist. Das fördert Unsicherheiten auf Seiten der Konsumenten und verhindert Konsumfreude. In der neueren Wirtschaftstheorie wird opportunistisches Verhalten in der Form berücksichtigt, dass besonders für den Anbieter hoher Qualität die glaubwürdige Bereitstellung von Informationen über tatsächliche Merkmale von Produkten, Qualitäten, Eigenschaften etc. als überlebenswichtig angesehen wird (z.B. Williamson, 1985). Die Entscheidung was wem gegenüber transparent zu machen ist, obliegt der Unternehmensführung. Bei Hinzuziehung rechtlicher, ethischer und philanthropischer Verantwortungsdimensionen, kann das aber zu Einschränkungen von Handlungsspielräumen führen (z.B. Datenschutz, ökonomische, wettbewerbsrelevante Informationen etc.). Das jeweilige Angebot an Transparenz richtet sich allgemein nach den Kosten für die Offenlegung. Bei nachhaltigkeitsbezogenen Angeboten ist es sinnvoll, das berechtigte Informationsinteresse der Stakeholder mit dem Aufwand möglicher dysfunktionaler Effekte sowie deren Publizitätsauswirkungen (z.B. auf das Image des Unternehmens etc.) abzuwägen.

4.3.3.3   Labelling als Orientierungspunkt für Konsumenten

Zu den Aufgaben eines Nachhaltigkeits-Marketeers gehört es auch, Vertrauen in die Produkteigenschaften bei Stakeholdern/Konsumenten zu erzeugen. Dazu ist ganzheitliches Wissen notwendig. Label (oder deutsch Siegel) sind Kennzeichnungen auf Produkten, die dazu dienen, dem Verbraucher bestimmte Produkteigenschaften mitzuteilen. Ein einheitliches Nachhaltigkeitslabel, das ausschließlich Kriterien der Nachhaltigkeit bewertet, gibt es derzeit in Deutschland nicht. Der Begriff „Ökolabel" kann sehr weit im Sinne eines Oberbegriffs (z.B. für unterschiedliche Umweltproduktinformationssysteme etc.) definiert werden. Er ist aber auch sehr eng, z.B. nach dem ISO Typ Eins, definierbar (Rubik/Frankl, 2005). Seit dem letzten Boom in den 1990er Jahren existieren in fast jeder Produktgruppe zu nahezu allen umweltrelevanten Merkmalen von Produkten Ökolabels. Sie haben unterschiedliche Funktionen. Nach der neuen Institutionenökonomie sind Ökolabels bzw. Produktinformationen von Firmen oder Institutionen als Signale (signaling) für Konsumenten zu sehen (Karl/Orwat, 1999, Göbel, 2002). Sie stellen eine Vertrauenseigenschaft dar, die in eine Sucheigenschaft umgewandelt und somit zugänglich wird. Glaubwürdigkeit erhalten sie für Konsumenten durch die Kontrolle von unabhängigen Drittorganisationen. Die Funktion eines Labels liegt in einer komprimierten Darstellung von Informationen. Konsumenten haben daher nur geringe Transaktionskosten, wenn sie sich über Umweltstandards, Voraussetzungen für das Label etc. informieren wollen. Um nicht an Glaubwürdigkeit zu verlieren, müssen Hintergrundinformationen zu einem Label transparent und problemlos für Stakeholder/Konsumenten zugänglich sein.

Aus der Unternehmensperspektive bieten Ökolabel die Möglichkeit zu einer nachhaltigen und glaubwürdigen Differenzierung von Produkteigenschaften. Als Dilemma wirkt sich dabei aus, dass ein Label einen gewissen Bekanntheitsgrad erreichen muss, damit es in der Vielfalt von den Konsumenten wahrgenommen und anerkannt wird. Hat ein Label aber diesen Bekanntheitsgrad erst einmal erreicht und wird von vielen Unternehmen genutzt (z.B. Energieeffizienzklassifizierung bei Waschmaschinen etc.), verschwindet der Differenzierungsvorteil und das Label wird zu einer Grundvoraussetzung, um überhaupt im Wettbewerb zu bestehen (Pant/Sammer, 2004). Aus umweltpolitischer Sicht stellt Ökolabeling ein noch junges umweltpolitisches Instrument dar, das aus staatlicher Sicht zur Anhebung von Umwelt- und Sozialstandards dient. Mit Ökolabeln sind auch Anreize für Produzenten verbunden, aus Wettbewerbsgründen verstärkt in nachhaltige Aspekte ihrer Produkte zu investieren. Ökolabel werden beim Nachhaltigkeits-Marketing als Umweltinstrument oft in Verbindung mit Qualitätsstandards eingesetzt. In Deutschland lassen sich Label wie folgt kategorisieren (Manhart et al, 2008, Teufel et al, 2009, Weber, 2009, Zühlsdorf/Franz, 2010, Buxel, 2010):

1. Gütezeichen

Sollen vor allem auf Haltbarkeit und Sicherheit hinweisen. Das Deutsche Institut für Kennzeichnung und Gütesicherung e.V. ist für die Anerkennung von derzeit 160 Gütezeichen verantwortlich. Sie werden für zahlreiche Produkte/Dienstleistungen vergeben (z.B. Baubereich, Ernährungswirtschaft, verschiedene Dienstleistungen etc.). Im Lebensmittelbereich gehört das DLG-Siegel dazu (Deutsche Landwirtschafts-Gesellschaft e.V.). Bewertet werden sensorische Eigenschaften von Lebensmitteln (z.B. Verarbeitung, Zubereitung, Rohstoffauswahl etc.).

2. Siegel auf Eigenmarken

Viele Handelsketten und Lebensmittelhersteller haben erkannt, dass sich immer mehr Verbraucher an Labeln orientieren. Sie wollen diese Tatsache als Wettbewerbsvorteil ausnutzen und zeichnen ihre Eigenmarken mit selbst kreierten Labeln aus. Kritisch ist anzumerken, dass hinter den Labeln von Eigenmarken vorwiegend Marketingstrategien stehen. Oft sind Eigenlabel optisch sehr nah an bekannten Siegeln, um diese nachzuahmen. Der Labelboom trägt dazu bei, dass nicht nur im Lebensmittelbereich viele Konsumenten den Überblick verlieren.

The Body Shop – Umweltschutz mit dem eigenen Siegel –

„Über 2500 Body Shops gibt es derzeit in 62 Ländern. Die Pionierin des ethischen Einzelhandels Anita Roddick gründete 1976 den ersten Laden im britischen Brighton, sie starb 2007 als Dame of the British Empire im Alter von 64 Jahren. Ihr damaliges Vermögen verglich die Presse gern mit dem der Queen. Bereits 1984 war die Gründerin mit der Marke Body Shop an die Börse gegangen, 2006 übernahm der französische L'Oreal-Konzern dann komplett – beide Schritte führten zu großem Unmut bei den Kunden und Öko-Aktivisten. Nun bleibt die Frage, wie L'Oreal mit dem Erbe umgeht. Denn trotz der edlen Leitsätze der Gründerin [...] werfen Kritiker dem Unternehmen immer wieder vor, noch weit von den eigenen Vorgaben entfernt zu sein.[...] Mit dem „eco-conscious-standard" gibt es auch ein Siegel für besonders umweltfreundliche Produkte: „Wir engagieren uns stark für den Schutz der Umwelt. Dazu gehört die Einführung unseres Umweltschutz-Standards (eco-conscious-standard). Produkte, die diesen strengen Regeln zum Schutz der Umwelt entsprechen, tragen das entsprechende Symbol". Konkret wird Body Shop wiederum nicht und überlässt es der Fantasie des Kunden, sich die „strengen Regeln zum Schutz der Umwelt" vorzustellen" (Eidems, o.J.).

---

3. Regional- und Länderzeichen

Hierbei handelt es sich um Qualitäts- und Herkunftszeichen der Bundesländer mit dem Zweck, der Unterstützung der Vermarktung landwirtschaftlich erzeugter Lebensmittel ortsansässiger Anbieter. Es gibt derzeit 14 Länderzeichen in 10 Bundesländern, jedoch nur die Zeichen Bayerns, Hessens, Schleswig-Holsteins und Baden-Württembergs sind in Gebrauch. Am häufigsten vertreten sind die Zeichen Bayerns und Schleswig-Holsteins. Sie werden von den jeweiligen Landesministerien für Landwirtschaft gefördert und sollen den Verbraucher über die Herkunft der Lebensmittel informieren. Kritisch ist, dass die Länderzeichen sehr unübersichtlich und wenig transparent für Konsumenten sind. Auch der Mindestanteil für Zutaten aus der Region ist unterschiedlich (z.B. in Schleswig-Holstein 51%, in Baden-Württemberg 100%). Zudem bestehen Schwächen bei der Verbraucherkommunikation.

4. Prüfzeichen

Prüfzeichen kommen vor allem im Lebensmittelbereich zum Einsatz. Sie stehen für den stufenübergreifenden Prozess der Herkunftssicherung vom Landwirt zur Ladentheke (z.B. das QS-Prüfzeichen). Das QS-Zeichen wird von der Qualität und Sicherheit GmbH in Bonn vergeben. Ursprünglich entstanden als Reaktion auf die BSE-Krise, kennzeichnet das QS-Prüfzeichen Fleisch, Fleischwaren, mittlerweile auch frisches Obst, Gemüse und Kartoffeln. Es garantiert eine durchgehende Rückverfolgbarkeit der gekennzeichneten Lebensmittel. Ein anderes Prüfzeichen ist das Label „Geprüfte Qualität". Es wird vom TÜV-Süd vergeben und garantiert ebenfalls die Rückverfolgbarkeit der Lebensmittel. Zusätzlich gehört die Einhaltung von Hygienevorschriften bei der Herstellung und Verarbeitung von Lebensmitteln zu den Kriterien bei der Vergabe des Prüfzeichens.

5. Umwelt- und Sozialzeichen

Es gibt in Deutschland derzeit kein einheitliches Nachhaltigkeitslabel, das ausschließlich Kriterien der Nachhaltigkeit bewertet. Daher existieren zahlreiche Kennzeichnungen mit unterschiedlichen Schwerpunkten und Vergabekriterien (z.B. ökologischer Landbau, fairer Handel, kontrollierte Fischerei, Umweltschutz etc.). In einer Studie wurde 2009 festgestellt, dass die derzeit im Gebrauch befindlichen Label nur Teilaspekte der Nachhaltigkeit abbilden (Teufel et al, 2009). Dabei handelt es sich zumeist um ökologische Aspekte, während Nutzen, Qualitäts- und Kostenaspekte sowie soziale Aspekte kaum Beachtung finden. Das trifft auch auf Nachhaltigkeitskriterien zu, die sich auf den Ausstoß von Treibhausgasemissionen entlang der Produktionskette, bzw. eine CO_2-Bilanz von Produkten/ Dienstleistungen beziehen.

Neben den zuvor aufgeführten Labeln existiert noch eine Vielzahl andere internationaler Label (z.B. EU-Logo Ökologischer Landbau, staatliches Bio-Siegel, Bioland-Siegel, Demeter-Siegel etc.), die zumeist für landwirtschaftliche Erzeugnisse verwendet werden und große Glaubwürdigkeit in der Praxis erlangt haben. Für das Nachhaltigkeits-Marketing bedeutet das, dass die Ausrichtung der Produktion an den Bedingungen für seriöse nachhaltigkeitsorientierte Label als ein erster Schritt in Richtung Transparenz zu werten ist. Transparenz kann die Anerkennung für nachhaltige Produkte/Dienstleistungen in der Gesellschaft signifikant fördern. Das ist insbesondere für Unternehmen wichtig, die im Brennpunkt des öffentlichen Interesses stehen (z.B. ökologisch kritische Branchen, sozial kritische Branchen etc.).

4.3.4   Zwischenfazit

– Produktpolitik umfasst alle Maßnahmen, die sich auf das Leistungsangebot des Unternehmens beziehen. Die Entwicklung von ökologisch orientierten Produkten bedingt beim Nachhaltigkeits-Marketing umfangreiches ökologisches und ganzheitliches Wissen im Hinblick auf nachhaltigkeitsbezogene Strategien und Instrumente.

– Makro-soziale und -soziokulturelle Rahmenbedingungen wirken aus der Umwelt auf das strategische Nachhaltigkeits-Marketing-Management und den Marketing-Mix. Sie sind vom Unternehmen kaum beeinflussbar wirken jedoch bindend.

– Bei den gesetzlichen Regelungen (Hard Law) für die Produktpolitik sind in Deutschland für Unternehmen, die Rechtsbereiche des öffentlichen Umweltrechts bindend. Zentrale Umweltgesetze zu Umweltmedien finden sich im Bundesimmissionsschutzgesetz (BISchG), Wasserhaushaltsgesetz (WHG)/Abwasserabgabengesetz (AbwAG), Neues Kreislaufwirtschaftsgesetz (KrWG) und Bundesbodenschutzgesetz (BBodSchG).

– Corporate-Governance (Soft Law) ist durch Umweltvereinbarungen zwischen Staat und Industrie markiert. Sie fungieren als Kooperationslösungen und Alternativen zum herkömmlichen umweltpolitischen Instrumentarium. Institutionalisierte Kooperationen sind Selbstverpflichtungen, andere Kooperationsformen sind möglich. Umweltvereinbarungen haben für Unternehmen Vor- und Nachteile.

– Meso-soziale und -soziokulturelle Rahmenbedingungen beinhalten mehrere netzwerkartige Einflussfaktoren, die durch Unternehmen selbst gestaltbar sind. Die kulturbezogene Ausrichtung bestimmt übergreifend den Grad der Wandlungsfähigkeit, die Ausrichtung der verfolgten Ansätze im Unternehmen sowie deren Verstetigung und Verankerung im Wertespektrum von Top-Management, Mitarbeitern und Führungskräften.

– Integrierte Produktpolitik (IPP) ist eine umweltpolitische Neuorientierung. Sie ist mit einer Abkehr vom konventionellen nachsorgenden Umweltschutz (end-of-pipe) zu einem vorsorgenden integrativen Beginn-of-pipe-Umweltschutz verbunden. Alle Phasen des Produktlebensweges werden integriert. Die umweltverträgliche Produktgestaltung bildet dabei eine zentrale Stellschraube bei Konstruktion und Design, da während des Konstruktions-/Designprozesses bereits 80% bis 90% der späteren Umweltwirkungen festgelegt wird.

– Nachhaltigkeits-Markenmanagement ist eine spezielle Art der Markenführung. Sie ist durch nachhaltigkeitsbezogene Markenwerte und eine breitere Abdeckung von Stakeholder-Interaktionen (Mitbestimmungen, Prozessbeteiligungen) auf freiwilliger Basis geprägt. Nachhaltigkeits-Markenmanagement erfordert für Sachgüter- und Dienstleistungsmarken spezielle Ausprägungen.

– Nachhaltige Verpackungspolitik beinhaltet verschiedene Aspekte (Handel, Verbraucher, Staat). Für Verbraucher sind nutzerfreundliche, umweltfreundliche Attribute wichtig. Verpackungen sind zur Überbrückung temporärer und räumlicher Verfügbarkeit beim Handel bzw. für die Lebensmittelversorgung unverzichtbar. Im Hinblick auf die wachsende Abfallproblematik hat der Gesetzgeber das Neue Kreislaufwirtschaftsgesetz (KrWG) erlassen.

– Mikro-soziale und soziokulturelle Rahmenbedingungen sind durch eine enorme Komplexität gekennzeichnet. Sie sind durch Unternehmen beeinflussbar. Zusätzlich ist auch eine Orientierung an den mikro-sozialen und soziokulturellen Werten von Kooperationspartnern und Zielgruppen unerlässlich, um Nachhaltigkeit operativ erfolgreich umzusetzen.

– Die Gefahr des Marktversagens wird bei nachhaltigkeitsorientierten Produkten am häufigsten durch Informationsasymmetrien zwischen Konsumenten und Produzenten gefördert. Gegen Informationsasymmetrien wird in der Praxis die Strategie einer nachhaltigkeitsbezogenen Informationspolitik verfolgt. Dabei ist das Dilemma des nachhaltigen Verbraucherverhaltens und Probleme der nachhaltigkeitsbezogenen Markttransparenz zu beachten.

– Label bzw. Produktinformationen von Firmen oder Institutionen können Informationsasymmetrien bei Konsumenten vermindern. Für Konsumenten haben sie Glaubwürdigkeit durch die Kontrolle von unabhängigen Drittorganisationen. Label funktionieren als komprimierte Darstellung von Informationen. Konsumenten können sich bei geringen Transaktionskosten über Umweltstandards und Voraussetzungen für das Label informieren.

4.4   Nachhaltigkeitsorientierte Kommunikationspolitik

Nachhaltigkeitsorientierte Kommunikationspolitik erfolgt in der Praxis durch das Instrument der Unternehmenskommunikation. Beim Nachhaltigkeits-Marketing bildet die Kommunikationspolitik das zweite Herzstück, denn mit dadurch werden Produkte/Dienstleistungen im Markt platziert. Kommunikation fungiert auch als Koordinationsinstrument für Stakeholder und Hersteller. Wissensintensive, erklärungsbedürftige und komplexe Zusammenhänge im Zusammenhang mit nachhaltigkeitsbezogenen Merkmalen, werden so für Konsumenten erklärbar und verständlich. Für den allgemeinen Begriff Unternehmenskommunikation existieren in der Wissenschaft zahlreiche Definitionsversuche. Eine bekannte Definition besagt: „die Kommunikation eines Unternehmens umfasst die Gesamtheit sämtlicher Kommunikationsinstrumente und -maßnahmen eines Unternehmens, die eingesetzt werden, um das Unternehmen und seine Leistungen den relevanten internen und externen Zielgruppen der Kommunikation darzustellen, oder mit den Zielgruppen eines Unternehmens in Interaktion zu treten" (Bruhn, 2005, 2). Charakteristisch ist, dass die Kommunikation bewusst und geplant von einem Unternehmen zu einem bestimmten Zweck verfolgt wird. Ansätze zur nachhaltigkeitsbezogenen, insbesondere umweltbezogenen Kommunikation von Unternehmen sind hauptsächlich in den Wissenschaftsbereichen der Wirtschaftswissenschaften, Kommunikationswissenschaften, Pädagogik, (Umwelt-)Psychologie, Soziologie sowie Politologie zu finden. In den Wirtschaftswissenschaften existiert in der Forschung ein Fokus zur Nachhaltigkeitsberichterstattung. In den Kommunikationswissenschaften beziehen sich die Studien auf kommunikationswissenschaftliche Aspekte zur Risiko-, Wissenschafts- und zur Umweltkommunikation (Adomßent/

Godemann, 2005). Im Rahmen der Pädagogik konzentriert sich die Forschung auf Nachhaltigkeitskommunikation im Kontext von Bildung. In der (Umwelt-)Psychologie werden im Zusammenhang mit der Nachhaltigkeitskommunikation Bewusstseins- und Verhaltensweisen analysiert. In den Bereichen der Soziologie und Politologie sind die Forschungsaktivitäten zur Nachhaltigkeitskommunikation noch verhalten. Einige Ansätze gehen von der Policy-Analyse aus und untersuchen die Bedeutung von Kommunikation und Information im Kontext weicher ordnungsrechtlicher Elemente der Umweltpolitik und dem Nachhaltigkeitsprozess. In nahezu allen Bereichen spielt die Partizipation weiter Teile der Gesellschaft und der Wirtschaft eine tragende Rolle (z.B. Renn, 2002, Lass/Reusswig, 2001, Lass/Reusswig, 2002). Als übergreifendes Kriterium für eine nachhaltigkeitsorientierte Kommunikationspolitik wurde postuliert, dass sie zusätzlich auf Leistungen eingeht, die Unternehmen auf Forderungen der Gesellschaft erbringen (in den Bereichen Kultur, Ökologie, Ökonomie und Soziales). Sie ist daher besonders zur Erlangung einer gesellschaftlichen Legitimation geeignet.

4.4.1   Makro-soziale und -soziokulturelle Rahmenbedingungen

Makro-soziale und -soziokulturelle Rahmenbedingungen wirken beim operativen Nachhaltigkeits-Marketing aus der Umwelt auf die Kommunikationspolitik im Marketing-Mix. Sie sind vom Unternehmen kaum beeinflussbar. Kenntnis und Beachtung ist jedoch für die Existenzgrundlage und Wettbewerbsfähigkeit von Unternehmen am Standort maßgebend.

4.4.1.1   Rechtsraum der Umweltberichterstattung

Der Begriff Umweltbericht bzw. Umwelterklärung wird definiert als: „Bericht einer Organisation für die Öffentlichkeit mit einer Beschreibung und Beurteilung ihrer wesentlichen Umweltaspekte" (DIN EN 33922, 3). Ein Umweltbericht soll nach den Vorgaben der Norm ein den tatsächlichen Verhältnissen entsprechendes Bild der Umweltaspekte der Organisation geben und sich an die Grundsätze der Wahrheit, Wesentlichkeit, Öffentlichkeit, Klarheit, Stetigkeit und Vergleichbarkeit halten (DIN EN 33922). Unternehmen unterliegen in Deutschland und der EU einer gesetzlichen Pflicht gesellschaftliche Anspruchsgruppen bzgl. der Umweltwirkungen ihrer Produktion und ihrer Produkte zu informieren. Die Grundlage hierfür bilden gesetzliche Verpflichtungen zur Offenlegung von Umweltinformationen durch existierende bzw. absehbar bevorstehende Umweltgesetze, wie z.B. das Umweltinformationsgesetz (UIG), oder das Umweltstatistikgesetz (UStatG). Dokumente, die in diesem Zusammenhang erstellt werden müssen, beziehen sich u.a. auf Emissionserklärungen gem. Bundesimmisionsschutzgesetz (BImschG), Informationen über Sicherheitsmaßnahmen gem. Störfall-Verordnung (StörfallVO91), oder Abfallbilanzen sowie Abfallwirtschaftskonzepte gem. Gesetz zur Förderung der Kreislaufwirtschaft und Sicherung der umweltverträglichen Bewirtschaftung von Abfällen (Kreislaufwirtschaftsgesetz KrWG). Das wesentliche Ziel der gesetzlich vorgeschriebenen Pflichtkommunikation besteht auf staatlicher Seite darin, den zuständigen Behörden Kontrollen über die Einhaltung der umweltrechtlichen Ge- und Verbote bei den Unternehmen zu ermöglichen. Ein weiteres Ziel besteht in der Erlangung notwendiger Informationen für den vorsorgenden bzw. gefahrenabwehrenden Umweltschutz. Durch Pflichtkommunikation entsteht für Unternehmen eine Kommunikationsbeziehung zur Verwaltung. Daneben ergeben sich auch verpflichtende Kommunikationsbeziehungen zu Anwohnern von Produktionsstätten, z.B. bei Einwendungen in Genehmigungsverfahren. Gesetzliche Informationspflichten bzgl. Fragen des Umweltschutzes sind nach Art der Informationspflicht und Ansatzpunkt im Unternehmen wie folgt zu unterscheiden (Kloepfer, 2004, Klinski, 2000):

— **Anzeige- und Meldepflicht**
  Unternehmen sind dazu verpflichtet, über ein erstmaliges bzw. einmaliges Ereignis zu informieren (z.B. Aufnahme einer potentiell umweltgefährdenden Tätigkeit, Störfall etc.). Die Behörden können so Maßnahmen ergreifen, um für eine Gefahrenabwehr zu sorgen.
— **Mitteilungs- und Auskunftspflicht**
  Unternehmen haben während der Ausübung umweltbelastender Tätigkeiten eine regelmäßige und kontinuierliche Informationspflicht.

Im Rahmen von Anzeigepflichten werden die Informationen von der entsprechenden Behörde angefordert. Bei Mitteilungspflichten müssen entsprechende Informationen unaufgefordert der Behörde erklärt werden. Ein großer Teil rechtlicher Regelungen zu Umweltinformationen bezieht sich auf Kennzeichnungssysteme für Produkte (z.B. das Label Blauer Engel etc.) bei denen die Einhaltung bestimmter Umweltkriterien garantiert wird. Insgesamt besteht eine relativ starke Regulierungsdichte im deutschen Umweltrecht. Die damit verbundene Pflichtkommunikation von Unternehmen hat ihren Schwerpunkt in produktionsbezogenen Aspekten des Umweltschutzes. Von daher kann sich ein ganzheitlicher Charakter für eine Nachhaltigkeitskommunikation ergeben. Die Daten, die Unternehmen aufgrund der gesetzlichen Informationspflichten erfassen, können dafür den Grundstock im Rahmen einer freiwilligen Umweltberichterstattung bilden (z.B. im Rahmen einer Verknüpfung mit der eigenen freiwilligen Öffentlichkeitsarbeit, PR etc.). Viele Unternehmen verzichten jedoch auf eine derart integrierte Kommunikation und beschränken sich nur auf die gesetzlichen Pflichten. Ein weiteres rechtliches Instrument besteht in der EG-Öko-Audit-Verordnung, die 1995 in Deutschland in Kraft getreten ist, und 1998 als Environmental Management and Audit Scheme (EMAS II) novelliert wurde. Es handelt sich um eine freiwillige Selbstverpflichtung von gewerblichen Unternehmen zu einem Gemeinschaftssystem für Umweltmanagement und Umweltbetriebsprüfung, die für alle Mitgliedstaaten der EU gilt. Nach erfolgter Zertifizierung werden die Unternehmen in einem nationalen Register registriert. Im Jahr 2011 betrug z.B. die Gesamtzahl aller in den Ländern Deutschland und Österreich registrierten Unternehmen aller Branchen 1.717 Unternehmen (IHK-EMAS-Register). In der überarbeiteten Version der Verordnung aus dem Jahr 2001 wurden die Schwerpunkte explizit auf alle Organisationen mit Umweltauswirkungen in der EU ausgedehnt (vgl. dazu z.B. EMAS II, 2001). Dabei ist zu berücksichtigen, dass die EG-Öko-Audit-Verordnung als Rechtsnorm über nationalen Gesetzen steht (Blättel-Mink, 2001). Ein wichtiger Bestandteil dieser Novellierung besteht auch in der Integration von Bestandteilen der Industrienorm ISO 14001 als weiterer Baustein für das E-MAS-Managementsystem (Günther, 2008). Bei der dritten und bisher letzten Überarbeitung der Norm im Jahr 2009 bestanden die Ziele darin, kleineren und mittleren Unternehmen (KMU) bei der Implementierung vereinfachend entgegenzukommen, die Nachhaltigkeitsaspekte weiter zu stärken sowie eine weltweite Anwendbarkeit des Systems EMAS II zu begründen (Jubel/Lemke, 2010).

Aldi Süd bietet Transparenz beim Fleischkauf

„Wer beim Fleischkauf genau wissen möchte, woher die Ware kommt und wann sie verpackt wurde, kann bald die iPhone-App fTrace von Aldi Süd verwenden. Mit ihr scannt man den Barcode auf der Verpackung via Handykamera ein und bekommt dann automatisch Infos direkt aus der Datenbank der Lieferanten. Die App findet nicht nur das Schlachtdatum, sondern auch den Ort der Schlachtung und die Herkunft der Tiere. Die Namen der Bauern werden dabei aus datenschutzrechtlichen Gründen nicht veröffentlicht. Die von Aldi Süd bereitgestellte App gilt für folgende Schweinefleisch-Produkte: Minuten-Steaks, Nacken-Kotelett, Kotelett, Schinkengulasch, Schinkenschnitzel und Schweinefilet. Weitere Produkte sollen im Laufe der Zeit hinzugefügt werden. Für das iPhone soll fTrace in Kürze zum Download im App Store bereitstehen. Bis dahin verwendet man entweder andere Barcode-Scanner die fTrace auf der eigenen Webseite vorstellt und nutzt anschließend die Mobilseite, oder man prüft die Frische des eingekauften Fleisches mit dem PC über die Website von fTrace" (Buch, 2011).

4.4.1.2   Rechtsraum der ökonomischen Berichterstattung

Der Rechtsraum für die ökonomische Berichterstattung umfasst die externe Berichterstattung, Publikationspflicht sowie Finanzberichterstattung. In der Praxis handelt es sich dabei um die für Unternehmen verpflichtende Geschäftsberichterstattung. Der Begriff der externen Berichterstattung beinhaltet die externe Rechnungslegung. Der wichtigste Bestandteil der externen Berichterstattung besteht in der finanziellen Rechnungslegung des Geschäftsberichtes. Mit diesem können bestimmte externe Gruppen (z.B. Anteilseigner, Gläubiger etc.) ihren gesetzlichen Anspruch auf Informationen vom Unternehmen begründen. Gegenstand der finanziellen Rechnungslegung ist die Rechenschaftslegung über die wirtschaftliche Tätigkeit des Unternehmens (Finanzberichterstattung). Die gesetzliche Berichterstattung umfasst auch Publizitätsvorschriften. Sie sind im Gesetz über die Rechnungslegung von bestimmten Unternehmen und Konzernen (Publizitätsgesetz, PublG) aufgeführt. Danach bezieht sich die Publizitätspflicht inhaltlich auf finanzielle Angaben (z.B. Jahresabschluss inklusive Bilanz, GuV, Anhang) sowie die wirtschaftliche Lage (Lagebericht). Die gesetzliche Berichterstattung bildet auch die Grundlage für die Steuerlast durch die Finanzbehörde. Ein weiter gefasstes Verständnis externer Berichterstattung, bezieht sich neben den gesetzlichen Anforderungen auf freiwillige Informationen des Unternehmens. In der ökonomischen Berichterstattung hat der

Geschäftsbericht eine dominierende Stellung. Er wird von Pressemitteilungen und Bilanzkonferenzen flankiert. Sie dienen der Bekanntmachung sowie der Erläuterung der Daten im Geschäftsbericht. Weitere Kommunikationsinstrumente sind jedoch nicht vorgesehen. Damit wird die Einschränkung des Instrumentariums der Unternehmenskommunikation im Rechtsraum der gesetzlich vorgeschriebenen ökonomischen Berichterstattung verdeutlicht. Der Forderung nach Ganzheitlichkeit in der ökonomischen Kommunikation, im Sinne der nachhaltigen Entwicklung, wird insofern nicht entsprochen (Bruhn, 1995). Im Rahmen der Berichterstattung sollen die Informationen dazu dienen, im Lagebericht ein den tatsächlichen Verhältnissen entsprechendes Bild der Ertrags, Vermögens- und Finanzlage von Unternehmen über den Jahresabschluss, die drei Teile Bilanz, Gewinn-und-Verlust-Rechnung und Anhang sowie den Lagebericht zu geben. Beim Lagebericht werden fünf Berichtsbereiche unterschieden. (1) Die Darstellung des Geschäftsverlaufs und der Lage. Hier sind i.d.R. die verschiedenen Unternehmensbereiche zu berücksichtigen. (2) Der Nachtragsbericht, (3) der Prognosebericht, (4) der Forschungs- und Entwicklungsbericht und (5) die Angabe von bestehenden Zweigniederlassungen. Im Lagebericht besteht zusätzlich die Möglichkeit freiwillige Informationen zu veröffentlichen (z.B. Umweltberichte). Diese Möglichkeit besteht auch im Anhang. Sind freiwillige Informationen an dieser Stelle vorgesehen, unterliegen sie der Prüfungspflicht des Jahresabschlusses sowie des Lageberichts. Zur Vermeidung von Problemen bei der Überprüfbarkeit von freiwilligen Informationen kann es zweckmäßig sein, diese von den obligatorischen Teilen (Jahresabschluss, Lagebericht) zu trennen. Hierfür bestehen verschiedene Möglichkeiten. Freiwillige Informationen können im allgemeinen Teil des Geschäftsberichtes oder in separaten Berichten bzw. anderen Medien veröffentlicht werden.

In einer Studie zur Kommunikationsqualität von Geschäftsberichten international tätiger Unternehmen konnte herausgefunden werden, dass der Anteil freiwilliger Informationen bei der Hälfte der untersuchten Unternehmen bei über 50% liegt (Derieth, 1995). Dabei beziehen sich freiwillige Informationen zu 62 % auf Unternehmensinterna. Ca. 45% führen dabei unternehmensstrategische und personalpolitische Informationen an, von ca. 17% werden ökonomische Kennwerte bzw. Marktanteile angegeben, bei ca. 20% beziehen sich die freiwilligen Informationen auf die Leistungen des Unternehmens und ca. 18% beziehen zu gleichen Teilen gesellschaftsbezogene und sonstige Themen mit ein. Es ist zu vermuten, dass sich Unternehmen mit diesem Themenspektrum insbesondere an spezifische Stakeholdergruppen (z.B. Aktionäre, Kapitalgeber, Mitarbeiter) richten. Mit den obligatorischen Publizitätspflichten will der Gesetzgeber sicherstellen, dass Unternehmen ihrer Rechenschaftslegung nachkommen. Mit freiwilligen Informationen können Unternehmen jedoch weitere gesellschaftliche Stakeholder erreichen. Sie können auch als Rechenschaft i.S. eines sozialen und ökologischen Nachweises angesehen werden (Weiß, 2002).

4.4.1.3   Rechtsraum der sozialen Berichterstattung

Für eine soziale bzw. gesellschaftsbezogene Berichterstattung besteht in Deutschland, im Unterschied zur Finanzberichterstattung, keine gesetzliche Vorschrift. Diese existiert derzeit nur für die Länder Dänemark, Niederlande, Frankreich, Norwegen, Schweden und Island. In Deutschland sind börsennotierte Unternehmen seit 2005 lediglich dazu verpflichtet nichtfinanzielle Indikatoren im Leistungsbericht zu veröffentlichen (Herzig/Schaltegger, 2005). Im Jahr 2014 wurde jedoch von der EU eine Änderungsrichtlinie beschlossen (Directive oft the European Parliament and of the council amendding Directive 2013/34/EU). Sie sieht eine Ausweitung der Berichtspflichten im Lagebericht vor (o.V., o.J., 2015). Danach werden voraussichtlich ab dem Jahr 2017/2018 bestimmte große Unternehmen und Gruppen gehalten sein, eine „Nichtfinanzielle Erklärung" in die obligatorische Berichtspflicht aufzunehmen. Es ist vorgesehen, dass sich diese Erklärung zumindest auf Umwelt-, Sozial- und Arbeitnehmerbelange, auf die Achtung der Menschenrechte sowie auf die Bekämpfung von Korruption und Bestechung bezieht. Unternehmen sollen danach ihre diesbezüglichen Konzepte beschreiben und in Kennzahlen fassen. Sollten hierzu keine Konzepte verfolgt werden, ist zu erläutern, warum diese fehlen. Es ist auch vorgesehen, dass die Risiken, die mit diesen Themen verbunden sind, beschrieben werden. Bei der Umsetzung der Richtlinie in nationales Recht (in Deutschland durch Änderung des HGB), besteht aber die Möglichkeit, Unternehmen von dieser Form der Berichtspflicht zu befreien. Diese Ausnahmeregelung könnte möglich werden, wenn vom Unternehmen stattdessen ein auf die geeignete Richtlinie bezogener eigenständiger Lagebericht veröffentlicht wird. Dabei könnte z.B., sofern vom Gesetzgeber gewünscht, ein Nachhaltigkeitsbericht nach den Maßgaben der Global Reporting Initiative (GRI) bzw. nach dem deutschen Nachhaltigkeitskodex (DNK) in Frage kommen. Zusätzlich zur nichtfinanziellen Erklärung ist bei den Angaben zur Unternehmensführung vorgesehen, dass auch eine Beschreibung des Diversitätskonzepts für Verwaltungs-, Leitungs- und Aufsichtsorgane des Unternehmens zu erklären ist.

Eine weitere Möglichkeit besteht in der Veröffentlichung von Sozialberichten nach dem Deutschen Nachhaltigkeitskodex (DNK). Es handelt sich um einen freiwilligen Standard, der nicht obligatorisch ist. Er wurde vom Rat für Nachhaltige Entwicklung gemeinsam mit Finanzanalysten, Unternehmen, Wissenschaftlern und weiteren Experten entwickelt (o.V., o.J., 2015). In diesem Rahmen können Unternehmen nach dem „Comply-or-explain-Prinzip" mit Hilfe von zwanzig Kriterien sowie einer Auswahl von quantifizierbaren Leistungsindikatoren, die eigene Nachhaltigkeitsleistungen beschreiben und eine entsprechende Erklärung veröffentlichen. Der DNK ist nicht als zusätzliche Anforderung konzipiert worden. Er basiert auf den Kriterien der GRI-Initiative sowie den ESG-Indikatoren des Europäischen Finanzexperten-Verbandes EFFAS.

4.4.2 Meso-soziale und –soziokulturelle Rahmenbedingungen

Gem. Abbildung 2.5. sind meso-soziale und -soziokulturelle Rahmenbedingungen bei der Kommunikationspolitik durch das Unternehmen selbst gestaltbar. Sie umfassen nicht nur die Faktoren der drei Dimensionen des Tripels (Ökologie, Ökonomie und Soziales), sondern werden im vorliegenden Modell kategorieübergreifend durch ein „Kulturmanagement" für eine Kultur der Nachhaltigkeit beeinflusst. Deren Wirkung geht nicht nur strategisch, sondern auch operativ weit über die einer rein additiven Funktion hinaus. Sie reicht bis in die sozialen Bereiche von Mitarbeitern/Führungskräften und hat Ähnlichkeiten mit einem Identitätswechsel.

4.4.2.1 Konzeptionalisierung der unternehmerischen Nachhaltigkeitskommunikation

Der Begriff Nachhaltigkeitskommunikation ist in Literatur nicht allgemeingültig definiert. In dem relativ jungen und oft atheoretisch bearbeiteten Forschungsgebiet sind Schwierigkeiten in der Begriffsfindung evident. Die begriffliche Topographie fällt daher entsprechend komplex aus. Aufgrund der Vielfalt der Anknüpfungspunkte existieren in der Theoriebildung zwar viele Definitionsversuche, sie zeichnen sich bei der praktischen Verwendung aber oft durch eine geringe Trennschärfe aus (z.B. Corporate Social Responsibility (CSR) Communication, Corporate Citizenship (CR) Communication, Social Responsibility Communication, sozial-ökologische Kommunikation etc.) (z.B. Zollinger, 2000, Götz et al, 2002, Burschel/Losen, 2002, Kim, 2005). Vorhandene Definitionen beziehen sich auch auf die unterschiedlichen Ziele, die mit der Nachhaltigkeitskommunikation verbunden werden. Beispielsweise wird im Hinblick auf Public Relations (PR) Nachhaltigkeitskommunikation definiert als: „Öffentlichkeitsarbeit, die versucht, Nachhaltigkeit nicht allein zum Gesprächsgegenstand und zum Thema der öffentlichen Verlautbarungen des Unternehmens zu machen, sondern die die Prinzipien der Nachhaltigkeit im Kommunikationsprozess berücksichtigt" (Jeuthe, 2003). Im Hinblick auf Anschlussbereiche zur aktuellen betriebswirtschaftlichen, kommunikationswissenschaftlichen sowie gesellschaftstheoretischen Diskussion wird Nachhaltigkeitskommunikation definiert als: „alle kommunikativen Handlungen von Organisationsmitgliedern, mit denen ein Beitrag zur Aufgabendefinition und -erfüllung in gewinnorientierten Wirtschaftseinheiten geleistet wird" (Zerfaß, 1996, 287). Die nachfolgende Abbildung 4.7 zeigt ein mögliches Netzwerkmodell zu einer integrativen Nachhaltigkeitskommunikation im Überblick. Abbildung 4.7 zeigt in der Mitte Zieldimensionen und Ziele der Nachhaltigkeitskommunikation. Rechts, links und unterhalb dieser Zieldimension sind die drei Netzwerke interne Organisationskommunikation, Marktkommunikation und gesellschaftspolitische Kommunikation mit verschiedenen Dimensionen abgebildet. Diese sind mit durchbrochenen Linien gekennzeichnet. Bei den Verbindungen in den Netzwerken sowie untereinander kennzeichnen durchgezogene Linien Wirkungsverbindungen und durchbrochene Linien Feed-Back-Verbindungen. Damit wird der Ganzheitlichkeitscharakter verdeutlicht.

Interaktiver Informationsaustausch in Bezug auf Nachhaltigkeitsthemen

Herstellung gesellschaftlicher Legitimation

Steigerung der Glaubwürdigkeit

Erfolgreicher Stakeholderdialog

Gesellschaftspolitische Kommunikation

Integrierte Nachhaltingkeitskommunikation als Netzwerkkommunikation

Stärkung des Produkt- und Markenimages

Wettbewerbsvorteile gegenüber der Konkurrenz

Transformation von Bedürfnisfeldern und Märkten

Marktkommunikation

Wettbewerbsvorteile am Atbeitsmarkt

Positiver Einfluss auf Informations- und Steuerungsprozesse

Interne Organisationskommunikation

Verbindung von an sich getrennten Funktionsbereichen

Eröffnung von Wegen zur internen Kommunikation

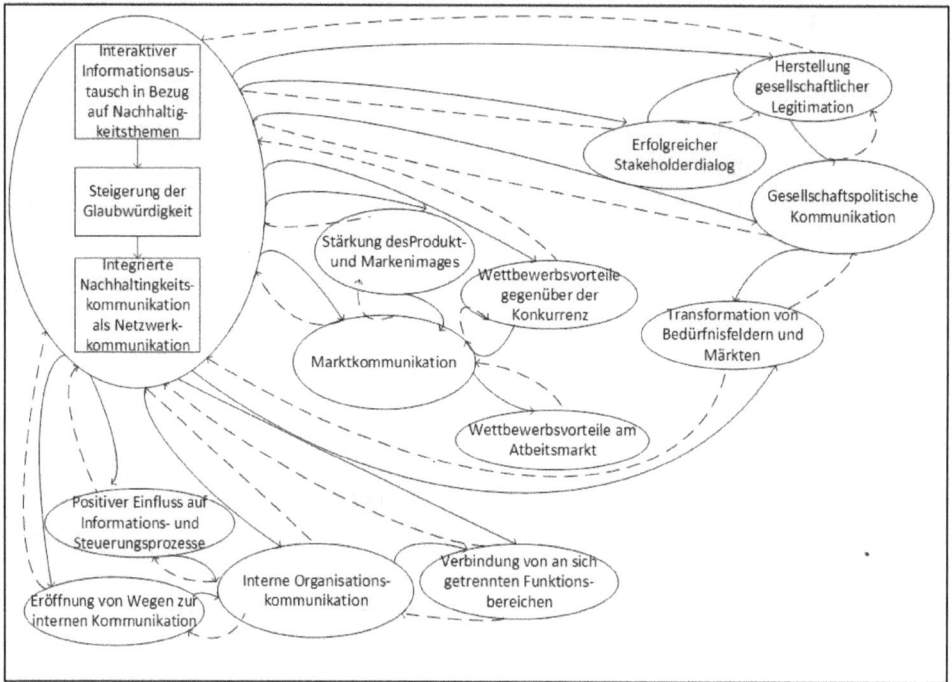

Abb. 4.7:   Netzwerkmodell der Zieldimensionen und Ziele einer integrierten Nachhaltigkeitskommunikation

Mit der unternehmerischen Nachhaltigkeitskommunikation sind verschiedene Funktionen verbunden. Nach Auffassung von Wissenschaftlern unterscheidet sich ihre Funktion nur durch zusätzliche Optionen von der Kommunikation mit konventioneller Ausrichtung und wird daher vornehmlich durch Faktoren der Legitimation und Existenzsicherung von Unternehmen bestimmt (z.B. Berichterstattung etc.) (z.B. Maletzke, 1963). Nach einer anderen Auffassung wird davon ausgegangen, dass die Funktion hauptsächlich im Aspekt der Risikovermeidung liegt (z.B. Severin, 2005). Wieder andere Wissenschaftler sehen die hauptsächliche Funktion im Zweck der Steuerung von Meinungen, Einstellungen und Verhalten in der Gesellschaft was sich mit der Zweckorientierung der Unternehmenswelt deckt (z.B. Meffert, 2000).

Unter einer Nachhaltigkeitskommunikation i.e.S. sollen vorliegend die integrierten kommunikativen Handlungen eines Unternehmens verstanden werden, durch die auf freiwilliger Basis, einerseits die Dimensionen der nachhaltigen Entwicklung den internen und externen Stakeholdern systematisch vermittelt werden, die andererseits auf dialogisch-partizipativer Basis dabei das eigene System der Nachhaltigkeitskommunikation kontinuierlich und kritisch hinterfragt. Hauptziele sind die Übertragung von Akzeptanz und Glaubwürdigkeit auf das Unternehmen sowie die Erzeugung von Vertrauen und sozial-ökologischer Attraktivität für Produkte- und Leistungen bei den Konsumenten. Nachfolgend werden die wichtigsten Merkmale der Netzwerkbereiche aus der Abbildung 4.7 näher beschrieben.

4.4.2.1.1   Unternehmensinterne Kommunikation

Vor dem Hintergrund der fundamentalen Veränderungen im Unternehmensumfeld (z.B. Mediendiversifizierung, Vertrauenskrisen im Unternehmen, Informationsüberlastung etc.), haben sich die Anforderungen an die Unternehmenskommunikation beständig erhöht. Zusätzlich hat sich, aufgrund der damit verbundenen Schwierigkeiten für die Unternehmenskommunikation in der Praxis ein Kommunikationswettbewerb entwickelt. Es erscheint daher für Unternehmen unumgänglich, die Unternehmenskommunikation effektiver und professioneller zu gestalten. In unternehmensbezogener Hinsicht, kann sich eine effektive Nachhaltigkeitskommunikation positiv auf interne Steuerungs- und Informationsprozesse hinsichtlich nachhaltiger Werte auswirken (z.B. beim Verhalten von Mitarbeitern, durch Controlling etc.). Außerdem können traditionell grundsätzlich strikt voneinander getrennt und separatisiert operierende Unternehmensbereiche (z.B. Forschung & Entwicklung, Marketing, Finanzen etc.) durch eine intensivere Kommunikation auf strategischer und operativer Ebene (z.B. durch Informationsaustausch etc.) den Wandel zur „nachhaltige Entwicklung" im Unternehmen fördern. Angesichts dieser Herausforderungen, plädieren einige Wissenschaftler für die Notwendigkeit einer integrierten Kommunikation (z.B. Zerfaß, 1996, Bruhn, 2005). Aus der Sicht der strategischen Ausrichtung des Konzepts „nachhaltige Entwicklung", sprechen folgende Punkte für ein integriertes Kommunikationskonzept (Prexl, 2010):

- Durch das Konzept „nachhaltige Entwicklung" wird per se die Intension verfolgt kulturelle, ökologische, ökonomische und soziale Aspekte des Wirtschaftens gleichzeitig zu verfolgen. Somit ist dem Nachhaltigkeitskonzept per se bereits eine Integration inhärent.
- Das Konzept Nachhaltigkeitskommunikation basiert auch auf einer thematischen Integration, da es sich *nicht* um einzelne Bereiche, sondern um eine Querschnittsfunktion handelt. Auch diese Tatsache spricht für eine Integration.

Bei der Nachhaltigkeitskommunikation handelt es sich um ein noch junges Wissenschaftsgebiet. Eine eigene Theorie zur integrierten Nachhaltigkeitskommunikation existiert daher (noch) nicht. Es sind aber theoretische Anleihen auf kommunikationstheoretischer Basis vorhanden. Durch Sie werden Erklärungen von instrumentbedingten Wirkungen sowie Kommunikationsproblemen im Zusammenhang von Nachhaltigkeit im Unternehmen möglich (Michelsen, 2007). Im Rahmen der integrierten Unternehmenskommunikation wurden zwei traditionelle Ansätze entwickelt. Es handelt sich um die Ansätze von Zerfaß (vgl. dazu Zerfaß, 1996) und Bruhn (vgl. dazu Bruhn, 2005). Sie wurden an anderer Stelle hinreichend beschrieben und werden daher vorliegend als bekannt vorausgesetzt. Nachfolgend werden lediglich die zentralen Aussagen der Ansätze kurz zusammengefasst. Im Anschluss werden diese hinsichtlich ihrer Eignung als Grundlage für das Konzept einer integrierten Nachhaltigkeitskommunikation kritisch analysiert.

a) Konzept der integrierten Kommunikation nach Zerfaß

Das Konzept von Zerfaß greift, neben dem Theorieansatz der Public Relation (PR), auf die Theorie des kommunikativen Handelns zurück (Zerfaß, 1996). Kommunikation stellt hier einen „Mechanismus zur Handlungskoordinierung [dar], der die Handlungspläne und die Zweckmäßigkeiten der Beteiligten zur Interaktion zusammenfügt" (Habermas, 1981, 141). Zusammenfassend und verkürzt dargestellt ist bei Zerfaß vorgesehen, dass der Bezugsrahmen für das Konzept durch die strategische Unternehmensführung auf der Basis von Kommunikationshandlungen hergestellt wird. Die integrierte Unternehmenskommunikation als zentrales Element des strategischen Managements einer Organisation, vertritt somit die Gesamtperspektive der Unternehmensführung. Es ist nicht nur die Integration sämtlicher Organisationsbereiche des Unternehmens vorgesehen, sondern es sind auch für externe Stakeholder argumentative Praktiken sowie Dialogstrukturen vorgesehen. Nach Meinung von Zerfaß sind Unternehmen heute in ihrem Umfeld in ein komplexes Beziehungsgeflecht eingebettet und stehen vor dem Problem der sinnvollen Koordination ihrer Aktivitäten. Er postuliert, dass eine integrierte Kommunikation *nicht* durch die Schaffung einer zentralen Abteilung für Kommunikation erreichbar ist (Kirchner, 2001).

b) Konzept der integrierten Kommunikation nach Bruhn

Das umfangreichere Konzept der integrierten Kommunikation nach Bruhn basiert auf der Gestaltpsychologie (Bruhn, 2005). Es wird davon ausgegangen, dass inkonsistente oder widersprüchliche Informationen durch eine kongruente Wahrnehmung verhindert werden können. Zusammenfassend und verkürzt dargestellt wird von Bruhn vorausgesetzt, dass Unternehmenskommunikation als geschlossenes Ganzes (Einheit) auftritt. Dabei wird in drei Formen der Integration unterschieden (inhaltlich, formal, zeitlich). Inhaltlich sind alle Maßnahmen thematisch miteinander abzustimmen. Formal werden Vereinheitlichungen für die verschiedenen Kommunikationsmittel vorgenommen (Slogans, Logos, Markenzeichen etc.). Zeitlich erfolgt die Integration durch Abstimmung aller Kommunikationsmittel. Bruhn leitet aus den Zielen der integrierten Kommunikation acht Komponenten für die Spezifikation von Anforderungen ab: Bewusstseins-, Strategie-, Positionierungs-, Gestaltungs-, Verbindungs-, Konsistenz-, Kongruenz- und Kontinuitätskomponente. Zusätzlich wird auf praktische Schwierigkeiten bei der Umsetzung hingewiesen und zu erwartende Schwierigkeiten auf den einzelnen Ebenen abgeleitet (inhaltlich-konzeptioneller, organisatorisch-struktureller bzw. personeller Ebene). Das Hauptaugenmerk des Konzepts liegt auf einer Integration interner Strukturen.

c) Diskussion im Hinblick auf eine „integrierte Nachhaltigkeitskommunikation"

Über die Eignung der Konzepte für eine integrierte Nachhaltigkeitskommunikation herrschen in der Wissenschaft unterschiedliche Meinungen vor. Einigkeit besteht darin, dass beide Konzepte sich insofern gleichen, da sie aus der Sicht der betriebswirtschaftlichen Unternehmensführung entstanden sind. Das Konzept von Zerfaß basiert auf sozial-und gesellschaftsorientierten Ansätzen, kombiniert diese mit PR-theoretischen und wirtschaftswissenschaftlichen

Ansätzen und konzipiert dabei die integrierte Kommunikation als einen wesentlichen Baustein. Es verwundert daher nicht, dass bei Zerfaß noch stärker als bei Bruhn vorgesehen ist, die Kommunikation unter der Priorität des unternehmerischen Endziels „Gewinn" zu integrieren (z.B. Kirchner, 2001). Es existiert aber auch ein Hinweis, dass sich ein unternehmerisches Engagement für alle Stakeholder ergeben muss. Von Lühmann und Fiedler wird der Ansatz als grundlegendes Kommunikationsmodell favorisiert (Lühmann, 2003, Fiedler, 2007). Von Brugger wird die Bevorzugung gegenüber dem Konzept von Bruhn damit begründet, dass der Ansatz von Zerfaß sich an PR-Modellen orientiert und zusätzliche Komponenten der Unternehmenskommunikation einbezieht. So geht das Konzept über den Ansatz von Bruhn hinaus und beachtet auch eine Zielgruppen- und Stakeholderorientierung. Im Gegensatz zu Bruhn wird zudem, die im Rahmen der Nachhaltigkeit herausgehobene Rolle argumentativer Praktiken sowie Dialogstrukturen anerkannt (Brugger, 2010).

Auch das Konzept der integrierten Kommunikation nach Bruhn baut auf Faktoren auf, die geeignet sind, auf die Herausforderungen des Konzeptes „nachhaltige Entwicklung" zu reagieren. Das betrifft insbesondere Herausforderungen, die durch Glaubwürdigkeitsprobleme bzw. die Art der Kommunikation entstehen können. Beispielsweise die Nachhaltigkeitskommunikation in multinationalen Unternehmen, oder auch die Anforderung einheitliche Botschaften durch unterschiedliche Kommunikationsinstrumente zu vermitteln. Dadurch bestehen Möglichkeiten die Glaubwürdigkeit des Unternehmens zu erhöhen (z.B. Prexl, 2010). Die umfassende Integration im Konzept von Bruhn erleichtert den Zielgruppen nicht nur das Verstehen der Botschaften, sondern fördert auch Lerneffekte, die im Nachhaltigkeitskonzept eine herausragende Rolle spielen. Dabei werden besonders Komponenten der Bewusstseins-, Positionierungs- und allgemeinen Konsistenz hervorgehoben. Eine Nachhaltigkeitskommunikation kann danach nur etabliert werden, wenn parallel dazu durch einen kulturbezogenen Wertewandel im gesamten Unternehmen, das unternehmerische Nachhaltigkeitsbewusstsein etabliert wird (Prexl, 2010). Von Prexl wird u.a. aus diesem Grund das Konzept von Bruhn als Grundlage für eine integrierte Nachhaltigkeitskommunikation favorisiert.

Insgesamt ist festzuhalten, dass grundsätzlich beide Ansätze als Grundlage für ein Konzept zur integrierten Nachhaltigkeitskommunikation geeignet sind. Im Hinblick auf die Besonderheiten des Konzepts „nachhaltige Entwicklung" ist jedoch auf die herausgehobenen Rolle der externen Stakeholder- und der damit verbundenen argumentativen Dialogorientierung im Rahmen der Kommunikation hinzuweisen. Diese Rolle bleibt beim Konzept von Bruhn ausgespart. Kritisch muss weiter angemerkt werden, dass die ausschließliche Orientierung am ökonomischen Gewinnziel sowohl beim Konzept von Zerfaß als auch von Bruhn, deutlich im Widerspruch zum grundlegenden Ziel der Gleichberechtigung aller Säulen der Nachhaltigkeit im Tripel (Ökologie, Ökonomie, Soziales) steht. Daher besteht bei der Entwicklung eines Theoriemodells zum Konzept der integrierten Nachhaltigkeitskommunikation hier ein dringender Ergänzungs- und Nachbesserungsbedarf. Denn ein Theoriekonzept zur integrierten

Kommunikation setzt zwingend voraus, dass sowohl nach innen als auch nach außen keine Widersprüche im Kommunikationskonzept auftreten.

4.4.2.1.2   Externe Marktkommunikation

Eine absatzmarktorientierte Nachhaltigkeitskommunikation kann sich als sinnvoll erweisen, wenn die Kommunikationsinhalte aus Sicht der Kunden ein relevantes Kaufkriterium darstellen. Bedingt durch viele Problembereiche auf den Absatzmärkten (z.B. extremer Preisdruck, geringer werdende Differenzierungsmöglichkeiten) wird es durch Nachhaltigkeitskommunikation möglich, einen effektiven Zusatznutzen zu generieren. Das begünstigt nicht nur das Vertrauen und den Geschäftserfolg, sondern wirkt sich auch auf die kundenspezifische Markenbindung bzw. unternehmensspezifische Markenreputation günstig aus (Figge/Schaltegger, 2000). Auch von Seiten der Kunden spielt das Set der Determinanten bei Produkten/ Dienstleistungen eine große Rolle. Neben der Preisprämisse, wird es für Konsumenten immer wichtiger, ob die Faktoren zur Erbringung der Leistung mit den eigenen ethischen Vorstellungen vereinbar sind (Zollinger, 2000). Auf der Beschaffungsseite wird es möglich, durch Nachhaltigkeitskommunikation Zulieferer und andere Geschäftspartner, z.B. im Rahmen einer integrierten Wertschöpfungskette, in die Lage zu versetzen, spezifische nachhaltigkeitsbezogene Anforderungen (z.B. Arbeitsbedingungen, Umweltschutz etc.) in einem integrierten Zusammenhang zu verdeutlichen. Auf diese Weise können (internationale) Wertschöpfungspartner ihr Nachhaltigkeitsniveau angleichen und die eigenen Planungen auf die Nachhaltigkeitsziele des Partnerunternehmens abstimmen. Damit wird eine Sensibilisierungsfunktion etabliert, die hilft, Missverständnissen im operativen Geschäft vorzubeugen (Hauth/Raupach, 2001). Durch eine kapitalmarktbezogene Nachhaltigkeitskommunikation ist der Vorteil einer tendenziell besseren Ausgangslage für Akquisitionen erreichbar. Investoren können in die Lage versetzt werden, das Unternehmen ganzheitlich zu beurteilen (z.B. Fähigkeiten der Führung, Chancen und Risiken rechtzeitig zu erkennen etc.). Bei erfolgreich am Kapitalmarkt positionierten Unternehmen besteht die Möglichkeit Schwankungen des Aktienkurses zu verringern und auf diese Weise Kapitalbeschaffungskosten zu senken (GRI, 2002). In der Praxis erfolgt diese Ausrichtung zumeist im Rahmen der Umweltberichterstattung. Dabei kann es sich um obligatorische Berichtpflichten handeln (z.B. Stoff-bzw. Flusspläne, Ökobilanzen etc.), oder freiwillige Informationen. Werden die freiwilligen Informationen im Geschäftsbericht veröffentlicht, unterliegen sie dem Prüfbericht des Jahresabschlusses sowie des Lageberichts. Sie müssen somit verifizierbar sein. Sind hierbei Schwierigkeiten zu erwarten, sollten sie getrennt vom obligatorischen Geschäftsbericht veröffentlicht werden.

Insgesamt ist festzuhalten, dass als entscheidende Grundprinzipien einer integrierten (d.h. über interne und externe Dimensionen aufeinander bezogenen) Nachhaltigkeitskommunikation (1) Dialogorientierung, (2) Glaubwürdigkeit, (3) Zielgruppengerichtetheit, (4) Schwerpunktorientierung und (5) Integration gelten (Clausen/Fichter, 1993). Dialogorientierung beinhaltet auch das Merkmal der Rekursivität. Es bezieht sich auf Wechselwirkungen zwischen Unternehmen und seinen Dialogpartnern (Raffee/Wiedmann, 1989). Zusätzlich ist auch eine symmetrische Kommunikationsbeziehung impliziert, d.h. eine Abkehr von der bisher oft monologisch und einseitig geführten Kommunikation von Seiten der Unternehmen. Die vorrangige Aufgabe besteht darin, den Kontakt zu den relevanten Stakeholdergruppen herzustellen und einen konstruktiven Dialog zu etablieren (z.B. Pressegespräche, Fachgespräche, Rückantwortkarten, Foren, Websites etc.). Eine Dialog- und Problemorientierung ist im Rahmen der Nachhaltigkeitskommunikation besonders im Hinblick auf den Aspekt Glaubwürdigkeit, im Rahmen der Umweltberichterstattung, wichtig (Wiedmann, 1986).

Transparenz für Außenstehende

„Der Sustainable-Development-(SD)Report des Arzneimittel- und Kosmetikherstellers Weleda AG heißt *Transparenz*. Die Umweltinstitute IÖW und IMUG loben, dass das Unternehmen seine Leistungsdaten selbst bewertet. Beispielsweise beim gestiegenen Stromverbrauch der Weleda: Hier wird der Stromverbrauch gleich in CO_2-Emissionen umgerechnet, um zu zeigen, welche Schadstoffe bei der Herstellung der entsprechenden Strommenge entstanden sind. D.h. der Leser wird von einer abstrakten Verbrauchszahl bis hin zu einer konkreten Umwelteinwirkung geführt. Der positive Effekt der externen Veröffentlichung dieser Umweltdaten war, dass ein interner Reflexionsprozess (Controlling-Prozess) in Gang gesetzt wurde. Der dazu führte, dass sich Weleda das ehrgeizige Ziel setzte, die CO_2 Emissionen aus angekauftem Strom um 1000 Tonnen zu reduzieren. Erreicht werden sollte dies bis 2001 durch konsequenten Ankauf von Strom aus erneuerbaren Energien. 1999 begann Weleda, ihrer bisherigen Berichterstattung ökonomische und soziale Gesichtspunkte hinzuzufügen. Auch dadurch wurde ein reflexiver Prozess in Gang gesetzt, denn „viele Fragen wurden nun wirklich das erste Mal gestellt". Neue Fragen, obwohl bei dem anthroposophisch orientierten Unternehmen schon von seinem Selbstverständnis her „gegenüber den sozialen Aspekten stets eine hohe Verpflichtung" bestand. Im Vorfeld der Berichterstattung wurde zum ersten Mal eine kritische und konsequente Bestandsaufnahme mit Experten durchgeführt. Walter Landensperger, Umweltbeauftragter der Weleda AG, unterstreicht, dass das SD-Reporting nach Innen den Blick für das ganze Themenpaket geschärft habe (Jeuthe, 2002, 48).

4.4.2.1.3 Gesellschaftspolitische Kommunikation

Im Mittelpunkt der Nachhaltigkeitsdiskussion und aller damit zusammenhängenden Konzepte wird, als ein zentrales Ziel der Nachhaltigkeitskommunikation, der erfolgreiche Dialog mit den externen Stakeholdern gesehen (Hopfenbeck/Roth, 1994). Insofern rücken Konzepte wie der Stakeholder-Approach in den Vordergrund einer Kommunikationsintegration. Nach diesem Konzept wird die Kommunikation eines Unternehmens konsequent an den Bedürfnissen und Anforderungen der Stakeholder ausgerichtet (Severin, 2007). Der Zweck liegt darin, sowohl dem gesteigerten Bedürfnis nach Information von Seiten der Gesellschaft zu entsprechen als auch das Unternehmen im Hinblick auf gesellschaftliche Veränderungsprozesse (z.B. durch kulturbezogenen Wertewandel etc.) zu sensibilisieren (Hopfenbeck/Roth, 1994). Die öffentliche Akzeptanz der Unternehmenstätigkeit, oft ein kritischer Erfolgsfaktor, soll durch eine transparente und verständliche Kommunikation erhöht werden. Dazu wird z.B. hinsichtlich Maßnahmen, Ergebnisse und Ziele des strategischen Nachhaltigkeitsengagements über Kommunikation Glaubwürdigkeit und positive Unternehmensreputation aufgebaut (Herzig/ Schaltegger, 2004). Ein weiteres Hauptziel der Nachhaltigkeitskommunikation ist daher in der Herstellung der gesellschaftlichen Legitimation für das unternehmerische Handeln zu sehen. Unternehmen sehen sich gerade aufgrund von Globalisierung und Internationalisierung mit einem erhöhten Druck konfrontiert Informationen an ihre relevanten Stakeholder weiterzugeben (Bennet/James, 1999). Ein anderes Ziel der gesellschaftsbezogenen Nachhaltigkeitskommunikation besteht darin, den Strukturwandel in Gesellschaft und Wirtschaft zu fördern. Damit ist eine Beteiligung an der Transformation von Märkten und Bedürfnisfeldern in Richtung Nachhaltigkeit verbunden. Die Bedeutung der Nachhaltigkeitskommunikation liegt darin, durch eine entsprechend ausgerichtete Lobby- und Öffentlichkeitsarbeit das Konsumentenverhalten zu beeinflussen. Als ein gelungenes Beispiel kann die Lebensmittelbranche gelten. Hier hat sich ein eindeutiger Trend zu biologisch erzeugten Produkten nicht nur vollzogen, sondern auch etabliert. Zusätzlich kann eine entsprechend ausgerichtete Nachhaltigkeitskommunikation auch dazu beitragen, dass sich der Umgang des Unternehmens mit Behörden, NGOs, Lieferanten, Händlern und anderen Stakeholdergruppen einfacher gestaltet.

Insgesamt ist festzuhalten, dass es sich beim Konzept der integrierten Nachhaltigkeitskommunikation um einen Verständigungsprozess handelt, der, im Unterschied zu traditionellen Ansätzen, die zukunftsorientierte Entwicklung der Gesellschaft im Hinblick auf Nachhaltigkeit einbezieht. Einige Forscher gehen noch einen Schritt weiter und gehen davon aus, dass Nachhaltigkeitskommunikation sich auch mit Ursachen und Lösungsansätzen *nicht* nachhaltiger Entwicklung befassen sollte (z.B. Michelsen/Rieckmann, 2012). Die nachhaltigkeitsorientierte Kommunikationspolitik wird von vielen Faktoren beeinflusst. Diese machen den Kommunikationsprozess ganzheitlich, netzwerkartig und damit äußerst komplex. Ein Hauptziel ist es, einen interaktiven Informationsaustausch nicht nur innerhalb der Netzwerke, sondern auch zwischen den Netzwerken zu etablieren. So besteht die Möglichkeit, die hohe Komplexität durch eine integrative Sichtweise des Nachhaltigkeitskonzeptes zu entzerren und einer Lösung näher zu bringen (Mast/Fiedler, 2005, Loew, 2002). Ein weiteres damit verbundenes Ziel der Nachhaltigkeitskommunikation besteht in der Erhöhung der Glaubwürdigkeit unternehmerischer Handlungen. Unternehmen können sich dazu in Netzwerken mit staatlichen Akteuren, NGOs, Forschungseinrichtungen und Verbänden organisieren, um durch die Neutralität der Partner die eigene Glaubwürdigkeit zu verbessern. Eine wesentliche Voraussetzung hierfür ist allerdings, dass die Glaubwürdigkeit des Netzwerks selbst bewahrt werden kann (Meffert/Kirchgeorg, 1998).

4.4.2.2 Perspektiven der unternehmerischen Nachhaltigkeitskommunikation

Unternehmerische Nachhaltigkeitskommunikation basiert auf dem Konzept der Umwelt- bzw. Ökokommunikation. Als Ersatz für Umweltkommunikation findet das Konzept unternehmensseitig erst vermehrt Anwendung, seitdem anerkannt wurde, dass eine Kommunikation ohne Umweltfragen im Kontext der „nachhaltigen Entwicklung" nicht mehr möglich ist (Severin, 2005, Mast/Fiedler, 2005). Das Forschungsgebiet ist noch sehr jung und erst im Aufbau. Daher existiert bis dato auch keine umfassende wissenschaftliche Untersuchung. Bisherige Beiträge beschäftigen sich größtenteils mit Teilbereichen bzw. Einzelaspekten (z.B. gesellschaftsorientierte Unternehmenskommunikation, CSR-Kommunikation, Nachhaltigkeitsthemen mit einzelnen Stakeholdergruppen, Instrumente etc.). Eine wissenschaftliche Auseinandersetzung im Sinne einer ganzheitlichen Perspektive, wie sie für die komplexe Thematik der Nachhaltigkeit notwendig ist, ist bislang nur ansatzweise vorhanden. Arbeiten zu strategischen Ansätzen einer unternehmerischen Nachhaltigkeitskommunikation oder zu Konzepten einer Nachhaltigkeitskommunikation, stellen absolute Ausnahmen dar (z.B. Lühmann, 2003). Insgesamt ist festzustellen, dass sich die wissenschaftliche Forschung nur sehr sporadisch mit Fragen einer ganzheitlichen unternehmerischen Nachhaltigkeitskommunikation beschäftigt hat. Es ist daher nicht verwunderlich, dass auch im Hinblick auf grundlegende theoretische Fragen ein eindeutiger Forschungsbedarf bereits ausgewiesen wurde (Belz/Ditze, 2005). Im Folgenden besteht das Ziel *nicht* darin, die vielfältigen Probleme und ungeklärten Positionen im Rahmen der unternehmerischen Nachhaltigkeitskommunikation darzustellen oder zu klären. Das ist an anderer Stelle bereits hinreichend geschehen (vgl. dazu z.B. Müller-Christ, 2001, Dyllick/Hockerts, 2002, Brugger, 2010, etc.). Um eine möglichst sinnvolle Erläuterung des Konzepts auf einer vorhandenen wissenschaftlichen Basis zu ermöglichen, wird auf ausgewählte Instrumente zur unternehmerischen Nachhaltigkeitskommunikation eingegangen.

4.4.2.2.1 Prinzipien der Nachhaltigkeitskommunikation

Zur operativen Umsetzung im Rahmen der unternehmerischen Nachhaltigkeitskommunikation benötigen Nachhaltigkeits-Marketeer neben wissenschaftlichen Konzepten, vor allem geeignete Instrumente. Die nachfolgend ausgewählten Instrumente sind in der Praxis in unterschiedlicher Weise verbreitet. Einige werden bereits mit Erfolg eingesetzt (z.B. im Rahmen eines Umweltmanagementsystems). Weniger bekannte bzw. neu entwickelte Instrumente besitzen ein hohes Potential zur Erfüllung der Aufgaben. Sie stehen im Zusammenhang mit den Integrationsanforderungen des komplexen Themenbereichs der „nachhaltigen Entwicklung" und dem Nachhaltigkeits-Management. Zwar beeinträchtigt die heute noch vorherrschende begriffliche Unschärfe dabei eine Übersichtlichkeit, für Praktiker und Experten ist jedoch die Wahl der bestmöglichen Lösung entscheidend. Die Auswahl der nachfolgenden Instrumente wird daher von den Kriterien praxisbezogener Verbreitungsgrad, Vorliegen wissenschaftlicher Erkenntnisse und vorhandenes Potential zur Aufgabenbewältigung bestimmt.

a) Sustainable Development (SD-) Reports

SD-Reports werden auch synonym zu Unternehmens- bzw. Nachhaltigkeitsberichten bezeichnet. Sie finden im Rahmen von Umweltmanagementsystemen Anwendung. Ihr Hauptzweck liegt darin, Betroffenen und Stakeholdern offen über vom Unternehmen ausgehende ökologische und soziale Probleme zu berichten. Der Report bezieht auch die ergriffenen Maßnahmen sowie die priorisierten Probleme und Handlungen mit ein, die oft qualitativ in systematisierter Weise dargestellt werden (Schneidewind, 2002). Bei der in der Praxis am häufigsten gewählten Print-Form, handelt es sich um eine asymmetrisch und einseitig ausgeprägte Kommunikationsform. Sie steht eindeutig im Widerspruch zur bereits mehrfach festgestellten Notwendigkeit einer dialogischen Kommunikationsform im Rahmen der Nachhaltigkeitskommunikation. Da es in der Praxis jedoch nicht immer möglich ist eine Dialogkommunikation mit allen Betroffenen der Unternehmensaktivitäten sowie sämtlichen Stakeholdern zu realisieren, ist es notwendig, auch indirekte und monologische Kommunikationsinstrumente einzusetzen. Sie können auch einen Einstieg in eine dialogische Kommunikation ermöglichen, denn es besteht die Möglichkeit SD-Reports über das Internet mit Dialogmöglichkeiten zu versehen. Ergebnisse von Studien zu SD-Reports fallen unterschiedlich aus. Aus empirischer Sicht haben sich SD-Reports weltweit durchgesetzt (KPMG, 2013). Nach einer Studie berichten heute weltweit fast drei Viertel (71%) aller Unternehmen über ihr Nachhaltigkeitsengagement (Basis: 100 umsatzstärkste Unternehmen in 41 Ländern). Der Anteil stieg in den letzten zwei Jahren um sieben Prozent. Bereits 93% der 250 weltweit größten Unternehmen stellen SD-Reports auf (KPMG, 2013). Ein etwas anderes Bild ergibt eine Analyse von 150 deutschen Unternehmen des Instituts für ökologische Wirtschaftsforschung (IÖW) mit dem Wirtschaftsverein Future (Breitinger, 2012). Neben SD-Reports von großen Unternehmen, wurden dabei auch freiwillig eingereichte Reports von insgesamt 41 kleineren und mittleren mittelständischen Unternehmen untersucht und in ein Ranking überführt. Bewertet wurden u.a. die Güte der Informationen über ökologische und soziale Aspekte der Produktion, die Verantwortung in der Lieferkette sowie Nachhaltigkeitsstrategien und -ziele. Es stellte sich heraus, dass die SD-Reports nicht alle Nachhaltigkeitsdimensionen gleichmäßig abdecken. Auffällig ist die Dominanz der Angaben zum Umweltschutz (z.B. Darstellung des betrieblichen Klima- und Umweltschutzes, Entwicklung nachhaltiger Produkte etc.). Lücken sind vor allem in sozialen Bereichen vorhanden (z.B. Verantwortung für die Interessen der Mitarbeiter etc.). Auch für Nachhaltigkeitsstrategien und -ziele fehlen durchweg klare, verbindliche und glaubwürdige Angaben. Als ungewöhnlich zeigt sich auch die Totalverweigerung von ca. ein Viertel der 150 größten deutschen Unternehmen, die seit Jahren eine Herausgabe von Informationen zu Fragen der Nachhaltigkeit total verweigern. Dabei handelt es sich vor allem um Unternehmen der Logistik- und Handelsbranchen. Diese Unternehmen stehen derzeit (noch) nicht so stark in der öffentlichen Diskussion oder meinen, dass Informationen über Auswirkungen ihrer Tätigkeiten (z.B. Verantwortung in der Lieferkette, in der Transportkette etc.) von ihren Kunden nicht nachgefragt werden. Das ist auch ein möglicher Grund dafür, dass die Anzahl, jedes 4. Unternehmen verweigert sich, seit Jahren unverändert ist. Hohe Anteile von

SD-Berichten finden sich hingegen in den Branchen, die mit den Auswirkungen ihrer Tätigkeit stärker im Fokus der Öffentlichkeit stehen (z.B. Banken, Chemie- und Pharmaunternehmen sowie Autohersteller). Bei der Analyse der SD-Berichte spielt das Kriterium der Glaubwürdigkeit eine große Rolle. Daher werden überprüfbare Belege, externe Überprüfungen etc. mit in die Beurteilung einbezogen (Breitinger, 2012).

Nachhaltigkeits-Berichte bei den Hard Discountern Aldi & Co

„In der Branche wird die Kommunikation des Leitbildes sehr unterschiedlich gehandhabt. Während Aldi Süd eine recht umfangreiche CR-Policy und Lidl zumindest Unternehmensgrundsätze formuliert haben, sind die Informationen bei Aldi Nord und Penny sehr spärlich und bei Netto findet das Thema Unternehmenswerte gar keine Berücksichtigung. Unabhängig vom Umfang der Darstellung der Leitbilder, ist allen Discountern die sehr vage Formulierung der Leitbilder gemein. So fehlen durchgängig Angaben, wie die Grundsätze im Unternehmen gelebt und umgesetzt werden. Weitgehend einheitlich veröffentlichen die Discounter auch keine zusammenhängende Darstellung der konkreten Ziele, deren Messung und Erreichung. Die einzige Ausnahme bildet Penny. Penny veröffentlicht eine übersichtliche zusammenhängende Darstellung der konkreten Ziele, sowie deren Erreichung und zukünftigen Planung. Diese Zusammenstellung wird jedoch nicht auf der Homepage publiziert, sondern im Nachhaltigkeits-Bericht der REWE-Group veröffentlicht. Kein einziger Discounter veröffentlicht Angaben zur Vision des Unternehmens" (Voßkämper, 2012, 27).

---

b) Internetbasierte Nachhaltigkeits-Kommunikation

Das Internet, insbesondere die Web 2.0 Welt, bietet viele Kommunikationsarenen für die Auseinandersetzung mit Unternehmen. Durch die zunehmende Vernetzung der Menschen über Informations- und Kommunikationstechniken und den Wunsch der Konsumenten mehrere Kanäle parallel zu nutzen, erhöht sich die Komplexität für die Unternehmenskommunikation erheblich (Friege, 2010). Für eine erfolgreiche Kommunikation unternehmerischer CSR-Aktivitäten in den sozialen Netzwerken sind bestimmte Spielregeln einzuhalten. Sie lassen sich durch die Faktoren (1) Teilnahme, (2) Interaktionsbereitschaft, (3) differenzierte Ansprache sowie (4) Transparenz charakterisieren (Fieseler et al, 2010). In der internetbasierten Nachhaltigkeits-Kommunikation nimmt z.B. die **Website** eines Unternehmens eine zentrale Rolle für die Bereitstellung von Hintergrundinformationen, im Hinblick auf Corporate Responsibility, ein. Durch die Interaktionsmöglichkeiten des Internets, ergeben sich für Unternehmen ein höherer Kommunikationsaufwand sowie eine höhere Kommunikationsgeschwindigkeit. Diese Tatsachen sind z.B. bei der Wartung der Website bzw. bei der Beantwortung von Kundenanfragen zu beachten. Grundbedingung für die glaubwürdige, nachhaltige Identität eines Unternehmens, stellt jedoch eine nachhaltigkeitsorientierte Unternehmenskultur dar. Sie wird durch eine tägliche die nachhaltige Verantwortung (ökologisch, ökonomisch und sozial) praktizierende Kommunikation des Unternehmens mit den Stakeholdern glaubwürdig. Eine andere Form der internetbasierten Nachhaltigkeits-Kommunikation sind **Weblogs.** Hier können z.B. Vertreter von Vereinen, Organisationen, Wissenschaftler, Unternehmen und Privatpersonen Meinungen zu Nachhaltigkeits-Themen veröffentlichen. Blogger gelten in der Web 2.0 Welt zumeist als glaubwürdige Informationsquellen. Nachhaltigkeits-blogs im deutschsprachigen Raum zeichnen sich durch eine gute Vernetzung, Professionalität, gute Recherchequalität, gutes Design, Aktualität und Themenvielfalt sowie eine relativ tief-gehende Auseinandersetzung mit der Thematik aus. Der interessierte Leser findet Kritik, Denkanstöße, Aufklärung sowie Tipps zur sozialen und ökologischen Themenvielfalt. Ein ak-tives „Mitmachen" ist explizit erwünscht. Oft gelten die Betreiber der Blogs auch in ihrer pri-vaten Lebensführung als vorbildlich nachhaltig. Durch Boykott- bzw. Protestaufrufe in den Nachhaltigkeits-Blogs kann ein erheblicher Druck auf (nicht nachhaltige) Unternehmen sowie die Politik aufgebaut werden (Glathe, 2010). Insofern hat sich die Medienmacht deutlich ver-lagert. Eine weitere Form der internetbasierten Nachhaltigkeits-Kommunikation besteht in **Bewertungsplattformen**. Mit Hilfe von damit verbundenen „schwarzen Listen" können Kon-sumenten Druck auf (nicht nachhaltige) Hersteller industrieller Produkte bzw. den Handel ausüben. Bewertungsplattformen decken einen großen Themenkomplex im Rahmen der Nachhaltigkeit ab. So beschäftigt sich z.B. die Plattform kompass-nachhaltigkeit.de mit Pra-xisbeispielen deutscher Unternehmen, die sich für nachhaltige Beschaffung einsetzen. Ein an-deres Beispiel ist die Plattform kununu.com, auf der Arbeitgeber bewertet oder auch prämiert werden. Hier können sich Nachwuchsführungskräfte/-arbeitnehmer über die Ausprägung ei-ner (nicht) vorhandenen sozialen Nachhaltigkeit bei Arbeitgebern informieren. Als Klassiker für Konsumenten ist die Plattform „marktcheck" von Greenpeace zu bezeichnen. Sie infor-miert über Produktuntersuchungen. Ebenfalls ein Klassiker stellt die Plattform von Food-watch dar, die u.a. die Identifikation von Mogelpackungen bietet.

c) Stakeholderdialoge und Runde Tische

Stakeholderdialoge werden zumeist von einem Unternehmen, oder einem Verband initiiert. Sie sind die direkteste Form der Kommunikation von Unternehmen mit ihrem gesellschaftli-chen Umfeld. Stakeholderdialoge können in Form von Diskussionsforen, Unternehmensge-sprächen oder auch Runden Tischen zwischen verschiedenen gesellschaftlichen Interessen-gruppen (NGOs, Bürgerinitiativen, Umweltbeauftragten etc.) einerseits, und dem Unterneh-men andererseits stattfinden. Sie werden in Form, Fragestellung und institutionellem Rahmen auf das Unternehmen und seine Stakeholder ausgerichtet und oft durch professionelle und neutrale Moderatoren begleitet, die mit dem Themengebiet vertraut sind. Sie eignen sich zur Erkundung neuerer gesellschaftlicher Entwicklungen und Innovationen ebenso, wie zur Dis-kussion damit verbundener möglicher Risiken (z.B. Gentechnologie, Kernenergie, Menschen-rechtsfragen, Geruchsbelästigungen durch ein Werksgelände etc.). Probleme können gemein-sam aus unterschiedlichen Perspektiven betrachtet und Handlungswege identifiziert werden. Die Vorteile liegen in der Chance für alle Beteiligten, sich mit der Materie vertraut zu ma-chen, Wissen auszutauschen und daraus zu lernen. Da unterschiedliche Gruppierungen einge-laden werden (Experten, Entscheidungsträger aus der Wirtschaft, Wissenschaftler, Behörden, NGOs etc.), können verschiedene Sichtweisen zu einer Problematik erlangt und zugleich auch

Beziehungen vertieft werden. Nachteile von Stakeholderdialogen liegen in der Beteiligungs-
bereitschaft sowie der Auswahl von Stakeholdern. Die Dialoge sind zumeist ergebnisoffen
und oft mit Ungewissheit behaftet. Diese Tatsachen wirken sich negativ auf die Beteili-
gungsbereitschaft von Stakeholdern aus. Zur Verminderung von Ungewissheit ist es wichtig,
die Erwartungen an einen Dialog von Anfang an offen zu legen. Als hilfreich hat sich dabei
auch erwiesen klar zu formulieren, was verhandelbar ist und was nicht.

Sustainability Dialogue bei Daimler

„Am 7. November 2013 fand zum sechsten Mal der Daimler Sustainability Dialogue in Stuttgart statt.
Mehr als 100 Vertreter unter anderem aus Politik, Wirtschaft, Wissenschaft, Nichtregierungsorganisationen, Verbänden, Gewerkschaften sowie Anwohner und Nachbarn kamen dabei mit rund 70 Daim-
ler-Vertretern – darunter vier Vorstandsmitglieder- zusammen. Ziele der jährlich stattfindenden Veranstaltung sind der konstruktive Austausch zu Nachhaltigkeitsthemen, die Diskussion kritischer Herausforderungen sowie die gemeinsame Arbeit an Lösungsmöglichkeiten.[…] Der Haupttag stand ganz
im Zeichen offener Diskussionen in fünf Arbeitsgruppen zu den Themenfeldern Umweltschutz, Personal, Menschenrechte, Community Relations und Datenschutz.[…] Die Ergebnisse der einzelnen Arbeitsgruppen wurden am Ende des Haupttages im Plenum vorgestellt. Die beteiligten Fachbereiche arbeiten im Jahresverlauf an deren Umsetzung und berichten spätestens bei der Folgeveranstaltung 2014
den Teilnehmern über erzielte Fortschritte". (Daimler, 2013).

4.4.2.2.2   Kritische Reflexion nachhaltigkeitsorientierter Werbung

Im Sinne des Marketings ist Werbung „die Beeinflussung von verhaltensrelevanten Einstellungen mittels spezifischer Kommunikationsmittel, die über Kommunikationsmedien verbreitet werden" (Gabler Wirtschaftslexikon). Werbung gehört zu den persuativen (einseitigen, beeinflussenden) Kommunikationsformen. Der Kontext betrifft als Querschnittsfunktion verschiedene wissenschaftliche Arbeitsbereiche (z.B. Wirtschafts-, Politik-, Rechts-, Kulturwissenschaften, Wirtschaftspädagogik, Psychologie, Soziologie, Linguistik, etc.). Werbung ist
ein vieldeutiges Forschungsobjekt, das sich zusätzlich auch durch unterschiedliche Umsetzungsmöglichkeiten auf regionaler, nationaler und internationaler Ebene auszeichnet. In der
Wissenschaft besteht weitgehende Einigkeit darüber, dass im Rahmen des Nachhaltigkeits-
Marketing-Managements, neben der Produktpolitik, kaum ein anderes Marketing-Instrument
mit so großen Transformationsnotwendigkeiten verbunden wird, wie die Kommunikationspolitik und die damit verbundene Werbung. Die verschiedenen Entwicklungsstufen im Rahmen
der Nachhaltigkeit (vom Öko-Marketing zum Nachhaltigkeits-Marketing), lassen sich auch an
den Werbekonzeptionen ablesen. Öko-Marketing gilt heute als überholt, da es vorwiegend auf
die Differenzierung herkömmlicher Produkte ausgerichtet ist. Ausgewählte Unterschiede zwischen dem traditionellen kommerziellen Marketing und dem Öko-Marketing, die sich bei den
einzelnen Marketing-Mix-Instrumenten aus der Entwicklung der Marketing-Ansätze ergeben,
zeigt die nachfolgende Tabelle 4.5 im Überblick.

Tab. 4.5:   Ausgewählte Schwerpunkte bei Marketing-Mix-Instrumenten durch verschiedene Marketing-Ansätze, Quelle: i.A.a. Belz, 2001, 90, modifiziert und neu konzipiert

Marketing-Instrument	Kommerzielles Marketing	Öko-Marketing	Nachhaltigkeits-Marketing
Produkt	-Kunden-, technologie- und ökonomiezentrierte Produktentwicklung, ohne Stakeholderbeteiligung	-Umweltschutz bezogene Produktentwicklung, ohne Stakeholderbeteiligung	-Kunden-, umwelt- und gesellschaftsorientierte Produktentwicklung, interaktive Stakeholderbeteiligung
	-**Keine** Berücksichtigung von: -allokativer Ressourcenproblematik -Umwelt- und Müllproblematik -Gesellschafts- und Sozialproblematik bei der Herstellung und in der gesamten Wertekette	-**Keine** Berücksichtigung des: -Spannungsfeldes zwischen Kundenwünschen und ökologischer Problemlage in der gesamten Wertekette	-Berücksichtigung von: -Ökologie, Ökonomie, Sozialem -ständige gesellschaftspolitische Aushandlung von Faktoren im Spannungsfeld zwischen Kundenwünschen und ökologischen, gesellschaftlichen und sozialen Problemlagen in der gesamten Wertekette
Kommunikation	-Kundenzentriert -konsumverstärkend -Förderung des Konsumismus -Förderung der Wegwerfmentalität -Förderung von Umwelt- und Müllproblemen	-Kundenzentriert -konsumverstärkend -Umweltschutz als dominante Differenzierung -Marktnische bezogen	-Kundenzentriert -sozial-ökologische und umweltbezogene Kernprobleme berücksichtigend -nachhaltiges Konsumverhalten fördernd
Preis	-Möglichst gering (ausgenommen Luxusgüter) -Externalisierung von Umweltkosten	Wesentlich höher als herkömmliche Produkte -Kostenverminderung durch Effizienzsteigerung	Höher als herkömmliche Produkte; angemessenes Preis-Leistungs-Verhältnis durch Internalisierung von Umweltkosten
Distribution	-Möglichst hoher Distributionsgrad -Massendistribution (ausgenommen Luxusgüter)	Selektiv über kleinere Läden und alternative Distributionskanäle	-Hoher Distributionsgrad durch konventionelle Läden -Müllvermeidung durch Rücknahme- und Recyclingsysteme

Tabelle 4.5. zeigt bereits anhand der ausgewählten Schwerpunkte, dass eindeutige Unterschiede beim operativen Marketing durch die verschiedenen Marketing-Ansätze vorliegen. Die Ursache liegt im Entwicklungsverlauf. Auch wenn sich bereits in den 1970er Jahren abzeichnete, dass vor allem die Produktion in Unternehmen für die Verschmutzung der Umweltmedien Luft, Wasser und Boden verantwortlich ist, entwickelten sich, auf der Basis der Kritik am kommerziellen Marketing, erst in den 1980er Jahren erste Öko-Marketing-Ansätze (z.B. Fisk, 1974, Belz, 2001). Sie stellen aber nur eine Art Vertiefung des kommerziellen Marketing-Ansatzes dar. Die Diskussion um eine „nachhaltige Entwicklung" der Gesellschaft begann erst zu Beginn des 21. Jahrhunderts als die ökologischen und sozialen Probleme immer gravierender wurden (Konferenz der Vereinten Nationen in Rio de Janeiro 1992). Mit Blick auf die Schwerpunkte in Tabelle 4.5 muss sich Werbung im Rahmen des konventionellen (nicht nachhaltigen) Marketings bis dato den Vorwurf gefallen lassen, nicht nur selbst Problemverursacher zu sein, sondern Nachhaltigkeitsproblematiken (Konsumerismus, Ressourcen-, Umwelt-, Müllproblematik etc.) auf Kosten der Gesellschaft zu verstärken. Dieser gravierende Vorwurf konnte bis dato von Verfechtern des kommerziellen (nicht nachhaltigen) Marketings und der Werbung nicht entkräftet werden (Hansen/Bode, 1999, Lichtl, 1999).

Der heute als veraltet geltende Ansatz des Öko-Marketings wurde in Deutschland durch eine Vielzahl neuer Umweltgesetze zu Beginn der 1980er Jahre gefördert. Auf der Grundlage des kommerziellen Marketings bezieht sich die Zielsetzung auf Wettbewerbsaspekte (Differenzierung) verbunden mit umweltschutzbezogenen Aspekten (Peattie, 2001). Es konnten zwar Teilerfolge erzielt werden, dennoch bleiben die Einsparungen im Rahmen der Umweltproblematiken relativ gering. Werbung gilt in diesem Rahmen oft als reines Kommunikationsproblem zum Abbau von Kaufbarrieren für ökologische Produkte. Unternehmen halten an der Gewinnmaximierung als oberstes Ziel fest und wollen sich lediglich einen weiteren Differenzierungsvorteil für die Wettbewerbspositionierung erschließen. Trotzdem wird über Werbung vermittelt, dass sich das Unternehmen an veränderte Konsumstrukturen „vermeintlich" anpasst. Das Anspruchsniveau ist relativ niedrig und gleichzusetzen mit einem „Hauptsache weniger als" (Hansen/Bode, 1999). Jede noch so geringe Einsparung wird als ökologischer Erfolg herausgestellt und werblich so vermarktet. Unternehmen sind dadurch in der Vergangenheit werbemäßig leicht in eine gefährliche Nähe zum „Greenwashing" geraten und mussten nicht selten die damit verbundenen (Image-) Nachteile tragen (vgl. zum Greenwashing die Ausführungen im Kapitel 2.2. ff. in diesem Buch). Werbung im Rahmen von Öko-Marketing negiert zudem das „Rebound-Problem". Dieses entsteht unweigerlich, wenn aufgrund der gestiegenen Nachfrage nach bestimmen Ressourcen durch eine Bedarfsausweitung bzw. eine Preissenkung für Ressourcen, die meisten ökologischen Einsparungen durch Mengeneffekte überkompensiert werden (Lichtl, 1999). Werbung hat beim Öko-Marketing-Konzept das vorrangige Ziel die Verringerung von Umweltbelastungen bei den Produkten herausstellen (Dyllick, 1992). Die Überlegung ist, dass durch eine dauerhafte Befriedigung der Kunden unter Ausnutzung der Wettbewerbsvorteile die Legitimität der Unternehmensziele gesichert werden kann (Meffert/Kirchgeorg, 1998). Ein weiteres Problem der Werbung im Rahmen von Öko-Marketing ist, dass eine größere Anzahl von Kunden nur angesprochen werden kann, wenn die individuellen Nutzenvorteile für die Konsumenten auch transparent sind. Bei der derzeit vorherrschenden Informationsasymmetrie zu Gunsten der Hersteller, ergibt sich jedoch ein Glaubwürdigkeitsproblem für ökologische Produkte/Dienstleistungen (Hansen/Bode, 1999). Da der Nachweis über ökologische Qualitäten von Produkten/Dienstleistungen, neben Aufwand auch ein relativ kostspieliges und problematisches Vorhaben ist, verzichten Unternehmen gern darauf. Der Verzicht auf Öko-Marketing wird insgesamt für Unternehmen in der Praxis auch durch einen Mangel an Anreizen leicht gemacht. Es hat sich gezeigt, dass Umweltleistungen von Unternehmen bei diesem Konzept weder zu einer gravierend verbesserten Wettbewerbsposition noch zu gravierenden Wettbewerbsnachteilen führt. Der größte Unterschied des Nachhaltigkeits-Marketing-Managements ist im normativen Konzept der „nachhaltigen Entwicklung" zu sehen, das diesem Ansatz weltweit zugrunde liegt. Werbung hat im Rahmen dieses Konzeptes den Anspruch, mit Hilfe einer gesellschaftlich normativen Verankerung eine nachhaltige Veränderung im Denken von Konsumenten (nachhaltiger Konsum) und Unternehmen (nachhaltige Produktion) zu fördern. Da dieses auch die Berücksichtigung inter- und intragenerativer Gerechtigkeit einbezieht, gestalten sich auch die Aufgaben der Werbung wesentlich anspruchsvoller (Kirchgeorg, 2001). Bei den bisherigen wissenschaftlichen Versuchen Nachhaltigkeits-Inhalte für ein Marketing-Konzept zu operationalisieren und von anderen Konzepten abzugrenzen, haben sich die folgenden Grundprinzipien ergeben. Sie charakterisieren zugleich auch die enormen Transformationsnotwendigkeiten, die im Rahmen einer Nachhaltigkeits-Werbung notwendig werden (Meffert/Kirchgeorg, 1998, Matten/ Wagner, 1998, Zabel, 1999, Kirchgeorg, 2002, Balderjahn, 2004):

1. Verantwortungsprinzip
Das Prinzip basiert auf den ethisch-moralischen Normen des nachhaltigen Wirtschaftens. Es leitet sich aus den Leitbildern ab, die einer intergenerativen und intragenerativen Gerechtigkeit zugrunde liegen. Nach diesen Leitprinzipien trägt jeder Einzelne (auch in Form von Gruppen, Organisationen, Verbänden, Unternehmen etc.) die Folgen eigenen Handelns. Er übernimmt prinzipiell auch die Verantwortung für Erhalt und Sicherung der Lebensgrundlagen für die Menschen. Aus Konsumentensicht ist damit ein nachhaltiger Konsum verbunden. Aus Unternehmenssicht ergibt sich die Gesamtverantwortung im Hinblick auf ein umwelt- und sozialverträgliches Wirtschaften auch unternehmensübergreifend. Dieses bezieht sich auf den gesamten Produktlebenszyklus und alle Wertschöpfungsstufen. Für global agierende Unternehmen gehört dazu auch, Beiträge zum Abbau von Verteilungsunterschieden zu leisten. Auch eine langfristige Abschätzung der Auswirkungen der eigenen Unternehmenstätigkeit auf ökologische und soziale Systeme, gehört dazu. Kommerzielle Werbung im Rahmen des konventionellen Marketings ist „Welten" von diesem Leitbild entfernt und stellt derzeit selbst ein Nachhaltigkeits-Problem dar. Nach wie vor wird unverblümt der in den vergangenen 200 Jahren vorherrschende Lebensstil des Wohlstands mit unbegrenzter Verfügbarkeit fossiler

Energieträger und anderer Ressourcen in der Werbung propagiert. Sozial-ökologische Folgen eines kontinuierlichen Wirtschaftswachstums mit der Übersteigerung des Konsums in den Konsumerismus sowie die Propagierung einer destruktiven Wegwerfgesellschaft, werden kurzerhand negiert. Stattdessen wird ein Lifestyle propagiert der eine allein am quantitativen Wachstum orientierte Überflussgesellschaft als Vorbild herausstellt. Diese kreiert zur Aufrechterhaltung von Überfluss fortwährend neue Bedürfnisse für Konsumenten mit unabsehbaren Folgen für die Gesellschaft (Gronemeyer, 2009). Bereits diese Argumentation verdeutlicht die enormen Transformationsnotwendigkeiten für die konventionelle Werbung, die Ähnlichkeiten mit der Propagierung zu einem „Identitätswechsel" hat.

2. Kreislaufprinzip

Das Kreislaufprinzip beinhaltet die Schaffung und Aufrechterhaltung geschlossener prozessbezogener Stromkreisläufe in allen Wirtschaftsphasen. Aus Konsumentensicht ist damit eine Orientierung am nachhaltigen Konsum beim Eigenverbrauch (Auffangen von Regenwasser, keine/weniger Bodenversiegelung, Kauf recyclebare Produkte etc.) verbunden. Aus Unternehmenssicht sind damit konkrete Anforderungen an die Recyclingfähigkeit, Redistribution, Müllvermeidung etc. von Produkten/Dienstleistungen verbunden. Dazu gehört auch im Sinne einer Kreislaufwirtschaft Innovationen zu entwickeln (z.B. im Verpackungs-, Energiebereich etc.), die an die Kreisläufe des Öko-Systems anpassbar sind. Herkömmliche Werbung im Rahmen des konventionellen Marketings wirkt in diesem Bereich derzeit eher kontraproduktiv und trägt zur Verwirrung von Konsumenten wesentlich bei. Beim konventionellen Marketing besteht eine Aufgabe der Werbung darin, das Differenzierungsmerkmal gegenüber anderen Produkten/Dienstleistungen herauszustellen, um einen Wettbewerbsvorteil zu realisieren. Dazu beschränkt man sich auf die Herausstellung von Gütezeichen/Zertifizierungen aller Art, die in einem Zusammenhang mit Nachhaltigkeit gebracht werden können. Oft ist dabei nachrangig, ob das eigene Produkt den strengen Anforderungen anerkannter Zertifizierungen zur Nachhaltigkeit entspricht. Selbst vor eigens kreierten Gütesiegeln wird nicht zurückgeschreckt. Das Problem besteht jedoch darin, dass mit Hilfe von Zertifizierungen Vertrauen bei den Konsumenten nicht nur in die Nachhaltigkeit von Produkten/Dienstleistungen, sondern auch in die Legitimierung der Ziele des Unternehmens erreicht werden sollen. Falsche (Werbe-)Versprechen (Greenwashing) werden jedoch in der heutigen Medienwelt von Konsumenten schnell verbreitet und können zu enormen Imageschäden mit unabsehbaren Folgen für Unternehmen (z.B. Boykottaufrufe, Internet-Shitstorm, Marktanteilsverluste etc.) führen.

3. Kooperations- und Partnerschaftsprinzip

Im Gegensatz zum Konzept des Öko-Marketings, bei dem Unternehmen im Rahmen vorgegebener Rahmenbedingungen unter Beachtung rechtlicher Gegebenheiten agieren, ist beim Nachhaltigkeits-Marketing-Konzept zusätzlich eine Zusammenarbeit von Unternehmen/ Verbänden, mit allen am Wertschöpfungsprozess Beteiligten, interessierten Stakeholdern sowie mit den politischen Akteuren vorgesehen. Dahinter steht das Prinzip, dass Aushandlungsmöglichkeiten im Rahmen der „nachhaltigen Entwicklung" in einem gesellschaftlichen Diskurs beschritten werden müssen. Dieser Diskurs soll allen Betroffenen eine Chance zur Beteiligung an zukünftigen Lösungen im Rahmen der „nachhaltigen Entwicklung" eröffnen. Herkömmliche Werbung im Rahmen des konventionellen Marketings ist derzeit vor allem auf einseitig ausgeprägte Hinweise zum Sponsoring (z.B. Finanz-, Sachspenden etc.), Aktivitäten im Bereich von Stiftungen bzw. Unterstützung regionaler Aktivitäten durch Unternehmen ausgerichtet. Das erfolgt auch oft mit dem Cause Related-Ansatz bei konventionellem Marketing. Bei der Neuausrichtung zu einem interaktiven, gesellschaftlichen Diskurs im Rahmen von Nachhaltigkeit, nimmt dieser Bereich jedoch nur eine untergeordnete Rolle ein. Transformationsnotwendigkeiten bei der Werbekommunikation beziehen sich auf die zukünftige Rolle von Unternehmen in sozial-ökologischen Bereichen (soziale Standards für Mitarbeiter, in der Lieferkette etc.). Eine Umorientierung der Werbekommunikation kann auch helfen, die Rolle von Unternehmen im globalen Diskurs zu verbessern (Image) und Vertrauen in die Legitimität (License to Operate) der Unternehmensentscheidungen zu stärken.

Die ermittelten Prinzipien stehen in einer engen, netzwerkartigen und systemischen Beziehung zueinander. Das Verantwortungsprinzip wirkt über alle Prinzipien, da die Wirkung auf einer normativen, kulturbedingten Basis beruht. Es kann auch Ausgangspunkt und Leitprinzip für eine Nachhaltigkeits-Werbekommunikation bilden. Bei Betrachtung der Entwicklung auf dem Werbemarkt zeigt sich, dass der Anteil von Wahrnehmungs- und Vorstellungsfaktoren im Rahmen der Werbekommunikation bei den Marketing-Ansätzen sehr unterschiedlich ausfällt. Diese Entwicklung zeigt die nachfolgende Abbildung 4.8. im Überblick.

Abb. 4.8:   Vergleich der Marketing-Anteile bezogen auf die Werbekommunikation, Quelle: i.A.a. Freyer, 2001, 447, modifiziert und verändert

In der Abbildung 4.8 wird deutlich, dass beim kommerziellen Marketing der Anteil der realen Komponenten, bezogen auf die Kernleistung (Funktionales Marketing: Basisleistungen, das Leistungsübliche), relativ hoch ausfällt. Die Anteile der W-Ebene (Wahrnehmungs-Marketing: kognitive Faktoren, das Leistungsäußere, Performance, Qualitäts-Marketing) und der V-Ebene (Vorstellungs-Marketing: affektive Faktoren, Erlebnis, Wünsche, Erlebnis-Marketing für die Problemlösung) relativ gleich, aber deutlich geringer ausfallen. Im Rahmen des Nachhaltigkeits-Marketings sind die Anteile der Faktoren im Rahmen der Werbekommunikation anders verteilt. Der relativ höchste Anteil entfällt hier auf die V-Ebene, die Anteile der W-Ebene und die auf die Kernleistung bezogenen Anteile liegen deutlich darunter.

Im Rahmen des Nachhaltigkeits-Marketings ist schon vor Jahren das Konzept „Ecotainment" entstanden (Lichtl, 1999). Dabei wird großer Wert auf Werbebotschaften (Primat der guten Erzeugung positiver Gefühle gegenüber Symbolen und Begriffen der herkömmlichen Umweltwerbung, keine Problematisierung etc.), Instrumente (emotionale Visualisierung statt Textorientierung etc.) und Mediennutzung gelegt. Zusätzlich ist bei diesem Konzept aufgrund der hohen Bedeutung, die dem Vertrauen in Nachhaltigkeitsprodukte zukommt, die Einbindung von Nachhaltigkeitsakteuren (NGOs, Prüfstellen, Labels etc.) von erheblicher Bedeutung. Unterschiede bei den Marketing-Ansätzen lassen sich auch als Reaktion auf das nachlassende Interesse am Ökologiebereich in den letzten Jahren interpretieren (Green Overkill). Das hat sich aufgrund der Versachlichung und Verwissenschaftlichung der Umweltthematik ergeben (Lichtl, 1999). Der Abbau visionärer Aufladungen ökologischer Leitbilder wird dadurch gefördert. Zudem verliert das Umweltthema zunehmend die Projektionsfläche für Sinnangebote in einer säkularisierten Gesellschaft (Zundel, 2000). Auch Verbände tragen zu dieser Entwicklung bei. Nachhaltigkeit wird immer wieder mit Verzichtspredigten und Technikablehnung in Zusammenhang gebracht (Schönborn/Steinert, 2001). Einige Wissenschaftler fordern daher einen stärker ausgeprägten emotionalen Zugang zur Nachhaltigkeitsthematik (Becker, 1999). Der Hintergrund ist, dass die Förderung von Sehnsüchten nach ökologischer und sozialer Stabilität es auch mächtigen gesellschaftlichen Gruppen möglich macht, ihre Interessen gegen den Status Quo durchzusetzen. Andere Wissenschaftler warnen vor emotionaler (Werbe)Kommunikation und befürchten, dass die Nachhaltigkeitsthematik zu einem „Modephänomen" moralisierender Konzernchefs werden könnte. Nachhaltigkeitsinhalte werden dann auf simple Komponenten reduziert und gesellschaftliche Verantwortung gerät in Gefahr, zu einer Art „strategischer Menschenliebe" herabgewürdigt zu werden (Eblinghaus, 1996).

Mit innocent Smoothies Bienen adoptieren

„Bienen sind nicht nur fleißige Honigproduzenten und die Fernsehstars unserer Kindheit. Sie sind auch unsere wichtigsten Mitarbeiter. Denn ohne Bienen keine bestäubten Blüten. Ohne bestäubte Blüten kein Obst. Und ohne Obst keine Smoothies. Doch unsere Bienen stecken in Schwierigkeiten. Denn die Zahl der Bienenpopulationen geht auf der ganzen Welt zurück – auch in Deutschland. Darum adoptiert jetzt hier jeder der einen innocent Smoothie mit aufgedrucktem Bienenkorb kauft, eine Honigbiene. Unser Ziel ist es, 400.000 Bienen eine sichere Zukunft zu schenken. Mit unserem Bienenprojekt unterstützen wir den Verein Mellifera e.V., die Vereinigung für wesensmäßige Bienenhaltung, bei seiner Forschungs- und Lehrtätigkeit. So sorgen wir gemeinsam dafür, dass Bienenkrankheiten bienen- und umweltverträglich behandelt werden können, dass die fleißigen Bienen die Behausung haben, in der sie sich am wohlsten fühlen, und dass sie insgesamt keinen unnötigen Stress haben. Die Flaschen und Kartons mit Bienenkorb sind ab 28. März in ganz Deutschland erhältlich" (o.V., 2011c).

Der Forschungsbereich Werbekommunikation splittet sich in Abhängigkeit von Untersuchungsobjekt in sehr viele Arbeitsbereiche auf. Eine Netzwerkkommunikation mit der Abstimmung von Forschungsmethoden und -ergebnissen, hat sich bisher als nahezu unmöglich erwiesen. Die Forschung im Bereich Werbekommunikation für Nachhaltigkeits-Marketing steht in Deutschland noch ganz am Anfang. Es existieren bisher kaum wissenschaftliche Forschungsarbeiten. Daher liegt ein großes Defizit vor. Forschung in diesem Bereich ist auch aus Glaubwürdigkeitsgründen für Unternehmen dringend notwendig. (Werbe-)Versprechungen werden von den Verbrauchern besonders kritisch hinterfragt und müssen für sie in der Praxis nachvollziehbar sein. Ein Forschungsbedarf ist in diesem Bereich daher dringend gegeben.

4.4.2.3   Nachhaltigkeitskommunikation als Krisenkommunikation

Risiken sind im Rahmen der Nachhaltigkeitsorientierung bereits durch die zahllosen Zielkonflikte im Tripel nicht ausgeschlossen. Zu den Aufgaben eines Nachhaltigkeits-Marketeers gehört es, im Rahmen der Kommunikationspolitik u.a. zu verhindern, dass Risiken für das Unternehmen zu einem Vertrauens- bzw. Glaubwürdigkeitsverlust führen. Nach Auffassung einiger Wissenschaftler liegt eine wesentliche Funktion der Nachhaltigkeitskommunikation aber auch im Aspekt der Risikovermeidung (z.B. Severin, 2005). Der Risikobegriff ist in der Wissenschaft nicht eindeutig definiert, da zwischen Laien und Experten unterschiedliche Auffassungen vorherrschen. Das führte in der Vergangenheit zu einer äußerst kontroversen Diskussion, die bis dato in einem Dilemma festgefahren scheint. Risikovermeidung beinhaltet auch Maßnahmen zur Vermeidung von Krisen. Unter einer Krise wird verstanden, dass es sich um „eine vermutete Bedrohung zentraler Werte eines Systems [handelt], die Sicherheit, – bis hin zur Gefährdung der Existenz – reduzieren, Zeitgrößen verknappen und Entscheidungsbedarf induzieren [kann]" (Löffelholz, 1993, 11). Eine wissenschaftliche Beschäftigung mit der Krisenkommunikation ist in Deutschland bisher kaum etabliert. Das erklärt auch den eher uneinheitlichen Forschungsstand. Für den Begriff Krisenkommunikation existiert keine allgemeingültige Definition. Eine praxisbezogene Definition besagt, dass es sich bei Krisenkommunikation um „Diskursverfahren [handelt], die sich nicht auf zukünftige, sondern auf gegenwärtige, akut ausgelöste oder chronisch schwelende krisenhafte Ereignisse beziehen (Dombrowsky, 1991, 17). Im Rahmen der „nachhaltigen Entwicklung" spielt Krisenkommunikation in der unternehmerischen Umweltkommunikation eine Rolle. Sie ist mit dem Merkmal der geringen Planbarkeit versehen. Umweltkommunikation beinhaltet im Rahmen von Nachhaltigkeit die Besonderheit der Einbettung in die Öffentlichkeit mit einer Thematisierung von Umweltproblemen. Der Zusammenhang zwischen Umwelt und Risiko ist durch die Moralisierung der Technik, durch Technikkritik sowie apokalyptische Risikovorstellungen in der Zivilgesellschaft verbunden. Diese Tatsache wurde durch die Einsicht gefördert, dass den Möglichkeiten und der Notwendigkeit mit dem Unkalkulierbaren umgehen zu müssen, nicht mehr länger ausgewichen werden kann. Diese Elemente der diskursiven Ordnung der Moderne reformulierten aus einem Technikdiskurs (bis ca. in die 1980er Jahre dominant) den heute vorherrschenden Ökodiskurs (Eder, 1998). Das heißt, die diskursive Ordnung hat sich an die Veränderung des Verhältnisses von Gesellschaft und Natur angepasst. Nach Ansicht der überwiegenden Mehrheit der Gesellschaftsmitglieder kann Moral und Regeln für das richtige und gute Leben nicht mehr von bestimmten Instanzen (z.B. Religion, Wissenschaft etc.) hergestellt werden, sondern erfordert einen öffentlichen Diskurs. Dieser hat zu einem stark steigenden Umweltbewusstsein in der Gesellschaft geführt, was auch mit „radical greening" bezeichnet wird (Enst&Joung, 2008). Im Ergebnis bedeutet das für Unternehmen, dass beim Umgang mit Risiken nicht nur Fragen der Technikmachbarkeit maßgebend sind, sondern die gewandelten Ökologiewerte der Öffentlichkeit zu berücksichtigen sind (Slovic, 1996).

Über die Tatsache, dass *nicht* nachhaltiges unternehmerisches Handeln heute ein signifikantes Risiko für Unternehmen darstellt, herrscht in der Wissenschaft Einigkeit (z.B. Frooman, 1997, Bansal, 2001). Für eine Begründung genügt ein Blick auf die Entwicklung der letzten Jahre. In dieser Zeit hat sich sowohl die Gesetzgebung als auch die Zivilgesellschaft dahingehend verändert, dass Unternehmen immer öfter für ihr Handeln und dessen Auswirkungen öffentlich zur Rechenschaft gezogen werden. Das inzwischen in vielen westlichen Ländern u.a. etablierte „Umweltverschmutzer-bezahlt-Prinzip" führt zudem dazu, dass Umweltverschmutzung (CO_2-Emissionen, Klimaerwärmung, Wasserverschmutzung, Bodenverunreinigungen, Feinstaub, Lärm etc.), Erzeugung von Gesundheitsrisiken (z.B. BSE, Dioxin-Eier, Gammelfleisch, Genfutter etc.) bzw. Nichteinhaltung internationaler Standards (z.B. Korruption, Diskriminierung, Zwangs- oder Kinderarbeit, Mindestlöhne etc.) nicht nur zu Imageschäden führen. *Nicht* nachhaltiges unternehmerisches Verhalten kann zu immensen direkten finanziellen Schäden führen (z.B. Bereinigungskosten, Strafzahlungen, Gerichts- und Schadenersatzkosten etc.), die ganze Konzerne ruinieren können. Forschungsergebnisse zeigen aber auch, dass Unternehmen, die ein über längere Zeit demonstriertes proaktives sozial und ökologisch verantwortliches unternehmerisches Handeln nachgewiesen haben im Krisenfall auf ein Vertrauenspolster in der Zivilgesellschaft hoffen dürfen (Bansal, 2001). Für eine effektive Krisenkommunikation werden zumeist die klassischen Instrumente Public Relations (PR) und Krisen-PR, verständigungsorientierte Öffentlichkeitsarbeit und Issue-Management eingesetzt.

4.4.2.3.1 Public Relations (PR) und Krisen-PR

Die Anzahl vorhandener Definitionen für den Begriff PR (synonym zur Öffentlichkeitsarbeit) schwankt in der Literatur zwischen einigen hundert und geschätzten 2.000 (Kunczik et al, 1995, Oeckl, 1964). In über einhundert Jahren PR-Forschung hat sich jedoch noch keine Definition als allgemein anerkannt durchgesetzt. Eine praxisbetonte Definition besagt, Öffentlichkeitsarbeit »ist ein kontinuierlicher (über einen längeren Zeitraum hinweg), umfassender Dialog (in beide Richtungen) einer einzelnen Interessensgruppe (Behörde, Partei, Firma, Verband, Organisation, Massenmedien, Jugendliche, einfach jede denkbare Gruppe) mit ihrem gesellschaftlichen Umfeld (Behörde, Kundengruppe, Gegner, Eltern, die gesamte Öffentlichkeit) (Born, 2000, 4). Der PR-Kontext reicht in verschiedene wissenschaftliche Arbeitsbereiche hinein (z.B. Soziologie, Linguistik, Journalismus, Medien- und Wirtschaftswissenschaften etc.). Im Marketing finden PR-Ansätze nur vereinzelnde Anwendung, wobei es sich zumeist um monologisch ausgerichtete Massenkommunikation handelt (z.B. Print, TV, Social Media etc.). Eine ganzheitlich ausgerichtete Kommunikationsausbildung ist auch in der heutigen Zeit in der universitären Marketing- und Managementausbildung nicht die Regel.

Der Begriff Krisen-PR „umfasst […] alle internen und externen kommunikativen Maßnahmen, die im Zusammenhang mit einer medien- und damit öffentlichkeitsrelevanten Krise von einer Organisation, wie z.B. einem Unternehmen […] durchgeführt werden" (Scharr, 2006, 7). Sowohl bei PR als auch bei Krisen-PR handelt es sich um eine sehr junge wissenschaftliche Disziplin, bei der eine wissenschaftliche Auseinandersetzung im Sinne einer ganzheitlichen Perspektive, wie sie für die Nachhaltigkeit notwendig ist, bislang nur ansatzweise vorhanden ist. Da sich die Disziplin erst im Aufbau befindet, ist der Bereich auch durch eine Vielzahl von Defiziten im Rahmen der wissenschaftlichen Erkenntnisse gekennzeichnet. Gleichzeitig hat die Anfälligkeit für Krisen in der Praxis, aufgrund der enormen Komplexität globalisierten Wirtschaftens und der medialen Exponiertheit von Unternehmen, rasant zugenommen. „Weltweit gerät alle 43 Sekunden eine Firma in eine Krisensituation" (Wagner, o.J.). Krisensituationen eskalieren in der Praxis oft zu Skandalen, weil im Management von Unternehmen, obwohl sie auf vielen Gebieten Marktführer sind, nicht realisiert wird, dass Unternehmenskommunikation heute einen strategischen Wert hat. Diese Meinung wird auch durch empirische Untersuchungen gestützt. So betrachten gemäß einer Studie ca. 50% von in Europa und den USA befragten Führungskräften Krisenbewältigung als eine rein technische Angelegenheit (Mitroff/Pauchant, 1993). In einer Analyse von 60.000 Unternehmenskrisen wurden über 60% aller Krisen durch Fehlentscheidungen und Versäumnisse des Managements ausgelöst (ICM, 2002). Auch deutsche Unternehmen bauen vorwiegend auf die operative Bewältigung einer Krise, da von den Vorständen offenbar immer noch nicht verstanden wird, dass „nicht die Technik des Produktes […] im Krisenfall entscheidend ist, sondern die Psyche der Konsumenten" (Löffler/Klein, o.J.).

Bei der „nachhaltigen Entwicklung" hat sich aufgrund vieler Zielkonflikte, vor allem in umweltsensiblen und sozialen Bereichen, im Rahmen der PR auch die Krisen-PR etabliert (Kunczik et al, 1995). Das Konzept beschäftigt sich mit Kommunikationsvorschlägen vor während und nach einer Krise. Eine wissenschaftliche Auseinandersetzung mit Krisen-PR resultiert bisher vorwiegend in praxeologischen Reflexionen von Krisen. Als Resultat ergibt sich eine nahezu unüberschaubare Anzahl von „Rezepten", da diese Diskussion im Wesentlichen von professionellen PR-Beratern geführt wird. In der Literatur fokussieren die Beiträge vor allem auf Verhaltensvorschläge beim Verlauf einer Krise. Prävention von Krisen bzw. Rehabilitation nach Krisen spielen nahezu keine Rolle (Kunczik, 1995).

Krisen-PR-Disaster bei BP

„BP erlebte eine schwere Krise nach einer Explosion auf der Ölplattform Deepwater Horizon am 20. April 2010 im Golf von Mexiko. Elf Menschen starben bei dem Unglück, in den Monaten danach strömten 4,9 Millionen Barrel (rund 800 Millionen Liter) Rohöl ins Meer, bevor das Bohrloch am 15. Juli 2010 verschlossen werden konnte. Neben faktischen Schäden aufgrund der Explosion und der folgenden Umweltverschmutzung erlitt BP Reputationseinbußen, unter anderem wegen der schlechten Kommunikationspolitik des damaligen Vorstandsvorsitzenden Tony Hayward. So zog er den als unglücklich wahrgenommenen Vergleich, dass die Menge des ausströmenden Öls im Vergleich zur Wassermenge des gesamten Ozeans doch sehr gering sei. In Anbetracht der elf Todesopfer wurde Hayward negativ ausgelegt, dass er sich vor Journalisten ein Ende der Krise herbeiwünscht, um endlich „sein Leben" zurück zu bekommen. Im Zuge der Ölpest und des anhaltenden Reputationsverlustes halbierte sich der Wert der BP-Aktie. Am 18. Juni 2010 reagierte der Aufsichtsrat und entzog Hayward das Krisenmanagement, am 1. Oktober 2010 musste er wegen der Krise und seiner misslungenen Kommunikation von seinem Posten als Vorstandsvorsitzender zurücktreten" (Herrmann, 2012, 43).

Durch den prozesshaften Charakter durchlaufen unternehmerische Krisen verschiedene Phasen. Sie verlangen verschiedenartige Kommunikationsanforderungen für eine Krisen-PR. Strukturierungshinweise für den Krisenverlauf finden sich in den Prozessphasen. In der Literatur ist eine Vielzahl von Krisen-Verlaufsmodellen vorhanden. Diese folgen i.d.R. den gleichen Prinzipien. Die Unterscheidung in den einzelnen Phasen erfolgt hinsichtlich der Schwere der Krise und der Anzahl der Phasen. Das in der Literatur am meisten verbreitete Phasenschema beinhaltet die Phasen (1) potentiell, (2) latent, (3) akut und (4) nachkritisch, die nachfolgen kurz erläutert werden (Krystek, 1980, Hauschildt, 2000, Roselieb, 2008):

- **Potentiell:** bei einer potentiellen Unternehmenskrise fehlen in dieser Phase wahrnehmbare Krisensymptome, da die potentiellen Krisensignale noch nicht nachweisbar, sondern lediglich möglich sind.
- **Latent:** eine latente Unternehmenskrise ist dadurch gekennzeichnet, dass durch adäquate Methoden Krisensymptome bereits erfassbar sind, sie jedoch i.d.R. der Unternehmensumwelt verborgen bleiben. Sie werden auch von den Unternehmensmitgliedern, aufgrund rätselhafter psychischer Mechanismen, nicht bemerkt. Das Erkennen der Krisensignale wäre für das Unternehmen in dieser Phase aber sehr wichtig, da sich dadurch Eingriffsmöglichkeiten ergeben, die einen Krisenausbruch u.U. verhindern bzw. eine Krisenbewältigung erfolgreicher gestalten könnten.
- **Akut**: beim Übergang in die akute Unternehmenskrise wird diese unternehmensextern und -intern erkennbar. In dieser Phase kommen Strategien der Krisenbewältigung zum Einsatz. Handlungsmöglichkeiten und Entscheidungsspielräume sind dabei aber äußerst eingeengt und müssen unter sehr hohem Zeitdruck erfolgen. In dieser Phase entscheidet sich, ob das Unternehmen die Krise überlebt, oder ein Zusammenbruch droht.

– **Nachkritisch:** übersteht das Unternehmen die akute Krisenphase, folgt die nachkritische Phase. Hier findet im Unternehmen, schon wenn die akute Krise größtenteils überwunden ist, die Steuerung auf einen neuen Stabilitätszustand statt. Die Krise wird analysiert und die Strategien zur -Prävention und -Bewältigung modifiziert und optimiert.

Bei den dargestellten Phasen handelt es sich um ein idealtypisches Modell, das in praxi nicht zwangsweise so verläuft. Aufgrund der Multikausalität verlaufen Unternehmenskrisen sehr unterschiedlich. Darüber hinaus werden sie in unterschiedlicher Weise durch Gewichtungen und Bedingungen im Unternehmen beeinflusst. Der Verlauf kann auch durch verschiedenartige Einbindungen unternehmensexterner Stakeholdergruppen beeinflusst werden. Strategien im Rahmen der Krisen-PR können passiv defensiv oder aktiv offensiv ausgeprägt sein (Apitz, 1987). Bei der passiv defensiven Strategien wählt das Unternehmen, im Glauben durch jede weitere Aktion die Krise zu verschärfen, aus Angst und Unsicherheit Passivität. Das Verhalten ist defensiv. Die Aufarbeitung eigener Schwächen unterbleibt, da die Ursachen für die krisenhaften Ereignisse nicht im eigenen Unternehmen vermutet werden. Bei der aktiven, offensiven Strategie ist die monologische Variante in der Praxis weit verbreitet. Das Unternehmen betreibt offensive Öffentlichkeitsarbeit, bezieht aber nur in geringem Maße die Reaktion der Zielgruppen in die Kommunikation ein. Stattdessen wird versucht, mögliche Akzeptanzprobleme durch eine Erhöhung der Informationsmenge zu kompensieren. Dabei wird unterschätzt, dass es für eine glaubwürdige Krisen-PR immer auch einer Qualität in der Kommunikationsbeziehung mit den Stakeholdern bedarf. Viele Unternehmen mussten in der Vergangenheit lernen, dass Glaubwürdigkeit und Vertrauen nicht durch eine einseitig monologische Kommunikation bzw. eine Steigerung der Informationsmenge, erreichbar ist.

4.4.2.3.2 Verständigungsorientierte Öffentlichkeitsarbeit und Issues Management

Das Konzept der PR als verständigungsorientierte Öffentlichkeitsarbeit (VÖA) baut wissenschaftstheoretisch auf der diskursethischen Theorie des kommunikativen Handelns von Habermas auf (vgl. dazu Habermas, 1981). Während die Habermassche Diskursethik auf kommunikatives Handeln im Allgemeinen ausgerichtet ist, wird von Burkart PR als Medium zur Optimierung gesellschaftlicher Verständigungsverhältnisse verstanden (Burkart, 2005). Ein Ziel ist dabei, durch PR ein Einverständnis zwischen der Durchsetzung der Interessen des Unternehmens und den Interessen der Gruppen herbeizuführen, die betroffen sind. Damit sind, wenn auch nicht explizit genannt, Anknüpfungspunkte zur normativen Theorie der Nachhaltigkeitskommunikation vorhanden. Verständigungsprozesse spielen in dem Konzept eine große Rolle. Hinter dieser Erkenntnis stehen folgende zentrale Prämissen (Burkart, 2005):

– Unternehmen können nicht umhin, sich vor dem Hintergrund vielfältiger Auswirkungen ihrer Tätigkeiten (z.B. Umweltproblematik, Risikogesellschaft, Globalisierung, Wutbürger etc.) zu fragen, wie die eigenen Ziele gesamtgesellschaftlich zu verantworten sind.

– Unternehmerische Öffentlichkeitsarbeit muss sich in einer Risiko- und Konfliktgesellschaft
an den Prinzipien der Verständigung orientieren.

Ein weiteres Ziel der PR im Rahmen einer VÖA besteht darin, einen möglichst störungsfreien
Kommunikationsprozess zwischen PR-Auftraggeber und den relevanten Teilöffentlichkeiten
herzustellen. Störungsfreiheit in diesem Sinne liegt vor, wenn ein Einverständnis hinsichtlich
der Hauptziele vorliegt. Der PR-Prozess wird dazu auf die Hauptzielsetzungen ausgerichtet
und in verschiedene Phasen untergliedert (Burkart, 2005). Dieses erläutert Tabelle 4.6.

Tab. 4.6:   Hauptziele, Phasen, Ebenen und Teilziele der verständigungsorientierten Öffentlichkeitsarbeit
(VÖA), Quelle: i.A.a. Burkart, 1995, 19, modifiziert und verändert

PR-Hauptziele		
1. Wahrheit der Fakten		
	2. Vertrauenswürdigkeit der Kommunikatoren	
		3. Legitimität der vertretenen Interessen

Zielerreichung über PR-Teilziele und -Teilöffentlichkeiten:

PR-Phasen	PR-Ebenen und -Kommunikationsinhalte		
	Themen, Sachverhalte (objektive Welt)	Organisation, Personen (subjektive Welt)	Legitimität des Interesses (soziale Welt)
Information	Erläuterung relevanter Begriffe und Sachverhalte	Erläuterung des Selbstbildes der Absichten, Benennung von Ansprechpartnern	Rechtfertigung des Interesses durch Angabe von Gründen
Diskussion	Auseinandersetzung mit relevanten Begriffen bzw. Sachverhalten	(kann nicht diskutiert werden)	Auseinandersetzung über die Angemessenheit der Begründungen
Diskurs	Einigung über Richtlinien zur Einschätzung von Sachurteilen	(Kann nicht diskursiv erörtert werden)	Einigung über Richtlinien zur Einschätzung von Werturteilen
Einverständnis/ Situationsdefinition	Einigung über Sachurteile	Einigung über die Vertrauenswürdigkeit der Handlungsträger	Einigung über moralische Werturteile

Tabelle 4.6 zeigt im oberen Bereich drei Hauptziele einer VÖA. Die Pfeile verdeutlichen,
dass zur Erreichung dieser Hauptziele eine Kommunikation über PR-Teilzielsetzungen und
Teilöffentlichkeiten vorgesehen ist. Dazu wird der PR-Kommunikationsprozess auf unter-

schiedliche Ebenen aufgeteilt und läuft in verschiedenen Phasen (Etappen) ab. In den Phasen erfolgt die Kommunikation über drei Ebenen mit den entsprechenden Kommunikationsinhalten. Es handelt sich auch hier um ein idealtypisches Modell. Die Idealvorstellung der Erreichung eines vollständigen Konsenses auf allen drei Ebenen wird in der Realität kaum erreichbar sein. In Konfliktsituationen, die besonders im Kontext der Nachhaltigkeitskommunikation durch Massenmedien schnell eskalieren können, sind evtl. Argumente hilfreich, um Konflikte abzumildern. Der Ansatz kann zudem dazu beitragen, dass beide Parteien besser lokalisieren können, wo genau die Uneinigkeiten zwischen dem Unternehmen und den Stakeholdern bestehen. PR wird in Theorie und Praxis zur Hauptsache als monologisch ausgerichtete, einseitige Kommunikation verstanden, die über Massenmedien eingesetzt wird. Die Kommunikation im Rahmen einer VÖA sollte demgegenüber jedoch dialogisch ausgerichtet sein. Leider ist das in der Praxis bisher kaum zu finden. Bei einer dialogischen Nachhaltigkeitskommunikation muss das Ziel eine Aufarbeitung von Ursachen und Folgen der Krise sein. Das Unternehmen sollte versuchen durch verantwortungsbewusstes Handeln Vertrauen wieder aufzubauen, Verantwortung zu übernehmen und Dialogbereitschaft zu signalisieren. Trotz erfolgversprechender Ansätze wird die VÖA aus empirischer Sicht bisher in der PR-Forschung kaum beachtet. Im Rahmen der Nachhaltigkeit ist daher ein eindeutiger Forschungsbedarf zu konstatieren.

Beim Issues-Management handelt es sich verkürzt gesagt, um eine Art Frühwarnsystem zur proaktiven Auseinandersetzung mit potentiell kritischen Themen, die im Rahmen gesellschaftlicher Trends Krisenpotential beinhalten, das für das Unternehmen von Relevanz ist. Im Sinne der Nachhaltigkeitskommunikation wird der Begriff definiert als: „die Idee des Issues Management basiert auf der Annahme einer sozialen Verantwortlichkeit der Wirtschaft, ja sie setzt diese als Grundbedingung für seinen effektiven Einsatz voraus. Issues Management geht davon aus, dass gesellschaftliche Probleme, wie etwa ökologische, unter anderem durch öffentlich geführte Diskussionen gelöst werden können" (Schaufler/Signitzer, 1993, 315). Einige Autoren vertreten die Ansicht, dass die zeitliche Entwicklung eines Issues anhand einer Art Lebenszyklus-Modell in verschiedenen Phasen abläuft (vgl. dazu z.B. Ingenhoff, 2004, Lütgens, 2001). Der zeitliche Horizont bestimmt dabei den wachsenden Druck der Öffentlichkeit. Das Schwinden von Möglichkeiten zur Gestaltung und Einflussnahme für das betroffene Unternehmen, geht mit den Phasen einher. Auch hierbei handelt es sich um idealtypische Modellannahmen, die in der Realität auch anders ablaufen können. Der Aufgabenbereich von Issues Managern befindet sich an der Kante des Zusammenwirkens zwischen Organisation und Umwelt. Zu den Aufgaben gehört es, relevante Veränderungen in der Umwelt und die damit verbundenen Issues so früh wie möglich zu erkennen, zu interpretieren und aufzubereiten, damit sie als entscheidungsrelevante Informationen im Unternehmen zu bearbeiten sind (z.B. Klimawandel, soziale Unterschiede, CO_2-Emisssionen, Korruption etc.). Dazu gehört auch die strategisch motivierte Steuerung öffentlicher Thematisierungsprozesse (Röttger, 2001). Issues Management beinhaltet daher nicht nur die Identifizierung von Risikopotential, sondern auch eine gezielte Lancierung von positiven Issues mit Chancenpotential für Unternehmen (z.B. durch gezielte Verbandsarbeit mit dem Ergebnis von Selbstverpflichtungen zur Abwehr gesetzlicher Regelungen etc.) (Hockerts, 2001). Insgesamt eröffnet Issues Management Unternehmen Möglichkeiten der Dynamik von Issues nicht passiv ausgeliefert zu sein, sondern die Chance zu ergreifen, selbst Issues in die öffentliche Diskussion einzubringen und somit öffentliche Diskurse zu Nachhaltigkeitsthemen zu beeinflussen. Leider finden sich auch für diesen Bereich bisher kaum empirische Analysen in der PR-Forschung. Daher ist auch hier ein eindeutiger Forschungsbedarf für die Nachhaltigkeitsthematik auszumachen.

4.4.3 Mikrosoziale und -soziokulturelle Rahmenbedingungen

Mikro-soziale und soziokulturelle Rahmenbedingungen konstituieren sich gemäß Abbildung 2.6 durch Leitbilder auf verschiedenen, vor allem verhaltensbezogenen, Ebenen. Die Wirkungen erstrecken sich systembasiert und netzwerkartig sowohl rückwirkend (meso-soziale und -soziokulturelle Dimension) als auch auf die makro-soziale Dimension. Dadurch entsteht eine enorme Komplexität. Sie sind durch das Management von Unternehmen selbst beeinflussbar. Für eine wirksame Integration nachhaltiger Werte in das operative Management, müssen diese handlungsleitend konzipiert werden. Das erscheint auf dieser Ebene besonders wichtig, da hier unmittelbare Wirkungen mit den Endkonsumenten eine große Rolle spielen.

4.4.3.1 Stakeholder-Relationship-Management im Nachhaltigkeitsdiskurs

Durch Stakeholder-Relationship-Management soll, mit Hilfe eines aktiven Beziehungsmanagements mit allen Geschäftspartnern eines Unternehmens, ein „Anreiz-Beitrags-Gleichgewicht" erlangt werden. Der Begriff „Geschäftspartner" ist in einem weiten Sinne zu verstehen. Es handelt sich um die wichtigsten Anspruchsgruppen aus dem endogenen Unsicherheitsumfeld (z.B. Handel, Lieferanten Konsumenten etc.) und dem exogenen Unsicherheitsumfeld (z.B. politisch, rechtlich, technologisch, soziokulturell, ökologisch etc.) eines Unternehmens. In Wissenschaft und Praxis herrscht Uneinigkeit darüber, wer grundsätzlich als Stakeholder in Betracht zu ziehen ist. Im Rahmen der Nachhaltigkeit sind als Stakeholder, neben Eigentümern sowohl Akteure marktlicher Gruppen (z.B. auf den Kapital-, Arbeits-, Absatz- und Beschaffungsmärkten etc.) als auch nichtmarktliche Akteure (z.B. in Staat, Öffentlichkeit, Natur etc.) einzubeziehen. Dabei macht nicht nur die Vielfalt der Geschäftspartner, sondern auch die hohe Veränderungsrate der Rahmenbedingungen ein systematisches, aktives Stakeholder-Relationship-Management (z.B. beim Produktentwicklungs-, Supply-Chain-, Customer-Relationship-Prozess etc.) notwendig. In der wissenschaftlichen Forschung fällt die Beschäftigung mit dieser Problematik bisher jedoch nur rudimentär und oberflächlich aus. Daher sind erhebliche Defizite vorhanden. Es fehlt nicht nur generell ein systembezogenes, umfassendes und ganzheitliches Modell zum Stakeholder-Relationship-Management, sondern auch insbesondere eines im Sinne der „nachhaltigen Entwicklung" (Lynch/O'Toole, 2003).

Im Bereich der Marketingforschung sind zwar einige Beiträge vorhanden, sie sind aber auf ein (End-)Kunden-Beziehungs-Management beschränkt. Auffällig ist, dass nahezu alle vorhandenen Prozessmodelle zum Stakeholdermanagement eine stark deskriptive Tendenz zum strategischen Management haben (Laackmann, 2013). Ein Grund hierfür könnte darin liegen, dass die Ansätze durch die Operationalisierung in die klassische Managementtheorie und deren Paradigmen überführt werden. Dadurch mangelt es oft an einem normativen Anspruch, der dem deskriptiven bzw. instrumentellen Anspruch gerecht wird (McVea/ Freemann, 2005). Für ein nachhaltigkeitsbezogenes Stakeholder-Relationship-Management erscheint es aber sinnvoller Modelle zu entwickeln, bei denen Strukturen erkennbar sind (z.B. durch eine deskriptive, instrumentelle und normative Differenzierung der Teilbereiche). Erst damit wird eine Adaption auf reale Umstände in der Praxis möglich und die notwendigen wirtschafts-, sozial- und ethischen Werte der Nachhaltigkeitsthematik können für die Anwendung im Alltag nutzbar werden. Vorliegend wird das von Preble konzipierte Comprehensive Stakeholder-Management-Modell herangezogen (Preble, 2005) und um nachhaltigkeitsbezogene Normen ergänzt. Es hat als Stufenmodell zwar einen praktischen Anspruch, leidet aber an dem generellen Mangel einer normativen Ausrichtung. Das wirkt sich bei nachhaltigkeitsbezogenen Normen besonders nachteilig aus. Zur Behebung dieses Mangels, wird vorgeschlagen das Modell zunächst allgemein normativ zu ergänzen (Laackmann, 2013). Vorliegend wird eine Ergänzung durch die Kombination aus wirtschaftsethisch motivierten Normenvorschlägen im Hinblick auf eine nachhaltigkeitsbezogene Fokussierung vorgenommen. Das „Comprehensive Stakeholder-Management-Model" geht von folgendem Prozessrahmen aus (Preble, 2005):

- Stakeholder-Identifikation,
- Identifikation der allgemeinen Natur sowie der Ansprüche und Machtimplikationen der Stakeholder,
- Determinierung von Leistungslücken (Performance Gaps),
- Priorisierung der Stakeholderansprüche,
- Entwicklung der Reaktionen der Organisation und
- Monitoring und Kontrolle.

1. Stakeholder-Identifikation

Die Stakeholder-Identifikation gilt bei vielen Wissenschaftlern als eine Art „Schlüssel" im Hinblick auf ein erfolgreiches Stakeholder-Management. In der deskriptiven Grundausrichtung wird von Preble dazu eine Differenzierung in primäre (für das Überleben des Unternehmens wichtige), öffentliche (die Infrastruktur garantierende) und sekundäre Stakeholdergruppen vorgesehen (nicht direkt für das Überleben notwendig). Für den normativen nachhaltigkeitsbezogenen Anspruch müssen auf der Basis wirtschaftsethischer Werte zur Nachhaltigkeit neben dem Gewinnprinzip auch die z.T. konfligierenden Ansprüche und Wertvorstellungen der Stakeholder hinsichtlich Wirkungszusammenhängen, die von öffentlicher Relevanz sind, überprüft und bewertet werden (Ulrich, 2008). Bei einer grundsätzlichen Offenheit des Unternehmens gegenüber Stakeholdern ist auch die Zumutbarkeit externer Ansprüche zu bewerten (Sartre, 2010). Im Hinblick auf den Verantwortungsdiskurs, der bei der Nachhaltigkeit eine große Rolle spielt, sind zudem Stakeholdergruppen im systemischen Sinne zu identifizieren, deren Freiheiten durch die Unternehmensaktivitäten eingeschränkt werden.

2. Identifikation der allgemeinen Natur der Ansprüche und Machtimplikationen der Stakeholder

Die Identifikation wird auch als eine Art Qualitätsanalyse angesehen. Im deskriptiven Modell werden damit die Fragen der Identifikation von Erwartungen, von Ansprüchen sowie die Machteinschätzung der Stakeholder verbunden. Dadurch sollen angemessene Reaktionen besser planbar werden. Der auf eine rein machtstrategische Bewertung der Stakeholder bezogene Modellteil bleibt damit rein deskriptiv ausgerichtet. Normativ im Sinne der Nachhaltigkeit ist aber nicht nur nach der Legitimität von Stakeholderansprüchen zu unterscheiden. Es muss auch qualitativ bei der Zumutbarkeit der Ansprüche der Stakeholder unterschieden werden (Ulrich, 2008). Diese normative Aufladung hat jedoch keinen zwingenden Charakter. Im Rahmen von nachhaltigkeitsbezogenen Normen, sind aber prinzipiell alle Stakeholder mit legitimen Ansprüchen an ein Unternehmen als ernst zu nehmen und als mächtig anzusehen.

3. Determinierung von Leistungslücken (Performance Gaps)

Im deskriptiven Modell wird unter Leistungslücken einen Abgleich von Bedürfnissen, Erwartungen und Ansprüchen durch Stakeholdergruppen hinsichtlich unterschiedlicher Themen (Issues) mit denen, die im Unternehmen verfolgt werden, verstanden. Es wird auch ein Abgleich der Organisation im Hinblick auf die entsprechenden Anspruchsdimensionen/Themen vorgesehen. Sollten Lücken/Unterschiede (Gaps) bei den Interessen zwischen Unternehmen und Stakeholdern existieren, sind vom Unternehmen Strategien zur Verkleinerung zu entwickeln (Verringerung des damit verbundenen Konfliktpotentials). Dieser Teil des Modells gestaltet sich normenfrei. Im Rahmen der Nachhaltigkeitsthematik beziehen sich Unterschiede aber oft auf die Stellung gesellschaftlicher Legitimitäts- oder Verantwortungselemente. Diese begründen die Legitimität des Unternehmens in der Gesellschaft wesentlich (Ulrich, 2008, Sartre, 2010). Auch hier ist eine explizite normative Aufladung nicht zwingend notwendig. Das Schließen vorhandener Lücken gehört in einem nachhaltigkeitsbezogenen Sinne aber generell zum proaktiven Streben von Unternehmen nach Legitimität in der Gesellschaft.

4. Priorisierung der Stakeholderansprüche

Im deskriptiven Modell wird die Priorisierung der Stakeholderansprüche mit limitierten Ressourcen von Managern begründet. Wirtschaftliche Interessen des Unternehmens werden mit den Interessen der Stakeholder nicht nur verglichen, sondern die der Stakeholder priorisiert. Unternehmen müssen dazu aufgrund der bisherigen Zusammenarbeit klären, wie eine derartige Priorisierung im Hinblick auf die zuvor entwickelten Verantwortungs- und Legitimitätskonstrukte stattfindet. Dieser Teil des Modells ist rein deskriptiv. Eine normative Aufladung durch die Nachhaltigkeitsthematik kann dahingehend erfolgen, dass zusätzlich auch zu prüfen ist, in welcher Weise diese Priorisierung durchgeführt werden soll (Ulrich, 2008). Durch die Komplexität des Nachhaltigkeitsdiskurses mit Zielkonflikten auf beiden Seiten, können nicht nur einseitig die Ressourcen dabei im Vordergrund stehen. Zusätzlich ist auch ein Zumutbarkeitsdiskurs mit allen Anspruchsgruppen zu führen. Die strategische Priorisierung der Unternehmensinteressen kann dabei nicht automatisch als gegeben angenommen werden. Die Trennung von ethischen und strategischen Gesichtspunkten ist hier jedoch nicht sinnvoll (Sartre, 2010). Als Gegenargument steht im Rahmen nachhaltigkeitsbezogener Normen, dass ein umfangreicher Diskurs zu etablieren ist. Dieser kann sich aber nicht nur einseitig auf eine prozedurale Priorisierung der Stakeholderinteressen beziehen, sondern sollte sich vor allem auf die Bearbeitung der Lücken (Issues) erstrecken.

5. Entwicklung der Reaktionen der Organisation

Im normfreien Modell ist vorgesehen, dass hier die Aufarbeitung der vorangegangenen Schritte erfolgt. Darauf basierend werden Richtlinien, Strategien und Reaktionen der Organisation auf die Ansprüche der Stakeholder entwickelt. Bei der Aufladung des Modells mit Normen der Nachhaltigkeit ist eine Differenzierung vorzunehmen (Ulrich, 2008, Sartre, 2010). Richtlinien basieren stets auf den Werten der Unternehmensphilosophie und -politik. Der machtstrategische Ansatz von Preble weicht jedoch erheblich von nachhaltigkeitsbasierten Wertvorstellungen ab. Die entsprechenden Werte finden sich im normativen Management eines Unternehmens. Strategische Vorgaben für das operative Management basieren ebenfalls auf diesen Vorgaben. Im Sinne der Nachhaltigkeit erscheint es nicht sinnvoll eine Differenzierung zwischen ethischen und strategischen Gesichtspunkten vorzunehmen. Bei Nachhaltigkeitswerten versteht es sich von selbst, dass strategische Entscheidungen stets integrativ zu verstehen sind. Sie basieren immer auf der Basis von zuvor entwickelten und in der Unternehmensphilosophie festgelegten Werte und Normen. Bei diesem Modellteil sind zwischen dem von Preble vertretenen machtbasierten und dem nachhaltigkeitsorientierten Werteansatz die größten Unterschiede auszumachen.

6. Monitoring und Kontrolle

Monitoring und Kontrolle dient im deskriptiven Modell als abschließender Punkt nicht nur dem Zweck der Kontrolle, sondern auch der Anpassung an neue Bedingungen sowie veränderte Stakeholder-Anforderungen (Ulrich, 2008). Zur Ermittlung, ob eine Beibehaltung bisheriger Ausrichtungen oder eine Neuausrichtung notwendig wird, ist bei Preble ein Drei-Stufen-Modell zur strategischen Kontrolle vorgesehen. Es gliedert sich in die Bereiche (1) Umweltmonitoring, (2) Umweltscanning und (3) Special Alert Control (schnelle Eingreiftruppe bzw. Spezialeinheit etc.). Gemäß dem traditionellen strategischen Managementprozess, wird instrumentell zwischen den Phasen Strategieformulierung, Strategieimplementierung und Strategieevaluation/Feedbackkontrolle unterschieden. Für die Phasen sind unterschiedliche Kontrollinstrumente vorgesehen. Im Rahmen der „nachhaltigen Entwicklung" wird ein Umweltmonitoring eingesetzt, um sowohl ökologische Umweltbedingungen als auch ordnungspolitische Rahmenbedingungen mit den Erwartungen abzugleichen. Beim Umweltscanning wird es möglich, für die Strategieformulierung vorher identifizierte Ereignisse, Trends und Ansprüche an das Unternehmen abzugleichen und zu überwachen. Durch Special Alert Control können krisenbehaftete Ereignisse, die z.B. im Ökologiebereich auftreten können, rechtzeitig erkannt und in die strategischen Überlegungen einbezogen werden.

Premium Cola: sozial-ökologisches Stakeholdermanagement

„Premium: Offizieller Inhaber der Marke ist Uwe. De facto aber gehört sie dem „Kollektiv", wie sich die Schar der heute 179 Beteiligten nennt, die in ganz Österreich, Deutschland und der Schweiz verstreut leben. Ihr Label haben sie gegründet, weil sie sich von der Getränkeindustrie betrogen fühlten. Ihr Feind hieß Mineralbrunnen Überkingen-Teinach AG – der Gigant hatte ihre Kultmarke Afri-Cola gekauft, und schlimmer noch als die Tatsache, dass der Konzern die Rezeptur verändert hatte, fanden die alteingesessenen Afri-Fans, dass das ganze klammheimlich geschehen war.[…] Im Konzern hörte man sich die Beschwerden der engagierten Konsumenten zwar geduldig an, aber geändert wurde deswegen nichts. Die Fans –zeitweise waren es fast 800 – trafen sich in einem Internet-Forum. Man bildete einen wöchentlichen Stammtisch im Hamburger Szeneclub „Pudel" und diskutierte, wie dem Problem beizukommen sei. Ihr Kampf galt dabei nicht dem Getränk, sondern dem Bedürfnis, als Kunden darüber mitzubestimmen, was die Konzerne eigentlich in die Regale und damit auf die eigenen Küchentische liefern sollen.[…] weil das Unternehmen allen gleichermaßen gehört, soll niemand an der Spitze stehen, niemand über andere entscheiden. Dieser Logik folgend wird jede Entscheidung basisdemokratisch getroffen. Im virtuellen Konferenzraum des Unternehmens Premium, der im Wesentlichen aus einer Mailingliste und einem Internetforum besteht, wird jeder Schritt diskutiert, es wird laufend abgewogen, abgestimmt, verworfen und wieder aufgegriffen. Ist das nicht ungeheuer riskant? […] Das ist doch auch unsere Philosophie: alle mitreden lassen" (Mously, 2009,21, 22 und 24).

Nachhaltigkeitswerte basieren auf einem beständigen Aushandlungsprozess des Unternehmens mit der Gesellschaft. Daher kann ein abgeschlossenes, statisches Prozessmodell nicht das Ziel sein. Aufgrund des permanenten Veränderungsprozesses, der auch Werte und Normen einbezieht, ist beim Stakeholder-Relationship-Management daher das Abschlussmonitoring, im Sinne eines nachhaltigkeitsorientierten Kreislaufs, gleichzeitig als Eingangsgröße für neue Prozessschleifen zu sehen. Die deskriptive (Kurz-)Beschreibung der strukturellen Komponenten des Modells von Preble zeigt, dass im Hinblick auf nachhaltigkeitsorientierte Werte und Normen eine Ergänzung nicht nur möglich, sondern auch notwendig ist. Es versteht sich dabei von selbst, dass die Vorgaben im Rahmen des Kontroll- und Monitoringprozesses mit den denjenigen der Managementphilosophie und -politik übereinstimmen müssen.

4.4.3.2   Nachhaltigkeitsbezogene Lifestyle-Analysen

Eine allgemein anerkannte Definition für den Begriff Lifestyle (deutsch: Lebensstile) existiert in den Wissenschaften nicht. Es herrscht große Heterogenität vor. Der Kontext des Forschungsbereichs ist ganzheitlich zu sehen. Je nach Forschungsthematik bzw. -gegenstand, sind verschiedene wissenschaftliche Disziplinen beteiligt (z.B. Psychologie, Sozialpsychologie, Kulturanthropologie, Politikwissenschaften, Ethnologie, Marketing- und Konsumentenforschung etc.). Aus der psychologischen Perspektive wird durch Lifestyle die persönliche Selbstdarstellung ausgedrückt. Auf der Grundlage materieller Lebensbedingungen fungiert diese auch als Vehikel zur Sicherung der individuellen Identität. Eine soziologisch orientierte Definition beschreibt Lebensstile »als raum-zeitlich strukturierte Muster der Lebensführung [...], die von Ressourcen (materiell und kulturell), der Familien- und Haushaltsform und den Werthaltungen [abhängen] (Müller, 1992, 218). Der generelle Zweck von Lifestyle-Konzeptionen ist es, die Segmentierung einer Grundgesamtheit von Personen (Gruppen) besser bestimmen zu können als das mit herkömmlichen soziodemographischen bzw. ökonomischen Kriterien möglich ist. Das bezieht auch das Forschungsgebiet der Nachhaltigkeit ein.

Eines der wichtigsten Ziele beim Nachhaltigkeits-Marketing ist darin zu sehen, nachhaltiges Verhalten besser erklären und vorhersagen zu können. Aus der Fachliteratur geht hervor, dass Lebensstilansätze zur Erforschung von umwelt- und nachhaltigkeitsbezogenem Verhalten (z.B. beim Umweltbewusstsein, Konsumentenverhalten, Wertewandel, neue Lebensstile etc.) bislang zu wenig eingesetzt werden. Vorhandene Ergebnisse werden zudem auch oft ignoriert (Schultz/Weller, 1997). Dabei weisen einige Wissenschaftler darauf hin, dass Erkenntnisse aus der Lebensstilforschung für umweltpolitische Strategien durchaus nutzbar sind. Dazu trägt insbesondere die Problematik bei, dass eine abnehmende Erklärungsfähigkeit beim traditionellen Drei-Schichten-Modell (Ober, -Mittel-, Unterschicht) für Verhaltensweisen (Einstellungen zu politischen Präferenzen, Erziehungsvorstellungen, Kommunikationsformen, Konsumgewohnheiten, zur Arbeit, Freizeit, gesellschaftlichem Aufstieg etc.) in den Sozialwissenschaften zu beobachten ist. Es gilt mittlerweile als Tatsache, dass die Anzahl der Menschen schwindet, bei denen vorhandene Einstellungen mit dem übereinstimmen, was unter dem traditionellen Drei-Schichten-Modell dabei zu erwarten ist (Schultz/Weller, 1997). Andere Forscher beklagen, dass der Begriff „Lebensstil" bisher in der Forschung zu sehr in Richtung eines normativ-programmatischen Konstruktes operationalisiert wurde. Moralisch-politische Appelle reichen aber bei der Nachhaltigkeit nicht aus, um tiefer gehende Wechselwirkungen eines ökologisch verträglichen Alltagsverhaltens zu ermitteln (Bogun, 1996). Andere Forscher weisen auf den Erkenntnismangel hin, der bezüglich Wechselwirkungen zwischen unterschiedlichen Lebensstilen und dem Umweltverhalten bzw. -bewusstsein immer noch vorhanden ist (Enneking/Franz, 2005). Es sind daher erhebliche Defizite vorhanden und ein Forschungsbedarf ist dingend gegeben. Nachfolgend werden ausgewählte Lebensstilansätze und deren Ergebnisse aus der nachhaltigkeitsbezogenen Lebensstil-Forschung kurz vorgestellt. Die dazu nötige Vorgehensweisen sowie Kenntnisse bzgl. der bereits vorhandenen Ergebnisse sind zur Orientierung und Weiterentwicklung für Nachhaltigkeits-Marketeer im Rahmen der Kommunikationspolitik von Unternehmen und Staat unverzichtbar.

4.4.3.3 Sozialforschungsbezogene Lebensstilansätze

In der Nachhaltigkeitskommunikation überwiegen bisher Ansätze, denen weder eine klare Zielfestlegung noch eine konkrete Zielgruppenbestimmung/-auswahl zugrunde liegen (Klein-hückelkotten/Wegner, 2008). Daher ist die Inhaltsaufbereitung und Methodenwahl den Ziel-gruppen oft nicht angemessen und Anliegen und Inhalte werden nicht effizient vermittelt. Als Resultat werden nur die Konsumenten erreicht, die ohnehin nachhaltigkeitsbezogen sensibi-lisiert sind. Sie stammen oft aus sozialen Gruppen, die offen für häufig genutzte Vermittlungs-medien sind. Maßnahmen, mit denen alle erreicht werden sollen, führen i.d.R. zu hohen Streuverlusten. Für die Unterstützung nachhaltiger Einstellungen und Verhaltensweisen kön-nen Informationen aus der Lebensstilforschung wertvolle Hinweise geben. Im Rahmen der Sozialforschung wurden verschiedene Ansätze mit unterschiedlichen Erkenntniszielen zu Le-bensstilen erarbeitet (zu einer Übersicht vgl. z.B. Enneking/Franz, 2005). Dieser Bereich ist grob abzugrenzen von den Lebensstil-Ansätzen, die in der kommerziellen Marktforschung entwickelt wurden. Insbesondere theoretische Konzepte werden bei der Sozialforschung stär-ker berücksichtigt (Hartmann, 1999). Auch im Bereich nachhaltigkeitsbezogener Ansätze ist der theoretischen Blickwinkel im Verhältnis zu Studien der kommerziellen Marktforschung wesentlich weiter gefasst. Er bezieht sich neben der Umweltforschung auf verhaltensbezogene Untersuchungen im Bereich der Elemente nachhaltiger Konsumentenleitbilder (Bogun, 1996, Empacher et al, 2002). Lebensstilansätze stellen zwar eine wesentliche Bereicherung in der sozialwissenschaftlichen Forschung dar, die Ansätze leiden aber an einem grundsätzlichen methodischen Mangel. Zwar ist eine theoretische Verankerung wünschenswert, die operative Umsetzung kann den methodischen Anforderungen jedoch nicht gerecht werden. Das ist dadurch begründet, dass wesentliche Teile des analytischen Konzepts nicht direkt erfassbar sind. Sie sind lediglich über eine interpretative Deutung erschließbar (Georg, 1998). Eine sub-jektive Beeinflussung der Ergebnisse durch den Forscher ist damit nicht auszuschließen.

4.4.3.3.1 Lebensstil-Studie des ISOE-Instituts

Vom Institut für sozial-ökologische Forschung (ISOE) wurde eine der wohl bedeutendsten Lebensstil-Studien mit Verbindung zum Bereich Umwelt- und nachhaltiges Konsumenten-verhalten durchgeführt (Empacher et al, 2002). Es sollten typische umweltbezogene Hand-lungsmuster anhand unterschiedlicher Lebensstile ermittelt werden, um darauf abgestimmte kommunikationspolitische Ansatzpunkte zu finden. Die Forschungsmethodik ist sowohl quantitativ als auch qualitativ angelegt. Es werden, neben den Charakteristika von Lebensti-len, auch umweltbezogene Merkmale konstituierend erfragt. Der Untersuchungsraum bezieht sich auf Deutschland. Quotierungsmerkmale werden in Form von qualitativen Interviews er-mittelt. Merkmale der Haushaltsausstattung sowie des nachhaltigen Konsumentenverhaltens, werden quantitativ erfragt. Als eines der ersten Ziele der Studie gilt es, „Konsumleitbildele-mente" im Sinne der Konsumentenorientierung zu identifizieren. Der Einfluss, den die ermit-telten drei Grundorientierungen auf die Leitbildelemente ausüben, spielt dabei eine zentrale

Rolle. Gemäß ISOE ist unter einer zentralen Grundorientierung zu verstehen, wie der Konsum generell empfunden wird (Empacher et al, 2002). Dabei beziehen sich die Ergebnisse auf ein Gegensatzpaar, das durch entsprechende Extremwerte der Pole das Kontinuum begrenzt. Die nachfolgende Tabelle 4.7 zeigt die zwei vom ISOE ermittelten Grundorientierungen im Verhältnis zum Kontinuum, in dem sich die Ausprägungen einpendeln.

Tab. 4.7: Kontinuum der zentralen Grundorientierungen der ISOE-Studie, Quelle: a.d.B. v. Empacher et al, 2002, 95 f. und Enneking/Franz, 2005, S. 31, modifiziert und verändert

Kontinuum der Pole	Zentrale Grundorientierungen zum Konsumverhalten	
Kreative Gestaltung des Konsums	Partnerschaftliches Geschlechtermodell des Familienkonsums	Ganzheitliches Körperbild und Gesundheitsbewusstsein
Konsum als unangenehme Last	Traditioneller Familienkonsum	Funktionalistisches Körperbild mit spezifischen Hygienevorstellungen

Tabelle 4.7 zeigt, dass sich zwischen beiden Extremwerten die individuelle Ausprägung der Konsumenten einpendelt. Die Ermittlung der Ausprägung der verschiedenen Leitbildelemente ist das nächste Ziel. Das Ergebnis der Ermittlung gleichberechtigter Leitbildelemente zeigt Tabelle 4.8. im Überblick.

Tab. 4.8: Gleichberechtigte Leitbildelemente der ISOE-Studie, Quelle: a.d.B.v. Empacher et al, 2002, 95 f. und Enneking/Franz, 2005, S. 31, modifiziert und verändert

Leitbildelemente des nachhaltigen Konsumverhaltens	
• Orientierung an internationaler Gerechtigkeit, Sozialorientierung (ethischer Konsum)	• Gesundheitsorientierung
• Orientierung an Umweltgesichtspunkten	• Convenience (Orientierung an Bequemlichkeit, Zeitersparnis und Unkompliziertheit)
• Sparsamkeit, ausgeprägte Preisorientierung	• Orientierung am Tierschutz
• Orientierung an Status, Exklusivität, Distinktion	• Orientierung am regionalen Konsum
• Besitzorientierung (Haben statt Nutzung)	• Orientierung an langlebigem Konsum
• Orientierung an Qualitäten und solidem Konsum	• Technikorientierung (Identifikation mit Auto, PC und Hi-Fi-Technik)
• Erlebnis- und Freizeitorientierung	• Kultur- und Bildungsorientierung

Auf Basis der Grundorientierung ergeben sich durch Verbindungen zu Konsumleitbildelementen und umweltspezifischen Merkmalen vier nachhaltigkeitsbezogene Konsumtypen mit zehn Konsumstilen. Die nachfolgende Tabelle 4.9 zeigt die Ergebnisse dazu im Überblick.

Tab. 4.9: Nachhaltigkeitsbezogene Konsumtypen und Konsumstile der ISOE-Studie, Quelle: i.A.a.
Empacher et al, 2002, 95 f. und Enneking/Franz, 2005, S. 32, modifiziert und verändert

Umweltorientierte	Überforderte	Traditionelle	Privilegierte
Konsumstil:			
(1) Durchorganisierte Ökofamilien	(1) Junge Desinteressierte	(1) Ländliche Traditionelle	(1) Kinderlose Berufsorientierte
Charakterisierung:			
Gleichberechtigung in der Familie, umweltbewusster Konsum, hohes Wissen bzgl. Umweltrelevanz und Verhaltensweisen, nutzen teilweise Verbraucherberatung	Uninteressiert an Umwelt- und Gesundheitsthemen, Präferenz von Preis und Bequemlichkeit	Uninteressiert an Umweltaspekten beim Kauf, Präferenz von Regionalorientierung, Qualität und Besitz, Energiesparen ist selbstverständlich, Verbraucherberatung wird ambivalent beurteilt	Umweltbewusstsein nur, wenn mit Komfort und Convenience Verbunden, Präferenz von Auto, exklusivem Konsum, Urlaub, Kleidung, Rat von Freunden bzw. Fachzeitungen wird vertraut
(2) Alltagskreative	(2) Konsumgenervten	(2) Unauffällige Familien	(2) Statusorientierte Privilegierte
Charakterisierung:			
Gleichberechtigung in der Familie, Lust am Konsum, ausgeprägtes Umweltbewusstsein, kaufen ökologische Lebensmittel, ethischer Konsum, nutzt Verbraucherberatung	Geringes Interesse an Umwelt- und Gesundheitsthemen, Präferenz von Convenience-Orientierung, Einstellung: „Konsum nervt"	Misstrauen gegenüber Umweltinformationen, Präferenz von Preis- und Convenience-Orientierung	Privilegierung von Besitzorientierung, Distinktions- und Statusorientierung, teilweise ethischer Konsum
	(3) Schlecht gestellte Überforderte	(3) Aktive Senioren	
Charakterisierung:			
	Uninteressiert an Umweltthemen, Präferenz von Preis- und traditioneller Familienorientierung sowie starke Convenience-Orientierung	Präferenz von Regionalorientierung, teilweise ethischer Konsum, teilweise altersbedingtes Gesundheitsbewusstsein	

Nähere Erläuterungen zu den Merkmalen der einzelnen Gruppen werden in der Studie nur begrenzt aufgeführt.

4.4.3.3.2   Studie zum umweltverantwortlichen Handeln

In einer anderen Studie wurde, auf Basis des „Norm-Aktivations-Modells" von Schwartz (Schwartz, 1977), umweltverantwortliches Handeln mit der Lebensstilforschung verbunden (Hunecke, 2000). Das ursprünglich für die Erklärung von Hilfeverhalten entwickelte Modell von Schwartz ist mittlerweile modifiziert und wurde auf den Bereich des Umweltverhaltens übertragen (z.B. Fuhrer/Wölfing, 1997, Hunecke, 1997). Es wird u.a. in der Umweltpsychologie eingesetzt. Umwelthandeln wird als Resultat eines rationalen Entscheidungsprozesses beschrieben, bei dem normative Ansprüche und situative Anforderungen gegeneinander abgewogen werden. In der Studie wurden die Konstrukte des erweiterten Norm-Aktivations-Modells mit Fokus auf Umweltverhalten erhoben. Die folgende Tabelle 4.10 zeigt ausgewählte Modellkonstrukte und Interventionsmaßnahmen des Modells am Beispiel.

Tab. 4.10:   Beispiele von Modellkonstrukten und Interventionsmaßnahmen des erweiterten Norm-Aktivations-Modells, Quelle: i.A.a. Hunecke et al, 1999, 12, modifiziert

Konstrukt	Messinstrument	Maßnahmen
Psychologische Konstrukte	Beispiel-Item	Beispielhafte Maßnahmen zur Verhaltensänderung, die am Konstrukt ansetzen
Persönliche Norm zur Reduzierung CO_2-intensiver Verkehrsformen	„Ich fühle mich aus Klimaschutzgründen zur Nutzung des ÖV verpflichtet"	Sozialisation zum umweltschonenden Verhalten generell, z.B. in Schule, Kindergarten, Universität etc.
Subjektive Norm zur Reduzierung CO_2-intensiver Verkehrsformen	„Es wird von mir erwartet, dass ich aus Klimaschutzgründen den ÖV benutze"	Kampagne mit Sympathieträgern, die umweltschonendes Verhalten demonstrieren
Problembewusstsein über die CO_2-bedingten globalen Umweltveränderungen	„Die globalen Umweltveränderungen stellen für mich ein ernsthaftes Problem dar"	Umweltbildung, z.B. über Mobilitätsberater in Schulen, bzw. Programme über energiesparendes Fahrverhalten in Fahrschulen
Bewusstheit der Handlungskonsequenzen	„Mit der Nutzung des ÖV leiste ich einen Beitrag zur Lösung des Umweltproblems"	Breit angelegte Informationskampagne zum Klimaschutz und Verkehrsmittelwahl
Wahrgenommene Verhaltenskontrolle	„Die Busnutzung fällt mir aufgrund der Haltestellenentfernung leicht"	Gezielte Informationen über Verhaltensmöglichkeiten
Objektive Merkmale:	Beispiel-Item	Beispielhafte Maßnahmen
Unabhängig von der subjektiven Repräsentation beschreibbare Merkmale	Fahrpreis	Fahrpreisermäßigung

Die Ziele der Studie bestehen darin, auf Basis der Bestimmung einer lebensstilbezogenen Typisierung, Umwelthandeln zu erklären (Hunecke, 1997). Als zusätzliches Ziel sollen Erkenntnisse über methodische Anforderungen für dieses Vorhaben gewonnen werden. Die methodischen Anforderungen beziehen sich auf die Konzipierung einer effektiven Lebensstilanalyse,
die die Ermittlung ökologischen Verhaltens in den Gruppen ermöglicht. Dazu werden, neben
dem erweiterten Norm-Aktivations-Modell mit einem gesonderten Fragebogen Lebensstilanalysen abgefragt. Die Studie wird durch einen zweimonatigen praktischen Modellversuch zur
freiwilligen Reduzierung von privater Energie- und Pkw-Nutzung ergänzt (Hunecke, 1997).
Die Grundgesamtheit der Studie bildet eine telefonische Befragung von 240 Personen (Norm-
Aktivations-Modell), wovon 50 am Modellversuch teilnahmen. 185 Personen davon nahmen
auch an der Lebensstilanalyse teil. Auf Basis der Ergebnisse der Lebensstilanalyse wurden
folgende Dimensionen typisiert (Hunecke, 2000):

- **Evaluative Dimension:** (Werteorientierung und Einstellungen) grundlegende Werte und
  Lebensziele, nachhaltiges gesellschaftsverantwortliches Handeln, Zeitknappheit und Zeit-
  erleben, Unabhängigkeit (Mobilität) und Gesundheitsbezogenheit.
- **Expressive Dimension:** psychische Belastungen, Bedeutung von Schönheit, Ästhetik etc.
- **Interaktive Dimension:** gesundheitliche Vorsorge, Unabhängigkeitsverhalten, Freizeitak-
  tivitäten.

Auf dieser Basis werden Zusammenhänge ermittelt, die Erkenntnisse darüber ermöglichen,
welche Lebensstile eine positive ökologische Handlung fördern bzw. zu positiven ökologischen Aktivitäten führen. Es ergibt sich eine Vielzahl von Einzelergebnissen und signifikanten Merkmalen. Auf der Basis von Clusteranalysen, in die weitere Variable einbezogen werden, wird ermittelt, dass insbesondere in der Gruppe der (Inter-)"Aktiven" Nachhaltigkeit im
Alltag am meisten ausgeprägt ist. In dieser Gruppe ist auch die persönliche ökologische Norm
am höchsten ausgeprägt. Es handelt sich um eine generell sehr mobile Gruppe, die aber auch
den öffentlichen Personen-Nahverkehr nutzt. Es bestehen auch Verbindungen zur Gesund-
heitsvorsorge (Hunecke, 2000). Die Kommunikation zur Förderung nachhaltigen Verhaltens
und nachhaltiger Werte ist nur wirksam, wenn sie den Lebensbereich sowie die Interessen der
Menschen trifft. Lebensstilanalysen ermöglichen die Kommunikation gezielter zu gestalten.

4.4.3.4 Lifestyle-Ergebnisse der kommerziellen Marktforschung

In der kommerziellen Marktforschung ist schon länger bekannt, dass für die Kommunikation
nachhaltigkeitsorientierter Verhaltensweisen und Einstellungen ein differenzierter Blick auf
die Adressaten nötig ist (Kleinhückelkotten/Wegner, 2008). Nur so wird die Identifikation
von Anschlussmöglichkeiten für eine effektive Kommunikation der Inhalte der „nachhaltigen
Entwicklung" möglich. Neben subjektiven Merkmalen (Werteorientierung, Einstellungen,
Lebensstile etc.) ist für die Ausprägung und Anschlussfähigkeit nachhaltiger Konsum- und

Verhaltensweisen, auch die Abhängigkeit zu objektiven Merkmalen (Einkommen, Bildungs-stand, Berufsstatus etc.) wichtig. Die Kommunikation kann auf die jeweiligen ästhetischen Vorlieben, Kommunikationsgewohnheiten (Fernsehformate, Kommunikationskanäle, Inter-netportale etc.) der Zielgruppen besser abgestimmt und Zielgruppen effektiver angesprochen werden. Die Lifestyle-Forschung in der kommerziellen Marktforschung fokussiert vorrangig auf dem Ziel der konsumbezogenen Zielgruppenforschung. Das Ziel besteht darin, eine all-gemeingültige Typologie zu ermitteln, die möglichst viele Facetten des Lebens der Menschen einbezieht und kaum Lebensbereiche ausgrenzt. Die Lebenswelt und Lebensauffassungen von Menschen soll ganzheitlich erfasst werden, um Gruppen zu identifizieren, die sich in mög-lichst vielen Facetten ihrer Lebensweise ähneln. Der Begriff „Lebenswelt" beinhaltet dabei wichtige Bereiche des täglichen Lebens, die für Einstellungen, Wertehaltungen und Verhalten bestimmend sind (Becker/Nowack, 1982). Das Hauptziel der Lifestyle-Ansätze besteht in der Identifizierung relevanter sozialer Gruppen und Merkmale für den Absatz nachhaltigkeitsbe-zogener Güter, was durch eine gezielte Kommunikation unterstützt werden soll.

Das Milieu macht den Unterschied

„Interessant wird zu beobachten sein, was die Unternehmen aus der neuen Targeting-Möglichkeit ma-chen. Wie handelt etwa ein Likör-Hersteller, wenn er erkennt, dass auf seiner Seite vor allem Konser-vativ-Etablierte (Exklusivitätsanspruch und Standesbewusstsein) und Hedonisten (Fun, Fun, Fun) nach Hochprozentigem suchen? Wenn er es mit der milieuspezifischen Ansprache ernst meint, führt kein Weg an zwei Auftritten vorbei. Einmal der edle Tropfen als besonderen Aperitif in erlesener Runde. Und einmal der Liquor als Vorglüh-tauglicher Stimmungs-Booster. Die Frage ist auch, was die Nutzer davon halten, wenn Unternehmen mittels Cookies in ihr Innerstes (denn dazu zählen Werte und Grundorientierungen wohl) blicken. Sicher freuen sich einige darüber, auf diese Weise zielgenauer mit (Werbe-)Informationen angesprochen zu werden. Bei anderen wird das Unbehagen dagegen weiter zunehmen – und sie werden sich technisch gegen Tracking und Targeting wehren. Hier sind Unter-nehmen in der Pflicht, Vertrauen zu schaffen. Und das gelingt nur, wenn sie Nutzer offensiv über die Verwendung von Cookies informieren" (Schwengers, 2014).

4.4.3.4.1 Modell sozialer Milieus – SINUS-Milieus®

In der kommerziellen Marktforschung finden sich Untersuchungen zu verschiedenen Nach-haltigkeitsthematiken (z.B. Konsumbereiche, Umweltbewusstsein, Mobilitätsverhalten etc.), denen das Lifestyle-Modell der sozialen Milieus zugrunde liegt. Der Forschungsansatz wurde 1979 vom Institut Sociovision GmbH in Heidelberg konzipiert und seitdem auch international kontinuierlich weiterentwickelt. Die genaue Vorgehensweise der Berechnungen sowohl für die Positionierungen als auch für die Milieudefinitionen ist öffentlich nicht bekannt. Sie wird als Betriebsgeheimnis vom Unternehmen sorgfältig gehütet. Die Position der Milieus in der Gesellschaft veranschaulicht die nachfolgende Abbildung 4.9. für Deutschland.

Die Sinus-Milieus® in Deutschland 2015
Soziale Lage und Grundorientierung

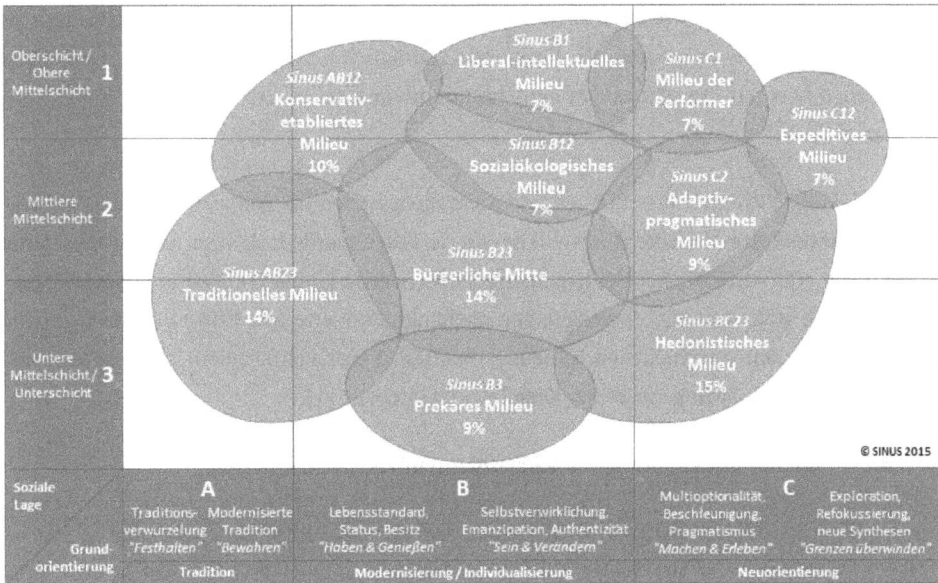

Oberschicht / Obere Mittelschicht **1**

Mittlere Mittelschicht **2**

Untere Mittelschicht / **3** Unterschicht

Sinus B1 Liberal-intellektuelles Milieu 7%

Sinus C1 Milieu der Performer 7%

Sinus AB12 Konservativ-etabliertes Milieu 10%

Sinus B12 Sozialökologisches Milieu 7%

Sinus C12 Expeditives Milieu 7%

Sinus C2 Adaptiv-pragmatisches Milieu 9%

Sinus AB23 Traditionelles Milieu 14%

Sinus B23 Bürgerliche Mitte 14%

Sinus BC23 Hedonistisches Milieu 15%

Sinus B3 Prekäres Milieu 9%

© SINUS 2015

Soziale Lage

Grundorientierung

A Traditions-verwurzelung Tradition "Festhalten" "Bewahren" | Modernisierte Tradition | Lebensstandard, Status, Besitz "Haben & Genießen" | **B** Selbstverwirklichung, Emanzipation, Authentizität "Sein & Verändern" | Multioptionalität, Beschleunigung, Pragmatismus "Machen & Erleben" | **C** Exploration, Refokussierung, neue Synthesen "Grenzen überwinden"

Tradition | Modernisierung / Individualisierung | Neuorientierung

Abb. 4.9: SINUS-Milieus®, Deutschland , Quelle: mit freundlicher Genehmigung Sinus Sociovision

Bei genauerer Betrachtung der Abbildung 4.9 zeigt sich, dass im Terminus des Forschungsansatzes Gruppen als „Milieus" bezeichnet werden. Sie sind in einem zweidimensionalen Ordnungsrahmen dargestellt. Die untere Achse stellt die Grundorientierungen dar (Gesamtheit aller Werte und Einstellungen), die linke Seite zeigt die soziale Lage. Diese ist lediglich als eine deskriptive Größe zu sehen, konstituierend ist nur die Grundorientierung. Die Achsen sind in drei Stufen eingeteilt und die Milieus darin eingehängt. Zur Interpretation der Positionierung eines Milieus lässt sich aber generell sagen, dass je höher es in der Abbildung 4.9. positioniert ist, desto gehobener fällt Bildung, Einkommen und Berufsstatus aus. Je weiter rechts es positioniert ist, desto moderner fallen Wertorientierung und Lebensstil aus.

SINUS-Milieus® werden in der Wissenschaft nicht nur positiv beurteilt. Von einigen Wissenschaftlern wird kritisiert, dass im Modell lediglich Schichtvariablen mit einer kulturellen Orientierung verknüpft werden (Müller, 1997). Es wird auch darauf hingewiesen, dass den SINUS-Milieus® wichtige soziokulturelle Faktoren (z.B. Religion, regionale Tradition etc.) fehlen. Sie werden daher lediglich als „Enklaven" mit der Verkörperung von Wertehaltungen angesehen, jedoch nicht als geschlossene Lebensstilgemeinschaften (Müller, 1997). Die Milieus können zu drei größeren Segmenten zusammengefasst werden. Eine Typisierung mit Kurzcharakterisierung der Milieus findet sich bei Sinus Sociovision. Im Hinblick auf die Thematik der „nachhaltigen Entwicklung" ist im Rahmen der konventionellen Marktforschung, vor allem die Ausprägung nachhaltigkeitsrelevanter Einstellungen in den einzelnen Milieus von

Interesse. Diese ermöglichen Rückschlüsse auf den Grad der Nähe zum Nachhaltigkeitsleitbild. Die Ausprägung des Nachhaltigkeitsbewusstseins bildet nicht nur die Grundlage für Konzeptionalisierung, Ästhetisierung und Inhaltsaufbereitung in der Kommunikation, sie kann auch Rückschlüsse auf ein nachhaltigkeitsbewusstes Verhalten ermöglichen. Damit ist auch die Bereitschaft verbunden, z.B. für umweltverträglich hergestellte Produkte/ Dienstleistungen einen höheren Preis zu zahlen bzw. bestimmte qualitative Erwartungen an einen Kauf zu knüpfen.

Nachhaltigkeitsrelevante Einstellungen und Verhaltensweisen können sich auch als Moderatoren hinsichtlich des Verhaltens auswirken. Diese Frage wurde z.B. vom ECOLOG-Institut im Hinblick auf konsumfördernde, nachhaltigkeitsbezogene Orientierungen untersucht. Übergreifend ergab sich, dass die Ausprägungen nachhaltiger Werte und Einstellungen deutliche Unterschiede in den verschiedenen Milieus aufweisen. Vereinzelt zeigten sich aber auch Gemeinsamkeiten (vgl. dazu genauer bei Kleinhückelkotten, 2011).

4.4.3.4.2   Nachhaltigkeitsbezogene Konsumentenklasse der LOHAS

Für den Begriff LOHAS (Lifestyles of Health and Sustainability) existiert keine allgemein gültige Definition. Durch die Vielzahl im Kontext der beteiligten Wissenschaftssparten existieren, je nach Forschungsgegenstand, enge und relativ weit gefasste Definitionen. Im Sinne der Charakterisierung einer nachhaltigkeitsorientierten Konsumentenklasse wird der Forschungsgegenstand folgendermaßen definiert: „LOHAS bezeichnet eine zielgruppenübergreifende Konsumentenklasse, die ihr Konsumhandeln in unterschiedlichem Ausmaß an Umwelt, Nachhaltigkeit, Gesundheit, Gerechtigkeit und Genuss ausrichtet" (Heiler et al, 2008, 89). Der Ursprung des Begriffs ist bis heute umstritten. Dass der Ursprung für den Begriff als nachhaltigkeitsbezogene Konsumentenklasse in den USA liegt, gilt dagegen als sicher. Als einer der Pioniere wird der Gründer der US-amerikanischen Firma GAIAM, Jirka Rysavy, angesehen. Mitte der 1990er Jahre wurde von ihm der Begriff zunächst intern als „Marketingstrategie" bezeichnet. In die Öffentlichkeit kam der Begriff erstmals durch das Handelsmagazin „The LOHAS Journal", das im Frühjahr des Jahres 2000 unterschiedlichen Branchen eine Kommunikationsplattform anbot (Emerich, 2011). Die Konsumentenklasse der LOHAS hat international verschiedene Synonyme. In der englischsprachigen Literatur wird sie auch mit den Begriffen „Cultural Creatives", „Values Driven Consumers" oder „Conscious Consumers" bezeichnet (Aburdene, 2007). LOHAS sind aufgrund der Heterogenität als eine Konsumentengruppe nur schwer fassbar. Daher variieren auch die Angaben über die Zahl der Menschen, die dem LOHAS in Deutschland folgen, sogar in einer Studie. Das Potential der LOHAS in Deutschland wird in einer älteren Studie einmal auf ca. 4 Millionen Menschen geschätzt, an anderer Stelle werden 5 Millionen angegeben und ein Marktpotential von 200–400 Mrd. Euro per anno genannt (Burda-Studie, 2007). Eine andere Quelle nennt für Deutschland einen Anteil von ca. 20% mit etwa 16 Millionen Verbrauchern (Schmitz, 2007). Nach neueren Angaben bezieht sich der Anteil, gemäß einer repräsentativen Untersuchung auf 30% mit einen rechnerischen Marktpotential von über 390 Mrd. Euro per anno mit steigender Tendenz (Kreeb et al, 2008). In allen Studien wird den LOHAS ein hohes Potenzial als kaufkräftige Konsumentengruppe attestiert. Das stellt eine Herausforderung für das Nachhaltigkeits-Marketing dar. In bisherigen wissenschaftlichen Studien im Zusammenhang mit LOHAS ist kaum etwas zur Verbindung von strategischem Konsum, Mediennutzung, Kommunikation oder digitaler Evolution der Gruppe zu finden. Relativ wenig findet sich auch über die Psychographie (z.B. Bedürfnisse, Wertvorstellungen, Einstellungen etc.) oder mögliche Kommunikationspräferenzen. Viele Untersuchungen sind thematisch sehr breit angelegt und beziehen sich auf Analysen zur allgemeinen Bevölkerung, statt explizit zur Gruppe der LOHAS. Kommunikationsmanagern fehlen daher weitgehend Erkenntnisse darüber, welche thematischen Aspekte unternehmerischer Nachhaltigkeit mit welcher Charakteristik kommuniziert werden sollten. Im Hinblick auf die Nachhaltigkeitsthematik erscheint es daher wichtig, nähere Erkenntnisse zu den nachhaltigkeitsbezogenen, wirtschaftsethischen Werten und Verhaltensweisen von LOHAS zu erhalten. Mit ihrer Hilfe kann überprüft werden, in welcher Weise diese die „nachhaltige Entwicklung" unterstützen.

Im Jahr 2009 wurden vom sozialwissenschaftlichen Institut Sinus-Sociovision LOHAS in den SINUS-Milieus® verortet, um sie als „tiefgreifende soziokulturelle Strömung" in Deutschland besser einordnen zu können (Müller-Friemauth et al, 2009). Als wichtigste Erkenntnis ergab sich, dass sich LOHAS aufgrund ihrer Heterogenität, der Betrachtung als eine einzige Zielgruppe entziehen. Empirisch konnten 5 Typen mit jeweils spezifischer LOHAS-Mentalität ermittelt werden. Es handelt sich dabei um:

1. den verantwortungsbewussten Familienmenschen,
2. den Connaisseur,
3. den Weltbürger,
4. den Statusorientierten und
5. den wertkonservativen Moralisten.

Gemeinsam ist den 5 Typen der soziodemographische Background (z.B. überdurchschnittliches Bildungsniveau, überdurchschnittliches Haushaltseinkommen). Es zeigte sich, dass insbesondere Frauen, Höhergebildete sowie die 48–67-jährigen, die Entwicklung vorangetrieben haben. Aber auch Männern der 28–47-jährigen, ist ethischer Konsum wichtiger. Auch psycho-graphische Determinanten verbinden alle Typen. Neben einem ausgeprägten Verantwortungsbewusstsein (z.B. bei Gesundheit, Nachhaltigkeit, Produktqualität), spielen auch Individualität und der Zuspruch von Freunden eine große Rolle. Ein hohes Umweltbewusstsein (Konsum, Mobilität, Energieversorgung) und soziale Verantwortung sind genauso wichtig, wie die eigene Zufriedenheit, Lebensfreude, Selbstvertrauen, und Spaß am Leben (Genussorientierung). Unterschiede bestehen bei der Platzierung innerhalb der Milieus sowie bei unterschiedlichen Interessen an LOHAS-relevanten Themen. Es wurde festgestellt, dass sich der Anteil der LOHAS in den letzten Jahren von der Mitte der Gesellschaft kontinuierlich in höhere Milieus verschoben hat. Dazu wird prognostiziert, dass diese Entwicklung weiter fortschreiten wird. Die zweite Haupterkenntnis zeigt sich darin, dass obwohl weniger LOHAS in der Mitte der Gesellschaft zu verorten sind, gleichzeitig die Sensibilität für die Ökologie- und Nachhaltigkeitsthematik in den Milieus der bürgerlichen Mitte ansteigt. Ökologisch korrektes Verhalten gilt hier bereits als gesellschaftliche oder vom Elternhaus vermittelte Norm. Dieser Wertewandel vollzieht sich in den Milieus aber langsamer, als in den LOHAS-typischen Milieus. Er geht jedoch kontinuierlich weiter. Die Autoren sind davon überzeugt, dass die Gruppe der LOHAS nur die „Spitze eines Eisberges" bilden. Sie prognostizieren, dass sich der Sockel als eine neue soziokulturell breitere sowie ausgewogenere soziale Norm in der Mitte der Gesellschaft ergibt (Müller-Friemauth et al, 2009).

4.4.4   Zwischenfazit

– Nachhaltigkeitsbezogene Kommunikationspolitik umfasst eine Vielzahl von Instrumenten. Der Einsatzbereich liegt in der unternehmerischen, markt- und gesellschaftspolitischen Kommunikation. Nachhaltigkeits-Marketing verursacht fundamentale Anpassungsnotwendigkeiten.

– Makro-soziale und -soziokulturelle Rahmenbedingungen wirken aus der Umwelt sowohl auf das strategische Marketing-Management, als auch auf die Marketing-Mix-Instrumente. Vom Unternehmen sind sie kaum beeinflussbar.

– Im Rechtsraum der Umweltberichterstattung haben Unternehmen in Deutschland und der EU die gesetzliche Pflicht zur Umweltberichterstattung. Gesellschaftliche Anspruchsgruppen sind zu Umweltwirkungen von Produktion und Produkten zu informieren. Durch die gesetzliche Pflichtkommunikation werden umweltrechtliche Ge- und Verbote kontrolliert.

– Im Rechtsraum der ökonomischen Berichterstattung besteht die Pflicht zur Geschäftsberichterstattung. Der Geschäftsbericht muss ein den tatsächlichen Verhältnissen entsprechendes Bild der Ertrags, Vermögens- und Finanzlage über den Jahresabschluss, die Bilanz, Gewinn-und-Verlust-Rechnung und Anhang sowie den Lagebericht geben.

– Im Rechtsraum der sozialen bzw. gesellschaftsbezogenen Berichterstattung besteht in Deutschland derzeit keine gesetzliche Vorschrift. Sozialberichte können nach einem freiwilligen Standard, z.B. dem Deutschen Nachhaltigkeitskodex (DNK), erfolgen.

– Meso-soziale und -soziokulturelle Rahmenbedingungen beinhalten mehrere netzwerkartige Einflussfaktoren. Sie sind durch Unternehmen selbst gestaltbar. Nachhaltige Kulturwerte bestimmen dabei nicht nur den Grad der Wandlungsfähigkeit im Unternehmen, sondern auch deren Verstetigung und Verankerung im Wertespektrum von Top-Management, Mitarbeitern und Führungskräften.

– Die integrierte unternehmerische Nachhaltigkeitskommunikation ist ein Verständigungsprozess, der den Einbezug der Stakeholder bei der zukunftsorientierten Entwicklung der

Gesellschaft zur Nachhaltigkeit vorsieht. Er beinhaltet die Ausrichtung auf Faktoren zur Legitimation und Existenzsicherung, Aspekte der Risikovermeidung sowie die Steuerung von Meinungen und Verhalten in der Gesellschaft (Werbung).

- Die Funktionen des Kommunikationsprozess sind ganzheitlich, netzwerkartig und sehr komplex. Sie erfolgen über die interne, marktbezogene und gesellschaftspolitische Nachhaltigkeitskommunikation des Unternehmens. Der interaktive Informationsaustausch zum Abbau von Informationsasymmetrien ist nicht nur innerhalb, sondern auch zwischen den Netzwerken zu etablieren.
- Für eine nachhaltigkeitsorientierte Werbung sind erhebliche Transformationen notwendig. Sie beziehen sich auf die zukünftige Rolle von Unternehmen in sozial-ökologischen Bereichen. Nachhaltigkeitsbezogene Umorientierungen können Greenwashing-Vorwürfe vermeiden und das Image sowie das Vertrauen in die Legitimität des Unternehmens stärken.
- Krisenkommunikation ist für Unternehmen wichtig, da sie durch Zielkonflikte immer öfter für ihr Handeln und dessen Auswirkungen öffentlich zur Rechenschaft gezogen werden.
- Mikro-soziale und soziokulturelle Rahmenbedingungen sind durch eine enorme Komplexität gekennzeichnet. Sie sind durch Unternehmen beeinflussbar. Es ist auch eine Orientierung an den mikro-sozialen und soziokulturellen Werten von Kooperationspartnern und Zielgruppen unerlässlich, um Nachhaltigkeit operativ erfolgreich umzusetzen.
- Stakeholder-Relationship-Management verlangt die Gestaltung eines normativen Beziehungsmanagements mit den Geschäftspartnern eines Unternehmens. Die Vorgehensweise erfolgt über sechs Schritte, die durch nachhaltige Normen ergänzt werden müssen.
- Durch Lifestyle-Konzeptionen kann die Segmentierung einer Grundgesamtheit von Konsumenten bestimmt werden. Die Ansätze zu unterscheiden in sozialwissenschaftliche und der konventionellen Marktforschung zugehörige. Sie können Kommunikationsmanagern sowohl Erkenntnisse über thematische Aspekte unternehmerischer Nachhaltigkeit ermöglichen, als auch Hinweise geben, mit welcher Charakteristik an die verschiedenen Konsumentengruppen kommuniziert werden soll. Die nachhaltigkeitsbezogene Konsumentenklasse der LOHAS nimmt dabei eine Vorreiterrolle ein.

4.5   Nachhaltigkeitsorientierte Preispolitik

Bei der nachhaltigkeitsorientierten Preispolitik besteht die Aufgabe für Nachhaltigkeits-Marketeer u.a. darin eine Gleichstellung aller Säulen des Tripels zu gewährleisten. Das ist besonders anspruchsvoll, da Preispolitik traditionell von der ökonomischen Säule im Tripel dominiert wird. Das unterstreicht auch die Definition: „Die Preispolitik beinhaltet alle absatzpolitischen Maßnahmen zur Bestimmung und Durchsetzung der monetären Gegenleistung der Käufer für die von einer Unternehmung angebotenen Sach- und Dienstleistungen" (Diller/Köhler, 2008, 20). Unternehmen können wirtschaftlich nur überleben, wenn die Erlöse der Sach- und Dienstleistungen, die durch die Leistung anfallenden Kosten zumindest decken (Diller/Köhler, 2008). Der Gewinn eines Unternehmens wird allgemein durch die Größen Absatzmenge, Preis und Kosten bestimmt. Innerhalb des Marketing-Mix nimmt die Preispolitik eine besondere Rolle ein, da sie als einziges Instrument Umsätze erzeugen kann, während durch die anderen Kosten verursacht werden. Die Preispolitik ist nicht singulär zu sehen. Sie ist eng verflochten mit verschiedenen Unternehmens- und Managementbereichen. Ein Ziel der Preispolitik ist die Bestimmung eines zweckentsprechenden und wettbewerbsfähigen Preises, der sich entweder auf das Gesamtangebot bezieht oder für Teilbereiche bzw. Einzelleistungen gilt. Traditionell bilden hierfür die internen finanzwirtschaftlich wirksamen Kosten die Grundlage. Im Rahmen der traditionellen herkömmlichen betrieblichen Rechnungslegung werden grundsätzlich nur jene finanzwirtschaftlich wirksamen Geschäftsvorgänge erfasst, die vom Unternehmen zu tragen sind. Beim Umweltschutz handelt es sich z.B. um Mehr- oder Mindererlöse bzw. Mehr- oder Minderkosten, die durch Umweltschutzmaßnahmen des Unternehmens anfallen. Folgewirkungen betrieblicher Tätigkeiten (externe, soziale oder Zusatzkosten), die vom Unternehmen (oder Konsumenten) verursacht werden, spielen keine Rolle. Sie werden an die Gesellschaft überwälzt und wurden bisher als „externe Effekte" sogar von der Gesellschaft/Politik subventioniert. Es handelt sich um Auswirkungen einer wirtschaftlichen Aktivität auf Dritte, ohne dass diese dem Verursacher durch den Marktmechanismus vermittelt oder zugerechnet werden können (Schreiner, 1990). Auf dieser Basis ermittelte Preise spiegeln die tatsächlichen Umweltauswirkungen nicht wider. Durch Subventionierungen können sie aber oft niedriger kalkuliert werden. Das ist zwar vorteilhaft für Unternehmen, aber nachteilig für die Umwelt. Im Rahmen der nachhaltigkeitsorientierten Preispolitik werden externe Kosten als in Geldeinheiten bewertete negative externe Effekte ermittelt, bewertet und in die finanzwirtschaftlichen Berechnungen einbezogen. Es entstehen dadurch Umweltkosten, die vom Verursacher entweder direkt (z.B. über Marktpreise etc.) oder indirekt (z.B. Abgaben, Entschädigungszahlungen etc.) zu tragen sind. Umweltschutzkosten sind Kosten für Umweltschutzanlagen und jene Maßnahmen, mit denen negative Umweltauswirkungen (z.B. Bewältigung nicht vermiedener Rückstände etc.) vermieden, verringert, beseitigt, überwacht oder dokumentiert werden sollen (BMU, 2003). Nachhaltigkeitsorientiertes Preismanagement hat die Aufgabe für nachhaltig hergestellte Produkte Angebote, mit, im Verhältnis zu Substitutionsprodukten, vergleichbaren Preisen zu ermöglichen. Ist das nicht möglich, sind höhere Preise durch die Profilierung eines herausragenden und nachhaltigen Produktnutzens durch das Nachhaltigkeits-Marketing zu unterstützen.

4.5.1   Makro-soziale und -soziokulturelle Rahmenbedingungen

Makro-soziale und -soziokulturelle Rahmenbedingungen ergeben sich aus Umwelteinflüssen und sind von den Unternehmen selbst kaum beeinflussbar. Die Beachtung ist jedoch für ein langfristig erfolgreiches Operieren im Rahmen der nachhaltigkeitsorientierten Preispolitik für Unternehmen überlebenswichtig.

4.5.1.1   Lageberichterstattung

Zu den staatlichen Aufgaben gehört es, Spielregeln und Grenzen im Rahmen der ökonomischen Publikationspflichten vorzugeben. In Deutschland besteht nach dem Publizitätsgesetz
neben dem Jahresabschluss die Verpflichtung zur Veröffentlichung eines Lageberichts. Die
Aufstellung ist für rechnungslegungspflichtige Unternehmen, z.B. für die gesetzlichen Vertreter von Kapitalgesellschaften, bindend (Genossenschaften, Kreditinstitute, Versicherungsun-
ternehmen etc.). Von dieser Pflicht ausgenommen sind kleine Kapitalhandelsgesellschaften,
publizitätspflichtige Personenhandelsgesellschaften und Einzelkaufleute (Pfitzer, o.J.). Seit
dem 09.03.2000, mit Inkrafttreten des Kapitalgesellschaften- und Co.-Richtliniengesetzes
(KapCoRiLiG), werden als Reaktion auf ein EuGH-Urteil die Bestimmungen auch für Kapitalgesellschaften sowie für Personenhandelsgesellschaften in Form einer OHG oder KG bindend, bei denen nach §264a HGB nicht mindestens ein persönlich haftender Gesellschafter
eine natürliche Person ist. Im Übrigen können Unternehmen auch freiwillig einen Lagebericht
verfassen. Die Angaben müssen allerdings verifizierbar sein (Grundsatz der Verlässlichkeit).
Im Lagebericht wird der Jahresabschluss erläutert und dieser gem. §289 I und III HGB um Informationen bzgl. Geschäftsverlauf, Geschäftsergebnisse und Lage der Gesellschaft ergänzt.
Hierbei ist verpflichtend, dass sich daraus eine ausgewogene und umfassende Analyse des
Geschäftsverlaufs und der Geschäftsergebnisse ergibt (Pfitzer, o.J.). Sie soll Stakeholdern ermöglichen, ein den tatsächlichen Verhältnissen entsprechendes Bild vom Geschäftsverlauf
und der Lage der Gesellschaft zu erhalten (Grundsatz der Klarheit und Übersichtlichkeit). Zur
Analyse des Geschäftsverlaufs sind für die Geschäftstätigkeit bedeutsame finanzielle Leistungsindikatoren (bei Kapitalgesellschaften i.S.v. §267 II HGB ggf. nichtfinanzielle Leistungsindikatoren) in Form eines Wirtschaftsberichts vorgegeben. Die Berichterstattung hat
auch die voraussichtliche Entwicklung in Form zukunftsbezogener Angaben möglicher Chancen und Risiken zu enthalten. Während die Ausführungen zum Geschäftsverlauf zeitraumbe-
zogene und vergangenheitsorientierte Ausgangspunkte enthalten (Entwicklung aus der abge-
laufenen Berichtsperiode), bezieht sich die Berichterstattung über die Lage der Gesellschaft
auf einen dynamischen Zeitraum. Gemäß §289 II HGB muss der Lagebericht auch einen
Nachtragsbericht enthalten, der sich auf Vorgänge (Bedeutung etc.) bezieht, die nach Abschluss des Geschäftsjahres eingetreten sind. Für börsennotierte Unternehmen sind ein Risi-
kobericht hinsichtlich Finanzinstrumente, F&E-Entwicklungsbericht sowie, im Rahmen der in
§285 Nr. 9 HGB eingeforderten Gesamtbezüge, der Vergütungsbericht (Grundzüge des Ver-
gütungssystems der Gesellschaft etc.) zu erstellen. Für AGs und Kommanditgesellschaften
auf Aktien gelten außerdem gem. §289 V HGB weitere gesonderte Regelungen. Die gesetzlich vorgeschriebenen Bestandteile des Lageberichts können durch freiwillige Angaben ergänzt werden. Der Lagebericht ist gem. §317 II HGB in Form einer Jahresabschlussprüfung
prüfungspflichtig. Der Abschlussprüfer hat zu prüfen, ob der Lagebericht mit dem Jahresabschluss und der Lage der Gesellschaft übereinstimmt. Jahresabschluss und Lagebericht sind
zu veröffentlichen (Pfitzer, o.J.). Für die Verfassung eines Konzernlageberichts gelten seit

2013 Besonderheiten, da das Deutsche Rechnungslegungs Standards Committee (DRSC) die Berichterstattung mit dem Rechnungslegungsstandard DRS 20, in Form von höheren Anforderungen, neu geregelt hat. Erstmals wird damit, neben den bisher ausschließlich auf ökonomische Faktoren ausgerichteten Berichterstattungen im Rahmen von aufgewerteten nichtfinanziellen Leistungsindikatoren des sog. „Management Approach", auch dem Thema Nachhaltigkeit eine Rolle in der Leistungsberichterstattung zugewiesen (o.V., 2013c).

4.5.1.2   EMAS II-Verordnung der EU

Aufgrund des globalen und vernetzten Charakters vieler Umweltprobleme, ist eine bindende „Umweltberichterstattung" für Unternehmen gesetzlich am Ehesten in einem staatenübergreifenden Kontext zu regeln. Daher üben europäische Initiativen einen starken Einfluss auf nationale umweltpolitische Entwicklungen aus. Die EU hat zur Durchsetzung umweltpolitischer Zielsetzungen bereits mehr als 330 Rechtsakte in verschiedenen Bereichen (z.B. Luftreinhaltung, Gewässerschutz, Bodenerhaltung, Abfallbeseitigung etc.) über Verordnungen bzw. Richtlinien, als supranationale Gesetze erlassen (Hellenthal, 2001). Sie sind in allen Teilen verbindlich und werden nach der Verabschiedung in den nationalen Parlamenten zu unmittelbar geltendem Recht. Umweltberichterstattung ist stets mit Aufwendungen verbunden und damit im Rahmen der Kostenrechnung finanzwirtschaftlich wirksam. Seit Mitte April 1995 gilt als Basis die Öko-Audit-Verordnung unmittelbar in jedem Mitgliedsstaat der EU. Für diese Verordnung wurde zwischenzeitlich eine neue Fassung entwickelt. Sie ist unter der Bezeichnung „EMAS II" (Environmental Management and Audit Scheme) seit 2001 in Kraft getreten. Rechtsgrundlage ist die Verordnung (EG) Nr. 761/2001 (EMAS II) und das deutsche Auditgesetz (UGA, 2005). Die Teilnahme am EMAS II steht Unternehmen frei. Sie war zunächst Unternehmen vorbehalten, die an einem oder mehreren Standorten eine gewerbliche Tätigkeit ausüben. Als gewerblich im Sinne des Artikel 2i gelten alle Tätigkeiten, die unter die Abschnitte C und D der statistischen Systematik der Wirtschaftszweige der Europäischen Union gem. der Verordnung EWG Nr. 3037/90 fallen. Hiermit wurde das gesamte verarbeitende Gewerbe, der Bergbau sowie die Gewinnung von Steinen und Erden erfasst. Ausgeschlossen blieben zunächst Handel und Dienstleistungsgewerbe. Seit 1998 hat Deutschland jedoch einzelne weitere Bereiche für EMAS II zugelassen (z.B. Banken, Handel, Versicherungen, Kommunalbehörden und Bildungseinrichtungen etc.). Durch die Verordnung des Jahres 2001 wurde EMAS II zudem für Unternehmen und sonstige Organisationen aller Wirtschaftszweige geöffnet (z.B. Gastgewerbe, Krankenhäuser, Entsorgungsbetriebe und Landwirtschaft etc.) (UGA, 2005). Das generelle Ziel der Verordnung besteht in der Förderung und kontinuierlichen Verbesserung des betrieblichen Umweltschutzes, der verstärkten Aktivierung ökologischer Potentiale in den Unternehmen sowie der Einhaltung des Umweltrechts. Damit ist ein wirksamer Beitrag von Unternehmen zur Förderung einer nachhaltigen Wirtschaftsweise verbunden. Das System ist langfristig ausgerichtet und geht über die Einhaltung einschlägiger Umweltvorschriften hinaus. Unternehmen, die sich dem EMAS II-System angeschlossen haben sind gehalten, sich nach Einrichtung eines Umweltmanagementsystems und einer internen Kontrolle, jährlich einer strengen externen Prüfung durch einen staatlich zugelassenen Umweltgutachter bzw. eine Umweltgutachterorganisation zu unterziehen. Nach der erfolgreichen Prüfung können sich die Betriebe in das EMAS-Register eintragen lassen und veröffentlichen die Umwelterklärung. Die Öffentlichkeit wird damit über die Umweltleistungen informiert und Informationsasymetrien werden vermindert. Bei Ansätzen zu Umweltmanagementsystemen wurden z.T. neue Begriffe eingeführt, es werden teilweise aber auch Begriffe ganz unterschiedlich gedeutet. Es stellt sich daher die Frage, wie die wichtigsten Begriffe im Umfeld von Umweltberichterstattungen zu verstehen sind.

Einsparungschancen durch EMAS II

„Der Sedus Konzern profitiert auch wirtschaftlich von der Einführung eines Umweltmanagementsystems. Mit Hilfe von EMAS konnten in vielen Bereichen Kosteneinsparungen erzielt werden: Senkung der Entsorgungs- und Energiekosten und Kostenreduzierungen im Bereich Wasser/Abwasser. Entgegen der oft vertretenen Auffassung, dass diese Vorteile nach wenigen Jahren ausgeschöpft sind, zeigt sich bei intensiver Auseinandersetzung mit dem Thema selbst nach vielen Jahren noch Einsparpotential. Es werden beispielsweise seit 2003 durch den Einsatz von speziellen Energiehochleistungsreflektoren zur Hallenbeleuchtung jährlich rund 7.000 Euro Energiekosten gespart. Dadurch mindert sich die CO_2-Emission um 53 Tonnen pro Jahr. Ebenso wird durch die Umstellung auf spezielle Klebstoffe mit hohem Feststoffanteil die jährliche Lösemittelemission in der Polsterherstellung um mindestens 60% gesenkt. Die jährliche Einsparung der Klebstoffkosten liegt bei 20.000 Euro" (UGA, 2005, 40).

„Umweltberichte" geben nach Vorgaben von Normen ein den tatsächlichen Verhältnissen entsprechendes Bild von Umweltaspekten einer Organisation wider (z.B. DIN ISO 14001 etc.). Eine „Umwelterklärung" kann somit als eine bestimmte Form des Umweltberichts angesehen werden (Standort-Umweltbericht etc.), der im Rahmen eines EMAS-Systems validiert ist. Umwelterklärungen beziehen sich immer auf einzelne Standorte (z.B. Schadstoffemissionen, Abfallaufkommen, Energie-, Rohstoff-, Wasserverbrauch etc.). Inhaltlich umfassen sie auch die Vorgaben der DIN ISO 14001 für Umwelterklärungen. Außerdem sind Angaben zur Umweltpolitik, Umweltprogramm und Umweltmanagement am Standort zu beschreiben (Loew/Fichter, 1999). Bei der „Umweltberichterstattung" von Unternehmen wird zwischen unfreiwilliger, Pflicht- und freiwilliger Berichterstattung unterschieden (Hellenthal, 2001). Die unfreiwillige Umweltberichterstattung ist oft in Form einer Risikokommunikation zur sofortigen Schadensbegrenzung, z.B. auf akute Störfälle, Umweltstraffälle bzw. umweltbezogene Medienrecherchen etc. bezogen. Pflichtberichterstattungen liegen umweltrelevante Gesetze und Verordnungen zugrunde, wie z.B. Meldung regelmäßiger Emissions-, Abfall-, Abwasserberichte etc. (z.B. nach dem Umweltstatistikgesetz (UStatG). Im Mittelpunkt der freiwilligen Umweltberichterstattung steht die Erstellung eines Umweltberichtes. Die „Freiwilligkeit" zu derartigen Umweltberichten, wird in der Praxis nicht selten durch freiwillige Branchenvereinbarungen bzw. Druck unternehmerischer Anspruchsgruppen gefördert. Adressaten der Umweltberichterstattungen sind daher neben dem Staat auch die Zielgruppen von Unternehmen. (Hellenthal, 2001). Das EMAS-System gehört zu den umfassendsten Umweltmanagementsystemen und ist dauerhaft angelegt. Deutschland nimmt mit ca. 1.500 eingetragenen Organisationen und mehr als 2.000 Standorten die Spitzenposition in Europa ein. Auch in den europäischen Staaten steigt die Anzahl der EMAS-Zertifizierungen an. Im Jahr 2005 wurde ein Höchststand mit 3.912 Standorten erreicht (UGA, 2005).

4.5.2   Meso-soziale und -soziokulturelle Rahmenbedingungen

Gem. Abbildung 2.5 sind meso-soziale und -soziokulturelle Rahmenbedingungen auch im Rahmen der Preispolitik durch das Unternehmen selbst gestaltbar. Sie dienen zudem dazu, das nachhaltigkeitsorientierte Marketing-Management und seine strategische Ausrichtung möglichst optimal im Unternehmen zu verankern. Rahmenbedingungen umfassen dabei nicht nur die Faktoren des bekannten Tripels (Ökologie, Ökonomie, Soziales), sondern werden im vorliegenden Modell übergreifend durch ein Kulturmanagement für eine Kultur der Nachhaltigkeit beeinflusst. Die Wirkung bestimmt nicht nur strategisch, sondern auch operativ den Grad der Nachhaltigkeit im Unternehmen. Das ist durch die Tatsache bedingt, dass die Wirkungen bis in die sozialen und persönlichen Bereiche von Mitarbeitern und Führungskräften reichen.

4.5.2.1   Grundlagen nachhaltigkeitsorientierter Preisbildung

Für den Begriff Preis existieren unterschiedliche Definitionen in der Wissenschaft (zu einer Übersicht vgl. z.B. Diller/Köhler, 2008). Alternativ wird dabei in eine kalkulatorische, betriebswirtschaftliche und kundenorientierte Definition unterschieden. Aus kalkulatorischer Sicht wird der Preis „als die monetäre Gegenleistung eines Käufers für ein Wirtschaftsgut" definiert (Diller/Köhler, 2008, 25). Aus betriebswirtschaftlicher Sicht definiert sich der Preis „als das in Geldeinheiten ausgedrückte vertragliche Entgelt des Kunden für die vom Lieferanten vertraglich zu erbringende quantitativ und qualitativ bestimmte Leistung" (Plinke/Söllner, 1995, 837). Hierbei wird vorausgesetzt, dass sich der Preis aus den Komponenten Preiszähler (Geldbetrag) und Preisbezugsbasis (Leistung) zusammensetzt. Bei der kundenorientierten Preisdefinition wird nicht auf objektive ökonomische Realitäten, sondern auf subjektive Wahrnehmungen der Kunden abgestellt. „Der Preis stellt die Summe aller mittelbar und unmittelbar mit dem Kauf eines Produktes verbundenen Ausgaben eines Käufers dar. Dabei lassen sich negative und positive Preiskomponenten unterscheiden, die sich über den gesamten Gebrauchslebenszyklus eines Produktes hin zum effektiven Gesamtpreis addieren" (Diller/Köhler, 2008, 25). Im Unterschied zum rein unternehmensintern ausgerichteten Preisfindungsprozess bildet bei der Analyse und den Mechanismen der Preisbildung das strategische Dreieck (Anbieter, Kunde, Konkurrenz) die Grundlage. Die Position des anbietenden Unternehmens bestimmt sich hierbei durch den angebotenen Nutzen und den geforderten Preis, im Verhältnis zu den Kunden und der Konkurrenz (Simon, 1995). Die Kenntnis dieser Ansätze wird vorliegend als bekanntes wirtschaftswissenschaftliches Grundwissen vorausgesetzt. Aus unternehmerischer Sicht ist für produzierte Güter bei der Preisbildung zu gewährleisten, dass diese sowohl qualitativ als auch preis- und kostenmäßig marktorientiert ausgerichtet sind. Kosten gelten dabei als bewerteter, sachzielorientierter Güterverbrauch (Friedl et al, 2013). Sachzielorientierung bedeutet, dass sich Kosten auf den Betriebszweck der Leistungserstellung beziehen. Die Bewertung erfolgt bei den Kosten in Wertgrößen. Verbrauchsmengen werden daher mit einem Preis bewertet. Der Güterverbrauch beschreibt den Eingang von Gütern in die Leistungserstellung (Friedl, et al. 2013). Im Mittelpunkt der klassischen Preiskalkulation steht auf Grundlage prognostizierter Kosten die Frage, „was wird ein Produkt kosten?" (Zuschlagskalkulation etc.). Für die Planung ökologischer Produkte sind jedoch neben allgemeinen auch umweltkostenspezifische Anforderungen zu beachten. Die Schwierigkeit besteht jedoch darin, dass für den Begriff „Umweltkosten" keine einheitliche Definition existiert. In der Praxis werden daher, je nach Interessenlage, die unterschiedlichsten Kosten unter dem Begriff summiert (z.B. Kosten für den Investitionsbedarf, Entsorgungskosten, externe Kosten etc.) (Jasch, 2006). Aus den 15 verschiedenen Definitionen, die seit den 1970er Jahren entstanden sind, ergeben sich zwei grundlegende Begriffsauffassungen (Prammer, 2008). Nach der einen Begriffsauffassung sind **interne** Umweltkosten definiert: »als bewerteter, sachzielorientierter (internalisierter) Güterverzehr [...], der für betriebliche Maßnahmen anfällt (1) zur Vermeidung, Verminderung und Beseitigung von negativen Umweltwirkungen einschließlich der Verwendung/Verwertung bzw. Beseitigung von Reststoffen sowie (2) zur Revitalisierung der natürlichen Umwelt (Prammer, 2008, 249). Die zweite Begriffsauffassung basiert auf einer flussorientierten Betrachtung betrieblicher Abläufe. Umweltkosten werden danach definiert als: „jene Kosten, die mit dem Einkauf, dem Einsatz und der Entsorgung von Material und Energie verbunden sind" (BMU/UBA, 2003,7, ähnlich Jasch, 2001, 17). Kosten nach der ersten Begriffsauffassung lassen sich in ein traditionelles Rechnungswesen integrieren. Die flussorientierte Definition bedingt allerdings ein flussorientiertes Rechnungsverfahren, wie z.B. die Materialflusskostenrechnung bzw. die Reststoffkostenrechnung (Prammer, 2008, BMU/UBA, 2003). Beide Ansätze verfolgen auch unterschiedliche Einsatzziele. Nach der ersten Auffassung besteht das Ziel darin, durch eine Integration in das bestehende Rechnungswesen von Unternehmen die Transparenz und Steuerbarkeit der Kosten für den Umweltschutz herzustellen bzw. zu erhöhen. Die flussorientierten Ansätze verfolgen hingegen vorrangig das Ziel die Effizienz betrieblicher Fertigungsschritte anhand monetärer Größen darzustellen und zu steigern (BMU/ UBA, 2003, Jasch, 2001). Dazu ist der Aufbau paralleler (flussorientierter) Rechnungsverfahren notwendig. Als Gegenstück umfassen weitere Begriffsauffassungen die **externen** Umweltkosten, die als: „Kosten der Umweltbelastung, die nicht vom verursachenden Unternehmen, sondern von den Betroffenen (z.B. Nachbarn) oder der Gesellschaft als Ganzes getragen werden" (BMU, 2003, 680). Im Rahmen einer Untersuchung mit Vergleichen zwischen verschiedenen Umweltkostenrechnungs-Systemen wurde ermittelt, dass viele Unternehmen mit der internen Umweltkostenrechnung, vor allem die Ermittlung und Optimierung ihrer betrieblichen „Umweltschutzkosten" verbinden (Loew et al,

2003). Diese Tatsache hängt mit den gesetzlichen Vorgaben zur Ermittlung von Informationen für statistische Berechnungen staatlicher Stellen, z.B. im Rahmen des Umweltstatistikgesetzes (UStatG), zusammen. Unter Effizienzgesichtspunkten reicht die Ermittlung von Informationen jedoch nicht aus. Für die Ermittlung von Einsparpotentialen und Kostensenkungseffekten (z.B. Verringerung von Wasser, Material, Energie etc.) durch Umweltschutzmaßnahmen sind die betrieblichen Material- und Energieflüsse zu analysieren. Trotz internationaler Debatte sowie Aktivitäten von Verbänden (z.B. VDI-Richtlinie 3800), existieren aber bisher kaum Forschungsarbeiten zu diesem Bereich. Einige Großunternehmen setzten bereits früh auf die Entwicklung eigener interner Lösungen. Für kleine und mittlere Unternehmen sind derartige Lösungen jedoch zu kosten- und zeitintensiv.

In der Literatur zur „nachhaltigen Entwicklung" werden Fragen der Preisbildung bisher stark vernachlässigt. Im Rahmen der Preispolitik werden Ansätze entweder lediglich oberflächlich behandelt, ganz ausgeklammert, oder sie basieren wie selbstverständlich auf dem volkswirtschaftlichen Denkmodell der „Neoklassik". Nicht ausgleichbare Umweltproblematiken durch wirtschaftliches Handeln (z.B. natürliche Ressourcenverknappung, Schadstoffeffekte in den Umweltmedien Luft, Wasser und Boden etc.) können mit Hilfe klassischer volkswirtschaftlicher Rahmenmodelle jedoch nicht gelöst werden. Es sind daher Ansätze zu entwickeln, durch die die realen sozial-ökonomischen Umweltwirkungen des 21. Jahrhunderts auch monetär im unternehmerischen Kalkül berücksichtigt werden können. Dazu gehören auch preispolitische Implikationen sowie die Internalisierung externer Umweltkosten nach den Maßgaben der Nachhaltigkeit (intra- und intergenerationale Gerechtigkeit etc.). Bisher wurden diese Problembereiche wissenschaftlich jedoch nicht hinreichend untersucht. Daher sind hier große Lücken vorhanden und ein Forschungsbedarf ist dringend gegeben. In der Literatur finden sich zur monetären Berücksichtigung von Umweltproblematiken vor allem Ansätze, die durch Controlling-Konzepte „Umweltschutzkosten" im internen Umweltkostenmanagement-System von Unternehmen vorsehen. Prozesse des betriebsbezogenen Controllings können vorliegend nur beispielhaft angedeutet werden. Die Ausführungen sollen exemplarisch Möglichkeiten anhand einiger ausgewählter Ansätze zeigen.

4.5.2.2   Betriebliches Umweltkostenmanagement

Ebenso wie beim Begriff Umweltkosten herrschen in Wissenschaft und Praxis auch divergierende Meinungen über Art und Zielsetzungen von Umweltkostenmanagement-Systemen vor (z.B. Prammer, 2008, Christ/Burrit, 2013). Unter Umweltkostenmanagement wurden bis ca. zum Jahr 2000 vor allem Ansätze der Umweltkostenrechnung im Sinne der Spezifizierung der betrieblichen Umweltkosten verstanden (Erfassung, Verrechnung etc.). Durch die darauffolgende Erweiterung der Begriffsauffassung, wird Umweltkostenmanagement heute definiert als: „vorausschauende und zielbezogene Gestaltung der betrieblichen Umweltkosten" (Wagner, 2010). Dazu gehören umweltkostenspezifische Anforderungen an die produktbezogene

Kostenplanung. Auch die Umsetzung ist mit verschiedenen umweltpolitischen Anforderungen verbunden (z.B. spezifische Anforderungen an die Planung der Kosten ökologischer Produktfunktionen etc.). Die nachfolgende Abbildung 4.10 zeigt die Einordnung der ausgewählten Umweltkostenrechnungsansätze in ein Marktchancen-Risikoexponierungs-Portfolio.

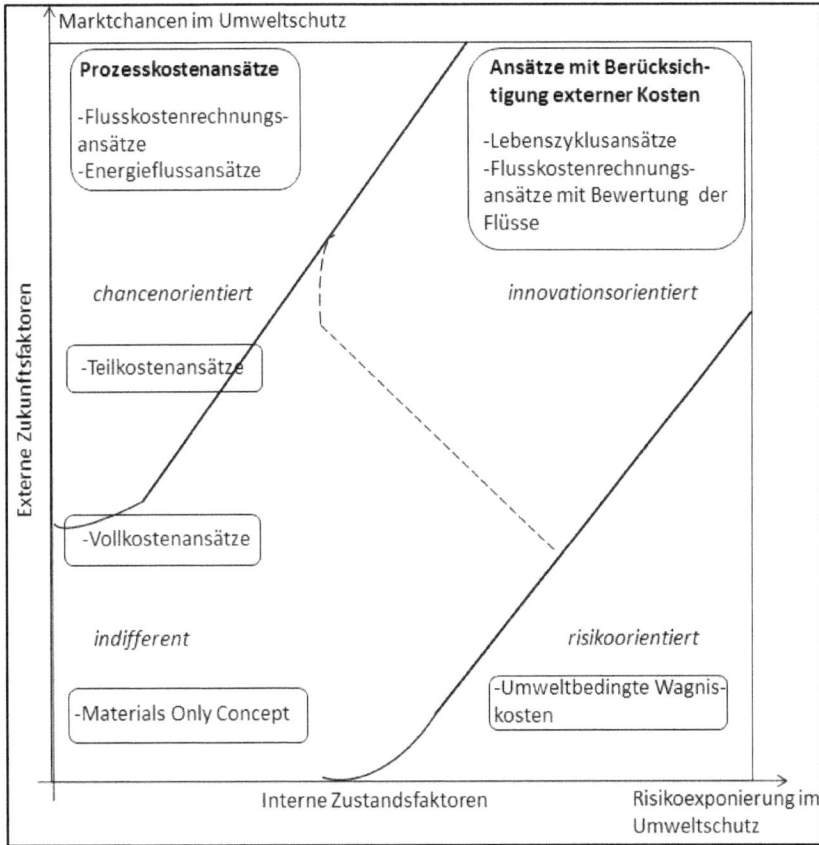

Abb. 4.10: Einordnung ausgewählter Umweltkostenrechnungsansätze in das Marktchancen-Risikoexponierungs-Portfolio, Quelle: i.A.a. Steger, 1992, 276 und Mahlendorf, 2005, 83, modifiziert und geändert

Abbildung 4.10 zeigt den Rahmen der Einordnung mit den Kriterien Risikoorientierung als externe Chancen und Risikoexponierung im Umweltschutz als Ausdruck des gegenwärtigen internen Zustands. Die Umweltkostenrechnungsansätze wurden in dieses Risikoexponierungs-Portfolio eingeordnet. Es charakterisiert die umweltpolitische Ausrichtung von Unternehmen. Diese bildet sich im Portfolio durch vier strategische Ausprägungen ab (indifferent, risikoorientiert, chancen- und innovationsorientiert). Bei Unternehmen, für die eine indifferente Ausprägung der Umweltpolitik zutrifft, liegen für Umweltschutz weder Marktchancen noch Risikoexponierung vor. Die Einführung eines Umweltkostenrechnungssystems ist wenig relevant. Die weitgehend passive Erfüllung externer Vorgaben kann im vorhandenen Kostenrech-

nungssystem, z.B. durch eine Reststoffkostenrechnung (evtl. Vollkostenrechnung), vorgenommen werden. Im Bereich Risikoorientierung reicht auch bei geringen Marktchancen
durch Umweltschutz ein indifferentes Verhalten nicht mehr aus. Da das Risikomanagement
im Mittelpunkt steht, ist eine aktive Umweltpolitik notwendig. Beispielsweise können mit
stoffstromorientierten Umweltkostenrechnungssystemen risikoreiche Faktoren überwacht und
gesteuert werden. Im Bereich Chancenorientierung liegt eine geringe Risikoexponierung bei
gleichzeitig hohen Marktchancen durch Umweltschutz vor. Um frühzeitig durch neue Produkte auf sich ändernde Marktmerkmale zu reagieren und Zusatznutzen für umweltbewusste
Konsumenten zu schaffen, sollte Umweltschutz als Formalziel verankert sein. Durch Um-
weltkostenrechnungssysteme kann die Informations- und Berichtsfunktion dabei verbessert
werden. Im Bereich Innovationsorientierung sind durch eine hohe Risikoexponierung (z.B.
durch umweltbelastende Produktionsprozesse etc.) gleichzeitig hohe Marktchancen für umweltfreundliche Produkte vorhanden. In einer derartigen Situation sind grundlegende Innovationen nötig. Ein alleiniger Einsatz der Umweltkostenrechnung, reicht dafür nicht mehr aus.

Für die Kostenrechnungsansätze der Material- und Flusskostenrechnung sind zunächst die
Umweltschutzkosten zu ermitteln. Diese Ermittlung wird in Deutschland schon seit ca. 1975
mit der Intention einer systematischen Abgrenzung und Berechnung von Umweltschutzkosten
durchgeführt. Die Abgrenzung umweltrelevanter Kostenarten ist mit einer Abgrenzungsproblematik verbunden. Die VDI-Richtlinie 3800 kann Orientierung bieten und bietet daneben
auch Möglichkeiten für nachgeschaltete und integrierte Maßnahmen. Der Nutzen einer integrierten Umweltschutzkosten-Ermittlung ist umstritten. Der wesentliche Vorteil der Umweltschutzkosten-Ermittlung, liegt in der Erfüllung der externen Pflichterfassung im Rahmen des
UStatG für die staatlichen Institutionen sowie in der Kostenüberwachung von Umweltschutzanlagen des Umweltmanagements (Loew et al, 2003). Nähere Darstellungen zur Abgrenzung
von Umweltschutzkosten finden sich z.B. in den Unterlagen des statistischen Bundesamtes.

4.5.2.2.1   Reststoffkostenrechnung

Der Ansatz der Reststoffkostenrechnung entstand in Deutschland in den 1990er Jahren im
Zuge des wachsenden betrieblichen Bewusstseins für Materialeffizienz sowie steigende Kosten der Entsorgung. Das Verfahren kann als eine erste Variante der Flusskostenrechnung mit
Fokus auf Reststoffe angesehen werden. Der Ansatz wurde erstmals in einem Pilotprojekt für
ein Unternehmen erprobt. Das dahinter stehende Ziel war, im Rahmen des Umweltkostenma-
nagements einen Kostenblock für Reststoffe der betrieblichen Wertschöpfung zu identifizieren, um so eine Reduzierung dieser Stoffe erreichbar zu machen (Fleury, 2005). Kosten, die
im indirekten Zusammenhang mit den Reststoffen stehen, sollen transparent werden. Sie stellen das Bindeglied zwischen Umweltschutz und Kosten dar. Im Rahmen der Reststoffkosten
werden Kosten gesammelt, für die es in der traditionellen Kostenrechnung keine Zuordnung
gibt. Durch die Reststoffkostenrechnung können Synergien zwischen ökonomischen und öko-

logischen Zielsetzungen ermittelt werden. Da sich diese Kostenrechnungsart nicht auf die Ermittlung gesetzlich vorgegebener Umweltschutzkosten bezieht, stellen steuerbare Reststoffmengen die wesentlichen Kostentreiber dar. Diese gilt es zu kontrollieren. Die Vermeidung/Verringerung von Reststoffkosten ermöglicht nicht nur Kosteneinsparungen, sondern auch die Reduzierung betrieblicher Umweltauswirkungen. Der Ansatz ist in erster Linie für gewerbliche Unternehmen mit kostenintensiven Reststoffmengen geeignet. Er kann aber auch von Dienstleistungsunternehmen angewandt werden. Durch den geringeren Aufwand gegenüber den Flusskostenrechnungsansätzen, eignet sich das Verfahren ebenfalls für kleinere und mittlere gewerbliche Unternehmen mit weniger materialintensiver Produktion. Zur näheren Beschreibung von Flusskostenrechnungsverfahren auf Software-Basis sowie solche, auf der Basis von Prozessbilanzierungen, wird auf die Fachliteratur verwiesen (vgl. hierzu z.B Fleury, 2005, Loew et al, 2003, Loew et al, 2003, Fischer, 2001).

Kritisch ist anzumerken, dass der Ansatz vor allem auf Reststoffflüsse fokussiert. Es besteht daher langfristig die Gefahr, dass weniger Umweltentlastungs- und Kosteneinsparungsmöglichkeiten identifiziert werden, als das mit den Verfahren der Flusskostenrechnung möglich ist. Die Erfassung von Reststoffmengen und -kosten sowie die Zuordnung auf Kostenstellen und -träger setzt generell eine große Transparenz bzgl. der Ressourcenverbräuche und Emissionen voraus. Dazu nötige Prozess- und Produktbilanzen sind in praxi nur umsetzbar, wenn Struktur und Zahl von Materialflüssen nicht zu komplex ausfallen. Fragen des produktbezogenen Umweltschutzes werden nur indirekt angesprochen. Reststoffmengen und -kosten werden maßgeblich zwar durch das produktbezogene Umweltmanagement beeinflusst, sie werden aber nicht explizit berechnet. Die Berücksichtigung ökologischer Kriterien steht bei diesem Ansatz hinter der Betrachtung betrieblicher Reststoffe und damit verbundener Flussmengen und -kosten zurück (Loew et al, 2003).

4.5.2.2.2 Material- und energieflussorientierte Ansätze

Für den Begriff Flusskostenrechnung existiert derzeit keine allgemein anerkannte Definition. Flusskosten stellen eine Weiterentwicklung der Reststoffkostenrechnung dar. Sie gehören zu den material- und energieflussorientierten Kostenrechnungsansätzen. Neben der zuvor beschriebenen Reststoffkostenrechnung existieren international u.a. noch das Activity Based Costing (USA) und das Materials Only-Costing (Japan) (Loew et al, 2002). Die beiden letztgenannten Ansätze finden jedoch in Deutschland kaum Anwendung. Für eine Diskussion wird auf die Fachliteratur verwiesen. Betrachtungsgegenstand der Flusskostenrechnungsansätze ist das Unternehmen/Standort. Der Zweck liegt im Wesentlichen in der Optimierung der Materialeffizienz in den einzelnen Produktionsstufen. Daher werden die betrieblichen Material- und Energieflüsse in den Mittelpunkt der Betrachtung gestellt. Die Reduzierung des Material- und Energieeinsatzes steht in direktem Zusammenhang mit den meisten Umweltwirkungen produzierender Unternehmen. Zugleich machen Material- und Energieflüsse auch den größten Kostenblock im Unternehmen aus. Die Effizienzsteigerung des Material- und Energieflusses ist daher gemeinsames Ziel wirtschaftlicher und ökologischer Interessen. Da in den entsprechenden Kostenrechnungsansätzen die relevanten Flüsse als Kostentreiber gelten, haben die Flüsse zugleich auch eine Kostensammlerfunktion. Sie enthalten neben dem reinen Materialwert auch die Kosten der Bearbeitung und Entsorgung. Mit Hilfe differenzierter Materialflussmodelle werden sie auf einer umfangreichen Datenbasis der Materialflüsse durchgeführt. Da es sich zumeist um ein integriertes System handelt, ist eine Anbindung an die verbreiteten ERP-Systeme (z.B. SAP etc.) notwendig. Flussorientierte Kostenrechnungsansätze vermeiden die Abgrenzungsproblematik, da keine Abgrenzung umweltrelevanter Kostenarten notwendig ist. Ihre Aufgabe besteht nicht nur darin, Umweltschutzkosten gemäß den gesetzlichen Bestimmungen zu erheben. Es werden auch Ressourcenverbräuche und Emissionen der betrieblichen Wertschöpfung ermittelt. Da das Unternehmen auf diese „Kostentreiber" (Umweltschutzanforderungen im Sinne des Gesetzgebers) einen direkten Einfluss hat, wird eine langfristige, systematische Verbesserung der Kosten- und der Umweltsituation möglich (Loew et al, 2003). In der Praxis können Kostensenkungspotentiale, verbunden mit Maßnahmen zur Umweltentlastung, ermittelt werden. Das wird durch eine verursachungsgerechte, flussbezogene Kostenzuordnung möglich.

Flusskostenrechnung im Elektronikbereich

„Der Leiterplattenhersteller Heidenhain-Microprint (HMP) hat ein Projekt zur „Flusskostenrechnung" initiiert. Dieses Tool basiert auf der Identifizierung von „end-of-pipe" Umweltkosten, d.h. der Analyse von Abfallkosten, damit verbundenen Abfall- und Abwasserkosten, Prozesskosten und Beschaffungskosten von Chemikalien bei allen Prozessen. Indem diese Kosten beispielsweise auf die Prozesse, bei denen Abfälle entstehen, bezogen werden, können die „Hot-Spots" einer Produktionsstätte identifiziert werden. Optimierungsmaßnahmen an diesen Stellen sind sehr effizient, da große ökologische und ökonomische Verbesserungen erzielt werden können. Durch die „Flusskostenrechnung" konnte HMP signifikante Kosteneinsparungen erreichen" (Schischke et al, o.J., 4)

Kritisch ist anzumerken, dass die Materialflusswertrechnung im Verfahren lediglich Bewegungen berücksichtigt, die vom Material zu den Kosten führen. Die Art der Bewegung, muss definiert werden. Mögliche Definitionen ergeben sich zwar durch das Gesamtkostenverfahren und das Umsatzkostenverfahren, es sind aber auch andere Definitionen möglich (z.B. als „Schnitte" bezeichnet). Hierunter sind Materialbewegungen (Retouren, Einsatzmaterialverkäufe, Lohnbeistellungen etc.) in Abhängigkeit zum Gesamtkostenverfahren zu klären. Auch wenn ein betriebsinternes ERP-System vorhanden ist, ist die erstmalige Durchführung mit einem nicht zu unterschätzenden Aufwand verbunden. Zudem werden weitreichende Anforderungen an eine bereichsübergreifende Zusammenarbeit gestellt (z.B. Produktion, Beschaffung, Logistik, Controlling etc.). Insbesondere wenn Unternehmen sehr fortgeschrittene und übersichtliche Materialflussstrukturen besitzen, führen Flusskostenrechnungen nicht unweigerlich zu neuen Erkenntnissen (Loew et al, 2003).

4.5.2.2.3 Ökobilanzierung

Die Erstellung einer Ökobilanz erfolgt nach den Normen der DIN EN ISO 14040 und DIN EN ISO 14044 (Deutsches Institut für Normung e.V., 2006 und 2006a). Danach ist eine Öko-bilanz (auch Lebenszyklusanalyse resp. Life Cycle Assessment genannt) definiert als: „Zu-sammenstellung und Beurteilung der Input- und Output Flüsse und der potentiellen Umwelt-wirkungen eines Produktsystems im Verlauf seines Lebensweges" (Deutsches Institut für Normung e.V., 2006, 7). Der Zweck einer Ökobilanzierung besteht in der Quantifizierung von Umweltwirkungen und deren Transparenzmachung für ein Produkt im Verlauf seines Lebens-zyklus (Siegenthaler, 2006). Schwachstellen und Umweltbelastungen können auf dieser Basis produktbezogen vom Hersteller identifiziert werden, um Verbesserungsmöglichkeiten zu er-mitteln. Produkte/Dienstleistungen, die mit verminderten oder vermiedenen Umweltbelastun-gen hergestellt werden, beeinflussen die Preisbereitschaft bei den Konsumenten (ökologische Vorteilhaftigkeit etc.). Durch die vorherrschende Informationsasymmetrie können Konsumen-ten im Allgemeinen aber nicht feststellen, ob es sich um ein „echtes" ökologisches Produkt mit tatsächlich verminderter Umweltbelastung oder um „Greenwashing" handelt (vgl. zum Greenwashing die Ausführungen im Kapitel 2.2. in diesem Buch). Die subjektive Nutzen-wahrnehmung „echter" ökologischer Produkte, ist für Konsumenten objektiv anhand von Produkt-Ökobilanzen nachweisbar. Ökobilanzen sind nicht vollkommen neu. Die Entwick-lung methodischer Leitfäden für Ökobilanzen wird ca. seit den 1990er Jahren durch internati-onale Organisationen gefördert (z.B. Society of Environmental Toxicology and Chemistry (SETAC). Wissenschaftliche Dachorganisationen fördern den Wissensaustausch (z.B. Nations Environmental Programme (UNEP), so dass eine weltweite Koordination und Disseminierung der Ökobilanz-Methode unterstützt und die Umsetzung in der Praxis durch systembasierte Umweltanalysesysteme gefördert wird (z.B. International Society of Industrial Ecology). Auch politisch wird die Weiterentwicklung der Ökobilanz-Methode durch Verordnungen, Fi-nanzierung von Forschungsprogrammen etc. gefördert (z.B. von der Europäischen Union). Durch die Normierung der International Standard Organization (ISO 14040 und ISO 14044) ist die Ökobilanz auch international anerkannt. Dennoch ist die methodische Entwicklung noch nicht abgeschlossen. Komplexe Wertschöpfungsketten (mit einer Vielzahl von Akteuren etc.), sind nicht nur für die Datenerhebung problematisch, sondern erfordern für die Umset-zung Kooperationen vieler Personen. Zudem lassen sich einige Umweltwirkungen noch nicht ausreichend in der Ökobilanz abbilden (z.B. Wirkungen mit verzögerten ortsabhängigen, oder noch unbekannten Wirkungsmechanismen etc.). Die Erstellung einer Ökobilanz erfolgt ge-mäß ISO-Normen 14040 und 14044 in folgenden miteinander verknüpften Phasen (Deutsches Institut für Normung e.V., 2006 und 2006a):

- Definition des Zieles und der Rahmenbedingungen,
- Sachbilanz, in der die Emissionen und Ressourcenverbräuche der zu untersuchenden Sys-tems ermittelt werden (Verwandtschaft zur Stoffflussanalyse),

– Wirkungsbilanz, in der die Umweltwirkungen der Ressourcenverbräuche quantifiziert werden und

– Auswertung sowie Interpretation.

Die nachfolgende Abbildung 4.11 zeigt die Phasen einer Ökobilanz, ergänzt durch stichwortartige Beschreibungen der Phaseninhalte sowie ausgewählte direkten Anwendungen, die sich aus der Ökobilanzierung ergeben im Überblick.

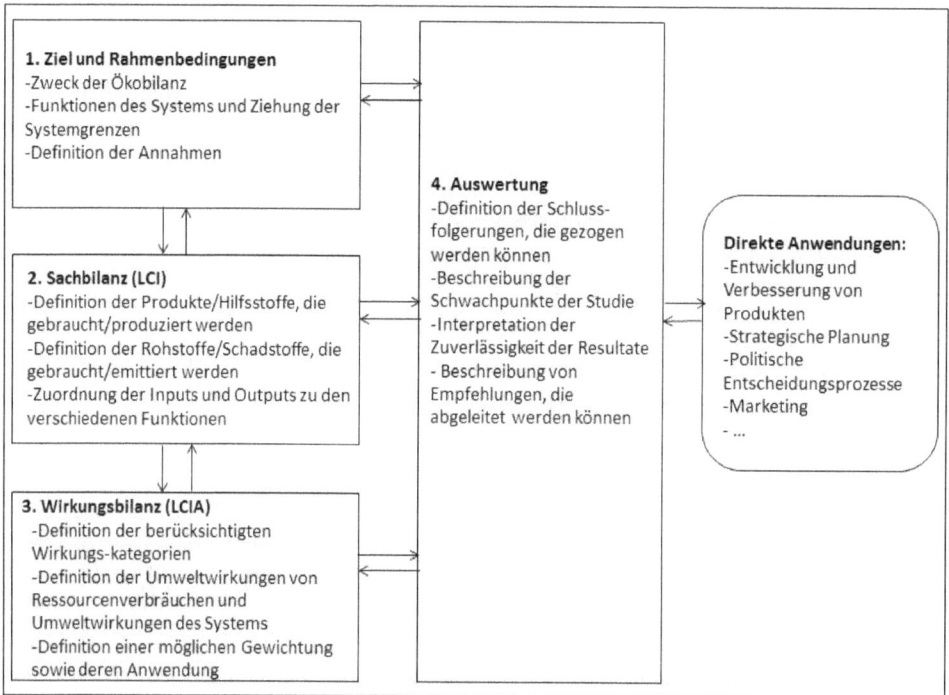

1. Ziel und Rahmenbedingungen
-Zweck der Ökobilanz
-Funktionen des Systems und Ziehung der Systemgrenzen
-Definition der Annahmen

2. Sachbilanz (LCI)
-Definition der Produkte/Hilfsstoffe, die gebraucht/produziert werden
-Definition der Rohstoffe/Schadstoffe, die gebraucht/emittiert werden
-Zuordnung der Inputs und Outputs zu den verschiedenen Funktionen

3. Wirkungsbilanz (LCIA)
-Definition der berücksichtigten Wirkungs-kategorien
-Definition der Umweltwirkungen von Ressourcenverbräuchen und Umweltwirkungen des Systems
-Definition einer möglichen Gewichtung sowie deren Anwendung

4. Auswertung
-Definition der Schluss-folgerungen, die gezogen werden können
-Beschreibung der Schwachpunkte der Studie
-Interpretation der Zuverlässigkeit der Resultate
- Beschreibung von Empfehlungen, die abgeleitet werden können

Direkte Anwendungen:
-Entwicklung und Verbesserung von Produkten
-Strategische Planung
-Politische Entscheidungsprozesse
-Marketing
- ...

Abb. 4.11:   Phasen einer Ökobilanz nach DIN ISO 14040 und DIN ISO 14044, Quelle: i.A.a.
Deutsches Institut für Normung e.V. (DIN), 2006, 16, modifiziert und vereinfacht

Die Pfeile in der Abbildung 4.11 deuten an, dass die dargestellten Phasen einer Ökobilanz zumeist nicht sequentiell, sondern iterativ durchlaufen werden. Das kann beispielsweise nötig werden, wenn die Dokumentation der Rahmenbedingungen in der ersten Phase durch Probleme bei der Datensammlung in der zweiten Phase angepasst werden muss. Das kann auch notwendig werden, wenn in den Phasen 2 oder 3 die Resultate eine Verfeinerung von Datensätzen (z.B. Sensitivitätsanalyse) nötig machen und aus diesen Gründen die Definitionen und Annahmen in der Phase 1 anzupassen sind.

Kritisch ist anzumerken, dass bei der Entwicklung von Produkten mit verminderten bzw. vermiedenen Umweltbelastungen, die Beurteilung ökologischer Vorteilhaftigkeit lediglich relativ im Hinblick auf vergleichbare Produkte vorgenommen werden kann. Eine sichere Beurteilung der Umweltbelastungen ist insofern nur auf einzelne Umweltbelastungen bezogen zu ermitteln (z.B. Wasserverbrauch von Waschmaschinen etc.). Dafür müssen objektive Maßstäbe vorliegen (Liebehenschel, 1999). Darüber hinaus ist in der Praxis mittels Ökobilanz die Beurteilung auf einzelne Phasen beschränkt (z.B. Energieverbrauch von Geschirrspülmaschinen in der Nutzungsphase xy etc.). Zudem ist eine absolute Beurteilung von Umweltfreundlichkeit als Bündel aller denkbaren Umweltwirkungen derzeit nicht möglich. Dazu fehlen noch objektiv-naturwissenschaftliche und gesellschaftliche Maßstäbe (Liebehenschel, 1999). Die Einsatzmöglichkeiten von Ökobilanzen sind daher eingeschränkt. Ihr Einsatz in der Produktentwicklung wird erschwert, wenn Fertigungsprozesse und Einsatzstoffe erst festgelegt werden müssen. Der Einsatz vereinfachter Ökobilanzen (Simplified bzw. Streamlined LCA) ist in diesen Fällen hilfreich (Bocken et al, 2012). Durch sie erfolgt eine Konzentration auf die wesentlichen Hauptumweltwirkungen im Produktlebenszyklus sowie die zentralen Ursachen und Treiber. Die Ergebnisse können dann in die Produktentwicklung integriert werden.

Die bisher diskutierten Konzeptionen beziehen sich ausschließlich auf eine **interne** betriebsbezogene umweltschutzorientierte Kostenermittlung, die u.a. als Grundlage für die Preisbildung dient. Die Kosten sind von den Unternehmen wirtschaftlich zu tragen und werden dort finanzwirtschaftlich wirksam (Mehr- oder Mindererlöse bzw. Mehr- oder Minderkosten durch Umweltschutz). In diesem System werden jedoch Folgewirkungen, die zwar von Unternehmen oder Konsumenten verursacht werden, aber von Dritten (z.B. der Gesellschaft) zu tragen sind, nicht berücksichtigt. Zur Konzeption einer ökologieorientierten Kostenrechnung gehört aber auch, über die internen Kosten hinaus eine vollständige und systematische Erfassung, Verrechnung und Ausweisung der externen Kosten (Roth, 1991), die bislang der Allgemeinheit aufgebürdet werden. Mit dieser Problematik beschäftigt sich das nächste Kapitel.

4.5.2.3   Internalisierung externer Kosten

Der Begriff „externe Kosten" wird in vielfältiger Weise, je nach Untersuchungsobjekt, definiert (zu einer Übersicht über verschiedene Definitionen vgl. Loew et al, 2003). Mit Blick auf die unternehmerische Rechnungslegung (Wirkung auf die Preisgestaltung), handelt es sich bei externen Kosten um: „gesellschaftlich relevante, monetär bewertbare Kosten, die weder im betrieblichen Rechnungswesen noch in der Wirtschaftsrechnung privater oder öffentlicher Haushalte in Erscheinung treten" (Wicke, 1993, 123). Ein Grund für diese Tatsache liegt darin, dass in vielen Bereichen die Umweltnutzung ohne Eigentumsrechte erfolgt, so dass der Markt keine Knappheitspreise signalisiert (Wittmann, 1994). Die Problematik der ökonomischen Bewertung von Umweltbeeinträchtigungen stellt einen wesentlichen wirtschaftswissenschaftlichen Aspekt in der Umweltdiskussion dar und wird bereits seit langer Zeit diskutiert (Pigou, 1932). Die Ursachen sind vielfältig. Unbestritten ist, dass menschliche Aktivitäten Nebeneffekte auf natürliche Ökosysteme und Materialien verursachen. Diese Nebeneffekte schlagen sich auch in Einbußen von Gesundheit, beim Wohlbefinden bzw. bei ästhetischen

Werten nieder. Sie werden als „externe Effekte" bezeichnet. Die monetäre Bewertung dieser Effekte sind „externe Kosten". Hersteller und Konsumenten können negative oder positive externe Effekte verursachen. Mit den folgenden „negativen" externen Effekten sind z.B. externe, soziale oder Zusatzkosten verbunden (Loew et al 2003):

– einem durch die landwirtschaftliche Intensivnutzung hervorgerufenem Arten- und Biotopschwund, der sich in Form von Einbußen der Erlebnisqualität für die Gesellschaft niederschlägt.

– Von der Industrieproduktion ausgehende Gewässerverunreinigungen, die im Rahmen der Fischereiwirtschaft Ertragseinbußen und Einkommensverluste verursachen.

– Stürme und Überschwemmungen, die zu erheblichen Schäden an Gebäuden und in der Landwirtschaft führen. Vermutet wird, dass diese extremen Wetterbedingungen menschengemacht sind, da sie durch Klimaveränderungen verursacht werden.

Bei negativen externen Effekten wird von einer Fehlallokation der Produktionsfaktoren gesprochen, denn durch die Möglichkeit externe Kosten für die Schädigung von Luft, Wasser Boden etc. der Gesellschaft aufzubürden, spiegeln die Faktorpreise nicht die tatsächliche ökologische Knappheit wider. Durch die Tatsache, dass dadurch die Preise für Leistungen mit externalisierten Kosten niedriger ausfallen, wird zudem eine steigende Nachfrage nach Leistungen mit umweltschädlichen Nebeneffekten bewirkt. Diese negative Spirale aus niedrigeren Preisen und umweltschädlicher Wirkung, hat Hersteller und Konsumenten in die derzeitige Umweltsituation gebracht. Sie würde, wenn ungebremst so weiter verfahren wird, „mehrere Erden" zur Befriedigung der Nachfrage auf dem jetzigen Niveau für nicht einmal ein Zehntel der Bewohner benötigen. Eine Zurechnung der externen Kosten bei Produktions- und Konsumentscheidungen erscheint daher bei der Rettung des Planeten unumgänglich. Sie wird als „Internalisierung externer Kosten" bezeichnet. Dass es sich dabei nicht gerade um geringe Summen handeln kann, liegt auf der Hand, denn auch bereits entstandene Schäden müssen heute und in Zukunft abgetragen werden. Allein die externen Kosten des Straßenverkehrs werden bis zum Jahr 2010 in Deutschland bereits auf über 35 Milliarden Euro geschätzt (Institut der deutschen Wirtschaft, 2013). Bis Ende der 1970er Jahre war der Kenntnisstand bzgl. Umweltverschmutzung in Deutschland relativ gering. Seit dieser Zeit hat in Deutschland das Umweltbundesamt etliche Studien in Auftrag gegeben, um an konkreten sehr unterschiedlichen Problembereichen den ökonomischen Wert ökologischer Maßnahmen zu ermitteln, Umweltschäden zu erfassen und zu quantifizieren (Umweltbundesamt, 1986). Bei der Monetarisierung externer Kosten haben sich in der Literatur vor allem zwei Bewertungssysteme herausgebildet. (1) Willingness to pay (Zahlungsbereitschaft) und (2) Willingness to sell (Entschädigungsforderung) (Loew et al, 2003). Mit der Bestimmung externer Kosten sind dabei vor allem folgende Hauptprobleme verbunden:

– die Identifizierung externer Effekte (z.B. Versauerung, Treibhauseffekt, Waldschäden,
– die Zuordnung und Quantifizierung der zurechenbaren Schäden und
– die Monetarisierung der Schäden.

Bereits die Identifizierung und Zuordnung der verschiedenen externen Effekte ist zwar nicht einfach, erscheint aber lösbar. Danach ist der Umfang der entsprechenden Schäden zu ermitteln und die Verteilung auf die Umweltmedien Luft, Wasser und Boden, Individuen oder Gruppen abzuschätzen. Im Rahmen der darauffolgenden Quantifizierung externer Kosten existieren verschiedene Bewertungsverfahren (Rogall, 2002, Hohmeyer/Ottinger, 1991):

1. Schadenskostenermittlung und -umlegung
Der Verursacher ersetzt dem Betroffenen den erlittenen Schaden (Wertverlust bei Materialschäden, Behandlungskosten bei Gesundheitsschäden etc.). Dieser Ansatz eignet sich nur zur Ermittlung von Kosten zur Behebung beobachtbarer Schäden. Problematisch kann die Ermittlung von Schäden sein, die erst zeitlich verzögert erfassbar sind, so dass eine Sanierung/ Behebung dann kaum mehr möglich ist (z.B. chronische gesundheitliche Schäden, verzögert auftretende materielle Schäden etc.).

2. Vermeidungskostenermittlung und -umlegung
Der Verursacher trägt die Kosten für die Vermeidung von Belastungswirkungen (z.B. Lärmschutzmaßnahmen, Pflanzung junger Bäume auf einer Brachfläche als Ausgleich für die ökologische Funktion eines durch Luftverschmutzung geschädigten ausgewachsenen Baumes, Kosten für die Reduktion von Feinstaub, Gewässerverschmutzung etc.).

3. Wiederherstellungskosten
Der Verursacher trägt die Kosten, die zur Wiederherstellung des vorherigen Zustandes anfallen (z.B. Kosten von Ausgleichsmaßnahmen im Planungsrecht etc.). Dieses Verfahren erfordert eine außerordentlich gute Kenntnis der Maßnahmen zur Wiederherstellung. Die Wiederherstellung selbst kann zudem mit einem sehr langen Verfahren verbunden sein (z.B. Nachzucht betroffener Tierarten, biotoporientierte Renaturierung von Flussläufen, Uferböschungen etc.), was die Erfassung der Wiederherstellungskosten erschwert.

4. Zahlungsbereitschaftsansatz
Bei diesem Verfahren werden die Betroffenen nach dem Beitrag gefragt, den sie zu zahlen bereit wären, damit eine Verschlechterung der Umweltqualität vermieden wird. Es kann auch nach dem Beitrag gefragt werden, der notwendig wäre, damit sie sich mit einer teilweisen Verschlechterung arrangieren. Das Verfahren wird vorrangig bei der Vermeidung von Lärm angewandt. Schwierigkeiten sind bei diesem Ansatz darin zu sehen, dass die Betroffenen oft über die Umweltproblematik schlecht informiert sind. Ein weiteres Problem liegt in den oft irrelevant hoch ausfallenden von den Betroffenen selbst angegebenen Schadenvermeidungs-Beiträgen und deren Auswirkungen auf die Praxis (z.B. in Form der eigenen Zahlungsbereitschaft etc.).

Gemeinwohl-Bilanz GWÖ bei Märkisches Landbrot GmbH

»Die Märkische Landbrot GmbH erwirtschaftet mit 49 festen Mitarbeitern einen Jahresumsatz von ca.
6 Millionen Euro. Das Unternehmen ist eine Demeter-Bäckerei, verwendet 100% Bio-Rohstoffe, diese
zu 100% in Demeter-Qualität und verwendet keine Hybridsorten. Die Produktion erfolgt mit zertifi-
ziertem Umweltmanagement nach EMAS und zertifizierter Gemeinwohlbilanz GWÖ. Das alternative
Wirtschaftsmodell Gemeinwohl-Ökonomie basiert auf den Werten Menschenwürde, Mitgefühl, Solidarität, Gerechtigkeit, ökologische Verantwortung und Demokratie. Diese Werte sind auch in der
Deutschen Verfassung verankert. Ziel wirtschaftlichen Handelns ist das Gelingen zwischenmenschli-
cher und ökologischer Beziehungen. Unternehmerischer Erfolg wird durch den Beitrag zum Gemeinwohl aller neu definiert und anhand einer Gemeinwohl-Bilanz ist er auch messbar.[...] Im ersten Bilanzjahr 2011 beteiligten sich 55 Unternehmen, sogenannte Pioniere, und erstellten unter beratender
Begleitung ihre Gemeinwohl-Bilanz. Bis Mitte 2012 stieg die Zahl der Pionier-Unternehmen auf über
300 an und bereits mehr als 700 Unternehmen aus zehn Staaten unterstützen die Initiative der Gemeinwohl-Ökonomie.[...] Die Bewertungs-Matrix ist ein hervorragendes Instrument, um sich als Unternehmen auf Herz und Nieren überprüfen zu lassen und zu erkennen, wie nahe man seinen Idealzie-
len ist.[...]Anfang 2012 erstellte Märkisches Landbrot eine Gemeinwohl-Bilanz für das Bilanzjahr
2011. Nach der Auditierung veröffentlichten wir als erstes Berliner Unternehmen im November 2012
das Ergebnis unserer Gemeinwohl-Bilanz. Die Leistungen des Unternehmens für das Gemeinwohl
werden anhand einer 1.000 Punkte-Skala bestimmt, bewertet und branchenübergreifend vergleichbar
gemacht. Bilanziert wird, wie sich die Werte innerhalb jeder einzelnen Berührungsgruppe (Stakeholder) des Unternehmens wiederfindet. Märkisches Landbrot erzielte 652 von 1.000 Punkten – ein sehr
guter Wert, der sich noch verbessern lässt (www.landbrot.de, 30.03.15)

Vorhandene Ansätze zur Monetarisierung zeigen, dass trotz methodischer Unsicherheiten und
Ergebnisbandbreiten, die Berücksichtigung externer Kosten für Unternehmen möglich ist. Die
gelungene Erfassung, Quantifizierung und ökonomische Bewertung, ist auch durch Studien
nachgewiesen. Der wichtigste Anwendungsbereich ist die Investitionsplanung und -rechnung.
Hier geht es u.a. um die Frage, ob die externen Kosten eines Investitionsobjektes im Laufe der
Nutzungsdauer beispielsweise durch Steuern/Auflagen, Preissteigerungen etc. internalisiert
werden müssen. Sie wären in diesen Fällen vom Unternehmen wirtschaftlich zu tragen. Zur
Absicherung großer Investitionsentscheidungen mit langen Nutzungsdauern wird z.B. im
Rahmen von Szenarien oder Sensitivitätsanalysen (z.B. Kostenentwicklung aufgrund von Ex-
ternalitäten bei umweltrelevanten Roh-, Hilfs- und Betriebsstoffen etc.) geprüft, ob das Inves-
titionsobjekt zu externen Kosten führen kann und mit welcher Wahrscheinlichkeit diese zu in-
ternalisieren sind (z.B. gedankliche Vorwegnahme der externen Umweltkosten etc.). Die Analysen dienen u.a. dazu, betriebliche Fehlinvestitionen zu vermeiden. Es können aber nicht alle
Eventualitäten berücksichtigt werden. Für eine Berücksichtigung externer Kosten bei der
Festsetzung innerbetrieblicher Verrechnungspreise, sind z.B. bisher kaum Praxiserfahrungen
bekannt (Loew et al, 2003). Beim Nachhaltigkeits-Marketing werden externe Kosten im
Rahmen der Werbung bzw. Öffentlichkeitsarbeit zur Absicherung von Marketing- und Preisstrategien für umweltschonende Produkte herangezogen. Eine Darstellung der Umweltschutz-

leistungen als positive externe Effekte und der damit verbundenen geringeren bzw. vermiedenen externen Kosten, kann in der Außendarstellung eines Unternehmens auf den Marktpro-
zess sowie den Wettbewerb stimulierend wirken.

Kritisch ist anzumerken, dass die Monetarisierung externer Umweltkosten (noch) Grenzen
hat. Zur Lösung derzeitiger Probleme (z.B. Vielfalt von Bewertungsmöglichkeiten, schwieriger Zugang zu Daten etc.) könnte eine Methodenkonvention beitragen. Durch einen methodischen Rahmen für das Vorgehen bei der Bewertung externer Umweltkosten, wären bestimmte
Richtlinien zur Eingrenzung der Vielfalt von Bewertungsmöglichkeiten gesetzt. Dadurch
würde auch eine einheitliche Qualitätskontrolle möglich. Durch Anwendungsbeispiele ist bekannt, dass die Monetarisierung externer Kosten oft noch sehr zeit- und kostenintensiv ausfällt. Leicht zugängliche Daten, z.B. aus wissenschaftlich fundierten und akzeptierten Studien,
könnten sich bei der Berücksichtigung externer Kosten als hilfreich erweisen. Die Berücksichtigung externer Kosten im Rahmen des betrieblichen Rechnungswesens befindet sich
noch im Pionierstadium. Innerhalb bewährter Instrumente des Kosten- und Umweltmanagements ist die Berücksichtigung externer Kosten daher derzeit lediglich als flankierendes Instrument zu sehen (Loew et al, 2003).

4.5.2.4   Kontrahierungspolitik: Cause-related Marketing

Über den Begriff „Cause-related Marketing (CrM)" besteht in der Wissenschaft bis heute kein
einheitlicher Konsens. Der Begriff wird je nach Auffassung in vielfältiger Weise definiert. In
einer enggefassten Begriffsdefinition, die bei CrM-Aktionen die Gestaltung und Umsetzung
von Marketingaktivitäten in den Vordergrund rücken, wird CrM definiert als: "[…] the process of formulation and implementing marketing activities that are characterized by an offer
from the firm to contribute a specific amount to a designated cause when customers engage in
revenue-providing exchanges that satisfy organizational and individual objectives" (Varadara-
jan/Menon, 1988, 60). CrM ist relativ komplex, denn der Begriff weist eine Vielzahl von
Verbindungen, z.B. zu den Bereichen des verantwortlichen gesellschaftlichen Handelns
(CSR), zum Marketing und zum Bereich der Unternehmenskooperationen auf (vgl. zu einer
Kategorisierung z.B. Stumpf/Teufl, 2014). Das Konzept CrM hat in angelsächsischen Ländern seit ca. den 1990er Jahren Tradition. Der Forschungs- und Erkenntnisstand in Deutschland ist noch unterrepräsentiert, da CrM auf dem deutschen Markt noch nicht lange angewandt wird (Oloko, 2008). Das Thema verharrt aber auch allgemein in der Forschung weitgehend noch in den Kinderschuhen durch wenig systematische und wissenschaftlich fundierte
Analysen (Youn/Kim, 2008). Im Rahmen der Kontrahierungspolitik bildet CrM ein Instrument der intersektoralen Kooperation. Derartige sektorenübergreifende Kooperationen werden als Formen der Zusammenarbeit zwischen Organisationen aus dem staatlichen, dem wirtschaftlichen und dem zivilgesellschaftlichen Sektor verstanden (Austin, 2000). Im Rahmen
externer Handelsformen wird CrM als transaktionsgebundene Promotion angesehen, bei der

der Verkauf von Produkten mit einer Spende an Projekte einer gemeinnützigen Organisation verbunden wird (Stoll, 2008). Aus Unternehmenssicht besteht neben der Absatzsteigerung ein weiteres Ziel darin, durch CrM einen Mehrwert zu bieten. Dieser soll sich sowohl für Organisationen (Unternehmen und beteiligtes NPO) als auch für Konsumenten realisieren (an den Kauf eines Gutes gekoppelte Spende). Auf diese Weise soll eine Win-Win-Situation für alle Beteiligten erreicht werden. Über die operative Eingliederung von CrM in den Marketing-Mix herrscht Uneinigkeit in der Wissenschaft. Während einige Autoren die Einordnung traditionell nur im Rahmen der Kommunikationspolitik vorsehen (Vandarajan/Menon, 1988), warnen andere vor einer solchen Einengung. Für wieder andere sollte CrM besser im Rahmen der (klassischen) Werbung, Sales Promotion, PR, dem Direktmarketing oder der Produktpolitik zugeordnet werden (Adkins, 2003). Es ist davon auszugehen, dass CrM, mit Ausnahme der Distributionspolitik, Einfluss auf nahezu alle operativen Marketing-Mix-Instrumente hat. Vorliegend wird CrM der Kontrahierungspolitik, speziell der Preispolitik zugeordnet, da das Konzept direkt an den Absatz eines Gutes gekoppelt ist. Unternehmen können ihre Preise während der Aktion erhöhen, um die maximale Zahlungsbereitschaft abzuschöpfen. Aus Gründen der Glaubwürdigkeit einer CrM-Maßnahme wird allerdings vor Preiserhöhungen explizit gewarnt (Holmes/Kilibane, 1993). Vom Unternehmen ist beim CrM zu entscheiden, in welcher Höhe die Spende ausfällt (Gesamtspendenhöhe pro verkaufte Einheit, Prozentsatz des Verkaufspreises pro Produkt bzw. pro Gewinn oder pro Umsatz etc.). Auch die Dauer der Maßnahme ist festzulegen (z.B. von 1 bis zu 3 Monaten etc.).

Aus der Sicht von Unternehmen dominiert beim CrM zumeist der kurzfristige verkaufsfördernde Charakter. Dass dahinter vorrangig die Möglichkeit zur Beeinflussung des Kaufverhaltens bei den Konsumenten (Gewinnerhöhung etc.), steht zeigt u.a. die Tatsache, dass Unternehmen in den vergangenen Jahren ein immer größeres Budget in CrM-Maßnahmen investieren. Als Grund dient die festgestellte Beeinflussung des Kaufverhaltens bei den Konsumenten. Darauf weist auch der Marketing-Ausspruch hin „1 Dollar Spende steigert den Nettogewinn eines US-Konzerns im Schnitt um 1,6 und seinen Umsatz um 6 Dollar" (Müller, 2010). Auch eine im Jahr 2008 in den USA veröffentlichte Studie belegt diese Motivation (Cone Cause Survey Study, 2008). Auf Grundlage des amerikanischen und britischen Marktes ergab sich, dass 38% der Befragten mindestens ein an CrM gekoppeltes Produkt innerhalb der letzten 12 Monate, im Vergleich zu nur 20% im Jahr 1993, gekauft hatten. Diese Tatsache lässt auf eine annähernde Verdoppelung von CrM-Käufern innerhalb von 15 Jahren schließen. Da sich 38% der Befragten bewusst daran erinnern konnten ein CrM-Produkt gekauft zu haben, existiert vermutlich auch eine Vielzahl von Personen, die diese Tatsache nicht bewusst wahrgenommen haben (Cone Cause Survey Study, 2008). Bei der Ausrichtung an der „nachhaltigen Entwicklung" bleibt beim CrM die Abgrenzung weitgehend offen. Ob der Einsatz des Konzeptes vorrangig als reines Marketing-Instrument, oder z.B. als ein CSR-Instrument zu betiteln ist, bleibt zunächst unklar, da mit CrM simultan soziale Interessen von NPOs und ökonomische Ziele von Unternehmen verfolgt werden (Oloko, 2008). Die Motivation von

NPOs für eine Kooperation mit gewinnorientierten Unternehmen, liegt bei CrM-Kampagnen zumeist in der Möglichkeit der Mittelgenerierung, da NPOs um begrenze Ressourcen sowohl finanzieller als auch zeitlicher Art kämpfen. Eine weitere Motivation ist in der Steigerung des Bekanntheitsgrades zu sehen. Dieses Ziel hat sich durch die Veränderung der Einnahmestruktur von NPOs ergeben. Während sich finanzielle Zuwendungen des Staates bzw. der EU immer weiter verringert haben, stieg der Anteil von Unternehmensspenden, Privatpersonen und aus Mitgliedsbeiträgen (Lauper, 2011). Die Verbreitung der „Mission" von NPOs kann somit auch mit der Generierung zusätzlicher Spendengelder einhergehen.

Cause-Related Marketing bei Gucci

„Gucci lanciert die sechste Special Edition Bag zugunsten von UNICEF: die Gucci Shopper Bag für UNICEF. Gucci freut sich, im achten Jahr der Partnerschaft mit UNICEF die „Gucci for UNICEF" Shopper Bag vorstellen zu dürfen. Wie in den vorausgegangenen Jahren spendet Gucci 25% des Verkaufspreises jeder Tasche an die UNICEF-Bildungsprogramme. Die Spendengelder des Hauses, die durch die Verkäufe der Gucci Nice Shopper Bag erzielt werden, kommen den UNICEF-Initiativen „Schulen für Afrika" und „Schulen für Asien" zugute. Ziel der Hilfsprogramme ist es, Millionen von hilfsbedürftigen Kindern Zugang zu Bildung zu ermöglichen. […] Seitdem die Gucci/UNICEF-Partnerschaft im Jahre 2005 ins Leben gerufen wurde, hat das florentinische Modehaus mehr als 12 Mio.US$ an die UNICEF HIV/AIDS Präventionsprogramme und Bildungsinitiativen in Zentralafrika gespendet – einer Region, in der mehr als 11 Mio. Kinder einen oder beide Elternteile an die Krankheit verloren und ca. 29 Mio. Kinder keinen Zugang zu Bildung haben. Das bemerkenswerte Spendenvolumen ist ein Zeugnis für das große Engagement des Hauses während der letzten sieben Jahre und macht Gucci gleichzeitig zum größten Spender für das UNICEF-Programm Schulen für Afrika" (www.gucci.com sowie Stumpf/Teufl, 2014, 20).

Um herauszufinden, welche Interessen bei Unternehmen überwiegen, ist eine Beurteilung der Unternehmenstätigkeit, der Leibilder, grundlegender Wertehaltungen, Motive etc. für das Eingehen der Kooperation näher zu untersuchen. Erst dadurch wird deutlich, ob und inwiefern es sich tatsächlich um die Übernahme gesellschaftlicher Verantwortung durch ein Unternehmen oder möglicherweise doch nur um eine Art von „Greenwashing" handelt (Lauper, 2011). Ist beim Unternehmen ein philanthropisches Motiv der Auslöser, steht dieses eigentlich im Gegensatz zum CrM-Konzept, da Spenden normalerweise ohne Gegenleistung getätigt werden. Spenden werden in diesem Fall mit einer Stärkung des Markenimages durch den ethischen Zusatznutzen verbunden. Der liegt darin, dass der Konsument mit dem Erwerb des Gutes eine Spende für ein soziales oder ökologisches Projekt auslöst. Neben einer positiven ethischen Außenwirkung, können Spenden auch die Attraktivität des gesamten Unternehmens und somit die Mitarbeitermotivation erhöhen (Oloko/Balderjahn, 2009). Beiden Instrumenten CrM und Spenden ist das Ziel gemeinsam, ein gesellschaftlich fördernswertes Projekt zu unterstützen. Ist mit einer CrM-Aktion auf Seiten des Unternehmens jedoch nur eine halbherzige bzw. oberflächliche Ausrichtung an nachhaltigen Werten/Motiven verbunden, muss es mit al-

len gefährlichen Reaktionen von Seiten der Konsumenten rechnen, die jede Form eines erkannten und öffentlich gemachten „Greenwashings" mit sich bringt (z.B. Kaufboykott, Internet-Shitstorm, ruinöse Imageschädigung etc.).

CrM-Kampagnen sind für Unternehmen nicht nur mit Vorteilen, sondern auch mit erheblichen Risiken verbunden. Eines der größten Risiken ist in der generellen Skepsis zu sehen, die
Kooperationen zwischen gewinnorientierten Unternehmen und gemeinnützigen NPOs bei den
Konsumenten in der Öffentlichkeit hervorrufen. Dabei ist die Wahl eines geeigneten Nonpro-
fit-Partners ausschlaggebend. Nicht nur die Organisationsstrukturen, Unternehmensstrategien
und -kulturen sollten in gewissem Maße vergleichbar sein. Vor allem die im Leitbild verankerten Werte und Einstellungen der Kooperationspartner, sind für den Vertrauensaufbau in
der Öffentlichkeit ausschlaggebend (Meffert/Holzberg, 2009). Von rechtlicher Seite haben
sich in Deutschland die „Fallstricke" im Rahmen von CrM etwas verringert. Durch den in
Deutschland geltenden Grundsatz der Vertragsfreiheit ist die rechtliche Situation zwischen
den Kooperationspartnern eindeutig geregelt (Habisch/Wegner, 2004). Seit 2006 (Entscheidung des BGH, vom 26.10.2006, 1 ZR 33/04 und 1 ZR 97/04) sehen die Gerichte beim CrM
auch nicht mehr generell eine den Verbraucher irreführende Werbung, sondern halten die
Verknüpfung der Förderung von Umweltprojekt mit dem Warenabsatz für grundsätzlich zulässig. Der BGH entschied auch, dass keine Pflicht für Unternehmen besteht, über Art und
Weise seiner Unterstützung oder die Höhe der Zuwendung für ein Umweltprojekt zu informieren. Rechtliche „Fallstricke" durch eine Verpflichtung zu aufklärenden Angaben sind allerdings zu erwarten, wenn die Gefahr einer unlauteren Beeinflussung des Verbrauchers durch
Täuschung über den tatsächlichen Wert des Angebots gegeben ist (Hartwig, 2006).

4.5.3 Mikro-soziale und -soziokulturelle Rahmenbedingungen

Mikro-soziale und -soziokulturelle Rahmenbedingungen unterliegen den Einflüssen der Makro-sozialen und meso-sozialen und -soziokulturellen Dimensionen. Sie sind durch Unternehmen beeinflussbar. Durch den direkten Bezug zu den Konsumenten sind nachhaltigkeitsbezogene Einflussfaktoren unmittelbar gegeben.

4.5.3.1 Preisfindung durch umweltorientiertes Target Costing

Eine allgemein gültige Definition für den Begriff „Target Costing" existiert nicht. Als Grundlage für die folgenden Ausführungen dient die herkömmliche Ausrichtung des Begriffs. Diese
wird definiert als: „Target Costing oder Zielkostenrechnung ist das Konzept des marktorientierten Zielkostenmanagements, das in den frühen Phasen der Produktentwicklung eingesetzt
wird. Mit Target Costing sollen Produkte zu vom Kunden „erlaubten" Kosten entwickelt werden, die die vom Kunden definierten Funktionsmerkmale erfüllen. Im Vordergrund steht die
Frage: Was darf ein Produkt kosten? Die Kostenplanung läuft ex ante Hand in Hand mit der
Produktplanung und setzt auf dem von der Marktforschung ermittelten Preis auf" (IGC, 2010,

48). Target Costing ist mit einem relativ komplexen Vorgehen verbunden. Dieses wurde bereits hinreichend an anderer Stelle beschrieben und kann daher vorliegend als grundlegend bekannt vorausgesetzt werden (vgl. dazu z.B. Seidenschwarz, 1997, Horváth et al, 1993). Die nachfolgenden Ausführungen beziehen sich auf ausgewählte Möglichkeiten zur Weiterentwicklung des grundlegenden Konzepts in Bezug auf eine Ausrichtung auf ökologische Produktentwicklung. Aus Kapazitätsgründen können die Prozesse des umweltschutzorientierten Controllings vorliegend nur beispielhaft angedeutet werden. Es ist beabsichtigt, exemplarisch Möglichkeiten zur Berücksichtigung umweltschutzorientierter Kosten anhand ausgewählter Ansätze aufzuzeigen. Target Costing wird oft als Kostenmanagement in der Produktentwicklung und weniger als Verfahren der Kostenrechnung eingeordnet (z.B. Horváth et al, 1993). Das ist auch an den Zielen des Konzepts erkennbar. Diese sind (Atkinson et al, 2012, Schweitzer/Küpper, 2011, Horváth/ Mayer, 2011):

– Langfristige Kostenreduzierung,
– Sicherstellung der Produktprofitabilität und
– Umsetzung eines markt- und konsumentenorientierten Kostenmanagements.

Herkömmliches Target Costing wird bereits durch folgende Merkmale charakterisiert (Everaert et al, 2006):

1. Lebenszyklusorientierung
Gegenstand sind die Kosten der Gesamtheit über alle Phasen den Lebenszyklus eines Produktes (Produktplanung bis zur -entsorgung). Ziel ist es, die Kosten sowohl für den Anbieter als auch für den Nachfrager zu minimieren.

2. Preisgeleitete Kostenbestimmung
Das heißt, auf Basis eines offenen Systems (Interaktion mit der externen Umwelt etc.), wird das Produktionsprogramm durch die erzielbaren Marktpreise und die damit verbundenen Gewinne bestimmt.

3. Konsumentenfokus
Die Konsumentenanforderungen bestimmen die technische Sicht auf die Produkte als ein Bündel von Produktfunktionen. Hierfür existieren verschiedene Modell-Vorgehensweisen die konträr diskutiert werden.

4. Entwicklungsfokus
Durch Target Costing wird ein Großteil der Kosten bereits in der Phase der Produktentwicklung determiniert. In der Produktplanung und -entwicklung anfallende Informationen stellen somit die Ausgangsinformationen für die Kostenplanung dar.

5. Integration von Unternehmensbereichen

Target Costing ist ein interdisziplinärer, teambasierter Ansatz, der Mitarbeiter aus verschiedenen Unternehmensteilbereichen vereint. Daher ist die Verantwortung für die Kostenvorgaben nicht nur auf den Entwicklungsbereich beschränkt.

6. Einbezug des Supply Chain

Target Costing integriert bereits in die Produktentwicklung auch externe Partner aus der Wertschöpfungskette in die Zielkostenplanung (z.B. Zulieferer, Handelsunternehmen, Dienstleister etc.). Dafür ist eine kooperative Ausgestaltung der Beziehungen notwendig.

Die Offenheit des Konzepts ermöglicht für die Umsetzung verschiedene Vorschläge. Es sind daher Möglichkeiten zur Weiterentwicklung in Richtung ökologische Preisfindung vorhanden. Die Diskussionen um Erweiterungen im Controlling hinsichtlich ökologischer Sachverhalte ziehen sich bereits seit den letzten 20 Jahren hin. Dabei sind verschiedenste Bezeichnungen und Vorschläge für einen ökologischen Einbezug entstanden (z.B. Öko-Controlling, Grünes Controlling, Carbon Controlling etc.) (vgl. zu einer Übersicht z.B. Berlin, 2014). Nachfolgend werden ausgewählte Vorschläge zur ökologischen Preisfindung diskutiert.

4.5.3.2   Preisbereitschaft in der Dimension Konsumenten

Der Begriff „Zahlungs- bzw. Preisbereitschaft" gehört zum Bereich der Wohlfahrtsökonomie. Durch Preisbereitschaft wird geprüft, ob eine Allokation durch den Markt wünschenswert ist. Die maximale Preis- bzw. Zahlungsbereitschaft ist dabei der Geldbetrag, den ein Käufer höchstens für eine vorgegebene Menge eines Gutes zu zahlen bereit ist (Diller/Köhler, 2008). Durch sie kann gemessen werden, welcher Wert die Menge des Gutes für einen Käufer hat. Ein Großteil der bisher vorgeschlagenen Weiterentwicklungen des Target Costing-Konzepts zur Zielpreisbestimmung beziehen sich im Bereich der Dimension Konsumenten ebenfalls auf die Ermittlung der Zahlungsbereitschaft für ökologisch hergestellte Produkte. Vorschläge für Weiterentwicklungen lassen sich auf folgende Bereiche verdichten (1) ökologisch relevante Marktsegmente, (2) ökologische Produktfunktion, (3) Unsicherheitsverminderung bei den Konsumenten und (4) Zahlungsbereitschaft. Die nachfolgende Tabelle 4.11 zeigt diese Merkmale im Überblick, ergänzt um stichwortartige Erläuterungen der notwendigen Schritte für ein ökologisches Target Costing. Die einzelnen Dimensionen und Schritte werden im Anschluss näher beschrieben.

1. Ermittlung relevanter ökologischer Marktsegmente

Marktsegmentierung ermöglicht die Ausrichtung der Marktleistung auf Konsumentengruppen mit ökologischer Affinität. Die Abgrenzung des relevanten Marktes für ökologische Produkte sollte beim Target Costing idealiter aus der Sicht der Konsumenten erfolgen, wobei die wahrgenommenen Substitutionsbeziehungen zwischen den ökologischen Produkten im Mittelpunkt stehen. Die Identifikation des relevanten ökologischen Produktmarktes stellt zugleich

Tab. 4.11: Entwicklungsschritte zum ökologischen Target Costing in der Ebene Konsumenten, Quelle: i.A.a. Berlin, 2014, 126, verändert und modifiziert

Dimension	Entwicklungsschritte zum ökologischen Target Costing
Ermittlung relevanter ökologischer Marktsegmente	– Abgrenzung des Produktmarktes – Segmentierung des Produktmarktes in Konsumenten mit unterschiedlicher ökologischer Ausrichtung – Segmentbewertung für ökologische Produkte
Definition der ökologischen Produktfunktion	– Integration von konsumenten-, unternehmens-, produkt- wettbewerbsorientierter und ökologischer Verfahren für die Ideenfindung – Ideenbewertung und -auswahl hinsichtlich Konsumenten mit unterschiedlicher ökologischer Ausrichtung
Unsicherheitsverminderung bei den Konsumenten	– Ermittlung der Zahlungsbereitschaft und Verminderung von Unsicherheit aus Sicht der Konsumenten – Instrumente des Signaling und der Selbstverpflichtung
Ermittlung der Zahlungsbereitschaft	– Integration und Weiterentwicklung kontingenter Bewertungsansätze der direkten und indirekten Befragung für ökologische Produkte – Bewertung der Methoden zur Ermittlung der Zahlungsbereitschaft bei Berücksichtigung ökologischer Merkmale

auch die Grundlage für die Identifikation der relevanten Wettbewerber dar. Die nötigen Analysen werden durch Marktforschungsinstitute vorgenommen (geographische, soziodemographische, psychographische, verhaltensorientierte, ökologische Merkmale) (Meffert et al, 2012). Das auf diese Weise ermittelte Marktsegment für ökologische Produkte wird in einem zweiten Schritt weiter unterteilt. Dabei wird auf Erfahrungen zurückgegriffen, die besagen, dass neben anderen Segmenten (Desinteressierte, Lippenbekenntnisse), mindestens ein Segment mit „ökologisch bewussten" und eines mit „hybriden" Konsumenten ermittelbar sind. Für ökologisch bewusste Konsumenten steht der ökologische Aspekt im Mittelpunkt. Daher sind sie auch bereit, einen Preisaufschlag für ökologische Produkte zu akzeptieren. Hybride Konsumenten gewichten ökologische Funktionen von Produkten lediglich gleich bzw. geringer, als andere Funktionen. Sie entscheiden sich für ein ökologisches Produkt solange es nicht mehr kostet und keine Qualitätsnachteile aufweist. Sie sind aber kaum bereit, einen Preisaufschlag zu akzeptieren (Freter, 2008). Schätzungen lagen in Deutschland im Jahr 2007 bzgl. der Größe beider Segmente bei etwa 5% für ökologisch bewusste und ca. 35% für hybride Konsumenten (Balderjahn, 2013a). In einer europäischen Studie im Jahr 2011 wurde für Deutschland bereits ein Anteil von 14% für ökologisch bewusste und 49% für hybride Konsumenten ermittelt (Nielsen, 2011). Auf Europa bezogen, beträgt der Anteil 20% bei ökologisch bewussten und 42% bei hybriden Konsumenten (Nielsen, 2011). Es sind noch weitergehende Segmentierungen möglich (z.B. Veganer, Tierfreunde, Gesundheitsbewusste etc.). Die

Sinnhaftigkeit dieser Segmentierungen ist produktabhängig. Die Bewertung der ermittelten ökologieorientierten Marktsegmente erfolgt mit dem Ziel, wirtschaftlich attraktive Segmente auszuwählen. Diese Bewertung erfolgt unabhängig von den Unternehmenseigenschaften, aber abhängig von den Unternehmensspezifika. Als Bewertungskriterien für ökologische Produkte sind neben den herkömmlichen Bewertungsverfahren auch Kriterien, wie z.B. das erforderliche ökologische Know-How sowie Möglichkeit zur Erreichung von Wettbewerbsvorteilen durch ökologieorientierte Produktpolitik etc. heranzuziehen (Freter, 2008).

2. Definition der ökologischen Produktfunktionen

Durch die Definition der ökologischen Produktfunktionen im Rahmen der Zielpreisbestimmung, sollen ökologische Ansprüche und Vorstellungen der Konsumenten in notwendige Produktfunktionen transformiert werden. Sie gliedert sich in die Phasen Ideenfindung und Ideenproduktion sowie die abschließende Auswahl der ökologischen Produktfunktionen. In der Ideenfindungsphase werden auf Grundlage der Merkmale ökologischer Produktfunktionen i.a. konsumenten-, unternehmens-, produkt- und wettbewerbsorientierte Verfahren angewandt (Meffert/Kirchgeorg, 1998). Auf Ökologie bezogen, steht dabei die Verminderung der Umweltbelastung in den einzelnen Lebenszyklusphasen des Produktes im Vordergrund.

Product Carbon Footprint bei Tchibo

„Die Sustainable Agriculture Initiative (SAI) Platform ist die größte Initiative innerhalb der Nahrungsmittelindustrie, die sich weltweit für die Entwicklung einer nachhaltigen Landwirtschaft einsetzt. Um die Implementierung in verschiedenen Sektoren voranzutreiben, koordiniert die SAI Platform sechs verschiedene Arbeitsgruppen – darunter die Coffee Working Group, die Arbeitsgruppe zum Themenfeld Kaffee. Aktuelles Anliegen dieser Gruppe ist die Entwicklung einer Methodik zur Messung des CO_2-Fußabdrucks von Rohkaffee. Tchibo ist Partner des Product Carbon Footprint (PFC) Projekts, das Produkt-Kategorie-Regeln erarbeitet, die für die Analyse des CO_2-Fußabdrucks von Rohkaffee notwendig sind. Der Product Carbon Footprint beziffert die Treibhausgasemissionen über den gesamten Lebensweg oder über einen bestimmten Abschnitt des Lebensweges von Produkten. Damit gibt er insbesondere den Farmern und Standardorganisationen eine Orientierungshilfe, wie effizient und klimaverträglich ihre Anbau- und Rohkaffeeverarbeitungsmethoden sind. Im Rahmen der Erarbeitung der Produkt-Kategorie-Regeln engagieren wir uns dafür, ein allgemein akzeptiertes Vorgehen für die Messung, Zuordnung und Berechnung zu etablieren. Auf Basis dieser verbindlichen Bilanzierung können wir dann den nächsten Schritt gehen, CO_2-spezifische Schwachstellen in den verschiedenen Produktionsmethoden oder -regionen zu identifizieren, diese zu verändern und im Ergebnis Treibhausgasemissionen in Rohkaffeeanbau und -verarbeitung zu reduzieren" (www.tchibo-nach-haltigkeit.de).

Dazu sind konsumentenorientierte Befragungen (differenziert nach ökologisch bewussten und hybriden Konsumenten) in direkter bzw. indirekter Weise üblich. Zusätzlich können auch wettbewerbsorientierte Verfahren eingesetzt werden. Diese konzentrieren sich auf die Beobachtung und Auswertung von Konkurrenzprodukten. Unternehmensorientierte Verfahren beziehen auch Unternehmensleitlinien mit ein. Sie haben z.B. die Funktion, die angestrebte

Abfallreduzierung in der Produktion zu unterstützen (Choi et al, 2008). Für produktorientierte Verfahren sind Produkt-Ökobilanzen erforderlich. Sie basieren auf den Umweltwirkungen eines vorhandenen Produktes. Durch Ökobilanzen kann bestimmt werden, in welcher Lebensphase die höchste Umweltbelastung anfällt. Es ist ebenfalls ermittelbar, welche Umweltbelastungen den Lebenszyklus dominieren (Dangelico/Pujari, 2010). Im Rahmen ökologischer Produktfunktionen liegt das Augenmerk zusätzlich auf Umweltentlastungsaspekten (z.B. Einsparungen bei Material, Energie, Abfall, Emissionen etc.). Als qualitativer Maßstab kann z.B. auch der ökologiebezogene Produktnutzen herangezogen werden, gemessen als Zahlungsbereitschaft (Diller/Köhler, 2008). Auch bei Analysen für ökologische Produktfunktionen wird i.a. zwischen ökologisch bewussten und hybriden Konsumenten differenziert (unterschiedliche Zahlungsbereitschaft). Die Ideenfindung und -bewertung sollte beim Target Costing jeweils aus unterschiedlichen Perspektiven durchgeführt werden (z.B. konsumentenorientiert, marktorientiert etc.), um ein möglichst umfangreiches Nutzenbündel identifizieren zu können.

3. Unsicherheitsverminderung bei den Konsumenten

Konsumenten sind aufgrund der Informationssymmetrie heute kaum in der Lage Aussagen von Herstellern über verminderte Umweltbelastungen eines Produktes zu überprüfen. Durch die Kaufentscheidung bringt der Konsument dem Hersteller Vertrauen entgegen. Er vertraut darauf, dass die Aussagen bzgl. ökologischer Produktfunktionen auch der Wahrheit entsprechen. Ohne Vertrauen entfällt die soziale Nutzenkomponente und der Konsument entscheidet sich im Zweifel gegen den Kauf eines ökologischen Produktes (Schmitz/Schmieden, 1998). Der direkte Zusammenhang zwischen dem wahrgenommenen Nutzen und der Zahlungsbereitschaft verlangt, dass vertrauensbildende Maßnahmen vom Hersteller bereits in der frühen Phase der Produktentwicklung vorgenommen werden. Die Kosten für diese Maßnahmen sind in die Zielkostenplanung einzubeziehen. Zur Verringerung von Unsicherheiten bei den Konsumenten können z.B. Maßnahmen des Signaling durch das Senden zusätzlicher, glaubwürdiger Informationen (z.B. Öko-Labels) von den Herstellern vorgesehen werden. Die Wirksamkeit eines Signaling hängt davon ab, ob das Öko-Label von einer unabhängigen Institution vergeben wird und ob die Informationen des Labels zur Beurteilung des Produktes ausreichen (Schmitz/Schmieden, 1998). Ansonsten nimmt der Konsument ein „Greenwashing" an und in der Folge entsteht ein totaler Vertrauensverlust für den Hersteller. Ein glaubwürdiges vertrauensbezogenes Signal kann auch die Höhe des Preises sein. Aufgrund einer Kosten-Plus-Vorstellung bei den Konsumenten, assoziieren diese mehrheitlich höherpreisige Produkte mit einer höheren Qualität (Simon/ Fassnacht, 2009). Andererseits existieren aber auch Studien, die zeigen, dass ein hoher Preis Konsumenten eher davon abhält ökologische Produkte zu kaufen (EU-Kommission, 2009). Eine direkte Abfrage der Preisbereitschaft bei den Konsumenten ist mit Problemen verbunden. Diese gehen mit Effekten des Auseinandergehens von „sozial erwünschten" Antworten und dem tatsächlichen Verhalten einher (Kobayashi, 2006). Zur Verminderung von Unsicherheit können auch Selbstverpflichtungen beitragen, die das eigene opportunistische Verhalten von Unternehmen einschränken (z.B. Investitionen in Umweltschutzmaßnahmen, Rücknahme-, Recycling-, bzw. Wiederverwendungs-Garantien etc.). Allein durch Marketinginvestitionen (ökologische Markenführung, -Marketingaktionen etc.), ist eine Reduzierung von Unsicherheit bei den Konsumenten jedoch *nicht* erreichbar. Marketing kann dabei lediglich Unterstützung leisten. Einen Zusammenhang zwischen PR- bzw. Werbemitteln zur Steigerung einer umweltorientierten Reputation der Marke und einer verminderten Umweltbelastung, ist objektiv für Konsumenten nicht herstellbar. Diese Tatsache ist vor allem dadurch bedingt, dass Konsumenten seriöse von unseriösen Herstellern nicht unterscheiden können (Schmitz/Schmieden, 1998). Um ein ökologiebezogenes Reputationsrisiko zu vermeiden, sind die entsprechenden Maßnahmen in eine (nach Möglichkeit unternehmensübergreifende) umweltorientierte Produkt- und Unternehmenspolitik einzubetten.

4. Ermittlung der Zahlungsbereitschaft

Als Zahlungsbereitschaft gilt die monetäre Maßgröße für eine bestimmte Menge eines Gutes (Diller/Köhler, 2008). Aus wirtschaftlichen Gründen ist der Zielpreis so nah wie möglich an einer maximalen Zahlungsbereitschaft im Marktsegment auszurichten (Seidenschwarz, 1992). Zur Ermittlung der Zahlungsbereitschaft existieren viele Methoden, deren Eignung auch in der Literatur zum Target Costing explizit beschrieben wird (z.B. Wagner/ Hansen, 2004). Neben anderen Merkmalen wird bei den am ehesten geeigneten Methoden generell in direkte und indirekte Preisbefragungen unterschieden. Durch direkte Preisabfragen kann die individuelle Zahlungsbereitschaft eines maximal zu entrichtenden Preises erfragt werden. Auch hierbei sollte in ökologisch bewusste und hybride Konsumenten differenziert werden. Bei Preisabfragen für ökologische Produkte ist kritisch anzumerken, dass es sich dabei um ein sog. „selbstberichtetes Umweltverhalten" handelt (Kuckartz et al, 2007). Durch die Phänomene des „sozial erwünschten Antwortverhaltens" fallen besonders bei hybriden Konsumenten die Antworten zur Zahlungsbereitschaft für ökologische Produkte höher aus, als es die reale Kaufsituation hergibt (Preyer/Balderjahn, 2007). Werden direkte Preisabfragen dennoch als Entscheidungsgrundlagen eingesetzt, ist damit oft eine mehr oder weniger willkürliche Korrektur der Preisbereitschaft verbunden (Hausmann, 2012). Im Rahmen indirekter Abfragen der Preisbereitschaft wird beim Target Costing vorwiegend auf die Verfahren der Conjoint-Analyse verwiesen (z.B. Horváth, 2011). Es handelt sich um ein multivariates Datenanalyseverfahren, mit dem der Nutzen des Produktes sowie die Teilnutzen der einzelnen Produktfunktionen ermittelt werden können. Zur Bewertung und Auswahl der relevanten Methoden für die Ermittlung der Zahlungsbereitschaft sind die statistischen Kriterien „Reliabilität" und „Validität" sowie die betriebswirtschaftlichen Kriterien der „Praktikabilität" (finanziell, zeitlich) und der „Anwendbarkeit für neue Produkte" ausschlaggebend (Diller/Köhler, 2008).

Kritisch ist anzumerken, dass sich aufgrund der einseitigen Ausrichtung auf die Preisdimension, der kontingente Bewertungsansatz nur bedingt für neue Produkte eignet. Die direkte Angabe der Zahlungsbereitschaft für ein ökologisches Produkt ist kognitiv sehr anspruchsvoll. Für den Fall, dass ein Konsument noch nicht so vertraut mit ökologischen Produktfunktionen ist, wird sie noch anspruchsvoller. Für innovative ökologische Produkte bleibt zu überlegen, ob den Konsumenten bei der Preisabfrage Hilfestellung gegeben wird, damit sie sich mit dem Produkt vertraut machen können (Völckner, 2006). Insgesamt reicht beim Target Costing die alleinige Beurteilung der Preisbereitschaft aus einer Dimension (Konsumentendimension) für die Preisfindung nicht aus. Es ist vorzusehen, noch weitere Dimensionen zu analysieren und die entsprechenden Ergebnisse für die Entscheidung zusammenzuführen.

4.5.3.3   Preisinformationen in der Dimension Wettbewerb

Die zweite Dimension, die beim Target Costing im Rahmen der Zielpreisfindung zu berücksichtigen ist, sind wettbewerbsorientierte Preisinformationen. Grundlage hierfür ist die Wettbewerbsbeobachtung. Besonders in wettbewerbsintensiven Branchen mit geringer Präferenz der Kunden für bestimmte Anbieter (Massenmarkt), ist sie von hoher Bedeutung. Viele Konsumgüterhersteller sind aber auch gehalten, Preisvorstellungen von Handelsunternehmen bei der Zielpreisfindung zu berücksichtigen. Wesentliche Entwicklungsschritte zu einem ökologischen Target Costing sind: (1) Identifikation der Wettbewerber, (2) Preisanalysen und (3) Abschätzung des zukünftigen Preisverhaltens. Die nachfolgende Tabelle 4.12 zeigt diese Dimensionen durch Entwicklungsschritte verdeutlicht. Im Anschluss werden die Dimensionen für ein ökologisches Target Costing näher beschrieben.

Tab. 4.12:   Entwicklungsschritte zum ökologischen Target Costing in der Dimension Wettbewerb, Quelle: i.A.a. Berlin, 2014, 140, verändert und modifiziert

Dimension	Entwicklungsschritte zum ökologischen Target Costing
Identifikation der relevanten Wettbewerber	– Ausgewählte Kriterien zur Abgrenzung der Wettbewerbssphären für ökologische Produkte im anvisierten Marktsegment – Erfassung aktueller und potentieller Substitutionsbeziehungen
Preisanalyse der aktuellen Preise der Wettbewerber	– Auswertung von Marktpreisdaten für ökologische Produkte – Datenauswertung hedonistischer Preise für ökologische Produkte
Abschätzung des zukünftigen Preisverhaltens	– Abschätzung des künftigen Preisverhaltens (kurzfristig/ langfristig) hinsichtlich Einflussfaktoren für ökologische Produkte – Ermittlung einer wettbewerbsorientierten Preisobergrenze für ökologische Produkte

1. Identifikation der relevanten Wettbewerber
Für die Produktabgrenzung ökologischer Produktfunktionen sind Effekte und Auswirkungen der konsumorientierten Präferenzen zu erfassen. Dazu sind neben den eigenen Produktfunktionen auch die der Wettbewerber zu ermitteln. Der Zweck ist, einen Überblick über den Grad der Substituierbarkeit aus Sicht der Zielgruppen im ausgemachten Marktsegment zu erhalten. Während ökologisch bewusste Konsumenten genügend informiert sind, um zwischen ökologischen Produkten und den einzelnen Produktfunktionen unterscheiden zu können, differen-

zieren hybride Konsumenten oft nur grob und beziehen vor allem Öko-Label in die Kaufentscheidung mit ein. In der Praxis besteht dabei zusätzlich die Schwierigkeit, dass viele ökologische Produkte nur eingeschränkt vergleichbar sind, da Standards (Branchenstandards, CO_2-Emissionsstandards etc.) oft noch fehlen. Wettbewerbsbeobachtungen sind daher relativ weit zu fassen. Bei der Berücksichtigung der Wertschätzung ökologischer Produktfunktionen sollten auch die durch Wettbewerber genutzten Öko-Label, in die Produktabgrenzung einbezogen werden. Ferner lohnt es sich, Wettbewerbsbeobachtungen nicht nur auf verfügbare Produkte zu beziehen, sondern auch auf potentielle Substitutionsbeziehungen auszudehnen. So können z.B Paneelerhebungen Aufschluss über das Verhalten von Konsumenten im Zeitverlauf geben (Böhler, 2004). Wettbewerbsbeobachtungen beziehen dann auch Händler ökologischer Produkte, die z.B. eigene Produkte anbieten sowie neue Wettbewerber, die nicht aus der Branche kommen, mit ein. Hinweise können hierzu durch die Auswertung von Marktsignalen, Werbebotschaften etc. erlangt werden. Das Hauptziel der Wettbewerbsbeobachtungen ist es, möglichst umfassende Daten zu erhalten, um das Verhalten bzw. Auftreten derzeitiger und künftiger Wettbewerber zu antizipieren.

2. Analyse der aktuellen Preise der Wettbewerber

Für die Erhebung von Preisen der Wettbewerber können primärstatistische (Einzelhandels-, Scannerpaneel) oder sekundärstatistische Informationsquellen (Veröffentlichungen der Branchen- und Verbandsstatistiken) hinsichtlich ökologischer Produkte genutzt werden. Erhobene Daten werden durch „Wettbewerbspreisspiegel" für ökologische Produkte strukturiert (Diller/Köhler, 2008). Da es hierfür keine vorgegebene Struktur gibt, liegen die Anforderungen lediglich in der Vergleichbarkeit der Produkte. Zusätzlich sind durch die Erfassung des jeweiligen Vertriebskanals auch Wettbewerbsdaten der Handelsunternehmen erfassbar. Zur Auswertung der Daten im Wettbewerbspreisspiegel, können mehrere Verfahren herangezogen werden. Neben „Preisniveau" und „Preisspreizung" kann durch die „Kreuzpreiselastizität" ermittelt werden, um wieviel Prozent sich der Absatz des eigenen Produktes verändert, wenn beim Wettbewerber der Preis um ein Prozent verändert wird (Substitutionselastizität) (Diller/Köhler, 2008). Durch die Berechnung der „Reaktionselastizität" ist aus Herstellersicht ermittelbar, um wieviel Prozent sich der Preis des Wettbewerbers ändert, wenn der eigene Preis um ein Prozent verändert wird (Simon/Fassnacht, 2009). Durch die Preisfokussierung sind Wettbewerbspreisspiegel ohne weitere Informationen jedoch nur bedingt für Preisentscheidungen geeignet. Mit Hilfe „hedonistischer" Preisfunktionen kann als einziges Verfahren der Zusammenhang zwischen den Funktionen des Produktes und dessen Marktpreis ermittelt werden (Bischoff, 1994). Hierfür ist das Vorgehen der Regressionsanalyse nützlich. Für ökologisch bewusste Konsumenten ist wichtig, die konkreten Werte für die einzelnen Produktfunktionen (recyclebar, Einsparpotential bei CO_2-Emissionen, Recyclingrate etc.) zu ermitteln. Das kann zu Schwierigkeiten führen, da eine Voraussetzung hierfür die Vergleichbarkeit ist. Für eine Vergleichbarkeit sind Daten mehrerer Beobachtungen notwendig. Im Hinblick auf viele ökologische Produkte sind diese Anforderungen (noch) nicht erfüllbar, da die Summe der gesammelten Daten oft für eine entsprechende Güte beim Verfahren nicht ausreichen. Für hybride Konsumenten reicht zumeist als Variable ein „vorhanden" bzw. „nicht vorhanden" aus, da diese zwischen verschiedenen Ausprägungen ökologischer Produktvarianten nicht unbedingt unterscheiden. Der Vorteil hedonistischer Preisfunktionen liegt in der Bedeutung der Gewichtung bei ökologischen Produktfunktionen. Dadurch ist schon während der Produktentwicklung das Marktrisiko verringerbar. Nachteil ist die Notwendigkeit hoher Fallzahlen, um verlässliche Ergebnisse zu berechnen (Diller/ Köhler, 2008). Im Rahmen der Einflussfaktoren auf das künftige Preisverhalten ist bei ökologischen Produkten, die sich an ökologische Konsumenten richten, die Bedeutung des Preises als Wettbewerbsinstrument geringer einzuschätzen. Ökologisch bewusste Konsumenten akzeptieren eher Nutzenabschläge in Form höherer Preise und stellen für Hersteller daher ein geringeres Risiko dar. Hybride Konsumenten werden Produkte von anderen Wettbewerbern eher als Substitute ansehen. Ökologische Produkte sollten daher so gestaltet sein, dass sich durch ökologische Produktfunktionen keine Nachteile ergeben. Da sie in direkter Konkurrenz zu nicht ökologischen Produkten stehen, ist ein Preisabschlag bei der hybriden Konsumentengruppe wahrscheinlicher (Diller/Köhler, 2008).

3. Abschätzung des zukünftigen Preisverhaltens

Für eine Antizipierung des Wettbewerbsverhaltens werden beim Target Costing Informationen zur Abschätzung benötigt, inwieweit die Wettbewerber ihre eigenen Preise an Wettbewerbspreise anpassen. Die Informationen können sich auf ein kurzfristiges oder mittel- bis langfristiges Preisverhalten der Wettbewerber beziehen (Simon/Fassnacht, 2009). Informationen für ein kurzfristiges Preisverhalten beziehen sich vorwiegend auf Wettbewerbsreaktionen nach einer Markteinführung (Zielpreispositionierung unter den aktuellen Preisen der Wettbewerber etc.). Im Hinblick auf ökologische Produktfunktionen ist dabei wichtig Situationen zu antizipieren, in denen Wettbewerber nicht vorhandene ökologische Produktfunktionen durch eine Preissenkung kompensieren. Hierbei ist die Frage wichtig, wie hoch das strategische Interesse der anderen Wettbewerber ist, ebenfalls mit einer Preissenkung ihrer Produkte zu reagieren. Diese Informationen sind wichtig, da ein solches Verhalten eine Kettenreaktion hervorrufen kann, die fast immer in einen Preiskampf mündet (Ingenbleek et al, 2003). Die Informationen dienen zur Erstellung eines Reaktionsprofils, zur Abschätzung des zukünftigen Preisverhaltens und zur Einordnung der ökologischen Stärken und Schwächen der Wettbewerber. Informationen für ein mittel- bis langfristiges Preisverhalten beziehen sich auf Aktionen von Wettbewerbern, die preisbedingt das Marktsegment mit nicht ökologischen Produktangeboten dominieren. Es ist produktbezogen zu klären, ob mit einer Dauerhaftigkeit zu rechnen ist. Bei einer geringen Dauerhaftigkeit könnten Wettbewerber mittelfristig ein eigenes ökologisches Produkt anbieten. Sinkende Preise wären die Folge (Meffert/Kirchgeorg, 1998). Die dafür nötige Informationsbeschaffung kann sich in der Praxis als schwierig erweisen. Sie erfolgt im Allgemeinen über die Auswertung von Marktsignalen (z.B Preissetzung für ökologische Produkte etc.), Umweltberichte und geplante ökologische Produktentwicklungen (Simon/Fassnacht, 2009, Herzig/Pianowski, 2009). Die Ermittlung einer wettbewerbsorientierten Preisobergrenze gehört zum Entscheidungsfeld der Preispositionierung. Sie wird in jedem Unternehmen produktbezogen und individuell getroffen. Beim Target Costing wird dazu die Preisobergrenze aus der Sicht der Konsumentendimension mit den Informationen aus der Wettbewerbsdimension verdichtet. Zur Festlegung einer wettbewerbsorientierten Preisobergrenze dient entweder die Strategie der „Preisfolgerschaft" oder der „Preisdifferenzierung". Bei der Preisfolgerschaft richtet sich die unternehmerische Preissetzung an einem Orientierungspreis aus (z.B. Preis des Marktführers etc.). Dabei kann produktbezogen die Preisobergrenze, z.B. durch ökologische Produktmerkmale, korrigiert werden.

Preisdifferenzierung durch Yield-Management

„Als klassische Beispiele für »verderbliche" Produkte, deren Wert im Zeitablauf sinkt oder zu einem konkreten Zeitpunkt gänzlich verfällt wären zu nennen:

Lebensmittel: Gerade im gastronomischen Bereich muss bedingt durch die Verderblichkeit vieler Lebensmittel das Angebot auf Tagesbasis disponiert werden; eine Weiterverwendung von Restbeständen der Tageskarte gilt zumindest im Hochpreissegment als äußerst imageschädigend, eine Nachbeschaffung von ausgegangenen Zutaten ist meist unmöglich. Obwohl eigentlich die klassische Domäne der „perishable assets" schlechthin, haben die unten dargestellten Konzepte des Yield-Managements im gastronomischen Bereich noch kaum Eingang gefunden.[…]

Airline Industries (Passage & Cargo): Der auf einem bestimmten Flug eingesetzte Flugzeugtyp determiniert die maximale Kapazität der beförderbaren Passagiere und Frachtzuladung. Darüber hinausgehende Nachfrage muss entweder abgewiesen oder durch Substitute (andere Airlines, anderer Termin) befriedigt werden. Wie unten dargestellt, ist der Airline-Bereich in der Praxis wie der Literatur das Hauptanwendungsfeld bisheriger Yield-Management-Bemühungen.

Hotel- und Tourismusgewerbe: Die Zahl der zu einem Datum verfügbaren Hotelzimmer lässt sich kurzfristig ebenso wenig anpassen wie die Beförderungskapazität eines Fluges" (Wendt, o.J., 3).

Die Strategie eignet sich wenn die Einschätzung vorliegt, dass ein wettbewerbsschädigendes Verhaltens von Seiten des Marktführers nicht zu erwartenden ist. Sie eignet sich auch, wenn mit einer hohen Reaktivität der Wettbewerber auf den Orientierungspreis zu rechnen ist (Simon/Fassnacht, 2009). Preisdifferenzierung wird zumeist für Preispositionen eingesetzt, die bei den Wettbewerbern nicht vorhanden sind (z.B. ober- bzw. unterhalb der Preisskala etc.). Als Grundlage dient der Wettbewerbspreisspiegel. Preisdifferenzierung oberhalb der Preisskala eignet sich für Produkte, die mit besonderen Funktionen ausgestattet sind und daher eine Relevanz für die Konsumenten haben. Preisdifferenzierung unterhalb der Preisskala soll vor allem zu Wettbewerbsvorteilen führen (Diller/Köhler, 2009).

Im Hinblick auf ökologische Produkte sind beide Preisstrategien anwendbar. Daher ist produktbezogen und individuell zu entscheiden. Preisdifferenzierung für ökologische Produkte, die sich an ökologisch bewusste Konsumenten richtet, ist mit höheren Chancen verbunden. Die Zielgruppe ist mit ökologischen Produktmerkmalen vertraut und akzeptiert Nutzenabschläge in Form von höheren Preisen. Die Festlegung der wettbewerbsorientierten Preisober-grenze oberhalb der Wettbewerbspreise kann daher zu zusätzlichen Umsätzen führen (Mef-fert/ Kirchgeorg, 1998). Anders sieht es bei der hybriden Konsumentengruppe aus. Hier ist Preisdifferenzierung mit höheren Risiken verbunden. Die Konsumenten sind ökologisch nicht so gut informiert und anfällig für Substitutionsprodukte mit nicht ökologischen Produktfunk-tionen. Eine Festlegung oberhalb der Wettbewerbspreise ist nur schwer zu vermitteln. Eine Festlegung unterhalb der Wettbewerbspreise birgt aber auch Risiken. So können Preissenkun-gen, die über den gesamten Produktlebenslauf berücksichtigt werden müssen, insgesamt zu einem niedrigeren Preisniveau führen. Die Entscheidung, welche Preisstrategie für welche Zielgruppen zur Festlegung der wettbewerbsorientierten Preisobergrenze herangezogen wird, ist daher produktbezogen und individuell in jedem Unternehmen durchzuführen.

4.5.3.4   Zielpreisermittlung in der Dimension Unternehmen

Als dritte Dimension sind beim Target Costing unternehmensbezogene Informationen zu be-rücksichtigen. Die in dieser Dimension ermittelten Informationen wirken, im Gegensatz zu denen der beiden anderen Dimensionen jedoch nicht als pekuniäre Preisobergrenze. Sie die-nen der Anpassung für die in der konsumenten- und wettbewerbsorientierten Dimension er-mittelten Preisobergrenzen (Ansari et al, 1997). Ausgangspunkt für die Anpassungen bilden die Unternehmensziele, die mit der Preissetzung verfolgt werden. Dazu werden die ermittelten Preisobergrenzen der anderen Dimensionen mit denen des Unternehmens zusammengeführt. Die vorliegenden Ausführungen beziehen sich auf Auswirkungen der Unternehmensziele auf die Preisobergrenze. Dazu werden in den Dimensionen (1) die Effekte konsumentenorientier-ter Ziele, (2) die Effekte wettbewerbsorientierter Ziele und (3) die Effekte absatzorientierter Ziele näher betrachtet.

In der nachfolgenden Tabelle 4.13 sind die Entwicklungsschritte zu einem ökologischen Tar-get Costing, bezogen auf die zuvor genannten Dimensionen und ergänzt durch Entwicklungs-schritte, in einer Übersicht dargestellt. Im Anschluss werden die Dimensionen für ein ökolo-gisches Target Costing näher beschrieben.

1. Effekte konsumentenorientierter Ziele auf die Preisobergrenze

Konsumentenorientierte Ziele beziehen sich auf den mit dem Produkt verbundenen konsum-bezogenen Nutzen. Mit einer Preisdifferenzierung kann z.B. eine Erhöhung der Kundenbin-dung oder die Gestaltung eines preisbezogenen Unternehmensimages verfolgt werden. Kon-zepte werden dazu in eine Niedrigpreis, Mittelfeld- oder Höchstpreisstrategie unterschieden. Die Niedrigpreisstrategie markiert eine unterdurchschnittliche Produktqualität zu niedrigen Preisen. Kundennutzenkonzepte beziehen sich dabei auf das „Discount-„ „Billigpreis-„ oder „Schnäppchenkonzept" (Diller/Köhler, 2009). Die Mittelfeldstrategie markiert Produkte mit mittlerer Qualität und einen mittleren Preisniveau. Kundennutzenkonzepte sind z.T das

Tab. 4.13:   Entwicklungsschritte zum ökologischen Target Costing in der Dimension Unternehmen, Quelle: i.A.a. Berlin, 2014, 149, verändert und modifiziert

Dimension	Entwicklungsschritte zum ökologischen Target Costing
Effekte konsumentenorientierter Ziele auf die Preisobergrenze	– Ausgewählte Effekte „preisstrategischer Kundennutzenkonzepte" auf die Preisobergrenze im Kontext ökologischer Produktfunktionen
Effekte wettbewerbsorientierter Ziele auf die Preisobergrenze	– Ausgewählte Effekte ökologieorientierter Wettbewerbsstrategien auf die Preisobergrenze im Kontext ökologischer Produktfunktionen
Effekte absatzorientierter Ziele auf die Preisobergrenze	– Ausgewählte und bewertete Einflussgrößen hinsichtlich Veränderungen der Preis-Absatz-Funktion für ökologische Produkte – Ausgewählte Effekte für die langfristige Preisgestaltung bei Berücksichtigung der bewerteten Größen

„Schnäppchen-„ und das „Fairnesskonzept". Die fortschreitende Marktpolarisierung führt bei dieser Strategie zu einer starken Erosion. Sie ist in vielen Branchen bereits unterrepräsentiert. Höchstpreisstrategien sind durch eine überdurchschnittliche Qualität bei hohen Preisen gekennzeichnet. Kundennutzenkonzepte sind das „Premiumkonzept" und das „Value-Konzept". Diese Strategie eignet sich für ökologisch bewusste Konsumenten, denn sie kennen sich mit ökologischen Produktmerkmalen aus. Höhere Preise werden zumeist auch als ein Qualitätssignal wahrgenommen und für ökologische Produkte häufig akzeptiert. Die Wahl eines preisstrategischen Kundennutzenkonzeptes wirkt sich entscheidend auf die Festlegung des Zielpreises aus. Die pekuniäre Höhe wird durch die unterschiedliche Gewichtung der Preisobergrenzen aus den Dimensionen Konsument und Wettbewerb bestimmt. Grundlage für die Entscheidung sollte aber weniger die individuelle Wahl einer Preisstrategie für einzelne ökologische Produkte sein. Besser eignet sich die Verankerung der ökologischen Produktentwicklung in einer übergeordneten nachhaltigkeitsbezogenen Unternehmenspolitik.

2. Effekte wettbewerbsorientierter Ziele auf die Preisobergrenze

Wettbewerbsorientierte Ziele bilden die Grundlage für die Wettbewerbsstrategie (Porter, 2008). Dazu gehören auch die Branchenanalyse der Wettbewerber sowie die strategische Positionierung (Zielpreisfindung etc.) im Kontext ökologischer Produkte. Die strategische Positionierung kann unternehmensindividuell oder mittels generischer Strategietypen (z.B. Kostenführerschaft, Preisführerschaft, Outpacing) erfolgen. Für ökologische Anforderungen an Unternehmen wurden Wettbewerbsstrategien weiterentwickelt. Ein relativ verbreiteter Ansatz stammt hierzu von Dyllick et al 1997, der im Kapitel 3.4.2.3 ff. in diesem Buch beschrieben wird. Die hier abgeleiteten Wettbewerbsstrategien lassen sich in zwei Gruppen unterteilen. Unternehmen, deren Ziele eher in der Vermeidung bzw. Abwehr ökologischer Ansprüche liegen, gehören zur Gruppe mit einer defensiven Ausrichtung der Wettbewerbsstrategie (Strategietypen sicher, glaubwürdig, effizient). Unternehmen, deren Ziele eher in der Chancenorientierung liegen, gehören zur Gruppe mit einer offensiven Wettbewerbsstrategie (Strategietypen innovativ, transformativ) (Dyllick et al, 1997). Im Rahmen des Target Costing können sowohl defensiv ausgerichtete als auch marktbezogene (lediglich kostenminimal ausgerichtete) Wettbewerbsstrategien nicht erfasst werden. Die Ausführungen konzentrieren daher auf die offensiv ausgerichteten Wettbewerbsstrategien (innovativ, transformativ). Bei einem Fokus auf den Markt (d.h. auf Konsumenten und Wettbewerber), wird von einer ökologischen Differenzierungsstrategie ausgegangen. Bei einer Differenzierung durch spezifisch ökologische Angebote werden Nutzensteigerungen durch ökologische Produktfunktionen herausgestellt. Diese Strategie eignet sich eher für ökologisch bewusste Konsumenten, z.B. in einer Öko-Nische (Meyer, 2000). Bezieht sich die Betonung der ökologischen Nutzensteigerung eher auf das ganze Produkt, eignet sich die Strategie auch für hybride Konsumenten. Die Zielpreisfindung wird hier vorrangig von der Zahlungsbereitschaft der Konsumenten bestimmt. Werden vom Unternehmen ökologische Produkte genutzt, um Kostenvorteile zu erlangen, können z.B. ökoeffiziente Maßnahmen eingesetzt werden. Da ökologische Produktfunktionen hierbei nicht besonders betont werden müssen, eignet sich das Angebot auch für hybride Konsumenten (Meyer, 2000). Bei der Orientierung an Effizienzvorteilen, muss gegenüber den Wettbewerbern gewichtet werden. Da die Aktivitäten bei diesen Strategietypen nicht zwangsläufig zu einer herausragenden Wettbewerbsposition führen, sind die Auswirkungen auf die Preisobergrenze relativ schwierig einzuschätzen. Bei einem nicht ausgeschöpften Marktpotential kann die Festlegung der Preisobergrenze auch zusätzlich durch eine höhere Gewichtung der Dimension Konsument beeinflusst werden.

3. Effekte absatzorientierter Ziele auf die Preisobergrenze

Unternehmensorientierte Ziele beziehen sich hier vorwiegend auf den Marktanteil und die Planung der Absatzmenge. Sie beziehen sich bei ökologischen Produkten auf den gesamten Lebenslauf und werden durch den Zielpreis determiniert, der sich in der Preis-Absatz-Funktion ausdrückt. Da sich bei ökologischen Produkten im Rahmen des Lebenszyklus (z.B. durch verschiedene Einflüsse) die Preis-Absatz-Funktion verändert, sind ökologische Einflüsse bereits bei der Zielpreisermittlung (Produktentwicklung etc.) zu berücksichtigen (Ansari/Bell, 1997). Die Preiselastizität beschreibt die Wirkung von Preisänderungen auf die Absatzmenge. Sie verändert sich bei ökologischen Produkten im Laufe des Lebenszyklus. Veränderungen der Preiselastizität werden durch den Innovationsgrad des Produktes beeinflusst. Eine hohe Preiselastizität führt in Abhängigkeit vom Preis zu starken Veränderungen der Absatzmenge. Produkte, die durch einen niedrigen Innovationsgrad gekennzeichnet sind, haben daher bereits bei Markteintritt ein hohes Niveau in der Preiselastizität, erfahren dann aber bis zur Reifephase oft eine Korrektur (Simon/Fassnacht, 2009). Bei der Festlegung des Zielpreises für ökologische Produkte ist daher der Innovationsgrad vor Markteintritt maßgeblich. Preisänderungen innerhalb des Produktlebenszyklus, rufen bei ökologischen Produkten unterschiedliche Wirkungen auf die Absatzmenge hervor. Ähnlich wie bei traditionellen Produkten, ist auch bei ökologischen Produkten die Wirkung von Preisänderungen größtenteils unabhängig von Produktfunktionen. Preissenkungen führen daher bei ökologischen Produkten ebenfalls zu Absatzerhöhungen (Simon/Fassnacht, 2009). Die Besonderheit bei ökologischen Produkten liegt jedoch darin, dass der Preis weder als Teil eines exklusiven Produktimages noch als vertrauensbildendes Signal fungieren darf. Ansonsten besteht die Gefahr, dass entgegen der Wirkung bei traditionellen Produkten, die verminderte Signalwirkung (z.B. durch den Veblen-Effekt) auch zu einem verminderten Absatz führt (Diller/Köhler, 2008). Durch eine Besonderheit ökologischer Produkte kann beim Value- bzw. Premium-Konzept, bei der Prognose künftiger Absatzmengen davon ausgegangen werden, dass durch Markentreue langfristig auf Preisanpassungen verzichtet werden kann. Der Grund ist, dass die Marke aus Konsumentensicht eine wesentliche Produktfunktion für den Kundennutzen darstellt. Preisstrategien im Sinne von Entscheidungsheuristiken, eignen sich für eine langfristige Preisgestaltung. Die „Skimming-Strategie" markiert einen relativ hohen Einführungspreis, der in den folgenden Lebenszyklusphasen korrigiert wird. So können unterschiedlich hohe Zahlungsbereitschaften abgeschöpft werden (Schneller, 2003). Die Preisstrategie eignet sich sowohl für ökologisch bewusste als auch hybride Konsumenten. Durch den hohen Einführungspreis wird zunächst die höhere Zahlungsbereitschaft ökologisch bewusster Konsumenten abgeschöpft. Im Laufe der weiteren Verbreitung, werden dann (durch Preiskorrektur) auch die hybriden Käufer erreicht. Die Preisstrategie ist auch wirtschaftlich vorteilhaft. Sie eignet sich aber vorrangig nur für ökologische Produkte mit einem hohen Innovations- und Neuheitsgrad. Dadurch entsteht bei Markteintritt für eine gewisse Zeit eine Art Monopolsituation für den Hersteller, so dass sich der Einführungspreis nur an der Zahlungsbereitschaft von „Öko-Neugierigen" orientiert. Die „Penetrationsstrategie" markiert einen relativ niedrigen Einführungspreis, der im Zeitverlauf entweder weiter gesenkt oder konstant gehalten wird (Diller/Köhler, 2008). Die Strategie dient dazu, verbunden mit langfristigen Kostenvorteilen, in möglichst kurzer Zeit einen hohen Marktanteil zu erlangen. Bei ökologischen Produkten eignet sie sich lediglich zur Ergänzung einer Differenzierungsstrategie mit Fokus auf Kostenvorteilen. Diese sind aber nur durch eine Konzentration auf öko-effiziente Maßnahmen erreichbar. Die Gefahr dieser Preisstrategie liegt vor allem in der Signalwirkung niedriger Preisen für ökologische Produkte. Sie steht im Widerspruch zu den vertrauensbildenden Maßnahmen z.B. durch Öko-Labels (Meffert/ Kirchgeorg, 1998). Kritisch ist anzumerken, dass die den Preisstrategien generell inhärente Dynamik, sich nicht allein in der Zielpreisvorgabe für die Kostenplanung widerspiegeln kann. Daher erfolgt die Vorgabe des Zielpreises oft als Durchschnitt bzw. als Minimum des Absatzpreises auf den Lebenszyklus bezogen. Das gilt auch für ökologische Produkte. Vor dem Hintergrund der vielfältigen Kombinationsmöglichkeiten der Einflussfaktoren ist daher die Zielpreisvorgabe individuell und produktbezogen zu entscheiden.

Die Ausführungen zur Weiterentwicklung eines ökologieorientierten Target Costing beziehen sich auf Planungen zur Bestimmung des Abgabepreises an Endverbraucher. Die Vorgehensweisen zur retrograden Kalkulation, die sich auf die Bestimmung des Netto-Netto-Preises bei der unternehmensinternen Kostenplanung beziehen, sind in vielfältiger Weise durch Unternehmensspezifika gekennzeichnet. Hierfür wird auf die Fachliteratur verwiesen (z.B. Horváth, 2011, Seidenschwarz, 1992, Schweizer/Küpper, 2011 etc.). Forschungsbedarf besteht bei der unternehmensinternen Kostenplanung zur Zielpreisvorgabe hinsichtlich der Möglichkeiten einer branchenbezogenen Weiterentwicklung zu einem ökologischen Target Costing.

4.5.4   Zwischenfazit

- Die Preisbildung ist qualitativ und kostenmäßig marktorientiert ausgerichtet. Nachhaltigkeitsbezogene Preispolitik bezieht umweltbezogene Kosten in finanzwirtschaftliche Berechnungen ein. Als Umweltkosten sind sie vom Verursacher direkt/ indirekt zu tragen.
- Makro-soziale und -soziokulturelle Rahmenbedingungen wirken aus der Umwelt auf das Nachhaltigkeits-Marketing. Sie sind vom Unternehmen kaum beeinflussbar.
- In Deutschland besteht gem. Publizitätsgesetz neben dem Jahresabschluss die Verpflichtung zur Lageberichterstattung. Die Aufstellung ist für rechnungslegungspflichtige Unternehmen bindend. Die Lageberichterstattung erfolgt nach den Vorgaben des HGB, wobei im Rahmen des Management Approach auch das Thema Nachhaltigkeit eine Rolle spielt.
- Die Öko-Audit-Verordnung der EU ist die Basis für eine bindende Umweltberichterstattung. Sie ist als EMAS II-Verordnung seit 2001 in Kraft getreten. Die Teilnahme ist für Unternehmen frei und für fast alle Branchen möglich. Wird EMAS II angewandt, muss nach der Einrichtung eines Umweltmanagementsystems jährlich eine externe Prüfung durch staatlich zugelassenen Umweltgutachter (-organisation) nachgewiesen werden.
- Meso-soziale und -soziokulturelle Rahmenbedingungen beinhalten netzwerkartige Einflussfaktoren. Sie sind durch Unternehmen selbst gestaltbar. Die kulturbezogene Ausrichtung bestimmt übergreifend nicht nur den Grad der Wandlungsfähigkeit und die Ausrichtung der verfolgten Ansätze im Unternehmen, sondern auch deren Verstetigung und Verankerung im Wertespektrum von Top-Management, Mitarbeitern und Führungskräften.
- Umweltkostenmanagement bedeutet eine vorausschauende und zielbezogene Gestaltung betrieblicher Umweltkosten. Es ist mit spezifischen Anforderungen an die produktbezogene Kostenplanung ebenso verbunden, wie mit der Umsetzung verschiedener umweltpolitischer Anforderungen. Dazu existieren die Verfahren der Reststoffkostenrechnung, Material- und Energiefluss orientierte Ansätze sowie Ökobilanzierungen.
- Die Internalisierung externer Kosten behandelt gesellschaftlich relevante, monetär bewertbare Kosten, die weder im betrieblichen Rechnungswesen noch in der Wirtschaftsrechnung privater oder öffentlicher Haushalte in Erscheinung treten. Zur Monetarisierung haben sich in der Literatur vielfältige Bewertungssysteme herausgebildet. Sie benötigen eine Methodenkonvention, um Vergleiche zu ermöglichen.
- Cause-related Marketing bezeichnet den Verkauf von Produkten, die mit einer Spende an Projekte einer gemeinnützigen Organisation verbunden sind. Die Ausrichtung des Kon-

zepts an den Prinzipien der Nachhaltigkeit ist strittig. Erst eine Analyse der Unternehmenstätigkeit kann Aufschluss darüber geben, ob und inwiefern es sich um die Übernahme gesellschaftlicher Verantwortung oder nur um eine Art von „Greenwashing" handelt.

- Mikro-soziale und soziokulturelle Rahmenbedingungen sind durch eine enorme Komplexität gekennzeichnet. Sie sind durch Unternehmen beeinflussbar. Zusätzlich ist auch eine Orientierung an den mikro-sozialen und soziokulturellen Werten von Kooperationspartnern und Zielgruppen unerlässlich, um Nachhaltigkeit operativ erfolgreich umzusetzen.

- Target Costing gehört zum marktorientierten Zielkostenmanagement. Es wird in den frühen Phasen der Produktentwicklung eingesetzt. Es sollen damit auf schwierigen Märkten Produkte zu vom Kunden erlaubten Kosten entwickelt werden, die sich an den kundenbezogenen Funktionsmerkmalen ausrichten. Als Weiterentwicklung für ökologische Produkte wird eine dimensionsbezogene Vorgehensweise mit Ergebnisabgleich verlangt.

4.6   Nachhaltigkeitsorientierte Distributionspolitik

Bei der nachhaltigkeitsorientierten Distributionspolitik geht es für Marketeer nicht nur um die Einhaltung von Standards (gesetzliche, logistische), sondern vor allem um die Motivation und Förderung des nachhaltigen Verhaltens (Ressourcenschonung) in der gesamten Wertschöpfungskette sowie bei den Konsumenten. Durch die Distributionspolitik sind gemäß Definition: „alle betrieblichen Aktivitäten festzulegen, die darauf gerichtet sind, eine Leistung vom Ort ihrer Entstehung – unter Überbrückung von Raum und Zeit – an jene Stelle zu bringen, wo sie an den Verfügungsbereich der Nachfrager übergeht" (Berndt, 1995, 459). Es sind Aufgaben akquisitorischer (z.B. Gestaltung des Vertriebssystems, Verkaufspolitik etc.), organisatorischer (z.B. Ausbildung der Mitarbeiter, Kundenorientierung etc.) und logistischer Art zu bewältigen (z.B. Logistik, Transport etc.). In der Distributionspolitik eines Unternehmens in der B2C-Branche spielt der Handel eine wichtige Rolle. Da Handelsunternehmen als Bindeglied zwischen Hersteller und Verbraucher fungieren, ist der Themenkomplex der Nachhaltigkeit hier von großer Bedeutung. Diese Bedeutung rührt vor allem aus dem intensiven direkten Konsumentenbezug für den ein positives Image von überlebenswichtiger Bedeutung ist. Handelsbezogene Nachhaltigkeitsanforderungen treffen heute bei Handelsunternehmen auf eine Situation, die durch stagnierende Umsätze, hohen Verdrängungswettbewerb, vermehrte Skandale durch Stakeholder (z.B. Gammelfleisch, BSE, Dioxin-Eier etc.) gekennzeichnet ist. Eine nachhaltige Ausrichtung erscheint geradezu gefordert, um drohende Wettbewerbsnachteile zu vermeiden. Nachhaltigkeit ist aber auch zu einem wichtigen Kaufkriterium geworden. Das zeigt die Tatsache, dass von vielen gesellschaftlichen Gruppen nachhaltige Produkte mit vertrauenswürdigen Merkmalen verstärkt nachgefragt werden. Im Handel stellt sich Nachhaltigkeit auch als risikoreich dar. Die Gründe sind im direkten Kundenkontakt und in komplexen Zulieferstrukturen zu sehen. Es besteht z.B. die Gefahr bei Zulieferstrukturen öffentlich des „Greenwashings" bezichtigt zu werden. Derartige Kampagnen sind mit einem nahezu irreparablen Image-Schaden verbunden. Einige Handelsunternehmen haben die Bedeutung der

„nachhaltigen Entwicklung" in der Vergangenheit erkannt und das Thema strategisch im Leitbild verankert. So gehört nachhaltiges Handeln zum zentralen Grundwert der Rewe Group (rewe-group.com). Auch die Metro Group hat ihre Nachhaltigkeitsstrategie fest im Kerngeschäft etabliert (metrogroup.de). Es ist jedoch die Frage interessant, ob der Themenbereich der Nachhaltigkeit im Handel nicht mehrheitlich lediglich als „Zusatzeffekt" bzw. „Marktauftritt" verstanden wird, der vorrangig zur Befriedigung gesetzlicher Anforderungen dient?

4.5.1 Makro-soziale und -soziokulturelle Rahmenbedingungen

Makro-soziale und -soziokulturelle Rahmenbedingungen wirken aus der Umwelt und können durch das Unternehmen selbst nicht beeinflusst werden. Ein Unternehmen kann aber dauerhaft nur erfolgreich operieren, wenn es gelingt diesen Umwelteinflüssen mit einem sensibilisierten Nachhaltigkeits-Marketing-Management angemessen Rechnung zu tragen.

4.5.1.1 Rücknahmepflichten zur Vermeidung von Littering

Für den Begriff „Littering" existiert keine offizielle Definition. Als Arbeitsdefinition wird der Begriff umrissen als: „die allgemeine Bezeichnung für das achtlose Wegwerfen von Abfällen im öffentlichen Raum und in der freien Natur" (Heeb et al, 2003, 3). Zur Vermeidung von Littering gilt in Deutschland seit 1998 im Rahmen der Verordnung über die Vermeidung und Verwertung von Verpackungsabfällen (VVO) die Einführung eines Pflichtpfandes für Einweg-Getränkeverpackungen. Sie wurde in Deutschland vom Bundesminister für Umwelt Naturschutz und Reaktorsicherheit erlassen und bereits novelliert (Österreichisches Ökologie Institut, 2009). Als Einwegpfand wird dabei ein Pflichtpfand auf Verpackungen, Getränkedosen, Einweg-Glasflaschen und Einweg-PET-Flaschen bezeichnet. Pfandpflicht gilt auch für Einwegverpackungen von Getränken, die traditionell in Mehrwegflaschen angeboten werden. Die Pfandpflicht galt im ersten Anlauf nur für die Getränkebereiche Bier (inklusive Biermischgetränke), Mineralwasser (mit und ohne Kohlensäure) und Erfrischungsgetränke (mit Kohlensäure). Mit weiteren Novellierungen wurde sie weiter ausgedehnt und gilt nun auch für kohlensäurefreie Erfrischungsgetränke und alkoholhaltige Mischgetränke (vor allem Alkopops) (VVO Fassung 1998, BGBl I S. 531 ff.). Pfandfrei bleiben in Sinne der Verordnung Frucht- und Gemüsesäfte, Milch, Wein, diätische Getränke im Sinne der Diätverordnung (ohne Light-Getränke) und inhaltsunabhängig ökologisch vorteilhafte Einweg-Getränkeverpackungen (z.B. Kartonverpackungen, Polyethylen-Schlauchbeutel und Folien-Standbodenbeutel). Die Orientierung der Bepfandungslogik liegt somit am Inhalt der Flasche bzw. Dose und nicht an deren Material (Österreichisches Ökologie Institut, 2009). Die Rücknahme- und Pfandpflicht wurde in Deutschland vom Einzelhandel und der Getränkeindustrie mit juristischen Mitteln äußerst verbissen bekämpft. Alle Klagen des Handels blieben jedoch ohne Erfolg (Bundesverwaltungsgericht, Bundesverfassungsgericht, EuGH). Mit dem Inkrafttreten der 3. Novellierung am 1. Mai 2006 sind nun auch unterschiedliche Pfandsysteme abgeschafft

worden. Daher müssen Geschäfte mit mehr als 200m^2 Ladenfläche alle Getränkeverpackungen der Materialarten, die sie verkaufen auch zurücknehmen (VVO Fassung 2005, BGBl I S.
1407). Vom deutschen Staat werden als grundsätzliche Ausgestaltungsoptionen vorgegeben
(Österreichisches Ökologie Institut, 2009):

– die Bestimmung der in die Bepfandung einzubeziehenden Verpackungsarten,
– der Ansatzpunkt entlang der Distributionskette,
– die Bemessungsgrundlage und
– die Pfandhöhe.

Unternehmen haben Wahlmöglichkeiten bei der Organisation der Verpackungsrücknahme
und der Pfandauszahlung. Ökologische Lenkungseffekte, die von Seiten der Politik mit der
Pfandpflicht verbunden sind, liegen einerseits in der Erwartung der Förderung ökologisch
vorteilhafter Getränkeverpackungen, andererseits in der Vermeidung von Littering (Umweltverschmutzung). Bei der Förderung ökologisch vorteilhafter Verpackungen beziehen sich die
Überlegungen auf den Beitrag der Pfandpflicht, durch den ökologisch nachteilige Verpackungen für Konsumenten unattraktiver werden. Durch die Bepfandung fällt aus Sicht des End-
verbrauchers ein Teil des Convenience-Vorteils weg. Der besteht z.B. darin, diese Verpackungen ohne finanzielle Einbußen nach der Nutzung zu Hause bzw. unterwegs zu entsorgen.
Durch die Bepfandung entsteht ein Anreiz zur Substitutionshandlung in Richtung ökologisch
vorteilhafter Getränkeverpackung. Ist das Angebot ausreichend, bleibt die Wahlfreiheit des
Konsumenten erhalten. Überlegungen gehen auch in Richtung der Getränkeanbieter. Mit einem Pfand versehene ökologisch nachteilige Verpackungen verursachen einen erhöhten Aufwand und zusätzliche Kosten (z.B. Vorkehrungen für Rücknahme, Lagerung, Beseitigung der
leeren Verpackungen, Pfandrückzahlung etc.). Dieser Zusatzaufwand müsste evtl. in Form
von Preiserhöhungen weitergegeben werden. Insofern besteht die Hoffnung, dass ökologisch
nachteilige Verpackungen unattraktiv für Getränkehersteller werden. Bei einer Auslistung,
hätte das einen unmittelbaren Anstieg ökologisch vorteilhafter Verpackungen zur Folge (Österreichisches Ökologie Institut, 2009).

Ein weiterer entscheidender Lenkungsfaktor wird im Einfluss auf die Rücklaufquote und der
damit verbundenen Vermeidung von Littering (Umweltverschmutzung) erwartet. Kann die
Rückgabe ohne unangemessenen zusätzlichen Aufwand vom Konsumenten vorgenommen
werden, besteht durch die Bepfandung ein Anreiz zur Rückgabe gebrauchter Verpackungen.
Die Rückerstattung des Pfandes soll dabei aber nicht von einer Legitimation des ursprünglichen Käufers abhängig gemacht werden (z.B. Pfandbons, Kaufnachweis etc.). Somit wird es
auch Dritten möglich, achtlos weggeworfene Verpackungen gegen Geld in das System zurückzuführen und so einen aktiven Beitrag gegen das Littering zu leisten. Hier bestehen Ziel-
konvergenzen zum Handel, da nicht jede zurückgebrachte Verpackung und die damit verbundene Pfandrückerstattung für den Handel einen finanziellen Vorteil bedeutet (Österreichisches

Ökologie Institut, 2009). Seit der 5. Novellierung der VVO sind Verkaufsverpackungen, die in privaten Haushalten anfallen, gem. §6, I VVO, von Unternehmen bei einem der bundesweit neun dualen Systeme zu lizensieren (Elander, 2010). Die Kosten für eine ordnungsgemäße Lizensierung liegen zwischen rd. 120–145 Euro/Tonne (Papier, Pappe und Karton), rd. 45–60 Euro/Tonne (Glas) und rd. 650–700 Euro/Tonne für Leichtverpackungen (Kunststoff, Metall, Verbunde). Im Betrag ist inklusive die Sammlung, Sortierung, Vermarktung, Verwertung und umweltgerechte Entsorgung. Durch die höheren Kosten für Sortierung und Verwertung, fallen die Kosten für Leichtverpackungen am höchsten aus. Nicht vollständig bzw. korrekt lizensierte Verpackungen, stellen für Unternehmen eine Ordnungswidrigkeit dar. Nicht wenige Unternehmen nehmen dieses Risiko aber auf sich, da die möglichen Kosteneinsparungen relativ hoch und das Risiko durch die Kontrollbehörden ertappt zu werden bislang noch gering war. Da von den dualen Systemen nach der VVO gesammelte Verpackungen zu einem Mindestanteil recycelt werden müssen, gehen, bei geringer ausfallender lizensierter Menge als anfallender Menge, i.d.R. dem Recycling wertvolle Sekundärrohstoffe verloren (Elander, 2010).

Umweltauswirkungen nicht lizensierter Verpackungen

„Ein Hersteller bringt 100 Tonnen Kunststoffverpackungen in Verkehr, die bei Haushalten als Verpackungsabfälle anfallen. Davon lizensiert er ordnungswidrig nur 75 Tonnen Kunststoffverpackungen. Eigentlich müssten von den in Verkehr gebrachten Verpackungen 36 Tonnen Kunststoffe recycelt werden. Durch die nicht vollständige Lizensierung ist aber zu erwarten, dass nur 27 Tonnen Kunststoffe (25% weniger) tatsächlich recycelt werden. Dies führt zu erhöhten Umweltauswirkungen. Denn durch den Einsatz von recyceltem Kunststoff können beispielsweise pro Tonne hergestelltem Polyethylen (PE) ganze 1,19 Tonnen Kohlendioxyd (CO_2) eingespart werden. Weniger Recycling bedeutet also neben geringerer Ressourceneffizienz auch mehr Klimaemissionen – in diesem Beispiel 11 Tonnen mehr CO_2" (Elander, 2010, 3).

4.6.1.2   Herstellerverantwortung bei der Reverse Logistics

Für den Begriff „Reverse Logistics" existiert noch keine allgemein gültige Definition. Als Arbeitsdefinition wird der Begriff verwandt als: "the Process of planning, implementing and controlling flows of raw materials, in process inventory, and finished goods, from a manufacturing, distribution or use point, to a point of recovery or point of proper disposal" (De Brito/ Dekker, 2004, 5). Bei dieser Definition werden sowohl vom Kunden ausgehende Materialflüsse umfasst (z.B. Umtausch-, Rückgabe, Entsorgungszwecke etc.) als auch solche, die weiter vorn in der Wertschöpfungskette ihren Ausgangspunkt haben, aber nicht den üblichen Weg entlang des Supply Chain gehen (z.B. Rückgabe von Überbeständen vom Handel an den Hersteller etc.). Der Begriff gehört zu dem in Deutschland noch relativ jungen Forschungsgebiet der mit der nachhaltigen Thematik verbundenen Kreislaufwirtschaft mit Produkthaftung und Entsorgungspflicht. Als Gegenstand der Reverse Logistics sind folgende Arten von Materialflüssen zu unterscheiden (Fleischmann, 2001):

– Produktrückgaben mit dem Ziel, einen vorangegangenen Kaufvertrag zu annullieren (z.B. unbegründete Postrücksendungen innerhalb der Widerrufsfrist im Versandhandel, Garantiefälle etc.),

– Rückgaben aufgrund von Produkthaftung (z.B. Reklamationen aufgrund mangelhafter Produktqualität, Rückrufe durch den Hersteller etc.),

– Produktionsausschuss und unerwünschte Kuppelprodukte,

– Güter, die am Ende der Nutzungsdauer stehen und der Wiederverwendung, Recycling oder Entsorgung zugeführt werden und

– Packmittel (z.B. Mehrwegtransportverpackungen, Produktverpackungen etc.).

Zur Entsorgungslogistik gehören die Entsorgung verschiedener Arten von Rückständen (Transformations-, Transfer-, Konsumrückstände) (Steven et al, 2003). Die Aufgabe besteht im Wesentlichen in der kostenmäßigen Optimierung der Material- und Informationsflüsse sowie der Ausnutzung des in den Rückständen enthaltenen Wertschöpfungspotentials (Hansen, 2004). Reverse Logistics verläuft entgegen der Wertschöpfungsrichtung der Forward Logistics beim Supply Chain. Die Bedeutung in der logistischen Forschung wird durch verschärfte gesetzliche (Produkthaftung, Rückverfolgbarkeit etc.) und sozioökonomische Rahmenbedingungen (ökologisches Bewusstsein etc.) gefördert (Meade et al, 2007).

Der rechtliche Rahmen ist in Deutschland das Gesetz zur Förderung der Kreislaufwirtschaft und Sicherung der umweltverträglichen Beseitigung von Abfällen (KrW-/AbfG) als zentrale Verantwortung. Durch das Gesetz wird im Sinne der Nachhaltigkeit, die Vermeidung, Verwertung und Beseitigung von Abfällen geregelt. Danach sind in erster Linie Abfälle zu vermeiden (z.B. durch Mehrwegverpackungen etc.). Erst in zweiter Linie sind sie im Sinne der Kreislaufwirtschaft einer stofflichen oder thermischen Verwertung zuzuführen. Der Zweck des Gesetzes ist es, durch eine erweiterte und geregelte Produktverantwortung Hersteller nachhaltigkeitsbezogen in die Pflicht zu nehmen, ihre Erzeugnisse mehrfachverwendbar und langlebig zu gestalten. Bei der Produktion sollen entgegen der Wegwerfmentalität verstärkt wiederverwendete Komponenten und Sekundärrohstoffe eingesetzt werden. Im Sinne einer erweiterten Produktverantwortung werden damit Rücknahme, Verwertung und Beseitigung von nach dem Konsum verbleibenden Abfällen, auf den Hersteller verlagert (Thoroe, 2007). Auch die EU sieht für Hersteller eine erweiterte Produktverantwortung auf gesetzlichem Wege vor. Sie ist vorerst branchenbezogen gefasst. Die Richtlinie EU-2002/96/EG (auch Waste Electrical and Electronic Equipment, WEEE-Richtlinie genannt) verpflichtet Hersteller von Elektro- und Elektronikgeräten zur Rücknahme, Wiederverwendung und Recycling von Altgeräten (EU, 2003). Als Wiederverwendung sieht der Gesetzgeber Maßnahmen vor, bei denen Geräte bzw. Bauteile zu ihrem ursprünglichen Zweck verwendet werden. Unter Recycling in diesem Sinne wird die Aufbereitung von Materialien derart verstanden, dass sie für andere Zwecke als die energetische Nutzung verwendet werden können. Hinsichtlich wiederverwendungs- und Recyclingquoten enthält die Richtlinie strenge Vorgaben. Zwar sind verschiedene

Gerätekategorien vorhanden, es ist aber vorgesehen, dass mindesten 50% des jeweiligen durchschnittlichen Gewichts wiederverwendet bzw. recycelt werden müssen (Thoroe, 2007). Die Umsetzung der WEEE-Richtlinie, zusammen mit der EU-Richtlinie zur Beschränkung der Verwendung von bestimmten gefährlichen Stoffen in Elektro- und Elektronikgeräten (RoHs-Richtlinie) in nationale Gesetzgebung, erfolgt für Deutschland durch das Elektrogesetz (Gesetz über das Inverkehrbringen, die Rücknahme und die umweltverträgliche Entsorgung von Elektro- und Elektronikgeräten, ElektroG). Es ist als Sondergesetz im Rahmen des allgemeinen deutschen Abfallrechts anzusehen, das im Kreislaufwirtschaftsgesetz (KrWG) geregelt ist. Hersteller, Importeure oder Vertreiber, die Elektronikgeräte in Deutschland verkaufen wollen, sind danach verpflichtet ihre Produkte zunächst national bei der EAR (Stiftung Elektro-Altgeräte) registrieren zu lassen, um eine Vertriebserlaubnis zu erhalten. Das Gesetz verpflichtet sie ferner zu einer insolvenzsicheren Garantie (z.B. Bankbürgschaft, Treuhänder etc.), der Meldung (monatlich, jährlich) von Mengen national verkaufter Geräte an die EAR und zur Entsorgung eines festgelegten Umfangs von E-Schrott deutschlandweit nach Aufforderung durch die EAR (deutsche-recycling.de). Eine Nichtbeachtung der Herstellerpflichten kann als unlauterer Wettbewerbsvorteil angesehen werden und eine Abmahnung durch Konkurrenten nach sich ziehen (Kellner, 2013). Sowohl für die WEEE-Richtlinie als auch für die RoHs-Richtlinie liegen neue Fassungen vor. Die RoHs-Richtlinie 2011/65/EU ist am 21.07.2011, die neue WEEE-Richtlinie 2012/19/EU ist am 30.08.2012 in Kraft getreten. Für beide Richtlinien steht eine Umsetzung in nationales deutsches Recht noch aus. Die Umsetzungsfrist für die RoHs-Richtlinie (Januar 2013) ist bereits abgelaufen. Der deutsche Gesetzgeber will diese Richtlinie in einer eigenständigen Verordnung (ElektroStoffV) regeln und aus dem ElektroG herausnehmen (Kellner, 2013).

Ähnliche Motivationen für eine Ausweitung nachhaltigkeitsorientierter Herstellerverantwortung (Rücknahme und Wiederverwertung etc.), gilt auch für andere Branchen. Ein weiteres Beispiel ist die Altfahrzeugverordnung vom 21.06.2002, die die Umsetzung in nationales deutsches Recht der Richtlinie 2000/53/EG der EU abbildet. Danach sind Hersteller bzw. Importeure verpflichtet, Altfahrzeuge ihrer Marke vom Letzthalter unentgeltlich zurückzunehmen. Letzthalter sind verpflichtet, Altfahrzeuge nur einer anerkannten Rücknahmestelle oder einem anerkannten Demontagebetrieb zu überlassen (LUBW, 2013). Herausforderungen ergeben sich durch die Quotenregelung für Teile, die nachgewiesenermaßen der Wiederverwendung bzw. dem Recycling zuzuführen sind. Hierfür sind Kennzeichnungssysteme notwendig, die die Identifizierung derjenigen Bauteile erleichtern, die wiederverwendet oder verwertet werden können. Der nachhaltigkeitsorientierte Zweck ist auch hier die Förderung der Abfallvermeidung einer Begrenzung gefährlicher Stoffe in Fahrzeugen, Förderungen der Recyclingfreundlichkeit bei der Konstruktion sowie der Wiederverwendung von Recyclingmaterialen (LUBW, 2013). Als anderes Beispiel kann die Branche der Nahrungsmittelhersteller dienen. Im Zuge verschiedener Lebensmittelskandale und Forderungen nach verbesserter Lebensmittelsicherheit wurde von der EU die Verordnung EG/178/2002 erlassen mit Neuerungen für Lebensmittelrecht und -sicherheit. Die Umsetzung in deutsches Recht erfolgte durch das neue Lebensmittel- Bedarfsgegenstände und Futtermittelgesetzbuch (LFGB). Es trat erst nach einem langwierigen Vermittlungsverfahren 2007 in Kraft. Bei diesem Gesetzbuch handelt es sich um eine äußerst komplexe Materie, durch die u.a. die lückenlose Rückverfolgbarkeit von Lebensmitteln seit dem 01.01.2005 vorgeschrieben ist.

4.6.2   Meso-soziale und –soziokulturelle Rahmenbedingungen

Meso-soziale und -soziokulturelle Rahmenbedingungen sind durch mehrere aufeinander bezogene Einflussfaktoren gekennzeichnet. Sie können durch das Unternehmen selbst gestaltet werden. Die Ausprägung der „nachhaltigen Entwicklung" wird durch Unternehmensziele, -werte sowie die -kulturelle Ausrichtung bestimmt. Kultur bestimmt dabei nicht nur den Grad der Wandlungsfähigkeit und die Ausrichtung der nachhaltigkeitsbezogenen Ansätze im Unternehmen, sondern auch deren Verstetigung und Verankerung im Wertespektrum von Top-Management, Mitarbeitern und Führungskräften.

4.6.2.1   Nachhaltigkeitsorientierte Absatzgestaltung der indirekten Distribution

Die vorherigen Ausführungen haben gezeigt, dass neben den politischen Rahmenbedingungen und dem Umweltverhalten von Unternehmen, auch Kaufentscheidungen von Konsumenten die Art und Höhe entstehender Umweltschäden maßgeblich beeinflussen können. Die übergroße Zahl der Konsumenten kann in vielen Bereichen (z.B Ernährung, Bekleidung, Einrichtung etc.) lebensnotwendige Güter kaum selbst erzeugen und bearbeiten. Der Handel nimmt hier traditionell die Vermittlerfunktion zwischen Erzeugern und Konsumenten auf nachgelagerten Stufen der Wertschöpfungskette wahr. Durch Forschungsarbeiten, die sich mit der produktiven Seite der Distribution beschäftigen, ist bekannt, dass Raum- und Zeitüberbrückung, Sortimentsbildung und Transaktionskostenreduktion im nachhaltigkeitsbezogenen Sinne nicht nur einzelwirtschaftlich, sondern auch gesamtwirtschaftlich sinnvolle Aufgaben darstellen, die jedoch zu bezahlen sind (z.B. Schenk, 1991). Insgesamt kann der Handel zwar lediglich einen indirekten Beitrag zur Nutzenstiftung leisten, verfügt aber gegenüber den Herstellern in bestimmten Branchen über eine ökonomische Nachfragemacht an der Schnittstelle zum Verbraucher. Beim Handel existieren verschiedene Vertriebswege. Die nachfolgende Abbildung 4.12 zeigt ausgewählte Vertriebswege des indirekten Vertriebs im Überblick.

Wie in der Abbildung 4.12 zu ersehen ist, stellt die Betriebsform des Einzelhandels den Hauptabsatzweg dar. Beim indirekten Vertrieb kann diese Betriebsform einstufig oder zweistufig, unter Einschaltung des Großhandels, organisiert sein. Die durchbrochenen Pfeile deuten die Reverse Logistics an. Der Großhandel lässt sich in mehrere Gruppen aufteilen. Beim Streckengroßhandel erfolgt die Belieferung vom Hersteller direkt an den Einzelhändler. Der Großhändler hat lediglich eine disponierende Funktion (z.B. über Auftrags-. Rechnungs- und Zahlungsweg). Bei der Gruppe der (zustellenden) Sortiments- und Spezialgroßhändler wird für den Abnehmer die Transportfunktion zusätzlich übernommen. Diese Betriebsformen haben in der Bedeutung hinsichtlich der Belieferung an den filialisierten Einzelhandel immer mehr verloren. Für Großunternehmen des Einzelhandels ist der Einkauf direkt von den Lieferanten einfacher. Im Lebensmittelbereich wird nur beim Frischwarensegment noch öfter auf die Belieferung durch den Großhandel zurückgegriffen. Bei kleineren Einzelhändlern kommt dem Großhandel aber nach wie vor noch eine Bedeutung zu. Rack Robber (Regalgroßhändler) sind Hersteller/Großhändler, die Regalraum bzw. Verkaufsfläche in Verkaufsstätten (Groß- bzw. Einzelhandel) anmieten und auf dieser das Sortiment ergänzende Waren anbieten. Zumeist übernimmt der Vermieter gegen Entgelt das Inkasso und die Abrechnung.

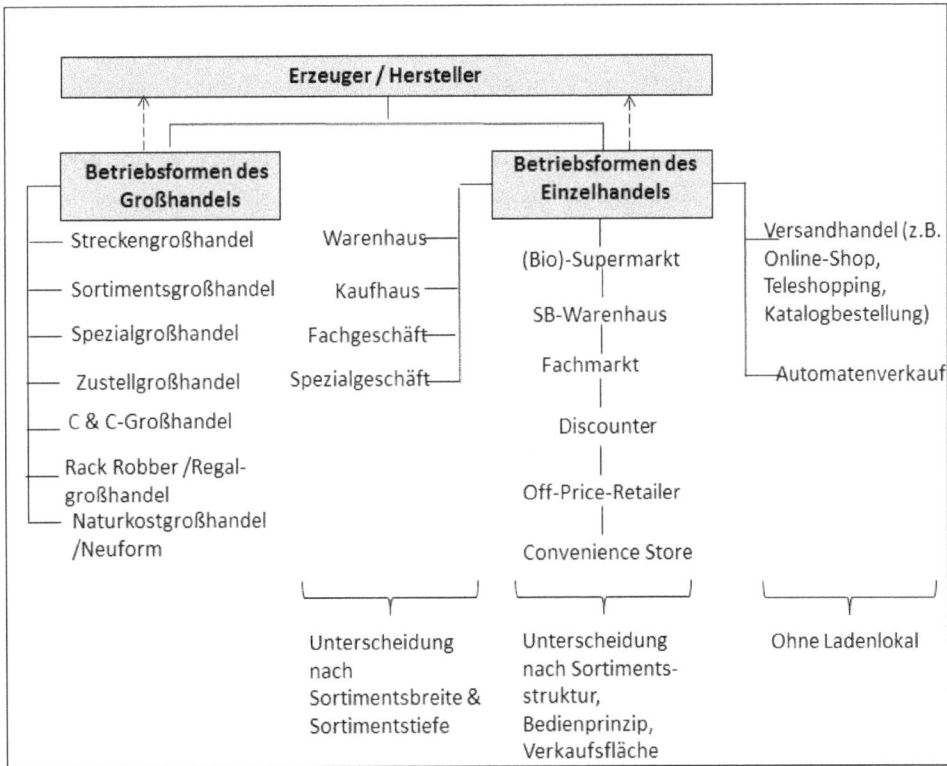

Abb. 4.12:   Typische Vertriebswege des indirekten Absatzes

Unter Nachhaltigkeitsgesichtspunkten sind besonders Unternehmen interessant, die sich auf ein spezialisiertes Angebot konzentriert haben und auf differenzierte Segmente ausgerichtet sind. In der Lebensmittelbranche ist z.B. der Spezialitätengroßhandel auf bestimmte Warenbereiche spezialisiert, in denen ein sehr tiefes Sortiment mit speziellen Qualitätslagen angeboten wird. Neben den Feinkostgroßhändlern sind auch Warenspezialisten im Frischwarenbereich (z.B. Obst, Gemüse, Käse etc.) von Bedeutung. Im Zuge des Bio-Booms haben sich im Fachhandelsbereich spezielle Großhandelsunternehmen für Naturkost und Reformwaren erfolgreich entwickelt. Viele von ihnen sind regional tätig (Spiller, 2005).

Beim Einzelhandel liegt einerseits ein kleinbetrieblicher Bereich mit (Bio-)Fachgeschäften und dem Handwerk (Bäcker, Metzger, Schuhmacher etc.) vor. Auf der anderen Seite steht der filialisierte Einzelhandel mit breitem (Bio-)Sortiment. In der Lebensmittelbranche präsentieren sich Facheinzelhändler oft als Warengruppenspezialisten (Obst, Fischhändler etc.) oder als Segmentspezialisten (Reformhäuser, Bioläden etc.). Die personalintensive Aufstellung macht dabei oft eine hochpreisige Vertriebsform notwendig. Besonders in der Lebensmittelbranche hat das personalintensive Bediengeschäft zunehmend an Relevanz verloren und nur in Nischenbereichen überlebt. Nur bei klar differenzierten Sortimenten wird vom Verbraucher das (personal-)kostenintensive Bediengeschäft noch akzeptiert (Spiller, 2005).

Übernahme von Kaiser's Tengelmann durch Edeka gescheitert

„Trotz aller Zugeständnisse darf Edeka die Kaiser's-Tengelmann-Supermärkte nicht übernehmen. Das Bundeskartellamt untersagte die von Anfang an umstrittenen Pläne des Marktführers und seiner Mühlheimer Rivalen. Die Tengelmann-Gruppe hatte den Verkauf seiner 450 Filialen in Bayern, Berlin und Nordrhein-Westfahlen zum 30. Juni 2015 angestrebt. Das Unternehmen sieht nach eigenen Angaben „keine Perspektive" mehr, das seit Jahren defizitäre Supermarktgeschäft wieder profitabel zu machen. Über die genauen Vertragsinhalte sowie die Kaufsumme vereinbarten Tengelmann und Edeka damals Stillschweigen. Das Kartellamt begründet seine Absage damit, dass die Fusion zu einer erheblichen Verschlechterung des Wettbewerbs auf zahlreichen ohnehin konzentrierten regionalen Märkten und Stadtbezirken im Großraum Berlin, München und Oberbayern sowie in Nordrhein-Westfahlen geführt hätte. „In diesem Fall kommt es vor allem auf die Marktverhältnisse vor Ort an", sagte Kartellchef Andreas Mundt. Nicht der relativ geringe bundesweite Marktanteil von Kaiser's Tengelmann sei entscheidend. „Niemand fährt zum Einkaufen quer durch Deutschland oder auch nur quer durch eine Großstadt". Die Einkaufsalternativen wären durch den Zusammenschluss für die Verbraucher erheblich eingeschränkt worden und die Gefahr von Preiserhöhungen gestiegen" (o.V., 2015).

In Deutschland liegt insbesondere beim Lebensmitteleinzelhandel eine starke Marktkonzentration vor, für die hauptsächlich folgende Gründe verantwortlich sind (Beck et al, 2011):

- zahlreiche Übernahmen und Fusionen der letzten Jahre. Beispielsweise: Übernahme der Plus-Filialen durch Edeka und Rewe (Bundeskartellamt, 2007), Verkauf von Ratio-Filialen an Edeka (Bundeskartellamt, 2010a), Übernahme der trinkgut-Kette durch Edeka (Bundeskartellamt, 2010b), Übernahme der Wasgau-Märkte durch Rewe, Übernahme der tegut-Märkte durch den schweizerischen Konzern Migros.
- Technologischer Fortschritt und
- Marktliberalisierung.

Beck et al konnten empirisch belegen, dass der technische Fortschritt (z.B. Barcodes- bzw. Scannerkassen etc.) früher und in größerem Umfang als bei kleineren Einzelhandelsgeschäften von großen Filialisten genutzt wird, um Produktivitätsvorteile zu gewinnen (Beck et al, 2011). Diese resultieren auch in Kostensenkungen und führen damit zu Wettbewerbsvorteilen für große Marktteilnehmer. Somit profitieren große Ketten wesentlich stärker vom technischen Fortschritt, als klassische Einzelhändler mit weniger Filialen. Wenzel konnte zeigen, dass die Wirkung ordnungspolitischer Reformen selten wettbewerbsneutral verläuft. Danach wird die Wirkung der Liberalisierung der Ladenöffnungszeiten stark von Effizienzunterschieden zwischen unabhängigen Einzelhändlern und großen Ketten beeinflusst (Wenzel, 2011). Bei einem geringen Unterschied wählt der unabhängige Einzelhändler längere Öffnungszeiten und profitiert von der Liberalisierung. Bei großen Effizienzunterschieden profitieren große Ketten allerdings aufgrund der unterschiedlichen Personalstruktur und Handelsformate wesentlich stärker. Durch Größenunterschiede kann von deutlichen Effizienzunterschieden ausgegangen werden. Die Liberalisierung der Ladenöffnungszeiten lässt somit große Ketten stärker profitieren, als traditionelle Einzelhändler mit weniger Filialen.

4.6.2.2 Nachhaltiger Konsum im Kontext des Handels

Auch wenn der Handel nur einen indirekten Nutzenbeitrag zum Kaufakt beiträgt, ist er doch in der Lage u.a. durch Sortimentspolitik eine soziale Verantwortung zu übernehmen und das nachhaltige Konsumentenverhalten wesentlich zu beeinflussen. Als nachhaltiger Konsum wird in diesem Zusammenhang eine Gestaltungsaufgabe verstanden, die partnerschaftlich von den gesellschaftlichen Akteuren (z.B. Unternehmen, Staat, Bildungsinstitutionen, Konsumenten etc.) gemeinsam angegangen und gefördert werden muss. Die Handlungsmacht der Konsumenten hängt beim nachhaltigen Konsum u.a. von den sie umgebenden Kontextbedingungen ab. Im Hinblick auf die derzeitigen Versorgungssysteme (Energie, Verkehr, Warenangebot etc.) ist es für Konsumenten nicht immer leicht, attraktive, kostengünstige und nachhaltigkeitsorientierte Lösungen auf Anhieb zu finden. Kontextbedingungen im Handel sind vor allem von gesättigten Märkten gekennzeichnet. Die Besonderheit gesättigter Märkte liegt darin, dass das Aufnahmevermögen für neue nachhaltigkeitsorientierte Produkte aus rein physiologischen Gründen begrenzt ist. Die Aufnahmefähigkeit ist auch begrenzt, wenn die Sättigung in Teilmärkten unterschiedlich ausfällt. Trotz dieser Tatsache, sind auch bei gesättigten Märkten Nachfrageverschiebungen möglich (Strecker, 2010). Eine solche Nachfrageverschiebung zeigt die nachfolgende Abbildung 4.13 anhand von Lebensmittelausgaben für Bio-Produkte.

Wie in der Abbildung 4.13 zu ersehen ist, steigt der Anteil an Lebensmittelausgaben für Bio-Produkte seit 2004 (Bio-Lebensmittel gibt es schon seit 1970) in nicht unerheblichem Maße kontinuierlich an. Nachhaltig produzierte Produkte stehen dabei in direkter Konkurrenz zu konventionell hergestellten Produkten. Insbesondere im Handel ist dieses Konkurrenzverhältnis durch knappe Regalflächen (z.B. im Einzelhandel etc.) geprägt. Für die Aufnahme neuer nachhaltigkeitsorientierter Produkte in das Sortiment, ist ein hoher Dispositionsaufwand des Handels notwendig. Neue Produkte werden daher nur gelistet, wenn sie für den Handel einen erheblich höheren Nutzen (Umsatzpotenzial etc.) im Verhältnis zu dem Produkt ermöglichen, das sie ersetzen. Neben komplexen speziellen Vertragsbedingungen (z.B. Rabattformen, Werbekostenzuschüsse, Zahlungsbedingungen, Sonderaktionen etc.) muss zusätzlich durch Marktforschungsstudien eine gute Verbraucherakzeptanz nachweisbar und ein herausragendes Marketingkonzept für die Produkte vorhanden sein (Strecker, 2010).

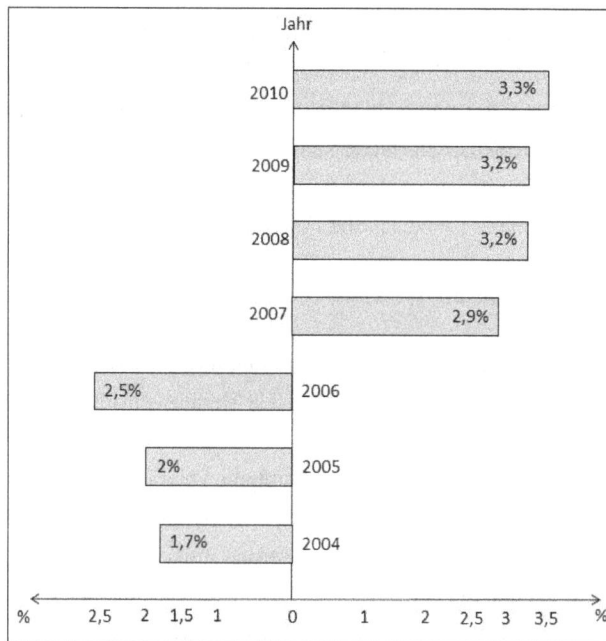

Abb. 4.13:   Bio-Anteil an Lebensmittelausgaben in Deutschland in den Jahren 2004 bis 2010, Quelle: i.A.a, GFK, 2011, 6, geändert und modifiziert

In Deutschland wird der Wettbewerb stark von Discount-Angeboten geprägt. Besonders im Lebensmitteleinzelhandel steht die starke Präsenz von Discountern (Marktanteil konstant 40%) im Gegensatz zu vielen anderen europäischen Ländern. Die damit verbundene Marktmacht zeigt sich auch innerhalb des Segments. Im Jahr 2012 liegt der Marktanteil des Hard-Discounters Aldi (Nord und Süd) bei ca. 43%, die Marktanteile der Soft-Discounter Lidl bei ca. 22%, Netto 17%, Penny 10% und Norma 8% (Lademann, 2012). Die Sortimentsbreite und -tiefe von Discountern umfasst nur ein Basissortiment von „Schnelldrehern" und ist damit wesentlich geringer, als bei einem Supermarkt. Zudem herrscht ein aggressiver Wettbewerb bei dem die Unternehmen um jeden Preis ihren Marktanteil verteidigen. Die Wertschätzung von Waren bleibt dabei auf der Strecke. Preissetzungsspielräume sind auch bei den Zulieferern äußerst beschränkt (Billigware ist Standard). Dem kostengünstigsten Angebot wird alles untergeordnet. Trotzdem können Konsumenten mittlerweile auch „Bio"- Produkte, bei denen Wertschätzung und ein fairer Wettbewerb ein wesentliches Verkaufsargument darstellen sollten, bei Discountern kaufen.

Greenwashing bei Aldi?

„Bei deutschen Discountern spielen sich momentan ungewöhnliche Szenen ab. Marktführer Aldi hat am Wochenende seine Preise für Frischfleisch gesenkt – Rind- und Putenfleisch kosten nun bis zu sieben Prozent weniger als vorher. Bei einigen Artikeln macht das einen Preisvorteil von immerhin 30 Cent aus. Noch am selben Tag zogen Konkurrenten nach, warben ebenfalls mit Preissenkungen - zunächst der Discounter Netto, der zur Edeka-Gruppe gehört, später auch Norma. Am Montag meldete sich dann Wettbewerber Lidl zu Wort. In einer öffentlichen Stellungnahme kritisierte die Kette den Vorstoß des Konkurrenten, weil dieser den allgemeinen Bemühungen um bessere Haltungsbedingungen auf Bauernhöfen entgegenstünde. Lidl würde es begrüßen, „wenn es trotz des harten Wettbewerbs in Deutschland gelänge, ein Preisniveau im Frischfleisch-Sektor zu finden, das die richtigen und wichtigen Anstrengungen für mehr Tierwohl unterstützt", hieß es. Gleichzeitig senkte das Unternehmen die Frischfleischpreise jedoch ebenfalls. […] Hintergrund der ungewohnt offenen Kritik an den Praktiken von Aldi ist die Tatsache, dass sowohl Aldi als auch Lidl sich erst kürzlich der Wirtschafts-Initiative „Tierwohl" angeschlossen haben, in der sich zahlreiche große Einzelhändler für eine artgerechte Tierhaltung einsetzen wollen. Die Händler verpflichten sich, Mastbetriebe höher zu entlohnen, wenn sie die Haltungsbedingungen der Tiere verbessern, etwa auf die Ferkelkastration oder das Schnabelkürzen bei Hühnern verzichten und den Tieren mehr Platz gewähren. „Die Preissenkungen sind da eine schlechte Nachricht", urteilt Michael Lohse vom Bauernverband (DBV) und schließt sich damit der Einschätzung von Lidl an. „Sie sind ein falsches Signal an die Konsumenten, weil die Tierwohl-Initiative natürlich nur den Anfang darstellen soll in einer Offensive für mehr Nachhaltigkeit und Wertschätzung im Fleischkonsum". Dumpingpreise seien weder aus ethischer, noch aus wirtschaftlicher Sicht vertretbar" (Hubschmid, 2014).

Wie in der Abbildung 4.12 auch verdeutlicht, hat sich auf dem deutschen Lebensmittelmarkt aber auch eine Nachfrageverschiebung ergeben. Echte Bio-Produkte (mit Nachverfolgbarkeit biologisch erzeugt etc.), haben die Pionierphase überwunden. Sie haben einen festen Platz in der Gesellschaft eingenommen und stellen damit ein positives Beispiel für eine gelungene Sortimentserweiterung und Förderung des nachhaltigen Konsums durch den Handel dar. In dieser von vielen Skandalen, Rückrufen und gesundheitsschädlichen Auswirkungen gekennzeichneten Branche hat sich das Siegel „Bio" auf Lebensmitteln mittlerweile für viele Konsumenten als Statussymbol etabliert. Heute gelten bei immer mehr Konsumenten „Genuss" und „Qualität" als wichtigste Kaufkriterien. Zudem herrscht ein starker Gesundheitstrend. Da die Preisorientierung nach vielen schlechten Erfahrungen vielfach abnimmt, entwickelt sich die Bio-Branche zu einem Massenmarkt. Die Produkte haben zumeist ein höheres Preisniveau und vermitteln beim Kauf den Eindruck von „Gesundheit" (Düthmann, 2006). Lebensmittelkonsumenten geht es in Deutschland nicht mehr nur darum, sich zu „ernähren". Der Wunsch nach einem Zusatznutzen durch die Produkte (artgerechte Tierhaltung, geringe Schadstoffbelastung, menschenwürdige Arbeitsbedingungen bei Herstellern der dritten Welt, faire Handelsvereinbarungen etc.), hat sich etabliert. Das zeigt sich auch an dem großen gesellschaftlichen Interesse am Thema „Bio" und „Nachhaltigkeit", das fast täglich in den Medien vertreten ist. Während in den 1980er Jahren die Bio-Branche noch als eine Öko-Nische galt, sind nachhaltig erzeugte Lebensmittel heute zu einem selbstverständlichen Bestandteil der deutschen Ernährungskultur geworden. Der Trend greift mittlerweile auch auf die Außer-Haus-Gemeinschaftsverpflegung bei Kantinen, Schulküchen bzw. Mensen über. Der Umsatz mit Bio-Lebensmitteln ist in Deutschland von 2,1 Milliarden Euro im Jahr 2000 auf 7,55 Milliarden Euro im Jahr 2013 gestiegen. Der Umsatz wuchs allein vom Jahr 2012 zum Jahr 2013 um 7,2% (Bund ökologische Lebensmittelwirtschaft, 2014). Deutschland ist mittlerweile Europas größter Bio-Absatzmarkt, denn 28% aller verkauften Bio-Lebensmittel werden in Deutschland verkauft. Auf die ständig steigende Nachfrage hat auch der Handel reagiert. Bio-Produkte sind nahezu überall zu haben und das Sortiment wächst weiter (Druck, 2013). Zwischenzeitlich haben zahlreiche Bio-Supermärkte eröffnet. Selbst Discounter und Drogerien passen ihr Sortiment partiell an den Zukunftstrend „Bio" an (Information Resources, 2006).

Der nachfrageorientierte „Bio-Boom" in der Lebensmittelbranche wird durch ein starkes Wachstum angetrieben. Diese Tatsache hat aber Auswirkungen auf Bio-Landwirte, Verbandsvertreter und Forscher. Obwohl Deutschland auch bei ökologisch bewirtschafteten Flächen mit einem Anteil von 6,3% über dem EU-Durchschnitt liegt, ist die deutsche Bio-Wirtschaft schon länger nicht mehr in der Lage, die stetig steigende Nachfrage aus eigener Produktion zu befriedigen. Die Zahl der Bio-Betriebe wuchs in Deutschland im Jahr 2013 nur schwach um 2% auf 23.484 Betriebe (Bund ökologische Lebensmittelwirtschaft, 2014). Mit den zunehmenden Importen biologisch erzeugter Lebensmittel nach Deutschland ist aus ökologischer Sicht ein Zielkonflikt verbunden. Die damit zwangsweise einhergehende Erhöhung des Transportaufkommens hat negative Folgen für die Umwelt (z.B. Erhöhung von CO_2, Feinstauberhöhung, Smog etc.). Für die wirtschaftswissenschaftliche Forschung stellen sich zunehmend ethische und das Selbstverständnis berührende ökologische Fragen hinsichtlich der zukünftigen Entwicklung des Bio-Marktes. So drängt sich z.B. die Forschungsfrage auf wie „Bio" *nachhaltig* wachsen kann, welche Projektideen den Öko-Landbau fördern können und welchen Beitrag Bio zur Verbesserung der weltweiten Ernährungssituation leisten kann? Ein Forschungsbedarf ist daher dringend gegeben.

4.6.2.3   Umweltbelastungen durch Handel, Transport und Verkehr

Gesamtwirtschaftlich besteht eine zunehmende Verflechtung in der Weltwirtschaft (Globalisierung). Der Umfang des globalen Handels der Industrieländer hat seit den 1970er Jahren um ca. 350% zugenommen (Dieckheuer, 2001). Allein die Einbindung der deutschen Landwirtschaft in den weltweiten Agrarhandel bewirkte eine Verdoppelung der Agrarexporte in den letzten 10 Jahren (Dieckheuer, 2001). Bei den Agrarimporten steht Deutschland mit knapp 62 Milliarden im Jahr 2008 im Weltagrarhandel an zweiter Stelle (Reichert/Reichert, 2011). Zu einem überwiegenden Teil handelt es sich dabei um den Austausch von Produkten, die in vielen Gegenden Deutschlands produziert werden können (einen möglichen Umfang des Austauschs identischer Produkte zeigt Jones für Großbritannien auf, vgl. Jones, 2001). Mit dieser

Entwicklung ist auch eine enorme Steigerung der Transporte zwischen den Ladestationen und Verkaufsstellen verbunden. In Deutschland ergibt sich im Rahmen des Güterverkehrs, bezogen auf 1988 bis 2010, eine Steigerung der Lkw-Fahrleistung im Nahverkehr um ein Drittel und im Fernverkehr um zwei Drittel (Kuhfeld, 2015). Dazu trägt auch die Zunahme des Handels innerhalb der EU mit den Veränderungen der Ein- und Durchfahrten im grenzüberschreitenden Verkehr bei. Der Anstieg von 2,5 Millionen Lkw im Jahr 1970 auf über 8 Millionen Lkw im Jahr 2008 auf deutschen Straßen, zeigt die Bedeutung des Transitverkehrs durch Deutschland (Demmeler, 2008). Steigende Transporte werden auch durch andere Faktoren beeinflusst. Transportkosten im Straßengüterverkehr haben derzeit nur einen geringen betriebswirtschaftlichen Einfluss auf Entscheidungen im Handel. Die Zunahme des Veredelungsgrades, z.B. von Lebensmitteln sowie der Anteil von Fertigprodukten, fördern die Entwicklung. Diese zusätzlichen Zwischenschritte im Produktlebenszyklus sind mit erhöhtem Transportaufwand verbunden. Auch die Konzentration der erzeugenden und verarbeitenden Betriebe trägt zum erhöhten Verkehrsaufkommen bei.

Nordseekrabbenpulen in Tanger

„Von Greetsiel nach Tanger – Alwin Kocken trifft keine Schuld. Er hat alles versucht. Hat sein ganzes Leben mit dem Untier gekämpft. Crangon crangon, die Nordseekrabbe. Grausam in ihrer Weichheit und Winzigkeit. Maschinell bis jetzt unbezwingbar. Zehn Füße, zwei lange Fühler, sandglasige Farbe, bis zu acht Zentimeter lang. Wenn man Glück hat.[…]Marokko also. Die Reise geht vom ostfriesischen Wattenmeer über Holland, Frankreich, Spanien, Tanger und zurück. Millionen von Nordseekrabben eingefroren oder gekühlt, in Säckchen gefüllt, mit kleinen weißen Punkten am Kopf. Wenn die Krabben tiefgekühlt, lakekonserviert oder MAK-verpackt in das kleine ostfriesische Fischerdorf zurückkehren, nennen die Greetsieler sie abfällig „Marokkofleisch". Im Hotel Achterum kostet der „Schleusenteller" mit Krabben und Rührei und einem kleinen Salat 11.50 Euro. Wenn es Marokkofleisch ist, essen ihn nur die Touristen […]" (Steinberger, 2010).

Neben den Transporten zur Verkaufsstelle, hat auch der Einkaufsverkehr zugenommen. Auch diese Tatsache wurde wesentlich durch den Handel gefördert. Durch einen Zuwachs an Super- und Verbrauchermärkten mit größerer Verkaufsfläche im städtischen Umland hat sich der Anteil von Kunden erhöht, die ein Auto für den Weg zur Verkaufsstelle und zurück zum Ort des Verbrauchs benötigen. Für Fahrradfahrer, Fußgänger bzw. Nutzer öffentlicher Verkehrsmittel, die zur Minderung ökologischer Belastungen beitragen können, sind diese Einkaufsstätten nicht erreichbar. Transporte wirken als Teilbereich des Gesamtverkehrs in unterschiedlicher Weise umweltschädlich und beeinträchtigen auch die menschliche Gesundheit. Im Hinblick auf die nationale Situation werden nachfolgend ausgewählte umweltschädliche Wirkungen beispielhaft zusammengefasst und ihre schädlichen Wirkungen erläutert (IPCC, 2001, Umweltbundesamt, 2005, Umwelt- und Prognose-Institut, 1999, BMU, 2004, Knisch, 1991, Statistisches Bundesamt, 2004, Bundesamt für Naturschutz, 2002):

1. Luftverunreinigung

Der Straßenverkehr ist auf regionaler Ebene die bedeutendste Ursache für Luftverschmutzung und Feinstaubemissionen. Das zeigt auch der Anteil am Gesamtausstoß. Er beträgt bei Stickoxyden 72%, Benzolen 95% und flüchtigen Kohlenwasserstoffen 34%. Bei Sonnenlicht führen Luftschafstoffe zur Entstehung bodennahen Ozons, das bei Inversionswetterlagen zur Smogbildung führt. Beide Emissionen beeinträchtigen die menschliche Gesundheit (z.B. Kopfschmerzen, Kreislaufprobleme, Atembeschwerden, Schleimhautreizungen etc.). Durch Feinstaubbelastungen sterben mehr als doppelt so viele Menschen wie durch Unfälle im Straßenverkehr (z.B. Atemwegserkrankungen, Herz-Kreislauf-Versagen, Lungenkarzinom etc.).

2. Treibhausgase in der Atmosphäre (Glashauseffekt)

Vor dem Treibhauseffekt mit seinen dramatischen Auswirkungen, kann mittlerweile niemand mehr die Augen verschließen. Zum Anstieg der Erderwärmung trägt dabei nicht nur der Ausstoß von CO_2 bei. Es werden auch die Emissionen von NO_x, VOC und CO beim Treibhauseffekt wirksam. Einen wesentlichen Beitrag zum Treibhauseffekt leistet der Straßengüterverkehr, wobei ein Großteil der Emissionen in der Betriebsphase durch die Nutzung von Kraftstoff und Strom entsteht. Auch der Flugverkehr ist als ein Problemfeld anzusehen. Der Anteil des nationalen Verkehrs (inkl. Flugverkehr) ist bis 2002 von 16% auf knapp 20% gestiegen.

3. Verkehrslärm

Der Hauptanteil des Straßenverkehrslärms wird nach Untersuchungen vom Lkw-Verkehr verursacht. Ein Lärmpegel von über 65 Dezibel wirkt gesundheitsschädigend. Derzeit sind einem solchen Wert in Deutschland tagsüber mehr als 12 Millionen Menschen ausgesetzt. Lärm gilt als Hauptursache für Bluthochdruck, was zur Steigerung des Herzinfarkt-Risikos bzw. anderer Gefäßerkrankungen beiträgt.

4. Energie- und Materialeinsatz

Beim Energie- und Materialeinsatz für Fahrzeuge, kommen nicht wenige nicht erneuerbare Ressourcen (z.B. Mineralöl, Aluminium, Erze etc.) zum Einsatz. Im Hinblick auf den Erzbedarf (für Eisen, Stahl, etc.) wurde von Knisch in den 1990er Jahren ermittelt, dass zur Herstellung eines Pkw mit einer Tonne Gewicht ein Erzabbau von 25–30 Tonnen erforderlich ist. In Form von Reststoffen fallen hierbei 0,8 Tonnen an, die zu entsorgen sind.

5. Umweltgefüge (Ökosysteme)

Durch die Auswirkungen von Transporten auf die Infrastruktur von Ökosystemen, Fauna und Flora etc. entstehen direkte Verluste von Tieren (verkehrsbedingt getötete Tiere, Insekten etc.) sowie die Zerstörung von Lebensräumen (z.B. Zerschneidung von Biotopen, Isolation von Populationen etc.) durch den Bau von Straßen. Zudem besteht ein Zusammenhang von Verkehrsaufkommen, Straßenbreite und gefahrener Geschwindigkeit mit der Populationsentwicklung bestimmter Tierarten (z.B. des Fischotters etc.). Arten- und Biotopschutz erfordert den

Schutz verkehrsarmer Regionen sowie zusammenhängender Räume. Auch die Pflanzenwelt erleidet Umweltschäden. Durch den Eintrag von säurebildenden Gasen (z.B. SO_2, NO_x, Fluor- und Chlorwasserstoffe etc.), werden Pflanzen und Böden geschädigt. Reichert sich der Säure- gehalt im Niederschlagswassers an, kann das bei Gebieten mit saurem Ausgangsgestein zur Versauerung von Gewässern bzw. saurem Regen führen. Stickoxyde schädigen eine Vielzahl naturnaher Ökosysteme (z.B. Hochmoore, Bergwälder und die dort enthaltene Artenvielfalt). Gehen naturnahe Räume (z.B. Auen, Rückhalteräume etc.) verloren, steigt die Hochwasserge- fahr in anderen Gebieten. Von der zunehmenden Flächeninanspruchnahme (Siedlung, Ver- kehr, Industrie etc.), sind nahezu alle Biotope in Deutschland betroffen.

6. Flächenversiegelung
Der Eintrag von Schadstoffen aus dem Verkehrsaufkommen führt entlang der Straßen zu Bo- denverschmutzungen durch Schwermetalle, Salze und Mineralöle. Bodenversiegelungen durch Straßen-, Siedlungs- und Industriebauten schränken den Lebensraum wild lebender Tie- re erheblich ein.

Die aufgeführten umweltschädlichen Auswirkungen durch Handel, Transport und Verkehr stellen nur eine Auswahl dar. Sie treten direkt oder indirekt auf und können auch Teil einer Ursache-Wirkungs-Beziehung sein. Sie sind auch nicht unbedingt auf geographische Orte eingrenzbar. Ihre Wirkung kann sich über mehrere Zwischenstationen potenzieren und in weit entfernten Regionen z.B. zu Überschwemmungen führen bzw. durch Klimaveränderungen Auswirkungen auf die Landwirtschaft in anderen globalen Regionen haben.

4.6.2.4   Nachhaltigkeitsanforderungen für Handelsgroßbetriebe

Bei Handelsgroßbetrieben des Lebensmitteleinzelhandels wird in Deutschland das Angebot stark durch Discounter geprägt. Handelsbetriebe dieser Gruppe arbeiten mit konventionellen Vertriebswegen. Die stark gestiegene Nachfrage nach ökologisch erzeugten Lebensmitteln, hat aber auch in der konventionellen Distribution zu einer Art „Ökologisierung" geführt. Auch wenn Nachhaltigkeit dabei relativ weit gefasst wird, führt auch das zu Herausforderun- gen für Handelsgroßbetriebe, die sich auf unterschiedliche Ebenen auswirken. Nachfolgend werden ausgewählte nachhaltigkeitsbezogene Anforderungen aufgeführt, die sich aus dieser Art der „Ökologisierung" für Großbetriebe des Lebensmitteleinzelhandels ergeben: (Hansen, 1990, Dobson Consulting, 1999, Jungbluth, 2000, Olbrich et al, 2001, Dienel, 2002, Spil- ler/Zühlsdorf, 2002, Jahn et al, 2004, Michels et al, 2003, Spiller, 2005).

1. Kooperationsebene
Die ökonomische Macht von Discountern und großen Lebensmitteleinzelhandelsketten hat u.a. auch zur Austauschbarkeit bei den Lieferanten geführt. Darunter leidet nicht nur die Lie- ferantenvielfalt. Machtausübung durch große Händlerketten führt auch zu Reibungen mit den Lieferanten. Bei der Nachhaltigkeitsorientierung gehört zur Erhaltung der Lieferantenvielfalt

auch eine Verteilung von Wertschöpfungsgewinnen. Das ist nur mittels einer bewussten Verantwortungsübernahme von nachfragemächtigen Händlerketten gegenüber mittelständischen Lieferanten möglich. Opportunistisches Verhalten und kurzfristige Einkaufsoptimierungen wirken einer gleichberechtigten Kooperation entgegen. Sie können sogar dazu beitragen, dass der Anteil deutscher Lebensmittelhersteller, der bereits heute in seiner Existenz gefährdet ist, noch weiter reduziert wird.

2. Logistik, Transport und Verkehr

Untersuchungen zeigen, dass der zunehmende Transport durch den Ausstoß von CO_2 eine signifikant negative Wirkung auf die Ökobilanz hat. Das gilt neben dem erhöhten LKW-Transportaufkommen insbesondere für den Luftverkehr. Im Sinne der Nachhaltigkeit ist fraglich, ob eine ganzjährige Verfügbarkeit von Obst und Gemüse in voller Breite notwendig ist? Nachhaltige Zusammenhänge sind sehr wissensintensiv. Viele Konsumenten verfügen jedoch über relativ wenige Kenntnisse in dieser Hinsicht (z.B. Herkunft, CO_2-Ausstoß für Logistikprozesse, Energiebedarf etc.). Daher ist die Durchsetzung einer jahreszeitlichen Anpassung des Sortimentes mit einem weitgehenden Verzicht auf Lufttransporte auch als eine Bildungsaufgabe anzusehen.

3. Ebene der Standortpolitik

Die Standortpolitik großer Lebensmitteleinzelhandelsbetriebe steht vor schwierigen Anforderungen. Während einerseits durch eminent hohe Mietpreise die Innenstädte zunehmend nicht mehr als Standorte in Frage kommen, können durch den demographischen Wandel in ländlichen Räumen kaum noch profitabel Betriebe erhalten werden. Entstehen Betriebe aber nur noch an Standorten, die nur von den Kunden per Auto erreicht werden können, steigert das den Einkaufsverkehr. im Sinne der Nachhaltigkeit wirkt sich das negativ aus. Da so das Verkehrsaufkommen künstlich erhöht wird, entstehen negative Folgen für die Klimaerwärmung.

4. Soziale Ebene und Warenebene

Die starke Präsenz von Discountern führt in Deutschland zu Rationalisierungsanforderungen bei den großen Lebensmitteleinzelhändlern. Das hat neben dem Abbau von personalintensiven Bedientheken auch zu Lohndumping und dem vermehrten Einsatz unqualifizierter Teilzeitarbeitskräfte geführt. Die Auswirkungen beziehen sich nicht nur auf die Mitarbeiterebene, sondern verursachen auch eine Verarmung des Sortiments. Erklärungsbedürftige Spezialitäten aus dem Hochpreissegment, können ohne gut ausgebildetes Personal nicht mehr angeboten werden. Im Sinne der Nachhaltigkeit sind auf der Warenebene Qualitätssicherung und Verbraucherschutz nach vielen Skandalen mit gesundheitsgefährlichen Folgen, in der Branche unverzichtbar. Viele Warenqualitäten, Herkunft oder Erzeuger sind jedoch für Konsumenten nicht ohne weiteres nachprüfbar. Die Glaubwürdigkeit des Produktangebotes hängt daher von der Transparenz (z.B. Nachverfolgbarkeit, anerkannte Zertifizierungssysteme, geprüfte Label etc.) und dem Engagement der Handelsbetriebe ab.

5. Kommunikationsebene

Die Verbreitung von Kundenkarten ermöglicht es Handelsunternehmen, ihr Wissen über Kundengewohnheiten erheblich auszuweiten. Auch wenn derzeit die Nutzung der Daten noch nicht in vollem Umfang möglich ist, kann ein besseres Eingehen auf Verbraucherwünsche oder eine zielgruppenspezifischere Ansprache im Sinne der Nachhaltigkeit auch zu einem vielfältigeren und kundenspezifischeren Angebot führen.

6. Preisebene

Die starke Präsenz von Discountern mit preisaggressivem Auftreten hat in Deutschland zu einer gewissen Preisstabilität auf einem niedrigen Niveau geführt. Die intensiven Preiskriege führten bei den Konsumenten zur Ausbildung einer allumfassenden „Schnäppchenmentalität". Diese führt auf der kulturellen Ebene zu einer Geringschätzung von Lebensmitteln. Aus mikroökonomischer Sicht wird dadurch eine Spirale in Gang gesetzt mit Angeboten von immer geringeren Qualitäten. Das führt nahezu zwangsweise zu weiteren Lebensmittelskandalen mit weiteren Vertrauensverlusten bei den Konsumenten. Im Sinne der Nachhaltigkeit ist eine kulturbedingte „Umprogrammierung" notwendig, die den Preis nicht länger als „heilige Kuh" fördert, sondern Wertschätzung und Gesundheitsbewusstsein höher bewertet.

Bei den diskutierten Handlungsfeldern handelt es sich um eine Auswahl. Bei einem Vergleich mit der Realität zeigt sich aber, dass Anforderungen durch eine Nachhaltigkeitspolitik in deutschen Handelsunternehmen bisher kaum thematisiert werden. Beim deutschen Handel dominiert nach wie vor eine starke Risikoaversion mit gering ausgeprägter Innovationsneigung. Auch wenn einige Ausnahmen gute Erfolge verzeichnen (z.B. Rewe Natur, Bio Bio von Plus, Edeka Bio etc.), sind zusätzlich auch politische Rahmenbedingungen nötig. Sie können dabei helfen, den relativ geringen Entscheidungsspielraum des Managements in den großen Einzelhandelsbetrieben in eine nachhaltige Richtung zu lenken.

4.6.2.5   Problematische Nachhaltigkeitsergebnisse in der Handelsbranche

Branchenbezogen werden in Deutschland regelmäßig die veröffentlichten Nachhaltigkeitsberichte untersucht. Die Ergebnisse werden mit den Anforderungen verglichen und in ein Ranking gebracht. Das Bewertungsergebnis für die Branche Handel fällt im Gesamtvergleich mit den anderen Branchen unterdurchschnittlich aus (Gebauer, 2011). Zwar sind die vorhandenen Berichte mehrheitlich am aktuellen und international anerkannten GRI-Leitfaden für Nachhaltigkeitsberichterstattungen ausgerichtet. Jedoch schreibt die Edeka-Gruppe ihren erstmals verfassten Nachhaltigkeitsbericht in dieser Weise nicht mehr fort und der Nachhaltigkeitsbericht von C & A befindet sich lediglich im „Einklang" mit den GRI-Richtlinien. Nachfolgend werden empirisch ermittelte nachhaltigkeitsbezogenen Ergebnisse aus folgenden Dimensionen diskutiert (1) generelles Berichtsverhalten, (2) Nachhaltigkeitsanforderungen, (3) betrieblicher Umweltschutz und Produktverantwortung, (4) Zulieferkette und (5) soziale Dimension.

1. Generelles Berichtsverhalten in der Handelsbranche

Mit Blick auf die Nachhaltigkeitsberichterstattung im Handel wird bemängelt, dass von den getesteten 22 Großunternehmen, nur weniger als 3% überhaupt Nachhaltigkeitsberichte veröffentlichen (Gebauer, 2011). Damit wird die Branche erneut als intransparent eingestuft und nimmt bei der Nachhaltigkeitsberichterstattung im Branchenvergleich eine unterdurchschnittliche Position ein. Nachhaltigkeitsangaben, die sich explizit auf die wichtigsten Tochtergesellschaften beziehen (z.B. zu den Bereichen Umgang mit den eigenen Mitarbeitern, betrieblicher Umweltschutz, Klima-, CSR-Aktivitäten etc.), finden sich zumeist nur im gesetzlich vorgeschriebenen Geschäftsbericht. Das wurde sowohl für die Management-Holdings (Haniel, Maxinvest) als auch die Unternehmen tesa (Beiersdorf-Gruppe) und Tengelmann festgestellt. Bei den Veröffentlichungen zu Nachhaltigkeitsinitiativen im Internet wurden neben systematischen Aspekten zur Unternehmensverantwortung, Werte, Kultur etc., vereinzelt auch Angaben zur Produkt- und Lieferkettenverantwortung (z.B. Edeka) gemacht. Gesellschaftliches Engagement wurde zumeist anhand einzelner Produkte bzw. über Stiftungsaktivitäten erläutert. Ein Ausbau der Internetveröffentlichungen zu Nachhaltigkeitsinitiativen konnte auch bei den Unternehmen der Schwarz-Gruppe festgestellt werden. Hier beziehen sich die Internet-Berichte neben verschiedenen Formen des gesellschaftlichen Engagements, auch auf Umweltschutzmaßnahmen in den Filialen und Logistikzentren sowie umweltbezogene Mitarbeiterschulungen. Neben einem Fall von fehlender Aktualisierung der Daten, wurde bemängelt, dass kaum Beispiele für regenerative Energiegewinnung bzw. sparsame Energienutzung von Handelsunternehmen vorhanden sind. Negativ wurde auch bewertet, dass Nachhaltigkeitsinformationen bzgl. des Discount-Branchenführers der Aldi-Gruppe nach wie vor nur sehr spärlich vorhanden sind. Aldi-Nord informiert leider gänzlich intransparent im Internet lediglich zur Qualität und Verantwortung hinsichtlich des Einkaufs von Kaffee, Tee und Fisch. Aldi-Süd gibt kaum mehr preis. Im Internet findet sich lediglich eine Erläuterung zur eigenen Position bei Angebot, Aktivitäten, Umwelt und Menschen. Eine spärliche Informationspolitik wird auch bei den Handelsunternehmen BayWa und der Würth-Gruppe bemängelt. Dass die Adolf Merckle-Gruppe und Alfred C. Toepfer International weiter schweigen und keinerlei Einblick in ihre Aktivitäten geben, verstärkt den Gesamteindruck von einer intransparenten Branche (Gebauer, 2011).

2. Ergebnisse zu Nachhaltigkeitsanforderungen

Die Prüfung der vorhandenen Nachhaltigkeitsberichte im Hinblick auf Nachhaltigkeitsanforderungen ergab, dass bei den meisten Berichten erwartungsgemäß der Fokus auf vorgelagerte Wertschöpfungsstufen und weniger auf dem eigenen Unternehmen liegt (Gebauer, 2011). Die Angaben zu den Unternehmensgrundsätzen und -zielen wurden als in ausreichendem Maße vorhanden bewertet. Zur Unternehmensführung in den Nachhaltigkeitsbereichen des Unternehmens wurde, trotz sehr unterschiedlicher Darstellungen, zumeist zu wenig Substanz bemängelt. Das trifft auch für den Umgang mit den eigenen Mitarbeitern und dem betrieblichen Umweltschutz zu. Bemängelt wurde auch, dass Nachhaltigkeitsanforderungen zum Management, nur bei knapp über der Hälfte der Unternehmen erfüllt werden. Die textbezogene Darstellung, mit einer Verdeutlichung der normativen Ausrichtung an den Nachhaltigkeitsanforderungen bzw. den Stakeholderanforderungen, gelingt den meisten Handelsunternehmen noch relativ gut. Das wurde auch für die schriftliche Darstellung der Nachvollziehbarkeit von Zielen und Maßnahmen für die kommende Periode, bei der Mehrheit der Handelsunternehmen als übersichtlich und nachvollziehbar bewertet. Ein Versagen wurde im Hinblick auf praktische und strategisch relevante Nachhaltigkeitsthemen im Handelsunternehmen festgestellt (Gebauer, 2011). Das bezieht sich sowohl auf strategische Aussagen hinsichtlich der Gesamtsteuerung als auch auf eine fehlende Übersetzung der Integration von Nachhaltigkeitsthemen in die Unternehmensführung. Es wurde festgestellt, dass bei *keinem* Handelsunternehmen Verantwortlichkeiten, Strukturen oder unternehmensweite Managementsysteme vorhanden sind, die für eine Steuerung von Nachhaltigkeitsaktivitäten der zumeist zentral organisierten Händler geeignet wären. Als hoffnungsvoll ergab sich, dass bei zwei Unternehmen Controlling-Instrumente bzw. Steuerungsgrößen zumindest in der Entwicklung sind. Die Bewertung ergab ferner, dass beim Abgleich des bereits Erreichten mit den Zielsetzungen der Vorperiode, ebenfalls nahezu *alle* Handelsunternehmen hinter den Erwartungen zurück bleiben (Gebauer, 2011). Das gilt auch für den Ausblick auf die kommende Periode. Als einzige Ausnahme wurde das Unternehmen Tchibo mit einer sehr guten Performance bewertet. Auch Tengelmann ragt aus den geprüften Handelsunternehmen durch einen bereits 2009 veröffentlichten Klimaschutzbericht mit einer extern geprüften aktuellen Emissionsbilanz heraus.

3. Ergebnisse zum betrieblichen Umweltschutz, ökologischen Kriterien und zur Produktverantwortung

Bei der Prüfung der Angaben zum betrieblichen Umweltschutz ergeben sich für die Handelsbranche, mit Ausnahme des Energie- und Abfallmanagements, im Vergleich zu den andern Branchen ebenfalls lediglich unterdurchschnittliche Ergebnisse (Gebauer, 2011). Das zentrale Thema Logistik wurde gänzlich ausgespart. Gerade noch durchschnittlich schneiden Rewe und Otto ab, obwohl auch bei diesen Unternehmen zentrale Teile der erforderlichen Daten zum betrieblichen Umweltschutz zu kurz kommen. Ein ähnliches Ergebnis ergibt sich im Hinblick auf die Produktverantwortung, bei der die Sortimentsgestaltung im Vordergrund steht. Angaben zum Verbraucherschutz und Kundeninformationen fallen zu kurz aus. Insgesamt resultiert auch hier eine unterdurchschnittliche Bewertung für die Handelsbranche. Im Hinblick auf ökologische Kriterien im Zusammenhang mit der Sortimentsgestaltung, finden sich vereinzelt Ausbauziele für Produkte mit ökologischen und sozialen Zusatznutzen sowie Hinweise auf Testphasen von Bewertungsmethoden (Lebenszyklusberechnungen, Fußabdruckberechnungen etc.). Insgesamt bleiben jedoch Angaben zum Sortimentsanteil derartiger Produktgruppen entweder offen oder fallen so gering aus, dass deren Mengen- bzw. Umsatzrelevanz nicht deutlich wird. Das trifft insbesondere für den Bereich Bio-Baumwolle zu. Als Ergebnis resultiert auch hier eine unterdurchschnittliche Bewertung im Vergleich zu anderen Branchen (Gebauer, 2011).

4. Ergebnisse zur Zulieferkette

Da die Bedingungen in der Zulieferkette traditionell eine Herausforderung für den Handel darstellen, ist die Branche in diesem Bereich den anderen weit voraus und kann hier als einziger Bereich ein überdurchschnittliches Ergebnis erlangen (Gebauer, 2011). Dazu trägt bei, dass Angaben zu Arbeits- und Sozialstandards i.d.R. umfassender und konkreter ausfallen. Das gilt vor allem für Lieferanten von Textilprodukten. Positiv wurde bewertet, dass nicht nur Lieferantenkodizes und die zugrunde liegenden Standards dargestellt werden, sondern auch Bewertungs- und Kontrollinstrumente, Auditergebnisse, Zielkonflikte (zwischen Kostendruck und Sozialstandards etc.) und Umsetzungsprobleme (z.B. durch Täuschungsversuche der Lieferanten etc.) thematisiert werden. Im Bereich der gesellschaftlichen Verantwortung werden Handelsunternehmen im Vergleich durchschnittlich beurteilt. Die Berichte zeigen Nachhaltigkeitsinitiativen für soziale bzw. ökologische Projekte mit Gestaltungsanspruch an den eigenen Standort bzw. Unterstützung durch die öffentliche Hand.

5. Ergebnisse zur sozialen Dimension

Insbesondere zu den zentralen Themen Verantwortung gegenüber Beschäftigten, Arbeitnehmerrechte, Entgelt- Arbeitszeitgestaltung, Arbeitsplatzsicherung etc., existieren kaum Aussagen in den Nachhaltigkeitsberichten. Auch in diesem Bereich liegen Handelsunternehmen unter dem Durchschnitt der Branchen, obwohl gerade dieser Themenbereich zu den zentralen Problematiken der Branche gehört. Lediglich die Unternehmen Otto und Tchibo wurden im Vergleich zu anderen Branchen durchschnittlich bewertet. Entgeltregelungen sind zumeist im Gesamtpersonalaufwand eingegliedert. Neben Tarifverweisen finden sich vereinzelt Angaben zu festen und variablen Gehaltsbestandteilen. Angaben zur Niedriglohnproblematik, Mindestlohn bzw. Mindeststandards bei Leiharbeit etc., werden in der gesamten Branche verschwiegen (Gebauer, 2011). Etwas konkrete Angaben zu Arbeitszeitregelungen wurden lediglich bei Metro und Rewe gefunden. Die insbesondere im Handel dringenden Themen der Gleichstellung, Entgeltdifferenz und Teilzeitbeschäftigung bei geringerer Dotierung, werden lediglich mit Hinweisen auf Nicht-Diskriminierungsgebote abgetan. Lediglich bei Otto finden sich Hinweise auf eine Zielmarge für die Erhöhung des Frauenanteils in Führungspositionen. Bei der Prüfung der Nachhaltigkeitsberichte wurde darauf hingewiesen, dass insgesamt deutlich weniger auf Arbeitsbedingungen/Sozialstandards im eigenen Unternehmen eingegangen wird, als z.B. bei den Zulieferern.

4.6.3   Mikro-soziale und -soziokulturelle Rahmenbedingungen

Mikro-soziale und -soziokulturelle Rahmenbedingungen sind durch mehrere Einflussfaktoren gekennzeichnet, die netzwerkartig aufeinander bezogen sind. Sie unterliegen den Einflüssen der makro-sozialen und meso-sozialen und -soziokulturellen Dimensionen, sind aber durch Unternehmen beeinflussbar. Kulturelle Einflüsse, die eine Kultur der Nachhaltigkeit fördern können, ergeben sich unmittelbar durch den direkten Bezug zu den Konsumenten.

4.6.3.1   Nachhaltigkeitsorientierte Absatzgestaltung der direkten Distribution

Beim Direktabsatz erhalten die Konsumenten ohne Einschaltung des Handels ihre Leistungen vom Hersteller, unabhängig davon, ob es sich um ein Unternehmen oder eine Privatperson handelt. Die nachfolgende Abbildung 4.14 zeigt die wichtigsten Absatzkanäle der direkten Distribution im Überblick.

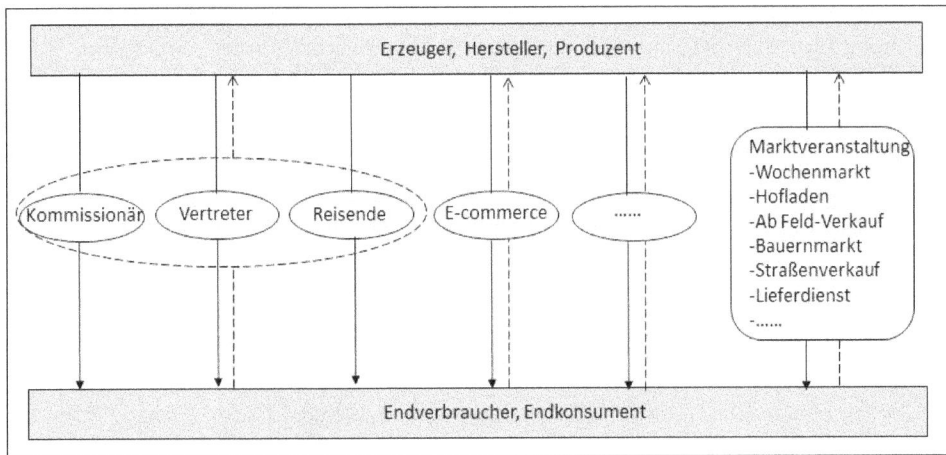

Abb. 4.14:   Ausgewählte Absatzkanäle der direkten Distribution

Abbildung 4.14 zeigt, dass ein Hersteller bei der direkten Distribution auf Zwischenhändler verzichtet und seine Produkte entweder über unternehmenseigene Distributionsorgane (z.B. nicht selbständige Absatzhelfer etc.), über das Internet (Ware wird per Post zugestellt etc.), oder, insbesondere beim Lebensmittelverkauf, vom Landwirt direkt an den Endverbraucher verkauft. Die letztgenannte direkte Distribution umfasst den Verkauf am Betrieb (z.B. Hofladen, Ab Feld-Verkauf etc.) sowie den Absatz über eigene Verkaufseinrichtungen in Konsumentennähe (z.B. Wochenmarkt, Bauernmarkt, Straßenverkauf, Lieferdient etc.) (Kuhnert/ Wirthgen, 1997). Die gestrichelten Linien deuten die gesetzlich vorgeschriebene Vorhaltung der Reverse Logistics an, die von jeweiligen den Unternehmen zu gewährleisten ist.

In Deutschland verkaufen über die landwirtschaftliche Direktvermarktung ca. 60.000 Betriebe. Darunter sind ca. 14.000 Unternehmen, die diesen Betriebszweig als Hauptabsatzweg nutzen (Recke/Wirthgen, 2003). Im Vordergrund der landwirtschaftlichen Direktvermarktung stehen traditionell unverarbeitete Produkte (z.B. Kartoffeln, Fleisch, Eier, Geflügel, Obst, Gemüse, Spargel etc.). Der Absatz von unverarbeiteten Einzelprodukten nimmt allerdings ab und es werden zunehmend breitere und tiefere Sortimente angeboten. Die Einkaufsatmosphäre und der Eventcharakter gewinnen beim Kauf zunehmend an Bedeutung.

Tupperware die „Mutter" aller Shoppingpartys?

„Hat sich das „Prinzip Tupper" im Internetzeitalter überholt? Genau das Gegenteil ist der Fall: Immer mehr Start-ups entdecken online organisierte Shoppingpartys als erfolgversprechenden Geschäftszweig. Der Direktvertrieb mit Partyspaß erlebt im Zeitalter virtueller Netzwerke eine Renaissance. Und das weit über den Klassiker, die Tupperparty, hinaus.[...] Aus den Erfahrungen der vergangenen 50 Jahre wissen wir, dass die persönliche Ansprache und die Kontakte zwischen Beraterinnen, Gastgeberinnen und den Gästen durch nichts ersetzt werden können, besonders nicht durch ein Onlinesystem. Online seien die Vorteile und Tipps rund um die Produkte nicht zu erklären, die einzelnen Artikel könnten nicht angefasst und ausprobiert werden: „Tupperware sollte erlebt werden, und dies ist alleine im Internet nicht möglich". „Bei einigen Produkten werden die Vorteile auch in Ansätzen im Internet beschrieben oder durch einen kurzen Film verdeutlicht", so Scheifele. »Dies kann aber nicht die persönliche Demonstration durch eine fachkundige Beraterin ersetzen" (Wilhelm, 2012).

Der Direktabsatz mit der Möglichkeit des unmittelbaren Kontaktes zwischen Erzeuger/ Produzenten und Konsument, trägt zum Vertrauensaufbau bei. Im Rahmen der relativ wissensintensiven Nachhaltigkeitskriterien bedarf es der Fachkunde des Erzeugers/Produzenten bzgl. seiner Produkte. Seine Präsenz (z.B. physisch auf den Markt, indirekt per E-mail, SMS, Telefon über das Internet etc.) hat die Wirkung eines Qualitätsversprechens und kann helfen, die Informationsasymetrie zu verringern. Diese Möglichkeit bildet auch einen Gegenpol zu dem, aus Konsumentensicht oft intransparenten, Vermarktungsprozess im Supermarkt. Die direkte Distribution eignet sich für:

- Investitionsgüter bzw. allgemein Güter von sehr hohem Wert,
- nicht-standardisierte Produkte,
- transportunempfindliche Produkte,
- stark erklärungsbedürftige Produkte,
- schnell verderbliche Produkte,
- mit Serviceleistungen verbundene Produkte und
- (technische) Dienstleistungen.

Vorteile der direkten Distribution sind: (1) der direkte Kundenkontakt mit Kundeninformationen und Feedback-Möglichkeit, (2) Kontrolle der Preise, (3) Vermeidung von Gewinnteilung und Verteilungskonflikten sowie (4) Kontrolle der Werbung. Nachteile sind: (1) ein niedriger Distributionsgrad in Form von Flächendeckung, (2) relativ hohe Vertriebskosten (verbunden mit Kapitalbindung etc.) und (3) Ressourcenvorhaltung im eigenen Haus.

4.6.3.2   Regionalität als alternative Distribution

In der Literatur wird das Wortfeld „Region" nahezu inflationär gebraucht und auch der Begriff sehr unterschiedlich definiert. Im Sinne einer raumbezogenen Definition wird unter Region: „[...] ein Teilraum Deutschlands, größenmäßig zwischen nationaler und lokaler Ebene, also z.B. ein Bundesland, ein Natur/Landschaftsraum oder eine kleinere Raumeinheit mit kulturell-historischem Hintergrund, die von Menschen je nach Intention oder Fragestellung anhand bestimmter Merkmale von anderen abgegrenzt wird" verstanden (BMVEL, 2012, 22). Im Hinblick auf „Regionalvermarktung" wird Regionalität vor allem mit Lebensmitteln, bzw. Produkten aus einer bestimmten Region verbunden. In diesem Sinne werden als regionale Lebensmittel: »[…] solche verstanden, deren Herkunft geographisch verortet und eingegrenzt werden kann (Sauter/Meyer, 2003, 28). Durch Befragungen von Konsumenten hat sich für Deutschland ergeben, dass Regionalität in den allermeisten Fällen keinen Gegenentwurf zur Globalisierung und den damit verbundenen bedrohlichen Empfindungen darstellt. Regionalität wird eher als ein Rückzugsgebiet für eine von der Globalisierung überforderte Gesellschaft verstanden (Hock, 2005). Die Zielsetzung von Regionalinitiativen liegt seit den 1970er Jahren vor allem in der Förderung einer nachhaltigen Regionalentwicklung (z.B. Naturschutz, Landschaftspflege, wirtschaftliche Stärkung, regionale Vermarktung etc.) (Hock, 2005). Die darauf ausgerichtete Wertschöpfungskette ist geprägt durch geringe Betriebsgrößen, regionalen Einkauf, genossenschaftsähnliche Unternehmensstrukturen, enge Verflechtungen mit der vorgelagerten (Bio-) Landwirtschaft und dem Verbraucher. Diese Wertschöpfungskette wurde zwar ökonomisch professionalisiert, es gibt aber Hinweise auf nachhaltigkeitsbezogene Zusammenhänge, die sich auf den Kern des Leistungsvorteils der Regionalität beziehen und die einer Lösung bedürfen. Nachfolgend werden Vor- und Nachteile der regionalen Distribution vorgestellt: (Deutsches Institut für Wirtschaftsforschung, 1999, Demmeler/Heißenhuber, 2003, Demmeler, 2003, Koester, 2003, Dabbert/Häring, 2003, Spiller, 2004, Spiller, 2005)

1. Transportbedingte Umweltrelevanz
Zur Umweltrelevanz regionaler Erzeugnisse lassen sich keine pauschalen Aussagen treffen. In Deutschland haben sich aber, trotz nahezu gleichem Verbrauch an Lebensmitteln pro Person, die Lebensmitteltransporte in den letzten 20 Jahren verdoppelt. Die Umweltbelastung hängt bei Transporten von Lebensmitteln von der Entfernung und der Energieeffizienz des Transportmittels ab. Der Transport kleiner Gütermengen mit kleineren Lieferwagen bzw. PKWs, ist nur wenig effizient. Lebens- und Futtermitteltransporte werden zum größten Teil von LKWs durchgeführt. Der dabei anfallende Ausstoß von Treibhausgasen ist wesentlich höher, als das z.B. mit der Bahn der Fall wäre. Auf Grund kürzerer Transportwege können mit regionalen Lebensmitteln Energieeinsparungen und damit auch Einsparungen von Treibhausgas-Emissionen erreicht werden. Dazu sind effiziente Vermarktungsstrukturen sowie eine erhöhte Nachfrage vonnöten. Beides ist in vielen Fällen noch nicht ausreichend erschlossen.

2. Ökologische Vorteilhaftigkeit regionaler Warenkreisläufe
Auf der Basis von Öko-Bilanzen zeigt sich, dass kleinteilige regionale Bio-Strukturen nicht in jedem Fall den herkömmlichen Unternehmen umweltpolitisch überlegen sind. Mit Bezug auf die Energieeffizienz lässt sich mit Hilfe von Öko-Bilanzen zeigen, dass kleinbetriebliche

Händler fallbezogen weniger energieeffizient arbeiten, als Großbetriebe. Ökonomische Vorteile bei Großbetrieben entstehen vor allem durch die konsequente Nutzung von Rationalisierungsreserven in der Massenproduktion. Auf diese Weise werden auch energieeffiziente Vorteile erreicht. Es besteht zudem die Gefahr, dass ökologischen Vorteilen des regionalen Bezugs (z.B. weniger Emissionen, weniger Verkehr etc.), durch ineffiziente Logistikprozesse entgegengewirkt wird. Ökologisch vorteilhafte regionale Warenkreisläufe benötigen integrierte Logistikstrukturen, die jedoch bisher kaum vorhanden sind.

3. Produktivität kleinbetrieblicher Unternehmen

Ein anderer Einwand bezieht sich auf die zu geringe Effizienz von Bio-Produktion und Naturkosthandel. Der Vorwurf besteht darin, dass die Vorteile des ökologischen Landbaus durch ineffiziente Prozesse zu teuer erkauft werden. Dieser Nachteil der Erzeugung in kleinbetrieblichen Unternehmen macht sich beim Handel in noch größerem Umfang bemerkbar. An der Handelsspanne lässt sich das verdeutlichen. Bei einem Discounter (z.B. Aldi etc.) liegt die Gesamthandelsspanne (Groß- und Einzelhandel) ca. unter 20%. Beim Naturkosthandel und Bio-Läden liegt die Handelsspanne bei ca. 60–80%.

Insbesondere die geringere Produktivität kleinbetrieblicher Unternehmen kann zu erfolgskritischen Auswirkungen führen, da hiermit strukturelle Kostennachteile verbunden sind (Spiller, 2005). Es zeichnet sich zudem auch ein Umbruch im Bio-Markt ab. Wegen der großen Nachfrage nach Bio-Produkten drängen in Deutschland immer mehr Bio-Supermärkte mit mittelgroßer Fläche in Form kleinerer Filialsysteme auf den Markt. Dadurch entsteht ein Verdrängungseffekt bei kleineren Naturkostläden. Von Spahn wird geschätzt, dass bereits mehr als 40% des Umsatzes, der zuvor von spezialisierten Fachhändlern generiert wurde, von Bio-Supermärkten realisiert wird (Spahn, 2004). Gegen den regionalen Handel wirkt auch, dass Bio-Supermärkte verstärkt Handelsmarken entwickeln, die günstiger angeboten werden können. Insgesamt ist ein Ökonomisierungsprozess bei den alternativen Distributionskanälen erkennbar, der noch nicht am Ende ist (Spiller, 2004). Es bleibt daher zu beobachten, wie sich die alternative Distribution über Regionalität in Zukunft gegen den großbetrieblichen Lebensmitteleinzelhandel behaupten kann.

4.6.4 Zwischenfazit

- In der Distributionspolitik spielt der Handel eine wichtige Rolle als Bindeglied zwischen Hersteller und Verbraucher. Der direkte Konsumentenbezug ist bei der Nachhaltigkeit für eine vertrauenswürdige Kundenbeziehung und ein positives Image überlebenswichtig.
- Makro-soziale und -soziokulturelle Rahmenbedingungen wirken aus der Umwelt sowohl auf das strategische Marketing-Management als auch auf die Marketing-Mix-Instrumente des operativen Marketing-Managements. Sie sind vom Unternehmen kaum beeinflussbar.

- Zur Vermeidung von Littering (Umweltverschmutzung) sind Rücknahmeverpflichtungen für ökologisch nachteilige Verpackungen in Form einer Pfandpflicht für den Handel gesetzlich verankert (VVO). Ökologisch nachteilige Verpackungen sollen für Konsumenten unattraktiver werden, da ein Teil des Convenience-Vorteils wegfällt.
- Neben dem deutschen Gesetzgeber schreibt auch die EU für Hersteller eine erweiterte Produktverantwortung auf gesetzlichem Wege vor. Unternehmen sind zur Entsorgungslogistik mit der Entsorgung verschiedener Arten von Rückständen durch Reverse Logistics zunächst branchenbezogen verpflichtet.
- Meso-soziale und -soziokulturelle Rahmenbedingungen beinhalten netzwerkartige Einflussfaktoren. Sie sind durch Unternehmen selbst gestaltbar. Kulturbezogen werden übergreifend nicht nur der Grad der Wandlungsfähigkeit und die Ausrichtung der verfolgten Ansätze im Unternehmen, sondern auch deren Verstetigung und Verankerung im Wertespektrum von Top-Management, Mitarbeitern und Führungskräften bestimmt.
- Der indirekte Absatz als Vertriebsweg wird beim Handel einstufig oder zweistufig organisiert. Es existiert eine Vielzahl unterschiedlicher Betriebsformen. In Deutschland wird insbesondere beim Lebensmitteleinzelhandel die starke Marktkonzentration von einem aggressiven Preiskampf mit Discountern geprägt.
- Der Handel kann durch Sortimentspolitik soziale Verantwortung übernehmen und das nachhaltige Konsumentenverhalten beeinflussen. Bio-Produkte sind ein positives Beispiel für eine gelungene Sortimentserweiterung. Sie haben einen festen Platz in der Gesellschaft übernommen. Durch die starke Nachfrage hat sich auf dem Lebensmittelmarkt eine Nachfrageverschiebung ergeben. Sie führt zu Zielkonflikten bei Nachhaltigkeitsanforderungen.
- Beim branchenbezogenen Vergleich von Nachhaltigkeitsberichterstattungen wird der Handel insgesamt lediglich unterdurchschnittlich bewertet. Ein problematisches Nachhaltigkeitsverhalten wird in verschiedenen Bereichen festgestellt. Nur bei der Zulieferkette wurde beim Handel eine überdurchschnittliche Nachhaltigkeitsorientierung bewertet.
- Mikro-soziale und -soziokulturelle Rahmenbedingungen unterliegen den Einflüssen der makro-sozialen und meso-sozialen und -soziokulturellen Dimensionen. Sie sind durch Unternehmen beeinflussbar und durch den direkten Bezug zu den Konsumenten sind nachhaltigkeitsbezogene Einflussfaktoren unmittelbar gegeben.
- Beim Direktabsatz erhalten die Konsumenten unter Umgehung des Handels ihre Leistungen vom Hersteller als Unternehmen oder als Privatperson. Produkte werden entweder über unternehmenseigene Distributionsorgane, das Internet, oder bei Lebensmitteln vom Landwirt direkt an den Endverbraucher verkauft.
- Regionaler Vertrieb bzw. Regionalinitiativen gelten auch als alternative Distribution. Sie beinhalten Zielkonflikte. Neben Vorteilen sind sie auch mit Vorwürfen konfrontiert (z.B. transportbedingte Umweltrelevanz, regionale Warenkreisläufe benötigen integrierte Logistikkonzepte, geringere Produktivität kleinbetrieblicher Unternehmen etc.).

4.7   Übungsmaterialien –Cases und-Szenen

Lesen und bearbeiten Sie folgende Beispiele, Cases und Szenen. Analysieren Sie dazu die Nachhaltigkeitsberichterstattung im Internet (Laptop, Tablet, Smartphone etc.). In den Fällen finden Sie Beispiele für Konflikte/positive Ansätze, die bei der Umsetzung des Konzepts „nachhaltige Entwicklung" entstehen. Finden Sie die Ursachen für die Probleme bzw. positiven Elemente heraus und suchen Sie nach Möglichkeiten, diese zu minimieren bzw. positiv zu verstärken und so die Grundlage für eine Nachhaltigkeits-Marketing-Strategie zu legen.

4.7.1   Nachhaltiger Handel bei der Marke „Lebensbaum"

Die Lebensbaum Ulrich Walter GmbH ist ein mittelständisches Handelsunternehmen. Es erwirtschaftete im Jahr 2012 mit 132 Mitarbeitern ca. 40,1 Mio. Euro. Es handelt sich um ein Pionierunternehmen der Bio-Branche in Deutschland, das nach der Gründung im Jahr 1979 (ursprünglich ein Bio-Laden), relativ schnell zum marktführenden Anbieter im Naturkostfachhandel geworden ist. Das Unternehmen gehört zum Lebensmittelsektor. Verkauft werden Lebensmittel (Kaffee, Tee, Gewürze etc.), die ausschließlich aus 100% Bio-Anbau hergestellt werden. Für das Unternehmen gab es bereits zahlreiche Auszeichnungen, beispielsweise: Biomarke des Jahres 2013, EY Entrepreneur Of The Year 2013, CSR-Preis der deutschen Bundesregierung 2014 und den deutschen Nachhaltigkeitspreis als Top 3 Deutschlands nachhaltigster Marken 2014 (lebensbaum.com).

Einzelelemente aus der CSR-Strategie der Lebensbaum Ulrich Walter GmbH
a) Vision und Unternehmensphilosophie
Das Geschäftsmodell basiert auf der Verbindung von purem Genuss mit ökologischer Weitsicht und sozialer Verantwortung. Nachhaltigkeit bildet die Geschäftsgrundlage und ist als Kernwertesystem im Unternehmen fest verankert. Nachhaltige Werte sind auch operativer Bestandteil des integrierten Managementsystems. Das Leitmotiv „Natur und Mensch" drückt die soziale und ökologische Ausrichtung des Unternehmens aus und ist auch ins Lebensbaum-Logo integriert. Die Einhaltung der nachhaltigen Grundsätze wird auf jedem Produkt explizit durch eine nachhaltige Qualitätsgarantie zugesichert.

b) Beschaffungsmanagement
Nachhaltigkeit als Unternehmensziel gilt besonders für das Beschaffungsmanagement. Bei der Lieferkette liegen die Ziele in der Stärkung und Weiterentwicklung verlässlicher Partnerschaften. Die Kooperationen dienen der langfristigen Sicherung bei der Verfügbarkeit hochwertiger Rohwaren. Die operative Unterstützung erfolgt durch das integrierte Managementsystem „Lebensbaum Partner Systems". Der dahinterstehende Gedanke ist die Förderung einer widerstandsfähigen Landwirtschaft, um (z.B. durch gesunde Böden, anpassungsfähige Ökosysteme etc.) hohe Widerstandsfähigkeit gegen Folgen des Klimawandels zu erreichen. Weitere Ziele sind die höhere Bindung von CO_2 im Boden sowie die Stärkung der biologi-

schen Vielfalt (in Feldern und Wiesen). Um das zu erreichen, sind Anforderungen in einem „Code of Conduct" (Verhaltenskodex) festgelegt. Sie sind Vertragsbestandteil und die Einhaltung muss durch die Lieferanten schriftlich bestätigt werden. Auf der Basis der Einhaltung der gültigen nationalen Gesetze und Normen wird auch die Einhaltung von Qualitäts-, Umwelt- und Sozialstandards gefordert, die sich aus internationalen Leitstandards ergeben. Daneben sind auch eine Reihe zusätzlicher besonders hervorgehobener Standards zu beachten.

c) Management zur Lieferantenentwicklung

Das „Lebensbaum Partner System" dient zum Einkauf, aber auch zur Entwicklung von Lieferanten. Das Ziel ist die Nachhaltigkeit in der gesamten Lieferkette. Lieferanten sind gehalten, vor Beginn der Geschäftsbeziehung in regelmäßig sich wiederholenden Abständen, Fragebögen in Form einer Selbstauskunft (z.B. zu Qualitäts-, Umwelt-, Sozial- und Verlässlichkeitsaspekten etc.) zu beantworten. Hält der Lieferant die vorgegebenen Mindeststandards ein, kann durch ein lieferantenindividuelle Scoring nicht nur die Einstufung, sondern auch eine gezielte Arbeit an Verbesserungen eventueller Schwachstellen vorgenommen werden. Die Lieferanten werden jährlich durch verschiedene Abteilungen der Lebensbaum Ulrich Walter GmbH bewertet. Zusätzlich gehören auch stichprobenartige Lieferantenbesuche, Lieferantenaudits und durch externe (z.B. Naturland etc.) durchgeführte Audits (zur Weiterentwicklung der Lieferanten etc.) zu den Bestandteilen des Lieferantenmanagements. Auf diese Weise können lieferantenindividuell eine gezielte Identifikation von Entwicklungsbedarf und spezifische Verbesserungsmaßnahmen im Einvernehmen beschlossen werden (o.V. 2012b) (Die Verfasserin hat diesen Fall für die universitäre Seminararbeit vorbereitet. Es ist nicht beabsichtigt unwirksame Handlungen einer Geschäftssituation zu veranschaulichen).

Aufgaben:

Analysieren Sie den Nachhaltigkeits-Ansatz des Unternehmens Lebensbaum Ulrich Walter GmbH und gehen Sie dazu folgendermaßen vor:

1. Finden Sie im Rahmen der Nachhaltigkeitsberichterstattung der Lebensbaum Ulrich Walter GmbH (Internet, Smartphone etc.) heraus, welche internationalen Leitstandards (Qualitäts-, Umwelt-, Sozialstandards etc.) sich aus dem Code of Conduct für die Lieferanten ergeben.

2. Führen Sie diese Standards einzeln auf und erklären Sie den Hintergrund (was damit nachhaltigkeitsbezogen erreicht werden soll).

3. Finden Sie heraus, welche zusätzlichen sozialen besonders hervorgehobenen, Kriterien von den Lieferanten der Lebensbaum Ulrich Walter GmbH eingehalten werden müssen.

4. Verschaffen Sie sich einen Überblick über die Nachhaltigkeitsmaßnahmen des Unternehmens anhand der Einzelelemente der CSR-Strategie und der CSR-Aktivitäten durch die Wertekette mit Hilfe der Abbildung 3.16.

5. Ermitteln Sie mit Hilfe der Abbildung 2.9 und unter Zuhilfenahme der Nachhaltigkeitsberichterstattung, welche Maßnahmen im Hinblick (a) auf die Vision des Unternehmens (Un-

ternehmensinfrastruktur), (b) Gesundheit und Sicherheit am Arbeitsplatz sowie (c) Aus-
und Weiterbildung der Mitarbeiter (Personalmanagement) und die Transparenz der Lieferkette (Ressourcenmanagement), vorgenommen werden. Diskutieren Sie eventuelle Un-
stimmigkeiten.

6. Ermitteln Sie, welche Maßnahmen vom Unternehmen zur Vermeidung von Umweltbelastungen bei Transport, Energie etc. sowie betriebsintern durchgeführt werden.

4.7.2   Cause-related Marketing beim Unternehmen Warsteiner

Zu einem Pionier auf dem Gebiet des Cause-related Marketings (CrM) in Deutschland gehört
die Kooperation zwischen der Brauerei Krombacher und dem World Wide Fund For Nature
(WWF), mit der Kampagne „Rettet den Regenwald". Das Projekt wurde bereits im Jahr 2002
initiiert und lief als CrM-Projekt bis einschließlich 2003. Es läuft mit einigen, jedoch als reine
Sponsoringaktionen konzipierten, Verlängerungen bis 2008. Durch die große Medienpräsenz
gehört es zu den bekanntesten CrM-Projekten. Zudem handelt es sich um das erste CrM-
Projekt in Deutschland, für das auch geprüfte Ergebnisse vorliegen. Die Kooperation hat auch
in rechtlicher Hinsicht (Wettbewerbsrecht) „Neuland" betreten. Aus diesen Gründen soll sie
vorliegend als Beispiel herangezogen werden. Das Unternehmen Krombacher Brauerei Bern-
hard Schadberg GmbH & Co KG erwirtschaftete mit seinen 866 Mitarbeitern 2013 einen Umsatz von 671 Millionen Euro bei einer Produktionsmenge von ca. 6,6 Mio. Hektolitern (o.V.,
2014j). Das Unternehmen gehört keinem internationalen Bierkonzern an. Es lässt sich als in-
habergeführtes Familienunternehmen dem Mittelstand zuordnen. Es stellt nicht gerade nachhaltige Produkte her (z.B. suchtgefährdendes alkoholisches Getränk, bzw. gezuckerte dickma-
chende Limonaden etc.). Das Unternehmen engagiert sich im Bereich Umwelt vielfältig mit
Spenden (z.B. Naturschutz in Deutschland, Klimaschutz in Indonesien und Afrika, Sportspon-
soring, Sponsoring für gesellschaftliche Institutionen etc.) (www.krom-bacher.de). Beim Kooperationspartner WWF handelt es sich um eine der größten unabhängigen Naturschutzorga-
nisationen der Welt. Die Organisation wurde im Jahr 1961 gegründet, ist in mehr als 100
Ländern vertreten und wird von über 5 Millionen Förderern weltweit unterstützt. Hauptziel ist
es, der Naturzerstörung Einhalt zu gebieten, natürliche Ressourcen zu schützen sowie der
Umweltverschmutzung und dem Massenkonsum entgegen zu wirken. Der WWF ist sehr erfahren mit Umweltschutzprojekten (www.wwf.de).

a) Das CrM-Projekt „Rettet den Regenwald"

Das mit dem CrM-Projekt zwischen der Krombacher Brauerei und dem WWF verfolgte
Hauptziel liegt im Schutz des zentralafrikanischen Regenwaldes und dessen langfristiger Erhaltung. Als weiteres Ziel ist als Sensibilisierung der einheimischen Bevölkerung gegen den
Raubbau sowie die damit verbundene Wilderei definiert. Die Zielsetzung sollte möglichst
ganzheitlich sein, da ohne Protektion durch die Bevölkerung, Naturschutz langfristig nicht gesichert werden kann. Inhaltlich wurde die CrM-Kampagne derart publiziert, dass ein Quad-

ratmeter des Szanga-Sangha-Regenwaldgebiets (Kongobecken) durch einen Kasten Krombacher Pils, alkoholfrei oder Radler, für hundert Jahre geschützt werden sollte. Die Kampagne richtete sich an den klassischen Konsumenten des Einzelhandels, aber auch an Gastronomie-Betriebe. Diese konnten mit dem Kauf eines 30-Liter-Fasses zwei Quadrat*meter* bzw. eines 50-Liter-Fasses fünf Quadrat*meter* schützen. Krombacher trat von den Getränke-Absätzen während des Aktionszeitraumes Geldbeträge an den WWF ab. Der WWF war für die Umsetzung der Maßnahmen vor Ort verantwortlich (Luchtefeld et al, 2009).

b) Die marketingspezifische Umsetzung

Für die Kampagne wurden bis 2004 Fernsehspots mit Testimonials (Günter Jauch, Steffi Graf) geschaltet. Diese verbreiteten die Botschaft und garantierten dabei den Konsumenten, dass der Kauf einer Kiste Krombacher Bier mit der Rettung eines Quadrat*meters* Regenwald einhergehen würde. Die Werbeaussage (Günter Jauch) – „Klar wollen die Bier verkaufen [...] aber warum auch nicht? Wenn damit etwas für die Umwelt getan wird, dann finde ich das richtig gut" (Luchtefeld et al, 2009, 316), weist deutlich und offen auf das ökonomische Ziel von Krombacher hin. Die Kampagne richtete sich an die Zielgruppe der 14- bis 49-jährigen Männer. Vor allem durch die Fernsehspots konnte in kürzerer Zeit eine 80–90 prozentige Reichweite in der Zielgruppe und damit auch die breite Masse erreicht werden (Luchtefeld et al, 2009). Bei der im Rahmen des CrM-Projekts zusätzlich durchgeführten Öffentlichkeitsarbeit (Pressemitteilungen, Pressekonferenzen von Krombacher bzw. dem WWF), wurde ein sachlicher Stil verfolgt. Bei den Veranstaltungen versuchte Krombacher vor allem ein nachhaltiges Bild der Marke zu wahren. Das Unternehmen Krombacher wurde von Wettbewerbsschützern mehrfach verklagt und konnte 2006 ein wegweisendes BGH-Urteil erlangen.

c) Hauptergebnisse der CrM-Kampagne

Das Unternehmen Krombacher konnte seinen Bier-Absatz durch die CrM-Kampagne allein im ersten Jahr 2002 durch eine 3,7%ige Steigerung des Hektoliter-Ausstoßes auf 4,9 Mio. Hektoliter erhöhen. Dieses Jahresergebnis schlug sich in einer Umsatzsteigerung von 8,1% auf 460 Millionen Euro ökonomisch nieder. Im Jahr 2003 erhöhte sich der Bier-Absatz nochmals um 17,7%. Die an den WWF weitergeleitete „Spende" aus dem transaktionsgebundenen Verkauf von Bier beträgt pro Kasten 6,7 Cent. Angesichts des Verkaufspreises für einen Kasten Bier und der rund 15 Millionen Kisten abgesetztem Bier, ist dieser Betrag im Rahmen einer Nachhaltigkeitspolitik zu hinterfragen (Luchtefeld et al, 2009).

Aus der CrM-Kampagne konnte der WWF 15 Millionen Quadrat*meter* Regenwald unter Schutz stellen. Das erscheint zunächst erfolgreich, nach Umrechnung ergeben sich daraus aber nur 15 Quadrat*kilometer* Regenwald. Der WWF erhielt eine Spende von Krombacher in Höhe von 1 Million Euro und stellte davon insgesamt 44 Quadrat*kilometer* Regenwald unter Schutz. Für seinen Werbespot erhielt auch Günter Jauch ein Honorar von 1 Million, was zu hinterfragen ist. Der WWF beurteilte die Kampagne positiv, da sie zur Förderung der Umweltschutz-Diskussion beigetragen hat (Luchtefeld et al, 2009). (Die Verfasserin hat diesen Fall für die universitäre Seminararbeit vorbereitet. Es ist nicht beabsichtigt unwirksame Handlungen einer Geschäftssituation zu veranschaulichen).

Aufgaben:

Analysieren Sie das CrM-Projekt und gehen Sie dazu folgendermaßen vor:

1. Finden Sie im Rahmen der Berichterstattung über das „Regenwald-Projekt" der Krombacher Brauerei (Internet, Smartphone etc.) heraus, welche Intension mutmaßlich bei dem CrM-Projekt von Seiten des Unternehmens Krombacher überwog.

2. Analysieren Sie anhand des Nachhaltigkeitsberichts der Firma Krombacher, welche nachhaltigkeitsbezogene(n) Vision(en) dem Unternehmen zugrunde liegen.

3. Ermitteln Sie im Rahmen der Berichterstattung über das „Regenwald-Projekt" die seit 2006 gültige Rechtslage hinsichtlich transaktionsgebundener Spenden aus wettbewerbsrechtlicher Sicht in Deutschland.

4. Stellen Sie den durch das Projekt geschützten Quadrat*kilometer*-Anteil Regenwald der Gesamtfläche der Regenwälder des Kongobeckens (1,8 Millionen Quadrat*kilometer*) gegenüber. Ermitteln Sie zusätzlich (Internet, Smartphone etc.) die Anzahl der Quadrat*kilometer*, die im Zeitraum des Projekts abgeholzt wurden (z.B. UN-Ernährungs- und Landwirtschaftsorganisation etc.).

5. Bilden Sie sich auf dieser Basis ein Urteil über die Effektivität des Projekts aus Sicht des Umweltschutzes und stellen Sie dieses in Relation zur Wichtigkeit der Thematik.

6. Analysieren Sie die derzeitigen Sponsoring-Maßnahmen von Krombacher und hinterfragen Sie inwieweit Nachhaltigkeitsthematiken kulturbezogen im Unternehmen verankert sind.

7. Charakterisieren Sie die Produkte des Unternehmens Krombacher aus Nachhaltigkeitssicht. Analysieren Sie auf dieser Basis, welche Gründe gegen eine erneute CrM-Kampagne von Krombacher mit dem Ziel des Regenwaldschutzes sprechen.

8. Prüfen Sie die aktuelle CrM-Aktion von ViO-Mineralwasser (Coca Cola Company) (Internet, Smartphone etc.) in gleicher Weise und überprüfen Sie dabei auch, ob „Geenwashing" vorliegt (www.vio.de). Unter dem Motto „Hilf Hasi und seinen Freunden" wird bei diesem CrM-Projekt bei jedem Kauf einer PET-Mehrwegkiste der Schutz von einem Quadrat*meter* heimischer Natur beworben.

5 Praxis des Nachhaltigkeits-Marketing-Managements

5.1 Corporate Social Responsibility (CSR-)Nachhaltigkeitspreis der Bundesregierung Deutschland

Der CSR-Preis der Bundesregierung wurde erstmals 2013 ins Leben gerufen. Er wird an vorbildhafte innovative Unternehmen vergeben, die sich durch eine dauerhaft auf ökologisch-, ökonomisch- und sozial-verträgliche Ausrichtung einer CSR-Strategie in ihren Geschäftsbereichen auszeichnen. Die Federführung beim Wettbewerb hat das Bundesministerium für Arbeit und Soziales. Methodenpartner sind: das Institut für ökologische Wirtschaftsforschung (IÖW) und das Institut für Management der Humboldt-Universität, Berlin. Die Teilnahme ist für Unternehmen mit Sitz in Deutschland möglich, es gibt vier Größenkategorien:

– Unternehmen mit 1 bis 49 Mitarbeitern/Innen,
– Unternehmen mit 50 bis 499 Mitarbeitern/Innen,
– Unternehmen mit 500 bis 4.999 Mitarbeitern/Innen und
– Unternehmen mit mehr als 5.000 Mitarbeitern/Innen.

Der Methodik liegt eine mehrstufige Befragung zugrunde. Im Rahmen einer Management-Befragung sind Angaben zu fünf Aktionsfeldern zu machen (Unternehmensführung, Markt, Arbeitsplatz, Umwelt, Gemeinwesen). Die Bewertung bezieht sich auf die Einbettung von verantwortungsvollem Handeln in die Gesamtstrategie, auf die Wirkung von Maßnahmen sowie die CSR-Strategie. Bei den nominierten 20 Unternehmen (Endrundenteilnehmer), gehört auch eine Stakeholderbefragung dazu (nach Größe 2-5 Stakeholder). Selbsteinschätzungen der Unternehmen werden durch Aussagen unabhängiger gesellschaftlicher Akteure ergänzt. Durch die Einbindung externer Stakeholder erhält der CSR-Preis hohe Glaubwürdigkeit. Eine Jury mit Vertretern verschiedener Verbände, Stiftungen, Universitäten, Politikern und Transparency International entscheidet über die Rangfolge und Preisvergabe. Die Spannbreite der teilnehmenden Branchen ist sehr hoch (agv-bw.de) [1].

5.2 Corporate Social Responsibility als Differenzierungsinstrument in homogenen Märkten am Beispiel von HiPP GmbH & Co KG

5.2.1 Unternehmen HiPP GmbH & Co KG

Das Unternehmen HiPP ist ein Familienunternehmen und hat eine lange Geschichte. Sie reicht bis in die Gründerjahre 1899 zurück. Heute ist HiPP der weltweit größte Verarbeiter organisch-biologischer Rohwaren. Mehr als 6000 Landwirte in mehreren Ländern sind an der

[1] Ein spezieller Dank gilt den Master-Studierenden Frau Fanny Engelsmann, Herrn Sascha Walz, Herrn Patrick Pirsch und Herrn Sven Koselack aus der Hochschule für nachhaltige Entwicklung, Eberswalde, für die Projektmitarbeit zum Kapitel 5 dieses Buches.

Erzeugung der Produkte beteiligt. Das Unternehmen hat ca. 2000 Beschäftigte und stellt insgesamt 265 Produkte in fünf Produktbereichen (Babynahrung etc.) her. Es erwirtschaftete 2012 einen Umsatz von ca. 550 Mio €. Für sein Engagement und seine nachhaltige Strategie hat HiPP zahlreiche Auszeichnungen und Preise bekommen, z.B. den Deutschen Nachhaltigkeitspreis 2009, den CSR-Mobilitätspreis 2008 und den ehrbaren Kaufmann 2011. Die Beispiele sind nur einige der über 18 Preise seit dem Jahr 2000 (www.hipp.de). Das Unternehmen ist Preisträger des CSR-Wettbewerbs 2013 in der Gruppe 500 bis 4.999 Mitarbeiter.

5.2.1.1   Wettbewerbs- und Nachhaltigkeits-Marketingsituation

Ebenso wie die herkömmliche Lebens- und Bedarfsmittelherstellung, unterliegt die Herstellung von Säuglingsnahrung und -pflegeprodukten Lebensmittelverordnungen auf Europaebene und -gesetzen auf nationaler Ebene. In Deutschland sind dafür die Basisverordnung der EU (VO (EG) Nr. 178/2002) und national das Lebensmittel-, Bedarfsgegenstände- und Futtermittelgesetzbuch (LMBG) zuständig. Sie regeln die konkrete Zusammensetzung und Herstellung dieser Güter (Europäische Union, 2002., LFGB, 2005). Zusätzlich sind, neben Herstellungs- und Hygienevorschriften, auch die Nährwertangaben gerade für Säuglingsanfangsnahrung detailliert in der Verordnung über diätetische Lebensmittel (Diätverordnung) geregelt (DiätV). Aber nicht nur die Zusammensetzung und Produktion unterliegt strengen Kontrollen durch bundesdeutsche und europäische Kontrollinstanzen, auch die Vermarktung von Säuglingsanfangs- und Folgenahrung ist strikten Gesetzen unterworfen. Das Gesetz über die Werbung für Säuglingsanfangsnahrung und Folgenahrung, regelt unter welchen Umständen diese Produkte beworben werden dürfen. Unter anderem ist nur die Veröffentlichung wissenschaftlich einwandfrei erwiesener Tatsachen in Fachveröffentlichungen erlaubt und es darf niemals der Anschein erweckt werden, die Produkte seien der Ernährung mit Muttermilch überlegen (Säuglingsnahrungswerbegesetz, SNWG). Diese Ausgangssituation zeigt, dass nicht nur rechtliche, sondern auch stark ethisch geprägte Problemstellungen auf Unternehmen in der Säuglingsnahrungsbranche einwirken. Unternehmen, die in diesem streng regulierten Markt produzieren und vertreiben, müssen zur Erlangung einer „License-to-operate" neben zahlreichen Verordnungen und Gesetzen, auch ethischen Maßstäben genügen. Aufgrund dieser Verordnungen gleichen sich die Produkte aller Wettbewerber sehr. Um eine Differenzierung zu erreichen, reichen reine Produktdifferenzierungen aufgrund der enggesteckten Rahmenbedingungen nicht aus. Es liegt nahe, die ethische Grundproblematik zu nutzen, um durch einen umfassenden CSR-Ansatz ein Alleinstellungsmerkmal zu schaffen, zu halten und auszubauen.

5.2.1.2   Nachhaltigkeitsvision und -mission

Vision und Mission bzgl. „Nachhaltigkeitswerten" werden im Unternehmen wesentlich durch die Unternehmerpersönlichkeit Klaus Hipp geprägt. Durch seine Vorgabe steht „Nachhaltigkeit" im Mittelpunkt des wirtschaftlichen Handelns von HiPP. Entscheidungen werden im

Hinblick auf eine Frage getroffen: „Welche Auswirkungen werden sie auf die Welt von morgen haben?" HiPP definiert „Nachhaltigkeit" als Summe aus dem Schutz der Natur, verantwortungsvollem Ressourcenumgang und dem Erhalt der biologischen Vielfalt. Auch der Mensch ist in diese Definition eingeschlossen: „Unsere Produkte richten sich vor allem an Eltern, die ihr Kind so gesund wie möglich ernähren und ihm eine lebenswerte Zukunft geben möchten" (www.hipp.de). Daran richtet sich auch die Firmenphilosophie aus. Die Zielsetzung für Erfolg wird als langfristig charakterisiert und die Verantwortung für alle Stakeholder wird betont. Um diese gesetzten Anforderungen zu erfüllen, verfolgt das Unternehmen hohe ethische Werte als Handlungsgrundlage der Unternehmensphilosophie. Kernwerte der Philosophie begründen sich in den drei Grundpfeilern: ökologisch handeln, ökonomisch wirtschaften, sozial engagieren. Um diese Philosophie mit Leben zu füllen, entwickelte HiPP ein umfassendes CSR-Konzept, dem eine Ethik-Charta als Rahmen zugrunde liegt.

Einfache Definition für Nachhaltigkeit von Claus Hipp

„Jenseits von allem Marketing-Sprech hat Hipp eine verblüffend einfache Definition für Nachhaltigkeit entwickelt: „Nachhaltigkeits Wirtschaften ist vergleichbar mit der Apfelernte", sagt er, „Sie dürfen die Früchte nehmen. Sobald Sie aber einen Ast absägen, um schneller an die Früchte zu gelangen, ist es nicht mehr nachhaltig". Um den Ast nicht abzusägen, so ist Hipp überzeugt, muss Landwirtschaft ökologisch arbeiten. Deshalb verwendet er nur Obst und Gemüse aus biologischem Anbau für seine Produkte. Aber das genügt Hipp nicht. Schon 1997 stellte er die Energieversorgung für sein Unternehmen komplett auf grünen Strom um. Seit 2001 produziert der Babynahrungshersteller durch den Einsatz von erneuerbarer Energie sogar C02-neutral. Mitarbeiter, die mit der Bahn statt mit dem Auto ins Büro kommen, erhalten außerdem die Fahrtkosten erstattet. Und wer das Fahrrad nimmt, bekommt bis zu 14 Cent pro Kilometer. Hinzu kommt die Überprüfung und Analyse der Zutaten in einem eigenen High-tech-Labor. Außerdem werden Bodenproben von den Vertragslandwirten untersucht. So weiß Hip genau, wie umweltverträglich auch sein Zulieferer arbeiten. Bei vielen Unternehmen fehlen diese Informationen schlicht" (Reuter, o.J.).

5.2.2   CSR-Projekt

Im CSR-Projekt ist bei HiPP „Nachhaltigkeit" in den drei großen Feldern des Tripels verankert (Ökologie, Ökonomie, Soziales). Auch Organisatorisch ist eine Verankerung vorhanden. Aus dem Organigramm des Unternehmens geht hervor, dass Abteilungen mit Verantwortung für Nachhaltigkeit im Unternehmen, mit Abteilungen der direkten Wertschöpfung (z.B. Produktion, Marketing etc.) gleichgestellt sind. Der Nachhaltigkeitsbeauftragte ist direkt unter den Gesellschaftern angesiedelt. Eine eigene Stabsstelle für die Nachhaltigkeitskommunikation ist neben dem eigentlichen Marketing vorhanden. Neben den unternehmensinternen Beauftragten, gibt es auch zahlreiche freiwillig abgestellte, unabhängige Verantwortliche, wie z.B. den Abfall-, Gefahrstoff- und Emissionsschutzbeauftragten. Die Umsetzung der konkreten

Maßnahmen wird bei HiPP durch ein übergeordnetes Wertemanagement gesteuert. Es basiert auf dem Instrument einer dazu entwickelten Ethik-Charta.

5.2.2.1   Übergeordnetes Wertemanagement mit Ethik-Charta

Das Ethik-Management besteht aus einer Ethik-Erklärung, einem Programm und der sich ständig anpassenden Ethik-Charta. Das Ethik-Management soll eine Reflexion des wirtschaftlichen Handelns der Führungskräfte gegenüber den Mitarbeitern, Zulieferern, Kunden und weiteren Partnern fördern. Der Handlungsrahmen der Unternehmensethik liegt für HiPP in der deutschen und zukünftig auch europäischen sozialen Marktwirtschaft. Die Wirtschaft wird als verantwortlicher Akteur gesehen, damit die Werte einer Gesellschaft hochgehalten und ständig neu definiert werden können. Die Ethik-Charta wurde 1999 durch das Ethik-Management erarbeitet und ist auch als eine Reaktion auf den Werteverfall unserer Gesellschaft zu sehen. Sie steht bei HiPP in christlicher Tradition und motiviert den Unternehmer Claus Hipp zu verantwortungsvollem Handeln. Auch die Ethik-Erklärung basiert explizit auf der christlichen Ethik und beinhaltet das Versprechen, sich als dauerhaft ethisches Unternehmen der Gesellschaft zu verpflichten. Das Ethik-Programm bestimmt die Rahmenbedingungen, Akteure und genaue Verfahrensweisen beim Umgang mit ethischen Fragestellungen. Die Verantwortlichen zur Klärung ethischer Fragestellungen kommen halbjährlich in einer Ethik-Kommission zusammen. Felder für die Fragestellungen sind durch das Verhalten gegenüber den einzelnen Stakeholdergruppen Markt, Mitarbeiter, Staat, Gesellschaft und Umwelt definiert. Auch im Organigramm ist das Ethik-Management mit einer Kommission organisatorisch fest verankert (Abteilung Soziales/Ethik/Gesundheitswesen). Die Ethik-Charta stellt eine Zusammenfassung von Regeln dar, die durch die Ethik-Kommission als Antwort auf die Fragestellungen verfasst werden. Diese dürfen sich nicht widersprechen und keinen zu großen wirtschaftlichen Nachteil nach sich ziehen. Die generell ausgegebene Zielstellung erinnert dabei ein wenig an Kants Kategorischen Imperativ, der hier eine Weiterentwicklung der „Goldenen Regel" darstellt. Diese Regeln werden nachfolgend anhand des Tripels kurz vorgestellt.

5.2.2.2   Handlungsfeld Ökologie

Da bereits seit ca. 1956 hierzu bei HiPP der Grundstein gelegt wurde, erfolgen nachstehend nur punktuell Erläuterungen zur entsprechenden Umwelt-Charta. Der Umweltschutz gilt als unabdingbar für Unternehmen und Mitarbeiter. HiPP definiert sich als ein Unternehmen, das die Lebensbedingungen für die nächste Generation gestalten will. Der Umweltschutz ist daher für die Erfüllung der Unternehmensphilosophie erfolgskritisch. Es wird betont, dass über die Bereitstellung qualitativer Babynahrung hinausgehend, ein Umweltengagement erforderlich ist, um die hohen Anforderungen zu erfüllen. In der Folge einer Nichteinhaltung der Umweltrichtlinien, ergibt sich ein Kündigungsgrund für Mitarbeiter. Grundlegende Zielstellungen für den Umwelt- und Klimaschutz sind der schonenden Umgang mit Ressourcen, die Senkung von CO_2-Emmissionen, die Vermeidung von Abfall, die Erhaltung der Bodenfruchtbarkeit, Schutz und Unterstützung der biologischen Vielfalt und die Bewahrung der Ursprünglichkeit von Kultur- und Landschaftsräumen. Zum Nachweis der Einhaltung der Ziele, veröffentlicht das Unternehmen für jeden der Produktionsstandorte in Deutschland einzeln eine detaillierte Ökobilanz. Der Bilanzkontenrahmen zum Energie- und Stoffstrommanagement ist nach dem Eco-Management and Audit Scheme (EMAS) der Europäischen Union zertifiziert.

5.2.2.2.1 Kurzanalyse der Ökobilanz des Hauptwerks in Pfaffenhofen

5.2.2.2.1.1 Produktionsmanagement

Beim Produktionsmanagement hat der **Rohstoffverbrauch** von 1999 bis 2011 ständig zugenommen. Gegenüber 2010 wurden 6,8% mehr Rohstoffe verbraucht. Das lässt sich auf das stetige Wachstum des Unternehmens zurückzuführen. Es werden rd. 64000 t Babynahrung pro Jahr hergestellt. Um den wachsenden Rohstoffverbrauch umweltverträglich zu gestalten, werden nur Bio- bzw. in Sparten, wo dies nicht möglich ist (z.B. Fisch), nahezu ausschließlich zertifizierte Rohstoffe genutzt. Der Fisch stammte 2011 zu 80% aus zertifiziert umweltverträglichem Fang. 2012 soll der Anteil bei 100% liegen. Das Produktionsverhältnis liegt bei 35.628 t Rohstoff-Input gegenüber 64.304 t Output an Produkten. Es ergibt sich eine Kennzahl von rd. 1,8. Im Jahr 1999 lag diese Kennzahl bei 1,65. Die Effizienz der Rohstoffverarbeitung konnte demnach gesteigert werden.

- **Wasserverbrauch** im Rahmen des Produktionsmanagements wird bei HiPP seit Jahren reduziert. Seit 1971 konnten 67% des Verbrauchs pro Jahr eingespart werden. 2011 lag der Wasserverbrauch bei 7,5 m^3 pro Produkttonne. Diese Realisierung wurde durch Optimierung der Kreisläufe, mit der Vorgabe Wasser möglichst mehrfach zu verwenden, erreicht. Das Werk Pfaffenhofen wird zu einem großen Teil aus einem werkseigenen Brunnen versorgt, dessen Reservoir aus Quellen in den Alpen gespeist wird. HiPP entnimmt weniger Wasser als täglich nachfließt, sodass eine Austrocknung verhindert wird. Es wird aus 154 Meter Tiefe gewonnen und ist mit seiner Reinheit hervorragend für die Herstellung von Babynahrung geeignet.
- **Betriebsstoffverbrauch** ist im Vergleich zum Vorjahr um rund 16% gesunken, liegt aber dennoch höher, als im Jahr 2009. Das lässt sich auf die Einführung der PET-Flaschen im Jahr 2011 zurückführen, da zur Saftabfüllung ein erhöhter Einsatz von Flüssigstickstoff nötig ist. Trotz dieses betriebsstoffintensiveren Verfahrens, gelang es Einsparungen zu erreichen. Vor allem durch die Umrüstung von Kunststoff- auf Metalllaufbänder. Damit wurden 60% der Schmierstoffe eingespart. Der Verbrauch pro Tonne Produkt ist mit 2,1 kg sehr nahe an dem Spitzenwert von 1,7 kg aus dem Jahr 2009.
- **Reinigungsmittelverbrauch** ist in fast allen Bereichen deutlich reduziert worden. Im Bereich „sonstige Reinigungsmittel" findet sich eine Verbrauchssteigerung von 88% zum

Vorjahr. Von HiPP wird dies mit Reinigungsmitteltests mit ökologischen Reinigern erklärt. Zur Reinigung von Verschmutzungen sollen weniger belastende Mittel eingesetzt werden. Durch diese Tests liegt der Einsatz der ökologisch einwandfreien Mittel zurzeit bei 17,5%. Es zeigt sich der langfristige Charakter der Entscheidungen. Auch wenn kurzfristig solche Reinigungsmitteltests die Bilanz verschlechtern, führen sie aber langfristig zu umweltverträglicheren Lösungen.

- **Abwasser** wird soweit wie möglich direkt in den Fluss Ilm rückgespeist. Das gilt für industriell genutztes Kühlwasser. Dieses ist durch einen separaten Kühlkreislauf unbelastet und nicht verschmutzt. Das betrifft ca. ein Drittel des Abwassers. Zur Kontrolle der Reinheit wird das Wasser geprüft, bevor es rückgeleitet wird. Belastetes Abwasser wird in das regionale Klärwerk geleitet. Da es größtenteils organisch belastet ist, hilft dieses Wasser das Klärbakteriengleichgewicht aufrecht zu erhalten. An Abwasser entstehen 6,4 m^3 pro Produkttonne.

- **Abfallvermeidung** in der Produktion bezieht sich insbesondere auf Einsparungen bei der Herstellung der PET-Verpackungen. Hier konnten über 40% des Abfalls eingespart werden. Im Jahr 2011 entstanden 229,2 kg Abfall pro Produkttonne. Der Abfall, der bisher unvermeidbar ist, wird zu 97,3% wiederverwertet. Lediglich knapp 3% wurden verbrannt bzw. deponiert. Organische Abfälle werden zur Stromgewinnung in Biogasanlagen verwertet. Dabei wird besonders auf Partnerschaften mit Betrieben geachtet, die Biomasse aus Lebensmittelproduktionsabfällen verwenden. Das dient der Vermeidung von Bodenkonkurrenzen zwischen Lebensmittel- und Energiepflanzenanbau.

- **Emissionen** des Werkes Pfaffenhofen konnten im letzten Jahr reduziert werden. Die Gesamtreduktion von 62,5% ergibt sich durch die erhöhten Kohlendioxid Werte im Jahr 2010. Diese entstanden durch einen langfristigen Defekt des Biomasse-Kraftwerkes. Für diese Zeit musste auf Strom aus fossilen Brennstoffen zurückgegriffen werden. 2011 wurde der Strom wieder komplett aus den regenerativen Quellen bezogen. Vor allem bei Transport und Logistik konnten Einsparungen erzielt werden. Alle Dienstfahrzeuge sind Dieselautos. Sie nutzen moderne Techniken mit Start-Stopp-Automatik und Bremsenergierückgewinnung. Beim Transport wird versucht so weit wie möglich auf den LKW-Transport zu verzichten. Es werden verstärkt Möglichkeiten der Post und des Schienen- bzw. Schiffsverkehrs genutzt. Wo LKW noch genutzt werden wird versucht, durch Zentralbelieferungen besonders effektive Routen zu entwerfen. Die Produktion ist zertifiziert **emissionsfrei**. Durch Bezug von Energie aus regenerativen Quellen (Biomasse, Photovoltaik, Wasserkraft) und Vollwärmeschutz der Gebäude wird nahezu kein Kohlendioxid durch die Produktion emittiert. Das restliche CO_2, das durch Dienstreisen und Ausgleich der Spitzenenergielasten mit fossilen Brennstoffen entsteht, wird durch Beteiligung an Klimaschutzprojekten ausgeglichen. Ein Beispiel hierfür ist das Humus-Projekt der Sekem Farm in Ägypten.

5.2.2.2.1.2 Energiemanagement

Beim **Energiemanagement** soll Energie möglichst regional und aus erneuerbaren Energien gewonnen werden. Das Werk in Pfaffenhofen ist seit 2002 an das regionale Biomasse-Heizkraftwerk angeschlossen. Damit reduziert sich der Verbrauch fossiler Brennstoffe um mehr als 90% (nur noch bei der Wartung der stillgelegten Dampfkessel im Einsatz). Zudem produziert das Werk mit Solarkollektoren seinen eigenen Strom und nutzt ihn zur Warmwasseraufbereitung. Jährlich werden so 41.000 kWh erzeugt. Strombedarf, der darüber hinausgeht, wird durch Wasserkraft erzeugt. Insgesamt stieg der Stromverbrauch durch die gesteigerte Produktion, durch Projekte zur Verbesserung der Nachtarbeitsbedingungen und durch die Erhöhung der Anzahl der Bildschirmarbeitsplätze. Der Verbrauch pro Tonne Produkt ist aber mit 728,2 kWh auf dem niedrigsten Stand seit Beginn der Zertifizierung. Die Energieeffizienz ließ sich also deutlich steigern (u.a. durch einen Leuchtmittelaustausch).

5.2.2.2.1.3 Verpackungsmanagement

Das **Verpackungsmaterial** bezieht sich in der Hauptsache auf Glas. Seit 2010 wird auch vermehrt auf PET zurückgegriffen. Insgesamt ist der Verbrauch von Verpackungsmaterial leicht gestiegen. Die erhöhte Nachfrage hat die Einsparungseffekte aufgezehrt (Rebound-Effekt). In Zusammenarbeit mit dem Öko-Institut wird immer wieder die Umweltfreundlichkeit der Recycling-Wege überprüft. Ein Ergebnis dieser Überprüfung zeigt, dass eine Einweglösung bei den nicht standardisierten Babynahrungsgläschen die ökologisch sinnvollere Lösung gegenüber einem Mehrwegsystem mit langen Transportwegen ist. Grund ist die fehlende Standardisierung. Für Kartonverpackungen werden entweder Recyclingpapier oder bei direktem Produktkontakt, Verpackungen aus ökologischer Frischfaser verwendet.

5.2.2.3   Handlungsfeld Ökonomie

In der Ethik-Charta beziehen sich die Regeln zu diesem Handlungsfeld auf: langfristige Erfolgsorientierung, Qualitätsmanagement, Verhalten gegenüber Kunden, Verhalten gegenüber Lieferanten, Verhalten gegenüber Konkurrenten, Innovations- und Wachstumsorientierung und Beteiligung an fremden Unternehmen. Somit sind alle Stakeholder, die auf dem externen Markt mit HiPP agieren, bedacht. Vorliegend beziehen sich die Ausführungen, aufgrund des limitierten Umfangs, auf das **Qualitätsmanagement**. Das Unternehmen HiPP hat ein hervorragendes Qualitätsmanagement als klaren Wettbewerbsvorteil erkannt. Die Befolgung der Regelungen und eine kontinuierliche Weiterentwicklung wurden daher von der Aufgabe eines jeden Mitarbeiters zur Regel erhoben. Für Kunden und Endverbraucher ist die Qualität der Gesamtleistung ein klares Kaufkriterium für die Produkte. Das Qualitätsmanagement soll sich hierfür von der Forschung und Entwicklung, über die Einhaltung aller Regularien, bis zum Erfahrungszuwachs erstrecken. Vorschläge der Mitarbeiter zur Verbesserung sind willkommen. Qualitätsmaßnahmen werden kontinuierlich an die Entwicklungen des Marktes angepasst. Maßnahmen zur Qualitätssicherung beginnen bei der Sicherung der Zulieferung einwandfreier Rohstoffe. Dafür hat HiPP ein Zuliefernetz aufgebaut, das im Rahmen der Regel: „Verhalten gegenüber Zulieferern" beschrieben wird. Da HiPP bereits in den 1950er Jahren Bio-Qualität verkauft, war das Unternehmen mangels offizieller Zertifizierungsmöglichkeiten gezwungen, ein eigenes Bio-Siegel entwickeln. Dieses ist auch heute, neben dem EU-Bio-Siegel, auf den Produkten zu finden. Der Anspruch an das **Bio-Siegel** übertrifft die gesetzlichen Vorschriften, da das EU-Siegel lediglich biologischen Anbau voraussetzt, die Produkte aber nicht auf Schadstoffe untersucht werden müssen. Um diese Standards zu garantieren, hat das Unternehmen in Pfaffenhofen ein Labor, das vom Anbauboden über den Rohstoff bis zu jedem Produkt engmaschige Kontrollen durchführt. In der Rückstandsanalytik ist man europaweit Qualitätsführer. Das eigene Bio-Siegel, das sogar die EU-Verordnung übertrifft, erweist sich als ein hervorragendes Differenzierungsinstrument. Mit ihm gelingt es, den Qualitätsvorteil verständlich und prägnant zu kommunizieren. Durch die weitergehenden, leicht zugänglichen Informationen ist es glaubwürdig und als echtes Versprechen eine Abgrenzung im Wettbewerb. Ein eigenes Labor ist die Konsequenz, um dieses Siegel glaubwürdig positionieren zu können. Nur so kann gesichert werden, dass die Produkte jeder unabhängigen Kontrolle standhalten. Das ist auch ein wesentlicher Baustein zur Glaubwürdigkeit.

5.2.2.4   Handlungsfeld Soziales

In diesem Handlungsfeld sind durch die Ethik-Charta 24 Regeln vorgesehen. Um die Ausführungen im Rahmen zu halten, werden vorliegend nur ausgewählte Regeln hervorgehoben, von denen eine Außenwirkung im Hinblick auf das Differenzierungspotential für eine Arbeitgebermarke ausgeht. So sieht eine Regel **Aus- und Weiterbildung** für Mitarbeiter in der Weise vor, dass sie stets auf dem neuesten Stand des für Ihren Aufgabenbereich notwendigen Wissens sind. Das hängt mit dem hohen Innovationsdrang der Firma zusammen. Innovationen können nur durch gut ausgebildete Mitarbeiter hervorgebracht werden. Die Aus- und Weiterbildung wird langfristig geplant und Neuerungen auf den Wissensgebieten beobachtet. In der Folge haben Mitarbeiter, die sich einer Weiterbildung verweigern, keine Zukunft im Unternehmen. Maßnahmen beziehen sich auf die bestehenden Mitarbeiter und die Ausbildung des Nachwuchses. Auszubildende erhalten neben ihrer beruflichen Ausbildung umfassende Umweltschulungen, die sie für Umweltthemen (z.B. Biodiversität), sensibilisieren. Neben der Vorbereitung auf die Arbeit, werden Lehrlinge und auch Mitarbeiter zu verantwortungsvollen Mitgliedern der Gesellschaft ausgebildet. HiPP schafft Werte über die Wertschöpfungskette hinaus und positioniert sich als pflichtbewusster Angehöriger der Gesellschaft.

Bei HiPP wird großer Wert auf eine ausgeglichene **Work-Life-Balance** gelegt, da man um entspannte und ausgeglichene Mitarbeiter bemüht ist. Insbesondere im Hinblick auf Familienplanung und Kindererziehung wird versucht, möglichst flexible Arbeitszeitmodelle und Freiräume zu ermöglichen. Dabei wird auch die reibungslose Gewährleistung von Erziehungsurlaub und Wiedereingliederung nach der Rückkehr erleichternd gestaltet. Diese Regel zielt auf die soziale Zielstellung ab. Dass Differenzierungspotenzial dieser Maßnahmen ist aufgrund gesetzlicher Regelungen eher gering, da auch die Wettbewerber zu vielen dieser Arbeitsrahmenbedingungen verpflichtet sind. Regeln zu Entlassungen und Entlassungsmethoden sorgen für eine faire **Entlassungspolitik**. Entlassungen werden erst als letzte Option möglich gemacht. Zunächst sollen alle anderen Wege zur Problemlösung wie Kurzarbeit, Therapie oder Versetzung ausgeschöpft werden. Grund ist, das Betriebsklima angenehm zu gestalten und Kosten für die Einarbeitung neuer Mitarbeiter zu sparen. Wenn es zu Entlassungen kommt, verpflichtet sich HiPP, betroffene Mitarbeiter bei der Neuorientierung möglichst umfangreich zu begleiten. Es wird betont, dass die Übernahme sozialer Verantwortung und Anerkennung der Menschenwürde kein anderes Verhalten zulässt. Als Folge, kommt es nicht zu unnötigen Einstellungen und zu keinen Entlassungen, die auf kurzfristigen Entscheidungen beruhen. Zur Begleitung entlassener Mitarbeiter werden alle legalen Spielräume ausgeschöpft, um beratend und helfend zur Seite zu stehen. Mit diesem Vorgehen differenziert sich HiPP deutlich von einem durchschnittlichen Arbeitgeber. Werden diese Regeln in wahrnehmbares Verhalten umgesetzt, wirkt sich das positiv auf das Arbeitgeberimage und das Betriebsklima aus.

5.2.2.5 Makroökonomisches Governance-Selbstverständnis

In der Ethik-Charta sind auch Regeln zum Verhalten gegenüber Staat und Gesellschaft formuliert. In einer Regel findet sich Motivation und Legitimation, um als wirtschaftliches Unternehmen eine verantwortungsvolle Strategie über den reinen Gewinn hinaus zu entwickeln. Diese Regel ist essenziell, wenn ein Unternehmen als verantwortungsvoller Akteur auftreten möchte. Das Unternehmen verpflichtet sich, alle staatlichen Auflagen einzuhalten und wo unternehmerisch sinnvoll, diese sogar zu übertreffen. Damit erkennt HiPP den Gesetzgeber an. In der Folge wird von allen Mitarbeitern verlangt, sich an die gesetzlichen Regelungen zu halten. Darüber hinaus ist es der Anspruch von HiPP, diese gesetzlichen Vorgaben durch Verbände und politische Kontakte aktiv so zu beeinflussen, dass innovationsfeindliche Regelungen verändert bzw. verbessert werden. Das Unternehmen möchte also nicht nur gesetzlichen Regelungen folgen, sondern auch bewusst an der Gestaltung der Rahmenbedingungen teilhaben. Diese Forderung geht deutlich über die reine Wertschöpfung im monetären Sinn hinaus und definiert den zu schöpfenden Wert als eine innovationsfreundliche, nachhaltige Gesellschaftsordnung. Für dieses Ziel ist eine CSR-Strategie unabdingbar. Die Position beinhaltet auch die grundlegende Differenzierung von rein gewinnorientierten Unternehmen. Dem Verhalten gegenüber Behörden als Institutionen des Staates, wird eine besondere Wichtigkeit eingeräumt. Es soll eine transparente und kooperative Informationspolitik die Grundlage für jede Kommunikation sein. Eine Kooperation über die gesetzlichen Vorschriften hinaus soll, wo sie wirtschaftlich nicht schädigend ist, angestrebt werden. Behörden werden als ausführende Kraft der freiheitlich-demokratischen Grundordnung gesehen und sind als solche Partner des Unternehmens. Eine vertrauensvolle Kooperation macht zudem die Möglichkeit zur

Mitgestaltung relevanter Regelungen möglich. Eine wiederkehrende Betonung des Engagements über gesetzliche Mindestanforderungen hinaus, fördert das Unternehmensimage und stärkt die Glaubwürdigkeit des gesamten CSR-Konzepts. Diese Regeln werden von einer dritten ergänzt und erweitert. HiPP sieht sich als Unternehmen verpflichtet, dort wo die staatliche Rahmenordnung lückenhaft ist und grundlegende Werte bedroht seien, sich zu engagieren und den Werteverfall zu stoppen. Durch die zunehmende Macht der Medien sieht HiPP die auf Naturrecht basierenden Werte, wie Schutz des Lebens und des Eigentums, gefährdet. HiPP will dort wo die Macht des Staates aufgrund seiner demokratisch-freiheitlichen Art begrenzt ist, helfen Werte zu erhalten. Das bezieht sich auf die Unterstützung und Förderung ehrenamtlicher Engagements der Mitarbeiter. Explizit wird hier die Entlastung jener angesprochen, die Familienangehörige zu pflegen haben.

5.2.2.6   Auszeichnungsgründe der Jury

Folgende Gründe wurden für die Auszeichnung von der Jury geltend gemacht:

- Verfolgung eines ganzheitlichen CSR-Ansatzes mit strategischen und operativen Zielen.
- Nachhaltigkeit ist im gesamten Unternehmen (Unternehmensprozesse, Organisationsstrukturen etc.) verankert.
- Das Unternehmen verfolgt ein zertifiziertes, validiertes Umweltmanagementsystem (EMAS, DIN ISO 14001).
- Nachhaltigkeitsbeauftragte treiben das Thema intern voran (als interdisziplinäres Team).
- Verantwortungsvoller Umgang mit internen und externen Stakeholdern, was durch ein Wertemanagement mit dem Instrument der Ethik-Charta aktiv unterstützt wird.
- Das strenge Kontrollsystem (Qualitätsmanagement) der gesamten Wertschöpfungskette, ist einzigartig (von der Saatguterzeugung über die landwirtschaftliche Produktion bis zum Einzelhandel in der Lebensmittelbranche für Babynahrung).
- Das Unternehmen hat Vorbildfunktion in der gesamten Branche für die biologische Produktion von Babynahrung.
- Durch Partnerschaften mit anderen Unternehmen und Verbänden konnte das Unternehmen das Thema Nachhaltigkeit weiter voranbringen.
- Gesellschaftlich wurden wichtige Beiträge zur Ökologisierung in der europäischen Landwirtschaft geleistet.
- Gesellschaftsbezogen betreibt das Unternehmen ein Klimaschutzengagement im Ausland (Ägypten).
- In Deutschland, Österreich und Ungarn wird klimaneutral produziert (Nutzung regenerativer Energiequellen etc.).
- Der Energieverbrauch konnte um 50% gesenkt werden, das Recycling aller Abfälle beträgt 97%.

5.2.3   Fazit

HiPP ist klar einer der Vorreiter in Bezug auf CSR in Deutschland. Viele sinnvolle Maßnahmen und Projekte sind hier in einer konsistenten Strategie zusammengefasst. Eine kontinuierliche Innovationspolitik sorgt für die Zukunftsfähigkeit des CSR-Konzepts und des gesamten Unternehmens. Noch bestehende Lücken, werden durch dieses Bestreben auch in Zukunft geschlossen und neue Potenziale aufgedeckt werden können. Das Beispiel HiPP zeigt deutlich, dass CSR nicht nur (Marketing-)Vorteile für das Unternehmen ermöglicht, sondern auch Vorteile für Umwelt, Kunden, Gesellschaft, Staat und alle anderen Stakeholder bedeutet. Ökologisch sinnvolle Entscheidungen zu treffen, heißt auch langfristig ökonomisch sinnvoll zu handeln und die Zukunftsfähigkeit eines Unternehmens zu sichern. Im Hinblick auf Nachhaltigkeits-Marketing zeigt sich im Falle von HiPP durch CSR ein eindeutiger Imagevorteil, denn Kunden, Lieferanten und Mitarbeiter vertrauen dem Unternehmen. Im Jahr 2012 ist HiPP Marktführer in Deutschland. Als mittelständisches Familien-Unternehmen hat es sich damit gegen große Konzerne wie Nestlé oder Danone durchsetzen können. Das zeigt, dass CSR sich auch zur Differenzierung gegenüber Wettbewerbern in einem regulierten Markt mit relativ homogenen Produkten eignet. Ob diese Differenzierungswirkung auch in anderen Märkten, als dem europäischen und anderen Kulturen als der westlichen realisiert wird, muss geprüft werden. Aus Marketingsicht birgt CSR ein großes Differenzierungspotenzial, da es (noch) nicht sehr verbreitet ist und auf freiwilliger Basis eingeführt wird. Allerdings kann es, durch die objektive Notwendigkeit einer nachhaltigeren Wirtschaft, schnell dazu kommen, dass CSR als Unternehmensstrategie zum europa- oder weltweiten Standard wird. Daher kann HiPP sich langfristig nicht ausschließlich auf dem Wettbewerbsvorteil durch CSR „ausruhen". Allerdings kann, wer früh eine nachhaltige Strategie implementiert, als Pionier schneller langfristige Vorteile nutzen und auf dieser Basis weitere zukunftsfähige Konzepte vordenken und entwickeln. Es wird spannend bei der weiteren Entwicklung von HiPP zu beobachten, ob CSR Wachstum bremst, oder als Konzept auch für ein Unternehmen im Übergang vom Mittelstand zum Konzern geeignet ist. Für welche Strategie sich HiPP auch entscheidet, mit seiner Pionierstellung wird es immer Vorbild für nachhaltiges Wirtschaften sein.

5.3   Die Bedeutung eines nachhaltigen Marketing-Konzepts für die Markenprofilierung am Beispiel der Neumarkter Lammsbräu KG

5.3.1   Unternehmen Neumarkter Lammsbräu KG

Das Unternehmen Neumarkter Lammsbräu Gebr. Ehrnsperger e. K.G (Neumarkter Lammsbräu), ist eine mittelständische Traditionsbrauerei, die in Neumarkt in der Oberpfalz ansässig ist. Mit einer Ausstoßmenge von 145 210 hl biologisch erzeugter Getränke, hat es im Geschäftsjahr 2012 einen Umsatz von 15 Mio. Euro erwirtschaftet und damit seine Position auf dem Markt für Bio-Getränke weiter ausgebaut. Nach dem Unternehmensprinzip „anders oder querdenken neue Wege beschreiten, Werte bewahren und sich dabei an den Grundprinzipien der Natur orientieren, [...]" konnte sich das Unternehmen erfolgreich in dem Nischenmarkt für Bio-Brauerzeugnisse etablieren. Es beschäftigt 104 Mitarbeiter. Diese produzieren aus Rohstoffen, die von Bio-Vertragsbauern aus der Region angebaut und geliefert werden, 19 verschiede Getränkesorten. Das Produktspektrum reicht vom klassischen Pils, über ein alkohol- und glutenfreies Bier, bis zu Bio-Limonaden und Mineralwassern. Alle Produkte werden in die Region, aber auch in andere Ballungsgebiete Deutschlands und ins Ausland vertrieben (www.lammsbraeu.de). Beim CSR-Preis der Bundesregierung 2013 kam das Unternehmen in die Endrunde (letzten 20 Teilnehmer) und war somit nominierter Teilnehmer in der Gruppe der 50 bis 499 Mitarbeiter.

5.3.1.1   Wettbewerbs- und Nachhaltigkeits-Marketingsituation

5.3.1.1.1   Homogenität der Märkte.

Das Unternehmen ist in einem Markt tätig, in dem der Bierkonsum seit Jahren rückläufig ist (o.V., 2015). Neben weltweit agierenden Großkonzernen und preisaggressiven Discountanbietern, ist es in diesem Markt für kleine bis mittelgroße Brauereien schwer, sich im Wettkampf zu behaupten. Steigende Rohstoffpreise und die schwierige Preissituation, führen in Deutschland zu einem regelrechten Brauereisterben, besonders im Bereich der kleinen bis mittelständischen Unternehmen. In Deutschland unterliegen Brauereierzeugnisse dem deutschen Reinheitsgebot und dürfen somit nur unter Verwendung bestimmter Zutaten und Verfahrenstechniken zubereitet und verkauft werden. Diese Tatsache führt zu einer gewisse Homogenität der Produkte, da sich alle Erzeugnisse in Zusammensetzung und Produktion ähnlich sind und eine Differenzierung über diese Eigenschaften kaum möglich ist. Durch die enorme Auswahl von Biermarken und Sorten, ist es kaum noch möglich, sich über produktimmanente Kriterien von der Konkurrenz abzuheben. Gerade die Produkte der Massenhersteller sind kaum noch nur durch den Geschmack zu unterscheiden. Eine Biermarke ist austauschbar geworden. Den Kunden fällt es leicht, die Marke zu wechseln und sich lieber durch den Preis des Produktes beeinflussen zu lassen, da das günstigere Produkt den gleichen Nutzen zu geringeren Kosten verspricht. Für die Neumarkter Lammsbräu ist die Strategie der Preisführerschaft und die Steuerung der Nachfrage über diesen Faktor daher keine Alternative. Als mittelständischer Betrieb können sie mit der Preismacht der internationalen Konzerne nicht mithalten. Aber wo die Großkonzerne an Boden verlieren, können nun kleinere Brauereien anknüpfen und sich gegenüber den Großkonzernen behaupten. Der Trend zur Regionalität und Substanz hat auch die Brauereibranche erreicht (www.lamms-braeu.de).

5.3.1.1.2   Moralisierung der Konsumenten

Neben der rein wirtschaftlichen Betrachtung des Marktes, sind auch soziale Veränderungen im Kundenkreis zu berücksichtigen. Der Verbraucher hat im Gegensatz zu vorherigen Zeiten ein neues, kritischeres Qualitätsbewusstsein entwickelt (Schneider/Schmidpeter, 2012). Durch den Prozess der Globalisierung und der ständig besser werdenden Kommunikationsmöglichkeiten, kann sich der Kunde Zugang zu unzähligen Informationen verschaffen. Dadurch hat sich ein neues Verständnis von „Qualität" entwickelt. Bei diesem fließen nicht mehr nur produktimmanente Merkmale (z.B. Geruch, Geschmack, Farbe) in die Kaufentscheidung ein, sondern extrinsische Produktmerkmale (z.B. Image, moralische Werte und Normen etc.) gewinnen stark an Bedeutung. Ein erweitertes Qualitätsbewusstsein des Konsumenten rückt in den Vordergrund. Konsumenten informieren sich vor dem Kauf grundlegend über ein Produkt, eine Marke und andere Substitute, um den für sich größtmöglichen Nutzen generieren zu können. Der rein ökonomische Nutzen eines Produktes, erhält die Ergänzung durch emotionale und moralische Werte als Zusatznutzen und wird damit wertvoller für den Kunden. In diesem Kontext gewinnt auch die Verantwortung gegenüber dem direkten Umfeld immer mehr an Bedeutung. Daher wird auch an Unternehmen die Erwartungen nach sozialer Verantwortung und Fürsorglichkeit als Teil des unternehmerischen Systems herangetragen. Dadurch ist „Nachhaltigkeit" heute aus keinem Wirtschaftszweig mehr weg zu denken. Biologisch und ethisch produzierte Produkte, erleben eine nie da gewesene Beliebtheit. Das private Engagement gegen soziale Benachteiligungen, Gutes zu tun und dies selbstlos und ohne Hintergedanken, bestimmt die heutigen Werte der bewussten Konsumenten. Diese Entwicklung wird auch durch marktmächtige Zielgruppen und ihr nachhaltiges Konsumentenverhalten gefördert (z.B. der Lifestyle of Health and Sustainability, LOHAS). Dieses beeinflusst das Angebot auf den Märkten immer stärker. Das Unternehmen Neumarkter Lammsbräu befindet sich damit in einer mittelstandsfeindlichen Branche und sieht sich zudem mit verschiedenen gesellschaftlichen Veränderungen der Konsumenten konfrontiert. In diesem homogenen und sich moralisierenden Markt bestehen dennoch Chancen für die Neumarkter Lammsbräu, sich zu positionieren. Das Unternehmen hat es geschafft, diese neuen Bedürfnisse der Konsumenten zu nutzen, und sich selbst erfolgreich in einer Nische für Bio-Brauerzeugnisse auf dem Markt zu positionieren. Es hat „sein Bier mit Seele", das regional, verantwortungsvoll und nach umweltfreundlichen Richtlinien produziert wird, erfolgreich positioniert.

5.3.1.1.3 Nachhaltigkeits-Markenprofilierung und Reputationsmanagement

Durch ein Nachhaltigkeits-Marketingkonzept kann die Markenidentität geschaffen werden. Sie ermöglicht die Bildung von Einstellungen (Markenimage) bei den Konsumenten und eine Übertragung auf die Marke. Bei der Neumarkter Lammsbräu hat man sich dazu das Thema „Nachhaltigkeit" zum Unternehmensleitgedanken gemacht. Durch die Anknüpfung an produktextrinsische Eigenschaften, soll den Konsumenten die Wahrnehmung von Identifikationsmöglichkeiten eröffnet werden. Die Marke kann dazu beitragen, den Kaufentscheidungsprozess beim Kunden zu beeinflussen. Die externen Markeneigenschaften der Neumarkter Lammsbräu richten sich explizit nach den Maximen der „Nachhaltigkeit" und bieten Konsumenten, die sich mit Nachhaltigkeitswerten und sozialer Verantwortung identifizieren, die Möglichkeit eine Marke zu konsumieren, die diese Werte vertritt. Insofern werden „Nachhaltigkeitswerte" als Instrument zur Differenzierung und zur Bildung einer Markenidentität verwandt. Die Kernaufgabe für das Nachhaltigkeits-Marketing bestand dabei darin, soziale Verantwortung und Umweltschutz so zu nutzen, dass der Marke eine Identität gegeben wird und diese sich in der Wahrnehmung der Zielgruppen mit einem positiven Markenimage verbindet. Markenprofilierung im Rahmen des Konzepts CSR bedeutet auch, das Unternehmen ihr ökologisch verantwortungsbewusstes Handeln kommunizieren müssen, da sie ansonsten vor dem Dilemma der mangelnden Glaubwürdigkeit stehen (Walter, 2008).

Glaubwürdigkeit und Reputation entstehen durch Transparenz. Vertrauensaufbau nach innen und außen sowie Transparenz in der Kommunikation, sind die Kernelemente einer erfolgreichen und in der Wahrnehmung glaubhaften CSR-Kommunikation. Ausschlaggebender Faktor der Transparenz ist die Rückverfolgbarkeit von Informationen. Konsumenten wird ermöglicht nachzuvollziehen, ob das Kommunizierte der Realität entspricht und ob das Unternehmen glaubhafte Angaben macht. Es wird aufgezeigt, welche expliziten Maßnahmen getätigt wurden, wie das Unternehmen seinen Gewinn erwirtschaftet und ob die Firma wirklich nach den eigenen Vorgaben und denen der CSR handelt. Transparenz scheint dort an Grenzen zu stoßen, wo es sich um Bereiche im Unternehmensprozess handelt, die als Wettbewerbsvorteile zu identifizieren sind. CSR-Bemühungen werden oft erst dann als wahrhaftig anerkannt, wenn die Unternehmen langfristig ihre Vertrauenswürdigkeit auf diesem Gebiet unter Beweis gestellt haben. Der direkte Dialog mit den Stakeholdern ist als einer der wichtigsten Komponenten hervorzuheben. Durch Kommunikationsveranstaltungen, wie einem Tag der offenen Tür, Fabrikführungen, Workshops mit nachhaltigen Themen, Informationsveranstaltungen und Diskussionsforen, kann die benötigte Transparenz und der Dialog geschaffen werden. Auch die ständige Bereitstellung produktspezifischer Informationen, wie Zusammensetzung, Verfahrenstechnik und andere relevante produktbezogenen Informationen, dient der Steigerung der wahrgenommenen Transparenz. Durch das Verfassen von unternehmenseigenen internen Verhaltenskodizes, können die eigenen Unternehmensleitlinien nach außen kommuniziert werden. Ein weiteres wichtiges Instrument ist die Anfertigung von Berichten zur CSR-Performance des Unternehmens. Umwelt- und Sozialberichte und Nachhaltigkeitsberichte, die alljährlich veröffentlicht werden, können Auskunft über die Aktivitäten der Unternehmen geben und lassen den Leser nachverfolgen, welche Maßnahmen eingeleitet wurden und welche Auswirkungen diese hatten. „Erwartet wird eine klare Berichterstattung anhand messbarer Kennzahlen, die durch Dritte geprüft worden sind" (Peters, 2009, 11). Die Kommunikationspolitik der Neumarkter Lammsbräu beruht auf Wahrheit, Ehrlichkeit und Aufrichtigkeit. Um dieses auch glaubwürdig kommunizieren zu können, bemüht sich das Unternehmen die Betriebsprozesse so transparent wie möglich darzustellen und für jeden zugänglich zu machen. Seit 2001 wird daher jedes Jahr der Neumarkter Lammsbräu Nachhaltigkeitsbericht veröffentlicht, der auch die Öko-Bilanz des Unternehmens umfasst.

5.3.1.2   Nachhaltigkeitsvision und -mission

Das Unternehmen Neumarkter Lammsbräu produziert seit 1995 ausschließlich Produkte aus biologisch angebauten Rohstoffen und handelt stets im Sinne des Markenkerns „Verantwortung leben, Genuss schaffen". Im Jahr 1971 erfolgte die Geschäftsübernahme durch die Unternehmerpersönlichkeit Dr. Franz Ehrnsperger, durch dessen Einfluss die Begriffsauffassung der „Nachhaltigkeit" sowie das entsprechende unternehmerische Handeln wesentlich geprägt werden. Seit 1977 formuliert das Unternehmen die ersten eigenen Umweltleitlinien, nach denen noch heute produziert und gewirtschaftet wird. Nachhaltigkeit wird im Unternehmen verstanden als: „Betriebswirtschaftlicher Unternehmenserfolg [der] soll nicht auf Kosten von ökologischen und sozialen Nachteilen „erwirtschaftet", sondern im Einklang mit diesen Aspekten erlangt werden. Dabei versuchen wir, so genannte Win-Win Situationen und gegenseitig nutzenbietende Kreisläufe zu schaffen, die unserer Mitwelt, der Natur und den Menschen, die in unserem Umfeld leben und arbeiten, zugutekommen" (www.lamms-braeu.de). Nach Ansicht von Herrn Dr. Ehrnsperger kann ein sinnvolles und langfristig gesundes Wirtschaften nur im Einklang mit der Natur geschehen und durch verantwortungsvolles Handeln gegenüber seinem natürlichen Umfeld. Die Neumarkter Lammsbräu engagiert sich stark für die Förderung ihrer Region und für die Verbreitung des nachhaltigen Wirtschaftsgedankens. Auf der Basis dieses Grundverständnisses entwickelte das Unternehmen 10 Unternehmensgrundsätze für nachhaltiges Handeln. Sie bilden das ethisch-moralische Fundament aller Aktivitäten.

Nachhaltiges Wachstum bei Neumarkter Lammsbräu

„Nachhaltiges Wirtschaften unterscheidet sich in einem ganz zentralen Punkt vom herkömmlichen Wirtschaftsverständnis: Aufbauend auf der Idee, dass es in der Natur kein andauerndes, stetiges Wachstum gibt, versuchen nachhaltig wirtschaftende Unternehmen wie die Neumarkter Lammsbräu ein langfristiges und moderates Wachstum zu erreichen. Die Gier nach maximalen Profiten und Renditen hat schon einmal in die globale Finanzkrise geführt. Die Neumarkter Lammsbräu strebt den langfristigen Erhalt des Unternehmens an und möchte als gesunder und gut funktionierender Betrieb in die nächste Generation der Ernsperger Familie übergehen. Dazu bedarf es lediglich moderaten Wachstums. Die Geschäftsleitung entscheidet sich manchmal sogar bewusst dagegen, Gewinne oder Mintarbeiterzahlen immer weiter zu erhöhen. Rein quantitatives Wachstum wird sogar eher als schädlich betrachtet. [...] „Wachstum ist für uns daher nur in dem Maße denkbar, indem die Natur uns die Ressourcen dafür bereitstellt" (Nachhaltigkeitsbericht Neumarkter Lammsbräu, 2014, 73 f.)

5.3.2   CSR-Projekt

Im CSR-Projekt ist bei Neumarkter Lammsbräu „Nachhaltigkeit" in zwei der drei großen Felder des Tripels verankert (Ökologie, Soziales). Das Grundverständnis der Nachhaltigkeit ist dabei als ganzheitliches Konzept zu betrachten, das durch alle Glieder der Wertschöpfungskette Anwendung findet. Die Umsetzung der konkreten Maßnahmen wird bei Neumarkter

Lammsbräu durch ein übergeordnetes Wertemanagement gesteuert. Es basiert auf dem Instrument von 10 Unternehmensgrundsätzen für nachhaltiges Handeln.

5.3.2.1   Übergeordnetes Wertemanagement mit 10 Unternehmensgrundsätzen

Nachfolgend werden die 10 Unternehmensgrundsätze dargelegt und diese durch Hintergrunderläuterungen verständlich gemacht: (www.lammsbraeu.de).

– **Neumarkter Lammsbräu ist Teil des ökologischen und gesellschaftlichen Systems**.
  Als Teil des ökologischen und sozialen Systems nimmt das Unternehmen eine ganzheitliche übergeordnete unternehmerische Verantwortung gegenüber seinem Umfeld wahr, die sich in allen unternehmerischen Aktivitäten wiederspiegelt. Das Ziel ist, eine ökologisch und sozial intakte Umwelt zu gestalten.
– **Einhaltung gesetzlicher Anforderungen**.
  Die Einhaltung aller gesetzlichen Vorschriften und Gesetze und die Bereitschaft darüber hinaus eigenverantwortlich die betriebliche Umweltleistung kontinuierlich zu verbessern sind die Kernelemente dieses Grundsatzes. Durch eigene Innovationsprozesse soll der betriebliche Umweltschutz, über die gesetzlichen Ansprüche hinaus verbessert werden.
– **Nachhaltiger Umweltschutz**
  Der betriebliche Umweltschutz steht an erster Stelle und soll langfristig und systematisch optimiert werden. Als Umweltziele sind definiert: die Eliminierung aller Umweltschwachstellen in allen Prozessen der Wertschöpfungskette und mit den verwendeten Ressourcen schonend umzugehen. Die Verwendung regenerativer Stoffe wird gefördert und soll zunehmend Anwendung im Unternehmen finden.
– **Biologische Braurohstoffe**
  Nur rein biologisch angebaute Rohstoffe werden für den Brauvorgang genutzt. 100% Bio-Bier ist das erklärte Ziel des Unternehmens. Durch die Kultivierung ihrer Braurohstoffe und die aktive Förderung des ökologischen Landbaus, wird die Verwendung von künstlichem Dünger und Pestiziden beim Anbau vermieden, die Umwelt nachhaltig geschont und die Artenvielfalt erhalten.
– **Ökologische Braurichtlinien**
  Das Unternehmen verpflichtet sich zur strengen Einhaltung der ökologischen Braurichtlinien und zur Verfolgung des Qualitätsziels, das die Herstellung gesunder, natürlicher, wohlschmeckender und sicherer Lebensmittel gewährleisten soll. Auf die Verwendung von chemisch-technischen Hilfsmitteln bei dem Brauverfahren wird generell verzichtet, um die Produktreinheit zu erhalten und die Umwelt zu schonen.
– **Preisgestaltung**
  Das Unternehmen entscheidet sich bewusst gegen eine Billig-Preis-Politik zu Lasten der Qualität der Erzeugnisse, der Stakeholder und der Umwelt.

– **Regionale Kreisläufe**

Mit dem Ziel neue Arbeitsplätze zu schaffen und zu erhalten, sollen die regionalen Strukturen durch Zusammenarbeit mit Partnern stetig ausgebaut werden. Als Verantwortungsträ-
ger gegenüber seiner Region, steht die Gewährleistung einer wirtschaftlichen Stabilität und
soziale Absicherung im Fokus, um so unterstützend die Region zu fördern.

– **Umsetzung der Umweltleitlinien unter Beteiligung der Mitarbeiter**

Mit dem Mitarbeiter im Mittelpunkt und als Mitgestalter betrieblicher Prozesse, strebt das
Unternehmen nach einem familiären Betriebsklima. Werte wie Ehrlichkeit, Fairness, Vertrauen und Selbstverwirklichung sollen eine angenehme Unternehmenskultur gewährleisten. Auch das Umweltbewusstsein sowie das eigenverantwortliche Handeln der Mitarbeiter, sollen aktiv gefördert werden und den Verantwortungsgedanken implementieren.

– **Kommunikationskultur**

Der Grundsatz sieht einen permanenten Dialog mit den Stakeholdern des Unternehmens
vor und vertritt die Position von Wahrheit und Aufrichtigkeit. Über die Aktivitäten im
Nachhaltigkeitsmanagement und Umweltschutz wird regelmäßig berichtet, um jedem interessierten transparent und ehrlich die Möglichkeit zu bieten sich selbst ein Bild von dem
Unternehmen zu machen.

– **Öko-Marketing**

Gemeinsam mit Netzwerkpartnern soll der Markt für ökologisch und nachhaltig produzierte Lebensmittel besser vermarktet werden. Durch den gemeinsamen Dialog soll der Markt
für sichere, gentechnikfreie und ökologische Lebensmittel gestaltet werden und an Substanz gewinnen.

5.3.2.2   Handlungsfeld Ökologie

Aus der Erkenntnis heraus, dass jedes Wesen auf diesem Planeten ein Bestandteil eines großen Ganzen der Natur ist, ergründet sich für das Unternehmen die Verpflichtung, alle unternehmerischen Maßnahmen auf deren Erhaltung auszurichten. Daher muss alles Handeln die
Existenz der Natur nicht nur weiterhin ermöglichen, sondern auch zur Stabilisierung dieses
komplexen Systems beitragen (Bewahrung des Planeten). Daher wird im Unternehmen ein eigens entwickeltes „grünes Betriebskonzept" verfolgt. Es sieht im Rahmen des Produktionsmanagements den sorgsamen Umgang Wasser, Abfällen sowie die Reduktion betrieblicher
Emissionen vor sowie beim Energiemanagement den sorgsamen Umgang mit Energie.

5.3.2.2.1   Produktionsmanagement

Im Rahmen des Produktionsmanagements wurden verschiedene Maßnahmen ergriffen. Sie
haben das Ziel, Energie wiederzuverwenden, natürliche Ressourcen effizienter zu nutzen, um
die Umwelt aktiv zu stärken und zu gestalten. Als Umweltziel wird die Minimierung von

Umweltschwachstellen bei allen bestehenden und zukünftigen betrieblichen Aktivitäten sowie der schonende Umgang mit den verwendeten Ressourcen verfolgt.

- Während des **Produktionsprozess**es entstehen bestimmte Koppelprodukte, wie biogene Kohlensäure, die sich während der alkoholischen Gärung bilden. Es wurde früh erkannt, dass hier wertvolle Ressourcen verloren gehen und entschieden, diese aufzufangen, wiederzuverwerten und bei der Herstellung anderer Getränke einzusetzen. Durch die Installation von Auffangbehältern für die entstehende biogene Kohlensäure, kann dieser Stoff effizient aufgefangen und bei weiteren Prozessen genutzt werden. Bei der Produktion der alkoholfreien Getränkepalette können diese Getränke mit der selbstgewonnen Kohlensäure versetzt werden. Das verringert die Menge von zusätzlich zu beschaffender technischer Kohlensäure. Sie spielt aber, bedingt durch die geringe Ausstoßmenge biogener Kohlensäure während der internen Gärungsprozesse, bei der Produktion noch keine große Rolle.
- Als Getränkehersteller spielt der **Wasserverbrauch** eine wichtige Rolle. Wasser gehört zu den essenziellsten Betriebs- und Produktionsstoffen während des Herstellungsprozesses. Es wird als Zutat genutzt um die Produkte herzustellen, zur Reinigung von Betriebsstätte und Anlagen sowie bei allen anderen Produktionsschritten. Das Wasser selbst wird aus zwei hauseigenen Quellen gewonnen und ständig kontrolliert, um eine gleichbleibende Qualität zu gewährleisten. Um den Wasserverbrauch einzuschränken, zu schützen und sparsam damit umzugehen, wurden Schritte zur Kosteneinsparung und umweltfreundlichen Nutzung umgesetzt. Durch die Installation einer Regenwasserauffanganlage konnten im Jahr 2011 über 710 Kubikmeter Wasser aufgefangen und für die Speisung der Kühlkondensatoren der Kälteanlage sowie zur Reinigung des Fahrzeugbestandes verwendet werden. Auch das Brauchwasser wird für verschiedene Produktionsschritte und alltägliche Verwendungsmöglichkeiten im Betrieb wiederverwendet. Die Geschäftsführung hat sich also oberstes Ziel gesetzt, den Mitarbeitern bewusst zu machen, wie wertvoll Wasser ist und das ein sorgsamer und sparsamer Umgang damit unabdingbar ist, um das natürliche Gleichgewicht zu halten. Diese Bewusstseinsarbeit trägt dazu bei, dass jeder Mitarbeiter motiviert ist, wassersparsam zu handeln und zum Schutz der Umwelt beizutragen.
- Der Erhalt der **Biodiversität** ist ein weiteres ökologisches Ziel. Als produzierendes Gewerbe benötigt das Unternehmen verschiedene Ressourcen zur Herstellung der Produkte. Sie stammen größtenteils aus landwirtschaftlichen Betrieben, die die natürlichen Ressourcen wie Boden und Wasser nutzen, um ihre Rohstoffe anzubauen. Dabei werden natürliche Lebensräume für verschiedenste Lebewesen und Pflanzenarten zerstört und unbrauchbar gemacht. In Zusammenarbeit mit Naturschutzexperten wurden die sogenannten „Kulturlandpläne" entwickelt, die als Handlungsleitfäden für die Bio-Vertragsbauern dienen. Damit kann jeder landwirtschaftliche Betrieb aktiv zum Schutz von Tieren, Pflanzen und Natur beitragen. Das Unternehmen finanziert und fördert Naturschutzaktivitäten auf den Partnerhöfen und spendet ebenfalls an Vereine, die sich für den Naturschutz und die Artenvielfalt einsetzen. So wurde z.B. vom Landschaftspflegeverband Neumarkt ein Blütenstreifen-

projekt ins Leben gerufen, um die landwirtschaftlichen Flächen wieder artenvielfältiger und naturnaher zu gestalten. Die eigenen Mitarbeiter werden bewusst mit den Themen der Biodiversität und des Naturschutzes konfrontiert. Durch gemeinsame Projekte (Bewirtschaftung einer Streuobstwiese) werden die Mitarbeiter spielerisch an Themen wie Umweltschutz, Natur und Artenvielfalt herangeführt, mit dem Ziel, ein Bewusstsein für diese verantwortungsvollen Themen zu schaffen. Das Unternehmen fördert durch Kommunikation und finanzielle Unterstützung die Bewusstseinsbildung für Themen rund um den Naturschutz und den Erhalt von Biodiversität. Durch Spenden an Vereine und Verbände, die sich in diesen Bereichen engagieren wird ermöglicht, dass aus Ideen Realität werden kann. Die finanzielle Unterstützung ist Vorbedingung dafür, dass Vereine und Verbände aktiv werden und etwas verändern können. Durch die ständige Kommunikation mit den Stakeholdern, wird Bewusstsein für diese Themen geschaffen und neue Projekte angestoßen.

– Alle durch Produktion, Einkauf, Umbauten etc. entstehenden **Abfälle**, werden auf dem eigens dafür angelegten Wertstoffhof recycelt bzw. zur ordnungsgemäßen Entsorgung vorbereitet. Um das Neuentstehen von umweltunverträglichen Abfällen zu vermeiden, ist das Unternehmen bestrebt, den eigenen Konsum von Ressourcen auf nachwachsende und ökologische Stoffe zu begrenzen.

5.3.2.2.2   Energiemanagement

Eine wichtige Energiequelle ist die thermische Energie, die während der Herstellungsprozesse entsteht. Die in der Kohlensäure gespeicherte Kälte kann für spätere Produktionsschritte genutzt werden. Auch Wärmeenergie spielt hier eine tragende Rolle. Das Unternehmen versucht deshalb, durch fortwährende Innovation diese Energie zu nutzen und in den Produktionsprozess wieder einfließen zu lassen. Durch die Installation einer neuen Kälteanlage konnte dies konsequent umgesetzt werden und Energiekosten sowie die dadurch entstehenden Einflüsse auf die Umwelt vermindert werden.

5.3.2.3   Handlungsfeld Soziales

Die Neumarkter Lammsbräu sieht sich als wichtigen Bestandteil der Region. Das Unternehmen ist als „Guter Bürger" bestrebt, die Region zu fördern, zu unterstützen und zur Stabilität des sozialen Gefüges beizutragen. Dazu gehören auch die Aufklärung der Bevölkerung hinsichtlich nachhaltiger Prozesse und Themen sowie die Möglichkeit zum Erlernen neuer Dinge. Beispielsweise „Nachhaltigkeit" zu leben ist ein wichtiger Schritt und Beitrag zur zukünftigen Stabilität und zur Gewährleistung nachhaltige Konsistenz. **Regionalmanagement** gehört zur Unternehmensstrategie. Das Unternehmen legt großen Wert darauf, eine möglichst hohe Wertschöpfung vor Ort zu generieren. Die Braurohstoffe werden von Bio-zertifizierten Bio-Vertragsbauern aus den Regionen Oberpfalz/Mittelfranken/Niederbayern/Oberbayern bezogen. Dies war aber nicht immer so. Das Unternehmen hat als Ziel, 100% biologisch produ-

zierte Rohstoffe für die Herstellung ihrer Produkte zu verwenden. Zu Beginn der Neustruktu-
rierung des Unternehmens war es nahezu unmöglich ausreichend biologisch angebaute Rohstoffe aus der Region zu beziehen, denn die Landwirte in der Region wirtschafteten nicht
nach den Vorgaben des ökologischen Landbaus. Daher entschied sich die Neumarkter
Lammsbräu diesen Zustand zu ändern. Die Landwirte der Region wurden mit Unterstützung
des Unternehmens systematisch zur Bio-Zertifizierung geführt. Durch Festabnahmeverträge
zu festen Preisen, konnte langfristig eine Kultivierung des Bio-Anbaus gestaltet und umgesetzt werden. Zu Beginn der 1990er Jahre schlossen sich die Bio-Vertragsbauern der Neumarkter Lammsbräu zur Erzeugergemeinschaft für ökologische Braurohstoffe (EZÖB) zusammen. Zusammen bilden die Neumarkter Lammsbräu und die EZÖB einen beispielhaften
Prototyp für ökologische Erzeugung und Vermarktung in Deutschland. Mittlerweile umfasst
die EZÖB 106 Bio-Landwirte welche zusammen die größte Erzeugergemeinschaft für Bio-
Braugetreide bilden. Durch 5-Jahresverträge mit festgeschriebenen Abnahmepreisen wird die
langfristige Sicherung bäuerlicher Einkommen gewährleistet und der eigene Bedarf an adäquaten Rohstoffen gewährleistet. Durch das Unternehmen gefördert, entstand eine regionale
bäuerliche Erzeugergemeinschaft, deren Erzeugnisse direkt vom verarbeitenden Betrieb zu
fairen Preisen abgenommen und verarbeitet werden.

5.3.2.4 Makroökonomisches Governance-Selbstverständnis

Die Kommunikationspolitik des Unternehmens gilt als eines der verantwortungsvollsten
Maßnahmen. Neben der internen Kommunikation, definiert sich das Unternehmen selbst als
ein Botschafter der „Nachhaltigkeit" und fördert aktiv die Verbreitung nachhaltigen Gedankengutes. Durch zahlreiche Kommunikationsmaßnahmen wird versucht, Berührungspunkte
zu schaffen und eine Plattform für Diskussionen rund um den Begriff der „Nachhaltigkeit" zu
ermöglichen. Damit verbunden ist das Ziel, ein Bewusstsein für nachhaltiges Denken und
Handeln in der Heimatregion und darüber hinaus zu fördern. Zur Unterstützung der aufklärenden Wirkung werden verschiedenen Events durchgeführt. Ein solcher Event, ist die alljähr-
liche Verleihung des Neumarkter Lammsbräu Nachhaltigkeitspreises. Er wurde ins Leben gerufen mit dem Wunsch, nachhaltiges Engagement und Handeln in verschiedenen Bereichen
der Wirtschaft und der Region zu honorieren. Alljährlich wird für Privatpersonen, Mitarbeiter
und Medienschaffende ein Gesamtpreis von 10.000 Euro ausgelobt. Eine weitere ins Leben
gerufene Veranstaltung, ist die Neumarkter Nachhaltigkeitskonferenz. Sie dient als Plattform
um nachhaltige Themen aus Sicht der Bürger, der Region und angesiedelter Unternehmen zu
diskutieren und weitere Denk- und Handlungsanstöße zu geben. Verschiedene Referenten
werden dazu eingeladen, die Vorträge zu relevanten Themen halten und neue Erkenntnisse
publizieren. Zeitgleich zu dieser Veranstaltung werden die Kinder der Region eingeladen, an
der Kinderuni teilzunehmen. Sie ermöglicht den Kindern, sich mit nachhaltigen Themen und
dem Umweltschutz auseinanderzusetzen. Die Neumarkter Lammsbräu generiert demnach
nicht nur ein Produkt und verfolgt bestimmte Verhaltensweisen, die der Nachhaltigkeit zuzu-

ordnen sind, sie schafft auch öffentlichen Content rund um das Konzept „Nachhaltigkeit". Die Generierung neuen Wissens in diesem Bereich, das Fördern der Diskussion, das Setzen neuer Standards und die fortwährende Kommunikation der Prinzipien der Nachhaltigkeit, bewirken eine glaubhafte Positionierung der Marke und bilden direkte Verbindungen in der Wahrnehmung der Stakeholder.

5.3.3   Fazit

Neumarkter Lammsbräu ist ein Unternehmen, das die Aspekte der Nachhaltigkeit bereits über Jahrzehnte fest in ihre Unternehmensstrukturen integriert hat. Schon früh wurde erkannt, dass man ein Teil des sozialen Gefüges ist, in dem man sich befindet. Es entstand der Wille der Verpflichtung, die sich daraus ergibt, mit Selbstverständlichkeit nachzukommen. Das Unternehmen kann durch seine Maßnahmen glaubhaft nach außen Kommunizieren, dass die Motive bzgl. „Nachhaltigkeit" und CSR ehrlich und glaubhaft sind. Der ständige Dialog mit den Interessensgruppen durch die verschiedenen jährlichen Veranstaltungen und das umfangreiche Berichtswesen sorgen für Transparenz, die benötigt wird, um sich eine Vorstellung von der Marke zu machen und eine hohe Reputation entstehen zu lassen. Die Transparenz sorgt für Kontrollierbarkeit. Sie lässt erkennen, dass in allen Gliedern der Wertschöpfungskette die eigenen Unternehmensleitlinien praktiziert werden. Bei der Neumarkter Lammsbräu beginnt die Nachhaltigkeit auf dem Acker durch die aktive Unterstützung der Landwirte bei ihren Bemühungen nachhaltig zu handeln. Als Botschafter der Nachhaltigkeit engagiert sich das Unternehmen selbstlos und eigenverantwortlich für die Verbreitung des nachhaltigen Gedankengutes und fördert aktiv Institutionen die dieser Entwicklung zuträglich sind. Die Mitarbeiter stehen im Fokus der sozialen Verantwortung. Ihre Einstellung gegenüber ihrem Unternehmen und das Verhalten der Angestellten ermöglicht es Außenstehenden, sich ein Bild vom Unternehmen hinter der Marke zu machen. Nachhaltigkeit und soziale Verantwortung sind Themen, die sich im heutigen sozialen Gefüge großer Aktualität und Aufmerksamkeit erfreuen. Diese Themen bewegen die Menschen. Die Werte und Normen hinter diesen Begriffen sind erstrebenswerte Ziele für Konsumenten. Durch den Konsum werden die Eigenschaften der Produkte auf die eigene Persönlichkeit übertragen und dienen so auch der Identitätsbildung. Die Neumarkter Lammsbräu hat es geschafft, ihre Produkte und ihre Marke durch ein nachhaltiges Handeln mit emotionalen Werten aufzuladen. Dadurch können nicht nur Kunden, sondern auch andere Interessensgruppen wie Lieferanten, oder potentielle Arbeitnehmer, sich mit der Marke identifizieren. Es entstehen positive Einstellungen gegenüber dem Unternehmen. Dadurch wird bei der Entstehung eines Bedürfnisses die Marke Neumarkter Lammsbräu bevorzugt, weil sie einen emotionalen Mehrwert bietet. Dieser dient auch zur Selbstverwirklichung. Die glaubhafte und authentische Transparenz sorgt dafür, dass Vertrauen entstehen kann und eine Bindung der Interessensgruppen an die Marke entsteht. Im Hinblick auf die Marke schafft das Unternehmen durch die Profilierung mithilfe nachhaltiger Werte und Normen eine Markenidentität, mit der sich die Stakeholder identifizieren können. Die Neumarkter

Lammsbräu hat mit Hilfe von CSR ein einmaliges Nutzenbündel aus emotionalen und funktionalen Merkmalen kreiert, mit dem es sich klar von anderen Angeboten auf dem Markt abgrenzt und eine intensive Stakeholder-Marken-Beziehungen aufbaut.

5.4   Gestaltung und Steuerung von CSR-Aktivitäten beim Unternehmen VAUDE Sport GmbH & Co KG

5.4.1   Unternehmen VAUDE Sports GmbH & Co KG

VAUDE ist ein großer deutscher Hersteller von Outdoor-, Kletter- und Bergsteigerausrüstung.
Der Familienbetrieb wurde 1974 von Albrecht von Dewitz gegründet und wird seit 2009 von
seiner Tochter Antje von Dewitz als Geschäftsführerin geleitet. Der Hauptsitz liegt in Tettnang in Baden-Württemberg. Das Unternehmen beschäftigt ca. 500 Mitarbeiter (davon 60%
Frauen). Im Kern stellt VAUDE Outdoor-Bekleidung (Hosen, Jacken, Unterwäsche aus
Softshell und Fleece) her. Zum Portfolio gehören auch Schuhe, Rucksäcke, Zelte und Taschen. Das Unternehmen ist global tätig und hat sowohl Zulieferbetriebe als auch eigene Produktionsstätten. Insgesamt hat VAUDE neun Produktionsstandorte (Burma, Bulgarien, China,
Deutschland, Litauen, Österreich, Südkorea, Tunesien, Vietnam). Die 100%ige Tochterfirma,
das Unternehmen Edelrid, bedient als Hersteller den Schwerpunkt im Kletter- und Campinge-
quipment-Markt (VAUDE, 2013). Mit einem Umsatz von 87 Mio. € ist VAUDE auf Augen-
höhe mit dem deutschen Unternehmen „Schöffel". Damit ist VAUDE als mittelständisches
Unternehmen zwar kein Top-Player unter den Outdoor-Herstellern, spielt aber bereits in der
Liga der großen Firmen mit. Bei den Umsatzanteilen liegt die Produktkategorie Bekleidung
(53% des Umsatzes) ganz vorn und macht mehr als die Hälfte des Umsatzes aus. Fast $1/_3$ des
Umsatzes wurde durch Taschen getätigt. Die Produkte von VAUDE stehen für Bergesport-
kompetenz, Innovation und den verantwortungsvollen Umgang mit Mensch und Natur. Das
Unternehmen hat es beim CSR-Wettbewerb der Bundesregierung 2013 bis unter die letzten
20 Teilnehmer geschafft. Damit ist es nominiert in der Gruppe von 500 bis 4.999 Mitarbeiter.

5.4.1.1   Wettbewerbs- und Nachhaltigkeits-Marketingsituation

Die Outdoor-Ausrüster Branche ist eine vergleichsweise junge Branche und erfreut sich in
den letzten Jahren besonders in Deutschland, USA und Skandinavien steigender Beliebtheit.
Die Zielgruppe liegt im Alter zwischen 20 und 49 Jahren. Der Outdoormarkt ist erfolgsver-
wöhnt, da er in den letzten Jahren ein profitables Wachstum erfahren hat. Ein Grund dafür
könnte sein, dass Outdoorkleidung zunehmend auch in Alltagssituationen getragen wird und
sich die Zielgruppe somit verbreitert hat. Fünf Unternehmen haben in Deutschland den größten Umsatz mit Outdoor-Produkten erzielt: Intersport, Globetrotter, Sport 2000, Karstadt und
Kaufhof. Der Gesamtumsatz der Outdoor-Produkte im Jahr 2010 betrug 1.800 Mio. €. Die
fünf genannten Unternehmen erwirtschafteten insgesamt ca. $2/_3$ des gesamten Umsatzes, wobei die Firma Intersport mit 600 Mio. € Jahresumsatz allein ca. $1/_3$ des gesamten Umsatzes im

Markt erwirtschaftet. Das attraktive Wachstum hat aber auch neue Akteure mit geringeren Kategorienkenntnissen auf den Plan gerufen (Handel, Industrie etc.), dadurch hat sich die Vielfalt im Markt erheblich erhöht. Die neue Marktsituation ist durch steigende Kategorienkomplexität, hervorgerufen durch neue Marken, Handelsunternehmen etc. gekennzeichnet. Das hat zur Folge, dass sich die Konsumenten einer nahezu unübersehbaren Auswahl gegenübersehen, ein Durchschnittskäufer kann sich aber nur knapp 5 Marken merken (Benchex, 2014). Es wurde auch festgestellt, dass für Konsumenten nicht das Image der Marke, sondern vorrangig Qualität und Funktionalität beim Kaufakt entscheidend ist. Da kaum eine Marke ein individuell ausgeprägtes Markenprofil anbietet, werden Marken oft als austauschbar wahrgenommen. Dazu trägt der ausgeprägte Produktfokus bei. Wenn Eigenschaften die Hauptrolle spielen, werden Marken austauschbar. Es entsteht Preisdruck und die Abhängigkeit der Marken vom Handel erhöht sich. Damit hängt zusammen, dass die mit Abstand wichtigste Informationsquelle für Konsumenten der Ort des Verkaufs und damit die Fläche des Handels ist.

5.4.1.2   Nachhaltigkeitsvision und -mission

Die Unternehmenswerte von VAUDE sind rel. schwierig zu ermitteln. Sie bleiben im Nachhaltigkeitsbericht relativ schwammig. Danach beinhalten sie einen respektvollen Umgang mit der Natur und den Menschen. Das Unternehmen will zum nachhaltigsten Outdoor-Ausrüster Europas werden, und denkt dabei vor allem an Sportler und die Zukunft. Man will Pionier auf diesem Weg sein und Konventionen bzw. Grenzen des Machbaren hinterfragen. Welche Grenzen das sind, ist nicht zu erfahren. Das Unternehmen bekennt sich des Weiteren zu seinen Wurzeln im Bergsport und tritt hier für ein leidenschaftliches Erleben in der Natur ein. Die Mission von VAUDE ist ökonomisch geprägt. Das Unternehmen gibt an, Europas nachhaltigster Outdoor-Ausrüster werden zu wollen und bestrebt zu sein, das auch im Vergleich mit anderen Herstellern nachzuweisen (ökonomische Priorität). Spezifische nachhaltigkeitsbezogene Werte, die klar benannt sind, sucht man in den VAUDE-Publikationen vergebens (VAUDE, 2014).

5.4.2   CSR-Projekt

CSR ist bei VAUDE direkt in der Geschäftsleitung verankert. Besonders der Naturschutz stellt einen intrinsischen Motivator für Unternehmensentscheidungen dar. Das ist auch nicht verwunderlich, denn aus Unternehmenssicht stellt die Natur die „Spielwiese" für die eigenen Produkte und Kunden dar (VAUDE, 2013). Neben ökomischen Zielen, stehen besonders soziale und ökologische Ziele im Fokus der VAUDE Geschäftsleitung (impulse, 2011). Für diese Zielvorstellung gründet VAUDE ein CSR-Team. Das entwickelte CSR-Konzept ist ein wichtiger Bestandteil der Unternehmensphilosophie und ist im „VAUDE ecosystem" verortet. Aus der Ökobilanz geht hervor, dass es einen Nachhaltigkeitsbeauftragten in der Geschäftsleitung gibt. Außerdem sind Umweltmanagementbeauftragte im Unternehmen vorhanden. Diese sind organisatorisch, neben den Zertifizierungen (EMAS, ISO 14001), für alles „Grüne" im Unternehmen zuständig. Sie berichten direkt der Geschäftsleitung. Gewünscht ist, dass sie gut vernetzt sind, auch mit Fachverbänden und Arbeitsgruppen außerhalb der Outdoor-Branche. Zudem sollen sie als eine Art „Botschafter" in ihrem Arbeitsbereich fungieren. Durch regelmäßige Team-Besprechungen in kürzeren Abständen soll eine enge Abstimmung und schnelle Bearbeitung nachhaltiger Themen gewährleistet werden.

5.4.2.1   Übergeordnetes Wertemanagement

Ebenso wie bei den Unternehmenswerten, ist auch zu einem übergeordneten Wertemanagement explizit beim Unternehmen VAUDE kaum etwas in Erfahrung zu bringen. Aus der Ökobilanz geht lediglich hervor, dass CSR im Unternehmen VAUDE „Chefsache" ist (intechnica, 2014). Kritisch ist anzumerken, dass eine einzelne (Unternehmer-)Person ein übergreifendes, alle Bereiche durchdringendes Wertemanagement kaum allein bewältigen kann. Auch ein nur auf mündliche Übermittlung ausgerichtetes Wertemanagement, kann nicht den Grad an Vertrauen und Stabilität bei den Mitarbeitern bewirken, wie es im Rahmen von „Nachhaltigkeit" notwendig ist. Erst durch schriftlich fixierte nachhaltigkeitsbezogene Unternehmensgrundsätze, unterstützt durch ein aktives Management, werden ethische Grundlagen für Nachhaltigkeitswerte im Unternehmen gezielt gelegt. Mitarbeiter können sich daran orientieren, ihr Verhalten danach ausrichten und daran gemessen werden. Bei VAUDE ist das weder in der Ökobilanz noch in den Publikationen ersichtlich. Das stellt ein (erhebliches) Manko im Sinne der Nachhaltigkeit dar.

Nachhaltigkeit – ein Drahtseilakt in der Outdoor-Branche

„Grün, ist Vaudes Verkaufsargument auf einem Markt, auf dem sich die Produkte kaum noch unterscheiden. Nur ein Fachmann könnte eine, sagen wir, Arcteryx-Jacke von einer Vaude-Jacke unterscheiden, würde man die Etiketten entfernen. Eine grüne Story ist gerade für ein Familienunternehmen wie Vaude wichtig, das keine Großinvestoren im Rücken hat wie etwa Jack Wolfskin. Trotzdem ist Nachhaltigkeit kein Selbstläufer. Das sieht man am Niedergang des einstigen, auf Nachhaltigkeit gebrandeten Addidas-Konkurrenten Puma. Wer PFC durch PU ersetzt, den kommt der Rohstoffeinkauf schnell dreimal so teuer. "Und die Kunden honorieren das nicht in dem Maße wie erhofft", sagt etwa Andreas Bartmann, Geschäftsführer bei Globetrotter, dem größten Händler von Outdoorprodukten in Europa. Bartmann kennt Vaude seit Gründerzeiten, und er spricht sehr wertschätzend über die junge Firmenchefin. Aber – und daran sieht man, wie gefährlich es für Unternehmen sein kann, wenn es sich grün gibt und dann hinter den eigenen Ansprüchen zurückbleibt – , aber, sagt Bartmann: "Für uns ist Nachhaltigkeit bis zum Verkaufsort relevant. Und da liegen eben auch die Grenzen unserer Zusammenarbeit mit Vaude". Auf gut Deutsch sagt Bartmann: Wenn von Drewitz weiter über Onlinehändler wie Amazon vertreibt, dann streichen wir Vaude-Artikel aus unserem Sortiment. Und begründet das durch die Blume mit den Arbeitsbedingungen bei Amazon […]"(Thiele, 2014).

5.4.2.2   Handlungsfeld Ökologie

Seit vielen Jahren engagiert sich VAUDE für die Umwelt. Im Kampf für eine nachhaltige Umweltentwicklung schloss das Unternehmen eine Kooperation mit dem WWF. Neben gemeinsamen Projekten und dem Erfahrungsaustausch spendet VAUDE 1% der Einnahmen aus dem Verkauf von Green Shape-Produkten (Qualitätsprodukte mit hohem Standard) an Naturschutzprojekte des WWF Deutschland. Ein weiterer Partner im Bereich Umweltschutz ist der Deutsche Alpenverein (DAV), welcher der einzige als Naturschutzverband anerkannte Sportverein ist. Gemeinsam mit dem DAV verwirklicht VAUDE Projekte und Lösungen, die Bergsport und Natur in Einklang bringen sollen. VAUDE ist offizieller Ausrüster des Alpenvereins. Im Dialog wird sich über Kenntnisse zum umweltbewussten und nachhaltigen Verhalten in der Umwelt sowie beim Nutzen von Outdoor-Produkten ausgetauscht (VAUDE, 2013). Im Zuge der EMAS Umweltzertifizierung veröffentlicht VAUDE seit 2008 Emissionswerte für ausgewählte Produktionsstätten. Im Bereich der Outdoor-Ausrüster mit einer EMAS-Öko-Zertifizierung, ist das Unternehmen damit Vorbild in der Branche.

5.4.2.2.1   Kurzanalyse Ökobilanz

5.4.2.2.1.1 Produktionsmanagement

Die generelle Herausforderung in der Outdoor-Ausrüster Branche, ist die Materialzusammensetzung der Funktionskleidung. Die wichtigsten Eigenschaften der Outdoor-Kleidung sind: (1) winddicht, (2) wasserdicht und (3) atmungsaktiv (stofflexikon, 2013). Diese sehr widersprüchlichen Eigenschaften werden bei der Herstellung, durch die Beigabe von Erdöl und PFC-Chemikalien erreicht. Die Branche steht generell vor der Frage, ob Funktionskleidung nicht auch ohne Chemie und Inanspruchnahme endlicher Ressourcen herzustellen ist? In der Ökobilanz ist zu ersehen, dass das Unternehmen die Ausarbeitung eines Biodiversitätskonzepts für den Standort Tettnang betreibt. Dazu werden Ursachen hierfür aus dem Bereich Outdoor-Bekleidung ermittelt (z.B. im Hinblick auf den Anbau von Bio-Baumwolle etc.). Standortbezogen wird im Rahmen der EMAS- und ISO 14001-Zertifizierung als Indikator der Anteil versiegelter Flächen am Firmengelände verwendet. Im Fokus stehen weiter Pflege und Ausweitung von Pflanzungen sowie die Sensibilisierung der Mitarbeiter (intechnica, 2014).

Ein großes Thema bei Herstellerbetrieben ist das **Emissionsmanagement** (der Ausstoß von CO_2). Im Zuge der EMAS Umweltzertifizierung veröffentlicht VAUDE seit 2008 Emissionswerte für ausgewählte Produktionsstätten. Im Bereich der Outdoor-Ausrüster mit einer EMAS- Öko-Zertifizierung ist das Unternehmen damit Vorbild in der Branche. Seit 2012 umfasst die Klimabilanz alle Unternehmensbereiche. Mithilfe des Nonprofit Partnerunternehmens „my-climate" wurde der erste Schritt zu einem rundum klimaneutralen Unternehmen getätigt. Der erste klimaneutrale Standort des Unternehmens ist die Hauptzentrale in Tettnang. Hier sind sowohl der gesamte Standort als auch alle dort hergestellten Produkte klimaneutral (myclimate, 2012). Aus der Klimabilanz 2012 ist zu entnehmen, dass die Entwicklung der CO_2 Emissionen vom Jahr 2011 zum Jahr 2012, bis auf die Sparten „Material diverse Verbrauche" und „Wärme" ein Anstieg der CO_2 Emissionen verzeichnet. Insgesamt ist dennoch ein deutlicher Trend zum Emissionsrückgang erkennbar. Auffällig sind die Einsparungen im Bereich „Geschäftsreisen, Pendelverkehr und Material Fertigung", hier konnten ca. 100-200 t CO_2e im Vergleich zum Vorjahr eingespart werden. Als Highlight konnten die Emissionswerte im Bereich „Drucksachen" um ca. 700 t CO_2e reduziert werden. Durch die Kooperation mit myclimate können auch unvermeidliche Emissionen kompensiert werden. Dazu werden Reduktionen eingekauft. Diese werden genutzt, um die gleiche Menge CO_2 an einem anderen Ort auf der Welt einzusparen. Des Weiteren investiert myclimate durch Klimaprojekte in die langfristige Emissionsreduzierung. Dabei helfen strenge Projektstandards auch bei der Verbesserung der Lebensqualität der lokalen Bevölkerung (myclimate, 2013). Bis 2014 hat sich VAUDE zum Ziel gesetzt, Emissionen aus dem Pendelverkehr um 10% zu reduzieren.

Der **Materialverbrauch** ist ein weiteres Feld beim Produktionsmanagement. Für 2015 ist als Ziel ausgegeben, den gesamten Papierverbrauch auf 100% Recyclingpapier umzustellen. Dazu zählen alle Papierprodukte von Toilettenpapier über Kopierpapier bis hin zu Magazinen und Produktschildern. Der Treibstoffverbrauch der Fahrzeugflotte soll insgesamt um 5% bis zum Jahr 2008 reduziert werden. In 2015 sollen auch 100% der VAUDE-Baumwoll-Produkte aus Biobaumwolle gefertigt werden und 80% der Produkte auf bluesign umgestellt werden.

Beim **Wassermanagment** besteht dringender Handlungsbedarf. Für den **Wasserverbrauch** (bei VAUDE ausschließlich aus dem öffentlichen Versorgungsnetz), existieren nach wie vor keinerlei gesetzliche Vorschriften über die Ausweisung bei der Herstellung von Outdoor-Produkten. Gemäß Ökobilanz ist dieses Manko dem Unternehmen bewusst.

5.4.2.2.1.2 Energiemanagement

Angaben zum **Energiemanagement** beziehen sich vorliegend ausschließlich auf den Hauptstandort Tettnang. Aus der Ökobilanz geht hervor, dass der Standort seit 2009 zu 100% mit Strom aus regenerativen Quellen versorgt wird. Im Jahr 2008 ist der Stromverbrauch/pro Mitarbeiter um ca. 15% gesunken, obwohl die Anzahl der Mitarbeiter zwischen 2008 und 2013 um 39% gestiegen ist. Der erstmals errechnete Index für die Logistik = Stromverbrauch (kWh) pro Anzahl Picks, ist zwischen 2012 und 2013 gleichgeblieben. Im Hinblick auf den gesamten Stromverbrauch ergibt sich eine Reduzierung von 15%. Dazu haben die Maßnahmen des Energiemanagements beigetragen (Optimierung einer Pumpensteuerung, Steuerung an einer Produktionsmaschine, effizientere Beleuchtung) (intechnica, 2014). In den Büros wird auch Strom gespart. Dafür gibt es eine Richtlinie zum Einkauf von Bürobedarf (Bürogeräte mit Blauem Engel, Mindestanforderung Energy Star etc.). Es existieren regelmäßig Energiespartipps im Internet. Im Jahr 2011 wurde die Heizung der Gebäude vom fossilen Brennstoff Erdöl auf Bio-Gas umgestellt. Es wird aus Reststoffen der Herstellung von Zucker aus Zuckerrüben in Ungarn gewonnen. 2013 lag der Anteil erneuerbarer Energien am Gasverbrauch bei 38%. VAUDE betreibt seit 2008 mehrere große Photovoltaik-Anlagen auf den Firmendächern und deckt so ca. 99% seines Strombedarfs am Standort (intechnica, 2014).

Neben Strom aus alternativen Energien, verwendet VAUDE auch insbesondere für den Firmenfuhrpark nicht erneuerbare Energien in Form von Kraftstoff und Flüssiggas (Staplerfahrzeuge etc.). Der Flüssiggasverbrauch der Stapler verzeichnet im Vergleich zum Vorjahr eine Steigerung um 57%. Das wird durch den Umbau des Bürogebäudes erklärt, für den eigene Stapler eingesetzt wurden. Das Flüssiggas stammt aus nicht regenerativen Quellen, ebenso der Treibstoff (Benzin, Diesel) für die Firmenwagenflotte. Für die Lieferkette konnten keine Angaben (Datenmangel etc.) gemacht werden (intechnica, 2014).

5.4.2.2.2   Recyclingmanagement

Ein weiterer Bereich betrifft das **Recyclingmanagement**. Schon 1994 bestand mit dem Projekt ECOLOG bei VAUDE die Vision einzelne Produktbestandteile mithilfe des Recyclings wieder in den Produktlebenszyklus zurückzuführen. Aufgrund der geringen Nachfrage durch Endkonsumenten und der damit verbundenen Unwirtschaftlichkeit, wurde das Projekt wieder beendet. Da sich das Unternehmen jedoch für den gesamten Produktlebenszyklus verantwortlich fühlt, arbeitet VAUDE seit Beendigung des Projekts mit der Organisation „FairWertung" zusammen. Der Dachverband FairWertung e.V. ist eine Organisation, die für die Entsorgung gebrauchter Kleidungsstücke zuständig ist. Das Unternehmen unterscheidet zwischen Textilien, die durch Aufbereitung oder Pflege zugunsten gemeinnütziger Zwecke weiter verwendet werden können, und Textilien die aus der Wertschöpfungskette entnommen werden müssen, um sie später fachgerecht zu entsorgen (VAUDE, 2013). VAUDE schaut mit der Kooperation mit FairWertung über den Tellerrand der Produktion und des Verkaufs von Produkten hinaus. Ziel ist es, die Wertschöpfungskette auch nach dem Gebrauch des Produkts durch den Endkunden nachhaltig zu schließen. Neben der Kooperation mit FairWertung bemüht sich VAUDE auch selbst nachhaltig und unterstützend nach dem Verkauf des Produkts in den Produktlebenszyklus einzugreifen. Generell versucht das Unternehmen durch verschiedene Maßnahmen die Lebenszeit der Produkte zu verlängern, die Gebrauchsphase zu vergrößern und die Verwertungsphase zeitlich nach hinten zu verschieben bzw. zu überspringen. Dazu bedient sich VAUDE folgender Maßnahmen und Standards: (1) Hohe Qualität der Produkte, (2) Reparaturservice, (3) Gewährung von 2 Jahren Garantie, (4) anbieten von Pflegemitteln und (5) Solarzellen statt Batterien.

5.4.2.3   Handlungsfeld Ökonomie

Im Handlungsfeld Ökonomie spielt das das **Qualitätsmanagement** eine große Rolle. Der Großteil des VAUDE Portfolios wird im Ausland hergestellt. Eine kleine Produktpalette ist aber doch „Made in Germany". Bei diesen Produkten sieht der Kunde bereits am Logo, dass er dabei um Qualitätsprodukte mit hohen Standards handelt. Aufgrund der räumlichen Distanz zu fern gelegenen Produktionsstätten, ist die Transparenz zum Endkunden eine besondere unternehmerische Herausforderung. Daher führte das Unternehmen die Green-Shape Kollektion ein. Mit Green-Shape garantiert VAUDE, dass die Produkte die dieses Zertifikat tragen, umweltfreundlich im Sinne von nachhaltigen Materialien und der Produktion in ressourcenschonenden Prozessen sind (VAUDE, 2013). Für die interne Bewertung der Green-Shape Kriterien für ein Produkt, entwickelte das Unternehmen ein eigenes Bewertungsmodell, das Green Shape Mountain System. Mithilfe dieses Models wird durch ein internes Komitee geprüft, welche Produkte das Zertifikat erhalten und welche Kriterien noch nicht erfüllt sind. Ein weiteres Ziel ist es, ab 2014 den Anteil an Green-Shape Produkten auf 55% anzuheben.

5.4.2.4   Handlungsfeld Soziales

Im Rahmen der externen sozialen Verantwortung gilt als hervorzuhebender Partner die Kooperation mit der Nonprofit-Organisation „Fair Wear Foundation" (FWF). Unternehmen gehen bei der Mitgliedschaft mit FWF eine tiefgreifende Verpflichtung zur Verbesserung der Arbeitsbedingungen in den eigenen- und den Sub-Produktionsstätten ein. Der Inhalt der Verpflichtungen umfasst die Verifizierung von Partnerunternehmen vor Ort, unter Einbezug örtlicher NGOs und Gewerkschaften. Zusätzlich wird in festgelegten Abständen eine Bewertung der Managementprozesse in der Firma durchgeführt. Für Transparenz sorgen die öffentlich zugänglichen Berichte auf der FWF-Website. Im Sozial- und Nachhaltigkeitsbericht sowie der FWF-Brand-Performance-Check von 2012, wird auf den FWF-Webseiten der Fortschritt von sozialen Bedingungen dokumentiert und auf Herausforderungen bzgl. der Arbeitsbedingungen in der Zukunft hingewiesen (www.fairwear.org). Die seit 2012 veröffentlichte Leitlinie gegen Kinderarbeit sind ein weiterer Schritt für die Verankerung westlicher ethischer Grundsätze und untermauern die Ernsthaftigkeit der sozialen Verantwortung (INKOTA, 2012). Durch die Mitgliedschaft bei FWF hat sich VAUDE verpflichtet, den Verhaltenskodex in Form ethischer, sozialer und ökologischer Richtlinien einzuhalten. Der Verhaltenskodex umfasst folgende Bereiche: (1) Mindestlöhne, (2) Arbeitszeiten, (3) Schutz vor Missbrauch jeglicher Art, (4) Mindestalterregelung, (5) Anti-Diskriminierung, (6) Arbeitsschutz, Sicherheitsregeln und Hygienestandards und (7) Umweltbestimmungen – Vermeidung von Abfällen und Abwässer. Die Einhaltung der Regelungen wird durch das VAUDE Quality Control Team gewährleistet, dass sowohl angekündigte als auch unangekündigte Kontrollen im Unternehmensumfeld durchführt. Der Verhaltenskodex ist ebenfalls fester Bestandteil bei Verträgen mit Lieferanten, Partnern und weiteren Stakeholdern (faiwear.org., 2013). Ein Ziel ist es, dass ab 2014 ca. 90% der Partner-Produzenten durch Fair Wear Foundation (FWF) auditiert sind. Aber auch interne Projekt zeigen, dass bei VAUDE soziale Themen weit oben auf der Unternehmensagenda stehen. Antje von Dewitz ist selbst Mutter von vier Kindern. So ist es nicht verwunderlich, dass der Themenbereich „Beruf und Familie" stark im Unternehmen begrüßt wird. Projekte, wie die Gründung des eigenen Kinderhauses, die Pachtung des örtlichen Freibades und das Angebot für Yoga-, Koch- und Nähkurse, untermauern diese soziale Ausrichtung des Unternehmens. Für diese familienfreundlichen Maßnahmen erhielt VAUDE 2004 das Qualitätssiegel „berufundfamlie". Weitere Maßnahmen die das soziale Verantwortungsbewusstsein des Unternehmens unterstreichen sind: (1) Feedback- und Beschwerdekästen im Unternehmen, (2) Existenzsichernde Löhne für alle Mitarbeiter und (3) Freie Tage für das Umsetzen eingereichter Projektideen. Einen Schritt weiter geht VAUDE mit der eigens gegründeten VAUDE ACADEMY, in der aktiv Personalentwicklung betrieben wird, um die Führungskräfte von Morgen aus den interner Ressourcen generieren zu können (VAUDE, 2013). Zusammenfassend lässt sich festhalten, dass bei VAUDE die interne und externe soziale Verantwortung einen hohen Stellenwert hat.

5.4.2.5   Makroökonomisches Governance-Selbstverständnis

VAUDE schafft nicht nur Transparenz mithilfe der jährlichen Veröffentlichung des Nachhaltigkeitsberichts, das Unternehmen überzeugt auch, durch einen natürlichen und ehrlichen Dialog auf Messen und in Interviews. Besonders die Krisenkommunikation, die sich nach der Veröffentlichung der Detox-Kampange von Greenpeace besonders zeigte, konnte zu einer positiveren Wahrnehmung des Unternehmens beitragen (www.greenpeace.de, 2012). Öffentliche Projekte, wie z.B. der Bau des Kinderhauses, die Pachtung des Freibades oder die interne Kleidersammlung im Rahmen der Aktionswochen des Rates für nachhaltige Entwicklung, fördern ein nachhaltiges Image von VAUDE in der regionalen Bevölkerung. Marketingaktivitäten werden bei VAUDE verantwortungsbewusst, glaubwürdig, innovativ und transparent gehandhabt. Es soll zu keinem Zeitpunkt der Anschein entstehen, Greenwashing-Absichten mit einer Marketingaktivität zu verfolgen (VAUDE, 2013).

5.4.3   Fazit

Das Beispiel VAUDE zeigt, dass ein deutlicher Umbruch vor allem in der Outdoor-Ausrüster Branche in Richtung „Nachhaltigkeit" zu beobachten ist. Das Marketing-Motto „be different or die" wird von VAUDE mit dem CSR-Konzept erfolgreich in die Realität umgesetzt. CSR ist beim Unternehmen eine Kernstrategie und fest in den Managementprozessen verankert. VAUDE agiert offensiv mit Zertifikaten und eigenen Öko-Labels (im Internet, am POS). Verbraucher werden durch bekannte Labels (FairWair, WWF, bluesign), auf umweltfreundliche und mit hohen sozialen Standards hergestellte Produkte aufmerksam gemacht. Der Sozial- und Nachhaltigkeitsbericht sowie andere Qualitätsaudits verstärken die Transparenz und lassen keine Greenwashing-Absichten erkennen. Nur der Kauf von CO_2 Reduktionen zur Kompensation von unvermeidlichen Emissionen, erscheint an dieser Stelle etwas einfach und passt nicht recht in das Nachhaltigkeitsbild. Für die Outdoor-Ausrüster Branche lassen sich einige Herausforderungen und Notwendigkeiten im Hinblick auf „Nachhaltigkeit" ableiten. Unternehmen die erfolgreich am Markt sein wollen und sich auf CSR ausrichten, brauchen Kunden die beim Kauf ihrer Kleidung auf Öko-Label und zertifizierte Textilien achten. Verbraucher müssen daran interessiert sein, Kleidung länger als eine Saison zu tragen, ungeachtet der Gefahr nicht dem aktuellen Modetrend zu entsprechen (www.greenpeace.de). Die Herausforderung für Outdoor-Ausrüster besteht darin, Produkte nicht nur qualitativ hochwertig und langlebig zu konzipieren, sondern sie müssen auch modisch zeitlos sein, damit ein langes Tragen der Kleidung für Kunden sinnvoll ist. Auch wenn Konsumenten in der heutigen Zeit stark mit den Themen Wiederverwertung, Tauschen oder Spenden jeglicher Art von Gütern vertraut sind, besteht die Gefahr, dass dieser Trend im Textilbereich (weiter) ausgeblendet wird. An dieser Stelle hat auch VAUDE als Vorreiter in der Branche noch Potentiale, die bisher noch nicht genutzt werden. Probleme existieren auch bei der Schließung der Wertschöpfungskette.

5.5 Verbesserung des Markenimages durch nachhaltige Produktpolitik am Beispiel Deutsche Bahn AG

5.5.1 Unternehmen Deutsche Bahn AG

Die Deutsche Bahn AG ist ein internationales Unternehmen mit Hauptsitz in Berlin. Sie beschäftigt 300.000 Mitarbeiter/Innen, davon 194.000 in Deutschland. Die Anzahl der Standorte liegt bei 2.000 in über 130 Ländern. Mit einem Umsatz von 39,3 Mrd. Euro im Jahr 2012 ist die Deutsche Bahn eines der weltweit führenden Mobilitäts- und Logistikunternehmen. Zu ihren Kerngeschäftsbereichen zählt der Personenverkehr (DB Bahn), Transport und Logistik (DB Schenker) und die Infrastruktur (DB Netze). Das Unternehmen ist vollständig in Bundesbesitz und ist damit ein privatrechtlich organisiertes Staatsunternehmen mit unternehmerischer Freiheit. Über das längste Streckennetz in Europa werden täglich 7,4 Millionen Reisende befördert. Mobilitäts- und Logistikdienstleistungen werden zu Wasser, zu Land und zu Luft angeboten. Fünf Millionen Menschen sind Inhaber einer Bahncard. Die Deutsche Bahn engagiert sich im Bereich Umwelt, setzt sich für attraktive Arbeitsbedingungen ein und ist sich ihrer gesellschaftlichen Verantwortung bewusst (www.deutschebahn.com). Die Bahn AG hat es beim CSR-Wettbewerb der Bundesregierung 2013 bis in die Endrunde der letzten 20 Unternehmen geschafft und wurde nominiert in der Kategorie 5.000 und mehr Mitarbeiter.

5.5.1.1 Wettbewerbs- und Nachhaltigkeits-Marketingsituation

Die Bahn AG als Staatskonzern, sieht sich verschiedenen Wettbewerbssituationen auf den Märkten gegenüber. Nach eigenen Berichten lebt der Wettbewerb auch auf der Schiene, denn der ehemalige und in Teilen heutige Monopolist hat in einigen Bereichen Marktanteile an die Konkurrenz verloren. Im Güterverkehr konnten die Konkurrenten bereits einen Marktanteil von 29% erringen, im Nahverkehr liegt der Anteil bei 25%. Im Fernverkehr ist die Bahn AG allerding nach wie vor Monopolist und tut alles dafür, das auch zu bleiben. Im Hinblick auf die Wettbewerbssituation im Fernverkehr, hat die Bahn derzeit große Vorteile. Im Personen-

fernverkehr hat sie einen Marktanteil von 99%. Als Alternativen zu Intercity und ICE der Bahn AG existieren lediglich der Hamburg-Köln-Express und der Interconnex. Dass ein Unternehmen wie die Deutsche Bahn auf Gewinnerwirtschaftung fokussiert ist, ist nicht neu. Mit „Nachhaltigkeit" rückt daneben auch ein Bewusstsein in den Vordergrund, dass sich auf weitergehende moralische und gesellschaftliche Pflichten bezieht.

5.5.1.1.1 Aufbau eines „grünen" Angebots

Die Deutsche Bahn AG gehört zu den umweltfreundlichen Verkehrsmitteln in Deutschland. Sie beförderte im Jahr 2014 rd. 1,9 Milliarden Fahrgäste (statista.com). Bei der Bahn ist man sich der Bedeutung des Umweltbewusstseins im Absatzmarkt und des Nachfragepotenzials aus umweltorientierten Käufern bewusst (Engelfried, 2011). Um dem starken Preisbewusstsein der Kunden entgegenzuwirken, bietet die Bahn die Schaffung eines zusätzlichen Nutzens durch die Bahncard. Das Angebot einer „grünen" Bahncard wurde 2012 durch eine riesige Werbekampagne, die unter dem Motto: " Jetzt kann jeder etwas für die nächste Generation tun" propagiert wurde. Diese millionenschwere Werbekampagne wurde von einer der großen Werbeagenturen verantwortet. Der „grüne" Zusatznutzen soll dabei auf der Zusage liegen, dass Inhaber einer Bahncard im Fernverkehr mit 100% Ökostrom fahren, die Umwelt schonen und zugleich günstiger fahren, als Kunden ohne Bahncard. Die Bahn setzt dazu Marketingprogramme mit emotional ansprechenden TV-Spots zur „grünen" Bahncard ein. Sie sollen den Aufbau eines positiven Markenimages fördern (Schmidt/Vest, 2010). Auf einer dafür eingerichteten Seite will die Bahn, nach eigenem Bekunden, Transparenz zu ihrem Angebot bieten. Hier wird erläutert, dass seit April 2013 ca. fünf Millionen Bahncard-Inhaber, Besitzer einer Streckenkarte und bei bahn. corporate betreute Firmenkunden mit 100% Ökostrom reisen können. Die Bahn gibt an, anhand interner Daten und Auswertungen den benötigten Energieverbrauch zu ermitteln. Die entsprechende Menge an Strom wird von DB Energie eingekauft und dem Stromnetz physisch zugeführt. Dadurch gestaltet sich das Angebot ohne weitere CO_2-Emissionen, denn der nachhaltig erzeugte Strom verdrängt den dort üblichen Strom Mix. Die Kosten für den zusätzlich eingekauften Ökostrom übernimmt der DB-Fernverkehr. Gegen einen Aufpreis, haben auch Kunden ohne Bahncard die Möglichkeit im Fernverkehr mit 100% Ökostrom zu reisen. Die Bahn gibt an, dass ein Teil dieser Einnahmen in innovative Projekte fließt, mit denen der Ausbau regenerativer Energien innerhalb Deutschlands unterstützt wird. Dadurch konnte das Hybridkraftwerk in Prenzlau errichtet werden (deutschebahn.com). Nach Angaben der Deutschen Bahn stammt der Ökostrom überwiegend aus Wasserkraftwerken in Deutschland. Die Stromerzeugung wird von einem unabhängigen Gutachter (TÜV Süd) zertifiziert (dbenergie.de). In der Werbung beansprucht das Unternehmen mit großen Worten, mit der „grünen" Bahncard „einen Meilenstein in Sachen Klimaschutz gesetzt" zu haben.

5.5.1.1.2   Prüfung des „grünen" Angebots (Greenwashing)

Ob es sich bei der „grünen" Bahncard um ein Greenwashing-Angebot handelt, ist zunächst auf einer juristischen Ebene zu prüfen. Es ist festzustellen, dass Normierungen für die Bezeichnungen „Bio", „Öko" oder „grün" lediglich für Nahrungsmittel existieren. Für andere Produkte fehlen Normierungen bisher völlig. Fraglich ist weiter, ob eine irreführende geschäftliche Handlung gemäß §5 des Gesetzes gegen den unlauteren Wettbewerb (UWG) vorliegt. In den Werbespots wird behauptet, dass durch die Ökostromnutzung „keine weiteren CO_2-Emissionen entstehen". Der Ökostrom wird aus Wasserkraftwerken und von Windrädern bezogen, wofür ein Herkunftsbescheid des TÜV-Süd ausreicht. Da dieser Ökostrom dann physisch in das Stromnetz eingespeist wird und dadurch tatsächlich keine weiteren CO_2-Emissionen entstehen, entspricht diese (Werbe-)Aussage der Bahn der Wahrheit. Das betrifft auch die TV-Werbung zur grünen Bahncard. Sie ist unter diesem Aspekt nicht als irreführend einzustufen. Es ist weiter zu prüfen, ob auch die Zusage eines „zusätzlichen Umweltnutzens" durch die „grüne" Bahncard, den Anforderungen genügt. Der zusätzliche Umweltnutzen von Ökostromangeboten hängt davon ab, ob durch ein Produkt wirklich neue Erzeugungsanlagen entstehen. Hier haben die Ökostrom-Experten bei der Bahn aufgepasst, denn die Bahn weist in ihren Werbekampagnen explizit darauf hin: „Zusätzlich unterstützt die Deutsche Bahn innovative Projekte zum Ausbau der erneuerbaren Energien in Deutschland". Dahinter steht, dass ein paar Cent pro Fahrkarte in einen Fonds fließen, aus dem innovative Projekte zum Ausbau der erneuerbaren Energien in Deutschland unterstützt werden sollen. Durch diesen, in die Kampagne eingebauten „Neuanlagenbonus", genügt die Bahn den Anforderungen des §5 UWG. Das Angebot ist daher juristisch zulässig.

Für heutige bestens informierte Kunden ist, neben einer juristischen Prüfung ebenso interessant, welcher tatsächliche Klimaeffekt durch die „grüne" Bahncard entsteht. Dazu ist Hintergrundwissen über den Strom Mix der Bahn sowie eine Analyse der Klimabilanz des Konzerns notwendig. Grundsätzlich ist anzumerken, dass es zu begrüßen ist, wenn ein großer Konzern stärker auf erneuerbare Energien setzen will. Aber der konkrete Nutzen für das Klima und die Energiewende hängt davon ab, woher genau der propagierte Ökostrom kommt. Da sowohl die Wasserkraftwerke von Eon und RWE an Rhein, Mosel und Ruhr als auch die 48 unter Vertrag genommenen Windräder bereits viele Jahrzehnte am Netz sind, handelt es sich eigentlich nur um einen Umverteilungsmix. Zwar wird der Fahrstrom dadurch etwas „grüner", aber der Strom Mix für alle Kunden im allgemeinen Netz, wird dadurch nicht verbessert. Auch wenn die Verträge mit den Wasserkraftwerksbetreibern Eon und RWE bis 2028 laufen, eine Vorreiterrolle, oder gar der propagierte „Meilenstein" im Hinblick auf Nachhaltigkeit, ist für den größten Stromverbraucher Deutschlands mit diesem Angebot nicht zu erkennen (o.V., 2013d). Diese Aussage soll begründet werden. Ein Punkt betrifft die Reichweite des Angebots. Die „grüne" Bahncard gilt nur für den Personenfernverkehr. Von den 2,4 Mrd. Fahrgästen, die im Jahr 2011 mit der Bahn insgesamt gefahren sind, betrifft das lediglich 120 Mio. Bahnkunden

(1/12) (Statistisches Bundesamt, 2012). Der DB-Fernverkehr hat nach Angaben der Bahn zudem den geringsten Stromverbrauch im Vergleich mit den anderen Geschäftsfeldern. Regional- und S-Bahnen sowie der Güterverkehr fahren also weiter mit Kohle- und Atomstrom. Aus den Angaben zum Bahnstrom Mix geht hervor, dass die Deutsche Bahn auch zukünftig vorwiegend an fossilem Kohlestrom festhält. Das wird besonders durch den Liefervertrag mit einem modernisierten Kohlekraftwerk (Datteln 4 in NRW) unterstrichen (wwww.bahn.de). Der Bahnstrom Mix der Jahre 2011 und 2012 zeigt zudem, dass fossile Steinkohle den größten Anteil im Strom Mix ausmacht (31,4%). Die Reichweite des Angebots der „grünen" Stromausrichtung, fällt daher äußerst begrenzt aus (o.V., 2013d).

Ein weiterer Punkt betrifft den Maßstab des Energiewandels. Dazu ist der derzeitige und zukünftig geplante Anteil an erneuerbaren Energien zu ermitteln und ins Verhältnis zu den anderen genutzten Energien zu setzen. Der Anteil der erneuerbaren Energien am Verbrauch lag 2011, nach Angaben der Bahn mit 24% an zweiter Stelle nach den fossilen Energien. Dieser Anteil wurde im Jahr 2012 um ganze 2,2% erhöht. Ein (ganz) kleiner Teil des Stroms für die „grüne" Bahncard kommt daher auch aus erneuerbaren Energien. Dieser Strom wird, neben den Wasserkraftwerken, auch von 48 Windrädern in Brandenburg und Niedersachsen erzeugt, die bei der Bahn unter Vertrag stehen. Wasserkraftwerke tragen aber nicht zur Energiewende bei. Sie werden kaum noch gebaut und ihr Anteil stagniert bei 1-4%. Die Energiewende wird vor allem durch Biogas, Sonnenenergie und Windkraft getragen, die im Jahr 2013 bereits ca. 23,4% des Stroms in Deutschland lieferten (www.bundesregierung.de). Dagegen hat jedoch die von der Bahn propagierte „Unterstützung in innovative Projekte zum Ausbau der erneuerbaren Energien" kaum etwas gebracht. Auf der Website findet sich ein einziges gefördertes Projekt (500.000 Euro). Dabei handelt es sich um das Enertrag-Hybridkraftwerk in Prenzlau, das Windkraftspitzen puffern und das Stromnetz stabilisieren kann. Der Maßstab des Energiewechsels bei der Bahn fällt daher, im Vergleich mit den Anteilen an fossilen Energien und Atomstrom (75%), sehr bescheiden aus. Auch zukünftig ist keine wesentliche Veränderung durch erneuerbare Energien erkennbar. Bezogen auf den realen Klimaeffekt durch die „grüne" Bahncard, kann dieser nur mit „nahezu null" bezeichnet werden. Es handelt sich überwiegend um einen Umverteilungseffekt durch bereits seit Jahrzehnten im Betrieb befindliche Anlagen und nur minimal um eine „reale" Neuausrichtung im Energiebereich (o.V., 2013d).

5.5.1.2   Nachhaltigkeitsvision und -mission

Die Vision (Ziel) der Deutschen Bahn ist es, das weltweit führende Mobilitäts- und Logistikunternehmen zu werden (ökonomische Priorität). Die Strategie beruht auf einem rahmengebenden Ansatz. Für einen nachhaltigen Unternehmenserfolg müssen ökonomische, soziale und ökologische Aspekte in Homogenität gebracht werden, um weiterhin eine gesellschaftliche Zustimmung sowie den nachhaltigen Unternehmenserfolg zu gewährleisten. Zur Greifbarmachung der Entwicklung der Strategie 2020, wurden vier strategische Stoßrichtungen mit jeweils drei Zielen entwickelt. Als Rahmenbedingungen wurden durch den DB-Konzern vier Trends ermittelt, die als Einflussgrößen den zukünftigen Unternehmenserfolg beeinflussen können (www.deutsche-bahn.com). (1) Voranschreitende Globalisierung, (2) Liberalisierung der Verkehrsmärkte, (3) demografischer Wandel und (4) Klimawandel sowie Ressourcenverknappung. Die Implementierung eines Nachhaltigkeitsmanagements als Competence Center Nachhaltigkeit, dient als konzernweite Steuer- und Koordinierungszentrale für alle Themen und Projekte im Bereich „Nachhaltigkeit" und soll zur Umsetzung der Strategie 2020 beitragen. Die zielgerichtete Ausrichtung aller entscheidenden Strategien und Aktivitäten im Bereich Nachhaltigkeit, bilden die Hauptaufgaben des Centers (deutschebahn.com). Als Zielgrößen in der Dimension Ökologie soll bis 2020 der Anteil an erneuerbaren Energien am Bahnstrom auf 35% gesteigert werden. Die CO_2-Emmissionen des Konzerns sollen weltweit über alle Verkehrsträger im Vergleich zu 2006 um 20% gesenkt werden. Eine aktive Nachfrage an grünen Produkten, ist durch eine umfangreichere Vermarktung zu generieren. Der Bereich Lärm sieht eine Reduzierung des Schienenlärms gegenüber 2006 um 50% vor. Die ökonomische Dimension weist in beiden Stoßrichtungen keine klaren Zielsetzungen aus. In der sozialen Dimension ist vorgesehen, durch einen Kulturwandel Frauenförderung im Unternehmen zu erreichen. Bis 2015 soll dazu der Anteil von Frauen insgesamt auf 25% und in Führungspositionen auf 20% bis 2015 angehoben werden (deutschebahn.com). Fraglich ist, welche Gründe möglicherweise hinter der Übernahme von Verantwortung bei der Bahn AG stehen? Dazu könnten die Unternehmensskandale beigetragen haben, durch die das Image der Deutschen Bahn erheblich ramponiert wurde (z.B. Achsbrüche beim ICE (2008), Ausfall von Klimaanlagen im Sommer 2012, der Personalmangel im Sommer 2013 am Bahnhof Mainz).

5.5.2   CSR-Projekt

Im Rahmen des CSR-Projektes entwarf die Deutsche Bahn für ein effektives Stakeholdermanagement eine Charta mit elf Punkten. Darin wird ein verantwortungsvoller Umgang zwischen der DB und ihren Stakeholdern geregelt. Die Anspruchsgruppen werden in: Mitarbeiter, Kunden, Eigentümer/Investoren, Politik, Lieferanten, Presse/Öffentlichkeit, Verbände, Nichtregierungsorganisationen und Fachöffentlichkeit gruppiert. Transparenz, Kontinuität und Integrität sind wichtige Faktoren für einen vertrauensvollen Umgang mit den Stakeholdern. Als Ziele des Dialogs werden von der Deutschen Bahn definiert:

- Aufnahme der Ansprüche, gegenseitiges Lernen und Zusammenarbeit von Lösungsansätzen,
- Information betroffener und interessierter Anspruchsgruppen über unternehmerische Strategien, Ziele und Entscheidungen und
- offener Austausch von Informationen aus verschiedenen Blickwinkeln zwischen Anspruchsgruppen und Unternehmen.

Als Mittel zum Informationsaustausch dienen Presse- und Öffentlichkeitsarbeit (Newsletter, Pressekonferenzen), bilaterale bzw. persönliche Kontakte und ein langfristig geplanter organisierter Dialog mit Anspruchsgruppen (z.B. Veranstaltungen) (deutschebahn.com). Die Schaffung von Vertrauen kann z.B. durch unterschiedliche Bereiche von Nähe (räumliche, virtuelle, soziale) des Unternehmens zum Kunden erzeugt werden (Böhn, 2006). Anhand kommunikativer Maßnahmen haben Stakeholder die Möglichkeit, über Aktivitäten zum Verantwortungsbewusstsein der Deutschen Bahn aufgeklärt zu werden. Sie bleiben daher im Dialog mit dem Unternehmen (Schoeneborn, 2009). Dazu wird seit 2007 jedes Jahr ein Bericht mit Nachhaltigkeitskennzahlen veröffentlicht. Sie geben Zahlen und Fakten der drei Bereiche des CSR wieder. Ein umfassender Nachhaltigkeitsbericht wurde 2009 erstellt. Dieser Bericht ersetzt den Umweltbericht, der ab 2002 veröffentlicht wurde. Die Berichte dienen dem Zweck, Glaubwürdigkeit sowie Transparenz der Deutschen Bahn gegenüber den Stakeholdern zu gewährleisten (Schoeneborn, 2009). Kontinuität ist dabei eine Voraussetzung für die Gewährleistung von Transparenz. Erst über die Vergleichbarkeit der Berichte mit den Vorjahren, können Prognosen erarbeitet werden, z.B. wie sich der Unternehmenserfolg entwickelt (Picard, 2009).

5.5.2.1   Übergeordnetes Wertemanagement

Die Deutsche Bahn AG hat für Führungskräfte und Mitarbeiter 6 Konzerngrundsätze (sog. Verhaltensgrundsätze) entwickelt, die ab 01.02.2014 in Kraft getreten sind. Sie haben zum Ziel, Standards und Verhalten für Mitarbeiter und Führungskräfte aus dem Leitbild verbindlich festzuschreiben und damit die Geschäftätigkeit ethisch einwandfrei zu gestalten. Vier davon haben einen Nachhaltigkeitsbezug, auf diese wird nachstehend kurz eingegangen:

- **Generelle Prinzipien**
  Hier werden die im Konzernleitbild verankerten Werte: Kundenorientierung, Wirtschaftlichkeit, Fortschrittlichkeit, Partnerschaftlichkeit und Verantwortung erläutert. Es wird der Geschäftszweck der Reise- und Logistikdienstleistungen erklärt, Partner aufgefordert ebenfalls ethische Grundsätze zu entwickeln und Rechtstreue zugesagt.
- **Verantwortung gegenüber der Gesellschaft**
  Es wird bekundet, Ökologie, Ökonomie und Soziales in Einklang bringen zu wollen, um die Akzeptanz in der Gesellschaft aufrecht zu erhalten. Explizit wird betont, dabei Kundenzufriedenheit und Produktivität als Oberziele zu verfolgen. Im Hinblick auf Verantwortung werden externe ethische Verpflichtungen postuliert: Anerkennung der Menschenrechte, Ächtung von Kinder- und Zwangsarbeit, Gewährleistung von Chancengleichheit. Daneben legt sich der Konzern auch auf interne ethische Verpflichtungen fest: gegenseitige Wertschätzung in der Zusammenarbeit, Sicherheit der Mitarbeiter und Arbeits- und Gesundheitsschutz. **Umweltschutz** findet sich bei den internen Verpflichtungen. Die Bahn übernimmt die Verantwortung für einen umweltschonenderen Verkehr, Erhöhung der

Energieeffizienz, Einsatz erneuerbarer Energien, Reduzierung von Emissionen insbesondere Lärm sowie sparsameren Material- und Ressourcenverbrauch.

– **Verhalten der Mitarbeiter**

Hierbei handelt es sich um Compliance-Werte gegenüber externen und internen Stakeholdern, die das öffentliche Erscheinungsbild des Konzerns bestimmen und daher einzuhalten sind. Sie beziehen sich bei den Mitarbeitern auf das Auftreten in der Öffentlichkeit, Vertraulichkeit, Vermeidung von Interessenskonflikten sowie Einladungen und Geschenke.

– **Verhalten gegenüber Wettbewerbern, Amtsträgern und Geschäftspartnern**

Diese Regeln beziehen sich auf Compliance-Verhalten gegenüber speziellen Stakeholdern. Sie sind gegen Korruption oder unlautere Geschäftspraktiken, für rechtstreues Verhalten gegenüber Amtsträgern, Politik und Parteien, Geschäftspartner, Berater etc. sowie die Einhaltung von Wettbewerbs- und Kartellrecht gerichtet. Nachhaltigkeitsbezogen findet sich auch der Bereich Spenden/Sponsoring. Hier wird aufgelistet, in welchen Bereichen Maßnahmen gesponsert werden und unter welchen Bedingungen dieses gewährt wird.

Der 5. Grundsatz bezieht sich auf die Verantwortung gegenüber den Eigentümern, der Grundsatz Nr. 6 enthält die Verpflichtung zur Einhaltung der Konzerngrundsätze sowie Maßnahmen und Konsequenzen, die bei einem Verstoß eintreten.

5.5.2.2   Handlungsfeld Ökologie

Im Rahmen der Nachhaltigkeit nimmt das **Emissionsmanagement** auch bei einem Logistik-Dienstleistungsunternehmen eine sehr wichtige Rolle ein. Bei der Deutschen Bahn soll bis 2050 der Schienenverkehr komplett CO_2-frei sein und zu 100% aus erneuerbaren Energien gespeist werden. Die Bahn orientiert sich hierbei an den Zielen der Bundesrepublik Deutschland (Ittershagen, 2013). Die dahinter stehende Logik besagt: da die Deutsche Bahn zum größten Stromverbraucher Deutschlands gehört, würde sie mit Strom aus regenerativen Energiequellen mehr oder weniger autark versorgt.

5.5.2.2.1   Kurzanalyse der Ökobilanz

5.5.2.2.1.1 Emissionsmanagement

Im Rahmen der Nachhaltigkeit hat auch bei einem Logistik-Dienstleister das **Emissionsmanagement** große Bedeutung. Verringerungen der Emissionen können durch Maßnahmen des produktbezogenen Umweltschutzes realisiert werden (Enseling, 2003). Klimaschutz im Logistikbereich wird beim Konzern Deutsche Bahn AG auf mehreren Ebenen umgesetzt:

– Einsatz moderner verbrauchsarmer Lokomotiven,
– der weitere Ausbau der Streckenelektrifizierung,

– Schulungen der Triebfahrzeugführer sowie Schulung von 30.000 LKW-Fahrern zu umweltfreundlichen Fahrverhalten (DB, 2012c),
– Verringerung der Leerguttransporte durch Palettenpoolsystem und
– transparente Berechnungsmethoden bei CO_2 für Kunden.

Bei den CO_2-Einsparungen konnte die Ökostrommenge CO_2-freier Produkte von 8 GWh in 2009 auf 275 GWh in 2011 gesteigert werden (www.csr-preis-bund.de). Die 48 Windräder der Deutschen Bahn sparen jährlich 82.000 t CO_2 ein, und das erste Hybridkraftwerk weltweit wurde in Prenzlau eröffnet (deutschebahn.com). CO_2-Einsparungen will die Bahn AG auch durch Beförderungsangebote erreichen. Daher bietet sie mittlerweile etliche CO_2-freie Beförderungsangebote für Kunden an. Dazu zählen (deutschebahn.com):

– Umwelt-Plus – Reisen mit 100 % Ökostrom, Normalpreis mit Umwelt-Plus, Sparpreis mit Umwelt-Plus, Gruppe&Spar mit Umwelt-Plus,
– UmweltMobilcheck (GAP: Service in Ordnung, aber eine Fahrt mit Regionalverkehr ist nicht CO_2 frei),
– Grüne BahnCard und
– Zeitkarten im Fernverkehr.

5.5.2.2.1.2 Ressourcenmanagement

Ein weiterer wichtiger Bereich im Rahmen der Nachhaltigkeit ist das **Ressourcenmanagement**. Auf Basis einer Analyse der Nachhaltigkeitskennzahlen ergeben sich Materialeinsparungen durch ökologisch relevante Fakten z.B. zum Thema Fahrzeugtechnik:

– Erhöhung des Flotten-Transportvolumens durch Jumbo-Cargo-Boxen führte zur Einsparung von über 60 Fahrzeugen,
– Für die Lkws werden nur leicht abbaubare Hilfs- und Betriebsstoffe verwendet,
– Treibstoffe der eigenen Tankstellen sind voll auditiert und schwefelarm und
– Eine Abfallreduzierung durch teilweise Verwendung runderneuerter Reifen.

Als weitere Maßnahmen zur Ressourceneinsparung konnte durch Austausch alter Rangierlokomotiven eine Reduzierung der Luftschadstoffe erreicht werden. In Sachen Lärmminderung und **Lärmschutz** vor allem im Bereich Güterverkehr, helfen technische Innovationen wie z.B. die Flüsterbremse um den Schall direkt am Fahrzeug zu bekämpfen. Ressourcen werden auch durch Nutzung von Recyclingpapier bei den „Städteverbindungen" und dem Kundenmagazin „mobil" geschont. Aufgrund der Tatsache, dass Papier bis zu sieben Mal recycelt werden kann, ist hier ein Kreislaufsystem erkennbar. Eine Ressourceneffizienz entsteht auch durch Aufbereitung alter ICE's. In Bezug auf die Neuanschaffung können dadurch bis zu 80% Materialkosten eingespart werden (www1.deutschebahn.com). Die Deutsche Bahn steht für einen

Naturschutz von Anfang an, um seltene Arten nicht zu gefährden. Es wird aber nicht erwähnt, ob dieser Schutz auch für nicht bedrohte Arten gilt.

5.5.2.2.2   Energiemanagement

Beim **Energiemanagement** ergibt eine Analyse der Nachhaltigkeitskennzahlen des Konzerns folgendes Bild: die DB Bahn Regio verbraucht mit fast 50.000 Terajoule fast doppelt so viel Energie, wie die DB Bahn Fernverkehr (2011). Bei den CO_2-Emmissionen ist es ähnlich. Auch hier liegt der Anteil der DB Bahn Regio doppelt so hoch. Trotzdem konnten die Emissionen und der Primärenergieverbrauch im Vergleich zum Vorjahr gesenkt werden. Beim Güterverkehr verbraucht der Luftverkehr mit 72.115 Terajoule die meiste Energie und nimmt damit auch den größten Posten bei den CO_2-Emissionen ein. Im Gegensatz zum Personenverkehr kam es beim Güterverkehr zu einem deutlichen Anstieg an Energieverbrauch und CO_2-Ausstoß, obwohl sich der Schienengüterverkehr und der Luftverkehr nur minimal veränderten. Die Gründe liegen darin, dass Deutschland ein in sich gesättigter Markt ist. Durch die EU-Verordnung zur Liberalisierung der Streckennetze, drängen neue Wettbewerber in den Markt. Sie nehmen der Bahn Marktanteile ab. Der hohe Energieverbrauch im Güterverkehr ist durch die zunehmende Internationalisierung der Deutschen Bahn begründet. Insofern bleibt interessant, in welcher Form eine Reduzierung von Emissionen erreicht werden kann, wenn die Bahn gleichzeitig plant, weltweit führendes Mobilitäts- und Logistikunternehmen zu werden. DB Schenker bietet in Form von Eco Solutions eine optimale Vernetzung von Transporten von Schiene-Wasser-Luft-Straße. Das Produkt Eco Plus garantiert das der Transport zu 100% mit regenerativen Energien abgewickelt wird. Dieser Strom wird aber extra eingekauft und auf den Produktpreis aufgeschlagen. Energie wird auch über die Bremsrückspeisung vor allem beim Triebwagen und bei Personenwagen genutzt. Diese Energie wird in die Oberleitung zurück gespeist. Die Rentabilität einer Umrüstung der Güterwagen ist dagegen fraglich (DB Schenker, 2013). Die DB verwies in ihrem Nachhaltigkeitsbericht darauf, dass soziale Eigenschaften bei der Beschaffung impliziert werden. Die einzelnen Faktoren des Lieferkettenmanagements wurden aber nicht näher beleuchtet (o.V., 2009©).

5.5.2.3   Handlungsfeld Ökonomie

Die Analyse der Nachhaltigkeitskennzahlen ergibt folgendes Bild: Umsatz und Gewinn der Deutschen Bahn AG konnten im Jahr 2012 im Vergleich zum Vorjahr um über 10% gesteigert werden. Die Neuinvestitionen 2011 sind höher angesiedelt als 2010 und übersteigen auch deutlich den Gewinn. Gründe hierfür sind die weitere Modernisierung, z.B. das Redesign der ICE-2-Züge und die Anschaffung neuer ICx und ICE-3-Züge. Die Qualität des deutschen Schienenverkehrs konnte verbessert und stabilisiert werden. Dies kann u.a. auch ein Grund dafür sein, das sich laut eigenen Angaben, die Pünktlichkeit im gesamten Personenverkehr im Vergleich zum Vorjahr verbessert hat. Den größten Sprung schaffte der DB Bahn Fernverkehr auf 80% im Jahr 2011. Die Leistungsdaten im Schienenverkehr sind nahezu identisch mit denen aus dem Vorjahr. Insgesamt wurden 411,6 Millionen Tonnen Güter im Jahr 2011 transportiert bei über 5.000 Güterzügen pro Tag. 2,38 Milliarden Menschen (entspricht ca. dem 30-fachen der Gesamtbevölkerung Deutschlands) wurden 2011 befördert. Neue Transportdienstleistungen wurden im September 2012 durch das erste rein elektrische Carsharing-Test-Programm in Deutschland mit dem Markennamen „Multicity" in Berlin gestartet. Nach einem Jahr wurde eine positive Zwischenbilanz gezogen (www1.deutschebahn.com). Die Steigerung der Öko-Effizienz im Energiebereich soll die Produktqualität für den Konzern verbessern. Dies soll erreicht werden, da für den Transport von Gütern weniger CO_2 verbraucht wird. Diese Einsparung kann vom Kunden genutzt werden, um die eigene Umweltperformance der Produkte aufzubessern. Die nachhaltigen Innovationsprogramme sollen vor allem im Energiebereich zum Tragen kommen. Die Verbesserung der Barrierefreiheit für gehörlose Reisende sowie Gebärdensprach-Videos wurden positiv aufgenommen (www1.deutschebahn.com). Die Kundenzufriedenheit liegt bei ca. 65% (03/2012). Welche konkreten Maßnahmen zur Verbesserung dieses Aspektes dienen, konnte nicht in Erfahrung gebracht werden. Im Bereich Dialog ist die Deutsche Bahn sehr breit aufgestellt, um mit allen Stakeholdergruppen in Verbindung zu bleiben. Sie besitzt einen Youtube-Channel mit 354 Videos und immerhin 2526 Abonnenten. Auch die eigene Facebookseite gehört in der Epoche des Social Media mittlerweile zum Standard (www1.deutschebahn.com). Darüber hinaus verfügt sie über das eigene Kundenmagazin „mobil", um über verschiedenste Aktivitäten des Konzerns zu berichten. Mit der DB App. wird dem Mobilitätsgedanken Rechnung getragen. Somit ist das Unternehmen zumindest virtuell immer in der Nähe der Kunden, die jederzeit darauf zugreifen können. Fahrgastverbände setzten sich für die Rechte der Kunden ein. Sie stehen darüber hinaus mit Behindertenverbänden und Umweltverbänden in Kontakt und treffen sich zwei Mal pro Jahr mit Kundenvertretern der Bahn, um sich über Verbesserungsvorschläge auszutauschen.

5.5.2.4   Handlungsfeld Soziales

Mit Hilfe einer Analyse der Nachhaltigkeitskennzahlen ergibt sich folgende Bild: die Beschäftigtenzahl hat sich in 2012 im Vergleich zu 2010 um 1,8% auf 295.172 leicht erhöht. Mit einem Altersdurchschnitt von 46 Jahren arbeiten mehr ältere, als junge Arbeitnehmer bei der Deutschen Bahn. Die Bahn hat dennoch 7,0% mehr Auszubildende im Vergleich zu 2010 eingestellt und die Übernahmequote liegt bei fast 96%. Das Interesse an vorwiegend qualifizierten Fachkräften wird an den externen Einstellungen deutlich. Das zeigt der hohe Anteil an Holschulabsolventen in 2012. Die Deutsche Bahn versorgt sich mit neuen Führungskräften, um dem demografischen Wandel entgegen zu wirken. Interessant ist der große Anstieg von 61,2% der Zugriffe auf DB-Intranet-Seiten zum Thema Gesundheit und Soziales. Vermutlich wurden die Mitarbeiter in diesen Themen durch die Nachhaltigkeits-Strategie des Konzerns sensibilisiert. Die durchschnittliche Betriebszugehörigkeit ist leicht gesunken und liegt 2011 bei 22,9 Jahren. Die Zielvorgaben zum Thema „Frauenquote" dürften erreicht werden, trotz des marginalen Rückgangs von 0,7 Prozentpunkten. Aktuell vollzieht sich ein Wandel in der Unternehmenskultur. Dieser wurde durch zahlreiche regionale Dialogveranstaltungen mit Mitarbeitern und Führungskräfte gestartet. Im Jahr 2012 wurde erstmal eine welt- und konzernweite Mitarbeiterbefragung durchgeführt. Die Weiterentwicklung des Führungsverständnisses soll sich positiv auf die Mitarbeiterzufriedenheit auswirken. Anhand des demografischen Wandels erfolgt eine gezielte Kampagne zur Bindung und Entwicklung der Mitarbeiter. Maßnahmen wie TV-Werbung zur Steigerung der Attraktivität als Arbeitgeber, sollen exemplarisch für die Personalgewinnung stehen (www1.deutschebahn.com).

Die Bahn integriert Nachhaltigkeit in Anreizsysteme für Führungskräfte

„In vielen Unternehmen ist Nachhaltigkeit nicht viel mehr als ein Lippenbekenntnis. Den wenigsten ist es bisher gelungen, das Thema in ihr Kerngeschäft zu integrieren. Die Deutsche Bahn zeigt nun, wie es gehen könnte. Der Konzern stellt ein Bonussystem für seine rund 4800 Manager um. Die variable Bonuszahlung wird vom nächsten Jahr an – unter anderem – auch von Umweltschutzzielen sowie der Zufriedenheit von Kunden und Mitarbeitern abhängen. Bislang orientierte sich der Bonus, der zwischen 25 und 60 Prozent des Grundgehalts ausmacht – vor allem nach zuvor vereinbarten Gewinnzielen. Ob sie es nun wollen oder nicht: Die neue Vergütungsregelung gilt für 3000 leitende Angestellte des Konzerns sowie 1800 außertariflich bezahlte Mitarbeiter. Dabei werden für jeden Bahner individuelle und messbare Ziele festgelegt, die zudem jeweils nach übergeordnete Vorgaben des Konzerns sowie Zielen des Geschäftsfeldes und des persönlichen Verantwortungsbereichs unterteilt werden. Zu diesen Zielen, die auch für den Konzernvorstand gelten, gehören künftig: Umweltziele, wie Lärmschutz oder die Reduzierung des $CO2$-Ausstoßes, Kundenzufriedenheit, die in Befragungen ermittelt wird, sowie die Zufriedenheit von Mitarbeitern. Auch von außen wird dieser Schritt gelobt. „Die Integration entsprechender Kriterien in das Vergütungssystem ist ein wichtiges Element der strategischen Verankerung von Nachhaltigkeit in den Unternehmen", schreiben die Nachhaltigkeitsanalysten von Oekom".[…]" (Matthes, 2012).

Die Deutsche Bahn forciert ihre Aktivitäten in der Dimension Soziales auf die Themenbereiche Bildung, Integration und Nachwuchsförderung. Im Themenfeld Bildung engagiert sie sich in der Stiftung Lesen zur Förderung der Sprach- und Lesekultur von Kita-Kindern. Unter dem Slogan „Chance Plus" fördert der Konzern nicht ausbildungsreife Jugendliche und erreicht eine Übernahmequote von 75% der Teilnehmer in Ausbildung und Beruf. Seit sechs Jahren werden Kinder mit besonderem sozialem Engagement ins DB Kids-Camp eingeladen. Der Bereich Sport ist eine große Sparte in der Nachwuchsförderung. Verschiedenste Sportarten von Jugend oder Behindertensport werden vorwiegend durch Sponsoring unterstützt. Die Rubriken Off Road Kids und Azubis gegen „Hass und Gewalt" bilden u.a. einen Teil des Themenblocks Integration. Mit der Initiative „Wir sind DB" werden Mitarbeiter zur Erarbeitung von Leitbildern und Konzernwerten angeregt. Mitarbeiterbefragungen geben die Möglichkeit, Ideen und Verbesserungsvorschläge zu erhalten. Auch Schulungen und Seminare für

Mitarbeiter sind vorgesehen. Mitarbeiter engagieren sich auch mit verschiedenen Partnern aus Wirtschaft, Wissenschaft und Politik bei Großveranstaltungen.

5.5.2.5 Makroökonomisches Governance-Selbstverständnis

Der DB-Konzern sieht sich in seinem Selbstbild als nachhaltig, gesellschaftlich engagiert, kundenorientiert und individuell. Das weist jedoch, im Vergleich mit Kunden- und Mitarbeiterwahrnehmungen, eine Verzerrung auf. Die Umwandlung von einem Staatsbetrieb zu einem privatwirtschaftlich geführten Unternehmen hat viele Schwierigkeiten und Herausforderungen, die noch nicht überwunden sind. Es ist bekannt, dass Restrukturierungsmaßnahmen häufig auf innere Widerstände und Gegenbewegungen in der Belegschaft treffen und auch schon oft daran gescheitert sind. Die Bahn AG hat zusätzlich zur Werteumstellung in der Belegschaft von einer „Beamtenmentalität" auf „Angestelltenwerte" auch noch mit verschiedenen Kulturwerten in Teilen der Mitarbeiterschaft zu kämpfen. Das gilt besonders für den Zusammenschluss mit der Deutschen Reichsbahn seit 1989 für ostdeutsche Mitarbeiter. Die Privatisierung der Bahn AG hat zu grundlegenden Veränderungen geführt, die die Mitarbeiter bis in die sozialen Bereiche betreffen. Eine professionelle und Transparenz schaffende Kommunikationspolitik mit allen externen und internen Stakeholdern, wäre daher die Grundvoraussetzung für den erfolgreichen Wandlungsprozess. Eine derartige Kommunikationspolitik wäre auch für den Wandel zur „Nachhaltigkeit" nutzbringend. Auch hierbei handelt es sich um grundlegende Werte- und Ethikveränderungen, die durch die Führungskräfte aktiv tagtäglich kommuniziert und vorgelebt werden müssen. Dass dieser Prozess in den infrage stehenden Bereichen noch nicht abgeschlossen ist und noch erheblicher Nachholbedarf besteht, zeigen die letzten Mitarbeiter- und Kundenumfragen des Konzerns. Da jedoch für die Kunden vor allem die Service-Mitarbeiter die ersten Ansprechpartner des Konzerns darstellen, sollte der nachhaltigkeitsbezogenen Wertevermittlung die größtmögliche Bedeutung beigemessen werden.

5.5.3 Fazit

Durch die drei Bereiche, die in die bisherigen Strategien bereits implementiert wurden, wird es der Deutschen Bahn zukünftig leichter fallen, sich noch umweltorientierter auszurichten (Engelfried, 2011). Andere Unternehmen, z.B. die ehemalige Deutsche Post, sind bei der Implementierung von Nachhaltigkeits-Strategien allerdings einen Schritt voraus. Bei der Deutschen Bahn werden die einzelnen CSR-Bausteine in einem ausgewogenen Gleichgewicht behandelt. Das zeigen entsprechende Kennzahlen. Trotzdem fehlen, ebenso wie bei der Benennung der Ziele, genauere Angaben (Jasch, 2012). Die Ziele im ökonomischen Bereich werden nur sehr vage beschrieben. Das schadet der Glaubwürdigkeit. Vor allem, wenn in der ökologischen Dimension sehr konkrete Angaben in Bezug auf die Strategie DB2020 vorhanden sind. Kreislaufsysteme wurden im Bereich Papierrecycling und Energierückspeisung etabliert. Die Deutsche Bahn hat eine sehr hohe Markenbekanntheit in Deutschland. Da das Image einer Marke im Kopf des Kunden entsteht, lässt sich ableiten, dass die Marke damit auch die Summe aller Vorurteile beinhaltet. Die Kunden verbinden mit der Deutschen Bahn heute oft die Begriffe „Unzuverlässigkeit", „teuer" oder „unpünktlich". Der DB-Konzern sieht sich dagegen in seinem Selbstbild als nachhaltig, gesellschaftlich engagiert, kundenorientiert und individuell. Durch diese Verzerrung ist es trotz vieler Bemühungen schwierig, Vorurteile bei den Kunden abzubauen. Es bleibt abzuwarten, inwiefern sich die Situation bis 2020 verändert.

6   Schlusswort

Die vorliegenden Ausführungen haben das enorme Ausmaß verdeutlicht, das nötig ist, um durch ein „Umdenken" vom konventionellen Marketing zum Nachhaltigkeits-Marketing zu gelangen. Die Integration des Teilmodells für eine „Kultur der Nachhaltigkeit" in das Basismodell hat gezeigt, dass Nachhaltigkeits-Marketing allein zur Bewältigung der Aufgaben im Rahmen der nachhaltigen Entwicklung nicht ausreicht. Erst die Integration kultureller, nachhaltigkeitsbezogener Werte/Normen, die entsprechenden Rahmenbedingungen und Anpassungen sowie damit verbundene ethische Werte im Unternehmen, können zu einer Verstetigung nachhaltiger Werte führen und bei den unzähligen Zielkonflikten Orientierung vermitteln. Von einigen Wissenschaftlern wird als Entwicklungslinie auch eine Orientierung an psychologischen Modellen empfohlen (z.B. Zerres/Zerres, o.J.). Beim strategischen Nachhaltigkeits-Marketing hat sich gezeigt, dass erfolgreiche Transformationen wesentlich durch in der Geschäftsleitung bereits verinnerlichte nachhaltige Grundwerte gefördert werden. Zusätzlich kann ein integriertes Kulturmanagement bei der Erzeugung von relevantem nachhaltigkeitsbezogenen Transformationswissen hilfreich sein. Die enorme Komplexität sozialer Systeme kann im Rahmen des strategischen Nachhaltigkeitsmanagements am ehesten durch systemische Management-Modelle beherrschbar werden. Nachhaltigkeitsbezogene Werte/Normen verlangen bei der Konzipierung von Produkten, bei Wettbewerb und Energieversorgung sowie den Strategieentwicklungen, die Umweltauswirkungen umfassend zu berücksichtigen. Das zeigen auch die Praxisfälle. Beim nachhaltigen Konsum ist für Vertrauen eine Verringerung der Informationsasymmetrie nötig. Nicht allein beim operativen Nachhaltigkeits-Marketing hat sich gezeigt, dass es zukünftig nicht mehr darauf ankommt den Konsumerismus anzuheizen und Konsumenten zu „verführen" möglichst viel von einer möglichst billig auf Kosten der Umwelt erzeugten Massenware zu kaufen. Nachhaltigkeits-Marketeer müssen zusätzlich in sehr wissensintensiven Gebieten (Ökologie, Soziales etc.) fundiert ausgebildet sein. Ihre neue Rolle ist die eines nachhaltigkeitsbezogenen „Vordenkers", der die Konsumenten zu einem „Identitätswechsel" anleitet und die Verstetigung zu einem umweltbewussten Konsumenten beeinflusst. Dieses umfangreiche nachhaltige Wissen kann aber nicht vorausgesetzt werden. Daher gehören zu diesem „Umdenken" auch die entsprechenden Anpassungen bei den universitären Ausbildungsinhalten im Marketing, die heute aber nicht immer gegeben sind. Ein wirklich guter Anfang ist es, das Verantwortungsbewusstsein in der Gesellschaft zu stärken, z.B. frei nach dem Motto: "komm, lass mal die Welt retten".

Literaturverzeichnis

Abbot, K.; Snidal, D. [2000]: Hard and Soft Law in International Governance, in: International Organization, 54, S. 421–456

Aburdene, P. [2007]: Megatrends 2010, The Rise Of The Conscious Capitalism, Charlottesville

Adkins, S. [1999]: Cause Related Marketing, Oxford

Adomßent, M.; Godemann, J. [2005]: Umwelt-, Risiko-, Wissenschafts- und Nachhaltigkeitskommunikation, in: Michelsen, G., Godemann, J. (Hrsg.): Handbuch Nachhaltigkeitskommunikation, Grundlagen und Praxis, München, S. 42–52

Afgan, N.H.; Carvalho, M.G.; Hovanov, N.V. [2000]: Energy System Assessment with Sustainability Indicators, in: Energy Policy, 28, S. 603–612

Aggerholm, H., Esmann, K., Andresen, S.; Thomsen, C. [2011]: Conceptualising Employer Branding in Sustainable Organizations, in: Corporate Communications: An International Journal, 16, 2, S. 105–123

Akerlof, G.A. [1970]: The Market for Lemons: Qualitative Uncertainty and the Market Mechanism, in: Quarterly Journal of Economics, 84, S. 488–500

Andriessen, D. [2004]: IC Valuation and Measurement: Cassifying the State of the Art, in: Journal of Intellectual Capital, 5, 2, S. 230–242

Anheier, H.K.; Priller, E.; Seibel, W.; Zimmer, A. [2007]: Der Nonprofit Sektor in Deutschland, in: Badelt, C.; Meyer, M.; Simsa, R. (Hrsg.): Handbuch der Nonprofit Organisation, Strukturen und Management, 4. Auflage, Stuttgart, S. 17–39

Ansari, S.; Bell, J. [1997]: Target Costing, The next frontier in strategic cost management: the CAM-l target cost-core group, Chicago

Ansari, S.; Bell, J. Okano, H. [2007]: Target Costing, Uncharted Research Territory, in: Chapman, C.S.; Hopwood, A.G.; Shields, M.D. (Hrsg.): Handbook of Management Accounting Research, Amsterdam, S. 507–530

Apel, H. [1999]: Lokale Agenda 21 und Partizipation, in: Außerschulische Bildung, 2, S. 137

Apitz, K. [1987]: Konflikte, Krisen, Katastrophen: Präventivmaßnahmen gegen Imageverlust, Frankf./M.

Aragon-Correa, A.; Sharma, S. [2003]: A Contingent Resource-Based View of Proactive Corporate Environmental Strategy, in: Academy of Management Review, 28, 1, S. 71–89

Arndt, Y. [2009]: Die Rolle von Verbänden bei der Förderung nachhaltigen Konsums und Konsequenzen für die Verbraucherpolitik, Dissertation Technische Universität München

Arts, B. [1994]: Nachhaltige Entwicklung, eine Begriffliche Abgrenzung, in: Peripherie, 54, S. 6–27

Aßländer, M.S. [2006]: Corporate Social Responsibility als neue Herausforderung an eine Corporate Identity, in: UmweltWirtschaftsForum (UWF), 14, 1, S. 16–21

Atkinson, A.A.; Kaplan, R.S.; Young, M.S.; Matsumura, E.M. [2012]: Management accounting, 6. Auflage, Upper Saddle River

Auger, P.; Devinney, T.M.; Louviere, J.J.; Burke, P.F. [2008]: Do social product features have value to consumers? In: International Journal of Research in Marketing, 25, 3, S. 183–191

Austin, J.E. [2000]: The Collaboration Challenge: how nonprofits and business succeed through strategic alliances, San Francisco

Backhaus-Maul, H.; Biedermann, C.; Nährlich, S. (Hrsg.) [2010]: Corporate citizenship in Deutschland. Gesellschaftliches Engagement von Unternehmen. Bilanz und Perspektiven, 2. Aktualisierte und erweiterte Auflage, Wiesbaden

Badelt, C.; Meyer, M.; Simsa, R. [2007]: Die Wiener Schule der NPO-Forschung, in: Badelt, C.; Meyer, M.; Simsa, R. (Hrsg.): Handbuch der Nonprofit Organisation, Strukturen und Management, 4. Auflage, Stuttgart, S. 3–16

Baecker, D. [2002]: Wozu Systeme?, Berlin

Baedeker, C.; Kalff, M.; Welfens, M. [2002]: Mips für Kids – Zukunftsfähige Konsum- und Lebensstile als Unterrichtsprojekt, München

Balderjahn, I. [2004]: Nachhaltiges Marketing Management, Stuttgart

Balderjahn, I. [2013]: Nachhaltiges Management und Konsumentenverhalten, München

Balderjahn, I. [2013a]: Konsum: Zwischen Egoismus und Verantwortung, Vortrag Hochschultage für Nachhaltigkeit, Universität Potsdam, 06.11.2013

Bandte, H. [2007]: Komplexität in Organisationen: Organisationstheoretische Betrachtungen und agentenbasierte Simulation, Wiesbaden

Bansal, P. [2001]: Sustainable Development, in: Evey Business Journal, Nov./Dezember, S. 47–52

BASF SE (Hrsg.) [2011]: BASF-Bericht 2010, in: http://www.report.basf.com/2010/de/serviceseiten/downloads/files/BASF_Bericht_2010.pdf [13.12.14]

Bathelt, H.; Glückler, J. [2002]: Wirtschaftsgeographie: Ökonomische Beziehungen in räumlicher Perspektive, Stuttgart

Baumast, A.; Dyllick, T. [2001]: Umweltmanagement-Barometer Schweiz, in: Baumast, A.; Dyllick, T.: Umweltmanagement-Barometer 2001, IÖW-Diskussionsbeitrag Nr. 93, St. Gallen, S. 35–44

Baumast, A.; Pape, J. (Hrsg.) [2001]: Betriebliches Umweltmanagement, Stuttgart

Baumgarth, C. [2008]: Markenpolitik, Markenwirkungen, Markenführung, Markencontrolling, 3. Auflage, Wiesbaden

Beck, J.M.; Grajek, M.; Wey, C. [2011]: Estimating Level Effects in Diffusion of a New Technology: Barcode Scanning and the Checkout Counter, in: Applied Economics, 43, S. 1737–1748

Beck, U. (Hrsg.) [1991]: Politik in der Risikogesellschaft, Frankf./M.

Beck, U.; Giddens, A.; Lash, S. [1996]: Reflexive Modernisierung, Frankf./M.

Becker, E. [1999]: Nachhaltigkeit im gesellschaftlichen Wandel, in: Ökobank e.G. (Hrsg.): Strategietagung Dokumentation, vom 24. April 1999, Frankf./M, S. 7–12

Becker, I. [2012]: Personelle Einkommensverteilung, in: University Göttingen (Hrsg.): Berichterstattung der sozioökonomischen Entwicklung in Deutschland. Teilhabe im Umbruch, Zweiter Bericht, Göttingen, S. 606,

Becker, T.; Kaluza, B. [2004]: Produktionsstrategien – ein vernachlässigtes Forschungsgebiet?, in: Braßler, A.; Corsten, H. (Hrsg.): Entwicklungen im Produktionsmanagement, München

Becker, U.; Nowack, H. [1982]: Lebensweltanalysen als neue Perspektive der Meinungs- und Marketingforschung, in: E.S.O.M.A.R. Congress, 2, S. 247–267

Becker-Olsen, K.L.; Cudmore, B.A.; Hill, R.P. [2006]: The impact of perceived corporate social responsibility on consumer behavior. In; Journal of Business Research, 59, 1, S. 46–53

Beer, S. [1963]: Kybernetik und Management, Frankf./M.

Beer, S. [1979]: The Heard of the Enterprise, Chichester

Beer, S. [1981]: Brain oft the Firm, 2. Aufl. Chichester

Beer, S. [1985]: Diagnosing the System for Organizations, Chichester

Beile, J.; Jahnz, S.; Wilke, P. [2006]: Nachhaltigkeitsberichte im Vergleich, Auswertung und Analyse von Zielsetzungen, Inhalten und Indikatoren in 25 Nachhaltigkeitsberichten, Hans-Böckler-Stiftung, Hamburg

Belz, F.M. [2001]: Integratives Öko-Marketing, Wiesbaden

Belz, F.M.; Bilharz, M. [2003]: Nachhaltigkeits-Marketing in Theorie und Praxis, Wiesbaden

Belz, F.M.; Bilharz, M. [2007]: Nachhaltiger Konsum, geteilte Verantwortung und Verbraucherpolitik, in: Belz, F.M.; Karg, D.; Witt, D. (Hrsg.): Nachhaltiger Konsum und Verbraucherpolitik im 21. Jahrhundert, Marburg, S. 21–52

Belz, F.M.; Ditze, D. [2005]: Nachhaltigkeits-Werbung im Wandel: Theoretische Überlegungen und empirische Ergebnisse, in: Belz, F.M.; Bilharz, M. (Hrsg.): Nachhaltigkeits-Marketing in Theorie und Praxis, Wiesbaden, S. 75–98

Belz, F.M.; Karg, D.; Witt, D. (Hrsg.) [2007]: Nachhaltiger Konsum und Verbraucherpolitik im 21. Jahrhundert, Marburg

Belz, F.M.; Peattie, K. [2009]: Sustainability Marketing, A Global Perspective, Chicester

Belz, F.M.; Pobisch, J. [2005]: Shared Responsibility for Sustainable Consumption? The Case of the German Food Industry, Marketing and Management, Diskussionsbeitrag Nr. 4, Freising

Bentz, S. [2001]: Beteiligung der Mitarbeiter an Umweltmanagementsystemen, Dissertation Universität St. Gallen

Benz, A. [2004]: Governance – Modebegriff oder nützliches sozialwissenschaftliches Konzept?, in: Benz, A. (Hrsg.): Governance – Regieren in komplexen Regelsystemen, Eine Einführung, Wiesbaden, S. 11–28

Berekhoven, L.; Eckert, E.; Ellenrieder, P. [2006]: Marktforschung – Methodische Grundlagen und praktische Anwendung, 11. Auflage, Wiesbaden

Bergmann, G. [1994]: Umweltgerechtes Produkt-Design, Management und Marketing zwischen Ökonomie und Ökologie, Neuwied

Berlin, S. [2014]: Integration der Kostenplanung ökologischer Produktfunktionen in das Target Costing dargestellt am Beispiel der Spielwarenindustrie, Dissertation Universität Stuttgart

Berndt, R. [1995]: Marketing: Marketing-Politik, Wiesbaden

Berner, W. [2003]: Change Kommunikation: Weit mehr als nur Information, in: http://www.umsetzungsberatung.de/php [17.11.14]

Bertalanffy, L.v. [1950]: An outline of general system theory, in: The British Journal für the Philosophy of Science, 1, S. 134–165

Bertelsmann-Stiftung (Hrsg.) [2005]: Die gesellschaftliche Verantwortung von Unternehmen, Gütersloh

Bertelsmann-Stiftung (Hrsg.) [2013]: Erfolgsfaktoren unternehmerischer Verantwortung, Gütersloh

Beschorner, T.; Vobele, K. [2008]: Neue Spielregeln für eine verantwortungsvolle Unternehmensführung, in: Schmidt, M.; Beschoner, T. (Hrsg.): Corporate social responsibility und corporate citizenship, 2. Aufl. München (Wirtschafts- und Unternehmensethik 17)

Bieker, T. [2005]: Normatives Nachhaltigkeitsmanagement, Die Bedeutung der Unternehmenskultur der F&E der Automobil und Maschinenbaubranche, Dissertation Universität St. Gallen

Bieker, T.; Dillyck, T. [2006]: Nachhaltiges Wirtschaften aus managementorientierter Sicht, in: Tiemeyer, E.; Wilbers, K. (Hrsg.): Berufliche Bildung für nachhaltiges Wirtschaften, Bielefeld, S. 87–106

Bieker, T.; Dyllick, T.; Gminder, C.U.; Hockerts, K. [2001]: Management unternehmerischer Nachhaltigkeit mit einer Sustainability Balanced Scorecard – Forschungsmethodische Grundlagen und erste Konzepte. Institut für Wirtschaft und Ökologie der Universität St. Gallen

Biervert, B,: Fischer-Winkelmann, W.F.; Rock, R. [1977]: Grundlagen der Verbraucherpolitik, Reinbek

Bilharz, M. [2007]: Key Points Nachhaltigen Konsums, in: http://www.keypointer.de/fileadmin/media/Bilharz_2007_Buchbeitrag.pdf [04.08.14]

Birkmann, J. [1999]: Indikatoren für eine nachhaltige Entwicklung – Eckpunkte eines Indikatorensystems für räumliche Planungsaufgaben auf kommunaler Ebene, in: Raumordnung und Raumplanung, 2/3, S. 120–131

Birkmann, J. [2000]: Nachhaltige Raumentwicklung im dreidimensionalen Nebel., in: UVP-report, 3, S. 164–167

Birnbacher, D. [1998]: Utilitaristische Umweltbewertung, in: Theobald, W. (Hrsg.): Integrative Umweltbewertung. Theorie und Beispiele aus der Praxis, Berlin u.a., S. 21–35

Birnbacher, D.; Schicha, C. [2001]: Vorsorge statt Nachhaltigkeit – Ethische Grundlagen der Zukunftsverantwortung, in: Birnbacher, D.; Brudermüller, G. (Hrsg.): Zukunftsverantwortung und Generationensolidarität, Würzburg u.a., S. 17–33

Bischoff, H.K. [1994]: Umweltökonomie, Einfluss von Produkteigenschaften auf die Marktprozesse, Wiesbaden

Blanck-Kolb, C. [2013]: Psychologische Dimensionen sozialer Nachhaltigkeit. Theoretische und empirische Exploration zu einer sozial nachhaltigen Lebensweise, Diplomarbeit Universität Bremen

Blättel-Mink, B. [2001]: Wirtschaft und Umweltschutz, Grenzen der Integration von Ökonomie und Ökologie, Habilitationsschrift Universität Stuttgart

Bleicher, K. [1999]: Das Konzept integriertes Management: Visionen – Missionen – Programme, 5. Aufl. Frankf./M. u.a.

Bleischwitz, R. [1995]: Zukunftsfähiges Deutschland, Wuppertal

Blumenthal, D. [2003]: Brand councils that care: Towards the convergence of branding and corporate social responsibility, in: Journal of Brand Management, 10, 4/5, S. 327–341

BMAS [2008]: Lebenslagen in Deutschland. Der dritte Armuts- und Reichtumsbericht der Bundesregierung, Berlin

BMAS [2008a]: Bericht der Bundesregierung Fortschrittsbericht 2008 zur nationalen Nachhaltigkeitsstrategie, Für ein nachhaltiges Deutschland, Berlin

BMAS [2009]: Zwischenbericht zur Entwicklung einer nationalen CSR-Strategie – Aktionsplan CSR in Deutschland-, in: http://www.csr-in-deutschland.de/portal/generator/9800/-Property=data/pdf [20.09.14]

BMAS [2012]: Kurzgutachten zur Systematik bestehender CSR-Instrumente. Endbericht, in: http://www.csr-in-deutschland.de/fileadmin/user_upload/Downloads/pdf [29.09.14]

BMBF [2002]: Bericht der Bundesregierung zur Bildung für eine nachhaltige Entwicklung, Bonn

BMU Bundesministerium für Umwelt, Naturschutz und Reaktorsicherheit (Hrsg.) [1992]: Konferenz der Vereinten Nationen für Umwelt und Entwicklung, Juni 1992 in Rio de Janeiro, Dokumente, Agenda 21., Bonn

BMU Bundesministerium für Umwelt, Naturschutz und Reaktorsicherheit (Hrsg.) [1994]: Kreislaufwirtschafts- und Abfallgesetz (KrW-/AbfG), Bonn

BMU Bundesministerium für Umwelt, Naturschutz und Reaktorsicherheit (Hrsg.) [1997]: Auf dem Weg zu einer nachhaltigen Entwicklung in Deutschland. Bericht der Bundesregierung anlässlich der UN-Sondergeneralversammlung über Umwelt und Entwicklung, Juni 1997 in New York, Bonn

BMU Bundesministerium für Umwelt, Naturschutz und Reaktorsicherheit (Hrsg.) [1997a]: Ökologie. Grundlage einer nachhaltigen Entwicklung in Deutschland. Tagungsband zum Fachgespräch am 29. Und 30. April 1997, Bonn

BMU Bundesministerium für Umwelt, Naturschutz und Reaktorsicherheit (Hrsg.) [2004]: Umweltpolitik – Umweltbewusstsein in Deutschland 2004, Bonn

BMU Bundesministerium für Umwelt, Naturschutz und Reaktorsicherheit (Hrsg.) [2009]: Nachhaltige Entwicklung durch moderne Umweltpolitik, Ressortbericht, Staatssekretärsausschuss nachhaltige Entwicklung, Berlin 6.April 2009

BMU Bundesministerium für Umwelt, Naturschutz und Reaktorsicherheit [2014]: Nachhaltiger Konsum, in: http://www.bmub.bund.de/themen/wirtschaft-produkte-ressourcen/produkte-und-umwelt/ [23.08.14]

BMU/UBA Bundesumweltministerium, Umweltbundesamt (Hrsg.) [2003]: Leitfaden Betriebliches Umweltkostenmanagement, Berlin

BMVEL Bundesministerium für Verbraucherschutz, Ernährung und Landwirtschaft [2003]:
Bericht der Bundesregierung. Aktionsplan Verbraucherschutz der Bundesregierung,
Drucksache 15/959 in: http://dip21.bundestag.de/dip21/btd/15/009/1500959.pdf [30.08.14]

BMVEL Bundesministerium für Verbraucherschutz, Ernährung und Landwirtschaft [2012]:
Entwicklung von Kriterien für ein bundesweites Regionalsiegel, Gutachten, FiBL Deutschland e.V., Forschungsinstitut für biologischen Landbau, Frankf./M.

BMW [2010]: Soziale Verantwortung. Engagement für die Gesellschaft, in: http://www.bmw-
werk-berlin.de/files/7_DE_Broschuere_Soziale_Verantwortung_2010.pdf [06.01.15]

BMW [2015]: Nachhaltigkeit. Langfristig denken, verantwortungsvoll handeln, in: http://
www.bmw. de/de/topics/faszination-bmw/unternehmen/nachhaltigkeit.html [05.01.15]

BMWZE Bundesministerium für wirtschaftliche Zusammenarbeit und Entwicklung [2010]:
Die Förderung konstruktiver Staat-Gesellschafts-Beziehungen, Legitimität, Transparenz,
Rechenschaft, Berlin

Bocken, N.; Allwood, J.; Willey, A.; King, J. [2012]: Development of a tool for rapidly assessing the implementation difficulty and emissions benefits of innovations, in: Technova-
tion, 32, 1, S. 19–31

Bogun, R. [1996]: Was heißt Ökologische Lebensstile? Arbeitspapier Nr. 26, Universität
Bremen

Böhler, H. [2004]: Marktforschung, 3. Auflage, Stuttgart

Böhn, T. [2006]: Unternehmensbezogene Dienstleister und Wissensnetzwerke, Frankf./M.

BÖLW Bund Ökologische Lebensmittelwirtschaft [2010]: Biokunststoffe, in: Nachhaltige
Verpackung von Bio-Lebensmitteln, Ein Leitfaden für Unternehmen, Berlin, S. 54–58

Born, A. [2000]: PR, Grundlagen, Definitionen, Abgrenzungen, Saarbrücken

Böttcher, S.A. [2000]: Strategisches Technologiemanagement zur Förderung ökologischer Innovationen, Dissertation Universität St. Gallen

Bourdieu, P. [1983]: Ökonomisches Kapital, kulturelles Kapital, soziales Kapital, in: Kreckel,
R. (Hrsg.): Soziale Welt, Sonderband 2, Göttingen, S. 183–198

Bourdieu, P. [1992]: Politik, Bildung und Sprache (Interview), in: Bourdieu, P.: Die verborgenen Mechanismen der Macht, Hamburg, S. 13–29

Bourdieu, P. [1998]: Die verborgenen Mechanismen der Macht, Hamburg

Brady, A.K.O. [2003]: How to generate sustainable brand value from responsibility, in: Journal of Brand Management, 10, 4/5, S. 279–289

Brand, K.W. [2000]: Kommunikation über Nachhaltigkeit: eine resonanztheoretische Perspektive, in: Lass. W.; Reusswig, F. (Hrsg.): Strategien der Popularisierung des Leitbildes
„Nachhaltige Entwicklung" aus sozialwissenschaftlicher Perspektive, UBA-Forschungs-
bericht 29817132, Berlin

Brand, K.-W.; Fürst, V. (Hrsg.) [2002]: Politik der Nachhaltigkeit. Voraussetzungen, Probleme, Chancen – eine kritische Diskussion, Berlin

Braun, S. [2009]: Unternehmen in Gesellschaft: Corporate Citizenship und das gesellschaftliche Engagement von Unternehmen in Deutschland, in: vhv Verbandszeitung Bundesverband für Wohnen und Stadtentwicklung, Heft 2, März-April 2009, S. 59–64

Breitinger, M. [2012]: Jedes vierte Großunternehmen schweigt zu Nachhaltigkeit, in: http://
www.zeit.de/wirtschaft/2012–02/unternehmen-nachhaltigkeit [02.03.15]

Brentel, H.; Klemisch, H.; Rohn, H. (Hrsg.) [2003]: Lernendes Unternehmen. Konzepte und
Instrumente für eine zukunftsfähige Unternehmen- und Organisationsentwicklung, Wiesbaden

Bringezu, S. [2004]: Erdlandung. Navigation zu den Ressourcen der Zukunft, Stuttgart

Brocchi, D. [2007]: Die kulturelle Dimension der Nachhaltigkeit, in: Cultura21 Institut
(Hrsg.), Köln

Brödner, P. [2002]: Flexibilität, Arbeitsbelastung und nachhaltige Arbeitsgestaltung, in: Bröd-ner, P.; Knuth, M. (Hrsg.): Nachhaltige Arbeitsgestaltung: Trendreports zur Entwicklung und Nutzung von Humanressourcen, München, S. 489–541

Brugger, F. [2010]: Nachhaltigkeit in der Unternehmenskommunikation, Bedeutung, Charak-teristika und Herausforderung, Wiesbaden

Bruhn, M. [2005]: Unternehmens- und Marketingkommunikation, Handbuch für ein integrier-tes Kommunikationsmanagement, München

Buch, R. [2011]: iPhone-App fTrace bietet Transparenz beim Fleischkauf, in: http://www.areamo- bile.de/news/17729-frisches-fleisch-...[16.02.15]

Buhl-Böhnert, T. [2008]: Führen im Dialog mit sich und anderen, Renningen

Bund ökologische Lebensmittelwirtschaft [2014]: Zahlen, Daten, Fakten – Die Bio-Branche 2014, Berlin

Bundesamt für Naturschutz [2002]: Daten zur Natur 2002, Münster

Bundeskartellamt [2007]: Beschluss des Bundeskartellamtes zum Fusionsverfahren EDE-KA/Tengelmann, B2–333/07, in: http://www.bundeskartellamt.de/wDeutsch/download/pdf /Fusi-on08/B2–333–07.pdf [16.04.15]

Bundeskartellamt [2010a]: Fallbericht des Bundeskartellamtes vom 20. April 2010, Az: B2–125/10, Rücknahme der Anmeldung im Zusammenschlussverfahren EDEKA/RATIO, in: http://bundes-kartellamt.de/w/Deutsch/download/pdf/Fusion11/Fallberichte/B02–125–10_ Gesamtvorhaben_ Kurzversion.pdf. [15.04.15]

Bundeskartellamt [2010b]: Beschluss des Bundeskartellamtes zum Fusionsverfahren EDE-KA/trinkgut, B2–47250-Fa-52/10, in: http://bundeskartellamt.de/wDeutsch/download/pdf/ Fusion10/B02–052–10.pdf [14.04.15]

Bundesministerium der Justiz und für Verbraucherschutz (Hrsg.)[2014]: Bekanntmachung der öffentlichen Liste über die Registrierung von Verbänden und deren Vertretern, in: Bundes-anzeiger vom 07.Mai.2014

Burda-Studie [2007] Hubert Media Research & Development (Hrsg.): Greenstyle Report, Die Zielgruppe der LOHAS verstehen, München

Büringer, H. [2005]: Integrierte und additive Umweltschutzmaßnahmen im Verarbeitenden Gewerbe, in: Statistische Monatshefte Baden-Württemberg, 6, S. 41–44

Burkart, R. [2005]: Verständigungsorientierte Öffentlichkeitsarbeit, in: Bentele, G. (Hrsg.): Handbuch der Public Relations, Wissenschaftliche Grundlagen und berufliches Handeln, Wiesbaden, S. 223–240

Burkhard, C. [2006]: TQM-Trend-Matrix, Methode zur prognostischen Analyse unterneh-mensspezifischer Wirkungen von TQM-Maßnahmen, Dissertation Technische Universität Dresden

Burmann, C,; Maloney P. [2007]: Innengerichtete, identitätsbasierte Führung von Dienstleis-tungen, Arbeitspapier Nr. 24, Universität Bremen

Burmann, C.; Schleusener, M.; Weers, J. [2005]: Identitätsorientierte Markenführung bei Dienstleistungen, in: Meffert, H.; Burmann, C.; Koers, M. (Hrsg.): Identitätsorientiertes Markenmanagement, Wiesbaden, S. 411–432

Burschel, C.J. [2010]: Betriebswirtschaftslehre der Nachhaltigen Unternehmung, München

Burschel, C.J.; Losen, D. [2001]: Nachhaltigkeitsberichte zwischen Anspruch und Wirklich-keit, in: B.A.U.M. Jahrbuch 2001/2002, Hamburg, S. 56–59

Burschel, C.J.; Losen, D. [2002]: Globalisierung und Nachhaltigkeitsberichterstattung, in: Umweltwirtschaftsforum, 10, 1, S. 23–29

Burschel, C.J.; Losen, D.; Wiendl, A. [2004]: Betriebswirtschaftslehre der Nachhaltigen Un-ternehmung, München u.a.

Busch-Lüty, C. [1995]: Nachhaltige Entwicklung als Leitmodell einer ökologischen Ökono-mie, in: Fritz, P.; Huber, J.; Levi, H. (Hrsg.): Nachhaltigkeit in naturwissenschaftlicher und sozialwissenschaftlicher Perspektive, Stuttgart, S. 115–126

Buxel, H. [2010]: Studienbericht – Akzeptanz und Nutzung von Güte- und Qualitätssiegeln auf Lebensmitteln – Ergebnisse einer empirischen Untersuchung, Fachhochschule Münster

Byrne, J.; Wang, Y.-D.; Lee, H. ; Kim, J.-D. [1998]: An equity – and sustainability-based policy response to global climate change, in: Energy Policy, 4, S. 335–343

Cansier, D. [1997]: Erscheinungsformen und ökonomische Aspekte von Selbstverpflichtungen, unveröffentlichte Publikation Nr. 99, Universität Tübingen

Capra, F. [1991] Wendezeit. Bausteine für ein neues Weltbild, Vorwort, München

Capra, F. [2002]: Verborgene Zusammenhänge, Vernetzt denken und handeln – in Wirtschaft, Politik, Wissenschaft und Gesellschaft, Bern

Carroll, A. [1991]: The Pyramid of Corporate Social Responsibility: Toward the Moral Management of Organizational Stakeholders, in: Business Horizons, 34, 4, S. 39–48

Carson, R. [1964]: Silent Spring, Barcelona

Charter, M.; Tischner, U. (Hrsg.) [2001]: Sustainable Solutions: Developing Products and Services for the Future, Sheffield

Chasek, P.S.; Downie, D.L.; Welsh Brown, J.; Gabriel, S. [2006]: Handbuch Globale Umweltpolitik, Berlin

Chen, Y.-S. [2010]: The Drivers of Green Brand Equity, Green Brand Image, Green Satisfaction, and Green Trust, in: Journal of Business Ethics, 93, 2, S. 307–319

Chernatony de, L. [2009]: From brand vision to brand evaluation, 3. Auflage, Amsterdam u.a.

Choi, J.K.; Nies, L.F.; Ramani, K. [2008]: A framework for the integration of environmental and business aspects toward sustainable product development, in: Journal of Engineering Design, 19, 5, S. 431–446

Christ, K.L.; Burrit, R.L. [2013]: Environmental Management Accounting, The Significance of Contingent Cariables for Adoption, in: Journal of Cleaner Production, 41, S. 163–173

Clausen, J.; Fichter, K. [1993]: Vorstudie zum Projekt Umweltberichterstattung, Forschungsprojekt des Förderkreises Umwelt future e.V.

Clayton, A.M.H.; Radcliffe, N. [1996]: Sustainability A Systems Approach, Brookfield

Clerq De, M (Hrsg.) [2002]: Negotiating Environmental Agreements in Europe: Critical Factors for success, Cheltenham (UK)

Concise Oxford Dictionary [1999], Tenth Edition, Oxford

Cortina, A. [2006]: Eine ethic des Konsums – Die Bürgerschaft des Verbrauchers in einer globalen Welt, in: Koslowski, P.; Priddat, B.P. (Hrsg.): Ethik des Konsums, München, S. 31–103

Creyer, E.H.; Ross, W.T. [1996]: The impact of corporate behavior on perceived product value, in: Marketing Letters, 7, 2, S. 173–185

Crosbie, Liz; Knight, K. [1995]: Strategy for sustainable business, London u.a.

Dabbert, S.; Häring, M. [2003]: Vom Aschenputtel zum Lieblingskind: Zur politischn Förderung des ökologischen Landbaus, in: GAIA, 12, 2. S. 100–106

Daimler [2011]: Daimler stellt neues Nachhaltigkeitsprogramm 2010 bis 2020 vor, in: http://www.daimler.com/dccom/0–5-876574–49–1383216–1-0–0-0–0-0–16696.......html [05.01.15]

Daimler [2013]: Mehr zu Teilnehmern und Themen der Daimler Sustainability Dialogues, in: http://nachhaltigkeit.daimler.com/reports/daimler/annual/2014/nb/German/202020/.....html [04.03.15]

Daimler [2015]: Unser Nachhaltigkeitsverständnis, in: http://www.daimler.com/nachhaltigkeit [05.01.15]

Daly, H. [1991]: Elements of Environmental Macroeconomics, in: Constanza, R. (Hrsg.): Ecological Economics: the Science and Management of Sustainability, New York, S.32–46

Daly, H. [1999]: Wirtschaft jenseits von Wachstum. Die Volkswirtschaftslehre nachhaltiger Entwicklung, Salzburg u.a.

Dangelico, R.M.; Pujari, D. [2010]: Mainstreaming green product innovation, Why and how companies integrate environmental sustainability, in: Journal of business ethics, 95, 3, S. 471–486

Darby, M.R.; Karni, E. [1973]: Free Competition and the Optimal Amount of Fraud, in: Journal of Law and Economics, 16, S. 67–88

Däumling, A.M.; Fengler, J.; Nellesen, L.J.; Svensson, A. [1974]: Angewandte Gruppendynamik, Stuttgart

Davis, T.R. [2001]: Integrating internal marketing with participative management, in: Management Decision, 39, 2, S. 121–130

DB Bahn [2013]: Imagefilm Deutsche Bahn (Langversion), in: http://www.youtube.com watch?v= vyCJh0Go73g [25.06.13]

DB Schenker [2013]: Ökologie, in: http://www.logistics.dbschenker.de/log-de-de/start/unterneh-men/okologie/ [22.05.13]

Ddp [2008]: Spritsparende Benzinmotoren im Trend, in: http://www.financial.de/news/wirtschafts-nachrichten/...[05.01.15]

De Brito, M.; Dekker, R. [2004]: A Framework for Reverse Logistics, in: Dekker, R.; Fleischmann, M.; Inderfurth, K.; Wasselhove, v. J.N.: Reverse Logistics – Quantitative Models for Closed-Loop Supply Chains, Berlin u.a., S. 3–27

De Pelsmacker, P.; Driesen, L.; Rayp, G. [2005]: Do consumers care about ethics? Willingness to pay for fair-trade coffee, in: Journal of Consumer Affairs, 39, 2, S. 363–385

Decker, F. [2000]: Bildungsmanagement. Lernprozesse erfolgreich gestalten, betriebswirtschaftlich führen und finanzieren, Würzburg

Deckwirth, C. [2014]: Vattenfall: Meinungsmache für Braunkohle in der Lausitz, in: http://www. lobbycontrol.de/2014/04/ [03.07.14]

Defra and DTI [2003]: Green Claims – Practical Guidance: How to Make a Good Environmental Claim, November 2003

DelVecchio, D.; Smith, D.C. [2005]: Brand-Extention Price Premiums: The Effects of Perceived Fit and Extension Product Category Risk, in: Journal of the Academy of Marketing Science, 33, 2, S. 184–196

Demmeler, M. [2003]:Bio-Vermarktung zwischen Region und Weltmarkt – Ökobilanzierung und ressourcenökonomische Analyse verschiedener Absatzwege, in: Freyer, B. (Hrsg.): Beiträge zur 7. Wissenschaftstagung zum Ökologischen Landbau, Wien, S. 357–360

Demmeler, M. [2008]: Ökologische und ökonomische Effizienzpotentiale einer regionalen Lebensmittelbereitstellung – Analyse ausgewählter Szenarien, Dissertation Technische Universität München

Demmeler, M.; Heißenhuber, A. [2003]: Handels-Ökobilanz von regionalen und überregionalen Lebensmitteln – Vergleich verschiedener Vermarktungsstrukturen, in: Berichte über Landwirtschaft, 81, S. 437–457

Derith, A. [1995]: Unternehmenskommunikation, Eine Analyse zur Kommunikationsqualität von Wirtschaftsorganisationen, Opladen

Detzer, K.A. [1995]: Wer verantwortet den industriellen Fortschritt: auf der Suche nach Orientierung im Geflecht von Unternehmen, Berlin

Deutsche Umwelthilfe [2012]: ALDI lenkt bei irreführender Werbung für umstrittene Plastiktüten ein, in: http://www.presseportal.de/pm/22521/2239506/ ......?pre=1 [26.01.15]

Deutsche UNESCO-Kommission: Konferenzbeschlüsse, in: http://www.unesco.de/ konferenzbeschluesse.html [20.08.14]

Deutsches Institut für Normung e.V. (DIN) [2006]: Umweltmanagement – Ökobilanz, Grundsätze und Rahmenbedingungen (ISO 14040:2006, Berlin

Deutsches Institut für Normung e.V. (DIN) [2006a]: Umweltmanagement – Ökobilanz, Anforderungen und Anleitung (ISO 14044:2006), Berlin

Deutsches Institut für Wirtschaftsforschung (DIW) (Hrsg.) [1999]: Verkehr in Zahlen, Berlin

Dieckheuer, G. [2001]: Internationale Wirtschaftsbeziehungen, 5. Auflage, Berlin

Diekmann, A.; Jann, B. [2000]: Sind die empirischen Ergebnisse zum Umweltverhalten Artefakte? Ein Beitrag zum Problem der Messung von Umweltverhalten, in: Umweltpsychologie, 4, S. 64–75

Diekmann, A.; Preisendörfer, P. [1992]: Persönliches Umweltverhalten. Diskrepanzen zwischen Anspruch und Wirklichkeit, in: Kölner Zeitschrift für Soziologie und Sozialpsychologie, 44, 2, S. 226–251

Dienel, W. [2001]: Organisationsprobleme im Ökomarketing – eine transaktionstheoretische Analyse im Absatzkanal konventioneller Lebensmittelhandel, Münster

Dietz, G.; Lippmann, R. [1985]: Verpackungstechnik, Wissensspeicher für Technologen, Leipzig

Diller, H.; Köhler, R. [2008]: Preispolitik, 4. Auflage, Stuttgart

Dm-drogeriemarkt [2014]: Nachhaltigkeit bei Alnatura, in: http://www.dm.de/de_homepage/ernaeh-rung/alnatura/ueber_die_marke/alnatura_nachhaltigkeit/ [05.01.15]

Dobson Consulting [1999]: Buyer Power and ist Impact on Competition in the Food Retail Distribution Sector of the European Union, Study for the European Commission DG IV, Nottingham

Dombrowsky, W.R. [1991]: Krisenkommunikation, Problemstand, Fallstudien und Empfehlungen, Arbeiten zur Risikokommunikation, Heft 20, Jülich

Dörner, D. [1989]: Die Logik des Misslingens, Reinbek

Doyle, J. [1991]: Enviro Emaging for Market Share: Corporations Take to the Ad Pages to Brush Up Their Images, Not Man Apart, Friends of the Earth, Washington DC

Dpa [2009]: Schuldenbremse im Grundgesetz verankert, in: http://www.welt.de/politik/article 3914768/html [09.08.14]

Dpa [2014]: Eingenähte Zettel bringen Primark in Erklärungsnot, in: http://www.welt.de/vermischtes /article1 29475475/.html [12.09.14]

Dpa [2014a]: McDonald's greift bei Chicken Nuggets zu Gentechnik, in: http://www.focus.de/ finanzen/news/unternehmen/..._id_3802526.html [09.02.15]

Dreesmann, H. [1997]: Innovationskompetenz – konzeptioneller Rahmen und praktische Erfahrungen, in: Freimuth, J.; Haritz, J.; Kiefer, B.-U.: Auf dem Weg zum Wissensmanagement, Göttingen

Druck, D. [2013]: Im Geschäft – Die großen Food-Trends, in: Lebensmittel Praxis, 13, S. 38

Du, S.; Bhattacharya, C.; Sen, S, [2010]: Maximizing Business Returns to Corporate Social Responsibility (CSR): The Role of CSR Communication, in: International Journal of Management Reviews, Vol. 12, 1, S. 8–19

Dubiel, H. [1994]: Ungewissheit und Politik, Frankf./M.

Durning, A.T. [1993]: Can't Live Without It, in: World Watch, May/June, S. 18

Düthmann, C. [2006]: Konsumtrends – Das soziale Foodbarometer, in: Lebensmittel Zeitung Spezial, 03/2006, S.6

Dyllick, T. [1989]: Management der Umweltbeziehungen, Wiesbaden

Dyllick, T. [1992]: Ökologisch bewusste Unternehmensführung, Bausteine einer Konzeption, in: Die Unternehmung, 46, 6, S. 391–413

Dyllick, T. [2002]: Unternehmerische Nachhaltigkeit: Anleitung für ein Leitbild, in: Bieker, T.; Gminder, C.; Hamschmidt, J. (Hrsg.): Unternehmerische Nachhaltigkeit – auf dem Weg zu einem Sustainability Controlling. Diskussionsbeitrag Nr. 95 des Instituts für Wirtschaft und Ökologie der Universität St. Gallen, S. 5–10

Dyllick, T. [2003]: Konzeptionelle Grundlagen unternehmerischer Nachhaltigkeit, in: Linne, G.; Schwarz, M. (Hrsg.): Handbuch Nachhaltige Entwicklung. Wie ist nachhaltiges Wirtschaften machbar? Opladen, S. 235–271

Dyllick, T. [2004]:Unternehmerische Nachhaltigkeit: Welche Lernprozesse sind notwendig? in: Management und Qualität, 34, 10, S. 8–11

Dyllick, T. [2006]: Nachhaltige Innovationen als unternehmerische Chance, in: Neue Züricher Zeitung, Nr. 269, 18/19.11.2006, S. 71

Dyllick, T.; Belz, F.; Schneidewind, U. [1997]: Ökologie und Wettbewerbsfähigkeit, München u.a.

Dyllick, T.; Hamschmidt, J. [2000]: Wirksamkeit und Leistung von Umweltmanagementsystemen, Zürich

Dyllick, T.; Hockerts, K. [2002]: Beyond the Business Case for corporate sustainability, in: Business Strategy and the Environment, Fontainebleau, France, Env. 11, S. 130–141

Eblinghaus, H. [1996]: Nachhaltigkeit und Macht, Zur Kritik von Sustainable Development, Frankf./M.

Eckert, D. [2004]: Digitale Marken, Analyse der Markenpolitik für digitale Leistungsbündel, Wiesbaden

Eckert, S. [2008]: Einsatz eines Leitbildes für nachhaltigen Konsum im Rahmen einer aktivierenden Verbraucherpolitik, Dissertation Technische Universität München

Eckert, S.; Karg, G.; Zängler, T. [2005]: Einsatz von Leitbildern in der Verbraucherpolitik – Eine Bestandsaufnahme in der Bundesrepublik Deutschland, in: Hauswirtschaft und Wissenschaft, 53, 3, S. 114–123

Edenhofer, O. (Hrsg.) [2010]: Global aber gerecht – Klimawandel bekämpfen, Entwicklung ermög-lichen, München

Eder, K. [1998]: Kommunikation über Umwelt, Zur Politisierung der gesellschaftlichen Aneignung von Natur, in: Halfmann, J. (Hrsg.): technische Zivilisation, Zur Aktualität der Technikreflexion in der gesellschaftlichen Selbstbeschreibung, Opladen, S. 51–71

Ehrenfeld, J.; Lennox, M. [1997]: The development and implementation of DfE programmes, in: Journal of Sustainable Product Design, 1, S. 17–27

Ehrenfried, F. [2013]: Nachgefragt: Was bedeutet Nachhaligkeit für dm, Herr Harsch? In: http://green.wiwo.de/nachgefragt-bedeutet-nachhaltigkeit-fuer-dm-herr-harsch/ [05.01.15]

Ehrlenspiel, K. [1995]:Integrierte Produktentwicklung: Methoden für Prozessorganisation, Produkterstellung und Konstruktion, München

Ehrlenspiel, K. [2003]: Integrierte Produktentwicklung, München

Eichelbrönner, M.; Henssen, H. [1997]: Kriterien für die Bewertung zukünftiger Energie-systeme, in: Brauch, H.G. (Hrsg.): Energiepolitik – Technische Entwicklung, politische Strategien, Hand-lungskonzepte zu erneuerbaren Energien und zur rationellen Energienut-zung, Brüssel u.a., S. 461–470

Eidems, V. [o.J.]: The Body Shop hat eine tiefgrüne Fassade, in: http://www.evidero.de/the-body-shop-im-nachhaltigkeitstest [16.02.15]

Elander, M. [2010]: Vollzug der Verpackungsverordnung: Bundesländer im Vergleich, Deutsche Umwelthilfe, Berlin

Ellen, P.S.; Webb, D.J.; Mohr, L.A. [2006]: Building Corporate Associations: Consumer Attributions for Corporate Socially Responsible Programs, In: Journal of the Academy of Marketing Science, 34, S. 147–157

EMAS II [2001]: Verordnung (EG) Nr. 761/2001 des Europäischen Parlaments und des Rates vom 19. März 2001. Uber die freiwillige Beteiligung von Organisationen an einem Gemeinschaftssystem für das Umweltmanagement und die Umweltbetriebsprüfung, Abl. der EU, Nr.L 114 vom 24.04.2001

Embacher, S.; Roth, R. [2010]: Ein neuer Gesellschaftsvertrag – Rahmungen für Corporate Citizenship, in: http://www.cccdeutschland.org/pics/medien/1_1268842262/CCCDebatte_04.pdf [27.09.14]

Emberger, H. [1998]: Instrumente des Verbandsmarketing, Die Entwicklung von Marketing-instrumenten für Verbände, Darstellung, Probleme, Lösungsansätze, München

Emerich, M. [2011]: The Gospel Of Sustainability, Urbana u.a.

Emmet, S.; Sood, V. [2010]: Green Supply Chain Management, Chichester

Empacher, C.; Götz, K.; Schultz, I. [2002]: Die Zielgruppenanalyse des Instituts für sozial-ökologische Forschung, in: Umweltbundesamt (Hrsg.): Nachhaltige Konsummuster: ein neues umweltpolitisches Handlungsfeld als Herausforderung für die Umweltkommunikation, Berlin, S. 87–181

Empacher, C.; Götz, K.; Schultz, I. [2002]: Haushaltsexploration der Bedingungen, Möglichkeiten und Grenzen nachhaltigen Konsumverhaltens, in: Umweltbundesamt (Hrsg.): Nachhaltige Konsummuster, Berlin, S. 87–181

Empacher, C.; Wehling, P. [1998]: Soziale Dimension der Nachhaltigkeit. Perspektiven der Konkretisierung und Operationalisierung. Gutachten im Auftrag des HGF-Projekts »Untersuchung zu einem integrativen Konzept nachhaltiger Entwicklung. Bestandsaufnahme, Problemanalyse, Weiterentwicklung«, Frankf./M.

Empacher, C.; Wehling, P. [2002]: Soziale Dimension der Nachhaltigkeit. Perspektiven der Konkretisierung und Operationalisierung. Frankf./M., ISOE-Studientext Nr. 11

Emrich, Ch. [2007]: Interkulturelles Marketing-Management, Erfolgsstrategien, Konzepte, Analysen, 1. Auflage, Wiesbaden

Emrich, Ch. [2008]: Multi-Channel Marketing- und Communications-Management, Wiesbaden

Emrich, Ch. [2009]: Interkulturelles Marketing-Management, Erfolgsstrategien, Konzepte, Analysen, 2. Auflage, Wiesbaden

Emrich, Ch. [2011]: Interkulturelles Management, Erfolgsfaktoren im globalen Business, Stuttgart

Emrich, Ch. [2012]: Interkulturelles Management im Investitionsgütermarketing, in: Zerres, M.; Zerres, Ch.; Thiebes, F. (Hrsg.): Maschinenbaumarketing, München, S. 93–115

Emrich, Ch. [2013]: Interkulturelles Marketing-Management, Erfolgsstrategien, Konzepte, Analysen, 3. Auflage, Wiesbaden

Engelfried, J. [2004]: Nachhaltiges Umweltmanagement, München

Engelfried, J. [2011]: Nachhaltiges Umweltmanagement, 2. Auflage, München

Engelhardt, W.H.; Kleinaltenkamp, M.; Reckenfelderbäumer, M. [1995]: Leistungstypologien als Basis des Marketing. Ein erneutes Plädoyer für die Aufhebung der Dichotomie von Sachleistungen und Dienstleistungen, in: Die Betriebswirtschaft, 55, 5, S. 673–678

Enneking, U.; Franz, R. [2005]: Lebensstilkonzepte und Nachhaltigkeit: Stand der Forschung und Anwendungsbeispiele, Diskkussionsbeitrag Nr. 3, Consumer Science, Technische Universität München

Enquete-Kommission des 12. Deutschen Bundestages [1994]: Schutz des Menschen und der Umwelt, Die Industriegesellschaft gestalten. Perspektiven für einen nachhaltigen Umgang mit Stoff- und Materialströmen, Bonn

Enquete-Kommission des 13. Deutschen Bundestages [1998]: Schutz des Menschen und der Umwelt, Konzept Nachhaltigkeit: Vom Leitbild zur Umsetzung. Abschlussbericht. Bundestagsdrucksache Nr. 13/11200 vom 26.06.1998, Bonn

Enquete-Kommission des Deutschen Bundestages [1993]: Schutz des Menschen und der Umwelt, Verantwortung für die Zukunft. Wege zum nachhaltigen Umgang mit Stoff- und Materialströmen, Bonn

Enseling, A. [2003]: „Null-Emissionen" – Ein Leitbild für die Steuerung komplexer Prozesse?, in: Leisten, R.; Krcral, H.-C. (Hrsg.): Nachhaltige Unternehmensführung, Wiesbaden, S. 343–358

Enzensberger, N.; Wietschel, M.; Rentz, O. [2001]: Konkretisierung des Leitbildes einer nachhaltigen Entwicklung für den Energiesektor, in: Zeitschrift für Energiewirtschaft, 2001, S. 125–136

Erbgut, W.; Schlacke, S. [2014]: Umweltrecht, Baden-Baden

Ernst & Young [2008]: Strategic Business Risk 2008 – the Top Risks for Business, Ernst&Young Global Limited UK

EU-Kommission [2001]: Europäische Rahmenbedingungen für die soziale Verantwortung der Unternehmen. Grünbuch. Generaldirektion für Beschäftigung und Soziales, Luxemburg

EU-Kommission [2003]: Mitteilung der Kommission an den Rat und an das Europäische Parlament – Integrierte Produktpolitik- Auf den ökologischen Lebenszyklus-Ansatz bauen, Brüssel, COM 2003

EU-Kommission [2009]: Europeans' attitudes toward the issue of sustainable consumption and production, in: http//ec.europa.eu/public_opinion/flash/fl_256_en.pdf [02.03.2015]

EU-Kommission [2011]: Mitteilung der Kommission an das Europäische Parlament, den Rat, den Europäischen Wirtschafts- und Sozialausschuss und den Ausschuss der Regionen. Eine neue EU-Strategie (2011–14) für die soziale Verantwortung der Unternehmen (CSR), Brüssel

Europäische Union [2002]: Verordnung (EG) Nr. 178/2002, in: http://eur-lex.europa. eu/Lex UriServ/LexUriServ.do?uri=CELEX:32002R0178:DE:NOT [18.06.15]

European Bioplastics e.V. [2009]: Driving the evolution of Plastics, in: http://en.european-bioplastics.org/ [25.01.15]

Everaert, P.; Loosveld, S.; Acker, v. T.; Schollier, M.; Sarens, G. [2006]: Characteristics of target costing, Theoretical and field study perspectives, in: Qualitative Research in Accounting & Management, 3, 3, S. 236–263

Faber, A. [2001]: Gesellschaftliche Selbstregulierungssysteme im Umweltrecht – unter besonderer Berücksichtigung der Selbstverpflichtungen, Köln

Fan, Y. [2005]: Ethical branding and corporate reputation, in: Corporate Communication, 10, 4, S. 341–350

Fässler, P.K. [1989]: Gesellschaftsorientiertes Marketing; marktorientierte Unternehmenspolitik im Wandel, Bern u.a.

Feiten, M. [2009]: Management-Kybernetik – eine Lösung für Komplexität in mittelständischen Unternehmen? Saarbrücken

Fichter, K. [2005]: Interpreneurship, Nachhaltigkeitsinnovationen in interaktiven Perspektiven eines vernetzenden Unternehmertums, Marburg

Fichter, K.; Arnold, M.G. [2003]: Nachhaltigkeitsinnovationen von Unternehmen. Erkenntnisse einer explorativen Untersuchung, in: Linne, G.; Schwarz, M. (Hrsg.): Handbuch Nachhaltige Entwicklung, Opladen, S. 273–286

Fiedler, K. [2007]: Nachhaltigkeitskommunikation in Investor Relations, Eine theoretische Auseinandersetzung und empirische Analyse zur Bedeutung ökologischer und sozialer Unternehmensinformationen für Finanzanalysten und Finanzjournalisten, Dissertation Universität Hohenheim

Fieseler, C.; Fleck, M. Meckel, M. [2010]: Corporate Social Responsibility in the Blogosphere, in: Journal of Business Ethics, 91, 4, S. 599–614

Figge, F. [2002]: Entwicklung der Nachhaltigkeitskommunikation, in: B.A.U.M (Hrsg.): B.A.U.M Jahrbuch 2001/2002, Hamburg, S. 48–54

Figge, F.; Schaltegger, S. [2000]: Shareholder Value dank Stakeholder Beziehungen – Messung des Werts als strategisches Optimierungsinstrument, in: Neue Züricher Zeitung, 103, Nr. 252, S. 103

Fingerhut, C. [2013]: Geschäftskunden sorgen für 870 Milliarden Euro B2B-E-Commerce-Umsatz jährlich, in: http://www.ifhkoeln.de/News-Presse/- [23.08.14]

Fischer, H. [2001]: Reststoffkostencontrolling – ein neues Tool zur Steigerung der Material- und Energieeffizienz, Berlin u.a.

Fischer, R.; Frehe, S.; Gminder, C.U. [2000]: Umweltcontrolling integriert in SAP R/3, in: Controller Magazin, 25, 6, S. 538–540

Fisk, G. [1974]: Marketing and the Ecological Crisis, New York

Fleischmann, M. [2001]: Quantitative models for reverse logistics, Berlin u.a.

Fleury, A. [2005]: Eine Nachhaltigkeitsstrategie für den Energieversorgungssektor, Dissertation Universität Karlsruhe

Flieger, B.; Sing, E. [2001]: Stiefkind der Diskussion. Die Integration der sozialen Dimension der Nachhaltigkeit in unternehmerisches Handeln, in: Ökologisches Wirtschaften, 19, 01, S. 24–25

Flotow, P. von; Schmidt, J. [2001]: Evaluation von Selbstverpflichtungen der Verbände der chemischen Industrie, Studie im Auftrag der chemischen Industrie e.V., Arbeitspapier des Instituts für Ökologie und Unternehmensführung, Bd. 36, European Business School, Oestrich-Winkel

Foerster, H., v. [1979] Cybernetics of Cybernetics, University of Illinois, Urbana

Folkes, V.S.; Kamins, M.A. [1999]: Effects of information about firms' ethical an unethical actions on consumers' attitudes, in: Journal of Consumer Psychology, 8, 3, S. 243–259

Folse, J.G.; Niedrich, R.W.; Grau, S.L. [2010]: Cause-Related Marketing: The Effects of Purchase Quantity and Firm Donation Amount on Consumer Inferences and Participation Intentions, in: Journal of Retailing, 86, 4, S. 295–309

Forst, R. [1996]: Kontexte der Gerechtigkeit – Politische Philosophie jenseits von Liberalismus und Kommunitarismus, Frankf./M.

Förstner, U. [2004]: Umweltschutztechnik, 6. Auflage, Berlin u.a.

Förtsch, G.; Meinholz, H. [2014]: Handbuch Betriebliches Umweltmanagement, Berlin

Foster, C.; Green, K. [2000]: Greening the innovation process, in: Business Strategy and the Environment. 9, S. 287–303

Freeman, R.E. [1984]: Strategic Management. A Stakeholder Approach, Boston

Frei, M. [1999]: Öko-effektive Produktentwicklung, Wiesbaden

Freimann, J. (Hrsg.) [1999]: Werkzeuge erfolgreichen Umweltmanagements, Wiesbaden

Freimann, J. (Hrsg.) [2004]: Akteure einer Nachhaltigen Entwicklung, München

Freimann, J.; Walther, M. [2003]: Umweltmanagement in deutschen Unternehmen – Empirische Befunde und analytische Verortung, in: Brentel, H.; Klemisch, H.; Rohn, H. (Hrsg.): Lernendes Unternehmen, Wiesbaden, S. 68–85

Frenz, W. [2001]: Selbstverpflichtungen der Wirtschaft, Tübingen

Freter, H. [2008]: Markt- und Kundensegmentierung, Kundenorientierte Markterfassung und –bearbeitung, 2. Auflage, Stuttgart

Freyer, W. [2002]: Tourismus-Marketing, München u.a.

Friedl, G.; Hofmann, C.; Pedell, B. [2013]: Kostenrechnung, Eine entscheidungsorientierte Einführung, 2. Auflage, München

Friege, C. [2010]: Kundenmanagement und Nachhaltigkeit – Erfolgreiche Positionierung im Internetzeitalter, in: Marketing Review, 27, 4, ST. Gallen, S. 42–47

Fritsch, M.; Wein, T.; Ewers, H.-J. [2005]: Marktversagen und Wirtschaftspolitik, Mikroökonomische Grundlagen staatlichen Handels, 6. Auflage, München

Fritz, B. (Hrsg.); Busch-Lüty, C. [1995]: Nachhaltigkeit in naturwissenschaftlicher und sozialwissenschaftlicher Perspektive, Stuttgart

Frooman, J. [1997]: Socially Irresponsible and illegal Behavior and Shareholder Wealth, in: Business and Society, 36, 3, S. 221–249

Fuchs, P. [1992]: Die Erreichbarkeit der Gesellschaft. Zur Konstruktion und Imagination gesellschaftlicher Einheit, Frankf./M.

Fuchs, P. [1999]: Intervention und Erfahrung, Frankfurt/M.

Fücks, R. [2004]: Du darfst – aber bitte öko! Von der Konsumkritik zur Verbraucherpolitik, in: World-watch Institute (Hrsg.): Die Welt des Konsums, Münster, S. 11–13

Fues, T. [1998]: Das Indikatorenprogramm der UN-Kommission für nachhaltige Entwicklung. Stellenwert für den internationalen Rio-Prozess und Folgerungen für das Konzept von Global Governance, Frankf/M. u a.

Führ, M.; Maring, M. [2000]: Ethikkodizes und rechtliche Regelungen, in: Hubig, C. (Hrsg.): Ethische Ingenieurverantwortung – Handlungsspielräume und Perspektiven der Kodifizierung, Verein Deutscher Ingenieure (VDI), Düsseldorf, S. 43–60

Fuhrer, U.; Wölfing, S, [1997]: Von den sozialen Grundlagen des Umweltbewusstseins zum verantwortlichen Umwelthandeln, Die Sozialpsychologische Dimension globaler Umweltveränderungen, Bern

Fulop, Ch. [1967]: Consumer sovereignty is a basic concept of economics, in: The Institute of Economic Affairs (IEA), London and Thetford, S. 11

Funck, D. [2001]: Integrierte Managementsysteme, in: Baumast, A.; Papa, J. (Hrsg.): Betriebliches Umweltmanagement, Stuttgart, S. 218–227

Funck, D. [2003]: Umweltpolitik, Umweltziele und Umweltprogramm, in: Baumast, A.; Pape, J. (Hrsg.): Betriebliches Umweltmanagement, Theoretische Grundlagen, Praxisbeispiele, 2. Auflage, Stuttgart, S. 91–100

Gallup-Studie [2014]: Engagement Index 2014, in: http://eu.gallup.com/Berlin/141167/PMEEI 2014.aspx [11.10.2014]

Garriga, E.; Melé, D. [2004]: Corporate Social Responsibility Theories: Mapping the Territory, in: Journal of Business Ethics, 53, 1–2, S. 51–71

Gaus, H.-J.; Zanger, C. [2001]: Ansatzpunkte eines integrativen Erklärungsmodells des Umwelthandelns am Beispiel Mobilität, in: Schrader, U.; Hansen, U. (Hrsg.): Nachhaltiger Konsum, Forschung und Praxis im Dialog, Frankf./M., S. 241–256

Gauto, A. [2013]: Wirtschaft: Immer mehr Unternehmen geben der Natur einen Preis, in: WiWo Green, Oktober 2013, München

Gebauer, J. [2011]: Das IÖW/future-Ranking der Nachhaltigkeitsberichte 2011, Ergebnisse und Trends, Institut für ökologische Wirtschaftsforschung und future e.V, Berlin u.a.

Gebhard, M. [2012]: Kaufen mit Köpfchen: Online-Portal »Utopia City« mit »grünen« Stadt-Tipps, in: https://www.dbu.de/123artikel33325_335.html [16.12.14]

Gellner, E. [1991]: Nationalismus und Moderne, Berlin

Gensicke, T. [2005]: Freiwilliges Engagement in Deutschland 1999–2004, Ergebnisse der repräsentativen Trenderhebung zu Ehrenamt, Freiwilligenarbeit und bürgerschaftlichem Engagement, München

Georg, W. [1998]. Soziale Lage und Lebensstil, Opladen

Gereffi, G. [2005]: Zertifizierungsvereinbarungen sorgen für soziales und umweltfreundliches Verhalten von Unternehmen wo der Staat keine Standards setzt, in: http://www.der-ueberblick.de/ueberblick.archiv/one.ueberblick.article/ueberblick396f.html?entry=page.200103.066 [12.01.15]

Geropp, B. [2012]: Nachhaltige Führung und Visionen, in: http://www.mehr-fuehren.de/nachhaltige-fuehrung-und-visionen/ [08.10.14]

GFK [2011]: Consumer Index, Januar 2011, Nürnberg

Glathe, C. [2010]: Kommunikation von Nachhaltigkeit in Fernsehen und Web 2.0, Wiesbaden

Glück, A. [1982]: Anpacken statt Aussteigen, München, Hanns-Seidel-Stiftung

Glück, A. [2001]: Verantwortung übernehmen: mit der aktiven Bürgergesellschaft wird Deutschland leistungsfähiger und menschlicher, Stuttgart u.a.

Gminder, C.U. (Hrsg.) [2002]: Überblick über Standards und Labels. Standards und Labels I. Grundlagen ethisch orientierter Produktauszeichnungen. Berichte des Instituts für Wirtschaftsethik, Nr. 94, Universität St. Gallen

Gminder, C.U. [2005]: Nachhaltigkeitsstrategien systemisch umsetzen. Eine qualitative Exploration der Organisationsaufstellung als Managementmethode, Dissertation Universität St. Gallen

Gminder, C. U.; Bieker, T.; Dyllick, T.; Hockerts, K. [2002]: Nachhaltigkeitsstrategien umsetzen mit einer Sustainability Balanced Score-card. Konzept und Fallstudien, Wiesbaden

Göbel, E. [2010]: Unternehmensethik, 2. Auflage, Stuttgart

Gomez, P. [2002]: Zum Geleit, in: Rüegg-Stürm (Hrsg.): Das neue St. Galler Management-Modell, Bern

Gomez, P.; Probst, G. [1995]: Die Praxis des ganzheitlichen Problemlösens, Bern

Göschel, A. [1999]: Die Ungleichzeitigkeit in der Kultur. Wandel des Kulturbegriffs in vier Generationen, Stuttgart u.a.

Gottschalk, I. [2001]: Ökologische Verbraucherinformation, Grundlagen, Methoden und Wirkungschancen, Berlin

Götz, K.; Jahn, T.; Schramm, E. [2002]: Komplexe Vermittlung, Umweltkommunikation in sozial-ökologischer Perspektive, in: Umweltbundesamt (Hrsg.): Perspektiven für die Verankerung des Nachhaltigkeitsleitbildes in der Umweltkommunikation, Berlin, S. 281–303

Graham, A.E. [2011]: Outside Your Control an Influence: Managing the Unexpected, in: Cetinkaya, B.; Cuthbertson, R.; Ewer, G.; Klaas-Wissing, T.; Piotrowicz, W.; Tyssen, C. (Hrsg.): Sustainable Supply Chain Management. Practical Ideas for Moving Towards Best Practice, Berlin u. a., S. 153–178

Gregory, A. [2007]: Involving Stakeholders in Developing Corporate Brands, The Communication Dimension, in: Journal of Marketing Management, 23, 1, S. 59–74

GRI – Global Reporting Initiative (Hrsg.) [2002]: Sustainability Reporting Guidelines, 2002, Amsterdam

Grießhammer, R. [2001]: TopTen-Innovationen für einen nachhaltigen Konsum, in: Schrader, U.; Hansen, U. (Hrsg.): Nachhaltiger Konsum, Forschung und Praxis im Dialog, Frankf./M., S. 103–115

Grober, U. [1999]: Der Erfinder der Nachhaltigkeit, in: Die Zeit, 48, S. 98

Grober, U. [2001]: Die Idee der Nachhaltigkeit als zivilisatorischer Entwurf, in: Politik und Zeitgeschichte, 24, S. 3–5

Grober, U. [2010]: Die Entdeckung der Nachhaltigkeit, Kulturgeschichte eines Begriffs, München

Grochla, E. (Hrsg.) [1980]: Handwörterbuch der Organisation, Stuttgart

Grohe, R. [1999]: Selbstverpflichtungen und Vereinbarungen im Umweltschutz, in: Wirtschaft und Verwaltung, Vierteljahresbeilage, 3, S. 177–180

Großmann, S. [2010]: Die Verifizierung von Nachhaltigkeitsberichten zur Reduzierung von Informationsasymmetrien, Ingolstadt

Grothe-Senf, A. [2000]: Schritte zum nachhaltigen Unternehmen, in: Dybe, G.; Rogall, H. (Hrsg.): Die ökonomische Säule der Nachhaltigkeit: Annäherungen aus gesamtwirtschaftlicher, regionaler und betrieblicher Perspektive, Berlin, S. 203–221

Grunwald, A. [2003]: Die Realisierung eines Nachhaltigen Konsums – Aufgabe der Konsumenten?, in: Scherhorn, G.; Weber, C. (Hrsg.): Nachhaltiger Konsum, Auf dem Weg zur gesellschaftlichen Verankerung, 2. Aufl. München, S. 433–442

Grunwald, A.; Kopfmüller, K. [2006]: Nachhaltigkeit, Frankf./M.

Grunwald, A.; Kopfmüller, K. [2012]: Nachhaltigkeit, 2. aktualisierte Aufl., Frankf./M.

Günther, E. [2008]: Ökologieorientiertes Management, Um-(weltorientiert) Denken in der BWL, Stuttgart

Günther, G. [1963]: Das Bewusstsein der Maschinen – Eine Metaphysik der Kybernetik, 2. Aufl., Baden-Baden

Haberer, A.F. [1996]: Umweltbezogene Informationsasymmetrien und transparenzschaffende Institutionen, Marburg

Habermas, J. [1981]: Theorie des kommunikativen Handels, Berlin

Habisch, A.; Wegner, M. [2004]: Gesetze und Anreizstrukturen für CSR in Deutschland, in: corporatecitizen.de [02.03.15]

Haderlapp, T.; Trattnigg, R. [2010]: Nachhaltige Entwicklung als kulturelles Projekt und große Erzählung, in: Parodi, O.; Banse, G.; Schaffer, A. (Hrsg.): Wechselspiele: Kultur und Nachhaltigkeit, Annäherung an ein Spannungsfeld, Berlin, S. 262–347

Hagemann, H. [1998]: Umweltverhalten zwischen Arbeit, Einkommen und Lebensstil. Konsumentenverhalten im Spannungsfeld von subjektiven Orientierungsmustern und Arbeitszeit- und Einkommensveränderungen, Berlin

Hahn, R. [2009]: Multinationale Unternehmen und die „Base of the Pyramid". Neue Perspektiven von Corporate Citizenship und Nachhaltiger Entwicklung, Wiesbaden

Hambrick, D.; Fredrickson, J. [2001]: Are you sure you have a strategy? in: Academy of Management Executive, 15, 4, S. 48–59

Hampel, J., Renn, O. (Hrsg.) [1999]: Gentechnik in der Öffentlichkeit, Wahrnehmung und Bewertung einer umstrittenen Technologie, Frankf./M. u.a.

Hanley, N. [1992]: Are There Environmental Limits to Cost-Benefit-Analysis. In: Environmental and Ressource Economics, 2, S. 33–59

Hansen, U. [1990]: Die Rolle des Handels als Gatekeeper in der Diffusion ökologisch orientierter Marketingkonzepte, in: Gottlieb Duttweiler Institut (Hrsg.): Ökologie im vertikalen Marketing, Rüschlikon, S. 145–174.

Hansen, U. [2002]: Wieviel Staat braucht die Verbraucherpolitik?, in: Lackmann, J. (Hrsg.): Verbraucherpolitik und Verbraucherbildung. Beiträge für einen nachhaltigen Verbraucherschutz, Weingarten, S. 69–81

Hansen, U. [2004]: Gesellschaftliche Verantwortung als Business Case. Ansätze, Defizite und Perspektiven der deutschsprachigen Betriebswirtschaftslehre, in: Schneider, U.; Steiner, P. (Hrsg.): Betriebswirtschaftslehre und gesellschaftliche Verantwortung. Mit Corporate Responsibility zu mehr Engagement, Wiesbaden, S. 60–83

Hansen, U.; Bode, M. [1999]: Marketing & Konsum, Theorie und Praxis von der Industrialisierung bis ins 21. Jahrhundert, München

Hansen, U.; Schrader, U. [2001]: Nachhaltiger Konsum – Leerformel oder Leitprinzip?, in: Hansen, U.; Schrader, U. (Hrsg.): Nachhaltiger Konsum, Forschung und Praxis im Dialog, Frankf./M.

Hansen, U.; Schrader, U. [2001]: Nachhaltiger Konsum – Leerformel oder Leitprinzip?, in: Schrader, U.; Hansen U. (Hrsg.):.Nachhaltiger Konsum. Forschung und Praxis im Dialog, Frankf./M, S. 17–45

Hansen, U.; Schrader, U. [2002]: Nachhaltiger Konsum, in: UmweltWirtschaftsForum, 10, 4, S. 12–17

Hantschel, A.; Schlange-Schöningen, A. [2013]: Merkblatt Öffentliche Aufträge in Deutschland, in: Auftragsberatungszentrum Bayern e.V. (ABZ), München, November 2013

Happes, W. [2005]: Vereinsstatistik, 2005, Konstanz

Harant, A. [2009]: Fairtrade und verwandte Nachhaltigkeitsinitiativen – ein kritischer Vergleich, Diplomarbeit Universität Wien

Harborth, J.-J. [1991]: Dauerhafte Entwicklung statt globaler Umweltzerstörung, Berlin

Hartmann, P. [1999]: Lebensstilforschung, Opladen

Hartwick, J.M. [1978]: Inventing Returns from Depleting Renewable Resource Stocks and Intergenerational Equity, in: Economic Letters, 1, S. 85–88

Hartwig, H. [2006]: Zur Rechtsprechung – Der BGH und das Ende des Verbots »gefühlsbetonter Werbung« – BGH, NJW 2006, 149, in: Neue Juristische Wochenschrift, 59, 19, S. 1326–1328

Harvey, E.; Robinson, D. [2006]: Einfach die Welt verändern. 50 kleine Ideen mit großer Wirkung, München

Hasenmüller, M.P. [2012]: Herausforderungen im Nachhaltigkeitsmanagement, Der Beitrag der Pfadforschung zur Erklärung von Implementationsproblemen, Dissertation Leuphana Universität Lüneburg

Hasselt, van, J. [1998]: Kultur und nachhaltige Entwicklung: Das Kulturverständnis der UNESCO und der Aktionsplan von Stockholm, in: Bernecker, R. (Hrsg.): Kultur und Entwicklung: Zur Umsetzung des Stockholmer Aktionsplans. Deutsche UNESCO-Kommission, Bonn, S. 61–76

Hastedt, H. [1991]: Aufklärung und Technik – Grundprobleme einer Ethik der Technik, Frankf./M.

Hauenstein, W.; Vouillamoz, J.; Bonvin, J.-M.; Wiederkehr, B. [1999]: Externe Effekte der Wasserkraftnutzung, Schweizerischer Wasserkraftverband, Baden

Hauff v., M.; Schiffer, H. [2010]: Soziale Nachhaltigkeit im Kontext der Neuen Institutionenökonomik, Volkswirtschaftliche Diskussionsbeiträge, Nr. 30–10: Technische Universität Kaiserslautern

Hauff, V. [1987]: Unsere gemeinsame Zukunft. Der Brundtland-Bericht der Weltkommission für Umwelt und Entwicklung, Greven

Hauff, v., M.; Kleine, A. [2005]: Methodischer Ansatz zur Systematisierung von Handlungsfeldern und Indikatoren einer Nachhaltigkeitsstrategie – Das integrierende Nachhaltigkeitsdreieck, Diskussionsbeitrag am 19.05.2005 Technische Universität Kaiserslautern

Hauschildt, J. [2000]. Unternehmenskrisen, Herausforderungen an die Bilanzanalyse, in: Hauschildt, J.; Leker, J. (Hrsg.): Krisendiagnose durch Bilanzanalyse, Köln, S. 1–16

Hauschildt, J. [2004]: Innovationsmanagement, 3. Aufl. München

Hausmann, J. [2012]: Contingent Valuation, From Dubious to Hopeless, in: Journal of Economic Perspectives, 26, 4, S. 43–56

Hauth, P.; Raupach, M. [2001]: Nachhaltigkeitsberichte schaffen Vertrauen, in Harvard Business Manager, 23, 5, S. 24–33

Heeb, M.; Ableidinger, M.; Berger, T.; Hoffelner, W. [2003]: Littering – ein Schweizer Problem? Eine Vergleichsstudie Schweiz-Europa, Basel

Heidbrink, L.; Seele, F. [2008]: Greenwash, Bluewash und die Frage nach der weißen Weste, in Forum Wirtschaftsethik, 2, S. 54–56

Heiler, F.; Brunner; K.-M.; Strigl, A.; Leuthold, M.; Stuppäck, S.; Rützler, H.; Keul, A.; Kanatschnig, D.; Schmalenauer, M.; Schmutz, P.; Brenzel, S. [2008]: Analyse von Lebensstiltypologien, Gestaltungsmöglichkeiten für Unternehmen, Einbindung von KonsumentInnen und Stakeholdern, Bundesministerium für Verkehr, Innovation und Technologie (BMVIT) (Hrsg.): Berichte aus Energie- und Umweltforschung, Schriftenreihe, 1, Wien

Heinl, W. [2005]: Integrative Nachhaltigkeit – Erweitertes Orientierungswissen für nachhaltige Entwicklung am Beispiel der lokalen Agenda 21, Dissertation Technische Universität München

Hellenthal, F. [2001]: Umweltmanagement nach der Öko-Audit-Verordnung: kritische Betrachtung und Darlegung von Perspektiven durch das Konzept der ökologischen Unternehmensbewertung, Marburg

Helm, S. [2000]: Kundenempfehlungen als Marketinginstrument, Wiesbaden

Hermann, S. [2005]: Corporate Sustainability Branding: Nachhaltigkeits- und stakeholderorientierte Profilierung von Unternehmensmarken, Wiesbaden

Herrmann, S. [2012]: Kommunikation bei Krisenausbruch, Wirkung von Krisen-PR und Koordinierung auf die journalistische Wahrnehmung, Dissertation Ludwig-Maximilians-Universität

Herzig, C. Schaltegger, S. [2005]: Nachhaltigkeitsberichterstattung von Unternehmen, in: Michelsen, G.; Godemann, J. (Hrsg.): Handbuch Nachhaltigkeitskommunikation, Grundlagen und Praxis, München, S. 577–587

Herzig, C.; Pianowski, M. [2009]: Nachhaltigkeitsberichterstattung, in: Baumast, A.; Papa, J. (Hrsg.): Betriebliches Umweltmanagement, Nachhaltiges Wirtschaften in Unternehmen, 4. Auflage, Stuttgart, S. 217–232

Herzig, C.; Schaltegger, S. [2004]: Nachhaltigkeit in der Unternehmensberichterstattung: Gründe – Probleme – Lösungsansätze, Diskussionspapier zum Fachdialog des Bundesumweltministeriums (BMU) am 13. November 2003 in Berlin, Lüneburg

Heywood, V.H.; Watson, R.T. (Hrsg.) [1995]: Global Biodiversity Assessment, Cambridge

Hickman, L. [2006]: Fast nackt. Mein abenteuerlicher Versuch, ethisch korrekt zu leben, München

Hill, W.; Fehlbaum, R.; Ulrich, P. [1994]: Organisationslehre 1: Ziele, Instrumente und Bedingungen der Organisation sozialer Systeme, 5. Auflage, Stuttgart u.a.

Hilton, S. [2002]: Responsibility in the Mainstream Media, in: Ethical Corporation, Dezember 2002

Hippel, v., E. [1986]: Verbraucherschutz, 3. Auflage, Tübingen

Hirschberg, W.(Hrsg.) [1988]: Neues Wörterbuch der Völkerkunde, Berlin

Hiß, S. [2005]: Warum übernehmen Unternehmen gesellschaftliche Verantwortung? Ein soziologischer Erklärungsversuch, Dissertation Universität Bamberg

Hock, S. [2005]: Engagement für die Region: Initiativen der Regionalbewegung in der Region Nürnberg: Ziele, Strategien und Kooperationsmöglichkeiten, Erlangen

Hockerts, K. [2001]: What Does Corporate Sustainability Actually Mean from a Business Strategy Point of View? In: http://www.oikos-stiftung.unisg.ch/campus2001/hockerts.pdf [02.02.15]

Hoffmann, E. [2000]: Ökologische Optimierungspotentiale bei der Produktgestaltung – Auf die frühen Phasen kommt es an, in: Ökologisches Wirtschaften, 1, S. 27–28

Hoffmann, E.; Rotter, M. [2011]: Handlungsfelder unternehmerischer Nachhaltigkeit, Praxisbeispiele und Entwicklungsbedarf, Institut für ökologische Wirtschaftsforschung (IÖW), Berlin

Hofstede, G. [1984]: Culture's Consequences, International Differences in Work-Related Values, Newsbury Park

Hofstede, G. [2006]: Lokales Denken, globales Handeln, Interkulturelle Zusammenarbeit und globales Management, 3. Aufl. München

Hohmeyer, O.; Ottinger, R.L. (Hrsg.) [1991]: External Environmental costs of Electric Power – Analysis and Internalization, Berlin u.a.

Holmes, J.H.; Kilibane, C.J. [1993]: Selected effects of price and charitable donations, in: Journal of Nonprofit and Public Sector Marketing, 1, 4, S. 62–74

Homburg, A.; Matthies, E. [1998]: Umweltpsychologie. Weinheim u.a.

Homburg, C.; Krohmer, H. [2003]: Marketingmanagement, Strategie, Instrumente, Umsetzung, Unternehmensführung, Wiesbaden

Hopfenbeck, W.; Roth, P. [1994]: Öko Kommunikation – Wege zu einer neuen Kommunikationskultur, Landsberg

Hopkins, M. [2006]: Corporate Social Responsibility & International Development, London

Hort, C. [2008]: Nachhaltigkeitsmanagement in einem Industrieunternehmen, Entwicklung eines Systems von effektiven Organisationselementen, Dissertation Universität St. Gallen

Horváth, P. [2011]: Controlling, 12. Auflage, München

Horváth, P.; Mayer, R. [2011]: Was ist aus der Prozesskostenrechnung geworden?, in: Zeitschrift für Controlling und Management, Sonderheft 2, S. 5–10

Horváth, P.; Niemand, S.; Wolbold, M. [1993]: Target Costing – State of the Art, in: Horváth, P. (Hrsg.): Target Costing – marktorientierte Zielkosten in der deutschen Praxis, Stuttgart

Hradil, S. [1987]: Sozialstrukturanalyse in einer fortgeschrittenen Gesellschaft, Opladen

Hübner, H. [2002]: Integratives Innovationsmanagement: Nachhaltigkeit als Herausforderung für ganzheitliche Erneuerungsprozesse, Berlin

Hubschmid, M. [2014]: Discounter kämpfen um Billigfleisch, in: http://www.tagesspiegel.de/wirtschaft/aldi-vs-lidl-discounter-kaempfen-um-billigfleisch/9596860.html [20.04.15]

Hucklenbruch, G. [2000]. Umweltrelevante Selbstverpflichtungen – ein Instrument zum progressiven Umweltschutz?, Berlin

Hülsewiesche, V.M. [2010]: Corporate Social Responsibility. Unter besonderer Berücksichtigung der Verantwortung von Medienunternehmen am Beispiel der WAZ-Mediengruppe, Masterarbeit Ruhr-Universität Bochum

Hummel, J. [1997]: Strategisches Öko-Controlling. Konzeption und Umsetzung in der textilen Kette, Wiesbaden

Hummel, J. [2000]: Strategisches Öko-Controlling. Konzeption und Umsetzung in der textilen Kette, 2. aktualisierte Auflage, Wiesbaden

Hunecke, M. [1997]: Lebensstile und ökologische Verantwortung – eine lebensstilorientierte Typenbildung, in: Kaufmann-Hayoz, R. (Hrsg.): Bedingungen umweltverantwortlichen Handelns von Individuen, Bern, S. 75–80

Hunecke, M. [2000]: Ökologische Verantwortung, Lebensstile und Umweltverhalten, Heidelberg

Hunecke, M.; Matthies, E.; Blöbaum, A.; Höger, R. [1999]: Die Umsetzung einer persönlichen Norm in umweltverantwortliches Handeln, in: Umweltpsychologie, 3, 2, S. 10–23

IAEA International Atomic Energy Agency [2001]: Indicators for Sustainable Energy Development, Vienna

IHK-Karlsruhe, [o.J.]: Neues Kreislaufwirtschaftsgesetz trat am 1.06.20112 in Kraft, in: http://www.karlsruhe.ihk.de/innovation/umwelt/Abfall/Kreislaufwirtschaftsgesetz/....html [12.01.15]

IHK-Koblenz [2014]: Definition Normen – Standards, in: http://www.ihk-koblenz.de/innovation/ [16.08.14]

IHK-Würzburg [2012]: Ökologische Nachhaltigkeit in klein- und mittelständischen Betrieben, Schriftenreihe Nr. 31/2012, Würzburg

IMD: Sector Report Technology [2003]: CSM/WWF Project on the Business Case for Sustainability, International Institute for Management, Berlin und Lausanne

IMD: Tool Automotive (draft version) [2003a]: CSM/WWF Project on the Business Case for Sustainability, International Institute for Management, Lausanne

IMD: Tool Automotive (draft version) [2003b]: CSM/WWF Project on the Business Case for Sustainability, International Institute for Management Development, Lausanne

Impulse [2011]: Video-Fragebogen, Antje von Drewitz, in: impulse.de/management/antje-von-dewitz-vaude-chefin [10.08.13]

Information Ressources [2006]: Alles Bio – oder was? In: http://www.iriworlswide.de/NessEvents/PresseArchiv/tabid97/ItemID/956/View/Details/Default.aspx [17.04.15]

Ingenbleek, P.; Debeuyne, M.; Frambach, R.; Verhallen, T. [2003]: Successful New Product Pricing Practices, A Contingency Apprach, in: Marketing Letters, 14, 4, S. 289–305

Ingenhoff, D. [2004]: Corporate Issues Management in multinationalen Unternehmen, Eine empirische Studie zu organisationalen Strukturen und Prozessen, Wiesbaden

Institut der deutschen Wirtschaft [2013]: Externe Kosten des Straßenverkehrs in Deutschland, Köln

Institut für Demoskopie Allensbach (Hrsg.) [2003]: Allensbacher Berichte, 10, Allensbach

Institute for Crisis Management ICM [2002]: Crisis Management versus Communication, in: http://www.crisisexperts.com/management.htm [27.02.15]

IPCC Intergovernmental Panel on Climate Change [2001]: Climate Change 2001: The Scientific Basis. Cambridge University Press

IPCC Intergovernmental Panel on Climate Change [2007]: Climate Change 2007: The Physical Science Basis. Fourth Assessment Report of the Intergovernmental Panel on Climate Change, New York

Ittershagen, M. [2013]: Energieziel 2050: 100% Strom aus erneuerbaren Quellen, in: http://www.um-weltbundesamt.de/uba-info-presse/2010/pd10–039_energieziel_2050 …...htm [27.08.13]

IUVT Institut für Umweltverfahrenstechnik [2003]: Wasser Wissen – Das Internetportal für Wasser und Abwasser, Bremen, Institut für Umweltverfahrenstechnik, Universität Bremen

Jacob, L. [2009]: Theaterpädagogik als Audience Development, Diplomarbeit Universität Hildesheim

Jahn, G.; Schramm, M.; Spiller, A. [2004]: Eine ökonomische Analyse der Kontrollvalidität, Diskussionsbeitrag Nr. 0304, Institut für Agrarökonomie, Universität Göttingen

Jakisch, S. [2009]: Greenwashing. Das Märchen vom grünen Riesen, in: www.ecc-handel.de/.../PM_ Stayfair_unzureichende+Umsetzung+von+Nachhaltigkeitsaspete.pdf [17.11.24]

Jänicke, M.; Kunig, P.; Slitzel, M. [2003]: Lern- und Arbeitsbuch Umweltpolitik: Politik, Recht und Management des Umweltschutzes in Staat und Unternehmen, 2. Auflage, Bonn

Jansen, S.A. [2008]: Mergers & Acquisitions, Unternehmensakquisitionen und -kooperationen, 5. Auflage, Wiesbaden

Janzen, H.; Matten, D. [2003]: Strategische Planungsinstrumente im Umweltmanagement, in: Baumast, A.; Pape, J (Hrsg.): Betriebliches Umweltmanagement, Theoretische Grundlagen, Praxisbeispiele, 2. Auflage, Stuttgart, S. 73–90

Jasch, C. [2001]: Umweltrechnungswesen, Grundsätze und Vorgehensweise, Wien

Jasch, C. [2006]: How to perform an environmental management cost assessment in one day, in: Journal of Cleaner Production, 14, 14, S. 1194–1213

Jeuthe, K. [2002]: Nachhaltigkeit als Unternehmensstrategie? Von der Nachhaltigkeit der Produktion zur Kommunikation der Nachhaltigkeit, Diplomarbeit Universität Passau

Jeuthe, K. [2003]: Nachhaltigkeit als Unternehmensstrategie?, in: http://www.wissenschaft-online.de /heureka/nachhaltigkeit/monografien/jeuthe [16.02.14]

Joachimsthaler, E. [2002]: Mitarbeiter – Die vergessene Zielgruppe für Markenerfolge, in: Absatzwirtschaft, 11, S. 28–34

Joas, H. [o.J.]: Wertepluralismus und moralischer Universalismus, in: http://www.db-thuerin-gen.de/ servlets/DerivateServlet/Derivate-1345/joas.pdf [04.08.14]

Joëlle, M. [2013]: Sustainable Supply Chain Management, London

Jonas, H. [1979]: Das Prinzip Verantwortung. Versuch einer Ethik für die technologische Zivilisation, Frankf./M.

Jones, A. [2001]. Eating oil: Food supply in a changing climate, London

Jörissen, J.; Kopfmüller, J.; Brandl, V.; Pateau, M. [1999]: Ein integratives Konzept nachhaltiger Entwicklung, in: Wissenschaftliche Berichte Technik und Umwelt, Forschungszentrum Karlsruhe

Jubel, S.; Lemke, H. [2010]: Einführung in das Umweltmanagement, TÜV SÜD Gruppe (Hrsg.), München

Jung, H.; Bruck, J.; Quarg, S. [2007]: Allgemeine Managementlehre. Lehrbuch für die angewandte Unternehmens- und Personalführung, 2. Auflage, Berlin

Jungbauer-Gans, M. [2004]: Einfluss des sozialen und kulturellen Kapitals auf die Lesekompetenz, in: Zeitschrift für Soziologie, 33, 5, S. 375–397

Jungbluth, N. [2000]: Umweltfolgen des Nahrungsmittelkonsums, Dissertation Universität Zürich

Jungermann, H. [2005]: Entscheiden, in: Frey, D.; Rosenstiel, L. (Hrsg.) von, Hoyos, C. Graf (Hrsg.): Wirtschaftspsychologie, Weinheim u.a., S. 72–77

Kaas, K.-P. [1992]: Marketing für umweltfreundliche Produkte, in: Die Betriebswirtschaft, 52, 4, S. 473–487

Kaas, K.-P. [1994]: Marketing im Spannungsfeld zwischen umweltorientiertem Wertewandel und Konsumverhalten, in: Schmalenbach-Gesellschaft – Deutsche Gesellschaft für Betriebswirtschaft e.V. (Hrsg.): Unternehmensführung und externe Rahmenbedingungen, Kongress-Dokumentation, 47. Deutscher Betriebswirtschafter-Tag 1993, Stuttgart, S. 93–112

Kaiser, F. [1996]: Die Mär von der Kluft zwischen Umweltbewusstsein und ökologischem Handeln, in: IPU-Rundbrief, 6, 2/96, Ruhruniversität Bochum, Bochum

Kanning, H. [2008]: Bedeutung des Nachhaltigkeits-Leitbildes für das betriebliche Management, in: Baumast, A.; Pape, J. (Hrsg.) (2008): Betriebliches Umweltmanagement – Nachhaltiges Wirtschaften im Unternehmen, Stuttgart

Karl, H.; Orwat, C. [1999]: Economic Aspects of Environmental Labelling, in: The International Yearbook of Environmental and Ressource Economics, S. 107–170

Karliner, J. [2001]: A Brief History of Greenwash, in: CorpWach, 22.März 2001

Katzenstein, H. [2003]: Umweltbewusstsein und Umweltverhalten, Hagen, Fernuniversität

Kaufmann, F.-X. [1992]: Der Ruf nach Verantwortung, Risiko und Ethik in einer unüberschaubaren Welt, Freiburg u.a.

Keil, J.P. [2011]: Chinas »Go West«-Policy zur Minderung der ausgeprägten Ost-West-Disparitäten und zur Verbesserung des Innovationsklimas in Westchina: Genese, Ziele, Maßnahmen und Effekte, Dissertation Justus-Liebig-Universität Giessen

Kellner, M.-L. [2013]: Neue EU-Richtlinie WEEE-2012/19/EU: Auswirkungen für Hersteller und Vertreiber von Elektro- und Elektonikgeräten, in: http://www.it-recht-kanzlei.de/neue-weee-richtlinie-2012-auswirkungen-elektrog.html [16.04.15]

Kersbergen, van, K.; Warden, van, F. [2004]: Governance as a bridge between disciplines: Cross-disciplinary inspiration regarding shifts in governance and problems of governability, accountability and legitimacy, in: European Journal of Political Research, 43, S. 143–171

Kersting, W. [1997]: Philosophische Friedenstheorie und globale Rechts- und Friedensordnung, in: Zeitschrift für Politik, 44, 3, S. 278–303

Ketelhodt, F.v. [1990]: Verantwortung für Natur und Nachkommen, Dissertation Universität München

Kieser, A. [2002]: Max Webers Analyse der Bürokratie, in: Kieser, A. (Hrsg.): Organisationstheorien, 5. Aufl., Mannheim

Kieser, A.; Oechsler, W.A. [1999]: Unternehmenspolitik, Stuttgart

Kim, K.C. [2005]: Interaktive Nachhaltigkeitsberichterstattung von Unternehmen, Konzeption und Analyse der Internetnutzung von GF 500 Unternehmen hinsichtlich der Nachhaltigkeitsberichterstattung, Frankf./M.

King, A.; Lenox, M. [2000]: Industry Self-Regulation Without Sanctions: The Chemical Industry's Responsible Care Program, in: Academy of Management Journal, 43, S. 698–716

Kingston, C.; Calallero, G. [2009]: Comparing theories of institutional change, in: Journal of Institutional Economics, 5, 2, S. 151–180

Kinne, P. [2009]: Integratives Wertemanagement, Eine Methodik zur Steuerungsoptimierung immaterieller Ressourcen in mittelständischen Unternehmen, Dissertation Universität Leiden (Holland)

Kirchgeorg, M. [2001]: Vom Öko-Marketing zum Nachhaltigkeits-Marketing, in: UmweltWirtschaftsForum (UWF), 9, 2, S. 3–4

Kirchgeorg, M. [2002]: Nachhaltigkeits-Marketing, in: UmweltWirtschaftsForum, 4, S. 4–11

Kirchner, K. [2001]: Integrierte Unternehmenskommunikation, Theoretische und empirische Bestandsaufnahme und eine Analyse amerikanischer Großunternehmen, Wiesbaden

Kistner, K.-P.; Steven, M. [1993: Lineare Aktivitätsanalyse und Umweltschutz, in: Wagner G. (Hrsg.): Betriebswirtschaft und Umweltschutz, Stuttgart, S. 106–125

Kitchen, P.; Daly, F. [2002]: Internal Communication during Change Management, in: Corporate Communications: An International Journal, 7, 1, S. 46–53

Klein, J.; Dawar, N. [2004]: Corporate social responsibility and consumers' attributions and brand evaluation in a product-harm crisis, in: International Journal of Research in Marketing, 21, 3, S. 203–217

Klein, N. [2001]: No Logo!: der Kampf der Global Players um Marktmacht: ein Spiel mit vielen Verlierern und wenigen Gewinnern, 2. Aufl. München

Kleinhückelkotten, S. [2005]: Suffizienz und Lebensstile, Ansätze für eine milieuorientierte Nachhaltigkeitskommunikation, Berlin

Kleinhückelkotten, T.; Wegner, E. [2008]: Nachhaltigkeit verbreiten, Anschlussfähigkeit von Einstellungen und milieugerechte Kommunikation, in: Ökologisches Wirtschaften, 2, S.39–42

Kleinjung, T. [2014]: Die Mafia und der Müll, in: http://www.deutschlandradiokultur.de/ umweltverschmutzung …. html?dram:article_id=277933 [12.01.15]

Klinski, S. [2000]: Antrieb oder Bremse – Der Beitrag des Umweltrechts zu einer nachhaltigen Entwicklung, in: Dybe, G.; Rogall, H. (Hrsg.): Die ökonomische Säule der Nachhaltigkeit: Annäherung aus gesamtwirtschaftlicher, regionaler und betrieblicher Perspektive, Berlin, S. 73–101

Kloepfer, M. [2004]: Umweltrecht, 3. Auflage, München

Kluxen, W. [1997]: Moral – Vernunft – Natur, Paderborn u.a.

Knaus, A.; Renn, O. [1998]: Den Gipfel vor Augen. Unterwegs in eine nachhaltige Zukunft, Marburg

Knebel, J.; Wicke, L.; Michael, G. [1999]: Selbstverpflichtungen und normsetzende Umweltverträge als Instrumente des Umweltschutzes, Forschungsbericht 29618081, UBA-FB98– 123 im Auftrag des Umweltbundesamtes, Berlin

Kneer, G. [2000]: Soziale Nachhaltigkeit. Eine Stellungnahme zum Beitrag »Die soziale Dimension in der Nachhaltigkeit« von Kilian Bizer, in: Zeitschrift für angewandte Umweltforschung, 13, 3/4, S. 493–500

Knisch, H. [1991]: Auto-Müll, in: Müll-Magazin, 3, S. 70–74

Koalick, M. [2010]: Sustainability in the Supply Chain. Nachhaltiges Lieferkettenmanagement entlang der 10 Global Compact Prinzipien mit Fokus auf die BRICS-Staaten, in: https://www.globalcom-pact.de/publikationen/hintergrundpapier-sustainability-supply-chain [16.11.14]

Kobayashi, H. [2006]: A systematic approach to eco-innovative product design based on life cycle planning, in: Advanced Engineering Informatics, 20, 2, S. 113–125

Koch, H. [2010]: Klage wegen Hungerlöhnen bei Lidl-Zulieferern, in: WAZ, Jg.82, Ausgabe 14 vom 08.04.2010

Koester, U. [2003]: Landwirten die richtigen Signale geben, in: GAIA, 12, 2, S. 111–113

Kohler-Koch, B.; Rittberger, B. [2006]: Review Article: The Governance Turn in EU Studies, in: Journal of Common Market Studies, Annual Review, 44, S. 27–49

Kolk, A.; Mauser, A. [2002]: The Evolution of Environmental Management: From Stage Models to Performance Evaluation, in: Business Strategy and the Environment, 11, S. 11–31

Könemann, T. [2010]: Psychoterror am Arbeitsplatz, in: http://www.focus.de/finanzen/karriere/berufsleben/tid-18855/_aid_524596.html [14.10.14]

Kopfmüller, J. [2010]: Von der kulturellen Dimension nachhaltiger Entwicklung zur Kultur nachhaltiger Entwicklung, in: Parodi, O.; Banse, G.; Schaffer, A. (Hrsg.): Wechselspiele: Kultur und Nachhaltigkeit, Annäherung an ein Spannungsfeld, Berlin, S. 43–57

Kopfmüller, J.; Brandl, V.; Jörissen, J. [2001]: Nachhaltige Entwicklung integrativ betrachtet, Berlin

Koplin, J. [2006]: Nachhaltigkeit im Beschaffungsmanagement – ein Konzept zur Integration von Umwelt- und Sozialstandards. Dissertation Universität Oldenburg

Koplin, J.; Müller, M. [2008]: Nachhaltigkeit in Unternehmen – Konzepte zur Umsetzung, in: Baumast, A.; Pape, J. (Hrsg.): Betriebliches Umweltmanagement, 3. Auflage, Stuttgart, S. 33–46

Kotler, P. [1986]: Megamarketing, in: Harvard Business Review, 65, S.117–124

Kotler, P.; Bliemel, F. [2001]: Marketing-Management: Analyse, Planung und Verwirklichung, Stuttgart

KPMG [2013]: KPMG-Studie: Nachhaltigkeitsberichterstattung hat sich weltweit durchgesetzt, in: http://www.kpmg.com/de/de/bibliothek/presse/seiten/ ….. aspx [01.03.15]

Krainer, L. [2010]: Auf dem Wege zu einer Kultur nachhaltiger Entscheidungen, in: Parodi, O.; Banse, G.; Schaffer, A. (Hrsg.): Wechselspiele: Kultur und Nachhaltigkeit, Annäherung an ein Spannungsfeld, Berlin, S. 79–96

Kramer, D. [1998]: Zur Neudefinition von Entwicklung mit Hilfe der Kultur. Der UNESCO-Bericht »Unsere kulturelle Vielfalt«, in: Bernecker, R. (Hrsg.): Kultur und Entwicklung: Zur Umsetzung des Stockholmer Aktionsplans, Deutsche UNESCO-Kommission, Bonn, S.85–96

Krebs, A. (Hrsg.)[1997]: Naturethik: Grundtexte der gegenwärtigen tier- und ökoethischen Diskussion, Frankf./M.

Kreeb, M.; Motzer, M.; Schulz, W.F. [2008]: LOHAS als Trendsetter für das Nachhaltigkeitsmarketing, in: Schwender, C.; Schulz,W.F.; Kreeb, M. (Hrsg.): Medialisierung der Nachhaltigkeit, Niederweimar, S. 303–314

Kreibich, R. [2011]: Das Jahrhundert der nachhaltigen Entwicklung. Integriertes Roadmapping and Sustainable Value als Methoden zur Durchsetzung nachhaltiger Innovationen, in: Baum (Hrsg.): Ressourcenmanagement, B.A.U.M., Jahrbuch 2011, München

Kreissl-Dörfler, W. [1998]: Schicksal Globalisierung? Wege zu einer sozialen und ökologischen Weltwirtschaft, Bonn

Kruppa, A. [1986]: Verbraucherpolitik in der sozialen Marktwirtschaft, in: Mielenhausen, E. (Hrsg.): Verbraucherpolitik – Politik für den Verbraucher? Osnabrücker Studien, Bd. 8/9, Osnabrück

Kruse, J. [1979]: Informationspolitik für Konsumenten, Göttingen

Kruse, L. [2002]: Umweltverhalten – Handeln wider besseres Wissen?, Vortrag im Rahmen der WBGU-Reihe »Auf dem richtigen Weg? zum Weltgipfel für Nachhaltige Entwicklung, Johannesburg 2002« in Bremen, in: Hempel, G.; Schulz-Baldes, M. (Hrsg.): Nachhaltigkeit und globaler Wandel, Frankf./M., S. 175–192

Krystek, U. [1980]: Organisatorische Möglichkeiten des Krisen-Managements, in: Zeitschrift für Organisation (ZfO), 49, S. 63–71

Kubicek, H.; Thom, N. [1976]: Betriebliches Umsystem, in: Grochla, E.; Wittmann, W. (Hrsg.): Handwörterbuch der Betriebswirtschaftslehre, 4. Aufl. Stuttgart, Sp. 3977–4017

Kuckartz, U, [1998]: Umweltbewusstsein und Umweltverhalten, Berlin

Kuckartz, U.; Rheingans-Heintze, A. [2004]: Umweltpolitik, Umweltbewusstsein in Deutschland 2004, Ergebnisse einer repräsentativen Bevölkerungsumfrage, Berlin

Kuckartz, U.; Rheingans-Heintze, A., Rädiker, S. [2007]: Determinanten des Umweltverhaltens – Zwischen Rhetorik und Engagement, Vertiefungsstudie zum Projekt Repräsentativumfrage zu Umweltbewusstsein und Umweltverhalten 2006, Marburg

Kuhfeld, H. [2015]: May contain outdates content, DIW Berlin

Kuhlen, B. [2005]: Corporate Social Responsibility (CSR). Die ethische Verantwortung von Unternehmen für Ökologie, Ökonomie und Soziales. Entwicklung – Initiativen – Berichterstattung – Bewertung, Baden-Baden

Kuhlmann, E. [1990]: Verbraucherpolitik, Grundzüge ihrer Theorie und Praxis, München

Kuhn, L. [2008]: Triple Bottom Line? in: Harvard Business Manager, deutsch, 1, 2008

Kuhnert, H.; Wirthgen, B. [1997]: Die Bedeutung der Direktvermarktung als Einkommensalternative für landwirtschaftliche Betriebe in der Bundesrepublik Deutschland, Bonn

Kunczik. M.; Heintzel, A.; Zipfel, A. [1995]: Krisen-PR: Unternehmensstrategien im umweltsensiblen Bereich, Köln u.a.

Kyora, S. [2002]: Unternehmensethik und korporative Verantwortung, Dissertation Universität Konstanz

Laackmann, H. [2013]: Eine neue Form von Verantwortung im Management, Existenzialor-
    tung und Legitimität im Kontext des neuen St. Gallener Management-Modells und Issues
    Management, Dissertation Universität St. Gallen
Lademann, R. [2012]: Marktstrategien und Wettbewerb im Lebensmittelhandel: Wettbe-
    werbsökonomische Analysen von Marktstrukturen, Marktverhalten und Marktergebnissen,
    Göttingen
Lakes, B. [1999]: Strategische Verbandsführung, Wiesbaden
Lammers, K. [2002]: Die Osterweiterung aus raumwirtschaftlicher Perspektive – Prognosen
    regionalökonomischer Theorien und Erfahrungen aus der bisherigen Integration in Europa,
    Institute of International Economics Discussion Paper, Nr. 195, Hamburg
Lantermann, E.-D. [1999]: Zur Polytelie umweltschonenden Handelns, in: Linneweber, V.;
    Kals, E. (Hrsg.): Umweltgerechtes Handeln, Berlin, S. 7–20
Lass, W.; Reusswig, F. [2001]: Für eine Politik der differentiellen Kommunikation – Nach-
    haltige Entwicklung als Problem gesellschaftlicher Kommunikationsprozesse und -verhält-
    nisse, in: Fischer, A.; Hahn, G. (Hrsg.): Vom schwierigen Vergnügen einer Kommunikati-
    on über die Idee der Nachhaltigkeit, Frankf./M., S. 150–174
Lass, W.; Reusswig, F. [2002]: Nachhaltigkeit und Umweltkommunikation, Ein Forschungs-
    projekt auf der Suche nach sozialwissenschaftlichen Perspektiven, in: Umweltbundesamt
    (Hrsg.): Perspektiven für die Verankerung des Nachhaltigkeitsleitbildes in der Umwelt-
    kommunikation, Berlin, S. 13–36
Lauper, P. [2011]: Zur Wirksamkeit von Testimonial Endorsed Cause-Related Marketing,
    Wiesbaden
Lauring, J.; Thomsen, C. [2009]: Collective Ideals and Practices in Sustainable Development,
    Managing Corporate Identity, in: Corporate Social Responsibility and Environmental
    Management, 16, 1, S. 38–47
Lee, H.; Park, T.; Moon, H.K.; Yang, Y.; Kim, C. [2009]: Corporate philanthropy, attitude
    towards corporations, and purchase intentions: A South Korea study, in: Journal of Busi-
    ness Research, 62, 10, S. 939–946
Leemann, J. [2002]: Applying Interactive Planning at DuPont: The Case of Transforming a
    Safety, Health and Environmental Function to Deliver Business Value, in: Systemic Prac-
    tice and Action Research, 15, 2, S. 85–109
Leitschuh-Fecht, H.; Lorek, S. [1999]: Privater Konsum und Nachhaltige Entwicklung, Posi-
    tionspapier des Forums Umwelt & Entwicklung zur Vorlage bei der Commission on
    Sustainable Development (CSD), 7, Bonn
Leitschuh-Fecht, H.; Steger, U. [2003]: Wie wird Nachhaltigkeit für Unternehmen attraktiv?
    Business Case für nachhaltige Unternehmensentwicklung, in: Linne, G.; Schwarz, M.
    (Hrsg.): Handbuch Nachhaltige Entwicklung, Opladen, S. 257–266
Lenk, H. [1992]: Zwischen Wissenschaft und Ethik, Frankf./M.
Lenk, H.; Maring, M. [1998]: Einleitung: Technikethik und Wirtschaftsethik, in: Lenk, H.;
    Maring, M. (Hrsg.): Technikethik und Wirtschaftsethik, Opladen, S. 7–19
Lerch, A.; Nutzinger, H.-G. [1997]: Nachhaltige Entwicklung aus ökonomischer Sicht, in:
    UFU-Informationsbrief, 33,S. 14–22
Leser, H. [1997]: Ökosystemansatz und Umweltschutz als Thema von Schule, Öffentlichkeit
    und Wissenschaft, in: Leser, H. (Hrsg.): Handbuch des Geographieunterrichts, Band 1:
    Umwelt, Geoökosysteme und Umweltschutz, Köln, S. 3–35
Levêque, F. [1998]: Voluntary Approaches, Environmental Policy Research Briefs, 1, Paris
LFGB [2013]: Lebensmittel- und Futtermittelgesetzbuch in der Fassung der Bekanntmachung
    vom 3.Juni 2013 (BGBl, 1 S. 1426)
Lichtenstein, D.R.; Drumwright, M.E.; Braig, B.M. [2004]: The Effect of Corporate Social
    Responsibility on Consumer Donations to Corporate-Supported Nonprofits, in: Journal of
    Marketing, 68, S. 16–32

Lichtl, M. [1999]: Ecotainment: der neue Weg im Umweltmarketing: emotionale Werbebotschaften, Sustainability, Cross-Marketing, Wien

Lieback, J.U. [2013]: Nachhaltigkeitsmanagement der Automobilbranche bzw. ihrer Kommunikation anhand von Nachhaltigkeits- und CSR-Berichten, in: http://www.gut-cert.
de/nachhaltigkeits-studie.html [05.01.15]

Liebehenschel, T. [1999]: Ökologieorientierte Produkt- und Dienstleistungspolitik, Rahmenbedingungen und Trends am Beispiel der Automobilindustrie, Marburg

Liesegang, D. G. [2003]: Umweltorientierte Produktions- und Kreislaufwirtschaft, in: Kramer, M.; Strebel, H.; Kayser, G. (Hrsg.): Internationales Umweltmanagement, Band III
Operatives Umweltmanagement im internationalen und interdisziplinären Kontext, Wiesbaden, S. 71–105

Lietaer, B. [2009]: Erhöhte Unfallgefahr – Ursachen der Krise, in: Zeitschrift brandeins, Ausgabe 01/2009, S. 154

Lietaer, B.; Ulanowicz, R.; Goerner, S. [o.J.]: Wege zur Bewältigung systemischer Banken-
krisen, in: http://www.monneta.org/upload/pdf/Lietaer_Wege.pdf [28.10.14]

Linde, F. [2005]: Ökonomie der Information, Göttingen

Lindemann, U.; Mörtl. M. [2001]: Optimierung der Produktlebensdauer zur nachhaltigen Abfallreduzierung, BayFORREST-Forschungsvorhaben F205, in: Wilderer, P.A.; Wimmer,
M.C. (Hrsg.): BayFORREST Statusbericht 2001, Garching

Lindhqvist, T. [1992]: Extended Producer Responsibility, in: Lindhqvist, T.: Extended Producer Responsibility as a Strategy to Promote Cleaner Products, Lund University, S. 1–5

Linne, G.; Schwarz, M. (Hrsg.) [2003]: Handbuch Nachhaltige Entwicklung – Wie ist nachhaltiges Wirtschaften machbar? Opladen

Linscheidt B. [2000]: Kooperative Steuerung als neues Modell der Umweltpolitik – Eine theoretische Einordnung, in: Bizer, K.; Linscheidt, B.; Truger, A. (Hrsg.): Staatshandeln im
Umweltschutz, Perspektiven einer institutionellen Umweltökonomik, Berlin, Band 69, S.
169–193

Linz, M. [2000]: Wie kann geschehen, was geschehen muss? Ökologische Ethik am Beginn
dieses Jahrhunderts, in: Wuppertal Papers, No. 111, Wissenschaftszentrum Nordrhein-
Westfahlen, Wuppertal

Linz, M. [2002]: Warum Suffizienz unentbehrlich ist, in: Linz, M.; Bartelmus, P.; Hennicke,
P.; Jungkeit, R.; Sachs, W.; Scherhorn, G.; Wilke, G.; v. Winterfeld, U.: Von nichts zu
viel. Suffizienz gehört zur Zukunftsfähigkeit, Wuppertal Papers Nr. 125, Wuppertal Institut
für Klima, Umwelt und Energie, Wuppertal, S. 7–14

Linz, M. [2004]: Weder Mangel noch Übermaß. Über Suffizienz und Suffizienzforschung,
Wuppertal Papers Nr. 14, Wuppertal Institut für Klima, Umwelt, Energie, Wuppertal

Lipp, W. [1994]: Institutionen, Entinstitutionalisierung, Institutsgründung. Über die Bedeutung von Institutionen, zumal im gesellschaftlichen Transformationsprozess, in: Papalekas,
C. (Hrsg.): Institutionen und institutioneller Wandel in Südosteuropa, München, S. 19–34

List, K.-H. [o.J.]: Management: Das A und O des Handwerks, Rezension, in: http://www.
mwonline   .de/contentindex/buch/1703/Malik,+Fredmund/Management%3A+Das+A+und
+O+des+Handwerks+.html [11.11.14]

Littig, B. [1995]: Die Bedeutung von Umweltbewusstsein im Alltag, Frankf./M.

Loew, T. [2002]: Systematisierung der Nachhaltigkeitsanforderungen an Unternehmen, in:
Loew, T. (Hrsg.): Empirische und theoretische Bausteine zu Unternehmen und Nachhaltigkeit, Berlin, S. 1–9

Loew, T. [2005]: The Results of the European Multistakeholder Forum on CSR in the View
of Business, NGO and Science, in: http://www.4sustainability.org/downloads/Loew-2005-
N/pdf [27.09.14]

Loew, T. [2006]: CSR in der Supply Chain. Herausforderungen und Ansatzpunkte für
Unternehmen, in: http://www.4sustainability.org/downloads/Loew-2006_pdf [30.09.14]

Loew, T.; Ankele, K.; Braun, S.; Clausen, J. [2004]: Bedeutung der internationalen CSR-Diskussion für Nachhaltigkeit und die sich daraus ergebenden Anforderungen an Unternehmen mit Fokus Berichterstattung. Endbericht., in: http://www.5sustainability.org./down -loads/Loew_2006_ CSR_in_der_Supply_Chain.pdf [27.09.14]

Loew, T.; Beucker, S.; Jürgens, G. [2002]: Vergleichende Analyse der Umweltcontrollinginstrumente Umweltbilanz, Umweltkennzahlen und Flusskostenrechnung, Institut für ökologische Wirtschaftsforschung (IÖW), Berlin

Loew, T.; Braun, S. [2006]: Organisatorische Umsetzung von CRS: Vom Umweltmanagement zur Sustainable Corporate Governance, in: http://4sustainability.org/downloads/ Loew_ Braun_ 2006_Organisatorische_Umsetzung_von_CSR.pdf [20.09.14]

Loew, T.; Clausen, J., Hall, M., Loft, L., Braun, S. [2009]: Fallstudien zu CSR und Innovation: Praxisbeispiele aus Deutschland und den USA, Berlin u.a.

Loew, T.; Fichter, K. [1999]: Umweltberichterstattung in Deutschland und Europa, IÖW-Schriftenreihe Nr. 138/99, Institut für Ökologische Wirtschaftsforschung, Berlin

Loew, T.; Fichter, K.; Müller, U.; Schulz, W.F.; Strobel, M. [2003]: Ansätze der Umweltkostenrechnung im Vergleich, Umweltbundesamt, Berlin

Loew, T.; Rohde, F. [2013]: CSR und Nachhaltigkeitsmanagement. Definitionen, Ansätze und organisatorische Umsetzung im Unternehmen, Berlin

Loew, T.; Westermann, U. [2005]: Nachhaltigkeitsberichterstattung in Deutschland, Ergebnisse und Trends im Ranking, Berlin u.a.

Löffelholz, M. [1993]: Krisenkommunikation, Probleme, Konzepte, Perspektiven, in: Löffelholz, M. (Hrsg.): Krieg als Medienereignis, Grundlagen und Perspektiven der Krisenkommunikation, Opladen, S. 11–32

Löffler, M.; Klein, T. [o.J.]: Krisenmarketing, in: http://www.marketing.wiwi.uni-karlsruhe.de/service/brief4/thema.htm [27.02.14]

Lofland, J.H. [1974]: Styles of Reporting Qualitative Field Research, in: American Sociologist, 9, S. 101–111

Lofland, J.H.; Lofland L.H. [1984]: Analysing Social Settings (2end eds.), Belmont C.A.: Wadsworth

Lough, W.H. [1965]: Consumers Retail Purchases Pre-War and Post-War, in: Bull of the Taylor Soc., Bd. 16/17, 1931/32, S. 232, zit. n. Wiswede, G.: Motivation und Verbraucherverhalten, Grundlagen der Motivforschung, München u.a., S. 18

LUBW Landesanstalt für Umwelt, Messungen und Naturschutz Baden-Württemberg [2013]: Altfahrzeugverordnung, Rechtliche Anforderungen an Annahme- und Rücknahmestellen, Demontagebetriebe, Schredderbetriebe, Vortragsunterlagen vom 22.01.2013, LUBW-Kolloquium, Karlsruhe

Luchtefeld, A.; Neidhart, J.; Schröder, S.; Schwital, A. [2009]: Unternehmerische Sozialkampagnen – total sozial? Eine Untersuchung am Beispiel der Krombacher Regenwald-Kampagne, in: Röttger, U. (Hrsg.): PR-Kampagnen, Über die Inszenierung von Öffentlichkeit, 4. Auflage, Wiesbaden, S. 325–336

Lüdtke, H. [1994]: Technik im Alltagsstil. Eine empirische Studie zum Zusammenhang von technischem Verhalten, Lebensstilen und Lebensqualität, in: Rosenkrank, D.; Schneider, N.F. (Hrsg.): Konsum: soziologische, ökonomische und psychologische Perspektiven, Opladen, S. 117–132

Lühmann, B. [2003]: Entwicklung eines Nachhaltigkeitskonzeptes für Unternehmen, Modellanwendung am Beispiel T-Mobile Deutschland GmbH, Diplomarbeit Universität Lüneburg

Luhmann, L. [1998]: Der Staat des politischen Systems. Geschichte und Stellung in der Weltgesellschaft, in: Beck, U. (Hrsg.): Perspektiven der Weltgesellschaft, Frankf./M., S.345–380

Luhmann, N. [1974]: Grundrechte als Institution, Berlin

Luhmann, N. [1975]: Aufsätze zur Theorie der Gesellschaft, Bd. 2, Opladen

Luhmann, N. [1991]: Soziale Systeme: Grundriss einer allgemeinen Theorie, 4. Aufl. Frankf./M.

Luhmann, N. [1997]: Die Gesellschaft der Gesellschaft, Frankf./M.

Luks, F. [2002]: Wissen 3000. Nachhaltigkeit, Hamburg

Lunau, Y. [2004]: Gute Firma = guter Bürger, in: Brand Eins, 10, S. 72–75

Luo, X.; Bhattacharya, C.B. [2006]: Corporate social responsibility, customer satisfaction, and market value, in: Journal of Marketing, 70, 4, S. 1–18

Lütgens, S. [2001]: Das Konzept des Issues Managements: Paradigma strategischer Public Relations, in: Röttger, U. (Hrsg.): Issues Management, Theoretische Konzepte und praktische Umsetzung, Eine Bestandsaufnahme, Wiesbaden, S. 59–78

Lux, A.; Empacher, C.; Kluge, T. [2001]: Integration von sich verändernden Umwelten. Piloterfahrungen mit einem Nachhaltigkeitsaudit, in: Ökologisches Wirtschaften, 7, 1, S. 22–23

Lynch, P.; O'Toole, T. [2003]: After von Hippel: The State of User Involvement Research in New Product Development, 19th IMP-Conference, Lugano

Mahlendorf, M. [2005]: Umweltcontrolling, Diplomarbeit Technische Universität Dresden

Maletzke, G. [1963]: Psychologie der Massenkommunikation, Theorie und Systematik, Hamburg

Malik, F. [1981]: Management-Systeme, Schweizerische Volksbank Die Orientierung, Nr. 78

Malik, F. [2004]: Systemisches Management, Evolution, Selbstorganisation, Bern u.a.

Malik, F. [2008]: Strategie des Managements komplexer Systeme, Bern u.a.

Malik, F. [2011]: Strategie – Navigieren in der komplexen neuen Welt, Frankf./M. u.a.

Mandel, B. [2005]: Einstellungen zu Kunst und Kultur, Kulturimage und Kulturbegriff. Ergebnisse einer Bevölkerungsumfrage in Hildesheim, Institut für Kulturpolitik, Hildesheim

Mander, J. [1972]: Ecopornography: One Year and Nearly a Billion Dollars Later, Advertising Own Ecology, in: Communication and Arts Magazine, 14, 2, S. 14–26

Mangold, T. [2012]: Social Media im Nachhaltigkeitsmarkenmanagement, Ein anwendungsorientiertes Modell, Dissertation Universität Lüneburg

Manhart, A.; Teufel, J.; Stratmann, B. [2008]: Bewertung ausgesuchter Warengruppen nach ökologischen und sozialen Kriterien für den Landschaftsverband Rheinland, Freiburg

Marten, K. [2000]: Das Handwörterbuch der PR, Frankf./M.

Maslow, A.H. [1960]: A Theory of Human Relations, in: Heckmann, I.L.; Huneryager, S.G.: Human Relations in Management, Cincinnati, S. 122–144

Massarrat, M. [2000]: Chancengleichheit als Fundament einer Gesellschaftstheorie der Nachhaltigkeit, Arbeitspapier Nr. 17 der Arbeitsgruppe Dritte Welt – Umwelt und Entwicklung, Universität Osnabrück

Mast, C.; Fiedler, K. [2005]: Nachhaltige Unternehmenskommunikation, in: Michelsen, G.; Godemann, J. (Hrsg.): Handbuch Nachhaltigkeitskommunikation, München

Mathieu, P. [2002]: Unternehmen auf dem Weg zu einer nachhaltigen Wirtschaftsweise. Theoretische Grundlagen – Praxisbeispiele aus Deutschland – Orientierungshilfe, Wiesbaden

Matten, D.; Wagner, G.R. [1998]: Konzeptionelle Fundierung und Perspektive des Sustainable Development-Leitbildes, in: Wagner, G.R.; Steinmann, H. (Hrsg.): Umwelt und Wirtschaftsethik, Stuttgart, S. 51–79

Matthes, S. [2012]: Strategie: Bahn koppelt Gehälter an Nachhaltigkeit, in: http://green.wiwo.de/strategie-bahn....../ [08.06.15]

Matthies, M.; Malchow, H.; Kritz, J. [2001]: Integrative Systems Approaches to Natural and Social Dynamics, Heidelberg

Mayer, A. [2014]: Umweltzertifikat EMAS, ISO 14001 und ISO 14025: Zertifizierungswahnsinn für AKW und umweltgefährdende Firmen, in: http://vorort.bund.net/suedlicher-oberrhein/ umweltzertifikat-emas-iso-14001.html [10.09.14]

Mayer, H. [2008]: Praxisorientierte Methodik für den Umgang mit komplexen Risiken und Aufgaben im Rahmen des Betriebssicherheitsmanagements, unveröffentlichte Publikation der Technischen Hochschule Bochum

Mayerhofer, W.; Grusch, L.; Mertzbach, M. [2008]: Corporate social responsibility, Wien

McVea, J.F.; Freeman, R.E. [2005]: A names-and-faces approach to stakeholder management, in: Journal of Management Inquiry, 14, 1, S. 57–69

Meade, L.; Sarkis, J.; Presley, A. [2007]: The Theory and Practice of Reverse Logistics, in: International Journal of Logistics Systems and Management, 3, 1, S. 56–85

Meadows, D.; Meadows, D.; Randers, J.; Behrens, W. [1972]: Die Grenzen des Wachstums. Bericht des Club of Rome zur Lage der Menschheit. München

Meffert, H. [2000]: Marketing, Grundlagen der marktorientierten Unternehmensführung, Konzepte – Instrumente – Praxisbeispiele, 9. Auflage, Wiesbaden

Meffert, H.; Bruhn, M. [2009]: Dienstleistungsmarketing: Grundlagen, Konzepte, Methoden, 6. Auflage, Wiesbaden

Meffert, H.; Burmann, C.; Kirchgeorg, M. [2011]: Marketing: Grundlagen der marktorientierten Unternehmensführung. Konzepte – Instrumente – Praxisbeispiele, Wiesbaden

Meffert, H.; Burmann, C.; Kirchgeorg, M. [2012]: Marketing, Grundlagen marktorientierter Unternehmensführung, Konzepte – Instrumente – Praxisbeispiele, 11. Auflage, Wiesbaden

Meffert, H.; Holzberg, M. [2009]: Cause Related Marketing: Ein scheinheiliges Kooperationskonzept?, in: Marketing-review, 2, S. 47–53

Meffert, H.; Kenning, P.; Kirchgeorg, M. [2015]: Sustainable Marketing Management, Grundlagen und Cases, Berlin

Meffert, H.; Kirchgeorg, M. [1997]: Ökologieorientiertes Konsumentenverhalten als markt- und wettbewerbsstrategische Herausforderung für das Umweltmanagement, in: Steger, U. (Hrsg.): Handbuch des integrierten Umweltmanagements, München, S. 217–239

Meffert, H.; Kirchgeorg, M. [1998]: Marktorientiertes Umweltmanagement, 3. Aufl. Stuttgart

Meffert, H.; Rauch, C.; Lepp, H.L. [2010]: Sustainable Branding, Mehr als ein neues Schlagwort?!, in: Marketing Review St. Gallen, 27, 5, S. 28–35

Meinold,v.; R. [2001]: Konsum – Lifestyle – Selbstverwirklichung: Konsummotive Jugendlicher und nachhaltige Bildung, Sozialökonomik und Didaktik, Bd. 3, Weingarten

Melo, T.; Galan, J.I. [2011]: Effects of Corporate Social Responsibility on Brand Value, in: Journal of Brand Management, 18, 6, S. 423–437

Mentzer, J.T.; DeWitt, W.; Kreebler, J.S.; Soonhong, M.; Nix, N.W.; Smith, C.D.; Zacharia, Z.G. [2001]: Defining supply chain management, in: Journal of Business Logistics, 22, 2, S. 1–25

Merk, G. [o.J.]: Der Begriff »Markttransparenz« in besonderer Hinsicht auf den B2C-Internet-Handel erklärt, in: http://www.wiwi.uni-siegen.de/merk/downloads/lehrmittel/markttrans-parenz_b2c.pdf [10.02.15]

Merrilees, B.; Miller, D. [2008]: Principles of Corporate Rebranding, in: European Journal of Marketing, 42, 5/6, S. 537–552

Meyer, C.M. [2007]: Integration des Komplexitätsmanagements in den strategischen Führungsprozess der Logistik, Dissertation Technische Universität Hamburg-Harburg

Meyer, R. [2004]: Der aufgeklärte Verbraucher – Verbesserungspotentiale der Kommunikation über Lebensmittel, Frankf./M.

Michael, L. [2002]: Rechtssetzende Gewalt im kooperierenden Verfassungsstaat – Normprägende und normsetzende Absprachen zwischen Staat und Wirtschaft, Berlin

Michaelis, P. [1999]: Betriebliches Umweltmanagement, Herne/Berlin

Michels, P.; Schmanke, A.; Rippin, M. [2003]: Entwicklung eines Konzepts zur Quantifizierung der Nachfragestruktur und -entwicklung nach ökologisch erzeugten Produkten in Deutschland, unter Einbeziehung vorhandener Panel-Daten, Materialien zur Marktberichterstattung der ZMP, Band 45, Bonn

Michelsen, G. [2007]: Nachhaltigkeitskommunikation: Verständnis – Entwicklung – Perspektiven, in: Michelsen, G.; Godemann, J. (Hrsg.): Handbuch Nachhaltigkeitskommunikation, Grundlagen und Praxis, 2. Auflage, München

Michelsen, G.; Rieckmann, M. [2012]: Zum Stand der Nachhaltigkeitskommunikation, Potentiale für Nachhaltigkeitsjournalismus, in: Schulte-Reckert, C.; Schäfer, T. (Hrsg.): Umwelt Europa: Grüne Gesellschaft und europäische Krise – Neue Fragen an den Journalismus, Bonn, S. 20–28

Middlemiss, N. [2003]: Authentic not Cosmetic, CSR as Brand Enhancement, in: Brand Management, 10, 4/5, S. 353–361

Miles, R.; Snow, C.; Mathews, J.; Miles, G.; Coleman, H. [1995]: Organizing in the Knowledge Age: Anticipating the Cellular Form, in: Academy of Management Executive, 11, 4, S. 7–20

Minsch, J.; Feindt, P.; Schneidewind, H.; Schulz, T. [1998]: Institutionelle Reformen für eine Politik der Nachhaltigkeit, Berlin u.a.

Minzberg, H.; Ahlstrand, B.; Lampel, J. [2002]: Strategie Safari. Eine Reise durch die Wildnis des strategischen Managements, Wien

Mitroff, I.; Pauchant, T. [1992]: Transforming the Crisis-Prone Organization, San Francisco

Mitschke, T.; Langen, v. R. [2005]: Projektbericht Perspektive Deutschland 2004/2005, Die größte gesellschaftspolitische Online-Umfrage, Düsseldorf

Moder, M.; Meyer, P. [2007]: Supply Frühwarnsysteme – Instrumente eines präventiven Beschaffungscontrollings am Beispiel der Robert Bosch GmbH, in: Performance Excellence – Zeitschrift für Controlling und Innovationsmanagement (ZfCI), 2, S. 23–26

Mohr, L.A.; Webb, D.J. [2005]: The effects of corporate social responsibility and price on consumer responses, in: The Journal of Consumer Affairs, 39, 1, S. 121–147

Morgan, G. [1997]: Images of Organization, 2. Aufl. London u.a.

Morgan, G. [2002]: Bilder der Organisation, Stuttgart

Mosler, H.-J.; Gutscher, H. [1999]: Wege zur Deblockierung kollektiven Umwelthandelns, in: Linneweber, V.; Kals, E.: Umweltgerechtes Handeln, Berlin

Mously, S. [2009]: Das ist jetzt unser Bier, in: BIORAMA, Wien, S. 21–25

Müller, E. [2002]: Der Stellenwert sozialer Themen in der nationalen Nachhaltigkeitsstrategie, in: Vortrag beim Forum zur nationalen Nachhaltigkeitsstrategie des Bundesministeriums für Familie »Zivilgesellschaft und soziale Nachhaltigkeit«, 12.02.2002, (pdf)

Müller, E.; Mackert, H. [2003]: Bildung für Haushalt und Konsum als vorsorgender Verbraucherschutz, in: Aus Politik und Zeitgeschichte, B9, S. 20–26

Müller, H.C. [2010]: Wissenswert: Konzerne geben immer mehr Geld für wohltätige Zwecke aus. Spenden sie so viel, weil sie erfolgreich sind – oder sind sie erfolgreich, weil sie spenden? in: Handelsblatt, Nr. 54, S. 19

Müller, H.-P. [1992]: Sozialstruktur und Lebensstile. Der neue theoretische Diskurs über soziale Ungleichheit, Frankf./M.

Müller, H.P. [1997]: Lebensstile – Ein neues Paradigma der Differenzierungs- und Ungleichheitsforschung?, in: Kölner Zeitschrift für Soziologie und Sozialpsychologie, 1, S. 53–71

Müller, M.; Kupp, M.; Bültmann, A. [2003]: Standardisierungs- und Zertifizierungsansätze vor dem Hintergrund einer nachhaltigen Entwicklung, in: Baumast, A.; Pape, J. (Hrsg.): Betriebliches Umweltmanagement, Theoretische Grundlagen, Praxisbeispiele, 2. Auflage, Stuttgart, S. 42–56

Müller, U. [2007]: Greenwash in Zeiten des Klimawandels, in: LobbyControl, Initiative für Transparenz und Demokratie, November, 2007, S. 1–27

Müller-Christ, G. [2001]: Umweltmanagement, Umweltschutz und nachhaltige Entwicklung, München

Müller-Christ, G. [2005]: Stiftung für die Rechte zukünftiger Generationen: Unternehmen und Generationengerechtigkeit, München

Müller-Friemauth, F.; Klein-Reesink, N.; Harrach, C. [2009]: LOHAS: Mehr als Green-Glamour, Eine soziokulturelle Segmentierung, Heidelberg

Müller-Wenk, R. [2003]: Land Use – The Main Threat to Species, Institut für Wirtschaft und Ökologie, Universität St. Gallen

Münch, R. [1998]: Globale Dynamik, lokale Lebenswelten, Frankf./M.

Mutlak, N.; Schwarze, R. [2007]: Bausteine einer Theorie sozialer Nachhaltigkeit: eine Bestandsaufnahme sozialwissenschaftlicher Ansätze und das Beispiel der sozialökologischen Risikoforschung, in: Jahrbuch Ökologische Ökonomik: Soziale Nachhaltigkeit, Band 5, Marburg, S. 13–34

Nachhaltigkeitsrat [2013]: Kommunen reizen Potential nachhaltiger Beschaffung noch nicht aus, in: http://www.nachhaltigkeitsrat.de/news-nachhaltigkeit/2013/2013–11–25/ [23.08.14]

Nagel, G. [1985]: Grundbedürfniskonzepte der Entwicklungspolitik, München

Nelson, P. [1970: Information and Consumer Behavior, in: Journal of Political Economy, 78, 2, S. 311–329

Neue Züricher Zeitung [2003]: Neues SG-Modell, 07.06.2003, Nr. 130, S. 85

Nida-Rümelin, J. (Hrsg.) [1996]: Angewandte Ethik. Die Bereichsethiken und ihre Fundierung, Stuttgart

Nielsen [2011]: Nielsen Global Consumer Confidence Survey Q1 2011, in: http://www.nielsen.com/us/ en/ insights/ reports/2011/nielsen-global-consumer-confidence-survey-q1–2011.html [13.04.15]

Noll, B. [2002]: Wirtschafts- und Unternehmensethik in der Marktwirtschaft, Stuttgart

Norwegian Ministry of Environment [1995], in: http://www.nachhaltigkeit.at/reportagen.php 3?id=5#f1

Nowrot, K. [2006]: Normative Ordnungsstruktur und private Wirkungsmacht: Konsequenzen der Beteiligung transnationaler Unternehmen an den Rechtssetzungsprozessen im internationalen Wirtschaftssystem, Berlin

Nunner-Winkler, G. [1995] (Hrsg.): Weibliche Moral. Die Kontroverse um eine geschlechtsspezifische Ethik, München

o.V. [2008]: Futerra Greenwash Guide, in: http://www.futerra.co.uk/downloads/Greenwash_Guide. Pdf, S. 6–14 [03.07.14]

o.V. [2009]: Innovation, Wachstum, Beschäftigung – Für eine nachhaltig effiziente Wirtschaft, Roland Berger-Studie, August 2009

o.V. [2011a]: Green Procurement, in: http://www.management-praxis.de/unternehmen/strategie/ green-procurement [10.12.14]

o.V. [2011b]: Auf dem richtigen Weg, Die freiwillige Selbstverpflichtung der Getränkewirtschaft zeigt positive Wirkung, in: TRENNT, November 2011, Wien, S. 9–11

o.V. [2013b]: Agraprofit – Hauptsache Billig, in: http://konsumpf.de/?p=14708 [16.12.14]

o.V. [2013c]: Pressemeldung Reporting: Neue Anforderungen an den Lagebericht 2013, in: http://www.ecovis.com/de/index.php?id=269&tx_ttnews[tt_news]=51&cHash=b6e2345aa e3bf412ee73331dbf62fdcc [24.03.15]

o.V. [2014h]: Öko-Möbel: Achten Sie auf nachhaltige Siegel, in: http://www.nachhaltigleben. ch/ themen/wohnen-haushalt/oeko-moebel/-1932 [15.11.14]

o.V., [2001]: Stichwort: Immissionsschutz in der Rubrik Umweltrecht, in: http://www. umweltlexikon-aktuell.de/RUBrechtmanagement/Immissionsschutz.php [10.01.15]

o.V., [2007]: Norwegian Consumer Ombudsman's Office: Use of Environmental Claims in the Marketing of Vehicles, 3. September 2007

o.V., [2007a]: Aktiv gegen Kinderarbeit, in: http://www.aktiv-gegen-kinderarbeit.de/firma/nestle/ [13.09.14]

o.V., [2008a]: Australien Competition and Consumer Commission: Green Marketing and the Trade Practices Act., February 2008 o.V., [2008b]: Bureau de Vérification de la Publicité: Pour une publicité éco-responsable et une nouvelle régulation professionelle, 11. April 2008

o.V., [2009a]: Unternehmen verschmähen nachhaltig produziertes Palmöl, in: http://www. nachhaltigkeitsrat.de/news-nachhaltigkeit/2009/2009–05–28/blstr=0 [16.07.14]

o.V., [2009b]: Europa in der Schuldenfalle, in: http://www.tagesschau.de/wirtschaft/schulden100.html [09.08.14]

o.V., [2010]: EDEKA-Gruppe (EDEKA-Stiftung e.V.) – Gemüsebeete für Kindergartenkinder, in: http://www.nachhaltig-einkaufen.de/gute-unternehmensbeispiele/gesellschaftliches -engagement/ edeka-gruppe-edeka-stiftung-ev-....[28.05.15]

o.V., [2011]: Nur das Echte zählt! Die Wahrheit über Green Procurement – Grün und sozial einkaufen: Nur so tun als ob?, http://www.beschaffung-aktuell.de/einblick/-/article/165 37505/ 26527067/---/art_co_INSTANCE_000 [21.12.14]

o.V., [2011c]: Wer jetzt einen innocent Smoothie kauft, adoptiert eine Biene, in: http://www. inno-centdrinks.de/presse/pdf/1202-PA-Bienen-DE.pdf [17.02.15]

o.V., [2012]: Nestlé Deutschland AG: Das is(s)t Qualität: Auszüge aus der Nestlé-Studie, Frankf./M.

o.V., [2012a]: Green Procurement, in: http://www.management-praxis.de/unternehmen/ strategie/green-procurement [20.12.14]

o.V., [2012b]: Kompass Nachhaltigkeit, KMU Beispiel »Nachhaltige Beschaffung«, in: www. kompass-nachhaltigkeit.de [23.04.15]

o.V., [2013]: Regional schlägt Bio, in: LPInternational, o.J., 17, S. 1–4

o.V., [2013d]: Die grüne Bahncard: Millimeterstein fürs Klima, in: http://www.klima-luegendetektor.de/2013/04/05/die-grune ...../ [22.05.15]

o.V., [2014]: Umweltkennzeichnungen und -deklarationen, in: BITCOM, Online

o.V., [2014a]: EU-Norm DIN EN ISO 14025:2011–10, in: http://www.beuth.de/de/norm/dinen-iso-14025/144319534 [02.07.14]

o.V., [2014b]: Ariel unterläuft mit Hitler-Code ein PR-Patzer, in: http://www.welt.de/vermischtes/ article127819370/html [08.07.14]

o.V., [2014c]: Studie: Renaissance der kommunalen Stadtwerke und regionaler Energieversorger, in: http://www.agitano.com/studie-/28874 [25.08.14]

o.V., [2014e]: Vergleich in der Euro-Zone: Kluft zwischen Arm und Reich in Deutschland am größten, in: http://www.spiegel.de/wirtschaft/soziales/-a-955701.html [10.09.14]

o.V., [2014i]: Bundesbodenschutzgesetz (BBodSchG), in: http://www.mlul.brandenburg.de/ cms/ detail.php/bb1.c.314988.de [15.01.15]

o.V., [2014j]:Krombacher Gruppe ist auch 2013 gewachsen, in: http://www.derwesten.de /staedte/nachrichten-aus-siegen-kreuztal-netphen-hilchenbach-und-freudenberg/krombacher-gruppe-ist-auch-2013-gewachsen-aimp-id9341935.html [20.04.15]

o.V., [2015]: Kartellamt untersagt Edeka Übernahme von Kaiser's Tengelmann, in: http://www.zeit.de/wirtschaft/unternehmen/2015–04/ ....[16.04.15]

o.V., [2015a]: Biermarkt 2025: Inlandskonsum bleibt rückläufig, in: http://www.markenartikel-magazin.de/no_cache/unternehmen-marken/artikel/details/10011095-..... [15.06.15]

o.V., o.J. [2014]: Greenwashing in der Automobilindustrie, in: http://blog.akad.de/index.php/ akad/greenwashing-in-der-deutschen-automobilindustrie/ [29.12.14]

o.V., o.J. [2014a]: RWE an der HNEE – Nee!, in: http://www.inforiot.de/artikel/rwe-hnee%E2%80% 93-nee [03.07.14]

o.V., o.J. [2014b]: The Greenwashguide, in: http://www.futerra.co.uk/downloads/ Greenwash_Guide. pdf [03.06.14]

o.V., o.J. [2014c]: Was ist Corporate Social Responsibility (CRS)?, in: http://www.kritischeaktio-naere.de/fileadmin/Dokumente/STOP_GREENWASHING/Downloads/Greenwashing_allgemein.pdf [01.09.14]

Literaturverzeichnis

o.V., o.J. [2015]: Hintergrund: Entwicklung Nachhaltigkeitsberichterstattung, in: http://www. 4sustainability.de/nachhaltigkeits-berichterstattung/hintergrund.html [16.02.15]

OECD [1998]: Kein Wohlstand ohne offene Märkte. Vorteile der Liberalisierung von Handel und Investitionen, Paris

Oeckl, A. [1964]: Handbuch der PR, Theorie und Praxis der Öffentlichkeitsarbeit in Deutschland und der Welt, München

Oekom research, [2015]: Nachhaltigkeit in Unternehmensführung und Kapitalanlagen – Eine Bestandsaufnahme, München

Olbrich, R.; Battenfeld, D.; Grünblatt, M. [2001]: Die Analyse von Scanningdaten – Methodische Grundlagen und Stand der Unternehmenspraxis, demonstriert an einem Fallbeispiel, Forschungsbericht Nr. 2, Fernuniversität Hagen

Oloko, S. [2008]: Cause related Marketing: Der Status Quo in Deutschland, Berlin

Oloko, S.; Balderjahn, I. [2009]: Cause Related Marketing, in: Die Betriebswirtschaft, 69, 6, S. 766–771

Oppitz, K. [2011]: BPs weichgespülter Nachhaltigkeitsbericht, in: http://www.onesustainability.com/2011/03/30/.. [20.12.14]

Orsi, G.; Seelmann, K,; Smid, S.; Steinvorth, U. [1996]: Arbeit – Arbeitslosigkeit, Frankf./M.

Österreichischer Aktionsplan für nachhaltige öffentliche Beschaffung [2010]: Teil 1, in: http:// www.nachhaltigebeschaffung.at/node/185 [10.12.14]

Österreichisches Ökologie Institut [2009]: Mehrweg hat Zukunft, Abschlussbericht Österreichisches Ökologie Institut, Wirtschaftsuniversität Wien

Overath, D. [2001]: TransFair – Ein Siegel für Nachhaltigkeit, in: Schrader, U.; Hansen, U. (Hrsg.): Nachhaltiger Konsum, Forschung und Praxis im Dialog, Frankf./M., S. 227–231

P&G [2014]: P&G Geschäftsergebnisse, Nachhaltigkeit, in: http://www.pg.com/ de_DE/ nachhaltigkeit/umwelt/index.shtml [20.09.14]

Paech, N. [2006]: Nachhaltigkeitsprinzipien jenseits des Drei-Säulen-Paradigmas, in: Natur und Kultur, 7, 1, S. 42–62

Paech, N.; Pfriem, R. [2002]: Mit Nachhaltigkeitskonzepten zu neuen Ufern der Innovation, in: UmweltWirtschaftsForum, 10, 3, S. 12–17

Pant, R.; Sammer, K. [2004]: Bewertung der Erfolgschancen eines Max Havelaar Nachhaltigkeitslabels als Marketinginstrument, in: Schweizer Textil-/Bekleidungsmarkt, IÖW-Diskussionsbeitrag Nr. 115, St. Gallen

Pearce, D.; Markandya, A.; Barbier, E. [1997]: Blueprint for a Green Economy, 6. Aufl. London

Pearce, D.; Turner, R. [1990]: Economics of Natural Resources and the Environment, London

Peattie, K. [2001]: Towards Sustainability. The Third Age Of Green Marketing, In The Marketing Review, o.J., 2, S. 129–146

Perlow, L.A.; Porter, J.L. [2010]: Weniger arbeiten – mehr leisten, in: Harvard Business Manager, 1, S. 24–35

Peters, A. [2009]: Wege aus der Krise – CSR als strategisches Rüstzeug für die Zukunft, Bertelsmann Stiftung, Bielefeld

Pfister, G.; Renn, O. [1997]: Die Studie »Zukunftsfähiges Deutschland« des Wuppertal-Instituts im Vergleich zum Nachhaltigkeitskonzept der Akademie für Technikfolgenabschätzung, Arbeitsbericht Nr. 75, Stuttgart

Pfitzer, N. [o.J.]: Legebericht, in: http://wirtschaftslexikon.gabler.de/Definition/lagebericht.html [23.03.15]

Pflüger, M. [1999]: Globalisierung und Nachhaltigkeit, in: Zeitschrift für Umweltpolitik und Umweltrecht, 22, 1, S. 135–154

Pianowski, M. [2003]: Nachhaltigkeitsberichterstattung, in: Baumast, A. (Hrsg.): Betriebliches Umweltmanagement, Theoretische Grundlagen, Praxisbeispiele, Stuttgart, S. 109–123

Picard, N. [2009]: Unternehmensberichterstattung von morgen: Transparenz als Vorausset-
     zung für das Vertrauen des Kapitalmarktes, in: Klenk, V.; Hanke, D.J. (Hrsg.): Corporate
     Transparency – Wie Unternehmen im Glaushaus-Zeitalter Wettbewerbsvorteile erzielen,
     Frankf./M., S. 104–129
Piëch, F. [1999]: Umweltschutz im neuen Jahrtausend, in: Volkswagen (Hrsg.): Umweltbe-
     richt 1999/2000, Wolfsburg
Piekenbrock, D. [2002]: Gabler Kompakt-Lexikon Volkswirtschaft, Wiesbaden
Pieper, A. [1985]: Einführung in die Ethik, Tübingen u.a.
Pieper, R. [2012]: Gefahrstoffverordnung: Basiskommentar zur GefStoffV, Frankf./M
Pigou, A.C. [1932]: The Economics of Welfare, 4. Auflage, London
Pindyck, R.S.; Rubinfeld, D.L. [2005]: Mikroeconomics, 6. Auflage, New Jersey
Platz, R. [1995]: Tourismus als Faktor des Kulturwandels bi den Lisu in Nordthailand, Bonn
Plinke, W.; Söllner, A. [1995]: Gestaltung des Leistungsentgelts, in: Kleinaltenkamp, M.;
     Plinke, W. (Hrsg.): Technischer Vertrieb, Grundlagen, Berlin u.a.
Pobisch, J.; Eckert, S.; Kustermann, W. [2007]: Konsumentenintegration in Nachhaltigkeits-
     Innovationen – ein Beitrag zur unternehmerischen Verbraucherbildung? Diskussionsbei-
     tragsreihe Consumer Science Nr. 12, Freising
Poferl, A. [2004]: Die Kosmopolitik des Alltags. Zur ökologischen Frage als Handlungsprob-
     lem, Berlin
Polonsky, M., Jevons, C. [2009]: Global Branding and Strategic CSR, An Overview of Three
     Types of Complexity, in: International Marketing Review, 26, 3, S. 327–347
Poppenborg, A. [1999]: Chancen und Risiken der Lokalen Agenda 21 für die kommunale
     Demokratie. Magisterarbeit im Fach Politologie, Westfälische Wilhelms-Universität,
     Münster
Porter, M.E. [1999]: Wettbewerbsstrategie. Methoden zur Analyse von Branchen und Kon-
     kurrenten, 10. Aufl. Frankf./M. u.a.
Porter, M.E. [2008]: Wettbewerbsstrategie, Methoden zur Analyse von Branchen und Kon-
     kurrenten, 11. Auflage, Frankf./M. u.a.
Porter, M.E.; Kramer, M.R: [2008]: Strategy & Society: The Link Between Competitive Ad-
     vantage and Corporate Social Responsibility, in: Porter, M.E. (Hrsg.): On Competition,
     Boston, S. 479–503
Porter, M.E.; Teisberg, E.O. [2006]: Redefining Health Care: Creating Value-Based Competi-
     tion On Results, Harvard Business School Press
Prammer, H.K, [2008]: Integriertes Umweltkostenmanagement, Bezugsrahmen und Konzep-
     tion für eine ökologisch nachhaltige Unternehmensführung, Wiesbaden
Preble, J.F. [2005]: Toward a Comprehensive Model of Stakeholder Management, in: Busi-
     ness and Society Review, 110, 4, S. 407–431
Pressemitteilung [2011]: Nachhaltigkeit in der deutschen Wirtschaft, AmCham Germany,
     Frankfurt/M.
Prexl, A. [2010]: Nachhaltigkeit kommunizieren – nachhaltig kommunizieren, Analyse des
     Potentials der Public Relations für eine nachhaltige Unternehmens- und Gesellschaftsent-
     wicklung, Wiesbaden
Preyer, M.; Balderjahn, I. [2007]: Zahlungsbereitschaft für sozialverträgliche Produkte, in:
     Jahrbuch der Absatz- und Verbrauchsforschung, 3, S. 267–288
PriceWaterhouseCoopers [2002]: 2002 Sustainability Survey Report, PWC Environmental
     Advisory Service
Probst, G.J.B., Büchel, B.S.T. [1998]: Organisationales Lernen, 2. Aufl. Wiesbaden
Procter & Gamble Schweiz [2014]: Corporate Responsibility, Perspektiven und Einblicke, in:
     http://www.amcham.de/fileadmin/user_upload/CR/CR2014/CR_Buch_2014-PG.pdf
     [20.09.14]

Pronk, J. [1998]: Kultur als Gegenpol zur Globalisierung, in: Bernecker, R. (Hrsg.): Kultur und Entwicklung: Zur Umsetzung des Stockholmer Aktionsplans, Deutsche UNESCO-Kommission, Bonn, S. 55–60

Pudlas, S. [2014]: Beratungen zur Nachhaltigkeit als ein Instrument zur Minderung von Risiken im globalen Rohstoffeinkauf deutscher Industrieunternehmen, Dissertation Karlsruher Institut für Technologie

Pufé, I. [2014]: Nachhaltigkeit, 2.Aufl. Konstanz u.a.

Radermacher, W. [1998]: Makroökonomische Kosten der Umweltinanspruchnahme, in: Zeitschrift für angewandte Umweltforschung, 11, 2, S. 234–251

Raffeé, H.; Wiedmann, K.-P. [1989]: Corporate Communications als Aktionsinstrumentarium des strategischen Marketing, in: Raffeé, H.; Wiedmann, K.-P. (Hrsg.): Strategisches Marketing, Stuttgart S. 662–691

Rambow, R. [1998]: Möglichkeiten und Grenzen der Umweltpsychologie bei der Unterstützung einer nachhaltigen Entwicklung, in: Engelhard, K. (Hrsg.): Umwelt und Entwicklung: Ein Beitrag zur lokalen Agenda 21, Münster

Rat für nachhaltige Entwicklung (Hrsg.) [2003]: Der Nachhaltige Warenkorb, Ein Wegweiser zum zukunftsfähigen Konsum, Berlin

Rat von Sachverständigen für Umweltfragen (Hrsg.) [1976]: Umweltgutachten 1978, Bundestagsdrucksache 8/1938

Rat von Sachverständigen für Umweltfragen (Hrsg.) [1994]: Umweltgutachten 1994, Bundestagsdrucksache 12/6995

Rathje, S. [2006]: Interkulturelle Kompetenz – Zustand und Zukunft eines umstrittenen Konzepts, in: Zeitschrift für interkulturellen Fremdsprachenunterricht, 11, 3, S. 1–21

Rathje, S. [o.J.]: Der Kulturbegriff – Ein anwendungsorientierter Vorschlag zur Generalüberholung, in: http://www.stefanie-rathje.com/fileadmin/Downloads/.pdf [01.08.14]

Rauch, T.; Tröger, S. [2004]: Nachhaltige Entwicklung – Die gesellschaftliche Dimension, in: Went (Internationale Weiterbildung und Entwicklung GmbH), Bonn

Raupach, M.; Clausen, J. [2001]: Nachhaltigkeitsberichterstattung ist auf dem Weg, Kreativität oder Norm? in: Ökologisches Wirtschaften, Unternehmen und Nachhaltigkeit, 9, 1, S. 26–27

Rawls, J. [1975]: Eine Theorie der Gerechtigkeit, Frankf./M.

Recke, G.; Wirthgen, B. [2003]: Qualitätssicherung in der Direktvermarktung, Beitrag auf der Gewisola-Tagung, Stuttgart-Hohenheim

Redclift, M. [1993]: Sustainable Development: Needs, Values, Rights, in: Environmental Values, 1, S. 3–20

Reichert, T.; Reichert, M. [2011]: Saumagen und Regenwald, Klima- und Umweltwirkungen Deutscher Agrarrohstoffimporte am Beispiel Sohaschrot: Ansatzpunkte für eine zukunftsfähige Gestaltung, Forum Umwelt und Entwicklung, Berlin

Reinhardt, F. [2000]: Down to earth: applying business principles to environmental management, Boston

Reisch, L.A. [2003]: Strategische Grundsätze und Leitbilder einer neuen Verbraucherpolitik, Diskussionspapier des Wissenschaftlichen Beirats für Verbraucher- und Ernährungspolitik beim Bundesministerium für Verbraucherschutz, Ernährung und Landwirtschaft, 2. Redaktionell überarbeitete Fassung Berlin u.a.

Reisch, L.A. [2003a]: Kultivierung der Nachhaltigkeit, in: Scherhorn, G.; Weber, C. (Hrsg.): Nachhaltiger Konsum, Auf dem Weg zur gesellschaftlichen Verankerung, 2. Aufl., München, S. 41–54

Reisch, L.A. [2003b]: Ein neuer »New Deal«?, in: Ökologisches Wirtschaften, 3/4, S. 11–12

Reisch, L.A. [2004]: Nachhaltiger Konsum: Aufgabe der »Neuen Verbraucherpolitik?«, artec-paper, Nr. 120, Bremen

Reisch, L.A. [2004a]: Principles and Visons of a New Consumer Policy, in: Journal of Consumer Policy, 27, S. 1–42

Reisch, L.A.; Scherhorn, G. [1998]: Auf der Suche nach ethischem Konsum, in: Landeszentrale für politische Bildung Baden Württemberg (Hrsg.): Nachhaltige Entwicklung. Der Bürger im Staat, 48, 2, S. 92–99

Reisch, L.A.; Scherhorn, G. [2005]: Kauf- und Konsumverhalten, in: Frey, D.; Rosenstiel, L. von (Hrsg.); Hoyos, C. Graf (Hrsg.): Wirtschaftspsychologie, Weinheim u.a., S. 180–187

Renn, O. [2001]: Ethische Anforderungen an eine nachhaltige Entwicklung – Zwischen globalen Zwängen und individuellen Handlungsräumen, in: Altner, G.; Michelsen, G. (Hrsg.): Ethik und Nachhaltigkeit: Grundsatzfragen und Handlungsperspektiven im universitären Agendaprozess, Frankf./M., S. 64–99

Renn, O. [2002]: Nachhaltige Entwicklung, Eine kommunikative Reise in eine reflexive Zukunft, in: Umweltbundesamt (Hrsg.): Perspektiven für die Verankerung des Nachhaltigkeitsleitbildes in der Umweltkommunikation, Berlin, S. 240–257

Renn, O. [2003]: Nachhaltiger Konsum: Was kann der einzelne tun?, in: Scherhorn, G.; Weber, C. (Hrsg.): Nachhaltiger Konsum, Auf dem Weg zur gesellschaftlichen Verankerung, 2. Auflage, München, S. 33–39

Renner, M. [2004]: Eine weniger konsumorientierte Wirtschaftsordnung, in: Worldwatch Institute (Hrsg.): Zur Lage der Welt, Die Welt des Konsums, Münster, S. 206–243

Reuber, P.; Wolkersdorfer, G. [2004]: Geopolitische Weltbilder als diskursive Konstruktionen – Konzeptionelle Anmerkungen und Beispiele zur Verbindung von Macht, Politik und Raum, in: Heidelberger Jahrbücher, 47, S. 347–387

Reusswig, F. [1994]: Lebensstile und Ökologie. Gesellschaftliche Pluralisierung und alltagsökologische Entwicklung unter besonderer Berücksichtigung des Energiebereichs, Frankf./M.

Reuter, A.F. [1992]: Verpackung mehr als Müll? Darmstadt u.a.

Reuter, B. [o.J.]: Der Traum vom besseren Leben, in: http://trenntmagazin.de/thema/wissen/#.VXg9RVK2qxQ [08.06.15]

Rheingans, A. [1999]: Lebensstile und Umwelt. Einige Überlegungen zur Analyse (ökologischer) Lebensstile, in: Boöscho, D.; Michelsen, G. (Hrsg.): Methoden der Umweltbildungsforschung, Opladen, S. 135–142

Richter, R.; Furubotn, E.G. [2003]: Neue Institutionenökonomik, 3. Aufl. Tübingen

Ries, G. [2001]: Umweltkompetenzen und Wissensmanagement für eine proaktive Produktentwicklung, Zuürich

Ringlstetter, M.; Kaiser, S. [2008]: Humanressourcen-Management, Wiesbaden

Robé, J.P. [1996]: Multinational Enterprises: The Constitution of a Pluralistic Legal Order, in: Teubner, G. (Hrsg.): Global Law Without a State, Brookfield USA, S. 45–79

Rochlitz, J. [1999]: Instrumente der Umweltpolitik zur ökologischen Produktgestaltung, in: Schimmelpfeng, L.; Lück, P. (Hrsg.): Ökologische Produktgestaltung, Stoffstromanalysen und Ökobilanzen als Instrumente der Beurteilung, Berlin, S. 201–210

Rogall, H. [2002]: Neue Umweltökonomie – Ökologische Ökonomie, Ökonomische und ethische Grundlagen der Nachhaltigkeit, Instrumente zu ihrer Durchsetzung, Opladen

Rogall, H. [2003]: Akteur der nachhaltigen Entwicklung, Der ökologische Reformstau und seine Gründe, München

Rogers, E.M.; Shoemaker, F.F. [1971]: Communication of innovations: a cross-cultural approach, New York

Roland Berger (Hrsg.) [2010]: Nachhaltigkeit als Wettbewerbsfaktor, München

Roland Berger (Hrsg.) [2013]: Cash for Growth, München

Rolke, L.; Rosema, B.; Avenarius, H. (Hrsg.) [1994]: Unternehmen in der ökologischen Diskussion: Umweltkommunikation auf dem Prüfstand, Opladen

Rolland, D.; O'Keefe Bazzoni, J. [2009]: Greening Corporate Identity, CSR Online Corporate Identity Reporting, in: Corporate Communications: An International Journal, 14, 3, S. 249–263

Roos, G.; Pike, S.; Fernström, L. [2004]: Intellectual Capital Management, Measurement and Disclosure, in: Horvath, P.; Möller, K. (Hrsg.): Intangibles in der Unternehmensführung, München, S. 239–148

Roos, G.; Roos, J.; Dragonetti, N.; Edvinsson, L. [1997]: Intellectual capital: navigating in the new business landscape, New York

Ropol, G. [1996]: Ethik und Technikbewertung, Frankf./M.

Roselieb, F. [2008]: Krisenmanagement in der Praxis: Von erfolgreichen Krisenmanagern lernen, Berlin

Rosenstiel, v., L. [2007]: Grundlagen der Organisationspsychologie, Basiswissen und Anwendungshinweise, 6. Auflage, Stuttgart

Rossem, C. van; Tojo, N.; Lindhqvist, T. [2006]: Extended Producer Responsibility, An Examination Of Its Impact On Innovation and Greening Products, Brüssel

Roth, U. [1991]: Umweltkostenrechnung: Grundlagen und Konzeption aus betriebswirtschaftlicher Sicht, Dissertation Universität Köln

Rothe, K. [1981]: Chancengleichheit, Leistungsprinzip und soziale Ungleichheit. Zur gesellschaftlichen Fundierung der Bildungspolitik, Berlin

Röttger, U. [2001]: Issues Management – Mode, Mythos oder Managementfunktion? Begriffsklärungen und Forschungsfragen – eine Einleitung, in: Röttger, U. (Hrsg.): Issues Management, Theoretische Konzepte und praktische Umsetzung, Eine Bestandsaufnahme, Wiesbaden, S. 11–40

Rowell, A. [2002]: The Spread of Greenwash, in: Lubbers, E.: Battling Big Business: Countering greenwash, infiltration and other forms of corporate bullying, Devon, S. 19–26

RSU Der Rat der Sachverständigen für Umweltfragen [1994]: Umweltgutachten 1994. Für eine dauerhaft-umweltgerechte Entwicklung, Stuttgart

RSU Der Rat der Sachverständigen für Umweltfragen [1998]: Umweltschutz: Erreichtes sichern – neue Wege gehen. Stuttgart

Rubik, F.; Frankl, P. [2005]: The Future of Eco-labelling, Making Environmental Product Information Systems Effective, Sheffield

Rubik, F.; Teichert, V. [1997]: Ökologische Produktpolitik – von der Beseitigung von Stoffen und Materialien zur Rückgewinnung in Kreisläufen, Stuttgart

Rüegg-Stürm, J. [2002](Hrsg.): Das neue St. Galler Management-Modell, Bern

Rüegg-Stürm, J. [2003]: Kulturwandel in komplexen Organisationen, IfB-Diskussionsbeitrag Nr. 49, St. Gallen

Runnalls, K. [2007]: Choreographing community sustainability: The importance of cultural planning to community viability, Vancouver, British Columbia, Centre of Expertise on Culture and Communities

Russel, D.W.; Russell, C.A. [2009]: Here or there? Consumer reactions to corporate social responsibility initiatives: Egocentric tendencies and their moderators, in: Marketing Letters, 21. S. 65–81

Russo, M.; Fouts, P. [1997]: A Resource-Based Perspective on Corporate Environmental Performance and Profitability, in: Academy of Management Journal, 40, 3, S. 534–559

Rutkowsky, S. [1998]: Abfallpolitik in der Kreislaufwirtschaft – Grundzüge einer effizienten und umweltgerechten Abfallwirtschaft und ihrer Regulierung, in: Abfallwirtschaft in Forschung und Praxis, Band 106, Berlin

Sachs, W. [2002]: Nach uns die Zukunft. Der globale Konflikt um Gerechtigkeit und Ökologie, Frankf/M

Sachs, W.; Santarius, T. (Hrsg.) [2005]: Fair Future. Ein Report des Wuppertal Instituts. Begrenzte Ressourcen und globale Gerechtigkeit, München

Sackmann, S.A. [2002]: Unternehmenskultur: Erkennen – Entwickeln – Verändern, Neuwied

Samu, S.; Wymer, W. [2009]: The effect of fit and dominance in cause marketing commu-nications, in: Journal of Business Research, 62, S. 432–440

Samuelson, P.; Nordhaus, W. [1998]: Volkswirtschaftslehre, 15. Auflage, Wien

Sartre, J.P. [2010]: Zum Existenzialismus – Eine Klarstellung, in: Sartre, J.P.: Der Existenzia-lismus ist ein Humanismus und andere philosophische Essays, Reinbek, S. 113–121

Sauter, A.; Meyer, R. [2003]: Potentiale zum Ausbau der regionalen Nahrungsmittelversor-gung: Endbericht zum TA-Projekt, TAB-Arbeitsbericht Nr. 88, Büro für Technikfolgen-Abschätzung beim Deutschen Bundestag, Berlin

Saynisch, M. [2000]: Managementkybernetik: Das Modell lebensfähiger Systeme und seine Anwendung im PM, in: GPM-Magazin PMaktuell, 1, S. 12–20

Schaltegger, S.; Burritt, R. [2000]: Contemporary Environmental Accounting – Issues, Con-cepts and Practice, Sheffield

Schaltegger, S.; Harms, D. [2010]: Sustainable Supply Chain Management, Praxisstand in deutschen Unternehmen, Lüneburg

Schaltegger, S.; Petersen, H. [2002]: Strategisches Umweltmanagement und Öko-Marketing, Lüneburg

Scharr, F. [2006]: Erfolgsfaktoren unternehmerischer Krisen-PR, Diskursanalytische Untersu-chung zur Beeinflussung von Krisendiskursen am Beispiel von Pressemitteilungen, Disser-tation Universität Mannheim

Schätzl, L. [1996]: Wirtschaftsgeographie 1 Theorie, 6. Auflage, Paderborn

Schaufler, G.C.; Signitzer, B. [1993]: Issues Management – strategisches Instrument der Un-ternehmensführung, in: Fischer, H.D.; Wahl, U.D. (Hrsg.): Public Relations, Frankf./M., S. 309–317

Schedler, K. [1991]: Handbuch Umwelt – Technik, Recht: Luftreinhaltung, Abfallwirtschaft, Gewässerschutz, Lärmschutz, Umweltschutzbeauftragte, Ehningen

Schein, E.H. [1985]: Organizational Culture and Leadership. A Dynamic View, San Francisco

Schein, E.H. [1995]: Unternehmenskultur: ein Handbuch für Führungskräfte, Frankf./M.

Schein, E.H. [2006]: Organisationskultur. The Ed Schein Corporate Culture Survival Guide, 2. Auflage, Zurich

Schenk, H.O. [1991]: Marktwirtschaftslehre des Handels, Wiesbaden

Scherhorn, G.; Reisch, L.; Schrödl, S. [1997]: Wege zu nachhaltigen Konsummustern. Über-blick über den Stand der Forschung und vorrangige Forschungsthemen, Marburg

Scherhorn, G.; Weber, C. (Hrsg.)[2002]: Nachhaltiger Konsum: auf dem Weg zur gesell-schaftlichen Verankerung, München

Schimmelpfeng, L.; Gessenich, S. (Hrsg.) [1997]: Das Kreislaufwirtschafts- und Abfallgesetz – Neue Regelungen und Anforderungen: -inklusive untergesetzlichem Regelwerk-, 7 Ver-ordnungen und 1 Richtlinie, Berlin u.a.

Schischke, K.; Hagelücken, M.; Steffenhagen, G. [o.J.]: Strategien für das Ökodesign – Eine Einführung, in: http://www.ecodesignarc.info/servlet/is/216/DE_Einf%C3%BChrung%20in%20%C3%96kodesignstrategien.pdf?command=downloadContent&filename=DE_Einf% FChrung%20in%20% D6kodesignstrategien.pdf [30.03.15]

Schlund, M. [2007]: Corporate Social Responsibility (CSR) – eine Sozialinnovation der Un-ternehmen für die Gesellschaft?, Wiesbaden

Schmid, B. [1996]: Wieviel Natur brauchen wir? In: GAIA, 5, 3, S. 225–235

Schmitz, G.; Schmieden, U. [1998]: Umweltorientierte Produktgestaltung und Qualitätsunsi-cherheit der Nachfrager, Informationsökonomische Grundlagen und explorative Befunde, in: Dyckhoff, H.; Ahn, H. (Hrsg.): Produktentstehung, Controlling und Umweltschutz, Grundlagen eines ökologieorientierten F&E-Controlling, Heidelberg, S. 211–242

Schneider, W.; Schmidpeter, R. [2012]: Corporate Social Responsibility, Verantwortungsvol-le Unternehmensführung in Theorie und Praxis, Berlin

Schneidewind, U. [1994]: Mit COSY (Company oriented Sustainability) Unternehmen zur Nachhaltigkeit führen, IWÖ-Diskussionsbeitrag Nr. 15, St. Gallen

Schneidewind, U. [2002]: Zukunftsfähige Unternehmen – ein Bezugsrahmen, in: BUND & Unternehmensgrün (Hrsg.): Zukunftsfähige Unternehmen, München

Schneller, J. [2003]: Lebenszyklen für Zielgruppen, in: Marketingjournal, 2, S. 38–40

Schnurer, H. L. [2002]: Entwicklung des Abfallrechts in Deutschland zur nachhaltigen Kreislaufwirtschaft, BMU Bonn

Schoeneborn, S. [2009]: Die Rolle verbrauchspolitischer Akteure bei konsumorientierter Kommunikation über Corporate Social Responsibility (CRS), Marburg

Schoenheit, I. [2004]. Die volkswirtschaftliche Bedeutung der Verbraucherinformation, in: Landeszentrale für politische Bildung: Verbraucherzentrale Bundesverband (Hrsg.): Politikfeld Verbraucherschutz, Potsdam, S. 47–65

Schoenheit, I. [2005]: Was Verbraucher wissen wollen, Empirische Studie zum Informationsbedarf der Verbraucher, in: Verbraucherzentrale Bundesverband (Hrsg.): Wirtschaftsfaktor Verbraucherinformation: Die Bedeutung von Information für funktionierende Märkte, Berlin, S. 65–84

Scholtis, T. [1998]: Vertragsgestaltung bei Informationssymmetrie – Probleme und Lösungen bei der Zertifizierung von QM-Systemen nach ISO 9000ff., Wiesbaden

Scholz, C.; Hofbauer, W. [1990]: Organisationskultur. Die vier Erfolgsspritzen, Wiesbaden

Schönborn, G.; Steinert, A. (Hrsg.) [2001]: Sustainability Agenda. Nachhaltigkeitskommunikation für Unternehmen und Institutionen, Neuwied-Kriftel

Schrader, U. [2003]: Corporate Citizenship. Die Unternehmung als guter Bürger?, Berlin

Schreiner, M. [1990]: Ökologische Herausforderung der Kosten- und Leistungsrechnung, in: Freimann, J. (Hrsg.): Ökologische Betroffenheit der Betriebswirtschaftslehre, Wiesbaden, S. 197–214

Schreyögg, G. [1999]: Organisation. Grundlagen moderner Organisationsgestaltung, 3. Auflage, Wiesbaden

Schultz, I.; Weller, I. [1997]: Bestandsaufnahme der Ergebnisse der einschlägigen sozialwissenschaftlichen Forschung zu den Themenkreisen Umweltbewusstsein und -verhalten, Wertewandel, neue Lebensstile und neue Wohlstandsmodelle, in: Umweltbundesamt (Hrsg.): Nachhaltige Konsummuster und postmaterielle Lebensstile, Vorstudie, Texte 30/97, Berlin, S. 110–188

Schulz, C. [2005]: Agenten des Wandels? Unternehmensbezogene Umweltdienstleister im industriellen Produktionssystem, Hochschulschriften zur Nachhaltigkeit, 21, München

Schulz-Walz, F. [2006]: Mitgliedsorientierte Organisationsgestaltung in Wirtschaftsverbänden, Bedeutung, Herausforderungen und Konzeptionen, Wiesbaden

Schunk, S. [2009]: Unternehmensverantwortung und Kennzahlen. Bewertung und Darstellung von Corporate Citizenship-Maßnahmen, München

Schurz, G. [2011]: Evolution in Natur und Kultur, Eine Einführung in die verallgemeinerte Evolutionstheorie, Heidelberg

Schuster, K. [2003]: Lebensstil und Akzeptanz von Naturschutz, Heidelberg

Schwanninger, M. [2001]: System Theory and Cybernetics, in: Kybernetes, 30, 9/10, S. 1209–1222

Schwanninger, M. [2004]: Methodologies in Conflict: Achiving Synergies Between System Dynamics and organizational Cybernetics, Research Paper, New York

Schwartz, S.H. [1977]: Normative influences on altruismn, in: Berkowitz, (Hrsg.): Advances in experimental social psychology, New York, S. 189–211

Schwarz, P. [1985]: Strukturelemente von Wirtschaftsverbänden, in: Blümle, E.-B.; Schwarz, P (Hrsg.): Schwerpunkte der Verbandsforschung, Darmstadt, S. 428–454

Schweizer, M; Küpper, H.-U. [2011]: Systeme der Kosten- und Erlösrechnung, 10. Auflage, München

Schwengers, M. [2014]: Ich weiß, wie du tickst: Kommunikation im Milieu, in: http://www. kragora.de /index.php/digitale-sinus-milieus/ [17.03.15]

Seel, B. [1998]: Der Stellenwert der Verbraucherpolitik in der sozialen Marktwirtschaft, in: Hauswirtschaft und Wissenschaft, 46, 3, S. 99–104

Seidenschwarz, W. [1992]: Target Costing, Marktorientiertes Zielkostenmanagement, München

Seidenschwarz, W. [1997]: Nie wieder zu teuer!: 10 Schritte zum marktorientierten Kostenmanagement, Stuttgart

Seitz, B. [2002]: Corporate Citizenship, Wiesbaden

Sen, S.; Bhattacharya, C.B. [2001]: Does Doing Good Always Lead to Doing Better? Consumer Reactions to Corporate Social Responsibility, in: Journal of Marketing Research, 38, S. 225–243

Senge, P. [2006]: Die fünfte Disziplin, Stuttgart

Severin, A. [2005]: Nachhaltigkeit als Herausforderung für das Kommunikationsmanagement in Unternehmen, in: Michelsen, G.; Godemann, J. (Hrsg.): Handbuch Nachhaltigkeitskommunikation, Grundlagen und Praxis, München, S. 64–75

Severin, A. [2007]: Nachhaltigkeit als Herausforderung für das Kommunikationsmanagement im Unternehmen, in: Michelsen, G.; Godemann, J. (Hrsg.): Handbuch Nachhaltigkeitskommunikation, Grundlagen und Praxis, 2. Auflage, München, S. 64–75

Seydel, S. [1998]: Ökologieorientiertes Kommunikationsmanagement, Strategische Kommunikation mit Anspruchsgruppen, Wiesbaden

Sharma, A., Iyer, G.R.; Mehrota, A.; Krishnan, R. [2010]: Sustainability and business-to-business marketing: A framework and implications, in: Industrial Marketing Management, 39, 2, S. 330–341

Siebenhüner, B.; Arnold, M.; Hoffmann, E. [2006]: Organisationales Lernen und Nachhaltigkeit – Prozesse Auswirkungen und Einflussfaktoren in sechs Unternehmensfallstudien, Marburg

Siegenthaler, C. [2006]: Ökologische Rationalität durch Ökobilanzierung, Eine Bestandsaufnahme aus historischer, methodischer und Praktischer Perspektive, Marburg

Simon, F.B. [2008]: Einführung in Systemtheorie und Konstruktivismus, Heidelberg

Simon, H. [1995]: Preismanagement kompakt, Probleme und Methoden des modernen Pricing, Wiesbaden

Simon, H.; Fassnacht, M. [2009]: Preismanagement, Analyse – Strategie – Umsetzung, 3. Auflage, Wiesbaden

Simon, V. [2010]: Der gebeutelte Schuh, in: http://www.sueddeutsche.de/leben/puma-weg-mit-dem-karton-der-gebeutelte-schuh-1.4954 [19.01.15]

Slovic, P. [1996]: Wissenschaft, Werte, Vertrauen und Risiko, in: Haan, G. de (Hrsg.): Ökologie –Gesundheit-Risiko, Perspektiven ökologischer Kommunikation, Berlin, S. 51–68

Smid, K. [2014]: Unser C02-Fussabdruck, in: http://www.greenpeace.de/co2fussabdruck [05.01.15]

Söllner, F. [2002]: Die Selbstverpflichtung als umweltpolitisches Instrument, in: Wirtschaftsdienst, 82, S. 478–485

Solomon, M.; Bamossy, G.; Askegaard, S. [2001]: Konsumentenverhalten – Der europäische Markt, München

Sommer, P. [2009]: Ganzheitliche Umweltorientierung im Supply Chain Management, in: Brauweiler, H.-C. (Hrsg.): Unternehmensführung heute, München, S. 125–145

Spada, H. [1990]: Umweltbewusstsein: Einstellung und Verhalten, in: Kruse, L.; Lantermann, E.-D. : Ökologische Psychologie, München, S. 623–632

Spangenberg, J.; Lorek, S. [2001]: Sozio-ökonomische Aspekte nachhaltigkeitsorientierten Konsumverhaltens, in: Aus Politik und Zeitgeschichte, Bd. 24, S. 23–29

Sparwasser, R.; Engel, R., Voßkuhle, A. [2003]: Umweltrecht: Grundzüge des öffentlichen Umweltschutzrechts, Leipzig u.a.

Specht, G.; Beckmann, C.; Amelingmeyer, J. [2002]: F&E-Management – Kompetenz im Innovationsmanagement, 2. Auflage, Stuttgart

Spellerberg, A. [1996]: Soziale Differenzierung durch Lebensstile. Eine empirische Untersuchung zur Lebensqualität in West- und Ostdeutschland, Berlin

Spencer-Cooke, A. [1998]: A Dinosaurs's Survival Kit: Tools and Strategies for Sustainability, in: Roome, N. (Hrsg.): Sustainability Strategies for Industry, Washington, S. 99–114

Spiller, A. [2004]: Preiskrieg oder Schlafmützenwettbewerb, in: AgrarBündnis e.V. (Hrsg.): Der kritische Agrarbericht, Rheda-Wiedenbrück, S. 244–248

Spiller, A. [2005]: Nachhaltigkeit in Distribution und Handel, Frankf./M.

Spiller, A.; Zühlsdorf, A. [2002]: Öko-Marketing, Fernuniversität Hagen

Sprenger, R.K. [1995]: Das Prinzip Selbstverantwortung – Wege zur Motivation, 2. Auflage Frankf./M. u.a.

Stabernack, W. [1998]: Verpackung – Medium im Trend der Wünsche, Marketing-Instrument Verpackung, München

Stahlmann, V. [2002]: Rechnungswesen, in: B.U.N.D./UnternehmensGrün (Hrsg.): Zukunftsfähige Unternehmen, Wege zur nachhaltigen Wirtschaftsweise von Unternehmen, München, S. 162–176

Stallone, S. [2014]: Ökonomische Nachhaltigkeit, in: http://www.nachhaltigleben.ch/29-wirtschaft/849 [09.08.14]

Statistisches Bundesamt [2004]: Das Statistische Jahrbuch 2004 für die Bundesrepublik Deutschland, Wiesbaden

Statistisches Bundesamt [2012]: Noch nie so viele Fahrgäste bei Bussen und Bahnen wie 2011, in: https://www.destatis.de/DE/PresseService/Presse/Pressemitteilungen/2012/04/PD12_122_461pdf. [22.05.13]

Stead, W.; Stead, J.G.; Starik, M. [2004]: Sustainable Strategic Management, London

Steger, U. (Hrsg.)[1999]: Globalisierung gestalten. Szenarien für Markt, Politik und Gesellschaft, Berlin u.a.

Steger, U. [1992]: Normstrategien im Umweltmanagement, in: Steger, U.; Prätorius, G. (Hrsg.): Handbuch des Umweltmanagements, München, S. 271–293

Steger, U. [1993]: Umweltmanagement: Erfahrungen und Instrumente einer umweltorientierten Unternehmensstrategie, Wiesbaden

Steger, U. [1997]: Einleitende Zusammenfassung, in: Steger, U. (Hrsg.): Handbuch des integrierten Umweltmanagements, München, S. 1–29

Steger, U. [2004]: The Business of Sustainability, Building Industry Cases for Corporate Sustainability, New York

Steinberger, K. [2010]: Am Anfang ist das Meer, Von Greetsiel nach Tanger und zurück – warum es sich lohnt, um ein kleines Tier so großen Aufwand zu betreiben, in: http://www.sued-deutsche.de/panorama/....-1.923778 [20.04.15]

Steiner, M. [2009]: Nachhaltige Beschaffung und Vergaberecht: Wie positioniert sich die öffentliche Hand?, in: Beschaffungsmanagement/Revue de l'acheteur, 8/9, S. 4

Steinhilper, R. [1999]: Produktrecycling, Vielfachnutzen durch Mehrfachnutzung, Stuttgart

Steinvorth, U. [1996]: Das Recht auf Arbeit, in: Orsi, G.; Seelmann, K.; Smid, S.; Steinvorth, U.: Arbeit – Arbeitslosigkeit, Frankfurt/M., S. 77–96

Stengel, O. [2011]: Suffizienz. Die Konsumgesellschaft in der ökologischen Krise, München

Stenmark, M. [2003]: Nachhaltige Entwicklung und Umweltethik, in: www.umweltethik.at [04.08.14]

Stepken, G. [2006]: Kybernetik der Kybernetik – Gesetze der Natur, Version 5.0, unveröffentlichtes Skriptum

Sterman, J.D. [2000]: Business Dynamics, Boston

Steven, M.; Tengler, S.; Krüger, R.; [2003]: Reverse Logistics, in: Das Wirtschaftsstudium, 32, 5, S. 643–647

Stiglitz, J. [2010]: Im freien Fall – Vom Versagen der Märkte zur Neuordnung der Weltwirtschaft, München

Stoll, B. [2008]: Sozial und ökonomisch handeln, Corporate Social Responsibility kleiner und mittlerer Unternehmen, Frankf./M u.a.

Straßner, A. [2004]: Das Spektrum der Verbände in Deutschland, in: Sebaldt, M.; Straßner, A. (Hrsg.): Verbände in der Bundesrepublik Deutschland, Eine Einführung, Wiesbaden, S. 73–138

Strecker, O. [2010]: Marketing für Lebensmittel und Agrarprodukte, 4. Auflage, Frankf./M.

Strobl, M. [2000]: Systemisches Flussmanagement, Augsburg

Strüber, M. [2015]: Geplante Obsoleszenz – Kaufen für den Schrotthaufen, in: https://de.finance.yahoo.com/nachrichten/geplante-obsoleszenz .... html [12.01.15]

Stuart, J.J. [2011]: An Identity-Based Approach to the Corporate Sustainable Brand, in: Corporate Communications: An International Journal, 16, 2, S. 139–149

Stumpf, M.; Teufl, I. [2014]: Cause related Marketing, Wiesbaden

SustainAbility & UNEP [2001]: Buried Treasure: Uncovering the business case for corporate sustainability, London, United Nations Environment Program (UNEP)

Sydow, J. [2006]: Management von Netzwerkorganisationen. Zum Stand der Forschung, in: Sydow, J. (Hrsg.): Management von Netzwerkorganisationen, Beiträge aus der Managementforschung, 4. Aufl. Wiesbaden, S. 387–472

Tandler, S.; Essig, M [2013]: Conceptual Framework of Supply Chain Safety, in: Essig, M.; Hülsemann, M.; Kern, E.-M.; Klein-Schmeink, S. (Hrsg.): Supply Chain Safety Management, Security and Robustness in Logistics, Berlin u.a., S. 3–40

Tänzler, D.; Schulz, A.; Carius, A.; Jain, A.; Schiefelbusch, M.; Dienel, H.-L. [2005]: Nachhaltigkeit und Verbraucherpolitik: Ansätze und Maßnahmen in anderen Ländern, Studie im Auftrag des Bundesministeriums für Landwirtschaft und Ernährung, Projekt-Nr. 35/2004, Berlin

Taubken, N. [2007]: Positive Bestärkung, partnerschaftliche Begleitung – Deutschland braucht eine neue Kultur der Anerkennung für Corporate Citizenship, in: Corporate Responsibility –Unternehmen und Verantwortung, F.A.Z.-Institut, Frankfurt, S. 8–15

Teevs, C. [2010]: Werbepersiflage: Aldi-Kritiker prangern Ausbeutung an, in: http://www.spiegel.de/wirtschaft/ unternehmen/werbepersiflage-aldi-kritiker-prangern-ausbeutung-an-a-721597.html [07.12.14]

Tenbruck, F. [1989]: Gesellschaftsgeschichte oder Weltgeschichte?, in: Kölner Zeitschrift für Soziologie und Sozialpsychologie, 41, S. 417–439

Teufel, J.; Rubik, F.; Scholl, G.; Stratmann, B.; Graulich, K.; Manhart, A. [2009]: Untersuchung zur möglichen Ausgestaltung und Marktimplementierung eines Nachhaltigkeitslabels zur Verbraucherinformation – Endbericht, Freiburg Öko-Institut

Thiele, C. [2014]: Die Frau fürs Grüne, in: http://www.zeit.de/2014/32/antje-von-dewitz-vaude [08.06.15]

Thom, M.; Wenger, A.P.; Zaugg, R.J. [2002]: Fälle zu Organisation und Personal, Didaktik, Fallstudien und Lösungen, Theoriebausteine, 3. Aufl., Bern u.a.

Thommen, J.P. [1995]: Management-Kompetenz durch Weiterbildung, in: Thommen, J.-P. (Hrsg.): Management-Kompetenz. Die Gestaltungsansätze des Executive MBA der Hochschule St. Gallen, Wiesbaden, S. 11–29

Thommen, J.P.; Achleitner, A.-K. [2003]: Allgemeine Betriebswirtschaftslehre, 4. Auflage, Wiesbaden

Thoroe, L. [2007]: Reverse Logistics – Herausforderungen und grundlegende Nutzenpotentiale von RFID, in: Schumann, M. (Hrsg.): Arbeitsbericht Nr. 3/2007 des Instituts für Wirtschaftsinformatik, Georg-August-Universität, Göttingen

Tischner, U. [2000]: Was ist EcoDesign? Ein Handbuch für ökologische und ökonomische Gestaltung, Frankf./M.

Töpfer, K.; Koch, A. [1994]: Die Herausforderung eines umweltverträglichen Wirtschaftens, Von einer zukunftsvergessenen zur zukunftsbewussten Gesellschaft, in: Hansmann, K.-W. (Hrsg.): Marktorientiertes Umweltmanagement, Schriften zur Unternehmensführung 50/51, Wiesbaden S. 5–20

Tourky, M.; Kitchen, P.; Dean, D.; Shaalan, A. [2011]: Institutionalizing CSR, The Role of Corporate Identity Management, in: Proceedings of the 16th Conference on Corporate and Marketing Communications, Cambridge, S. 256–257

Türk, R. [1991]: Das ökologische Produkt, Eigenschaften, Erfassung und wettbewerbsstrategische Umsetzung ökologischer Produkte, Sternenfels

Turner, T. [1970]: Ecopornography or How to Spot an Ecological Phony, in: de Bell, G. (Hrsg.): The Environmental Handbook: Prepared for the First National Environmental Teach-In, 22. April, S. 263–267

Tuxill, J. [1999]: Vom Nutzen pflanzlicher Artenvielfalt, in: World Watch Institute, S. 148–180

U.S. Green Building Council [2007], in: http://www.usgbc.org/ [17.07.14]

UGA – Umweltgutachterausschuss beim Bundesministerium für Umwelt, Naturschutz und Reaktorsicherheit (Hrsg.) [2005]: 10 Jahre EMAS, Nachhaltig und umweltbewusst wirtschaften in Deutschland, Berlin

Ulrich, P. [1977]: Die Grossunternehmung als quasi-öffentliche Institution, Stuttgart

Ulrich, P. [1981]: A Critiqe of Pure Cybernetic Reason: the Chilean Experience with Cybernetics, in: Journal of Applied Systems Analysis, 8, S. 17–20

Ulrich, P. [1984]: Die Betriebswirtschaftslehre als anwendungsorientiertes Sozialwissenschaft, in: Ulrich, P. (Hrsg.): Management, Bern, S. 168–199

Ulrich, P. [1998]: Integrative Wirtschaftsethik – eine Heuristik auch für die Technikethik?, in: Lenk, H.; Maring, M. (Hrsg.): Technikethik und Wirtschaftsethik, Opladen, S. 53–74

Ulrich, P. [2001]: Integrative Wirtschaftsethik – Grundlagen einer lebensdienlichen Ökonomie, 3. Auflage, Bern u.a.

Ulrich, P. [2001a]: Integrative Wirtschaftsethik – Grundlagen einer lebensdienlichen Ökonomie, 3. Auflage, Bern u.a.

Ulrich, P. [2008]: Integrative Wirtschaftsethik, Grundlagen einer lebensdienlichen Ökonomie, 4. vollständig neu bearbeitete Auflage, Bern

Ulrich, P.: Thielemann, U. [1992]: Ethik und Erfolg – Unternehmensethische Denkmuster von Führungskräften, Bern u.a.

Ulrich, P.; Fluri, E. [1995]: Management, 7. Auflage, Bern

Ulrich, P.; Krieg, W. [1974]: St. Galler Management-Modell, 3. Verb. Aufl., Bern

Umwelt- und Prognose-Institut [1999]: Neue medizinische Erkenntnisse über die gesundheitlichen Auswirkungen von Sommersmog. Berechnungen der durch Sommersmog verursachten Todesfälle in der Bundesrepublik Deutschland 1999, Heidelberg

Umweltbundesamt (Hrsg.) [1986]: Kosten der Umweltverschmutzung, Berichte 7/86 des Umweltbundesamtes, Berlin

Umweltbundesamt (Hrsg.) [1997a]: Nachhaltige Konsummuster und postmaterielle Lebensstile, Berlin

Umweltbundesamt (Hrsg.) [1998]: Nachhaltiges Deutschland, Wege zu einer dauerhaft umweltgerechten Entwicklung, 2. Aufl. Berlin

Umweltbundesamt [1997]: Nachhaltiges Deutschland – Wege zu einer dauerhaft umweltgerechten Entwicklung, Berlin

Umweltbundesamt [2001]: Daten + Fakten – Luftemissionen, Berlin

Umweltbundesamt [2005]: Emissionshandel im Verkehr – Ansätze für einen möglichen Up-Stream-Handel im Verkehr, Texte 22–05, Dessau

Umweltbundesamt [2007]: Ökonomische Bewertung von Umweltschäden, Methodenkonvention zur Schätzung externer Umweltkosten, in: http://www.dfld.de/Downloads/UBA _07 0427_ ExterneKosten-2.pdf [10.09.14]

Umweltbundesamt [2011]: Lagebericht zur Lageberichterstattung – Eine Analyse der Verwendung nicht-finanzieller Indikatoren, in: http://www.ranking-nachhaltigkeitsberichte.de /uploads/media/ UBA_2006_Lagebericht_zur_Lageberichterstattung.pdf [21.02.14]

Umweltbundesamt [o.J.]: Umweltbewusst leben: der Verbraucher-Ratgeber, In: http://www. umwelt- bundesamt.de/ themen/wirtschaft-konsum [23.08.14]

UNDP [2002]: World Development Reports, in: http://www.undp.org/reports/global/2002/ en/indicator [15.01.15]

University Göttingen.(Hrsg.)[2012]: Berichterstattung der sozioökonomischen Entwicklung in Deutschland. Teilhabe im Umbruch, Zweiter Bericht, Göttingen

Utz, H.; Kern, M.; Brune, D. [1991]: Untersuchung zum Einsatz bioabbaubarer Kunststoffe im Verpackungsbereich, in: Bundesministerium für Forschung und Technologie, Forschungsbericht Nr. 01-ZV 8904, Fraunhofer Institut für Lebensmitteltechnologie, München, S. 685

Van de Ven, B. [2008]: An Ethical Framework for the Marketing of Corporate Social Responsibility, in: Journal of Business Ethics, 82, 2, S. 339–352

Varadarajan, P.R.; Menon, A. [1988]: Cause-related Marketing: A Coalignment of Marketing Strategy and Corporate Philanthropy, in: Journal of Marketing, 52, 3, S. 58–74

VAUDE [2014]: Nachhaltigkeitsbericht 2014, in: www.vaude.com [19.06.15]

Velsen-Zerweck, v., B. [1998]: Dynamisches Verbandsmanagement, Phasen- und krisengerechte Führung von Verbänden, Wiesbaden

Vereinte Nationen [1992]: Deklaration von Rio, New York, United Nations Publications

Vereinte Nationen [1992a]: Agenda 21, New York, United Nations Publications

Vereinte Nationen [2002]: Bericht des Weltgipfels für nachhaltige Entwicklung, in: http:// www.bmub.bund.de/fileadmin/bmu-import/files/pdfs/allgemein/application/pdf/johannes burg_declaration.pdf [23.08.14]

Vereinte Nationen [2014]: Global Compact, in: http://www.unglobalcompact.org/ [19.08.14]

Vester, F. [1974]: Das kybernetische Zeitalter, München

Vester, F. [1980]: Neuland des Denkens, Stuttgart

Vester, F. [2002]: Die Kunst vernetzt zu denken, München

Vester, F. [2004]: Denken, Lernen, Vergessen, München

Vester, F. [2004a]: Biokybernetik und der Weg zur Nachhaltigkeit, in: Forum, 10, St. Gallen

Vetterolf, C. [2011]: Die Implementierung des Nachhaltigkeitsgedankens in die Unternehmenskultur, Bachelor-Thesis Hochschule für Wirtschaft und Umwelt Nürtingen

Villinger, A.; Wüstenhagen, R.; Meyer, A. [2000]: Jenseits der Öko-Nische, Basel u.a.

Vilppo, T.; Lindberg-Repo, K. [2011]: Corporate Brand Repositioning with CSR as the Differentiating Factor, A Study on Consumer Perceptions, Working Paper, Helsinki

Vitols, K. [2011]: Nachhaltigkeit – Unternehmensverantwortung – Mitbestimmung. Ein Literaturbericht zur Debatte über CSR, Berlin

Vitousek, P.M. [1994]: Beyond Global Warming: Ecology and Global Change, in: Ecology, 75, 7, S. 1861–1876.

VO (EG) Nr. 443/2009 des Europäischen Parlaments und des Rates vom 23. April 2009 zur Festsetzung von Emissionsnormen für neue Pkw im Rahmen des Gesamtkonzepts der Gemeinschaft zur Verringerung der C02-Emissionen von Pkw und leichten Nutzfahrzeugen, in: http://www.kba.de /SharedDocs/Publikationen/DE/Statistik/Fahrzeuge/FZ/Fachartikel/ monitoring_20130513.pdf?__blob=publicationFile&v=6 [05.01.15]

Vogt, M. [2009]: Prinzip Nachhaltigkeit. Ein Entwurf aus theologisch-ethischer Perspektive, München

Vogt, M. [2010]: Maßstäbe einer nachhaltigen Unternehmensführung aus der Sicht christlicher Sozialethik und Wirtschaftsanthropologie, unveröffentlichte Publikation LMU, München, 28.10.2010

Völckner, F. [2006]: Determinanten der Informationsstrukturen des Preises: Eine empirische Analyse, in: Zeitschrift für Betriebswirtschaft, 76, 5, S. 473–497

Volkswagen [2006]: Nachhaltigkeitsbericht 2005/2006, Generationen bewegen, in: http://de.volkswagen.com/content/medialib/vwd4/de/Volkswagen/Nachhaltigkeit/service/download/nachhaltigkeitsberichte/nachhaltigkeitsbericht20052006/ ....pdf [06.01.15]

Volkswagen [2008]: Nachhaltigkeitsbericht 2007/2008, in: http://www.volkswagen.de/content/medialib/vwd4/de/Volkswagen/Nachhaltigkeit/service/download/nachhaltigkeitsberichte/nachhaltigkeitsbericht0708de/_jcr_content/renditions/rendition.file/....pdf [06.01.15]

Volkswagen [2012]: Startschuss für grundlegenden ökologischen Umbau – Volkswagen Konzern legt sich auf 120g C02-Ziel fest, in: http://www.volkswagenag.com/content/vwcorp/info_center /de/news/2012/03/....html [05.01.15]

Vornholz, G. [1993]: Zur Konzeption einer ökologisch nachhaltigen Entwicklung: eine ökonomische, theoretische Analyse der Bedingungen für die Erhaltung der natürlichen Lebensgrundlagen, Marburg

Voß, A. [2000]: Nachhaltige Energieversorgung – Konkretisierung eines Leitbildes, in: Voß, A. (Hrsg.): Energie und nachhaltige Entwicklung – Beiträge zur Zukunft der Energieversorgung, Düsseldorf, VDI

Voßkämper, M. [2012]: Die aktuelle Situation der Nachhaltigkeitsberichterstattung der Discounter im Lebensmittelmarkt, Diplomarbeit Universität Duisburg-Essen

Wagner, E.R.; Hansen, E.N. [2004]: A method for identifying and assessing key customer group needs, in: Industrial Marketing Management, 33, 7, S. 643–655

Wagner, M. [o.J.]: Kommunikation in Krisensituationen, in http://www.iv-newsroom.at/ upload_pub/file_182.pdf [28.02.15]

Wagner, P. [2007]: Greenwash oder: Wie dir Konzerne Klimafreundlichkeit vorgaukeln, in: sueddeutsche.de/texte/anzeigen/409174/Greenwash-........ [17.06.15]

Wagner, S. [2010]: Entscheidungsorientiertes Umweltkostenmanagement, Konzeption zur aktiven Gestaltung von Umweltkosten im betrieblichen Umweltmanagement, Köln

Wagner, T.; Lutz, R.J.; Weitz, B.A. [2009]: Corporate Hypocrisy: Overcoming the Threat of Inconsistent Corporate Social Responsibility Perceptions, in: Journal of Marketing, 73, S. 77–91

Walter, B.L. [2008]: Das Dilemma mit der Glaubwürdigkeit, in: Ökologisches Wirtschaften, 4, S. 10

Wang, H.D. [2010]: Corporate social performance and financial-based equity, in: Journal of Product & Brand Management, 19, 5, S. 335–345

Waßmann, J. [2011]: Corporate Social Responsibility in der Marketing- und Markenforschung, Research-Paper on Marketing-Strategy No. 5/2011, Universität Würzburg

Waxenberger, B. [2001]: Integritätsmanagement – Ein Gestaltungsmodell prinzipiengeleiteter Unternehmensführung, Bern

Weber, C. [2001]: Nachhaltiger Konsum – Versuch einer Einordnung und Operationalisierung, in: Hansen, U.; Schrader, U. (Hrsg.): Nachhaltiger Konsum, Forschung und Praxis im Dialog, Frankfurt/M. u.a., S. 63–76

Weber, M. [2008]: Corporate Social Responsibility: Konzeptionelle Gemeinsamkeiten und Unterschiede zur Nachhaltigkeits- und Corporate-Citizenship-Diskussion, in: Müller, M.; Schaltegger, S. (Hrsg.): Corporate Social Responsibility. Trend oder Modeerscheinung; ein

Sammelband mit ausgewählten Beiträgen von Mitgliedern des Doktorandennetzwerks nachhaltiges Wirtschaften, München

Weber, M. [2009]: Label-Gütezeichen oder Selbstverständlichkeit?, in: Verbraucher konkret, Juni 2009, S. 3–15

Wehner, B. [1997]: Der neue Sozialstaat. Der Entwurf einer neuen Weltwirtschafts- und Sozialordnung, Opladen

Weiber, R.; Adler, J. [1995]: Positionierung von Kaufprozessen im informationsökonomischen Dreieck: Operationalisierung und verhaltenswissenschaftliche Prüfung, in: Zeitschrift für betriebswirtschaftliche Forschung, 47, S. 99–123

Weinert, R. [1995]: Institutionenwandel und Gesellschaftstheorie. Modernisierung, Differenzierung und Neuer Ökonomischer Institutionalismus, in: Leviathan Sonderheft, 16, S. 70–93

Weiskopf, R. [2004]: Management, Organisation und die Gespenster der Gerechtigkeit, in: Schreyögg, G.; Conrad, P. (Hrsg.): Gerechtigkeit und Management, Wiesbaden, S. 211–251

Weiß, R. [2002]: Unternehmensführung in der reflexiven Modernisierung, Marburg

Weisser, G. [1978]: Die Überwindung des Ökonomismus in der Wirtschaftswissenschaft, in: Weisser, G. (Hrsg.): Beiträge zur Gesellschaftspolitik, Göttingen, S. 573–601

Weizsäcker, E.U. [1993]: Stellungnahme des Wuppertal-Instituts zum Thema »Leitbilder in der Stoffpolitik« im Rahmen einer Anhörung der Enquete-Kommission »Schutz des Menschen und der Umwelt«, am 07.10.1993, Wuppertal, S. 626–632

Welford, R. [1997]: Hijacking Environmentalism: Corporate Responses to Sustainable Development, London

Wendisch, N. [2002]: Das Leitbild und seine Rolle für das Lernen in Organisationen, Die Möglichkeiten des EMAS für eine leitbildzentrierte Organisationsentwicklung, München

Wendt, O. [o.J.]: Yield-Management: Preistheorie zur Koordination der Informationswirtschaft? In: http://www.is-frankfurt.de/fileadmin/user_upload/publicationsNew/YieldManagementPreistheorie zu928.pdf [07.04.15]

Wenzel, T. [2011]: Deregulation of Shopping Hours: The Impact on Independent Retailers and Chain Stores, In: Scandinavian Journal of Economics, 113, S. 145–166

Werner, G.W. [2004]: Wirtschaft – Das Füreinander-Leisten, Karlsruhe

Werner, H. [2008]: Supply Chain Management: Grundlagen, Strategien, Instrumente und Controlling, 3. Aufl. Wiesbaden

Weskamp, C. [1995]: Determinanten nachhaltigen Konsums, in: Weskamp, C. (Hrsg.): Ökologischer Konsum – Ansätze und Leitbilder nachhaltiger ökologischer und sozialverträglicher Lebensweisen, Institut für Ökologische Wirtschaftsforschung, Berlin, S. 7–21

Westermann, K.; Bertelsbeck, N. [1992]: Verpackung aus nachwachsenden Rohstoffen, Frankf./M.

Wever, U.A. [1989]: Unternehmenskultur in der Praxis, Erfahrungen eines Insiders bei zwei Spitzenunternehmen, Frankfurt/M.

Wex, T. [2004]: Der Nonprofit-Sektor der Organisationsgesellschaft, Wiesbaden

WHO [1992]: World Summit on Sustainable Development, in: http://www.who.int/wssd/en/ [19.08.14]

WHO [1995]: World Summit on Sustainable Development, Declaration, in: http://www.who.int/wssd/en/ [19.08.14]

WI Wuppertal-Institut für Klima, Umwelt, Energie [1996]: Zukunftsfähiges Deutschland – Ein Beitrag zu einer global nachhaltigen Entwicklung, Studie im Auftrag von Bund und Misereor, Basel

Wicke, L. [1993]: Umweltökonomie: Eine praxisorinetierte Einführung, 4. Auflage, München

Wicke, L.; Knebel, G. [1997]: Umweltbezogene Selbstverpflichtung der Wirtschaft – Chancen und Grenzen für Umwelt, (mittelständische) Wirtschaft und Umweltpolitik, in:

Wicke, L.; Knebel, J.; Braeseke, G. (Hrsg.): Umweltbezogene Selbstverpflichtungen der Wirtschaft – Erfolgsgarant oder Irrweg?, Bonn, S. 1–50

Wiedmann, K.-P. [1986]: Public Marketing und Corporate Communications als Bausteine eines strategischen und gesellschaftsorientierten Marketing, Mannheim

Wildemann, H. [2004]: Komplexitätsmanagement. Leitfaden zur Einführung eines durchgängigen Komplexitätsmanagements, München

Wildemann, H. [2008]: Event Management in der Supply Chain, Leitfaden zur Steuerung geplanter und zufälliger Ereignisse entlang der Supply Chain, 2. Aufl. München

Wilhelm, S. [2012]: Tupperparty feiert Renaissance, in: http://derhandel.de/news/technik/pages/Direktvertrieb.....-8865.html [20.04.15]

Wilke, H. [1998]: Systemthoerie III: Steuerungstheorie, Stuttgart

Wilken, B. [2003]: Methoden der kognitiven Umstrukturierung, Stuttgart

Wilken, D. [2013]: H&M, Zara, KiK: Irgendwie immer im Schlamassel, in: http://www.fabeau.de/news/hm/ [12.09.14]

Williamson, O.E. [1985]: The Economic Institutions of Capitalism, Firms, Market and Relational Contracting, New York u.a.

Willmott, M. [2001]: Citizen Brands, Chicester

Winter,R. [2004]: Cultual Studies, in: Flick, U.; Kardorf, E. v.; Steinke, E (Hrsg): A Companion to Qualitative Research, London Sage, S. 118–122

Witt, D. [1993]: Zum Gegenstand der Wirtschaftslehre des Haushalts, in: Bottler, J.: Wirtschaftslehre des Haushalts, Baltmannsweiler, S. 118–136

Witt, D.; Lakes, B.; Emberger, H.; Velsen-Zerweck, B.; Seufert, G. [1998]: Stand des Managements in Verbänden: Ergebnisse der Verbändeerhebung 1996/97, Gesamtauswertung, Seminar für Vereins- und Verbandsforschung (SVV), Freising

Witt, D.; Schwarz, M.E. [2003]: Dienstleistungsstrategien von Unternehmensverbänden in Zeiten gewandelter Mitgliederinteressen und -ansprüche, Erhöhung des Menbership Value durch verbandliches Beziehungsmanagement, in: Blümle, E.B.; Pernsteiner, H.; Purtschert, R.; Andeßner, R.C. (Hrsg.): Öffentliche Verwaltung und Nonprofit-Organisationen, Festschrift für Reinbert, Schauer, Wien, S. 783–811

Witt, D.; Seufert, G.; Emberger, H. [1996]: Typologisierung und Eigenarten von Verbänden, in: Zeitschrift für öffentliche und gemeinnützige Unternehmen (ZögU), 19, 4, S. 414–427

Wittmann, R.G. [1994]: Rückstandsmanagement: Eine theoretische und empirische Untersuchung, Dissertation Universität Stuttgart

World Bank [2004]: GRICS: Governance Research Indicator County Snapshop, in: http://info. worldbank. org/governance/kkz2004 [15.11.14]

Wortmann, K. [1997]: Lebensstile als Lebensziele? Gedanken zur Entstehung und Veränderung von Lebensstilen und Leitbildern, in: Lohmeyer, M.; Vasel, C.; Grell, P.; Waldmann, K. (Hrsg.): Ökologische Bildung im Spagat zwischen Leitbildern und Lebensstilen, Loccumer Protokolle, 25/97, Loccum, S. 75–102

WTO [1999]: Trade and Environment. Special Studies, 4, Genf

Wühle, M. [2007]: Mit CSR zum Unternehmenserfolg.Gesellschaftliche Verantwortung als Wertschöpfungspartner, Saarbrücken

Wüthrich, H.; Osmetz, D.; Kaduk, S. [2006]: Musterbrecher – Führung neu leben, Wiesbaden

Youn, S.; Kim, H. [2008]: Antecedents of Consumer Attitudes toward Cause-Related Marketing, in: Journal of Advertising Research, S. 123–137

Zabel, H.U. [1999]: Ethik im Sustainability-Kontext, in: Wagner, G.R. (Hrsg.): Festschrift zum 65. Geburtstag von Hartmut Kreikebaum, Wiesbaden, S. 151–182

Zabel, H.-U. [2001]: Ökologische Unternehmenspolitik im Verhaltenskontext – Verhaltensmodellierung für Sustainability, Berlin

Zadek, S. [2004]: The Path to Corporate Responsibility, in: Harvard Business Review, December 2004, S. 125–132

Zäpfel, G. [2000]: Strategisches Produktions-Management, München

Zaugg, R.J. [2002]: Bezugsrahmen als Heuristik der explorativen Forschung, Grundlagen, Bezugsrahmen, Forschungsstrategien, Forschungsmethoden, Arbeitsbericht Nr. 57, Universität Bern

Zerfaß, A. [1996]: Unternehmensführung und Öffentlichkeitsarbeit, Grundlegung einer Theorie der Unternehmenskommunikation und Public Relations, Opladen

Zerle, P. [2005]: Ökologische Effektivität und ökonomische Effizienz von umweltbezogenen Selbstverpflichtungen, in: Zeitschrift für Umweltpolitik & Umweltrecht, 28, S. 298–319

Zerres, M.; Zerres, C. [o.J.].: Einführung in die Marketing-Methodik, Marketing-Methodik I, in: www.bookboon.com

Zirning,D. [2009]: Corporate Social Responsibility – Definitorische Abgrenzung und betriebswirtschaftliche Erfolgswirkungen, Hamburg

Zitzmann, T. [2008]: Kollektive Leistungen von Wirtschaftsverbänden, Planung und Lenkung anhand eines phasenorientierten Qualitätsmodells, Wiesbaden

Zollinger, P. [2000]: Sustainability Reporting: Ein Führungsinstrument für nachhaltiges Wirtschaften, in: Hamschmidt, J.; Dyllick, T. (Hrsg.): Nutzen Managementsysteme? Vom Umwelt- zum Sustainability-Management-System, IÖW-Diskussionsbeitrag Nr. 82, St. Gallen, S. 65–78

Zühlsdorf, A.; Franz, A. [2010]: Transparenzerhebung der regionalen Landesprogramme, Ergebnisbericht, Verbraucherzentrale Bundesberband e.V., Berlin

Zundel, S. [2000]: Alles easy mit der Nachhaltigkeit? Zum Bedeutungswandel der Leitbilder ökologischen Wirtschaftens, in: Ökologisches Wirtschaften, 15, 2, Berlin, S. 10–11

Züst, R. [1996]: Sustainable Products and Processes, in: Proceedings of the Eco-Performance – 3rd International Seminar on Life Cycle Engineering, Zürich

Züst, R.; Wagner, R. [1992]: Consideration of Environmental Aspects in Product Design, in: Proceedings of the 10th International Conderence on Engineering Design, Prag, S. 473–476

Zur Autorin

Dr. rer. pol. Dipl.-HDL Christin Emrich hat die Studiengänge Betriebswirtschaftslehre und Erziehungswissenschaften parallel an der Universität Hamburg studiert. Sie promovierte an der Universität Hamburg mit einem interdisziplinären Forschungsprojekt der Bereiche BWL, Wirtschaftsinformatik und internationales Marketing. Sie lebte längere Zeit im Ausland und entwickelte bereits dort ganzheitliche Konzepte zur Unternehmensführung. Wechselte in die Praxis, gründete mit ihrem Ehemann eine Unternehmensberatung und war dort als Geschäftsführerin tätig. Sie wechselte zur Universität Lüneburg, wo sie Betriebswirtschaftslehre und Marketing lehrte, und gründete zugleich das Unternehmen www.sciestat.de, das u.a. auf nachhaltige Beratungsleistungen, Training für Unternehmen sowie Führungspersonen spezialisiert ist. Als Dozentin an den Universitäten Hamburg und anderen Universitäten in Deutschland und der Schweiz kümmert sie sich um die Ausbildung von Studierenden in den Bereichen Nachhaltigkeit, Marketing und Methodenlehre. Sie ist Autorin zahlreicher Fachpublikationen. Kontaktadresse für Fragen: info@sciestat.de

Stichwortverzeichnis